【日本棋院最新版】

围棋死活大事典

（日）张　栩　著

苏　甦　译

北方联合出版传媒（集团）股份有限公司

辽宁科学技术出版社

图书在版编目（CIP）数据

围棋死活大事典 / （日）张栩著；苏甦译. —沈阳：辽宁科学技术出版社，2024. 3
ISBN 978-7-5591-3368-7

Ⅰ. ①围… Ⅱ. ①张… ②苏… Ⅲ. ①死活棋（围棋）—基本知识 Ⅳ. ①G891.3

中国国家版本馆CIP数据核字（2024）第018777号

出版发行：辽宁科学技术出版社
（地址：沈阳市和平区十一纬路25号 邮编：110003）
印 刷 者：辽宁新华印务有限公司
经 销 者：各地新华书店
幅面尺寸：145mm × 210mm
印 张：20
字 数：320千字
印 数：1 ~ 4000册
出版时间：2024年3月第1版
印刷时间：2024年3月第1次印刷
责任编辑：于天文
封面设计：潘国文
责任校对：栗 勇

书 号：ISBN 978-7-5591-3368-7
定 价：68.00元

联系电话：024-23284740
邮购热线：024-23284502
E-mail:mozi4888@126.com
http://www.lnkj.com.cn

前 言

死活是围棋非常重要的内容，决定了棋子在棋盘上的生死存亡。围绕着死活的知识和技巧，不论初学者还是高段位，甚至对于职业棋手来说都是必须具备的能力。而基本死活关系到棋局的胜负，是每位对局者都需要学习和了解的。

《围棋基本死活大事典》是一本受到了广大围棋爱好者喜爱的书，这次是时隔30年重新修订的版本。在进行改编的同时会将旧版内容进行整理，同时为了充实书籍内容，会在原有内容的基础上进行再加工。

首先在序章中进行真眼和假眼的解说。第一章“死活”中将活棋、死棋以及中间形（打劫等）分成3种结论分别进行讲解。在第五章“围绕眼位的攻防”中，将是否能够做出一只眼单独作为一个章节讲解。在第六章“手筋”中，从围绕着死活的基本手筋到古典诘题中的经典手筋都进行了分类解说。

经过本次修订，我可以自信地说本书已经大致囊括了基本死活的所有内容。

本书中提及的棋形都可以在实战中找到类似棋形。对于死活能力相对薄弱的读者来说，除了试图解题以外，考虑将棋形全部记住也是一个好办法。既然“基本死活=实战死活”，那么只要可以将书中内容掌握就等于获得了相应的棋力提高。

本书能够顺利出版，要感谢两位职业棋手——桑本晋平和林汉杰，同时还得到了日本棋院出版部小川涉先生的大力支持，在此向各位表示衷心的感谢。各位读者如果能够通过阅读本书使棋力获得提高，将是我最大的荣幸。

张 栩

2014年7月

目 录

凡 例

一、问题图后续会有解答。

二、题目并不仅仅是诘题，考虑到实战进行的可能性，正解可能不止一个。

三、书中会展示代表性的正解下法。失败图、变化图也是一样。

四、“白不活”指的是即使白先也不能做活。“白活”是指即使黑先落子白棋也是净活。

五、解说图标题中会说明结果和使用手段。

六、解说图的题目会提示图中内容。

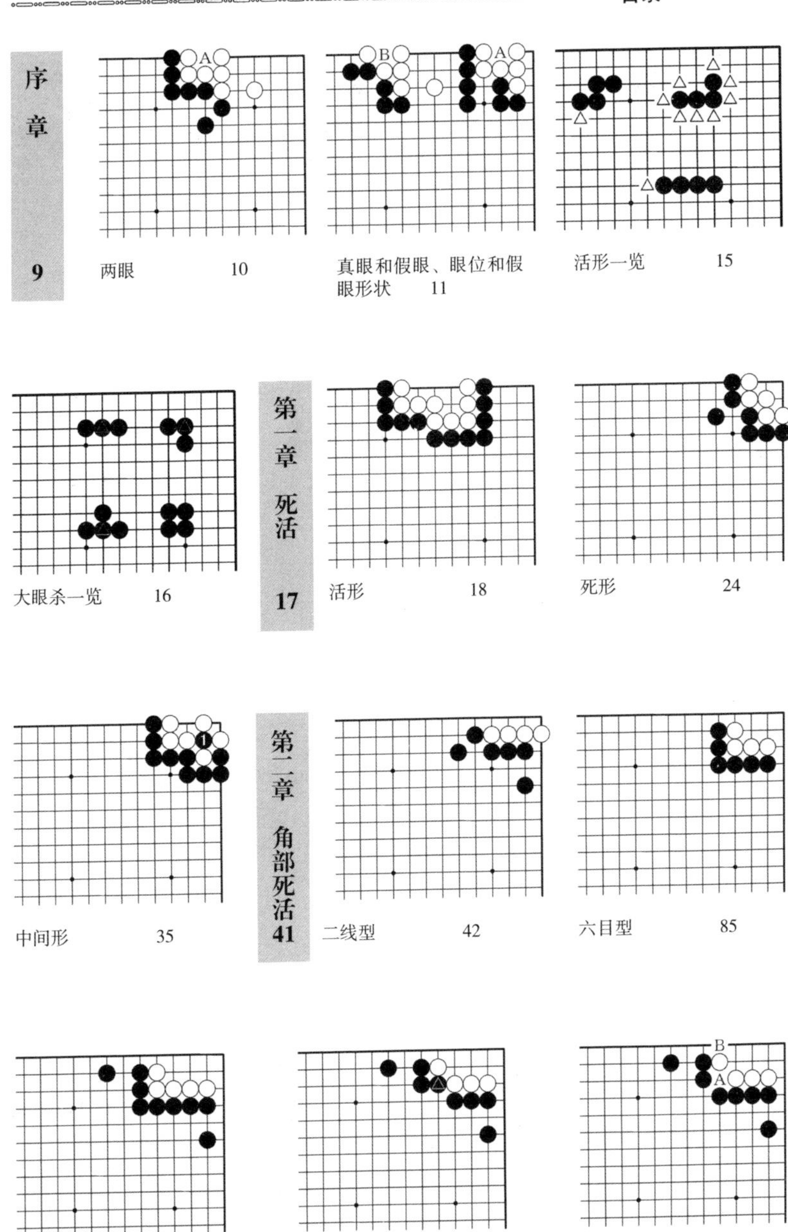

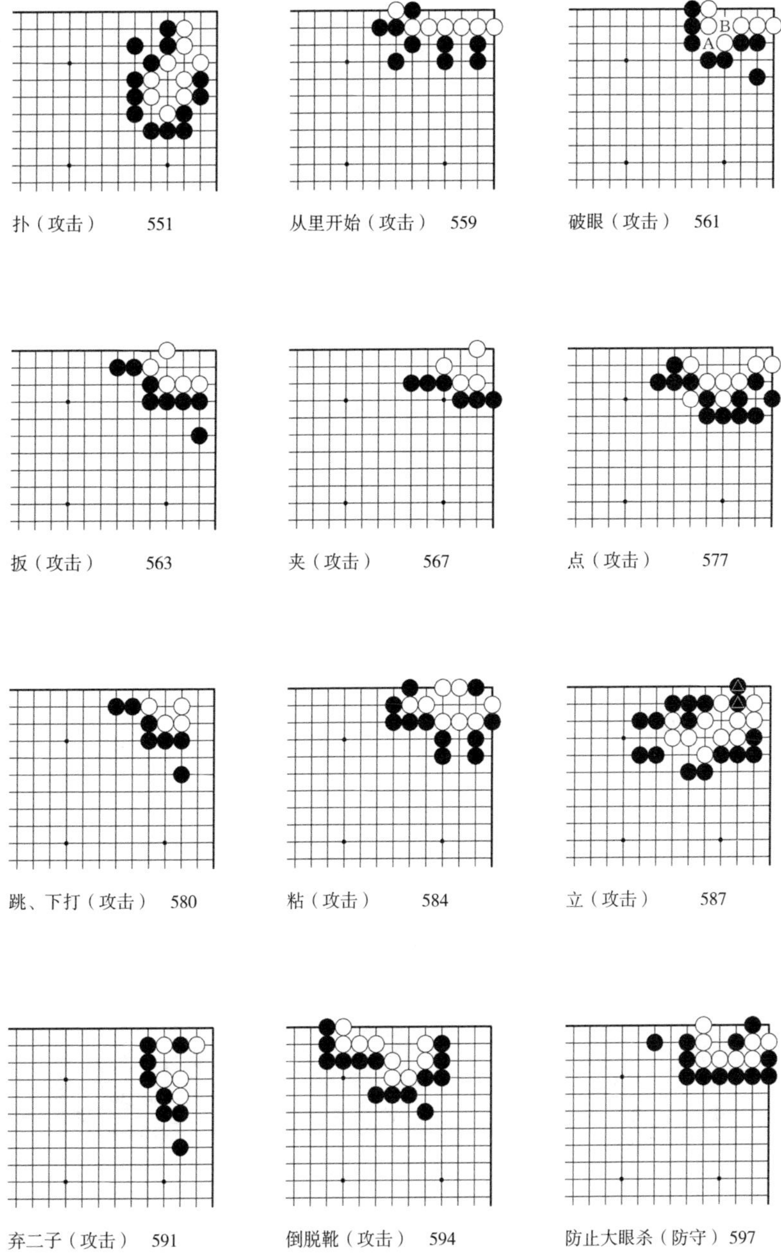

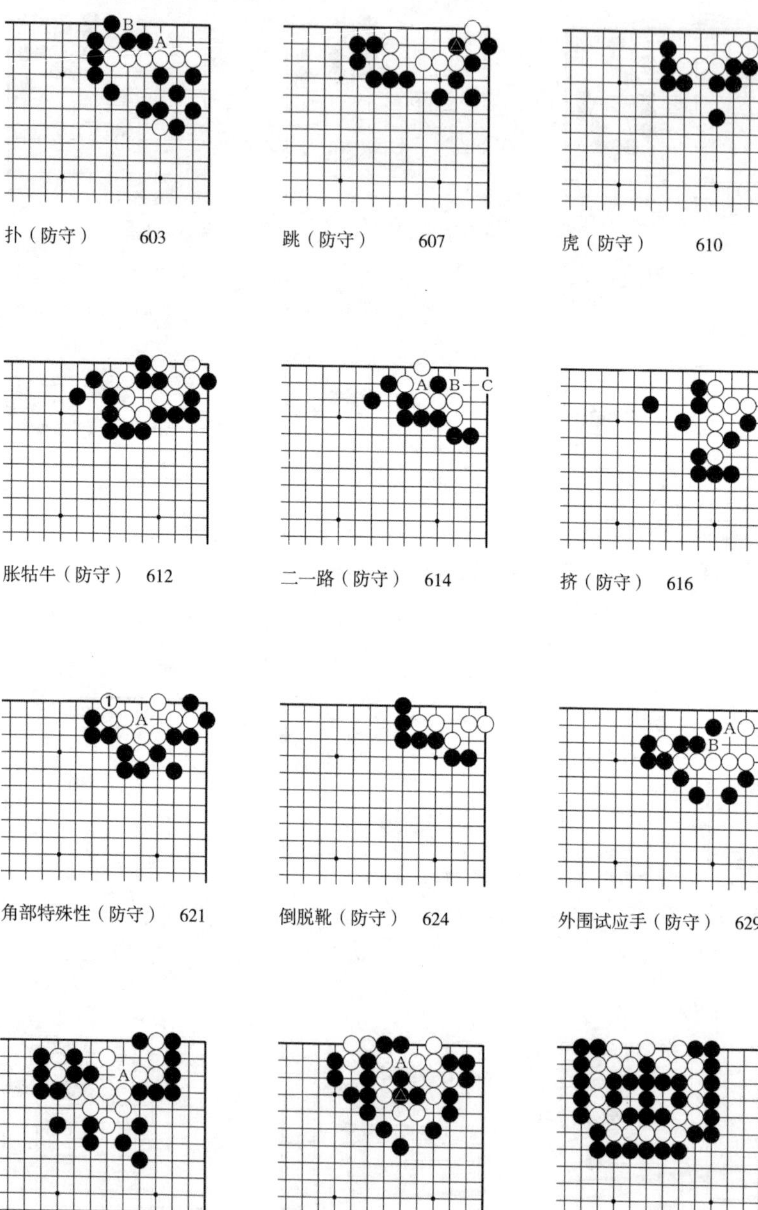

扑（防守） 603

跳（防守） 607

虎（防守） 610

胀牯牛（防守） 612

二一路（防守） 614

挤（防守） 616

角部特殊性（防守） 621

倒脱靴（防守） 624

外围试应手（防守） 629

两个下一手（防守） 634

双提（防守） 6438

双头蛇 640

序章

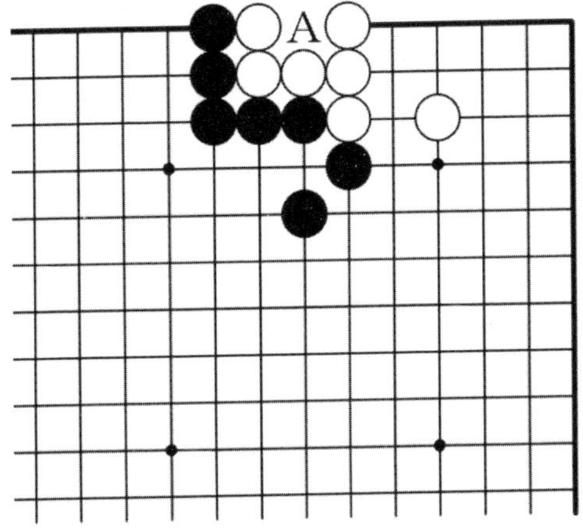

两眼

说到死活首先需要学习的一定是“眼位”的概念。A位就是眼位。需要有两只真眼才能做活。

同时眼位必须是完整的棋形。

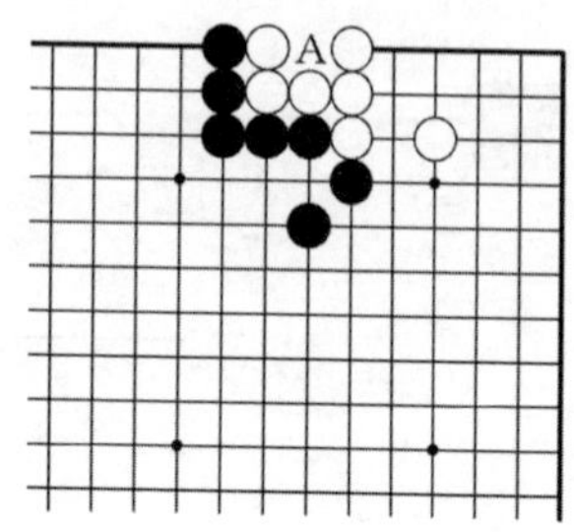

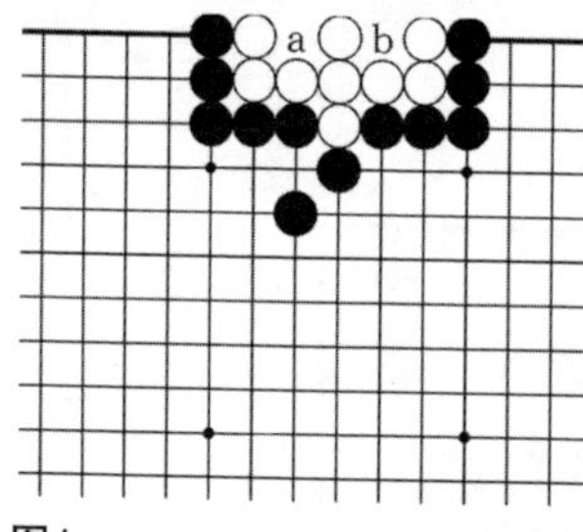

图1

即使被包围

图1（解说1）

a、b位都是“眼位”。

只要有了这样的两只眼位，即使被黑棋完全包围也不会担心死活问题。

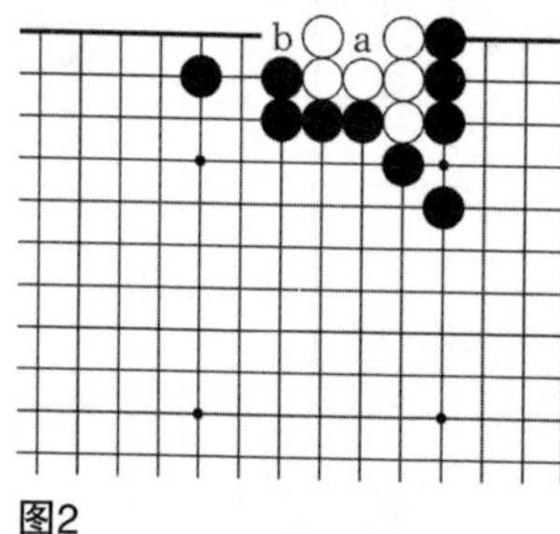

图2

如果只有一只眼

图2（解说2）

此时只有a位一只眼。在这种情况下，只要黑棋b位紧气，即可黑b提子。

也就是说，白棋已经净死。

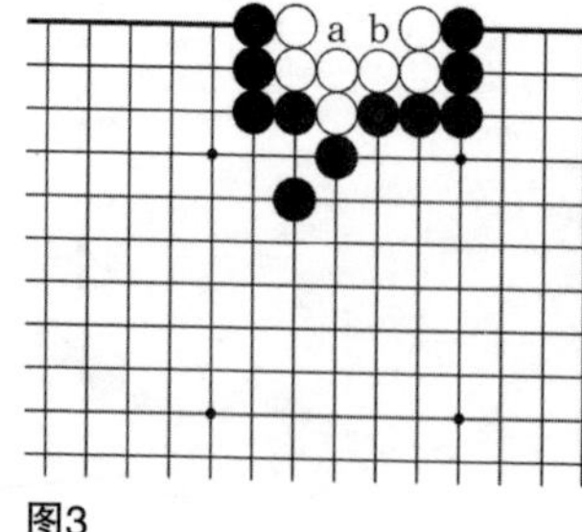

图3

即使有二目也是一只眼

图3（解说3）

本图白棋也不是两只眼。黑a扑，白b提交换之后，可以看出白棋只剩下一只眼。

必须如图1那样分别做眼才行。

真眼和假眼

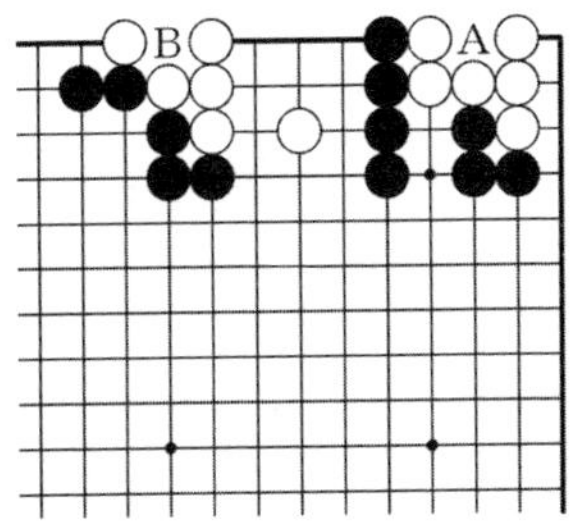

眼位根据棋形有真眼、假眼之分。

A位是真眼，B位是假眼。攻击的一方要试图将对方的眼位变成假眼，防守的一方要努力做出真眼。

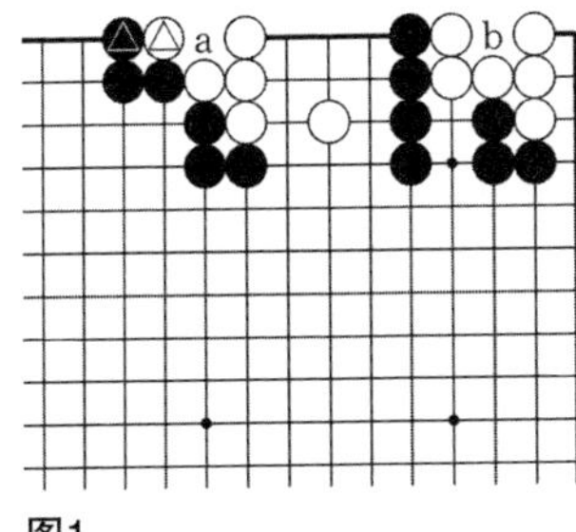

图1

不同

图1（解说）

左侧的白棋，如果黑▲打吃白△，接下来黑可以a位提。如图所示，“假眼”是对手可以进入的位置。

右侧b位的“真眼”，是禁入点，黑棋不能落子。

眼位和假眼形状

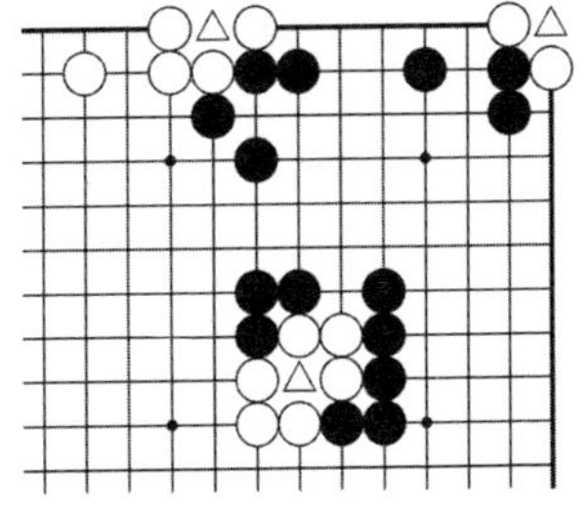

图中的△在角上、边上、中央的棋形都是假眼。

在各个局部的棋形都是眼形，但却都是假眼。

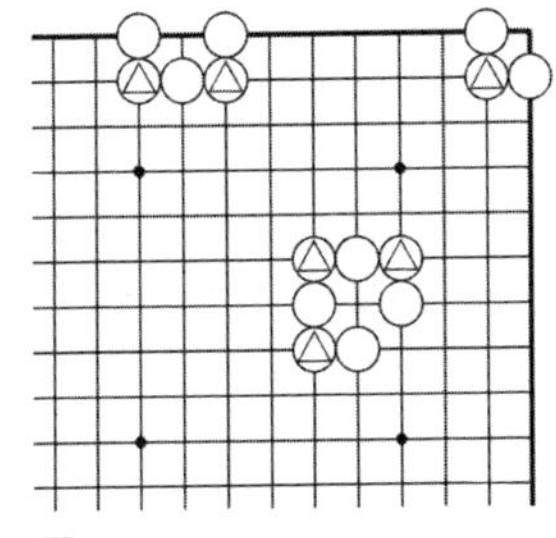
图1

占据眼形要点

图1（解说1）

为了在角上形成真眼，△位棋子必不可少。如果这个“角”被黑棋占据，就变成了假眼。

边上的眼形必须占据2个△“角”、中央4个“角”必须抢占3个才能确保眼形。

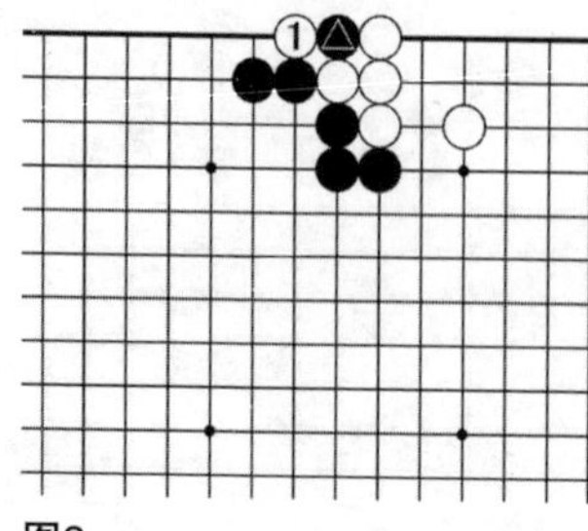

图2

即使提子

图2（解说2）

本图即使白1吃掉黑一子，▲处仍然是假眼。

此时白棋没有获得真眼的可能。

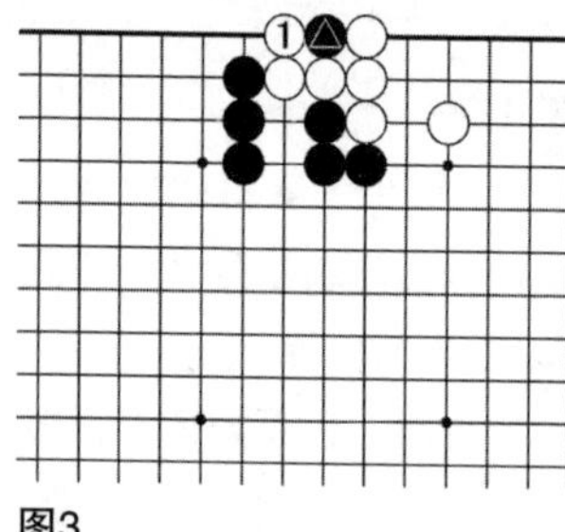

图3

这是真眼

图3（解说3）

此时如果白1提子，则▲处就是真眼。

但是如果回退一步的话——

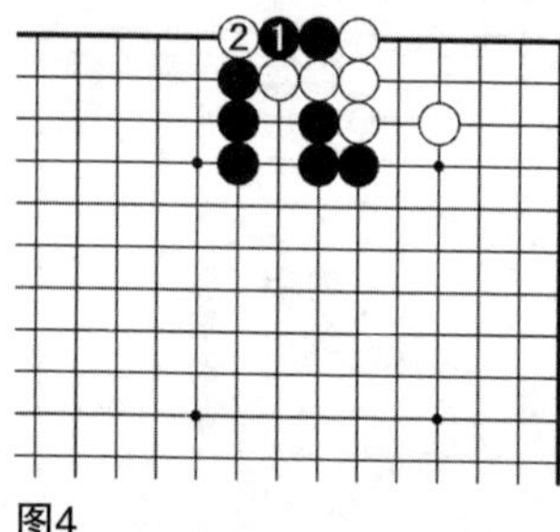

图4

虽然无法逃脱

图4（解说4）

黑1可以送吃。白2提掉黑二子——

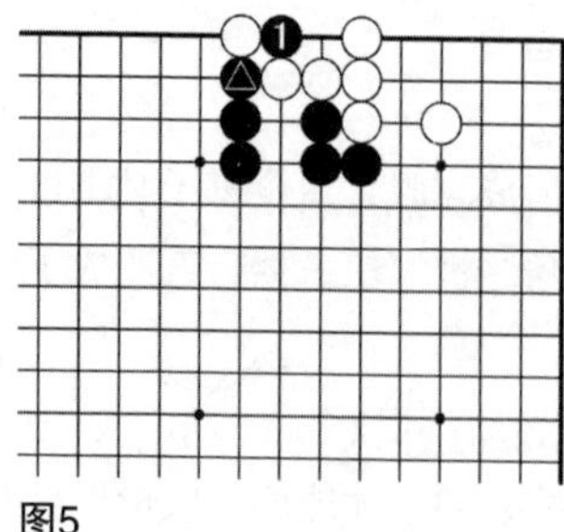

图5

占据眼位要点的棋形

图5（解说4续）

黑1扑。这样可以将白棋变成假眼。

也就是说，只要黑▲位有子，就可以破掉白棋眼位。

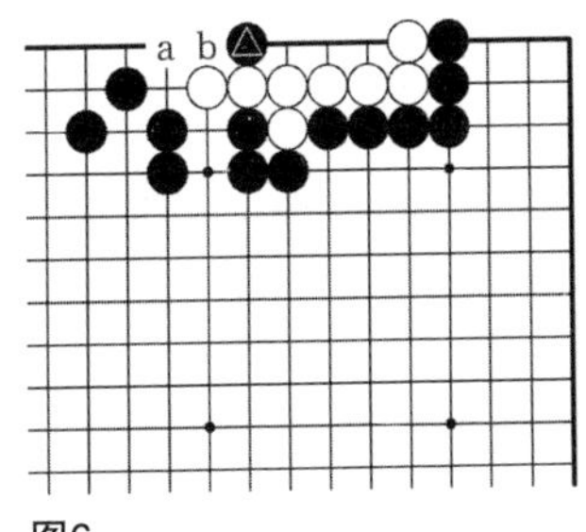

图6

即使已经被吃

图6（解说5）

假如是本图的情况。黑▲已经被吃，如果黑a、白b交换，白棋已经净活。

但是如果了解了送吃可以破眼的下法——

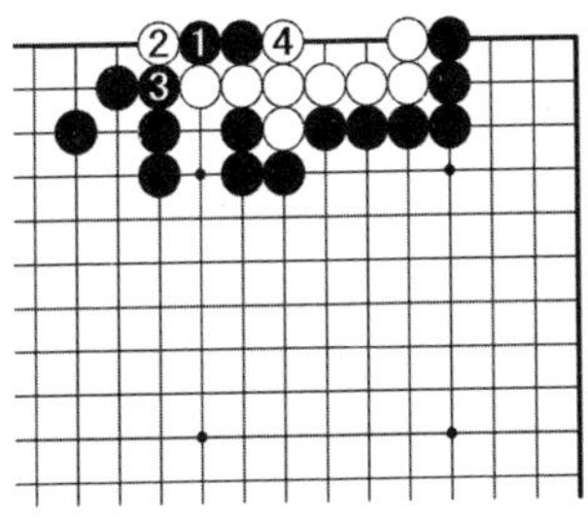

图7 ❺（❶）

多弃一子

图7（解说5续）

黑1选择多弃一子。白2、4虽然可以吃掉黑二子，但黑5扑破眼，白净死。

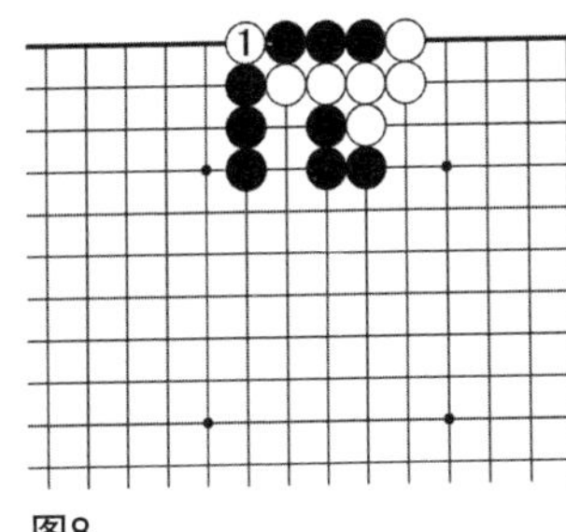

图8

送吃三子呢？

图8（解说6）

如果是三子被吃结果如何呢？与上图相同，白1提子——

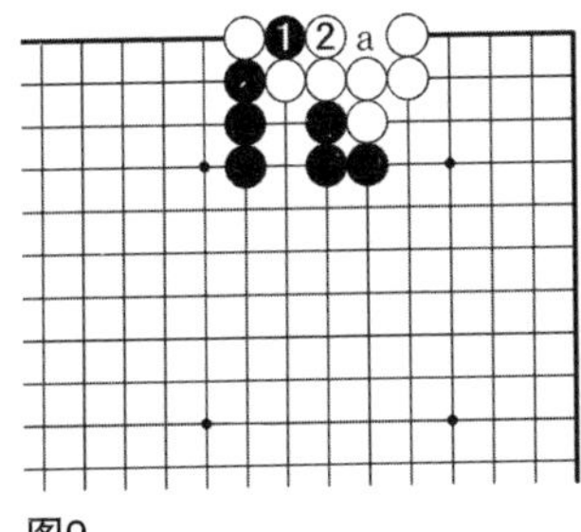

图9

不是假眼

图9（解说6续）

黑1扑。但此时白2提，a位还有一个真眼。

此时可以得出结论，送吃二子可以破眼，送吃三子无法破眼。

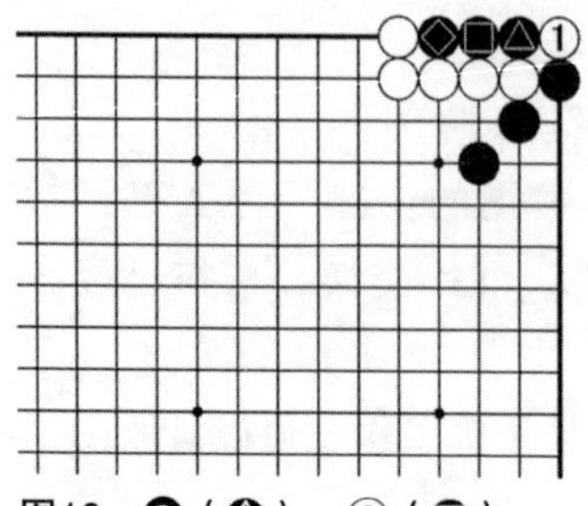

图10　❷（▲）　③（■）

角上相同

图10（解说7）

这个法则不仅适用于边上，角上和中央结果也是一样。

白1提掉三子，黑2提，白◆仍然有一只眼。

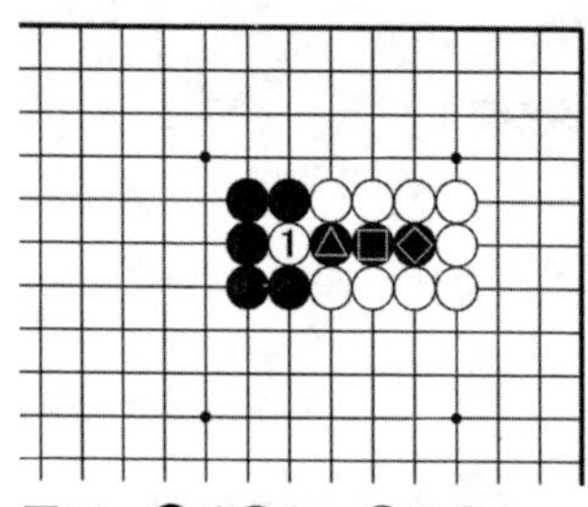

图11　❷（▲）　③（■）

中央也是一样

图11（解说8）

如果在中央，白1提，黑2提，白3■同样可以做出一只真眼。

对局中不论攻击的一方还是处于防守的一方，都需要牢记这个眼位的准则。

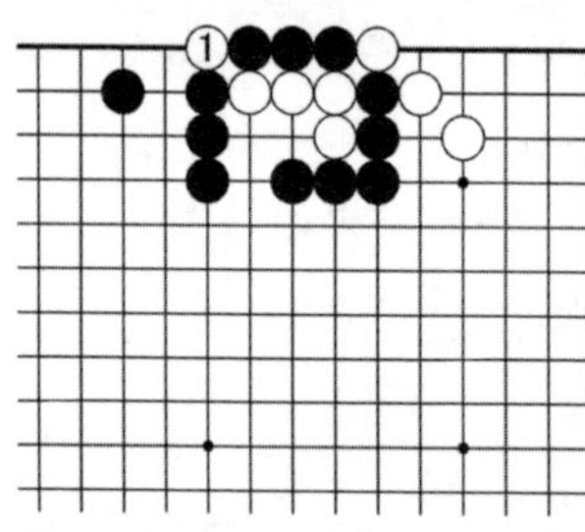

图12

例外

图12（解说9）

凡事总有例外。如本图的棋形，白1即使提掉三子也无法获得一只真眼。

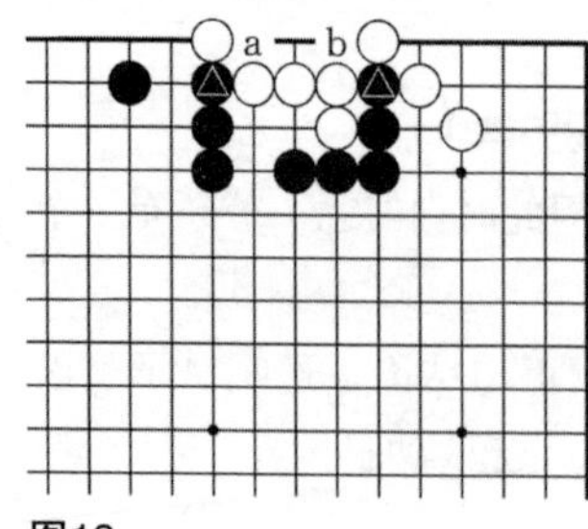

图13

两边要点被占

图13（解说9续）

后续白若a位粘，则黑b扑；白b粘，则黑a扑破眼即可。

在两边▲位被占的情况下，无法获得真眼。

活形一览

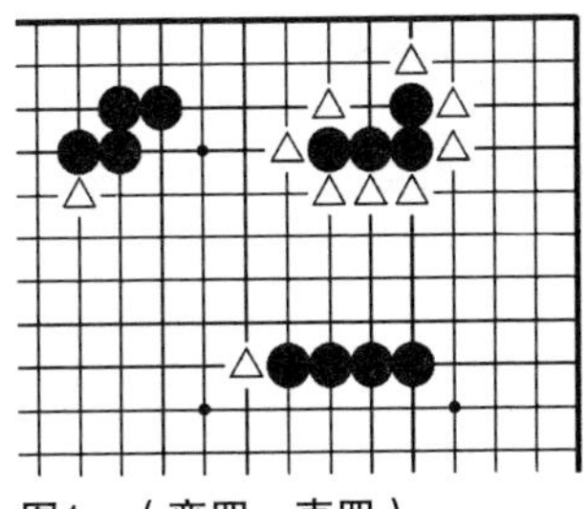
图1 （弯四、直四）

图1中是四目活形。如果能够吃掉这样的4颗棋子（或者是做出这样的棋形）就是活棋。或者如果在△加一子就是五目活形。

图2～图7都是利用这一点形成的双活。

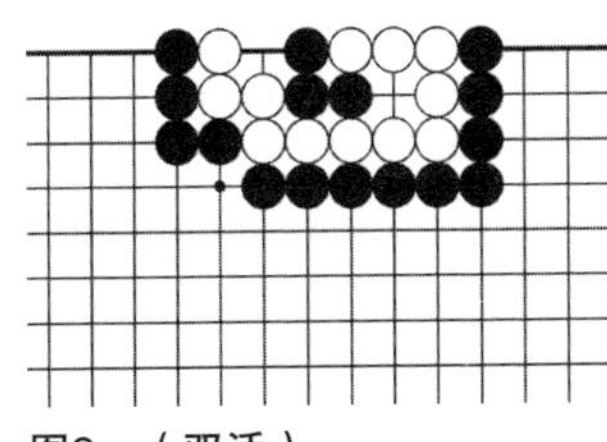
图2 （双活）

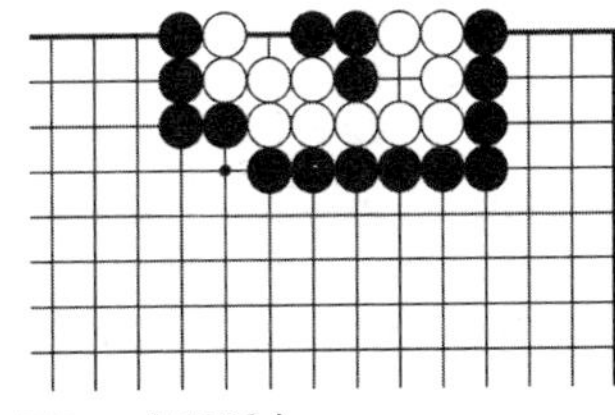
图3 （双活）

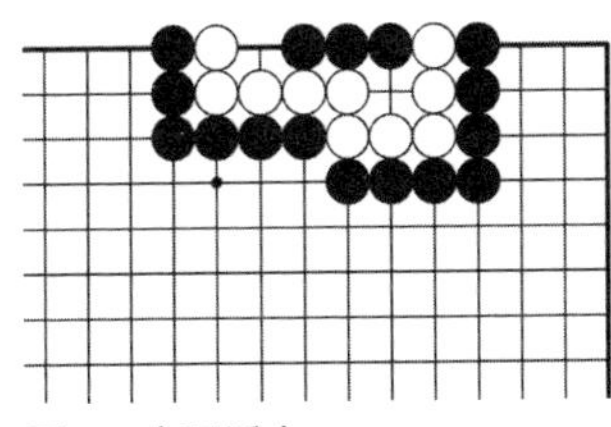
图4 （双活）

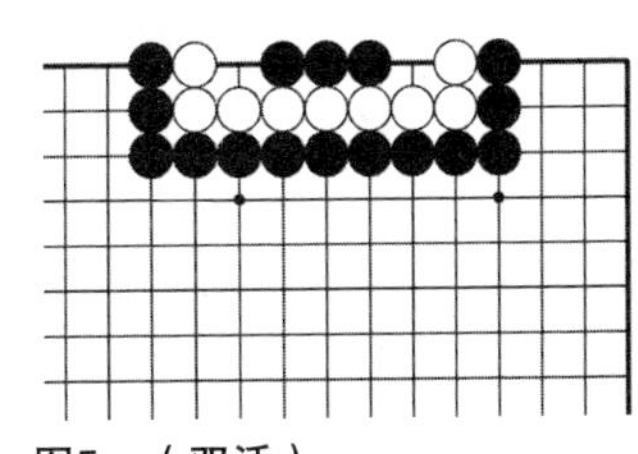
图5 （双活）

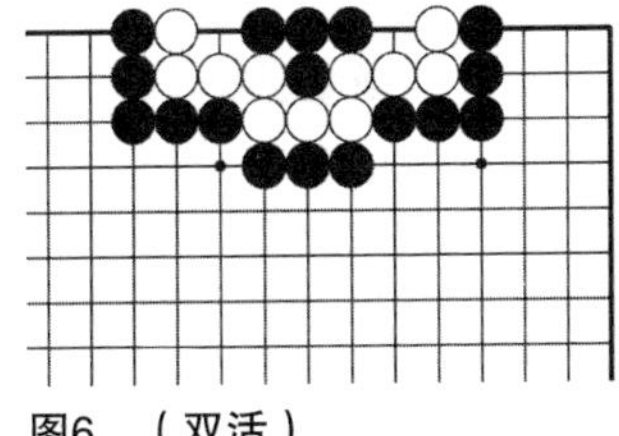
图6 （双活）

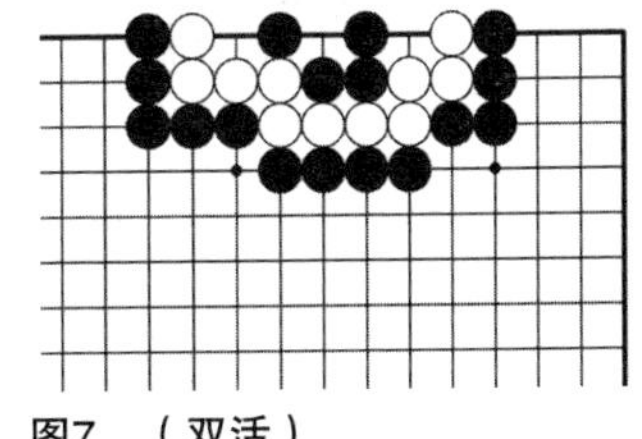
图7 （双活）

大眼杀一览

图1、图2都是大眼杀的图形。这个棋形如果被吃（或者形成这个棋形），△位急所。一旦被对手抢占就是净死。黑a（图6是先a、再b的次序）即可净吃。

（第26～33页有详细解说）

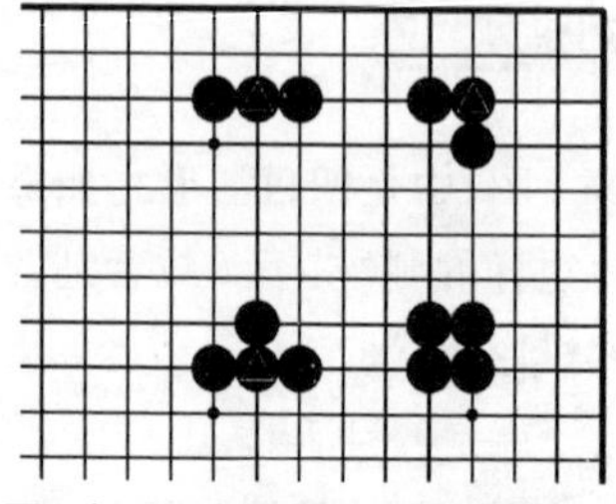

图1（三目大眼杀、四目大眼杀）

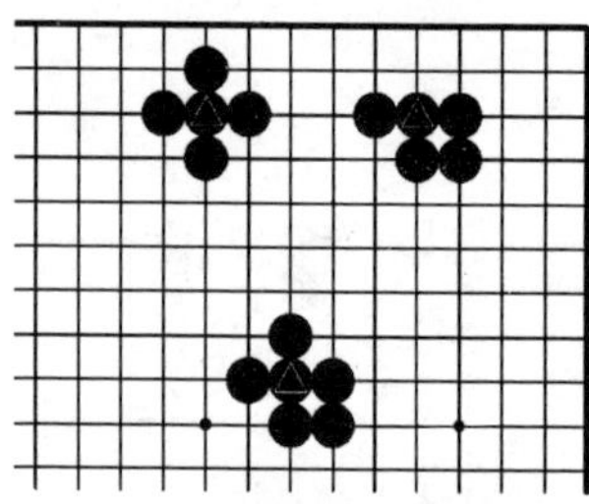

图2（五目大眼杀、六目大眼杀）

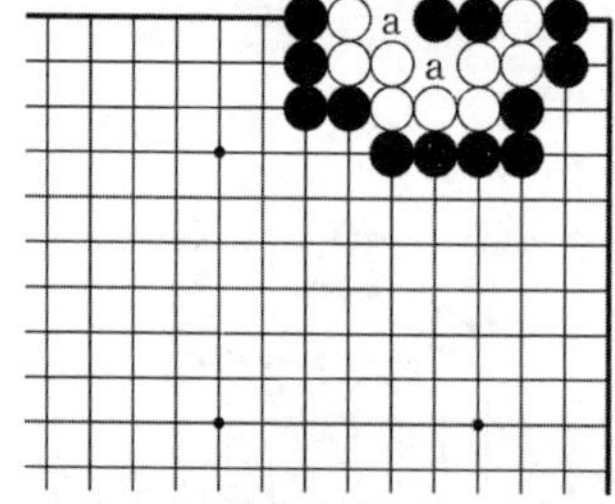

图3　（三目大眼杀）

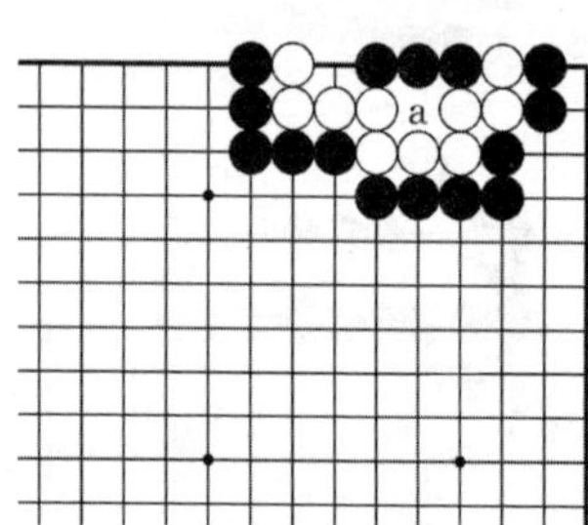

图4　（四目大眼杀）

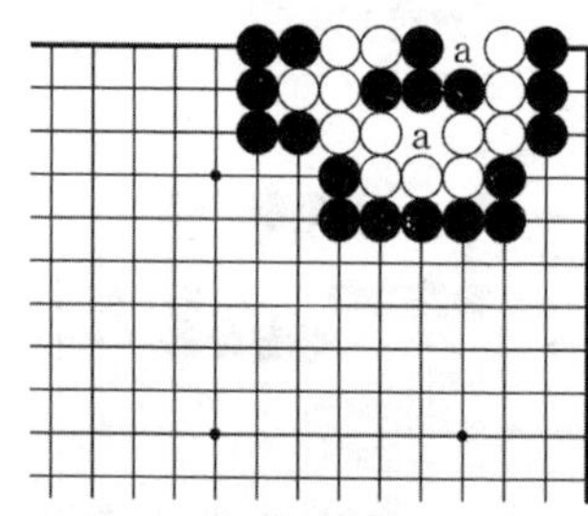

图5　（五目大眼杀）

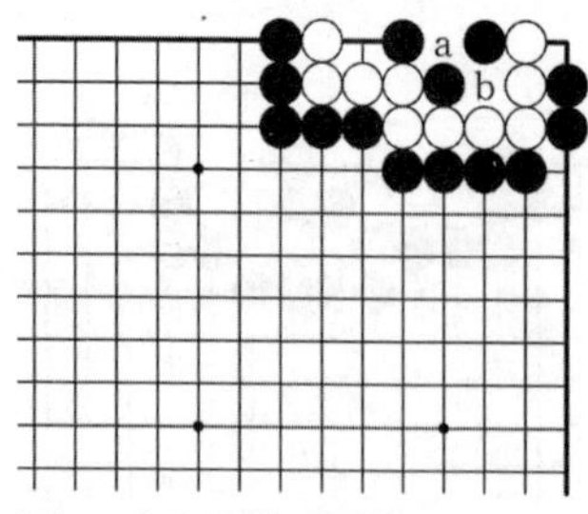

图6　（五目大眼杀）

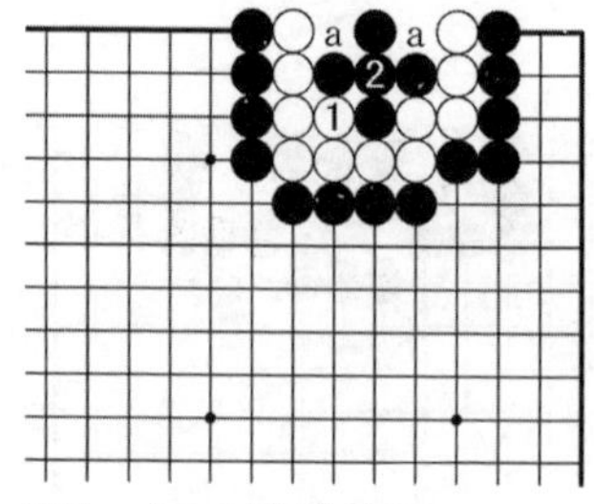

图7　（六目大眼杀）

第一章

死活

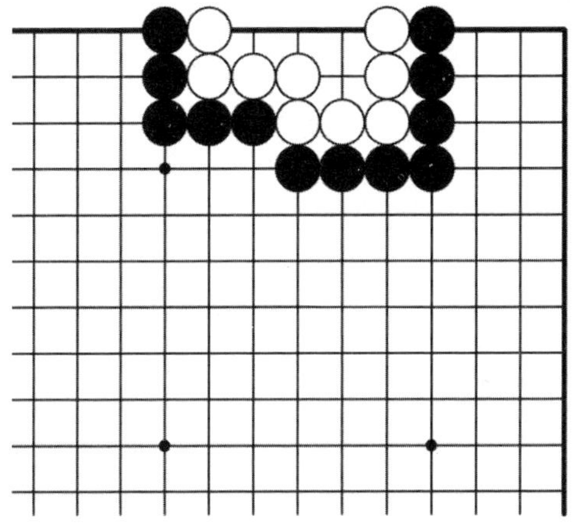

活形

第1型 四目活形

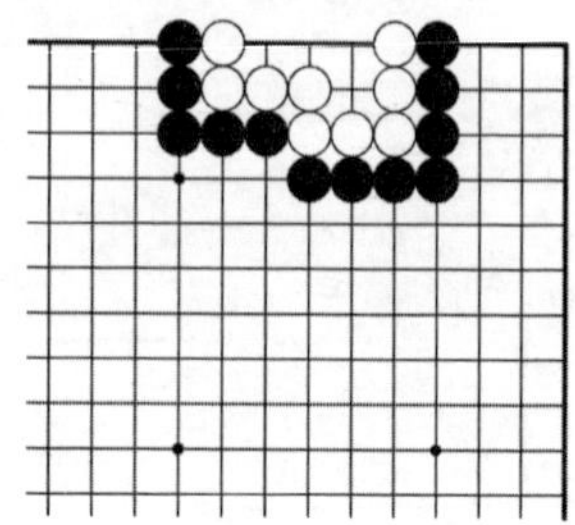

本图被称为“曲四”，即使黑先落子也已经无法吃掉白棋。

也就是说，白棋此时是净活。

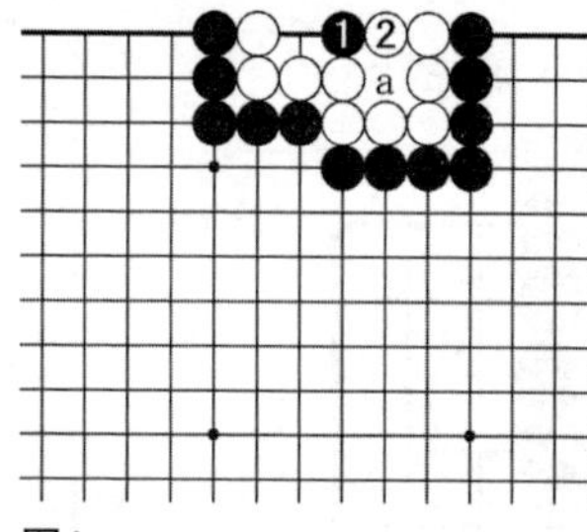

图1

分别做眼

图1（解说1）

从黑棋的角度来思考一下杀棋的下法吧。黑1点、白2做眼。这样a位和黑1的位置白棋确保了眼位，白棋净活。

黑1若下在a位，则白1打吃。

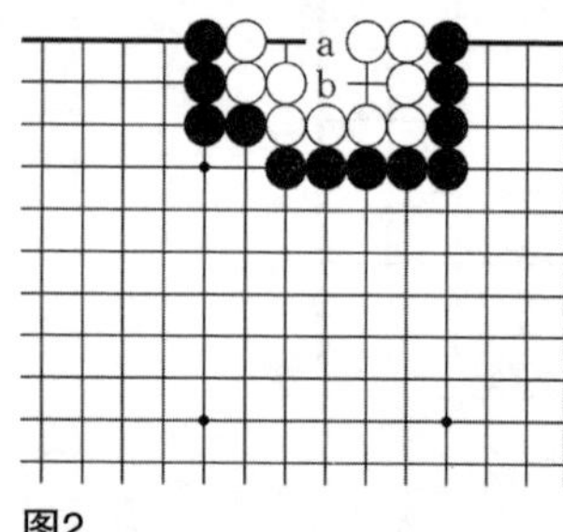

图2

这样也是曲四

图2（解说2）

虽然稍有区别，但本图的棋形也是“曲四”活形。黑a破眼，白b打吃；黑b点，白a应对。

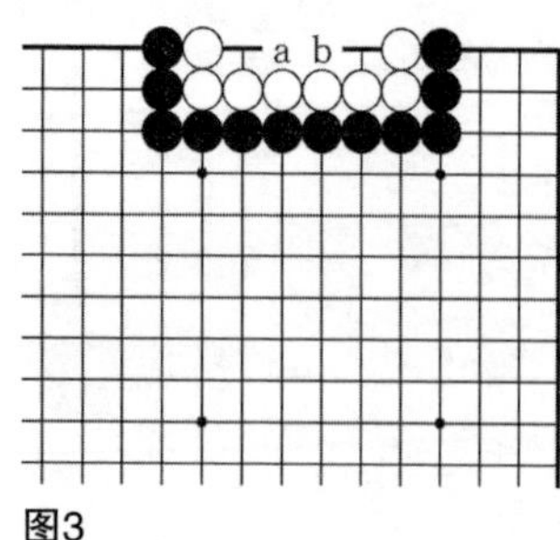

图3

直四

图3（解说3）

本图被称为“直四”。与“曲四”一样都是活形。

黑a，白b；黑b，白a。

第2型 五目活形

五目棋形中，会被大眼杀的棋形只有两种。

而净活的棋形有很多。

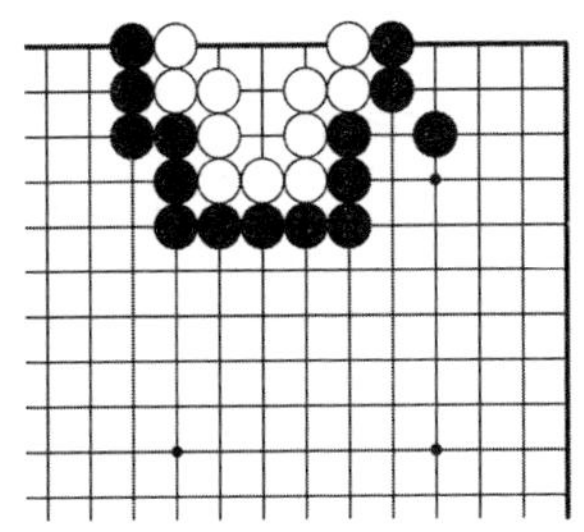

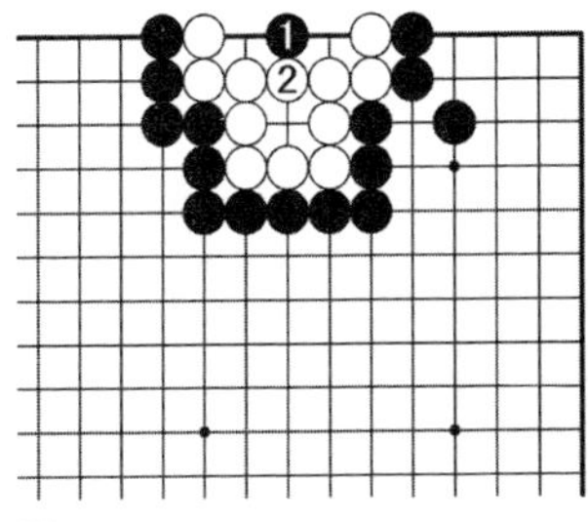

图1

见合

图1（解说1）

黑1点，白2做眼即可。

黑1若在2位挖，白1位打吃仍然是活棋。

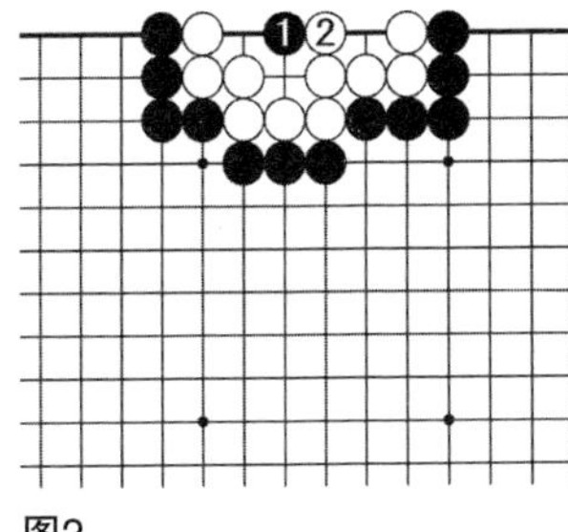

图2

这样也是活棋

图2（解说2）

本图也是五目活形。黑1点，白2挡做眼。

黑1若下在2位，白1打吃应对。

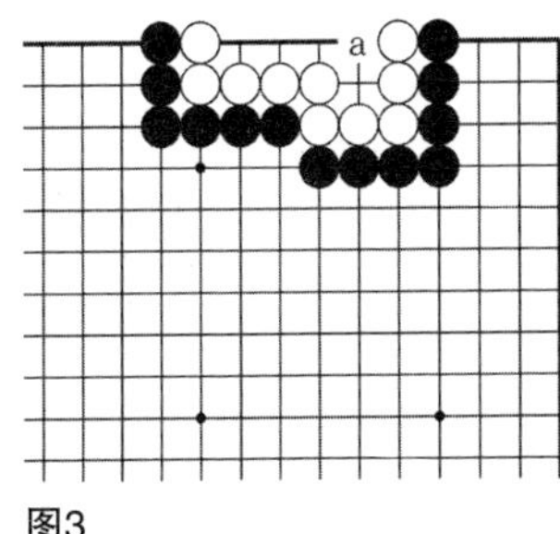

图3

充足

图3（解说3）

本图的情况下，黑若在a位点，白棋脱先仍然是净活。

五目眼形的情况下，其他活形还有很多。

第3型 六目活形

六目大眼杀的棋形名为“花六”（请参考第32页），只此一种。除此之外的六目棋形都是活棋。

其中，“板六”是六目中的代表性活形。

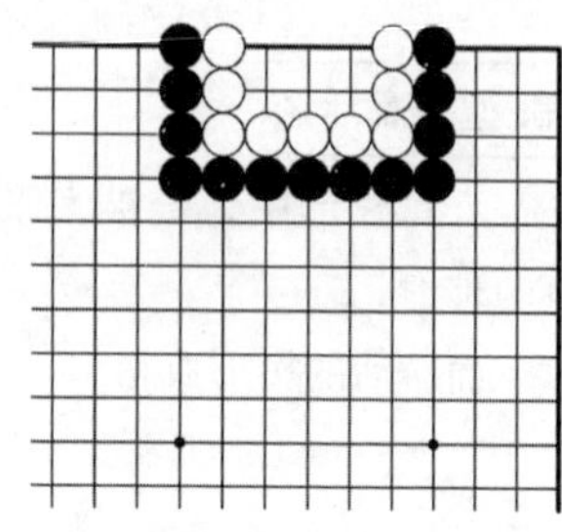

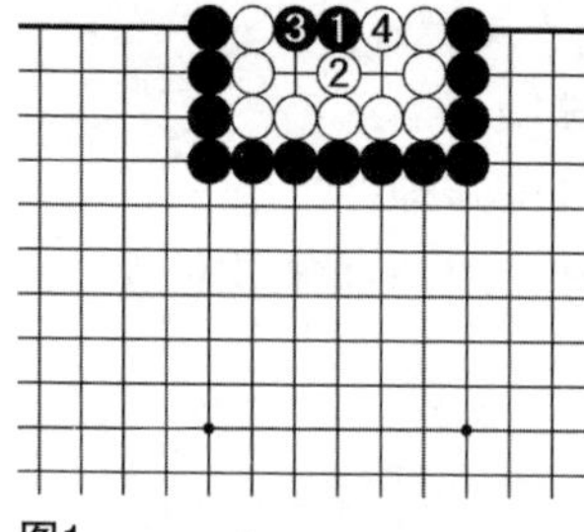

图1

急所

图1（解说1）

黑1中间点，白2顶是此时的棋形急所。黑3、白4两眼做活。

如果白4脱先——

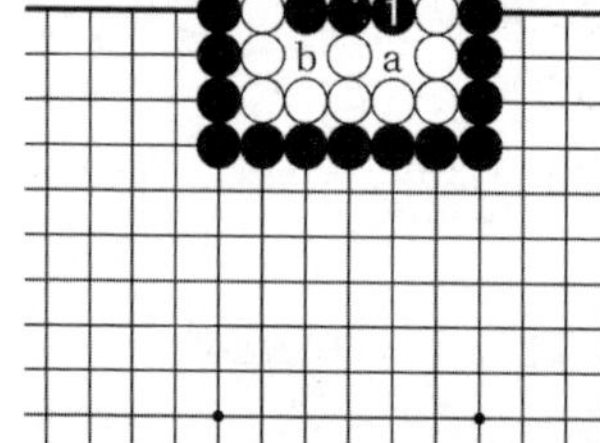

图2

双活

图2（解说2）

面对黑1顶，白脱先即可。后续黑a、白b，形成“弯四”活形。也就是说，此时是黑白双方都不会出手的局面（见下页解说）。结果双活，白棋没有目数。

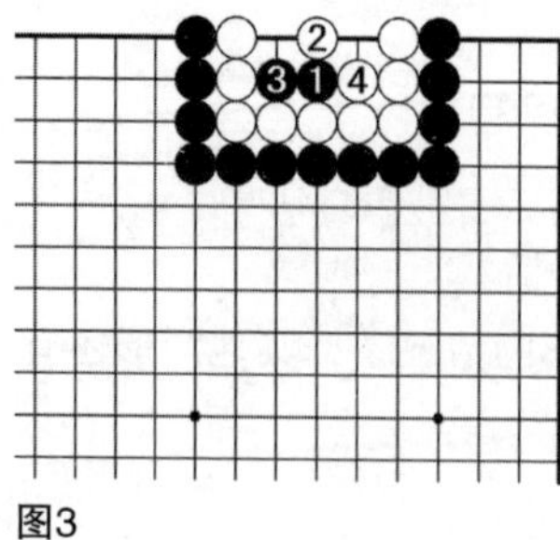

图3

见合

图3（解说3）

回到最初的棋形。黑1点，白2夹。黑3、白4可以形成两只眼。

白4与图2一样可以脱先。黑4之后形成双活。

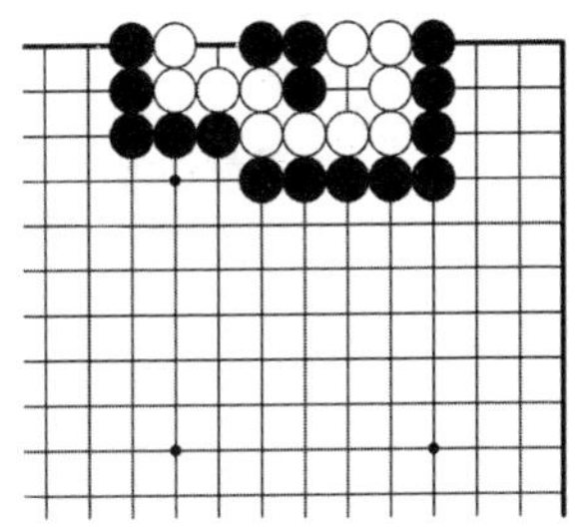

第4型 双活

右图所示就是“双活”。白棋无法动手吃掉黑棋，同样黑棋也不能下手吃掉白棋。

所以本图白棋是活棋。

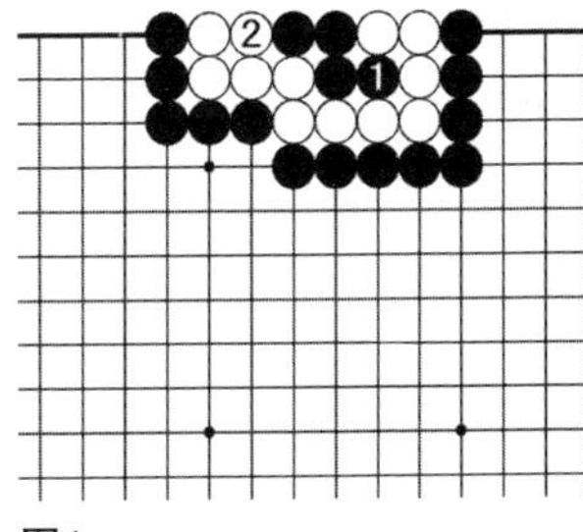

图1

如果送吃

图1（解说1）

黑1送吃，白2提掉四子。

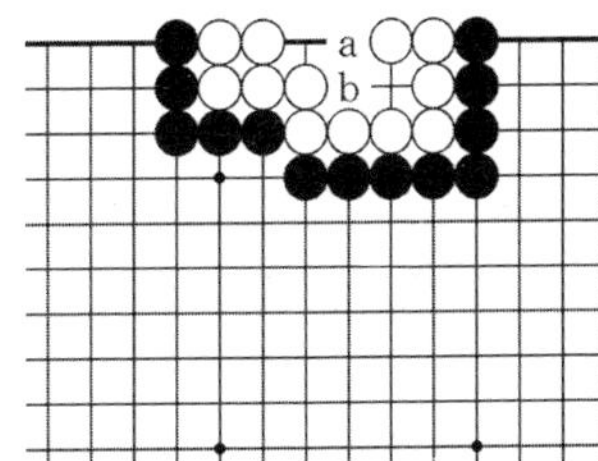

图2

见合

图2（解说1续）

提掉四子已经变成本图的棋形。

接下来黑a点，白b打吃；黑b点，白a做活。

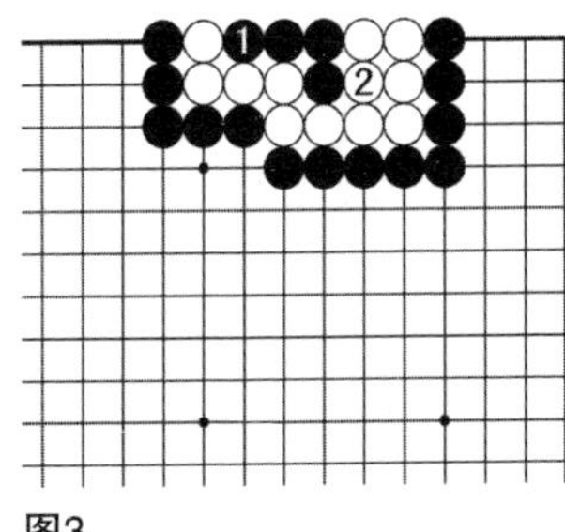

图3

曲四

图3（解说2）

此时黑1送吃，白2提。

此时的棋形也是“曲四”，白棋净活。

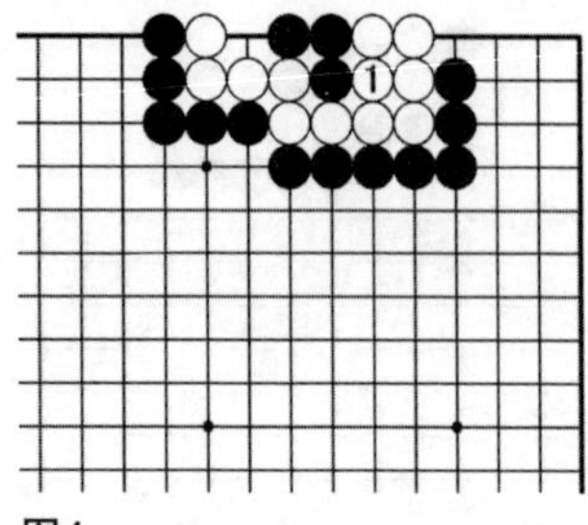

图4

“自毁”

图4（解说3）

即使白棋还有外气，此时白1也是绝对不可以出现的选点。这样一来形成了“三目大眼杀”的死形。

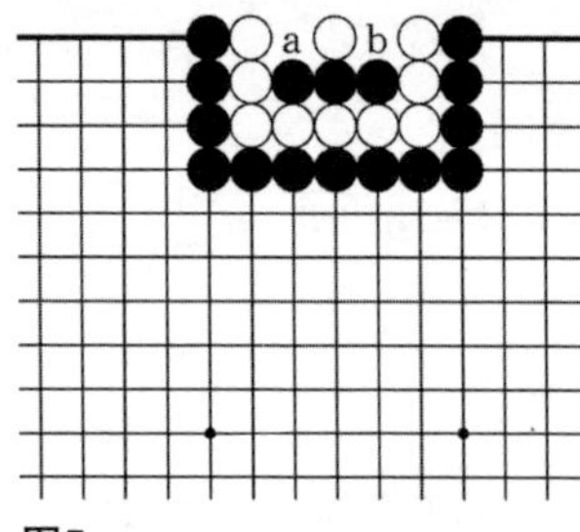

图5

这样也是双活

图5（解说4）

本图也是双活。黑a则白b。

同样，白棋不能先在此处落子。

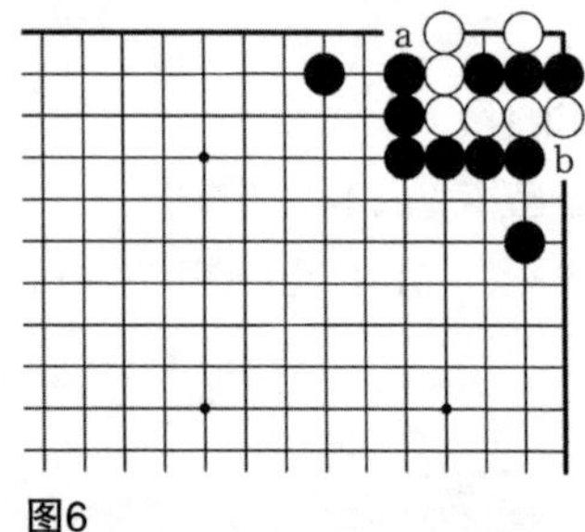

图6

不是双活

图6（解说5）

虽然与图5相似，但本图并不是双活。一旦a、b两处被紧气，白棋就被打吃。

这是“三目大眼杀”的死形。看到本图很容易出现错觉，一定要引起注意。

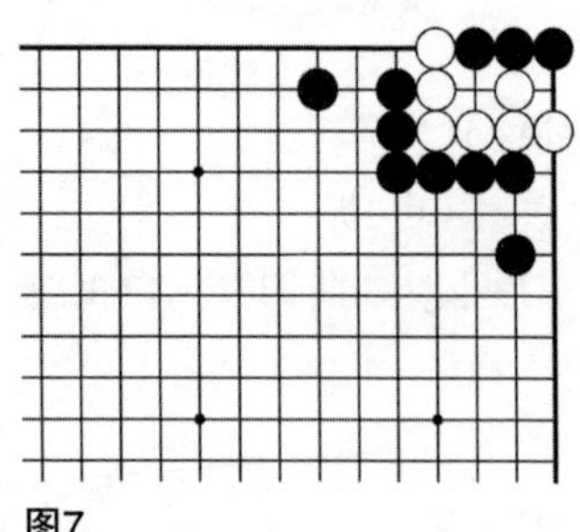
图7

盘角曲四

图7（解说6）

本图看似双活，其实不然。

关于本图会在“盘角曲四”中进行讲解（第34页）。

第5型 双劫循环

白棋的角上没有危险。

本图看起来似乎很像是“打劫”（见第37页解说），但即使白棋此时脱先他投也已经是活棋。

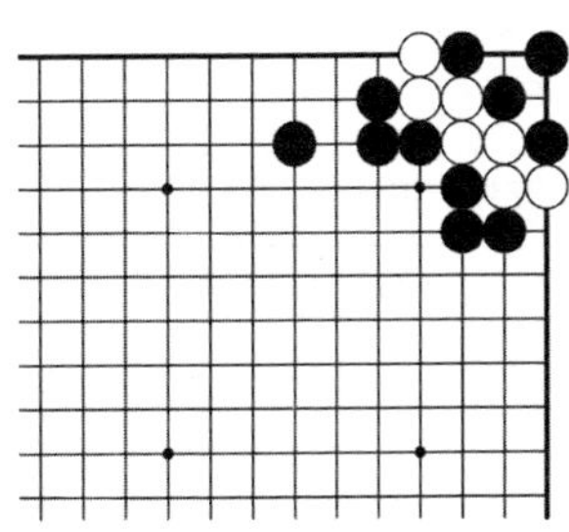

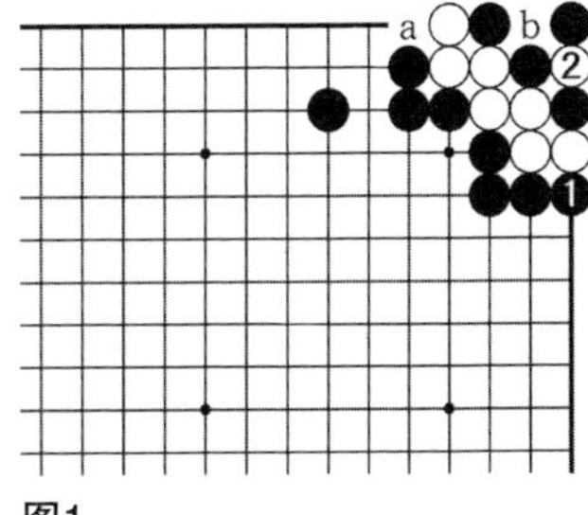

图1

平凡

图1（解说1）

黑棋想要吃掉白角上数子，首先要先在1位或者a位打吃。白棋只要在2位或者b位提即可。

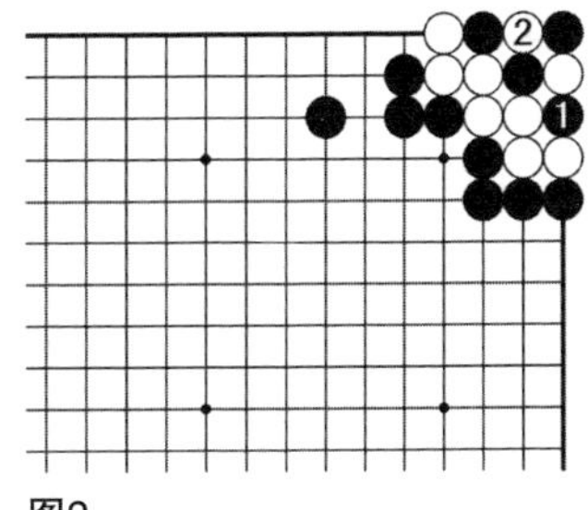

图2

反复提劫

图2（解说1续）

接上图，假如黑棋找到劫材，黑1提劫，白只要在2位提劫即可。

接下来黑棋再提劫，白只要在另一边提劫应对就可以确保活棋。

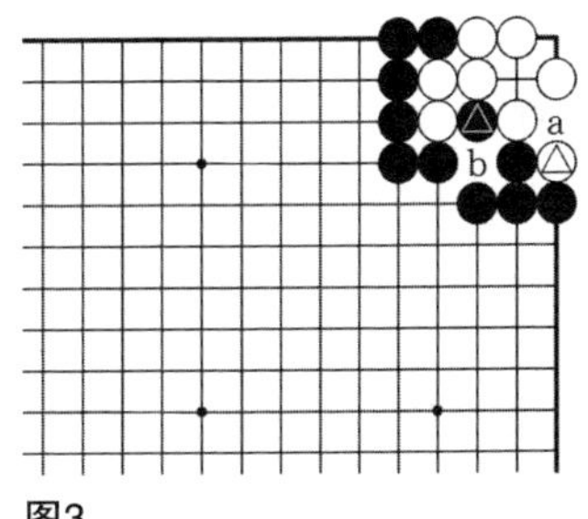

图3

这样也是双劫循环

图3（解说2）

本图也是“双劫循环”。黑a提，白b提。后续黑找到劫材▲位提、白△提劫还是净活。

最终的结果是黑b、白a交换，白棋在角上获得两只真眼。

死形

第1型 三目大眼杀

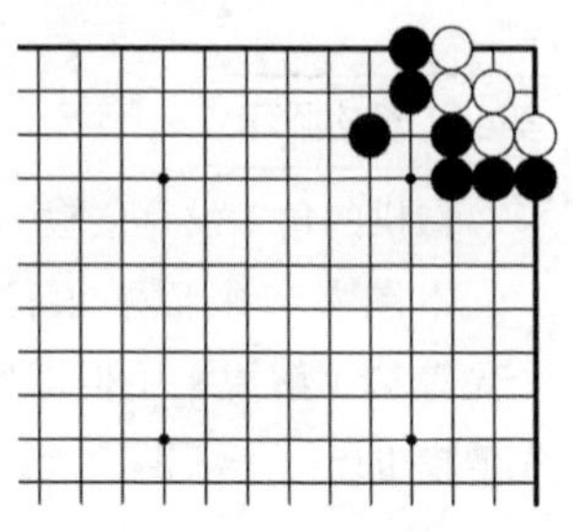

本图是死活基本图之一，大眼杀。

如果此时轮到黑棋落子，角上白棋是经典的“三目大眼杀”的棋形，所有的大眼杀最终都会变成三目棋形。

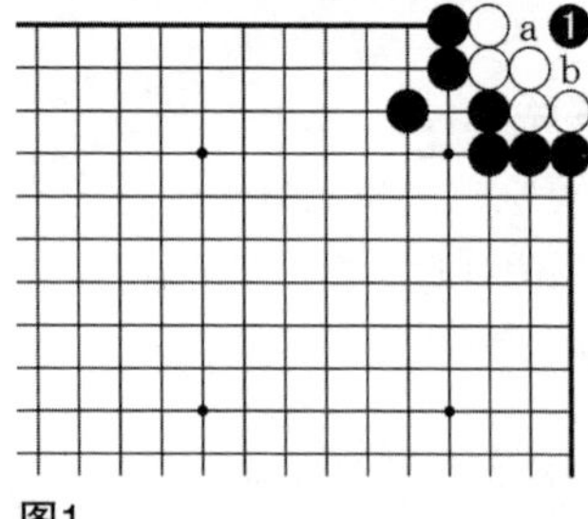

图1

此处点杀

图1（解说1）

黑1是“三目大眼杀”的急所。这样一来白棋已经无法获得两只真眼，后续白不论下在a位还是b位都在紧自身的气，净死已成必然。

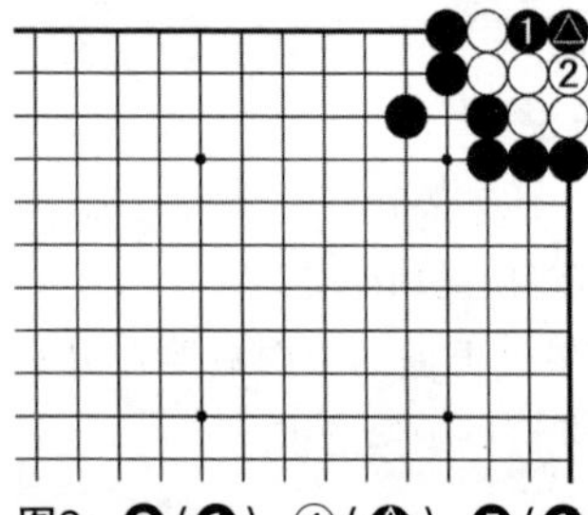

图2 ❸（❶），④（▲），❺（❶）

黑棋开始攻击

图2（解说1续）

此时如果黑棋先落子，可以在1位扑（2位也可）。白2提，黑3扑，黑5提。

本图的行棋次序仅供参考，在实战中黑棋并不需要特意花手数将白棋提净。

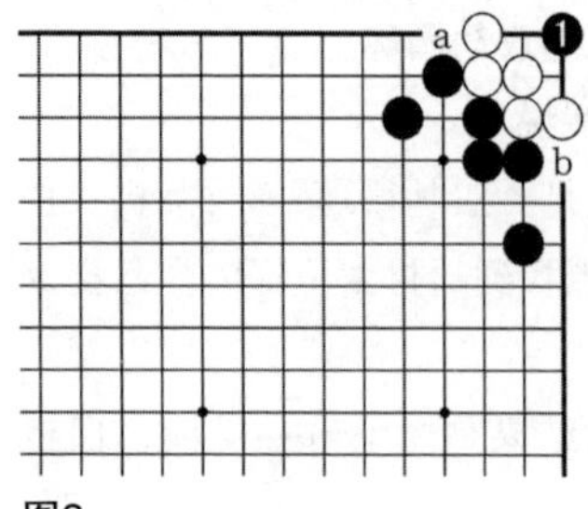

图3

与气无关

图3（解说2）

在大眼杀的情况下，是否有外气不影响死活结果。

即使白有a、b两口外气，只要白棋无法逃出仍然是净死。

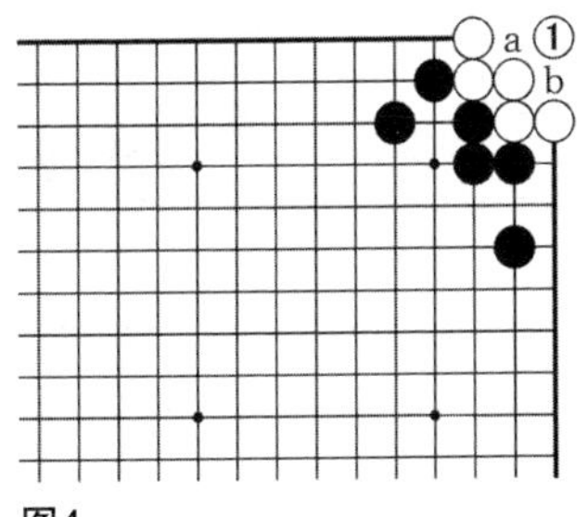

图4

如果白先

图4（解说3）

如果轮到白棋先落子，此时白1做眼同时确保了a、b两只真眼。白棋净活。

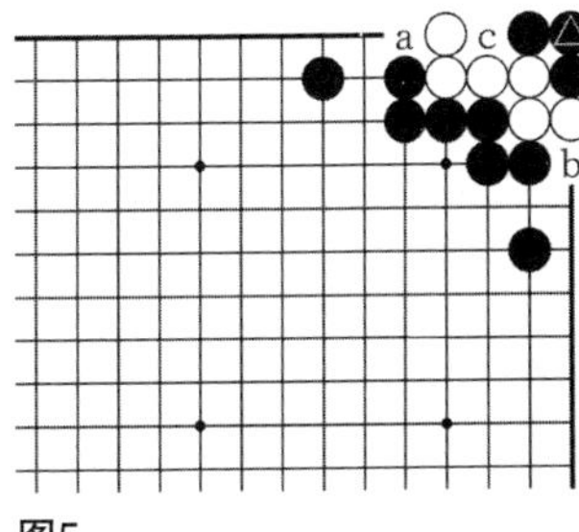

图5

实战中的三目大眼杀

图5（解说4）

本图也是“三目大眼杀”的棋形。只要白棋不能逃出，黑棋将a、b处紧气，哪怕白棋在c位提子，黑▲点，白棋净死。

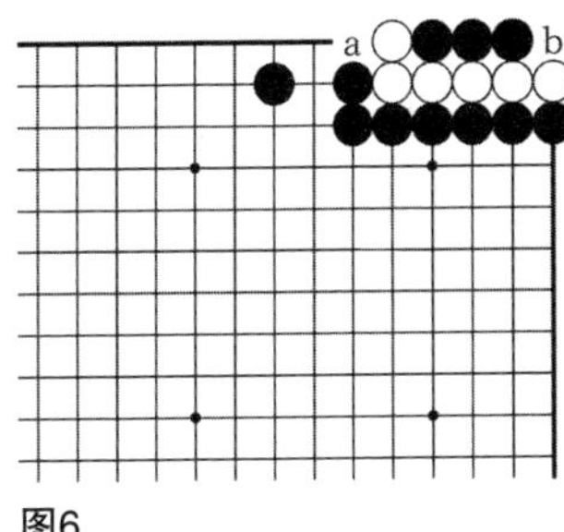

图6

这也是三目大眼杀

图6（解说5）

这也是“三目大眼杀”的棋形。与上图不同的是本图是“直三”的棋形。

接下来黑棋a位紧气，白必须b位提——

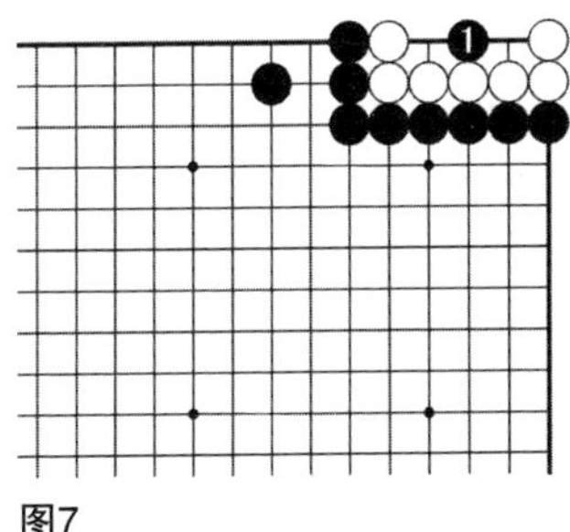

图7

急所

图7（解说5续）

黑1点是“三子中间”的急所，同样是大眼杀的要点。

实战中图5、图6的棋形出现较多，要注意不要与双活的棋形混淆。

第2型 四目大眼杀

本图白角上空间多了一个交叉点。

棋形虽然宽敞了，但急所仍然一目了然。黑棋还有一击必杀的手段。

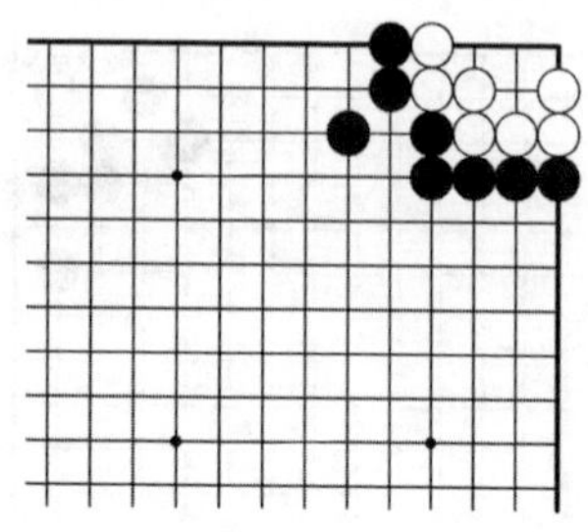

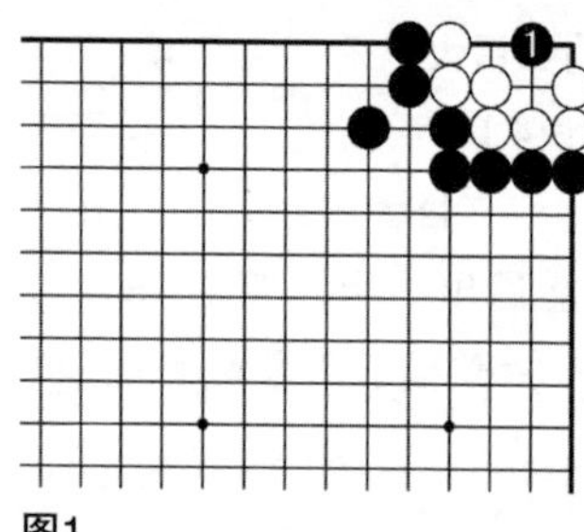

图1

急所

图1（解说1）

黑1急所。白棋不论如何应对都会变成“三目大眼杀”的棋形，净死已成必然。

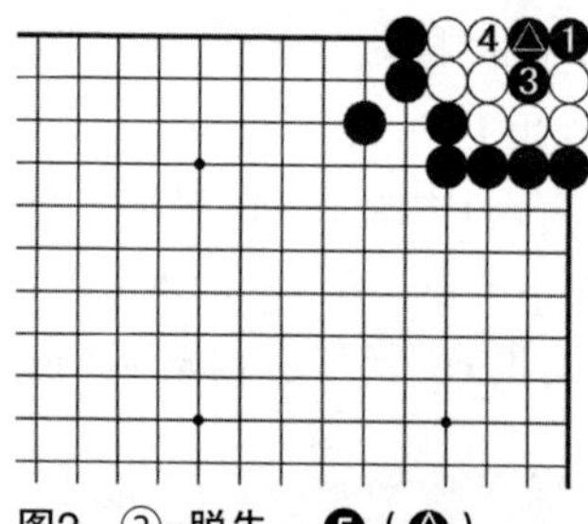

图2 ②=脱先，❺（▲）

回到三目大眼杀

图2（解说1续）

此时如果黑棋先落子，可以在1位紧气。白棋仍然没有应对的手段。黑3扑，白4提，黑5点还原“三目大眼杀”的棋形。

与第1型一样，在实战中不需要完成本图的次序。

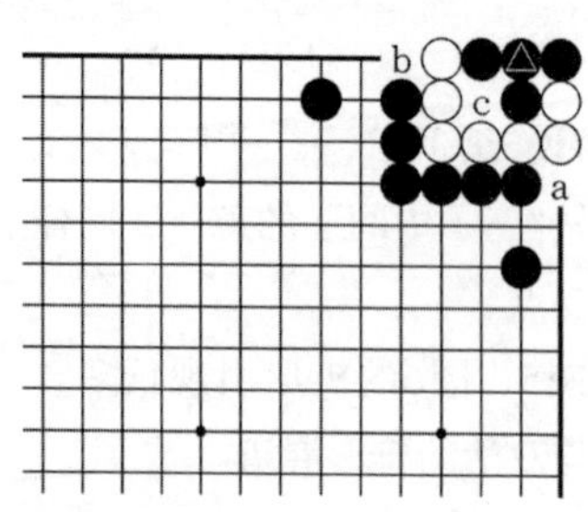

图3

实战中的四目大眼杀

图3（解说2）

本图也是“四目大眼杀”的棋形。只要白棋无法逃出，黑a、b紧气，白c提，黑▲点，还原成图1局面。

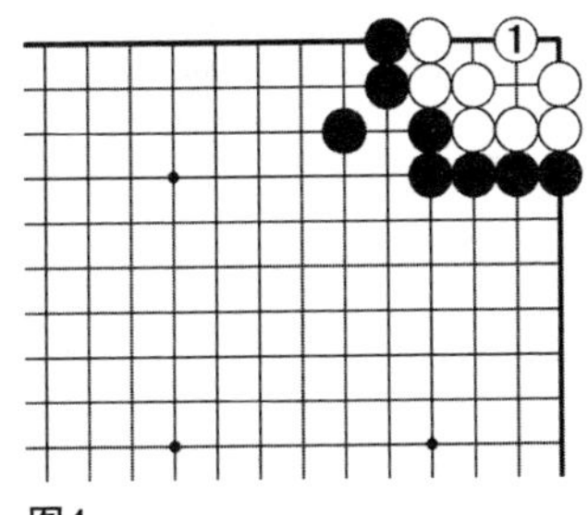

图4

白棋的急所也在这里

图4（解说3）

白1位做眼是急所，如此白棋净活。

除此之外白棋不论下在哪里，只要黑1点就会变成“三目大眼杀”的棋形。

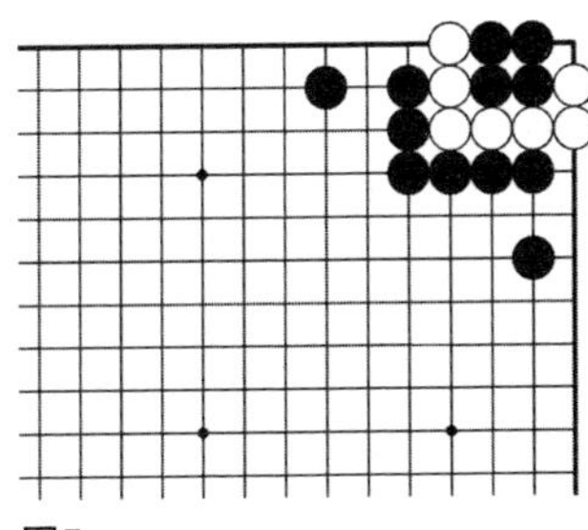
图5

方块四大眼杀

图5（解说4）

本图也是四目大眼杀。

白棋即使花一手棋吃掉黑四子也已经无法成活。

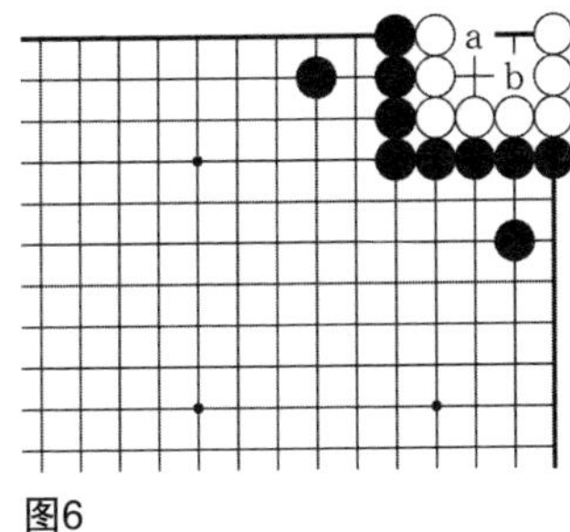

图6

死棋

图6（解说5）

接上图的棋形，紧气后白棋吃掉黑四子以后形成本图。接下来若白a，黑b点即可杀死白棋。

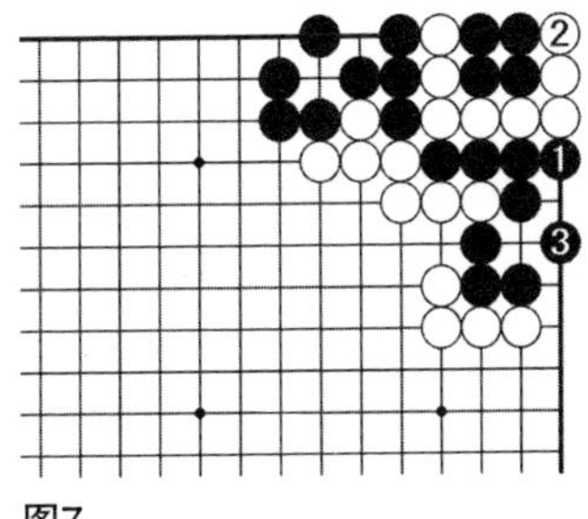

图7

没有粘性

图7（解说6）

假如是本图的局面，就可以看出方块四的棋形弱点。

角上的白棋已经净死。

第3型 五目大眼杀

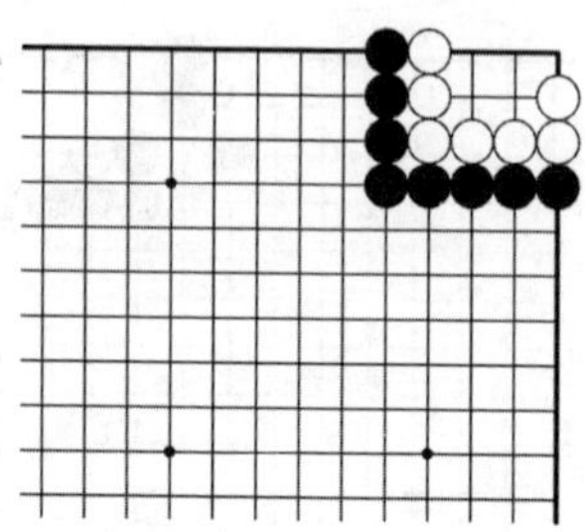

本图角上空间又多了一个交叉点。

白棋的眼位空间看起来确实明显大了许多，但仔细观察仍然可以发现杀棋的急所。

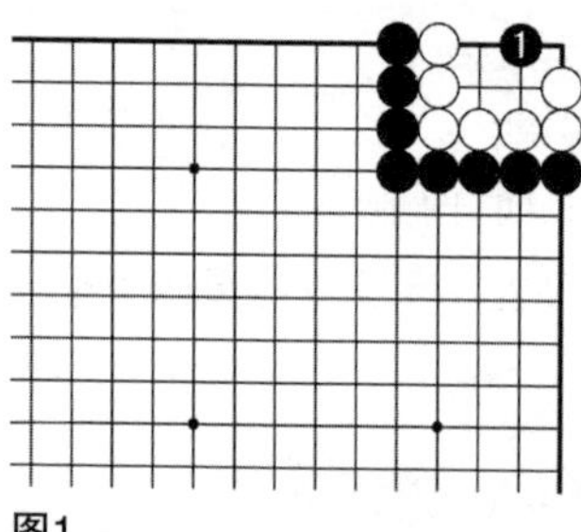

图1

急所

图1（解说1）

黑1急所，此时白马上就变成经典的“刀把五”死形。

黑1以外的任何下法都不成立，白抢到1位即可净活。

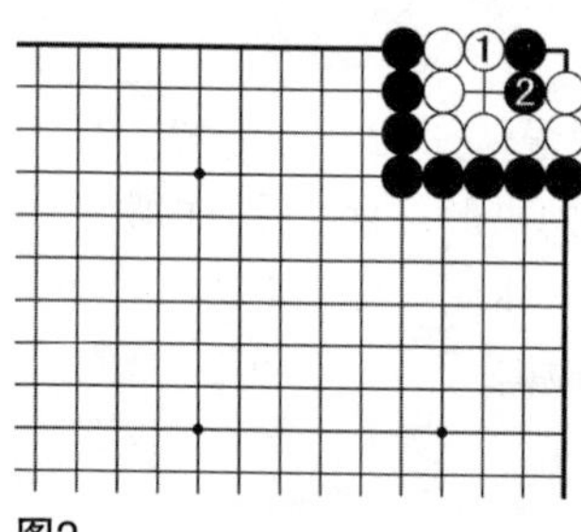

图2

大眼杀——直三、弯三

图2（解说1续）

接上图。白若1位试图做眼，黑2破眼；白下在2位，则黑1破眼，白棋净死。

接下来就是“弯三”杀棋的棋形。

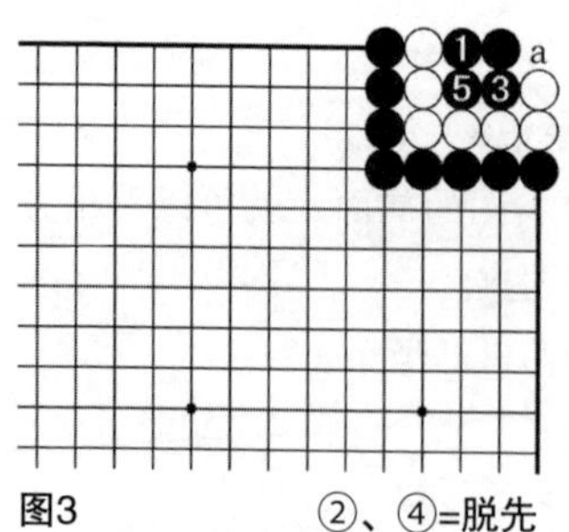

图3　②、④=脱先

大眼杀——方块四

图3（解说2）

此时的棋形白棋已经净死。如果轮到黑棋落子，可以直接1、3、5紧气，最终形成“方块四”的棋形。最后的结果仍然还原“直三”“弯三”。

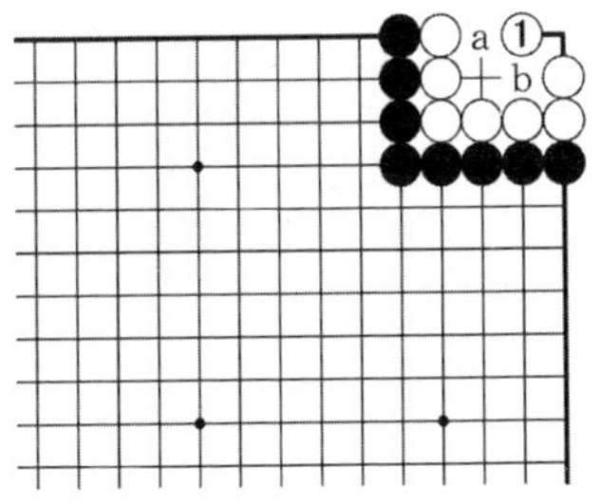

图4

没有留下劫材的净活

图4（解说3）

此时若是白先落子，白1做眼可以净活。此时白棋下在a位或者b位也可以活棋，但会给黑棋留下劫材利用。

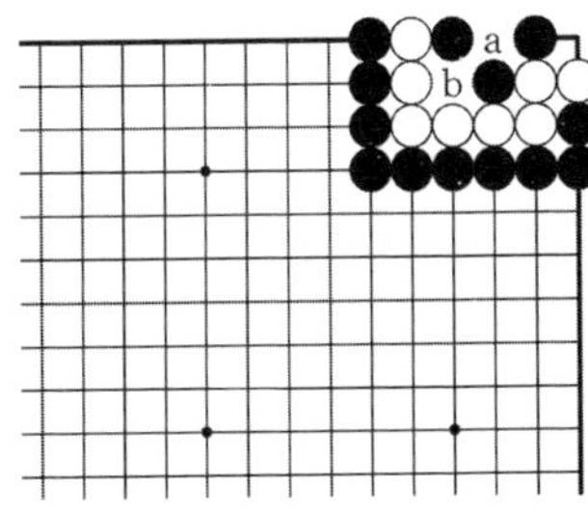

图5

实战出现的“刀把五”

图5（解说4）

本图也是“刀把五”的棋形。黑a、b紧气之后就会形成“刀把五”的棋形。

实战中白棋如本图净死的情况较多。

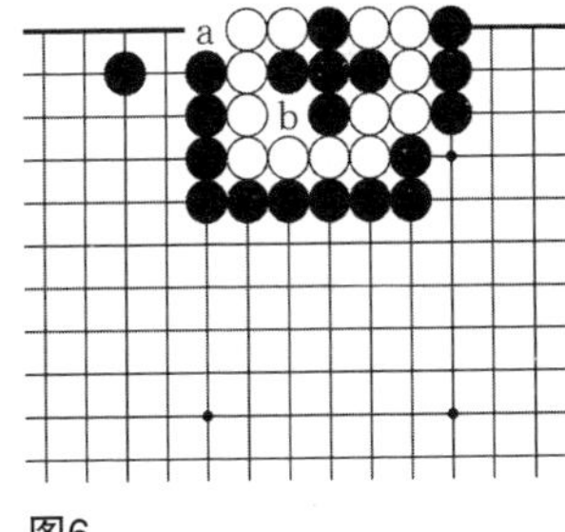

图6

本图是“花五”棋形

图6（解说5）

本图是“花五”棋形。黑a打吃紧气，白b提，接下来——

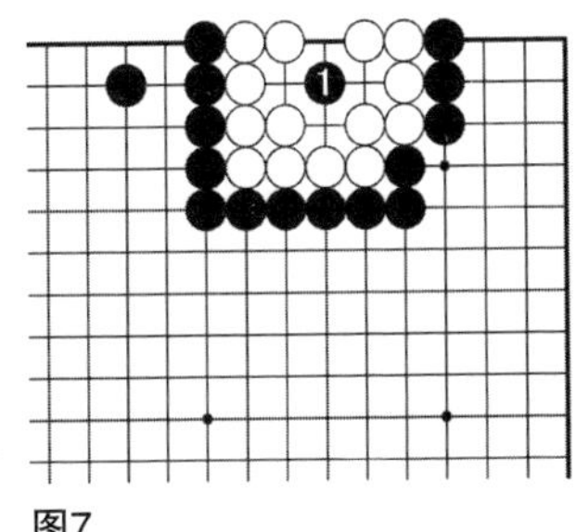

图7

花五

图7（解说5续）

黑1点，白棋净死。本图的棋形如花朵一样，所以被称为“花五”。

本图如果轮到白先，白1做眼也是做活的急所。

第4型 六目棋形

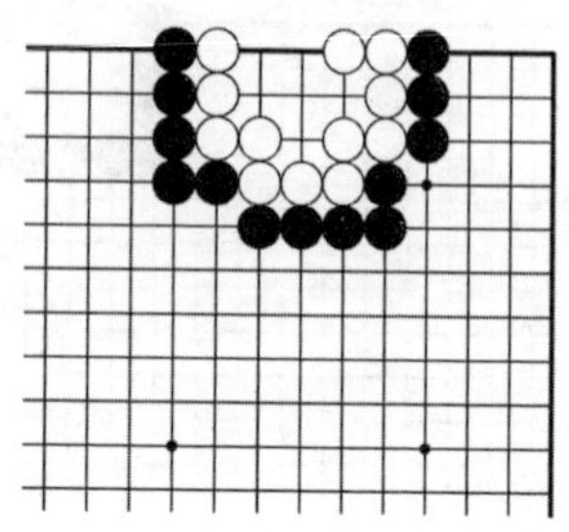

大眼杀的棋形中空间最大的是本图。

本图称为“花六”。除了一些特定场合，“花六”是六目棋形中唯一的死形。

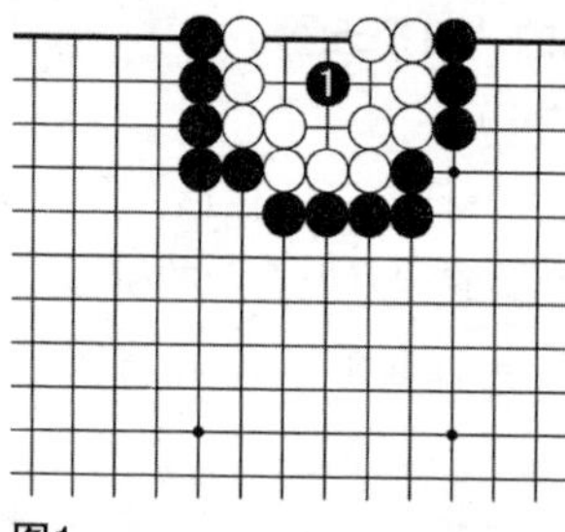

图1

急所

图1（解说1）

本图相信各位读者已经很熟悉了，黑1是攻杀的急所。只要抢到1位，白棋就会净死。

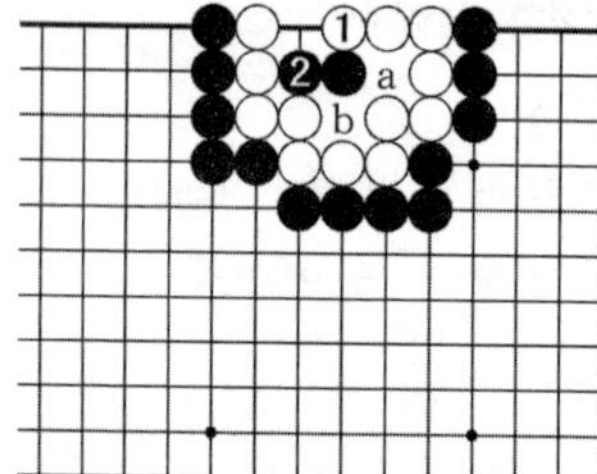

图2

还原大眼杀丁四棋形

图2（解说1续）

接上图，白1，则黑2。接下来黑a、b紧气则还原丁四大眼杀。

白1若下在2位，则黑1破眼。接下来黑a、b紧气，结果相同。

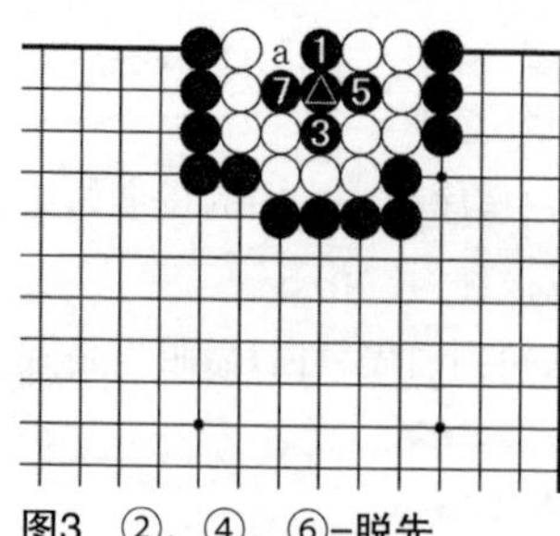

图3 ②、④、⑥=脱先

花五

图3（解说2）

即使白棋脱先，最终的结果还是无法改变。

黑1～7紧气即可。白a提，黑▲点，还原“花五”。

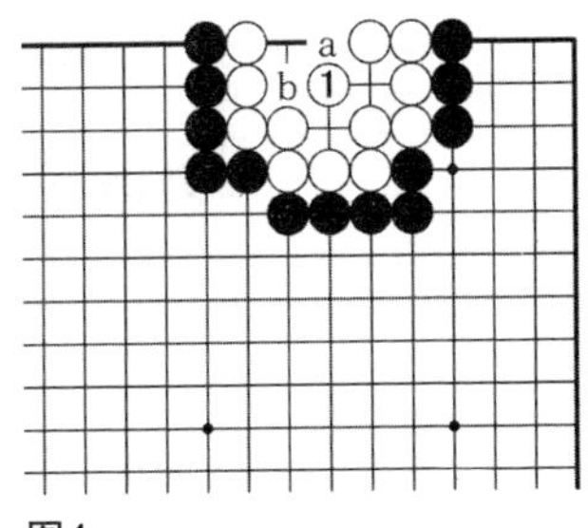

图4

白先

图4（解说3）

白先的话，1位是做活的要点。

当然下在a位或者b位也可以做活，但会给黑棋留下劫材。此处白1是最优解。

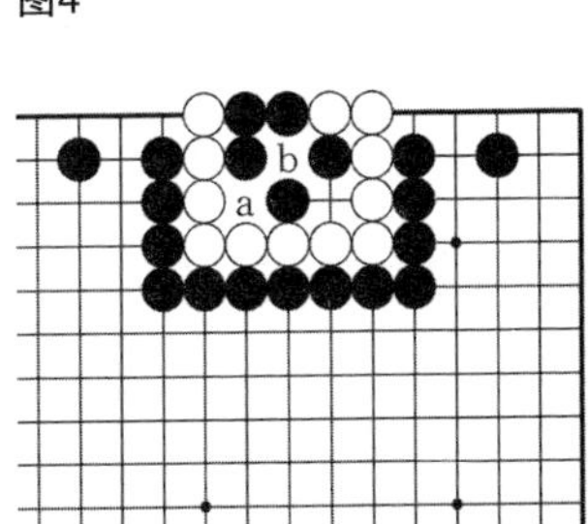

图5

本图也是六目大眼

图5（解说4）

本图也是“花六”死形。紧气之后，白必须a位打吃，黑b粘就形成了“花六”。

实战中本图白棋已经净死。

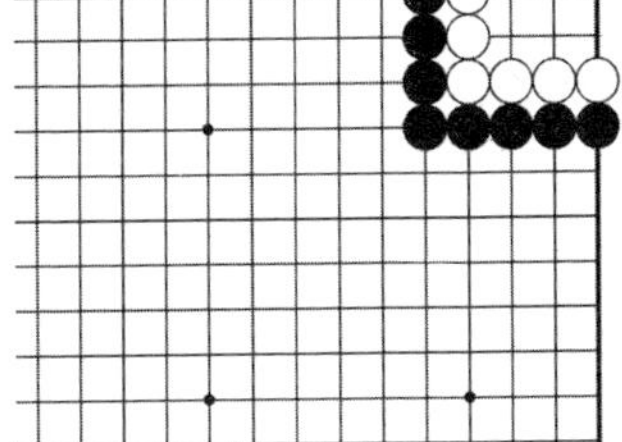
图6

另一个死形

图6（解说5）

也有“花六”以外的死形。

本图，角上板六在没有外气的情况下就是净死。

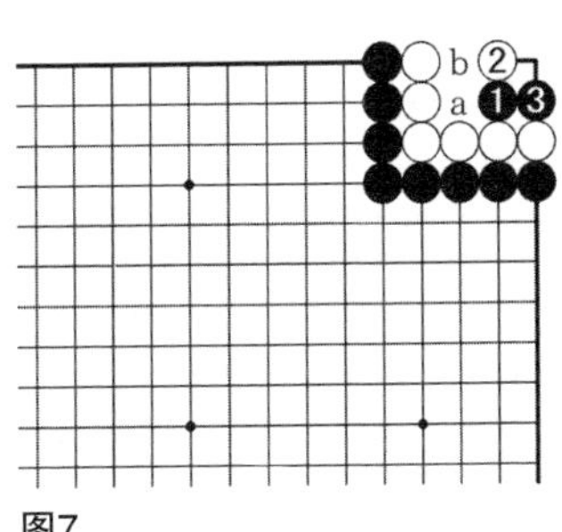

图7

气紧

图7（解说5续）

黑1点，白2夹，黑3破眼。白棋气紧，想在a位做眼，会被黑b位提子。

本图是六目大眼中除了“花六”之外的唯一死形。

第5型 盘角曲四

本图的棋形名为“盘角曲四”。

按照围棋规则本图的结果是白死。

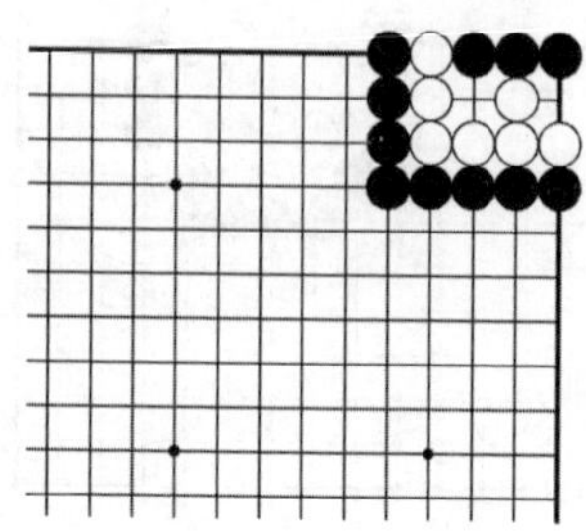

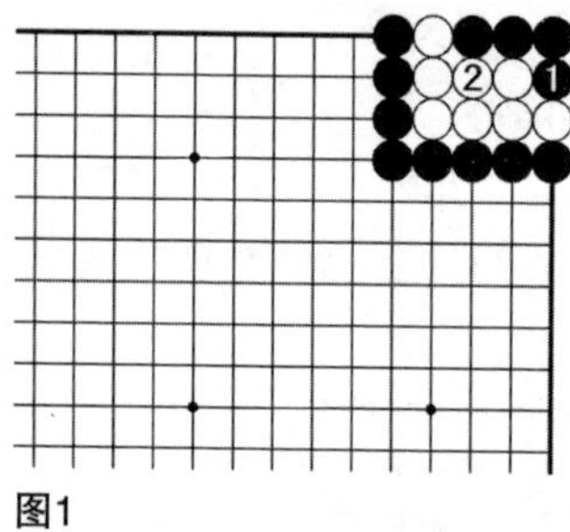

图1

黑先发起攻击

图1（解说1）

即使外围还有外气，白先落子也会形成“直三”的棋形，所以白棋不会在局部先动手。

黑先可以在1位扑，白2提——

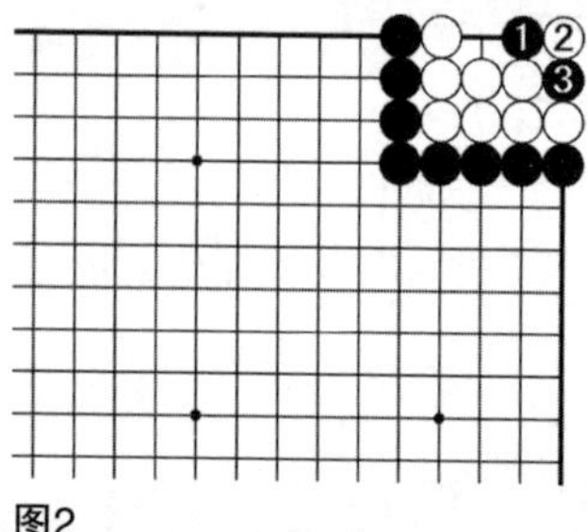

图2

黑先劫

图2（解说1续）

黑1是破眼的急所。白2扑只此一手，黑3提劫。

虽然是打劫，但黑棋有绝对主导权，所以“盘角曲四是净死”。

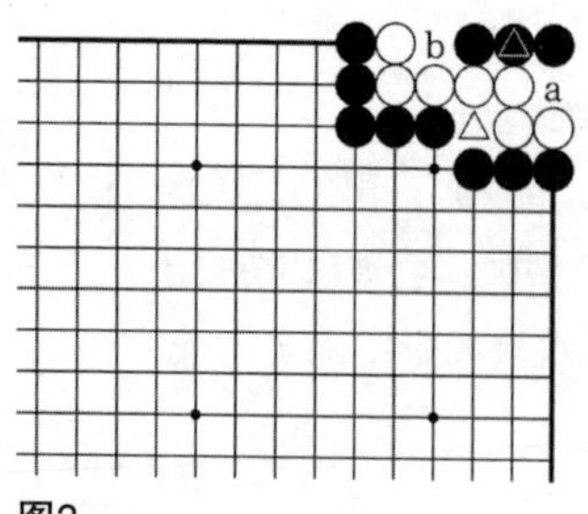

图3

与外气无关

图3（解说2）

本图也是“盘角曲四”。即使本图白棋在△位有外气也无法改变结果。因为白棋不能下在a位吃掉黑三子。

而黑棋在△位紧气之后就可以下在a位，白b，黑▲发起劫争。

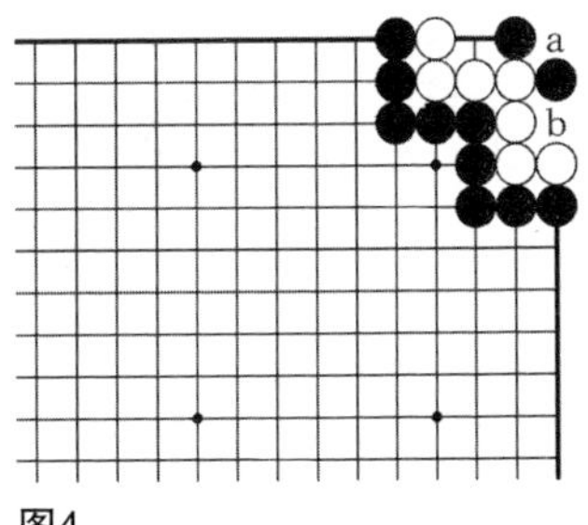

图4

本图也是盘角曲四

图4（解说3）

看起来棋形稍有不同，本图仍然是死形。因为黑棋可以下在a、b两点。

后续变化图是为了展示局部变化，但图1、图2的下法在实战中并不需要进行。

曲四

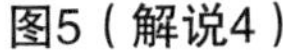

图5（解说4）

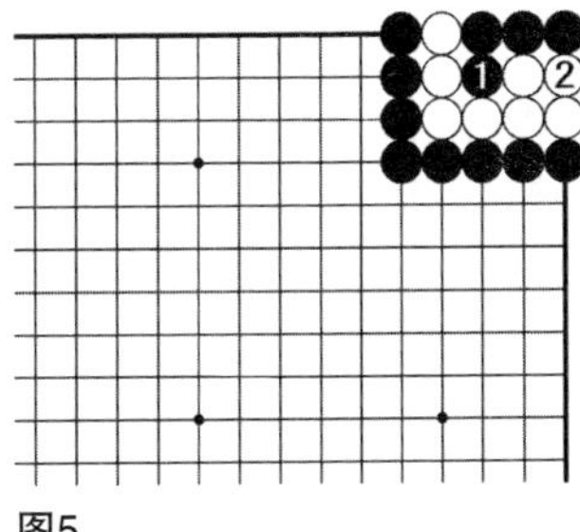

图5

本图仅为参考。原型中如果黑棋如本图1位打吃是恶手。白2提就变成了“曲四”，白棋净活。

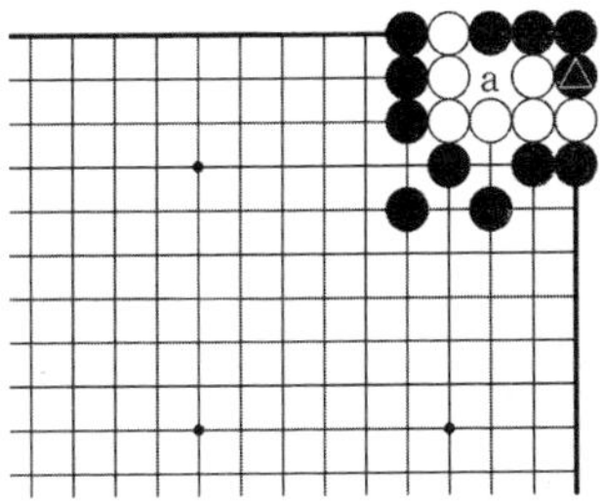

图6

似是而非

图6（解说5）

本图看似也是“盘角曲四”。但此时黑▲一子的存在会改变最终的结果。

白可以a位提。

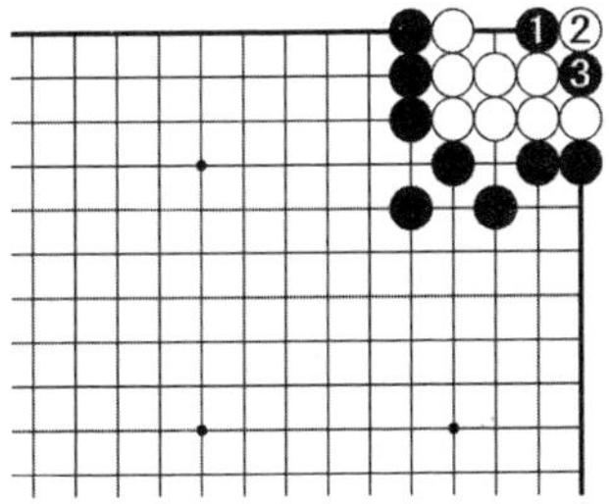

图7

打劫

图7（解说5续）

接上图。黑1破眼。

注意原型中图3、图4的变化，图4黑a粘后形成“盘角曲四”。

第6型 双劫净死

有两个劫的情况下，可以循环提劫。本图白棋净死。

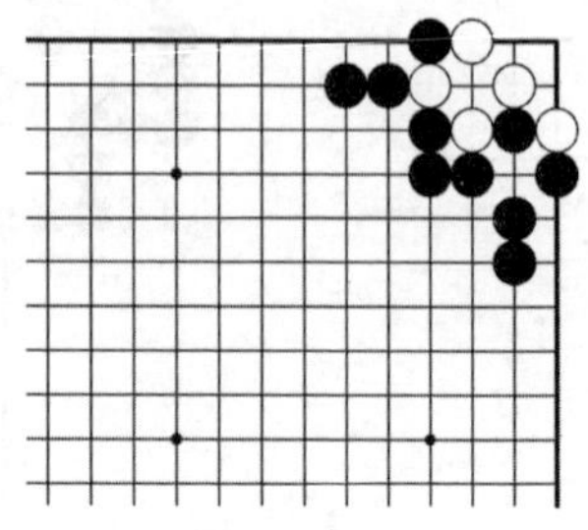

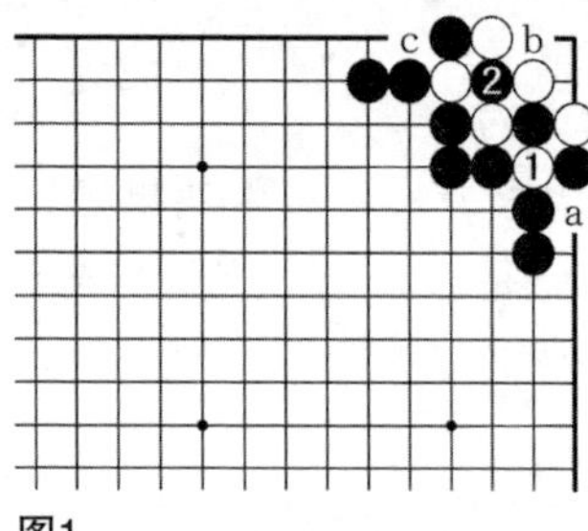

图1

不能退让

图1（解说1）

面对白1提劫，黑2可以从另一侧提劫。接下来白若a位提，黑b提破眼即可。

白1提子，黑b粘退让是恶手。这样白c提就变成了劫活。

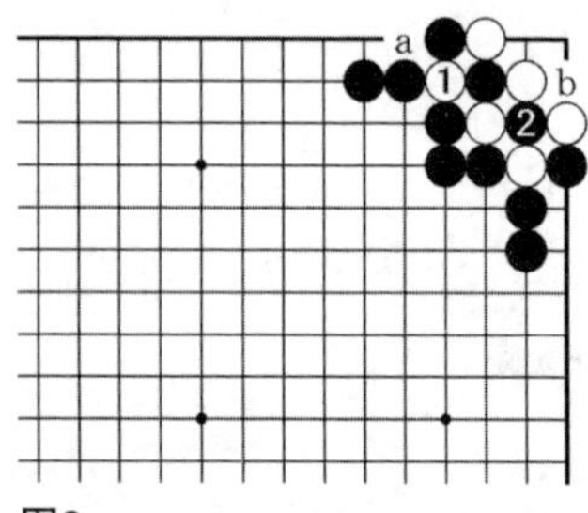

图2

结果相同

图2（解说1续）

接上图。白1提想要寻找活棋的机会，此时黑2提劫。

接下来白a则黑b，结果与上图相同。

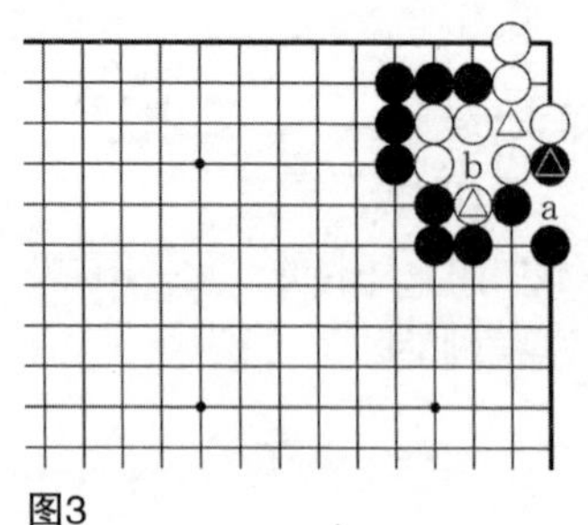

图3

无论如何都是假眼

图3（解说2）

本图也是“双劫净死”。白a提，黑b提，两点见合。白提▲，黑提△。

不论如何，白△都是假眼。

中间形

第1型 打劫

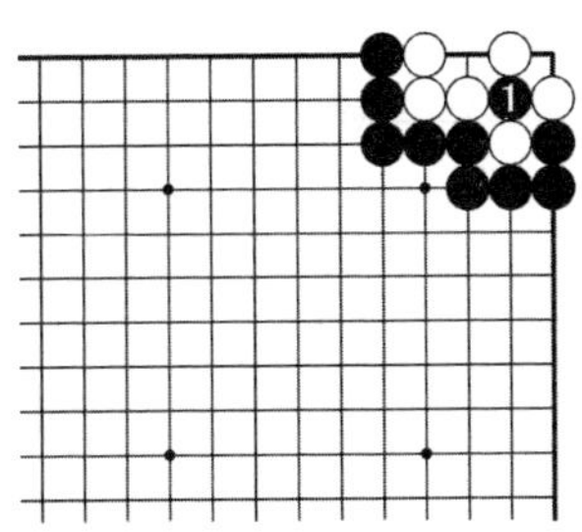

黑1提，白棋形无法净活，但也不是死形。

这样的棋形叫“打劫”。

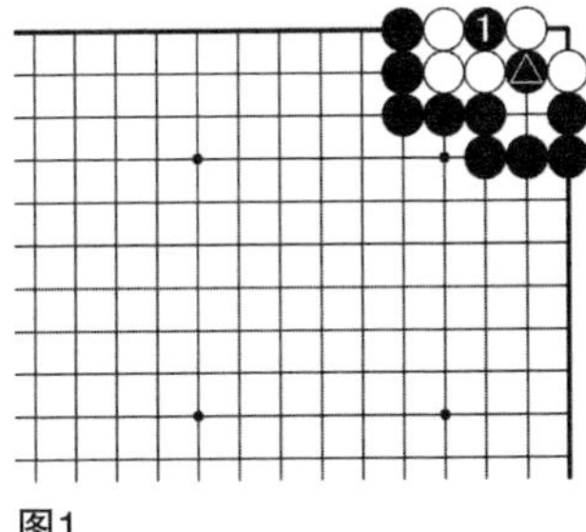

图1

有无劫材

图1（解说1）

黑▲之后，白棋如果没有劫材，则黑1提可以将白角净吃。

也就是说，当黑▲提子之后，就预示着接下来要将白棋全歼。白棋要立刻想办法才行。

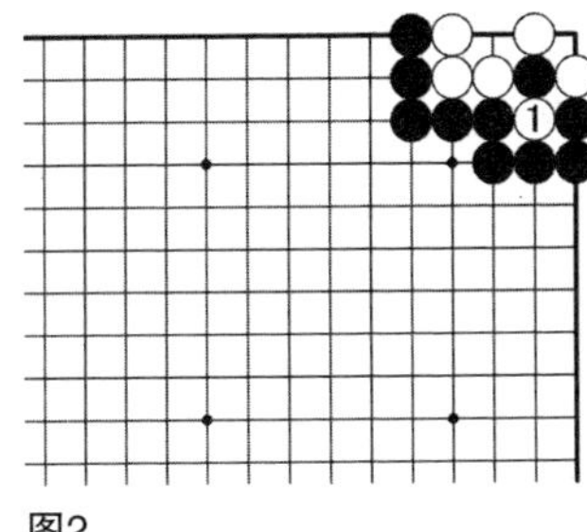

图2

即使提回来

图2（解说2）

白棋想要在角上做活，白1提是第一步。

但此时也并没有净活——

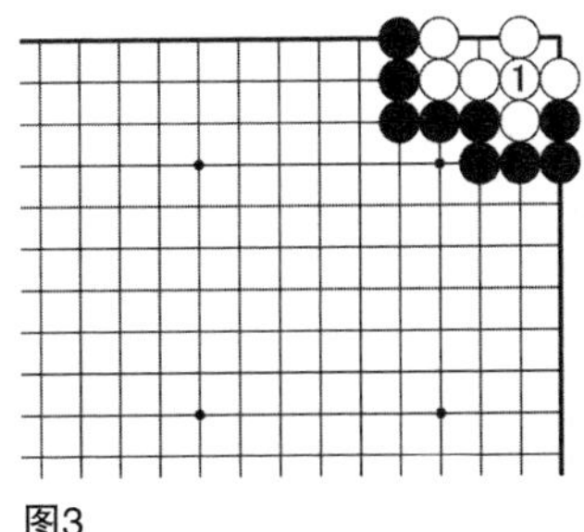

图3

还需要一手

图3（解说2续）

白1粘之后，白棋才净活。

提劫之后的情况，比净活要差，但优于净死。从攻杀一方的角度来看，比完全让对手净活的情况要好，但要弱于净杀。

第2型 缓气劫

黑1紧气。普通打劫是被称为“紧气劫”，本图是“缓一气劫”。

白棋这里的劫争中更有优势。

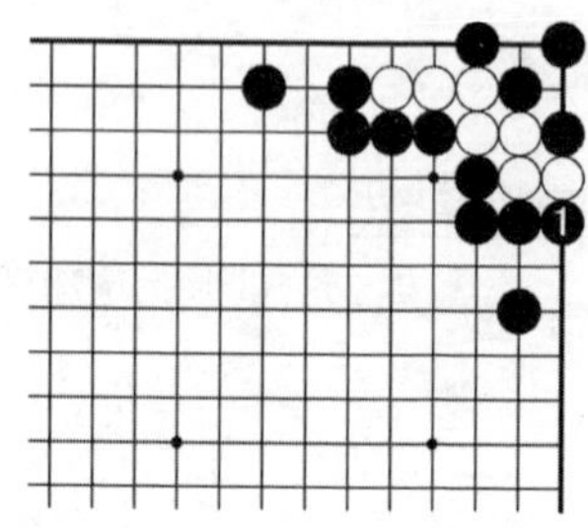

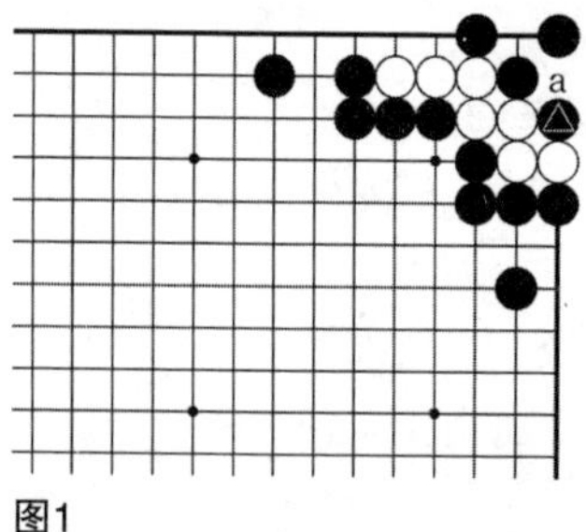

图1

劫争

图1（解说1）

白棋想要做活会在a位提劫，假定黑棋有劫材可以▲位提回。

此时白棋即使脱先他投，黑棋仍然不能净吃白棋。这就是“缓气劫”的有利之处。

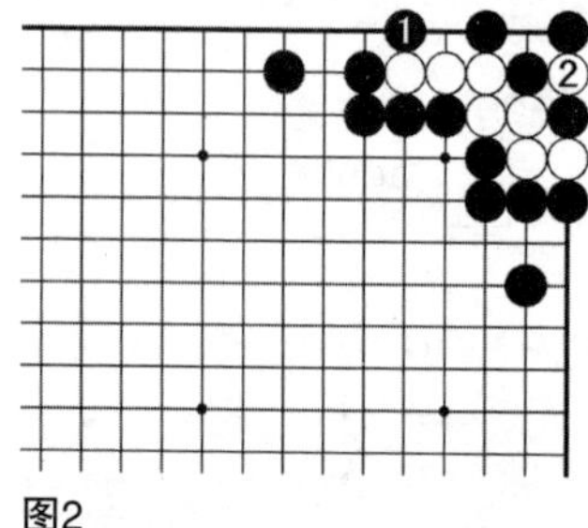

图2

再下一手变成紧气劫

图2（解说1续）

接上图，黑1打吃变成“紧气劫”。

站在要做活一方的角度，缓气劫一定比紧气劫更有优势。

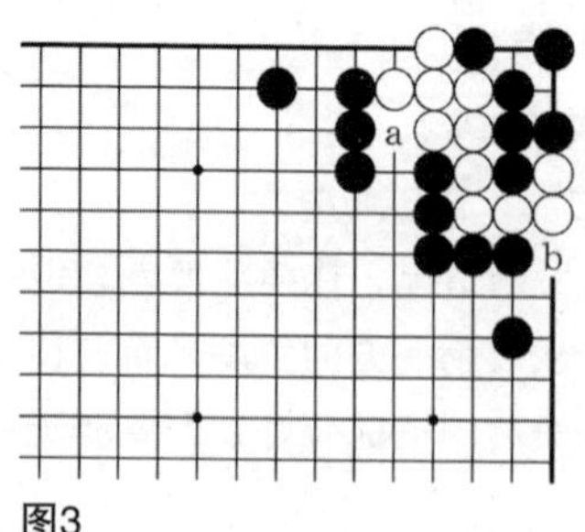

图3

缓二气劫

图3（解说2）

本图黑棋需要在a、b两处紧气才会变成紧气劫。

本图可以称为“缓二气劫”，对于白棋来说这比缓一气劫更有利。

第3型 二手劫

本图被称为“二手劫”。“二手劫”的意思是需要在二次打劫中获胜才能达到目的。

与“万年劫”（下页解说所示）一样，都是漫长的劫争。

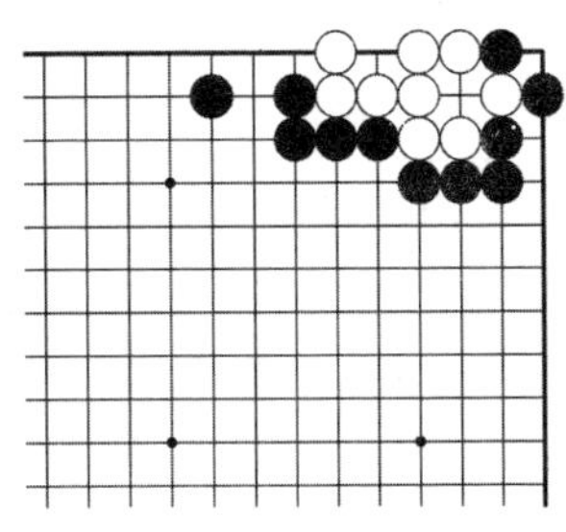

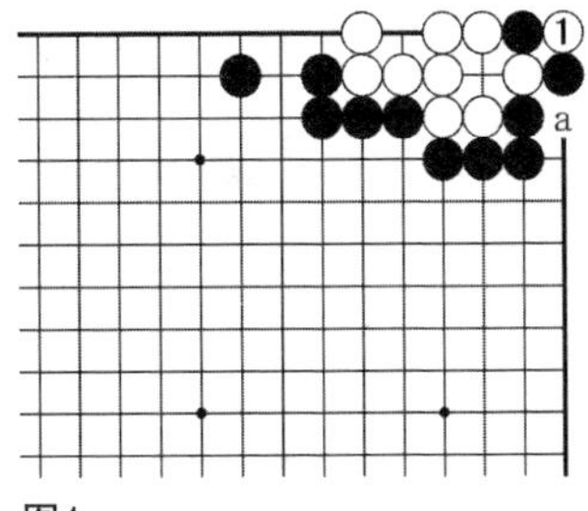

图1

白有利

图1（解说）

轮到白棋落子，白1提必然。后续白a提可以净活。

站在白棋的立场，这是可以一手消劫的局面。

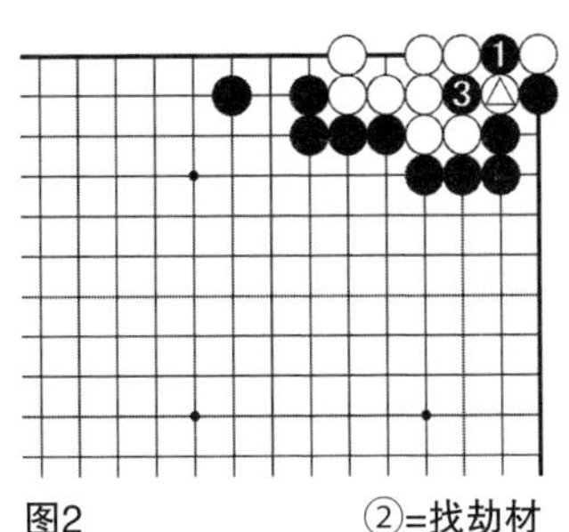

图2 ②=找劫材

二手劫

图2（解说续1）

上图中如果黑棋要提掉白子，则黑1提。接下来黑3继续提，但是要想吃掉白棋，黑还需在△位粘。必须花掉二手棋才能获胜的局面被称为“二手劫”。

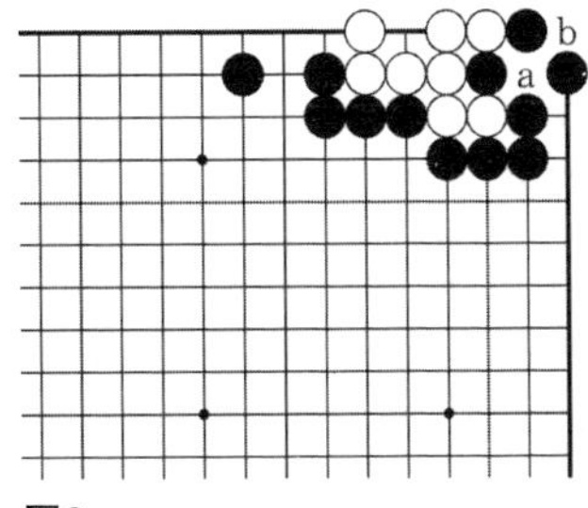

图3

黑有利

图3（解说续2）

上图黑3提，如果白棋想要做活，需要a、b劫争全部获胜才可以。

如果不在乎局部死活，让对手花费手数是非常开心的事情；但相对的，如果想要做活也需要多费工夫。

第4型 万年劫

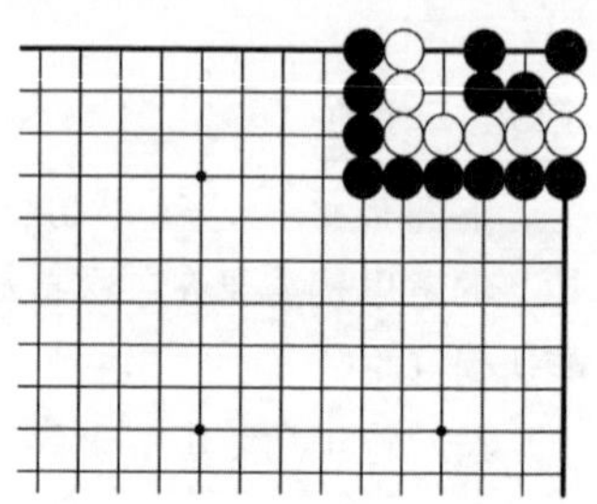

本图名为“万年劫”。

万年劫意味着黑白双方想要在局部胜出都有一定难度，故而大多是留置到终盘才会分出结果。

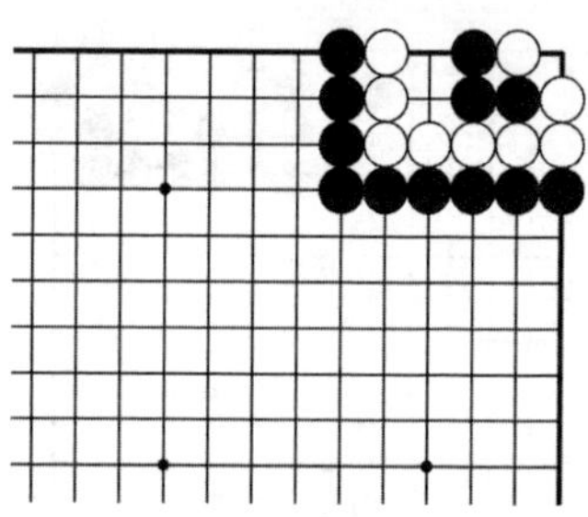

本图也是“万年劫”。

上图是站在黑棋角度，本图是白棋有利。

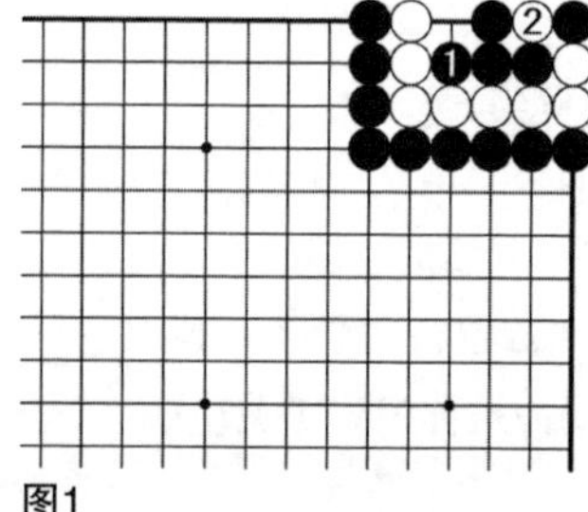

图1

白先劫

图1（解说1）

上图原型中黑先想要吃掉白角，需要黑1紧气，白2提。

本图是白先劫。

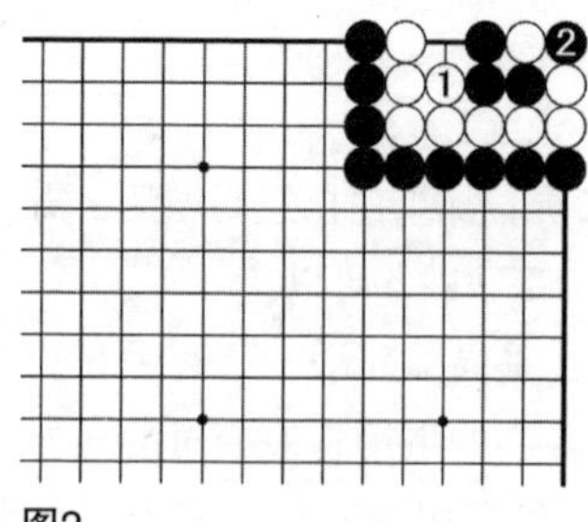

图2

黑先劫

图2（解说2）

下图原型中白棋想要做活，需要白1打吃。本图是黑先劫。也就是说，在局部先动手的一方会落于下风，所以双方都会拖延在局部落子的时机。

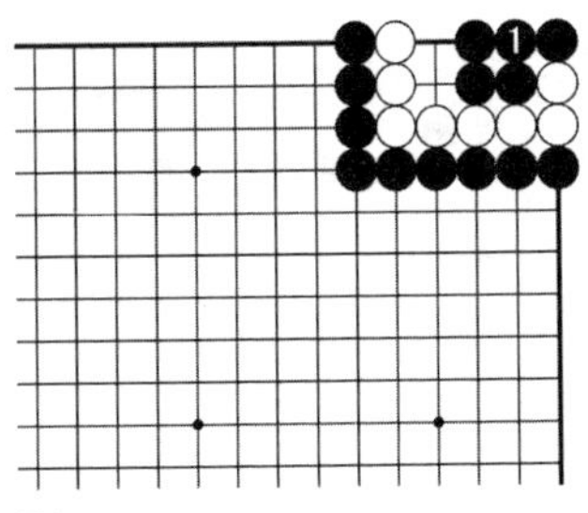

图3

平稳下法

图3（解说3）

黑棋先行，除了图1以外还有平稳的下法。

如果到终局再落子，黑棋劫材不利，可以选择黑1粘变成双活。

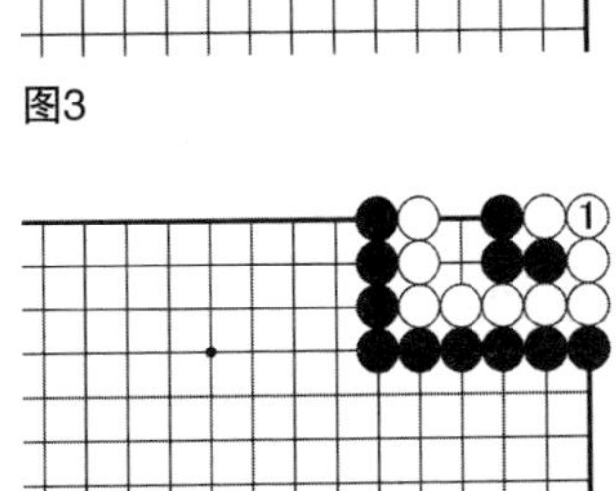

图4

恶手

图4（解说4）

轮到白先，白1粘是恶手。此时白棋变成了大眼杀的棋形。

白先想要解决局部死活，只能如图2打吃开劫。

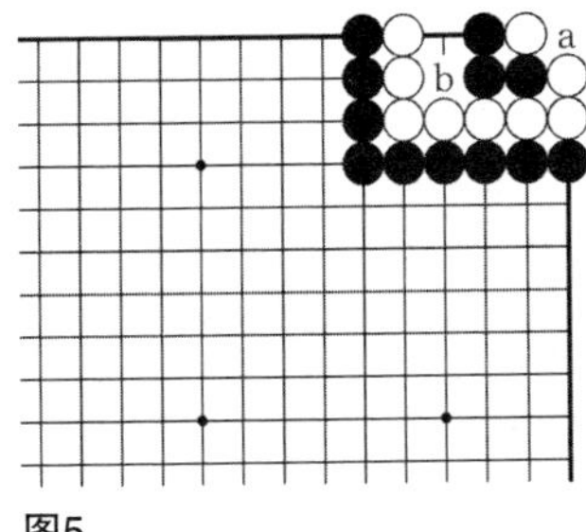

图5

黑有利

图5（解说5）

终局阶段黑棋没有必要连续下在a、b位形成劫争。如果盘面已经没有较大价值的官子，可以在a位提。白棋在局部的压力要大于黑棋。

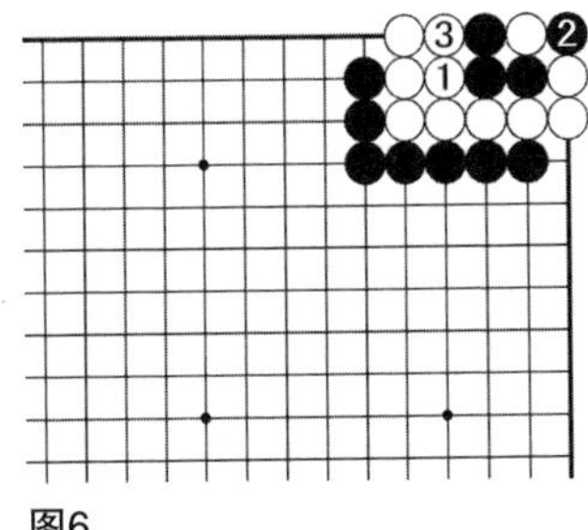

图6

如果有两口外气

图6（解说6）

需要注意的是，如本图有两口外气以上的情况下，白1、3可以净活。

所以在外气较多时，“万年劫”等于活棋。

第5型 长生

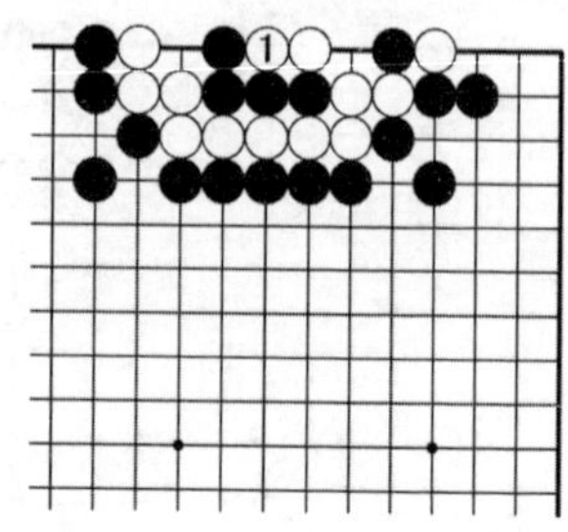

看似不可思议，但却是此时的唯一下法。后续双方都不退让就会反反复复还原成基本型。

本图被称为“长生”。

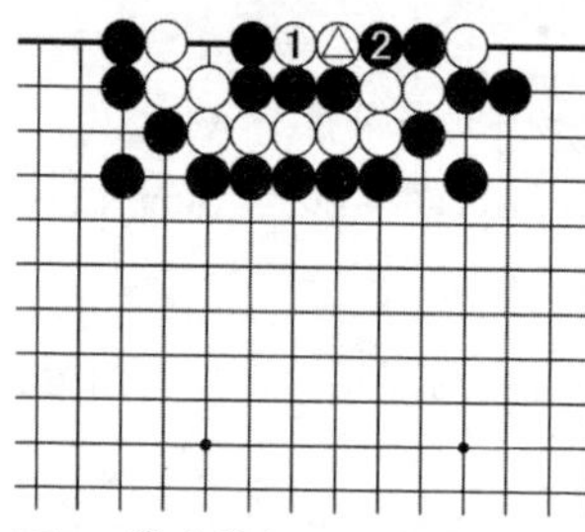

图1　③（△）

妙手

图1（解说1）

白1送吃是为了防止变成大眼杀的急所。黑2提必然。白3提。

接下来——

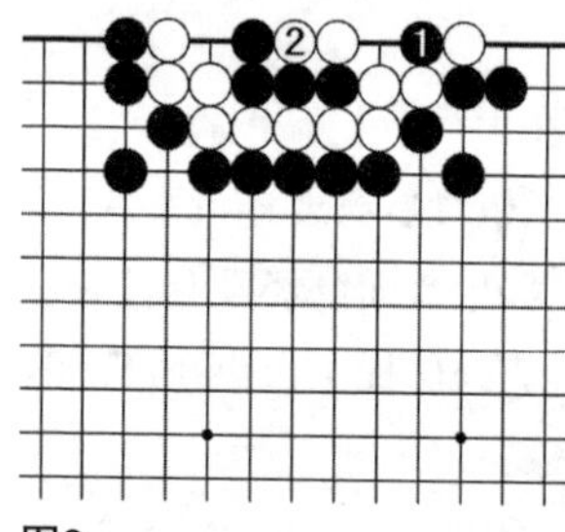

图2

反复

图2（解说1续）

黑1破眼、白2扑，棋形再次还原成基本型。

某些局面下双方重复手数最终会变成无胜负的结果。

生死?

图3（解说2）

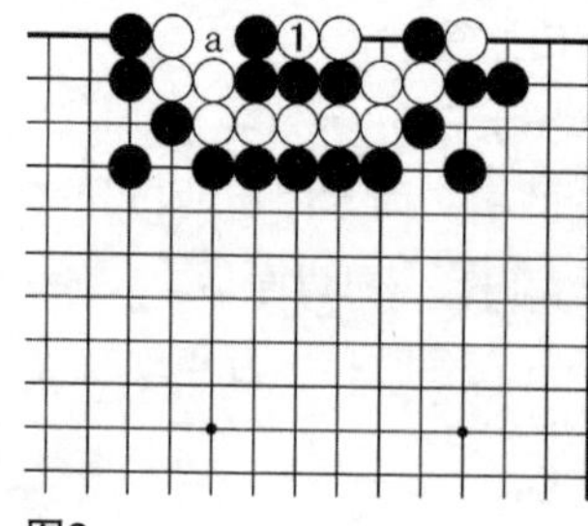

图3

白1扑，黑棋如果脱先他投，则白a提净活。白如果没有抢占1位，则黑抢占1位，白变成“刀把五”净死。

如果有一方可以接受，那么对局可以继续进行；但因为局部死活关系到局势的变化，所以在大部分情况下双方都无法退让，最终会变成无胜负的结果。

第二章

角部死活

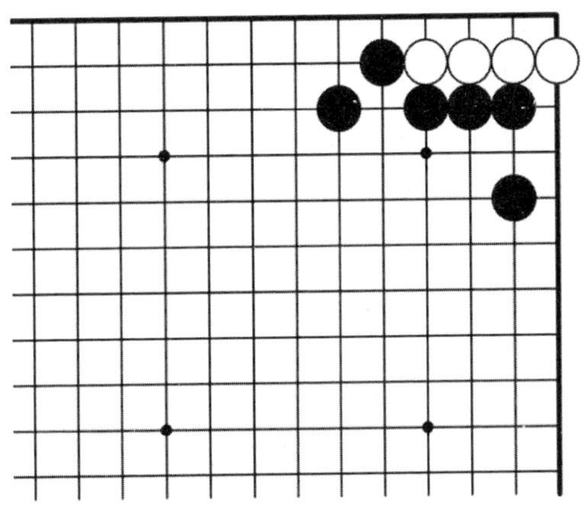

二线型

第1型

白不活

本图是白棋角上二路四子并排的棋形。

本图即使白先也无法做活。

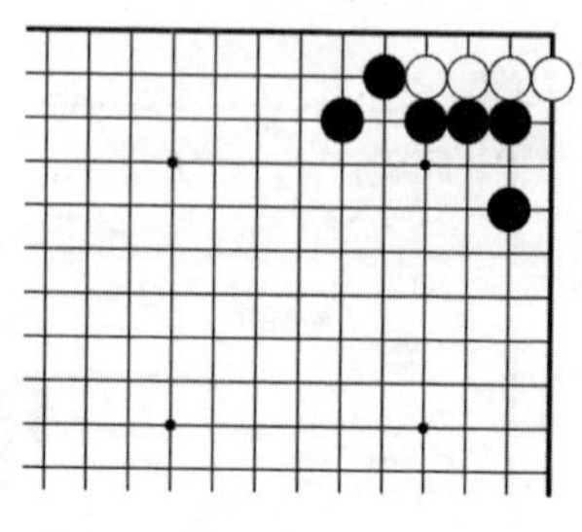

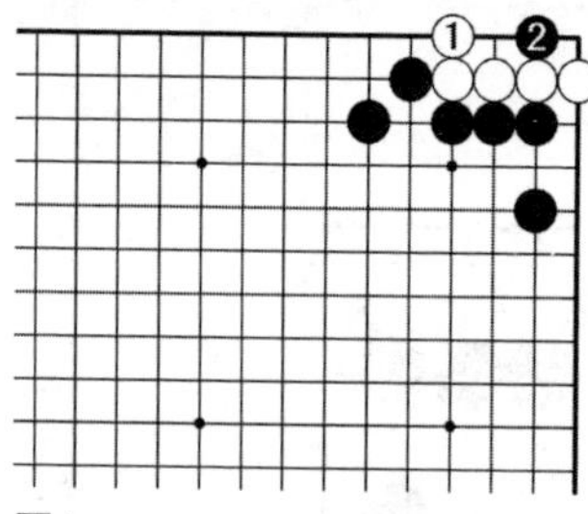
图1

白净死

图1（证明）

白1扩大眼位，黑2点。这是经典的直三点杀棋形。

白1若在2位做眼，则黑1破眼。这样白棋已经一只真眼，仍然是净死。

第2型

白活

本图白棋在角上有六子并排。此时白棋已经净活。

此处请记住角上的死活口诀“四死六生”。

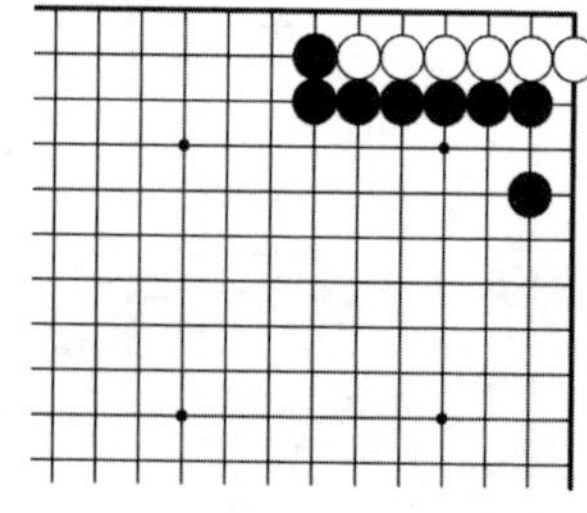

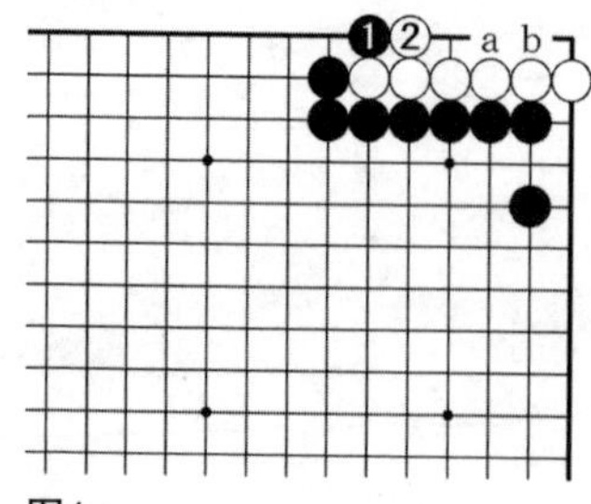

图1

白净活

图1（证明）

黑1缩小眼位，白2打吃形成直四。黑a破眼，白b做眼；黑b破眼，白a应对即可。

第3型

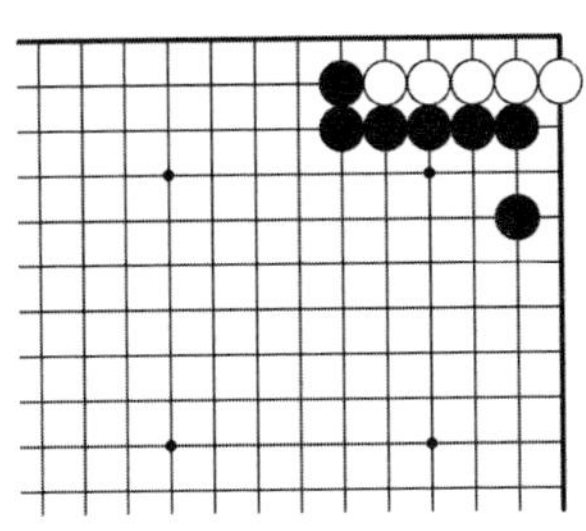

白先净活、黑先白死

本图是五子并排。

此时的结果是白先净活、黑先白死。

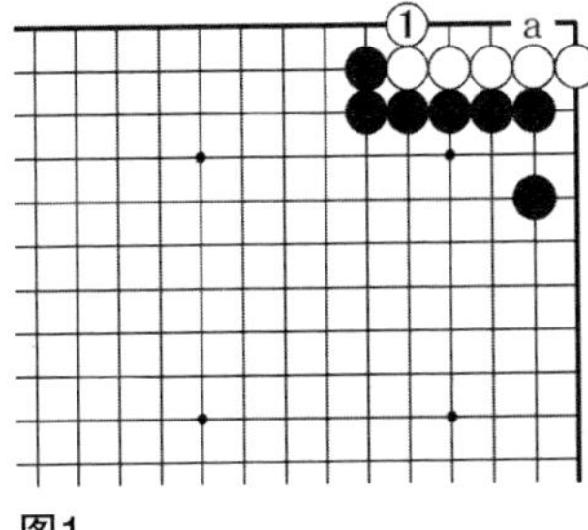

图1

白净活

图1（白棋的正解）

白先落子，白1扩大眼位就形成直四活形。

如果只关注死活，白1下在a位也是净活，但实地亏损。

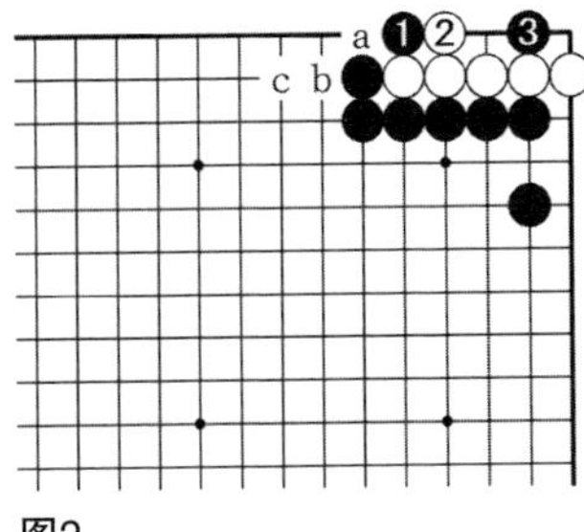

图2

白净死

图2（黑棋的正解1）

若是黑先，黑1扳，白2打吃，黑3点破眼。接下来白a提，黑b或者c位简单应对即可。黑1是假眼。

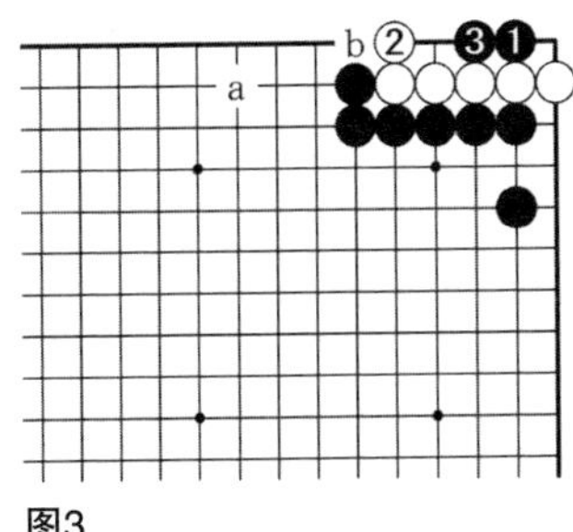

图3

白死

图3（黑棋的正解2）

黑1点，白2扩大眼位，黑3破眼，白棋也是净死。上图与本图都是杀棋的正解。

但是本图需要注意一点，如果白在a位一带有棋子接应，则白有在b位逃出的可能，那么正解就只有上图一个。

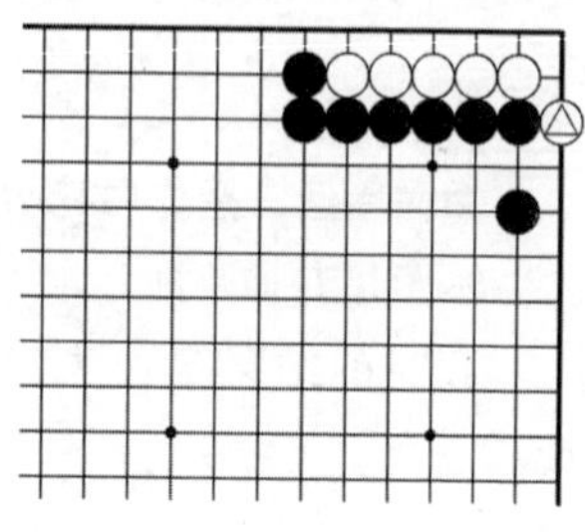

第4型

黑先白死

本图是第2型的变化图。白棋角上立变成了△位扳。

此时只要黑先落子就可以破坏黑棋眼形。

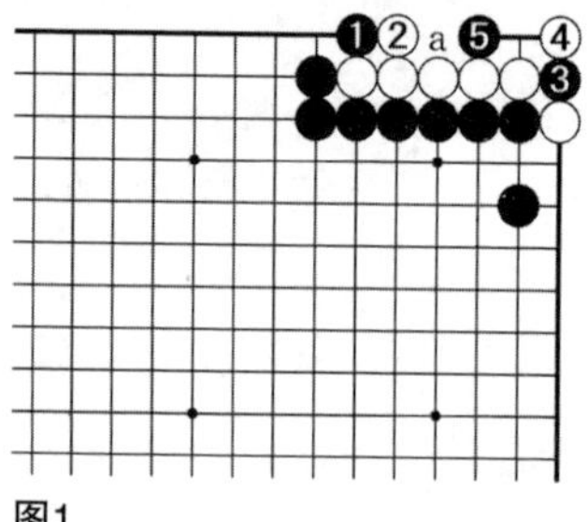

图1

白净死

图1（正解）

黑1扳，白2打吃，黑3扑破眼。白4提之后角上变成假眼，黑5点，白棋净死。

黑1直接在3位扑，白1位扩大眼位，黑a点，白棋也是净死。

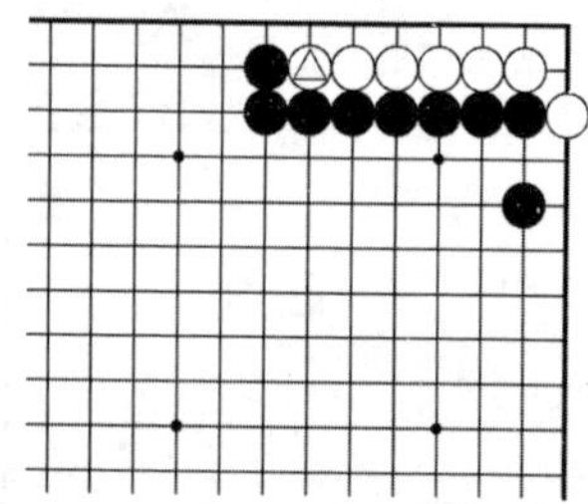

第5型

白净活

本图较第4型多了白△。

第4型黑先净死，本图则因此变成净活。

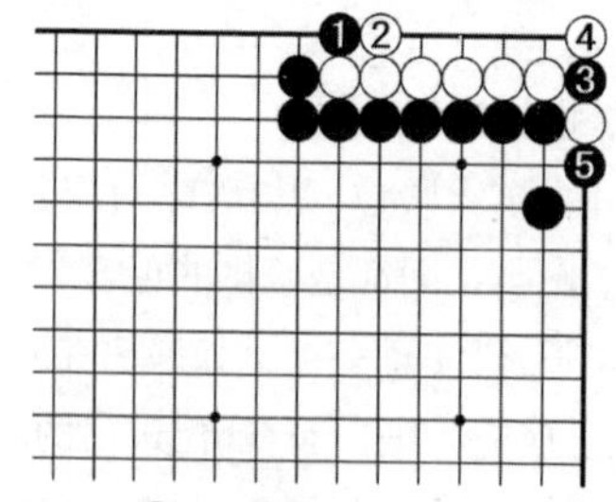

图1　⑥=（❸）

白净活

图1（证明）

黑1扳，白2打吃，黑3扑，白4即可。这样黑5打吃，白6粘，变成“直四净活”的棋形。

第6型

黑先白死

白如果可以守住A位，则是净活。

黑棋若在▲位有子，则需要思考如何破眼。

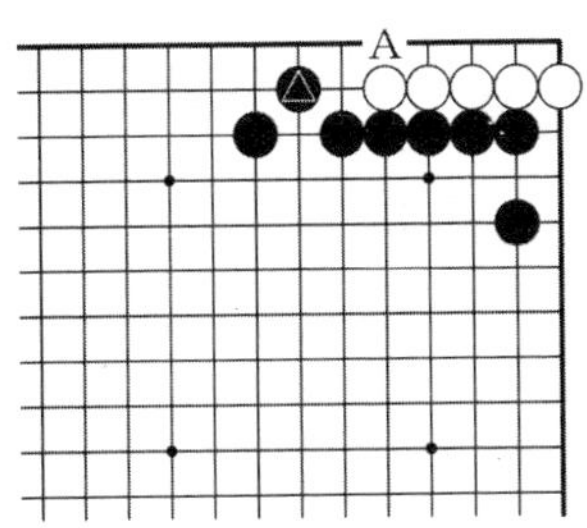

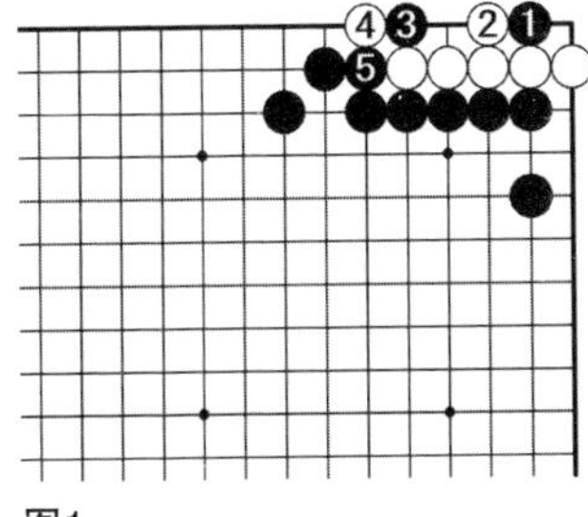

图1

白净死

图1（正解1）

黑1是破眼的急所。白2打吃，黑3破左边眼形。白2若在3位扩大眼位，黑2破眼即可。

此时黑棋的下法不止一种。

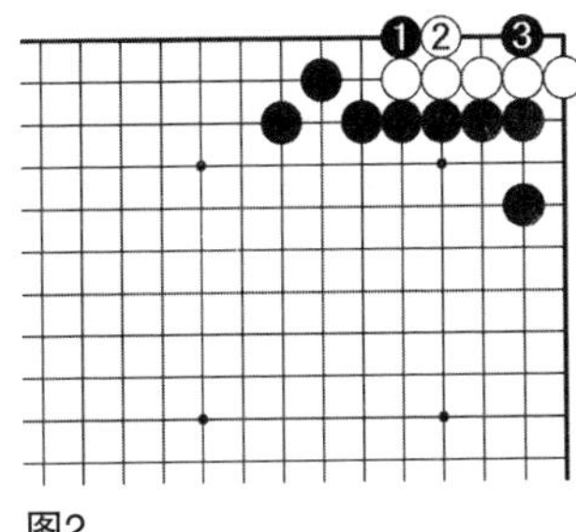
图2

白净死

图2（正解2）

黑1直接从外围破眼也是一法。白2打吃，黑3点，白棋净死。

但需要注意到本图与图1的不同之处，如下图。

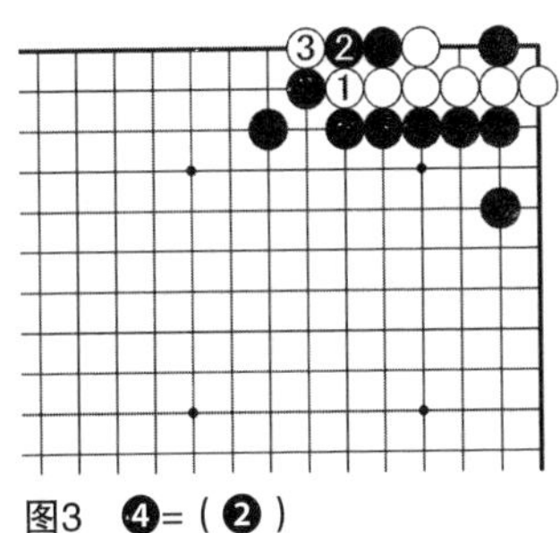
图3 ❹=（❷）

白净死

图3（正解2续）

接上图。白1挤，黑2、4破眼。

黑棋被提掉二子，需要注意外围棋形。

第7型

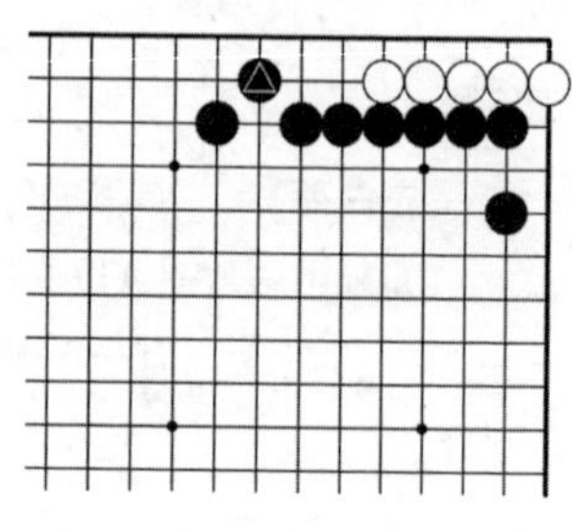

黑先白死

白棋的棋形与上图相同，但黑棋▲一子的位置更偏左一路。即使如此黑先也可以吃掉白棋。

思考的关键是从哪里入手。

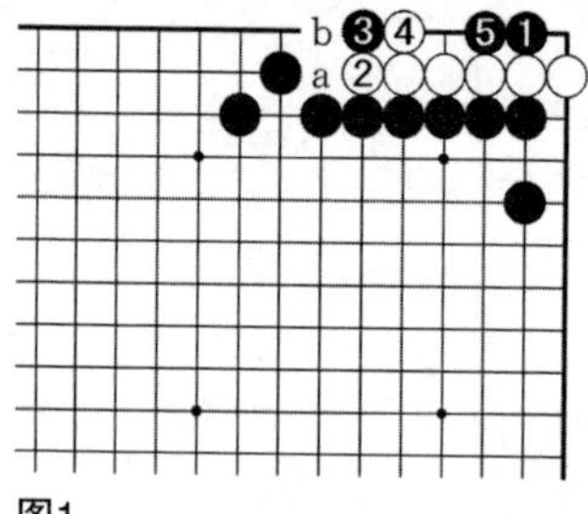

图1

白净死

图1（正解）

此时黑1从里面破眼是只此一手。白2扩大眼位，黑3托。白4打吃，黑5破眼。接下来白a，黑b即可。

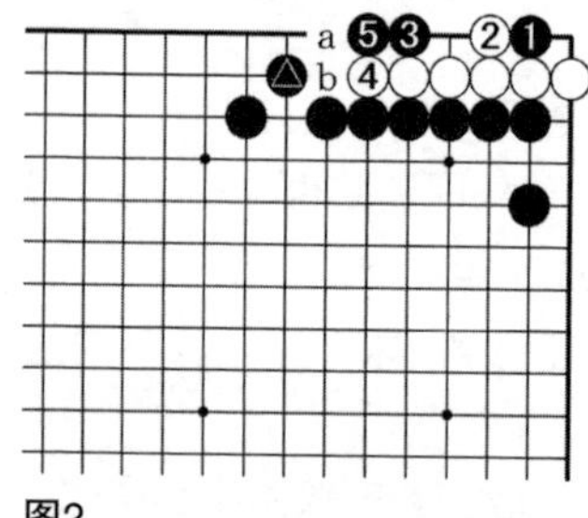

图2

白净死

图2（正解变化）

黑1破眼，白如果2位打吃，黑3托。黑▲的威力充分发挥，白4长，黑5继续送吃。接下来白a，黑b，白棋仍然是假眼。

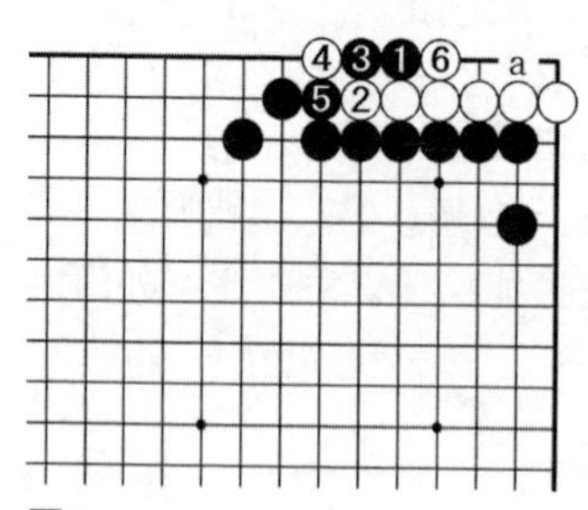

图3

白净活

图3（失败）

选择黑1看似结果相同，但白棋2～6的应对非常精彩。吃掉黑二子之后，即使白在3位破眼，白a也可以确保净活。

一定要从里面破眼才能吃掉白棋。

第8型

黑先白死

白棋看似六子并排，但棋形有一定缺陷。

黑棋的第一手是解题关键。

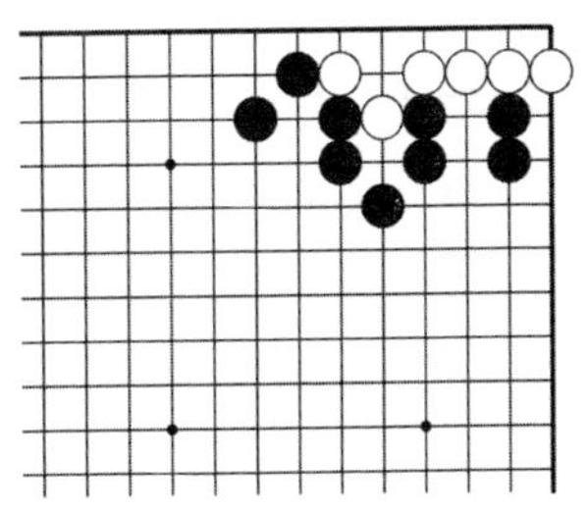

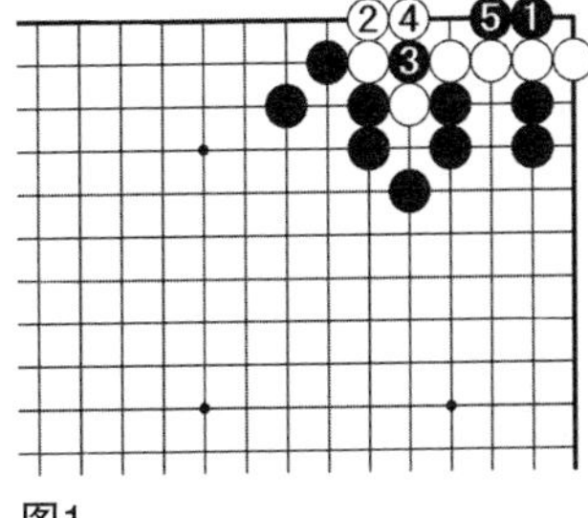

图1

白净死

图1（正解）

黑1破坏白棋眼形。白2扩大眼位，黑3扑缩小眼位，进行至黑5，白棋净死。

白2若在3位粘，黑2扳即可。

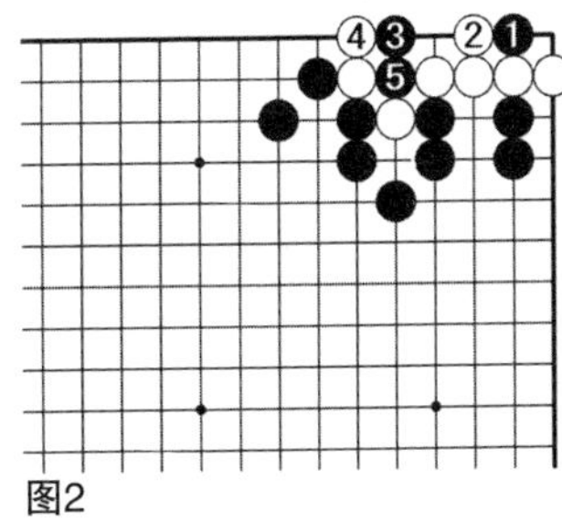

图2

白净死

图2（正解变化）

黑1破眼，白若2位打吃，黑3点是破眼手筋。白4分断，黑5扑变成假眼。

黑3如果直接在4位打吃，则白3可以形成劫活。

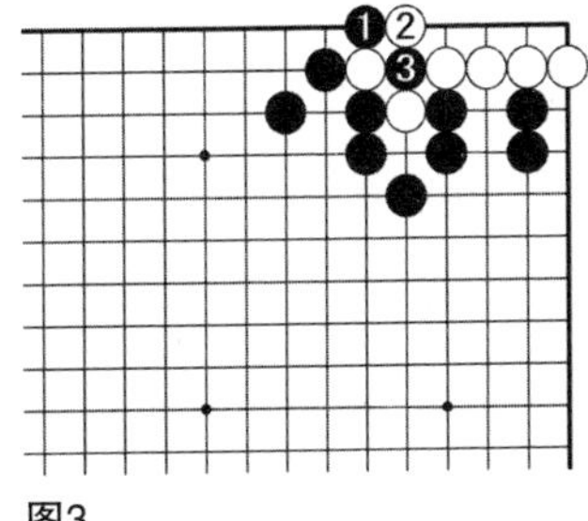

图3

打劫

图3（失败）

初学者很可能会随手在黑1打吃破眼，但这样一来白2做劫就变成了劫活。

如果黑1在2位点，则白1挡住即可以净活。

第9型

黑先白死

与第8型相比，白棋多了△一子。

乍一看白成眼的条件更有利，但实际上结果并没有改变。仍然是黑先白死。

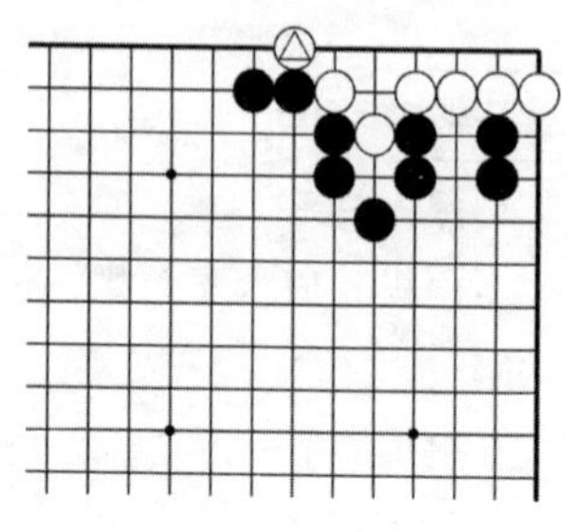

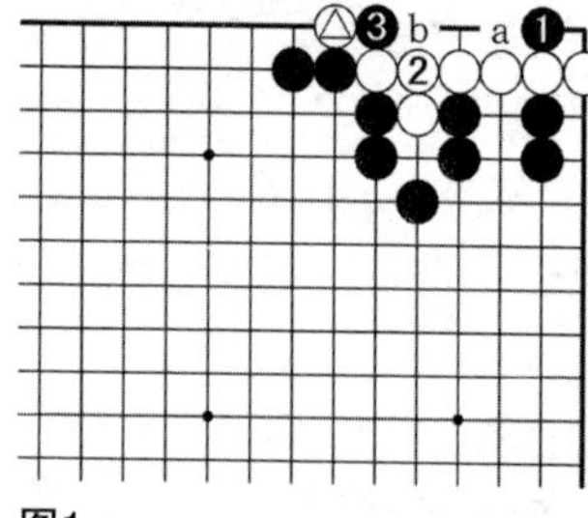

图1

白净死

图1（正解）

此时黑1仍然是正确选择。白2粘，黑3扑破眼。若无白△一子，则黑3位扳，破眼方式相同。

白2若在3位粘，黑2扑。

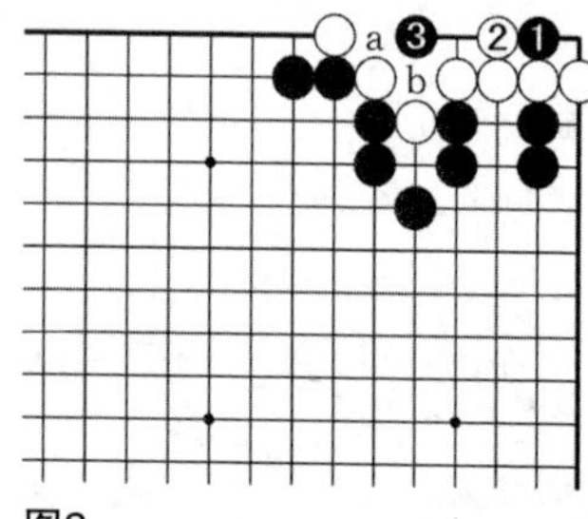

图2

白净死

图2（正解变化）

黑1，白2打吃，黑还是3位点破眼。接下来白a粘，黑b扑；白b粘，黑a扑。

通过上述变化图可以看出白棋△的扳，对于获取眼位毫无帮助。

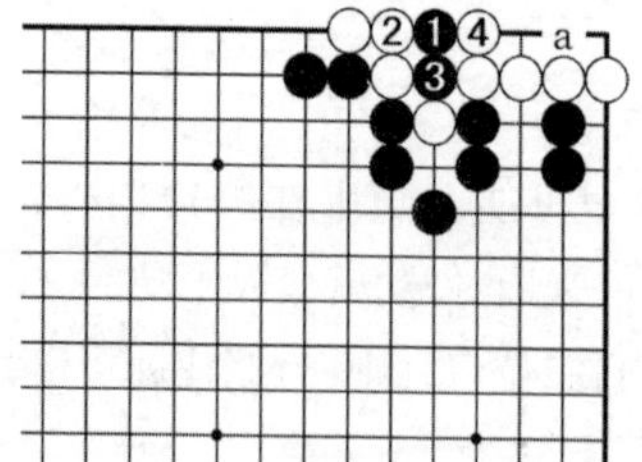

图3

白净活

图3（失败）

黑1直接点是错误答案。白4之后，3位粘和a位做眼见合。

黑1若在2位或者3位扑，白1位提，就是直四净活的棋形。

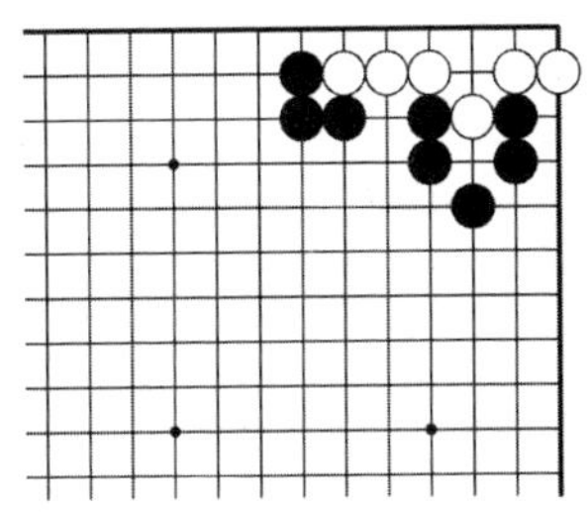

第10型

黑先白死

本图也是并排六子，和第9型的不同，这次棋形缺点在角上。

黑棋的第一手需要好好思考。

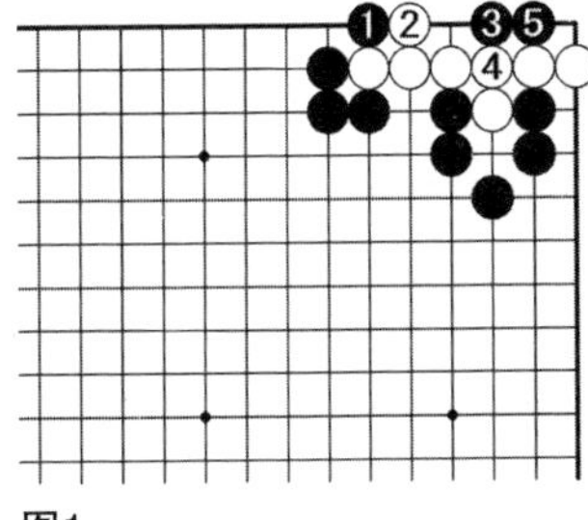

图1

白净死

图1（正解）

本图黑1扳缩小眼位是正解。白2挡，黑3点破眼。白4粘，黑5冲。白4若下在5位做眼，黑4扑即可。

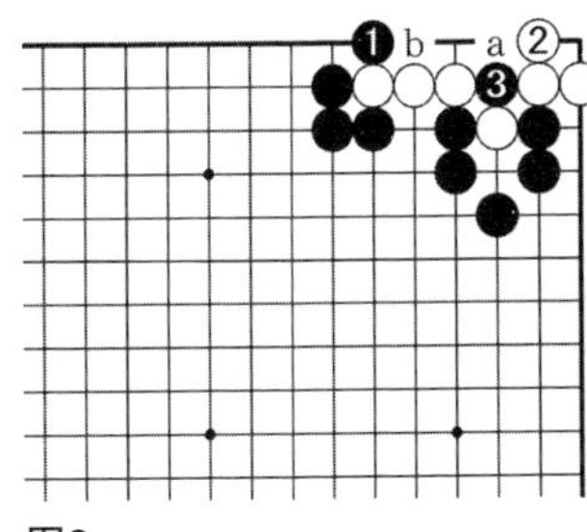

图2

白净死

图2（正解变化）

黑1扳，白2先确保角上一只眼位，黑3扑破眼好手。白a提，黑b；白b打吃，黑a。

黑3在b位冲也可以净吃白棋。

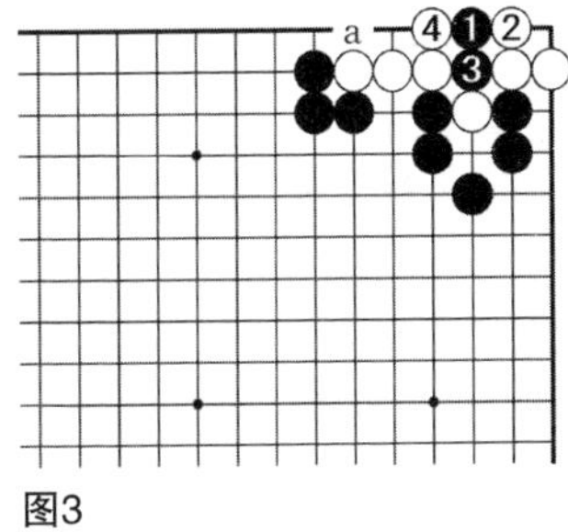

图3

白净活

图3（失败）

黑1确实是此时棋形的急所，但次序错误。白2、4之后，3位和a位两个眼位见合。

白2若在3位粘，黑2冲，白a扩大眼位也是活棋。先扳再点是本题的解题要点。

第11型

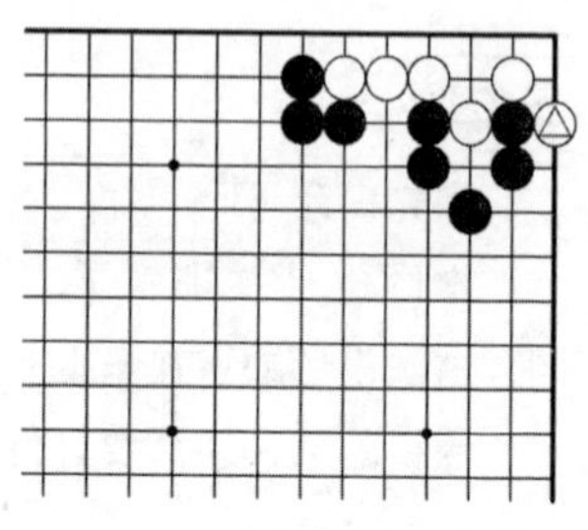

白先活

与第10型相比，白角上△一子是在扳的位置。本题如果是黑先有数个杀棋方法。

白棋想要做活，哪里是急所呢?

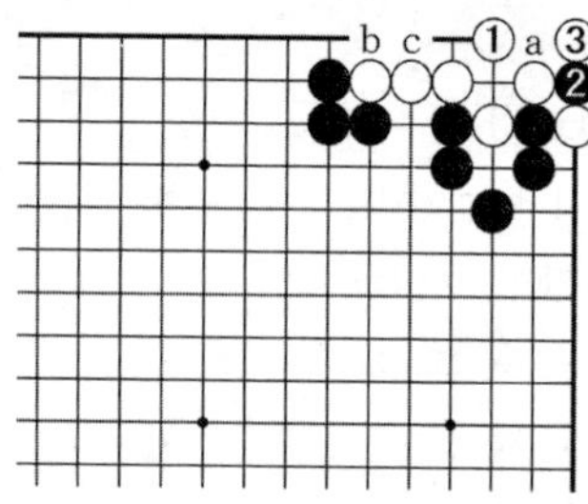

图1

白先活

图1（正解）

白1可以同时确保两只真眼。因为有一路扳，所以黑2扑，白3提可以确保一只真眼。左边黑b扳，白c挡住即可。

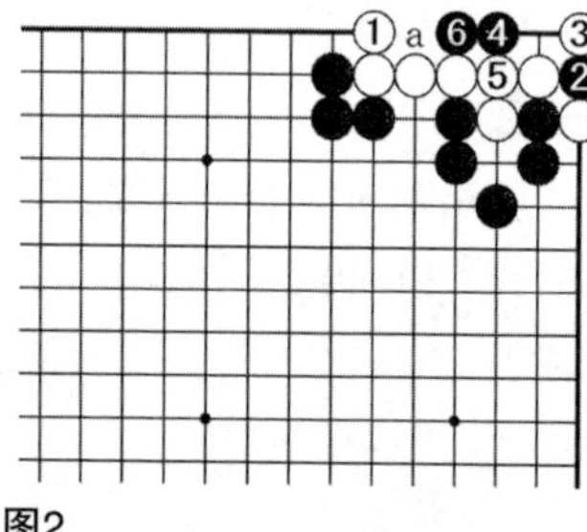

图2

白净死

图2（失败）

扩大眼位并不是做活的唯一选择。此时白1如果扩大眼位，黑2扑，后续进行至黑6，白棋只有一只眼。

白1若下在2位粘，黑1扳，白a，黑4，结果白棋还是净死。

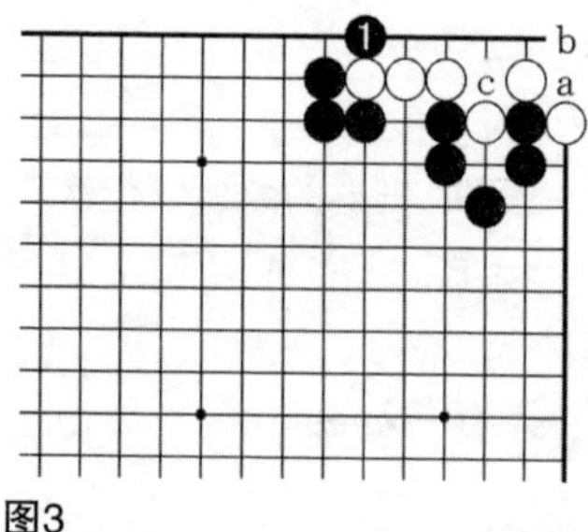

图3

白净死

图3（参考）

黑棋的杀棋手段有黑1扳、a位扑等。除此之外还有其他下法，但这两种最为简单直接。

黑不能下在b、c位，这样是帮助白棋做活。

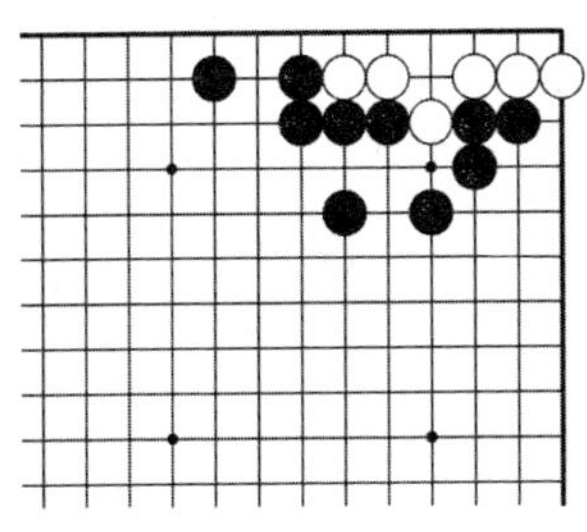

第12型

黑先白死

本型再次改变了棋形不完整的位置。

还是常见的棋形，黑棋的下法按照常识思考即可。

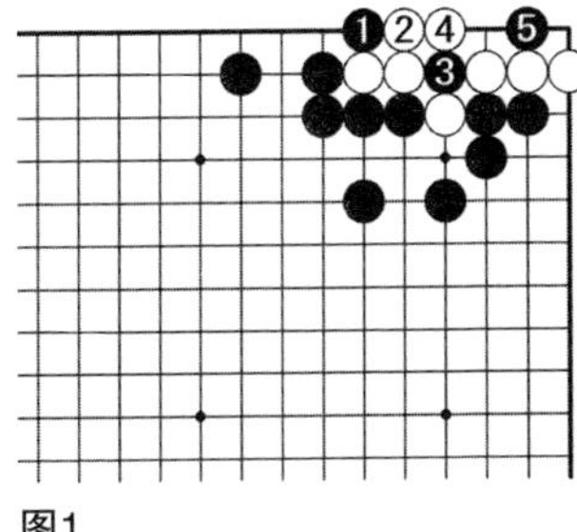

图1

白净死

图1（正解）

黑1扳正解。白2打吃，黑3扑缩小眼位、5位点净杀。

黑1、白2的交换非常重要。如果直接黑3扑，白4提，后续1位和5位两点见合，白净活。

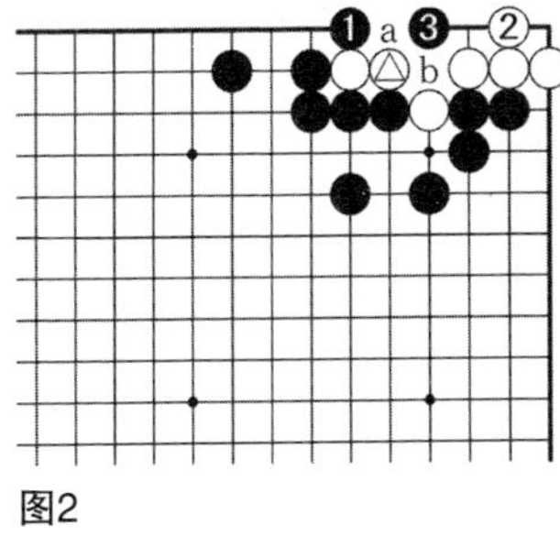

图2

白净死

图2（正解变化）

黑1扳，白2做眼，黑棋需要认真对待。黑3是关键的一手，如此白棋净死。

黑3如果在a位打吃是随手。这样白3打吃，黑b提，白△提获得真眼，白棋净活。

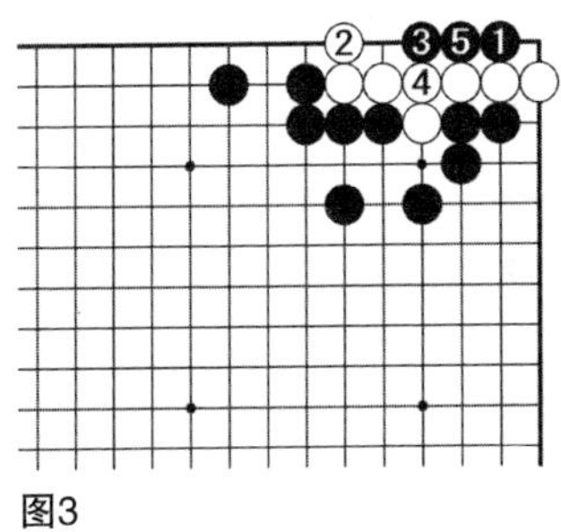

图3

双活

图3（失败）

黑1点看似急所，但白2扩大眼位之后白棋已经可以确保活棋。黑3点、5粘，局部双活。

第13型

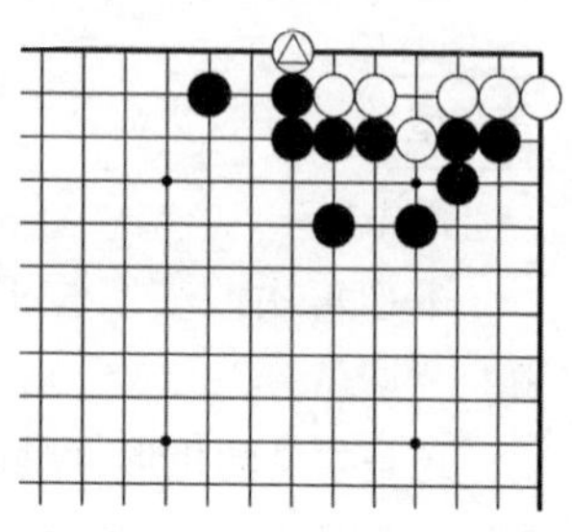

白活

本型较第12型多了白△一子。

虽然棋形仍不能算是非常完整，但此时的白棋已经可以确保活棋。

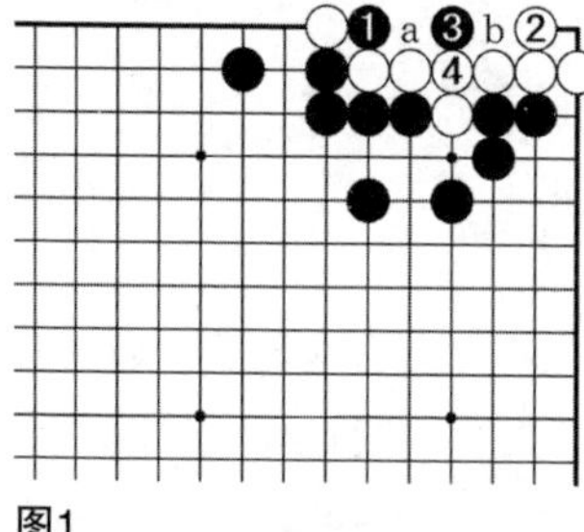

图1

白活

图1（证明1）

第12型中的黑1扳，在本图中变成了扑，因此白2做眼变成了局部妙手。黑3点，白4粘。此时黑a联络，白b可以提掉黑三子形成一只真眼。

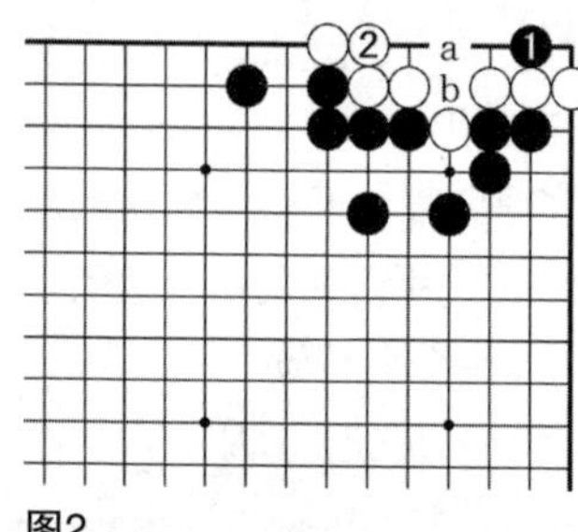

图2

双活

图2（证明2）

黑1点，白2粘应对。后续黑a点，白b粘，形成第12型图3相同的局面。

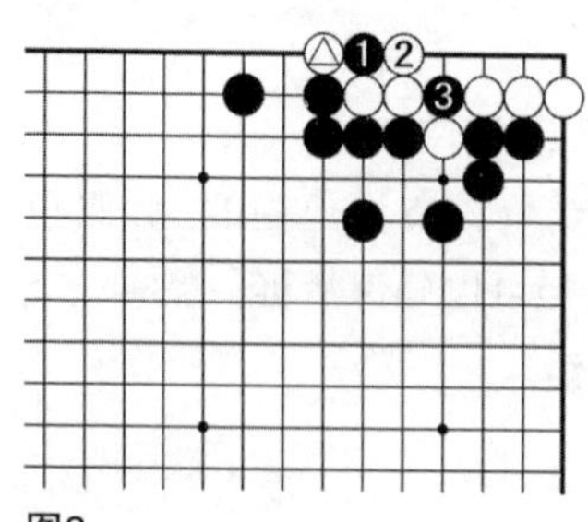

图3

白净死

图3（失败）

面对黑1扑，白2提是随手棋。这样黑3扑，白变成净死。白△位扳一子没有发挥作用。

第14型

白先活

这是一个很有趣的图形。

首先想到的一定是粘住白二子，但这样下如果不能做活就要思考其他更有效率的手段。

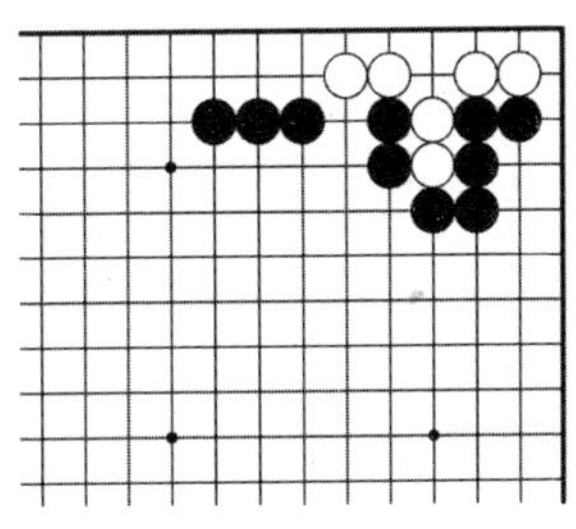

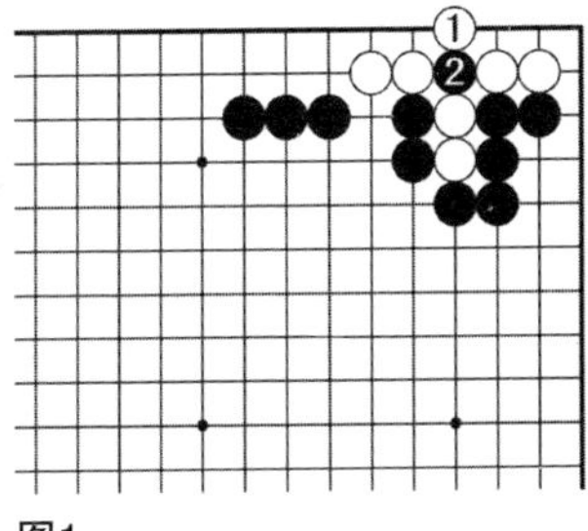

图1

做眼

图1（正解）

白1做眼是冷静的好手。黑2可以提掉白二子，这也在白棋的计算之中。

黑2之后——

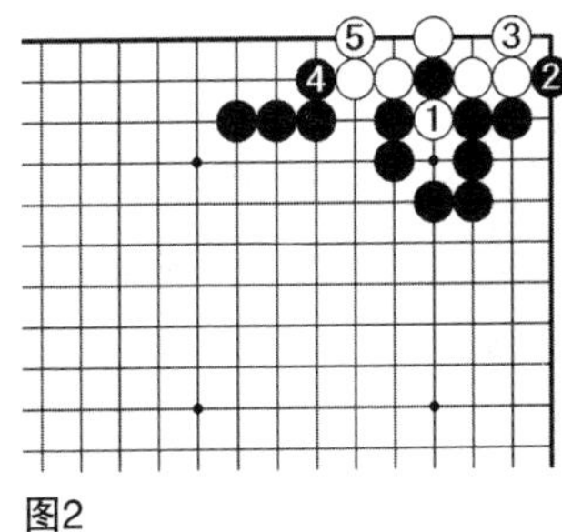

图2

白净活

图2（正解之后）

白1打二还一。接下来黑2扳，白3做眼；黑4，白5应对。白棋确保两眼做活。

本型白棋的第一手是确保眼形的急所，利用打二还一的特点做活。

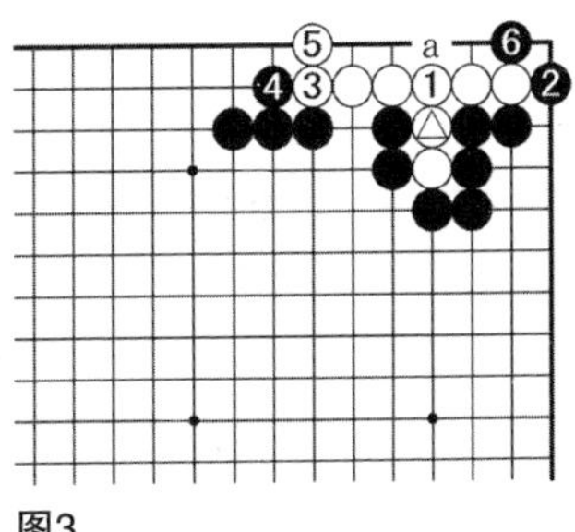

图3

白净死

图3（失败）

若是在实战中，白棋很可能会在1位粘。但这样一来黑2抢占角上眼位急所，白3爬扩大眼位，进行至黑6，白棋净死。

白1若在2位立，黑1提，白a，黑△粘，白棋仍然只有一只真眼。

第15型

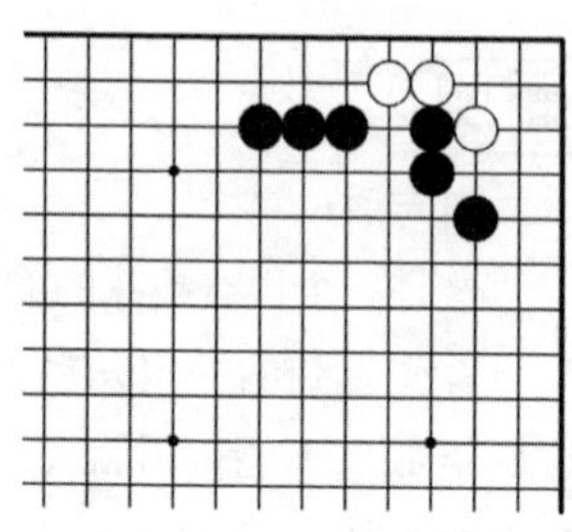

黑先白死

这是实战中出现的棋形，是经典的实战死活。

黑先。第一手如果走错就会陷入迷宫之中。请活用此前学到的知识。

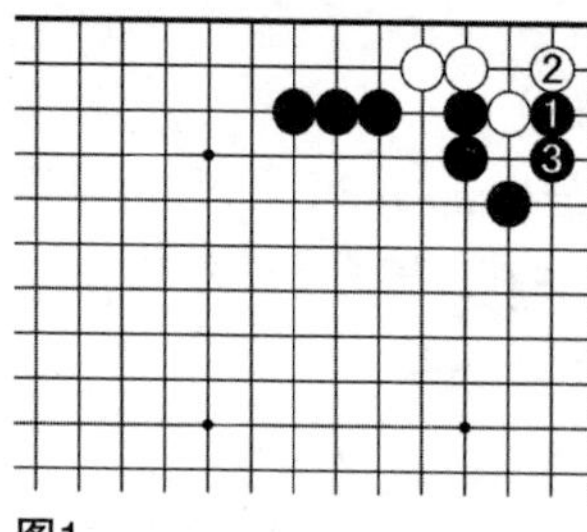
图1

夹

图1（正解）

黑1、3是此时的好手。

如果能够灵活使用之前学习的知识，就可以很快确认白棋已经净死。后续的进程请看下图。

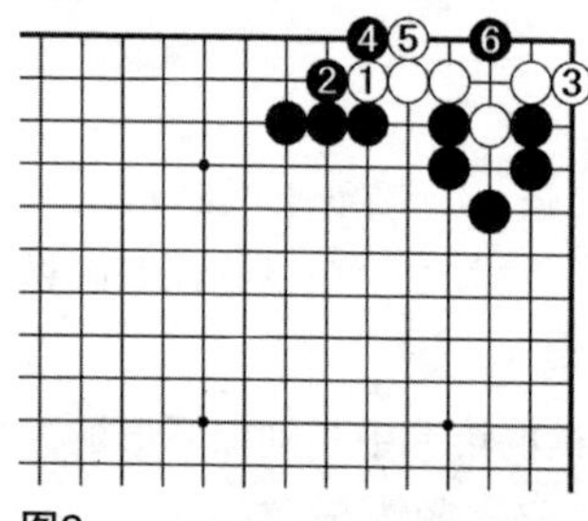
图2

白净死

图2（正解续）

白1爬，黑2挡，白3立扩大眼位。此时的棋形还原了第10型，黑4扳缩小眼位，白5打吃，黑6点，白净死。

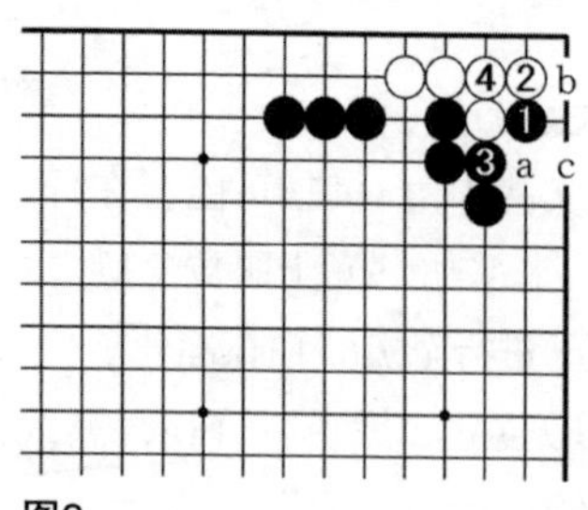

图3

打劫

图3（失败）

黑1、白2交换，黑3打吃是大恶手。白4粘留下了a位的断吃，白若a位粘，白b立净活。此时黑只能b位连扳，白a打吃，黑c打吃做劫。

第15型Ⅱ

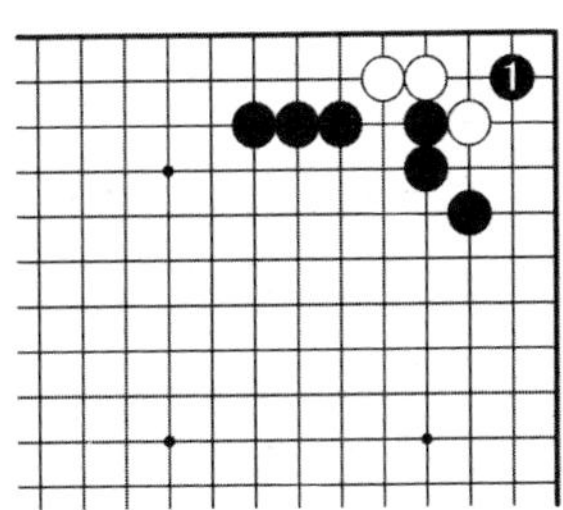

白先活

初学者常常会犯的错误是在1位点。

虽然黑棋第一手失误，但白棋想要做活也需要找出局部手筋才行。

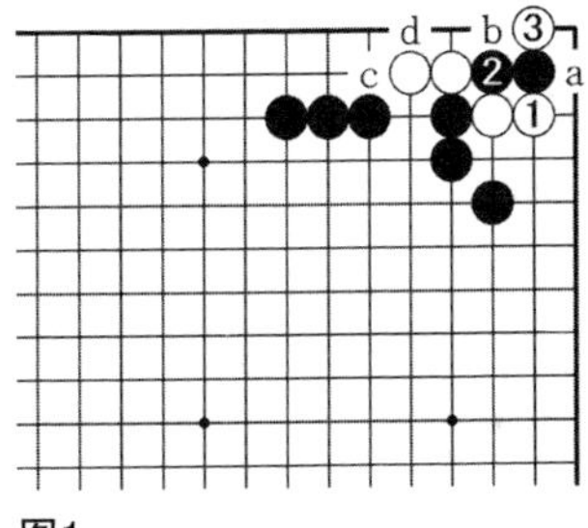

挡、夹

图1（正解）

白1挡只此一手。黑2断进入本题的关键之处，此时白3夹是好手。后续黑a立，白b，黑c，白d，白棋净活。

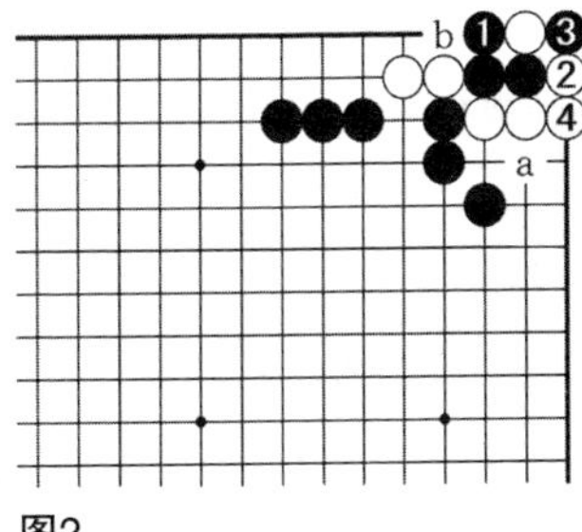

白净活

图2（正解续）

黑1打吃，白2反打，黑3提，看起来要变成打劫，白4粘是白棋准备好的既定手段。黑若a位粘，白b提已经净活。

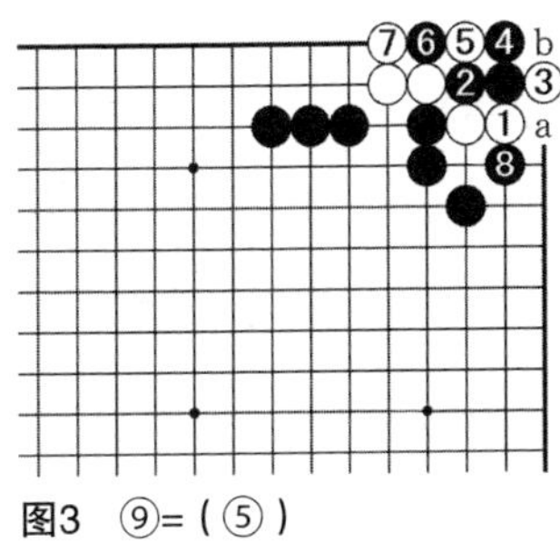

图3　⑨=（⑤）

打劫

图3（失败）

图1中的白3如果选择本图白3位扳，黑4好手。接下来白a，黑8，白b虽然对杀获胜，但黑5创造大眼棋形，白棋净死。白5扑是此时的手筋，劫活已经是最好结果。

第16型

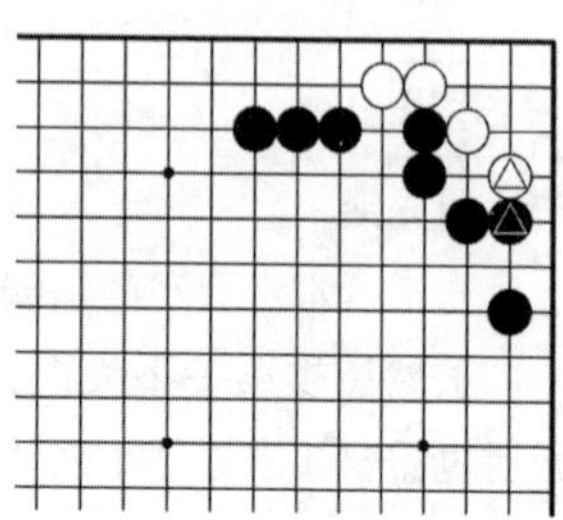

黑先劫（白先提劫）

与第15型相比多了△、▲的交换。

此时没有了二线夹的手段，必须考虑其他的攻杀方法。

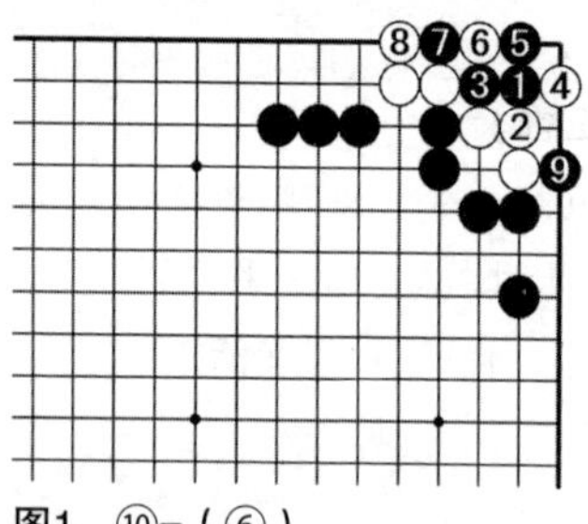

图1 ⑩=（⑥）

打劫

图1（正解）

黑1点是急所。白2团是最强抵抗。黑3断，白4扳，黑5，白6扑是手筋。进行至白10打劫是此时的最好结果。

白2若在3位粘，黑2挤，白净死。

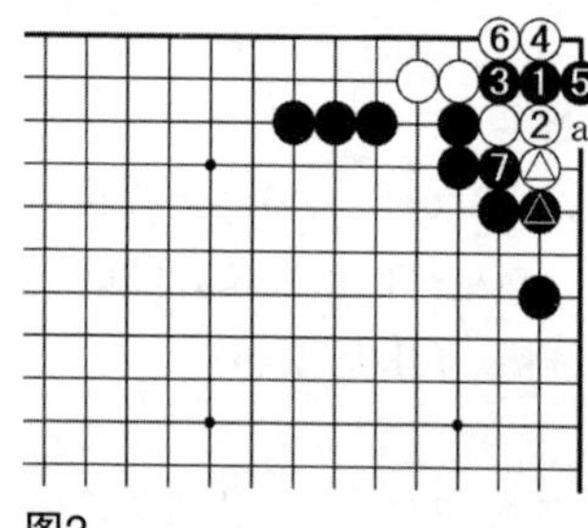

图2

白净死

图2（正解变化1）

黑3断，白4不能在二一路夹。黑5立，7紧气，白a位不入气。

△、▲的交换让白棋变得气紧。

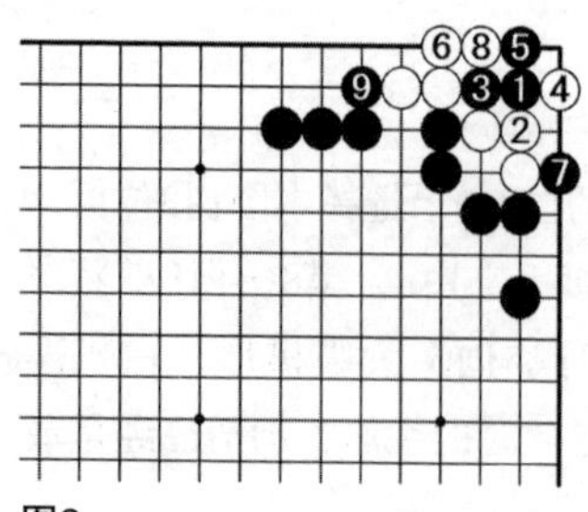

图3

白死

图3（正解变化2）

黑1～黑5之后，白6紧气看似好手，但黑7、9之后，白棋角上变成“曲三”，净死。

图1中的白6是此时的手筋妙手。

第17型

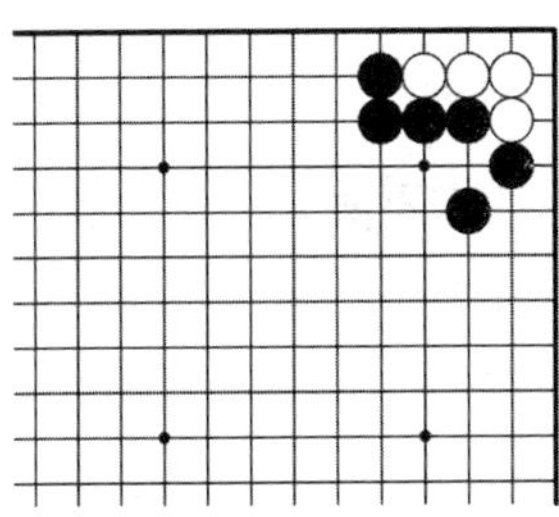

白不活

此时白棋是L型。

本图与四子并排一样，即使白先也无法做活。

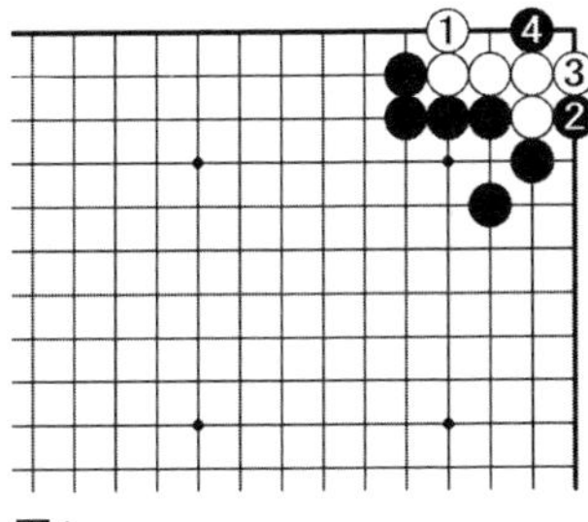

图1

白净死

图1（证明1）

白1扩大眼位，黑2扳，白3打吃，黑4点。

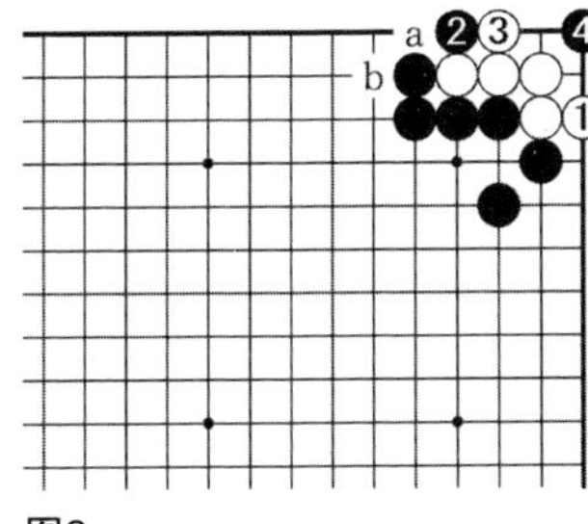

图2

白净死

图2（证明2）

白1在右边扩大眼位，黑2扳、4点。即使白a位提，黑b只需要不让白棋出头即可。

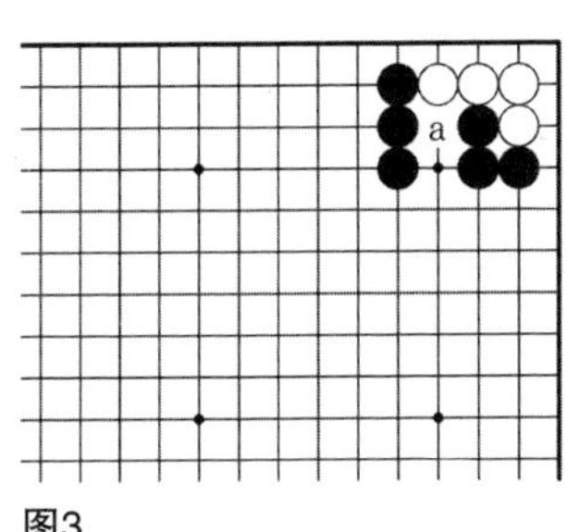

图3

白净死

图3（参考）

白棋的棋形哪怕周围有外气也无法做活。如本图白棋在a位有外气，结果仍然是净死。

第18型

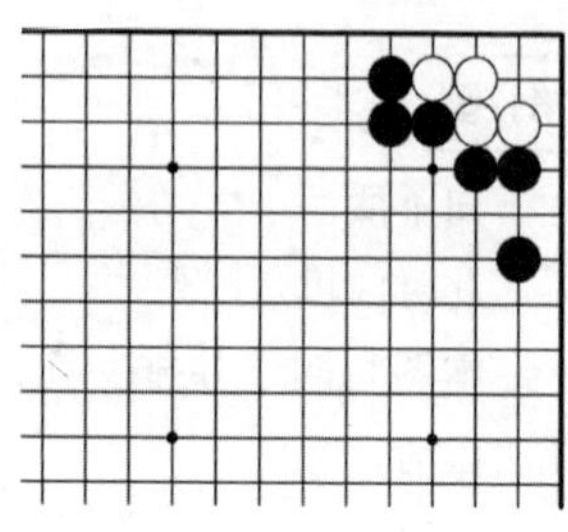

白不活

与第17型相比，本型角上空间稍大一些。

但还是不足以确保做活的眼位，即使白先仍然是净死。

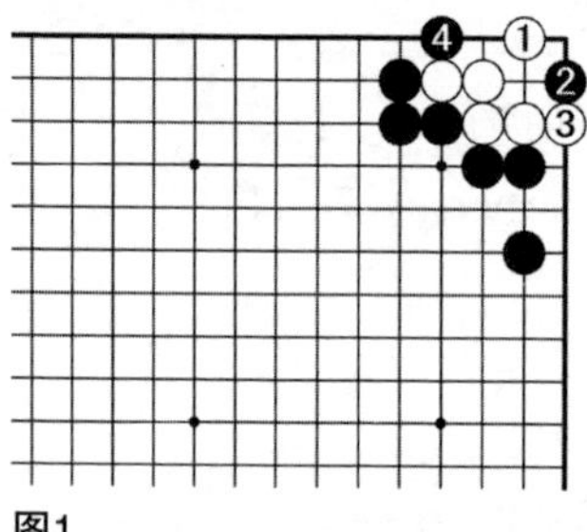

图1

白净死

图1（证明1）

白1虽然是做眼的急所，但黑2点是先手，白3挡，黑4扳破眼，白净死。

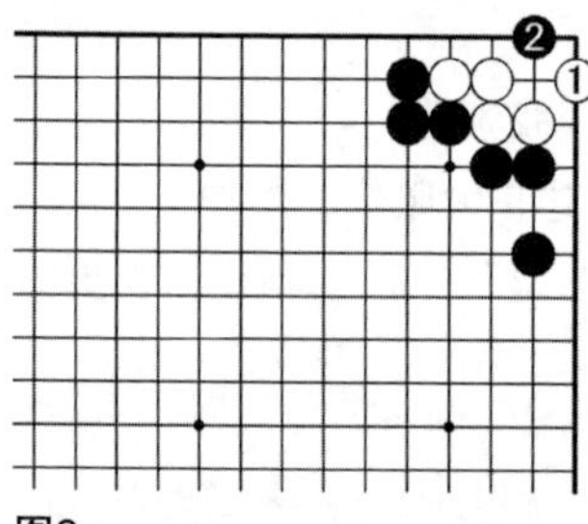

图2

白净死

图2（证明2）

白1小尖，黑2点破眼。

1和2两点见合。

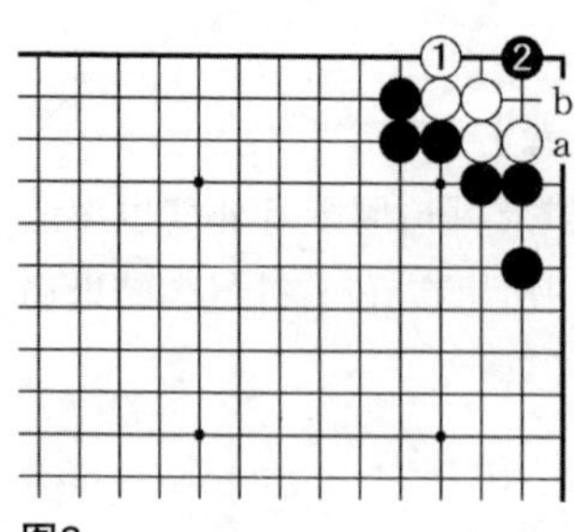

图3

白净死

图3（证明3）

白1扩大眼位，黑2点破坏眼形。

黑2点也可以选择a位扳，白b，黑2，结果相同。

第19型

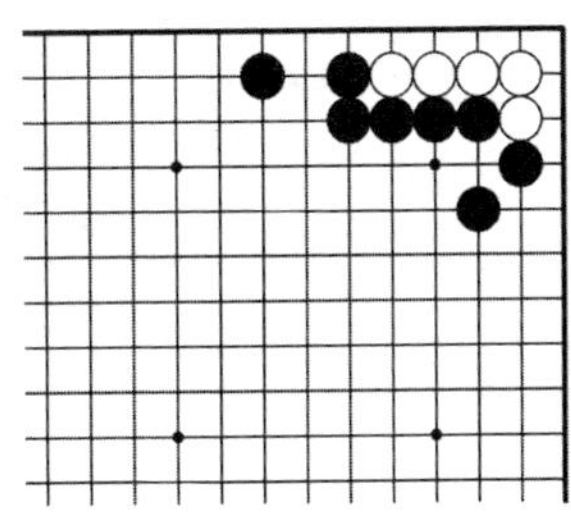

白先活、黑先白死

本型较第17型多了一颗二线白子。

此时如果轮到白先可以净活。活棋的方法有几种，但最好的选择只有一个。

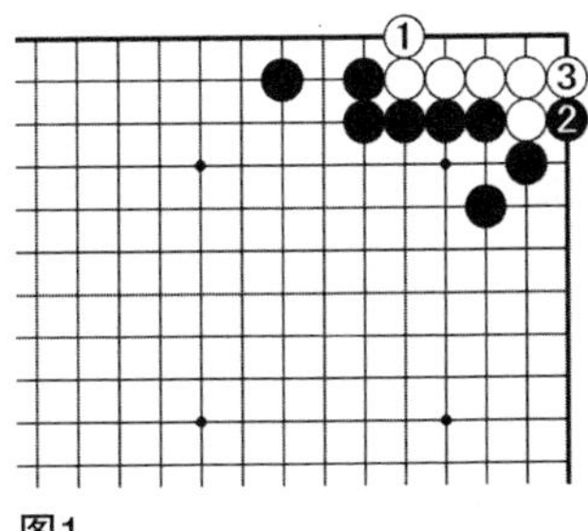

图1

白净活

图1（白棋正解）

常识性的下法如白1扩大眼位。黑2扳，白3挡住形成“直四净活”。

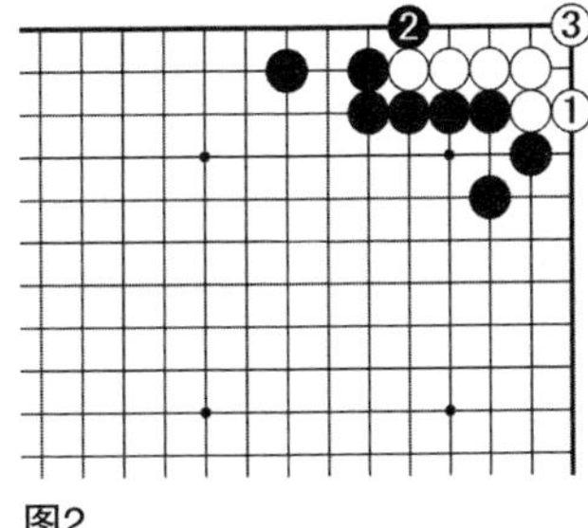

图2

白活

图2（白棋准正解1）

白1也可以做活。但需要注意在黑2扳缩小眼位时，白3只能在一一路做眼。与上图相比实地亏损2目。那么为什么白3必须做眼呢——

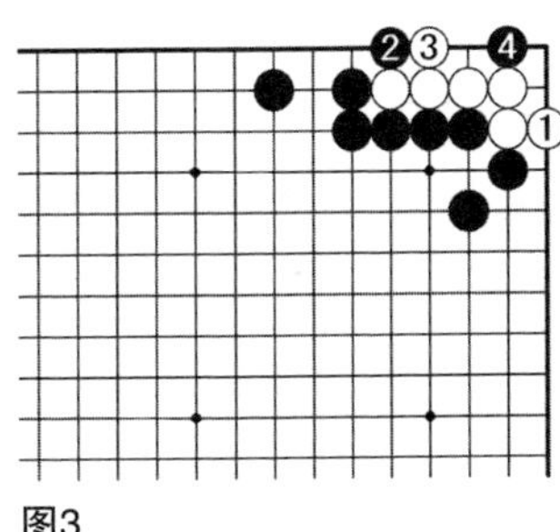

图3

如果挡住

图3（白失败）

白1立，黑2扳，白3打吃是问题手。此时黑4破眼，白棋已经无法净活。

后续请看下图——

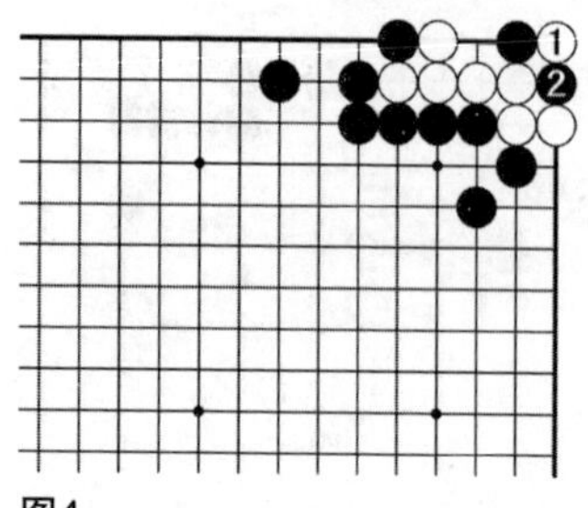

图4

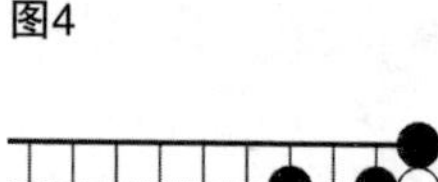

打劫

白4（白失败图续）

白1扑只此一手，此时局部变成劫活。

如果白棋有外气，结果就有所不同。

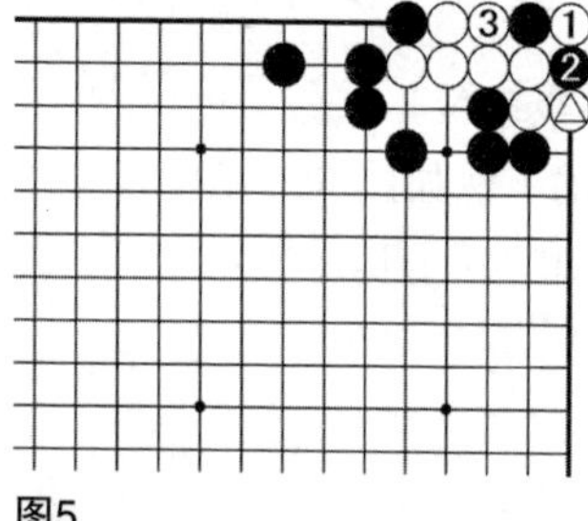

图5

白净活

图5（参考）

假如是本图这样，白棋外围有外气，那么白1扑、白3打吃可以净活。同时白△一子对右边棋形有一定影响，所以这样做活也是可选下法之一。

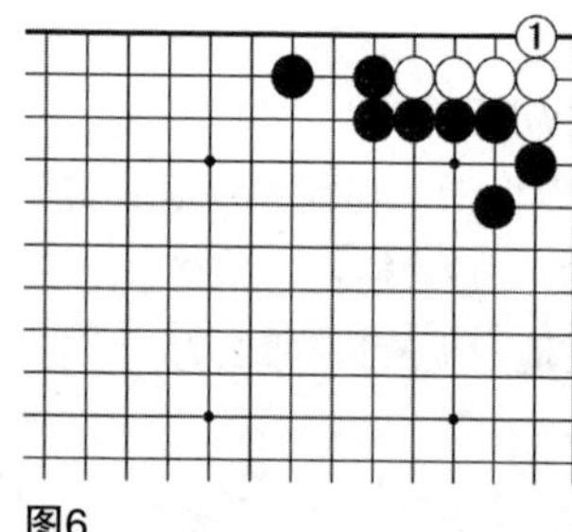

图6

白净活

图6（白棋准正解2）

如果仅仅讨论死活，白1也可以做活。但与正解相比同样损失了2目实地。

这样的活棋方法对外围棋形没有任何影响，这样的目数损失令人心痛。

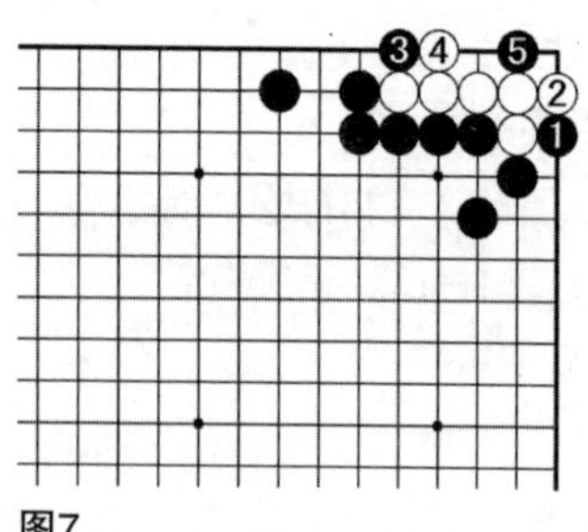

图7

白死

图7（黑棋正解）

黑先可以简单杀掉白角。黑1、3缩小眼位，黑5点即可。

黑1在3位扳结果相同。

第20型

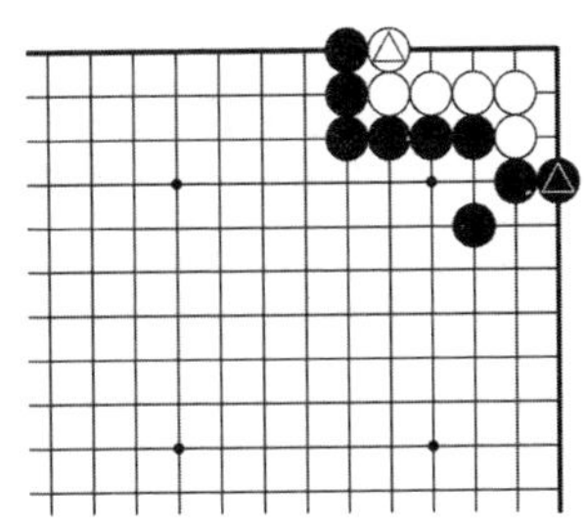

黑先劫（黑先提劫）

与第19型相比，白棋在△位多了一子，做活眼位显得更为充足。

但此时白棋没有外气，黑棋在▲位立会发挥作用。

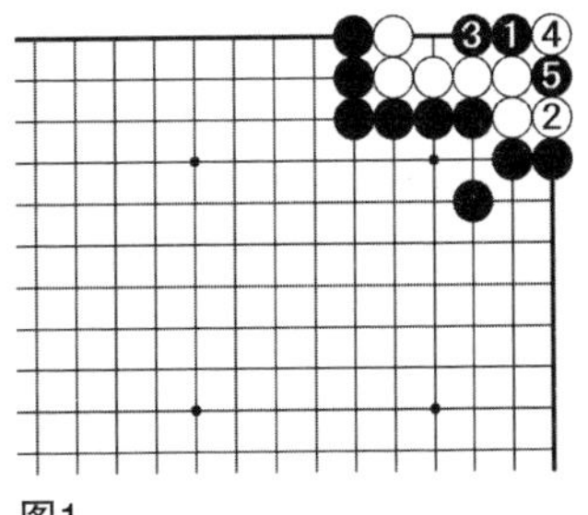

图1

打劫

图1（正解）

黑1托好手。白2扩大眼位，黑3爬是眼形要点。白4扑只此一手，黑5提形成劫活。

黑3若直接在5位扑，则会变成缓气劫。

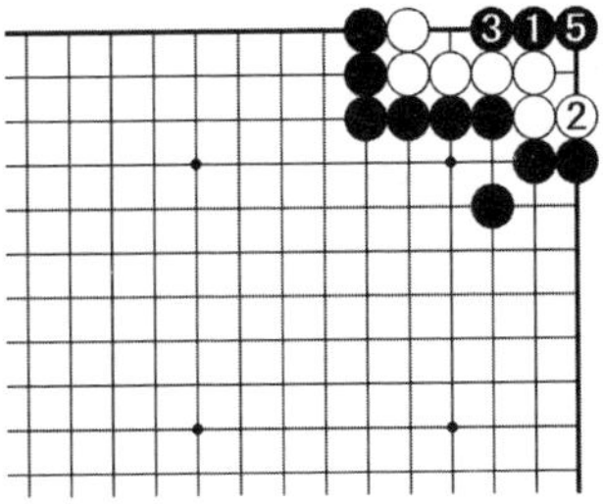

图2　④=脱先

白净死

图2（正解变化1）

上图白4若脱先，黑5破眼。此时的结果并不是双活，而是“盘角曲四”，白棋净死。

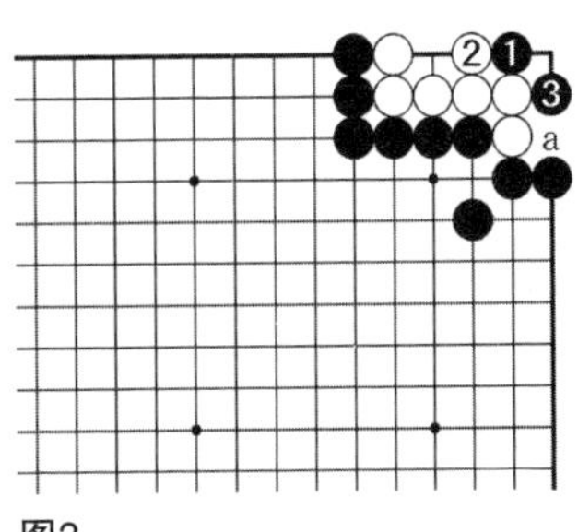

图3

白净死

图3（正解变化2）

黑1托、白2如果做眼是问题手。黑3扳渡过，白棋气紧不能在a位分断，白棋净死。

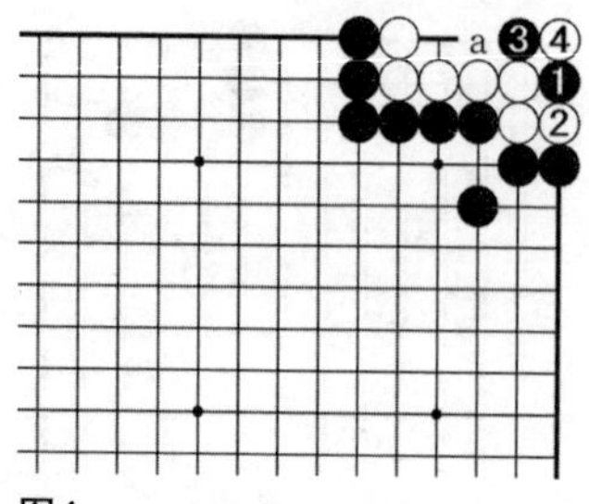

图4

缓一气劫

图4（失败1）

黑1托也是局部好手，但不是最好选择。白2、4还是打劫，不同的是本图是白先提劫，而且即使黑1提劫，还需要在a位打吃才能变成紧气劫。所以本图的结果是缓一气劫。

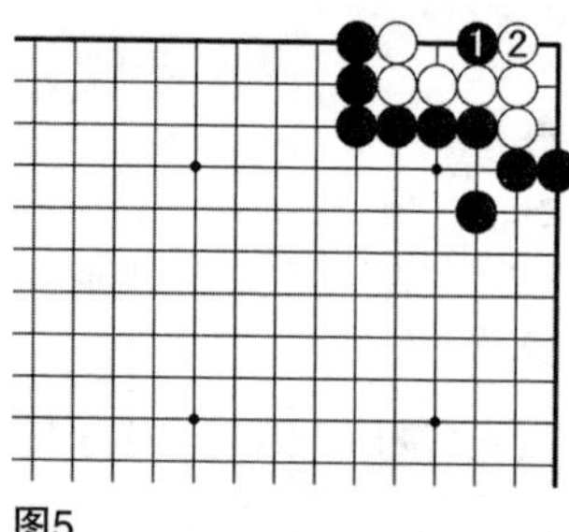

图5

白净活

图5（失败2）

黑1是错误下法，白2打吃即可净活。

手筋旁边就是恶手。

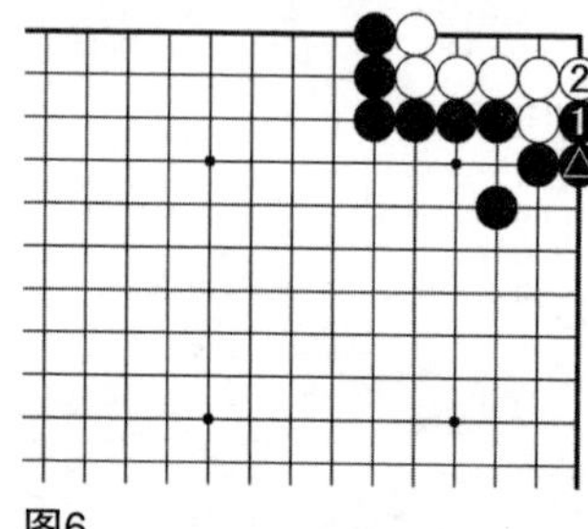

图6

白净活

图6（失败3）

此时最大的俗手就是黑1冲。白2挡就是直四净活。

黑▲一子变得毫无用处。

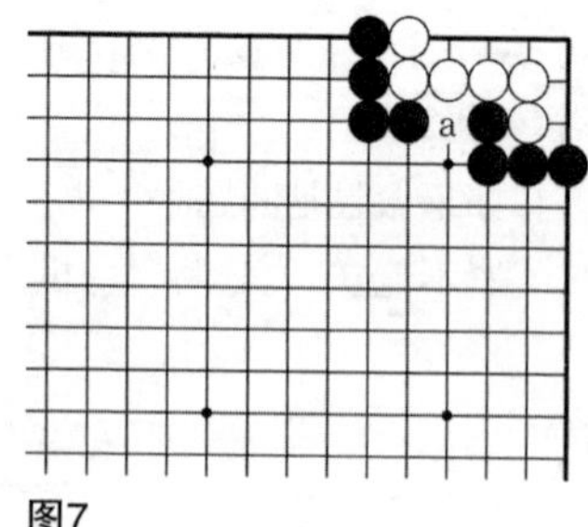

图7

白净活

图7（参考）

本型是否有外气非常关键。如果白棋在a位有一口外气，黑棋就失去了有效的攻击手段。

第21型

黑先白死、白先活

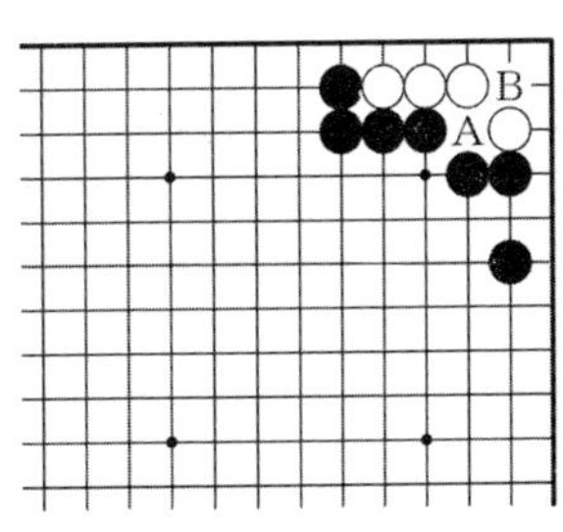

本图在第19型基础上增加了黑A、白B的交换。

不论是否有这两手交换，攻击手段、应对手段都基本相同。

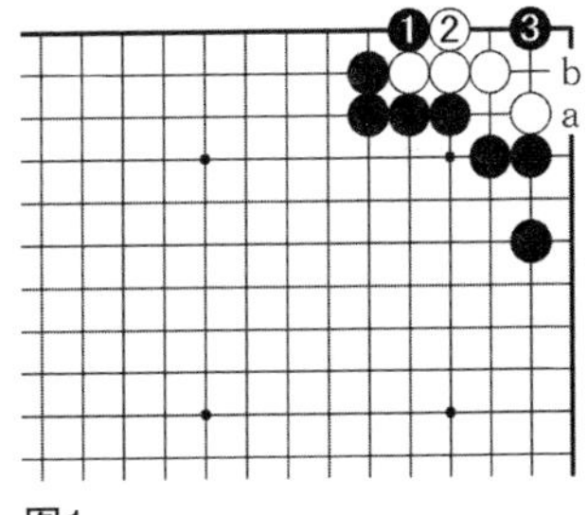

图1

白净死

图1（黑棋正解1）

黑1扳缩小眼位。白2打吃，黑3点是破眼急所。黑3在a位扳，白b，黑3点结果相同。

白2若下在3位做眼，黑b，白a，黑2，白棋仍然只有一只真眼。

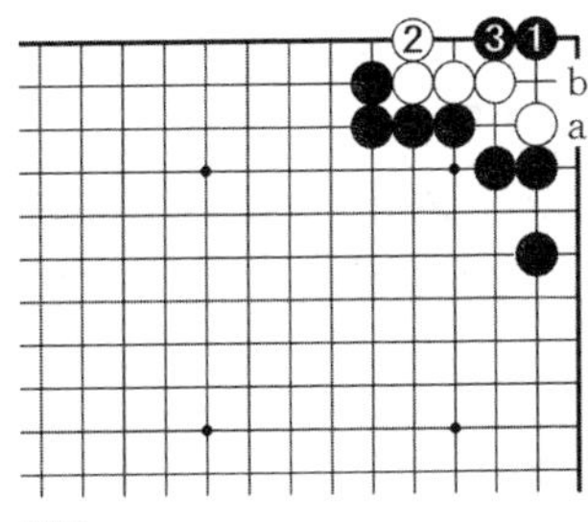

图2

白净死

图2（黑棋正解2）

黑1直接抢占破眼急所，白棋还是净死。白2扩大眼位，黑3爬。黑1先在a位扳，白b打吃，黑1破眼结果也一样。

需要注意的是，白2可能会对外围棋子有一定影响。图1的下法更为稳妥。

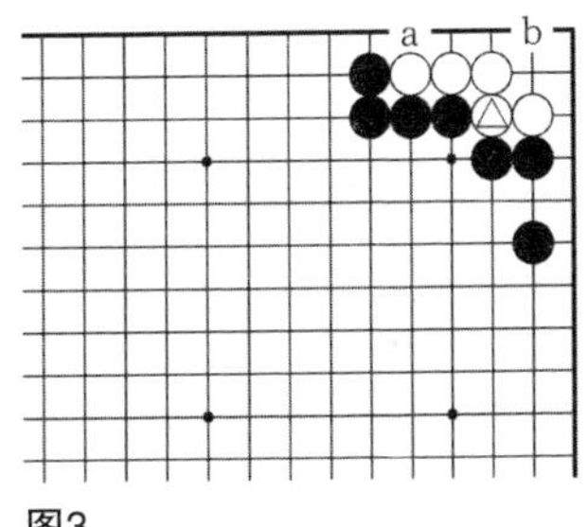

图3

白净死

图3（参考）

假如白棋在△位有子，局部死活结果也没有改变。黑a扳或者黑b点都可以净杀白棋。

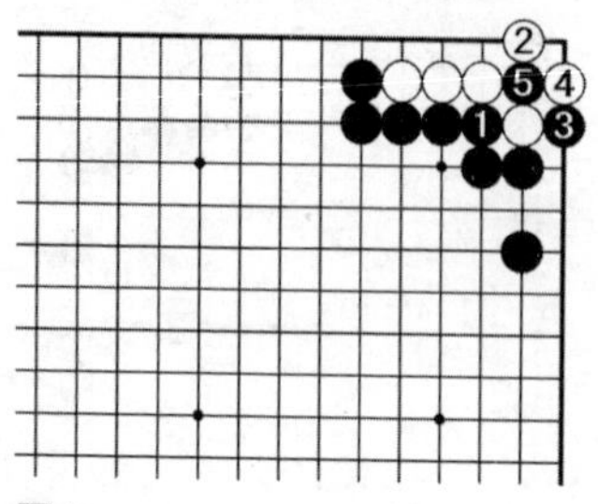

图4

打劫

图4（黑失败）

黑1挤，白2虎做眼，黑3打吃，白4做劫，局部形成劫活。

这样下只会给白棋形增加弹性。

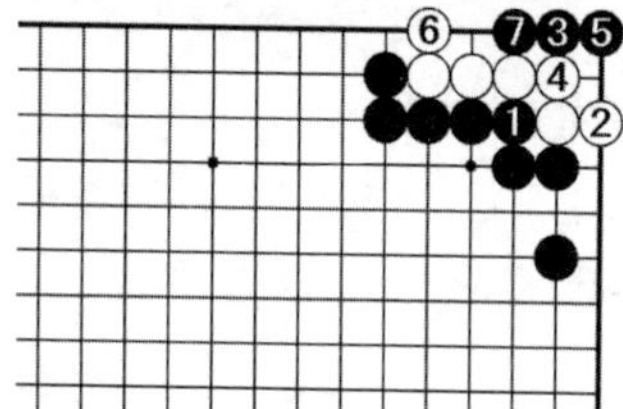

图5

白净死

图5（黑棋失败变化）

黑1是问题手，但此时白2的应对出现了失误。黑3点，进行至黑7，形成了“盘角曲四”的棋形，白净死。

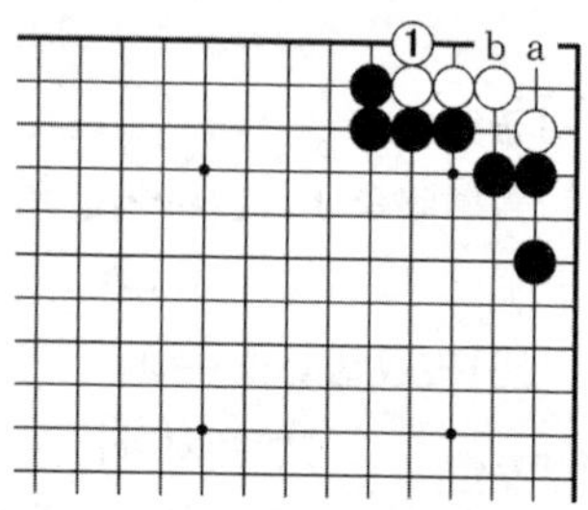

图6

白净活

图6（白棋正解1）

白先做活的方法有两种，一种是白1立扩大眼位。接下来黑a点破眼，白b挡就可以确保两只真眼。

这个下法可以说是局部最好的选择。

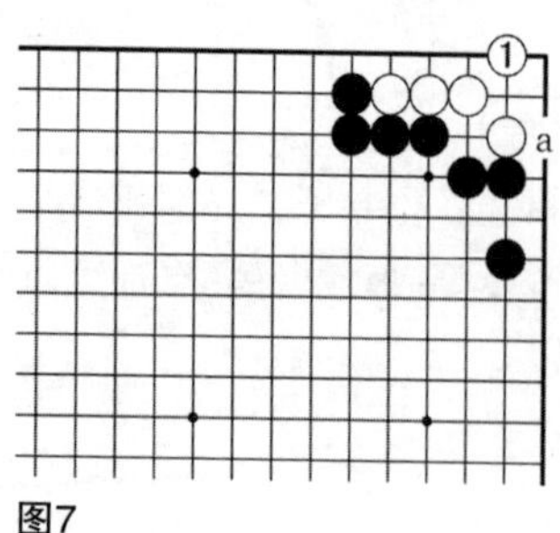

图7

白净活

图7（白棋正解2）

白1虎局部也可以净活。但棋形稍显委屈，如果不会出现第22型中的问题，还是上图的做活方法更好。

白1若下在a位立，则黑1点，结果与图5相同。

第22型

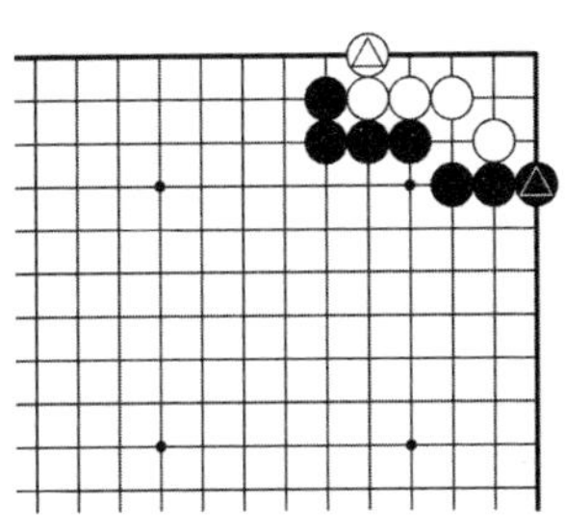

黑先白死

这是第21型图6的变化图，白棋已经有了△位一子的棋形。

需要注意的是，黑棋在▲位有子时，死活结果会不同。

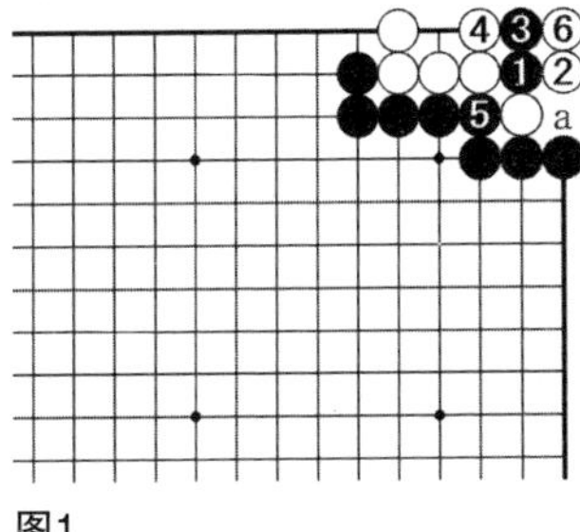

图1

挤、立

图1（正解）

黑1挤是锋利的一手。白2若在3位打吃，黑2位立；若在5位粘，黑a位轻松联络，白棋被杀。此时白2反击是只此一手。黑3立，白4打吃，黑5断吃。白6提——

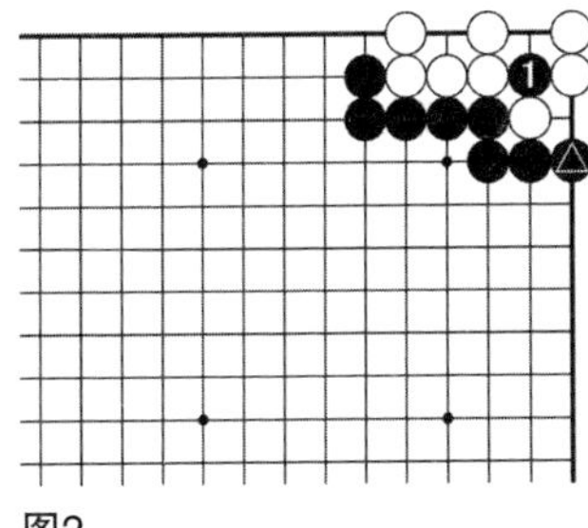

图2

白净死

图2（正解图续）

黑1扑破眼。黑▲一子充分发挥了作用。

此时黑棋有一处容易犯错的地方。

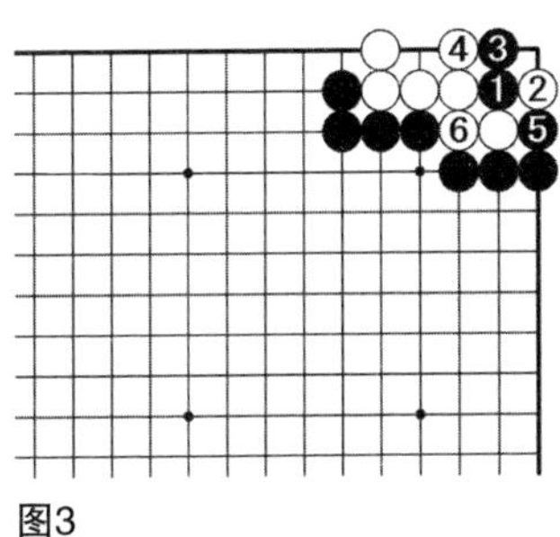

图3

白净活

图3（失败1）

黑1至白4，黑5在一线打吃方向错误。这样一来黑1的妙手作用瞬间变成泡影。白6粘之后，角上黑二子变成倒扑的棋形，黑棋已经没有破眼的手段。

白6如果——

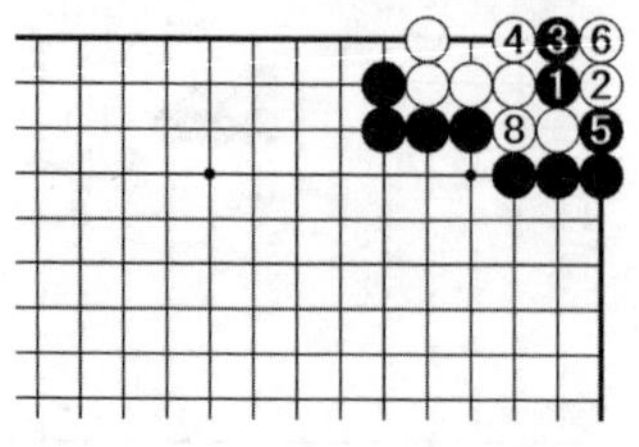

图4 ❼=（❶），❾=（❸），⑩=（②）

白净活

图4（失败变化1）

白6若提掉黑二子，黑7扑，白8粘结果相同。黑9提，白10扑，还原图3棋形。

一定要注意白8不能在3位提，否则黑8打吃会变成假眼。

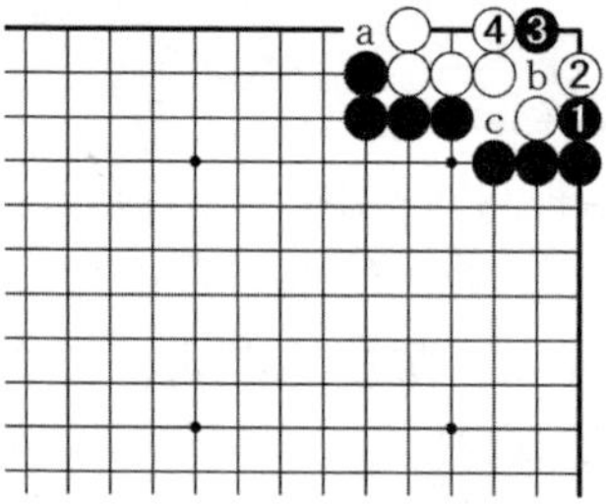

图5

白净活

图5（失败变化2）

黑1俗手。黑3点，白4做眼净活。

如果a位已经紧气，黑b扑，白c不能粘撞气，白棋也是净死。

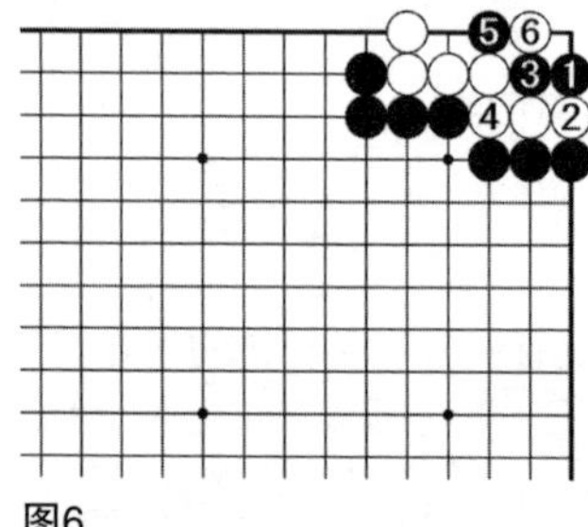

图6

白净活

图6（失败变化3）

黑1跳看似妙手，其实不然。白2分断，黑3打吃、5扳紧气，白6扑对杀获胜。

正解图1中黑1挤是只此一手。

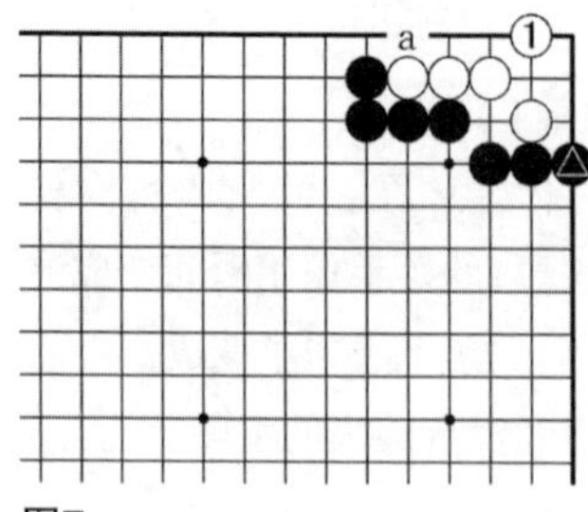

图7

白净活

图7（参考）

站在白棋角度思考，在黑▲位有子的场合，白就不应该在a位扩大眼位，而是直接1位做眼才是正解。

▲位是先手利的情况也一样。

第23型

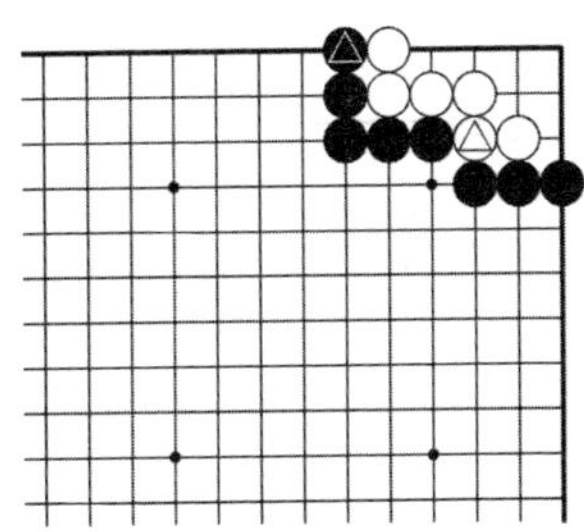

白活

与第22型进行对比可以发现，本型黑棋在▲位紧气，而白棋也占据了△位。

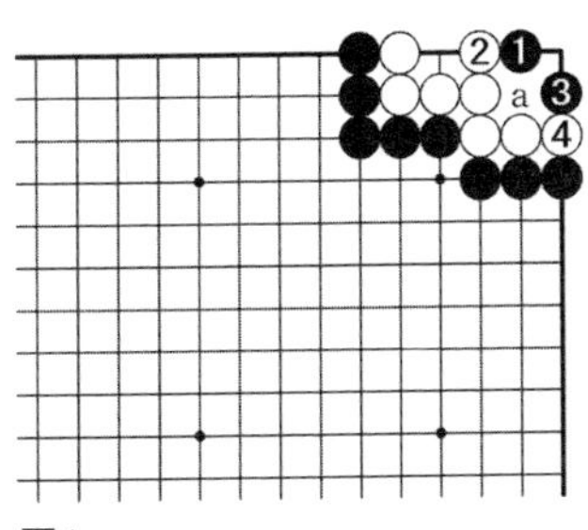

图1

双活

图1（证明1）

黑1虽然是破眼的急所，但此时白2做眼之后已经不用担心死活问题。黑3，白4形成双活。

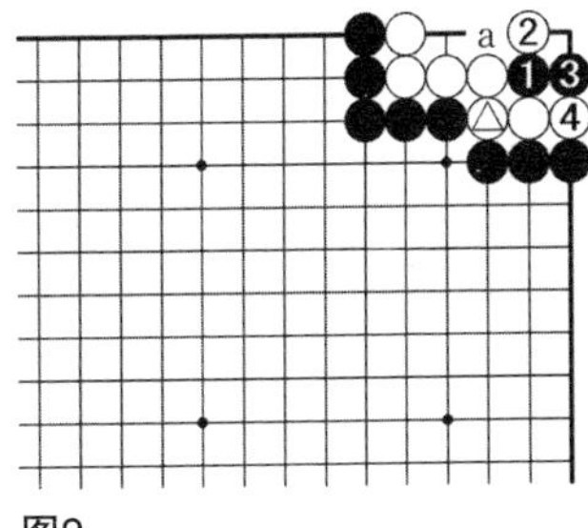

图2

白净活

图2（证明2）

本图选择和第22型一样的攻击方法，黑1挤，白2打吃应对，因为白△位有子，黑3立，白4可以断吃。白2在3位打吃，黑2立，白a打吃也是净活。

白2直接4位立是问题手，这样黑a扳白只有一只眼。

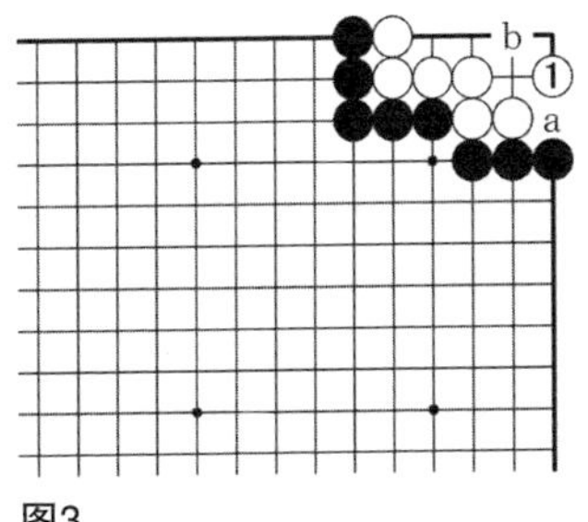

图3

白净活

图3（参考）

本图作为参考。若在角上补棋，白1是最好的选择。这样可以确保5目。

如果白a挡，黑b点之后是双活，白b虎损失1目实地。

第24型

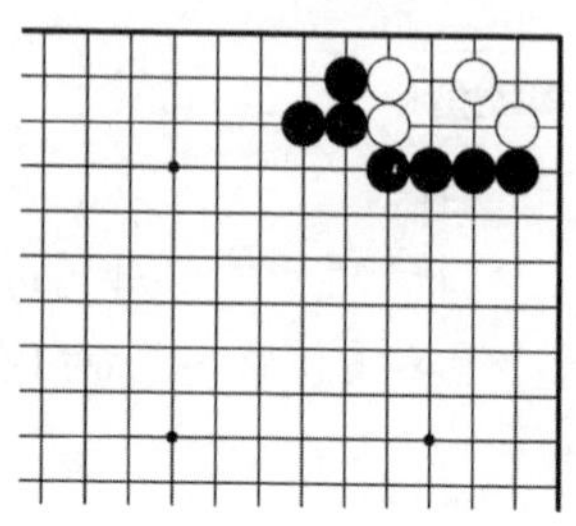

白先活

这是实战死活。

如果目的是要做活，难度不大。

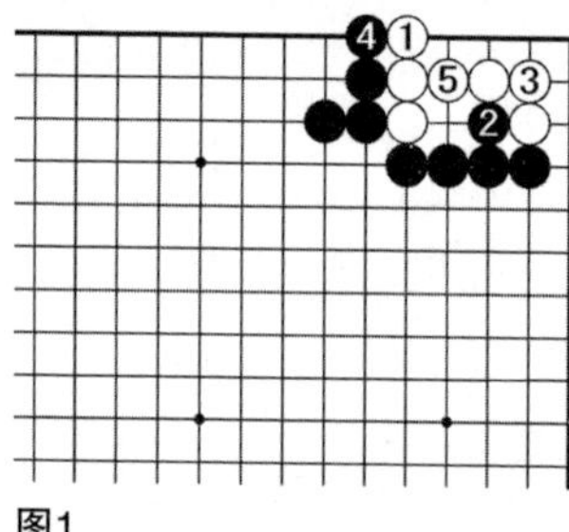

图1

白净活

图1（正解1）

白1立扩大眼位。黑2挤，4位挡，白5粘棋形坚实。

白5若是——

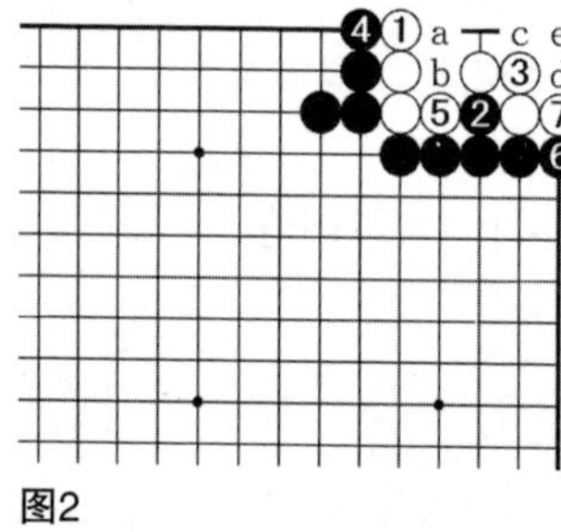

图2

白净活

图2（正解2）

本图白5扩大眼位也是净活。但这样一来黑6立就变成先手，是否得力未知。

白7若脱先他投，黑a，白b，黑c，白7，黑d，白e，局部变成劫活。

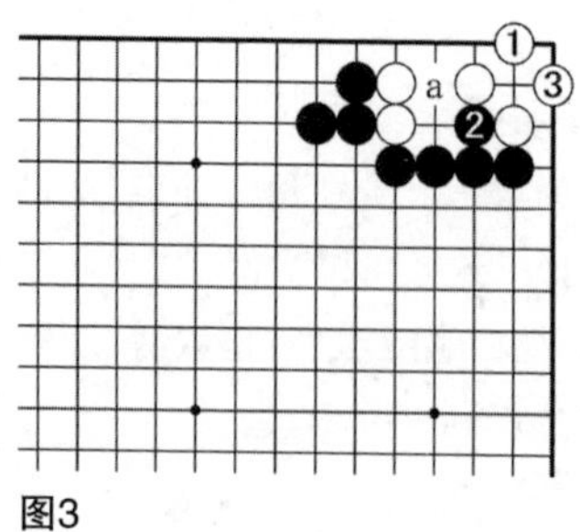

图3

白净活

图3（准正解）

白1直接做眼也是净活。但黑2挤，白3只能继续做眼。后续黑棋留有a位挖的官子手段。

第25型

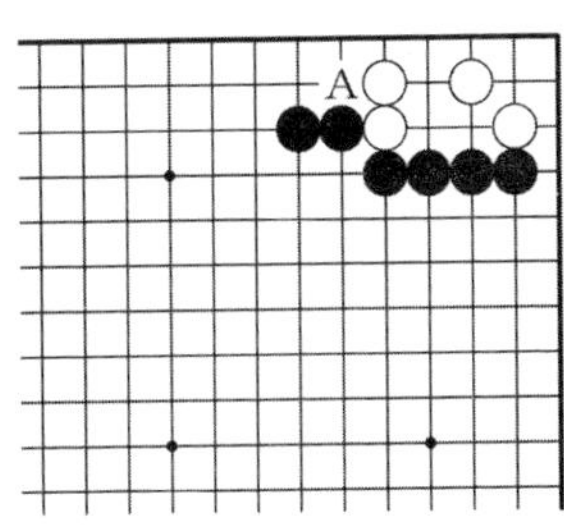

白活

此时黑A没有棋子。

本型白棋净活，下列变化图会展示黑棋除了A位以外的攻击手段。

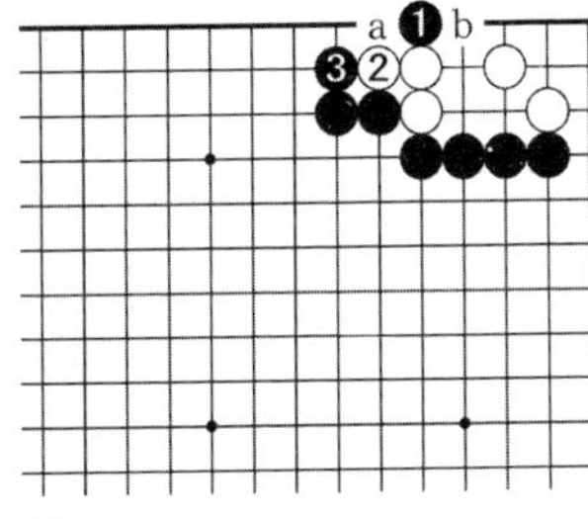

图1

托

图1（证明）

黑1托是局部精妙手筋。白2拐必然，黑3拐，此时需要白棋谨慎应对。白棋的下法有a、b两个选择。

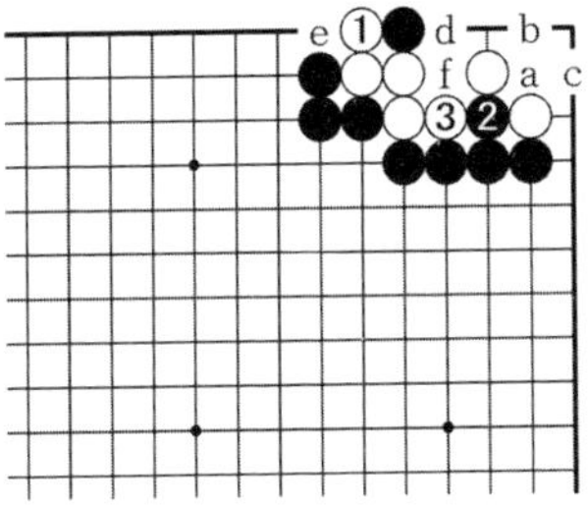

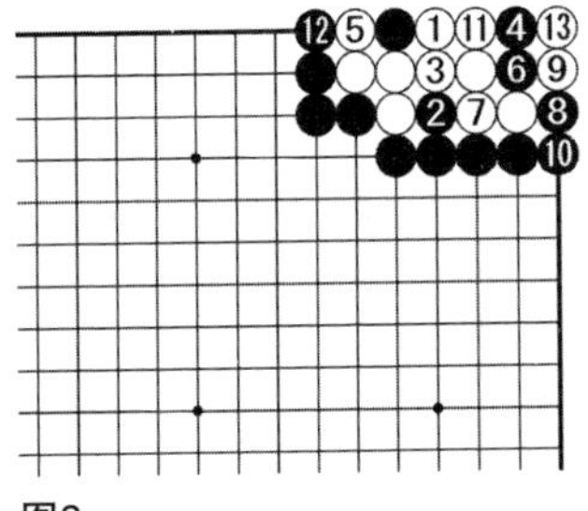

图2

白净活

图2（证明1续）

白1打吃、黑2挤是后续手筋。白3好手，接下来黑a打吃，白b打吃，黑c，白d做活。黑棋也可以保留e位打吃的局部先手。白3不能在a位粘，此时黑f挖严厉，白净死。

图3

白净活

图3（证明2续）

白1打吃，黑2冲、4点破眼。白5提确保左上真眼、黑6挤进行至白13，白净活。但需要注意的是，本图黑10和12两边都获得了先手利，外势厚实。

第26型

黑先白死

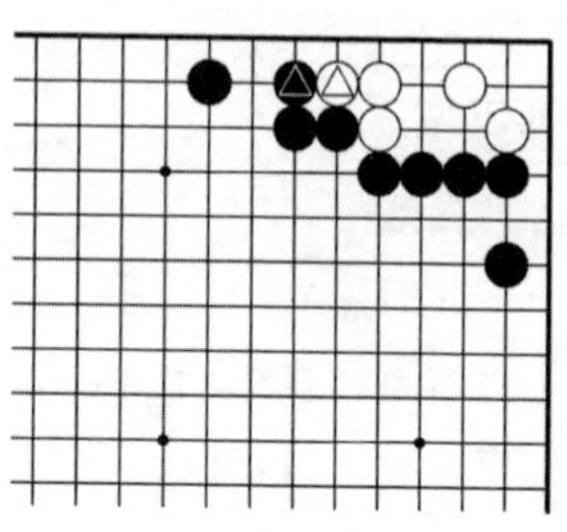

与第25型的不同点是有了白△和黑▲的交换。白△看似对棋形有所加强，但实际上却并非如此。有了这手棋，白棋反而变得气紧有了死活之忧。

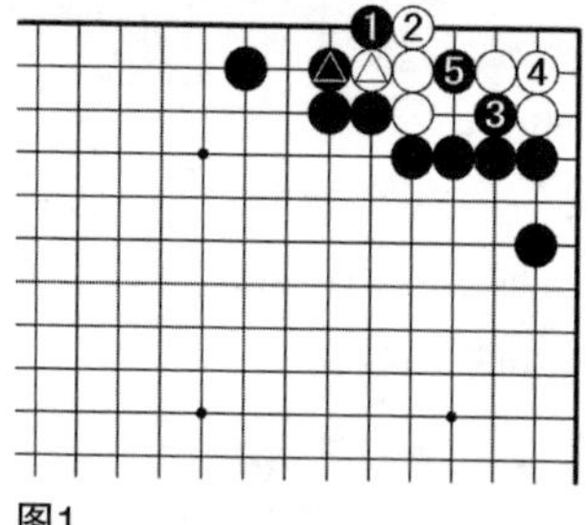

图1

白净死

图1（正解）

黑1扳、3挤是绝好的攻杀次序。白4粘，黑5挖，白棋净死。

白△和黑▲的交换撞气，使得黑棋的手筋成功发挥作用。

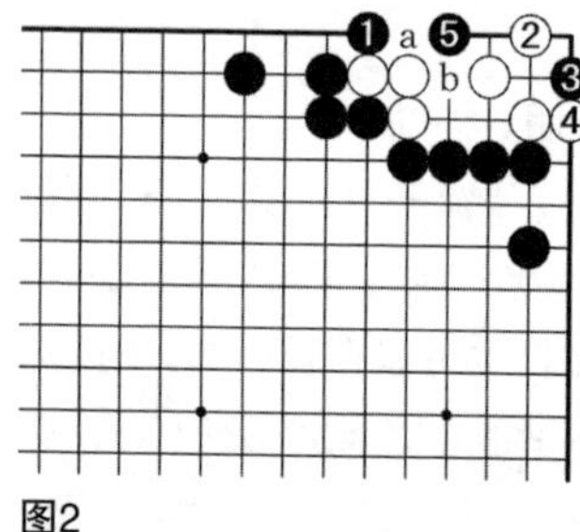

图2

白净死

图2（正解变化1）

黑1扳，白2做眼，黑3点破眼，白4挡之后黑5跳好手。白a则黑b即可。

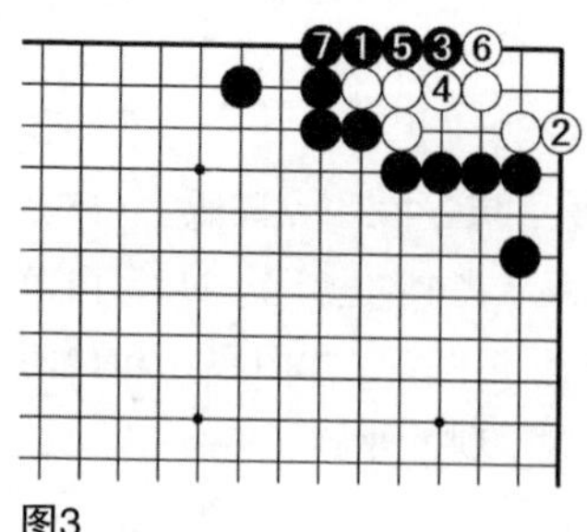

图3

白净死

图3（正解变化2）

黑1扳，白2立扩大眼位，此时黑3马上跳破眼。白4粘、6打吃之后形成方块四的棋形，白仍然净死。

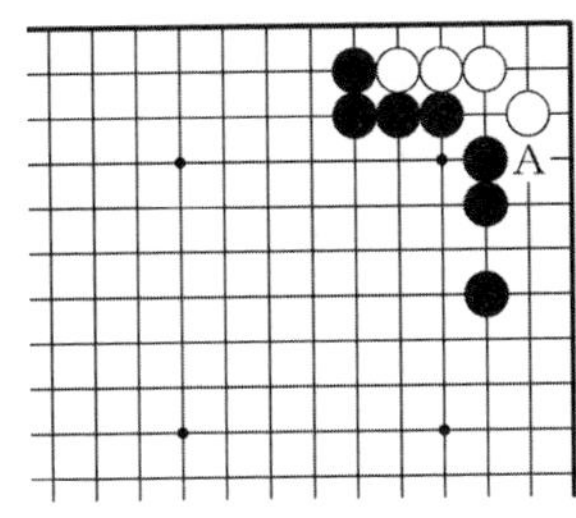

第27型

黑先白死

黑A位没有子的情况下，白棋做活的眼形应该是充足的。

但一旦白棋没有外气，黑棋也有必杀的手筋。

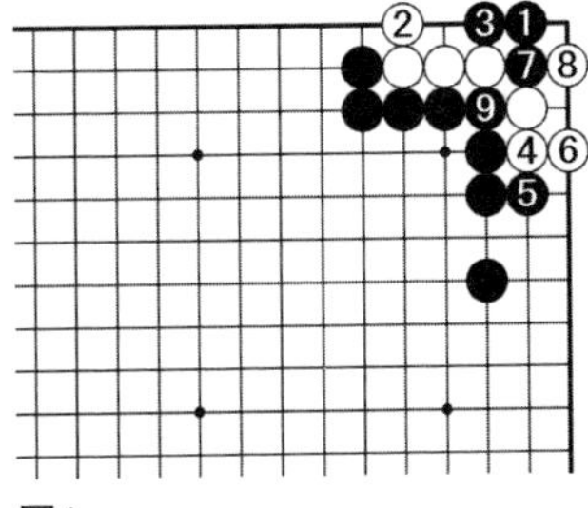
图1

白净死

图1（正解）

黑1点是“二一路”上的好手。白2扩大眼位，进行至白6都是必然变化。此时黑7挤好手，白8扳，黑9断，对杀白不够气。

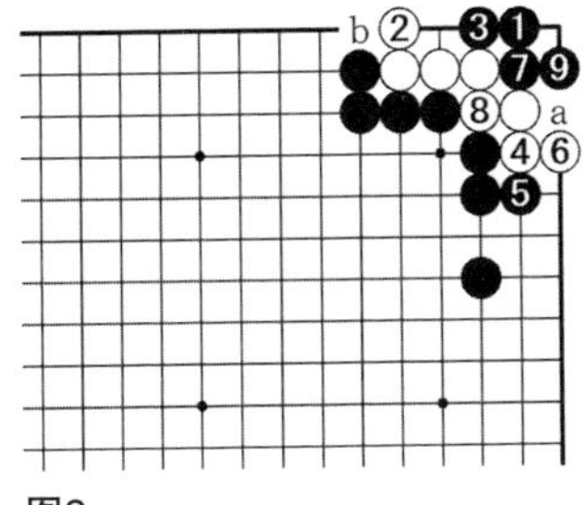

图2

白死

图2（正解变化1）

上图白8如本图白8粘。这样的话黑9做眼，接下来白若a位紧气，黑b紧气，形成“有眼杀无眼”的局面。

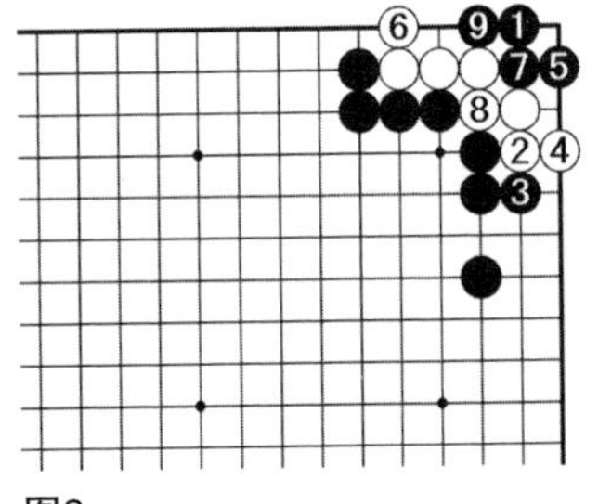
图3

白死

图3（正解变化2）

面对黑1点破眼，白尝试2、4在右边扩大眼位。此时黑5小尖是正解，白6，黑7挤，白8粘，黑9破眼，棋形还原上图。

白6如果——

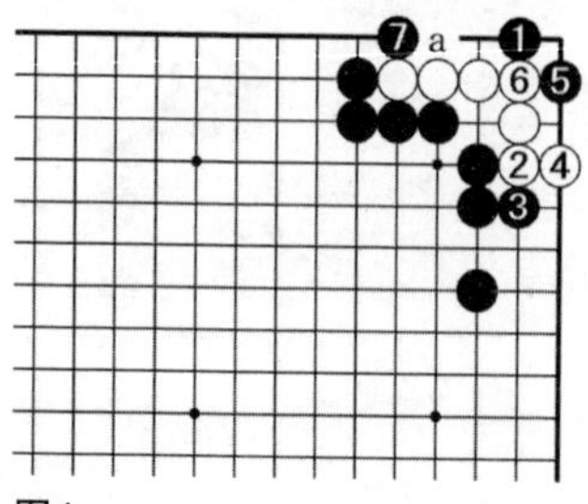
图4

白净死

图4（正解变化3）

白6挤是避免形成“有眼杀无眼”的局面，那么黑7扳缩小眼位，白棋仍然净死。

接下来白若a位打吃，就变成了“盘角曲四”。

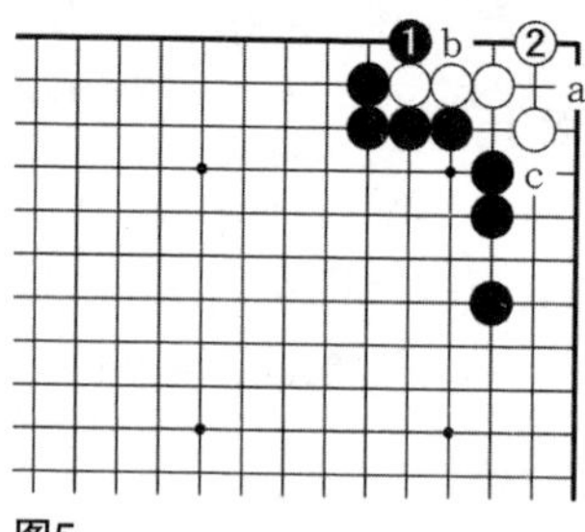
图5

白净活

图5（失败）

回到棋形最开始，如果黑1扳缩小眼位，白2是做眼的急所。后续黑a点，白b做眼就可以净活。

第一手黑若下在c位，白可以在1位或者2位做活。

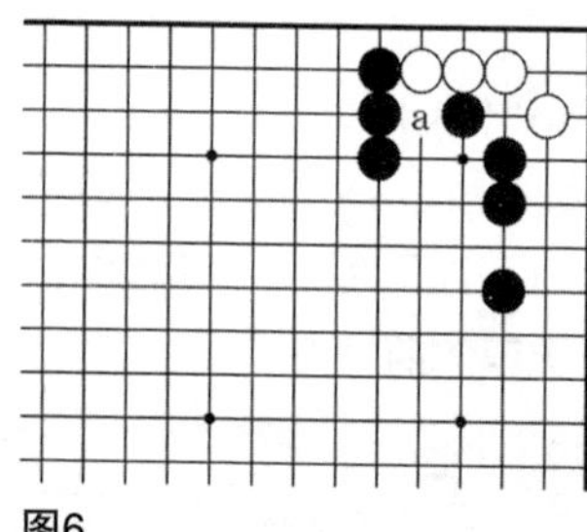
图6

白活

图6（参考）

本图白棋一般来说是活棋。

比如白棋在a位有一口外气如何？

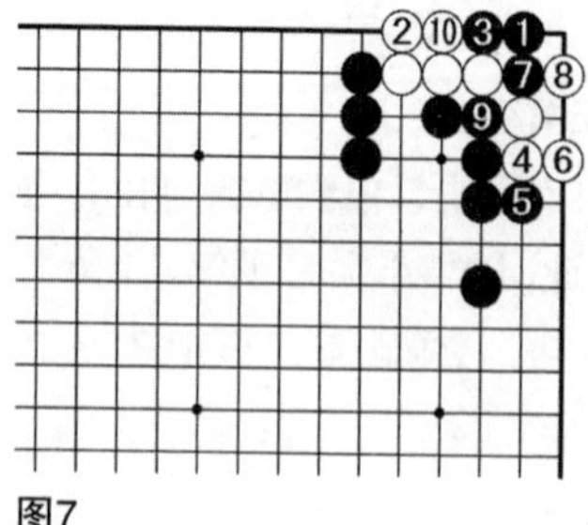
图7

白净活

图7（接参考图）

黑同样选择1位点，白2～6应对。黑7挤，白8扳，黑9断，白10打吃。

一口气可以决定生死。

第28型

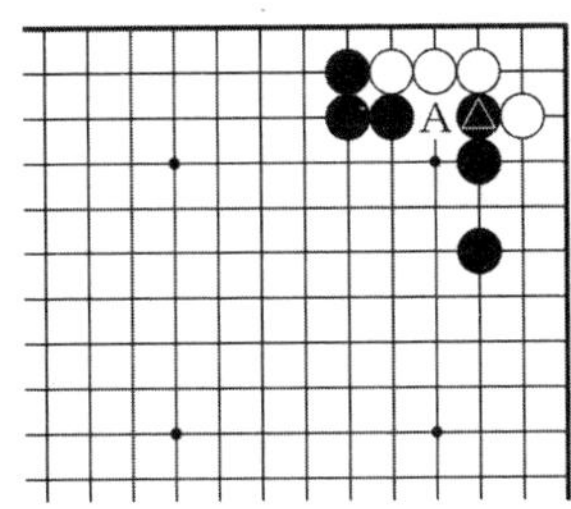

黑先白死

上一棋形中的黑A移动到了▲位。

本图与外气没有关系，黑棋可以净吃白棋。

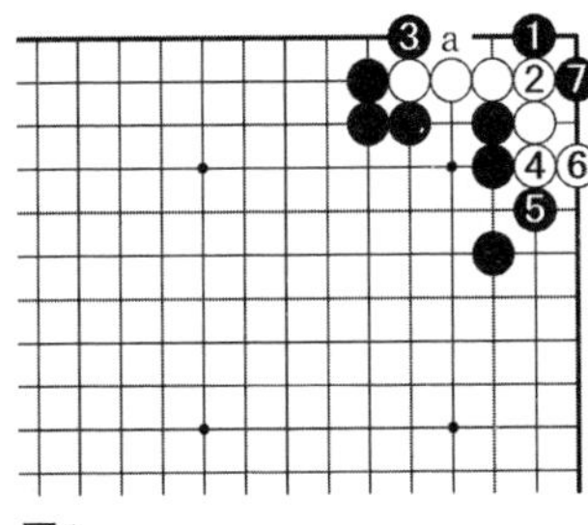

图1

白净死

图1（正解）

黑1点在“二一路”是急所。白2挤，黑3简明缩小眼位即可。进行至黑7，白即使在a位打吃也是“盘角曲四”的棋形。

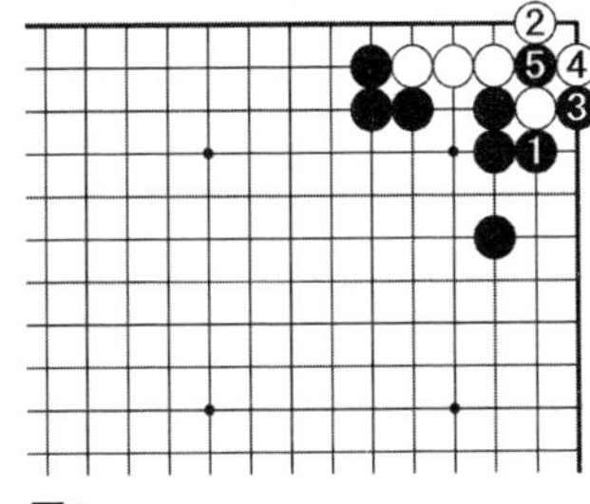

图2

打劫

图2（失败）

黑1拐轻率。白2虎做眼，黑3打吃、白4做劫，局部劫活。

若白2在3位立，黑2位点会还原“盘角曲四”。这一点白棋需要注意。

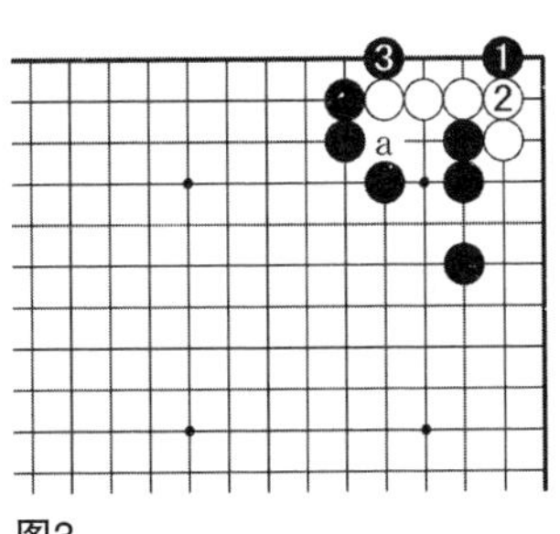

图3

白死

图3（参考）

本图与外气没有关系。加入白a位多了一口外气，黑1、3还是会净吃白棋。

请与第27型区别理解。

第29型

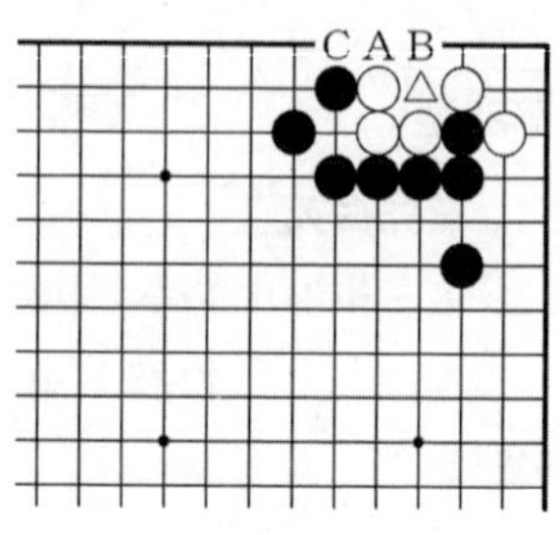

黑先白死

这是第28型的活用题目。若黑A，白B，黑C扳粘，白△就变成假眼。

有了这样的思路，就可以先找找第一手的急所在哪里了。

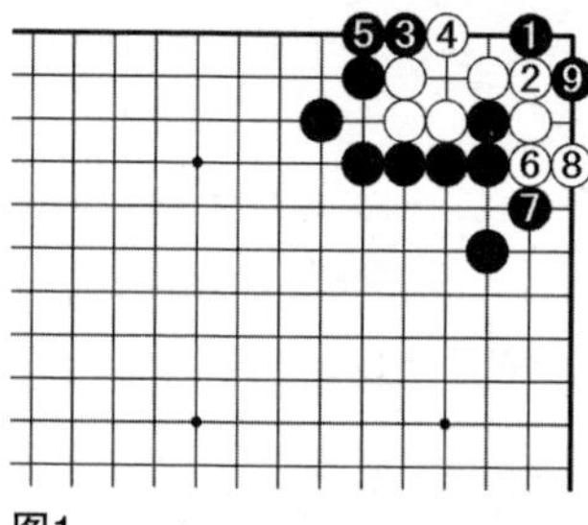

图1

白净死

图1（正解）

此时黑1仍然是解题的关键。白2粘，黑3、5扳粘，进行至黑9形成“盘角曲四”。

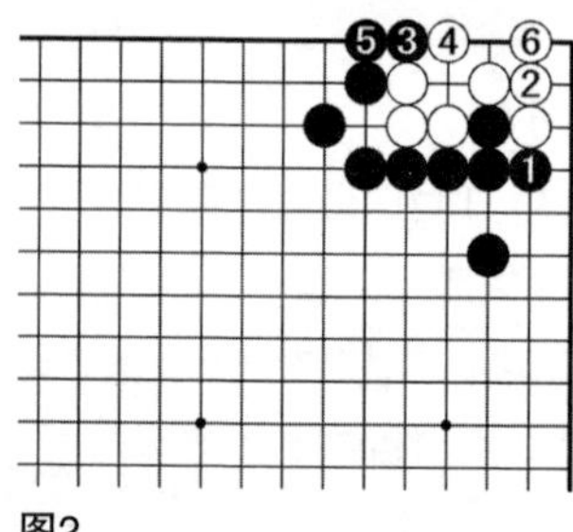

图2

白净活

图2（失败1）

黑1拐是普通的应对，但这样一来白棋可以净活。黑3、5扳粘，白6做成两只眼。

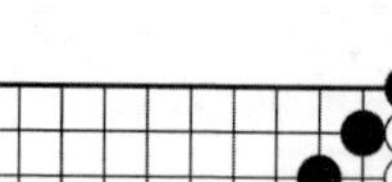

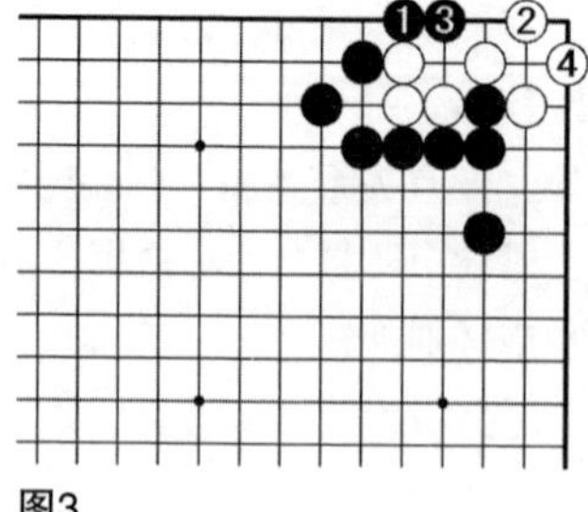

图3

白净活

图3（失败2）

黑1扳次序错误。白2抢占急所，黑3破眼，白4做眼活了一半。

第30型

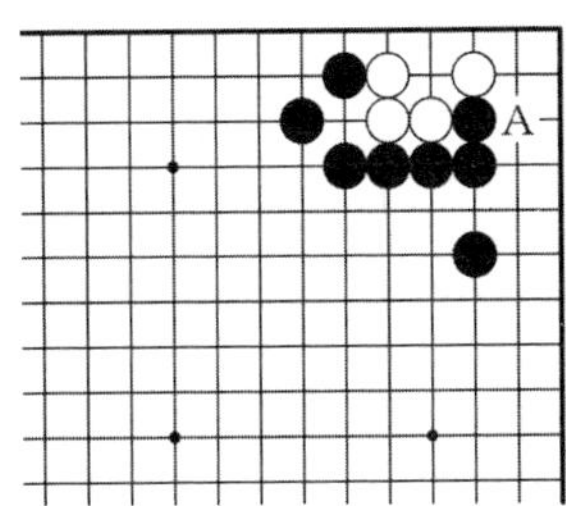

白先活

这是第29型少了角上一子的图形。若白A位扳是净死，不要着急，找到眼位的要点是关键。

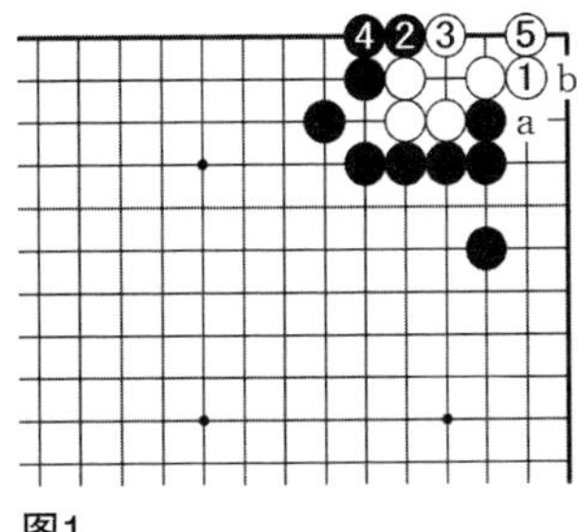

图1

白净活

图1（正解）

白1立是冷静的好手。黑2、4扳粘破眼，白5做眼净活。接下来黑a、白b交换，白确保两只眼。

白5若是——

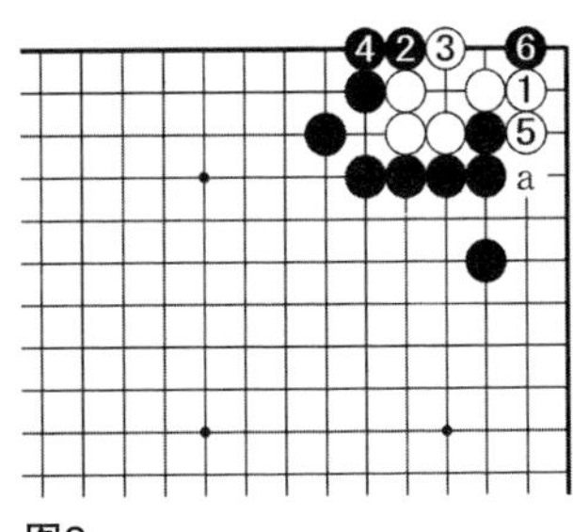

图2

白净死

图2（失败1）

本图白5拐希望黑a位应。但此时黑6破眼是急所，还原第29型图1的局面。

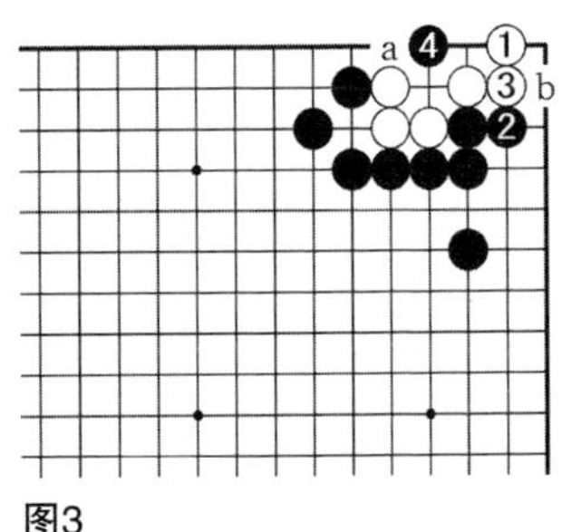

图3

白净死

图3（失败2）

白1虽然是“二一路”上的急所，但思路有些拘泥。此时黑2立、4点，a、b破眼两点见合，白棋净死。

如果白1选择b位的“二一路”做眼，黑1点，白3粘，黑b扳，结果仍然相同。

第31型

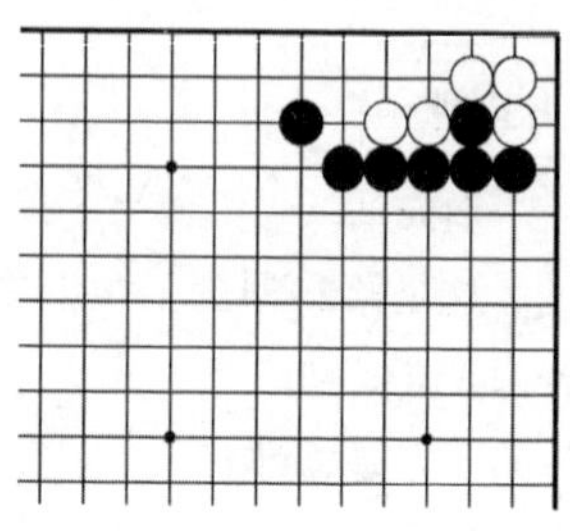

黑先白死

此时白棋在角上已经有了充分的眼形，但上边还有问题。

经过之前练习，我想各位读者可以找到解题的要点所在。

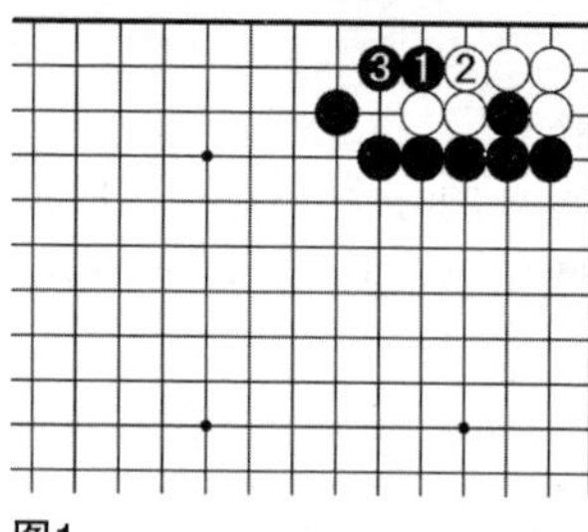
图1

白净死

图1（正解1）

黑1夹只此一手。白2粘，黑3连回，白棋已经无法净活。

白2若在3位扳，黑2断吃。能否找到黑1手筋，是解题的关键。

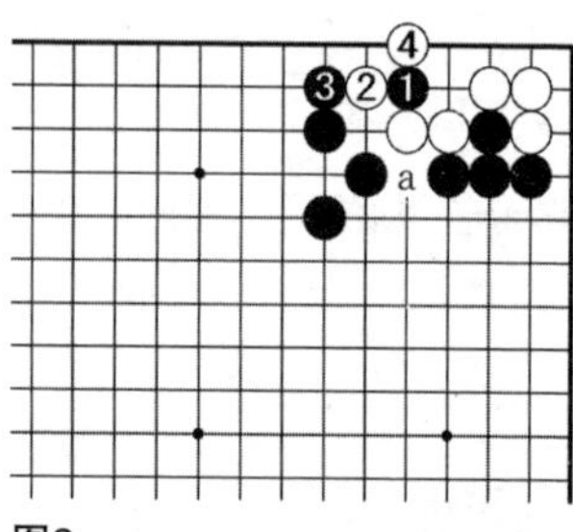

图2

白净活

图2（参考图1）

如果白棋在a位有一口外气，黑1就不成立。白2扳可以吃掉白一子。

此时——

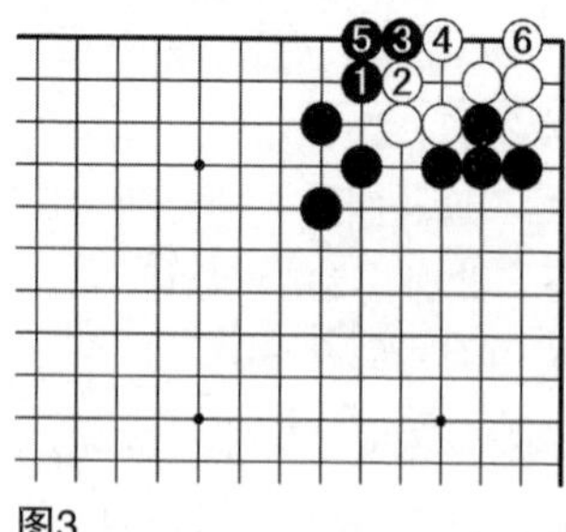
图3

白净活

图3（参考图2）

黑1小尖最大限度的破眼，白2应对，黑3、5扳粘，白6做眼，白棋净活。

第32型

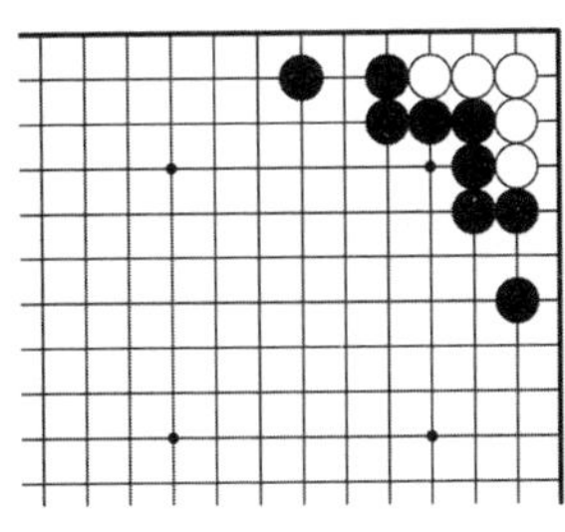

白先活

此时白棋左右两边都有眼形。

想要做活第一感是要扩大眼位，但一定要注意角上棋形的特殊性。两边同形。

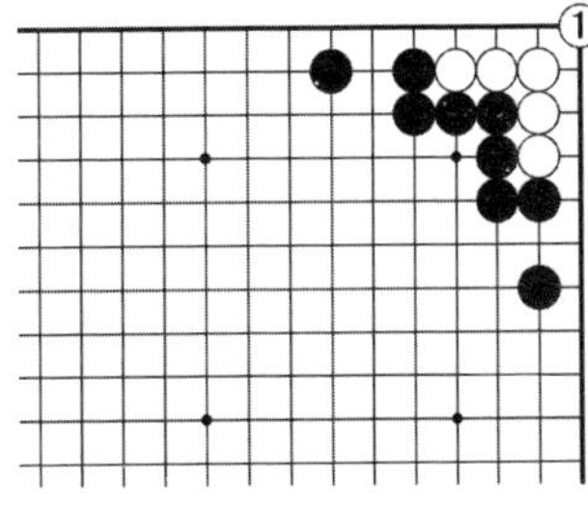

图1

白净活

图1（正解）

“两边同形走中间”，白1做眼妙手。棋形至此一目了然，黑棋已经没有任何反击手段。

除了白1之外，白棋还有其他的选择么，这也是本题主要的研究内容。

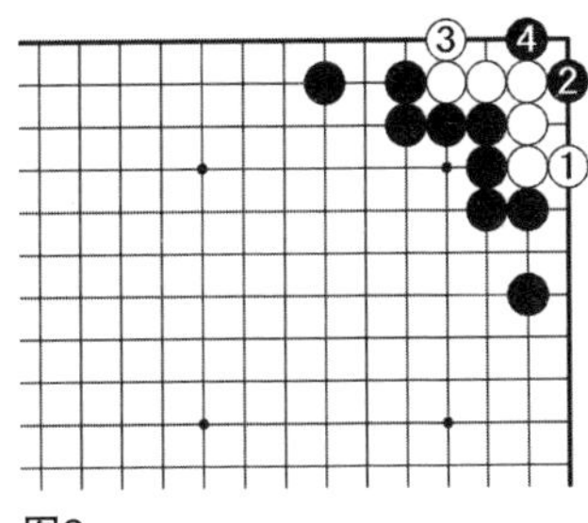

图2

白净死

图2（失败）

白1扩大眼位如何。此时黑2点是急所，白3，黑4之后变成“盘角曲四”，白净死。

白1若下在3位，黑4是急所。

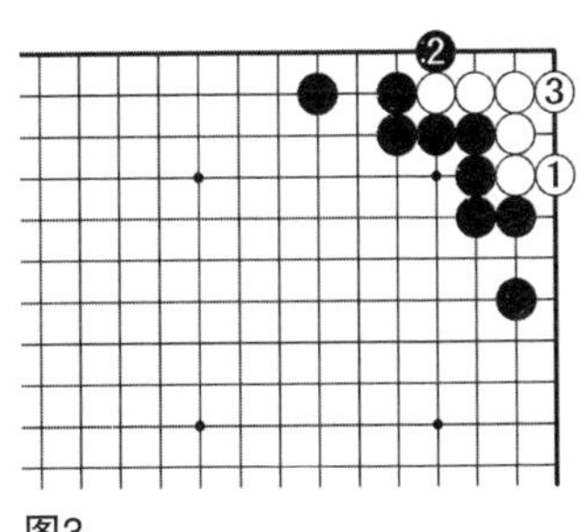

图3

白净活

图3（失败变化）

白1扩大眼位，黑2扳是错误应对。白3可以做活。

第33型

白活

看似“盘角曲四”，但棋形稍有不同。此时白棋有A、B两口外气，白棋净活。

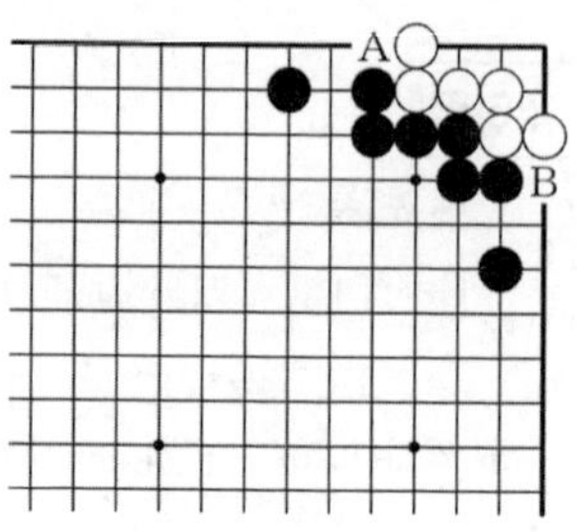

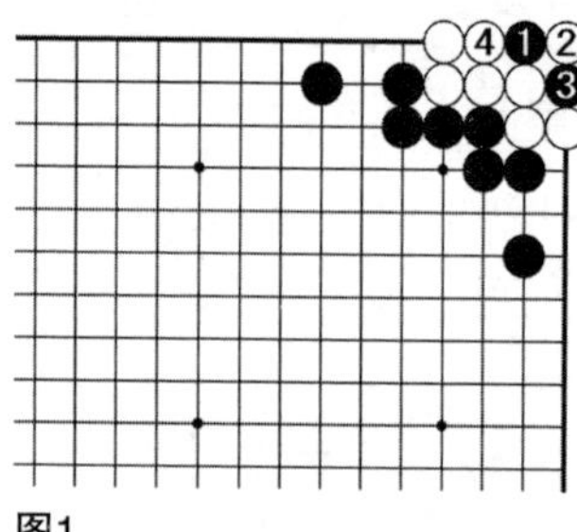

图1

白净活

图1（证明）

黑1是破眼的急所，白2扑，黑3提，白4打吃，白净活。

第34型

黑先劫（黑先提劫）

与第33型相比，多了黑▲一子，白棋少了一口外气。

这样一来局部的结果也随之改变。

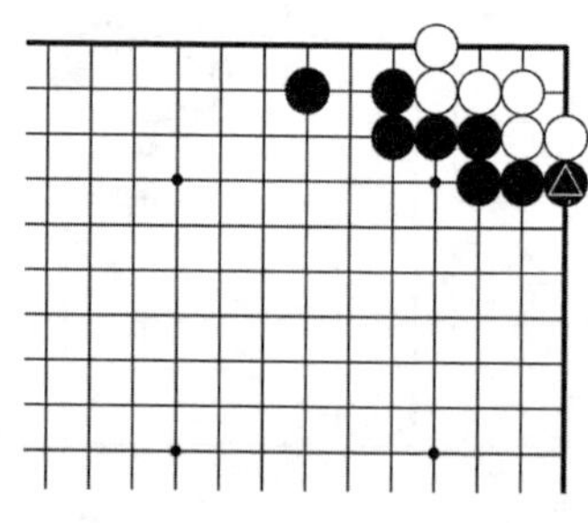

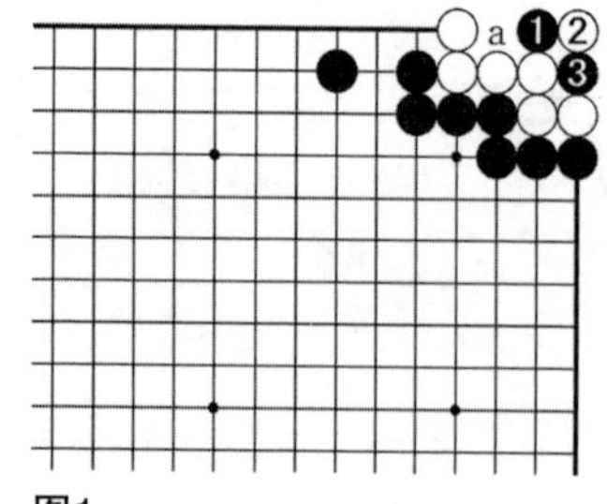

图1

打劫

图1（正解）

黑1仍然是唯一急所。白2扑，黑3提，此时白a已经无法入气。

这就是不同之处，白棋只能继续展开劫争。

第35型

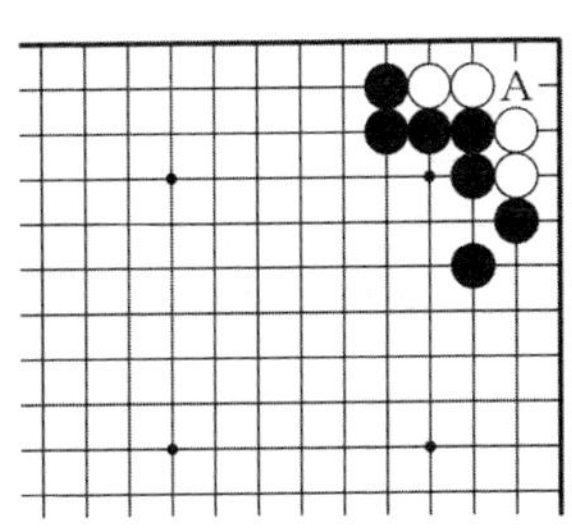

白净死

与第32型相比，白棋少了A位一子。

棋形空间看似足够，但白棋此时气紧，已经无法净活。

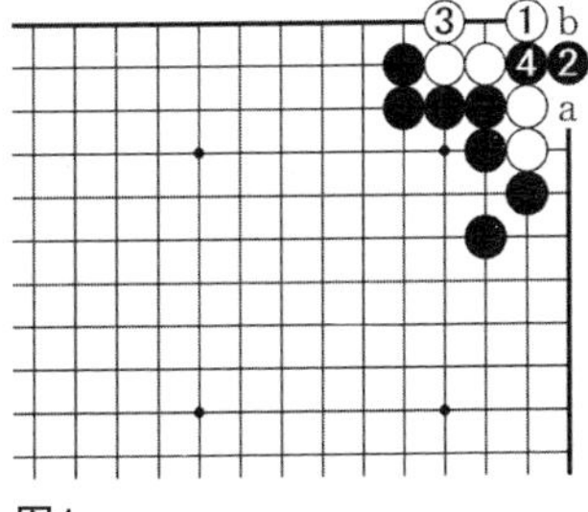

图1

白净死

图1（证明1）

白1虎是“二一路”的急所。但黑2破眼，白3做眼，黑4断，白棋气紧，a、b两点都无法入气。

白1若在2位虎，黑1点，结果相同。

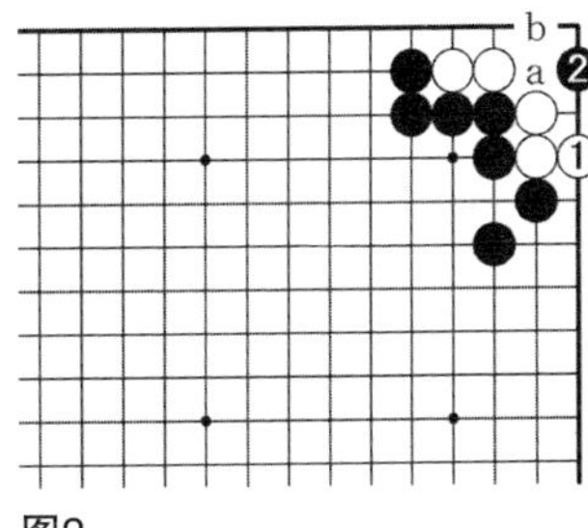

图2

白净死

图2（证明2）

白1扩大眼位，黑2点，白棋仍然无法做活。接下来若白a位粘，黑脱先即可。

黑2下在a位断，白2，黑b，白棋同样净死。

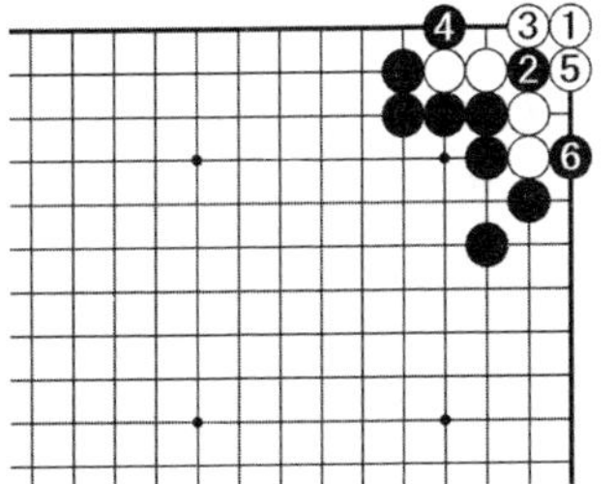

图3

白净死

图3（证明3）

按照“两边同形走中间”的思路，白1下在“一一路”，但是黑2至黑6交换之后，白棋只剩下了一只眼。

黑棋除了黑2之外，黑4、6都可以将白棋净杀。

第36型

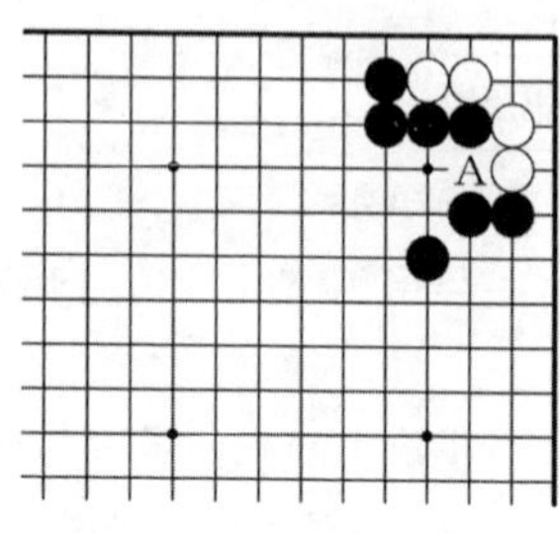

白先活

本图与第35型的不同点在于多了A位一口外气。

这口外气关系到了白棋角上的死活，此时白棋只要正确应对就能够净活。

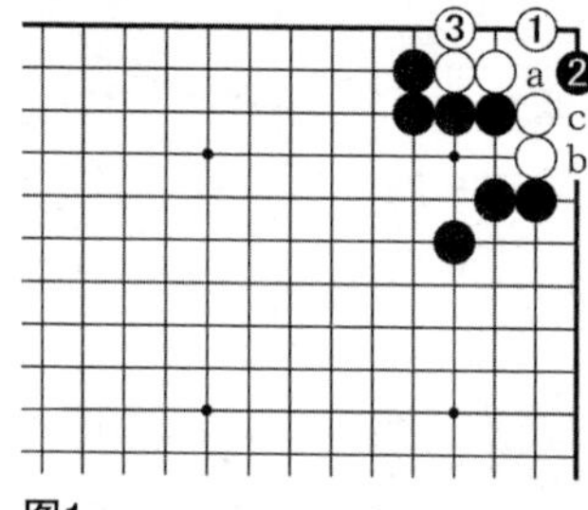

图1

白净活

图1（正解）

白1虎好手。黑2破眼，白3做眼。后续黑若a位断，白可以c位打吃。这就是多一口气的重要性。

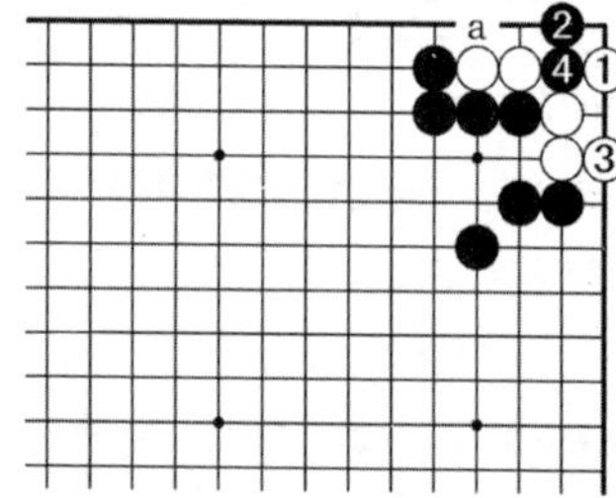

图2

白净死

图2（失败1）

虎的方向很重要。如果选择本图白1虎，黑2点、4位断，形成与上一棋形相同的结果。黑4也可以下在a位。

此时白棋没有利用好这口外气。

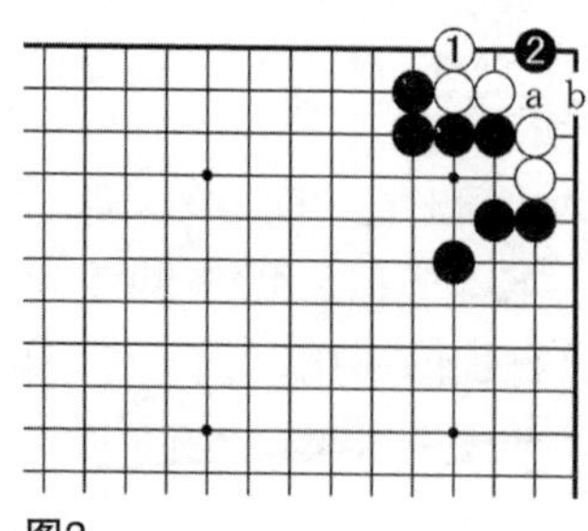

图3

白净死

图3（失败2）

若白1立扩大眼位，黑2点仍是棋形的急所。白若a位粘，黑棋已经可以脱先他投。

黑2下在b位不成立，白可以下在2位做眼，净活。

第37型

黑先白死

本型黑棋少了A位一子。

白先必然是净活，那么黑先有什么好的手段呢？

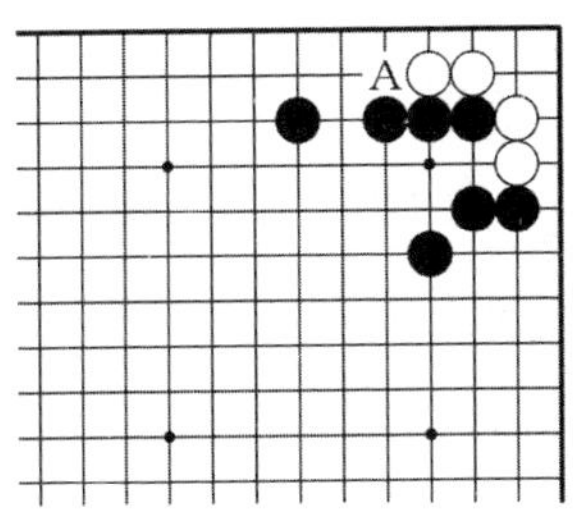

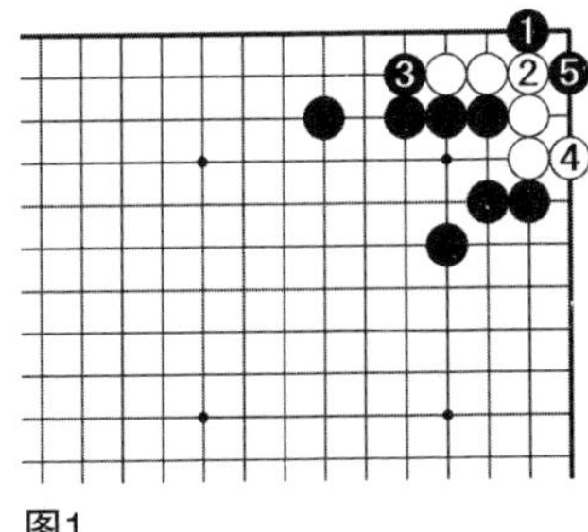

图1

白净死

图1（正解）

黑1是破眼的急所。白2粘，黑3拐，白4扩大眼位，黑5破眼，形成“盘角曲四”。因为在第36型中1位是做活的要点，所以黑棋抢先一步，最终将白棋净吃。

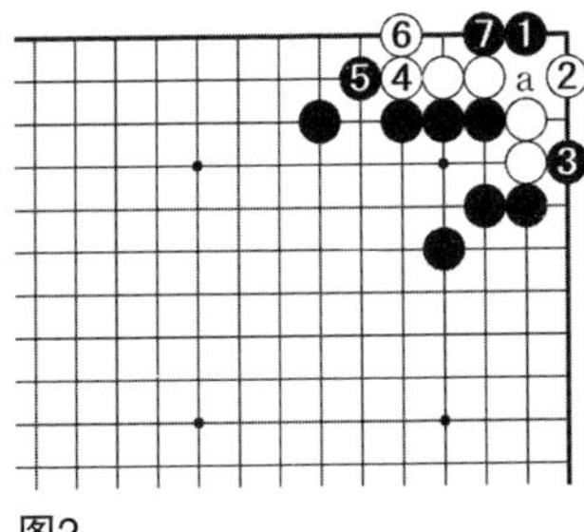

图2

白净死

图2（正解变化1）

黑1点，白2小尖，黑3扳破眼。白4、6扩大眼位，黑7破眼即可。

黑3也可以在4位拐，白3做眼，黑a断，结果相同。

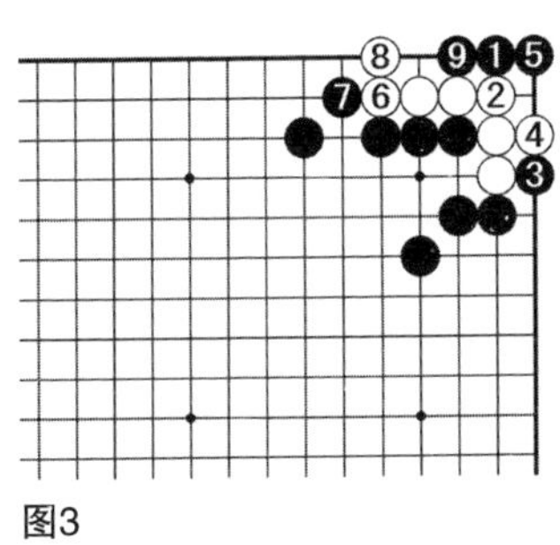

图3

白净死

图3（正解变化2）

黑1、白2交换之后，黑3扳也是一法。白4至白8扩大眼位，黑9破眼，最终结果仍是“盘角曲四”。需要注意的是，第一手很关键，除了黑1之外，白棋都可以做活。

第38型

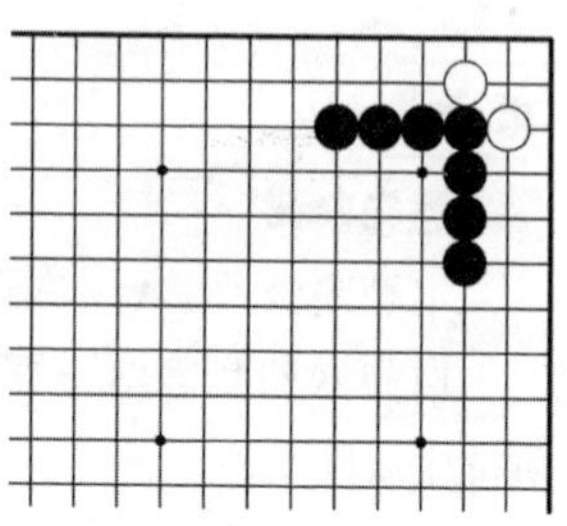

白先活

白棋只有两颗棋子。

看似弱不禁风，但只要占据急所就可以做活。

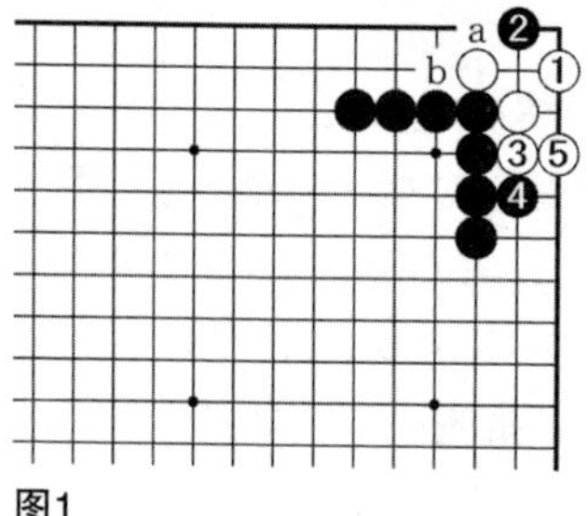

图1

白净活

图1（正解1）

白1抢占“二一路”急所。黑2点必然，白3、5确保眼位即可净活。

如果黑棋还想杀棋，只能a位出头。白b长，黑无理。

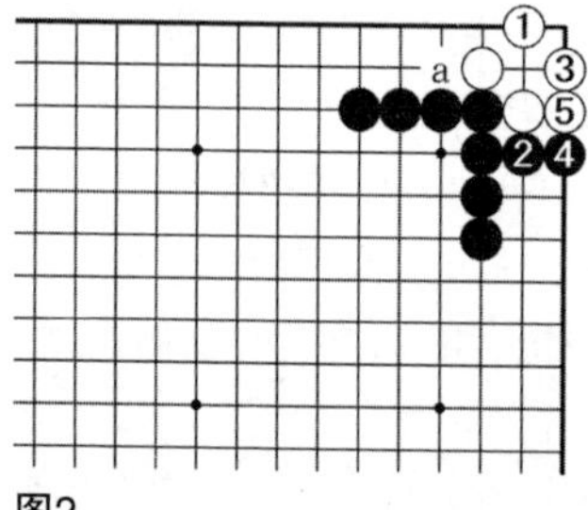

图2

白净活

图2（正解2）

此时白1在另一侧“二一路”也可以净活。黑2破眼，白3做眼。黑2若下在a位，白还是在3位做眼。

这是子效极高的活棋。

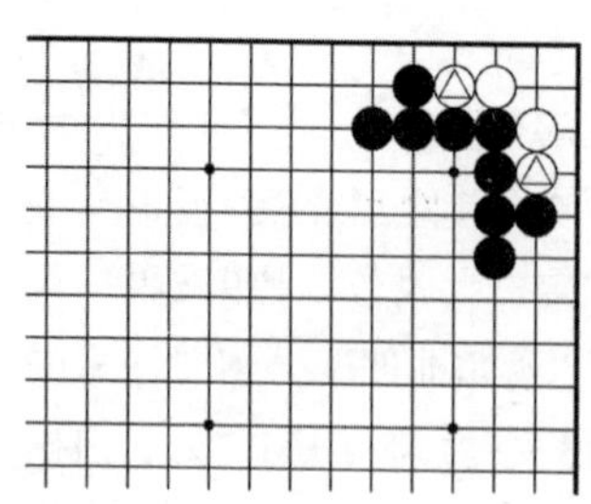

图3

白净死

图3（参考）

白△看似扩大眼位，实质上只是无用的废子。

与第35型对比就可以看出撞气的严重性。

第39型

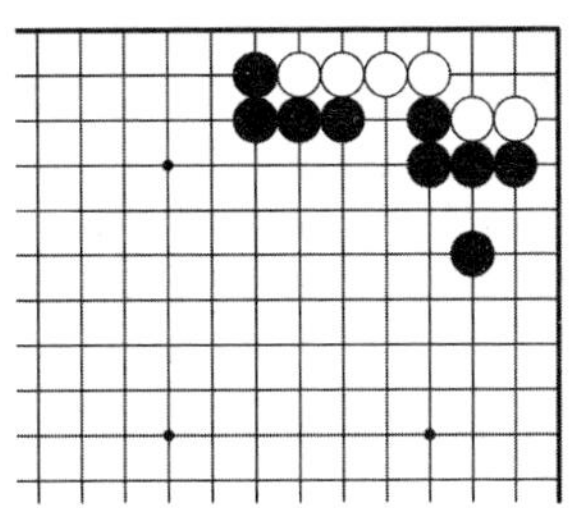

黑先白死

本图与之前的棋形有了稍许不同，白棋眼位空间丰富，但本身有一处致命缺陷会导致净死。

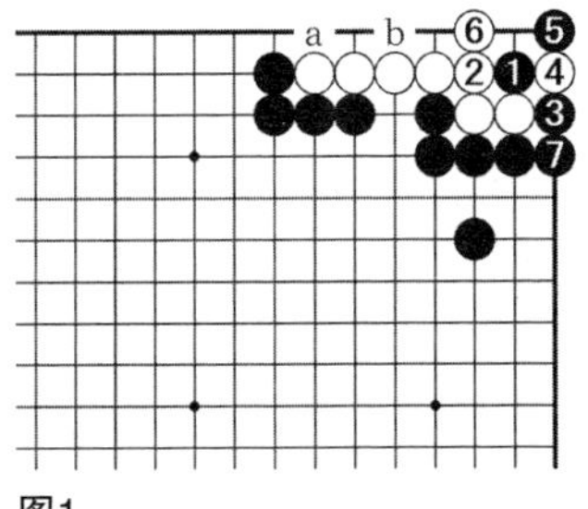

图1

白净死

图1（正解）

此时黑1夹成立。白2粘不得已，黑3渡过。白4扑、6立虽然是先手利，但黑7连回即可。白a扩大眼位，黑b点破眼，白净死。

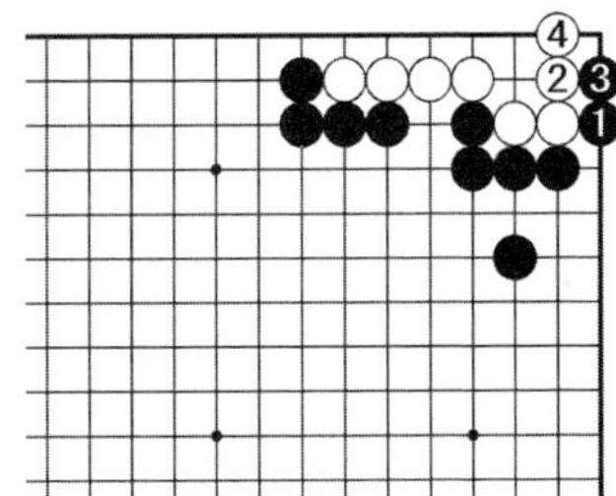

图2

白净活

图2（失败）

黑1扳破眼力度不足，白2稳健应对。黑3进角，白4立净活。

白2若在3位打吃随手，黑2位打吃，白净死。

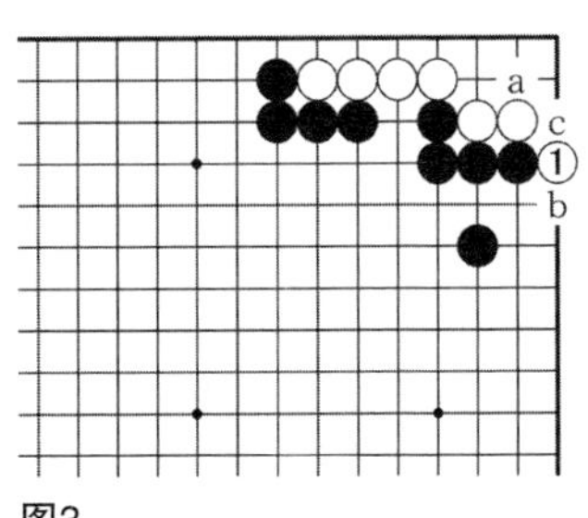

图3

白净活

图3（参考）

如果白先想要做活非常容易，最好的下法是白1扳。不仅防止了黑a位夹，从官子角度所得较多。黑b打吃，白c粘。

第40型

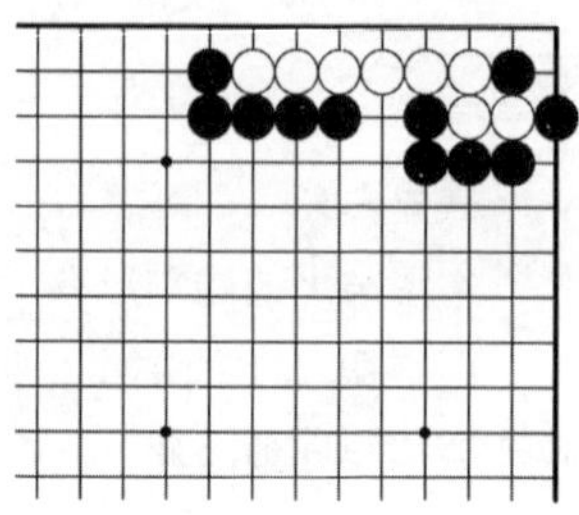

白先活

围棋格言叫“六死八活”，本型白棋是六死的状态，但可以利用角部特殊性做活。

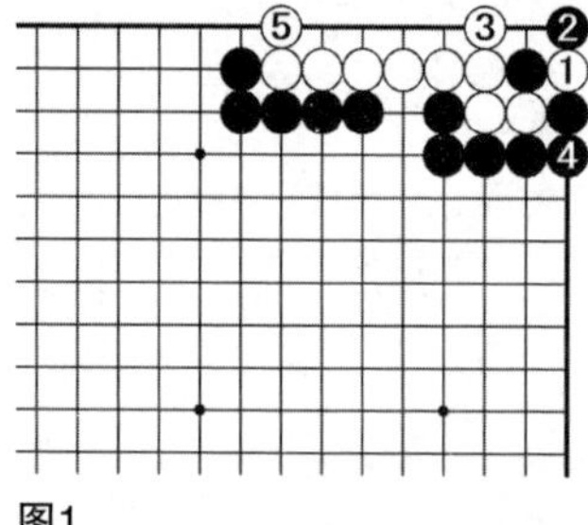

图1

白净活

图1（正解）

白1扑是手筋，黑2提，白3立先手。黑4粘，白5立扩大眼位变成直四净活。

白1直接在3位立也可以。

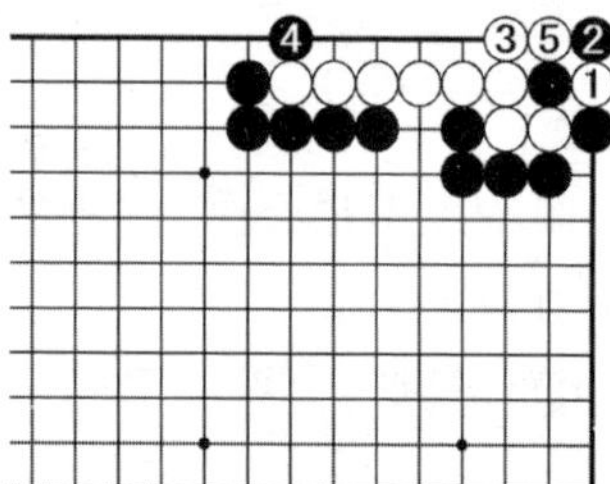

图2

白净活

图2（正解变化）

白1、3交换，黑4若在上边破眼，白5打吃，黑接不归。

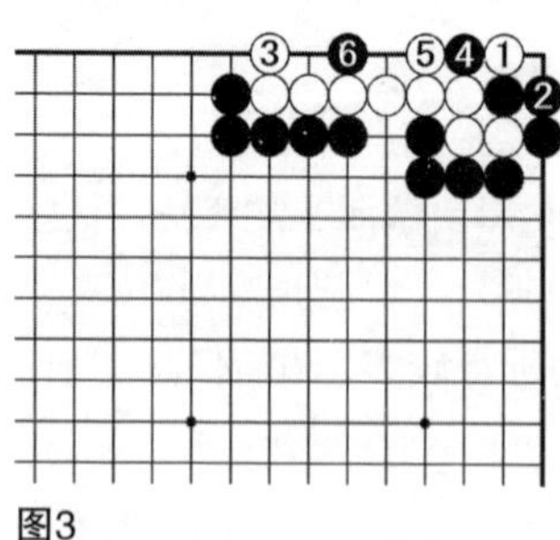

图3

白净死

图3（失败）

白1打吃俗手。黑2粘，白3扩大眼位，黑4扑、6点，白净死。

六目型

第1型

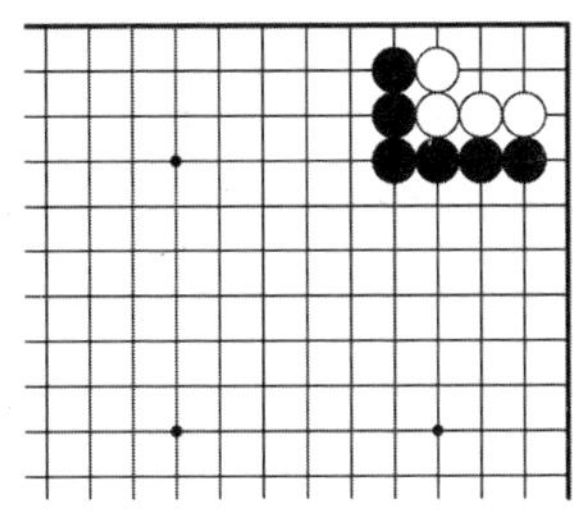

白不活

此时白棋无法净活。通过对本型的了解，可以在各种实战局面中熟练应用。

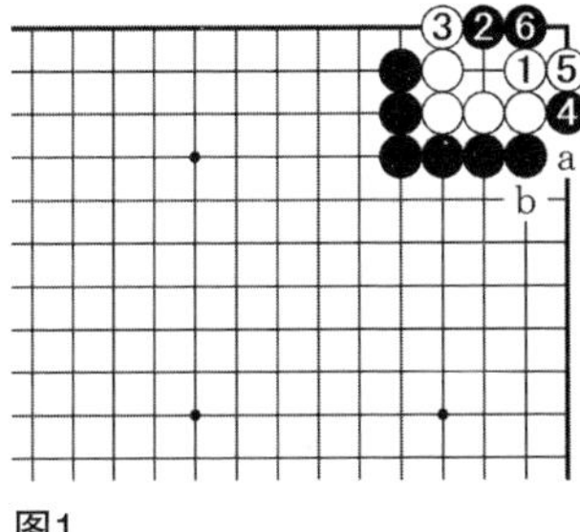

图1

白净死

图1（证明1）

白1乍一看是做眼的急所，但黑2至黑6之后白棋只有一只真眼。白a提，黑b应对即可。

黑2也可以现在4位扳，白5，黑2点。

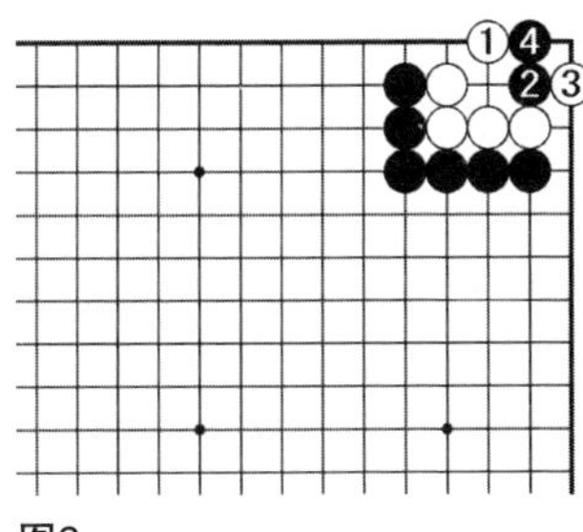
图2

白净死

图2（证明2）

若白1小尖，黑2点急所。白3扳，黑4破眼，白净死。

白3下在4位，则黑3立。

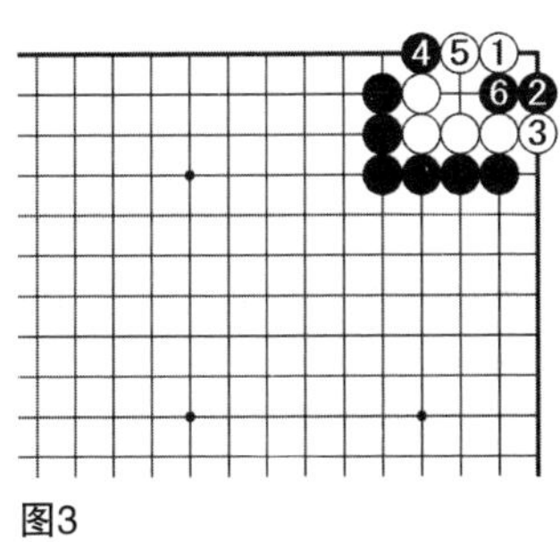
图3

白净死

图3（证明3）

白也可以尝试在1位跳。此时黑2点是破眼急所，白3立，黑4扳，白净死。

黑4也可以直接在6位冲。

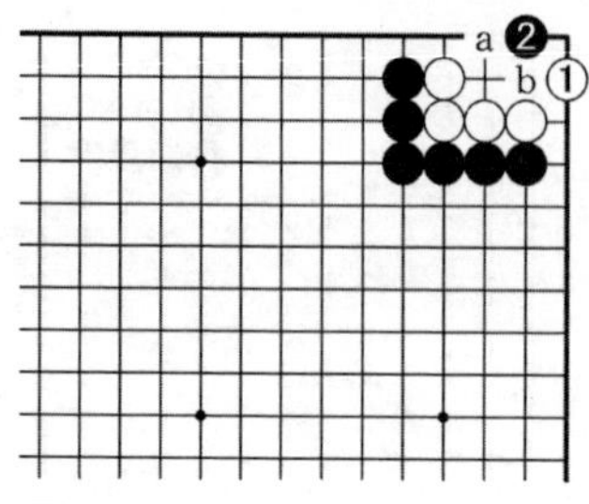

图4

白净死

图4（证明4）

白1小尖，黑2点是急所。接下来白a小尖，黑b破眼。

图1～图4可以看出，根据白棋的下法，黑棋破眼的急所也会同时进行调整。

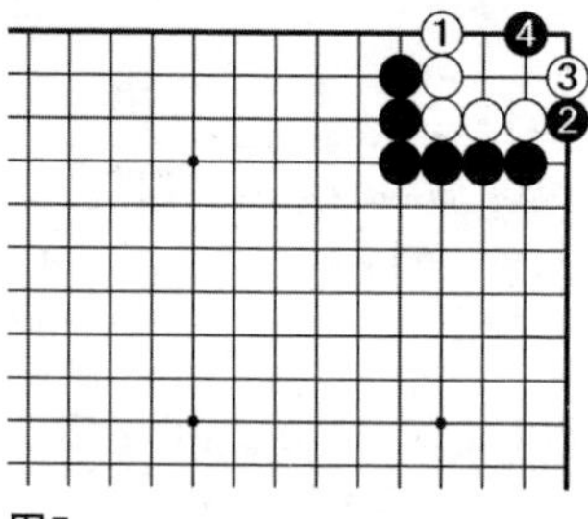
图5

白净死

图5（证明5）

白1立扩大眼位如何。此时黑2扳，白3打吃，黑4点就变成了“刀把五”的死形。

黑2直接在4位点结果相同。

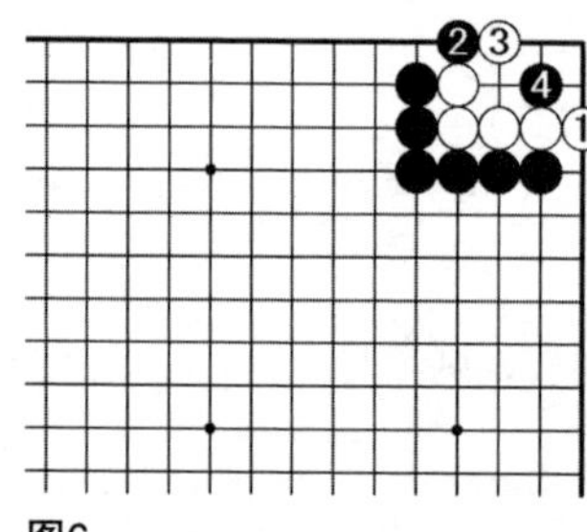
图6

白净死

图6（证明6）

白如本图1位立扩大眼位呢？此时黑还是选择缩小眼位，2位扳即可。白3打吃，黑4点变成“刀把五”。

黑2直接在4位点，白棋也是净死。

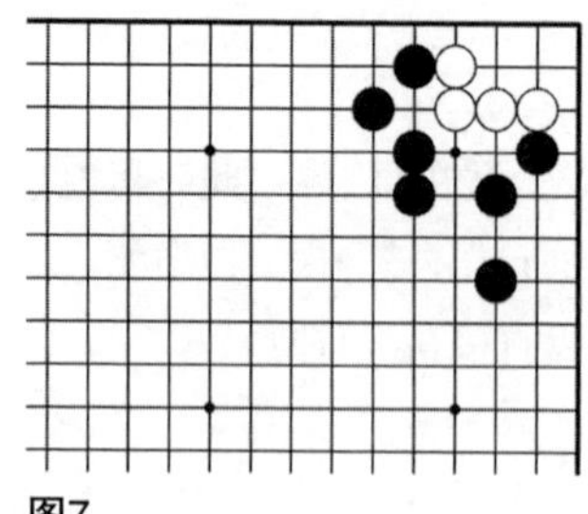
图7

白净死

图7（参考）

作为参考变化，本图的棋形白棋多了数口外气，但对死活结果没有影响。

白棋仍然是净死。

第2型

白先活、黑先白死

此时白棋在△位多了一子。

因为眼位空间增加，轮到白棋先落子可以做活。黑先只要还原第1型即可净杀白棋。

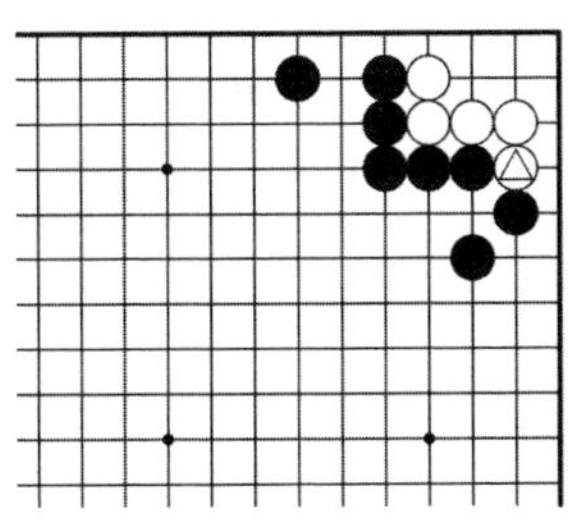

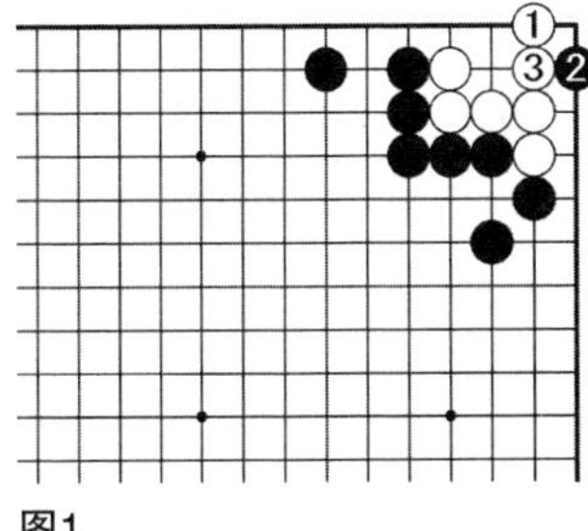

图1

白净活

图1（白棋正解1）

白先，白1跳是棋形好点。黑2点，白3做眼即可做活。黑若3位挖，白2位打吃。

白1是此时做活的本手，请一定牢记。

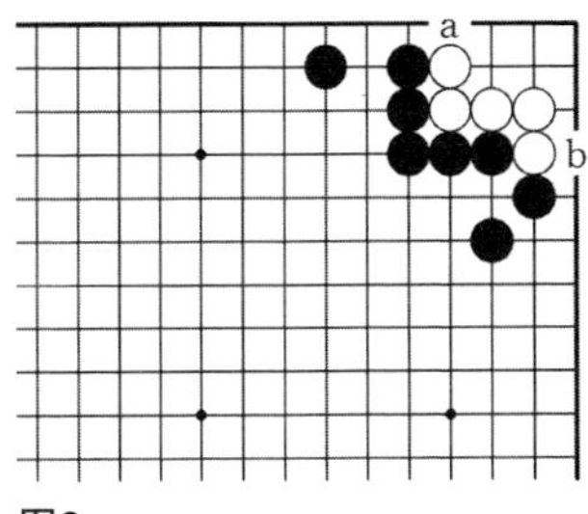

图2

白净活

图2（白棋正解2）

白a或者b位也可以做活，可以根据不同实战场合做出选择。

后续将在第6、第7型中做出说明。

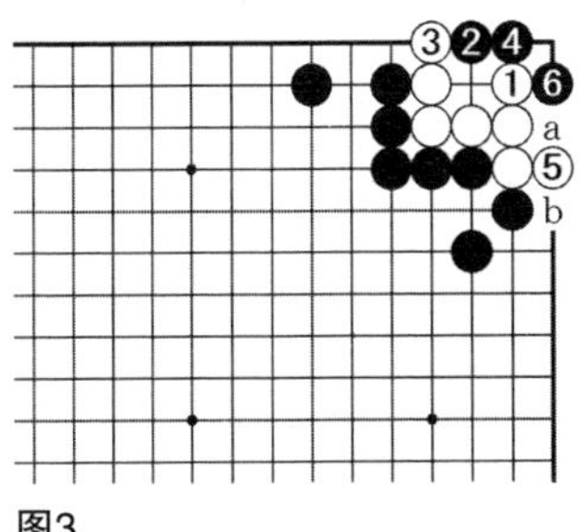

图3

双活

图3（白棋准正解1）

白1也可以活棋。但给黑棋留下了2～6的后续手段。接下来若白a位打吃，黑b紧气形成缓一气劫，白棋负担变重。

直接脱先就是双活，相比之下图1明显更满意。

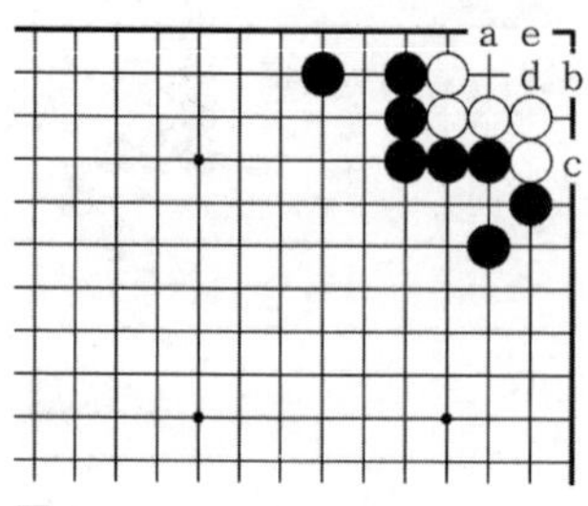

图4

白活

图4（白棋准正解2）

除此之外白a位小尖、b位“二一路”也可以净活。

但是白第一手如果下在a或者b位，那么当黑c扳时，白只能在b位和e位做活。实地亏损。

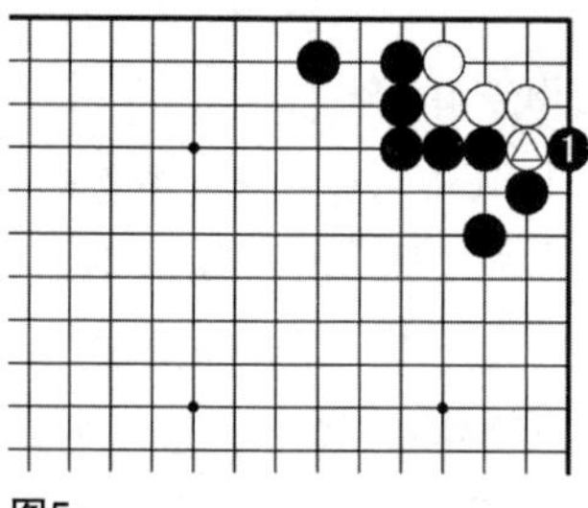
图5

扳

图5（黑棋正解1）

轮到黑先，有4种吃掉白角的方法。最稳妥的下法是黑1扳。

此时不要被白△一子迷惑，黑1扳之后基本类似第1型。

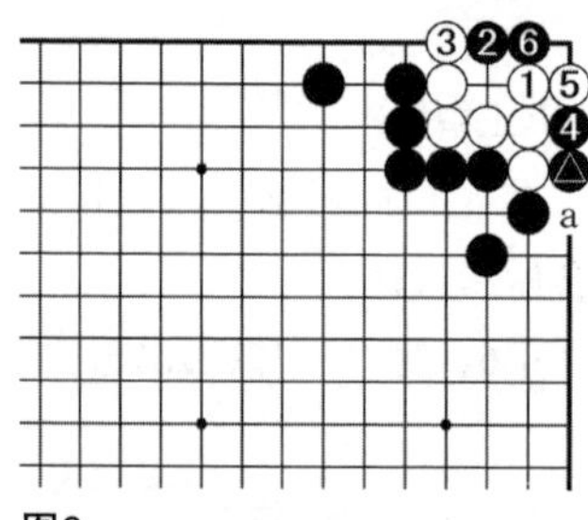

图6

白死

图6（黑棋正解1续）

白1弯，黑2点破眼。白3分断，黑4爬，6破眼。白若a位提，则黑▲扑，白净死。

白棋吃掉的棋子从一颗变成两颗，但仍然是假眼。

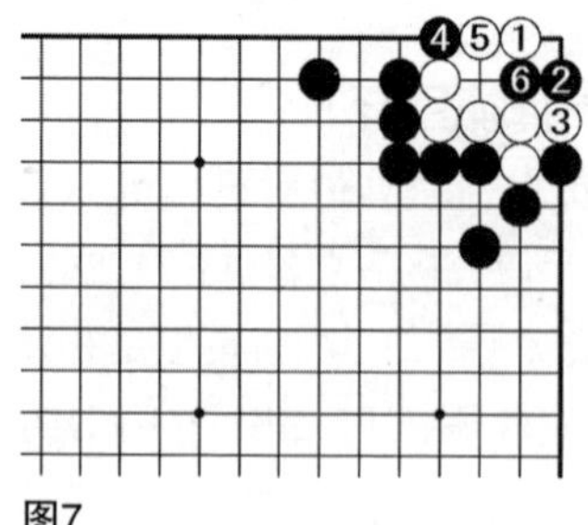
图7

白死

图7（黑棋正解1续）

白1跳，黑2点、4扳。白5打吃，黑6冲破眼。

与前型解题道理相同。

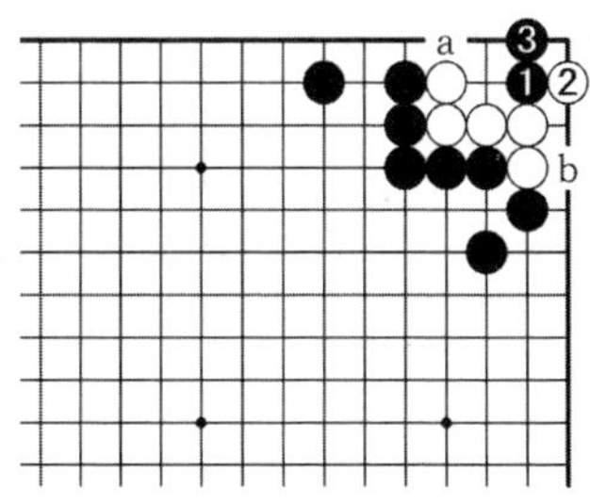

图8

白净死

图8（黑棋正解2）

黑棋也可以1位点。白2扳，黑3立，接下来a位渡过和b位扳见合。

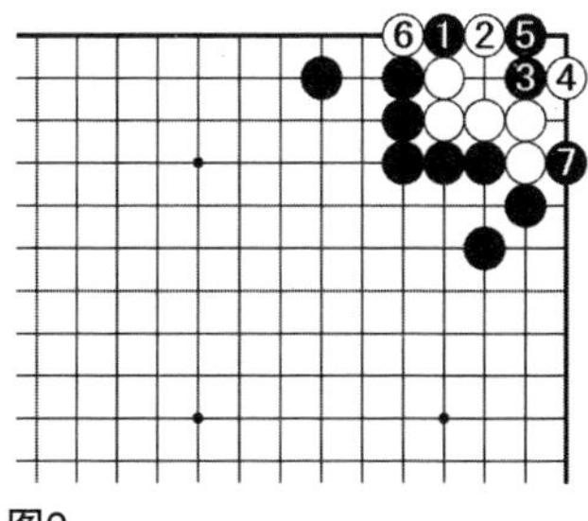

图9

白净死

图9（黑棋正解3）

黑1扳、3位点也是一种选择。白4扳，黑5打吃先手，白6提，黑7扳破眼。白棋只有一只真眼。

解题思路与上图相同。

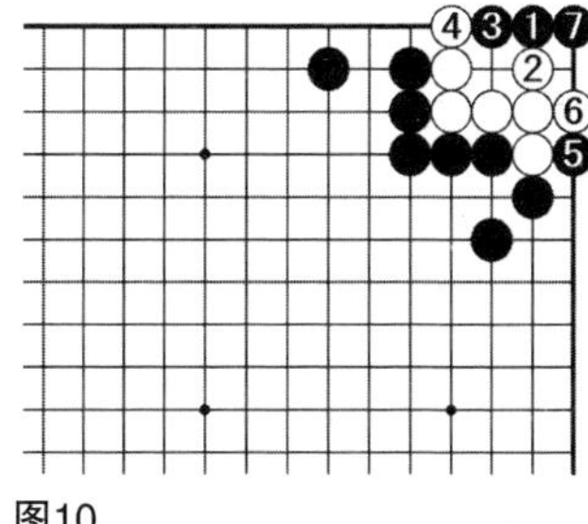

图10

白净死

图10（黑棋正解4）

黑1是“二一路”上的要点。白2顶，黑3长、5扳。白6打吃，黑7进角形成“盘角曲四”的死形。

黑3若在4位扳，则白3扑会形成劫活。

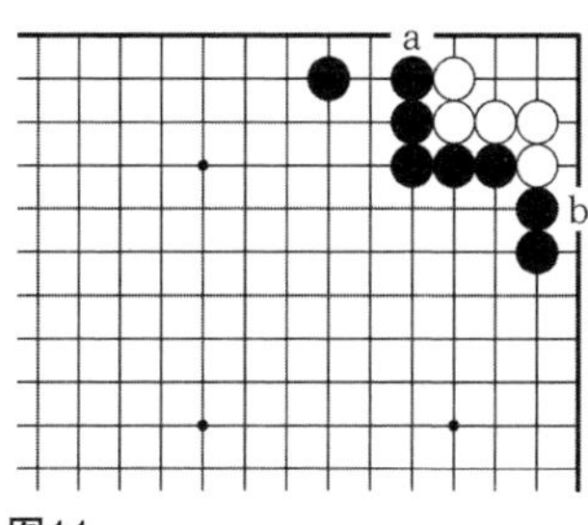

图11

注意先手

图11（参考）

以上4种方法都可以吃掉白棋，但在实战对局中也许白棋在a位或者b位有先手。

那必须根据具体情况选择杀棋的方法。

第3型

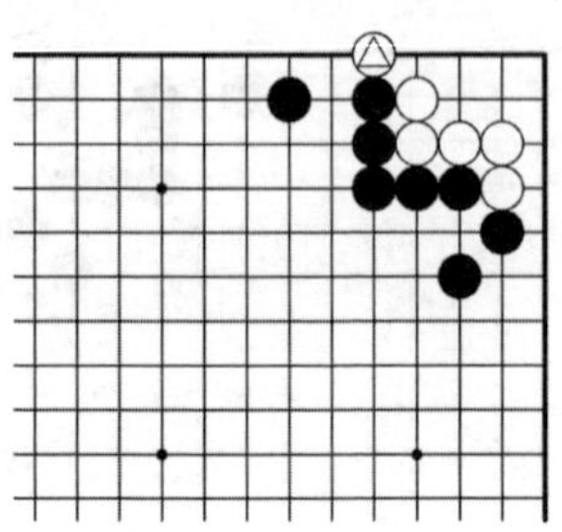

黑先白死

本图多了白△位扳。

请思考一下，选择让白△扳不能发挥效用的下法。

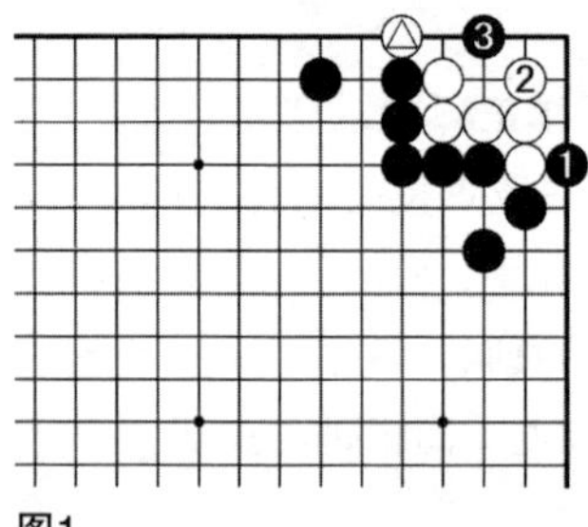

图1

白净死

图1（正解）

黑1扳可以净杀白棋。白2弯，黑3点。这样一来白△一子毫无用处。

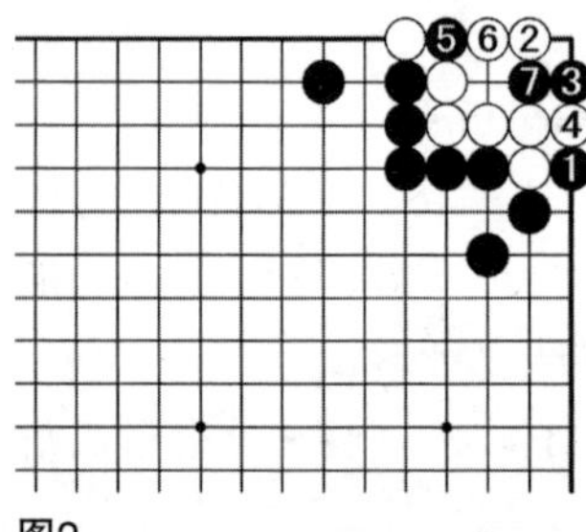

图2

白净死

图2（正解变化）

黑1扳，白2跳，黑3点、5扑，白6提，黑7破眼。黑5直接在7位冲结果相同。

白2若在4位打吃，黑5扑，白6提，黑7点，形成“刀把五”。

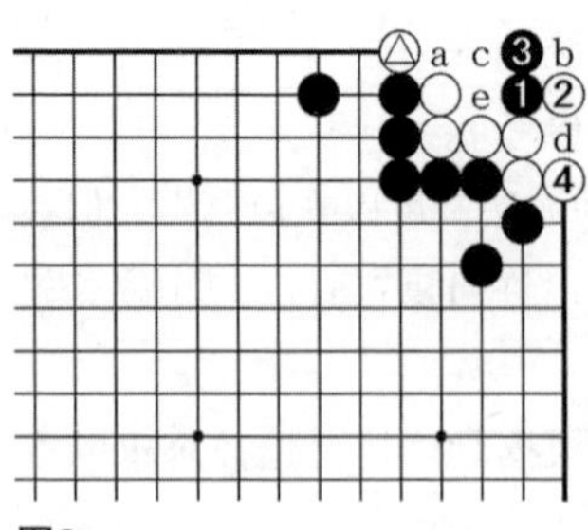

图3

白净活

图3（失败1）

黑1点，白2扳，黑3立，白4可以做眼。因为有了白△一子，黑无法在a位连回。接下来黑若b位打吃，白c，黑d，白e变成胀牯牛，白棋净活。

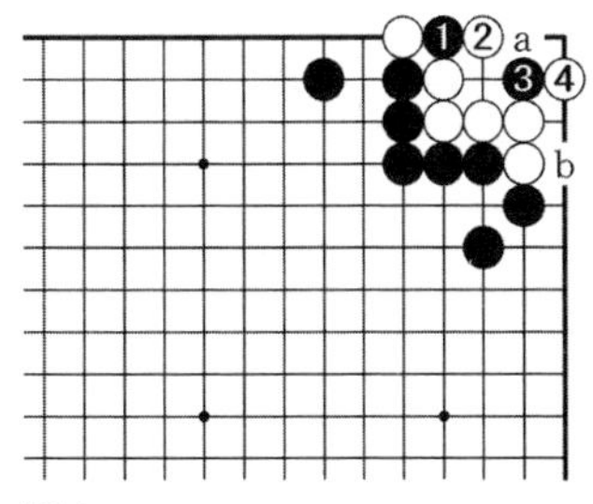

图4

白净活

图4（失败2）

黑1扑、3点也是错误选择。白4扳之后a和b两点见合，白净活。

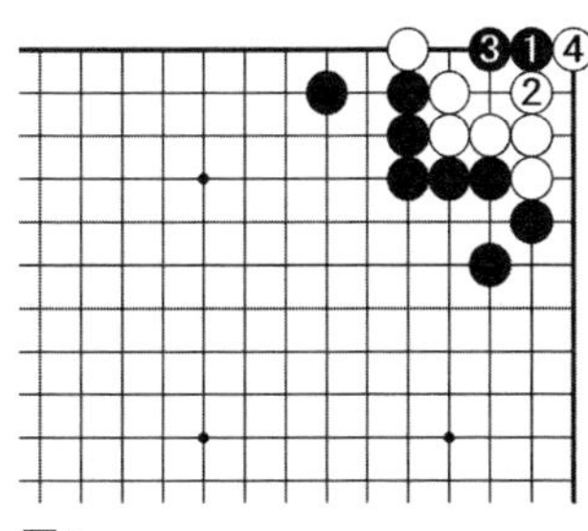

图5

如果点

图5（失败3）

与前面两个失败图比较，本图黑1点是较为有力的下法。但还是不如正解图。此时白棋有两个应对方法。

第一个是白2顶、4扑。

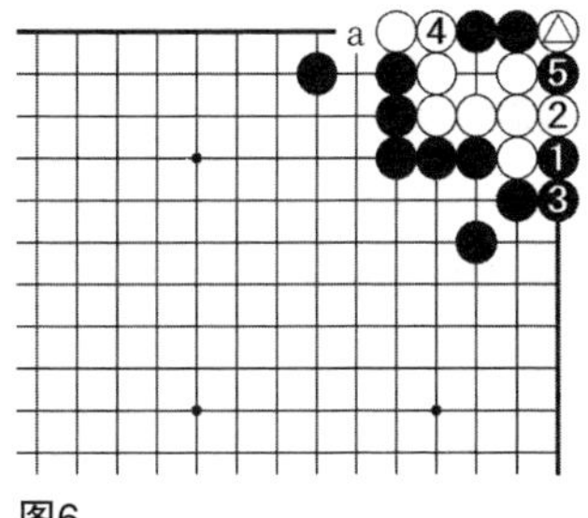

图6

缓一气劫

图6（接失败3）

接上图，黑1、3扳粘，白4打吃，黑5提形成劫活。后续黑还需要在a位打吃才能变成紧气劫，目前是缓一气劫。

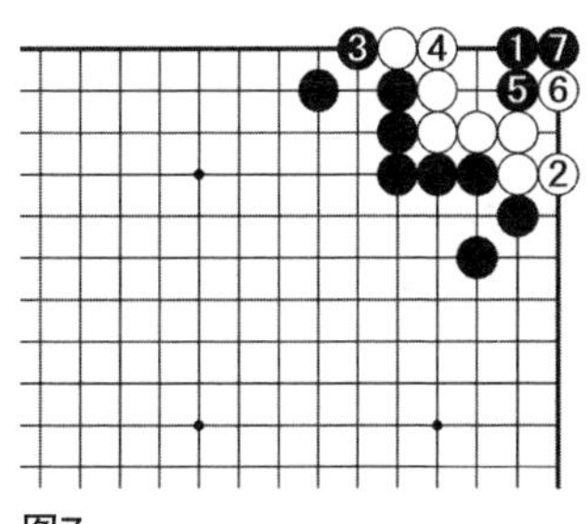

图7

万年劫

图7（失败3变化）

白棋的另一种应手是在2位立。黑3打吃、5顶是正确次序，进行至黑7形成万年劫。

对于黑棋来说，只要不能净杀白棋就是失败。

第4型

黑先白死

这一次白△扳调整了方向。此时黑棋的正确下法是什么呢？可以思考一下黑棋使用各种攻击方法时白棋都是如何应对的。

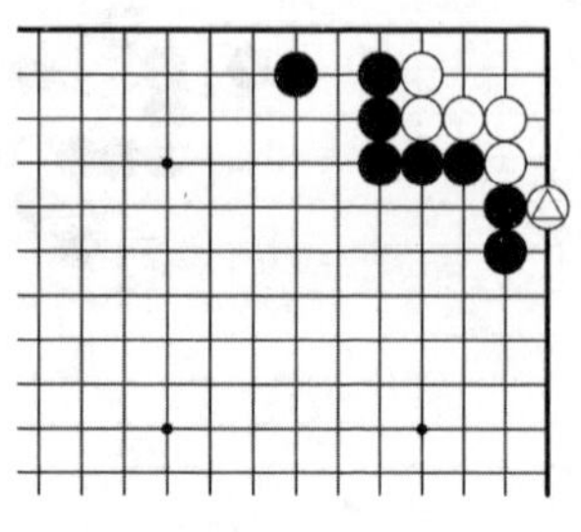

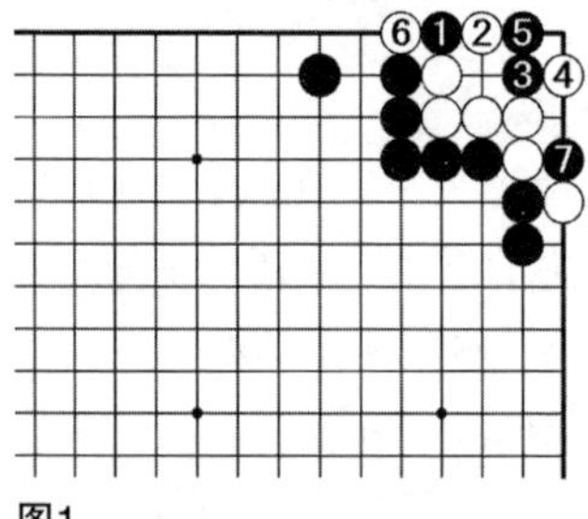

图1

白净死

图1（正解1）

黑1扳、3点正解。白4扳，黑5打吃先手，白6提，黑7扳破眼，白净死。

白4下在5位、黑4位破眼。

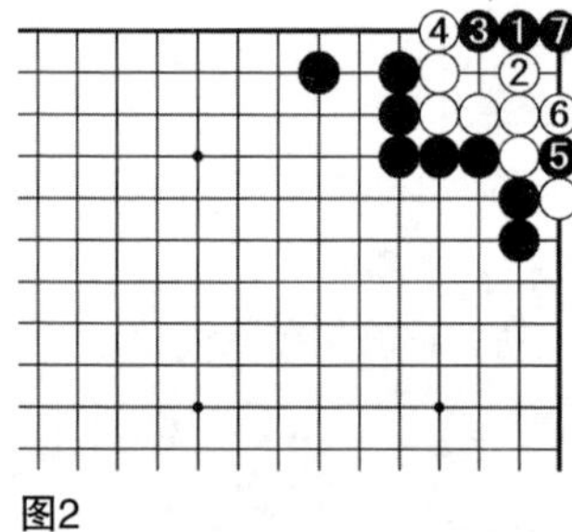

图2

白净死

图2（正解2）

也可以如本图黑1位点。白2顶，黑3长。白4分断，黑5、7交换之后变成“盘角曲四”的棋形。

以上两种下法都让白棋△位的扳失去了效用。

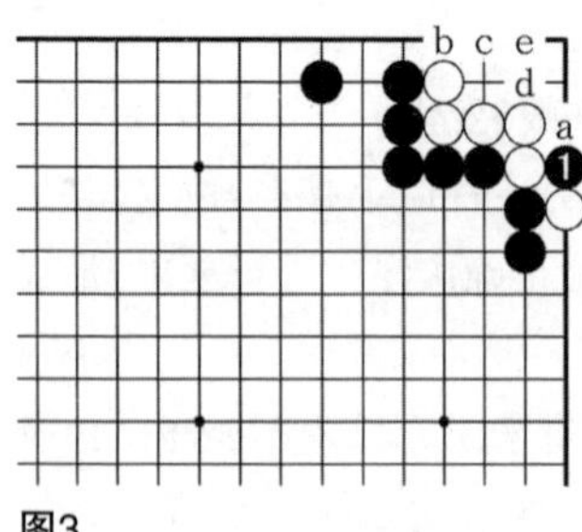

图3

扑

图3（失败1）

黑1扑为何不成立呢？

此时白若a位提，黑b，白c，黑d，白净死。若白b立，黑e点，白仍然是死棋。但此处白棋有一着可以做活的妙手。

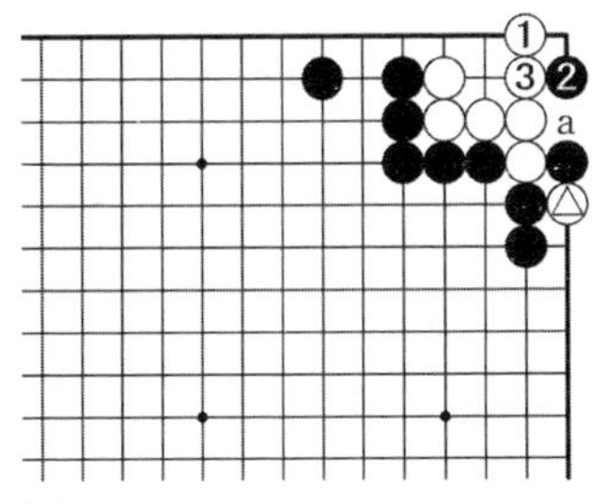
图4

白净活

图4（接失败1）

白1跳好手。黑2点，白3粘，黑a联络不成立。这样白棋在上边和右边各有一只真眼。

白△一子派上了用场。

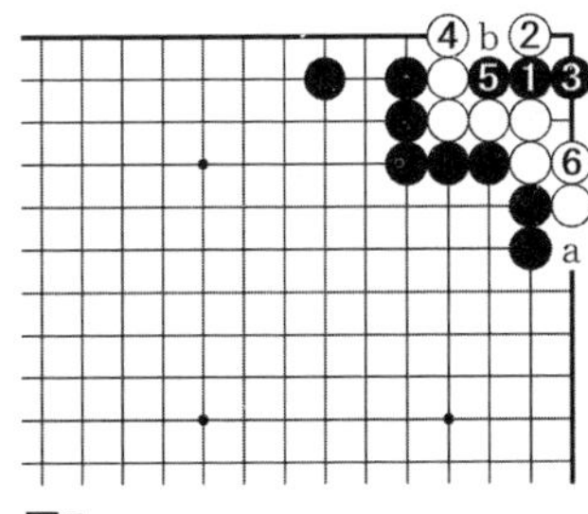
图5

双活

图5（失败2）

黑1点如何呢？白2夹应对，黑若想净杀白棋只能3位立。白4扩大眼位、6位粘，此时黑a位紧气，白b粘变成双活。

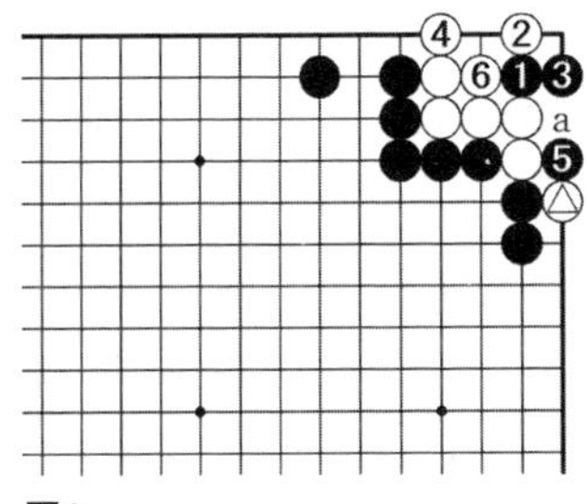
图6

白净活

图6（失败3）

上图黑5如果选择本图黑5扑，则白6做眼好手。与图4一样，白△的存在让黑无法在a位连回。

白6若在a位提是严重的随手棋。黑6破眼变成了“直三”。

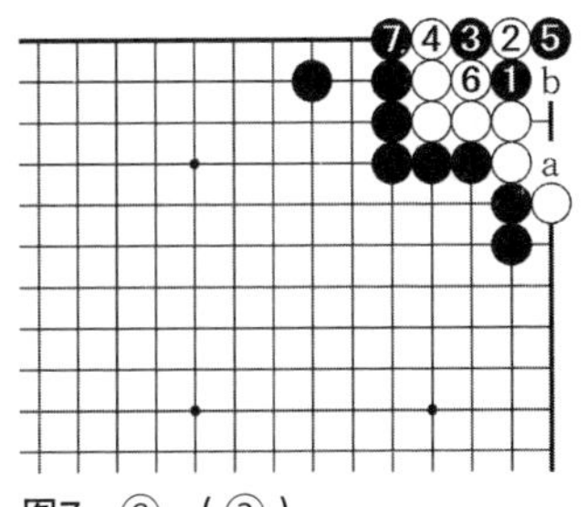
图7　⑧=（②）

缓一气劫

图7（失败4）

黑1点，白2夹，黑3打吃是正确应对。白4打吃进行至白8，形成缓一气劫。只要没有净吃白棋，就是黑棋的失败图。

黑7如果在a位扑，则白b扑绝妙，如此白可以净活。

第5型

黑先缓一气劫或万年劫

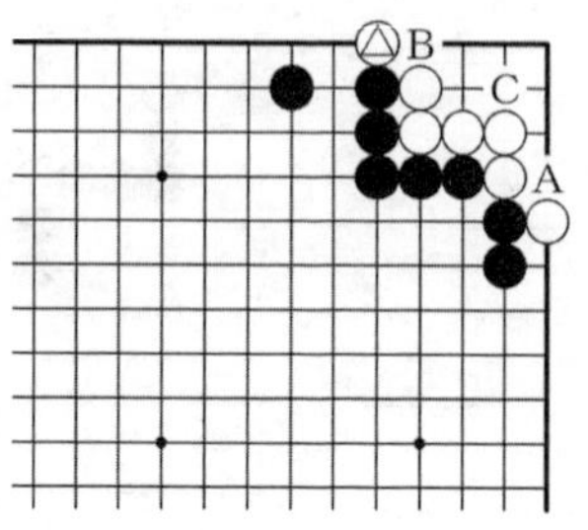

此时白又多了△位一子。黑下在A、B、C3个选点，都会因为白有一线扳而失败。剩下的选点不多了。

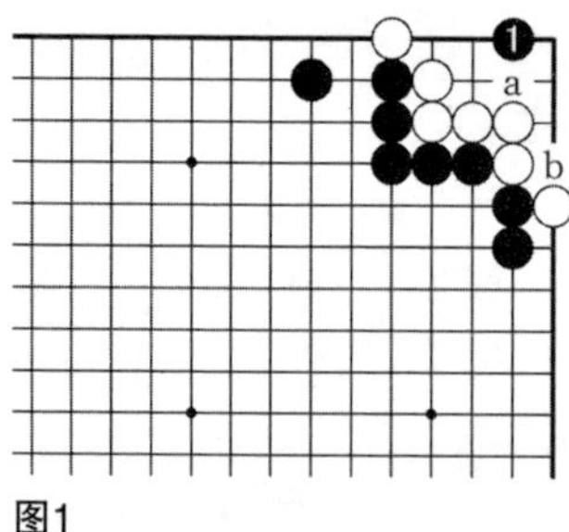

图1

点

图1（正解）

此时黑1是好手。白棋有a、b两个应手可以选择。

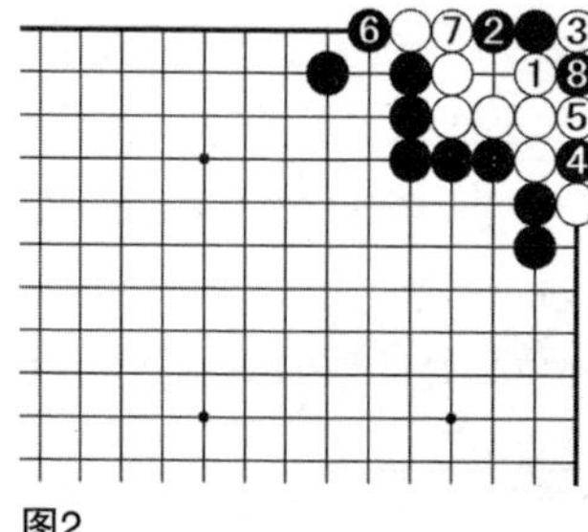

图2

一手劫

图2（正解续1–1）

白1顶。黑2长，白3扑是手筋好手。黑4扑，进行至黑8是黑白双方最好的结果。从结果来看，是缓一气劫。棋形有些复杂，接下来——

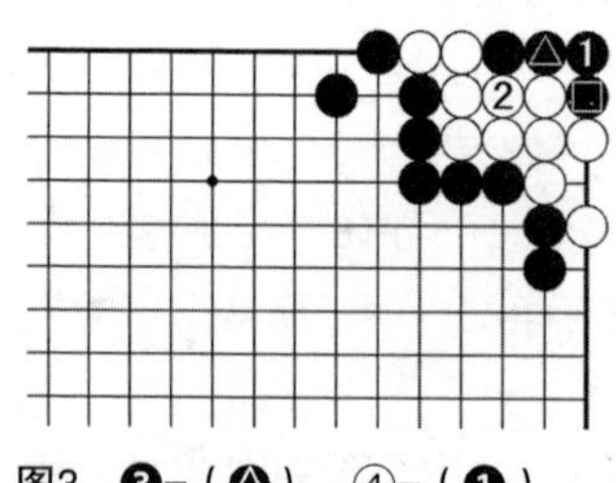

图3 ❸=（▲），④=（❶），❺=（■）

本身劫（保留劫）

图3（正解续1–2）

轮到黑先落子，想要杀掉白棋需要黑1粘。白2提，黑3破眼，白4扑，黑5提形成劫活。但是白2不用立即跟着应，可以根据劫材情况而定。

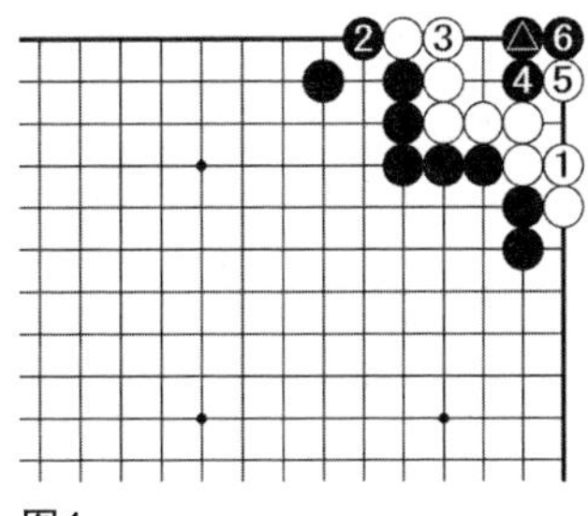
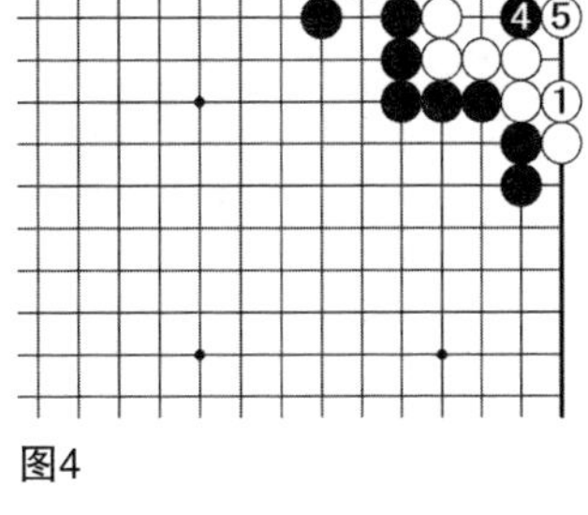

图4

万年劫

图4（正解续2）

面对黑▲点，白若在1位粘，黑2至6，形成万年劫。与上图之间白棋要面临取舍。

无论如何，有了两边扳白棋已经很难净死。

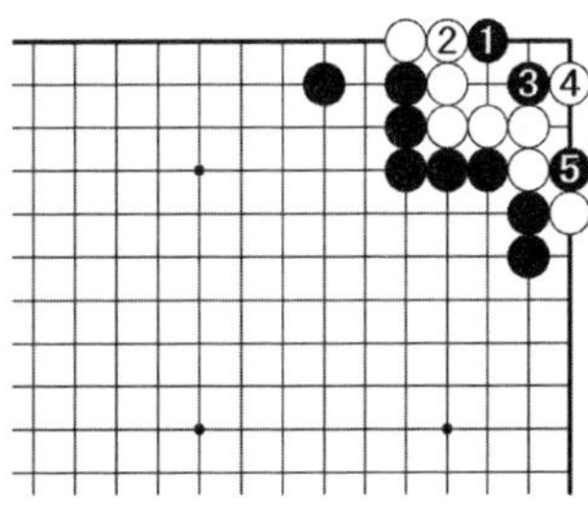

图5

如果点

图5（失败）

本图来研究一下黑1点的结果如何。白2粘冷静。黑3、5交换之后白棋看似陷入危机，后续的变化非常有趣。

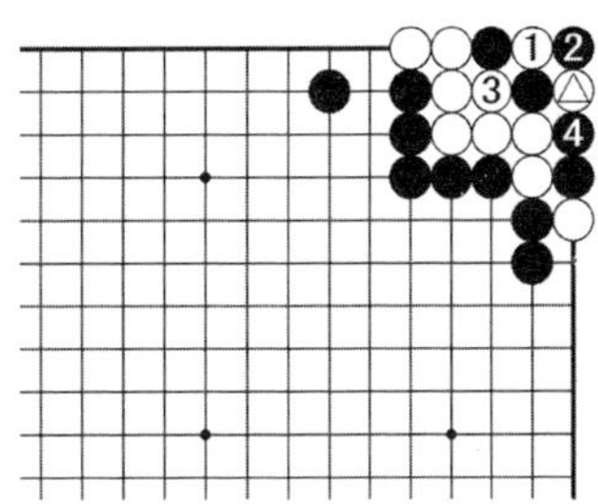
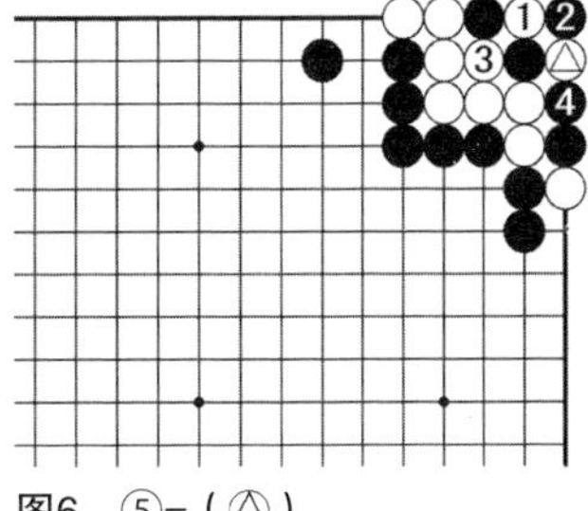

图6　⑤=（△）

送吃

图6（失败续1）

接下来白1扑，黑2提，白3打吃好手。黑4提，白5反提。

然后——

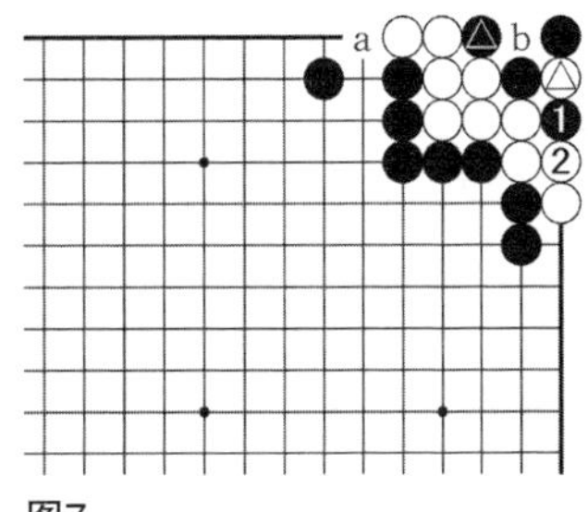

图7

双劫循环净活

图7（失败续2）

黑1提，白2打吃。这样黑a位打吃，白b提，之后再▲位提回，△位反提即可。双劫循环白棋净活。

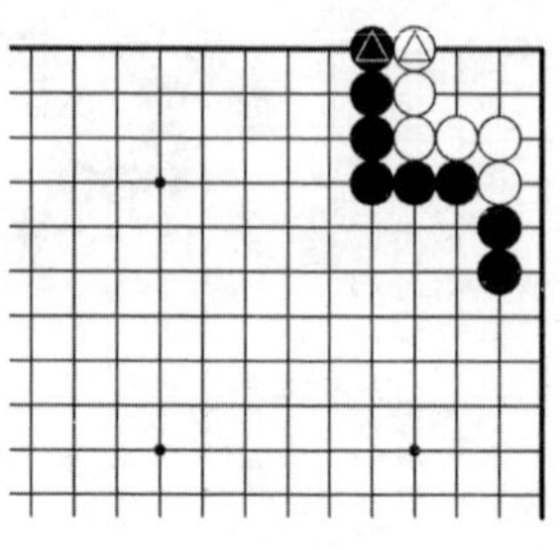

第6型

黑先保留劫或万年劫

与第2型相比多了白△与黑▲的交换。本图眼位空间充足，但在没有外气的情况下需要注意，黑棋有两种攻击手段。

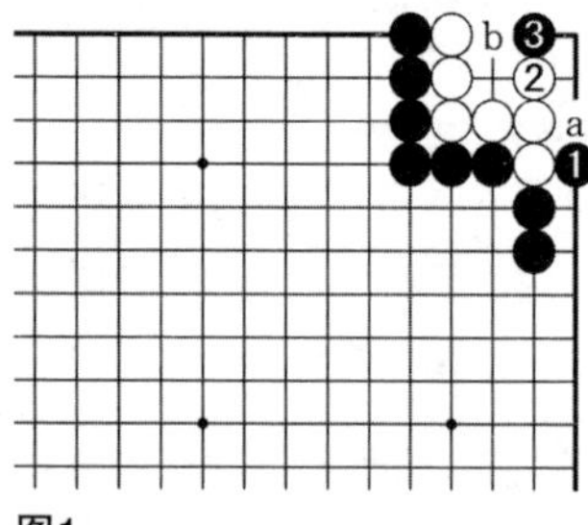

图1

扳、点

图1（正解1）

第一种是黑1扳。白2弯，黑3鼻顶好手。

白有a、b两种选择。

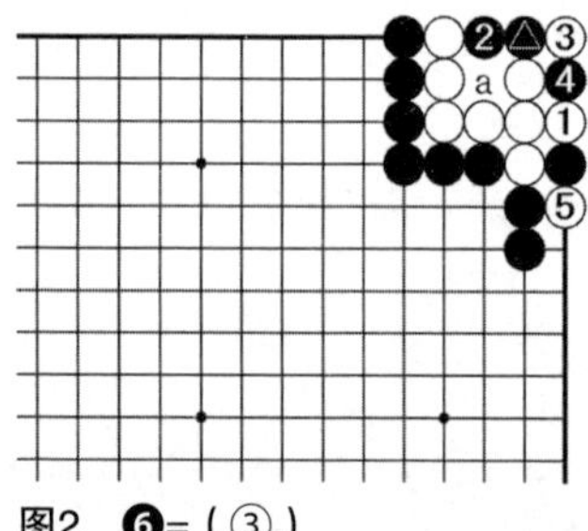

图2　❻=（③）

保留劫

图2（正解1续）

白1打吃，黑2破眼，白3扑，进行至黑6，结果与第5型图3结果相同。白若a位提，黑▲成为紧气劫。白棋可以先脱先根据情况决定落子时机。

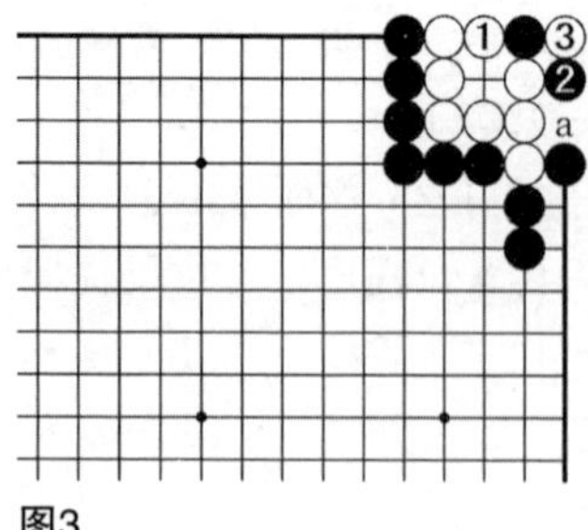

图3

打劫

图3（正解1变化）

白1打吃，黑2渡过。因为没有外气，白不能在a位断吃。白3提劫，此时是白先劫的劫活。此时白棋必须立即找劫材，明显上图更为满意。

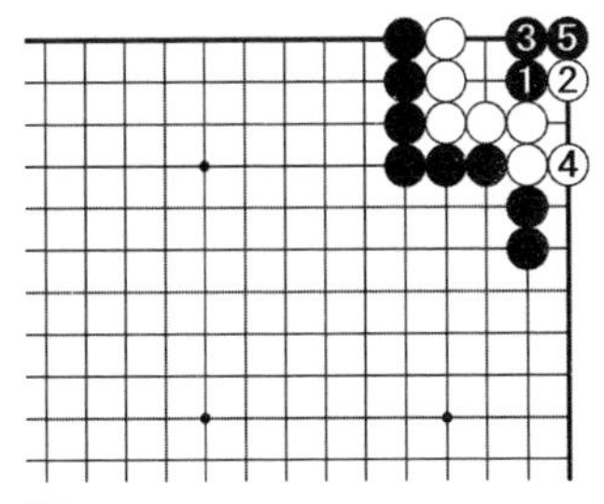

图4

万年劫

图4（正解2）

黑棋另一种下法是在黑1点。白2、4交换之后，黑5打吃变成万年劫。是选择图2还是本图，选择权在黑棋手中。

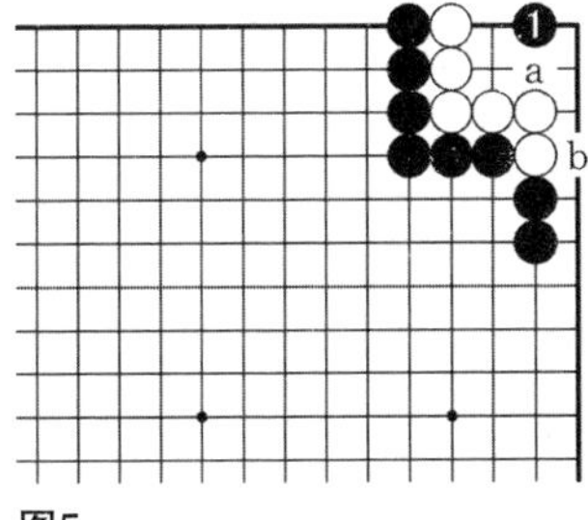
图5

选择权归白棋

图5（准正解）

此时黑也可以下在1位点。若白a位顶会还原图1、图2的局面。若在b位扩大眼位，则会变成图4。

需要注意的是，这时选择权在白棋手中，黑1有些犹疑不决。

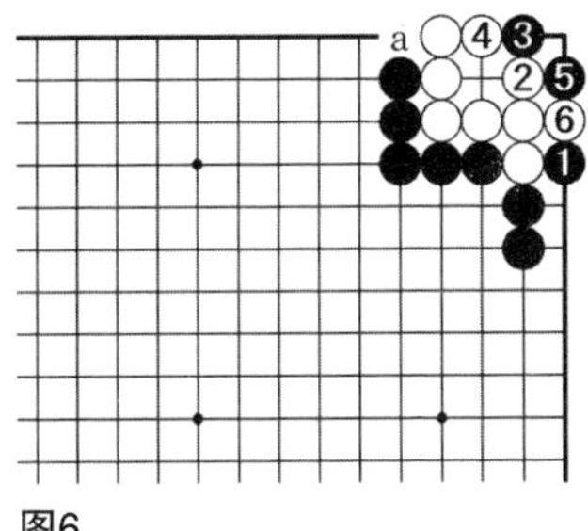
图6

白净活

图6（参考1）

如果白在a位有了一口外气，黑1、3之后白可以4位打吃。黑5渡过，白6可以分断。

白2下在3位也是净活。

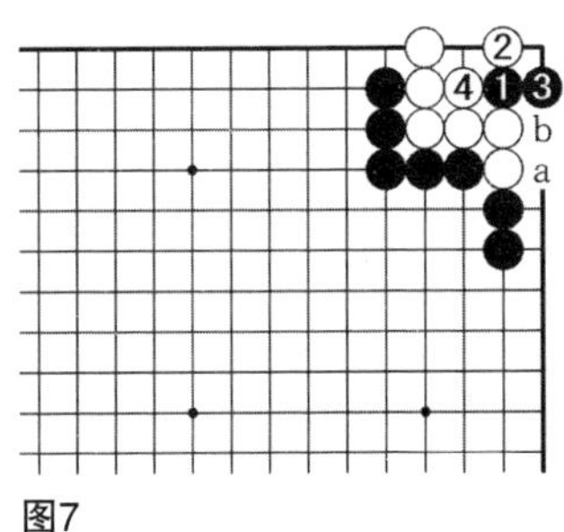
图7

白净活

图7（参考2）

黑1点，白2夹。黑3立，白4做眼。此时黑a位扳，白b断吃即可。

第7型

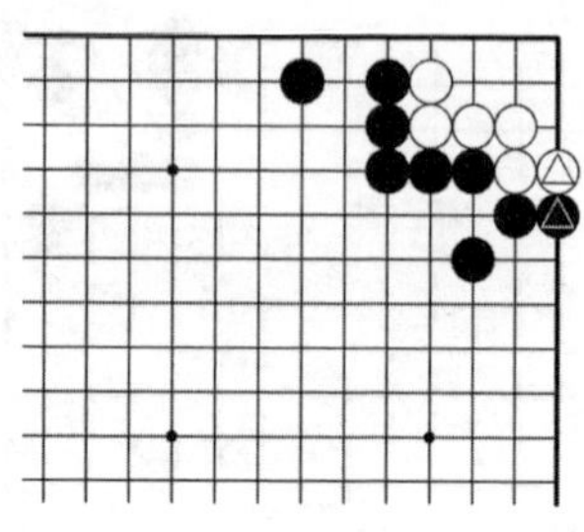

白活

本图是白△、黑▲多了一处交换。虽然都是一线棋子，与第6型相比眼形更为充足。

即使没有外气也可以确保活棋。

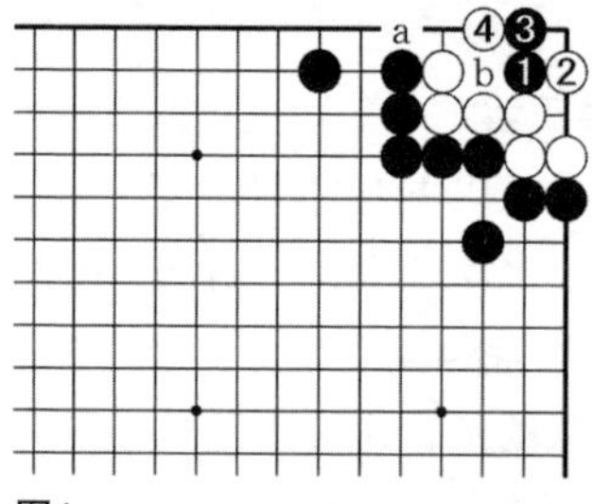

图1

白净活

图1（证明1）

黑1点，白2扳，黑3立，白4小尖阻渡。后续黑a，白b，白净活。

黑1若在3位点，白4尖顶，黑1破眼，白2扳，结果相同。

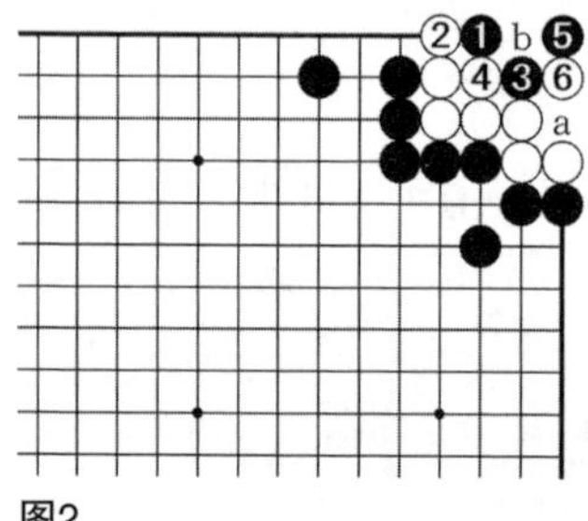

图2

双劫循环白净活

图2（证明2）

黑1点、3小尖，白4打吃，黑5小尖意在做劫。白6扑好手，接下来黑a，白b。

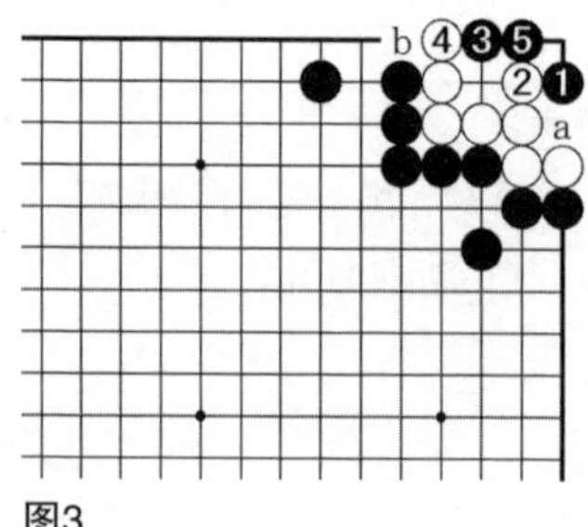

图3

双活

图3（证明3）

黑1、3的手段最好结果是双活。白4挡，黑5破眼，脱先之后形成双活。

如果还在局部落子，白a打吃，黑b形成劫争。

第8型

白先活

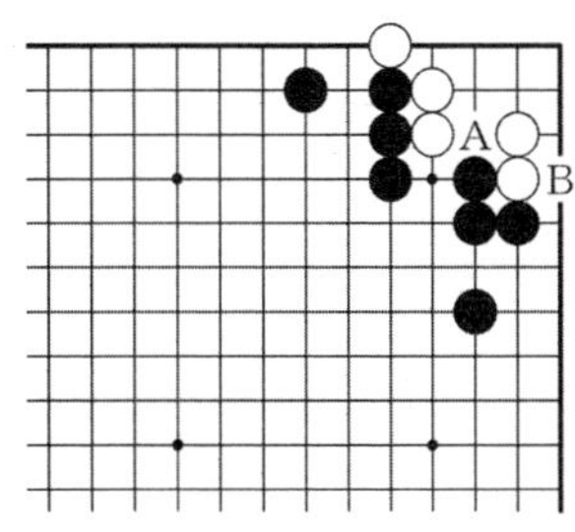

白棋如果在A位单纯扩大眼位，则黑B扳白净死。这是之前已经出现过的棋形。

现在的关键是找到眼形急所。

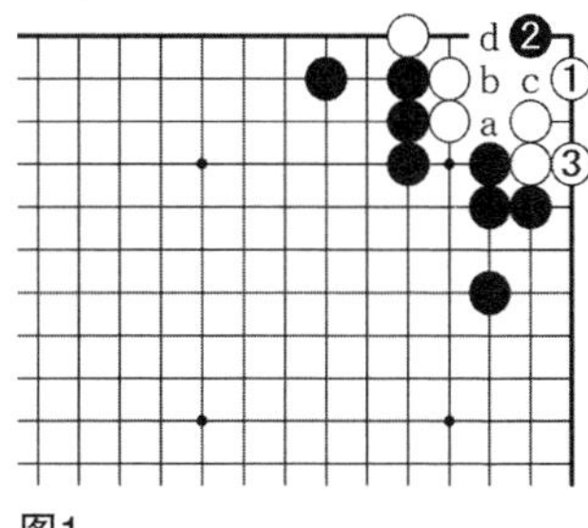

图1

小尖

图1（正解）

白1“二一路”小尖妙手。黑2点同样是眼形急所，白可以先3位保证一只真眼。接下来黑a，白b，黑c，白d，白净活。黑2若下在3位扳，白2小尖同样净活。

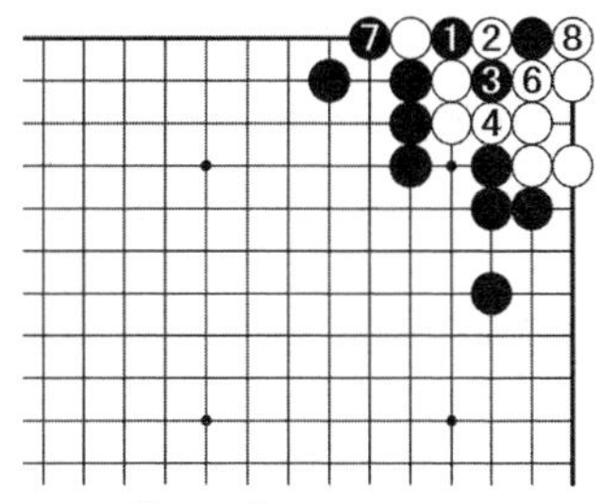

图2　❺=（❶）

白净活

图2（正解续）

接上图，黑1扑、3打吃试图联络。白4打吃是关键的一手，黑5提，白6、8形成接不归。

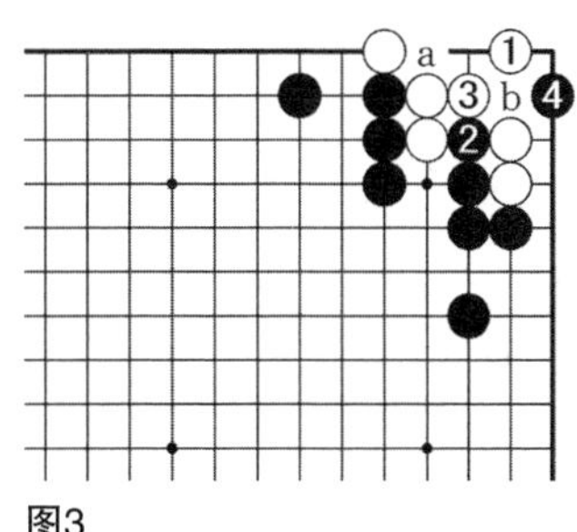

图3

白死

图3（失败）

白1也是“二一路”，但这样下白棋无法净活。黑2、4破眼，白a粘，黑b断，白净死。

气紧是个大问题。

第9型Ⅰ

黑先白死

白棋形眼位空间看似很大，但黑棋只要次序正确就可以吃掉白棋。只要对本型的基本知识有所了解，就不难解答。

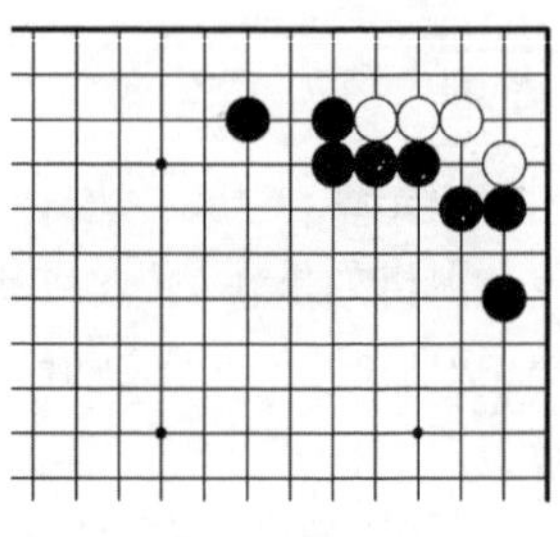

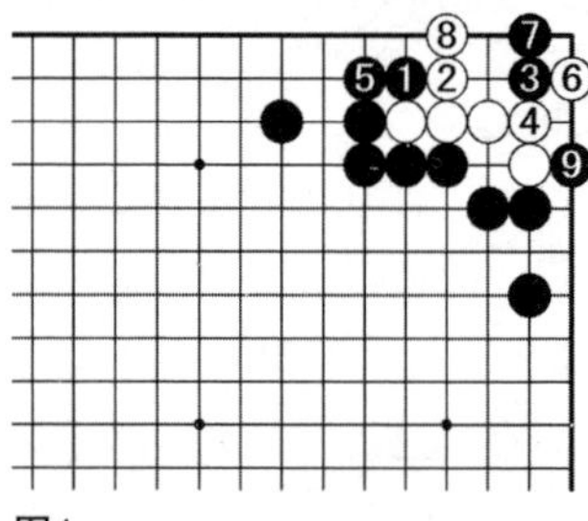

白净死

图1（正解）

黑1扳，白2挡交换，黑3点是绝对次序。白4团阻渡，黑5粘。进行至黑9，白净死。

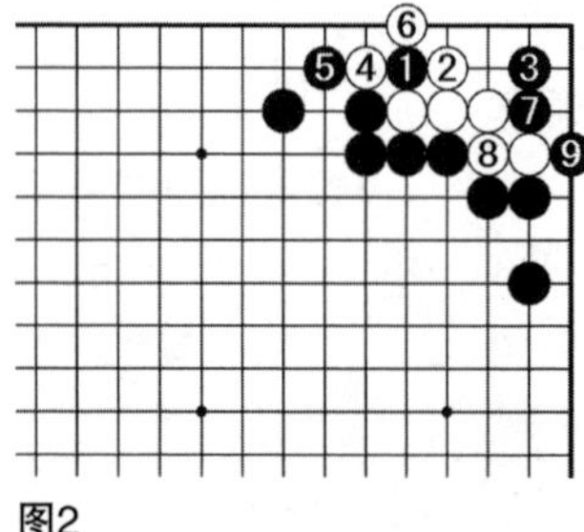

白净死

图2（正解变化1）

黑1、3交换，白4、6若吃掉黑一子，黑7挤渡过。

白还是没有两只真眼。

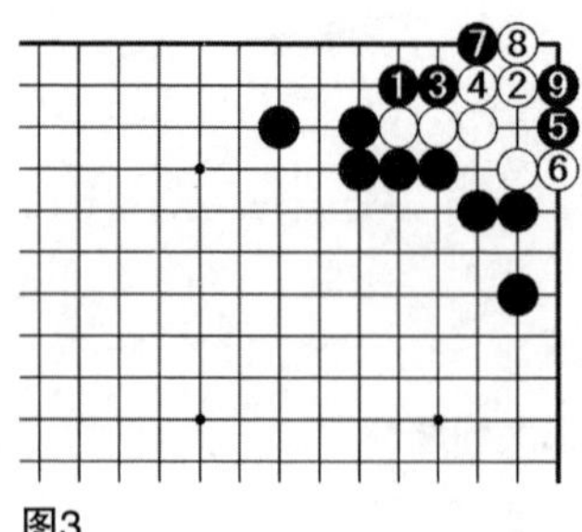

图3

白净死

图3（正解变化2）

黑1扳，白2为了防止黑点，选择小尖做眼。黑3继续缩小眼位即可。白4，黑5点至黑9，局部白棋变成“曲三”，净死。

第9型Ⅱ

白先劫（黑先提劫）

接第9型Ⅰ变化。黑1点与白2团交换之后、黑3扳缩小眼位。这样的次序结果如何呢。

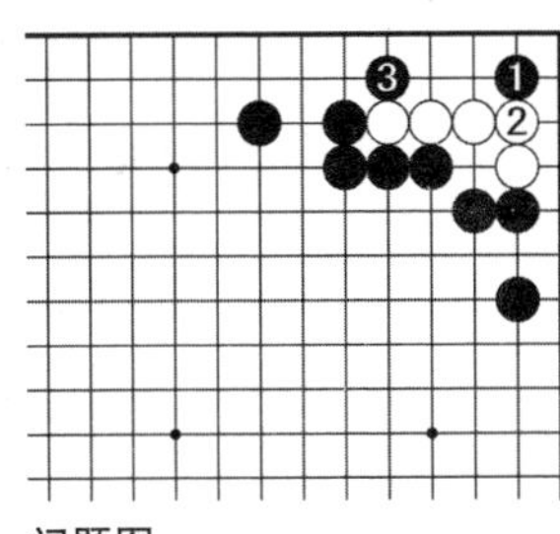

问题图

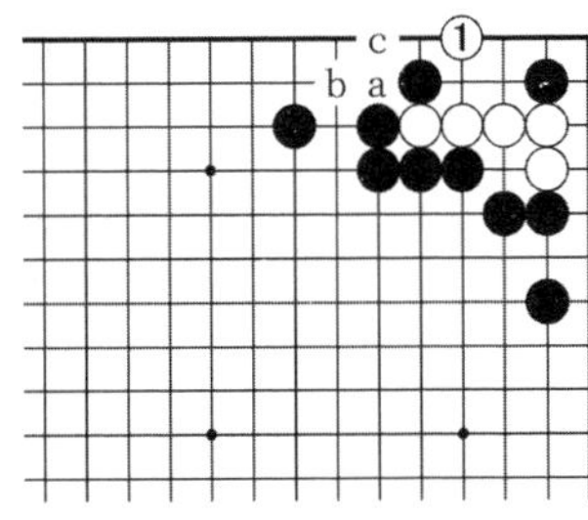

图1

跳

图1（正解1）

白1一路跳好手。之后有白a，黑b，白c吃掉黑一子的后续手段。

为了防止这个手段——

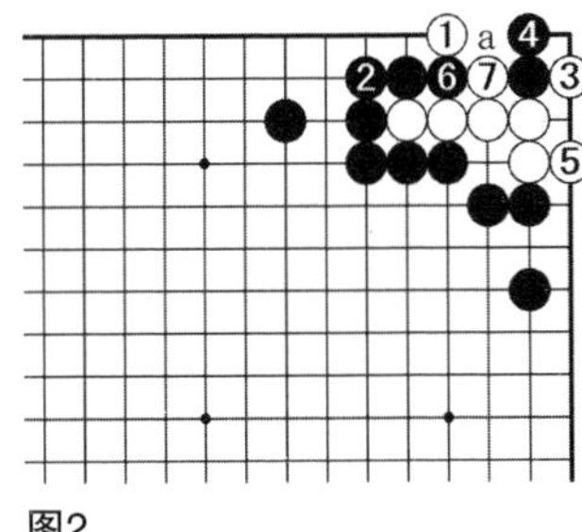

图2

白净活

图2（正解1变化）

黑2粘，白3扳，5做眼。黑6冲，白7挡，因为有白1在，黑不能a位渡过。

本图白净活。

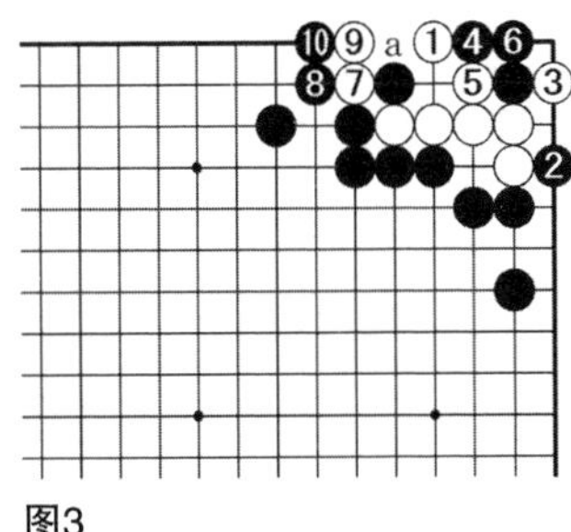

图3

白净死

图3（失败）

黑2扳破眼、4小尖抵抗强硬。此时白5打吃是失着，黑6粘，白7断，黑8、10打吃，白a位无法连回。

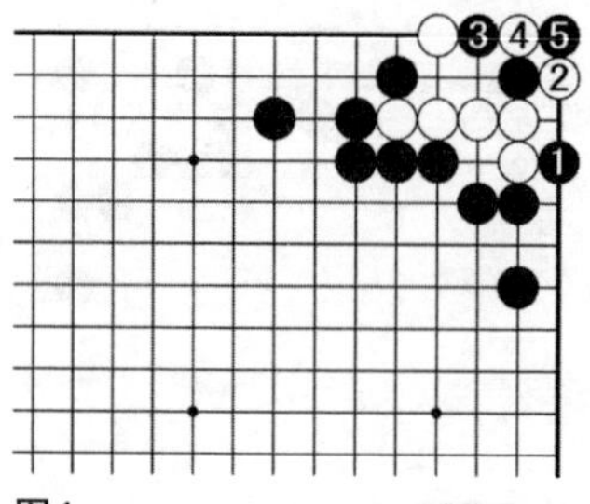
图4

打劫

图4（正解1续）

黑1、3时，白4扑是正确应对。黑5提打劫。

黑棋只要次序正确就可以净吃白棋，故而问题图中的黑1、3不是好选择。

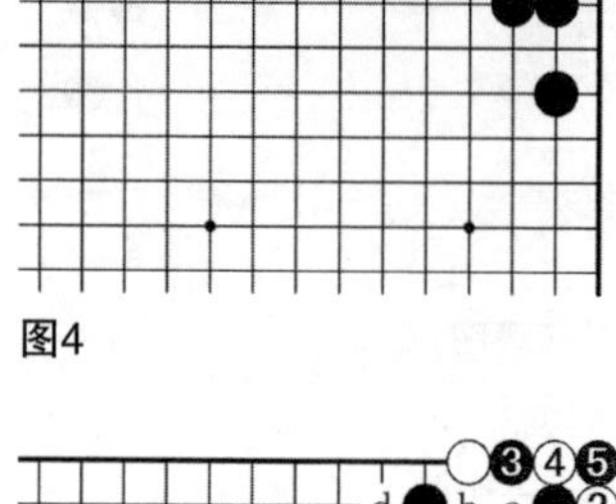
图5

白净活

图5（参考1）

如果白在a位有外气，那么白可以6位粘。黑b冲，白c断吃；黑c团、白b打吃形成胀牯牛，白净活。黑若4位粘，白c提，黑d粘，白4，仍然可以做活。

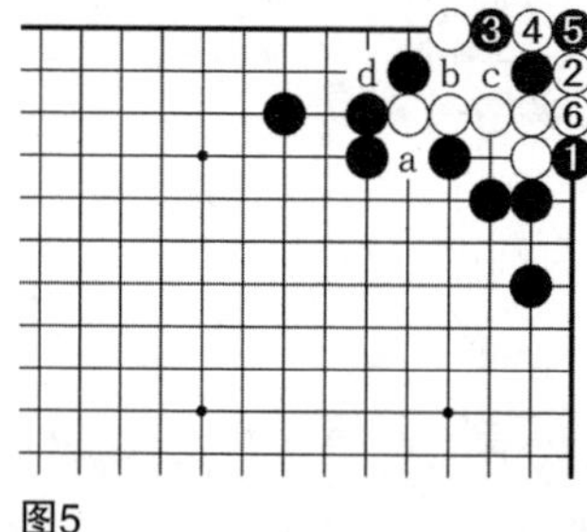
图6

打劫

图6（正解2）

回到最初的棋形。即使白1扳，黑2小尖，白3扑，仍然是打劫。

黑2如果在3位立，白a跳净活。

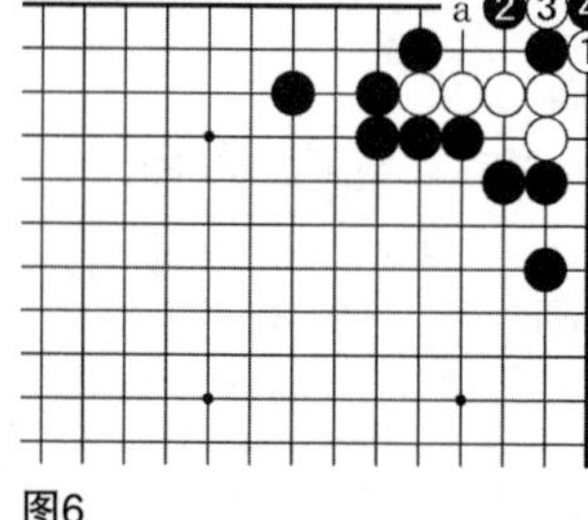
图7

白净死

图7（参考2）

最初黑1扳，白若2跳应对，黑3、5冲破眼即可。

行棋次序非常关键。

第10型

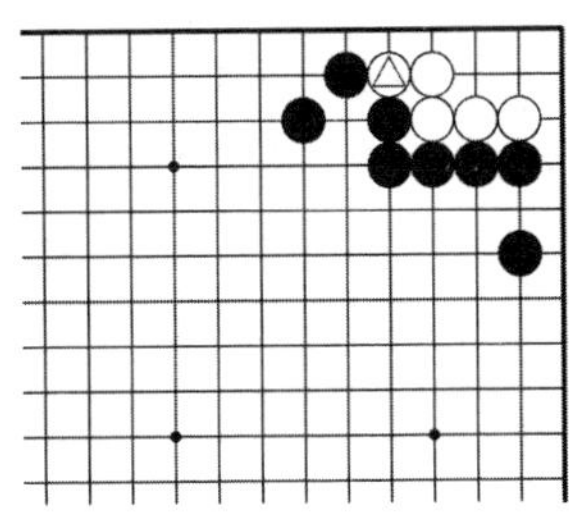

白先活、黑先白死

本图在第1型的基础上多了白△一子。

白先做活的方法有数个，正确的下法有两种；黑先杀白的手段也有两种。

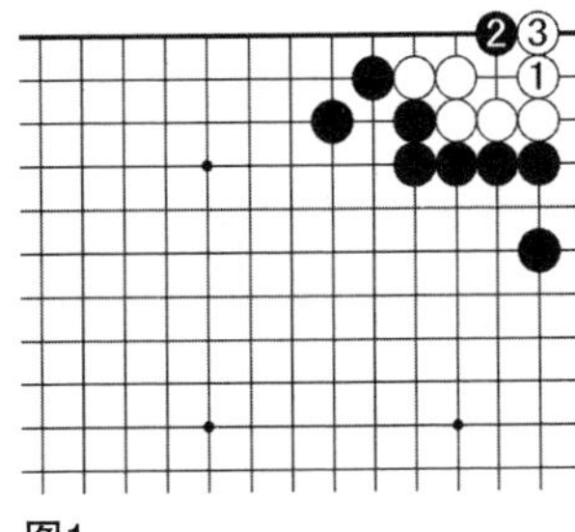

图1

白净活

图1（白棋正解1）

首先从白先活的下法开始。

第一个是白1曲。黑2点，白3挡，简明活棋。

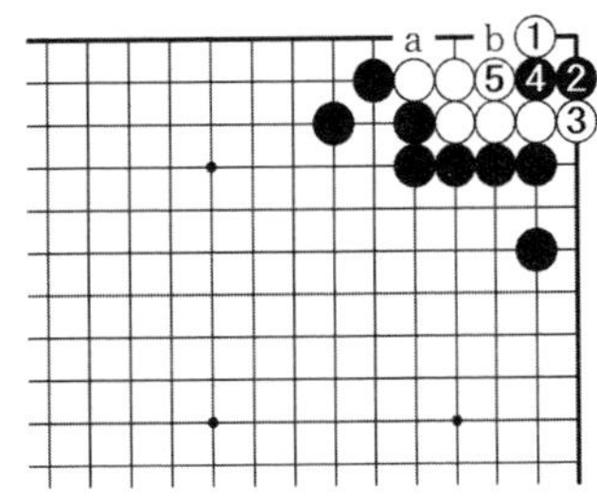

图2

白净活

图2（白棋正解2）

白1跳也可以净活。黑2点，白3立，黑4，白5。

白5下在a位，则黑b，白5结果相同。

图3

白净活

图3（白棋的准正解）

白1尖也是净活，但黑2扳，白3只能做眼。

白1在a位小尖也是净活，黑2扳，白b曲做眼。

这两种下法都会导致实地亏损。

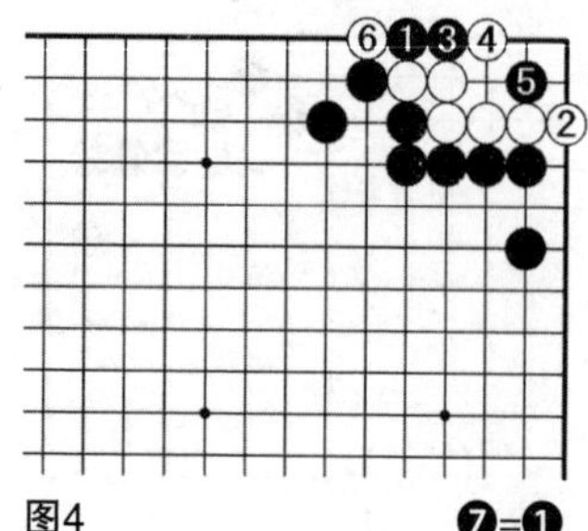
图4　❼=❶

白净死

图4（黑棋正解1）

黑先的场合，黑1扳好手，白棋净死。白2立，黑3冲，5点，白棋变成“刀把五”。白6提，黑7扑。

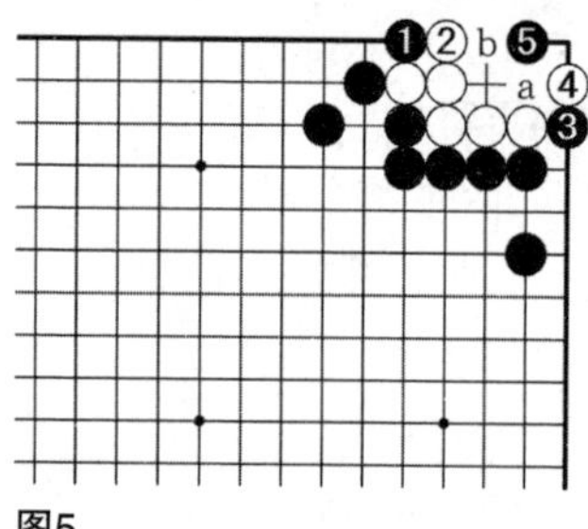
图5

白净死

图5（黑棋正解变化1）

黑1扳，白2打吃，黑3扳、5点，本图也是“刀把五”。

白2若在a位做眼，黑b，白2，黑3，结果相同。

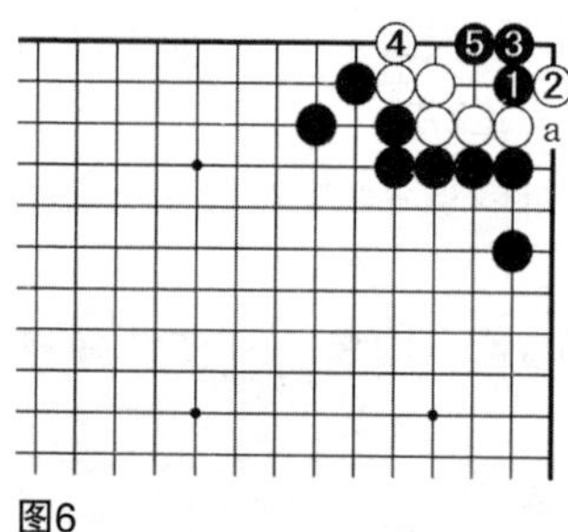
图6

白死

图6（黑棋正解2）

黑还可以1位点。白2扳，黑3立，白4扩大眼位，黑5之后白棋局部还是刀把五。

白2若在3位夹，黑2立，白a，黑4扳即可。

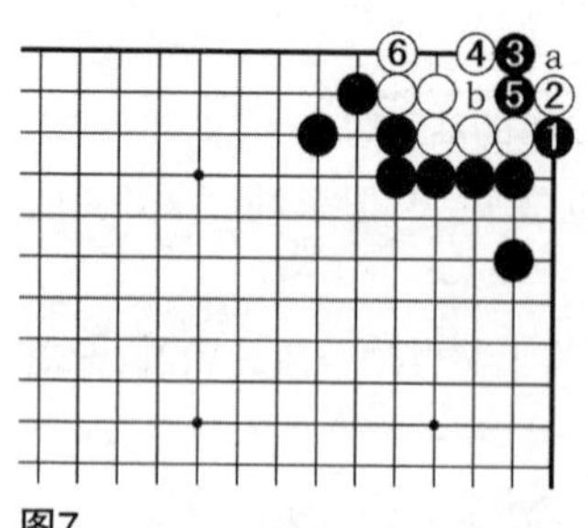
图7

白净活

图7（黑失败）

黑1扳是失着。白2打吃，黑3点看似急所，但白4尖顶，黑5打吃，白6可以直接做眼。黑a提，白b打吃形成接不归，白净活。

第11型

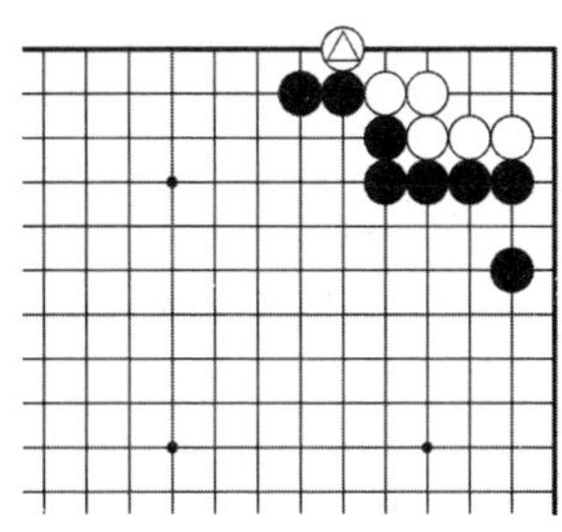

黑先白死

与第10型相比，白多了△一子。

这样一来白棋形多了粘性，黑棋的杀棋方法只有一个。黑棋第一手应该下在哪里呢？

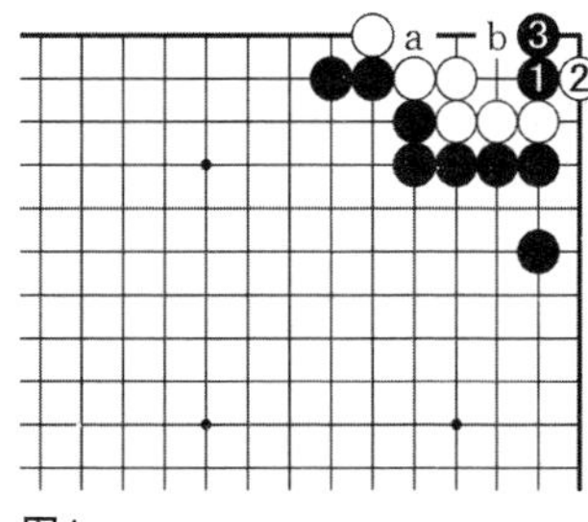

图1

白净死

图1（正解）

想要无条件杀死白角，黑1只此一手。白2扳，黑3立。接下来白a粘，黑b，形成“刀把五”。

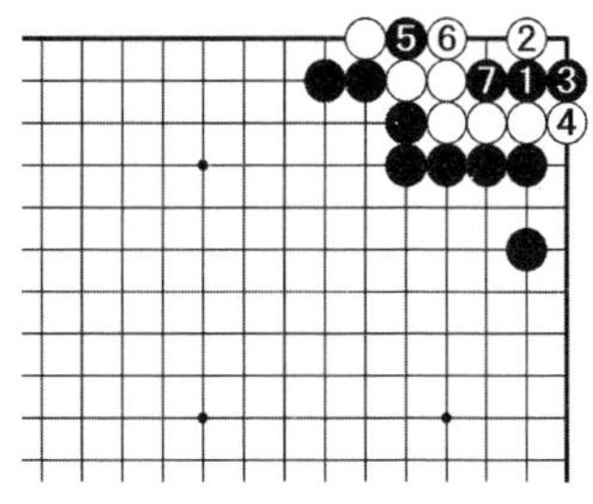

图2

白净死

图2（正解变化）

黑1点，白2夹好手。黑3是正确应对，白4立，黑5扑、7破眼，变成直三。

黑3若在4位渡过，白3扑，白棋劫活。

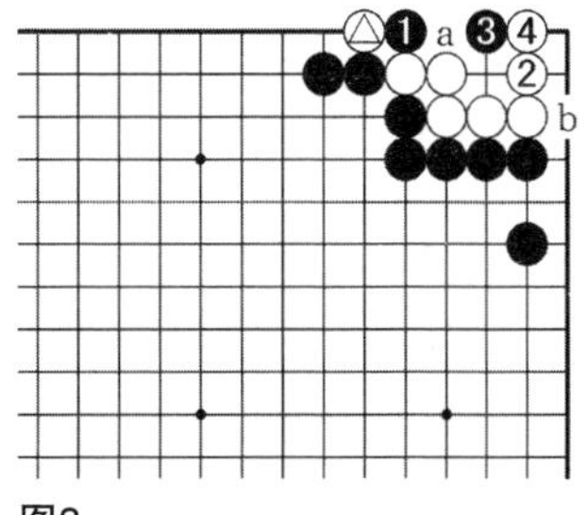

图3

白净活

图3（失败）

黑1扑随手，理想图是白a提，黑b扳。但白2曲做眼好手，黑3点，白4立之后，黑a接不归。

白△一子充分发挥了作用。

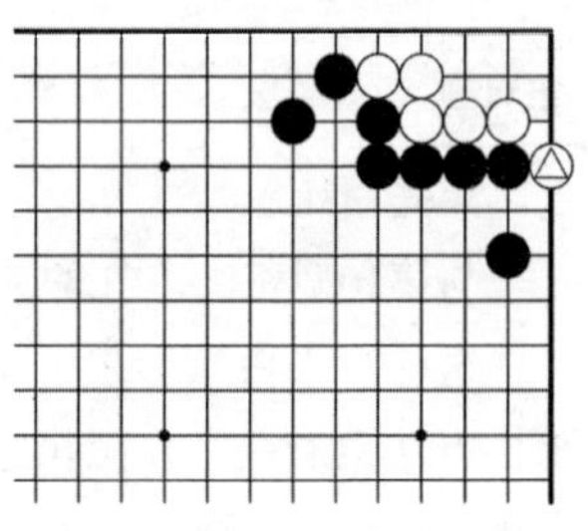

第12型

黑先白死

扳的方向变成了△位。

本型适用“吃棋用扳”的格言。另外在没有外气的情况下，黑棋还有别的杀棋手段。

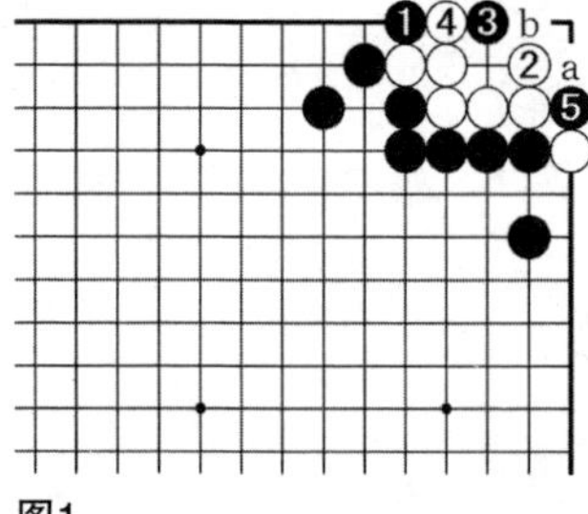

图1

白净死

图1（正解1）

此时黑1扳简明。白2做眼，黑3点，5扑。

白2若在4位打吃，黑5扑，白a，黑b，形成“刀把五”。

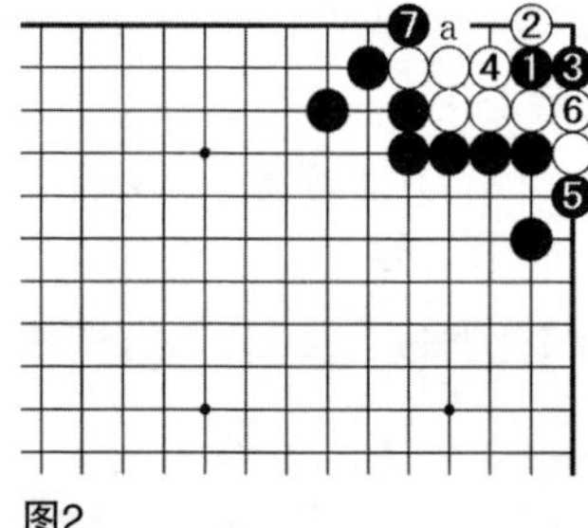

图2

白净死

图2（正解2）

黑1夹也是白净死。白2试图做劫，黑3立好手。白4，黑5交换之后黑7扳，白棋气紧无法在a位打吃做眼。

但是——

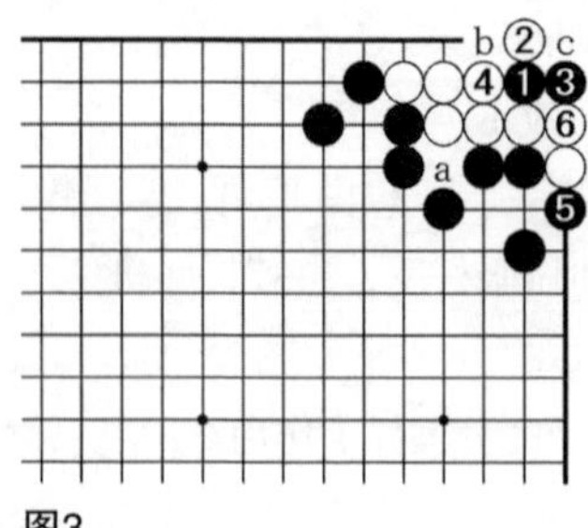

图3

白净活

图3（参考）

若a位白棋有一口外气，就可以净活。与上图相同的进程，进行至白6净活。黑3只能下在b位，白3，黑c打劫。图1与外气无关。

第13型

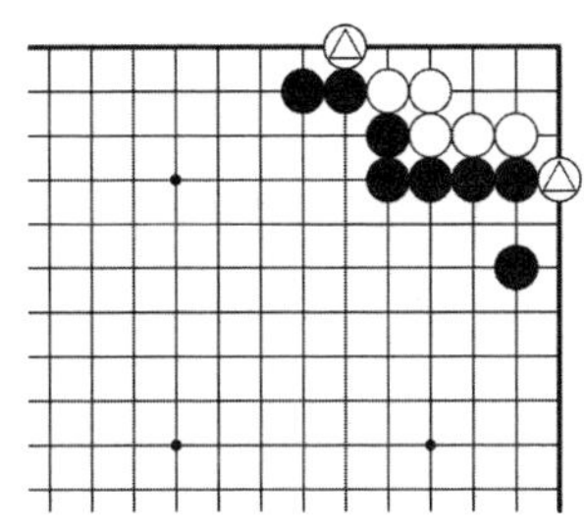

黑先劫（黑先提劫）

如果白棋两边都有△位的扳，可以确保不会净死而是劫活。

第一手的选择会有两种，最终的结果相同。

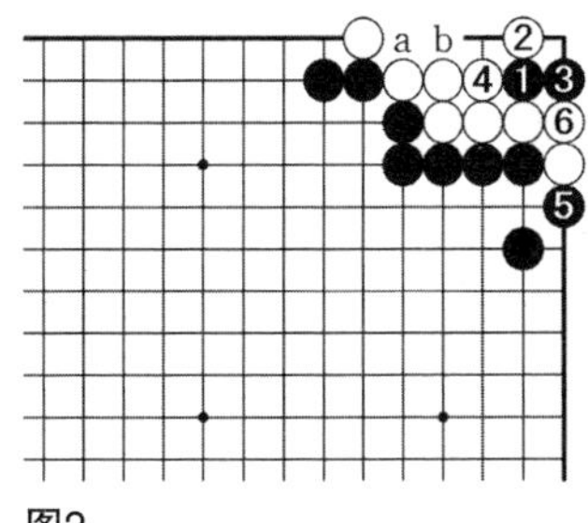
图1

打劫

图1（正解1）

黑1点，白2夹，黑3打吃。白4做劫、黑5提劫，形成打劫。

这也是黑棋可选的最好结果——

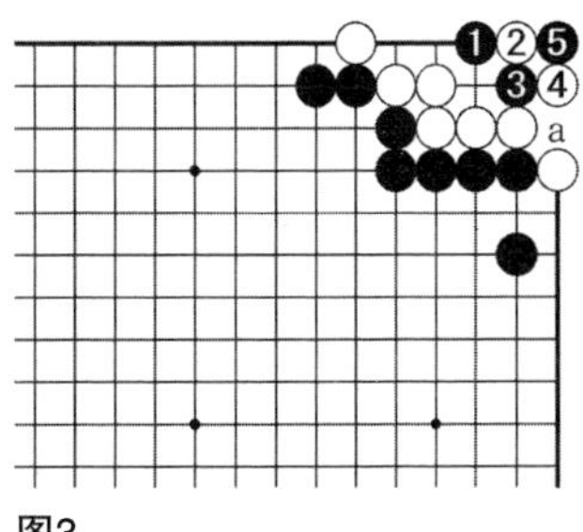
图2

白净活

图2（失败）

黑1、白2交换之后，黑若3位立，白4挡之后白棋净活。白6粘，黑a，白b。

本图与第12型图2明显不同。

图3

打劫

图3（正解2）

黑棋的第一手也可以下在黑1点。白2靠，黑3打吃最终的棋形也和图1相同。

白2若在3位做眼，黑a扳缩小眼位，白棋净死。

第14型

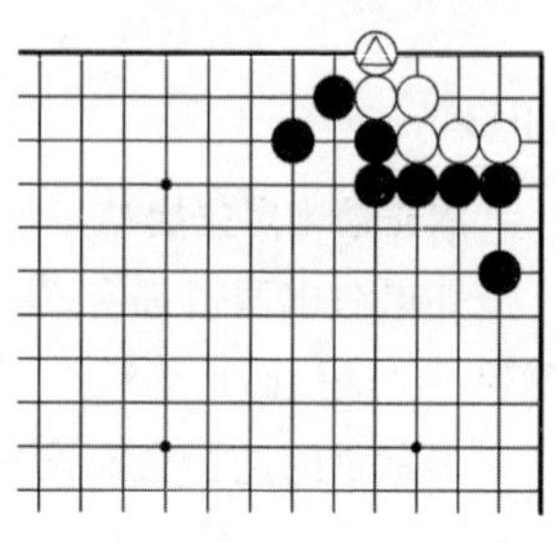

黑先劫（黑先提劫）

本型中白有了△位立。

从棋形来看，肯定比一线扳眼形更为充沛，但此时白棋也不是净活。黑先可以形成劫活。

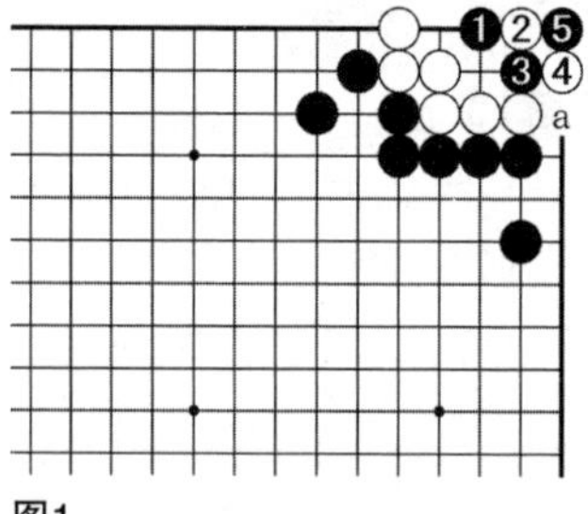

图1

打劫

图1（正解1）

黑1点是棋形的急所。白2靠，黑3打吃，白4反打形成劫活。

白2若在a位立，黑3小尖，结果变成大眼杀，白棋净死。

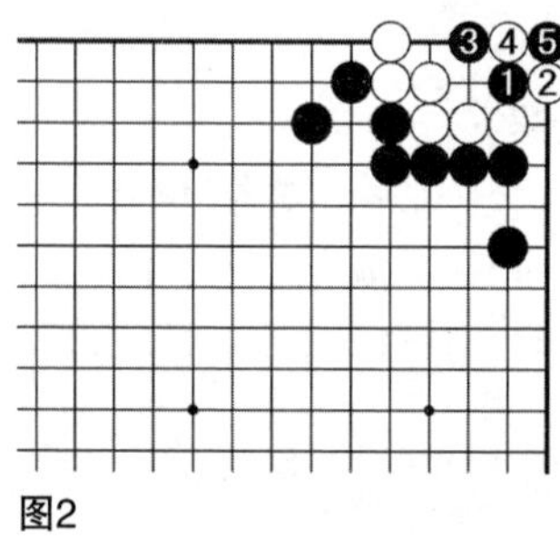
图2

打劫

图2（正解2）

黑1结果相同。白2扳，黑3小尖，白4扑。

次序不同，但棋形与图1相同。

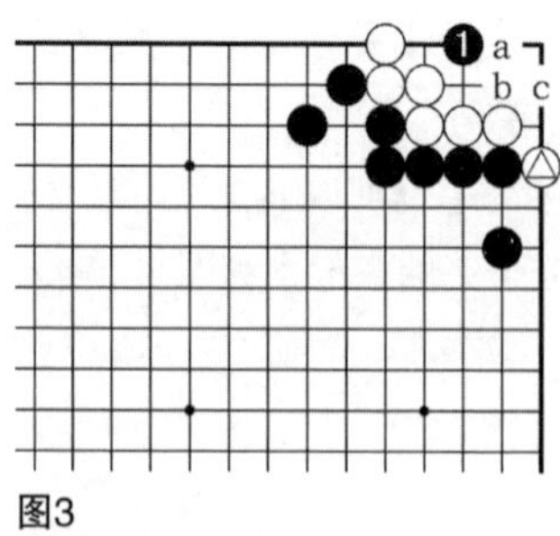

图3

打劫

图3（参考）

如果白△位有子，黑1点是唯一选择。白a靠，黑b，白c打劫。

黑1若下在b位，白1小尖做眼，净活。

第15型

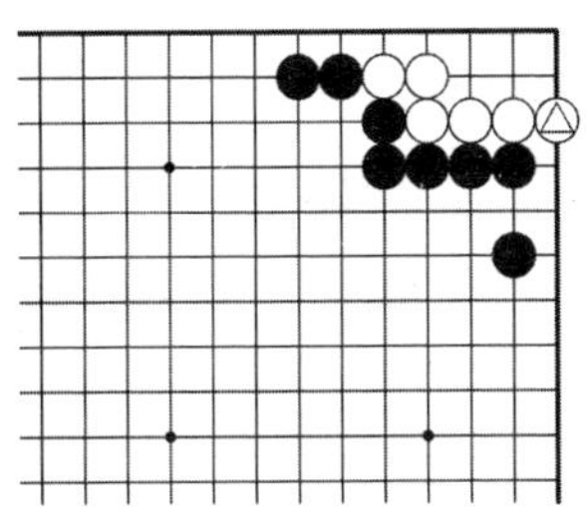

黑先劫（黑先提劫）

此时白△在一线立，但白棋仍然不是净活。

黑先劫的下法有两种，其中一种是最好选择。

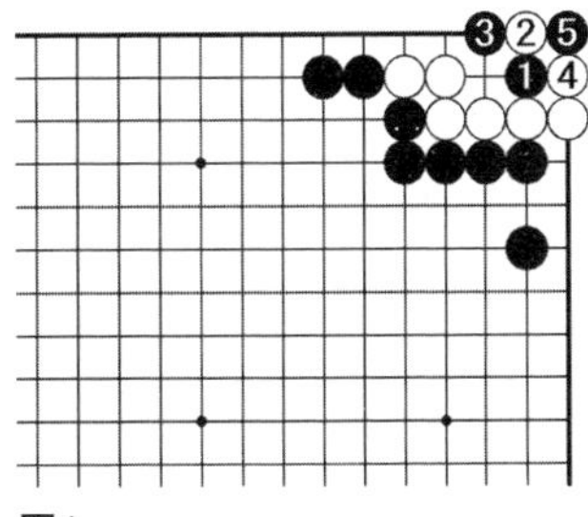

图1

打劫

图1（正解）

黑1好手。白2夹，黑3打吃，白4反打形成劫活。

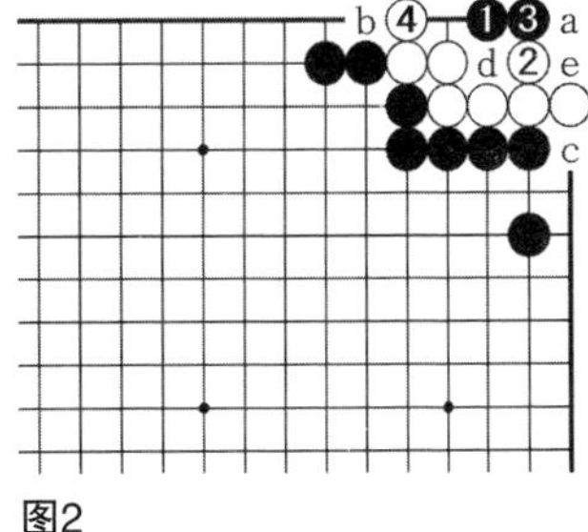
图2

双活或万年劫

图2（准正解）

黑1点虽然也是眼位的急所，但此时白2、4扩大眼位是正确应对。此时，黑a进角形成双活。如果黑棋想要吃掉白角，需要现在b、c位紧外气，然后在d、e紧气，变成万年劫。本图明显不如图1。

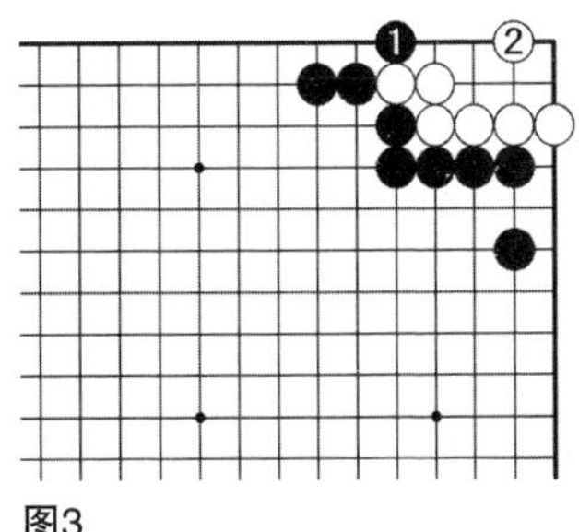
图3

白净活

图3（失败）

黑1扳，白2跳好形。

黑棋必须从里面开始破坏白棋眼形。

第16型

黑先白死

本型也是钥匙型的一种，但棋形尚不完整，需要思考如何入手。

请熟练使用之前学习到了知识。

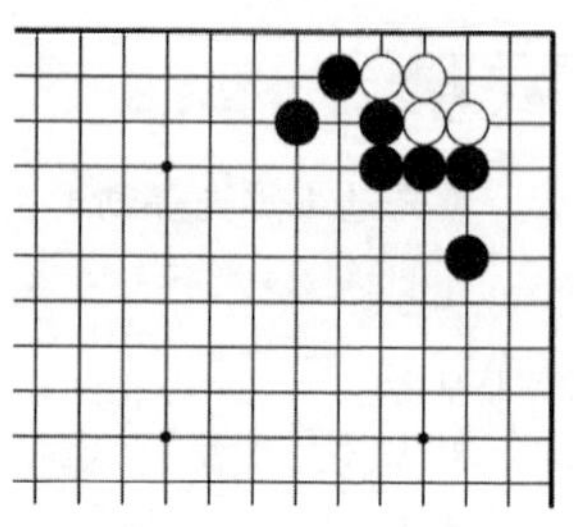

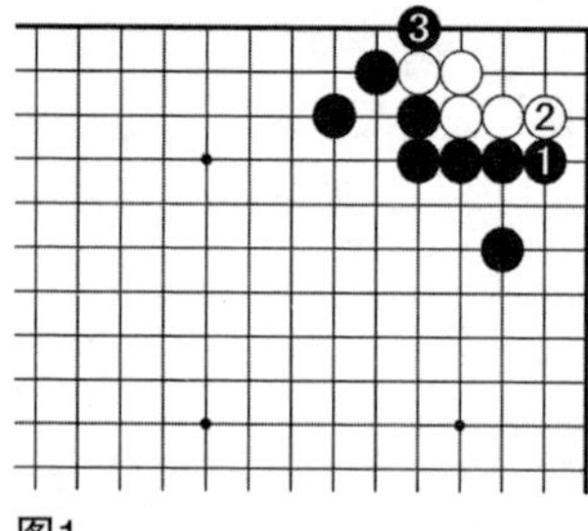

图1

白死

图1（正解1）

黑1立是冷静的好手。看似没有攻击性的一手，却是最严厉的下法。白2挡，黑3扳。

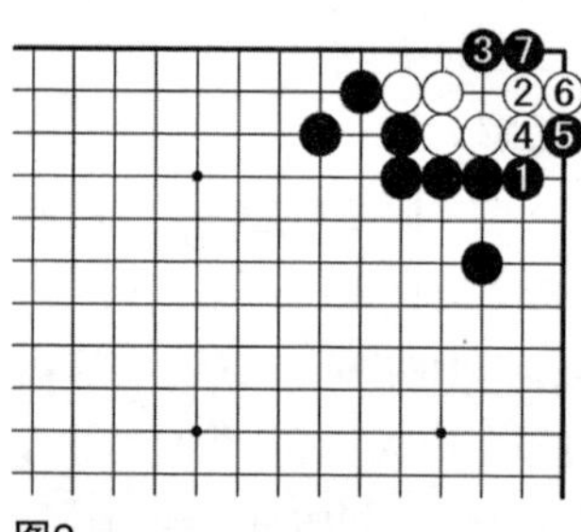

图2

本图还原第10型图4

白死

图2（正解1变化1）

黑1立，白2做眼。黑3点破眼，白4扩大眼位，黑5扳，7爬，白净死。

白4若下在7位，黑6托。

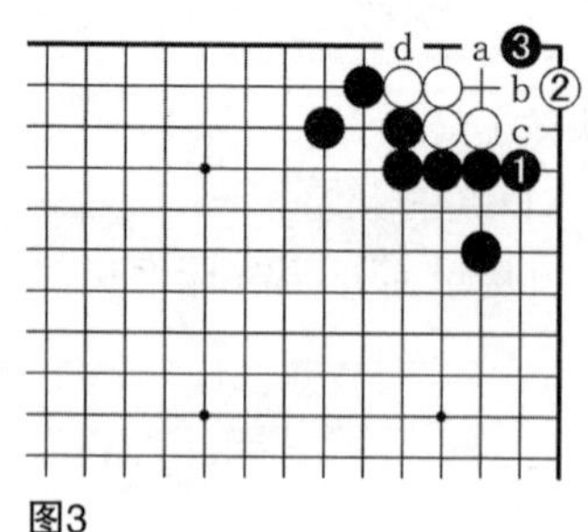

图3

白死

图3（正解1变化2）

黑1立，白2小飞也是一手迷惑黑棋的下法。此时黑3点冷静，后续白若a位尖顶，黑b，白c，黑d，白净死。

黑3也可以在d位扳，结果相同。

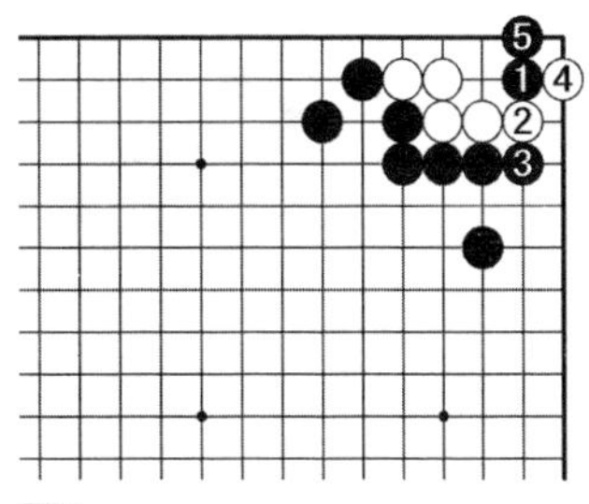
图4

白死

图4（正解2）

回到最开始的棋形，黑1点也可以净杀白棋。白2挡，黑3夹，白4扳，黑5立。

棋形与第10型图6相同。

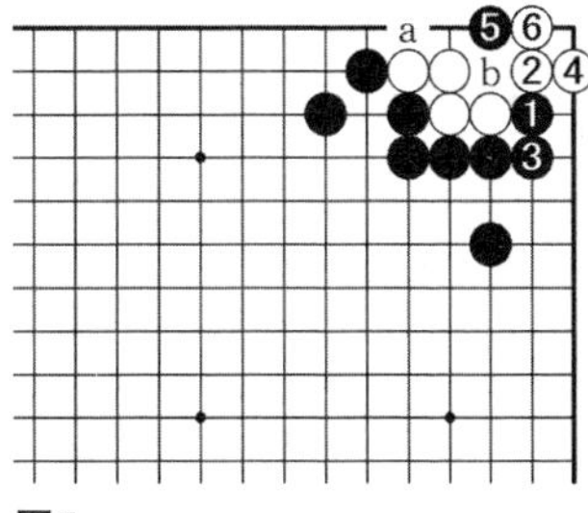

图5

白净活

图5（失败1）

此时黑棋会想到黑1扳缩小眼位。但白2挡，黑只能3位粘。白4立净活。白6做眼，黑a，白b。

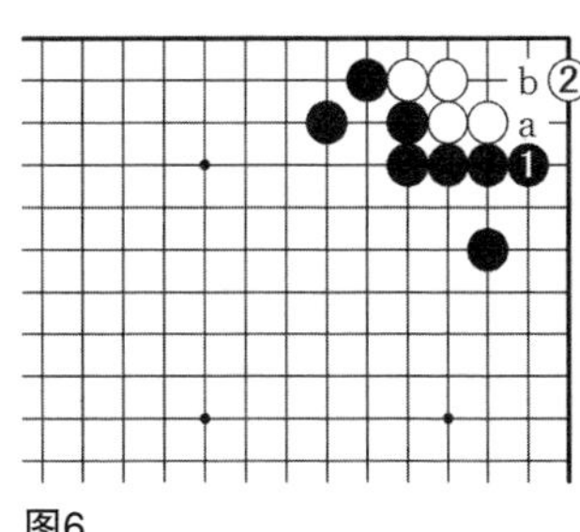

图6

俗手交换

图6（参考）

上图黑1，白2之后，黑a、白b交换。

这两手的交换等于是在帮助白棋做眼。

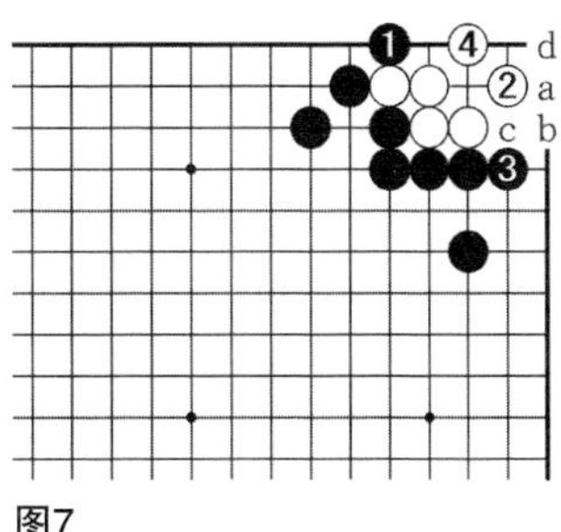

图7

白净活

图7（失败2）

黑棋第一手在上边落子是方向错误。白2小尖做眼，黑3立，白4做活。

接下来黑a托，白b，黑c，白d，白净活。

第17型

黑先白死

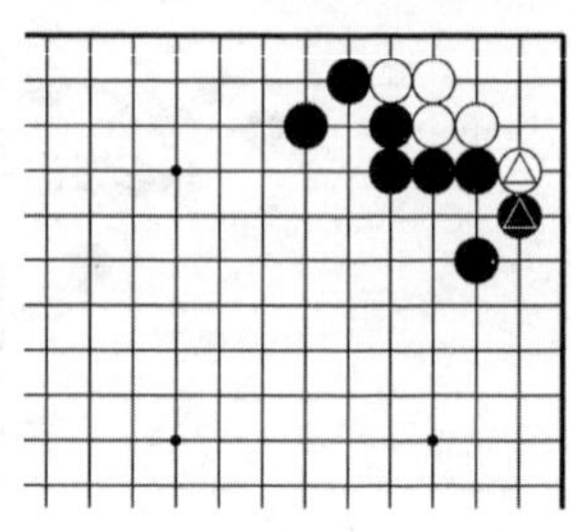

与第16型相比，多了白△、黑▲的交换。

第16型的正解选点被白棋占据，只能重新找合适的下法。

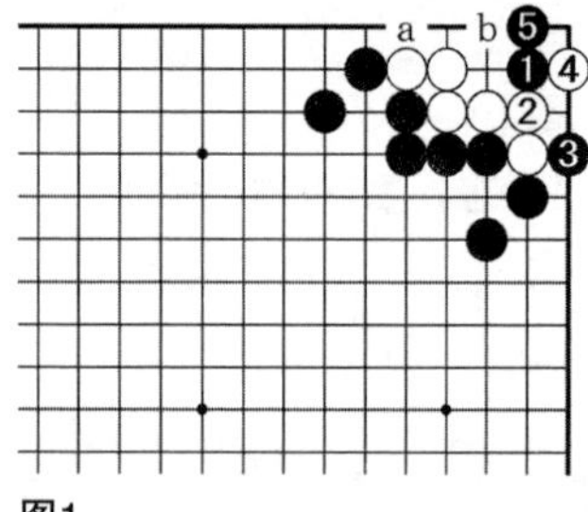

图1

白净死

图1（正解1）

黑1点急所。白2粘，黑3扳，白4扳，黑5立。接下来白a扩大眼位，黑b破眼，形成“刀把五”，白净死。

黑3若下在a位扳，结果相同。

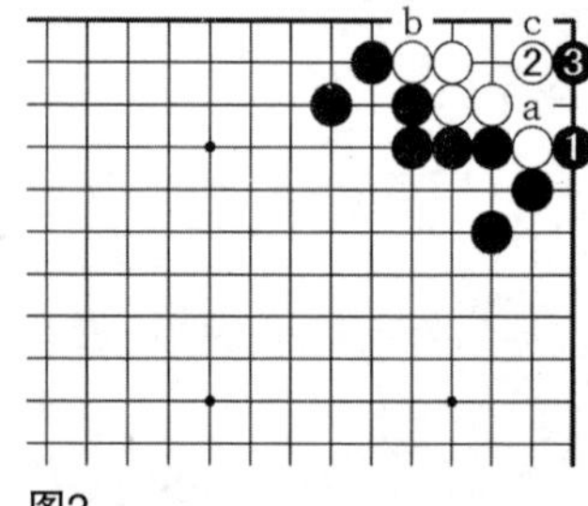

图2

白净死

图2（正解2）

黑1一线打吃是精妙的手筋。白2虎做眼，黑3托，白净死。白眼位空间不足。

白2若在a位粘，黑b扳或者2位破眼。接下来白3扳，黑c立，白棋净死。

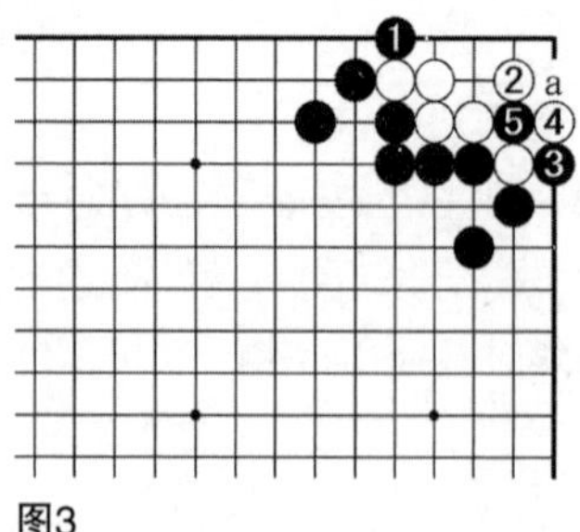

图3

打劫

图3（失败）

黑1扳是失着。白2虎，白4打吃形成劫活。

黑1若在5位断吃，白2打吃，黑3提，白a立，白净活。这是完全上当的下法。

第18型

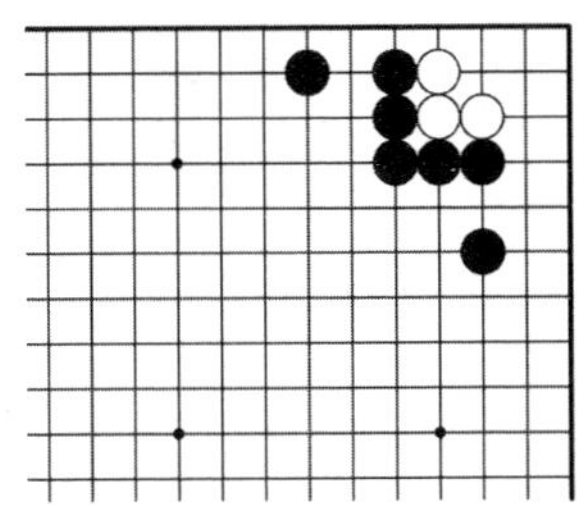

白先活

白棋的棋形狭小，扳粘眼位仍然不足。观察之前的棋形就可以发现这一点。那么弹性的下法在哪里呢？

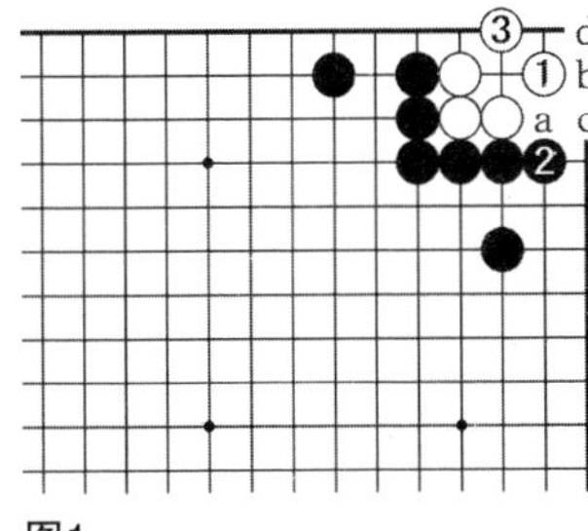

图1

白净活

图1（正解）

白1虎是充满弹性的下法。黑2立，白3可以做眼。接下来黑a挤，白b；黑b，白c，黑a，白d，白净活。

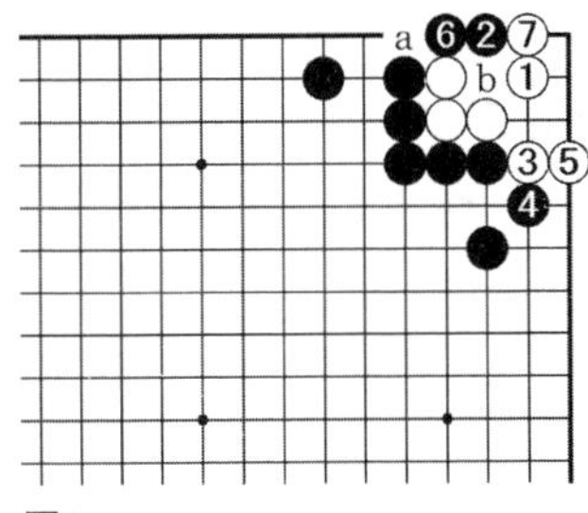

图2

白净活

图2（正解变化1）

白1虎，黑2点破眼如何。此时白3、5在右边扩大眼位。黑6渡过，白7挡。此时黑a粘，白b扩大眼位就可以做活。

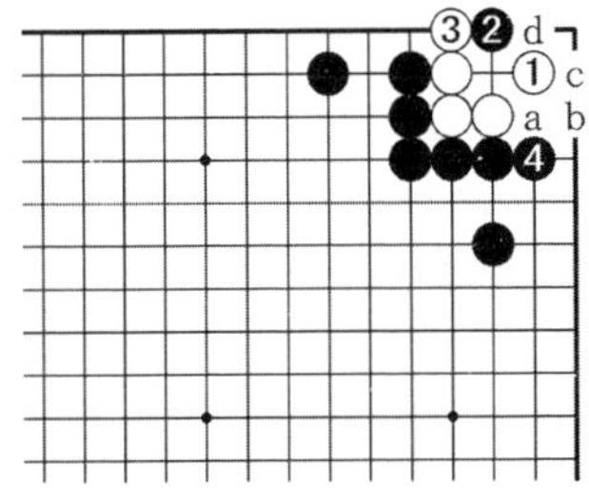

图3

白死

图3（失败1）

白棋第一手虎是正解，但在黑2点的时候，白3立是随手棋。黑4立白棋净死。后续若白a，黑b，白c，黑d。

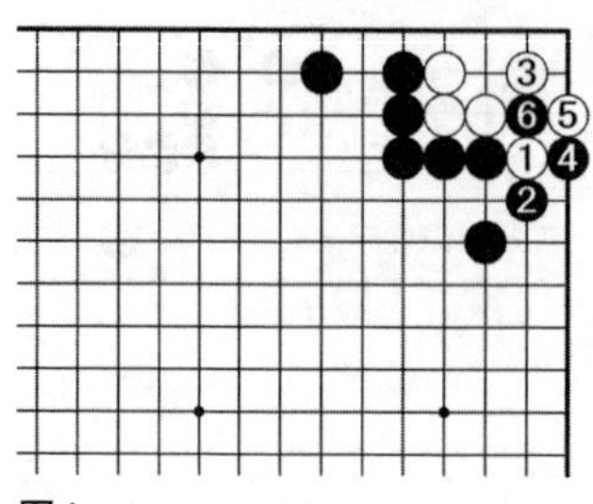

图4

打劫

图4（失败2）

回到最开始，白1扳、3虎如何呢？此时黑4打吃，白棋已经无法净活。至黑6形成劫活。

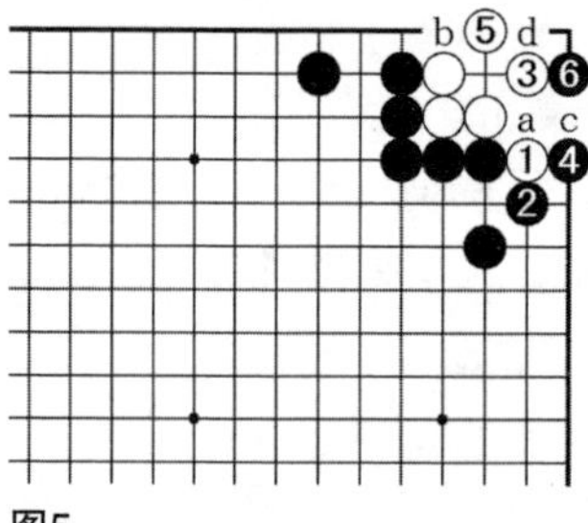

图5

白净死

图5（失败3）

黑4一线打吃，白5做眼，黑6托进角，请对比与图1的不同。

另外，白5若在a位粘，黑5，白b，黑c，白6，黑d，白净死。

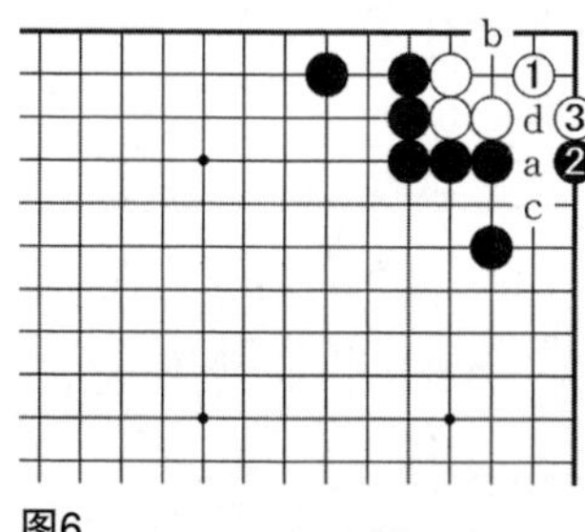

图6

白净死

图6（正解变化2）

白1虎，黑2跳类似图4中的黑4打吃。此时白3尖顶好手，黑若a位粘，白b做眼净活。如果白a与黑b没有交换，黑就无法在d位打吃。

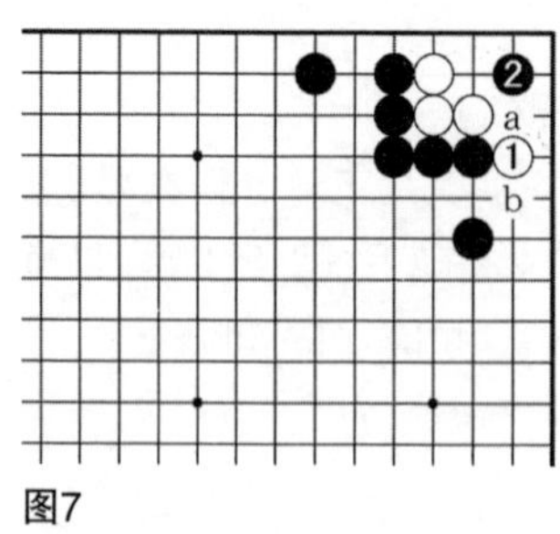

图7

白净死

图7（失败2变化）

此时白1扳本身就是问题手，黑2点好手，白a粘，黑b虎，白净死。

当然也有白1是先手的场合，不过即使如此，白1扳对于局部做活并没有帮助。

第19型

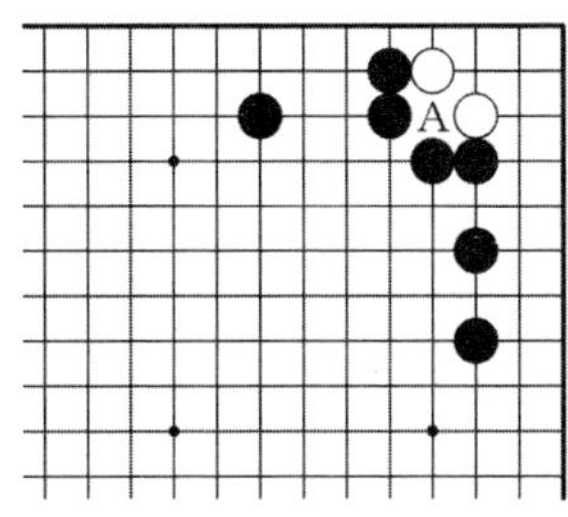

白不活

白A位没子，白棋比第18型的眼形更小。

外围也没有援军，想要单独做活是不可能的。

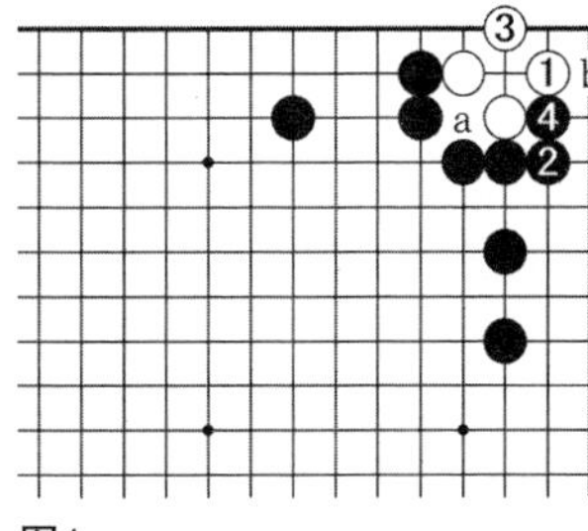

图1

白净死

图1（证明1）

白1小尖，黑2立。白3做眼，黑4挤。接下来白a做眼，黑b扳破眼；白b立，黑a打吃，白净死。

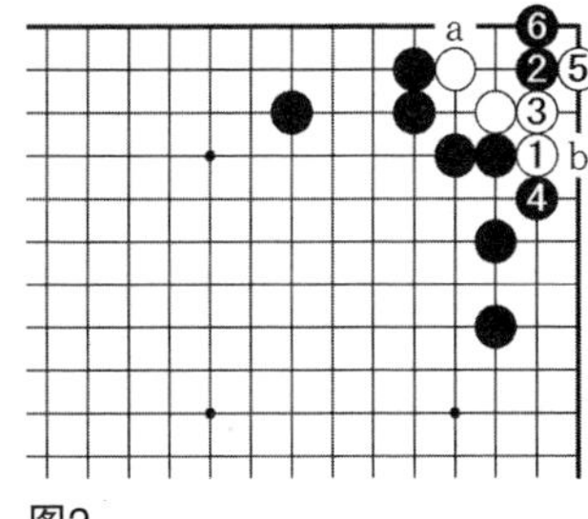

图2

白净死

图2（证明2）

若白1扳，黑2点、4虎应对。白5扳，黑6立，接下来a、b两点见合。

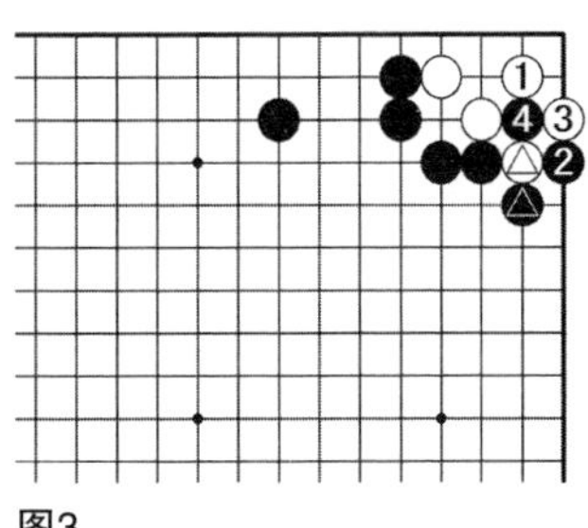

图3

打劫

图3（参考）

考虑到周围棋子配置，有可能出现必须交换白△黑▲的情况。如果有了这两子，那么白1虎，黑2打吃，白3可以做劫。

第20型

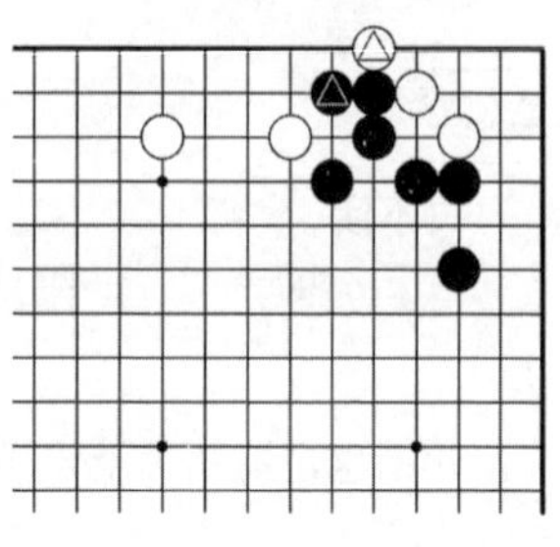

白先劫

看起来与前型相同，但上边白棋多了援军，所以白△和黑▲可以先手交换。

因为有了白△，白棋可以形成劫活。

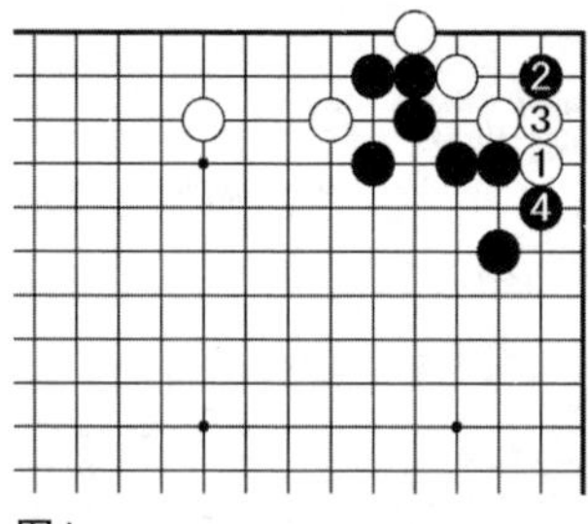

图1

扳

图1（正解）

白1扳正解。此时黑棋有两种应对方法。第一个是黑2点，白3粘，黑4虎，棋形与第19型相同。

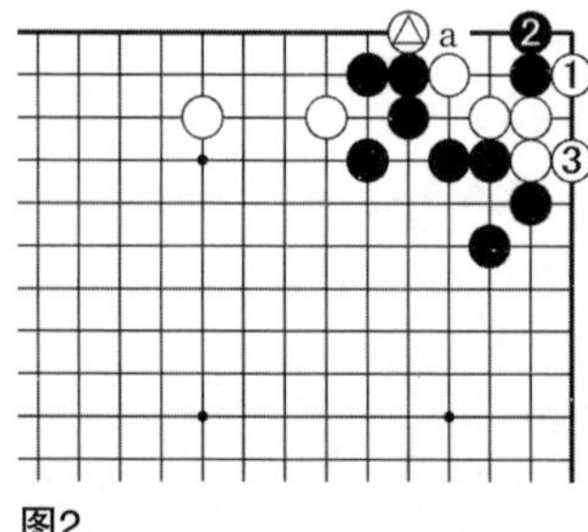

图2

打劫的效果

图2（正解续1）

接下来白1扳，黑2立，白3做眼。因为白△一子发挥作用，黑无法a位直接渡过。

但此时问题并没有结束。

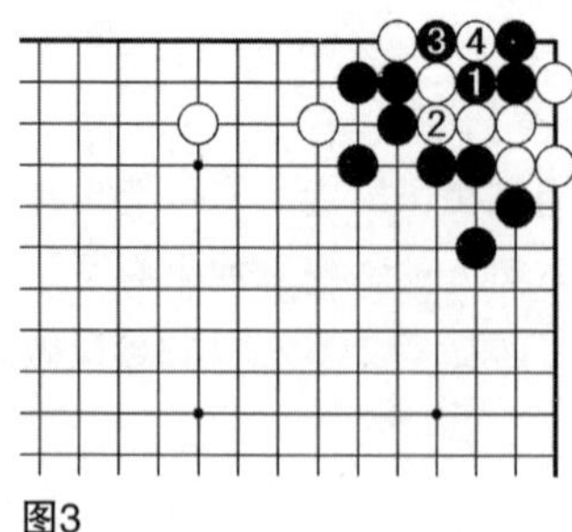

图3

白先劫

图3（正解续2）

黑有1位挤的手段。白2粘，黑3扑，白先提劫。

白2若在3位粘，黑2断，白对杀不利。

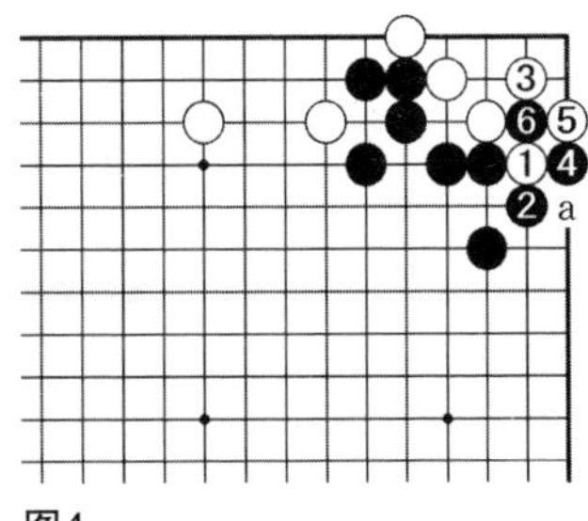

图4

黑先劫

图4（正解变化）

白1扳，黑2虎，白3虎，黑4打吃形成劫活。此时是黑先提劫，这一点犹如图3，但白棋消劫可以提在a位，实战究竟如何选择，还是要根据周围棋子位置决定。

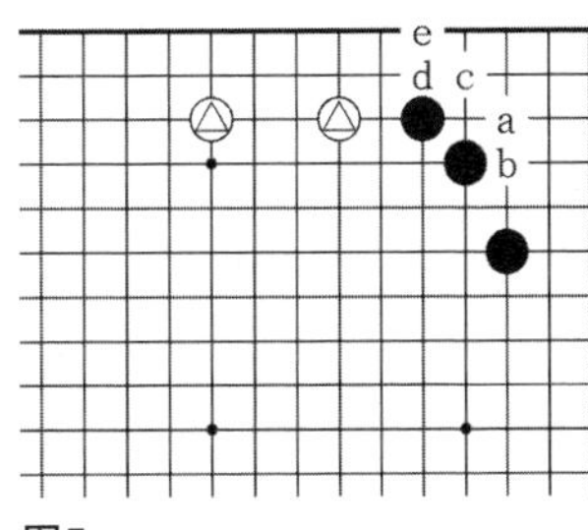

图5

援军

图5（参考）

本图是在黑棋守角的情况下，白a点三三，黑b，白c，黑d，白e形成的局面。

需要记住的一点是，想要在角上有所收获，一定要在外围有△援军才行。

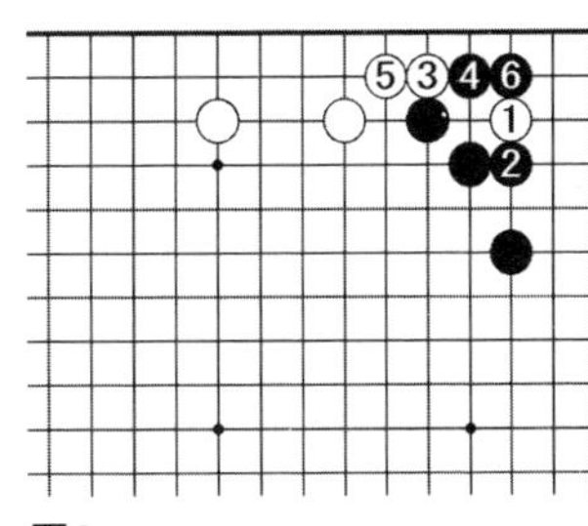
图6

确保角地

图6（参考续1）

较常见的局部下法是白1、黑2交换之后，白3托。此时黑棋有两种选择，黑4、6获取角地。

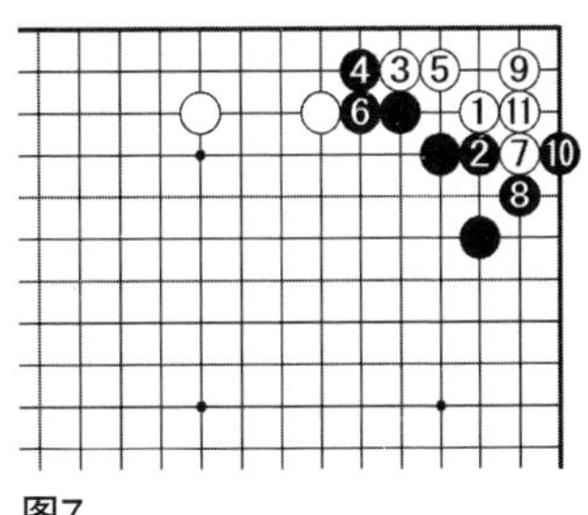
图7

外势

图7（参考续2）

黑4外扳。白5进行至白11，白棋可以在角上做活。

本图已经和死活棋形无关，仅供参考。

第21型

白先劫（黑先提劫）

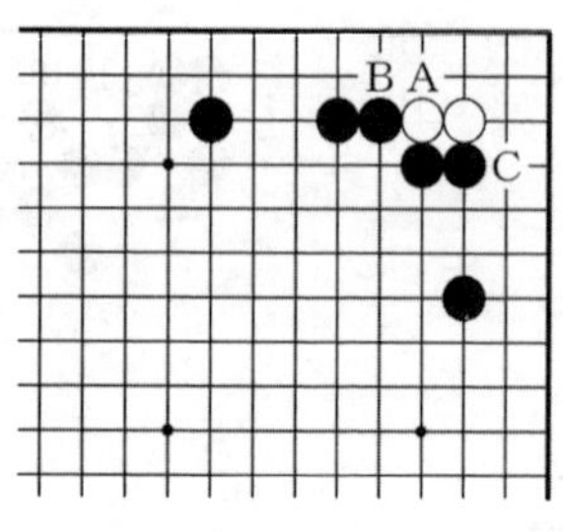

若加了白A、黑B交换就与图18型相同，白可以做活；但是白A、黑C立就变成了净死。

所以白棋需要先在右边寻找活路。

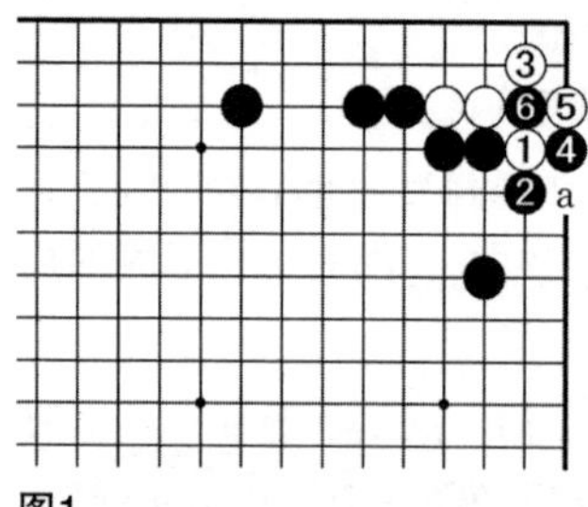

图1

打劫

图1（正解）

白1扳，黑2挡，白3虎做眼是唯一正解。黑4打吃，白5做劫。虽然是黑先提劫，但若是白劫胜，在a位消劫也会对黑棋带来一定负担。

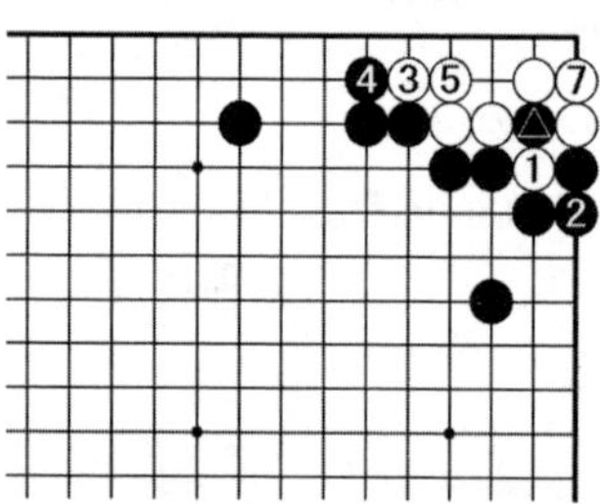

图2　❻=（▲）

白净活

图2（正解变化1）

上图的劫争，加入白1提，黑2粘会如何演变呢？接下来白3、5扳粘扩大眼位，黑6提劫，白7粘，白净活。

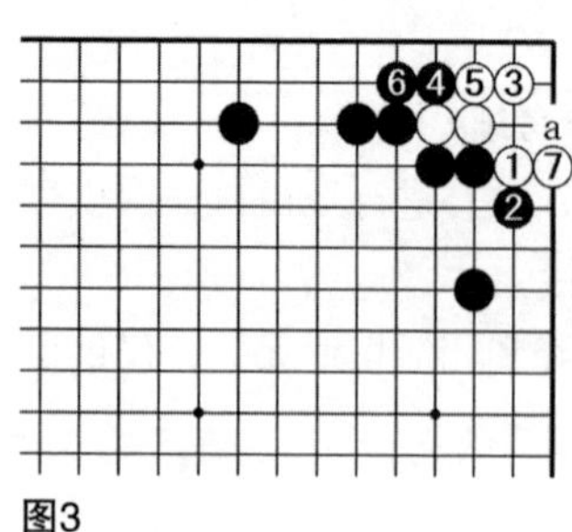

图3

白净活

图3（正解变化2）

白1、3扩大眼位，黑棋如果在2位扳，然后黑4在上边缩小眼位，则白7立或者a位做眼可以净活。

第22型

黑先白死

这是接前型的变化。白1小尖，白3、5扳虎。此时白棋无法净活，但黑棋想要净杀也需要一些技巧。

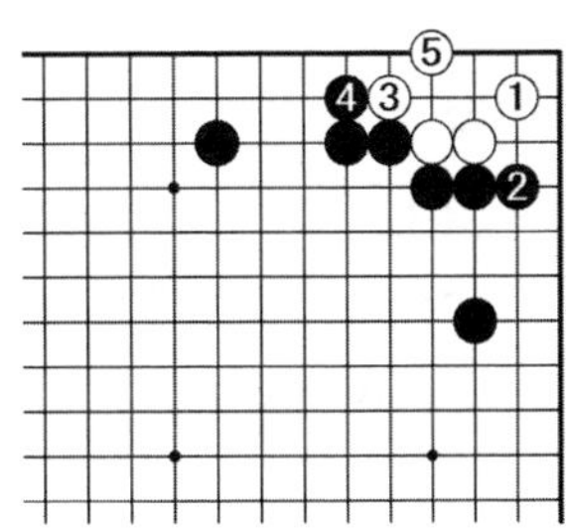

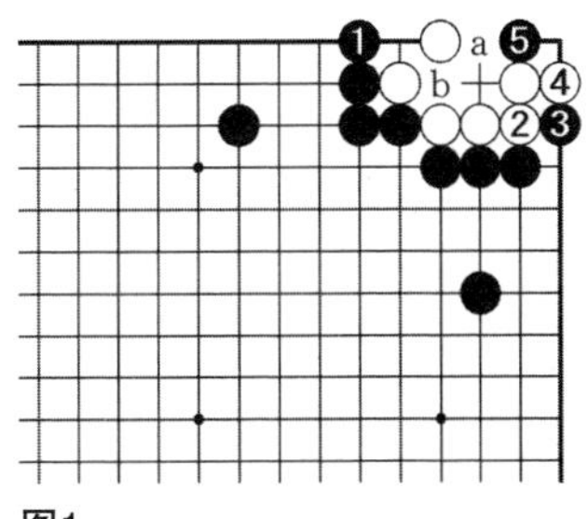

图1

白净死

图1（正解）

黑1立好手。白2扩大眼位，黑3扳，5点。接下来白a，黑b，白净死。

白2若下在4位，黑还是下在5位破眼即可。

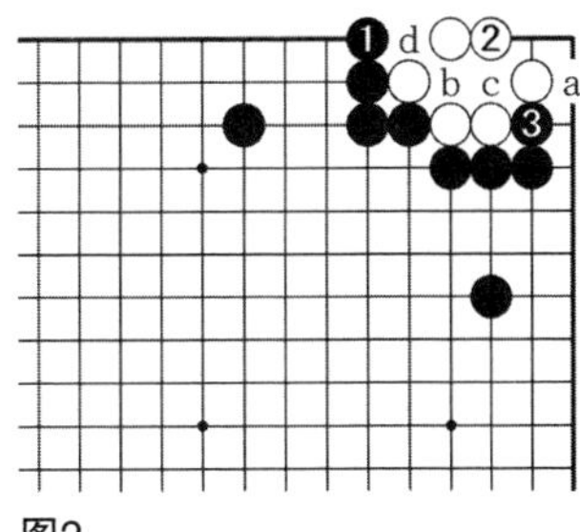

图2

白净死

图2（正解变化）

黑1立，白2做眼也是棋形急所。通常来说抢占2位可以做活，但此时黑3挤好手，白a立，黑b，白c，黑d，白棋只有一只真眼。

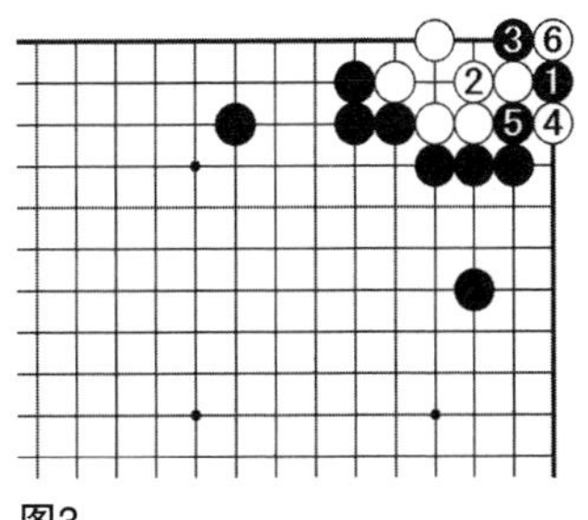

图3

打劫

图3（失败）

第一手是否有想在黑1托破眼的感觉呢。但白2～6应对，形成劫活。

白2在4位打吃，黑5，白2位粘结果相同。

没有做到净杀，黑棋失败。

第23型

黑先白死

同样是第21型的后续变化。此时白△、黑▲、白□已经交换。

结果是黑先白死，如果下了俗手会变成劫活。

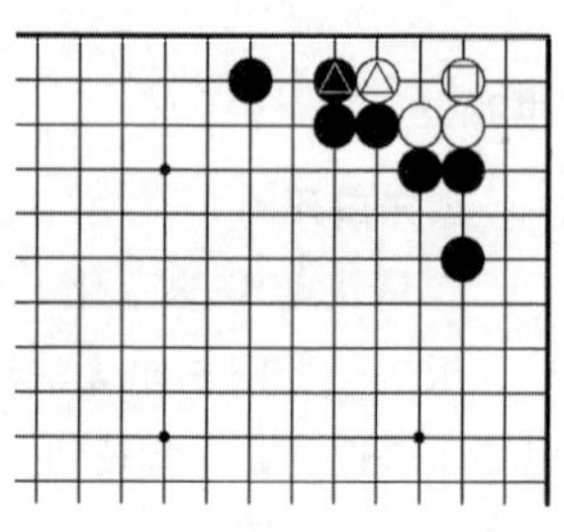

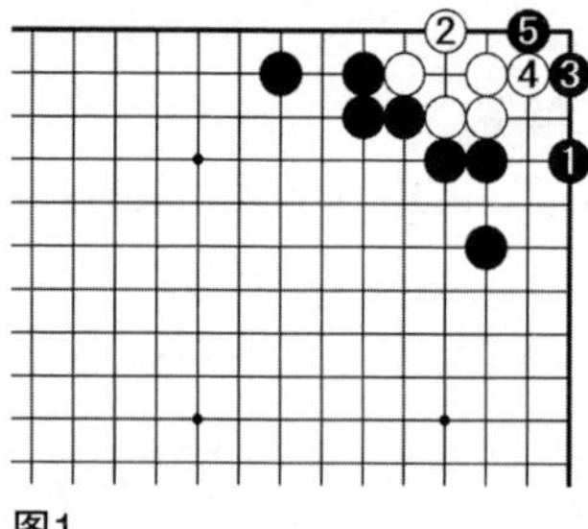

图1

白净死

图1（正解）

黑1跳精妙。白2做眼，黑3跳。黑棋的两个跳彻底让白棋形失去了弹性，白4顶，黑5扳，白净死。

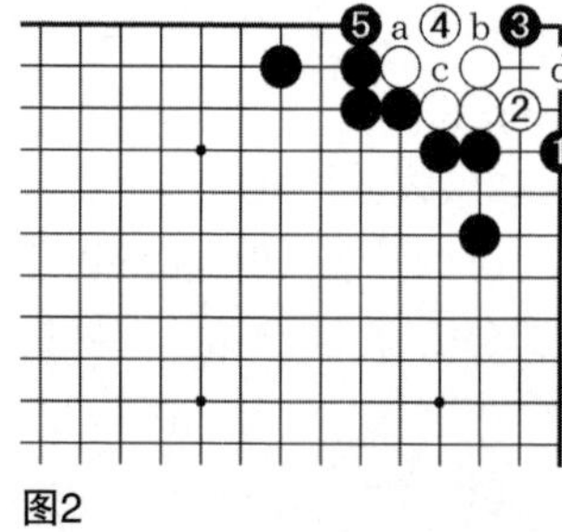

图2

白净死

图2（正解变化1）

黑1跳，白2立，黑3点急所。白4做眼，黑5立冷静，接下来a、b两点见合，白棋只有一只真眼。

白2下在d位，黑3点，结果相同。

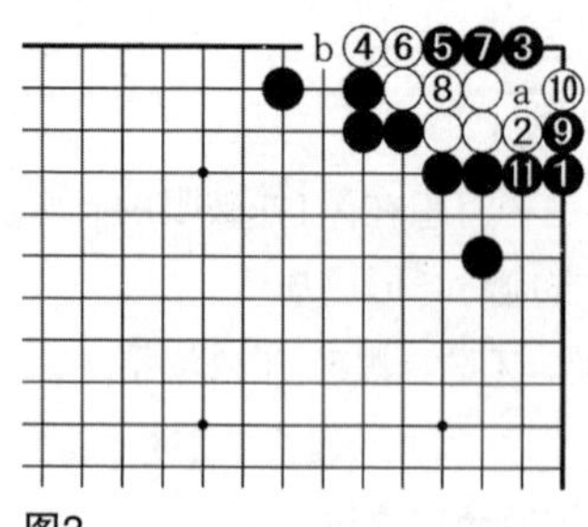

图3

白净死

图3（正解变化2）

黑3点，白4扳顽强，但黑5点好手，进行至黑11，白只能a位打吃变成“直三”，净死。黑5若在b位打吃，白5做劫形成二手劫。

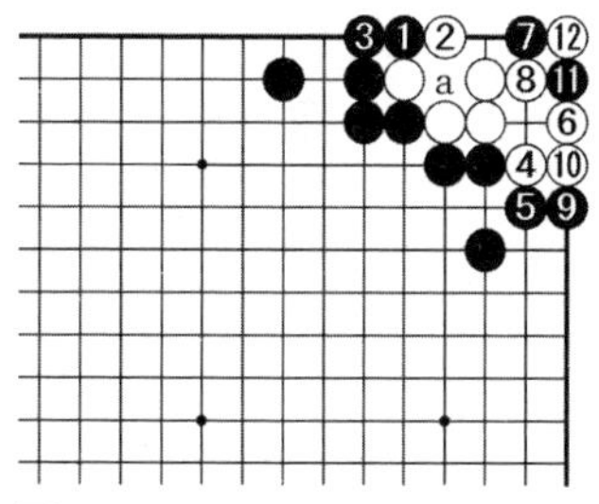

图4

打劫

图4（失败1）

黑1打吃如果可以吃掉白棋当然很好，但白2可以做劫。

如果黑棋放弃劫争，在3位粘，白4～12之后仍然是劫活。

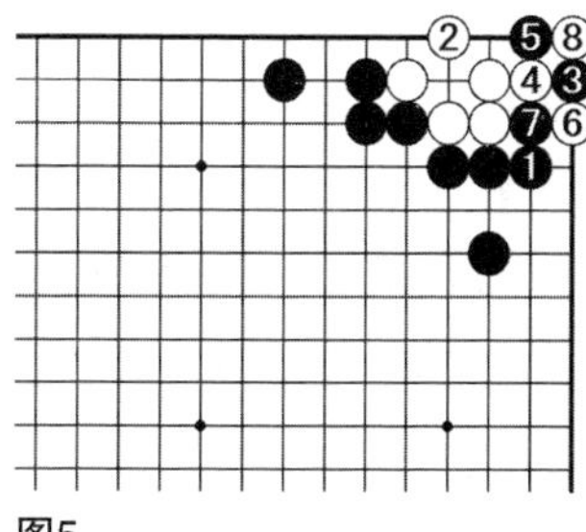
图5

打劫

图5（失败2）

黑1立也不是正解。白2做眼好手，黑3小飞，白4至黑8，还是劫活。

白2如果在7位扩大眼位，黑5点好手，白净死。

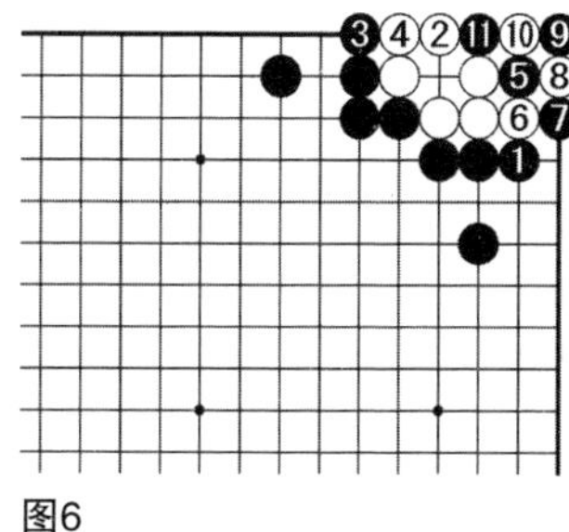
图6

打劫

图6（失败3）

白2做眼，黑也可以3位立、5破眼。白6冲，黑7渡过，进行至黑11劫活。虽然本图是黑先劫，优于上图。但没有净杀白棋，还是失败。

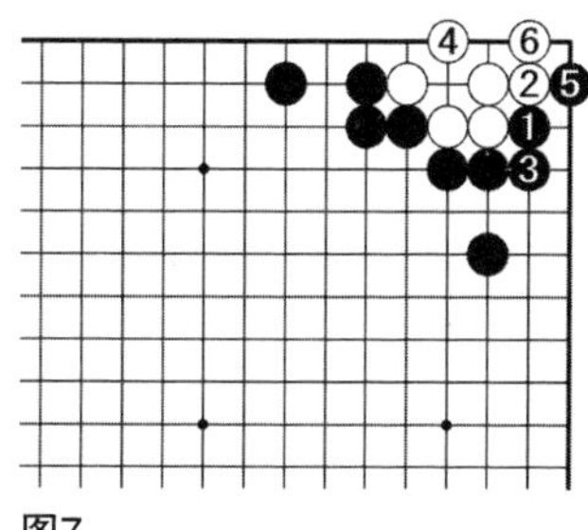
图7

白净活

图7（失败4）

普通的下法如黑1扳，眼位如何？白2挡、4虎做眼净活。本型的关键是掌握手筋要点。

第24型

白先活

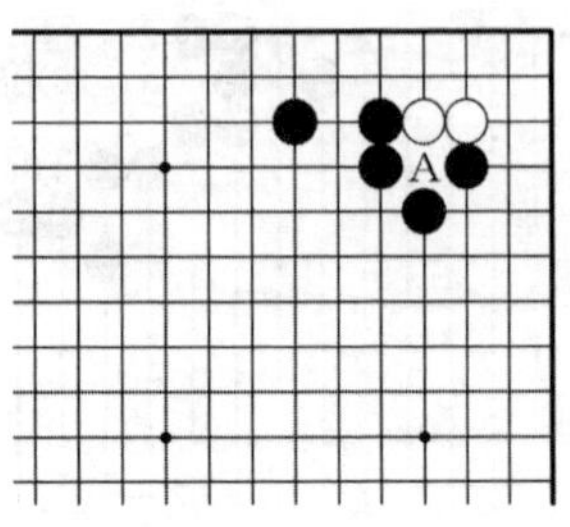

角上白棋形与第21、22型相同，需要注意的是此时白棋A位有口外气。

因为这一口外气，白棋可以净活。

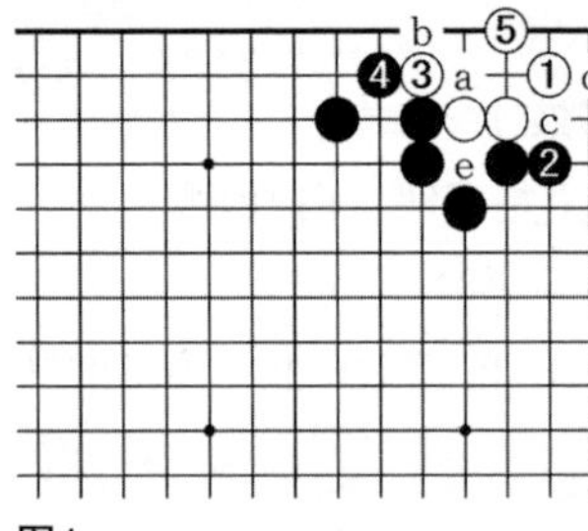

图1

白净活

图1（正解）

白1小尖，黑2立，白3，5扳虎是关键，黑c，白d可以确保角上一只眼位；e位有了外气，黑c打吃，白可以d位立。

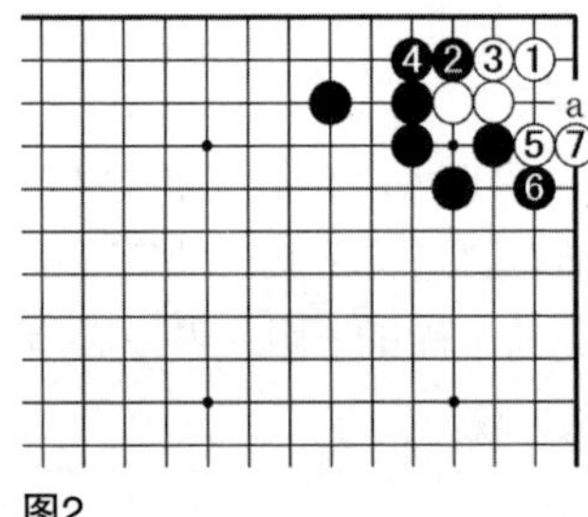

图2

白净活

图2（正解变化1）

白1小尖，黑2、4扳粘缩小眼位，白5、7扳立净活。

白7下在a位也是活棋。

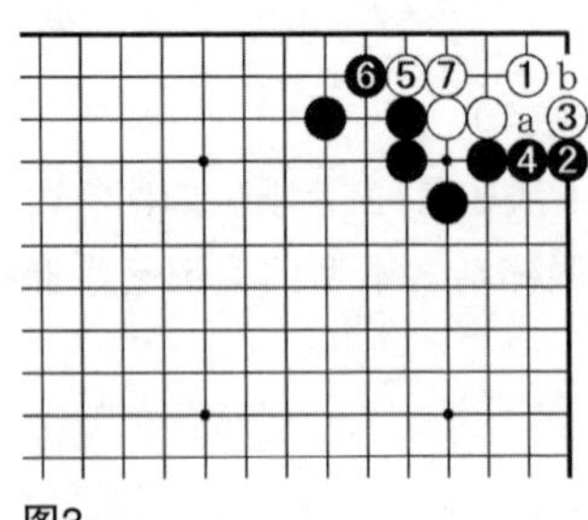

图3

白净活

图3（正解变化2）

黑2跳，白3尖顶，黑4粘，白5、7扳粘扩大眼位。接下来黑a打吃，白b粘，角上净活。

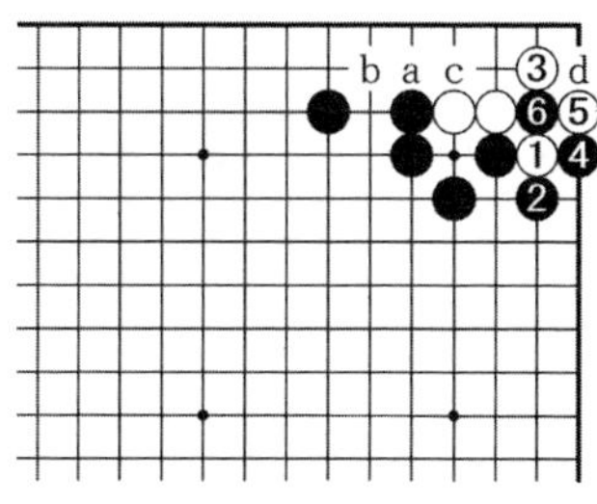

图4

打劫

图4（失败1）

白1，3扳虎失去了净活的机会。黑4打吃，白5只能做劫，黑6提劫。白5若在a位扳，黑b，白c，黑d，白净死。

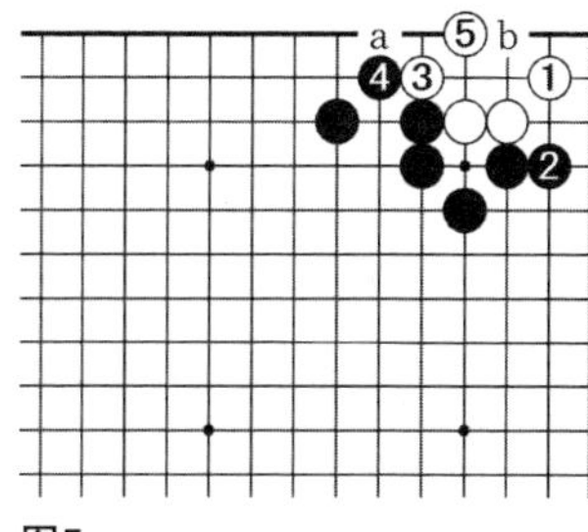

图5

小尖

图5（失败2）

白1做眼，3扳，黑4挡，白5虎方向错误。

虽然接下来黑如第22型图2中a位立，则白b可以净活——

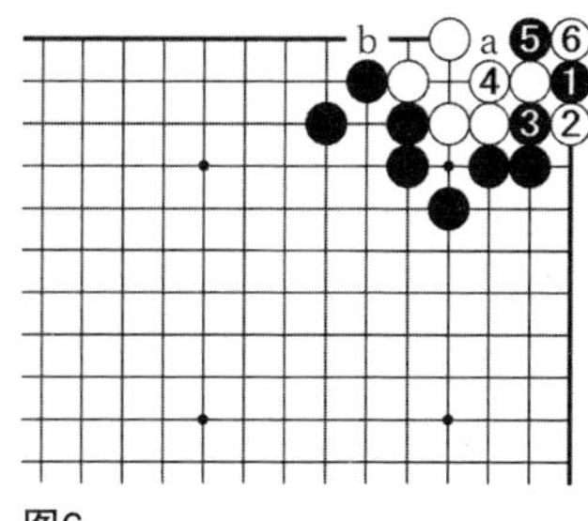

图6

打劫

图6（失败2续）

黑1托破眼。白2打吃、4粘形成劫活。对于白棋来说，局部没有净活就是失败。

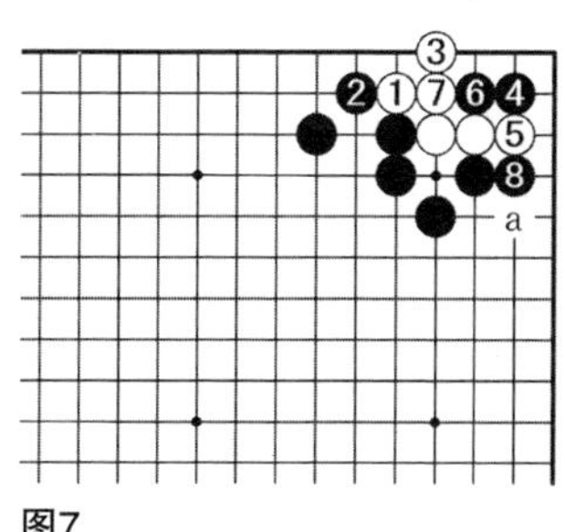

图7

无法做活

图7（失败3）

白1、3扳虎扩大眼位，黑4、6破眼。

如果担心白7可能在a位跳出头，黑4可以在8位立。后续可能还原图5、6或者前型图6的劫活。

第25型

黑先白死

一般来说白△会与黑A拐交换。但在黑▲位有子，周围厚实的情况下也有合适的手筋将白棋净杀。

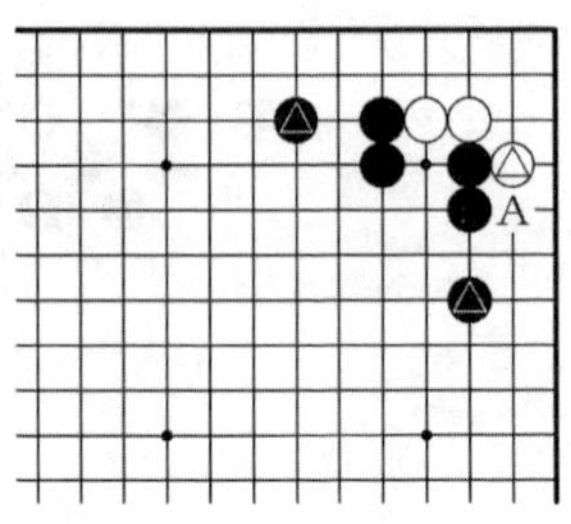

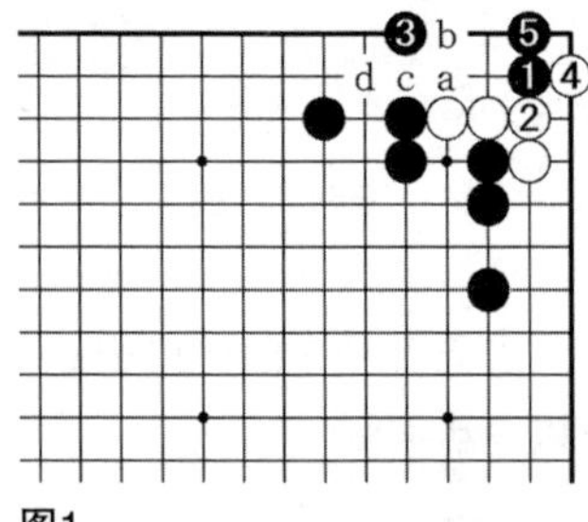

图1

白净死

图1（正解）

黑1点破眼。白2粘，黑3跳是手筋。白4扳，黑5立，此时角上二子已经与黑3成功联络，白a，黑b，白c，黑d应对即可。

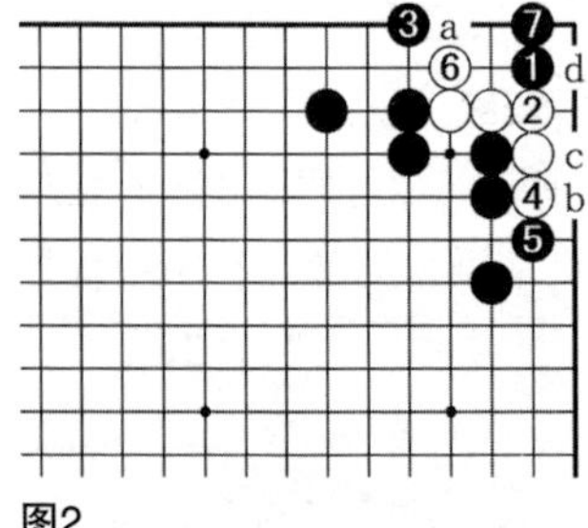

图2

白净死

图2（正解变化1）

黑1点，3跳，白4、6尝试扩大眼位。黑7立好手，接下来白a挡，黑b，白c，黑d。

黑7下在b位或者d位结果相同。

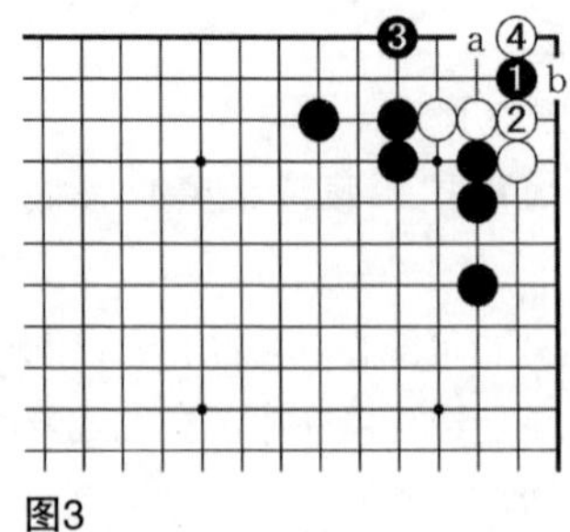

图3

如果夹

图3（正解变化2）

黑1、3，白4夹带有一定迷惑性的下法。如果黑a打吃，白b就形成了劫活。

此时需要冷静思考——

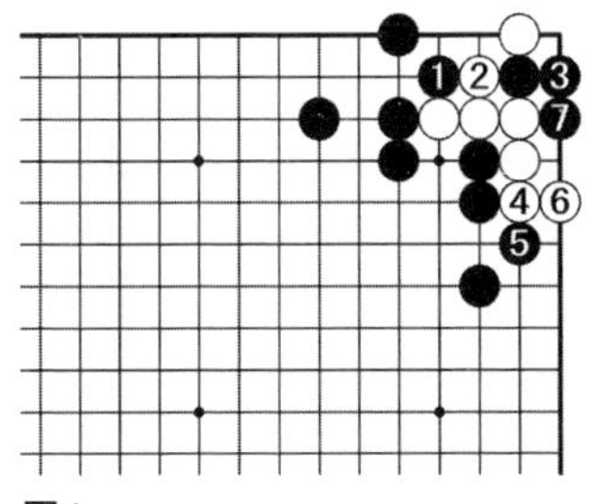
图4

白净死

图4（正解变化2续）

接上图，黑1虎是非常朴实的攻击方法。白2打吃，黑3立，进行至黑7，变成丁四，白净死。

黑1也可以直接在3位立。

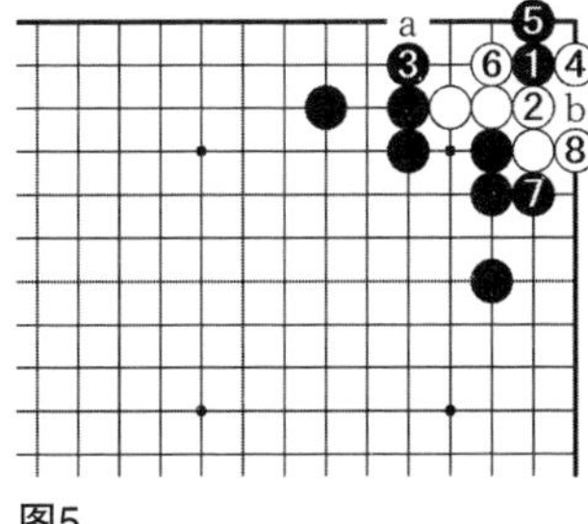
图5

白净活

图5（失败1）

黑1、白2交换之后，黑3立是失着。白4、6之后黑角上二子无法联络。这一点与黑3在a位有巨大差别。黑7拐、白8，这是白b也有眼位，白棋净活。

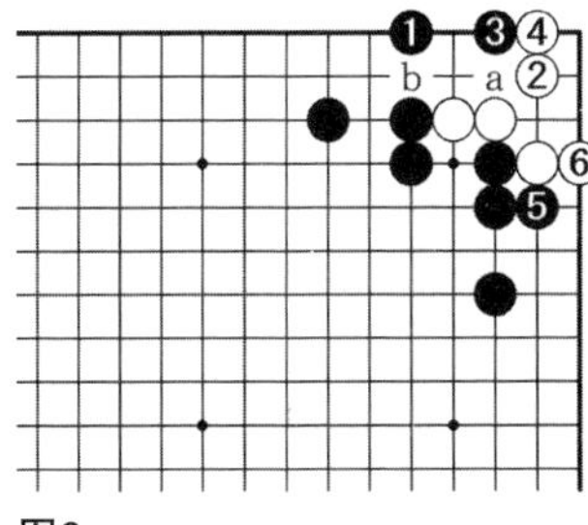
图6

白净活

图6（失败2）

黑1直接跳，次序错误。白2虎抢占做眼要点。黑3跳缩小眼位，进行至白6，后续黑无法在a位破眼，白b位挖即可。此时白净活。

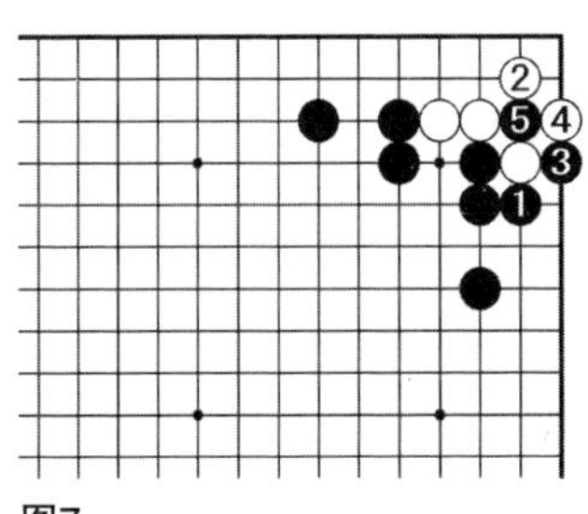
图7

打劫

图7（失败3）

黑棋周围如此厚实，直接1位拐过于平淡。白2虎，黑3打吃，白4做劫，白局部劫活。

第26型

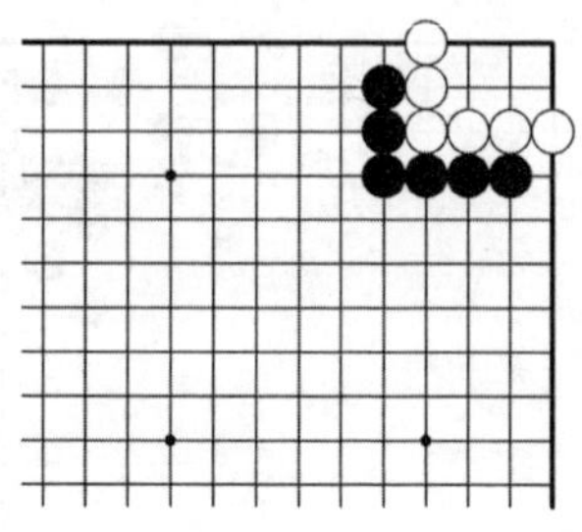

白活

这是经典的“板六”棋形。白净活。

需要注意的是外气。

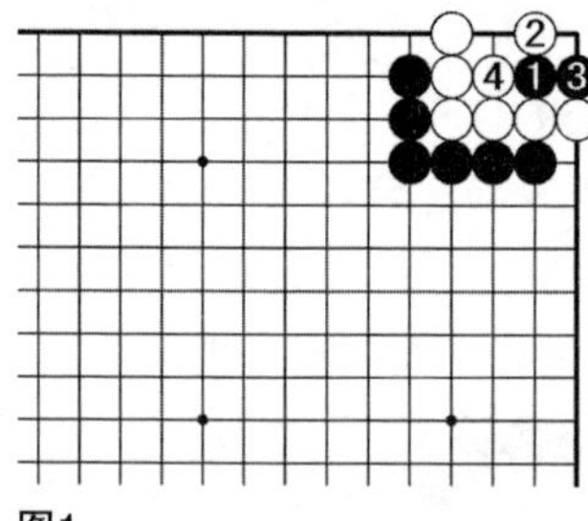

图1

白净活

图1（证明1）

黑1，白2夹，黑3破眼，白4打吃，净活。

黑3若下在4位，则白3位打。

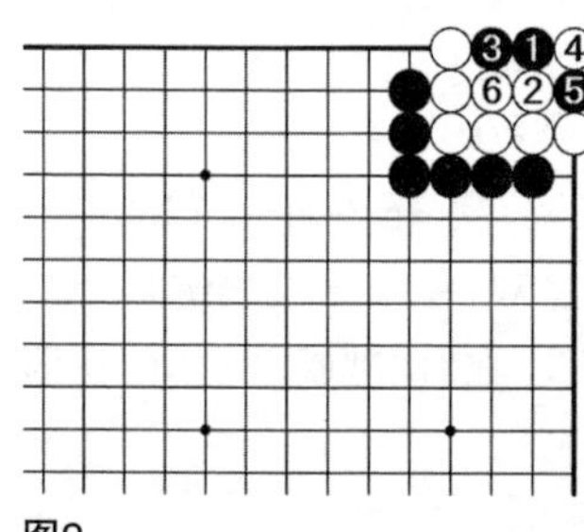

图2

白净活

图2（证明2）

黑1点是有力的攻击手段。但此时白2应对即可，黑3破眼，白4扑、6打吃净活。

但是——

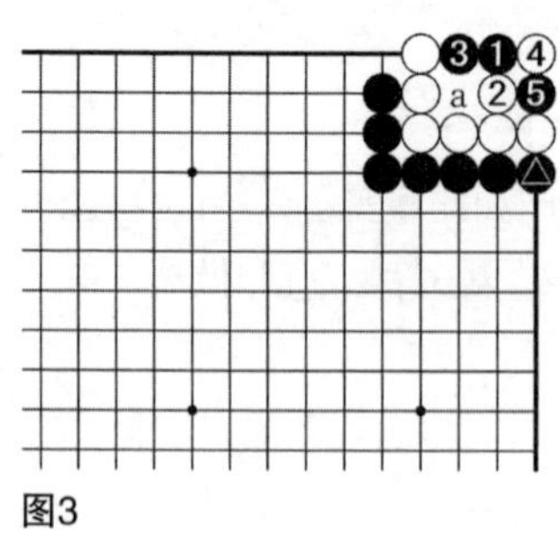

图3

缓一气劫

图3（参考）

需要注意▲位如果已经紧气，结果会有所不同。黑1点，进行至黑5，棋形与上图相同，但此时白a无法入气。

本图是缓一气劫。

第27型

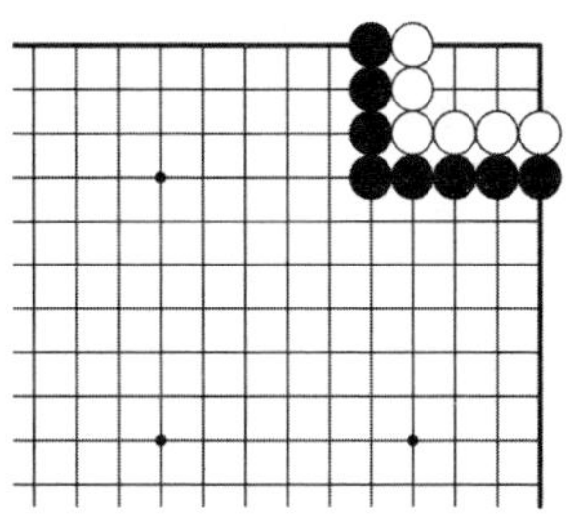

黑先白死

角上“板六”如果有两口以上的外气就是“净活”，一口外气结果是“缓一气劫”，如果没有外气就是“净死”。

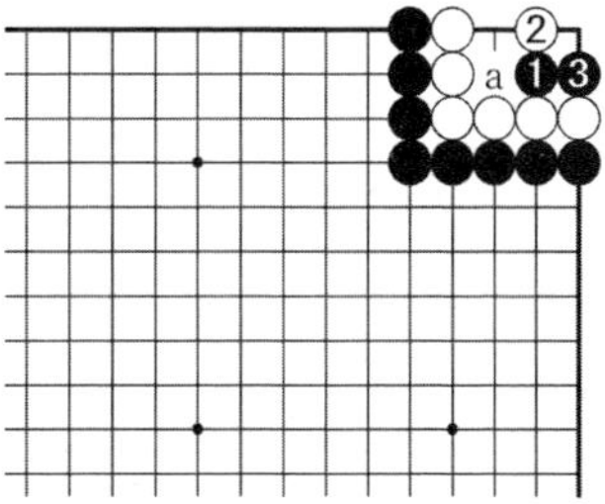

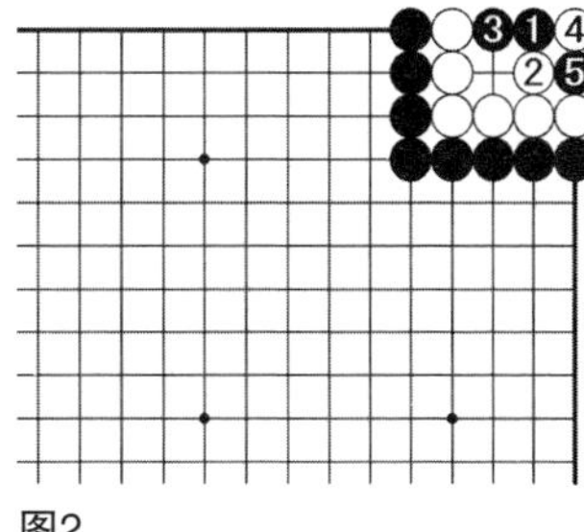

图1

白净死

图1（正解）

黑1点。白2反夹，黑3立。此时白棋因为气紧，不能在a位做眼。

白2若下在3位，黑2位立，形成方块四。

打劫

图2（失败）

此时黑1是问题手。白2顶、4扑，黑5提形成劫活。原本可以净杀的棋形变成劫活，黑失败。

图2

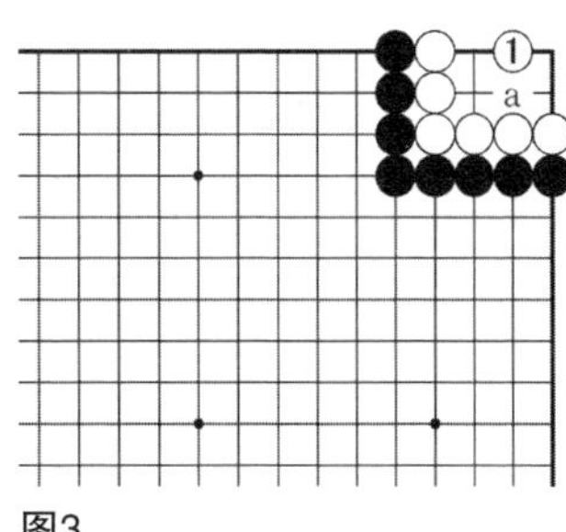

图3

白净活

图3（参考）

白先的话，1位跳可以获得5目实地成为净活。

白1下在a位也可以。

第28型

黑先劫（黑先提劫）

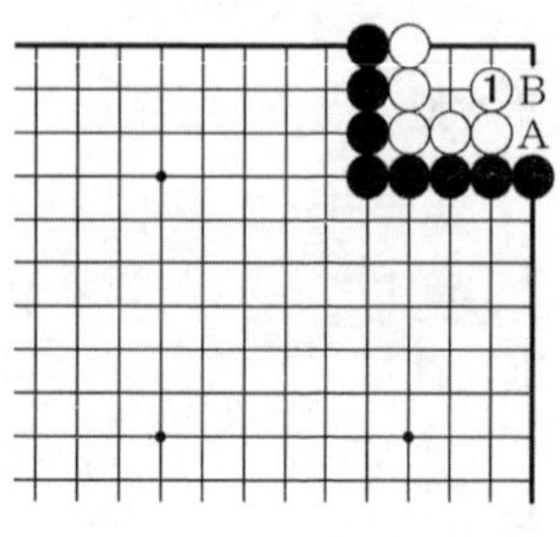

前型白A位的棋子变成本图白1做眼。此时白1是最佳下法，黑A，白B，白净活。考虑到此时白棋没有外气，黑棋还有其他手段。

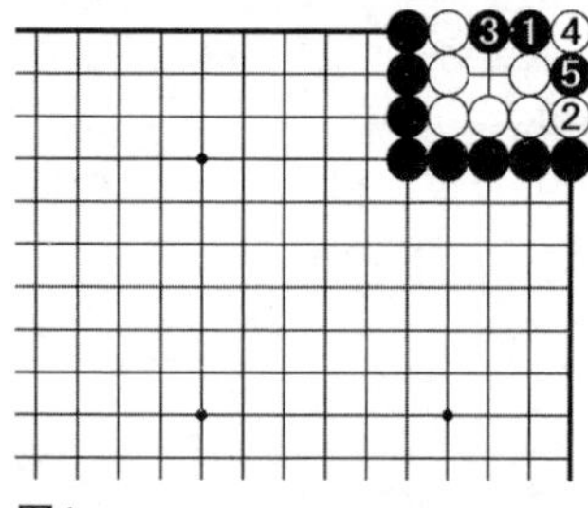

图1

打劫

图1（正解）

黑1顶是此时的急所，白2是最佳应对，进行至黑5，劫活。

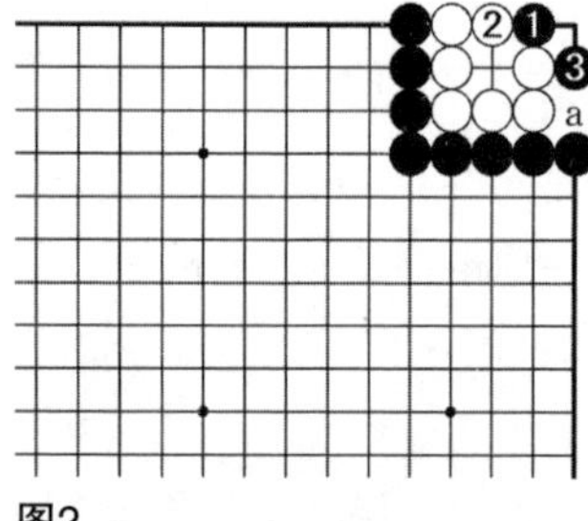

图2

白净死

图2（正解变化）

黑1顶，白2打吃随手。黑3扳，白a位无法入气。

此时如果白棋还有一口外气，则白a可以断吃，白净活。

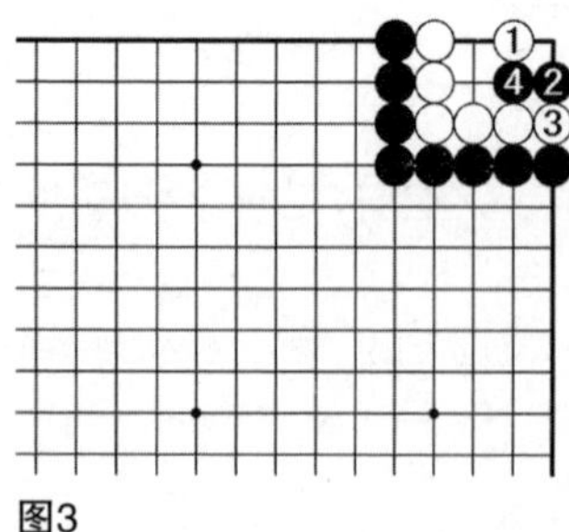

图3

白净死

图3（参考）

基本图中的白1，如本图白1也是做眼的好点。但同样是外气的问题，此时黑2点、4冲，白净死。

第29型

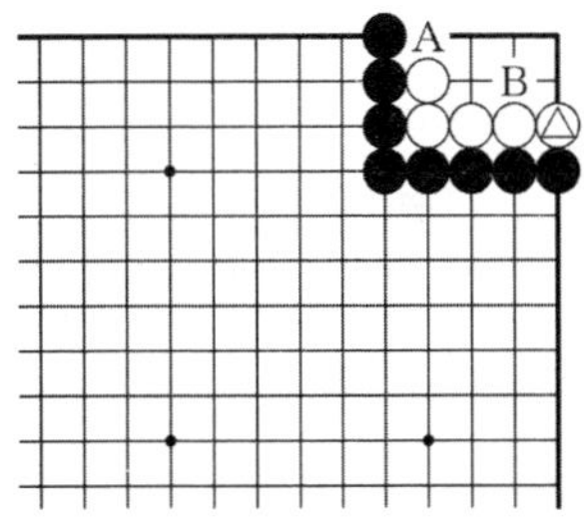

白先活

前型白A位的棋子调整到本图白△。如果此时白A位扩大眼位，黑B点，白净死。

必须找到可以净活的要点。

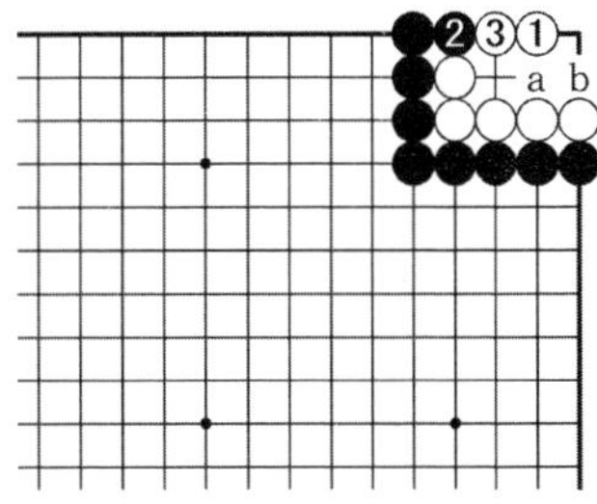

图1

白净活

图1（正解）

白1好手，黑2冲，白3顶，白棋形成曲四净活。接下来黑a，白b；黑b，白a。

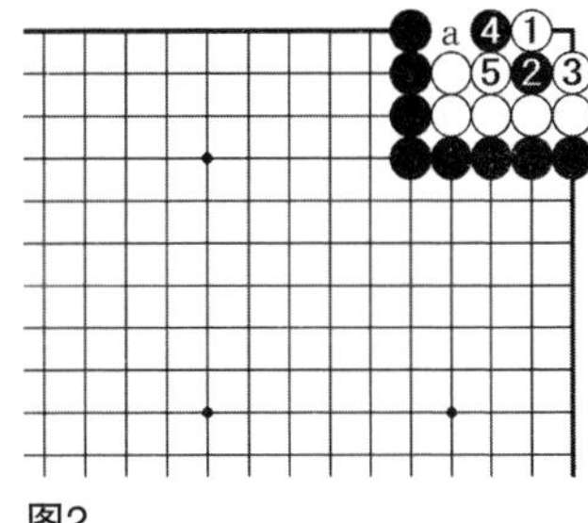

图2

白净活

图2（正解变化）

上图黑2若如本图黑2挖，白3打吃，黑4打吃，白5提。

黑2若在4位破眼，白a，黑2，白5，结果相同。

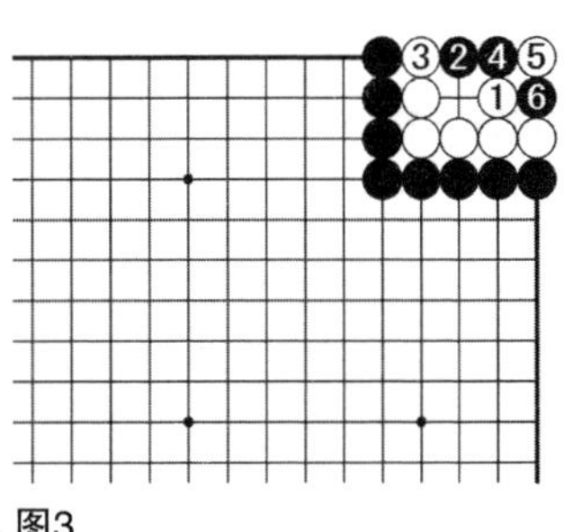

图3

打劫

图3（打劫）

白1做眼在此时是失着。黑2点，白4破眼，白5只能做劫。黑6提，白棋变化劫活。

第30型

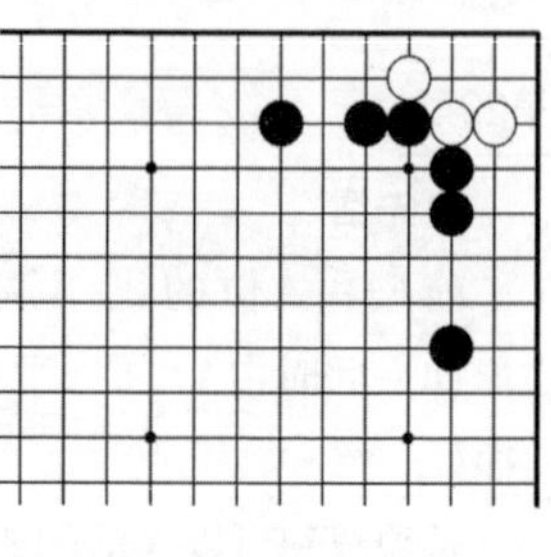

白活

看似薄弱的白角，其实棋子效率极高，本身已经净活。这是在实战中出现频率较高的棋形，请一定作为角部死活基本型牢记基本变化（关联图为第31型图4～6图）。

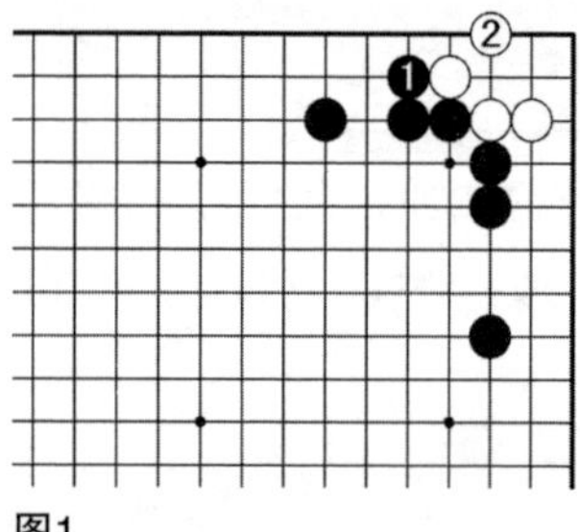

图1

白净活

图1（证明）

黑先落子，1位拐是普通下法。白2虎好形，白棋已经确保净活。

但黑棋还有非常有力的攻击手段，后续变化需要继续研讨。

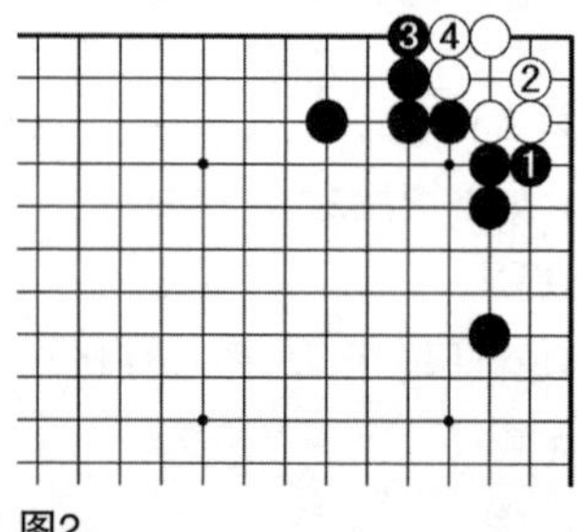

图2

白净活

图2（证明续1）

接上图，黑1挡比较平淡。白2做眼，黑3立，白4做眼，净活。

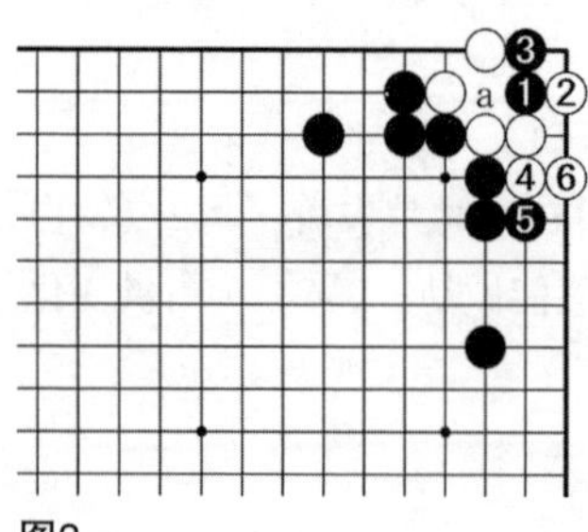

图3

白净活

图3（证明续2）

黑1点是破眼的急所，但此时并不严厉。白2扳，黑3立，白4、6扩大眼位可以净活。白2、黑3的交换让黑棋a位不入气。

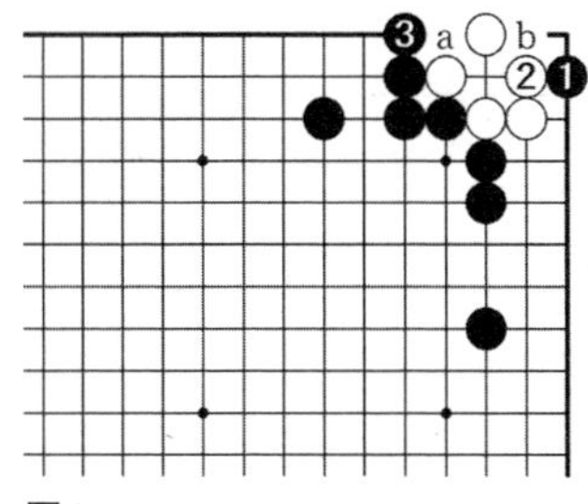

图4

如果点

图4（证明续3-1）

黑1点是会有一定迷惑性的下法。白2做眼必然，黑3立，白应该如何应对呢？白a轻率，黑b扑形成劫活。

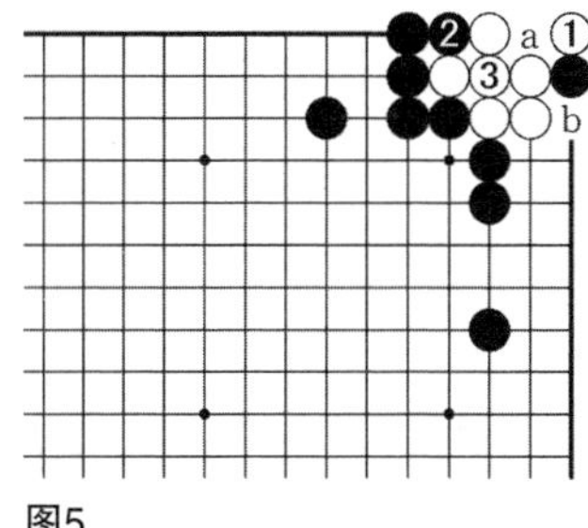

图5

白净活

图5（证明续3-2）

接上图，白 1扑是正确选择。黑2提，白3粘，黑a提，白b打吃净活。

黑2若在a位提，白b打吃，结果相同。

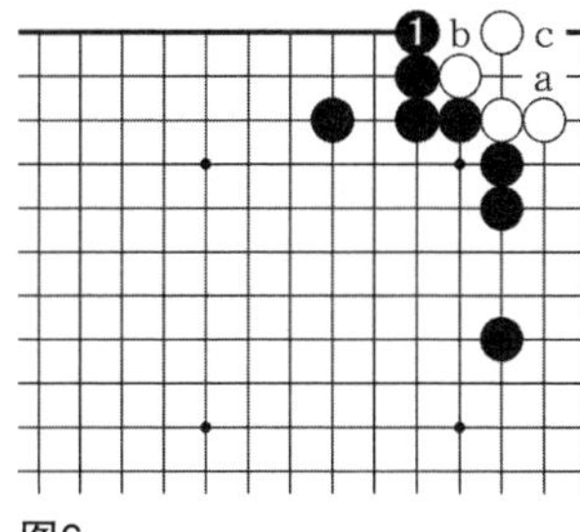

图6

如果立

图6（证明续4-1）

此时黑棋还有一着局部好手：黑1立看似普通，但必须冷静应对。白a做眼，黑b打吃，形成劫活。白b扩大眼位，黑c打吃，白净死。

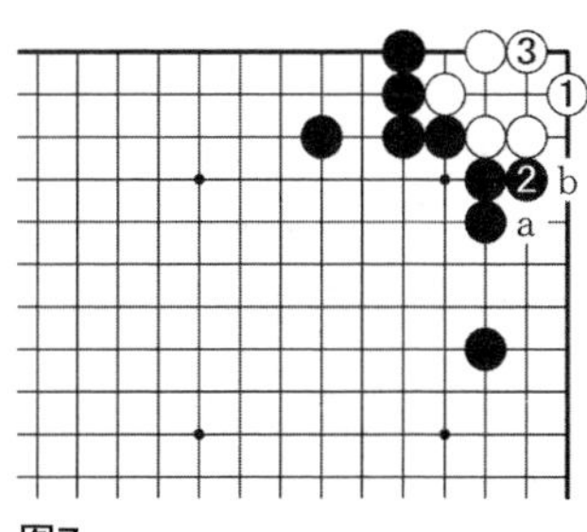

图7

白净活

图7（证明续4-2）

白1小尖是做眼急所。黑2挡，白3做眼，白净活。

黑2若在3位破眼，白2位拐，黑a，白b可以在外围做眼。

第31型

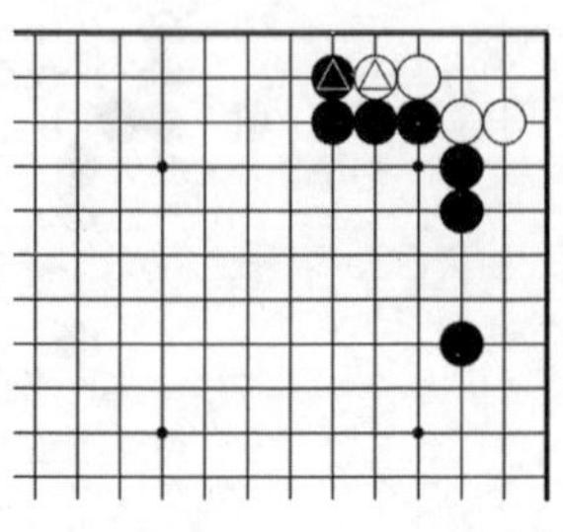

黑先缓一气劫

此时与前型相比多了白△黑▲的交换。

前型是净活，有这两手交换之后结果如何呢？

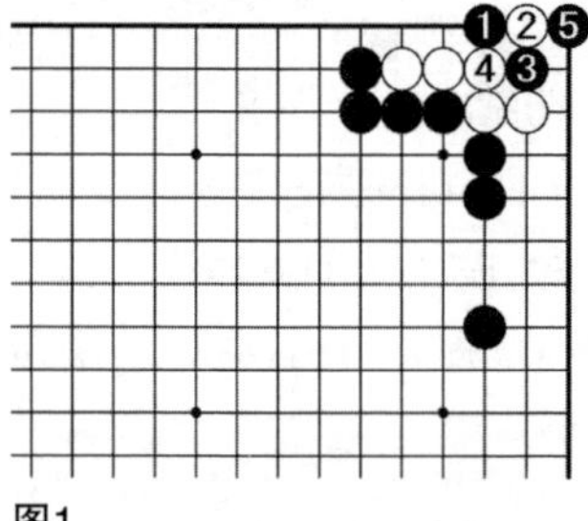

图1

点

图1（正解）

黑1点。白2靠，黑3挖吃，白4打吃，黑5提。

接下来——

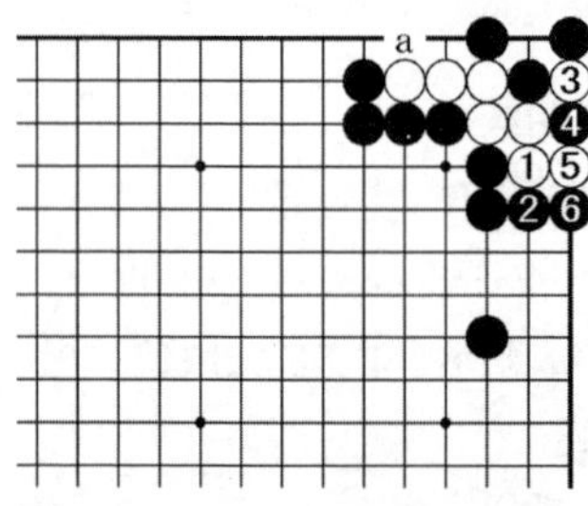

图2

缓一气劫

图2（正解续）

白1拐，黑2挡，白3扑。黑4提，白5打吃，黑6紧气。后续黑a打吃成为紧气劫，所以此时是缓一气劫。

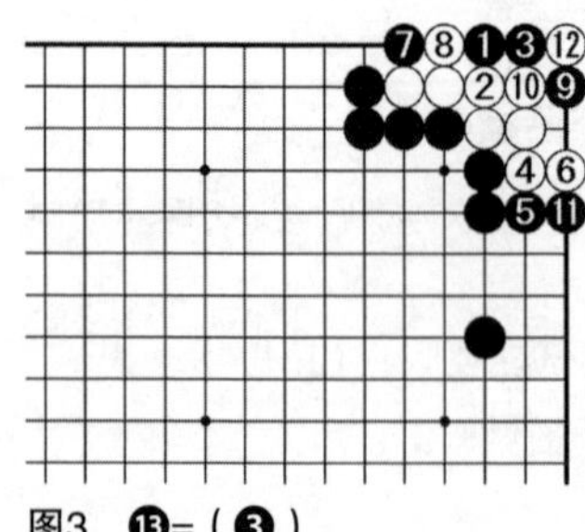

图3　⓭=（❸）

白净死

图3（正解变化1）

黑1点，如果此时白2粘，黑3长，白4至6扩大眼位，黑7扳，9小尖抢占急所。进行至黑13，形成“盘角曲四”，白净死。

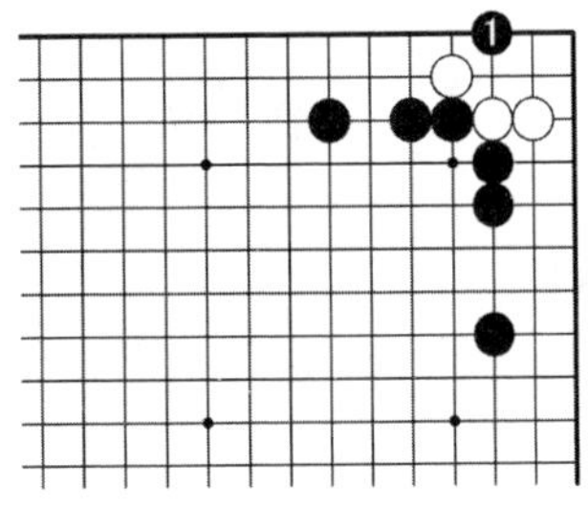

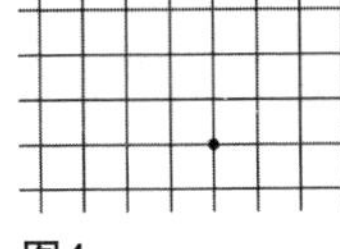

图4

如果点

图4（参考）

此时将第30型重新列出，若黑1点结果如何呢？第30型的结果是白活，那么黑1点肯定是不成立的。

白棋的应对是——

图5

白净活

图5（参考续1）

白1曲。黑2爬破眼，白3扑好手。进行至白7，不论黑棋怎么下，白a位提即可净活。

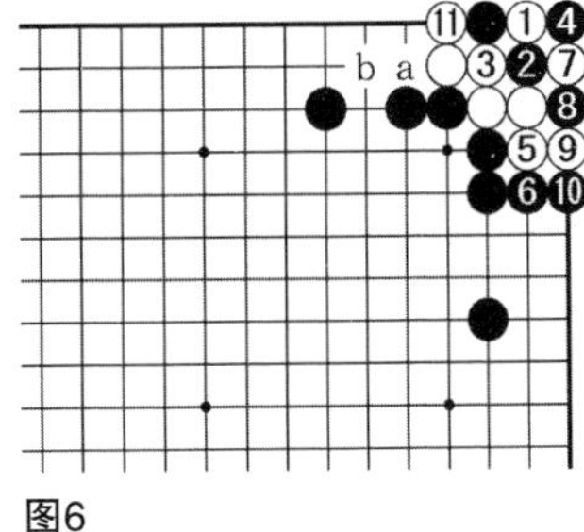

图6

连环劫白净活

图6（参考续2）

另外，面对黑棋点，白1也可以靠。黑2至黑10，进程与图2相同，但此时白有11位打吃的手段。本图是连环劫，如果多了白a、黑b的交换，白11打吃不成立。

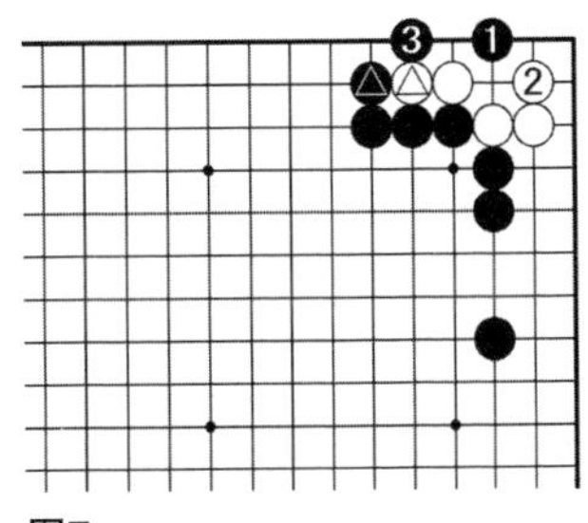

图7

白净死

图7（正解变化2）

白△、黑▲交换之后，面对黑1、白2曲不成立。因为黑3可以直接扳联络。

第32型

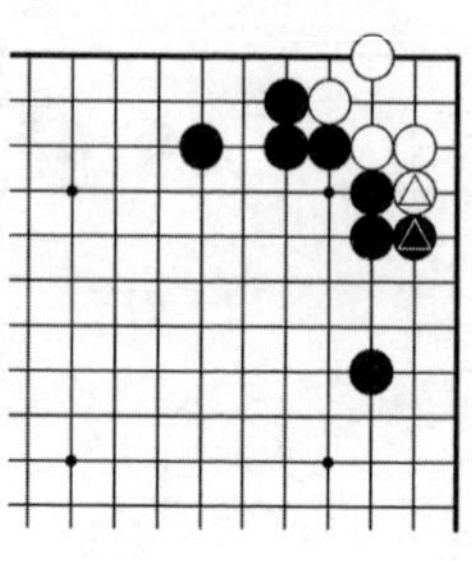

黑先劫（白先提劫）

在第30型图1的基础上，多了白△与黑▲的交换。

这两手交换看似会对白角棋形有所加强，但实际上确是恶手。围棋的乐趣也尽在于此。

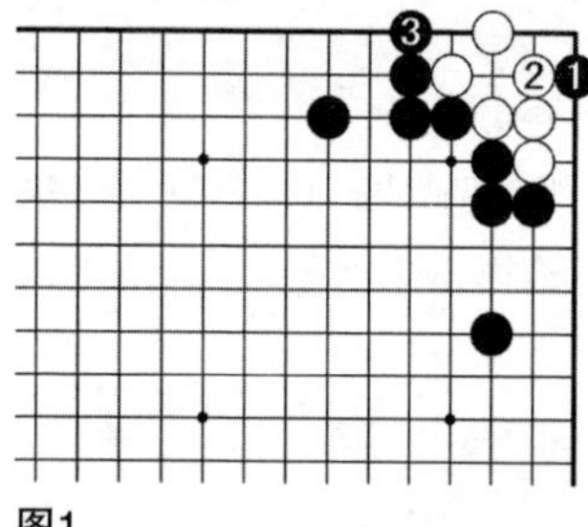

图1

点

图1（正解）

这时黑1点是好手。白2做眼，黑3立。在第30型图4、图5中也有相同变化，区别在哪里呢？

接下来白棋的最强抵抗是——

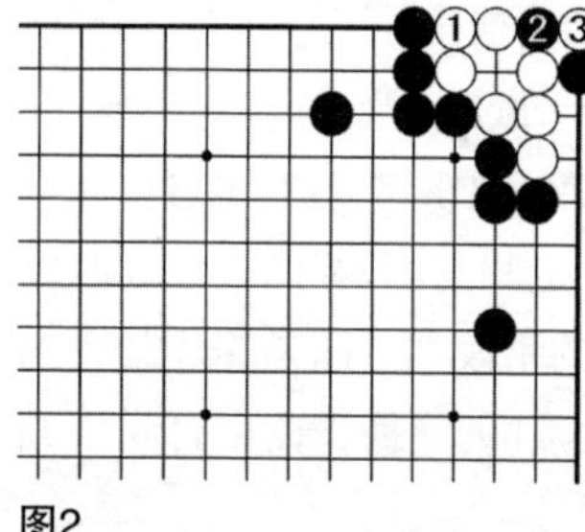

图2

白先劫

图2（正解续）

白1做眼，黑2扑，白3提劫，此时是白先劫活。

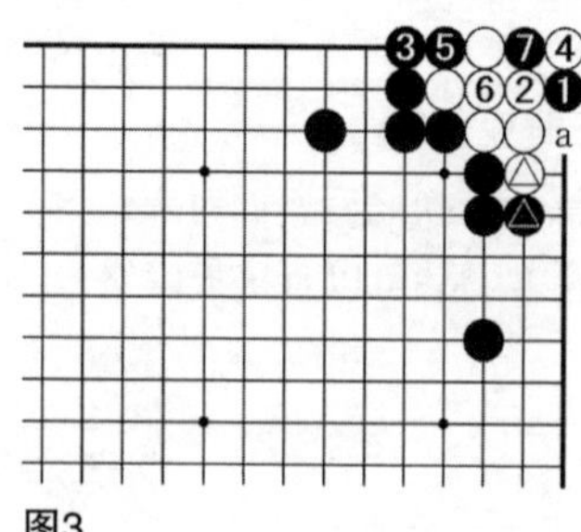

图3

黑先劫

图3（正解变化）

接图1，白4若扑，6粘，黑7提劫，此时变成了黑先劫。

白△与黑▲的交换，导致白a无法入气。

第33型

白净活

这是与前型类似的局面，白△的棋子从一个变成了两个。

这样的微妙差别会导致结果的不同。

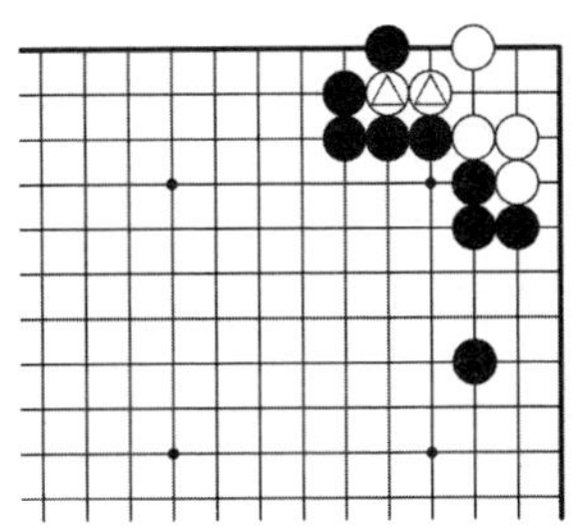

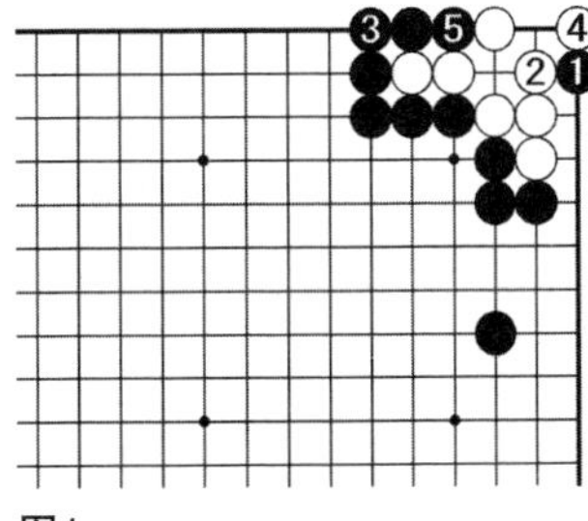

图1

面对打吃

图1（证明）

黑棋的攻杀手段必然是黑1点。白2做眼，黑3粘，白4扑，黑5打吃，白棋的应对是关键。

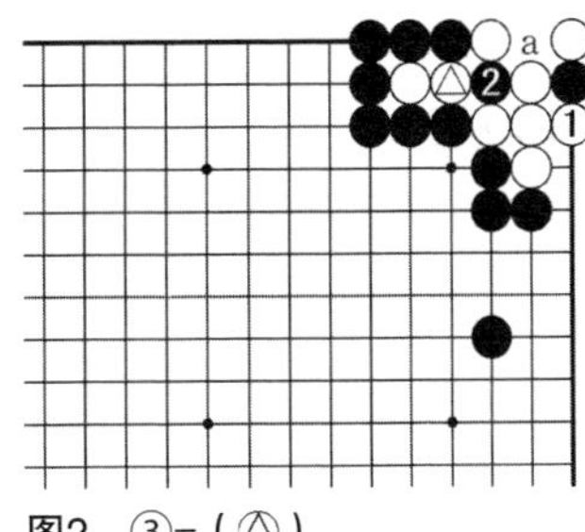

图2　③=（△）

白净活

图2（证明续）

此时白棋绝对不能粘住两子。白1提，黑2提打二还一，白3提，白棋净活。

白1若在2位粘，黑a提劫，又变成了打劫活。

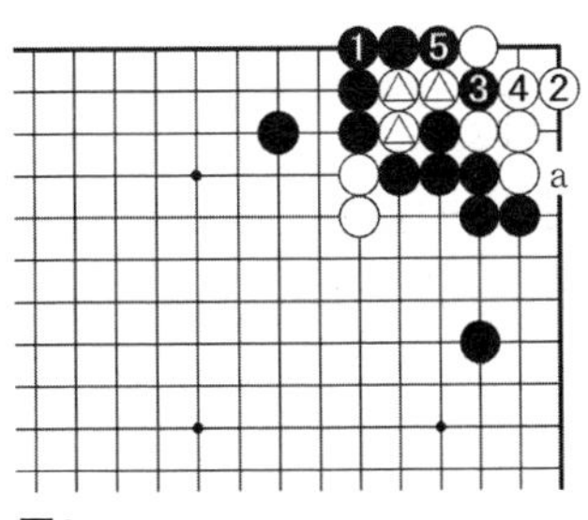

图3

要棋筋，白净死

图3（参考）

如本图白△三子是棋筋无法舍弃的情况，非常难办。黑1粘至黑5打吃，白若要保护△三子棋筋，则黑a扳，白净死。若舍弃△棋筋，是净活。

第34型

白先活

黑在▲位多了一子。

此时白棋有做眼的急所。如果以前不了解，也许会有些意外。

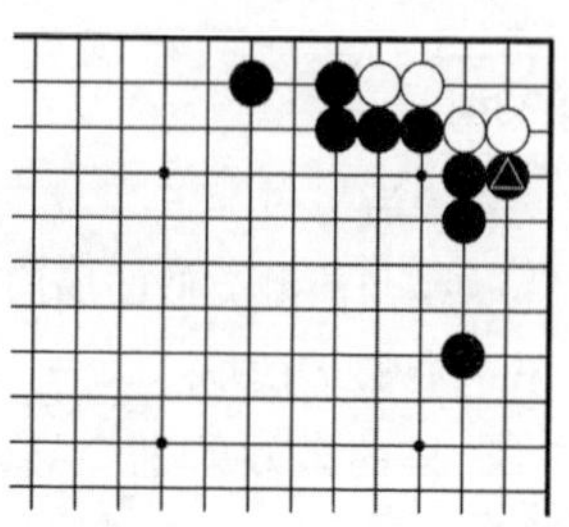

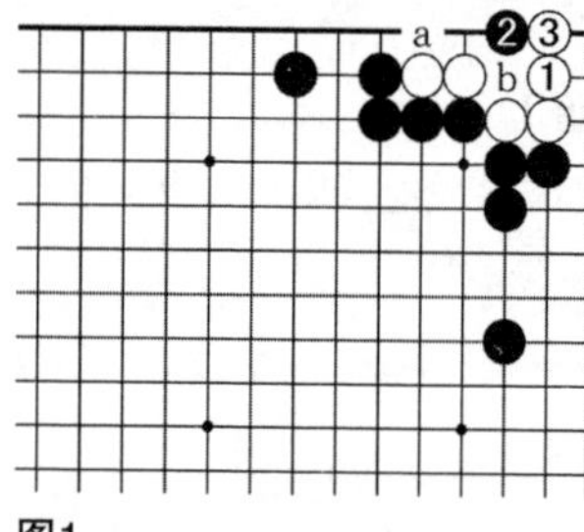

图1

白净活

图1（正解）

白1曲正解。黑2点是破眼的急所，但此时白3挡即可。黑a扳试图联络，白b打吃接不归。

黑2直接在a位扳，白2位做眼。

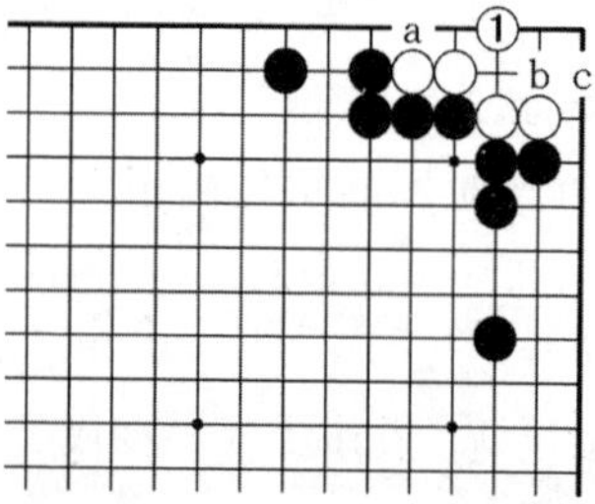

图2

虎

图2（失败1）

白1虎做眼看起来也不错，眼形充足。后续黑a，白b；黑c，白b就可以净活。

但此时黑棋有严厉的攻击手段。

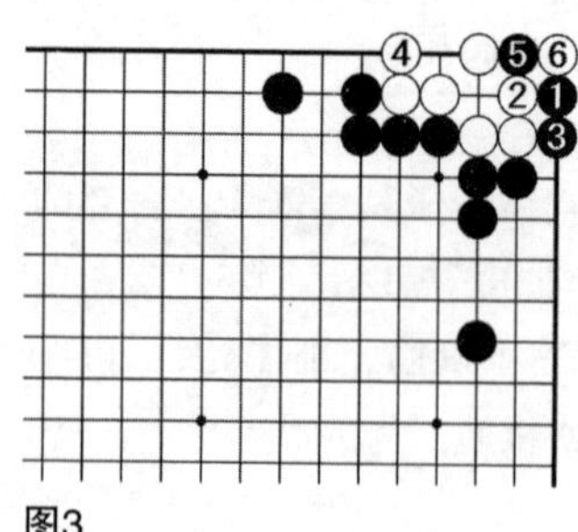

图3

打劫

图3（失败1续）

黑1点好手。白2做眼，黑3渡过，白4确保上边眼位，黑5扑打劫。

白2若在3位挡，黑2冲，白净死。

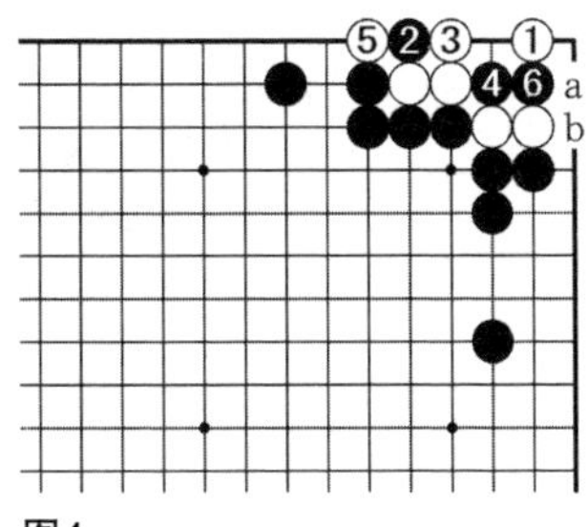
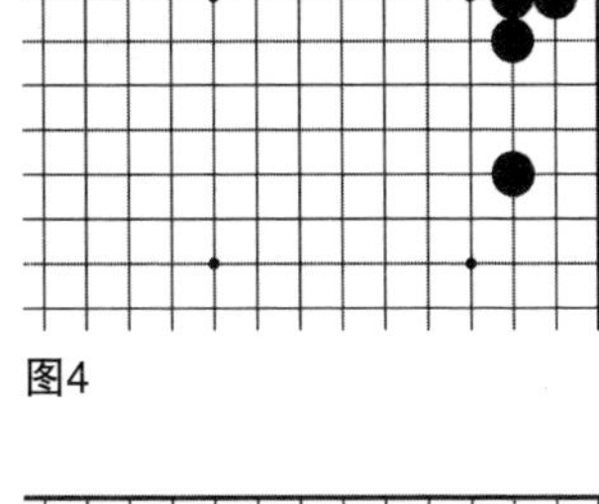

图4

图4（失败2）

乍一看白1跳是急所。但黑2扳之后，白棋形瞬间失去弹性。白3打吃，黑4、6破坏眼位。

白3若在4位粘，黑a，白b，黑3，白净死。

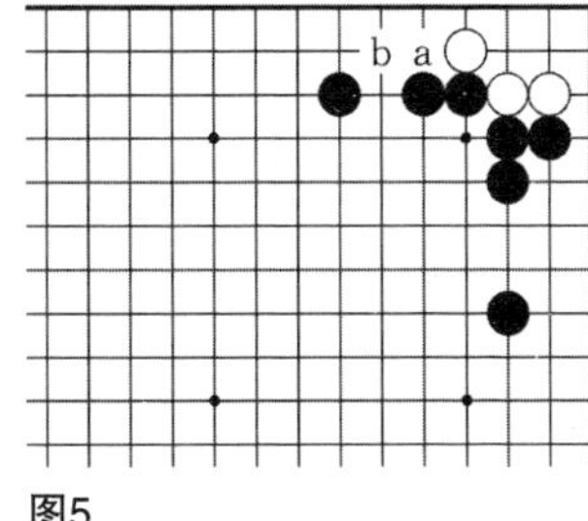

图5

如果没有交换

图5（参考）

假如白a，黑b没有交换结果会如何呢。此时白棋有两种净活的方法。

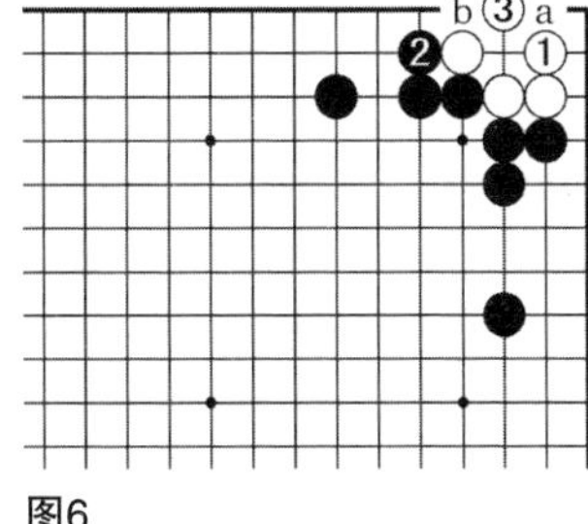

图6

白净活

图6（参考续1）

白1仍然是要点。黑2拐，白3做眼即可净活。

黑2若在3位点，白a、黑2，白b即可。

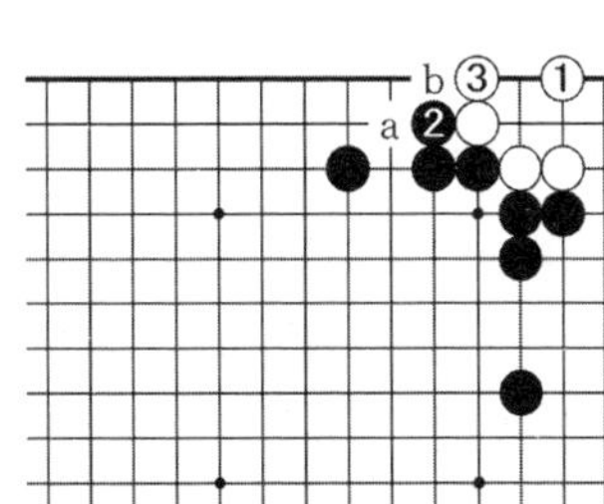

图7

白净活

图7（参考续2）

白1跳也可以净活。黑2拐，白3立。

若白于2位与黑a交换，撞气，此时黑b位扳，白净死。

第35型

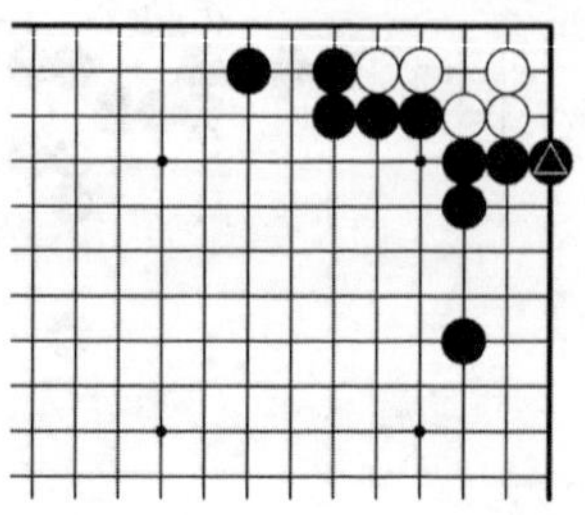

黑先劫

与前型相比，黑棋多了▲位立。

一线有了棋子，就不能让白棋简单净活了。

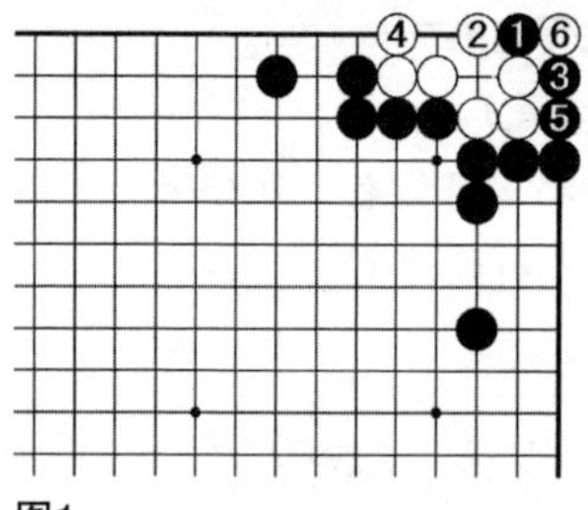

图1

白先劫

图1（正解）

黑1鼻顶急所。白2打吃，黑3扳渡过，白棋气紧不能在5位打吃。白4做眼，白6提劫，形成劫活。

如果白棋先在6位提，黑5粘，白4做眼，黑1位提，就变成了黑先劫。

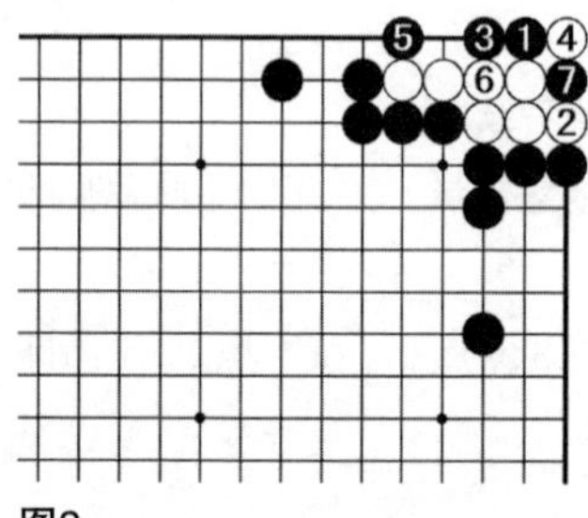

图2

黑先劫

图2（正解变化）

黑1鼻顶，白2扩大眼位也是一种选择。黑3长好手，白4扑，黑5扳、7提结果仍然是劫活。此时白棋如果劫胜角上实地所得较多，但变成了黑先劫。

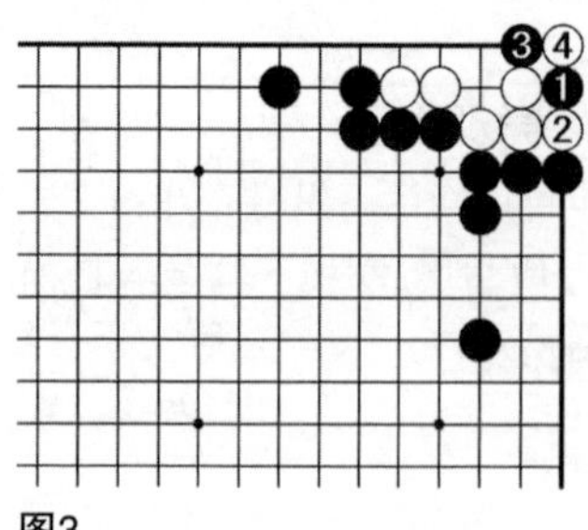

图3

白先劫

图3（准正解）

黑1～3结果同样是劫活，但与上图比较之后本图可以理解为黑3位，白2位之后，黑1扑开劫，明显劫材亏损。图1、图2的鼻顶是本型最佳手段。

图36型

黑先白死

第34型图7白净活图形，多了黑▲一子。

此时黑棋可以净杀白角。

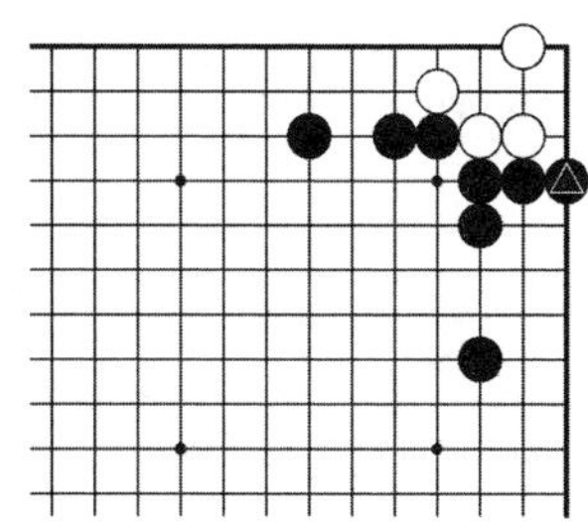

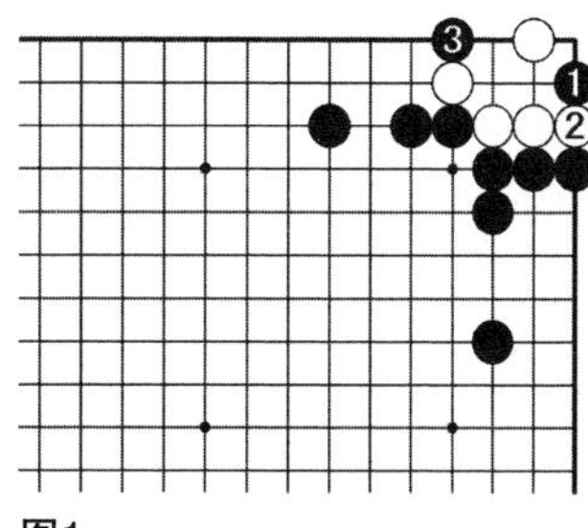

图1

点、夹

图1（正解）

黑1点，白2分断，黑3夹是锐利的手筋。此时白棋气紧，已经没有做活的可能。

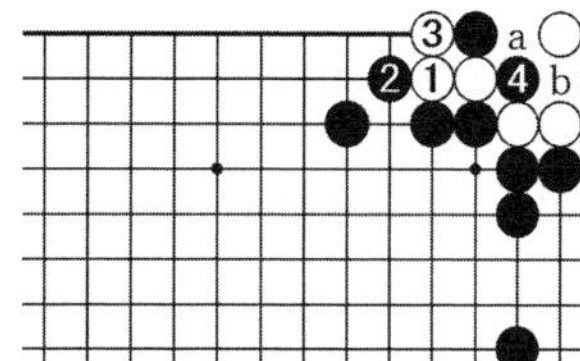

图2

白净死

图2（正解续）

接上图，白1长，3拐，黑4双打吃，白净死。

白3若在a位打吃，黑b，白4，黑3。

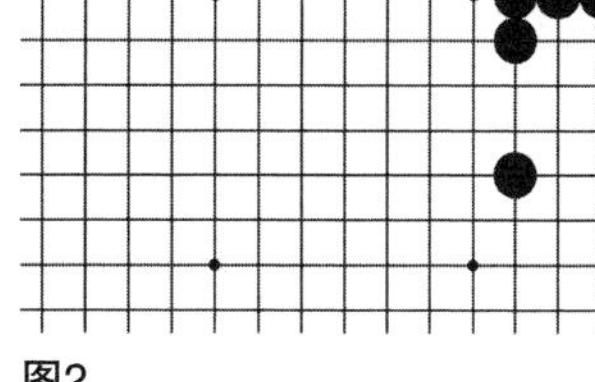

图3

白净活

图3（失败）

黑1先夹次序错误。白2、4应对，黑5点，白6粘好手。此时白a、b两点见合，净活。

第37型

白先活

此时如果黑棋先行，则黑A，白B，黑C；或者直接黑C都可以净杀白角。那么轮到白先如何净活呢？

方法有3种，各有优劣。

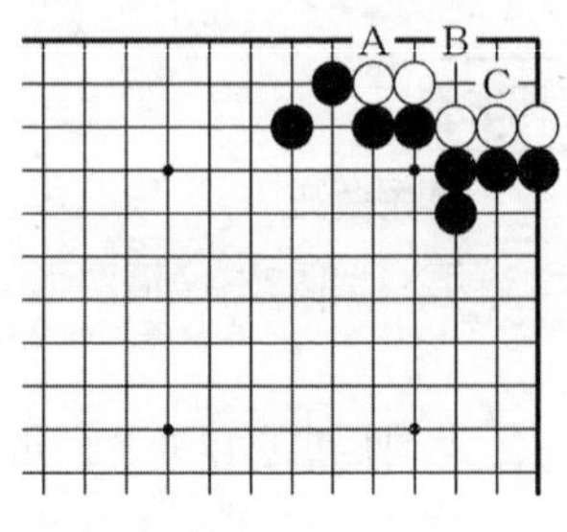

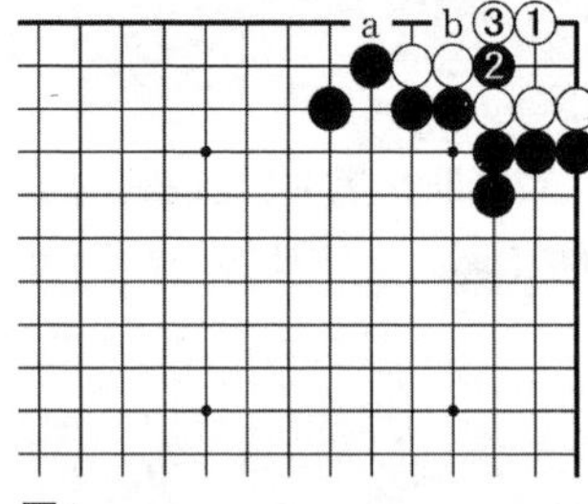

图1

白净活

图1（正解1）

白1跳实地所得最多。黑2断，白3打吃。接下来黑a、白b交换先手。

角上白棋有5目实地，常规情况下本图是局部最好选择。

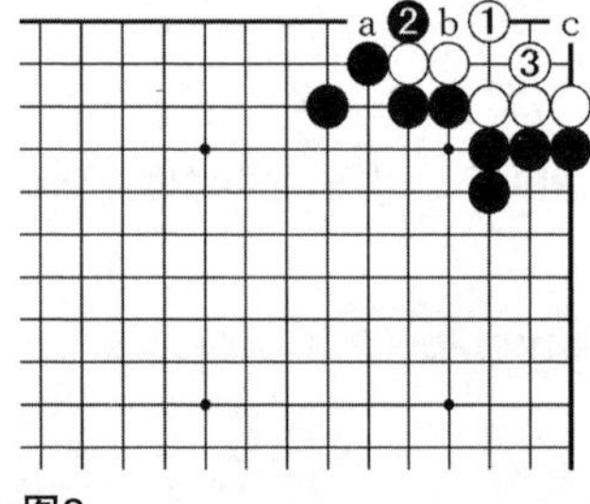

图2

白净活

图2（正解2）

白1虎，黑2扳，白3做眼净活。此时虽然实地变成了4目，但黑a不再是绝对先手，这一点是本图的优势。黑a、b连下两手，白c做眼净活。

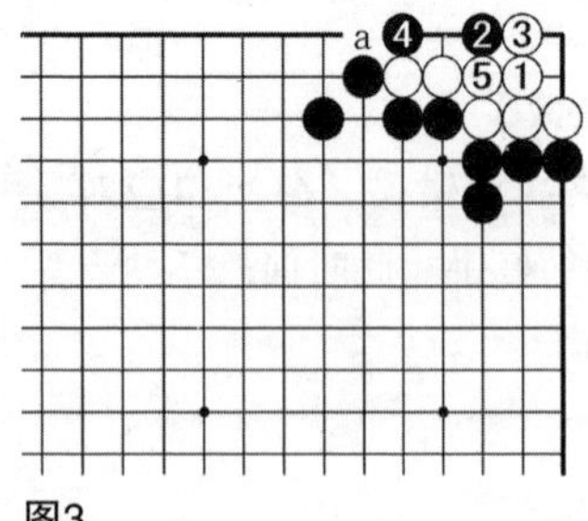

图3

白净活

图3（准正解）

以做活为目的，白1也是正解。但黑2、4交换之后，角地只有4目的同时，黑a粘还是先手。

本图仅仅是做活。

第38型

黑先白死

白棋看似角部眼位空间极大，似乎很难找到合适的攻杀选点。但黑棋局部有非常精彩的手筋。

只要找到关键的一手，就可以净杀白棋。

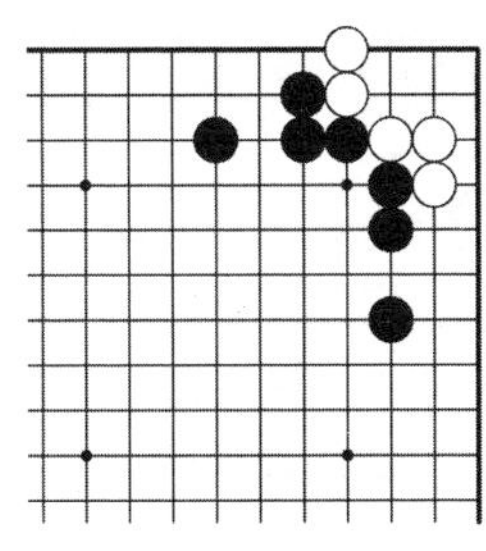

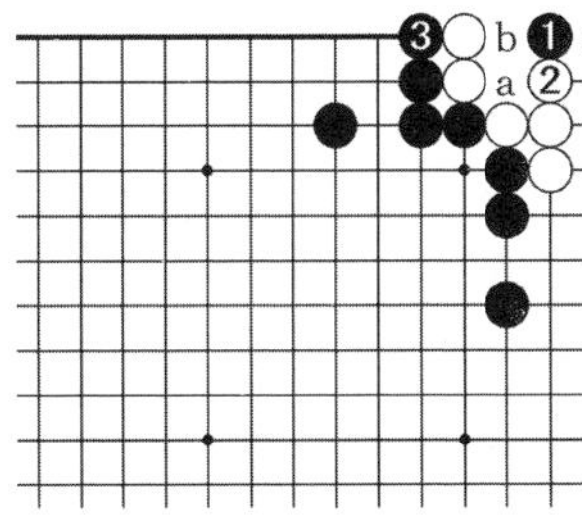

图1

点

图1（正解）

黑1是绝对的急所。白2顶，黑3挡是冷静的好手。接下来黑有a位倒扑的后续手段，白不能b位打吃做眼，c位也无法入气。

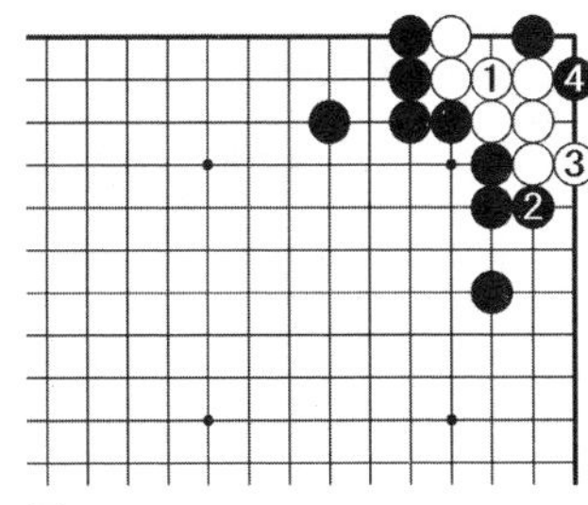

图2

白净死

图2（正解续）

接上图，白只能1位粘。黑2拐，白3扩大眼位，黑4扳，形成“盘角曲四”，白净死。

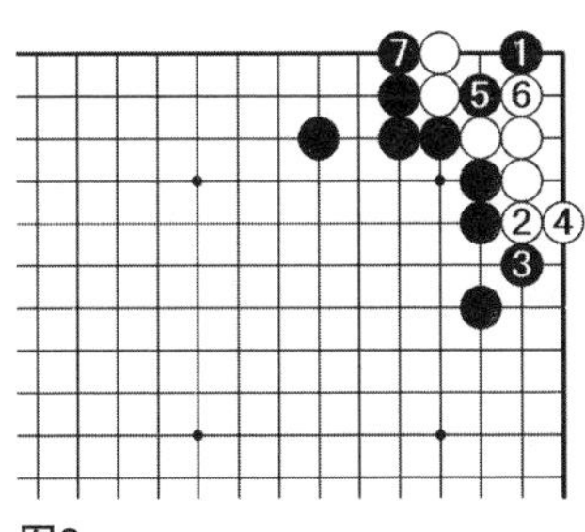

图3

白净死

图3（正解变化）

黑1点，白若2位扩大眼位，黑5断即可。白6打吃，黑7打吃形成倒扑。

白4若在5位粘，黑4位扳，白净死。

八目型（有“肩”）

第1型

黑先万年劫

本型比钥匙型要长。

在没有外气的情况下，黑先结果是万年劫。

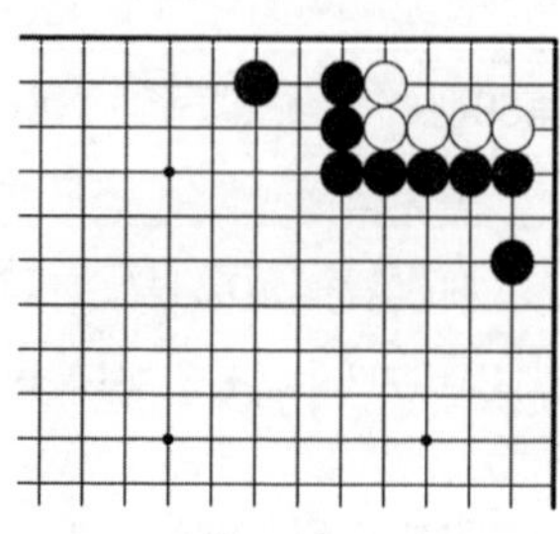

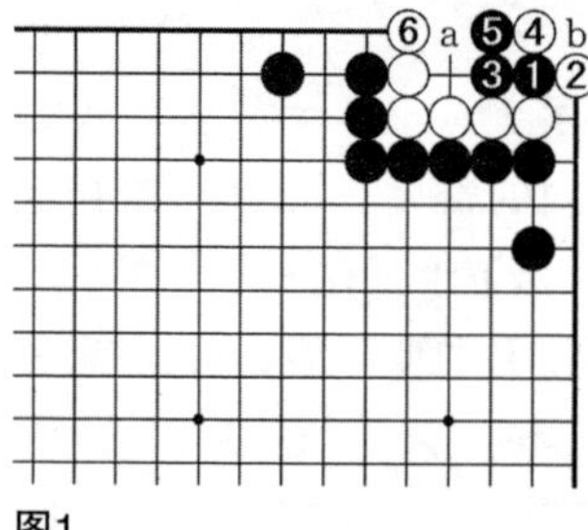

图1

万年劫

图1（正解）

黑1夹、3长。白4扳急所，黑5打吃，白6立形成万年劫。

白4若直接在6位立，黑4之后形成刀把五，白净死。若白6下a位打吃结果是打劫。

第2型

黑先万年劫

白棋在上边多了白△扳一子。

从结果来说，白棋多了这一颗子与死活结果无关。

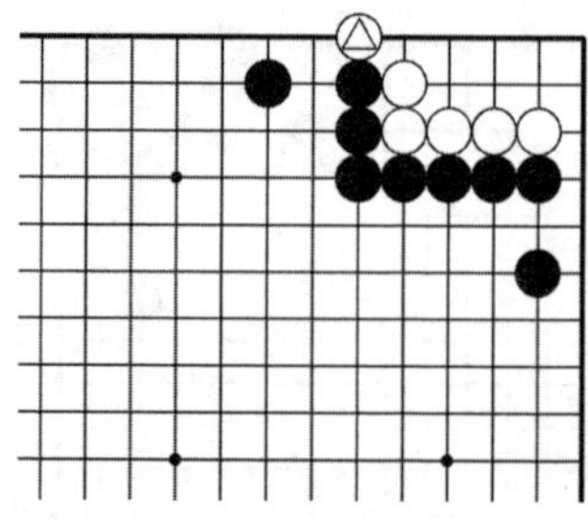

图2

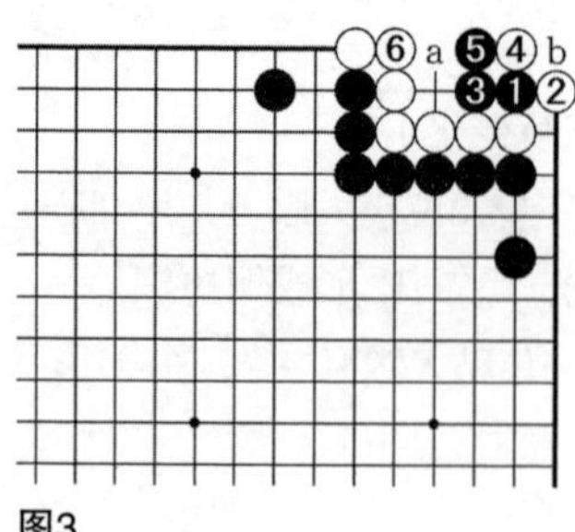

图3

万年劫

图1（正解）

此时黑1夹仍然是唯一一手。白2扳，黑3长，进行至白6，与前型进程相同。

如果白6脱先他投，黑6扑，白a，黑b，形成劫活。

第3型

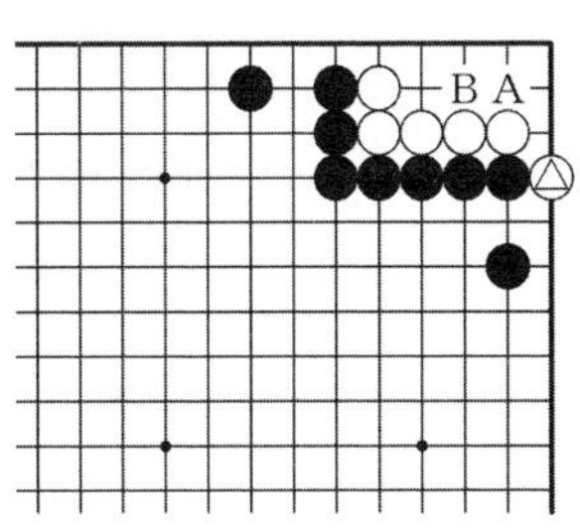

黑先万年劫（变形）或者缓一气劫

此时白在右边多了△位扳，黑若还在A位夹，白B位应对即可净活。

黑棋需要改变攻击方向，结果也随之变化。

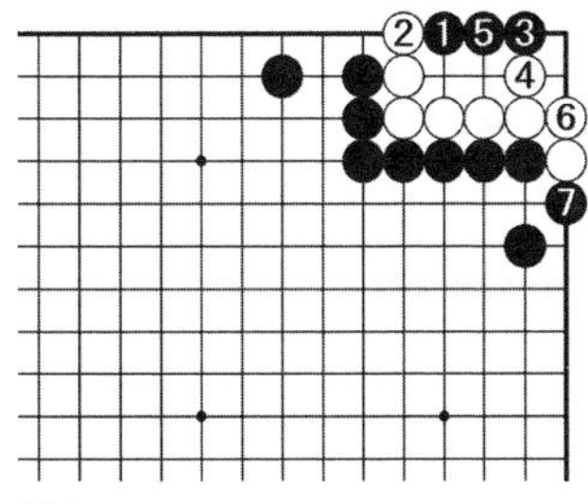
图1

点、跳

图1（正解）

黑1点、3跳是正解。白4顶，黑5粘，白6粘，黑7紧气。

那么这是什么结果呢？

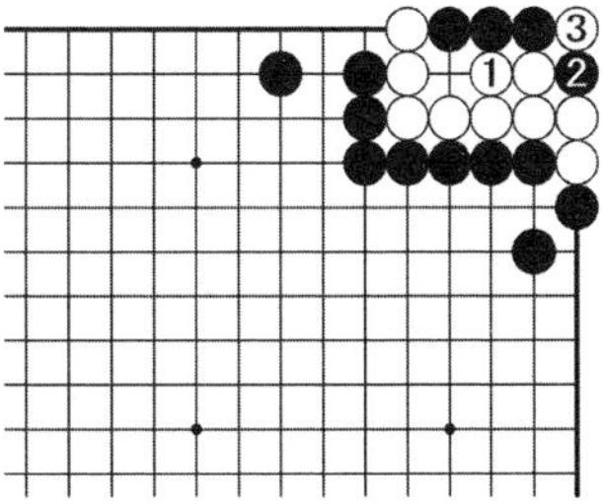

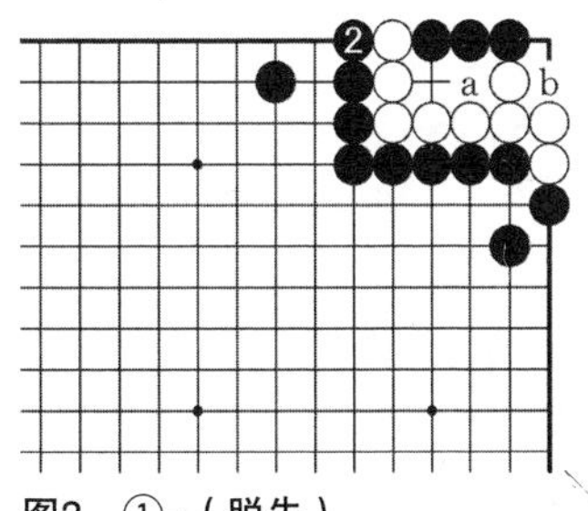
图3　①=（脱先）

缓一气劫

图2（正解续1）

如果白先想要做活，会在1位紧气。黑2扑做劫，白3提，形成缓一气劫。

图2

万年劫更有利

图3（正解续2）

白棋直接脱先也是一种选择。此时黑2紧气。白a若紧气，黑b扑形成劫活，所以白棋可以继续脱先。黑还需要在a、b紧气，这个万年劫对于黑棋来说，取得角地成本太高。

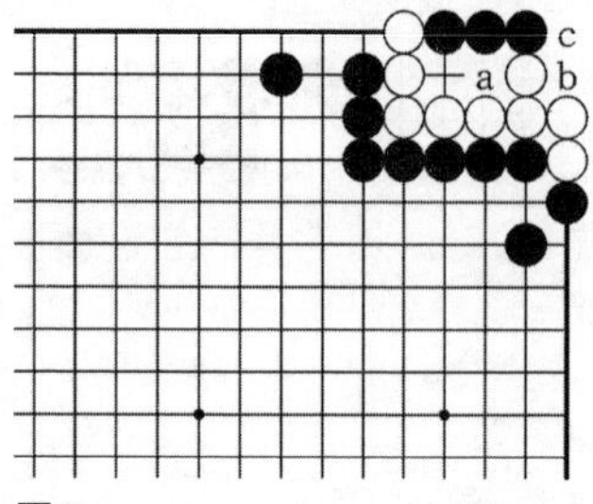

图4

变形万年劫

图4（再续正解）

继续回到白1。面对万年劫，一般来说想要解决问题的一方是不利的。但在本图中白a，黑b，白c，会变成白先提劫的缓一气劫。所以本图是对白棋有利的变成万年劫。

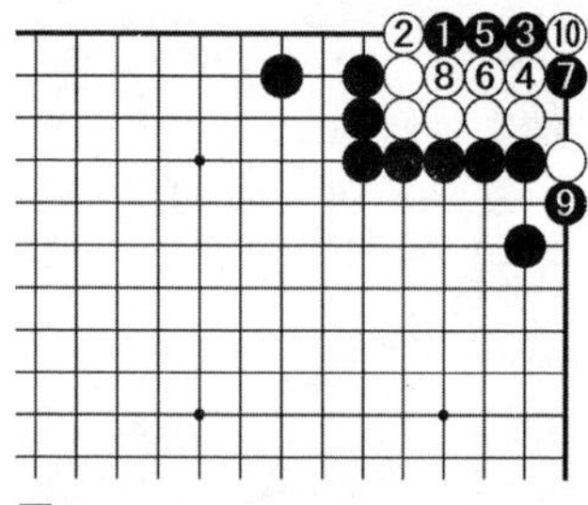
图5

直接紧气

图5（正解变化1）

黑1点至黑5粘，白6是眼形的急所。黑7扳，白8打吃，黑9打吃，白10提——

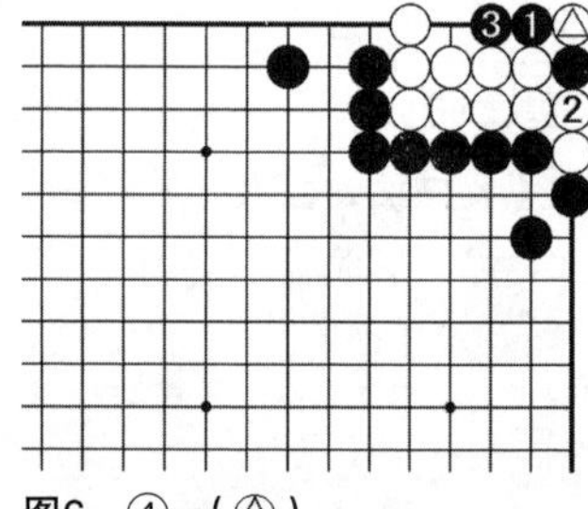
图6　④=（△）

缓一气劫

图6（正解变化1续）

黑1提，白2粘，黑3爬，白4提，形成缓一气劫。

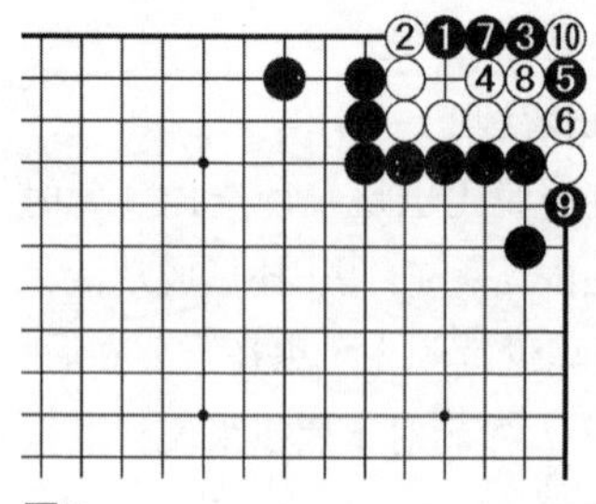
图7

缓一气劫

图7（正解变化2）

黑1、3破眼，白4弯，黑5、7应对，进行至白10，结果仍然是缓一气劫。

对于白棋而言，还是如图4有选择权的结果更合适。

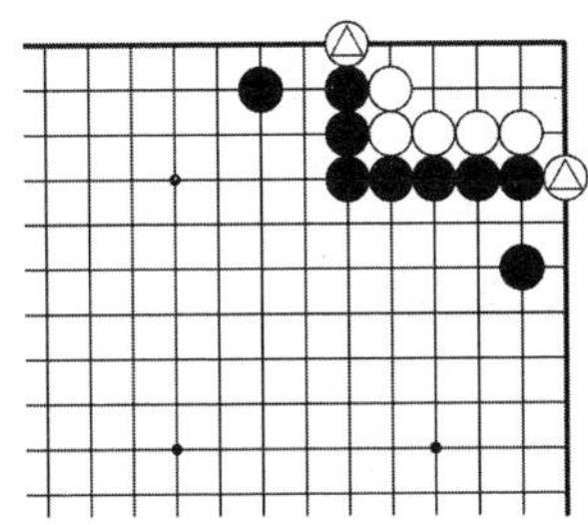

第4型

黑先万年劫（变形）或者缓一气劫

此时白棋两边都有了△位扳。

看起来有了强大的援军，但令人意外的是结果与前型相同。

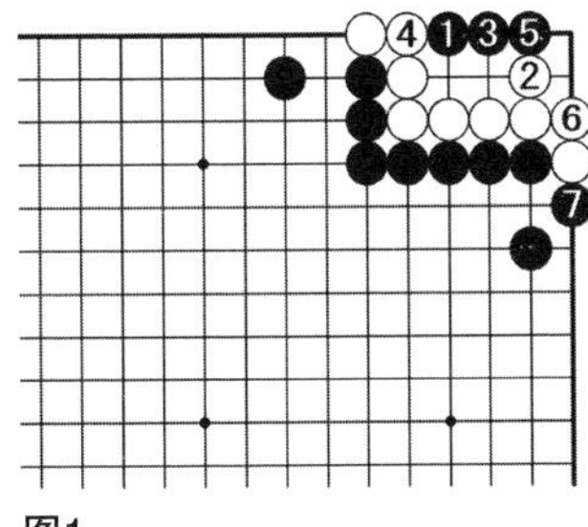

图1

变形万年劫或者缓一气劫

图1（正解）

黑1仍然是正解。此时白棋可以在2位应对，但黑3并好手，白4～7，结果与前型相同。

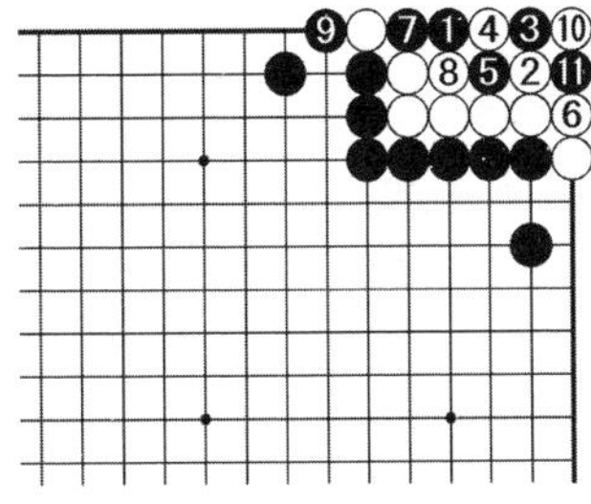

图2 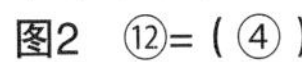

连环劫白活

图2（失败）

此时黑3是问题手，白4、6好手，黑7断，白8、10形成连环劫，白净活。

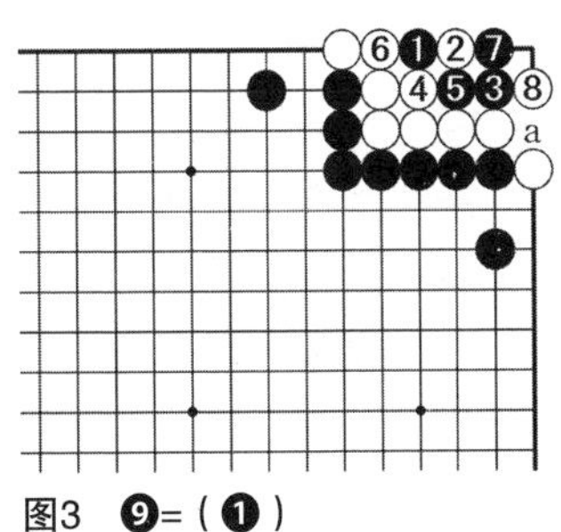

图3 ❾=（❶）

打劫

图3（正解变化）

黑1点，白2靠，黑若5位打吃，白3位打吃，黑7提，白a粘，还原上图。但是黑3点可以破解白棋意图，白4打吃至黑9，形成一手劫。

本图白失败。

第5型

白净活

白棋在A位有外气，黑棋就无法形成万年劫。这是实战中经常出现的图形，有无外气的不同点请一定牢记。

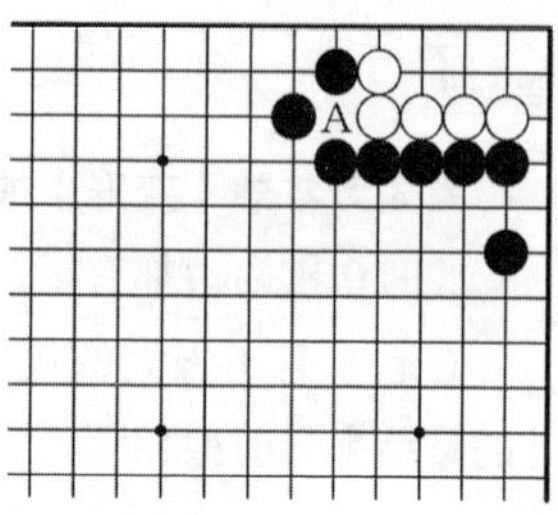

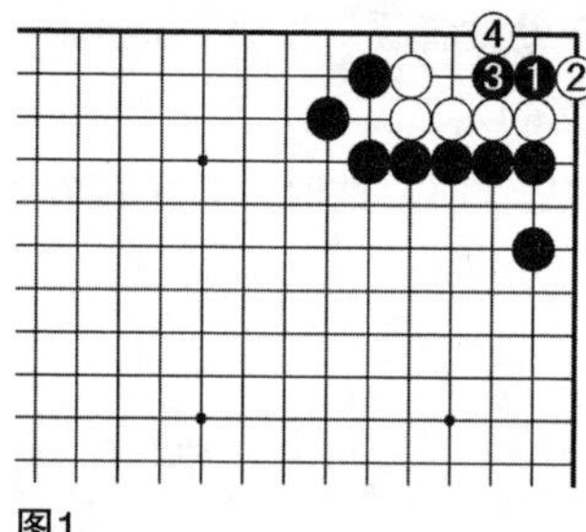

图1

夹

图1（证明1）

来看看黑1夹是什么结果。白2扳，黑3爬，白4夹好手。

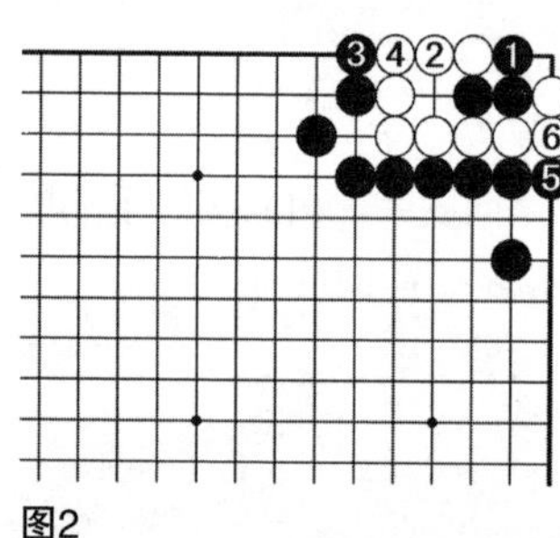

图2

双活

图2（证明1续）

接上图，黑1打吃，白2长。黑3、5，白4、6应对，形成双活。

本图黑先双活，白棋角部实地为0。

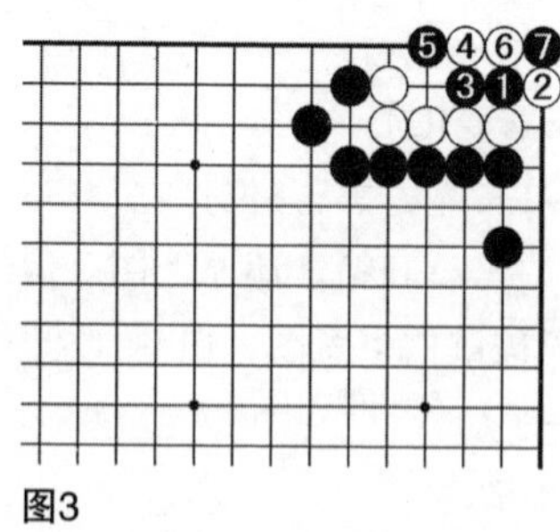

图3

提二子

图3（证明1变化1）

白4夹，黑5打吃结果如何？后续变化也是需要注意的棋形。

白6送吃、黑7提掉白二子——

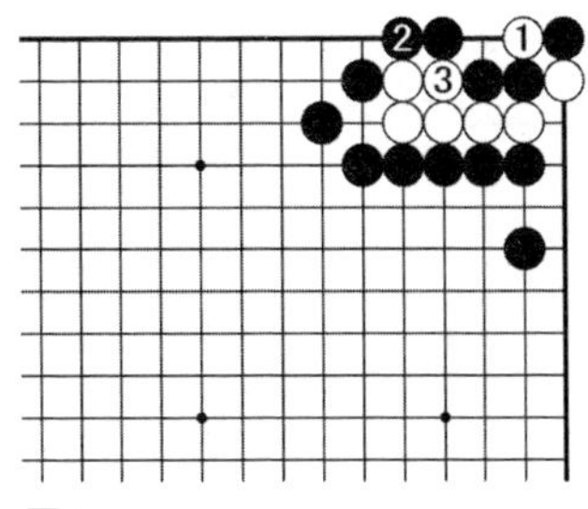

图4

白净活

图4（证明1变化1续）

白1提，黑2渡过，白3打吃净活。

那么黑2——

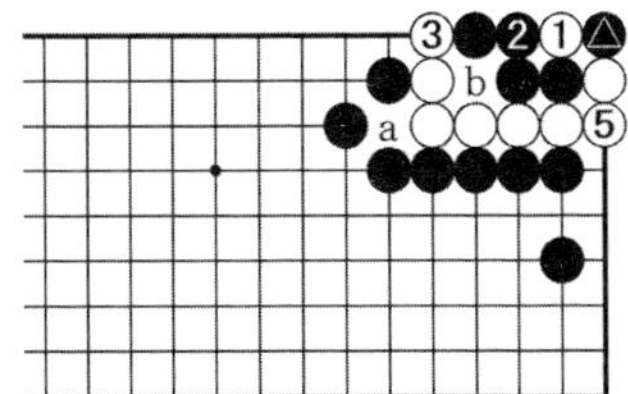

图5　❹=（▲）

白净活

图5（证明1变化2）

本图黑2打吃不成立。白3分断，黑4提，白5粘即可。

因为有了一口外气，黑a紧气，白b打吃就变成胀牯牛，白棋净活。

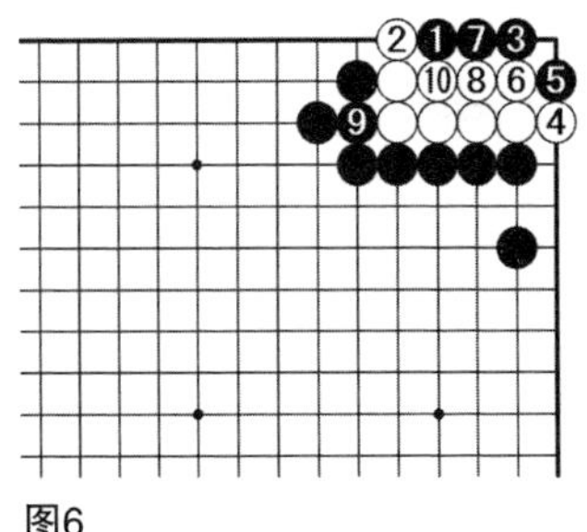

图6

白净活

图6（证明2）

第3型中的黑1点，3跳，白4立应对。进行至白10，对杀白快一气胜。

黑3若在4位扳，白5，黑3，白8形成双活。

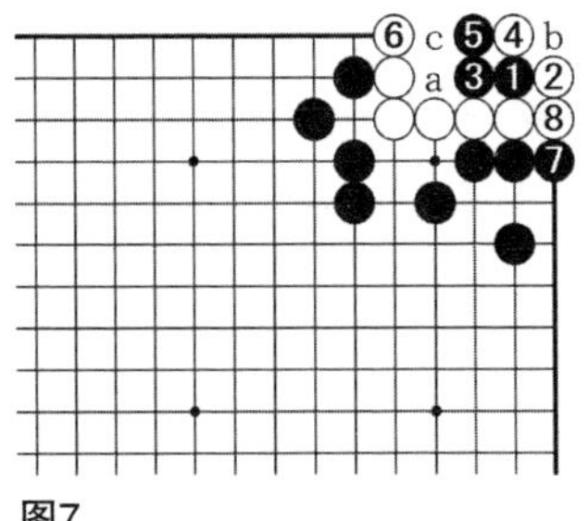

图7

万年劫

图7（参考）

假如是本图这样，白棋外围有多口外气的情况，白可以考虑4，6形成万年劫。因为后续白动手在a位打吃，黑b，白c形成胀牯牛净活的可能性较大。

第6型

黑先白死

本图黑棋在▲位多了一子。

硬腿威力极大，只要找到急所攻击白棋就可以净杀。

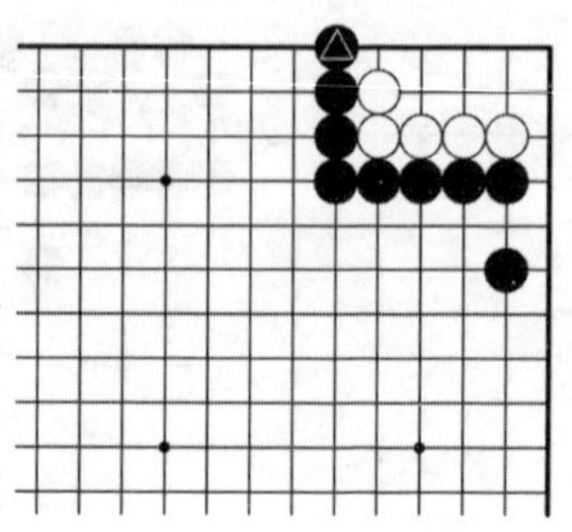

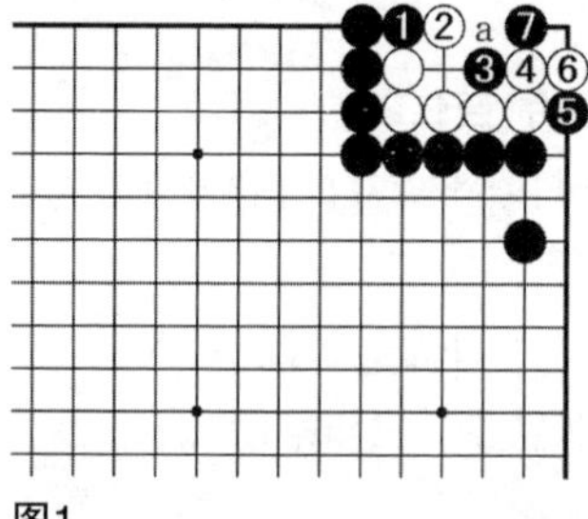

图1

白净死

图1（正解）

黑1冲，白2挡，黑3点急所。白4拐，黑5扳，7扳。此时白a无法入气，形成曲三净死。

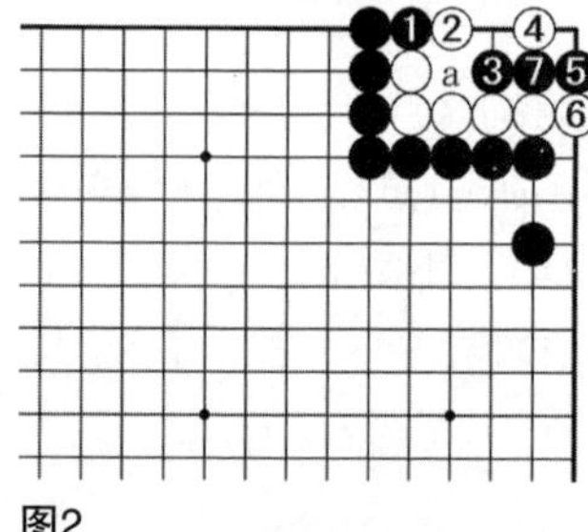

图2

白净死

图2（正解变化）

黑1、3，白4跳抵抗，黑5点好手。白6立，黑7粘。白棋气紧，棋形仍然是直三净死。

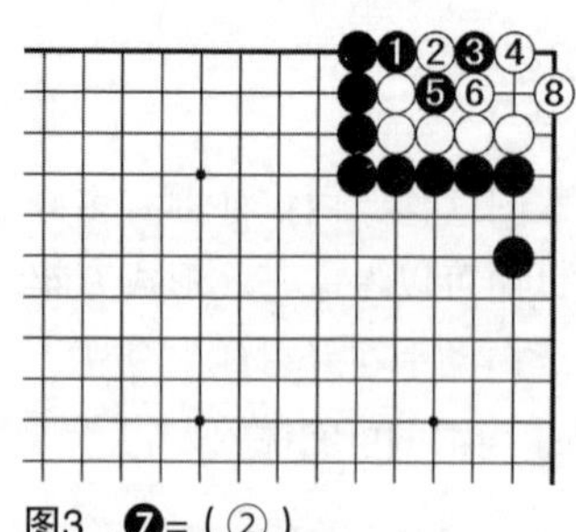

图3　❼=（②）

白净活

图3（失败1）

黑1，白2，黑3打吃是问题手。白4反打弃子，白6、8两眼净活。

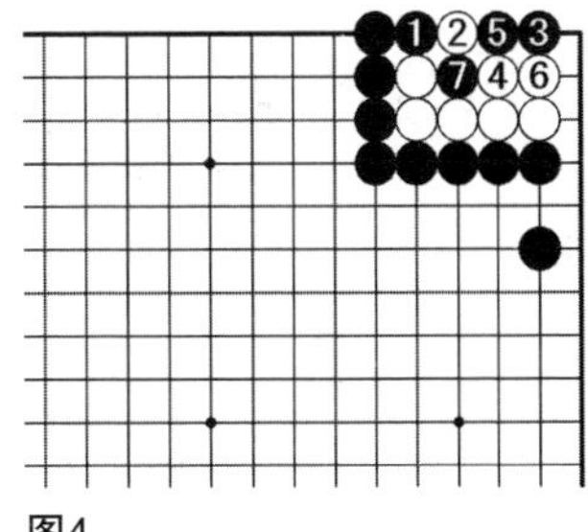
图4

打劫

图4（失败2）

黑1冲，白2挡，此时黑3点也是手筋下法。但白4应对之后，黑5，白6形成劫活。

本图的结果与图1净杀相比，失败。

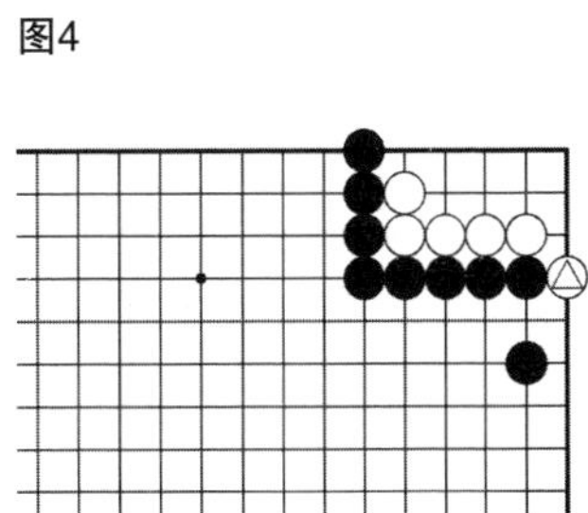
图5

如果有扳

图5（参考1）

本图与原型相比多了白△扳会如何呢?

结果是白棋已经不会净死。

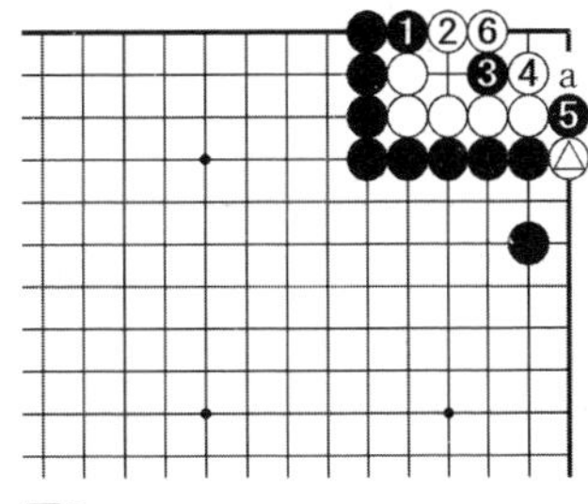
图6

白净活

图6（参考1续）

黑还是用1、3的攻杀方法，黑5扑，白6可以直接打吃做眼。因为有了白△一子，黑无法a位爬破眼。

如果是图5的棋形，图4的劫活是正解。

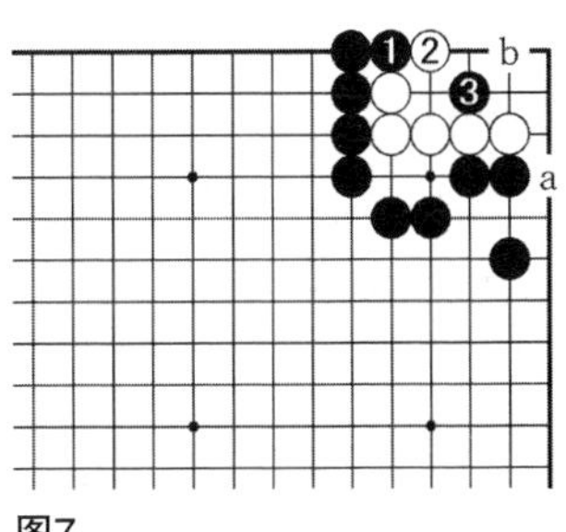
图7

白净死

图7（参考2）

本型的结果不受外气的影响。如本图黑棋还是可以1、3净杀白棋。

如果白a位有子，那么黑b点，结果是劫活。

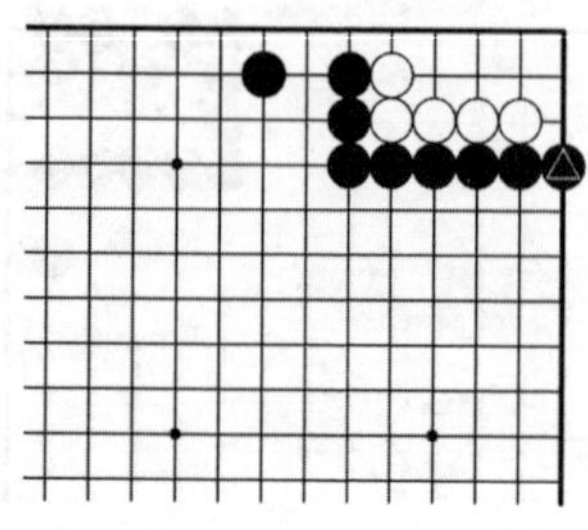

第7型

黑先白死

黑▲的位置有所改变，需要注意白棋有打劫的抵抗。

净杀的方法一共有4个，都是没有外气局面下的手段。

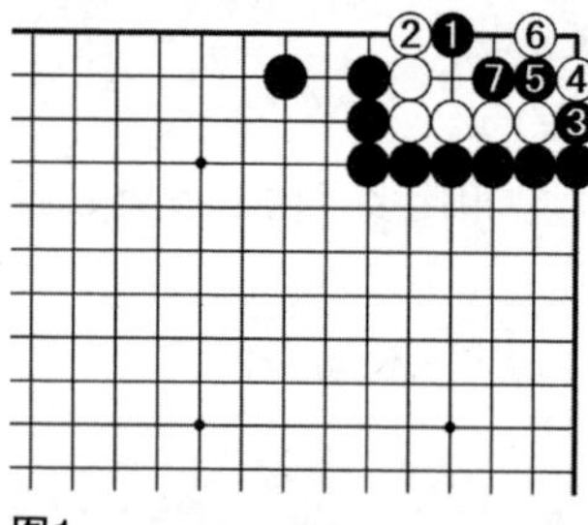

图1

白净死

图1（正解1）

黑1点，白2挡，黑3冲。白4挡必然，黑5断吃即可。白6做劫，黑7长，白棋两边不入气，净死。

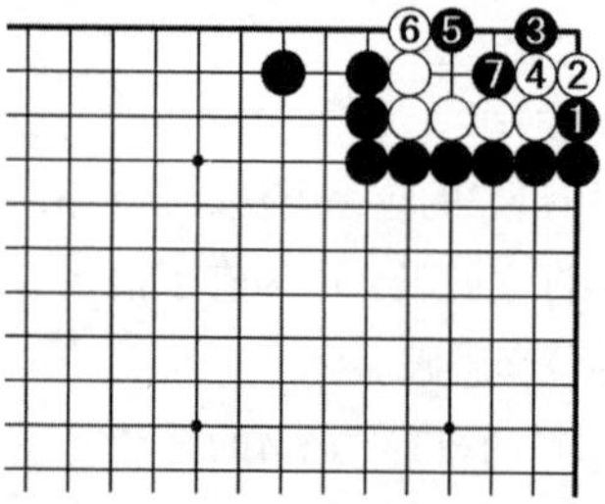

图2

白净死

图2（正解2）

黑1冲，白2挡，黑3点也是此时的手筋下法。白4粘，黑5、7形成“刀把五”。

需要注意的是黑3若在5位点，则白3虎做眼净活。

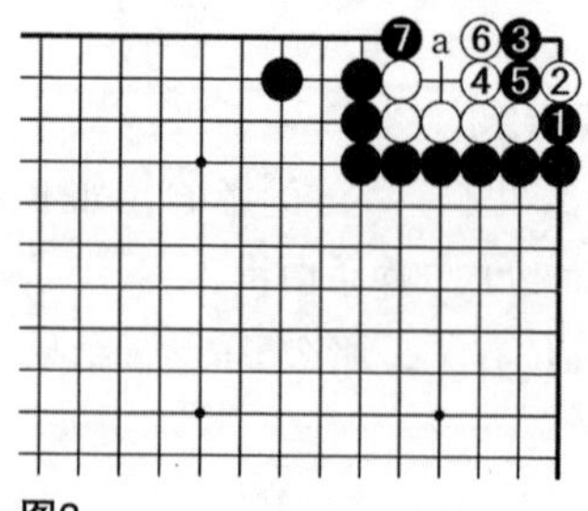

图3

白净死

图3（正解2变化）

黑1、3，白4曲抵抗。黑5打吃、7扳应对，白气紧，不能在a位打吃做眼。

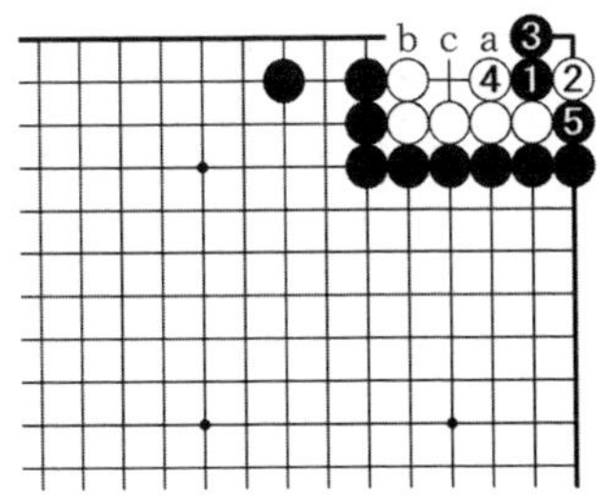

图4

白净死

图4（正解3）

黑也可以1位夹。白2扳，黑3立，白4做眼，黑5断吃。若白a位打吃，黑b扳，棋形与上图相同。

白4若在5位粘，黑4位长，白c，黑a，变成"刀把五"。

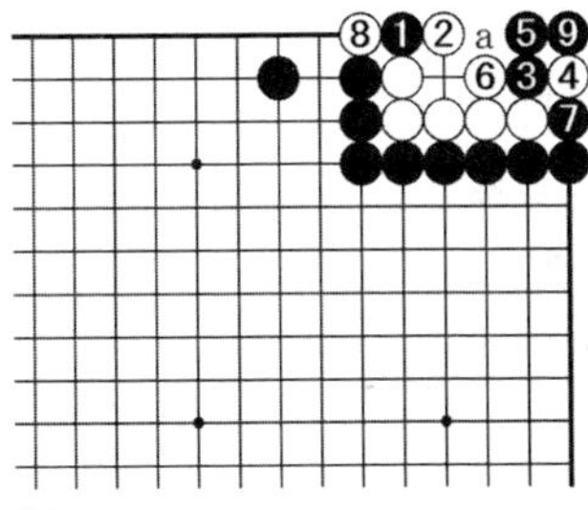

图5

白净死

图5（正解4）

黑1扳，3点也是正解。白4扳，黑5立，7断吃，白还是不能a位入气。白8提，黑9提，白净死。

白6若在7位粘，白6位破眼，白8，黑a，结果是刀把五。

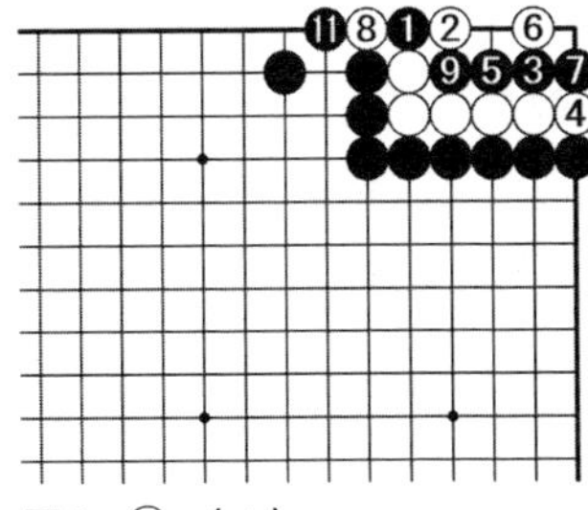
图6　⑩=（1）

白净死

图6（正解4变化）

黑1扳，3点，白4挡，黑5破眼。白6夹，黑7立，进行至黑11，对杀黑胜。

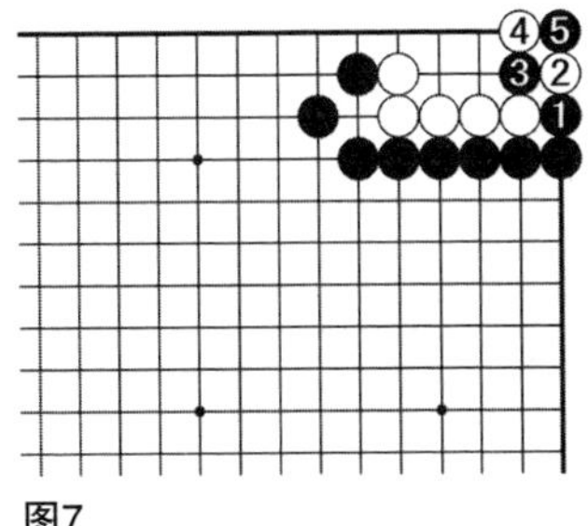
图7

打劫

图7（参考）

本型的正解图前提都是白棋没有外气。一旦白棋有了外气结果自然会有变化。

如本图，黑1、3打劫是正解。

第8型

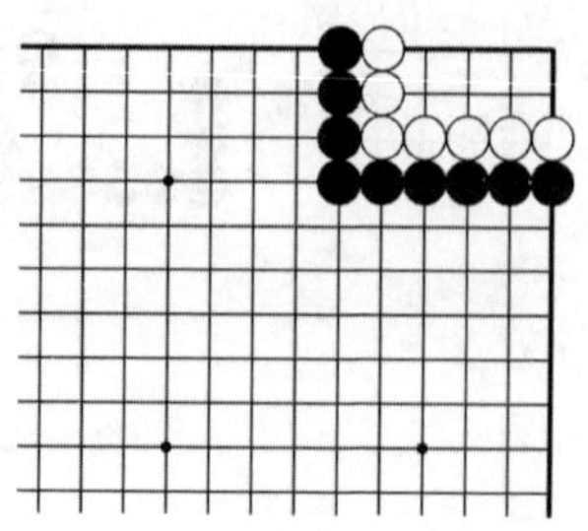

白活

本图白棋外围完整。

虽然气紧，但也没有死活问题，最好的结果是双活。

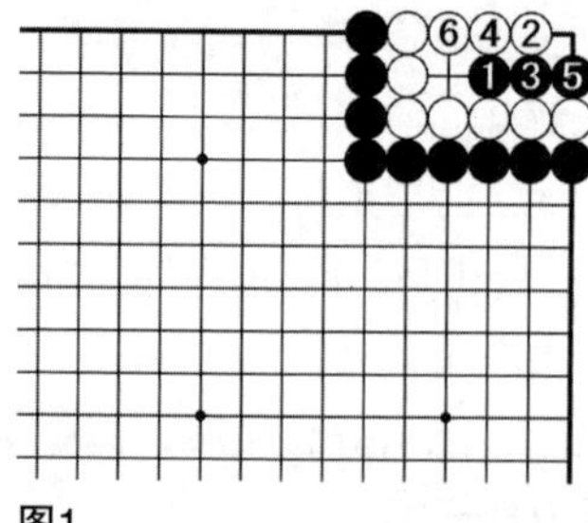

图1

双活

图1（证明1）

黑1夹是棋形急所，白2跳好手。黑3冲、白4夹，黑5，白6形成双活。

白4若在5位拐，黑4打吃，结果是万年劫。

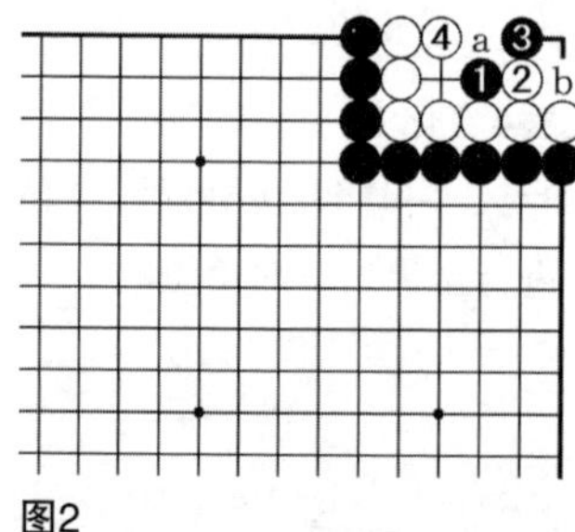

图2

缓一气劫

图2（失败）

此时白2应对是问题手，黑3，白4，黑若a位粘，白b是双活；但黑若在b位扑会变成缓一气劫。

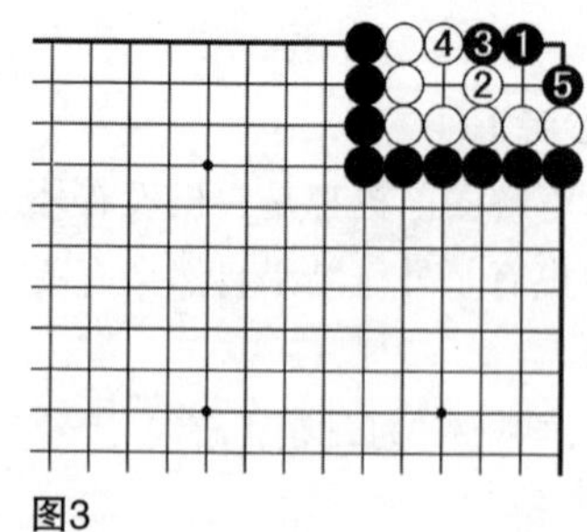

图3

后手双活

图3（证明2）

黑1点也是棋形急所。白2至黑5，双活。不同的地方是本图黑棋后手双活。

对于黑棋而言，明显图1更加满意。

第9型

黑先白死

若黑A、白B的交换则还原第1型。此时黑棋不会满足于万年劫的结果。

活用黑▲就可以净杀白棋。

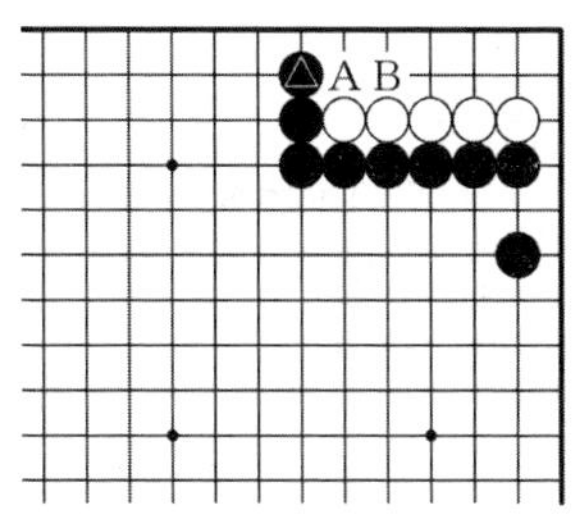

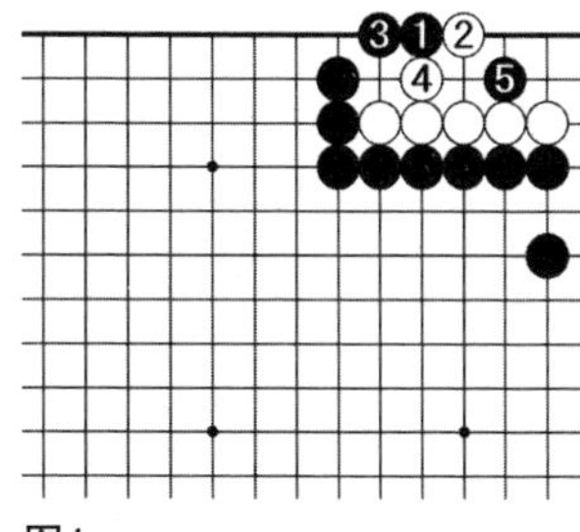

图1

白死

图1（正解）

不用过于深入，只需要黑1小飞攻击即可。白2靠，黑3退冷静。白4扩大眼位，黑5点还原第6型，白净死。

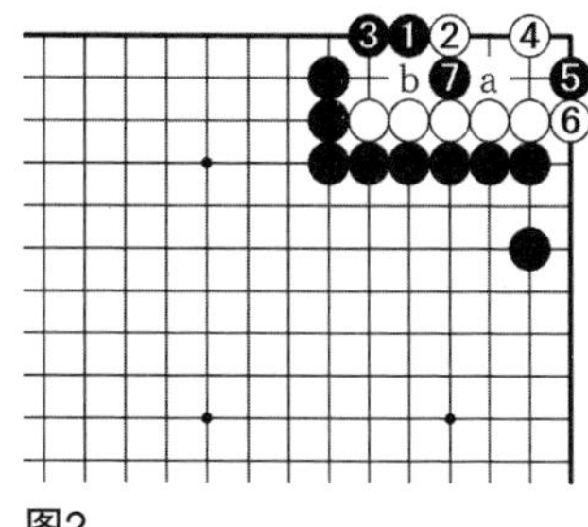

图2

白死

图2（正解变化）

上图白4如本图白4跳，黑5点，7打吃是正确次序。

黑5若直接在7位打吃，白a，黑b，白5净活。

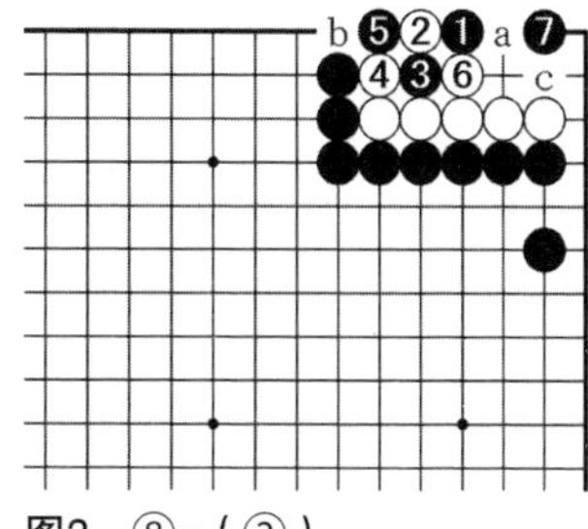

图3　⑧=（②）

打劫

图3（失败）

黑1大飞过于深入，失败。白2～6应对，黑7跳打劫活。

白6打吃，黑若2位粘，白a打吃，黑b，白c，净活。

第10型

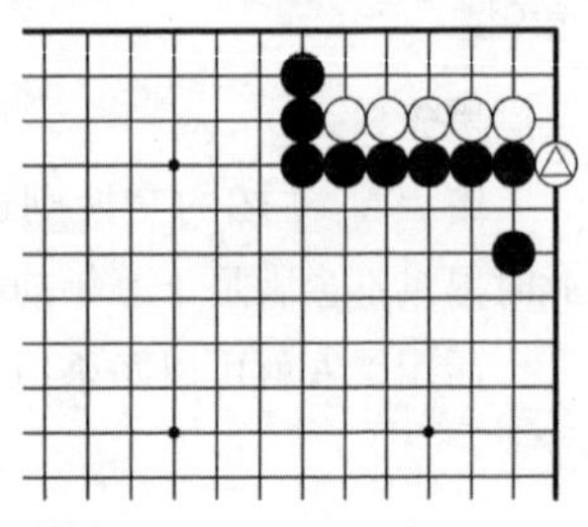

黑先劫（黑先提劫）

白△有子。有了白扳，前型的手筋都失去了效用。

黑先已经无法净杀，最好结果是黑先劫。

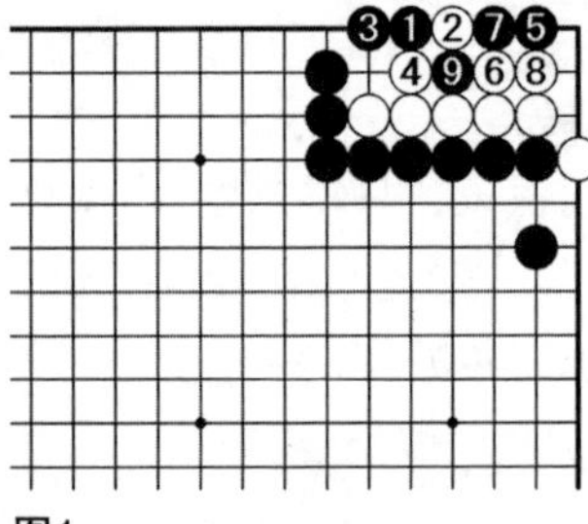

图1

黑先劫

图1（正解）

第一手还是黑1小飞。白2，4做眼，此时黑5点是正解，白6，黑7，形成劫活。

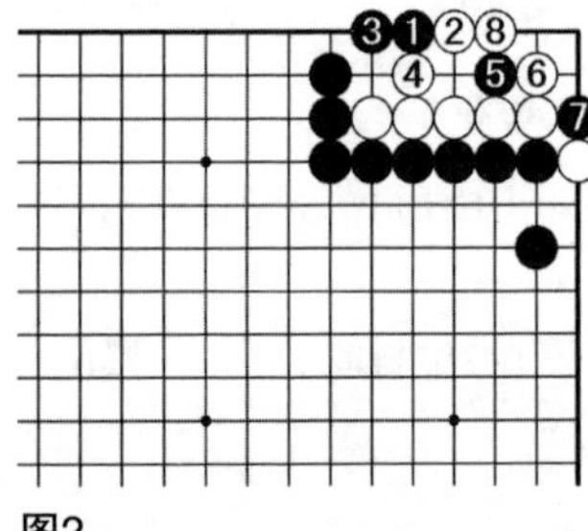

图2

白净活

图2（失败）

上图黑5如果还选择前型的黑5点就是失着。白6拐，黑7扑，白8打吃净活（参考第6型图6）。

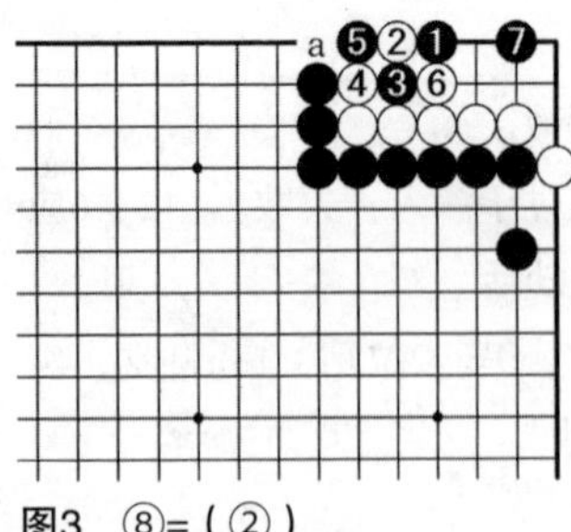

图3　⑧=（②）

白先劫

图3（准正解）

黑1大飞，白2～8应对，结果还是劫活。

不同的是本图是白先劫，而且消劫在a位提价值极大。与图1相比差距明显。

第11型

黑先白死

看似可以还原八目型的原型，但右边棋形不完整是个问题。应该如何冲击白棋的弱点呢。本型和气紧有很大关系。

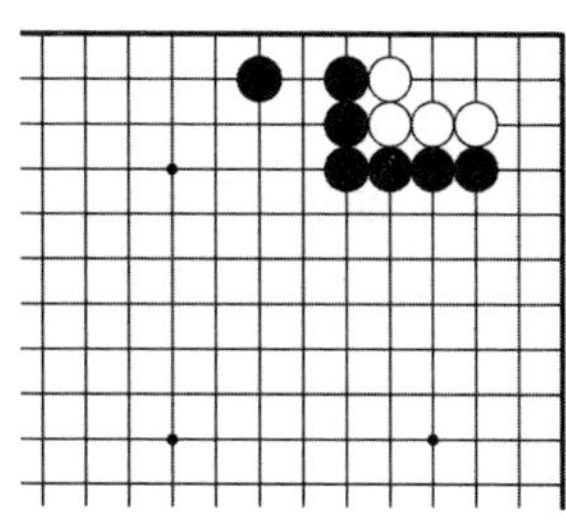

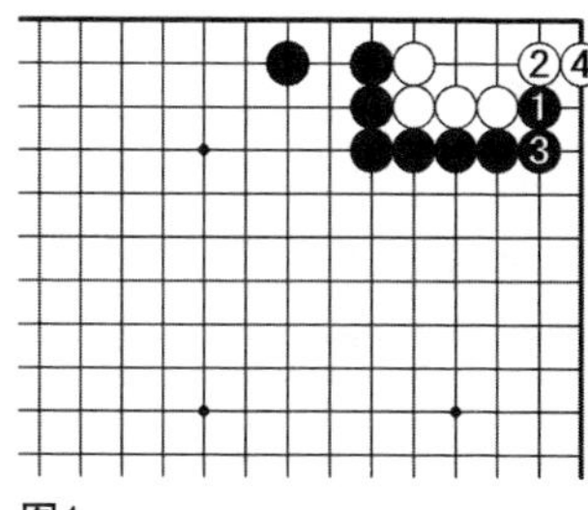

图1

扳粘

图1（正解）

简单扳粘缩小眼位就可以了。黑1、3扳粘，白4立，看起来白棋眼形充足，但其实有个巨大的棋形缺陷。

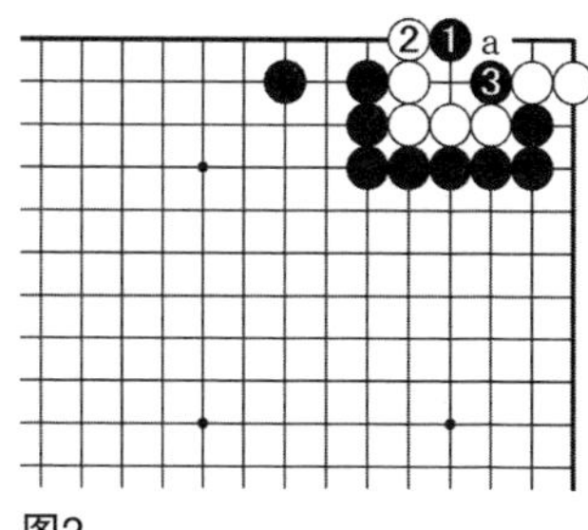

图2

白死

图2（正解续）

接上图，黑1点好手。白2挡，黑3断，白棋气紧，对杀不利。这是经典的“老鼠偷油”的棋形。

白2若在a位虎，黑2位渡过。

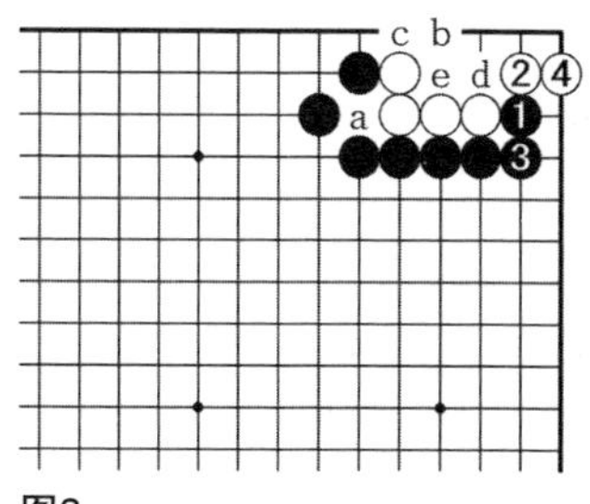

图3

白净活

图3（参考）

如本图，白棋有a位一口外气的话就是净活。黑1，3扳粘，白4立，黑若b位点，白c，黑d，白e打吃可以入气，净活。

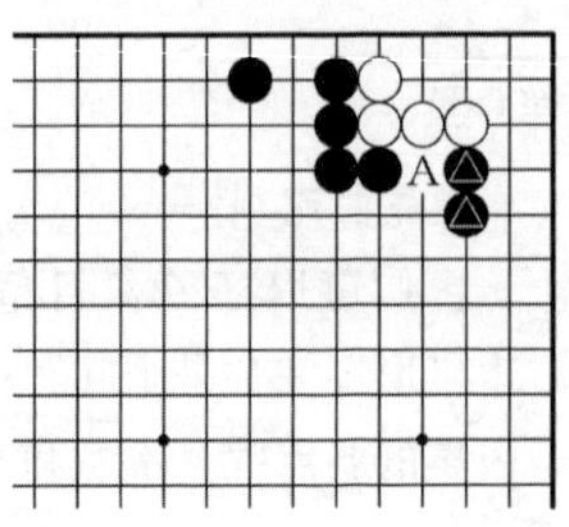

第12型

黑先劫或者万年劫

与前型相比，A位多一口外气。

普通的攻击对白棋无效，但是黑▲并排两子可以灵活运用。

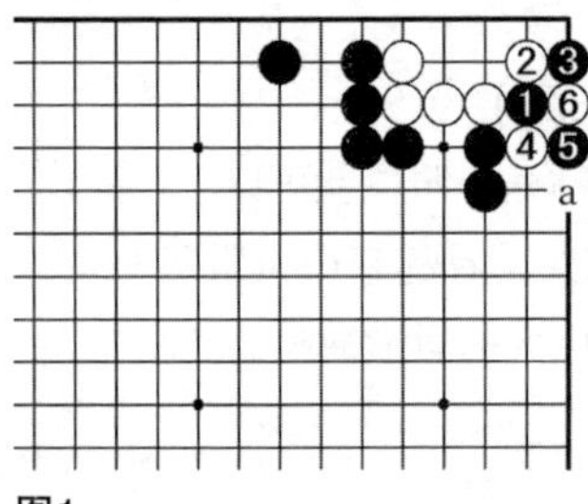

图1

打劫

图1（正解1）

黑1扳，白2挡，黑3连扳。白4断吃，黑5做劫。但是本图白棋在a位消劫损失太大，黑棋有一定负担。

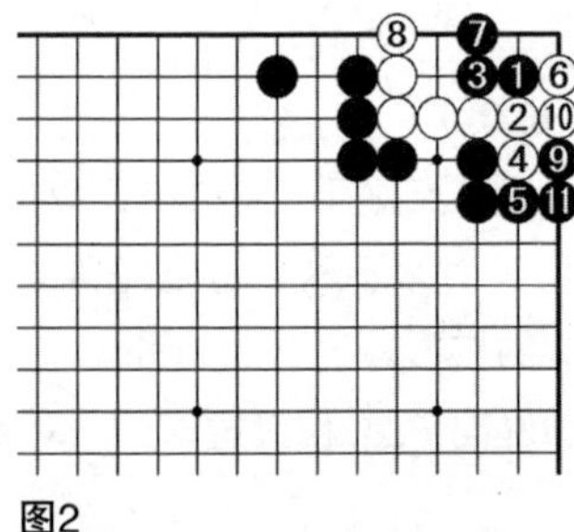

图2

万年劫

图2（正解2）

此时也可以黑1点。白2～6交换之后，黑7曲好手。白8立，黑9扳变成万年劫。

与上图相比，打劫的负担小了很多。

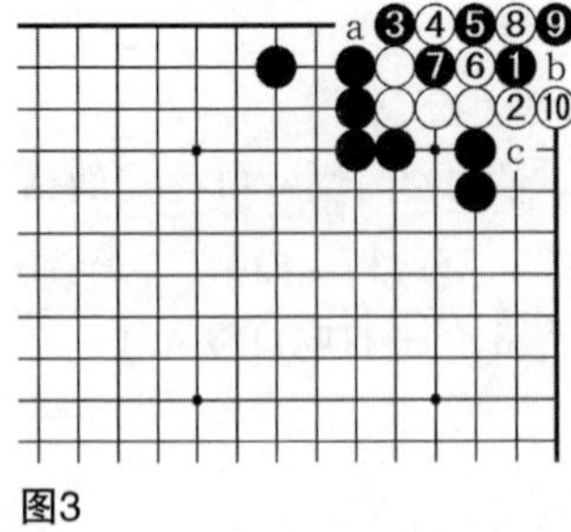

图3

白净活

图3（失败）

黑1、白2交换，黑3扳，5打吃，白6，8应对正确，白棋净活。

白6若在a位提，黑6，白b，黑c，白8，黑9，结果变成黑先劫。

第13型

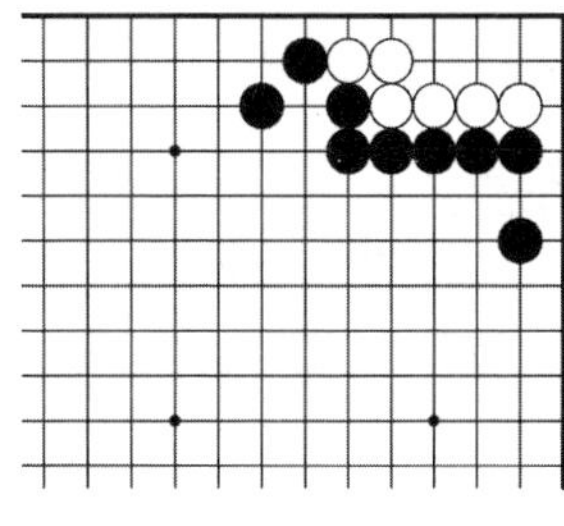

白活

本型比普通的八目型空间更大了。

白棋形厚实，不用担心死活问题。此时需要讨论的是白棋角地有多少目的问题。

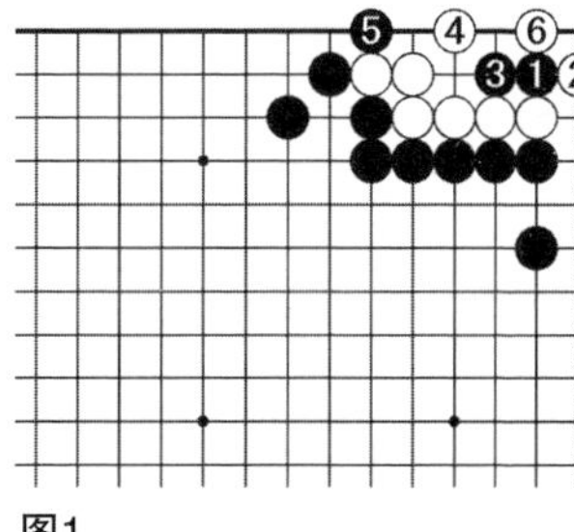

图1

白净活

图1（证明1）

黑先若在角部落子，首选还是1位夹。白2、4应对冷静。黑5扳，白6扳，白角有7目实地。

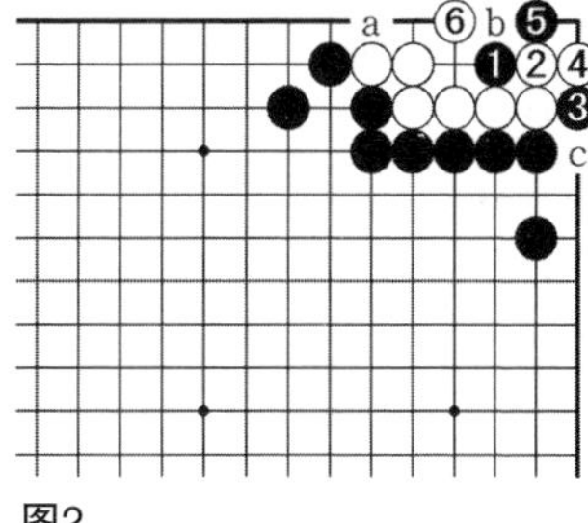

图2

白净活

图2（证明2）

黑1点，白2拐，进行至白6净活。后续黑a，白b，白棋有角地6目。但后续白有c位提的后续手段，黑棋并无所得。

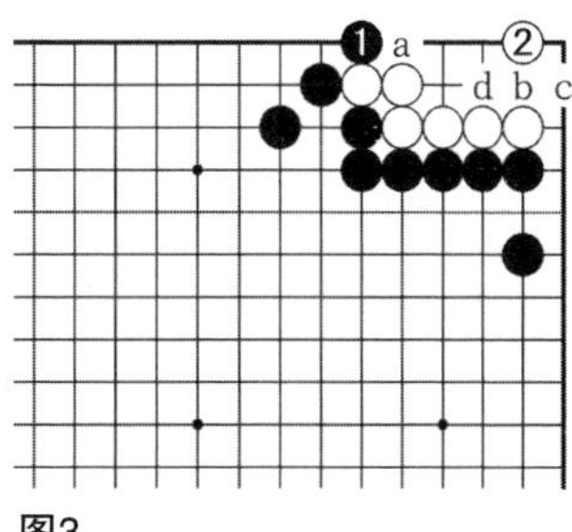

图3

白净活

图3（证明3）

黑1扳，白2跳坚实。白2若在a位打吃，黑b，白c，黑d会变成双活或者万年劫。本型白棋完全不用担心死活问题。

八目型（没有“肩”）

第1型

白先劫（黑先提）

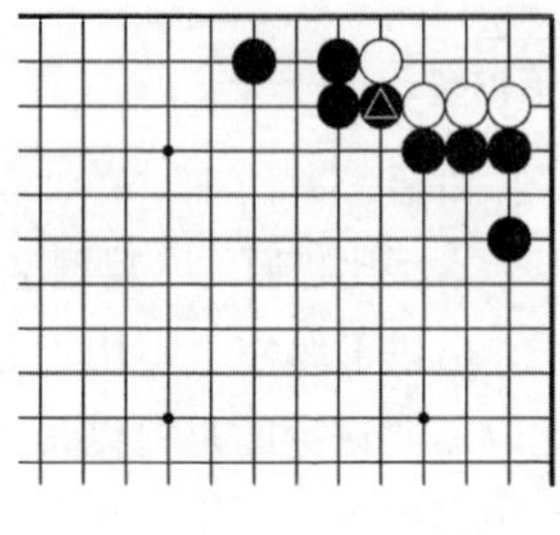

▲位被黑棋占据，白马上变成薄弱棋形。

白棋只有尽力扩大眼位才能保证不会净死。

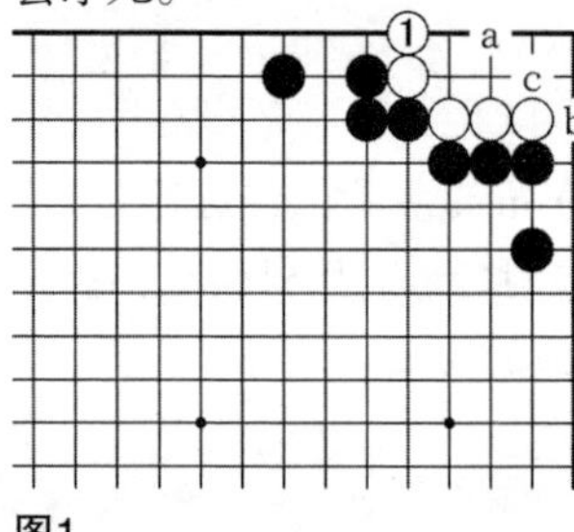

图1

立

图1（正解）

白1立是唯一正解。除此之外白棋不论怎么下都是净死。

接下来黑有a、b、c3种攻击方法。

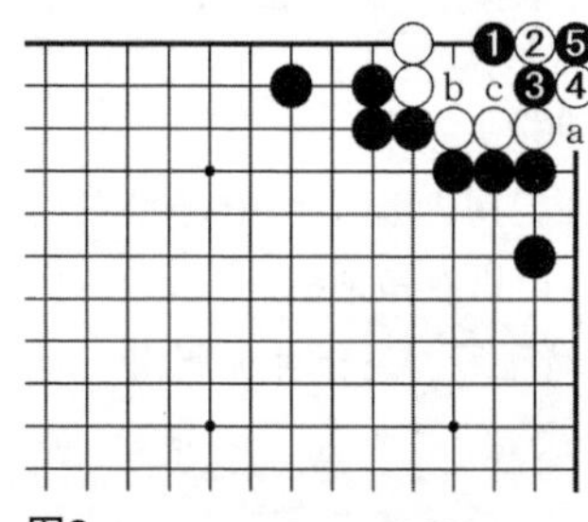

图2

打劫

图2（正解续1）

首先是黑1点。白2靠，黑3打吃，白4反打。黑5提，白a粘，黑b或者c都是打劫。

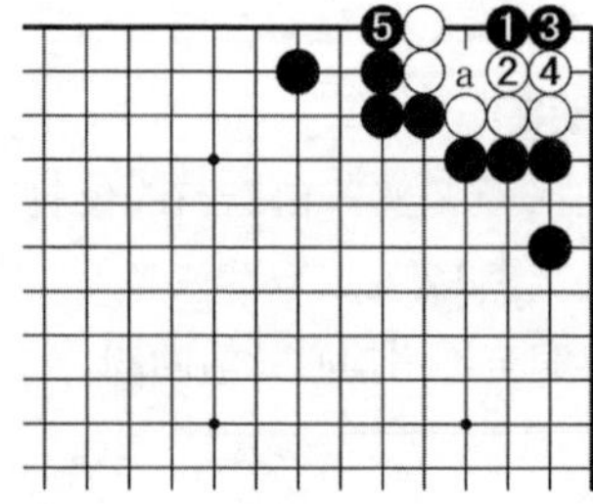

图3

白死

图3（失败）

黑1点，白若2位顶，黑3长。白4紧气，黑5好手。黑有a位倒扑的下一手，白棋净死。

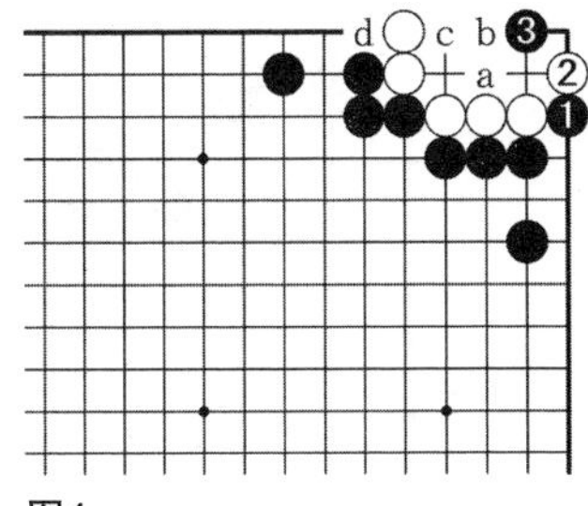

图4

扳、点

图4（正解续2–1）

黑1扳，白2打吃，黑3“二一路”点。此时白若a位做眼，黑b，白c，黑d，白净死。

那么白棋应该——

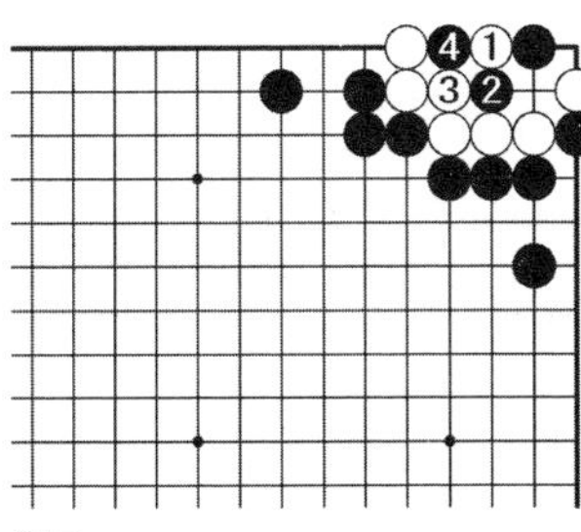
图5

打劫

图5（正解续2–2）

白1靠，黑2打吃，白3做劫。被黑占据1位粘会变成“刀把五”，所以1位是白棋必争要点，劫活。

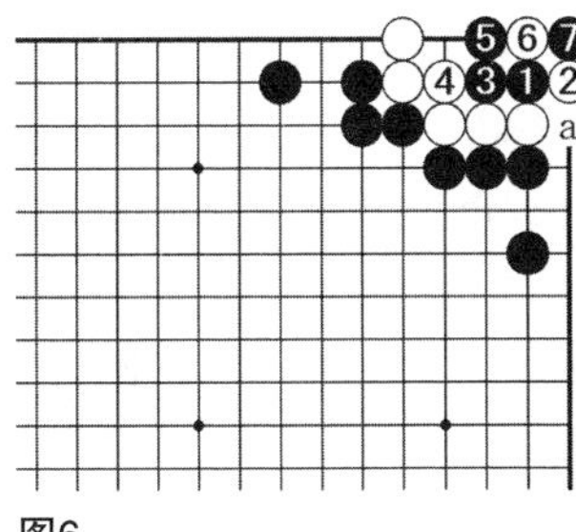

图6

打劫

图6（正解续3）

黑1夹是“二二路”妙手。白2扳，黑3长，5曲，白6扑劫活。

白2若在a位立，黑3，白4，黑5变成刀把五，白净死。

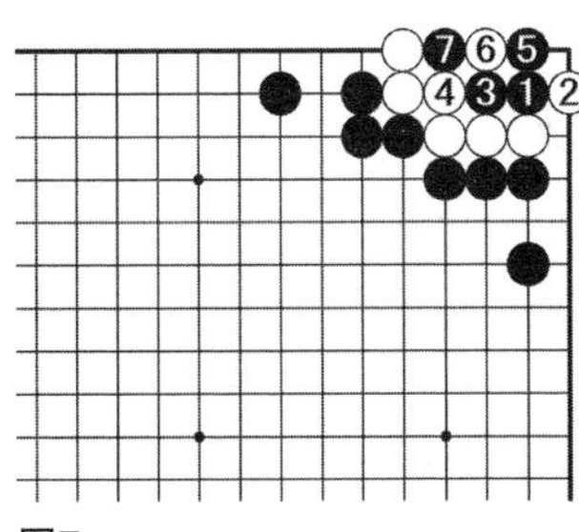
图7

打劫

图7（正解续3变化）

黑1～4，黑也可以5位曲。白6扑，黑7提，劫活。

但是本图黑棋劫胜之后的棋形不如上图简明。

第2型

黑先劫（黑先提）

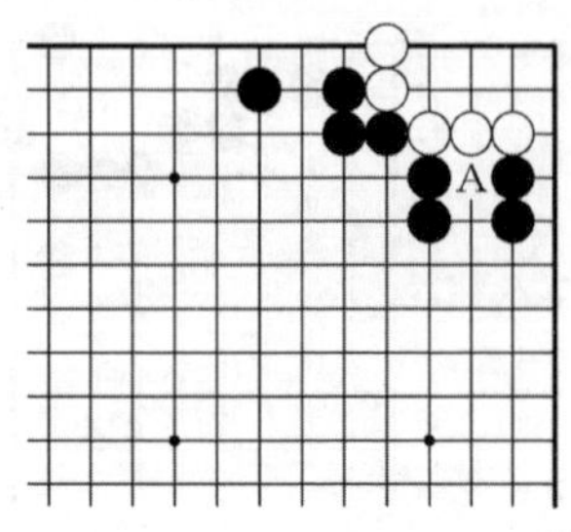

与前型类似。

白棋在A位有了外气，结果仍然是打劫，但是下法有了限制。

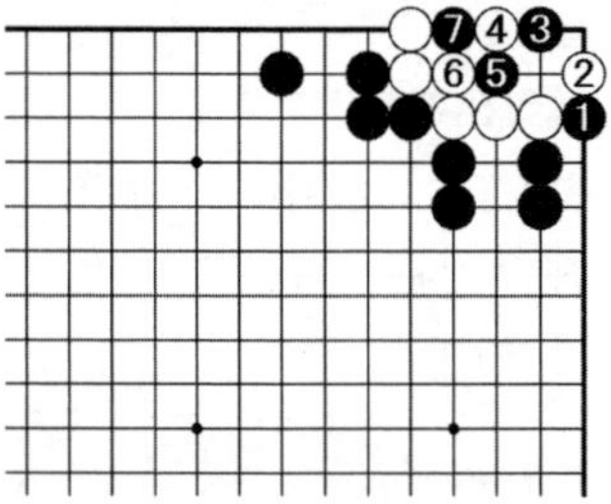

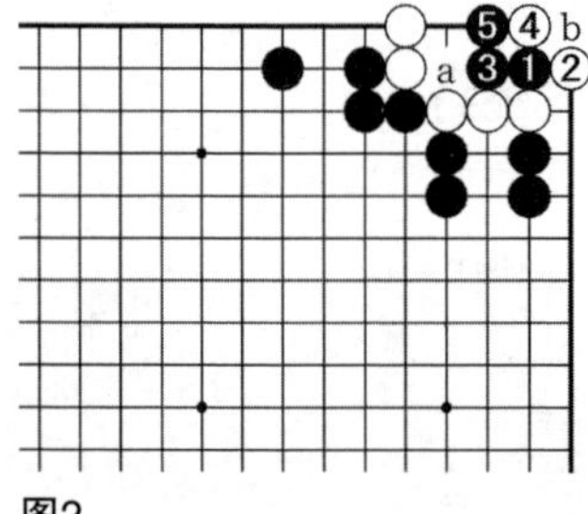

图1

打劫

图1（正解1）

黑1、3是与外气无关的攻杀方法，也是本型的代表性手段。白4至黑7，结果是黑先劫。

图2

打劫

图2（正解2）

黑1夹。白2扳至黑5，接下来白a，黑b，结果还是黑先劫。

但是本图接下来白棋可以选择脱先他投，黑棋还是选择上图更为稳妥。

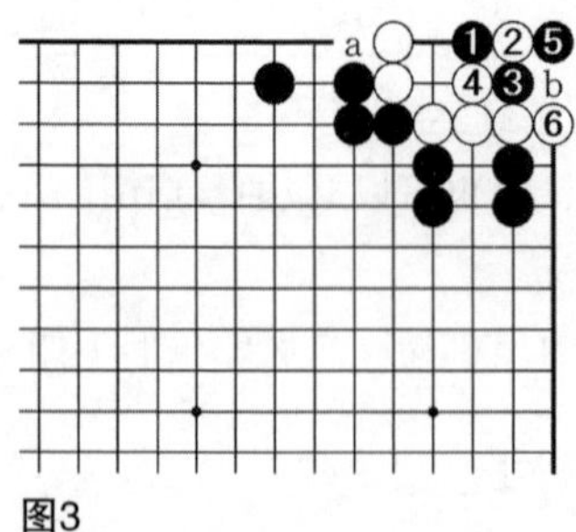

图3

白净活

图3（失败）

此时黑1点，白2，黑3打吃，白4可以断吃。黑5提，白6立，后续黑a，白b打吃可以净活。

第3型

黑先白死

本型是从第1型变化而来的。白1虎是失着，黑先白死。

这也是角上的基本死活。

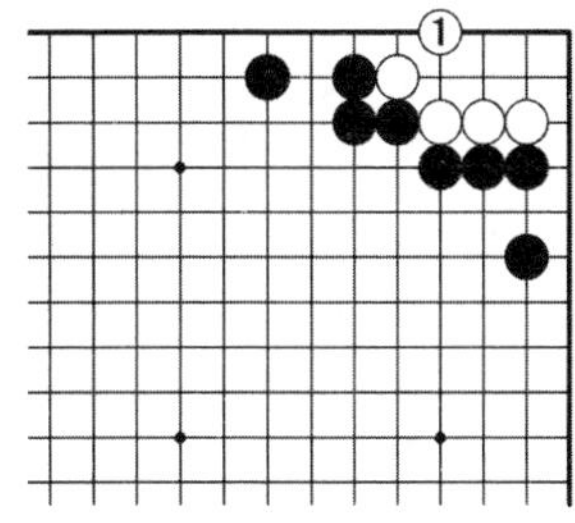

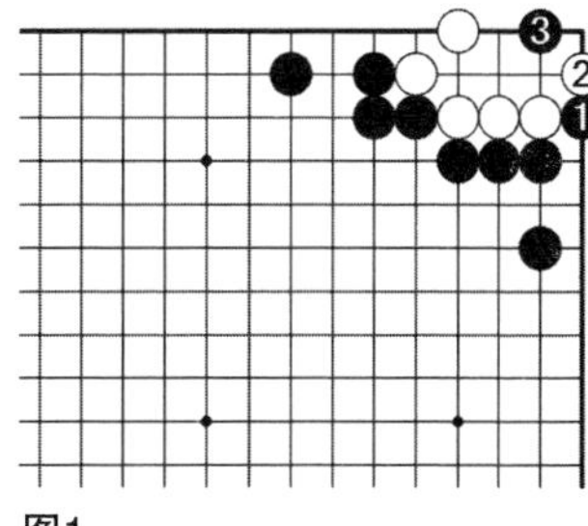

图1

扳、点

图1（正解1）

黑1扳，白2打，黑3“二一路”点杀。

第一手下在黑3点也可以，但是黑1扳是必然的一手，还是记住这种扳、点的行棋次序为好。

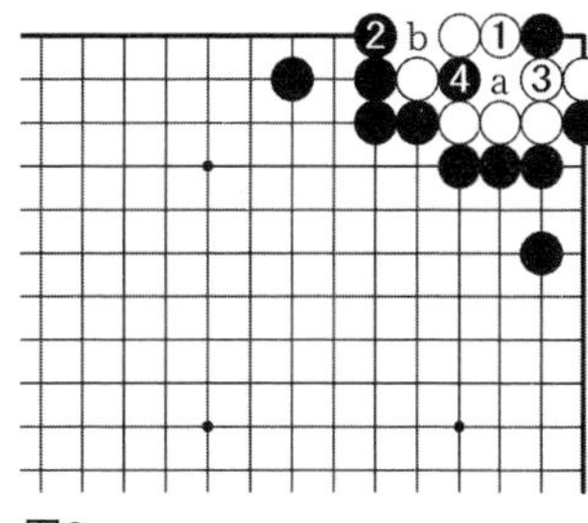

图2

白死

图2（正解1续1）

接上图，白1顶，黑2立。白3打吃，黑4扑破眼。白a提，黑b打吃变成假眼。

白1下在3位，黑仍然2位立。

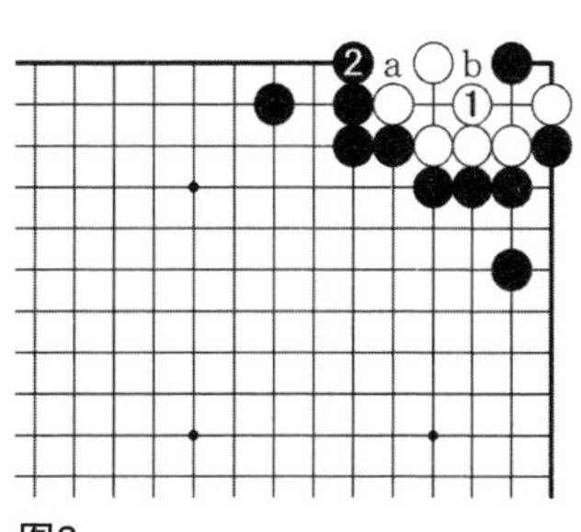

图3

白死

图3（正解1续2）

白1做眼，黑还是2位立应对即可。白a，黑b；白b，黑a打吃，白棋仍然是净死。

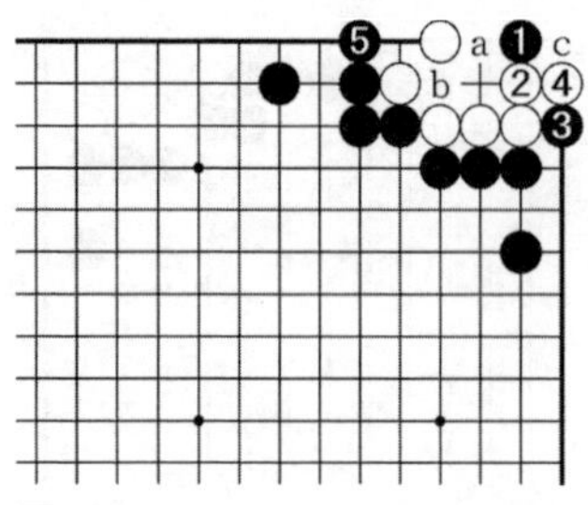
图4

白死

图4（正解2）

黑1点，结果也是净死。白2顶，黑3扳是重要的行棋次序。白4打吃，黑5立还原正解1。

黑3扳若直接在5位立，白a，黑b，白c，白净活。

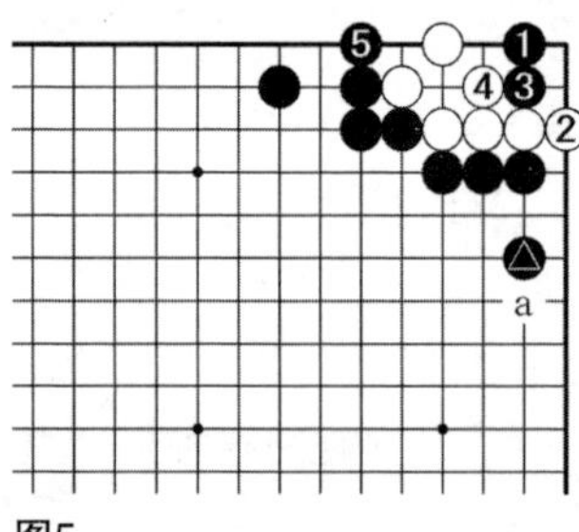
图5

白死

图5（正解2变化）

黑1点，白2立，黑3顶好手。白4做眼，黑5立，白棋仍然没有两只真眼。

但是若黑▲位无子，白a一带有子接应的情况下，白棋接下来可以联络。

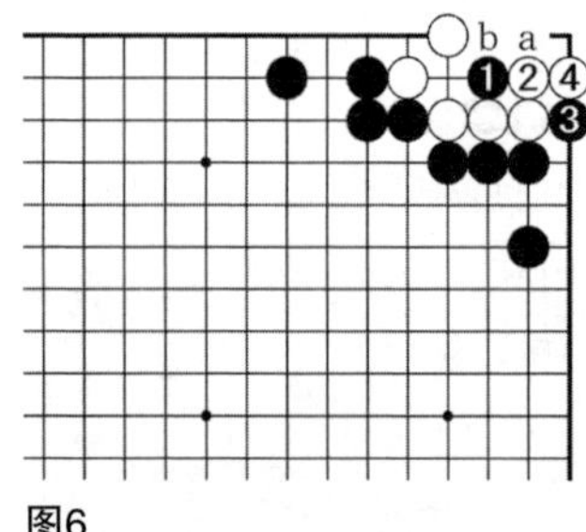
图6

白净活

图6（失败1）

此时黑1点是恶手，白2拐净活。黑3扳，白4打吃。接下来黑a扳，白b断吃即可。

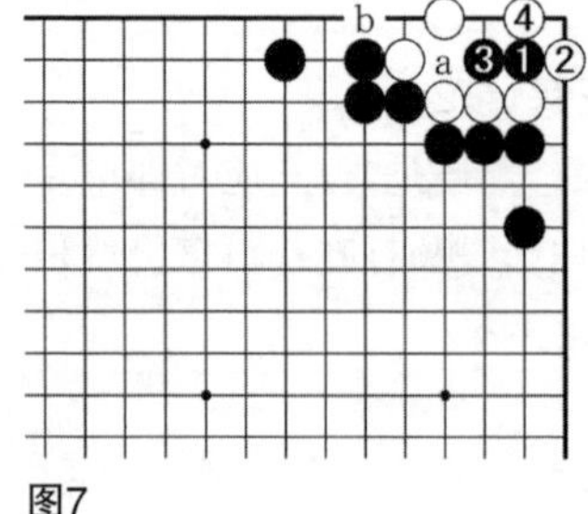
图7

白净活

图7（失败2）

黑1夹结果也上图基本相同。白2扳，黑3长，白4扳。黑a无法入气。

如果黑第一手在b位立，白4跳净活。

第4型

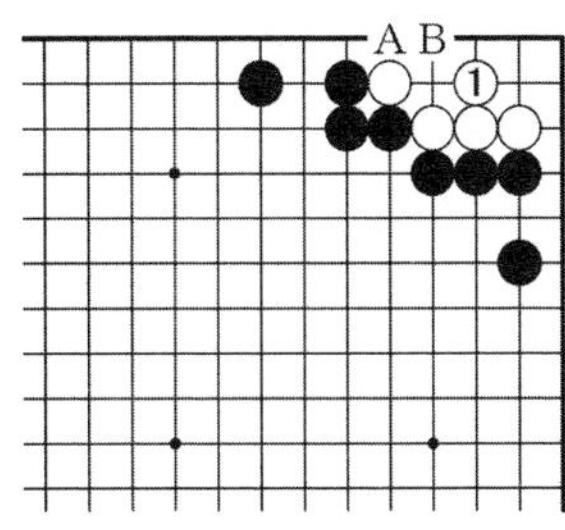

黑先白死

白1试图制造劫活。黑A打吃是白棋希望出现的下法，这样白B就可以变成净活。

黑棋必须找到棋形急所，一击即中。

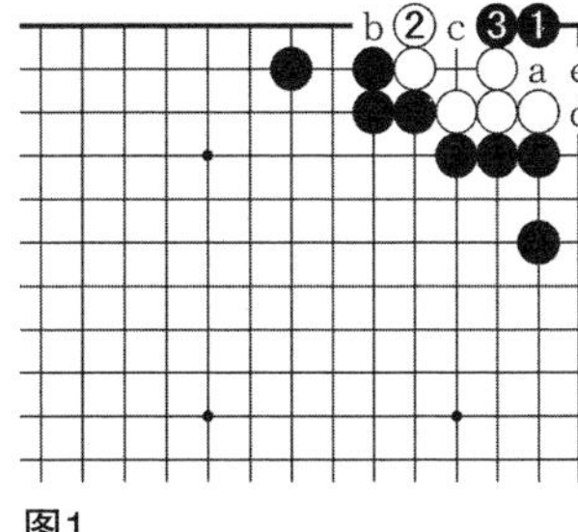

图1

白死

图1（正解）

黑1是“二一路”的急所。白2立，黑3爬。接下来白a，黑b。白2若在c位做眼，黑b立，白仍然净死。

黑棋第一手在d位扳，白e，黑1结果相同。

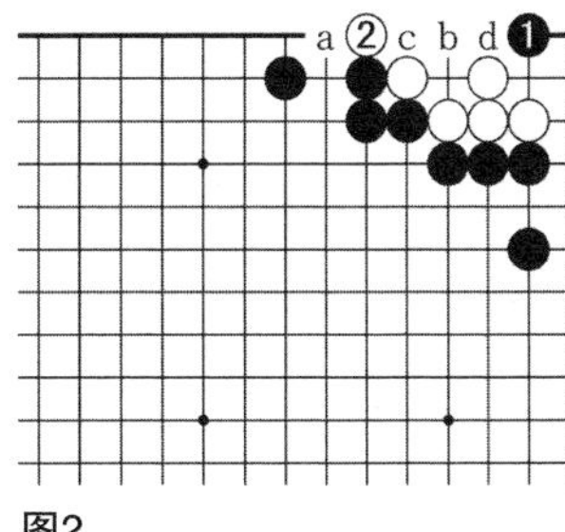

图2

扳

图2（正解变化）

黑1点，白2扳是带有迷惑性的下法。此时黑若a位打吃，白b做劫。虽然白无法直接在c位粘做活。但白d做眼之后就可以c位做活，结果变成了二手劫。

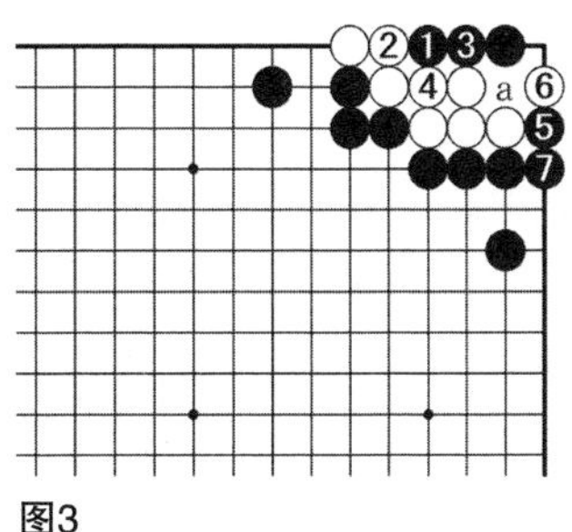

图3

白死

图3（正解变化续）

面对上图白2扳，黑如本图1位点是正解。白2、4，黑5、7扳粘缩小眼位。后续白a打吃就变成“直三”的棋形，结果净死。

第5型

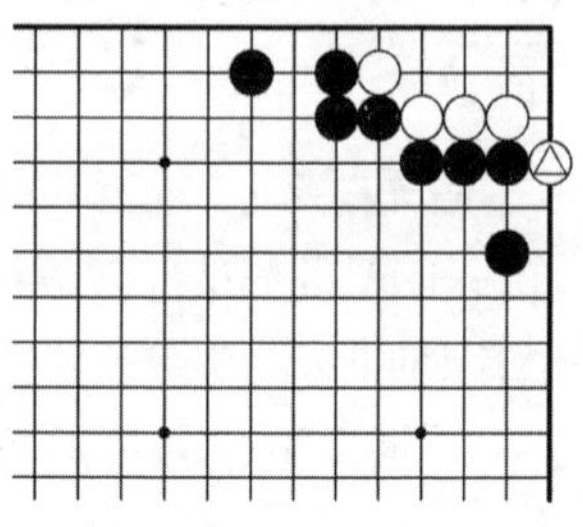

白先活

此时白棋在右边多了△位扳。

白△扳会发挥重要作用，白先可以净活。

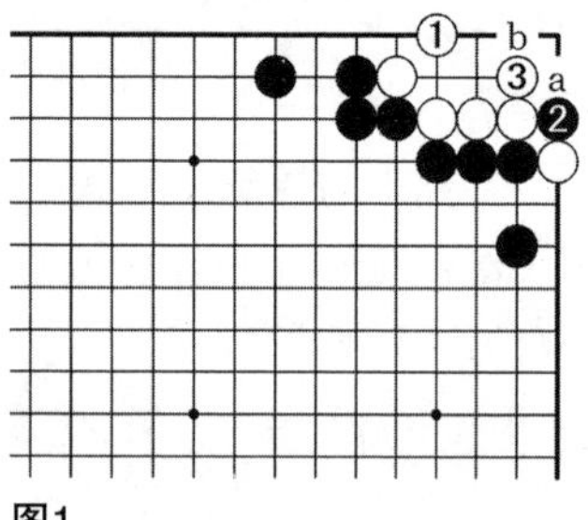

图1

虎、曲

图1（正解）

白1虎是此时的正解。黑2扑是犀利的手筋，但白3曲是好手。

白3若在a位提，黑b点还原第3型净死的棋形。

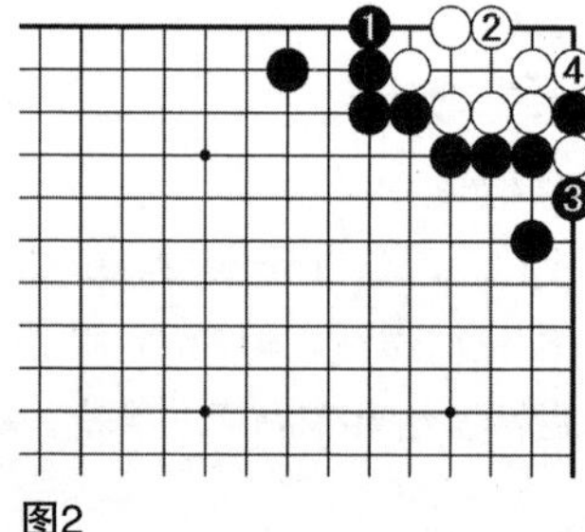

图2

白净活

图2（正解续）

接上图，黑1立，白2做眼是好手。黑3提，白4打吃，净活。

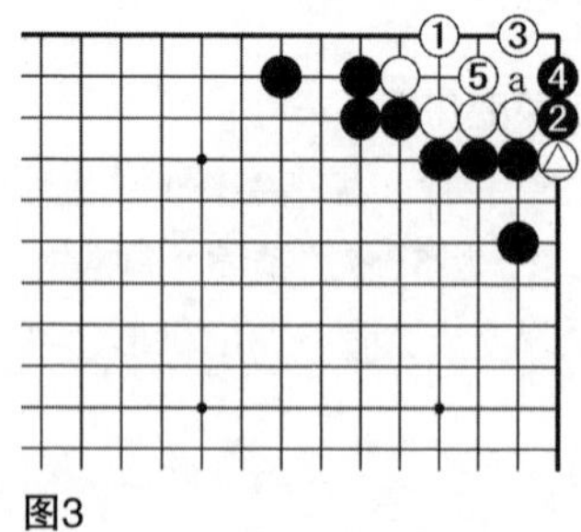

图3

白净活

图3（准正解）

黑2扑，白3跳也是净活。黑4长，白5做眼。因为白△，黑a无法入气。

但是与上图相比可以看出，本图白棋实地明显亏损。

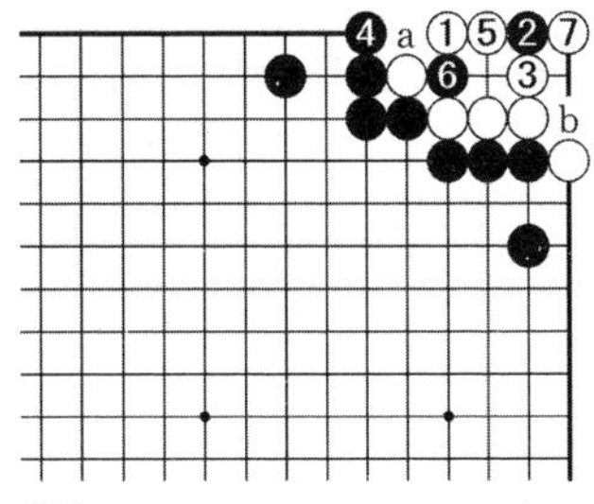

图4

白净活

图4（正解变化）

白1虎，黑2点，白3顶。黑4立，白5打吃，黑6扑，白7提好手。接下来黑a提，白b做眼；黑b扑，白a做眼净活。

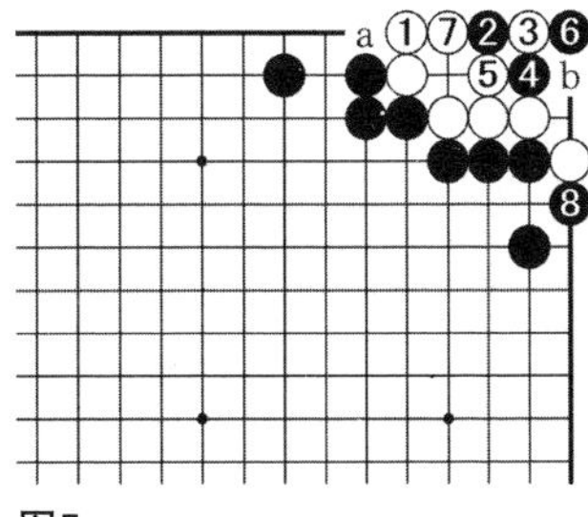

图5

两手劫

图5（失败）

白若在1位立，黑2点好手。白3至白7应对，黑8打吃形成两手劫。

黑8若在a位打吃，白b扑形成连环劫，白净活。

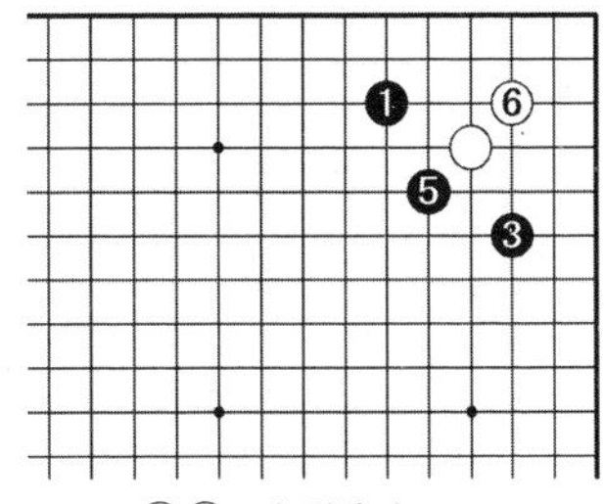

图6　②④=（脱先）

脱先两手

图6（参考）

本图是非常经典的棋形。

白棋星位占角，黑1挂角，白脱先，黑3双飞燕，白继续脱先，黑5飞封，白6小尖做活。

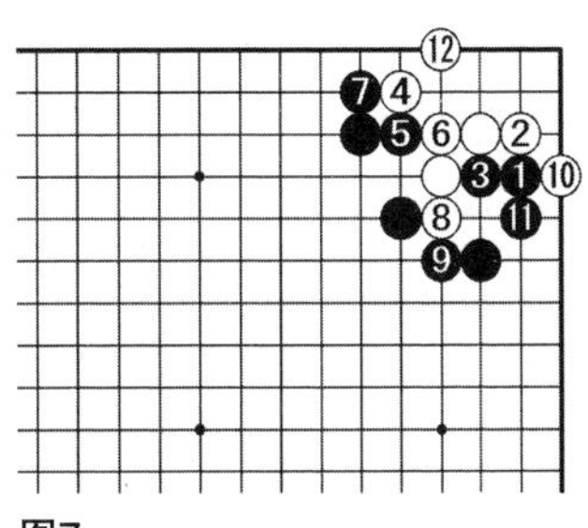

图7

白净活

图7（参考续）

接上图。黑1开始对白角发起攻击，黑7拐，白8、10先手交换，黑11，白12虎，形成本型的净活棋形。

第6型

白先活

比前型多了外气。

白棋有了外气更加从容，此时有两种做活的方法。

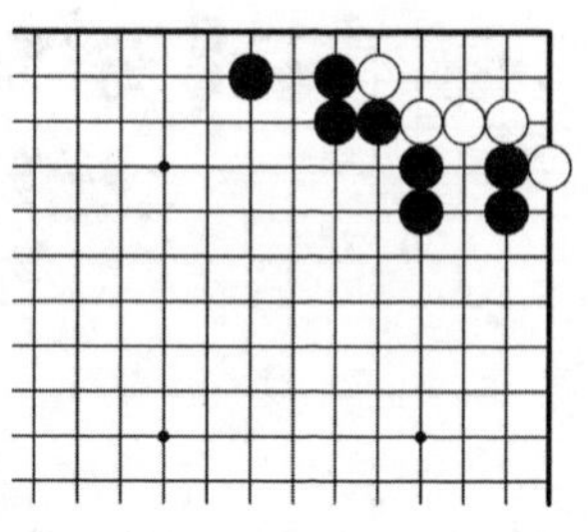

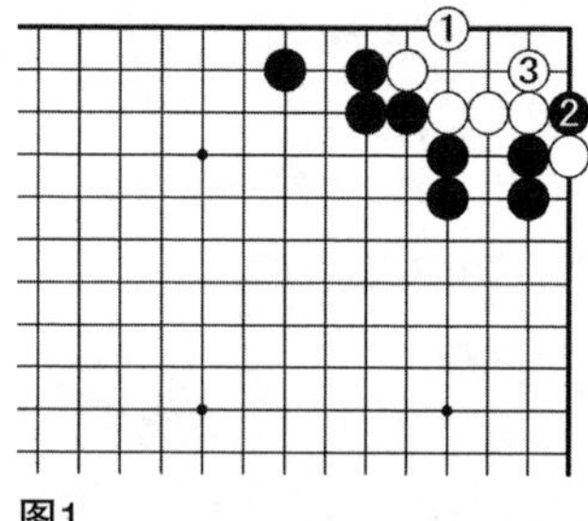

图1

白净活

图1（正解1）

本图与前型相同，第一个下法就是白1虎。黑2扑，白3弯。

即使没有外气也是净活，此时自然也是正解。

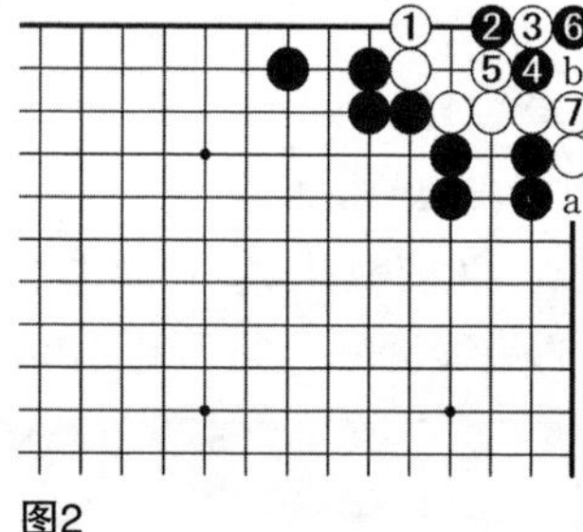

图2

白净活

图2（正解2）

白1立同样是正解。黑2点，白3靠，黑4打吃，白5断吃。黑6提，白7粘，接下来黑a，白b打吃（关联图可以参考第2型图3）。

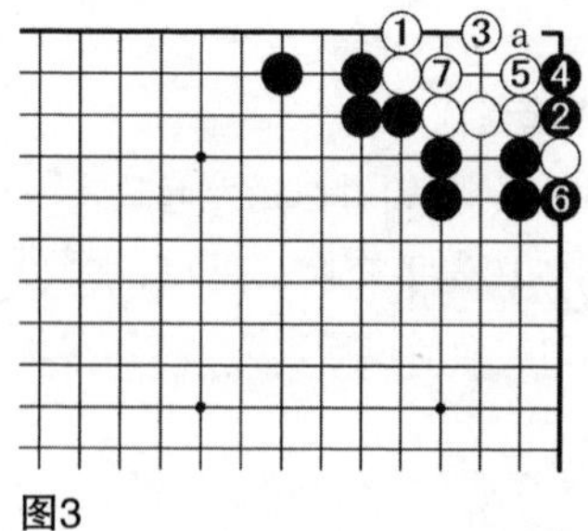

图3

白净活

图3（正解变化2）

黑2扑，白3跳好形。黑4长，白5打吃，7做眼净活。

白3若在4位提，黑a点变成劫活（参考第1型图4、图5）。

第7型

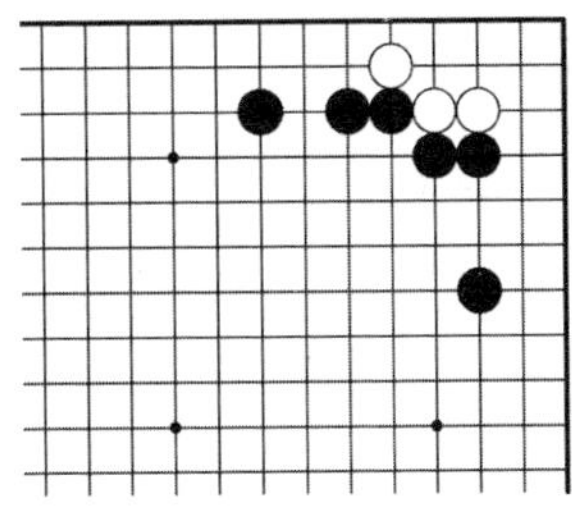

黑先劫（黑先提劫）

本型是将之前的棋形进行总结的图形。

学习了本型，可以了解到攻杀的方法不是只有积极破眼一种。

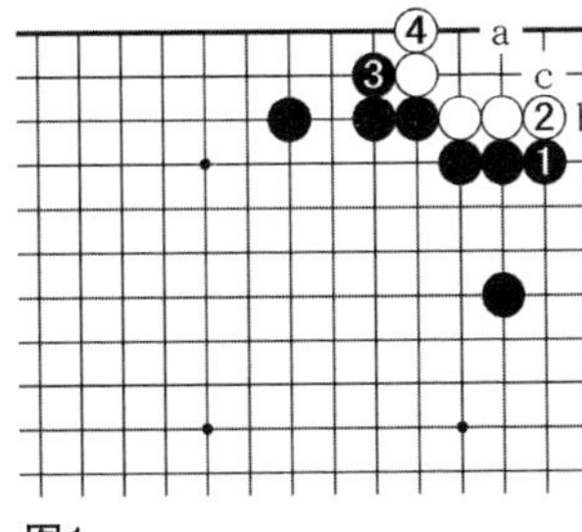

图1

打劫

图1（正解）

黑1立是冷静的好手。白2挡，黑3拐。发现此时的棋形还原第1型了么？白4立，在第1型讲解中已经见过，黑a点、b扳、c夹都可以形成劫活。

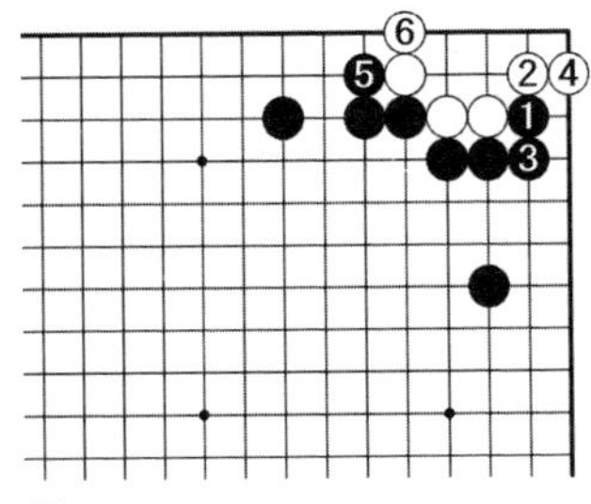

图2

白净活

图2（失败）

扳粘是常见的攻杀方法，但在本型中却有帮忙之嫌。白2挡，黑3粘，白4立，净活。

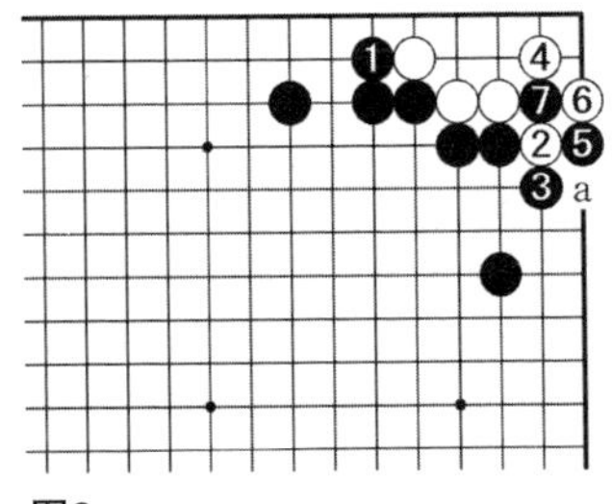

图3

打劫

图3（参考）

从诘题的角度来说，黑1拐也是一种选择。白2、4制造眼形，黑5打吃，白6做劫。

但是此时的劫争，白在a位消劫价值极大，会增加黑棋的负担。

第8型

黑先白死

与前型相比多了白△与黑▲的交换。看似无关紧要的交换，其实还有没有更好的手段。此时黑先白棋净死。

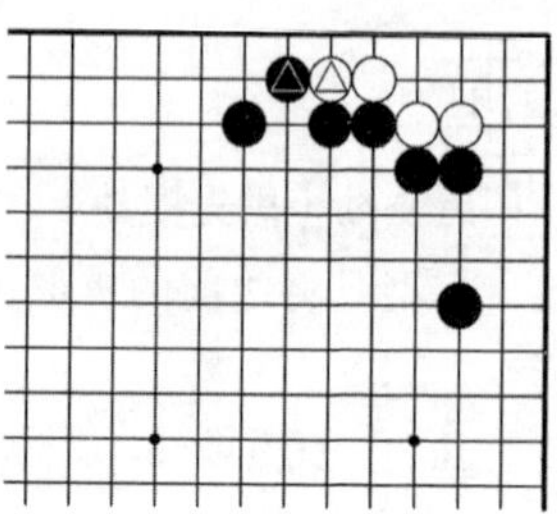

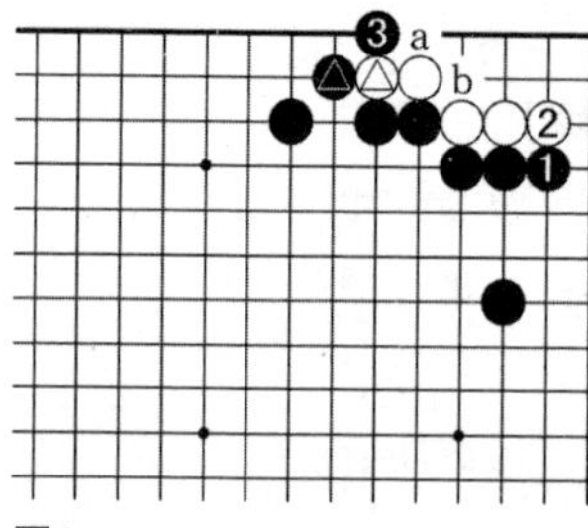

图1

立、扳

图1（正解）

黑1立正解。白2挡，黑3扳。此时可以看出白△与黑▲的交换导致白棋自身棋形气紧，白若a位打吃，黑可以b断吃。

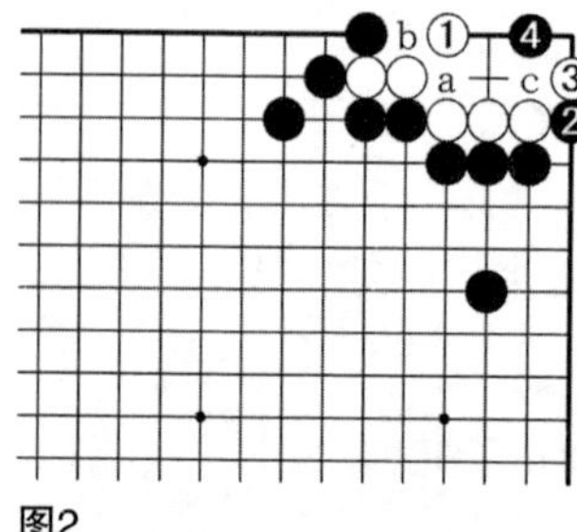

图2

白死

图2（正解续）

接上图，白1虎，黑2扳、4点，还原第3型图1，白净死。

白1若在a位粘，黑下在b位或者c位应对，结果相同。

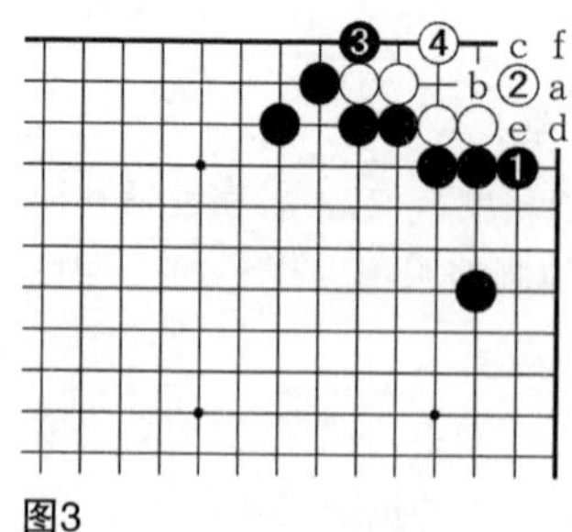

图3

小尖的话

图3（正解变化1）

黑1立，白2小尖如何。黑3扳，白4虎。接下来如果黑a托，白b，黑c，白d，黑e，白f，结果是劫活。

但是——

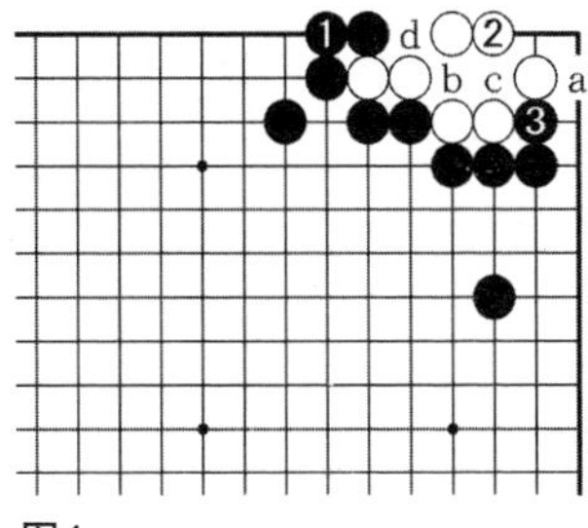

图4

白死

图4（正解变化1续1）

黑1粘好手。白2做眼，黑3挤，白a做眼，黑b，白c，黑d破眼，白净死。

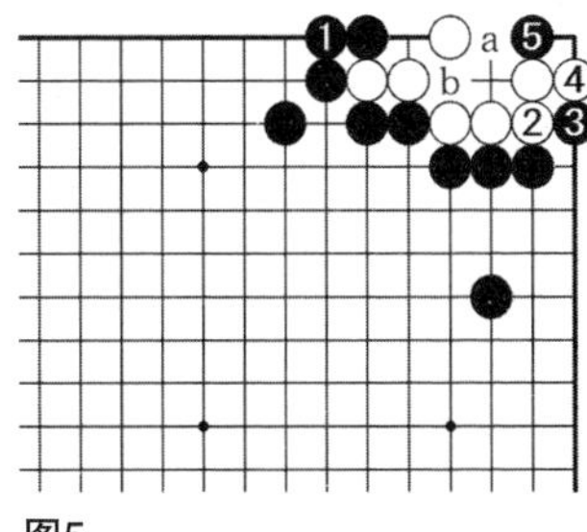

图5

白净死

图5（正解变化1续2）

黑1粘，白2扩大眼位，黑3扳，5点，接下来白a，黑b扑即可。

白2若在4位立，黑5结果相同。

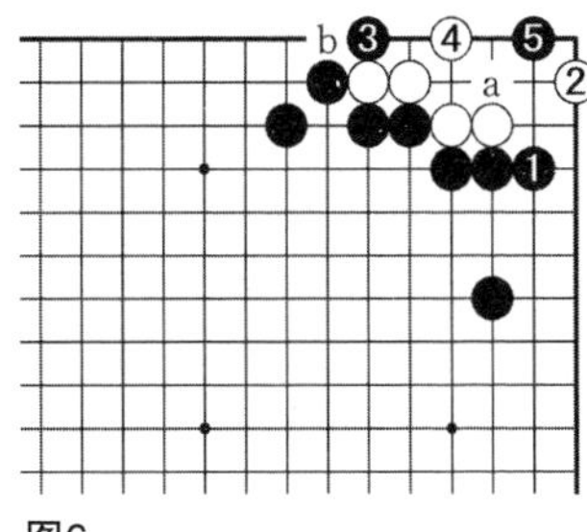

图6

白净死

图6（正解变化2）

黑1立，白2小飞，黑3扳、5点。后续白若a位做眼，黑b粘好手，白棋无法做出两只真眼。

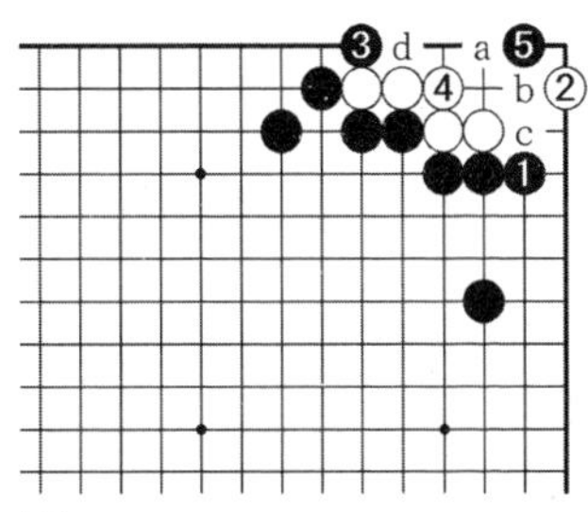

图7

白净死

图7（正解变化3）

黑3扳，白4粘，黑5点破眼。白若a位尖顶，黑b，白c，黑d。

黑c、白d交换这样的俗手一定要注意避免。

第9型Ⅰ

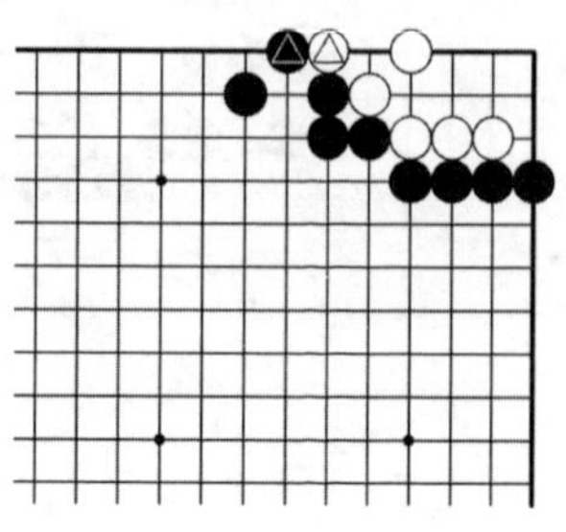

白先劫（黑先提）

上边有了白△与黑▲的交换。结果会是什么呢。

黑先、白先都很有趣味。

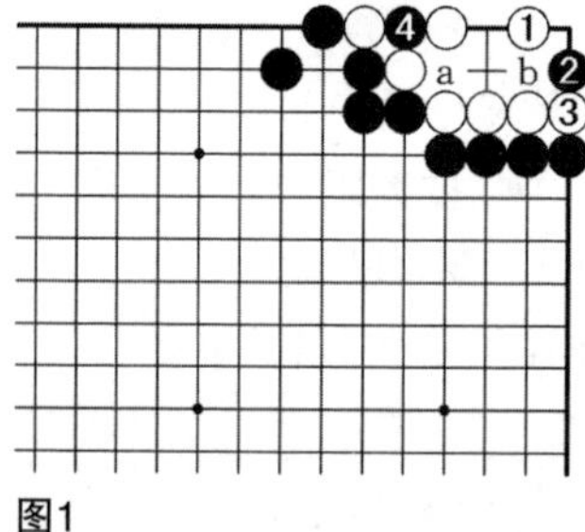

图1

打劫

图1（正解1）

白1跳。乍一看像是净活，但黑2点、4提，形成劫活。白a粘，黑b冲白净死，此时打劫是白棋唯一机会。

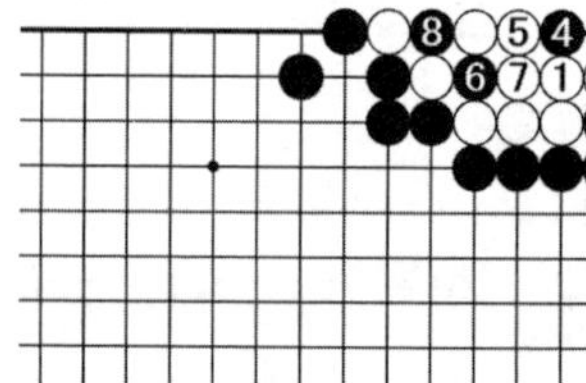

图2

打劫

图2（正解2）

白1弯结果也是劫活。黑4点，6扑，形成打劫。

白1下在7位、2位结果也是打劫。

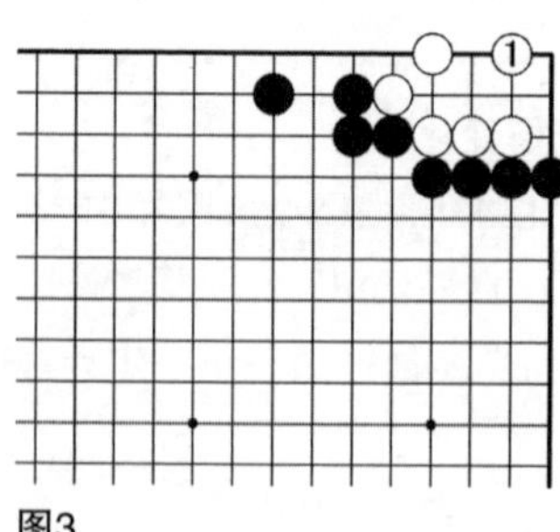

图3

白净活

图3（参考）

如果上边没有白棋扳、黑棋打吃的交换，此时白1跳净活。

这个交换在白棋想要净活的情况下会起到副作用。

第9型Ⅱ

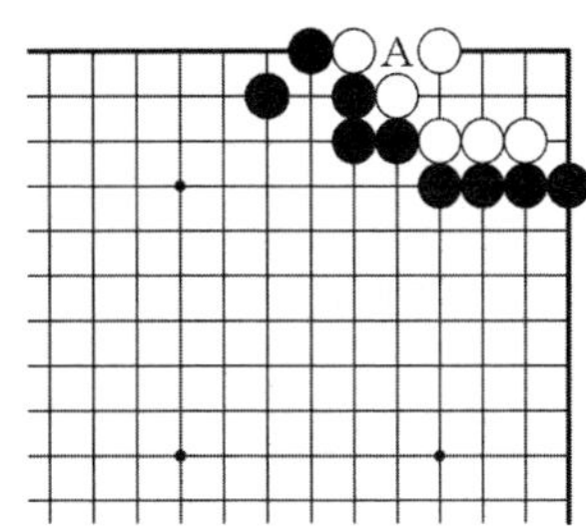

黑先两手劫

再研究一下黑先的结果。

黑A提就是劫活，那么还有其他手段么。

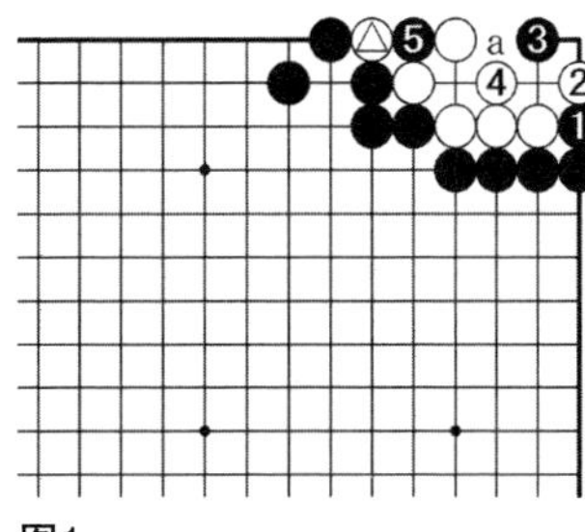

图1

两手劫

图1（正解）

黑1冲、3点是出现频率较高的手筋。白4做眼，黑5提。接下来白△提劫，a做眼才是一手劫。此时是两手劫。

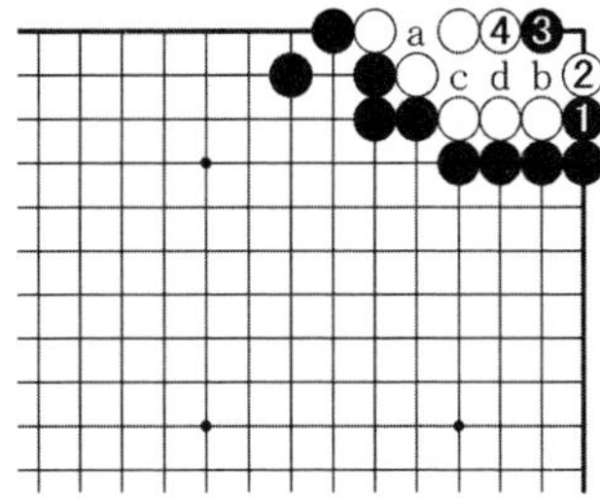

图2

两手劫

图2（正解变化）

黑1冲，3点，白4顶结果也是两手劫。

此时白不能立即在a位粘。需要在b位打吃做眼，然后黑c，白d，黑a提劫。

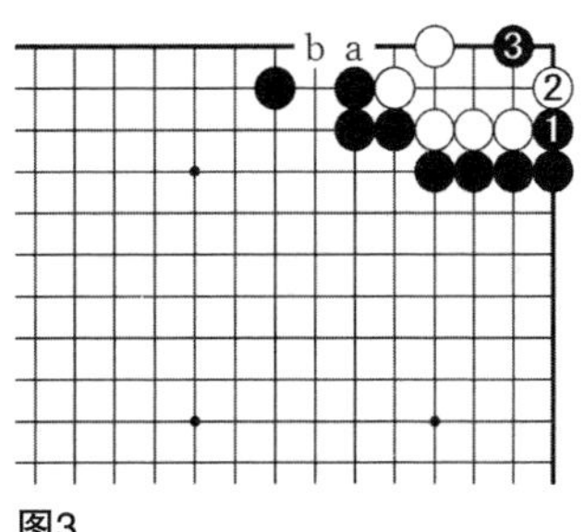

图3

白死

图3（参考）

白a、黑b如果没有交换，黑1、3之后白棋净死。在黑棋要净吃白角的情况下，白a、黑b的交换会给黑棋制造障碍。

本型对于黑白双方都是有些纠结的棋形。

第10型

黑先劫

此时白棋形已经完整，需要注意的就是“板八”被挤住有气紧的问题，黑先已经无法净活。

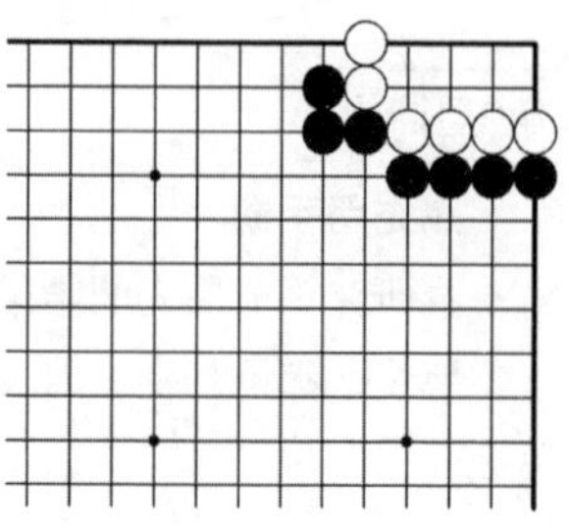

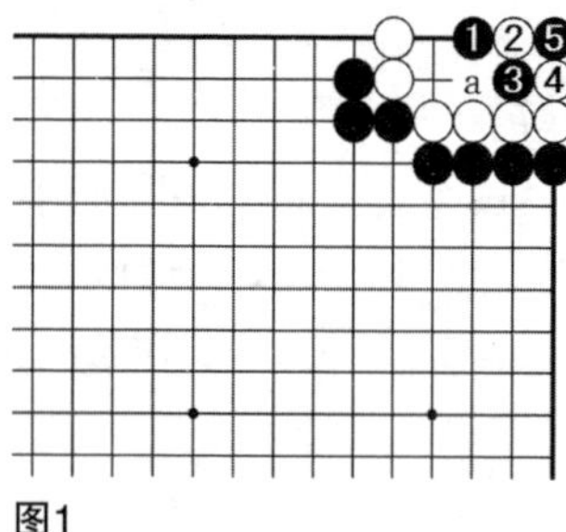

图1

黑先提劫

图1（正解）

黑1点是急所。白2靠，黑3打吃，白4反打，黑5提劫。白棋气紧，不能在a位打吃。

黑棋要是消劫，在2位粘就变成了刀把五的棋形。

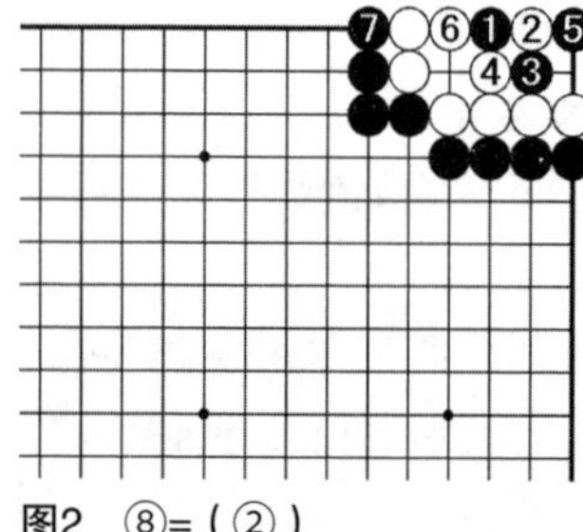

图2 ⑧=（②）

白先提劫

图2（正解变化1）

黑1、3破眼，白4、6也是劫活。本图是白先提劫，这一点优于上图。但黑7可以脱先他投，局部仍是劫活，如何选择要根据具体情况而定。

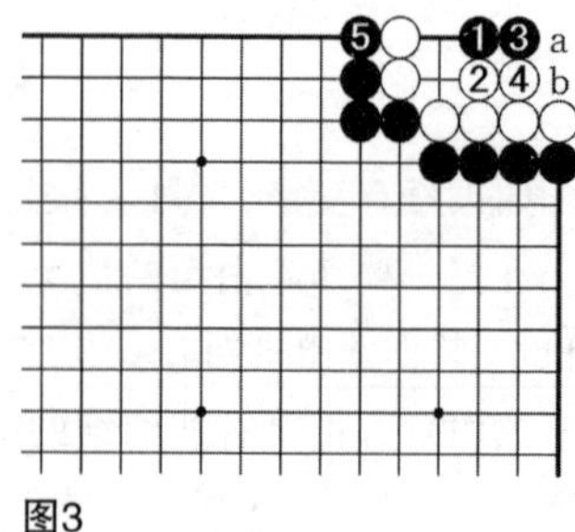

图3

黑先提劫

图3（正解变化2）

黑1点，白2顶是问题手。黑3长、5挡好手，接下来白a、黑b劫活。本图不仅是黑先提劫，同时黑还抢占了5位的好点，明显更满意。

第11型

白活

白棋上边变成了△位虎。

本型白棋眼形充足，可以确保活棋。

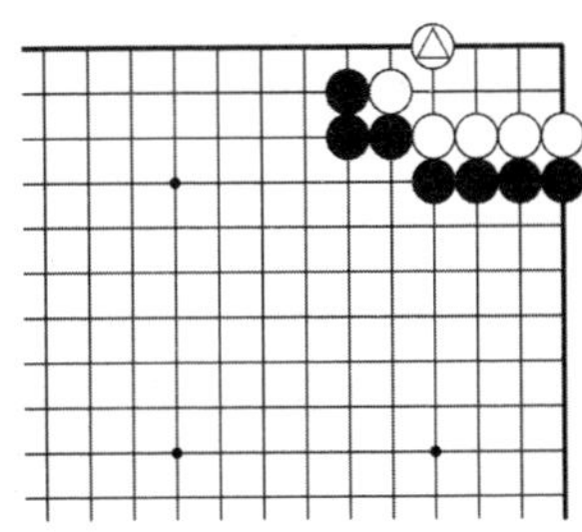

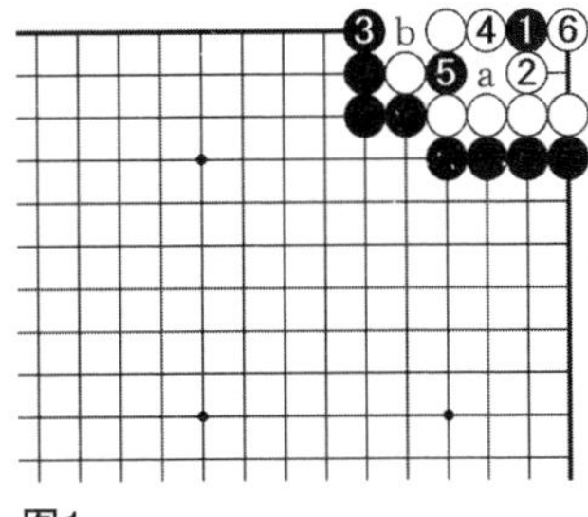

图1

白净活

图1（证明1）

黑1点至黑5是精妙的局部攻杀手筋，但在此时只是官子手段。白6提即可净活。

白6在a位提，黑b，白6也是净活。

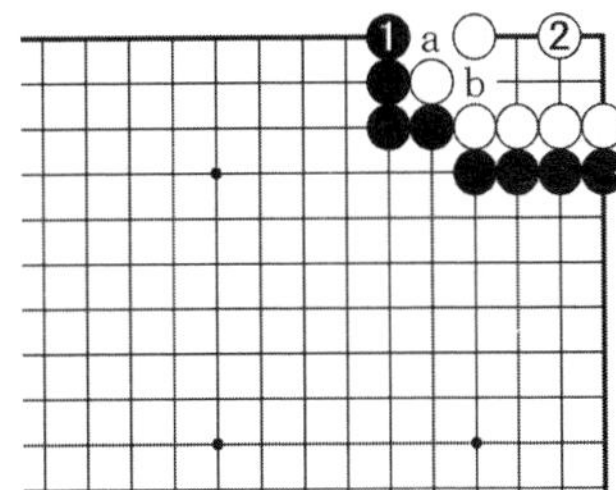

图2

白净活

图2（证明2）

黑1立，白2跳即可。黑a，白b，白棋角上有5目实地。

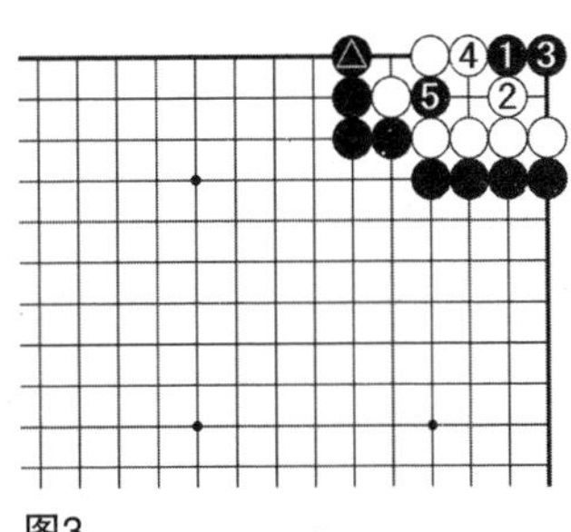

图3

白死

图3（参考）

如果在黑▲时白棋选择脱先，则黑1点，3立严厉。白4打吃，黑5扑，白净死。

八目型（要点无子）

第1型

黑先白死

本型是在A位无子的“板八”棋形。已知黑A、白B有子的情况是打劫活，接下来请思考黑A之外的下法。

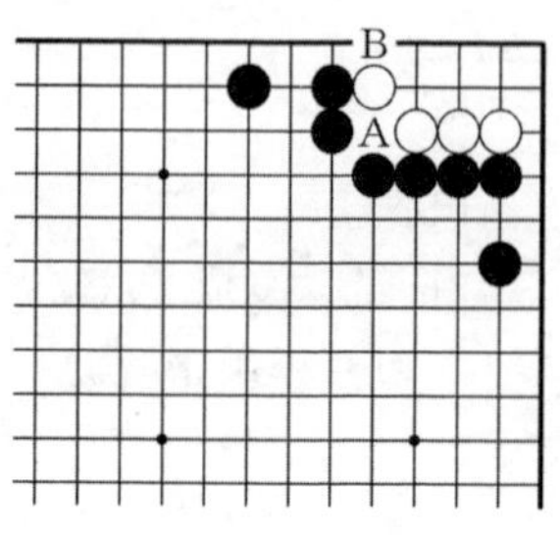

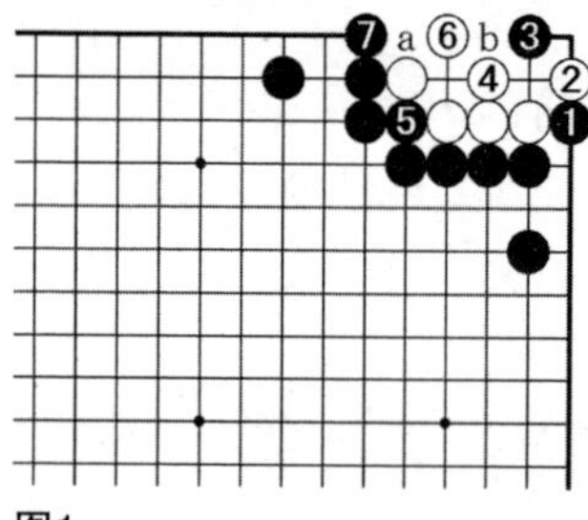

图1

白净死

图1（正解）

黑1扳，白2挡，黑3点急所。白4弯，黑5挤是最关键的一手。白6做眼，黑7立，接下来白a，黑b。

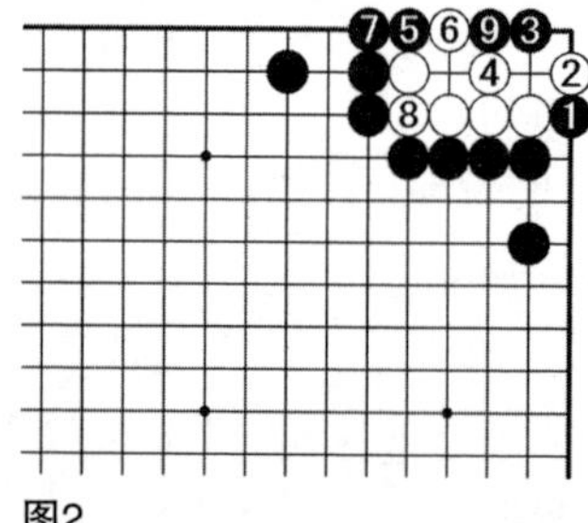

图2

打劫

图2（失败1）

上图黑5若如本图黑5、7扳粘随手。白8做眼急所，黑9打吃变成劫活。

请区分与图1的不同之处。

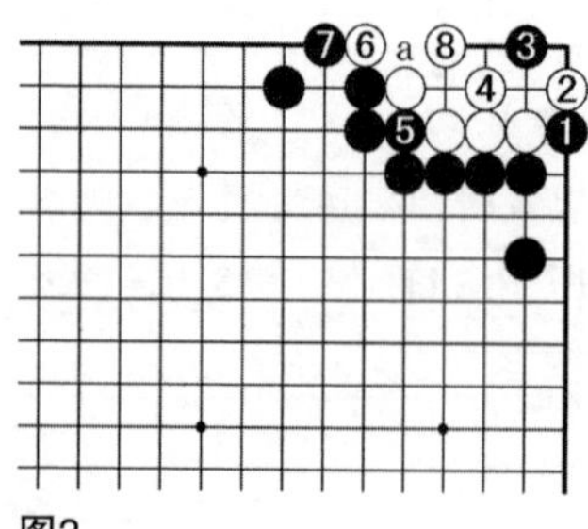

图3

两手劫

图3（失败2）

图1白6选择本图白6扳是带有迷惑性的下法。此时黑7打吃随手，白8做眼好手。黑只能a位提劫，本图的结果是两手劫。

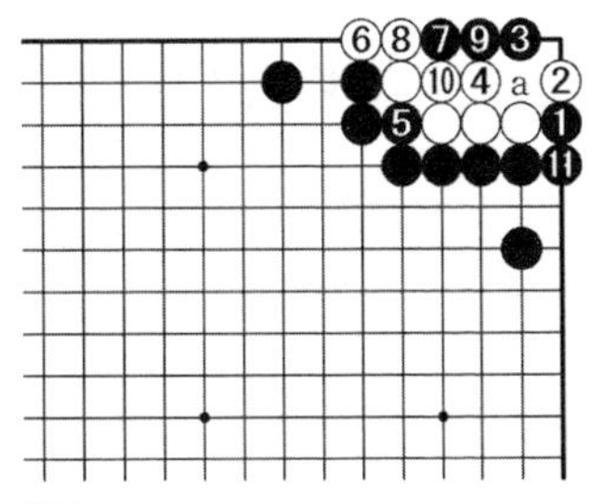

图4

白净死

图4（正解变化1）

面对白6扳，黑7点是破解之法。白8粘，黑9连，白10，黑11交换至，白a位打吃会变成“直三”，净死。

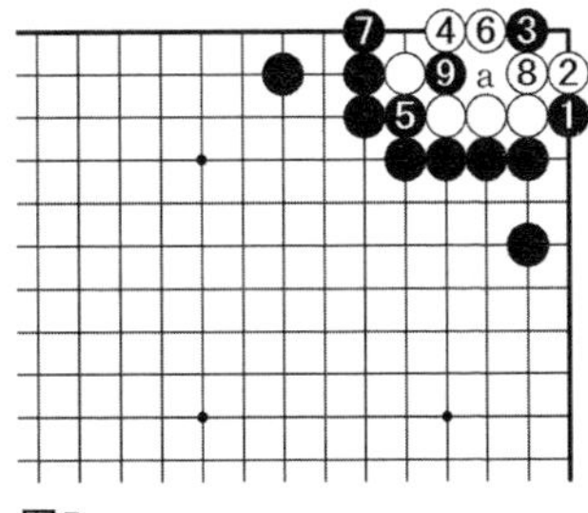
图5

白净死

图5（正解变化2）

黑1、3，白4虎应对。此时黑5挤是急所。白6顶，黑7、9破眼。

若白6下在a位，黑7立还原图1。

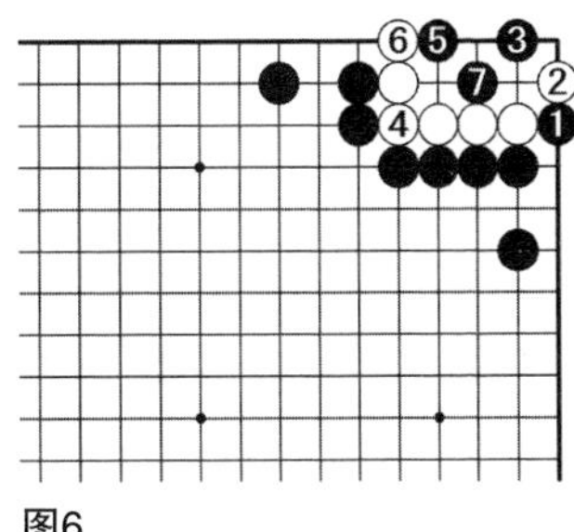
图6

白净死

图6（正解变化3）

黑1、3，白4先抢占要点如何。黑5跳、7虎好手，此时白棋变成“刀把五”，仍然是净死。

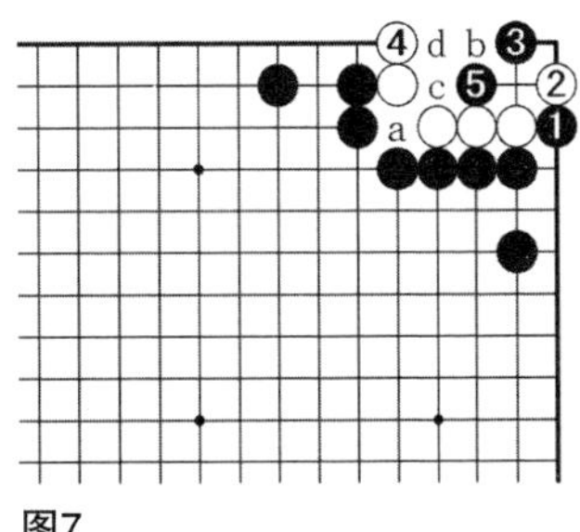
图7

白净死

图7（正解变化4）

黑1、3，白4立扩大眼位。黑5小尖是此时的急所，局部还是“刀把五”。

本图中黑5是唯一要点，若下在a位，白b，黑5，白c，黑d变成打劫活。

第2型

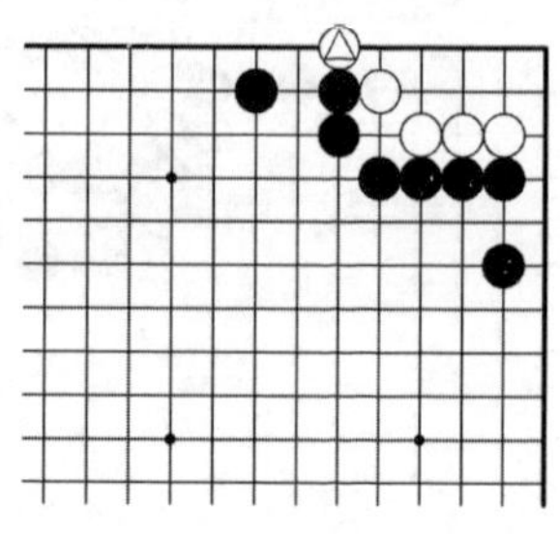

黑先劫

相较前型多了白△扳。在实战中需要注意外部有出头的可能性，所以本型出现频率较高。

有了白△扳，白棋形有了弹性。

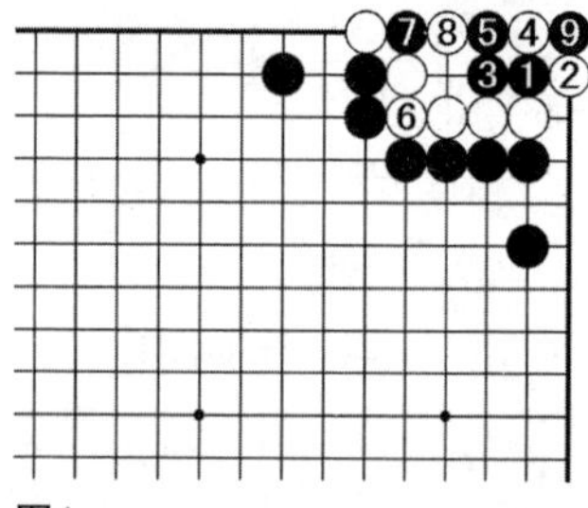

图1

黑先提劫

图1（正解1）

黑1夹好手，白2扳，黑3爬，白4扳，黑5打吃，白6扩大眼位，黑7扑，9提劫，劫活。

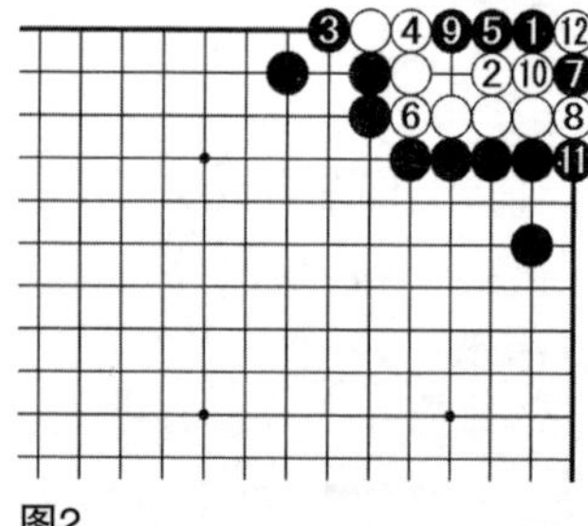

图2

白先提劫

图2（正解2）

此时黑1点也是正解。白2弯，黑3、5次序正确，白6～12，形成劫活。本图是白先提劫，但黑占到了3位和11位，所以也是可以考虑的一种下法。

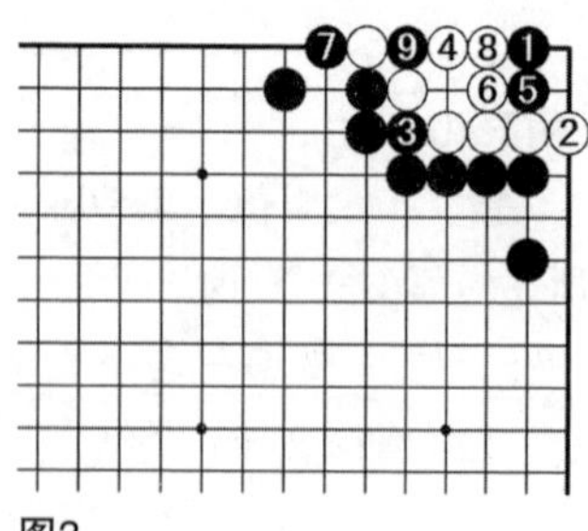

图3

黑先提劫

图3（正解2变化）

黑1点，白也可以选择2位立应对。黑3至9，形成劫活。本图白棋占到了右边硬腿，但是黑先提劫。与上图之间如何选择，需要好好斟酌。

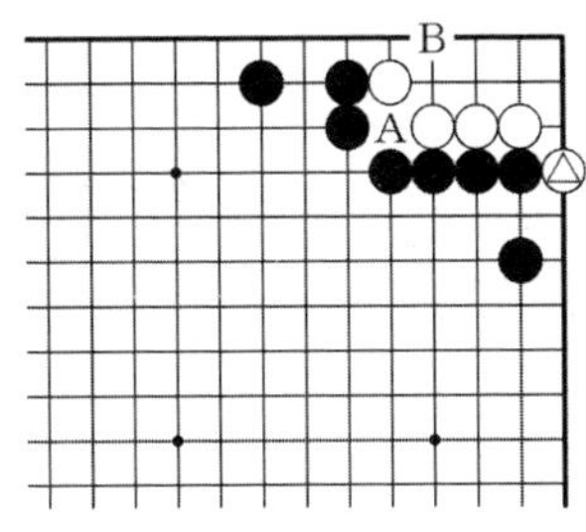

第3型

黑先劫（黑先提劫）

本型白在△位多了一子。黑A、白B交换之后，因为白△有子，结果是净活。本型白棋无法净活，但是也不会有死棋的危险。

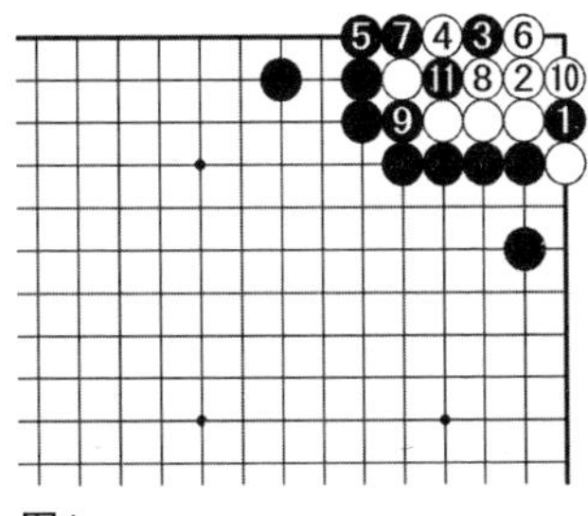

图1

黑先劫

图1（正解）

黑1扑。白2曲冷静，黑3～5是攻击的正确次序。白6至黑11，形成劫活。

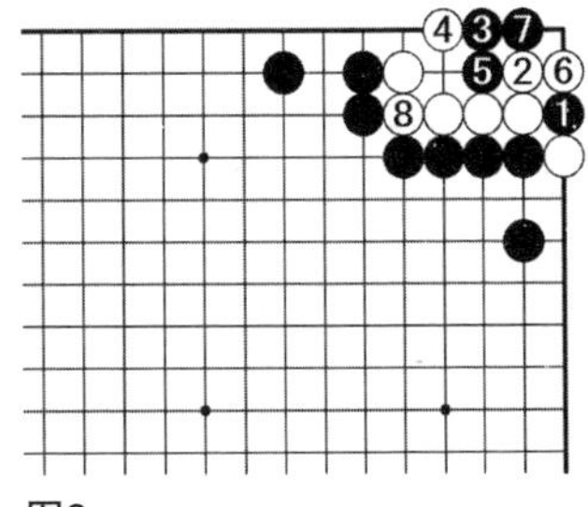

图2

双活

图2（失败）

白4尖顶、黑5破眼意在净吃白棋。但白6、8扩大眼位之后结果变成双活。

另外黑3若在4位点，白3尖顶净活。上图的劫活是双方最佳结果。

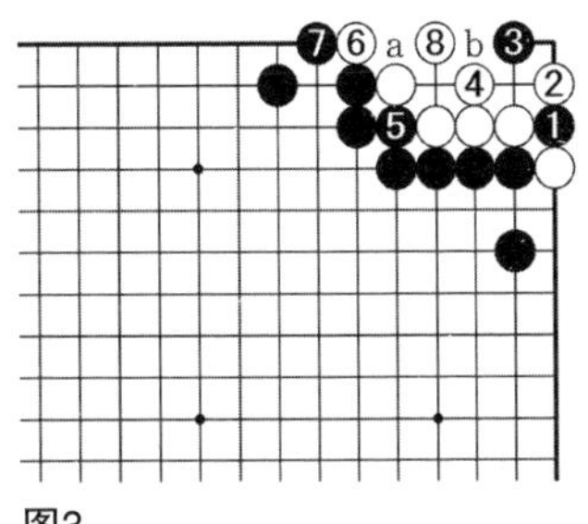

图3

两手劫

图3（正解变化）

黑1扑，白2提是失着。黑3、5抢占眼位急所，白6、8只能尽力做劫，但后续白不能直接a位粘消劫，必须先下b位，之后再下到a位做活。本图是两手劫，结果不如图1。

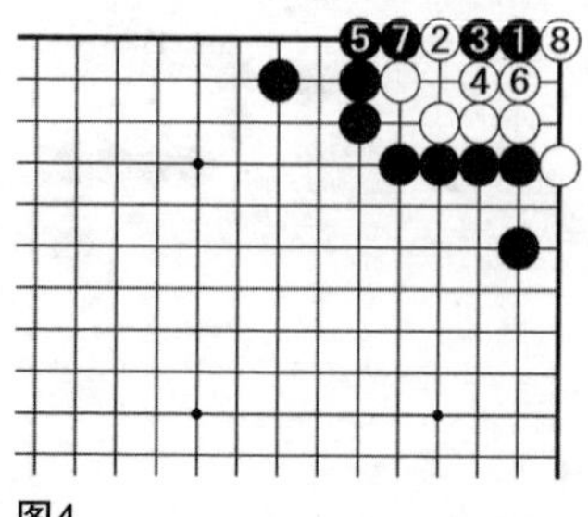

图4

点

图4（准正解）

第一手还是在“二一路”点。白2虎，黑3顶，白4做眼，黑5立。白6、8吃掉两子——

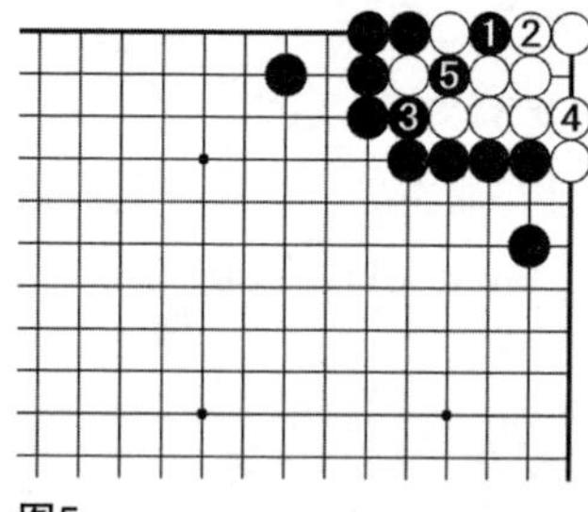

图5

黑先提劫

图5（准正解续）

黑1扑好手。白2提，黑3打吃，白4做眼，黑5提，劫活。

但是本图白棋如果打劫获胜，实地要多于图1，黑不满意。

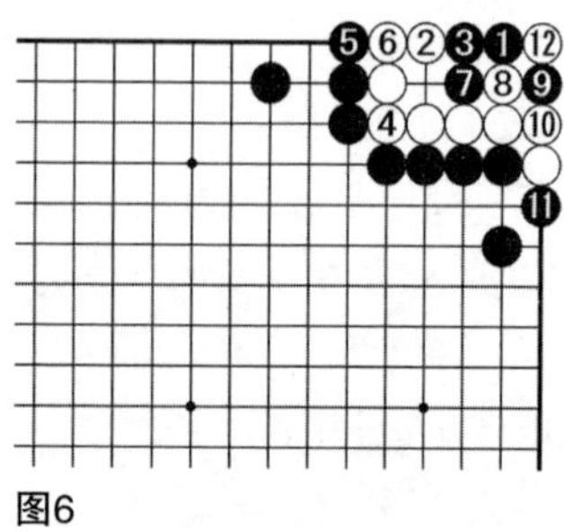

图6

白先提劫

图6（准正解变化）

面对黑3顶，白棋也可以4位扩大眼位。接下来黑5、白6交换之后，黑7破眼。进行至白12，仍然是打劫。

此时是白先劫，同时实地也有损失，结果不如图1。

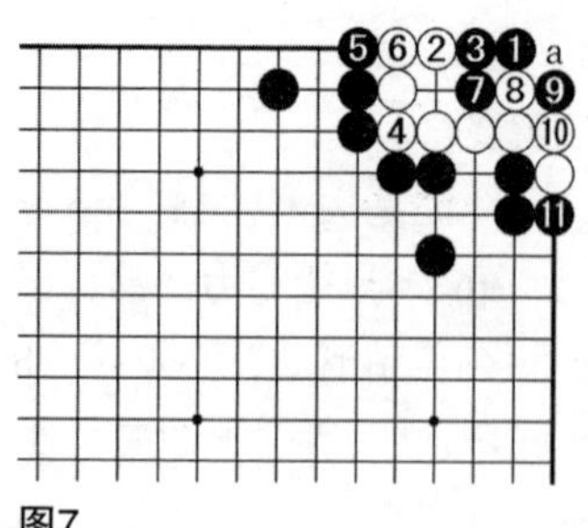

图7

两手劫

图7（参考）

如果是有外气的情况下，黑1点的结果更不能令人满意。白2、4应对，进行至黑11，白a提劫形成缓一气劫。

如果选择图1的下法与外气无关。

第4型

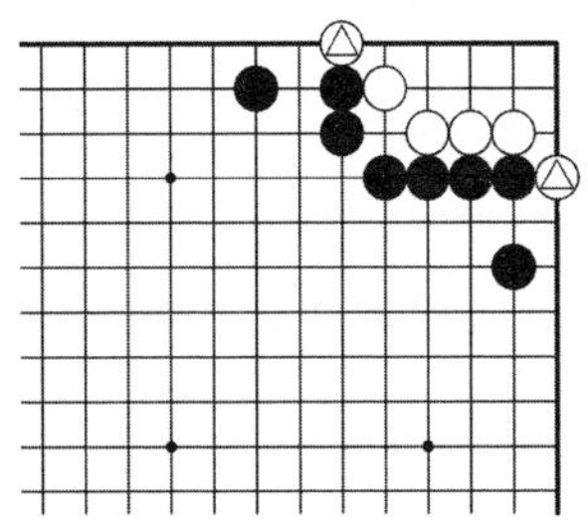

白活

白棋在上边、右边都有了白△一子。此时白棋形坚固，已经没有死活之忧。

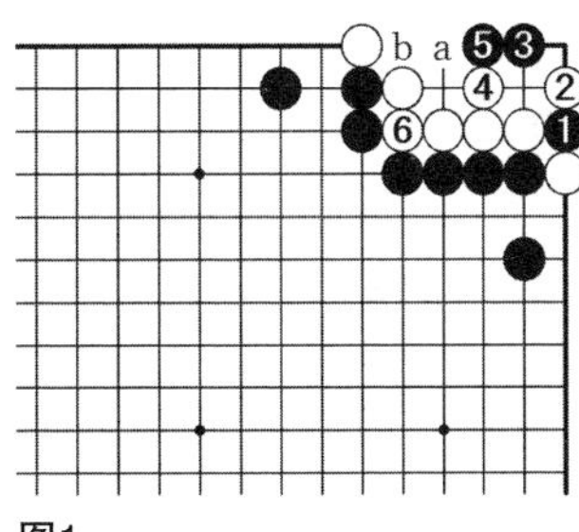

图1

双活

图1（证明1）

黑1扑、3点，白4弯。黑5爬，白6扩大眼位，接下来黑a，白b双活。

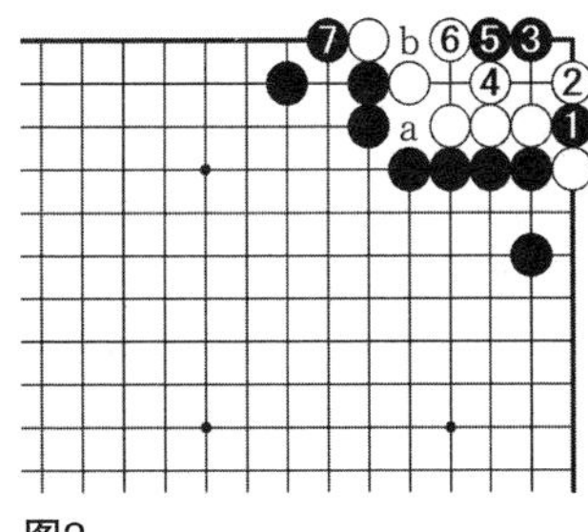

图2

两手劫

图2（失败）

上图白6若如本图白6做眼是随手棋。黑7打吃，白无法净活。后续白a，黑b，结果变成两手劫。

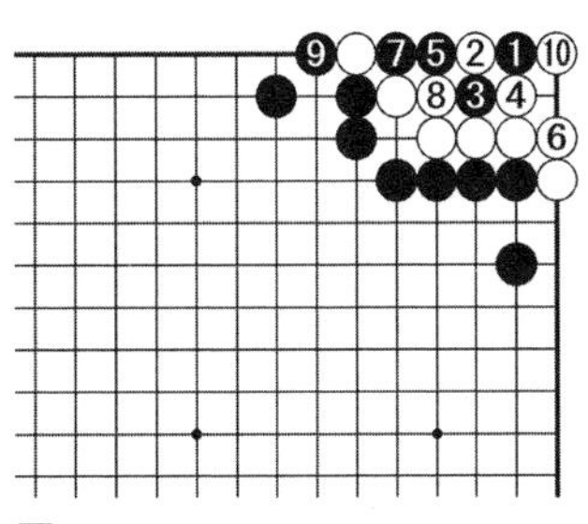
图3

双劫循环白净活

图3（证明2）

黑1点，白2靠。黑3、5破眼，白6粘好手，这样一来可以避免被大眼杀的结果。接下来白8、10，双劫循环白净活。

黑3若在6位扑，白4打吃净活。

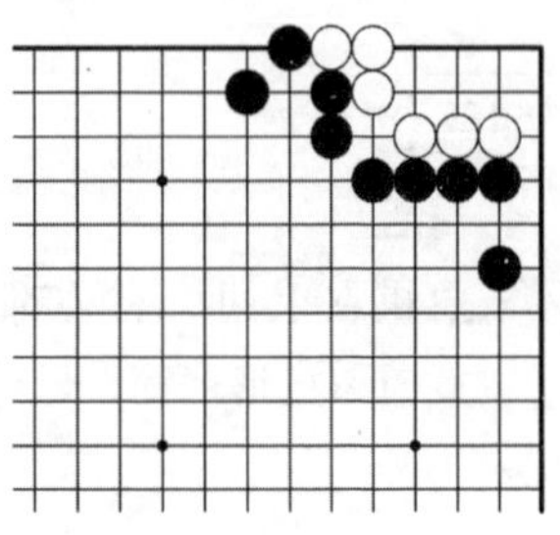

第5型

黑先万年劫或者打劫

棋形稍有变化。本型黑先的结果是万年劫或者打劫。

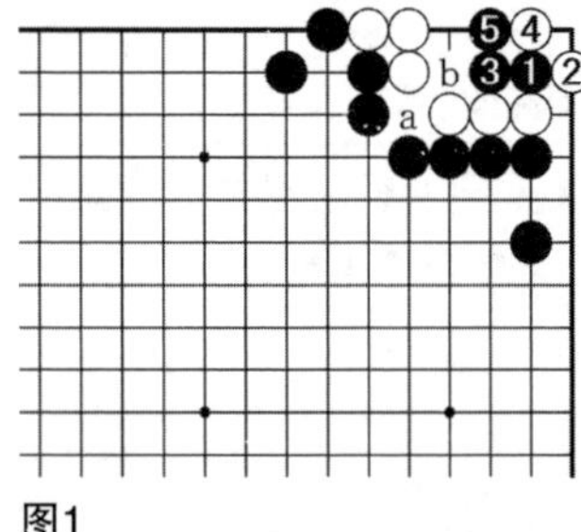

图1

万年劫或者打劫

图1（正解）

正解第一手是黑1夹。白2扳，黑3长，白4，黑5打吃。接下来白a扩大眼位就形成万年劫。

如果白棋脱先或者b位打吃就是打劫活。

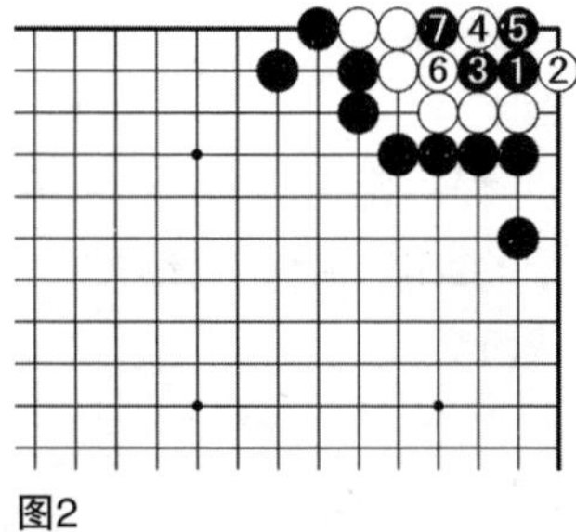
图2

打劫

图2（正解变化）

面对黑1、3，白选择4位夹。黑5打吃，白6打吃，劫活。

但是本图是紧气劫，相比上图白棋的灵活度不够。

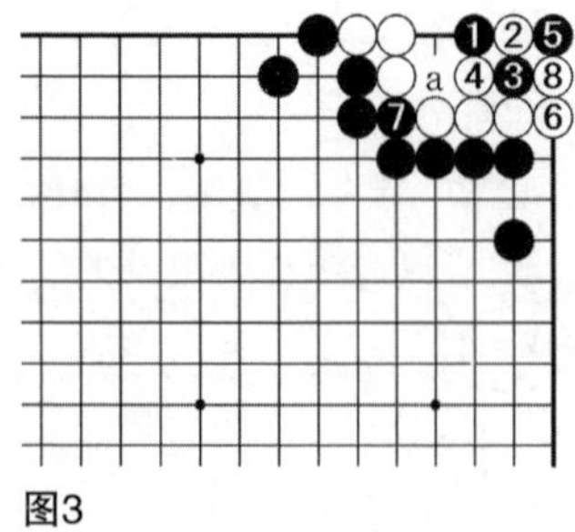

图3

白净活

图3（失败）

图1点也是攻杀的要点，但此时不是正解。白2靠好手。黑3，白4、6应对，黑7挤，白8打吃。黑a倒扑，白2提净活。

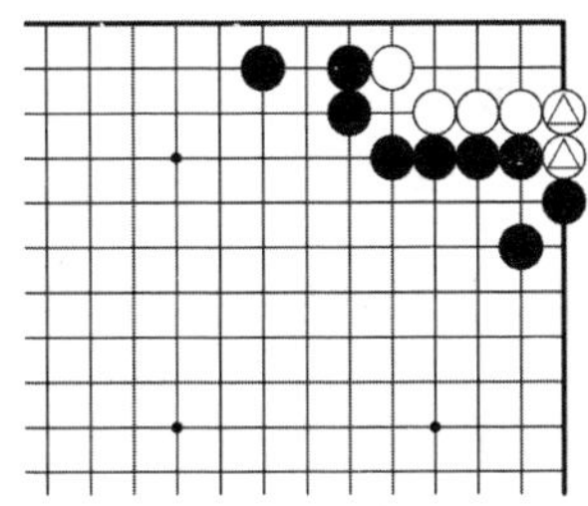

第6型

白活

白棋在右边有了白△扳粘。

本型的关键就是从右侧攻击，此时白棋已经可以确保活棋。

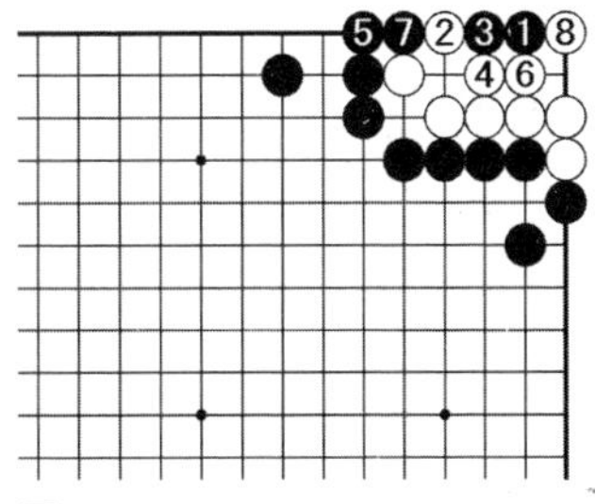

图1

白净活

图1（证明1）

黑1“二一路”点，白2虎，黑3、5破眼，白6、8净活。

白2也可以下在6位顶。

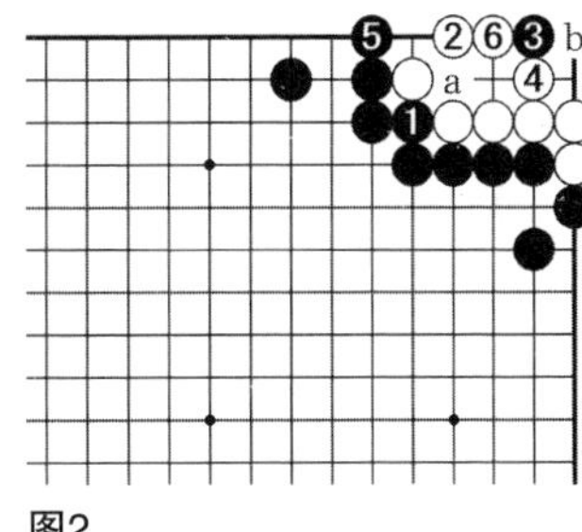

图2

白净活

图2（证明2）

黑1挤，白2虎。黑3点，白4顶，6打吃。接下来黑a，白b做活。

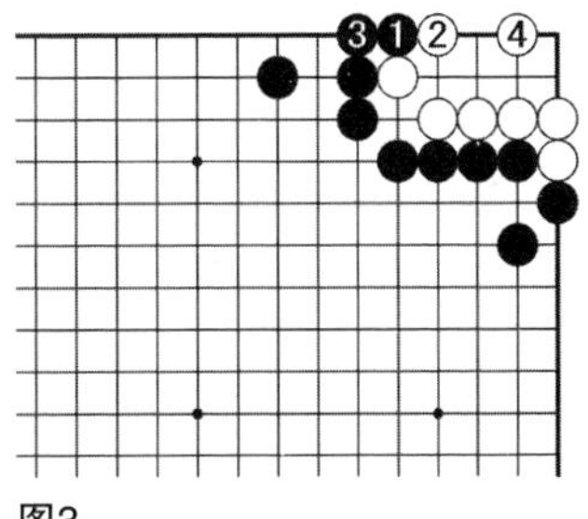

图3

白净活

图3（证明3）

黑1、3扳粘，白4跳，形成5目角地。

与死活无关，从实地来说黑棋选择图2最合适。

第7型

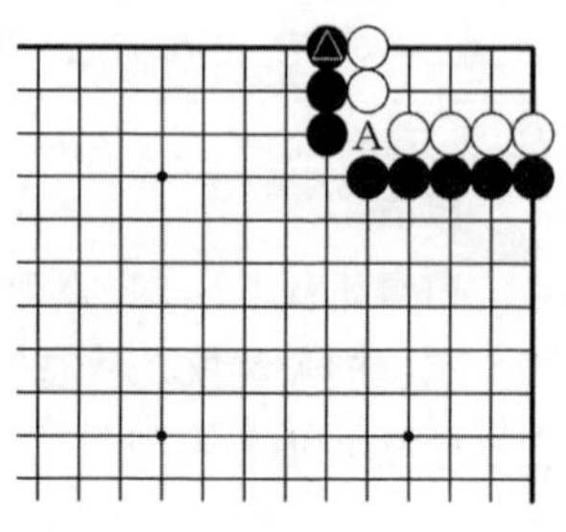

白活

A位无子的同时黑▲位有了硬腿。

棋形看似味道不佳，但是A位的外气对白棋来说帮助极大，白棋脱先也已经可以确保活棋。

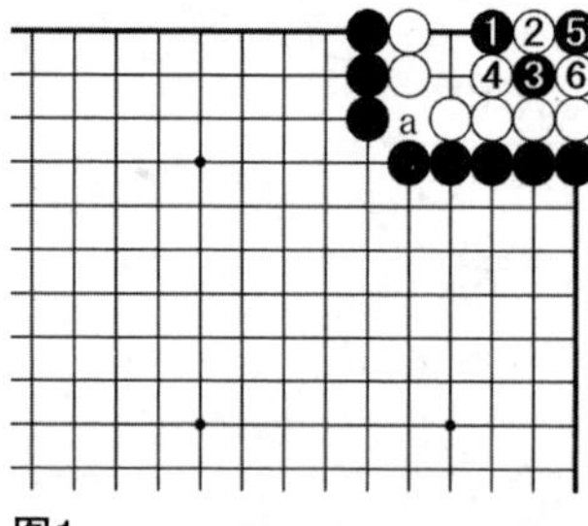

图1

白净活

图1（证明1）

黑1点。白2靠，黑3、5吃掉白一子，因为此时黑a位无子，白可以6位打吃净活。

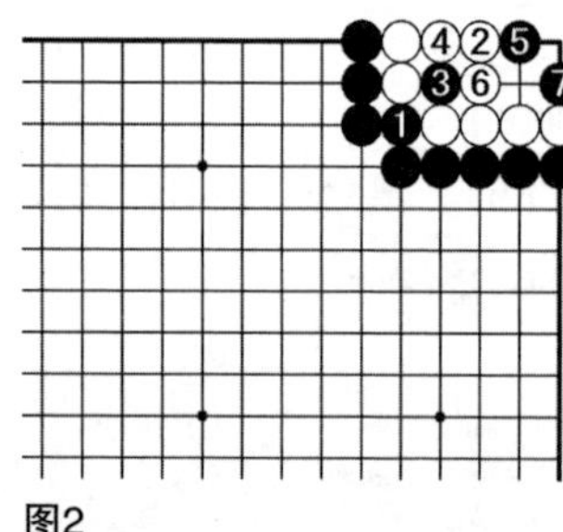

图2

双活

图2（证明2）

黑1位挤是局部最佳，白2跳，黑3断吃，然后黑5、7，结果双活。

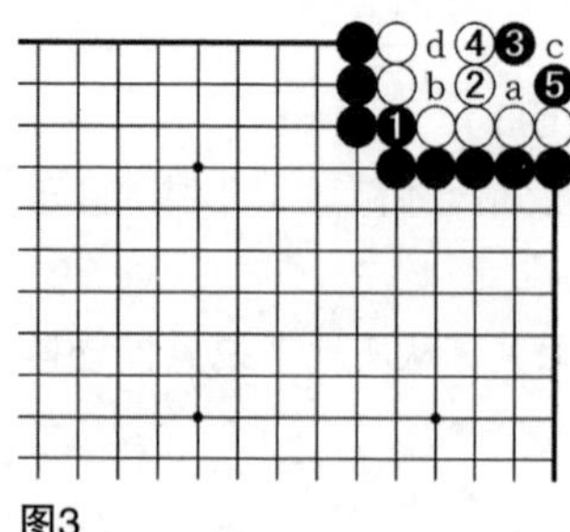

图3

双活

图3（证明变化2）

黑1挤，白2弯，黑3点，结果还是双活。白4做眼，黑5做眼。后续若白a打吃，黑b，白c，黑d，白棋比上图损失1目实地。

第8型

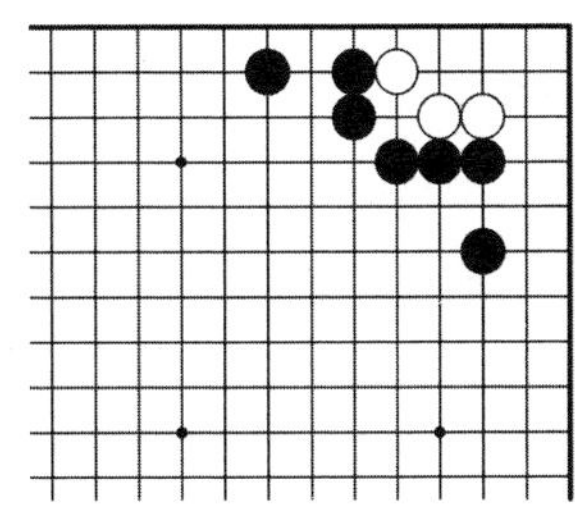

黑先白死

这是八目型更简单的棋形。

第1型中的攻杀手段是关键。

图1

白死

图1（正解1）

黑1立正解。白2挡，黑3、5扳点杀。

可以返回第1型图1确认后续结果。

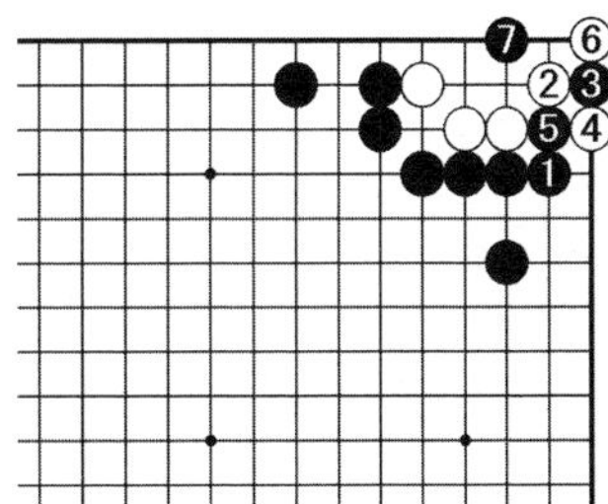

图2

白死

图2（正解1变化）

黑1立，白2小尖，黑3托破眼。白4打吃，6提，黑7点，白净死。

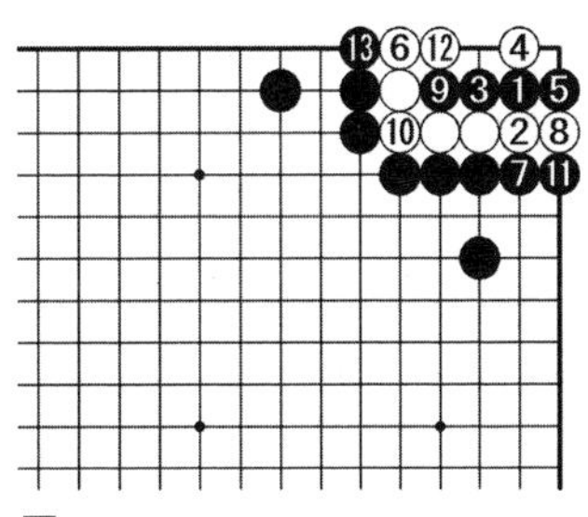

图3

白死

图3（正解2）

黑1、3的下法也可以考虑。白4、6避免大眼杀，进行至黑13，对杀黑胜。

但是本图的情况一旦白棋多了外气，对杀就是白棋获胜。所以图1是最好的下法。

第9型

黑先白死

前型的变化图在此单独列出。

黑1立，白2小飞是带有迷惑性的下法。冷静应对找到攻杀的急所就可以成功地杀掉白角。

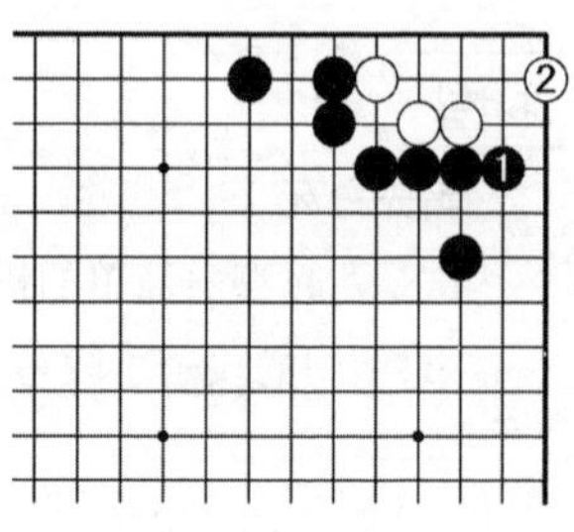

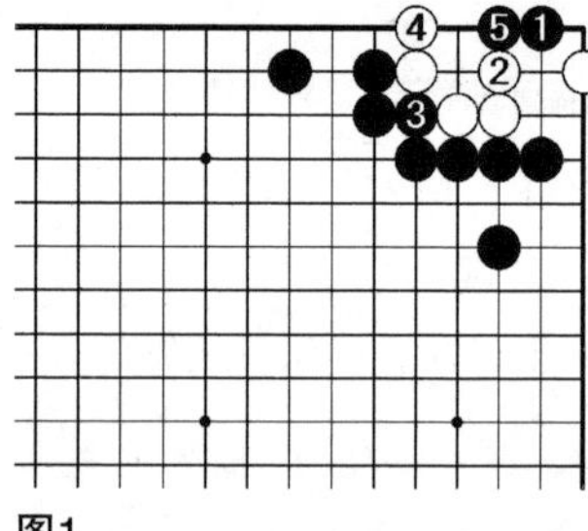

图1

白净死

图1（正解）

黑1点是急所。白2弯，黑3挤好点。白4立，黑5爬，白净死。

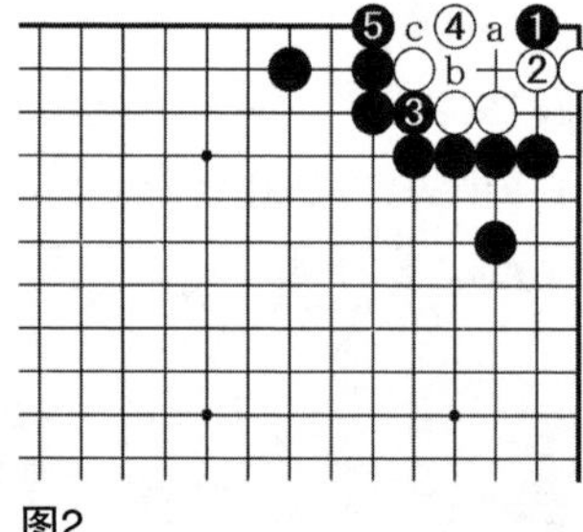

图2

白净死

图2（正解变化）

黑1点，白2挡，黑3挤，白4虎，黑5立。接下来白a，黑b，白净死。白4若下在a位打吃，黑b，白c，黑5，结果相同。

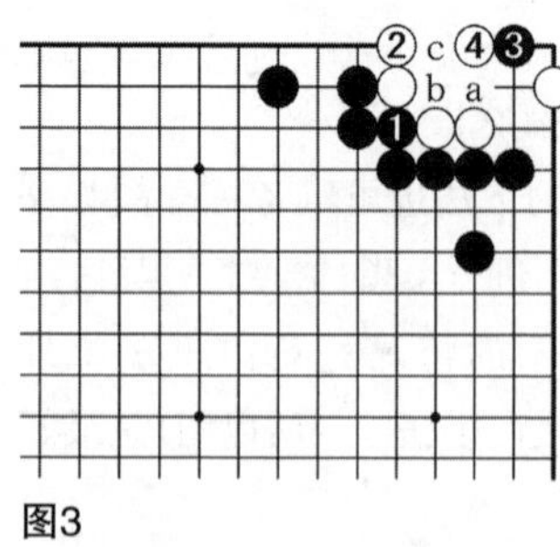

图3

打劫

图3（失败）

黑1挤操之过急。白2立，黑3点，白4靠。黑a，白b，黑c只能打劫杀。

黑3若下在4位，白3尖顶应对。

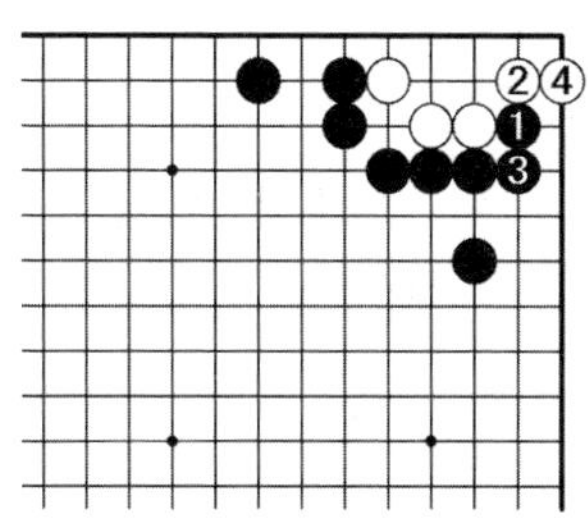

第10型

白活

这是第8型中黑1、3扳粘，白4立之后的棋形。此时黑棋已经没有好的攻击手段，白净活。

请与有“肩”的第11型比较阅读。

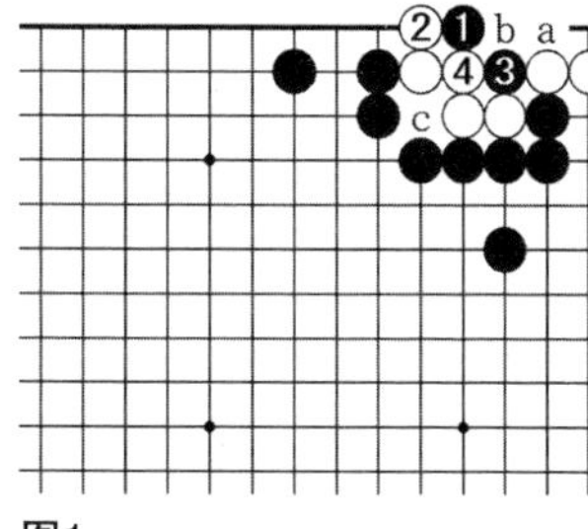

图1

白净活

图1（证明1）

在肩膀处有子的第11型中，黑1点结果是老鼠偷油。但现在白2可以挡，黑3断，白4打吃净活。

黑3若在a位夹，白3，黑b，白c，双活。

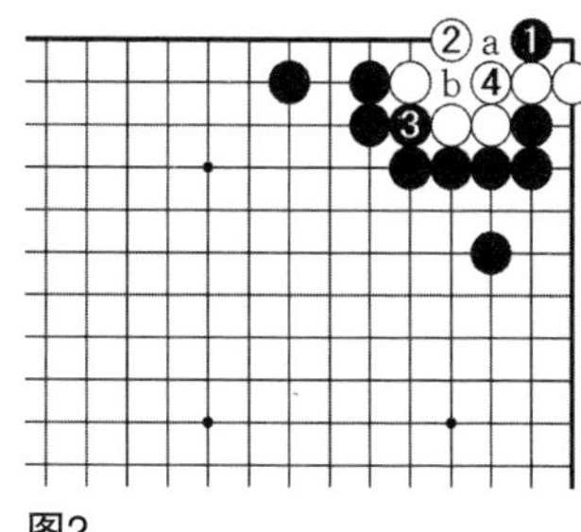

图2

白净活

图2（证明2）

黑1夹是攻杀好点，白2虎冷静。黑3挤，白4粘做活（白2以下变化在第Ⅱ型图2中曾经出现）。

白2若在a位打吃，黑2打吃，白只能b位做劫。

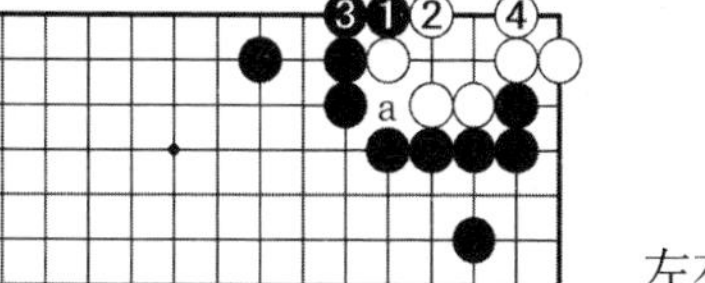

图3

白净活

图3（证明3）

本图中黑1、3扳粘是正确应对。白4左右局部共有3目实地。

黑1若在a位挤，白1立，黑棋亏损2目。

第11型

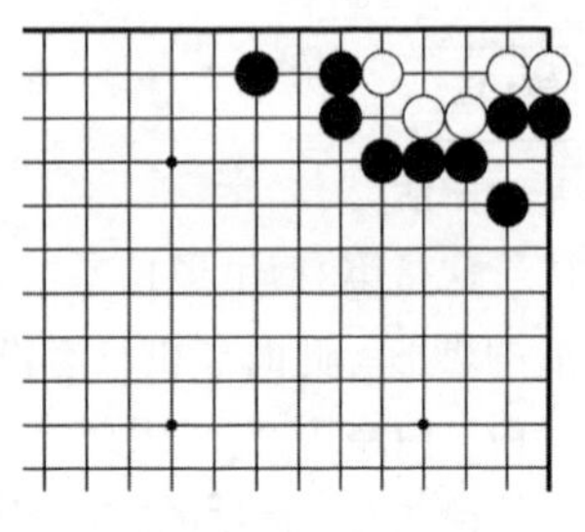

黑先劫（黑先提劫）

前型的分支棋形。

白棋的棋形与前型相同，但是外气有区别。此时白棋没有外气，黑先劫杀。

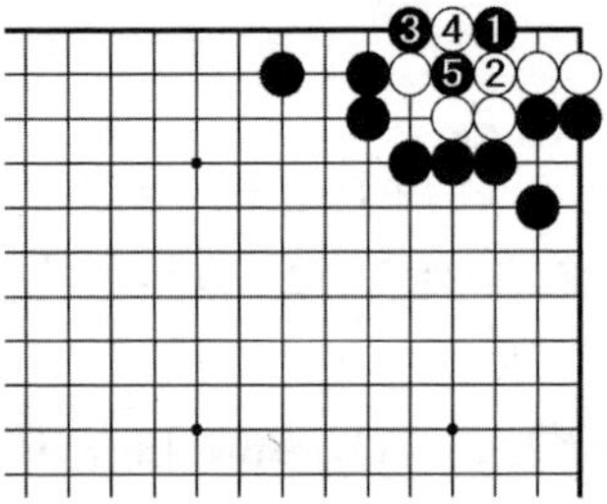

图1

打劫

图1（正解）

黑1点正解。白2是最强抵抗，黑3扳，白4扑打劫。

黑1若在3位扳，白4，黑1，白2，黑5结果相同。

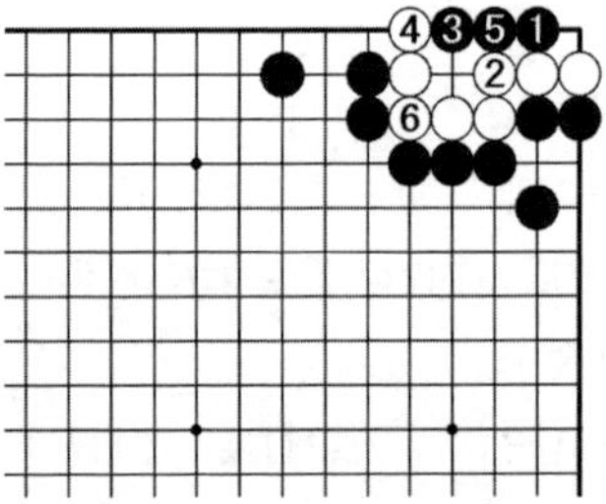

图2

双活

图2（失败）

黑1夹失着。白2粘，黑3、5破眼，白6扩大眼位，双活。

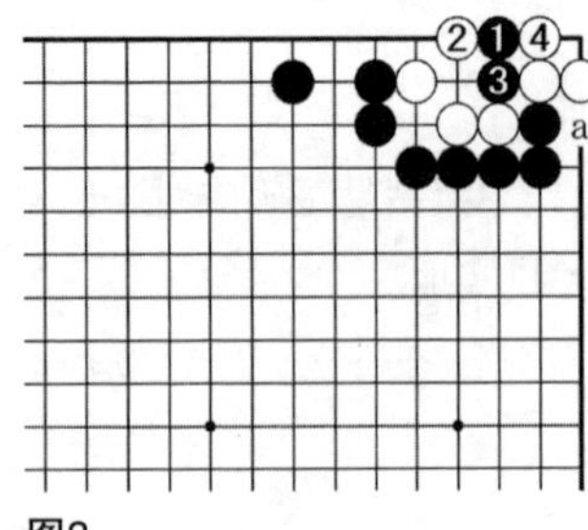

图3

白净活

图3（参考）

如前型a位有口外气的场合，面对黑1点，白可以2位尖顶应对。黑3断，白4打吃净活。

第12型

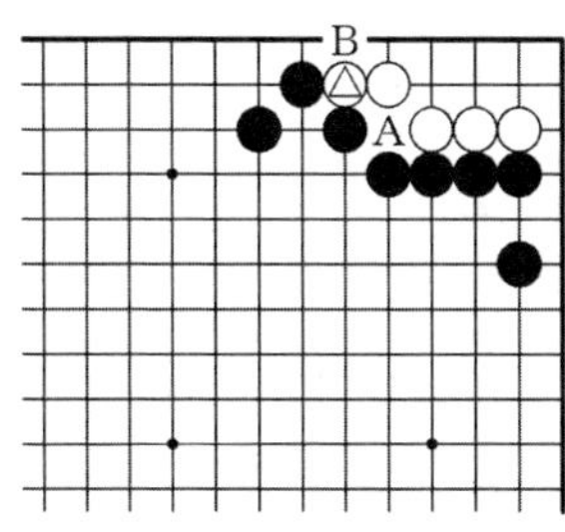

白活

白△位多了眼形，此时黑若A位有子，则B位扳可以净杀白棋（见没有“肩”第8型）。如果此处黑棋无子，则白净活。

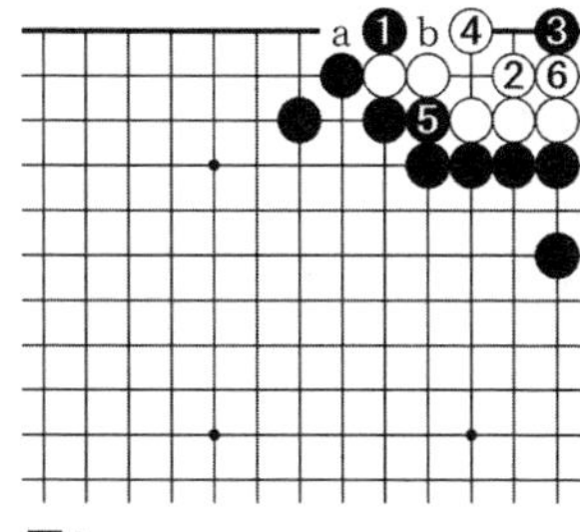

图1

白净活

图1（证明1）

面对黑1扳，白棋有几种应对方法。比如白2曲。黑3、5破眼，白6应对即可。黑a，白b，两眼做活。

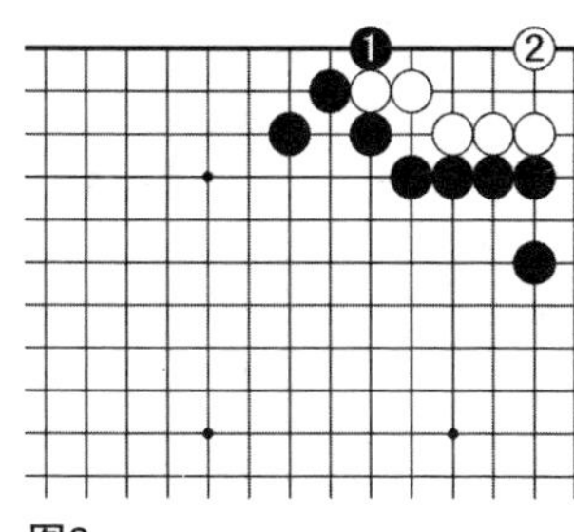

图2

白净活

图2（证明1变化）

此时白2跳也可以。请记住上图的曲和本图的跳，这两手都是局部做活的眼形要点。

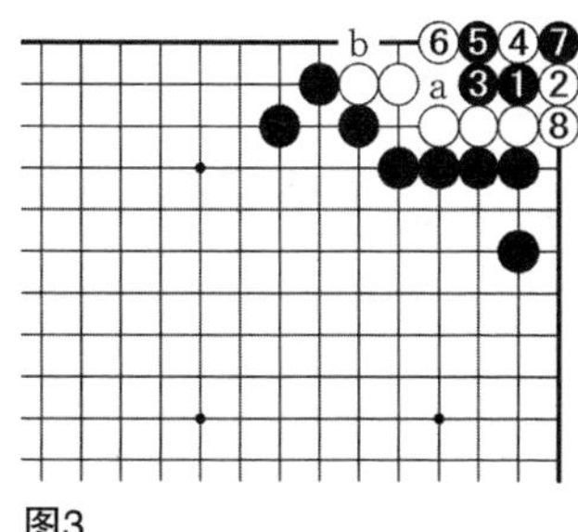

图3

白净活

图3（证明2）

黑1夹，白2、4扳，黑5打吃，白6、8确保眼位。接下来白胀牯牛和b位做眼见合，白净活。

帽型

第1型

白活

角上的白棋，即使所占空间不大，但只要控制了眼形要点就可以确保活棋。

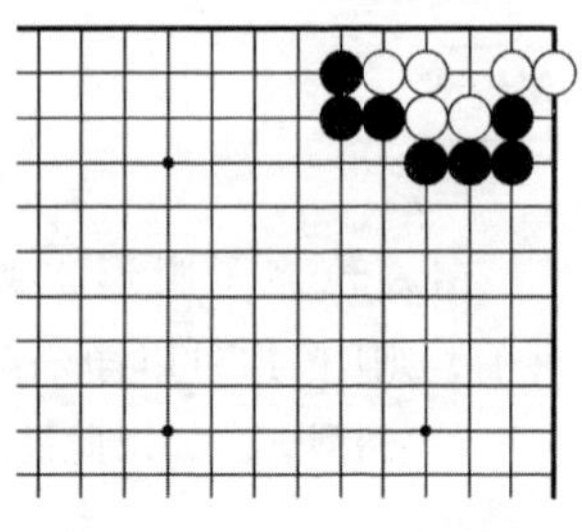

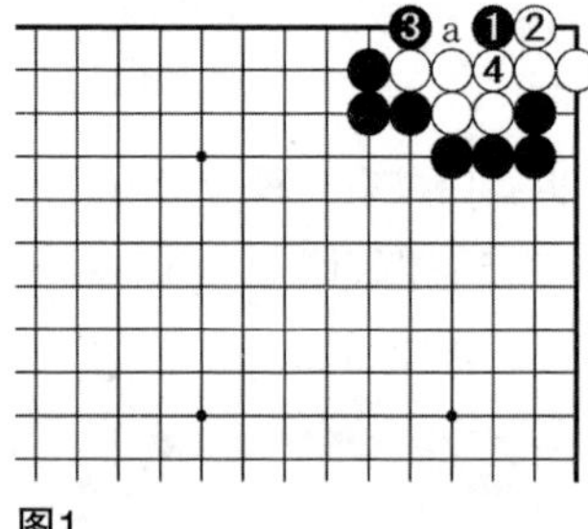

图1

白净活

图1（正解）

黑1点，白2挡确保一只真眼。黑3扳，白a不能入气，4位打吃即可。黑不能a位连回，接不归。

第2型

白活

白棋粘变成了△位虎。

本型白棋也是活棋。

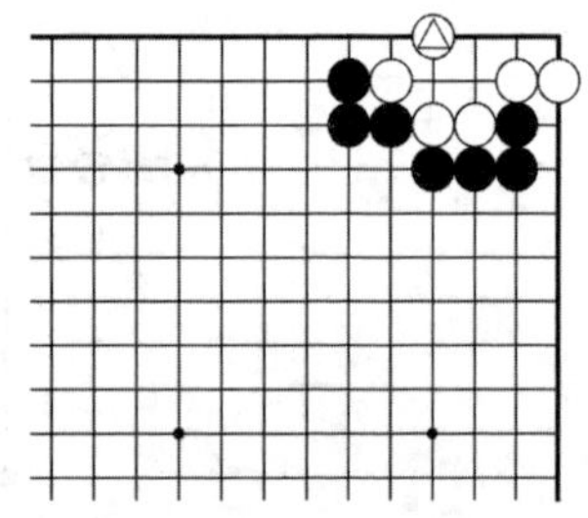

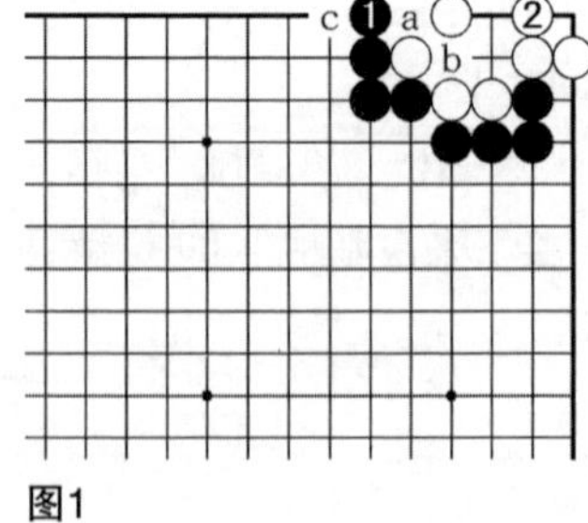

图1

白净活

图1（证明）

黑1立，白2曲做眼。如果白2脱先，黑a，白b，黑2，白净死。

本型根据场合可能黑棋需要c位小尖的先手，此时白棋如果脱先他投，黑可以在a位扑打劫。

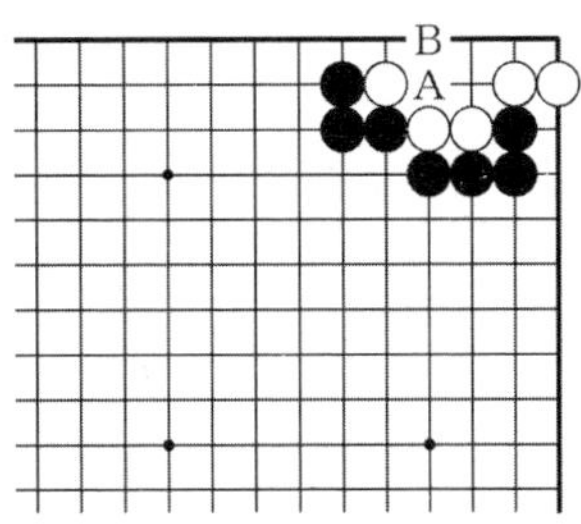

第3型

白先活

结合前型学过的内容就可以知道，虽然白下在A、B位都是净活，但还要找到效率更好的活棋方法才行。

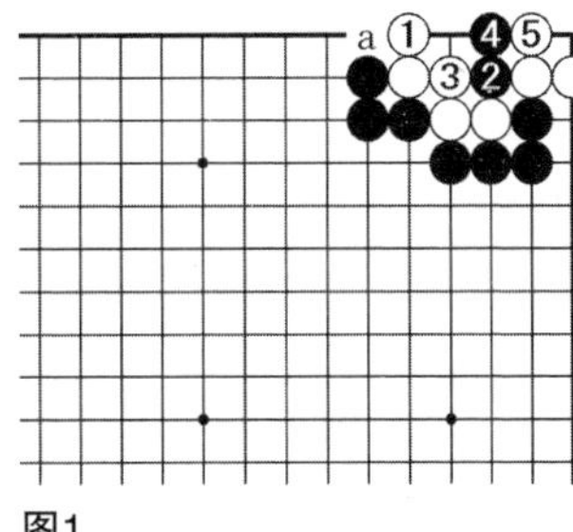

图1

白净活

图1（正解）

看似棋形有些薄弱，但白1立是此时最好的下法。黑2断吃，白3粘、5打吃净活。黑a若在a位挡，白2位粘净活。

本图白有5目实地，较前型多了2目。

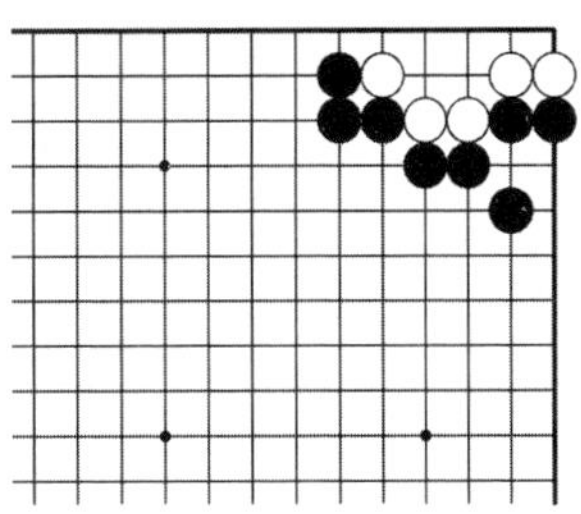

第4型

白先活

与前型稍有所不同，能够发现吗？

仔细思考以后一定可以找到合适的做活方法。

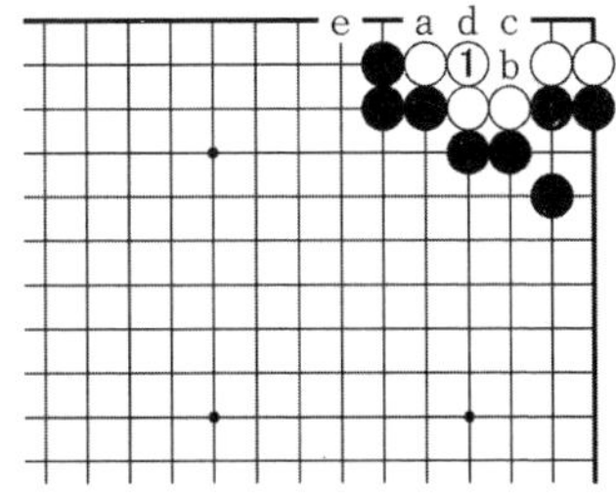

图1

白净活

图1（正解）

此时白1粘是正解。此时如果白a立，黑b，白1，黑c，白净死。白b也是净活，但因给了黑e位利用的可能性，还是选择白1粘的可能性更大。

第5型

白活

与第3型相比多了一子。

虽然上边棋形尚未完整，但此时白棋已经可以净活。

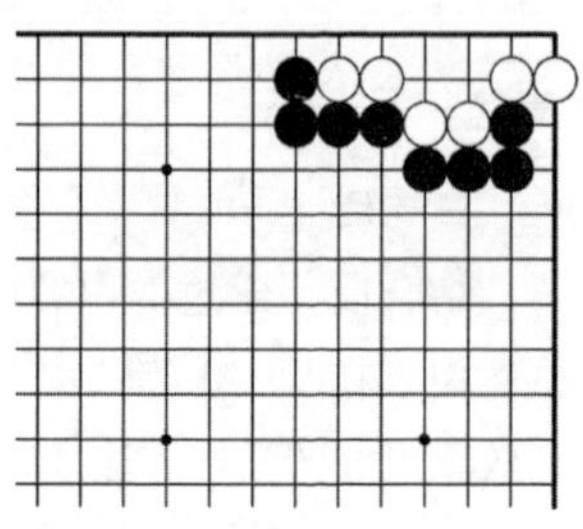

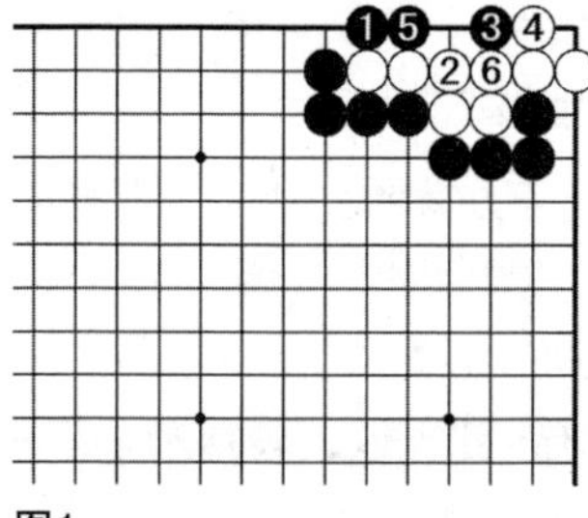

图1

白净活

图1（证明1）

黑1扳，白2粘。黑3点，白4做眼是关键。接下来黑5冲，白6打吃形成接不归，黑3一子被吃。

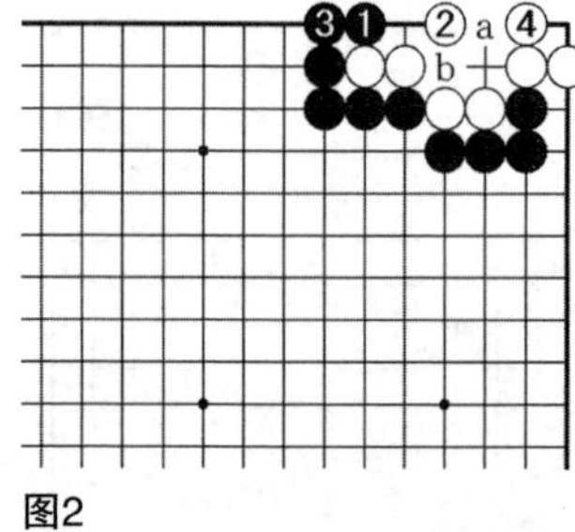

图2

白净活

图2（证明1变化）

黑1扳，白2虎也是净活。黑3粘，白4做眼冷静。

白4若下在a位，黑b扑，白净死。

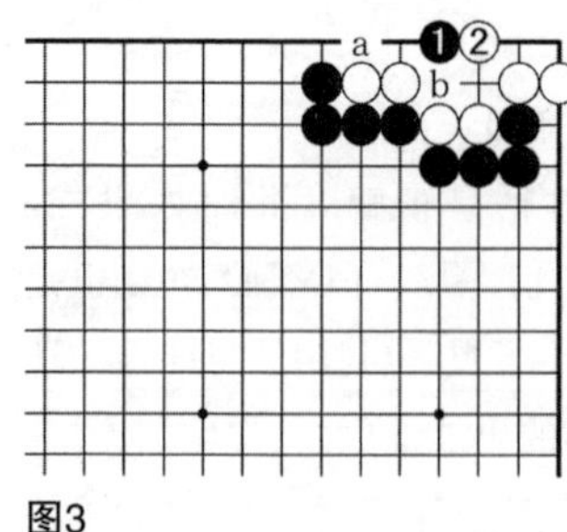

图3

白净活

图3（证明2）

黑1点，白2尖顶即可。黑a扳，白b打吃。

黑1若在2位点，白1尖顶。

第6型

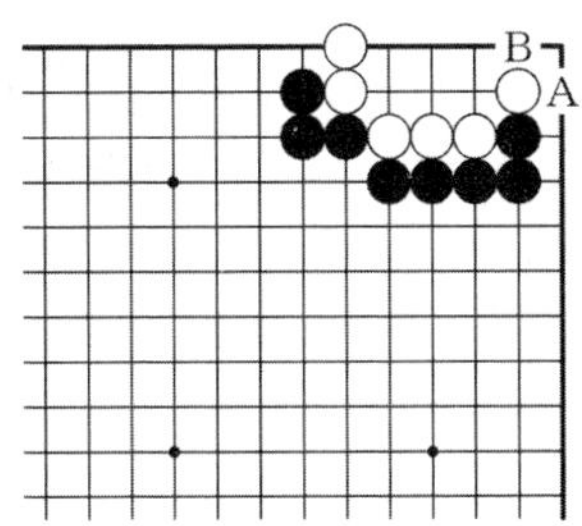

黑先劫（白先提劫）

黑如果直接在A位扳，白B立就形成“帽子型”，净活。

此时有常用手段可供使用。

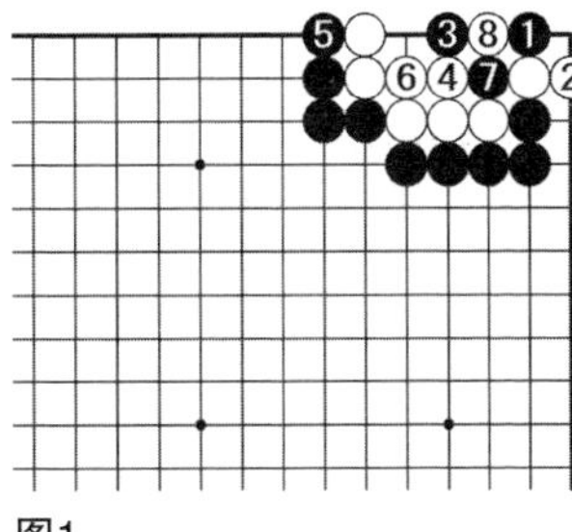
图1

白先提劫

图1（正解）

第一手应该在黑1夹。白2立，黑3跳是棋形急所。白4顶，黑5挡，7提，劫活。

黑5直接在7位扑也是打劫，但就失去了5位挡的先手利。

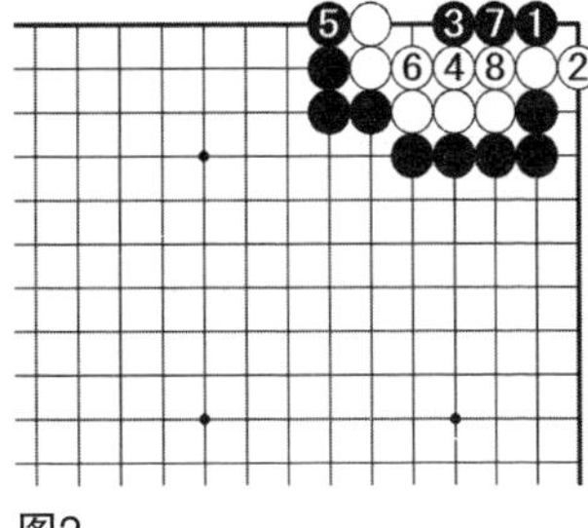
图2

双活

图2（失败1）

上图黑7如果选择本图黑7粘，白8粘局部变成双活，黑失败。

另外上图黑7若脱先他投，白补强的方法也是白8粘。

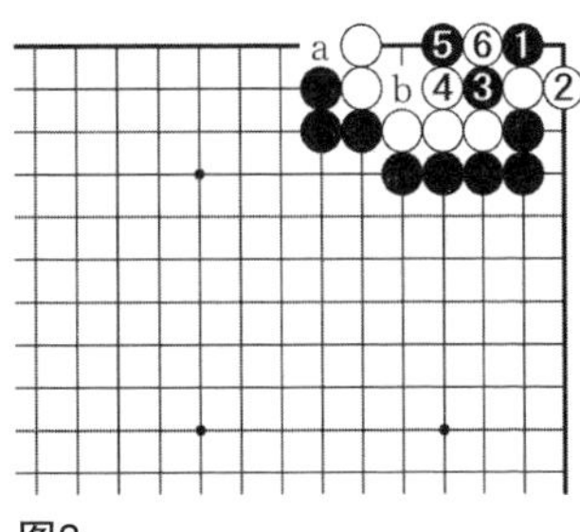

图3

白先提劫

图3（准正解）

黑1，白2交换之后，黑3直接断，5打吃同样是打劫活。作为死活来说这样下是正解，但白胜消劫之后可以发现，黑棋没有交换到黑a、白b，黑亏损。

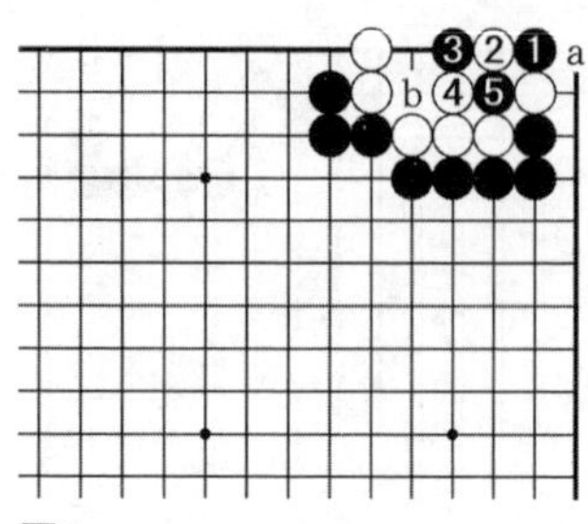
图4

黑先提劫

图4（正解变化）

黑1夹，白2打吃不好。黑3打吃，黑4只能做劫，黑5提劫，此时是黑先劫。

白4若在a位提，黑b断净死。

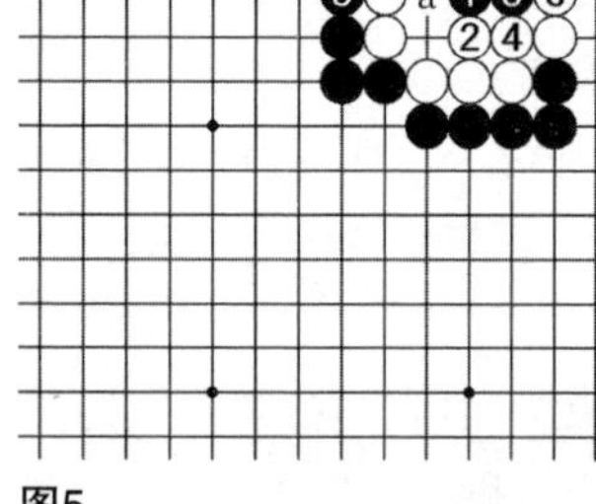
图5

白净活

图5（失败2）

黑1看似好手，但白2顶冷静，结果是白净活。

黑3如果下在6位夹，白a打吃即可。

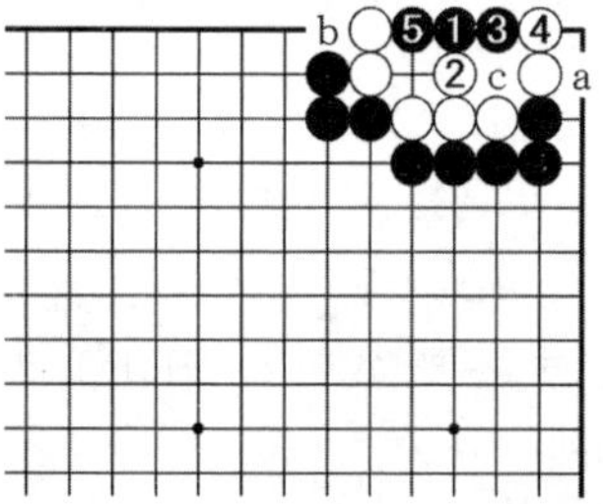

图6

白净死

图6（失败2变化）

黑1点、3爬，白4位挡是恶手。黑5顶，白净死。接下来白a，黑b；白c，黑a。

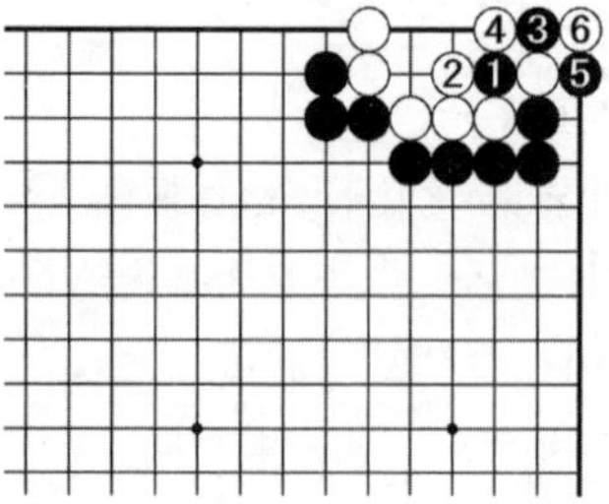

图7

两手劫

图7（失败3）

如果选择本图黑1断，白2打吃，黑3反打做劫。进行至白6，虽然结果还是打劫，但是两手劫，明显不如正解。

白2若在4位打吃，黑5，白2，黑3扑。

第7型

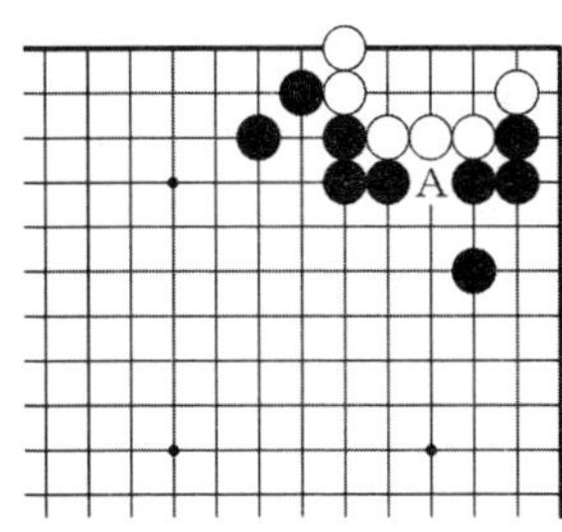

黑先劫（白先提劫）

白棋在外围多了A位一口外气，看起来从容很多。

但是本型的结果与外气无关。

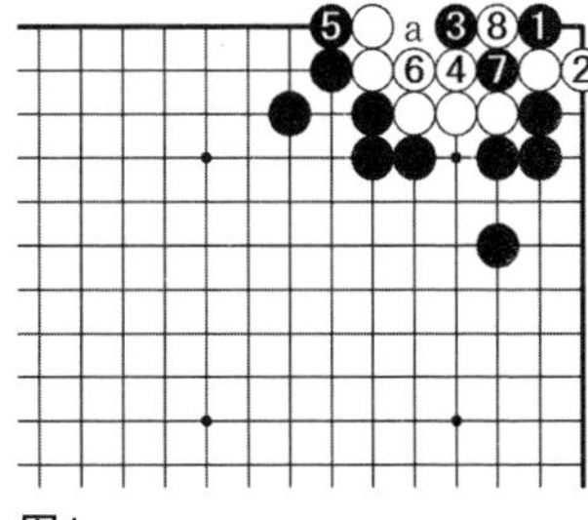

图1

打劫

图1（正解）

黑1夹还是正解。白2立，黑3跳，进行至白8，双方的最好下法与前型相同。在有外气的情况下，黑5与白6的交换必然，如果直接在7位扑，白a打吃净活。

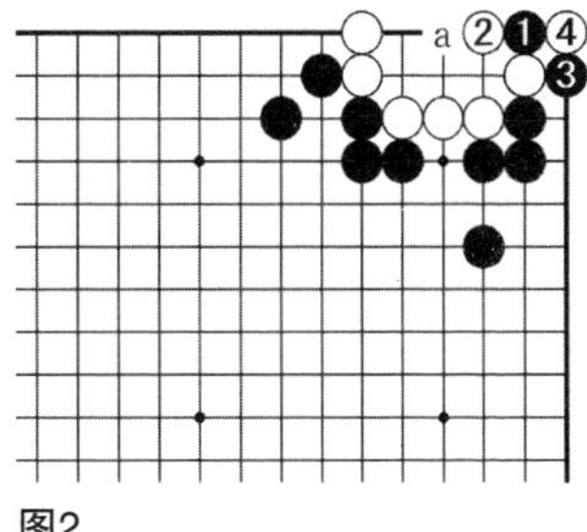

图2

打劫

图2（正解变化）

有外气的情况下，面对黑1夹白也可以选择2位打吃。黑3做劫，白4提劫。

此时黑3若在a位打吃，白4提，进行。

后续——

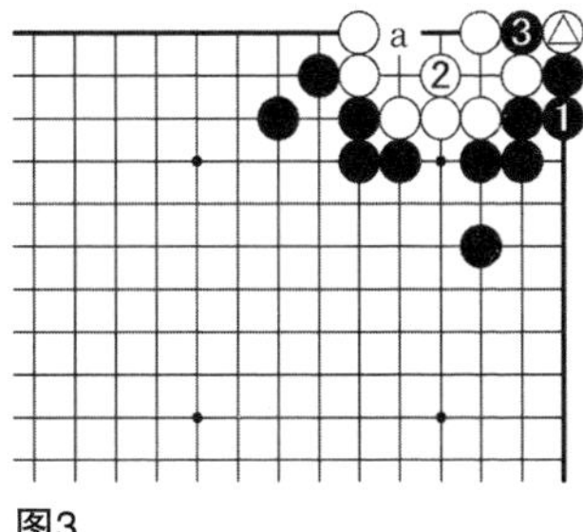

图3

两手劫

图3（正解变化续）

黑1粘，白棋仍然无法净活。白2做眼，黑3提劫，局部劫活。要注意的是，此时的劫活即使黑在△位粘也无法消劫（白下在a位还是劫活），所以是两手劫。作为黑棋还是选择上图的下法更合适。

第8型

黑先劫（白先提劫）

白棋在△位多了一个子，乍一看似乎眼位充足，但其实棋形仍有缺陷。

黑先打劫。

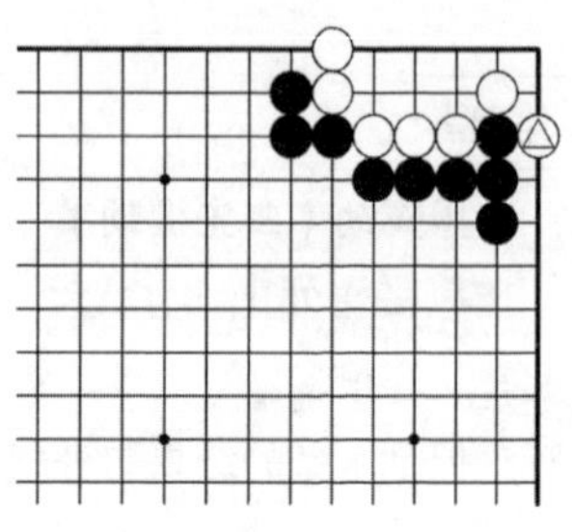

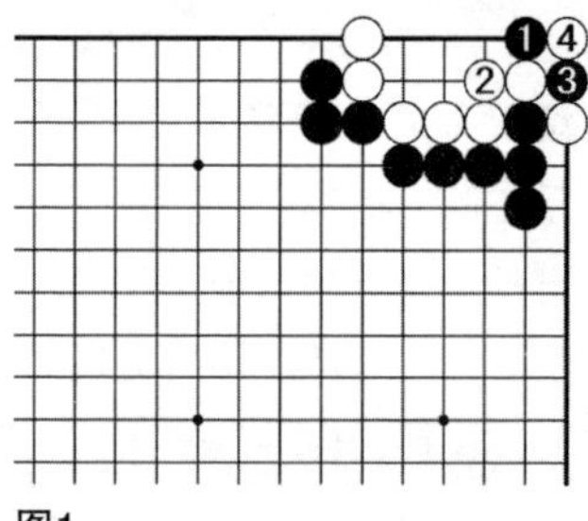

图1

白先提劫

图1（正解）

第一手仍然是在黑1夹。白2粘，黑3扑，白4提。

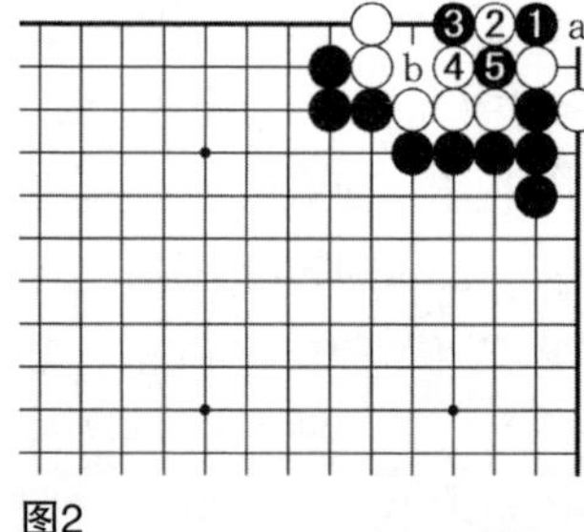
图2

黑先提劫

图2（正解变化）

黑1夹，白2打吃是问题手。黑3打吃，白4做劫，黑5提，此时变成了黑先提劫。

白4若在a位提，黑b断，白净死。

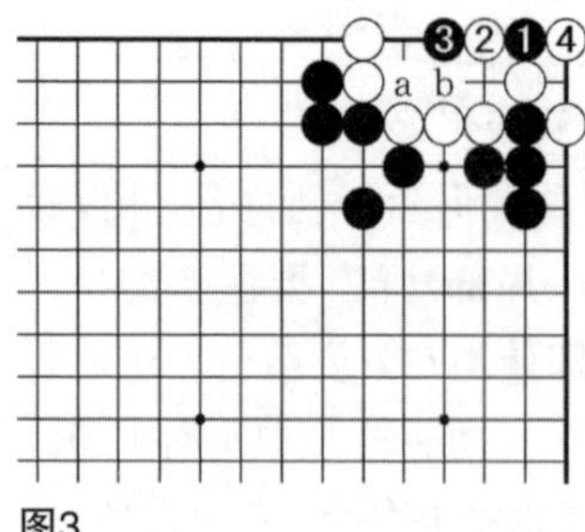
图3

白净活

图3（参考）

如果是本图这样有外气的情况，白棋局部净活。

黑1夹，白2打吃，黑3，白4，接下来黑a断，白可以b位打吃。

第9型

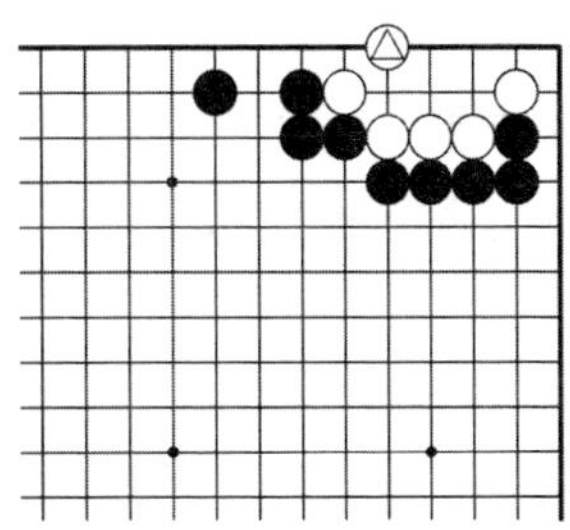

黑先白死

白棋在上边△位虎。

虎与立在做活方面各有优劣，但虎还是短板更多。本型结果黑先白死。

图1

白死

图1（正解）

黑1点直接破眼。白2粘，黑3扳，白净死。

看清变化就是简单的三手计算。

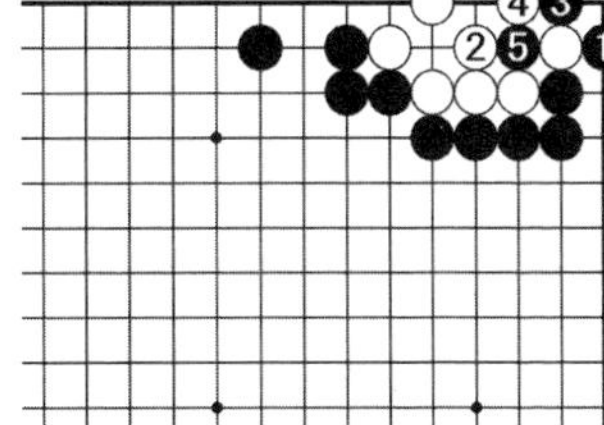

图2

打劫

图2（失败1）

黑1扳看似是缩小眼位的好手，但此时白2做眼弹性十足，黑3打吃，白4做劫。

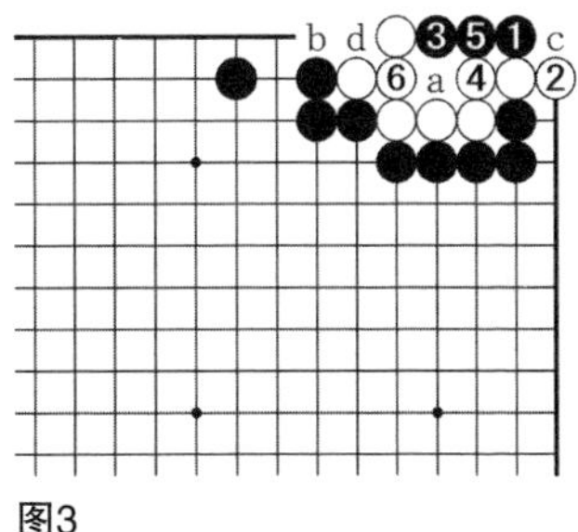

图3

双活

图3（失败2）

此时黑1夹是问题手。白2～6，结果变成双活。

如果白6脱先他投，黑6，白a，黑b，白c，黑d，白5，黑6，劫活。

第10型

黑先劫（白先提劫）

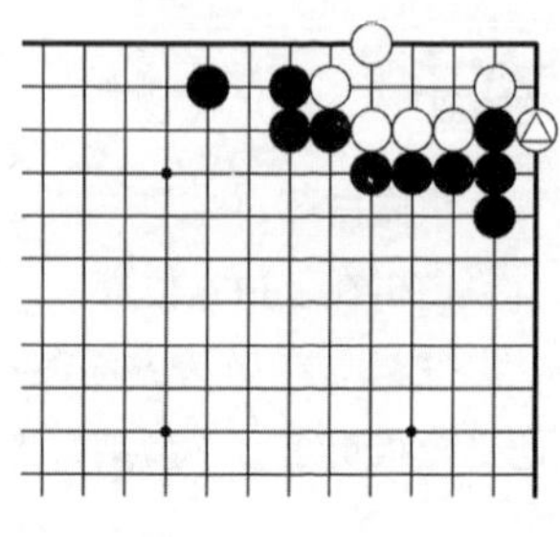

在前型的基础上白棋多了△位扳，这样一来局部不会净死了。

黑棋要从缩小眼位的方向开始入手。

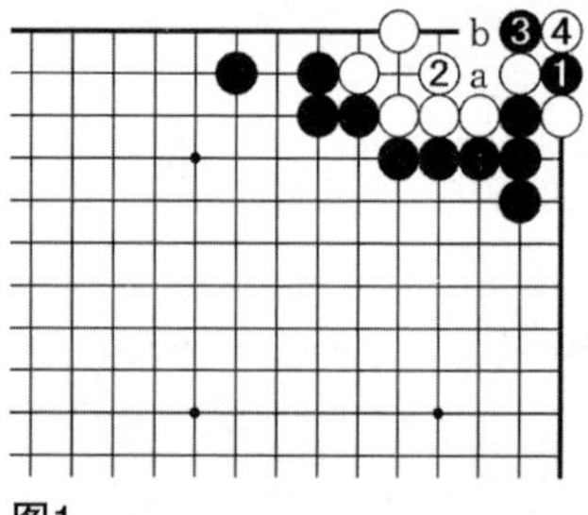

图1

打劫

图1（正解）

黑1扑缩小眼位。白2做眼，黑3做劫。后续黑若1位提劫，白a粘，黑b依然是劫活。

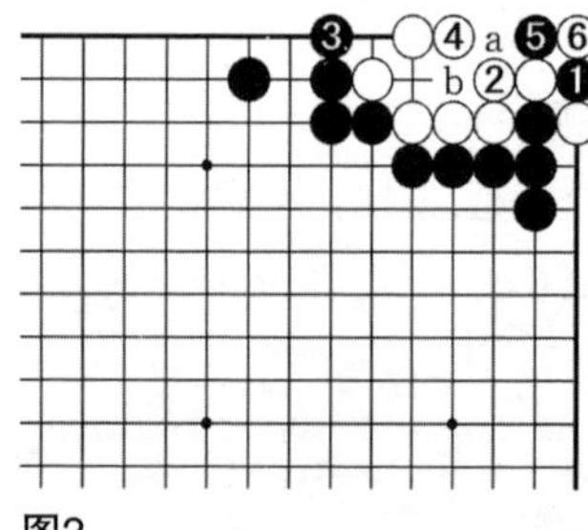

图2

打劫

图2（正解变化1）

黑1扑，白也可以2位粘应对。黑3立好手。白4做眼，白5破眼，劫活。

黑3如果直接在5位扳，白a打吃，接下来白b，6见合，净活。

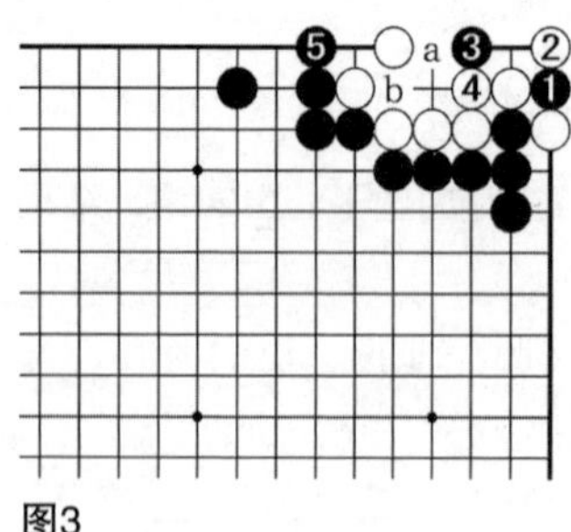

图3

白死

图3（正解变化2）

黑1扑，白2提是失着。黑3点，5立好次序，白a做眼，黑b扑，白净死。

第11型

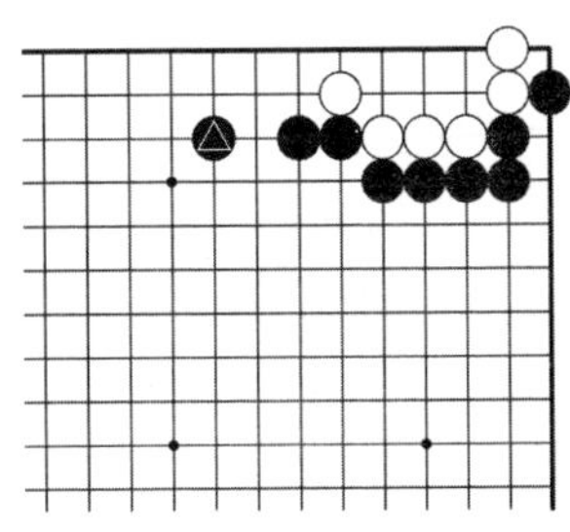

黑先劫（黑先提劫）

角上棋形已经完整，但左边白棋还没有完全定形，黑棋的攻杀手段也要从这里找到突破口。

黑▲位有子，需要充分利用。

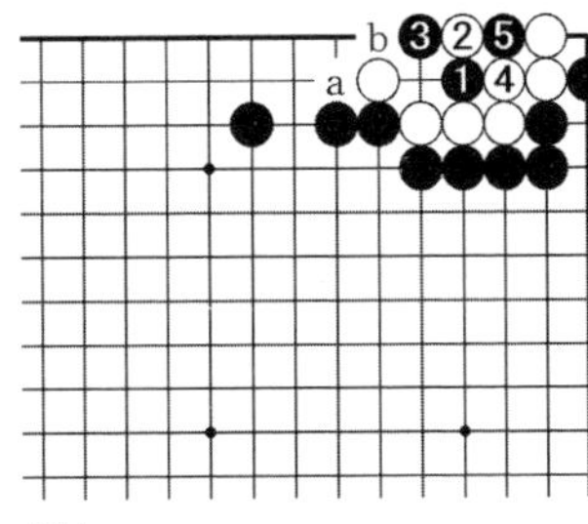

图1

黑先提劫

图1（正解）

黑1点是棋形急所。白2夹，黑3打吃，白4劫活。黑消劫在2位粘。

黑1若在a位拐，白b立，变成“梳子型”净活。

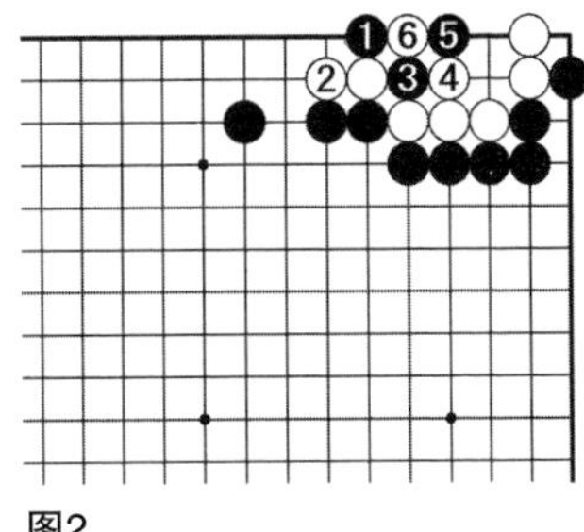
图2

白先提劫

图2（准正解）

黑1夹的结果也是劫活。但是如图所示，进行至白6，是白先提劫。

另外，本图白棋消劫以后，黑棋实地损失太大，明显不如上图。

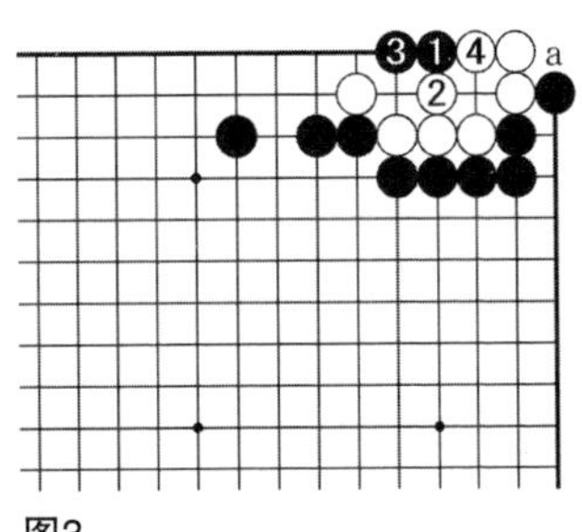

图3

白净活

图3（失败）

黑1点虽然是“三子中央”的急所，但在此时并不适用。白2顶、4做眼。利用角部特殊性，黑a无法入气，白净活。

第12型

黑先白死

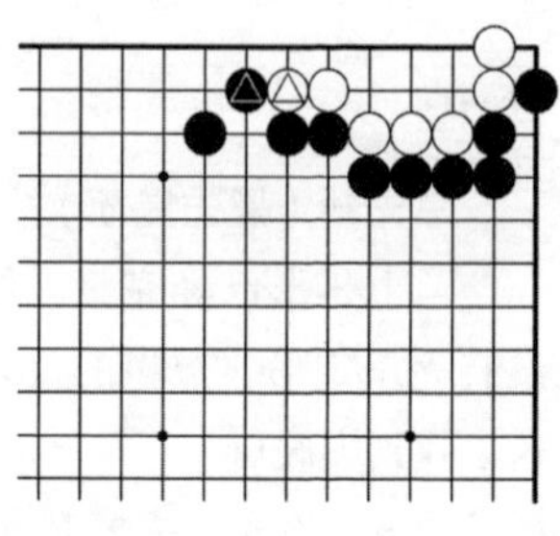

比前型多了白△与黑▲的交换。这个交换对于白棋来说是紧气的大恶手，黑棋只要按照攻杀的基本思路落子即可。

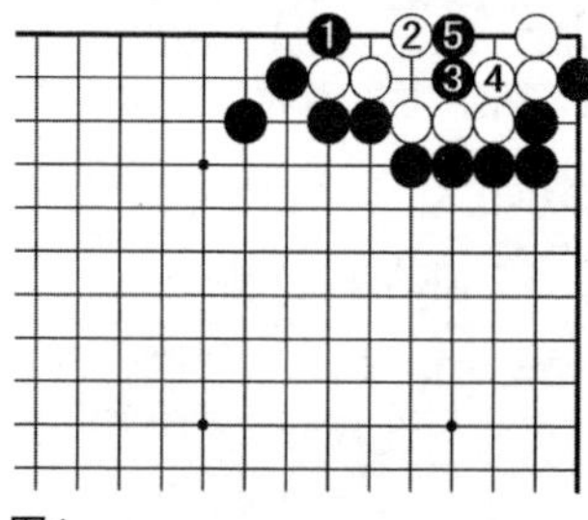

图1

白死

图1（正解1）

格言中有“杀棋用扳”的说法，黑1扳好手。白2虎，黑3点，5立净杀。

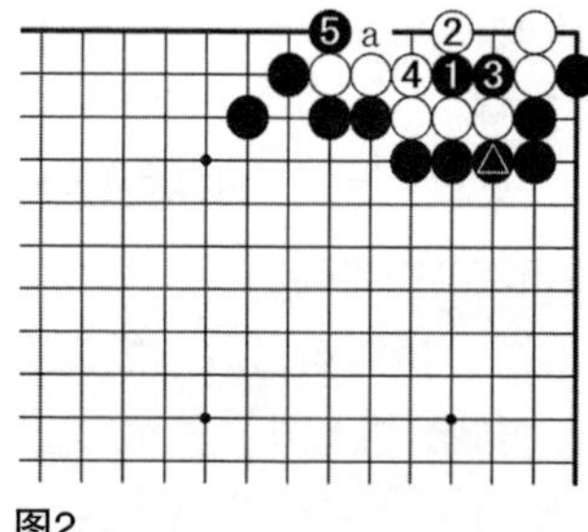

图2

白死

图2（正解2）

黑1点也是正解。白2夹，黑3打吃，5扳，白a不能打吃，净死。要注意的是如果黑▲有外气，白棋就可以净活，所以还是图1的下法更合适。

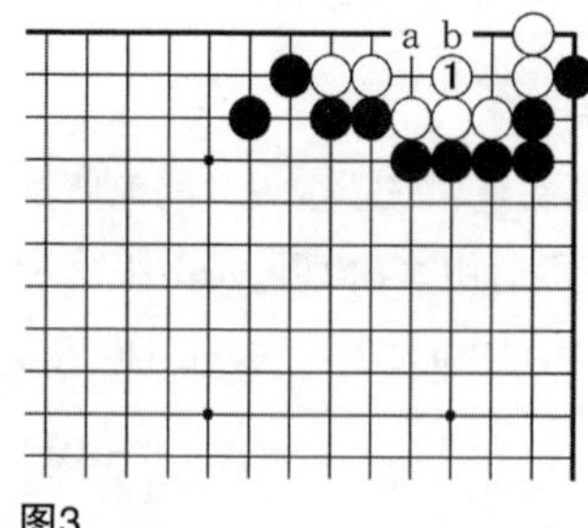

图3

白净活

图3（参考）

白先1位曲是正确的棋形，是局部最好的活棋方法。

其他的选择，如白a，b等虽然也可以做活，但实地亏损。

第13型

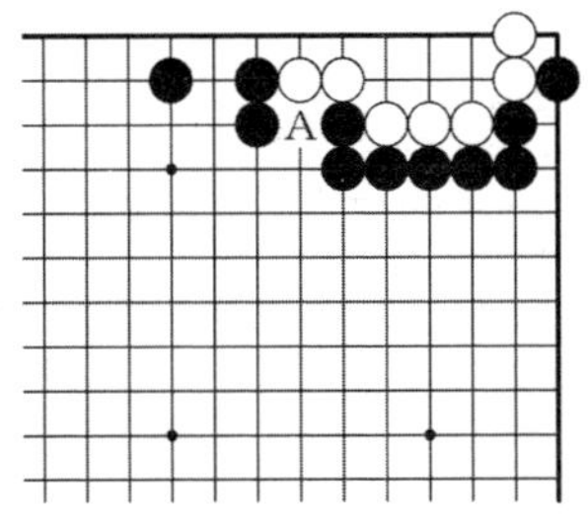

黑先劫（黑先提劫）

白棋形与前型相同，但在A位多了一口外气。即使如此，白棋也无法净活。黑棋的攻击手段在之前曾经出现过。

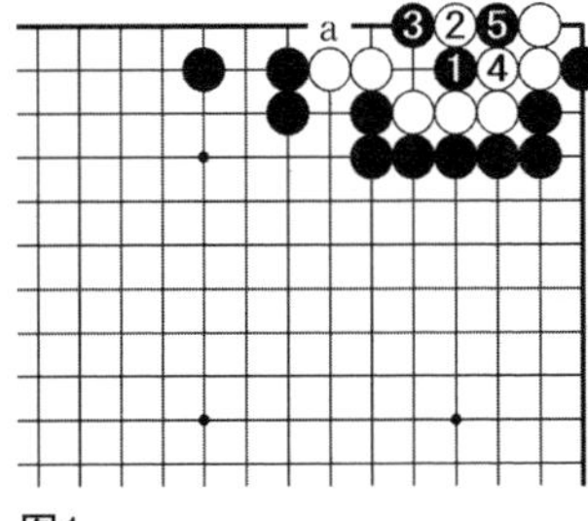

图1

打劫

图1（正解）

与第11型相同，黑1是正解。白2夹应对，进行至黑5，变成劫活。

白2若在a位扩大眼位，黑3小尖，白净死。

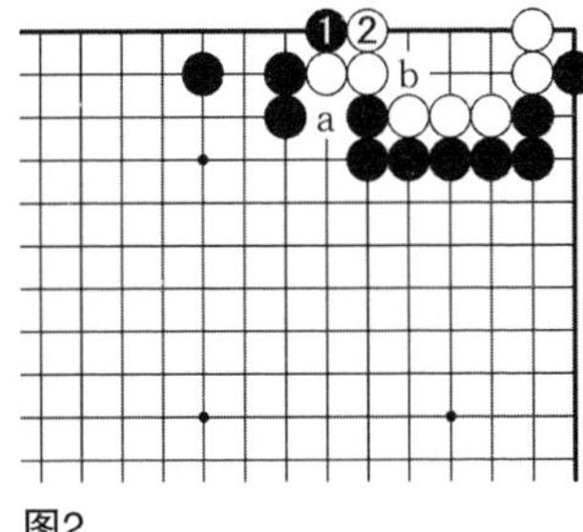

图2

白净活

图2（失败1）

黑1扳缩小眼位的下法不适合此时的局面。白2打吃形成“梳子型”，净活。

黑a位若是有子，白2打吃黑可以b位断吃。

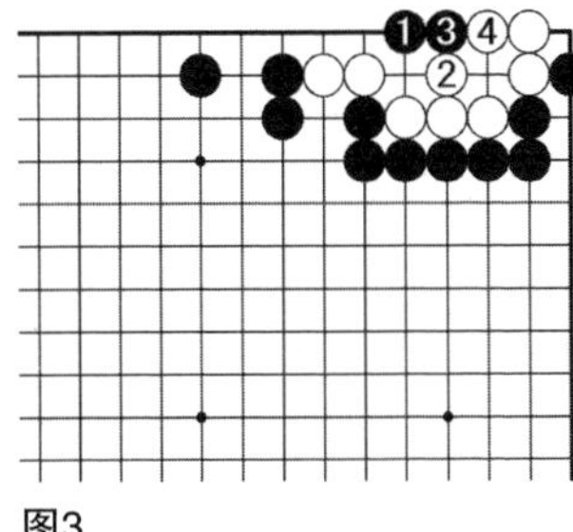

图3

白净活

图3（失败2）

黑1点也是局部手筋，但白2曲净活。

黑1下在3位，白还是2位应对，净活。

第14型

黑先劫（黑先提劫）

黑棋A位无子。第12型中白二子没有外气，同样的棋形可以用同样的手筋。

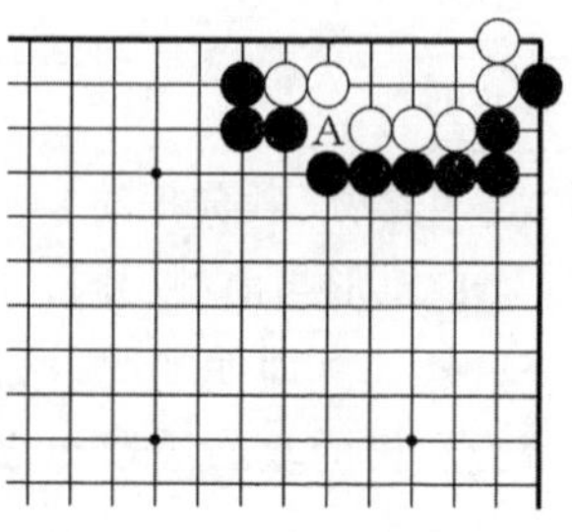

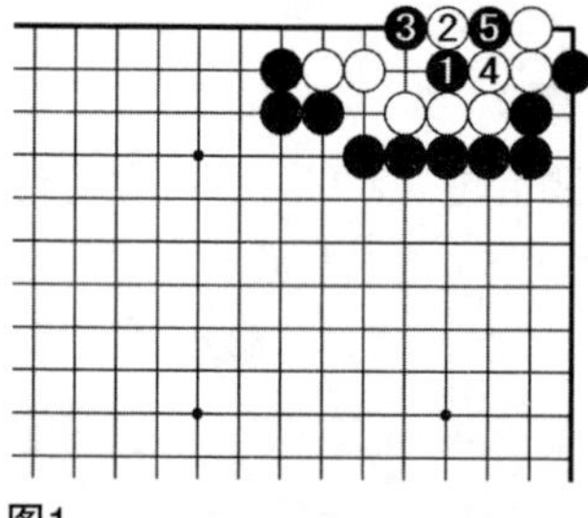
图1

打劫

图1（正解）

黑1夹是正解。白2反夹应对，进行至黑5，形成多次出现的劫活棋形。

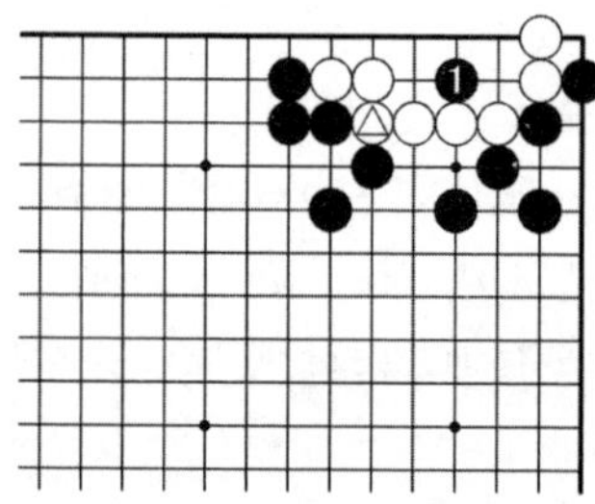
图2

打劫

图2（参考1）

如果白在△位有子，黑1也是正解。结果与外气无关。

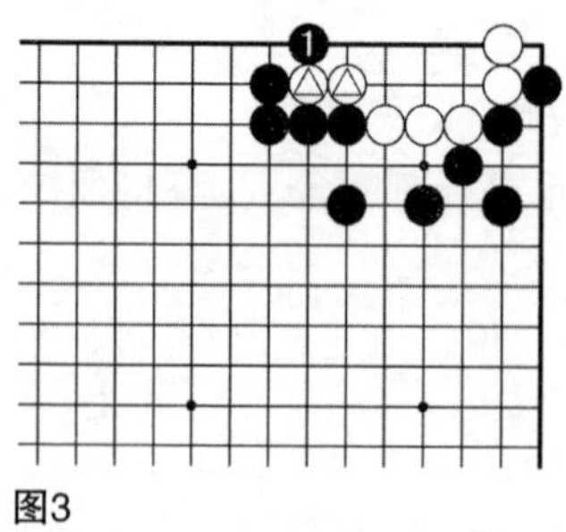
图3

白死

图3（参考2）

只有在白△两子气紧的情况下，黑1扳才可以净杀白棋。

此时也和其他地方的外气无关。

第15型

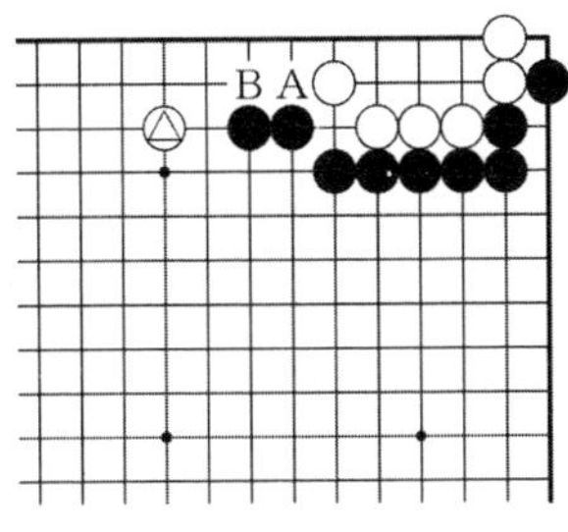

白活

与前型相比，少了白A、黑B的交换。这个交换对于白棋来说并无好处。

同时因为有白△一子的帮助，本图白净活。

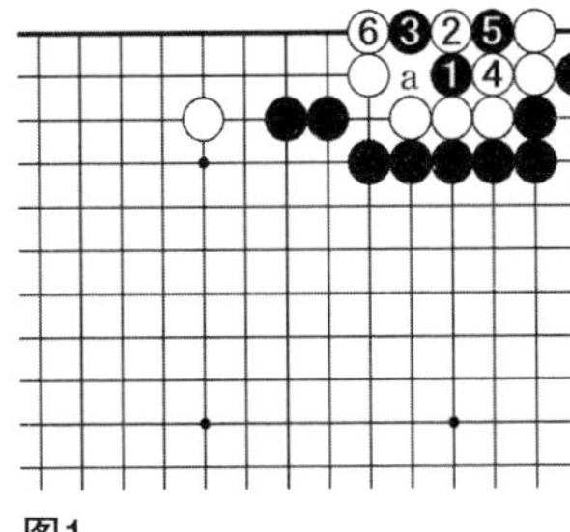

图1

白净活

图1（证明）

黑还是在1位夹。白2、4应对，黑5提劫，白6挡准备在a位打吃做活。

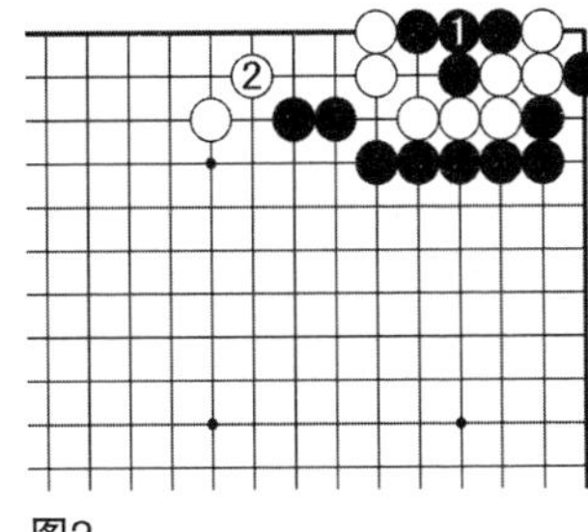

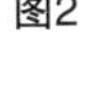

图2

白联络

图2（证明续）

接上图。黑1粘破眼，白2小尖可以与外围联络。

上图白6也可以直接如本图2位小尖（这样的次序甚至更好）。

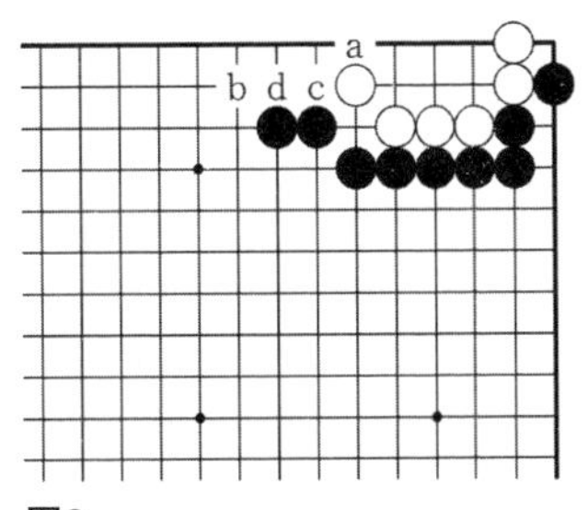

图3

如果有立

图3（参考）

左上如果白a位有子就是净活的棋形。即使破了白棋角上眼位，白棋也可以在b位逃出。

白c、黑d的交换并不能帮助白棋获得眼形。

第16型

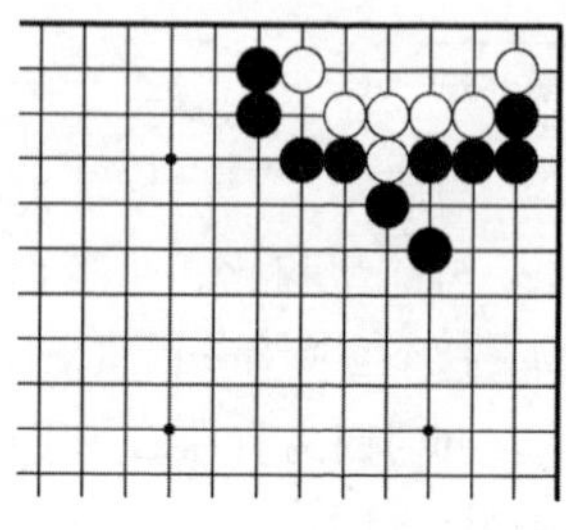

白活

取自于实战棋形。眼形充足，白棋没有死活问题。

黑先虽然没有攻杀手段，但了解后续变化会很有益处。

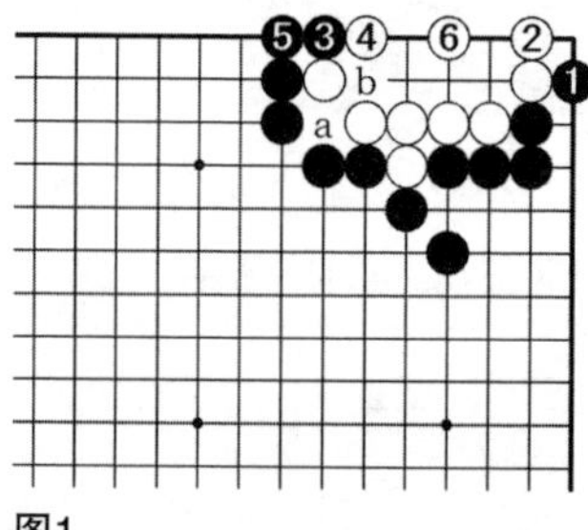

图1

白净活

图1（证明）

黑1扳是最常见的下法，白2立好手。黑3、5扳粘，白6跳做活。接下来黑a，白b交换。

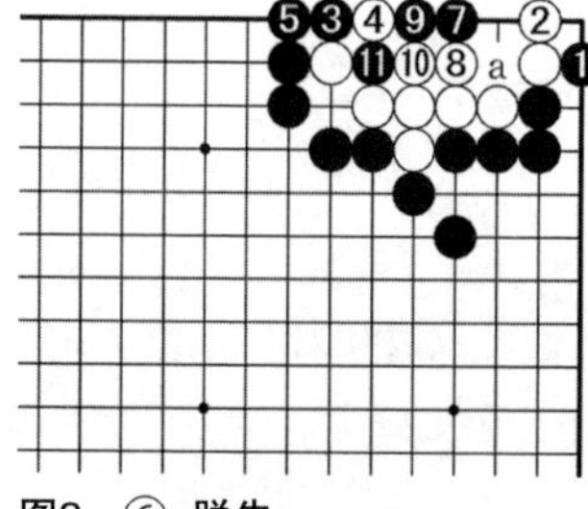

图2　⑥=脱先

打劫

图2（失败）

白6如果脱先他投，黑7点局部变成劫活。

黑7若在9位打吃，白7反打，黑11，白10，黑4，白a净活。

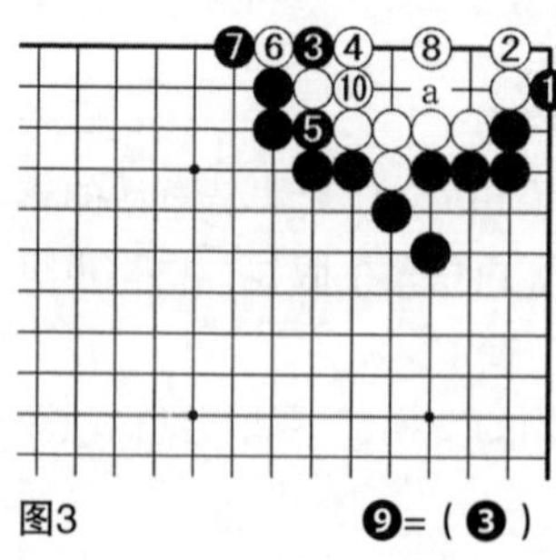

图3　❾=（❸）

白净活

图3（证明变化）

黑1，白2之后，黑也可以3、5定型。白6～10之后净活。本图黑7岁上边更有帮助，可以根据具体场合进行选择。白8如果脱先，黑9，白10，黑a。

第17型

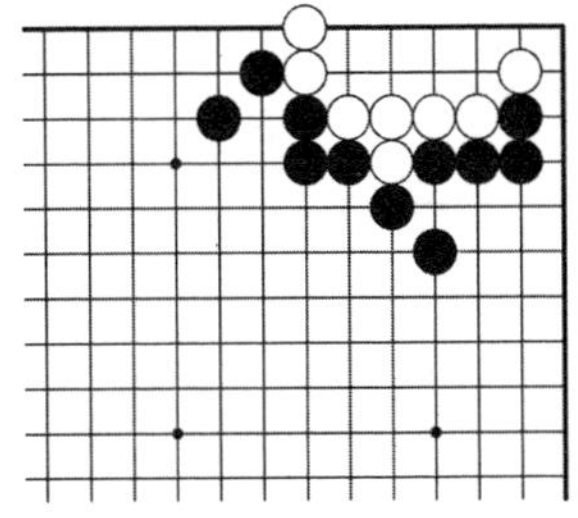

白活

白眼形空间大于前型，不会有死活问题。

了解一下黑先的攻击方法即可。

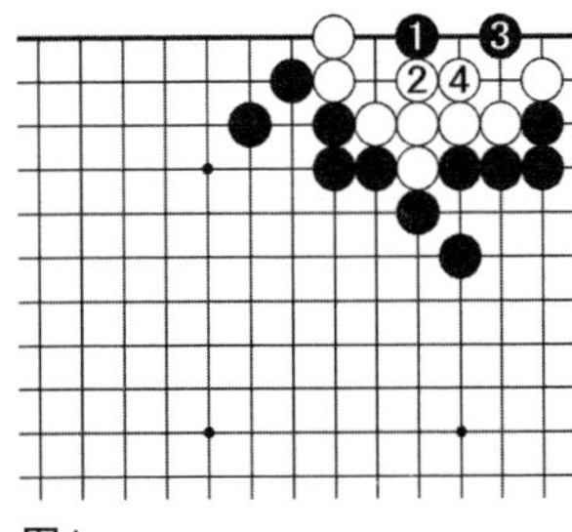

图1

点

图1（证明）

黑1点，白2顶是正确应对。接下来黑3跳，白4冷静。

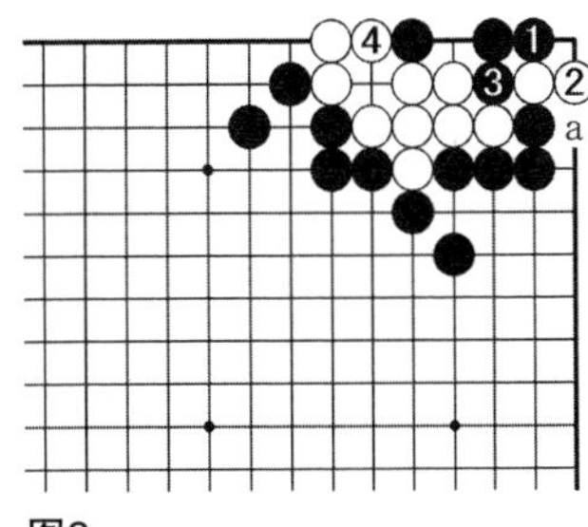

图2

白净活

图2（证明续）

接上图，黑1、3可以断吃白棋两子，但白4打吃之后可以净活，黑a落后手。

在实战中本图是正解的局面较多。

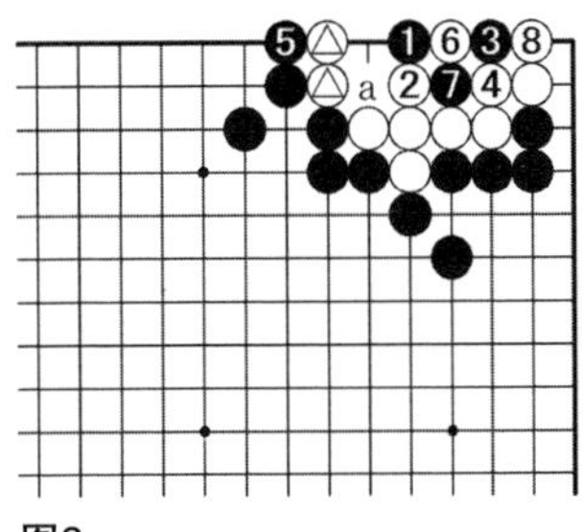

图3

白净活

图3（证明变化）

图1中白4如果选择本图白4粘也可以净活。黑5挡，白6、8做活。后续黑棋留有a位扑吃掉白△两子的后续手段。在实战中吃掉这两个子会对黑棋外势帮助较大，白棋选择上图更合适。

第18型

白活

此时白立变成△位虎。

与前型相比，本图活棋更加简明。

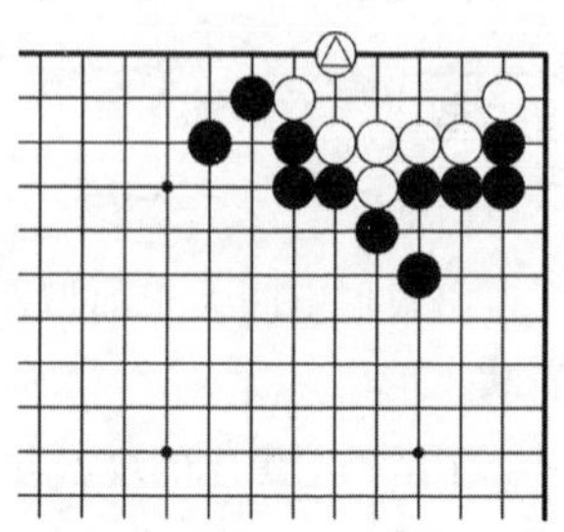

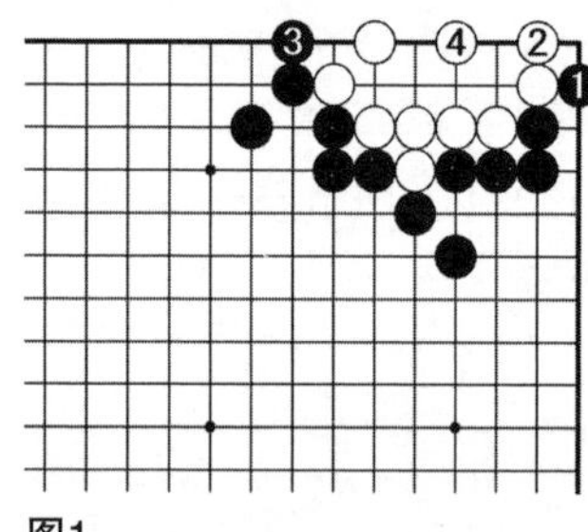

图1

白净活

图1（证明）

黑棋的攻击就是黑1扳、3立。白4跳做眼简明做活。

白4如果脱先——

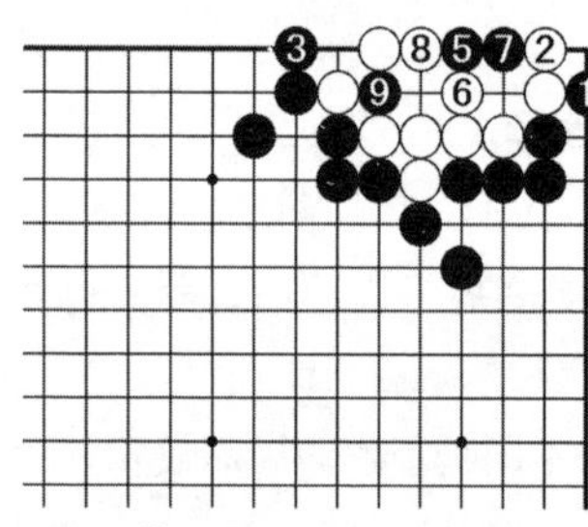

图2 ④=脱先

白死

图2（失败）

黑5点好手。白6、8应对，黑9扑白净死。

黑3如果直接在5位点，白6，黑3，白9可以做活。

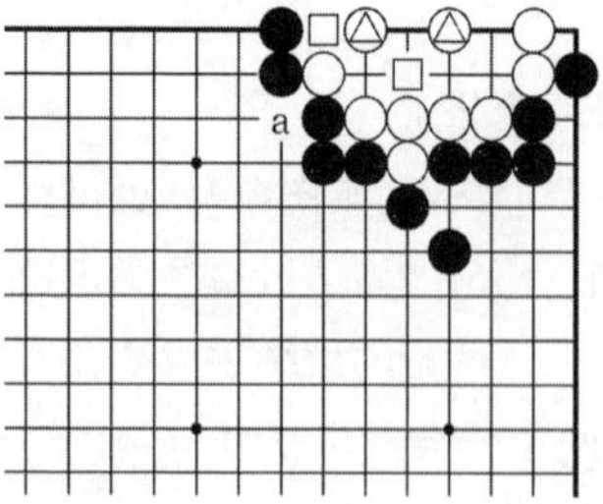

图3

如果有断点

图3（参考）

从死活角度来说，白棋立和虎都是正解。但是在a位有断点的情况下，白□位有子对于黑棋的威胁要大于△位两子。所以要请牢记前型的各种变化。

第19型

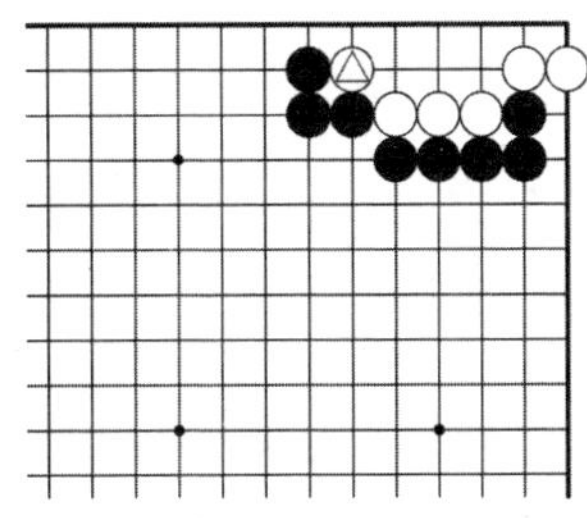

黑先白死

白棋三子气紧，这里是黑棋攻杀的切入点。

不要被白△迷惑。

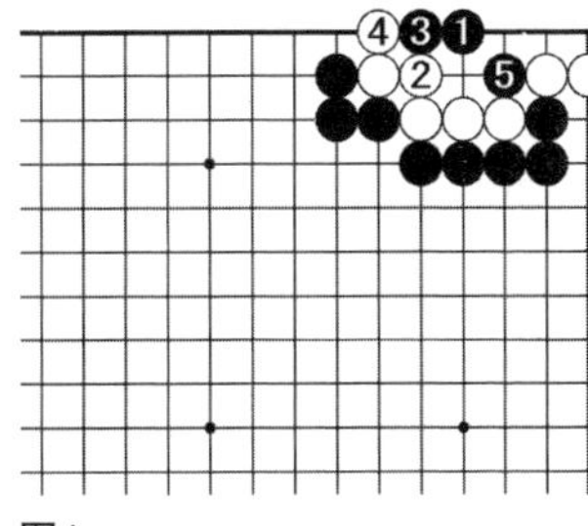

图1

白死

图1（正解）

黑1是“三子中间”的急所。白2粘，黑3爬，白4挡，黑5断，形成“老鼠偷油”的棋形。

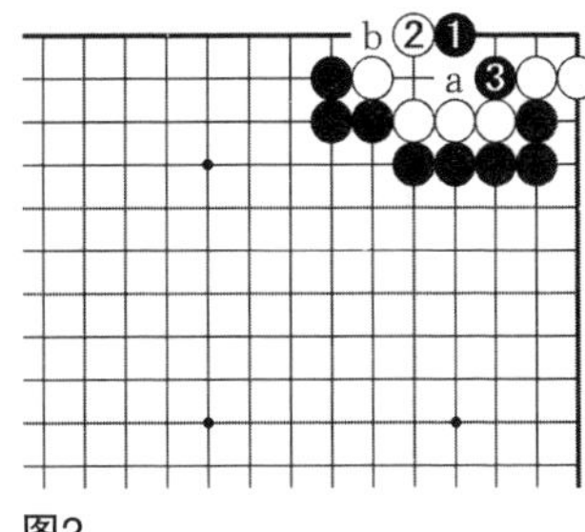

图2

白死

图2（正解变化）

黑1点，白2虎，黑3断。白棋气紧，已经没有后续手段。

白2若在a位，黑b或者2位，白净死。

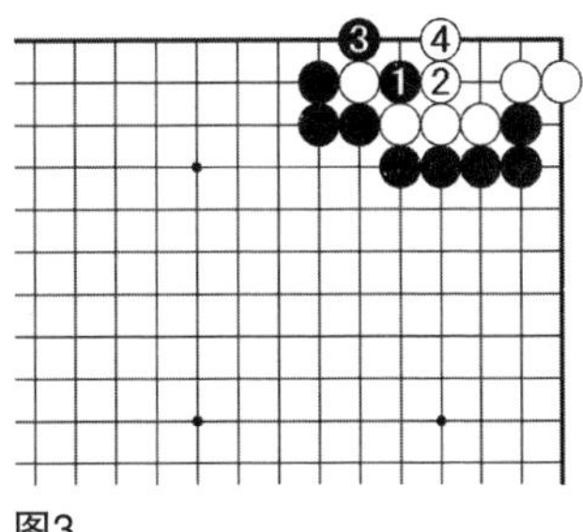

图3

白净活

图3（失败）

黑1断吃就是被白棋扳的棋子影响了思路。这样白2、4之后就是净活。

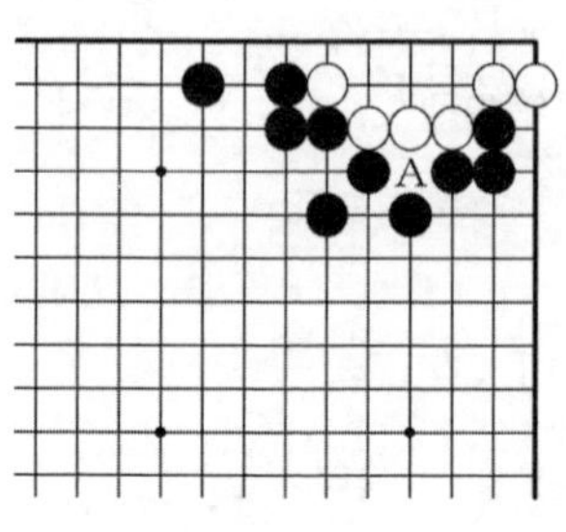

第20型

白活

此时白三子多了A位一口外气。

这口外气对于白棋来说就是活棋的关键，本型白棋净活。

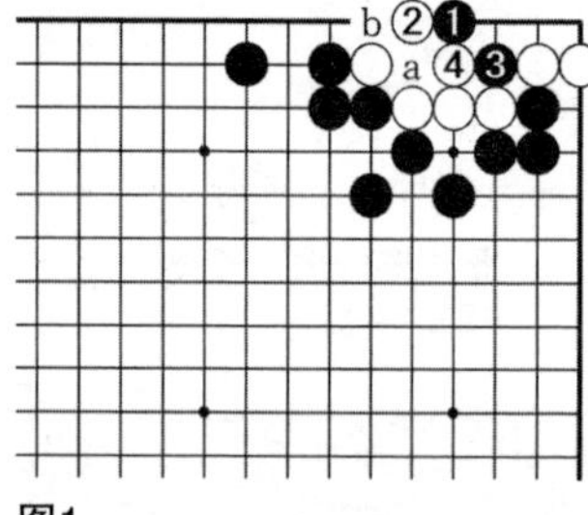

图1

白净活

图1（证明1）

黑1点，白2尖顶。因为多了外气，黑3断，白4可以打吃。

此时黑a，白4，黑b，白1交换是正常应对。

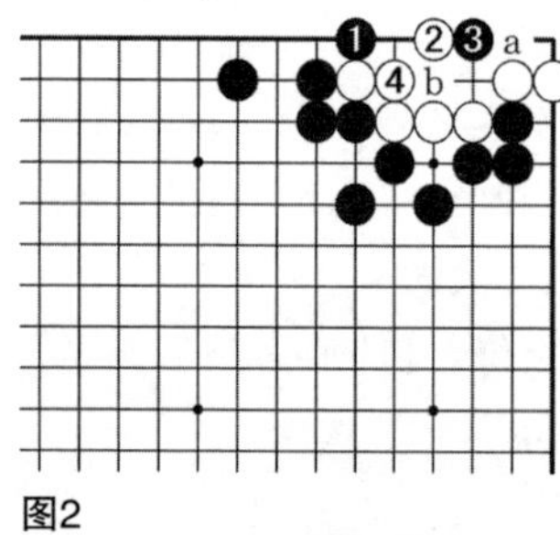

图2

白净活

图2（证明2）

黑1下打是经典手筋。此时白2为局部好手。黑3靠，白4粘净活。

白4下在a位，黑b，白4，结果相同。

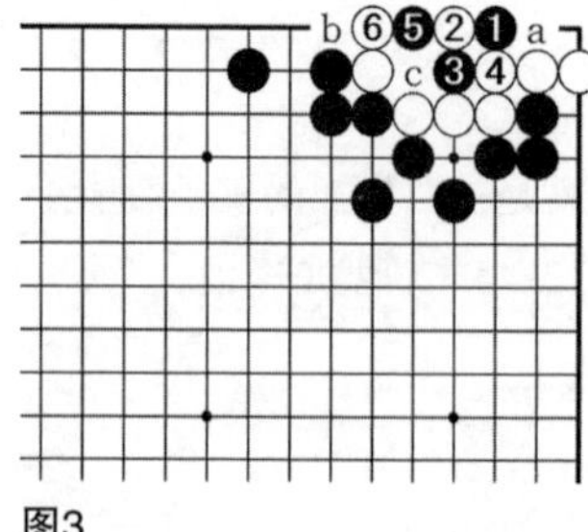

图3

白净活

图3（证明3）

黑1点，白2靠。黑3打吃，白4粘，黑5，白6立净活。

白2也可以下在5位，黑a，白4，黑b，白c。

第21型

黑先白死

白棋眼位空间不大，同时棋形气紧。

黑棋可以一手制胜。

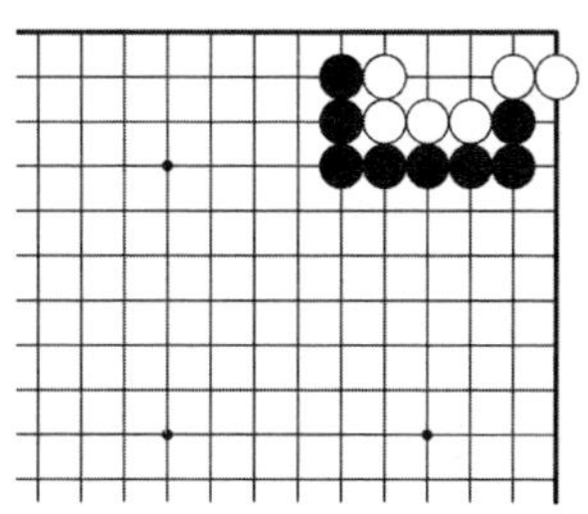

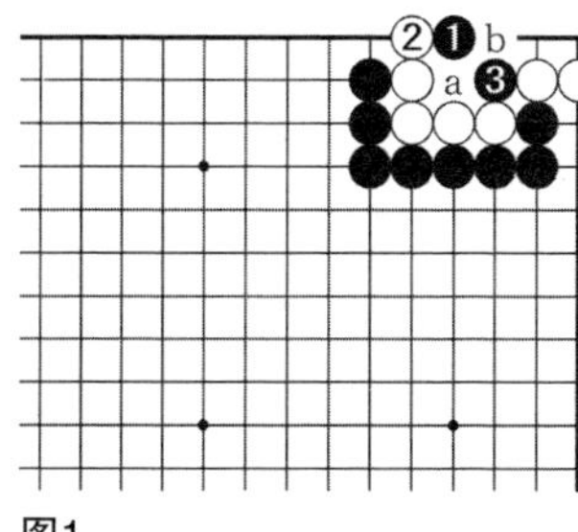

图1

白死

图1（正解）

黑1点犀利。白2挡，黑3断。白棋气紧，形成“老鼠偷油”的棋形。

白2下在b位，黑2可以连回。

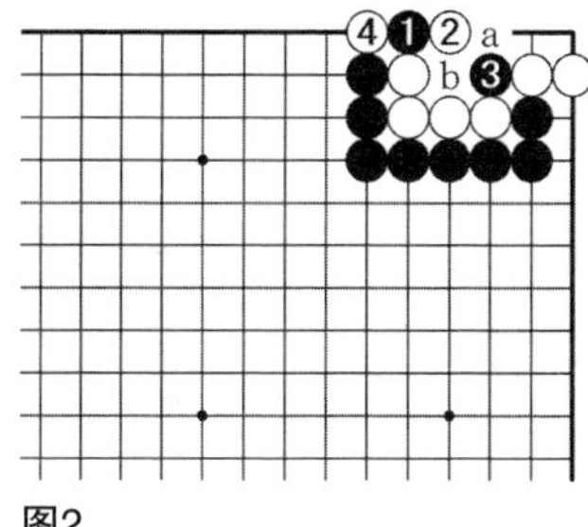

图2

白净活

图2（失败1）

黑1扳，白2打吃，黑棋没有下一手。黑3打吃，白4提。

此时黑1若在3位断，白a，黑1，白b。

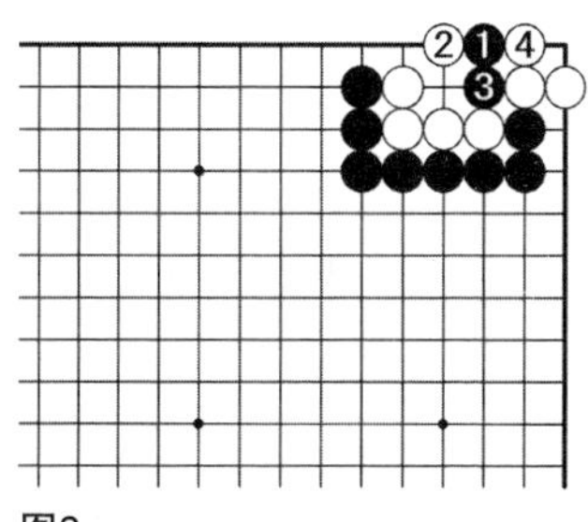

图3

白净活

图3（失败2）

黑1点，白2尖顶是棋形急所。黑3断，白4打吃净活。

黑1下在4位夹也是手筋，但在此时不成立。白2或者3位都可以净活。

第22型

白先活

前型的局面是白A位挡扩大眼位，黑B点杀。

如此一来就可以看出白棋做活的急所位置了。

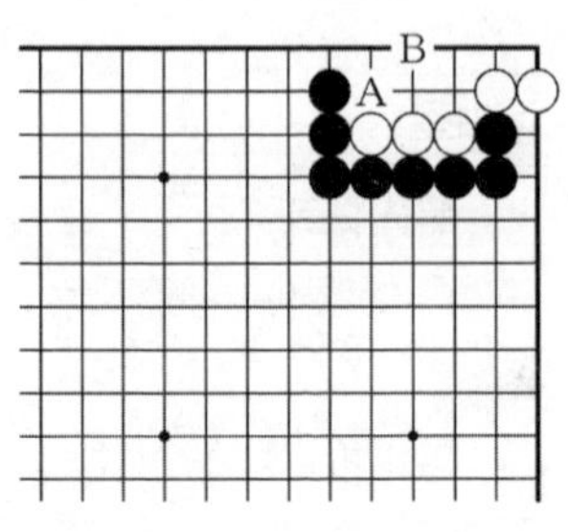

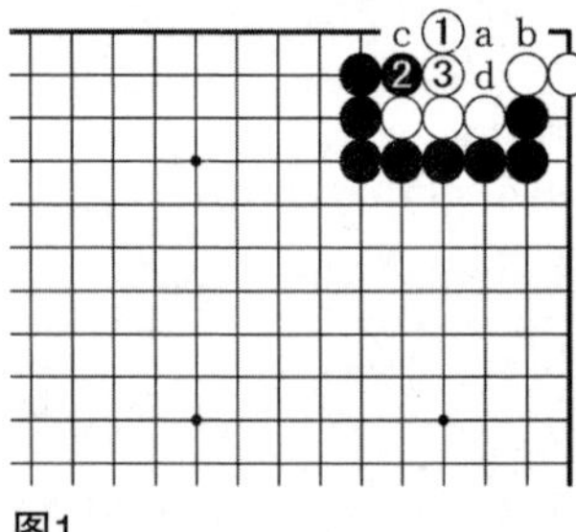

图1

白净活

图1（正解）

白1跳是急所。黑2拐，白3粘，形成曲四净活。

黑2拐如果选择a位靠，则白2位扩大眼位或者白b，黑3，白2，黑c，白d，净活。

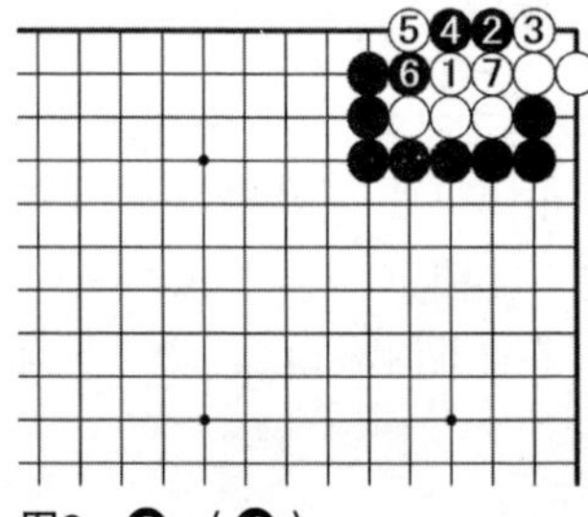

图2　❽=（❹）

白死

图2（失败）

白1弯无法做活。黑2点、4爬，白5吃掉两子也是假眼。

黑2也可以在4位拖，白5，黑2，结果相同。

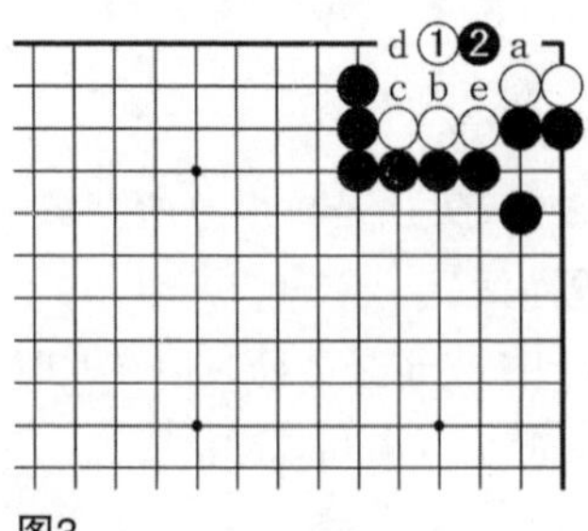

图3

白死

图3（参考）

在没有外气的情况下，白1跳也无法做活。因为此时黑2靠是绝好点，白若a位打吃，黑b，白c，黑d，白e位无法入气。

第23型

黑先白死

前型的基础上，白选择1位虎做活。

乍一看眼位充足，但因为气紧，黑棋有破眼的手段。

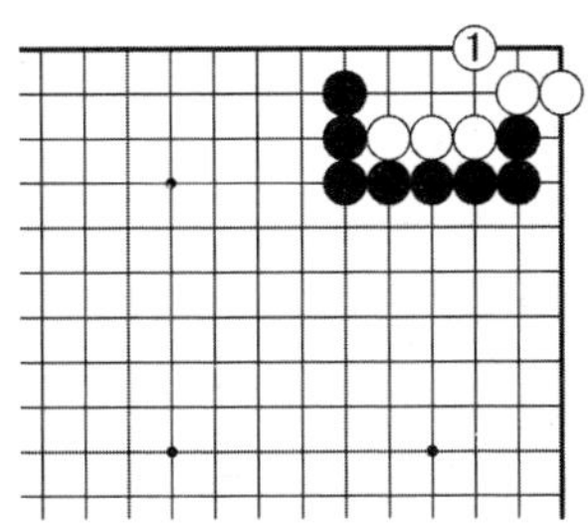

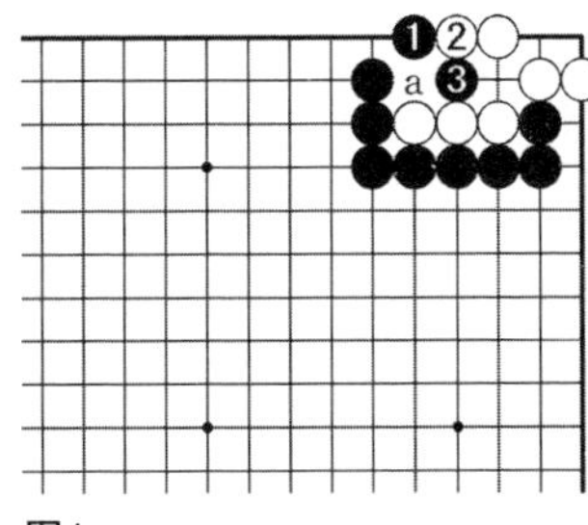

白死

图1（正解）

黑1小尖好手。白2顶，黑3挖，白不能在a位打吃。

白2若下在a位，黑2位顶。

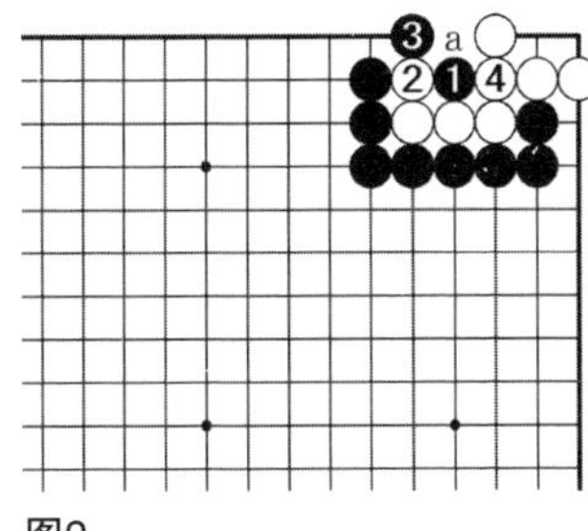

图2

白净活

图2（失败）

黑1直接破眼急躁。白2、4之后形成接不归，黑a无法联络，白净活。

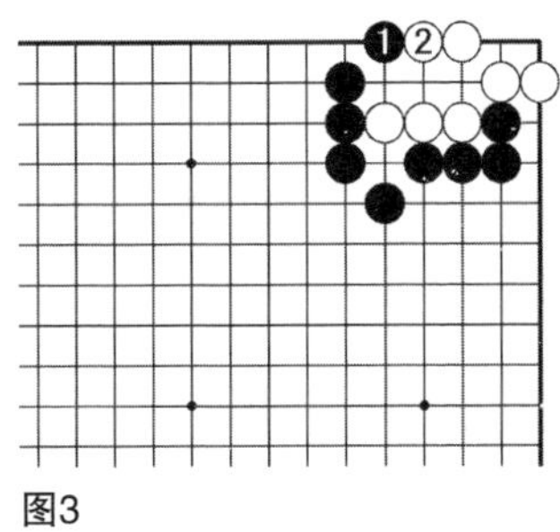

图3

白净活

图3（参考）

有外气的情况下，白棋是净活。

第24型

白先活

本型在实战中颇为常见。

白棋可以考虑在上边和角上扩大眼位，从哪边着手是此时的关键。

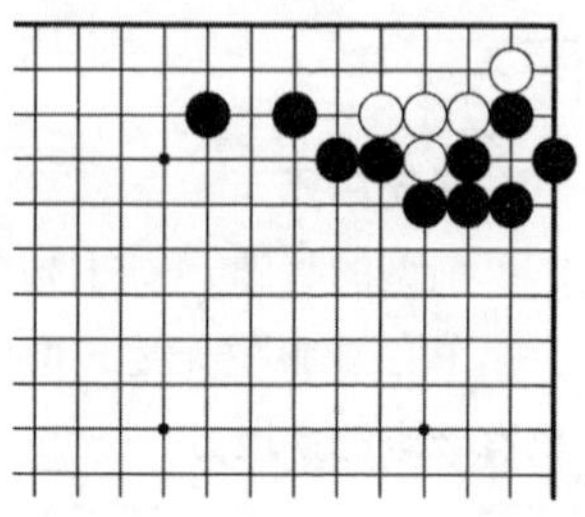

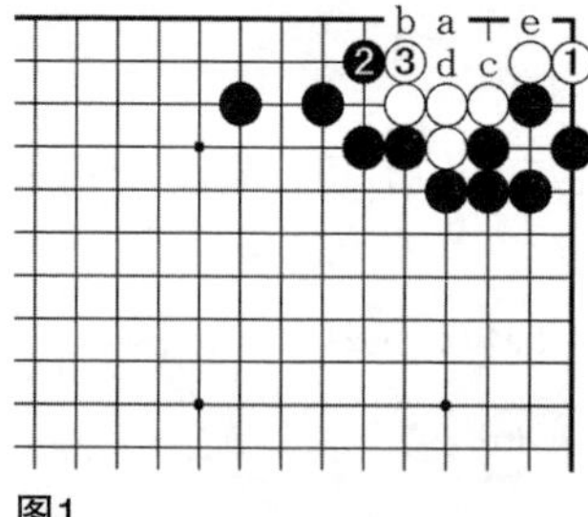

图1

双活

图1（正解）

白1立是急所。黑2小尖，白3挡净活。接下来黑a，白b，黑c，白d，白净活；黑a，白b，黑e，白c，双活。

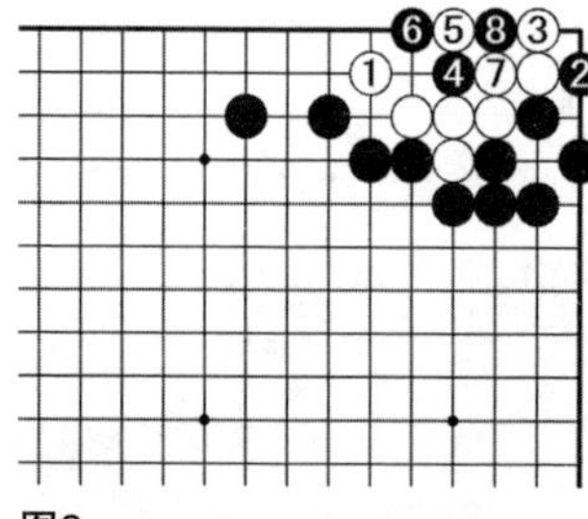

图2

打劫

图2（失败）

白1在外围寻求眼形，黑2扳之后白棋已经没有净活的可能。白3立，黑4点，进行至黑8，变成打劫（请参考第11、13、14型）。

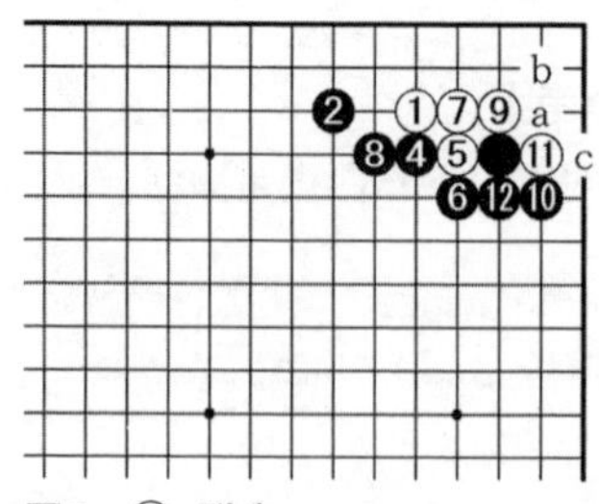

图3　③=脱先

实战型

图3（参考）

问题图中是在小目，白棋小飞挂角，黑2一间低夹，白脱先之后出现的棋形。黑4压，白5挖，进行至黑12，白继续脱先，黑a，白b，黑c，形成问题图。

第25型

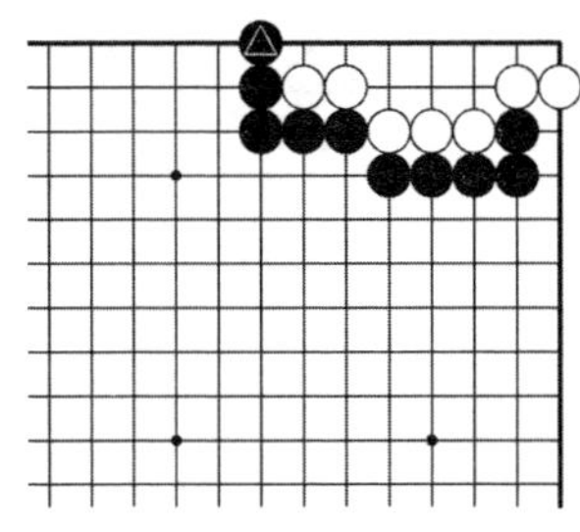

黑先劫（白先提劫）

白棋形完整，正常来说都是活棋，但在本型中白棋气紧的同时，黑▲位还有硬腿，所以黑在局部有了犀利的攻杀手段。

打劫

图1（正解）

按照“三子中间必点”的格言，黑1是棋形的急所。白2粘，黑3断，白4打吃，黑5做劫，白6提劫。

图1

打劫

图2（正解变化1）

黑1点，白棋也可以2位粘。白3断，5做劫，白6提劫。白6提劫如果——

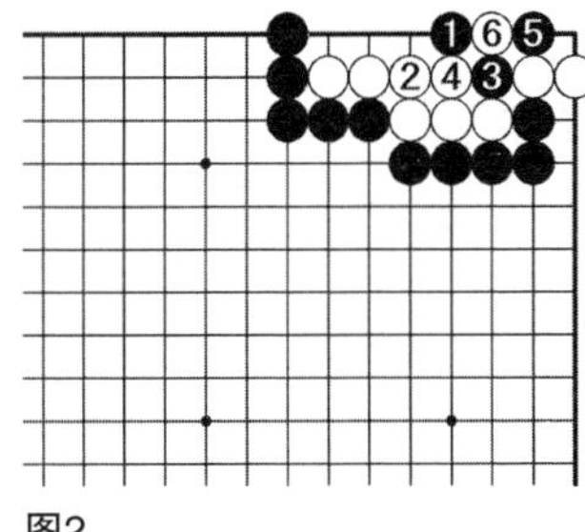

图2

弃掉四子

图3（正解变化2）

白6打吃意在净活。但黑7粘是弃子好手，白8提——

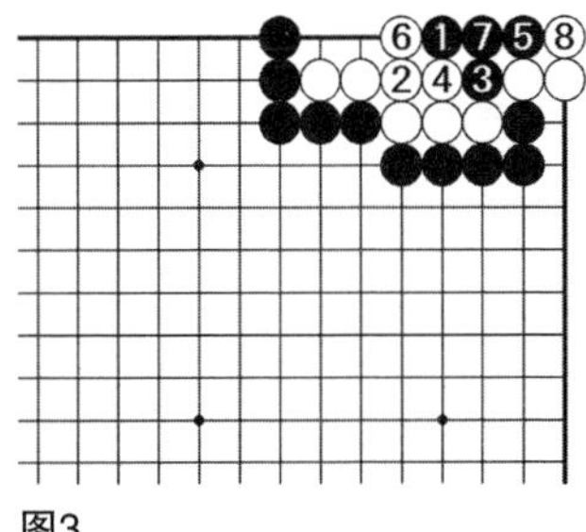

图3

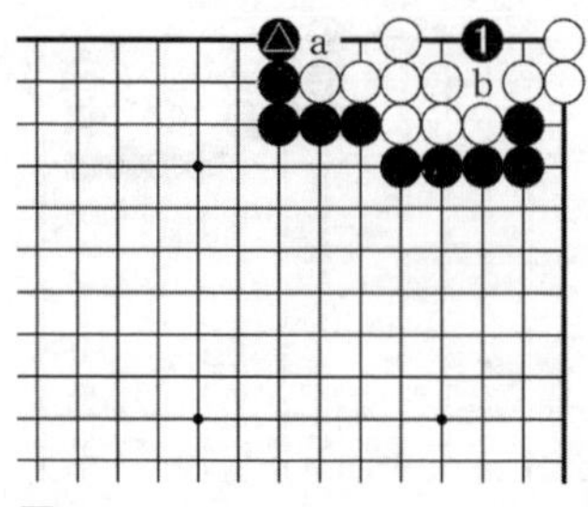

图4

白净死

图4（正解变化2续）

黑1点。白2做眼，黑b断。黑▲此时派上了用场。

白棋只能选择劫活。

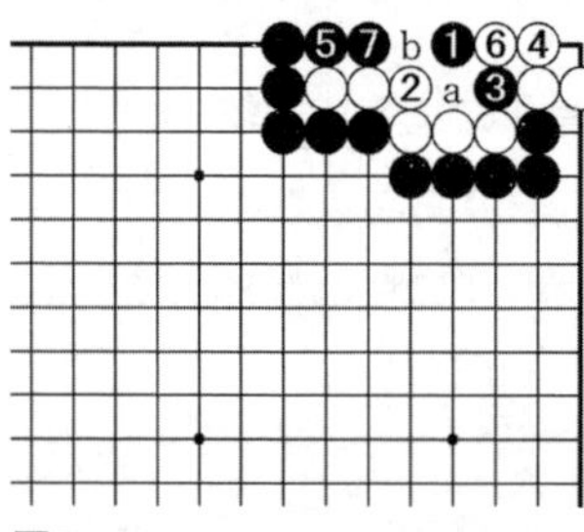

图5

白净死

图5（正解变化3）

面对黑1、3，白4做眼如何。黑5、7连回，白a提，黑b粘，白棋只有一只真眼。

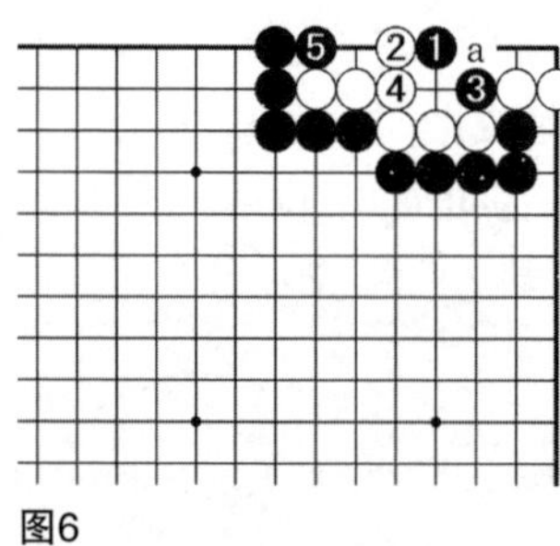

图6

白净死

图6（正解变化4）

黑1点，白2尖顶，黑3断，5紧气，白净死。

白2下在a位，黑4断，结果相同。

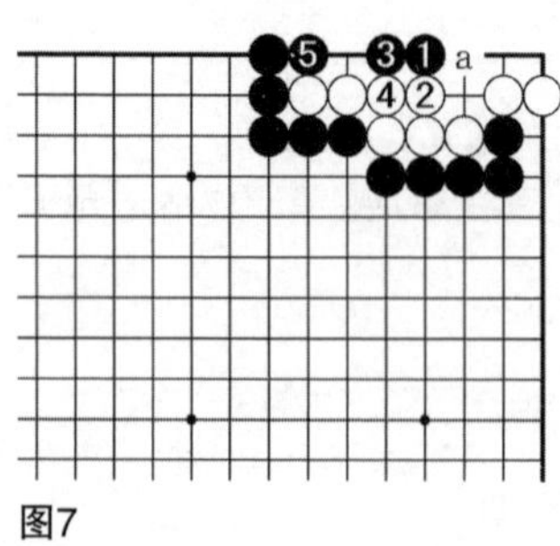

图7

白净死

图7（正解变化5）

白2顶，黑3长、5渡过。白棋气紧无法分断黑棋。

白4若下在a位，黑仍然5位连回。

第26型

白先活

白棋形薄弱，但如果找到急所就可以净活。

第一手非常关键。

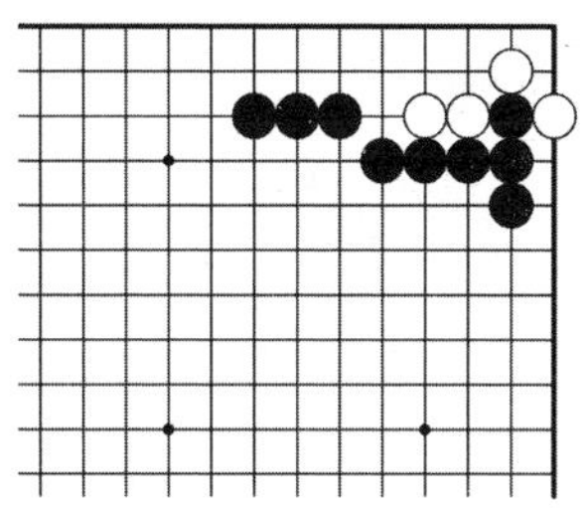

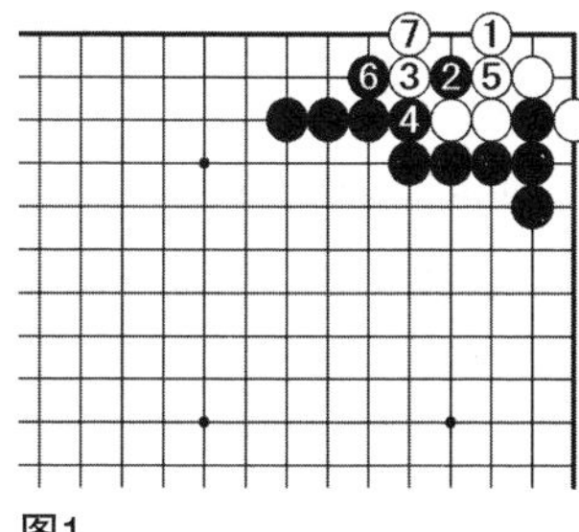

图1

白净活

图1（正解）

白1小尖急所，这手棋首先保住了角上的眼位。接下来黑2试图破眼，白3扳吃掉黑一子可以获得一只眼，两只真眼白棋净活。

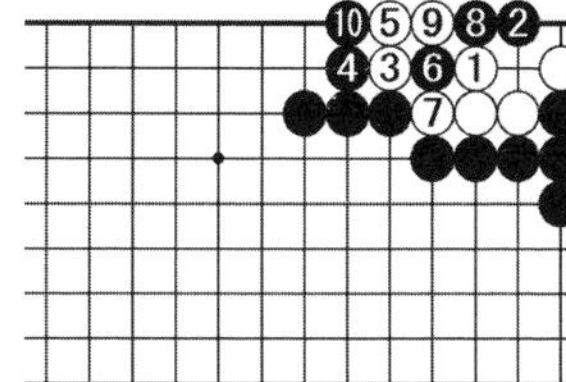

图2

白净死

图2（失败1）

白1曲目的也是获得眼形，但黑2点之后眼位瞬间不够。白3、5扩大眼位，黑6、8破眼，白棋净死。

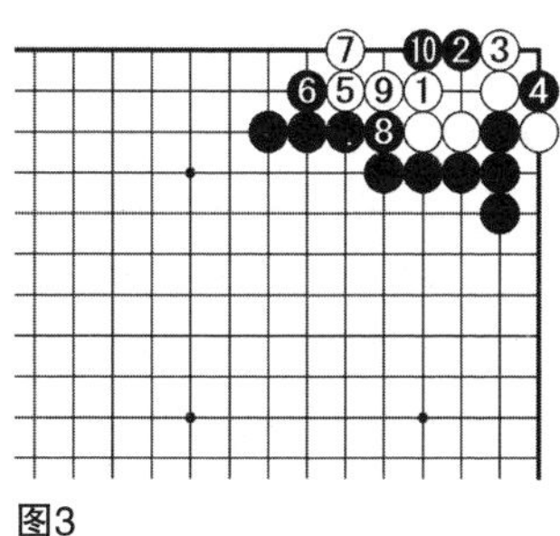

图3

白净死

图3（失败2）

白1，黑2之后，白3挡，5、7扩大眼位，黑只需要8位缩小眼位，10破眼即可。

白3若在4位粘，黑3，白5，黑6，白7，黑9，白8，白10，对杀白不利。

第27型

黑先两手劫

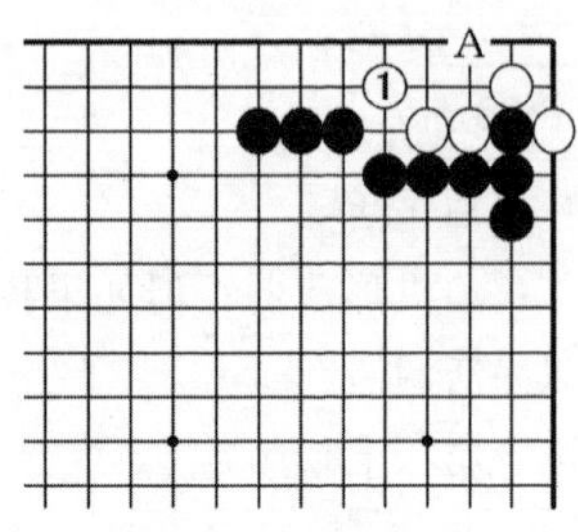

此时白1若在A位虎可以做活。

白1扩大眼位，黑棋应该如何应对呢？

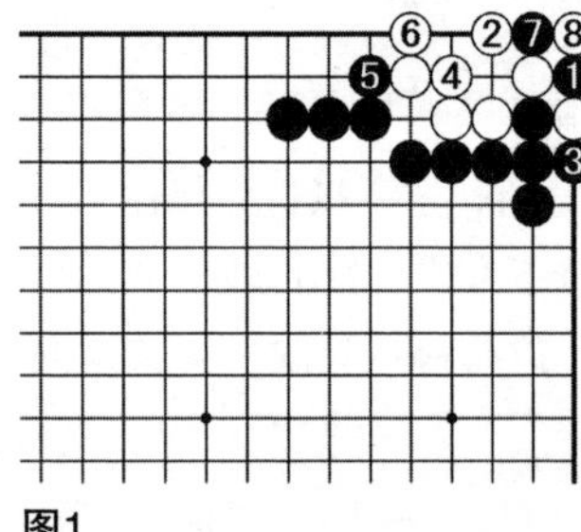

图1

扑

图1（正解）

黑1扑是此时的手筋。白2虎，黑3提，白4做眼，黑5挡，7扑，打劫。

此时的打劫——

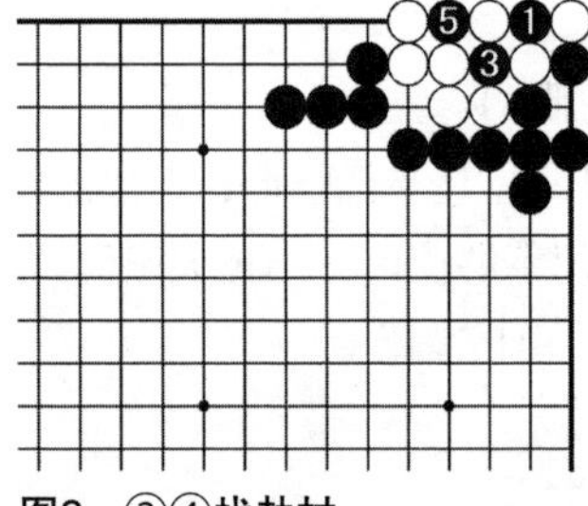

图2　②④找劫材

白棋有利的两手劫

图2（正解续）

黑棋想要吃掉白角，需要1、3、5三手。而白棋只需要一手棋。所以图1是对白棋有利的两手劫。

但问题图中的白1错失了净活的机会，并不是最优选择。

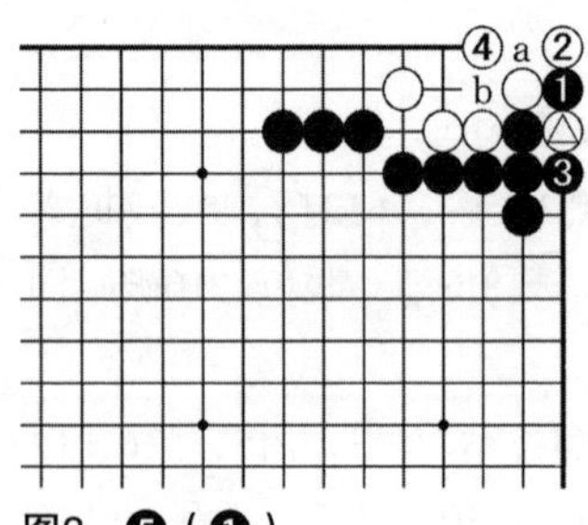

图3　❺（❶）

普通的两手劫

图3（正解变化）

黑1扑，白2提，黑3拆，白4做眼，也是两手劫。黑5提劫之后想要消劫需要a、b两手，白棋消劫需要△、1两手，此时的两手劫是双方五五开的两手劫。

第29型

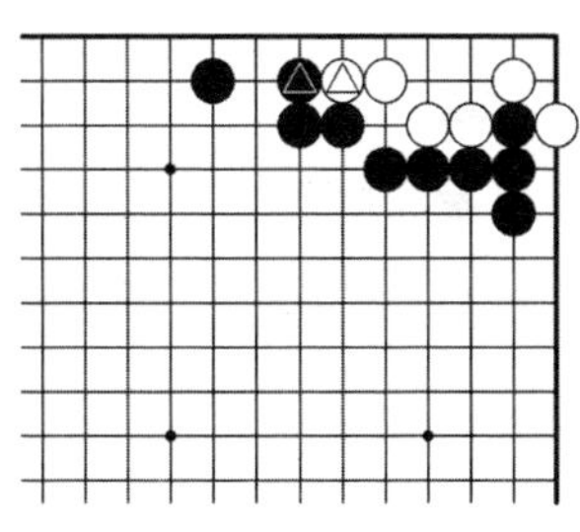

黑先白死

与前型相比多了白△、黑▲的交换。

这个交换同样有撞气的副作用，黑先可以净杀白角。

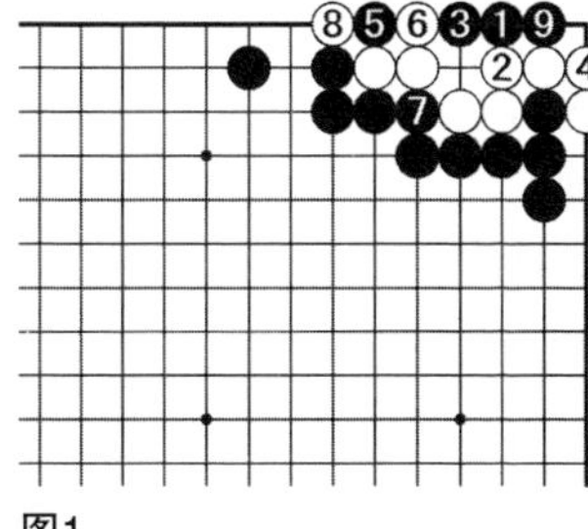

图1

白净死

图1（正解）

黑1点。白2、4扩大眼位，黑5扳，7打吃是关键次序。白8提，黑9挤，白棋变成“直三”净死。

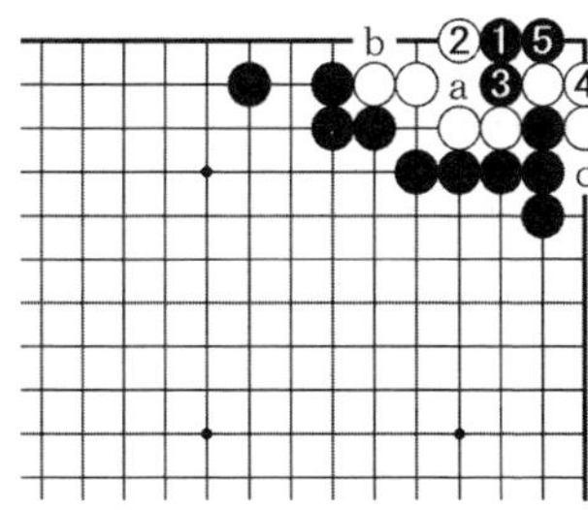

图2

白净死

图2（正解变化）

黑1点，白2尖顶，黑3断，白4粘，黑5拐。接下来白a打吃，黑b扳；白b做眼，黑c打吃。

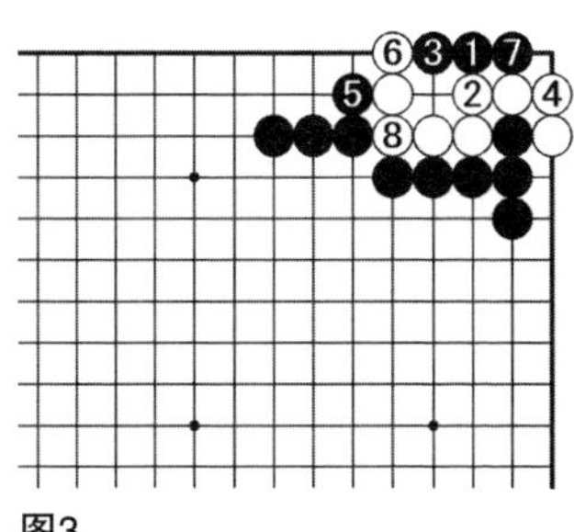

图3

双活

图3（参考）

问题图中的白△，黑▲如果没有交换，则黑1点，白2粘即可活棋。黑3长，白4粘，黑5，白6，进行至白6变成双活。

第29型

黑先白死

白棋没有外气，棋形明显有问题。

只要找到棋形的急所就可以净杀白棋。

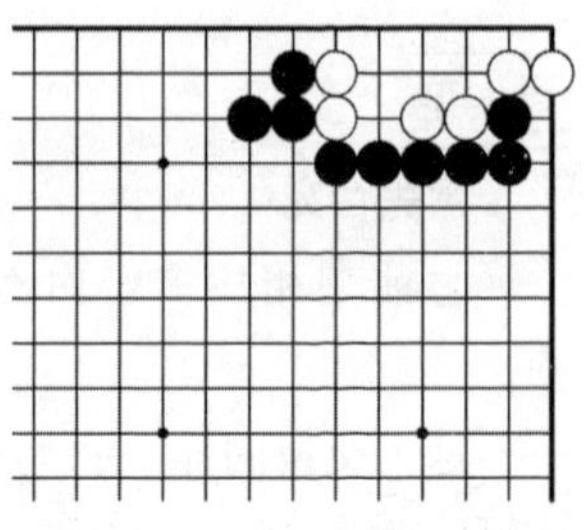

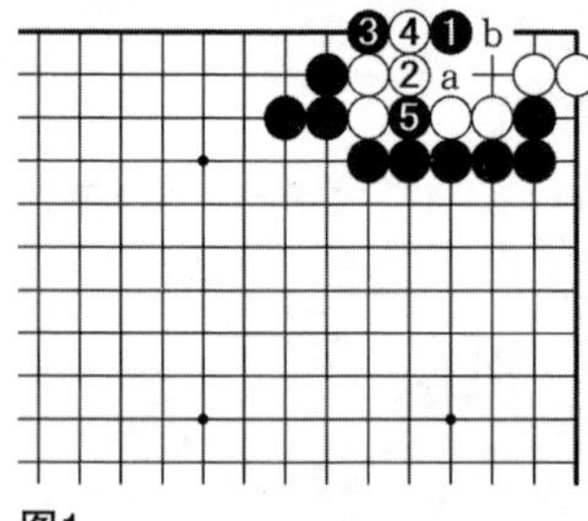

图1

白净死

图1（正解）

黑1点急所。白2弯，黑3扳，5打吃好手。白a无法连回。

黑3如果先在5位扳，白b，黑3，白a，白净活。

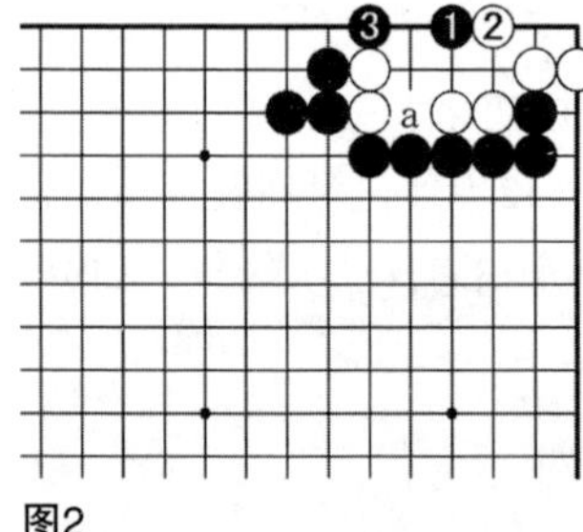

图2

白净死

图2（正解变化）

黑1点，白2尖顶，黑3渡过。

白2若下在a位，黑3渡过。另外白2若在3位立，黑a位冲。

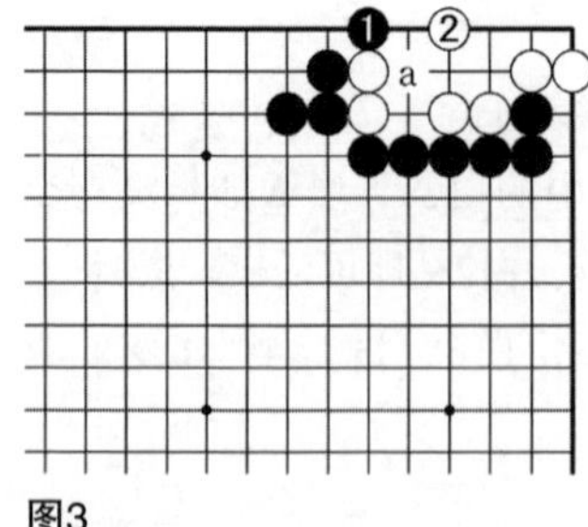

图3

如果扳

图3（失败1）

黑1扳如何呢。白若a位弯，黑2位点，还原图1。但此时白2跳好手，抢占了本型的急所。接下来——

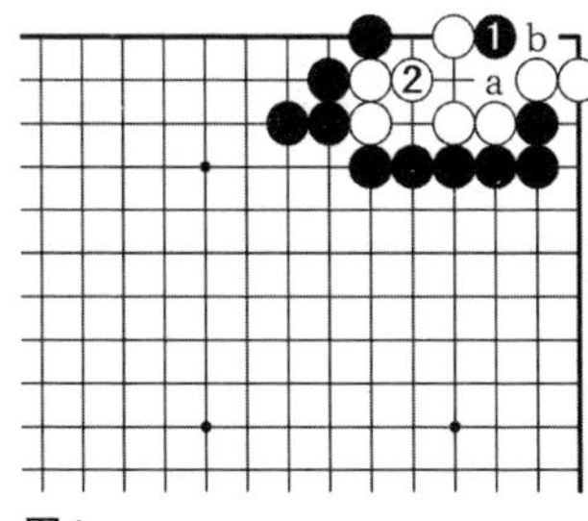

图4

白净活

图4（失败1续）

黑1靠，白2弯好手。白a、b两点见合，净活。

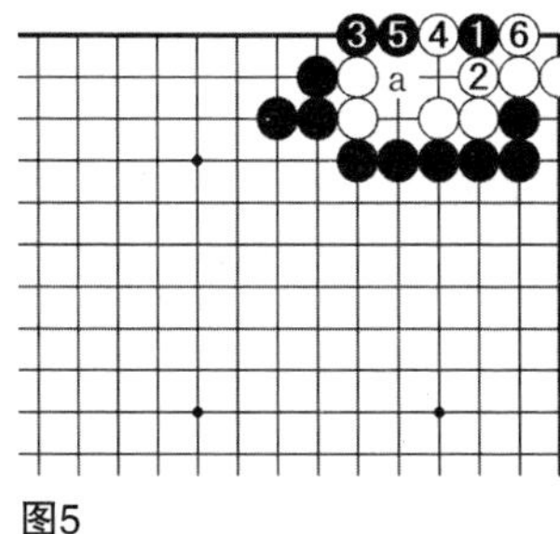

图5

白净活

图5（失败2）

黑1点，3扳也是常见的攻杀手筋。此时白4打吃冷静，黑5打吃，白6提，成功两眼做活。

黑5若在6位破眼，白a做眼。

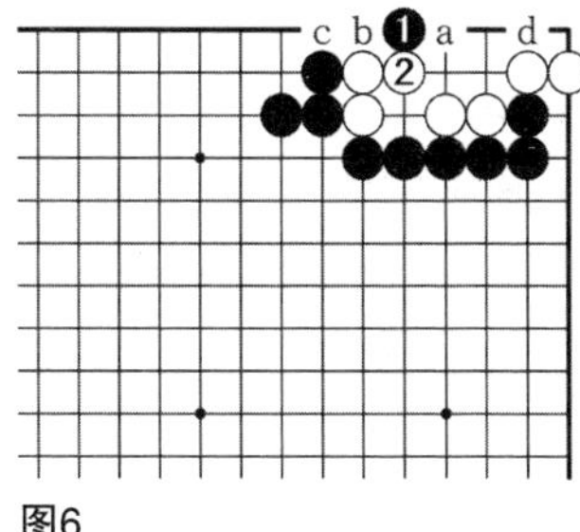

图6

白净活

图6（失败3）

黑1点，白2应对即可。黑a长，白b分断；黑b连回，白a打吃，黑c，白d做活。

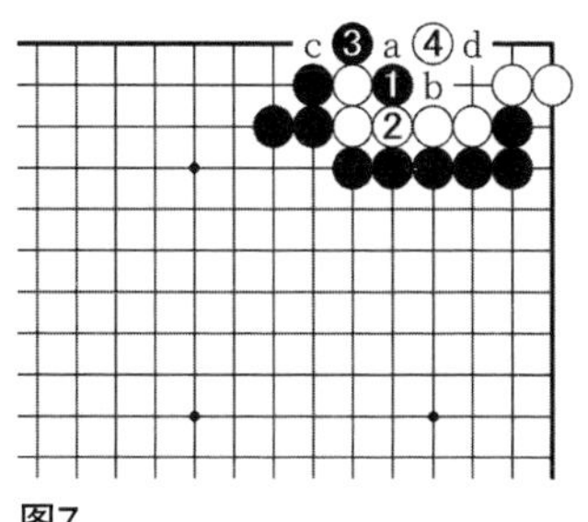

图7

白净活

图7（失败4）

黑1夹俗手。白2粘，黑3渡过，4跳好手。接下来黑a，白b，黑c，白d，白净活。

白4若在b位打吃，黑4可以做劫。

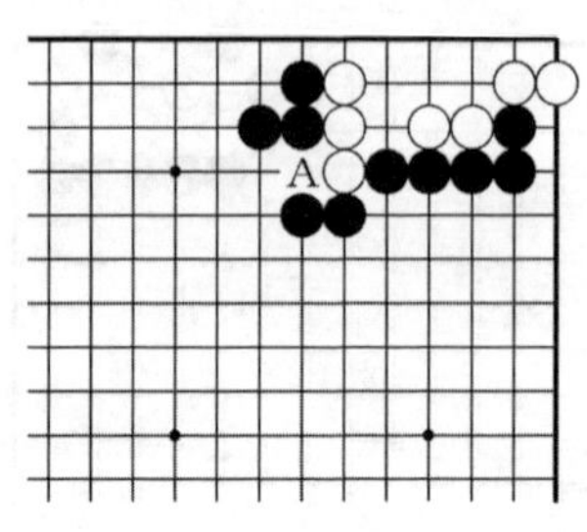

第30型

黑先劫（白先提劫）

与前型类似，不同的是本型白棋多了A位一口外气。

即使如此，急所的威力仍在。结果是黑先劫。

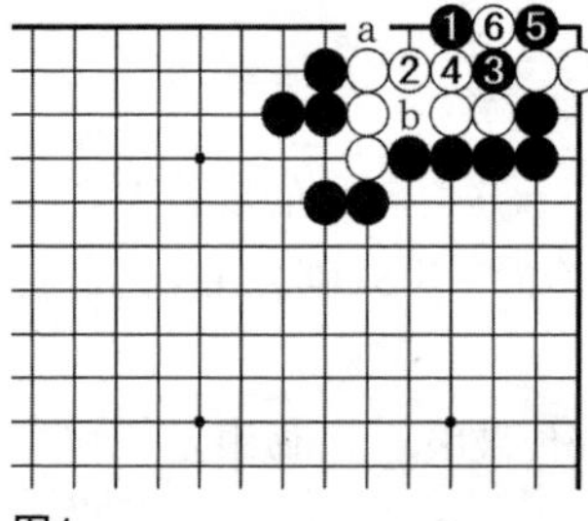

图1

打劫

图1（正解）

第一手还是黑1点，白2弯应对。此时黑3断是正解，白4打吃，黑5做劫。

白2若在a位立，黑b，白2，黑3，白4，黑5，结果仍然劫活。

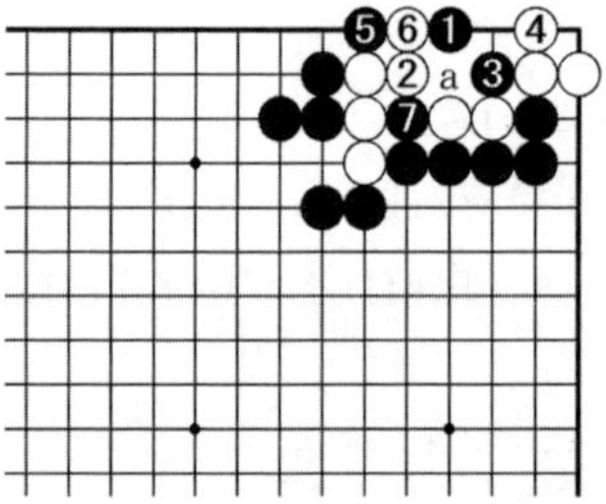

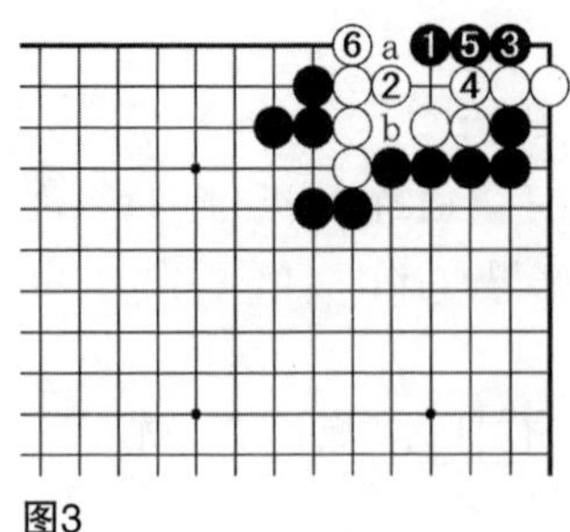

图3

白净死

图2（正解变化）

上图白4若选择本图4位做眼，则黑5扳，7打吃好次序，白净死。

白6在a位打吃，黑6连回，白棋只有一只真眼。

图2

双活

图3（失败）

图1中黑3断，如果选择本图黑3破眼，则白4粘，黑5粘，白6扩大眼位，双活。

黑5若6位扳，白a，黑5，白b，结果也是双活。

第31型

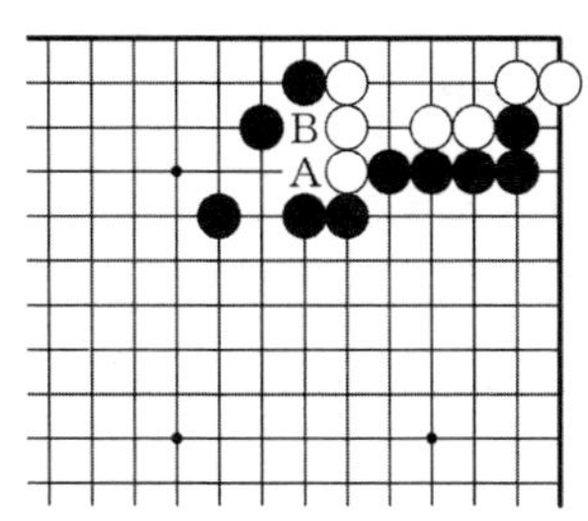

白活

此时白棋在外围有A、B两口外气。这样一来白棋净活。

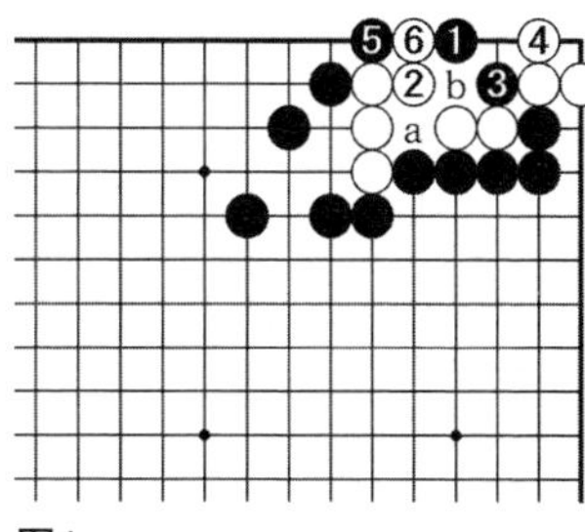

图1

白净活

图1（证明）

与前型相同，黑还是选择1、3的攻杀手段。但此时白4做眼，黑5扳，白6可以断吃。黑a打吃，白b粘，净活。

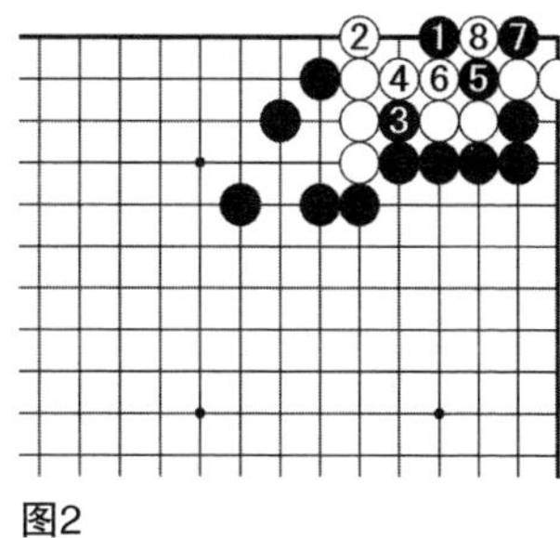
图2

打劫

图2（失败）

黑1点，白2立应对，黑3至黑7，白棋变成劫活。

前型白棋打劫是最好结果，但本型白棋应该净活，本图白不能满意。

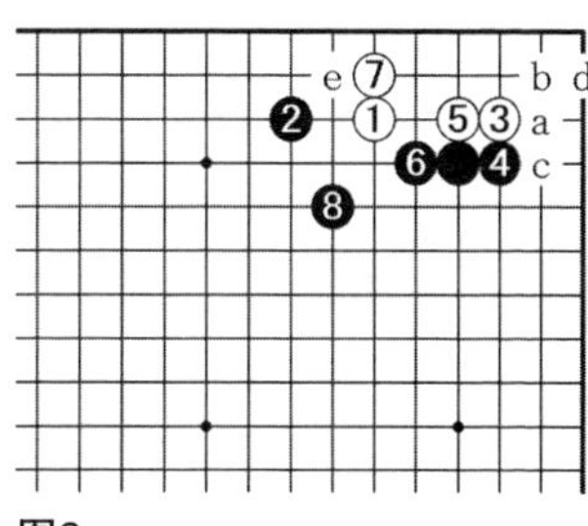
图3

定式型

图3（参考）

本型是星位定式。白1小飞挂角，黑2至8定式完成之后，黑a，白b，黑c，白d，黑c之后的棋形。

黑e是否先手是此时的关键，学习本型之后就可以安心地脱先他投了。

第32型

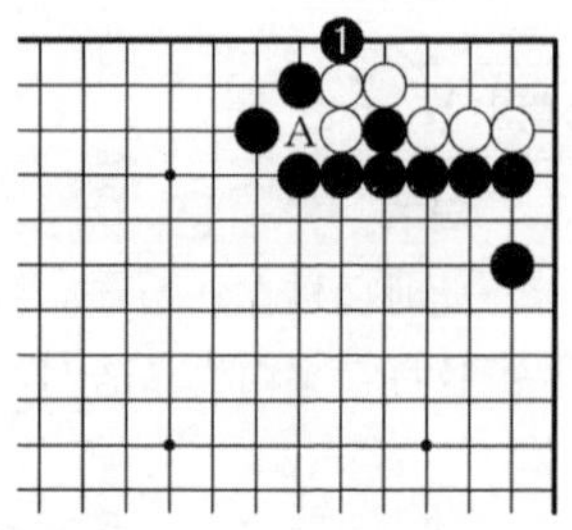

白先活

白棋如果A位没有外气，则黑1扳，白棋净死（参考八目型无“肩”图1）。

有外气的情况是如何呢？

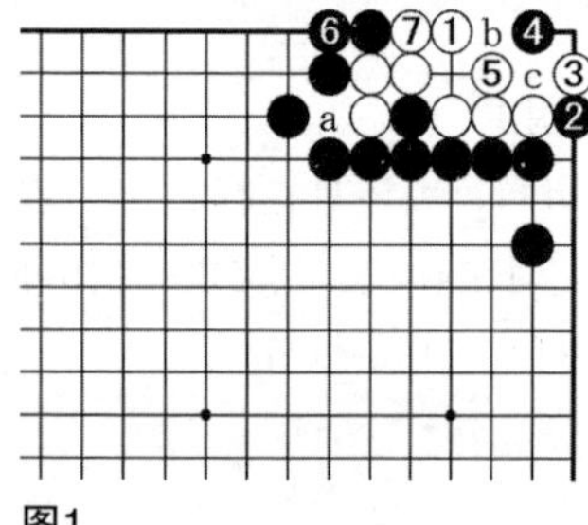

图1

白净活

图1（正解）

白1虎，黑2、4是常见攻杀手筋，白5做眼，净活。a位外气非常重要，黑b，白c即可保证两只真眼。

白1下在4位跳也是净活。

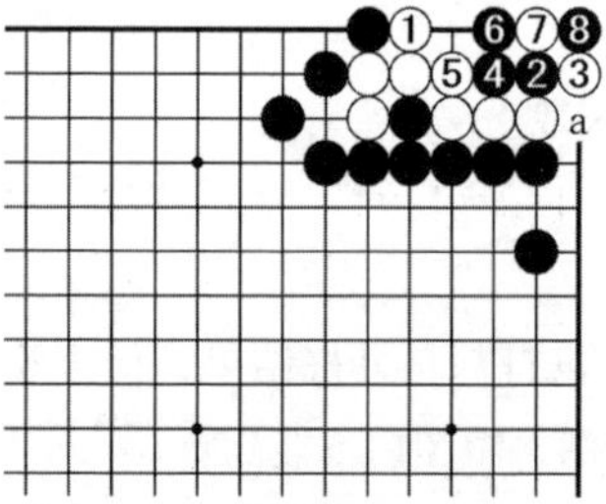

图2

打劫

图2（失败）

白1打吃，黑2夹。白3～7之后，白棋局部变成劫活。

黑2是此时的手筋，如果选择黑a，白3，黑7，白4做眼净活。

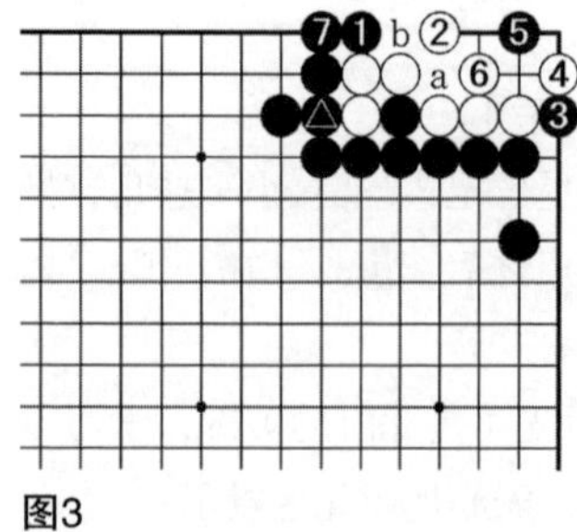

图3

白净死

图3（参考）

▲位如果没有外气，则黑1扳，进行至黑7，白棋净死。与图1之间的区别一看便知。

白2若在a位粘，黑b位冲，白棋变成“板六”棋形，结果相同。

第33型

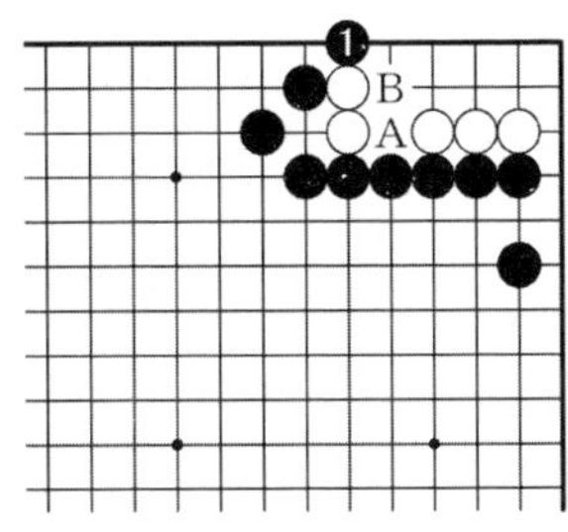

黑先活

这是前型没有黑A、白B交换的局面。

黑1直接扳发起攻击，白棋想要做活必须好好应对才行。

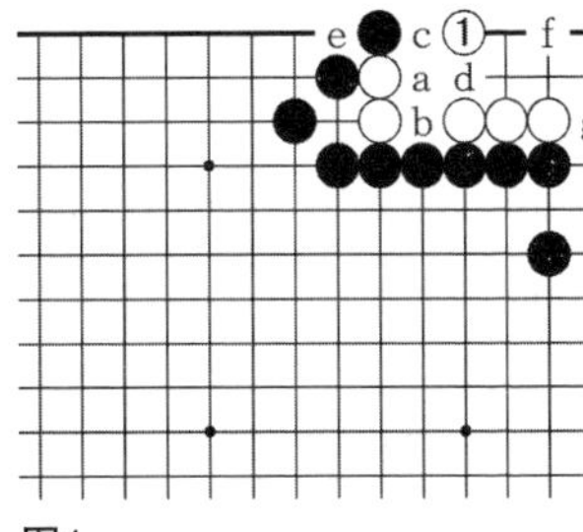

图1

跳

图1（正解）

白1跳好手，白棋可以净活。黑a，白b，黑c的攻击是俗手，白d，黑e，白f（g也可以），白棋轻松活棋。

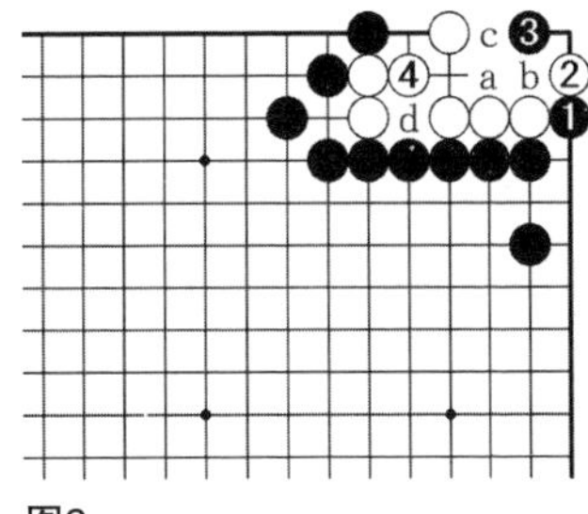

图2

双活

图2（正解续1）

黑棋还是选择1、3，这是攻杀一方的经典手筋。白4曲好手，冷静。后续黑a，白b，黑c，白d，双活。

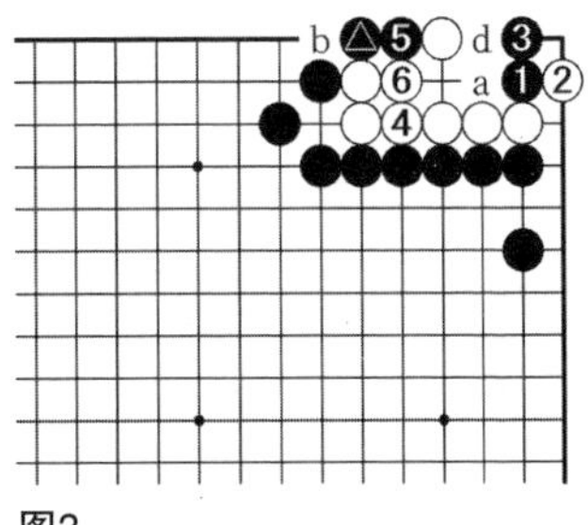

图3

双活

图3（正解续2）

黑1、3也是一种严厉的攻击手段。此时白4粘是应对的正解。黑5顶，白6打吃，后续黑a，白b，黑▲，白d，结果还是双活。

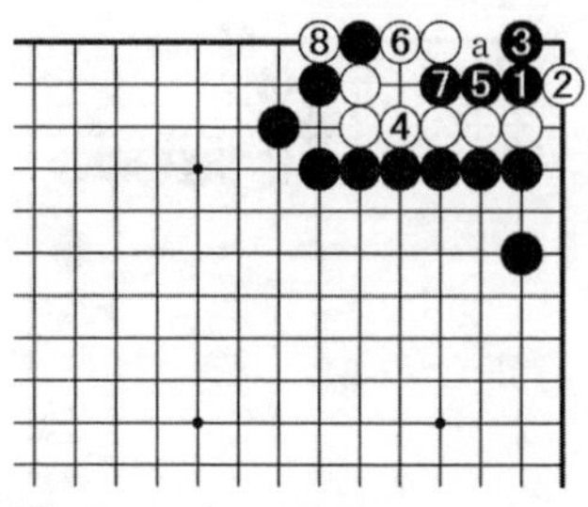
图4

双活

图4（正解续3）

上图黑5若在本图黑5位破眼，白6打吃。黑7冲，白8提。黑若下在a位，白棋脱先，局部已经是双活。

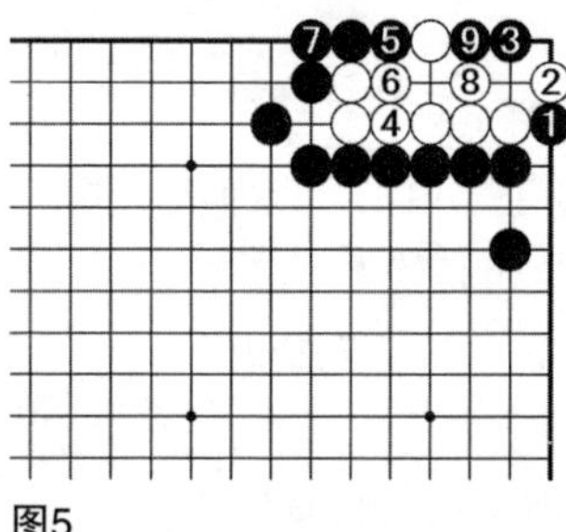
图5

打劫

图5（失败1）

白棋要仔细区分黑棋的各种攻击手段，找出区别冷静应对。

比如黑1、3，白如果4位粘就是错误应对。黑5～9，结果变成打劫。

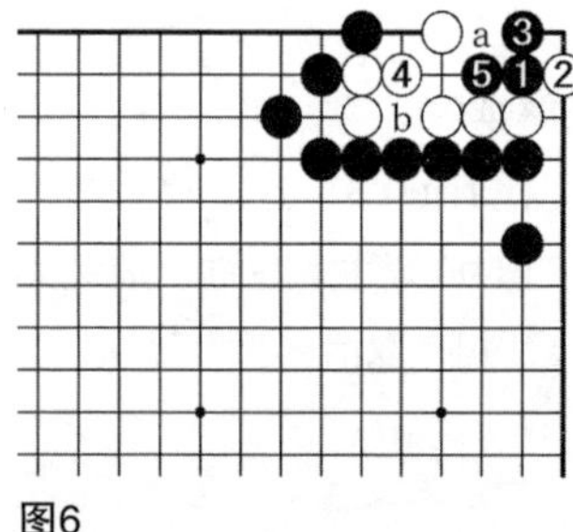
图6

白净死

图6（失败2）

如果黑1、3破眼，此时白4同样是问题手。黑5破眼，黑a、b两点见合，白净死。

请注意不要将图2和图3混淆。

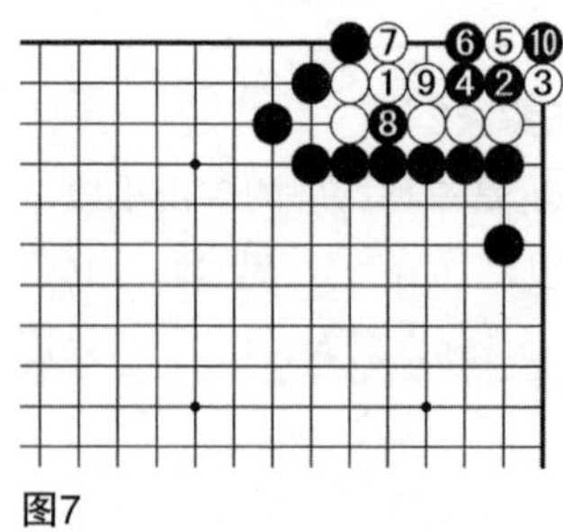
图7

打劫

图7（失败3）

白1如果弯，黑2、4之后局部变成打劫。白5、7之后看似万年劫，但黑8挤之后结果是黑先劫。

第34型

黑先白死

白1小尖寻求做活的眼形。

黑棋如果冷静应对，就可以净杀白棋。

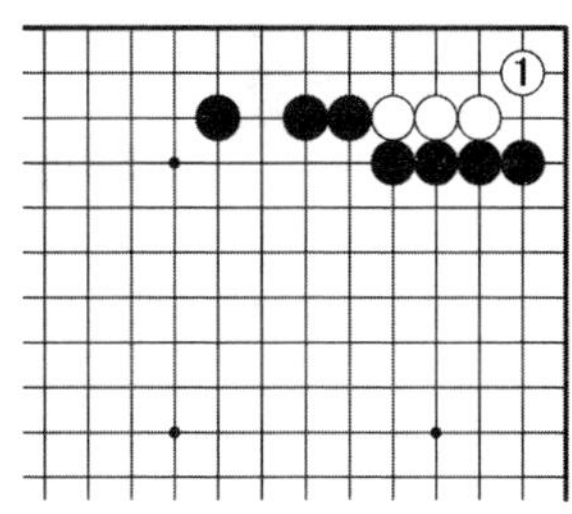

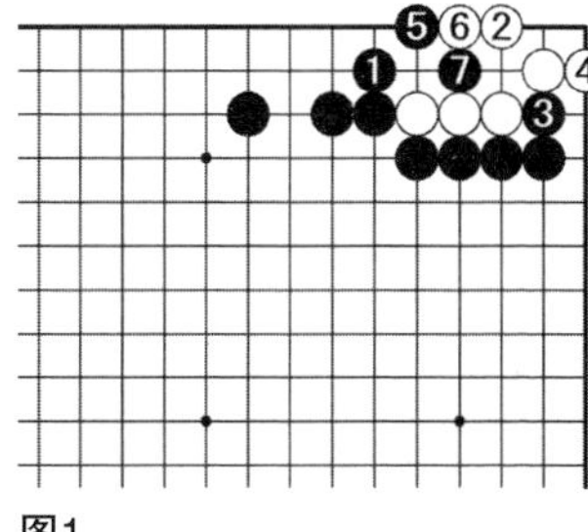
图1

白净死

图1（正解）

黑1弯好手。白2虽然是做眼的急所，但此时黑3、白4交换之后，黑5小尖是经典的破眼手筋。白6顶，黑7挖，这是在第23型中出现的手筋。

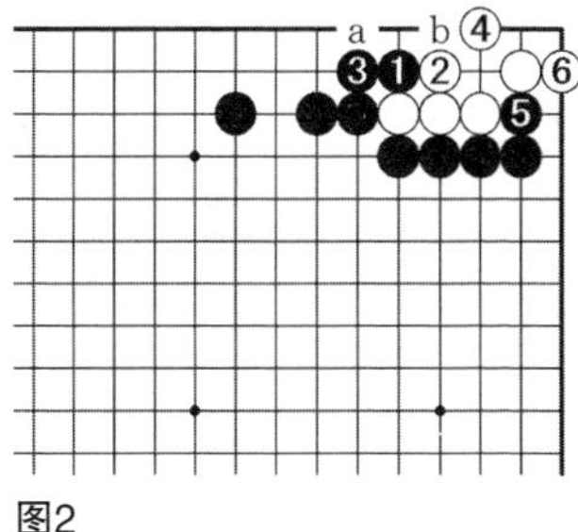

图2

白净活

图2（失败1）

黑1扳操之过急。白2挡，黑3粘，白4做眼，净活。这也是问题图中白1小尖的理想图。

至少黑3应该下在a位，这样还留有b位打劫的后续手段。

黑3如果——

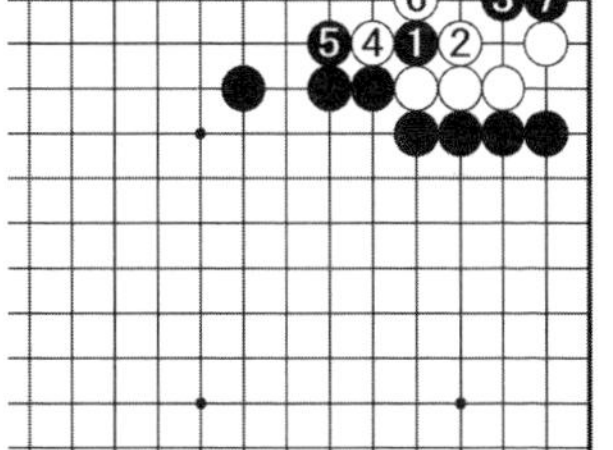
图3

点

图3（失败2）

此时黑3点破眼，后续变化会较为有趣。白4、6断吃黑一子必然，黑7破眼——

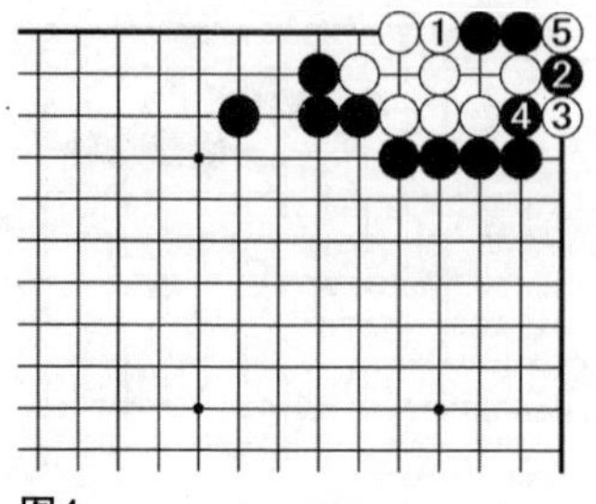

图4

打劫

图4（失败2续）

接上图，白1团做眼，黑2扳，白3打吃，黑4挤入，白5提，劫活。

如果白1想要避免黑2以下的下法——

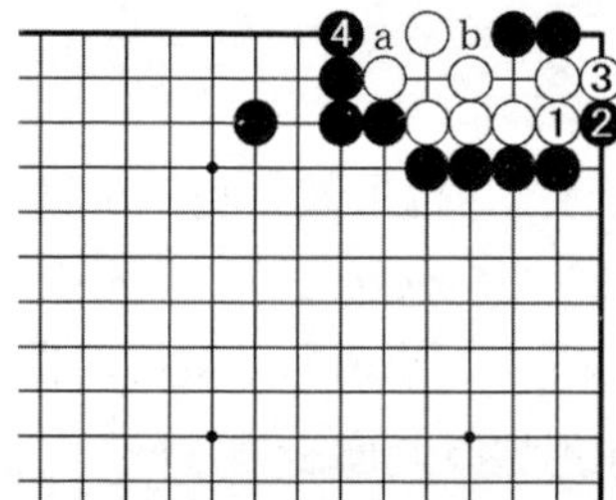

图5

白净死

图5（失败2变化）

白如果1位团，黑2扳先手交换之后，4位立破眼。白若下在a位、黑b打吃局部变成丁四，白净死。

虽然已经和正解图相差甚远，也可以对这样的变化有所了解。

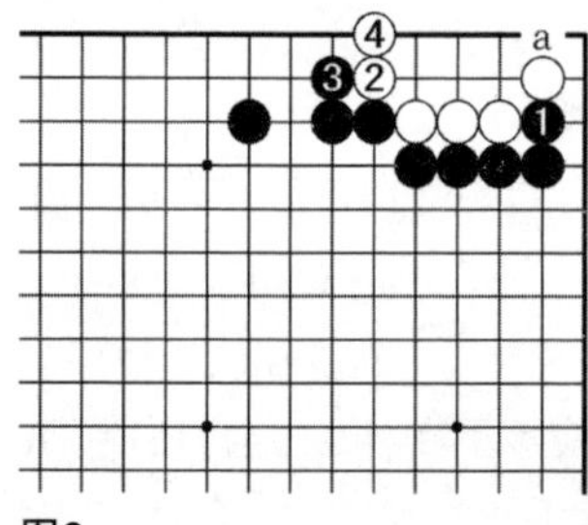

图6

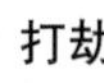

打劫

图6（失败3）

回到最初的棋形。如果黑1挤，白2、4扩大眼位已经可以确保局部不会净死。如第6型所示，接下来黑a夹，结果是打劫。

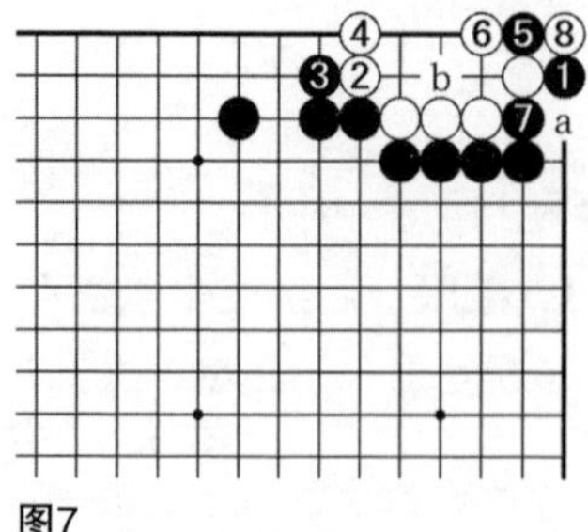

图7

打劫

图7（失败4）

如果此时黑1托，白2、4应对。此时黑5、7缩小眼位，白8提，结果仍是打劫。后续黑若a位粘，白b，变成两手劫。

第35型

黑先白死

白在A位有了外气，黑在前型中使用的手筋无法施展。但是黑先白死的结果没有改变。

此时黑棋应该怎么下呢，第一手是关键。

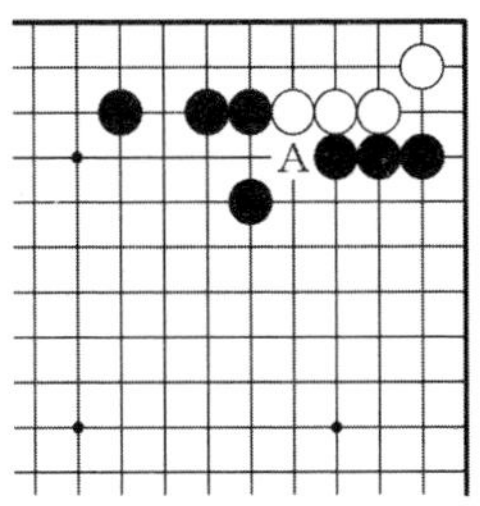

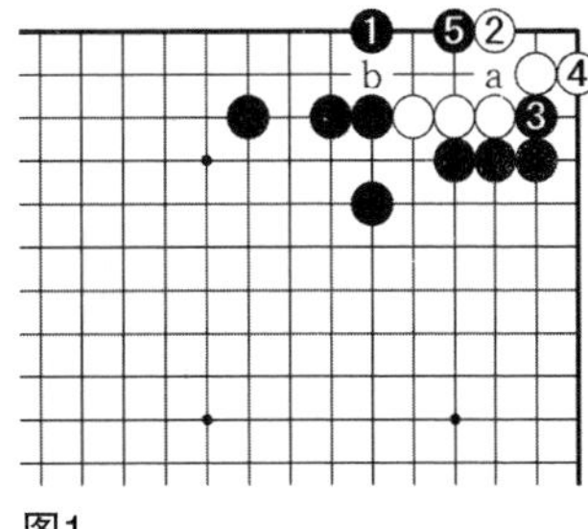
图1

白净死

图1（正解）

黑1跳手筋。白2做眼，黑3与白4交换之后黑5破眼，白a变成假眼。

黑1若下在b位，则黑5不成立。

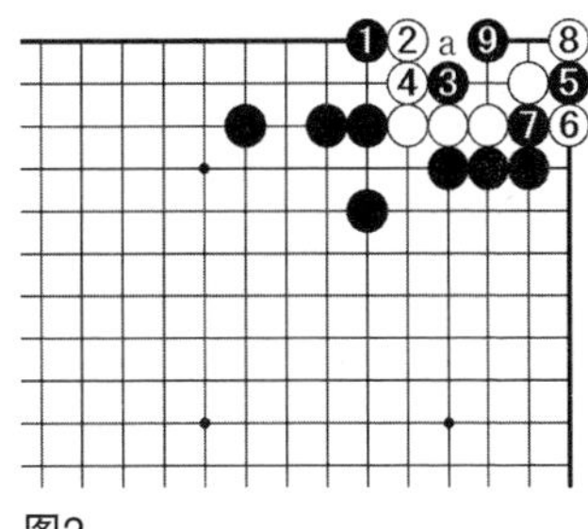
图2

白净死

图2（正解变化）

黑1跳，白2靠是带有迷惑性的应对。黑3好手，白4粘，黑5至9，白净死。

黑3若下在4位，白3，黑a，白9，黑7，白2，变化劫活。

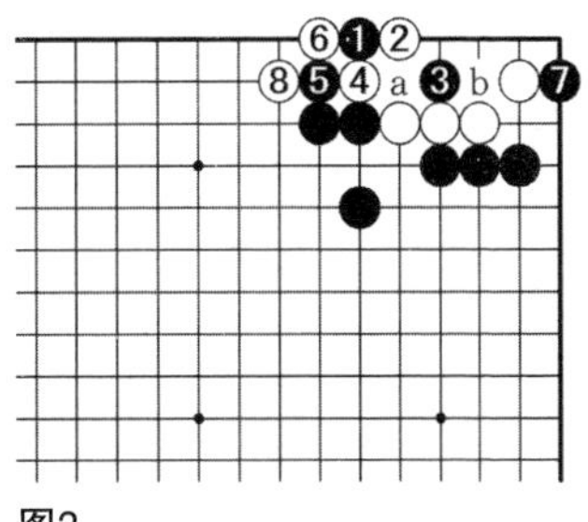
图3

白出逃

图3（参考）

黑棋若如本图上边棋形薄弱，则黑3点，白可能4～8抵抗。此时黑7可以考虑a位打吃，白b，黑1提劫或者前型图3以下的打劫变化。

金柜角

第1型

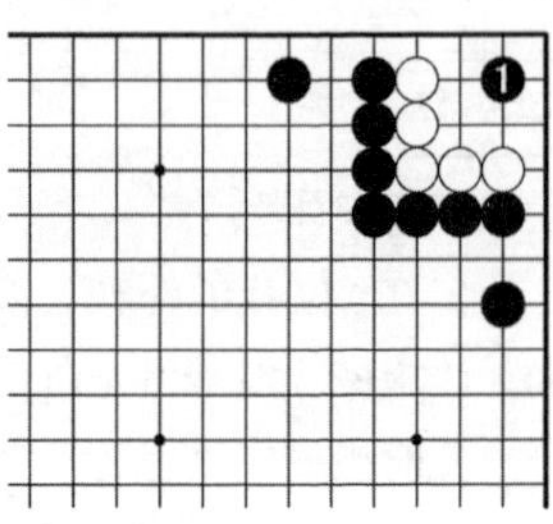

白先劫（黑先提劫）

本型被称为“金柜角”。“金柜角”变化复杂，本图是基本型。

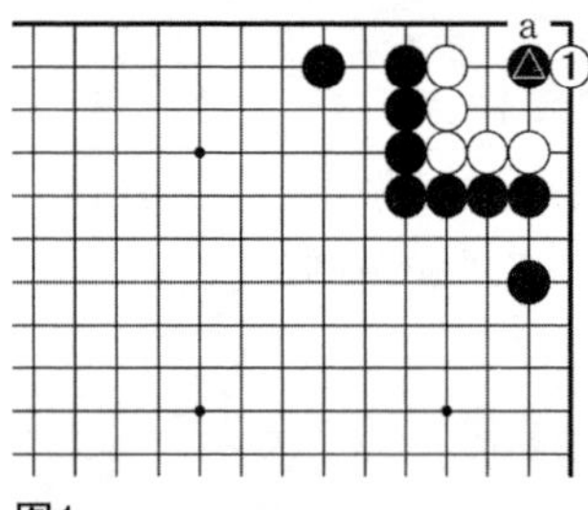

图1

托

图1（正解）

黑▲是两边同形的急所。此时白1（或者a位）是最强应手。

接下来黑棋有4种下法，结果都是黑先提劫。

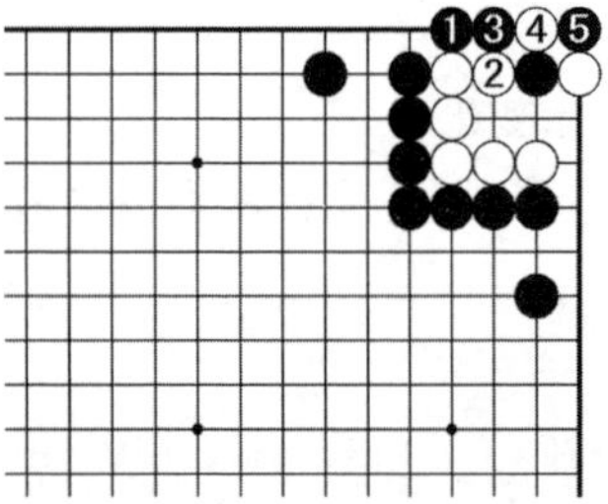

图2

打劫

图2（正解续1）

第一个是黑1扳。白2是正确应对，黑3爬，白4扑，打劫。

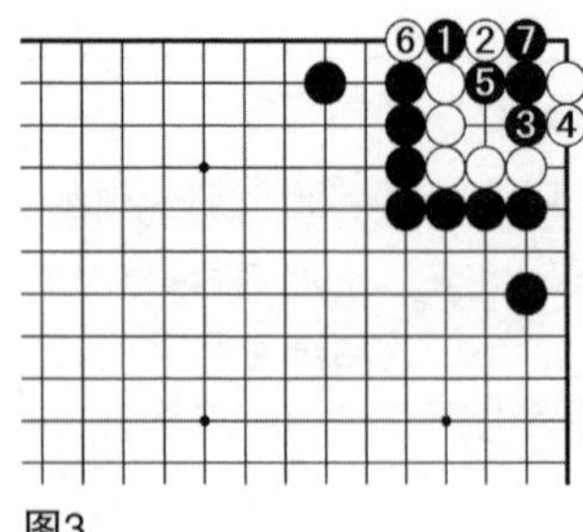

图3

白净死

图3（失败1）

黑1扳，白若2位打吃，黑3顶、5断吃、7打吃，白净死。

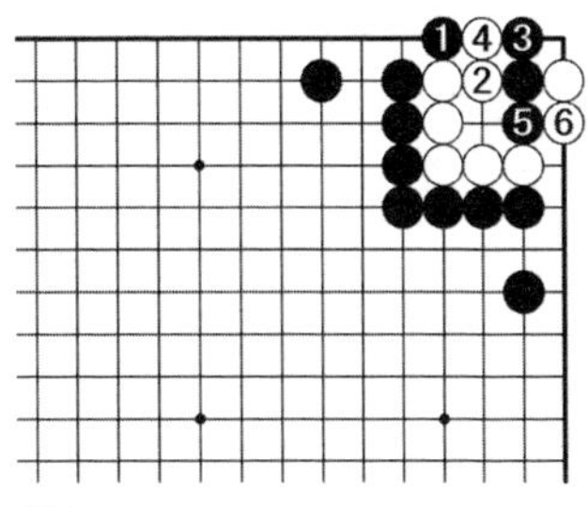

图4

双活

图4（正解续1变化）

黑1、白2交换之后，黑3、5意在净杀白棋。白6爬，双活。

黑1扳的情况下，图2的变化是双方最好结果。

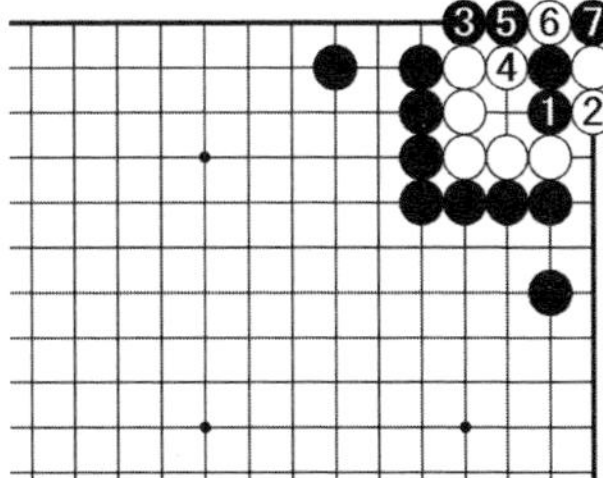

图5

打劫

图5（正解续2）

黑棋的第二种下法是黑1顶。白2爬，黑3扳，白4、6打劫。

本图的不同之处是黑1与白2的交换，使用的手筋相同。

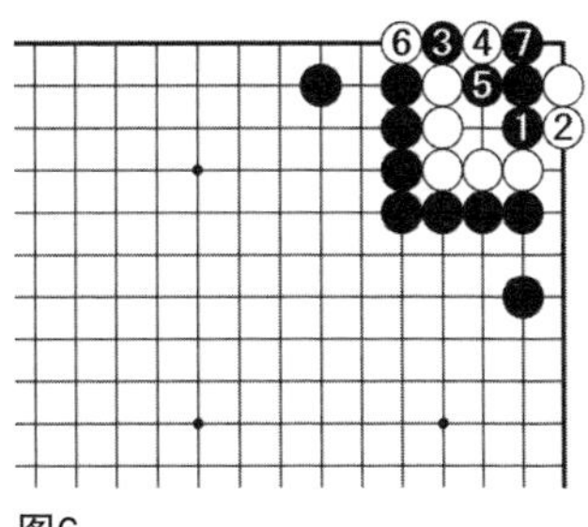

图6

白净死

图6（失败2）

黑1顶、3扳，此时白4若是打吃，则黑5断吃，白净死。

本图的结果与失败图1相同。

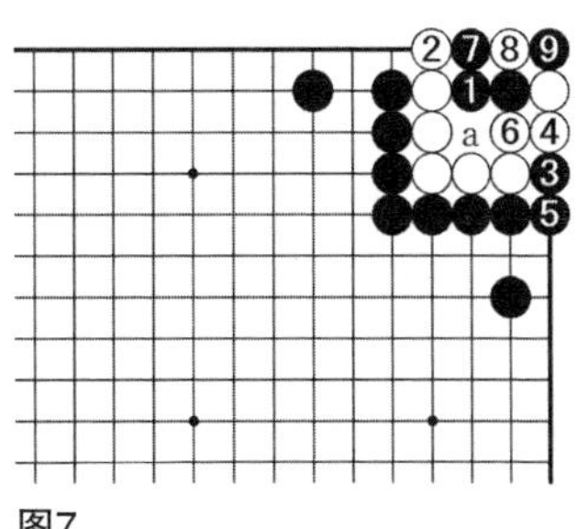

图7

打劫

图7（正解续3）

第三种下法是在另一侧黑1顶。白2立是正确应对，以下黑3至黑9，形成劫活。白棋气紧所以无法在a位打吃。

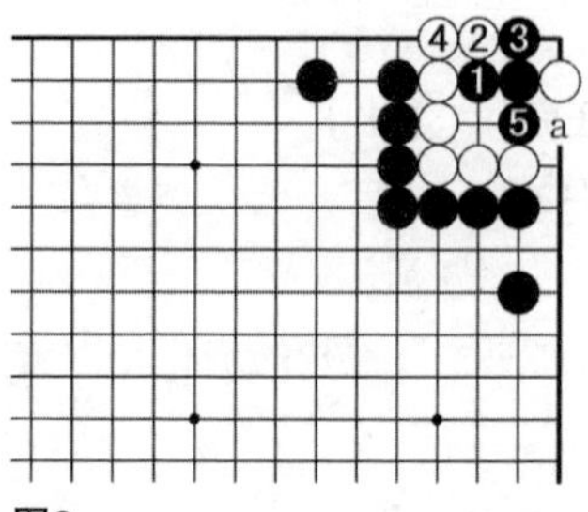
图8

白死

图8（失败3）

黑1顶，白2扳失着。黑3打吃、5顶，白净死。白若a位爬，局部已经是刀把五的棋形。

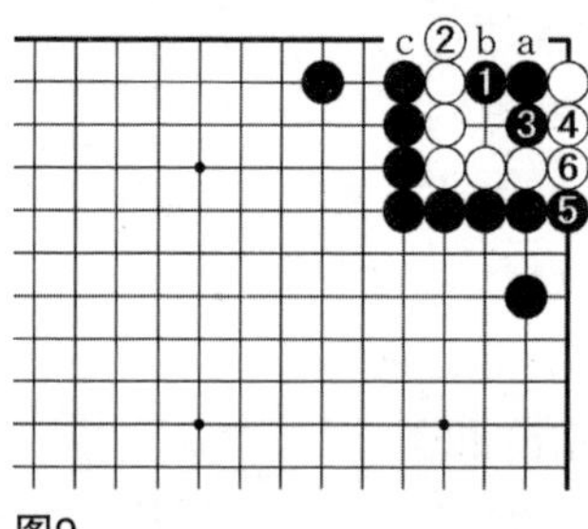
图9

万年劫

图9（正解续3变化）

黑1顶，白2立，此时若选择黑3的下法并不明智。白4爬，后续黑若下在a位是双活，黑若下在b位是万年劫，不论哪种结果都不如图7。

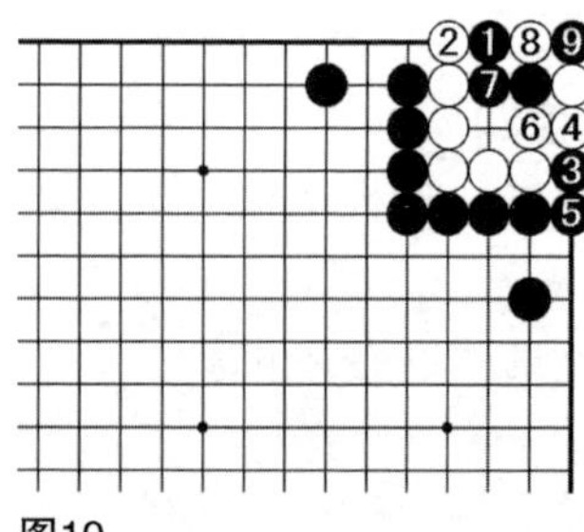
图10

打劫

图10（正解续4）

第四种下法是黑1小尖。白2挡，黑3、5扳粘，白6至黑9，打劫。

次序有所不同，但与正解续3的结果一样。

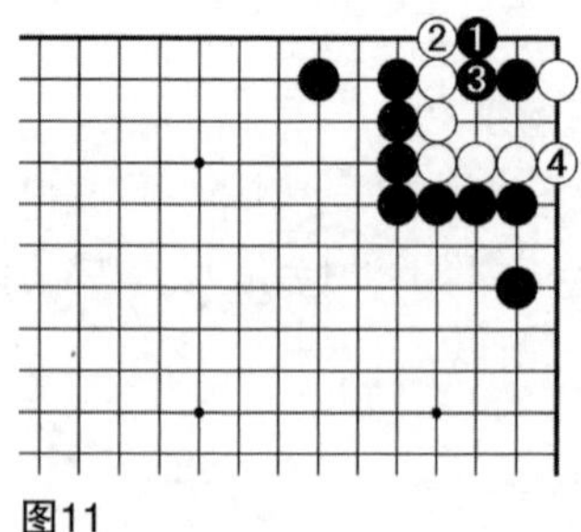
图11

万年劫

图11（正解续4变化）

黑1、白2交换，黑3若直接团，白4立是万年劫。本图结果不如上图。

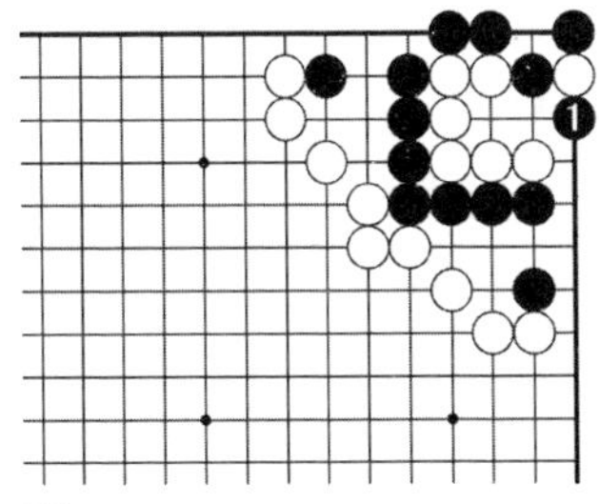
图12

黑消劫

图12（参考1）

现在来比较一下各种打劫的区别。

正解续1，黑消劫会在1位提。本图可以看出黑棋一旦消劫棋形就完全安定，正解续2结果相同。

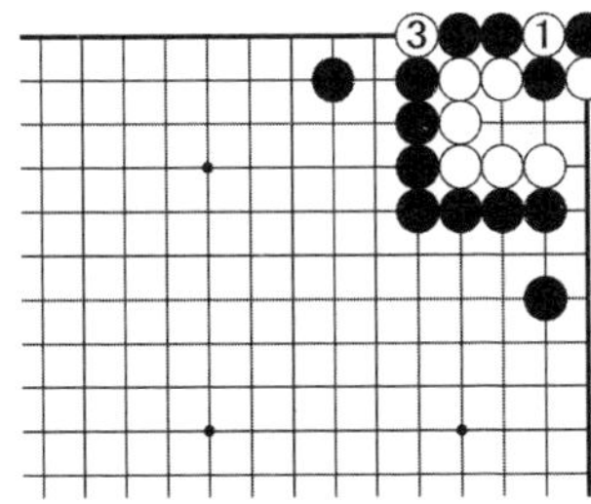
图13 ❷=找劫材

白消劫

图13（参考2）

反之白1、3消劫，黑实地损失较大。白棋角地有9目，白3提子的同时，黑棋外围的目数有也所减少。

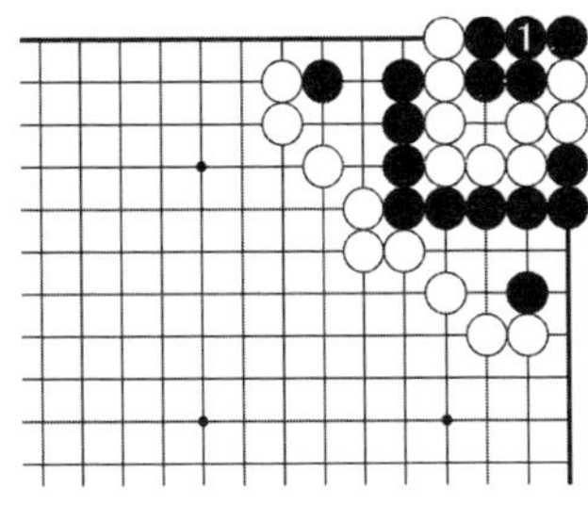
图14

黑消劫

图14（参考3）

正解续3、4的情况下，黑1消劫。此时白棋是“刀把五”净死，但在如本图这样黑棋也没有两只真眼的情况下，还需要担心对杀的问题。

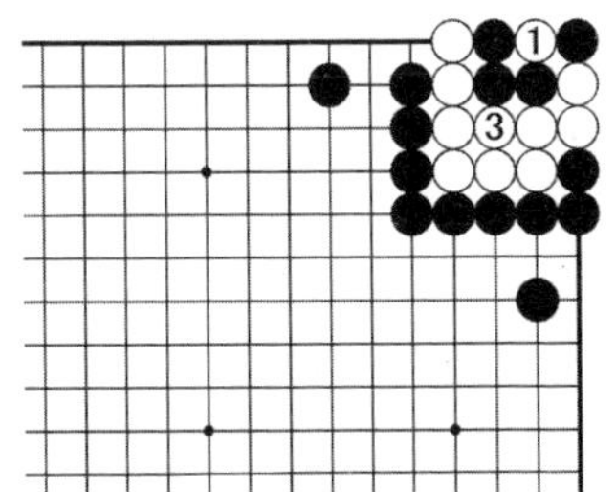
图15 ❷=找劫材

白消劫

图15（参考4）

反之，白1、3消劫，角地有7目。

打劫方法各有优劣。实战中需要根据具体情况做出判断。

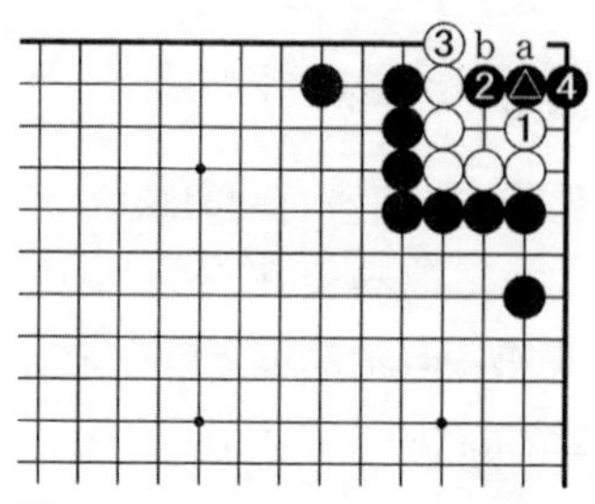

图16

白净死

图16（失败4）

回到最初的棋形。黑▲点，白若1位顶，黑2、4之后白棋净死。接下来白a，黑b，对杀黑胜。

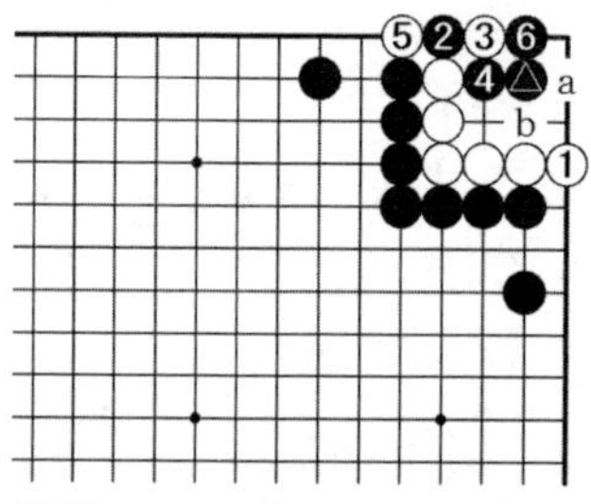

图17

白净死

图17（失败5）

面对黑▲点，白1位立。黑2、4之后白棋净死。黑6打吃，白a位托，黑b，形成刀把五。

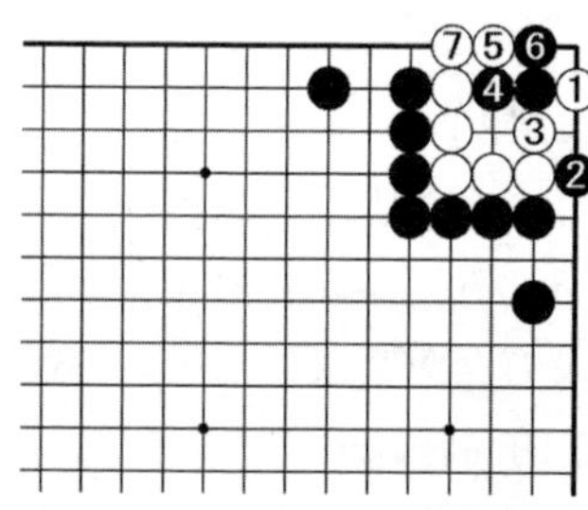

图18

双活

图18（正解变化1）

此时白1托，黑若2位扳，黑3顶，白4，黑5，局部双活。

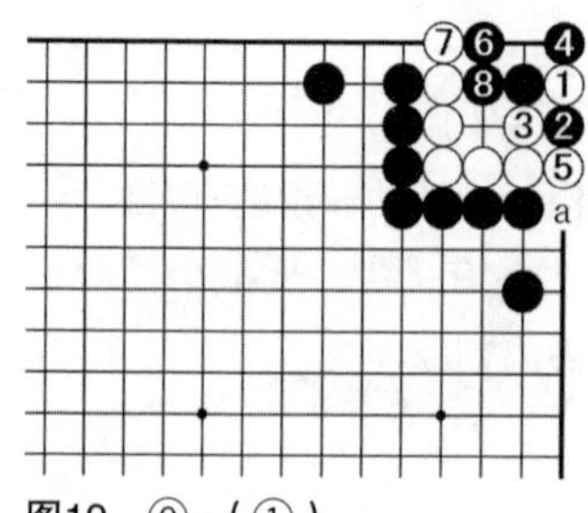

图19　⑨=（①）

缓一气劫

图19（正解变化2）

白1托，黑2打吃，白3断吃，进行至白9结果并不能满意。黑2提回之后还需要在a位紧气才会变成紧气劫，现在是缓一气劫，黑不能满意。

第1型Ⅱ

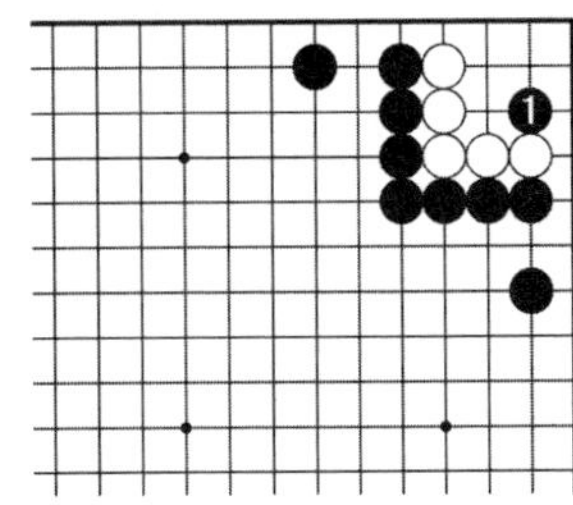

白先劫（黑先提劫）

继续研究没有外气的“金柜角”。

黑1夹也是有力的攻击手段，结果还是打劫。

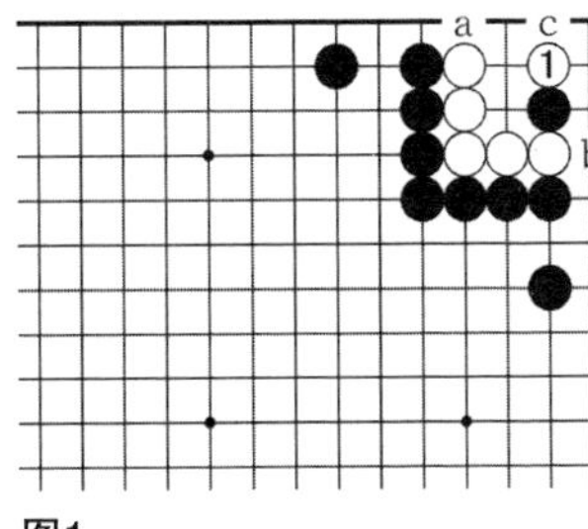

图1

夹

图1（正解）

白1夹是棋形要点。此时黑棋有a、b、c3种手段可以选择。

3种下法结果都是打劫，但各有好坏，请理解其中的异同。

图2

黑先提劫

图2（正解续）

黑1扳是局部最好应对，利用的是白棋气紧的缺陷。此时白2打吃，黑3托，白4扑打劫。

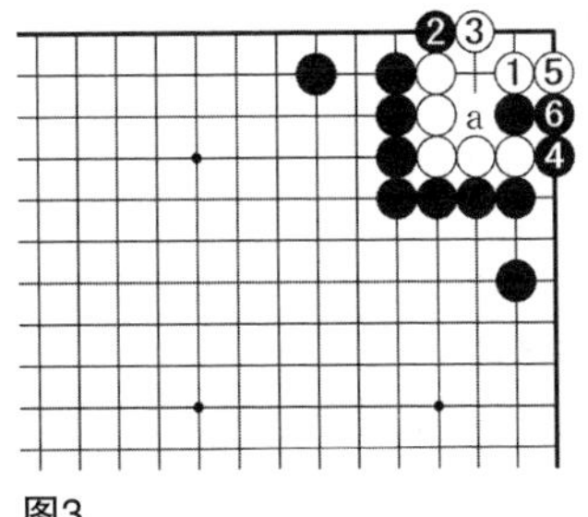

图3

白净死

图3（失败1）

黑2扳，白3打吃，黑4渡过，白棋净死。白5，黑6之后，白棋气紧无法在a位做眼。

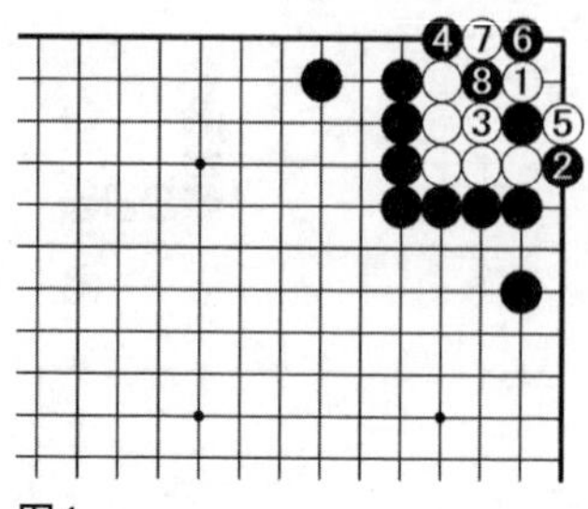

图4

黑先提劫

图4（正解变化1）

黑2渡过是次选。白3打吃，黑4反打是关键的一手，白5提，黑6托，劫活。与图2比较可以发现，黑2与白5的交换在打劫失利的情况会造成官子损失。

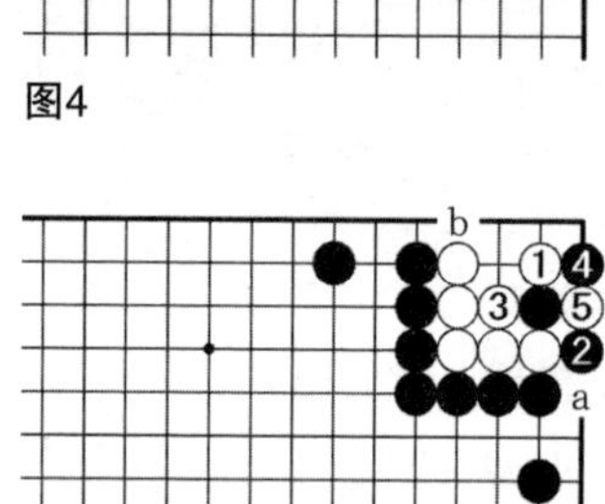

图5

白先提劫

图5（正解变化2）

黑2，白3交换，黑4直接扳结果也是打劫。但是此时是白先提劫，黑棋不能满意。

黑4若在5位粘，白4位立下，黑a，白b，净活。白3若下在4位立，黑b扳，白净死。

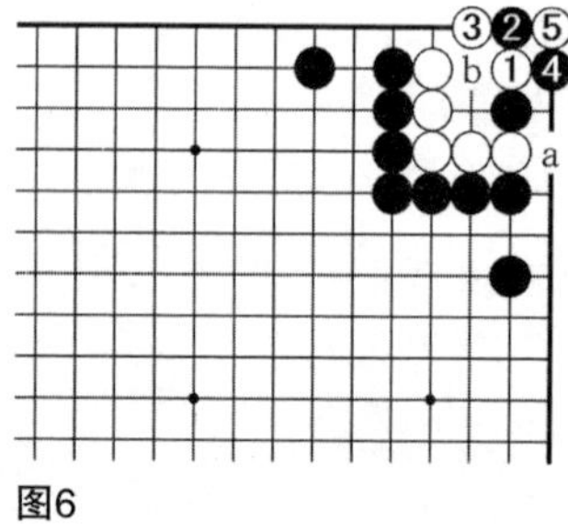

图6

白先提劫

图6（正解变化3）

黑2在“二一路”夹是手筋，但此时白3、5打劫是白先劫，攻击一方不利。

黑2若在4位扳，白a，黑b，白2净活（可以参考第1型Ⅳ2，图3）。

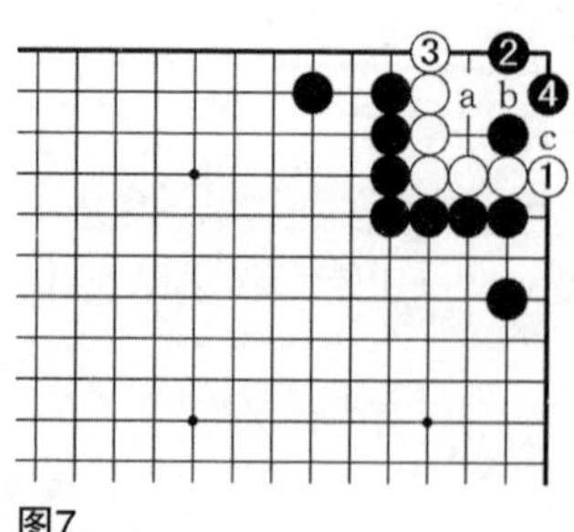

图7

白净死

图7（失败2）

回到最初的棋形，此时如果白1立是失着。黑2跳好手，白3立，黑4做眼，形成丁四，白净死（白a、黑b）。

黑4若下在b位或者c位，结果相同。

第1型Ⅲ

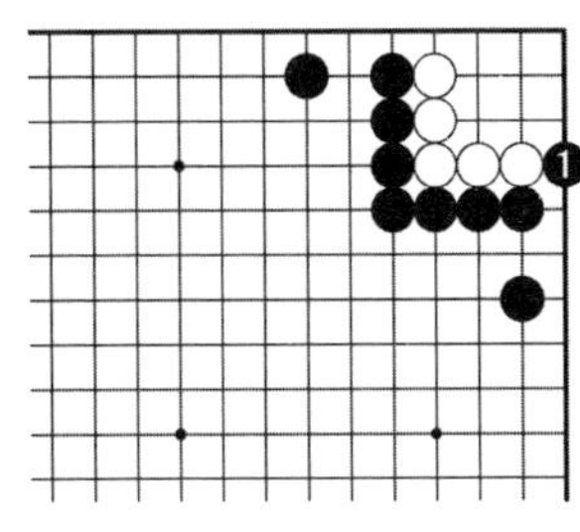

白先劫（黑先提劫）

现在研究一下黑1扳的结果。这手棋带有一定迷惑性，结果仍然是黑先劫。白棋想要找到正确的应对方法并不容易。

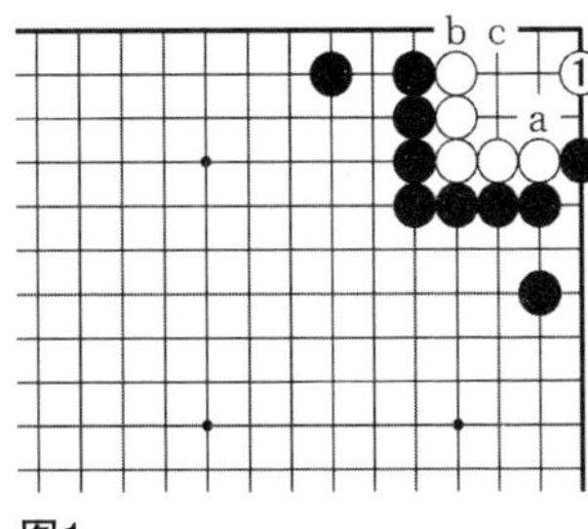

图1

小飞

图1（正解）

除了白1小飞之外，白棋的任何下法都不成立。这手棋是棋形要的要点，同时弹性十足。

接下来黑棋有a、b、c3种下法。

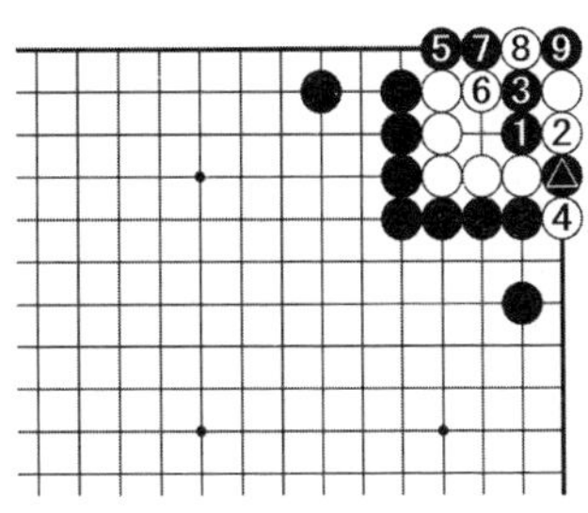

图2

打劫

图2（正解续1）

黑1扳、白2断、黑3至黑9形成打劫。黑3若下在5位结果相同。

本图与第1型Ⅰ图5相比，多了黑▲与白4交换，还是打劫。

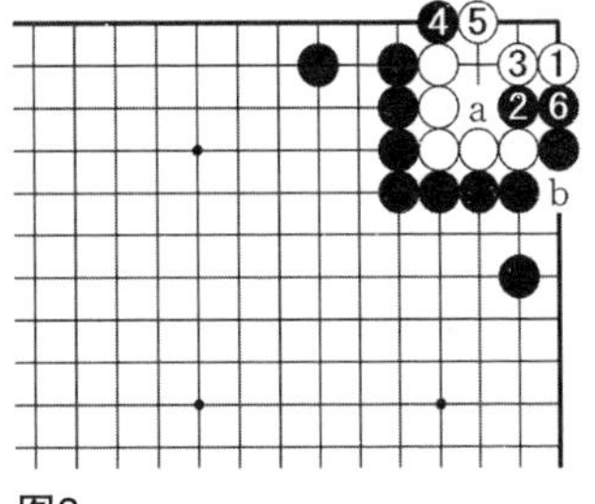

图3

白死

图3（失败1）

黑2扳，如果白3夹，白棋的理想图是黑6，白a，黑b，白4位立，但此时黑4扳，6粘是绝好的行棋次序，白a位无法做眼，净死。

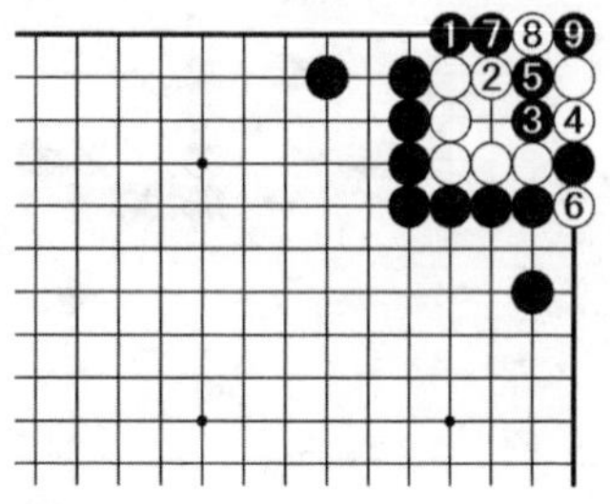
图4

打劫

图4（正解续2）

面对白小飞，黑也可以1位扳应对。白2曲正解，黑3～7还原图2，白8扑打劫。

黑7若下在8位，变成双活。

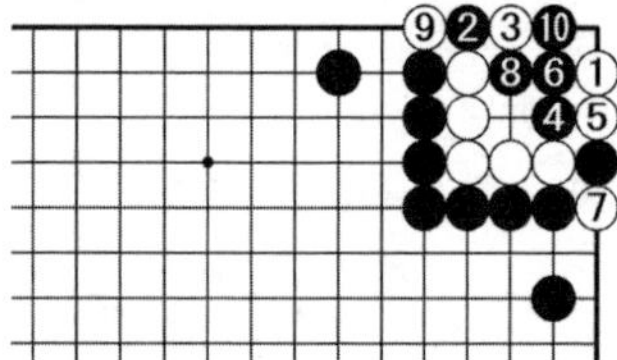
图5

白净死

图5（失败2）

黑2扳，白3打吃是失着。黑4至白7之后，黑8是眼位的急所，进行至黑10，即使白棋2位粘，局部也只是“刀把五”，白净死。

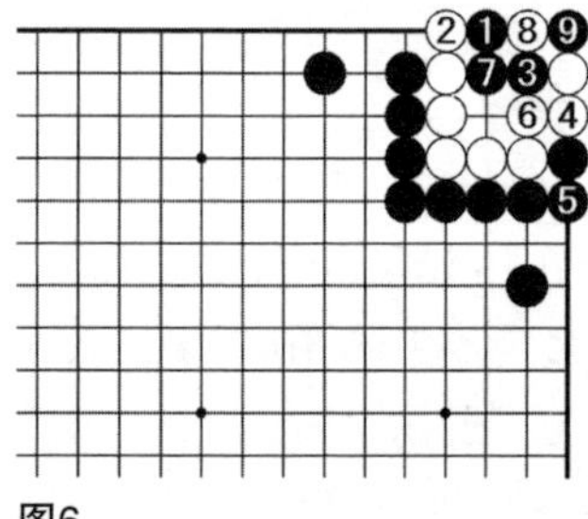
图6

打劫

图6（正解续3）

黑1小尖也是一种选择。白2挡、黑3尖顶。以下白4至黑9，打劫。

本图与第1型Ⅰ图10相同。

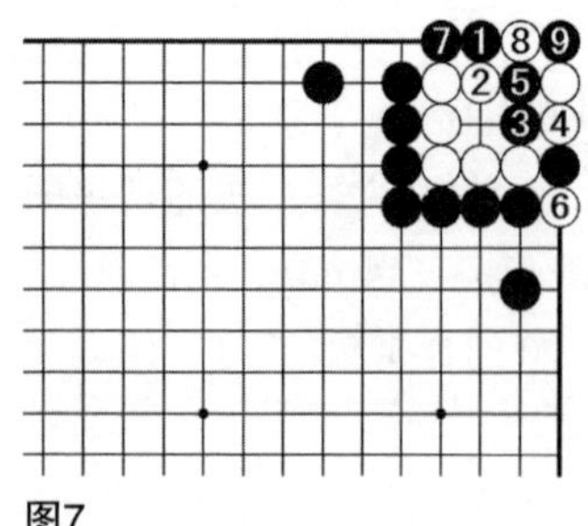
图7

打劫

图7（正解续4）

黑1，白2挡。黑3扳，白4断吃，进行至黑9，局面与图2、4相同，劫活。

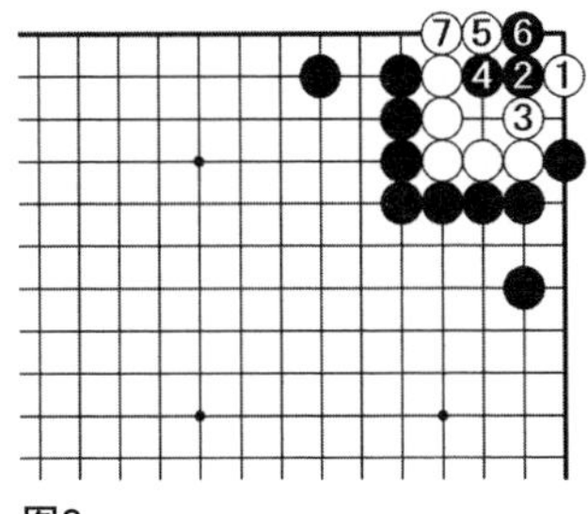
图8

双活

图8（正解变化1）

面对白棋小飞，黑2是失着。白3、5之后，白棋变成双活。

黑4若下在5位小尖，则白4位打吃。

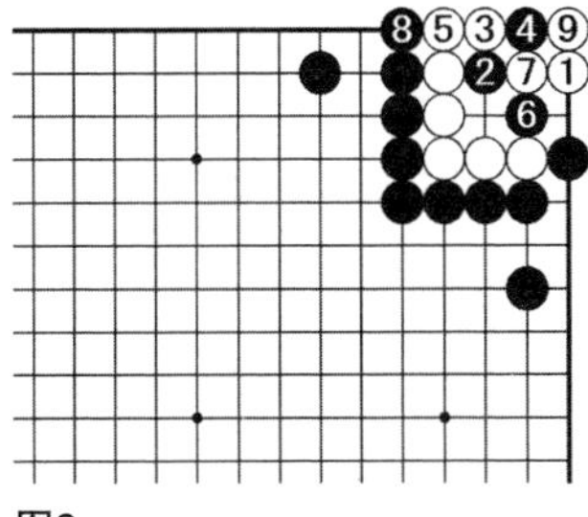
图9

白净活

图9（正解变化2）

黑2夹，白3扳是失着。黑4打吃至黑8，看似是倒扑的手筋，但白9可以在角上提子，白净活。

黑6若在7位粘，白6位顶，双活。

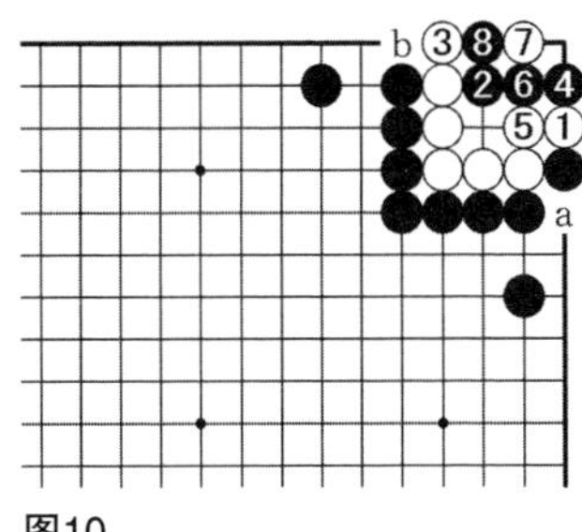
图10

白净死

图10（失败3）

回到最初的棋形，白1打吃中了黑棋的圈套。黑2夹好手，白3立、黑4打吃，6粘，白净死。黑8之后，白a、黑b，结果是有眼杀无眼。

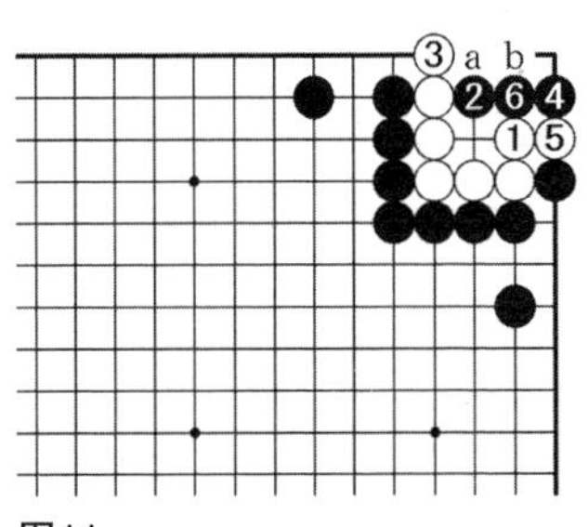
图11

白净死

图11（失败4）

白1弯同样不可行。黑还是在2位夹，白3立，黑4跳。进行至黑6，结果与上图相同。

白3若在a位扳，黑b，白3，黑4，白净死。

第1型Ⅳ

白先活

黑棋在“二一路”点，是金柜角中的经典骗招，如果白棋应对正确结果是净活。如果不谨慎对待，净死的可能很大。

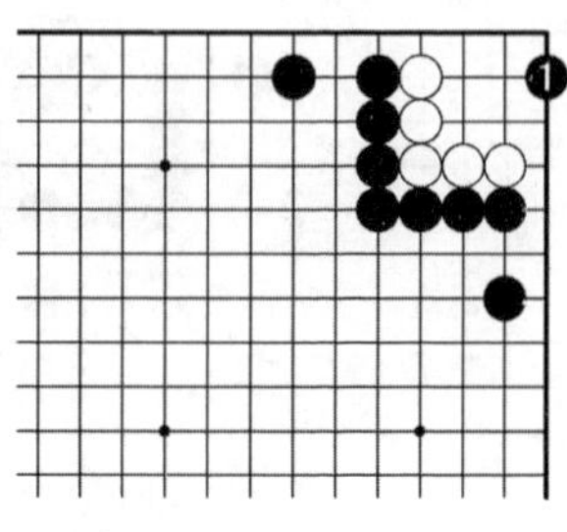

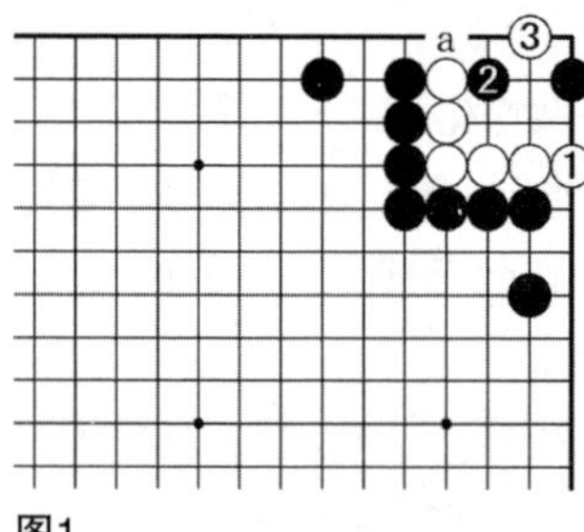

图1

立

图1（正解）

首先需要阻渡，白1是堂堂正正的一手。黑2夹攻击，此时白3只此一手。

白3若下在a位，黑3虎，白棋净死。

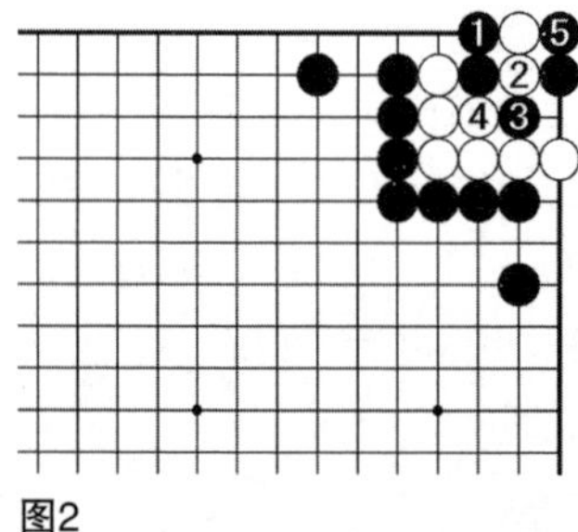

图2

冲

图2（正解续1）

接下来黑1挡，白2冲好手。白棋弃掉二子让黑棋气紧，黑3打吃，白4断吃，黑5提。

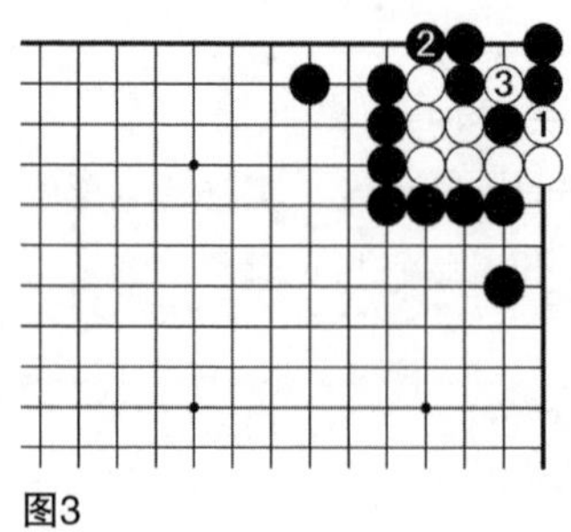

图3

白净活

图3（正解续2）

接上图，白1直接打吃是正解。黑2渡过，白3提掉角上黑两子。白棋避免了自身气紧的危险，成功做活。

白1若是——

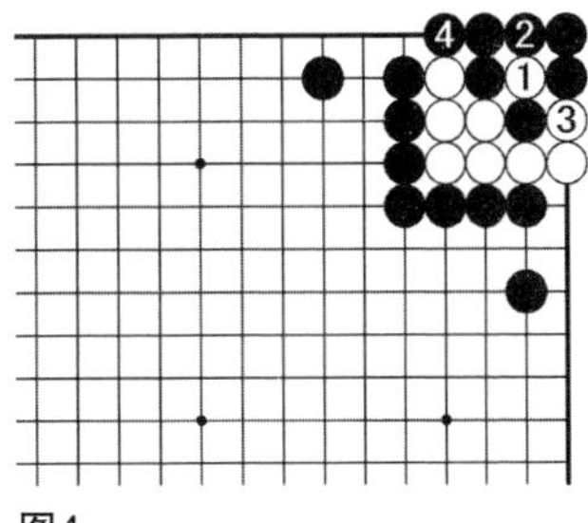
图4

白净死

图4（失败1）

白1扑乍一看是手筋，但在此时却是明显的恶手。黑2、白3交换之后，黑4渡过，白净死。

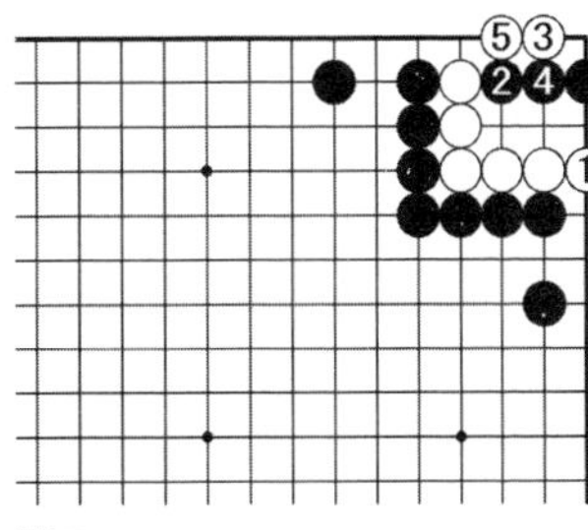
图5

双活

图5（正解变化）

面对白1、3，黑4粘，白5渡过，本图结果是双活。

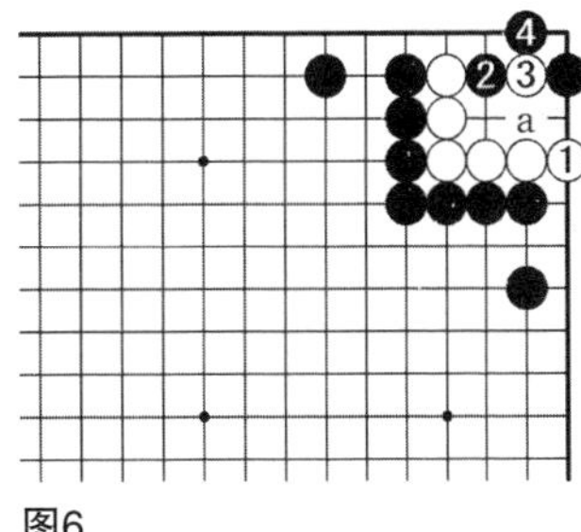
图6

白净死

图6（失败2）

白1立，黑2夹，此时白3挖是失着。如果黑a位打吃，白4位立则还原正解图，但黑4是好手，白净死。

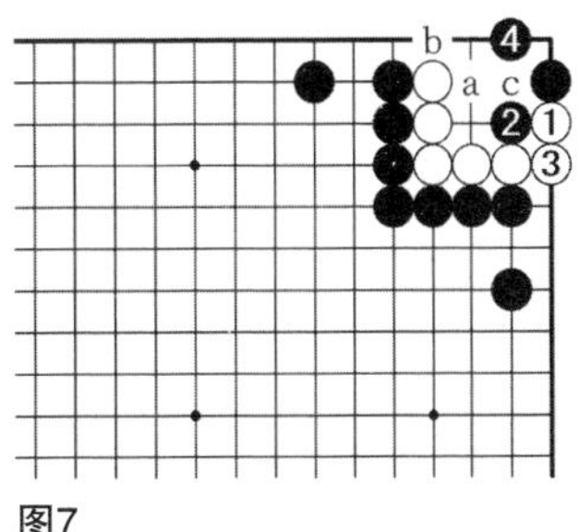
图7

白净死

图7（失败3）

白1尖顶阻渡是局部常见下法，但是黑2、4交换之后，白棋不仅对杀不利，同时局部还是“丁四”的聚杀棋形。

白1下在2位，黑a，白b，黑c，结果相同。

第2型

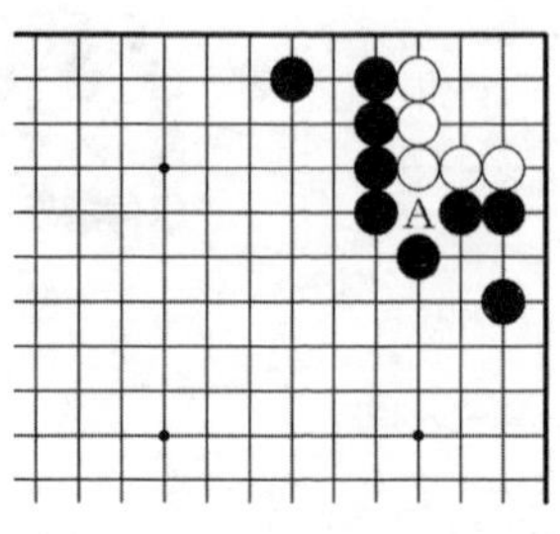

黑先劫（黑先提劫）

与前型相比多了A位一口外气。

有了外气白棋明显更为从容，但黑棋如果下出正确的攻杀手段结果还是打劫。黑棋只此一手。

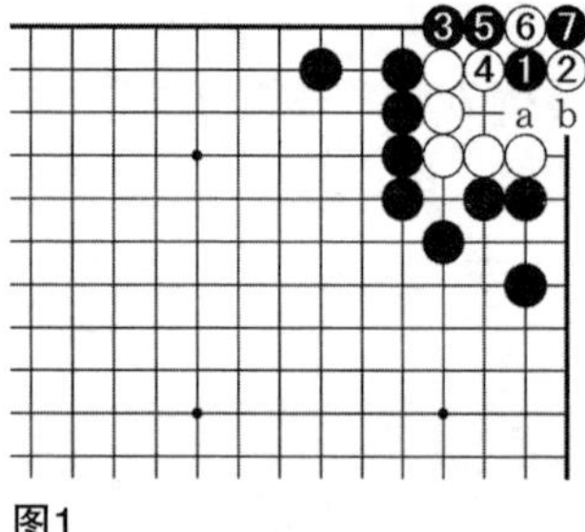

图1

打劫

图1（正解）

在有外气的情况下，只有黑1是正解。白2托（也可以下在6位），黑3扳、进行至黑7打劫。

先在黑b、白b交换之后再下黑3结果相同。

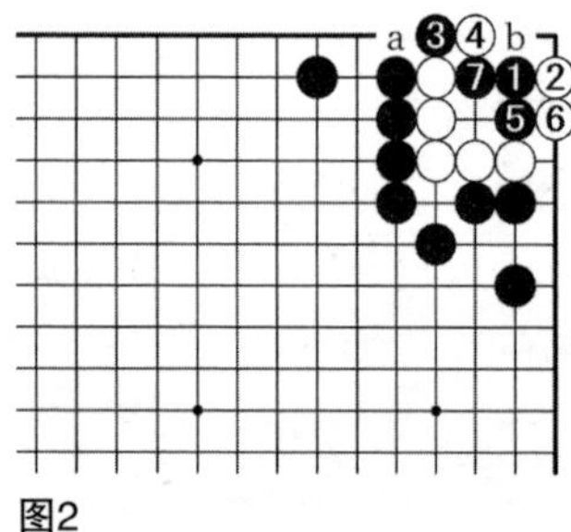

图2

白净死

图2（正解变化1）

黑3扳，白4打吃，黑5顶，7打吃白净死。接下来白a，黑b局部变成刀把五。

本图与第1型Ⅰ图6相同。

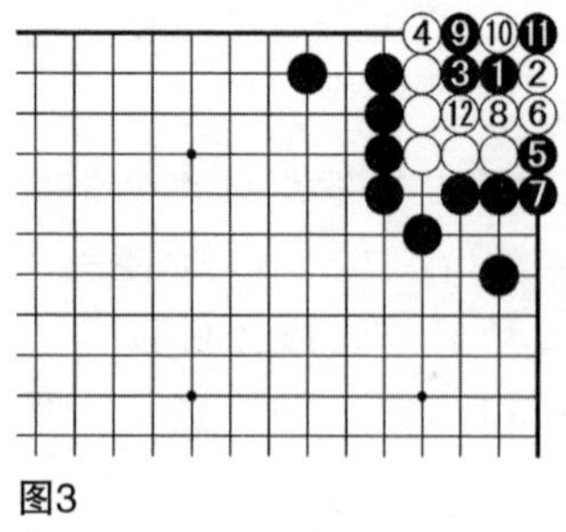

图3

白净活

图3（失败1）

白2托，此时黑3顶是失着。白4立，进行至黑9，白10扑，12打吃变成胀牯牛。

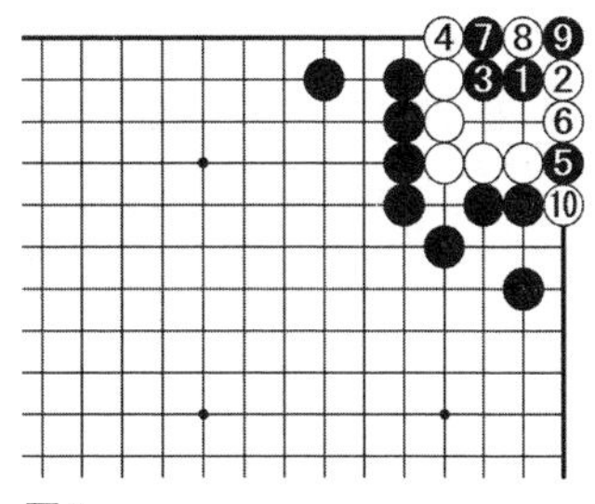

图4

万年劫

图4（失败2）

黑3、白4交换之后，黑5、7制造劫争，白8、10交换变成万年劫。

本图明显不如图1正解。

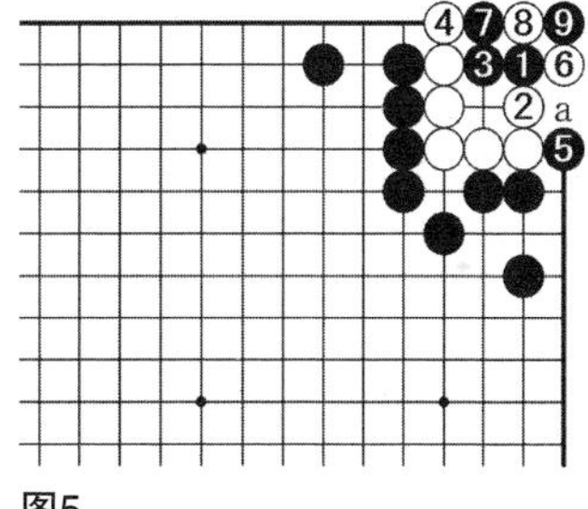
图5

打劫

图5（正解变化2）

有外气的情况下，白2顶也是打劫。但是在白棋劫胜的情况下，明显还是图1实地所得更大，在实战中本图选择会是减分的下法。

白6若在a位打吃，黑7，白净死。

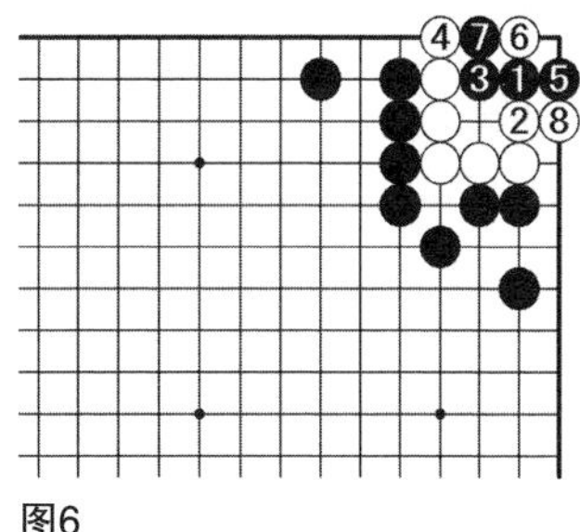
图6

白活

图6（失败3）

白4立，黑5立，白6夹活棋。因为有外气，进行至白8，对杀白胜。

本图黑失败。

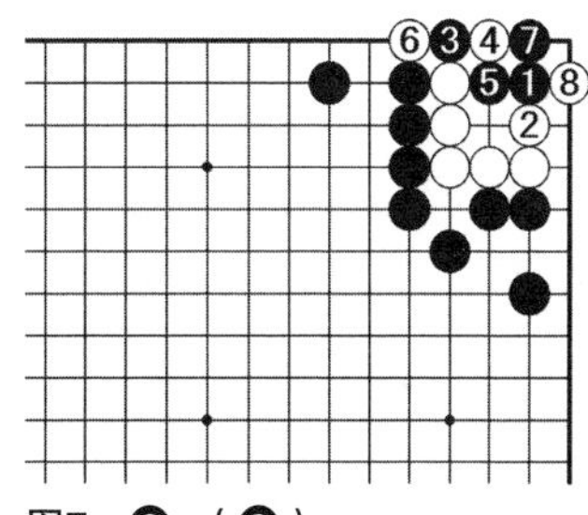
图7　❾=（❸）

打劫

图7（正解变化3）

白2顶，黑3扳，5断吃，白6提，黑7打吃，白8扳，黑9提劫，结果是黑先劫。

白8若在3位粘，黑8破眼，局部“丁四”，白净死。

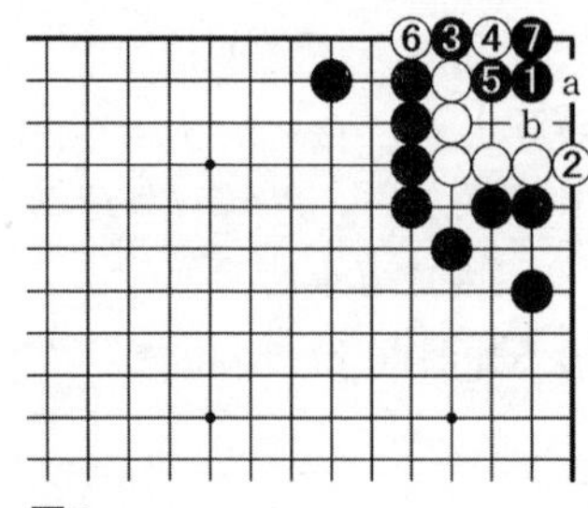
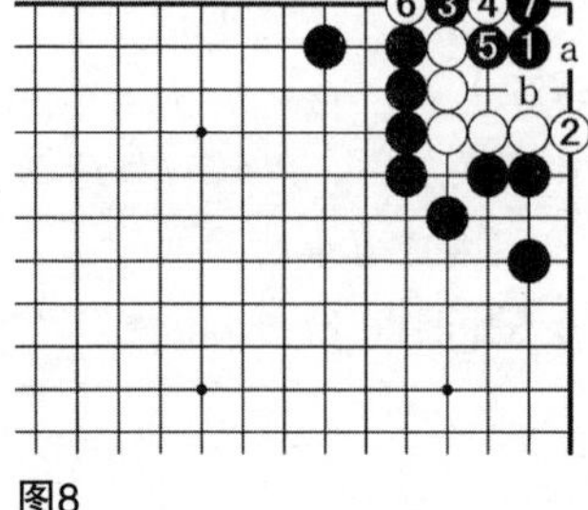

图8

白净死

图8（正解变化4）

面对黑1，白选择2位立应对。黑3扳，5打吃破坏白棋眼形，白净死。黑7之后，白a，黑b；白b，黑a。结果相同。

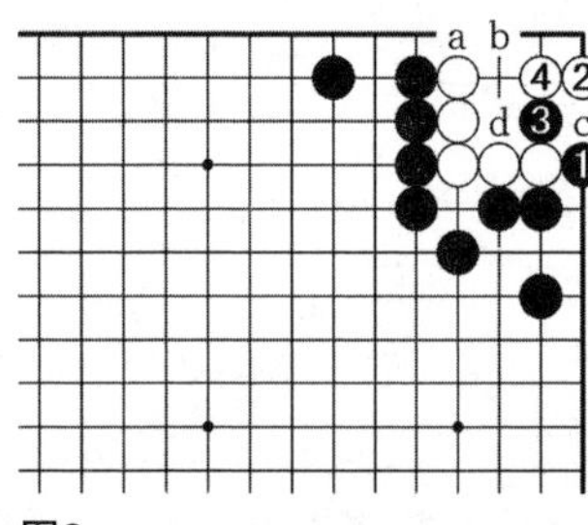

图9

白净活

图9（失败4）

有外气的情况下，黑1扳，白2小飞好手，黑棋失败。白棋没有外气，黑3，白4之后黑a，白b，黑c，白棋净死；但是此时白可以在d位打吃。

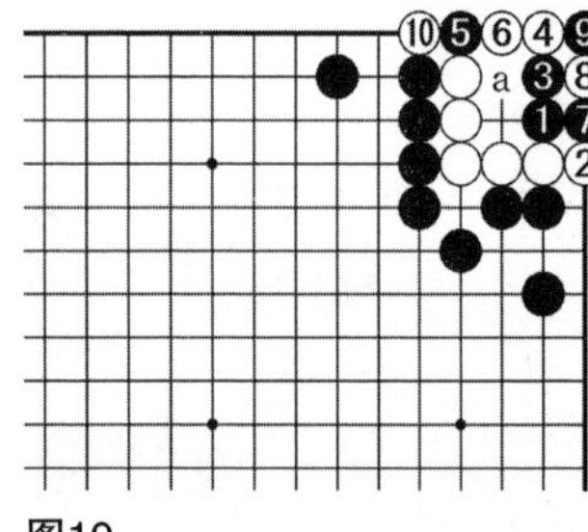

图10

万年劫

图10（失败5）

黑1夹，白2～8应对，结果是万年劫。

黑3若在4位跳，白a，黑3，白8，白净活。请一定要确认外气的情况再做出选择。

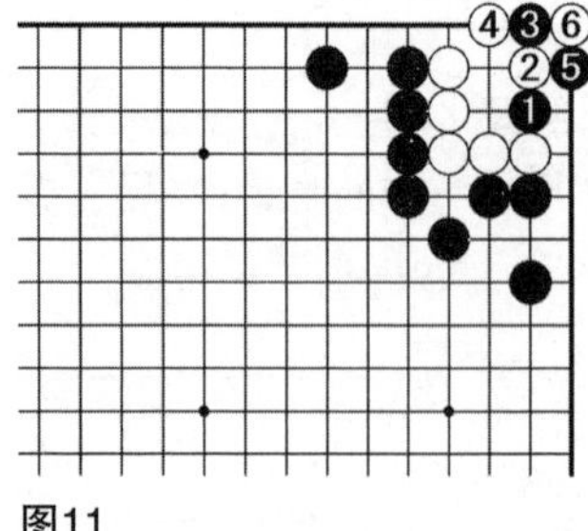

图11

打劫

图11（失败5变化）

黑1夹，白2反夹会诱发黑3的手筋。白4打吃，黑5反打变成打劫。

本图是双方错进错出的结果。

第3型

黑先劫（黑先提劫）

本型的外气更多。

感觉白棋应该更加从容，但其实最终结果基本相同。

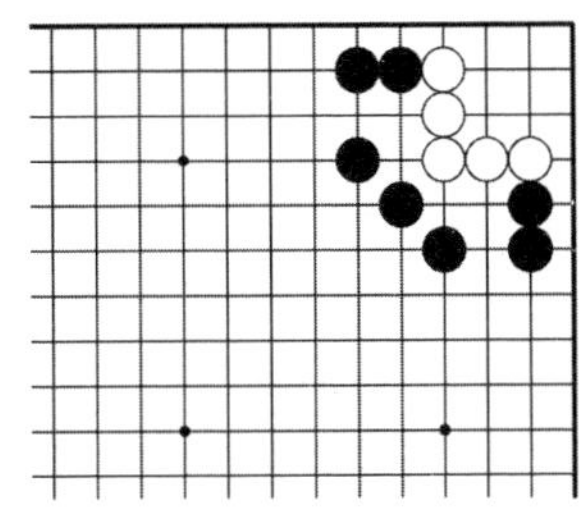

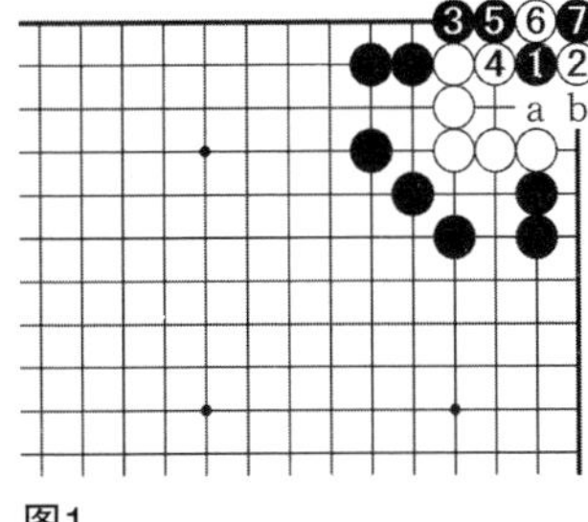

图1

打劫

图1（正解）

即使白棋外气更多，黑1点之后的结果还是打劫。白2托，黑3扳。接下来白4曲，黑5长，白6扑，打劫。

黑a位顶，白b爬，黑3的次序也可以。

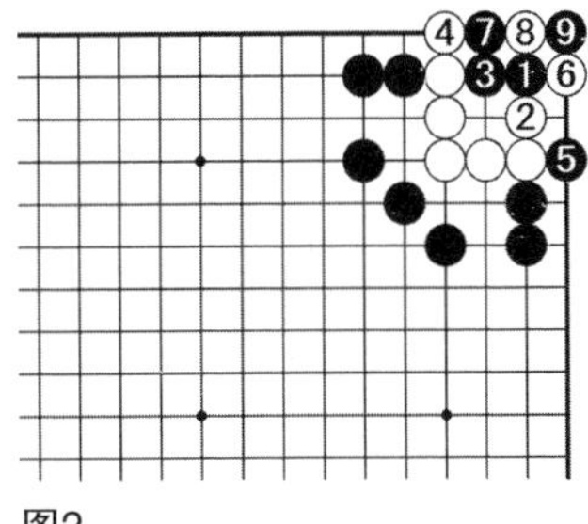

图2

打劫

图2（正解变化）

黑1点，白2顶同样是打劫。黑3若在4位扳，白7位挡，黑3，还是打劫。

正解图与前型完全一样。

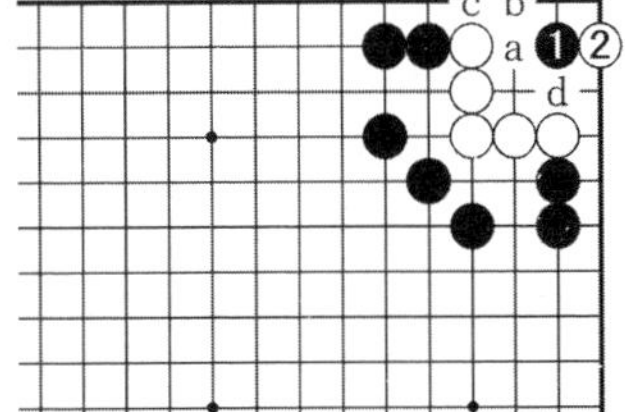

图3

气的不同

图3（参考）

站在黑棋角度思考，需要注意在紧气的情况下，黑1、白2交换之后黑棋的下法会有不同。黑a或者黑b都是一手劫，而在白棋有外气的情况下，必须下在c位或者d位的结果才是一手劫。

第4型

黑先劫（黑先提劫）

此时白棋没有外气，但在△位多了一子。

黑棋的选点同样只此一手，正确结果是黑先劫。

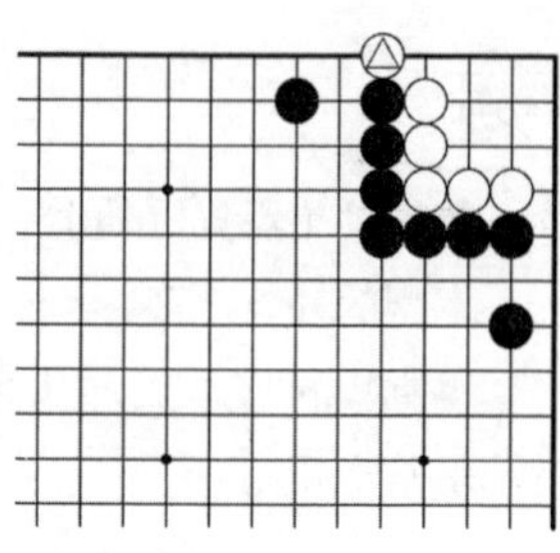

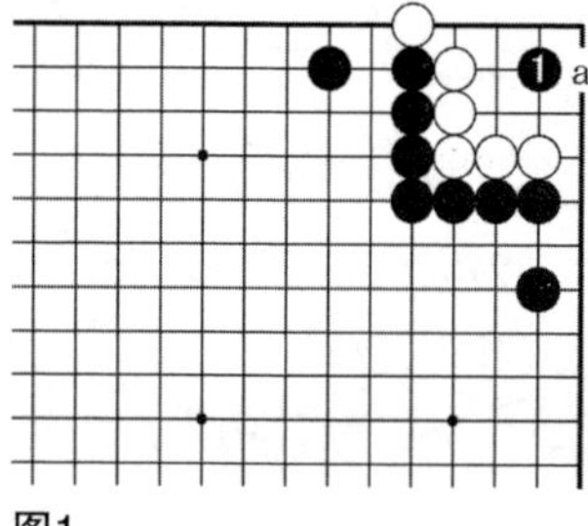

图1

点

图1（正解）

即使白棋多了扳，只要气紧结果相同。黑1点只此一手，白有若干的应对方法。

首先一起研究一下白a在扳的另一侧托的变化。

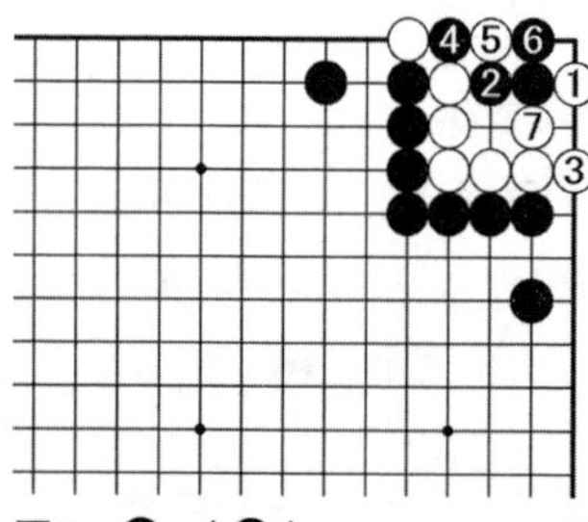

图2 ❽=（❹）

打劫

图2（正解续1）

黑2顶好手。白3立，黑4扑。白5提，黑6打吃，白7顶，黑8提，打劫。

黑6打吃，白若4位粘，黑7位顶，局部变成刀把五，白净死。

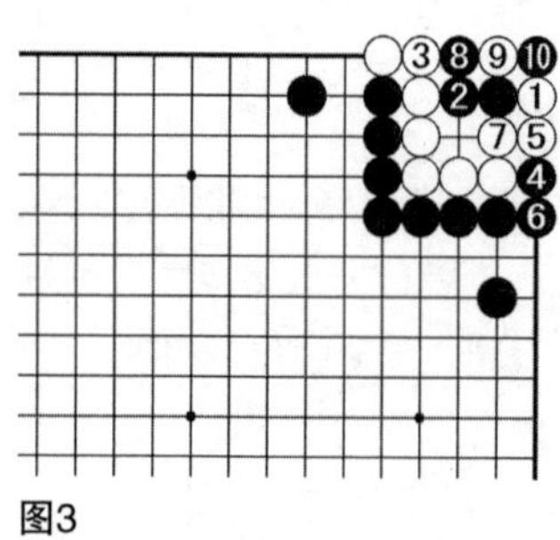

图3

打劫

图3（正解续1变化）

上图白3，选择本图白3粘。黑4至黑8交换，白9扑，打劫。

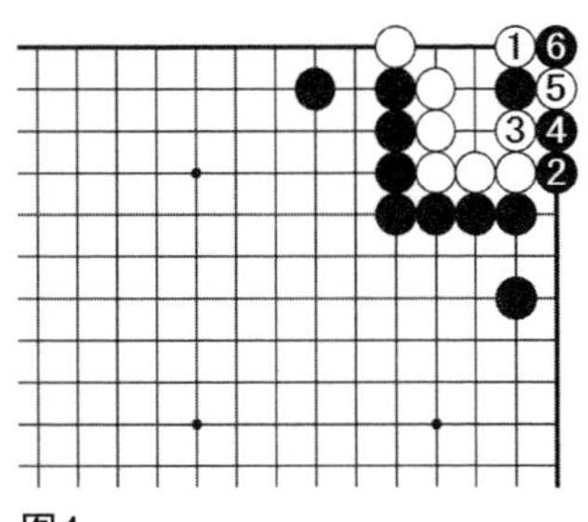

图4

打劫

图4（正解续2）

面对黑棋点，白也可以选择1位托应对。黑2扳，白3顶，进行至黑6，打劫。

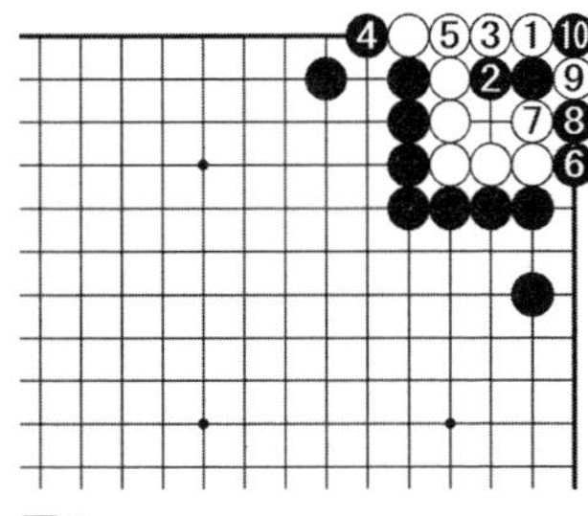

图5

打劫

图5（正解续3）

白1托，黑2顶、4打吃交换之后再6位扳。接下来白7、9打劫。

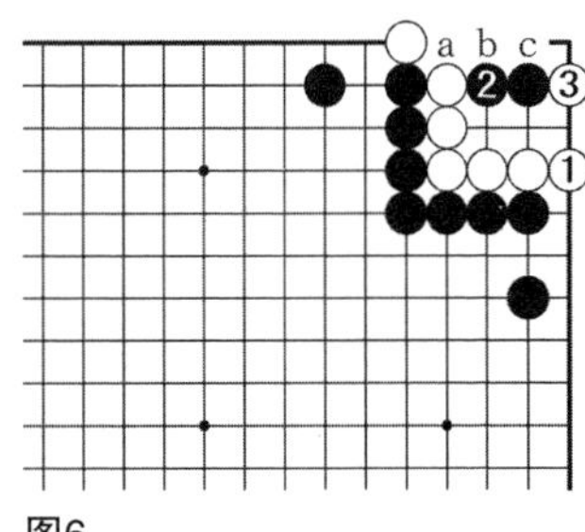

图6

打劫

图6（正解续4）

此时白还可以1位立。黑2顶，白3托，结果与图2相同。后续黑a，白b，黑c，打劫。

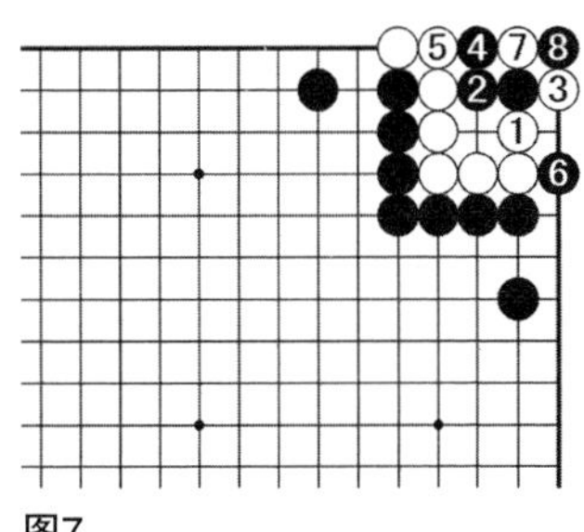

图7

打劫

图7（正解续5）

白1在扳的另一侧顶，黑2，白3，黑4交换。白7扑打劫。正解续1～5结果都是打劫，黑先提劫。

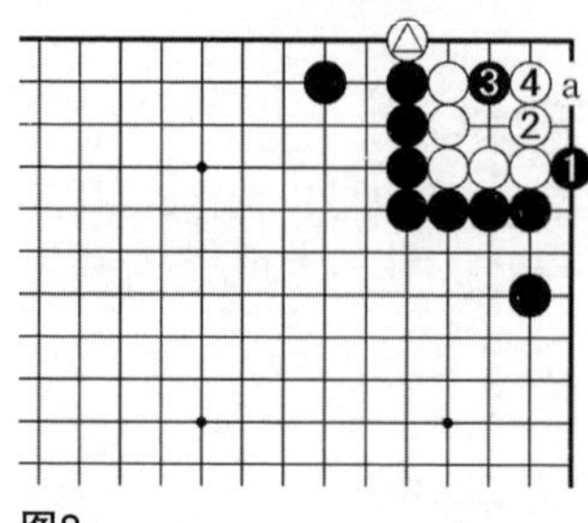

图8

白净活

图8（失败1）

来探讨一下点之外的下法。如果黑1扳，白2弯坚实。黑3夹，白4挡，白△一子，黑3无法渡过。

白2下在a位同样可以活棋。

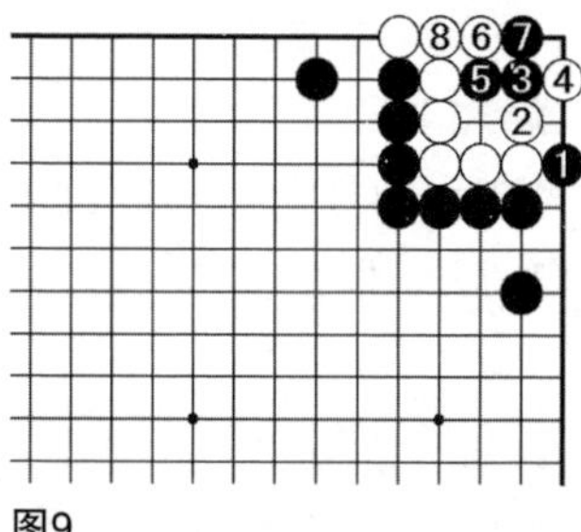
图9

双活

图9（失败2）

白2弯，黑3顶是攻杀手筋。白4扳阻渡，6、8之后局部变成双活。

白2若下在4位小飞，黑3夹、白2位顶，还原本图。

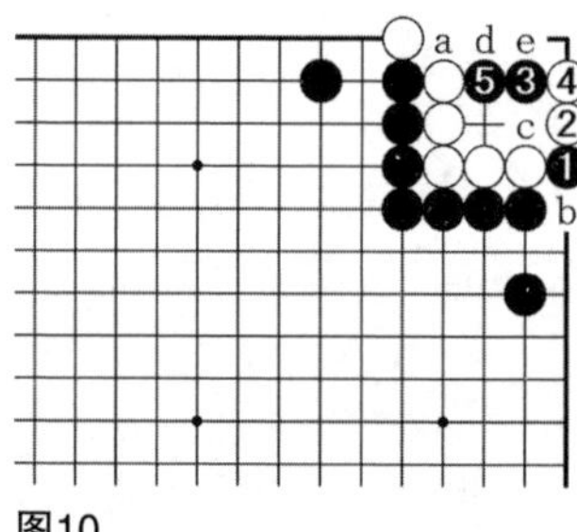

图10

打劫

图10（失败变化）

黑1扳、白2打吃是问题手。黑3点，劫活已经不可避免。黑5之后的变化按照白a粘的字母次序，结果是打劫。白b提，黑a，白d，黑e，还是打劫。

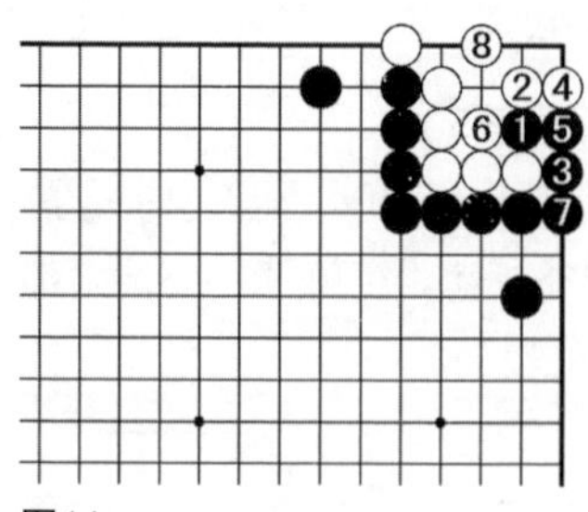
图11

白净活

图11（失败3）

黑1夹，白2反夹好手。黑3渡过，白4立，进行至白8净活。

黑3若在4位扳，白3立净活（参考第1型Ⅳ2、3型）。

第5型

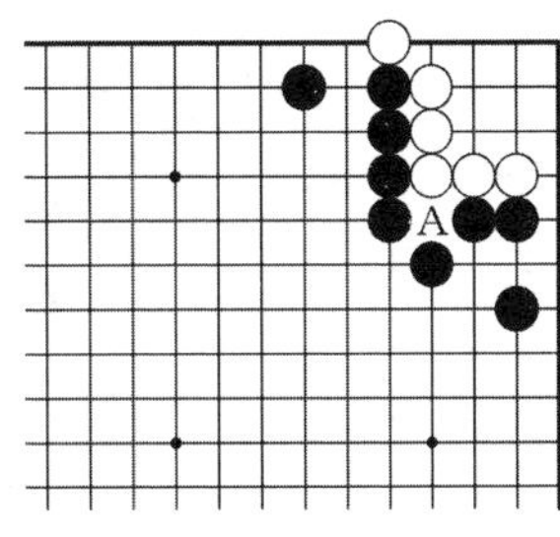

黑先万年劫或者缓一气两手劫

白棋有在A位有了一口外气。

这口外气对于白棋局部棋形非常关键，这样一来白角会变成非常有利的打劫局面。

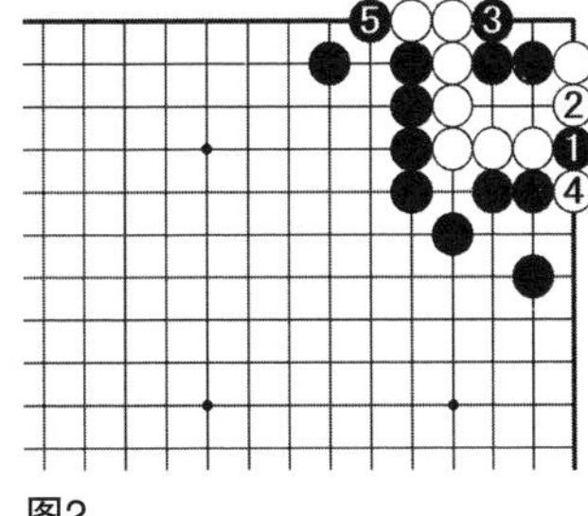

图1

点

图1（正解）

黑1点只此一手。在白棋有扳、有外气的场合，白2托是最好的应对。黑3顶，白4粘关键。

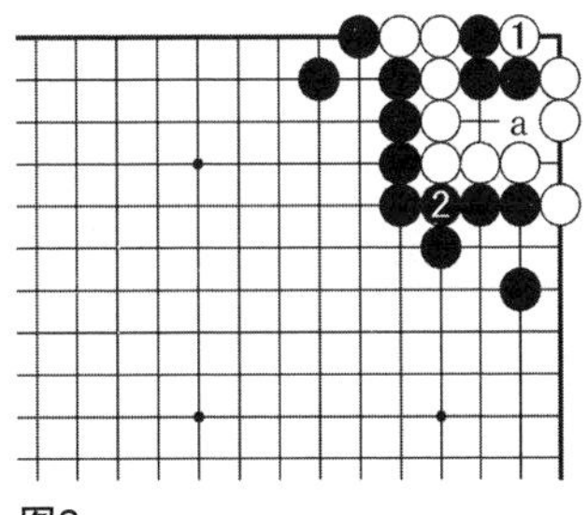

图2

万年劫

图2（正解续1–1）

接上图，黑1扳，3挡，白4提，黑5紧气，形成万年劫。

与前型之前都是紧气劫的棋形相比，此时白棋明显可以满意。

图3

万年劫

图3（正解续1–2）

上图黑5紧气之后，白1扑是局部手筋，黑2紧外气应对正确。白a会导致紧气劫，白棋脱先他投，即为万年劫。

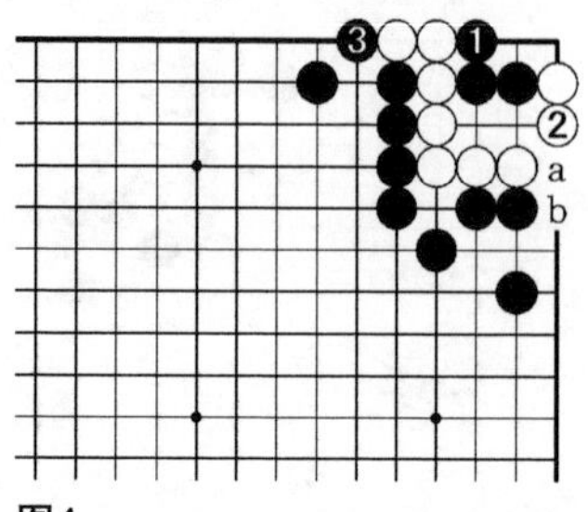

图4

万年劫

图4（正解续2）

黑1直接挡也是一种选择。此时白2退就是万年劫。这一点对黑棋来说，比有黑a、白b交换的图2更好一些。

但是——

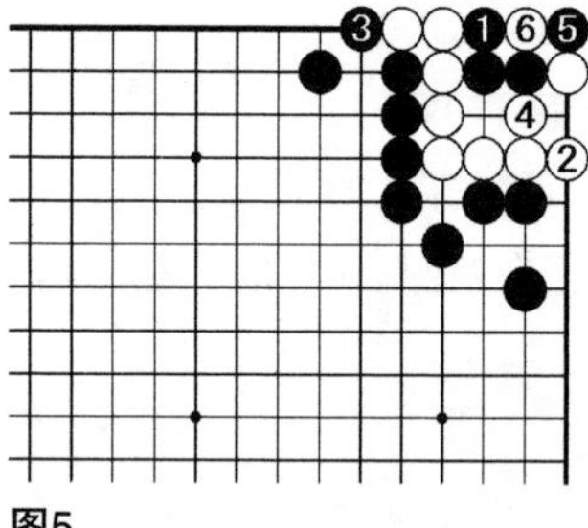
图5

缓一气劫、两手劫

图5（正解续2变化）

白2立、4紧气可以快速解决问题。白6提变成对白棋有利的缓一气两手劫。

本图与万年劫之间如何选择会比较艰难，黑1挡就是让白棋来做出选择。

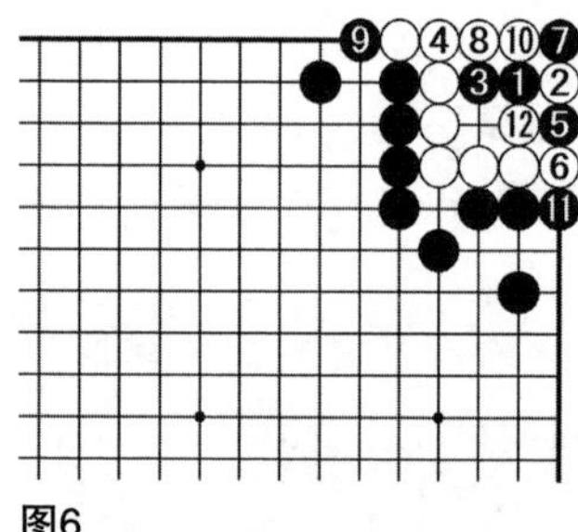
图6

白净活

图6（失败1）

黑1点至白4粘，黑5吃点一子，白6、8开始紧气，进行至白12，对杀白胜。

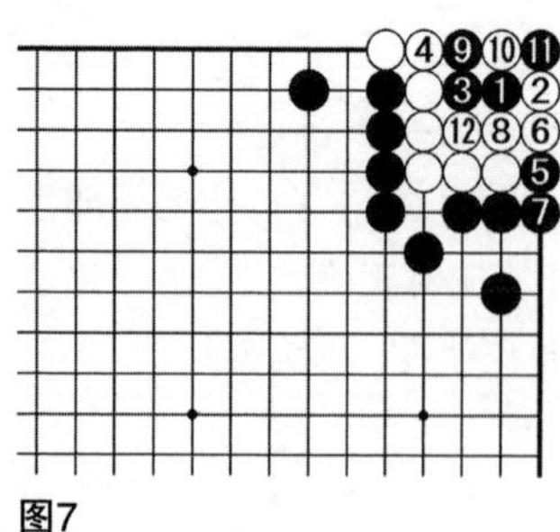
图7

白净活

图7（失败2）

此时黑5、7扳粘，白10、12净活。黑9若在10位，白9，双活。

第6型

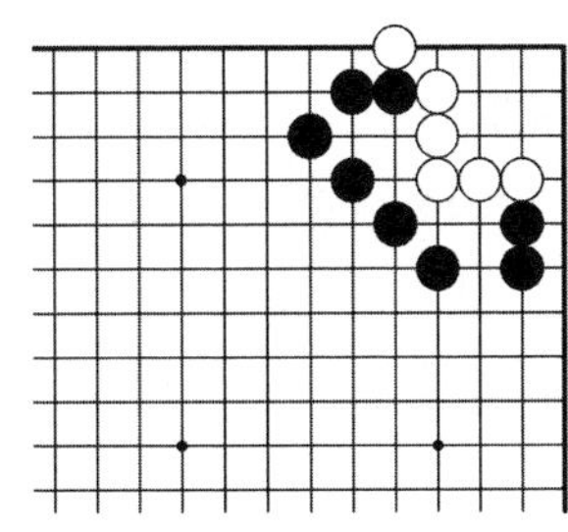

黑先万年劫（基本等于白活）

此时白棋外围有了更多外气，棋形更加从容。

结果虽然是“万年劫”，但基本等于白活。

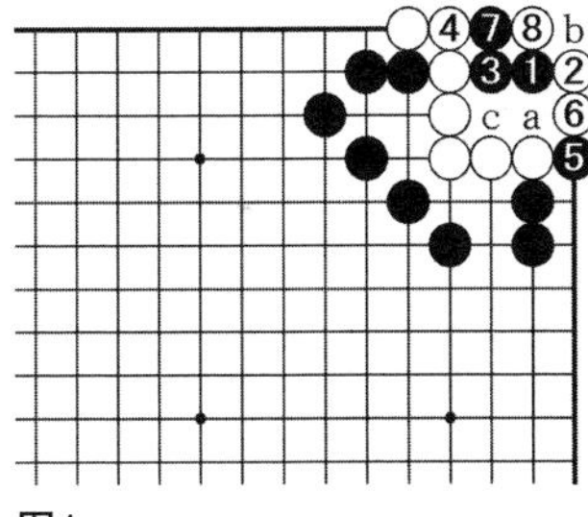

图1

点

图1（正解）

与前型相同，黑棋的下法还是从黑1至黑7。白棋有扳，还有多口外气，此时白8扑是正确手筋。后续可以白a，黑b，白c胀牯牛。接下来——

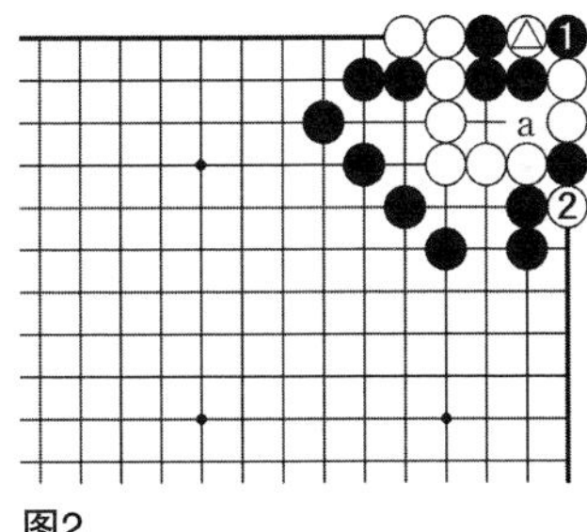

图2

万年劫

图2（正解续）

黑1提、白2提交换。接下来黑棋只有紧气一种下法，而白棋只要△位提就可以立即净活。

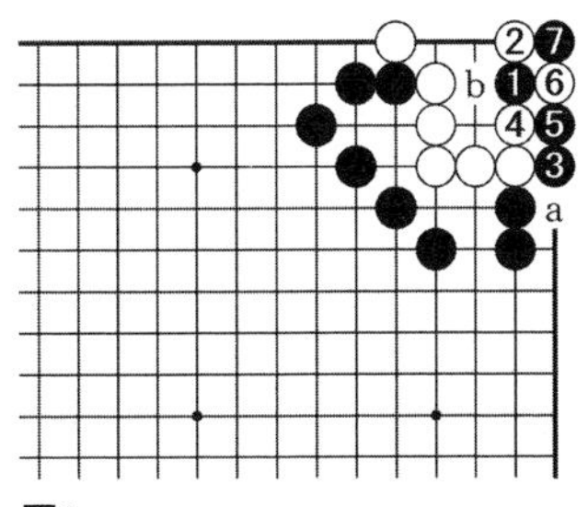

图3

打劫

图3（正解变化）

黑1点、白2托是问题手。黑3～7之后结果变成紧气劫。

白4若在5位打，黑4，白a，黑6，白b，还是黑先劫。

第7型

黑先劫或者两手劫

此时白棋没有外气，但在△位多了一白子。这对于白棋来说帮助极大。

结果是“万年劫”或者“两手劫”。

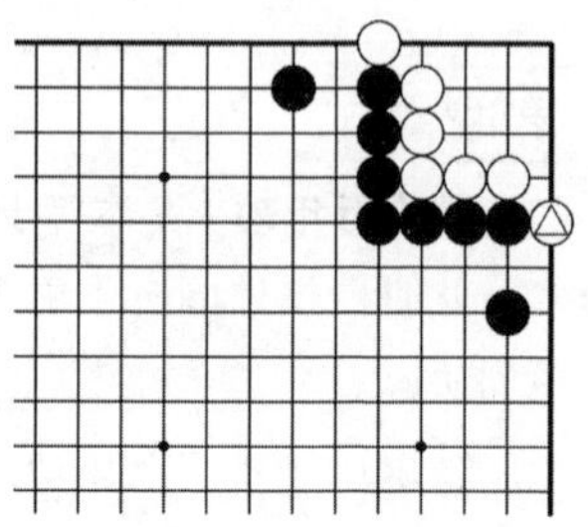

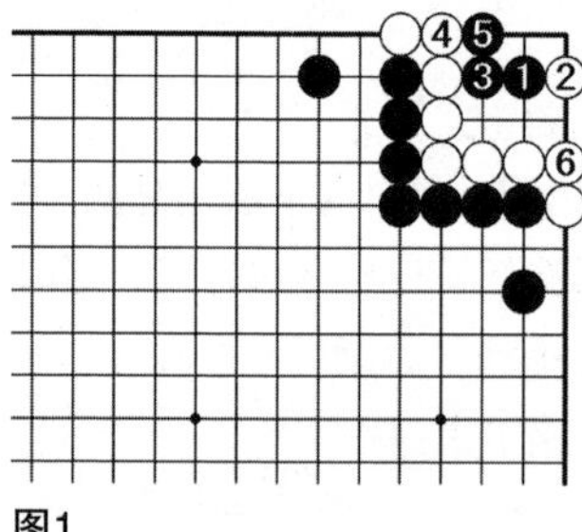

图1

点

图1（正解）

白棋是两扳+没有外气的棋形。黑1点，白2托。因为两边同形，白棋托在哪里结果相同。黑3顶，白4粘，黑5挡，白6粘。接下来——

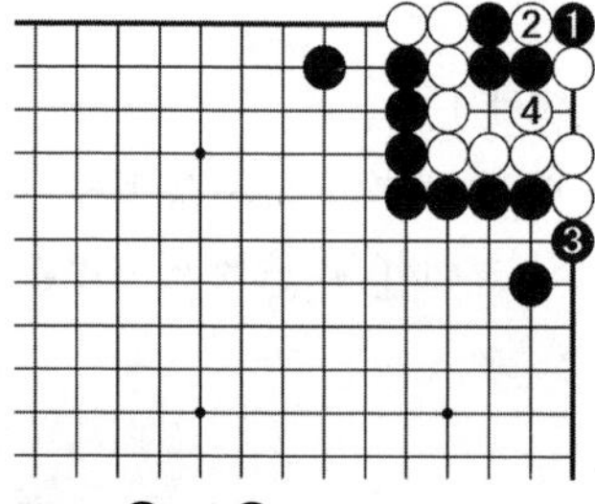

图2 ❺=（❶）

两手劫

图2（正解续1）

黑1扑、3紧气是黑棋的预定手段。

此时白棋有两种选择。第一种是白4做劫。黑5提，结果是两手劫。

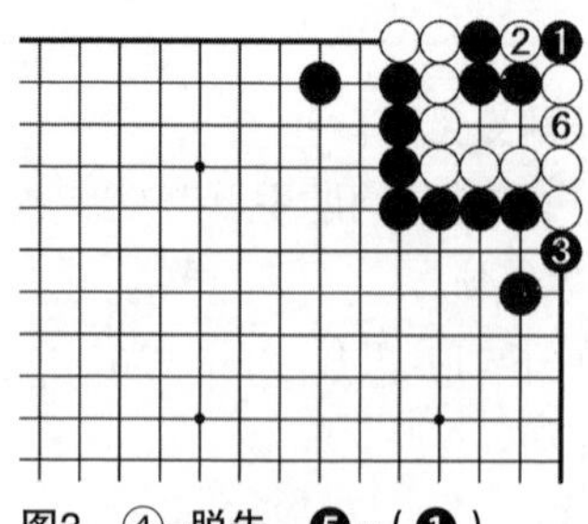

图3 ④=脱先 ❺=（❶）

万年劫

图3（正解续2）

另一种下法是黑1、3。黑5提劫，白6粘变成万年劫。

图2、图3孰优孰劣不好判断，可以根据具体局面做出选择。

第8型

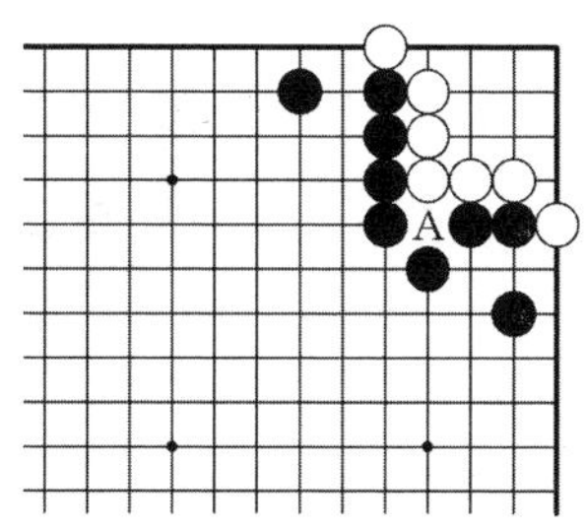

黑先缓一气两手劫

与前型相比，此时白棋多了A位一口外气。

两扳加上外气，白棋显然更加从容。

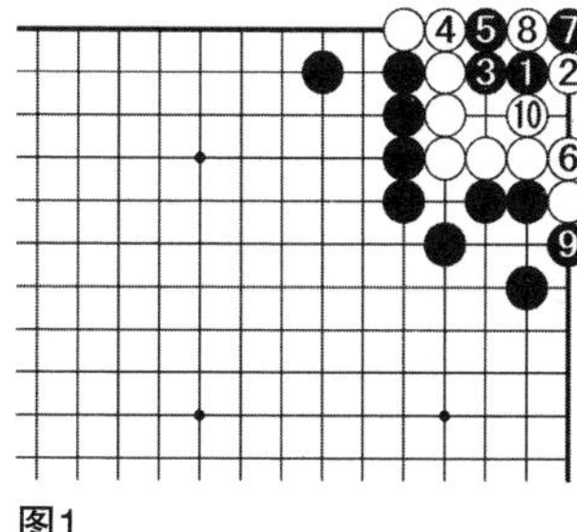

图1

点

图1（正解）

黑1点，进行至黑9棋形与前型相同。

此时白棋还是在两手劫和万年劫中做出选择，但是有了外气，白10还是选择了两手劫。

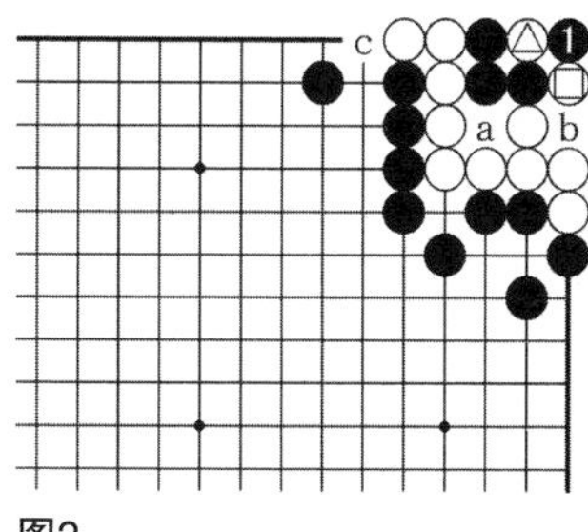

图2

缓一气两手劫

图2（正解续1）

接上图，黑1扑做劫。白△提、a消劫。黑b提劫、c紧气之后才可以在□位消劫。

缓一气两手劫对于白棋来说更为从容。

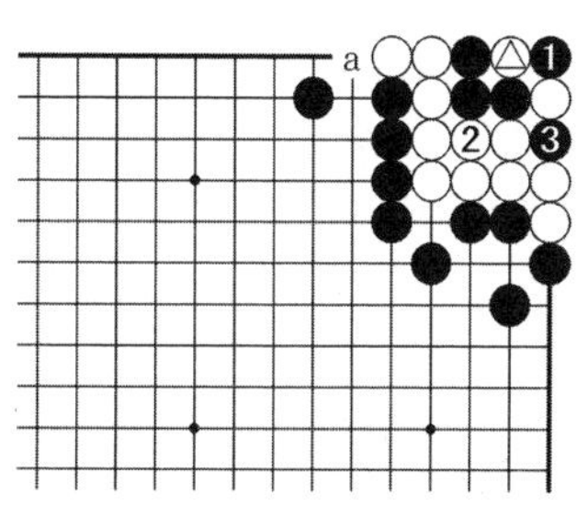

图3

黑先提劫的缓一气劫

图3（正解续2）

黑1、白2直接紧气变成缓一气劫。黑3提劫、a位打吃就是紧气劫。

相比之下还是如上图白△的下法更为合理。

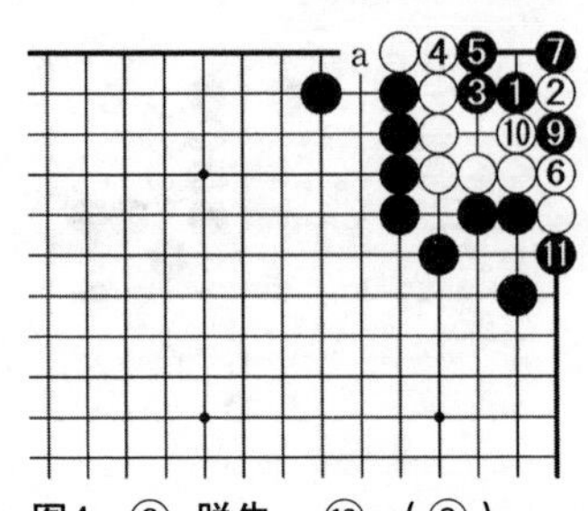

图4 ⑧=脱先 ⑫=（②）

缓一气两手劫

图4（正解变化1）

此时黑7扑，白棋也可以考虑脱先他投。黑9提，白10打吃还是两手劫？只有黑在a位紧气之后局部才是紧气劫。

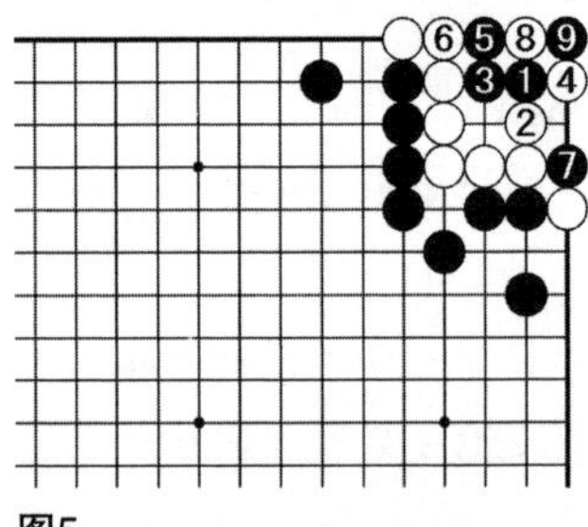

图5

顶

图5（正解变化2）

以下变化供参考。在白棋两边有扳的情况下，面对黑1点白也可以选择2位顶。黑3至7扑、白8扑，乍一看是黑先劫，但是——

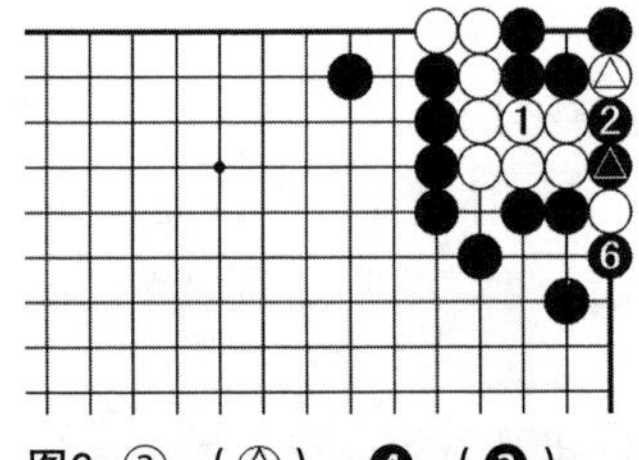

图6 ③=（△） ❹=（❷）
⑤=（▲） ⑦=（△）

白先提缓一气劫

图6（正解变化2续）

白1打吃好手。黑2、4提子，白5粘之后形成了白先提的缓一气劫。白先提劫好于图3，但是仍不如图2的结果。

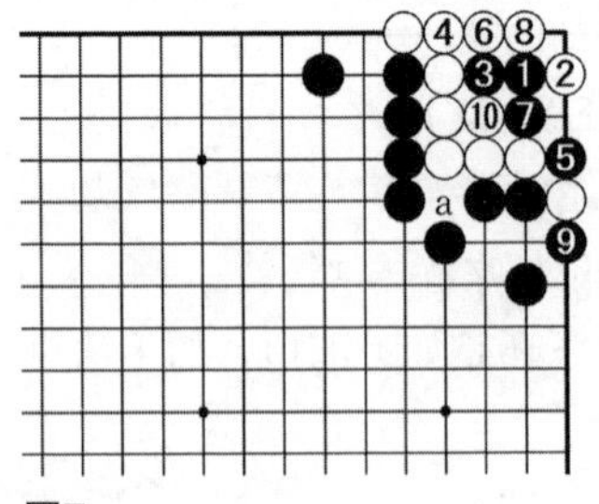

图7

白净活

图7（失败）

图1中的黑5，如本图黑5扑，则白6占据急所可以活棋。白8、10接不归，黑5是失着。

黑7若下在8位，结果是双活。

第9型

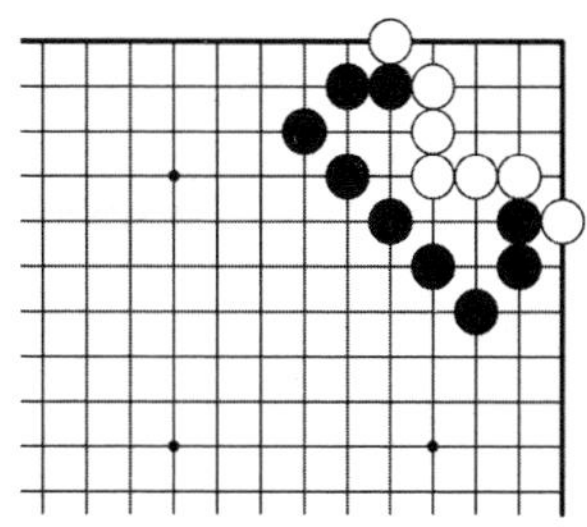

黑先缓五气劫

白棋此时的外气比前型更多。

两边有扳，还有多口外气，基本等于净活。

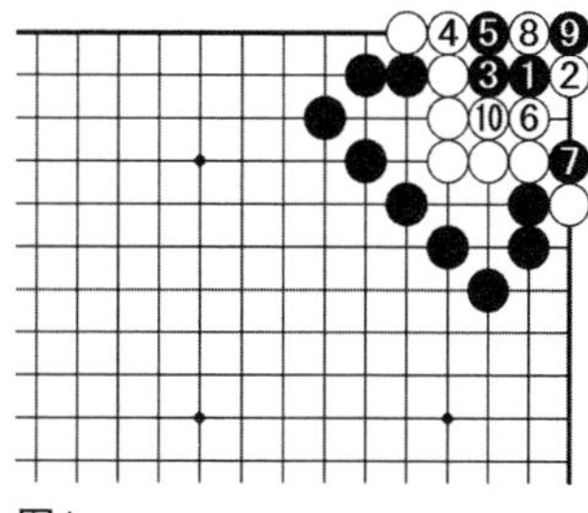

图1

点

图1（正解）

黑仍然选择1点至黑5挡的下法，此时白6是正确应对。黑7扑，白8至白10如前型图5、图6所示。白2若下在6位结果相同。

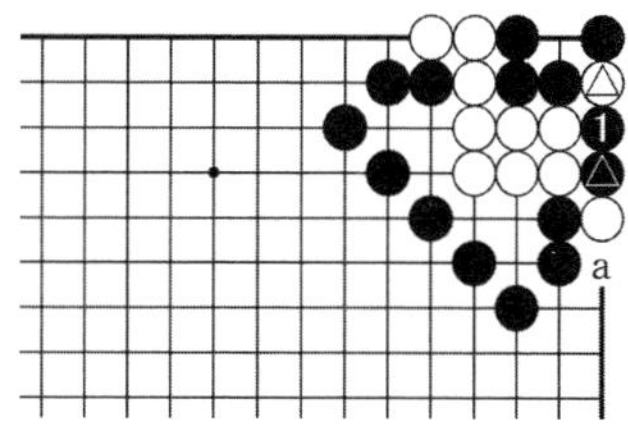

图2　②=（△）　❸=（❶）
④=（▲）

缓五气劫

图2（正解续）

接上图，黑1提至白4粘。接下来黑在a位等处紧5口外气，才能变成紧气劫。白棋基本等于活棋。

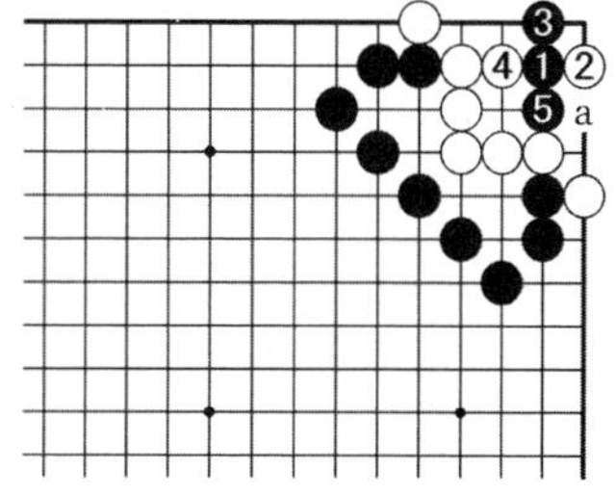

图3

双活两分

图3（参考）

从实战角度考虑，黑1点，白2托，黑3立，白4顶，黑5形成双活应该是双方可以接受的结果。

接下来如果黑棋在外围紧气3口之后，白棋需要在a位粘补强。

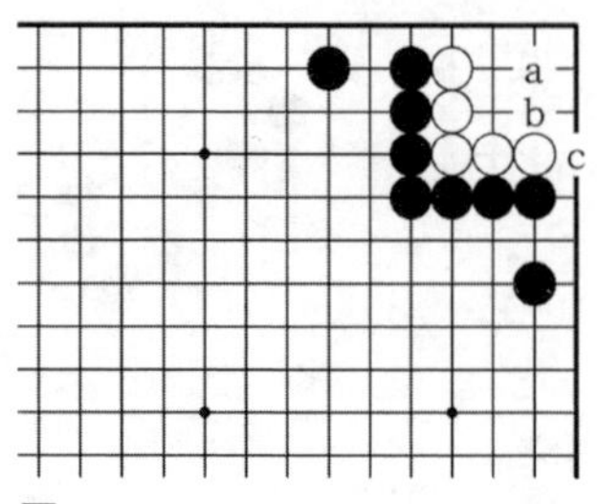

图1

总结第1=9型

没有外气

图1（第1型）

如本图白棋没有外气的情况下，黑有a、b、c3种下法，结果都是“黑先劫”。

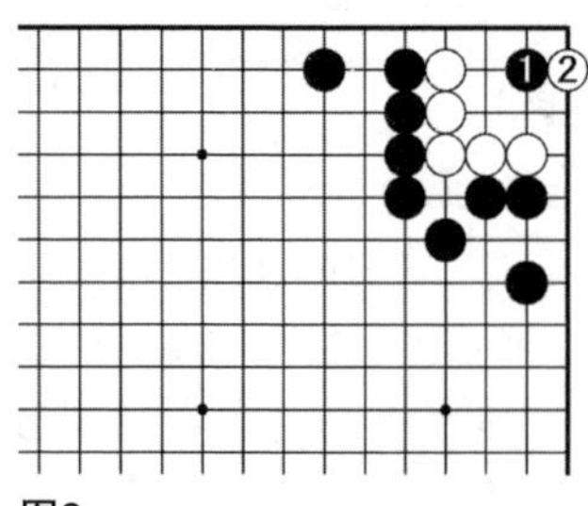

图2

有外气

图2（第2、3型）

在有外气的情况下，黑1只此一手。白2托，结果还是“黑先劫”。即使外气增加结果仍然相同。

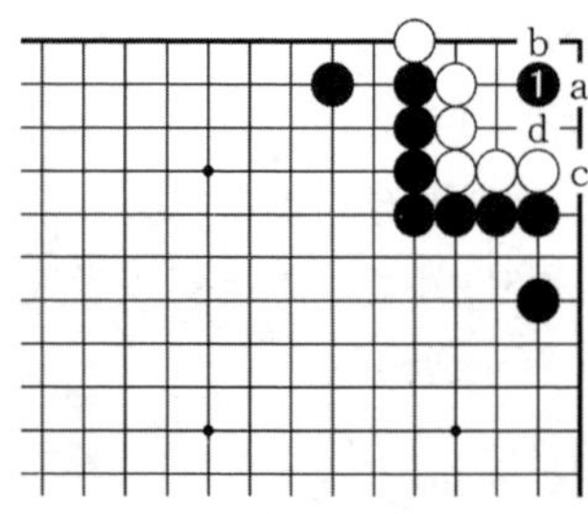

图3

没有外气、有扳

图3（第4型）

此时白棋有一路扳，但是没有外气。黑1点之后是“黑先劫”。白棋的应手有a～d4种，结果都是“黑先劫”。

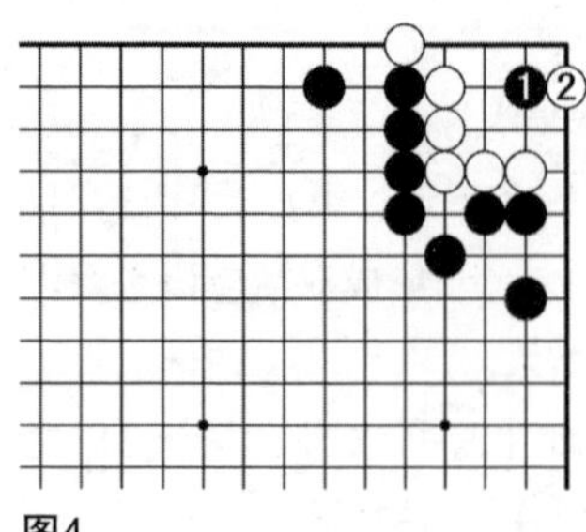

图4

有外气、有扳

图4（第5型）

此时白棋有一路扳还有外气。面对黑1点，白2在另一侧托的好手。结果是“万年劫”或“黑先万年劫或者缓一气两手劫”。

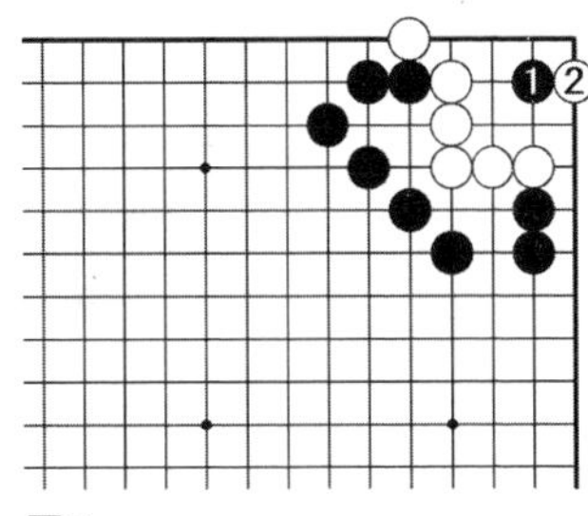

图5

更多外气、有扳

图5（第6型）

白棋有更多外气，结果与上图一样，还是“万年劫”，不同的是由于外气太多白棋基本等于“活棋”。

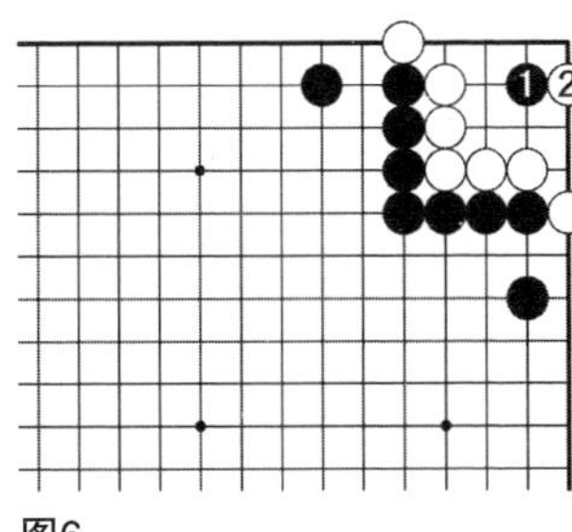

图6

没有外气，有两扳

图6（第7型）

此时白棋没有外气，但是两边都有一路扳。黑1点的结果是“万年劫”或者“两手劫”。

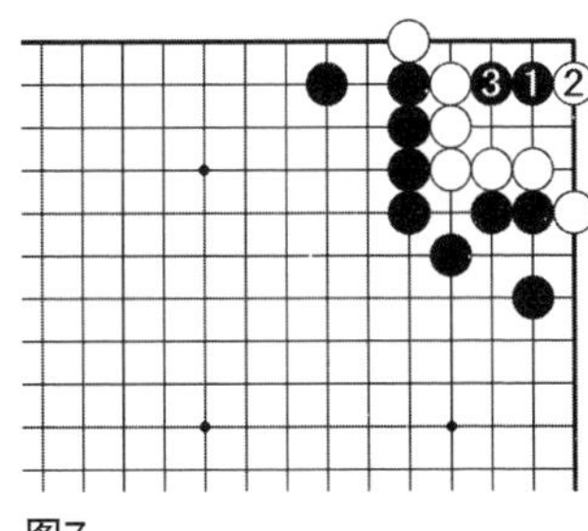

图7

有外气、有两扳

图7（第8型）

白棋有两扳还有外气的话，黑棋还是选择黑1、3的攻杀方法。结果是“缓一气两手劫”。本图较上图多了外气，棋形更加从容。

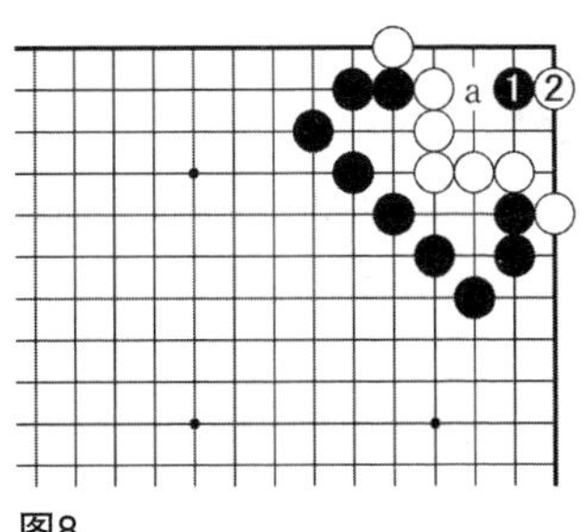

图8

更多外气、有两扳

图8（第9型）

白棋有两扳和更多外气，就基本是“活棋”。黑1、白2交换之后，黑3顶做劫过于顽强，还是选择双活更为实际。

第10型

黑先白死

此时白棋外围没有外气。白A跳选择“二二路”做眼。此时黑棋如果次序正确可以净杀白棋。

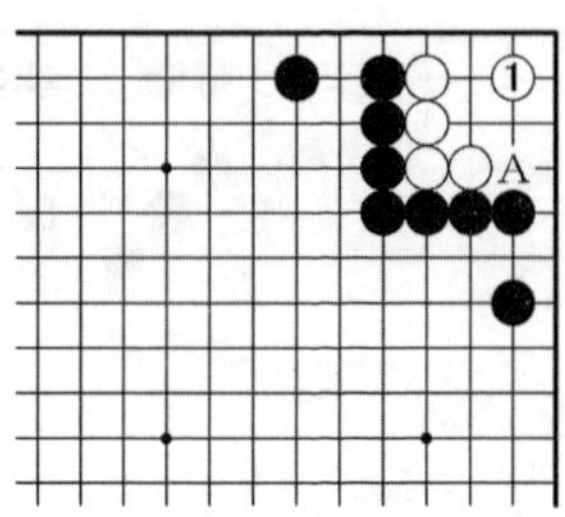

白死

图1（正解）

黑1扳、白2打吃交换之后，黑3靠好手。白4，黑5之后，因为气紧白棋不能在a位做眼。

图1

打劫

图2（失败1）

黑1直接靠、3扳次序错误。白4打吃好手，黑5、7只能做劫（黑1，白2之后与第1型Ⅱ相同）。

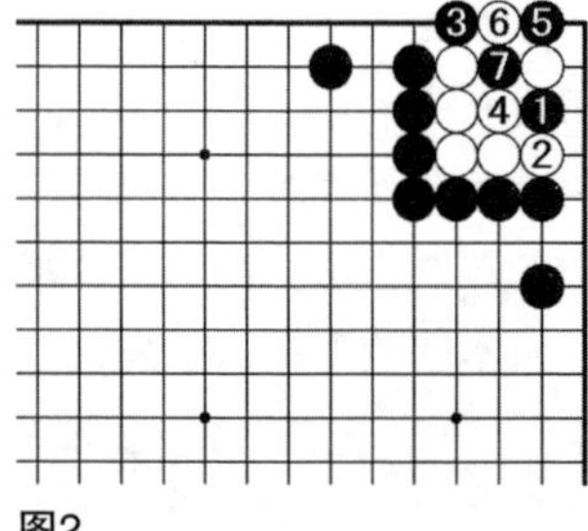

图2

白净活

图3（失败2）

黑1托，白2长是冷静的好手。

白2若在a位打吃急躁，黑2位断吃，白净死。

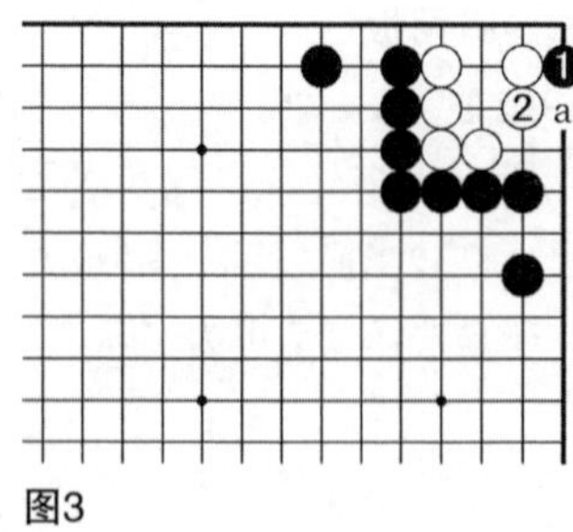

图3

第11型

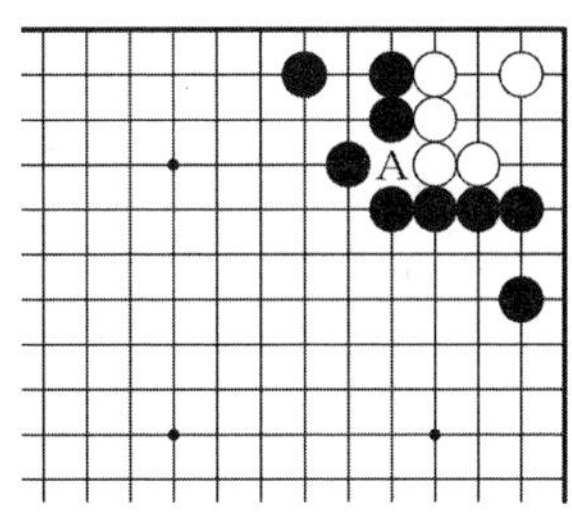

黑先劫（白先劫）

白棋在A位有口外气。这样一来前型的手筋就不适用了。

黑棋要选择别的手筋，结果是打劫。

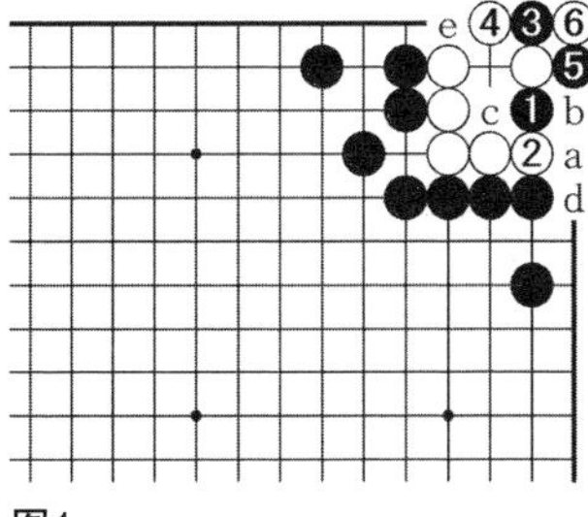

图1

打劫

图1（正解）

黑1靠是正解。白2冲，黑3夹妙手。白4打吃，黑5反打，劫活。

黑3若在a位渡过，白5，黑b，按照子母次序进行至白e，白净活。

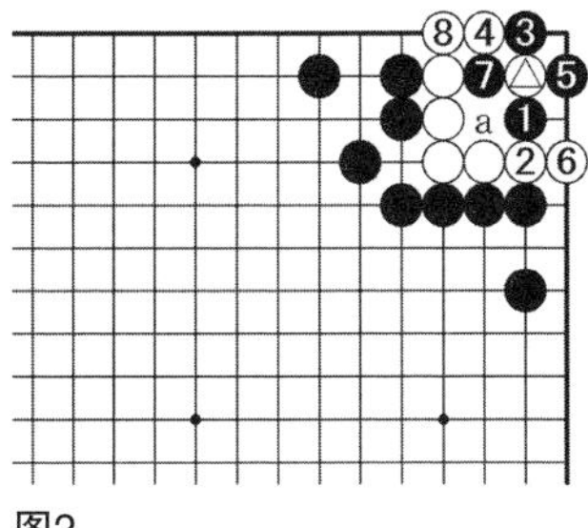

图2

白死

图2（正解变化）

上图白6若如本图白6立，则黑7提，白8粘可以吃掉黑角上4子。但此时的棋形，白a打吃，黑△粘之后是“花五”。白棋净死。

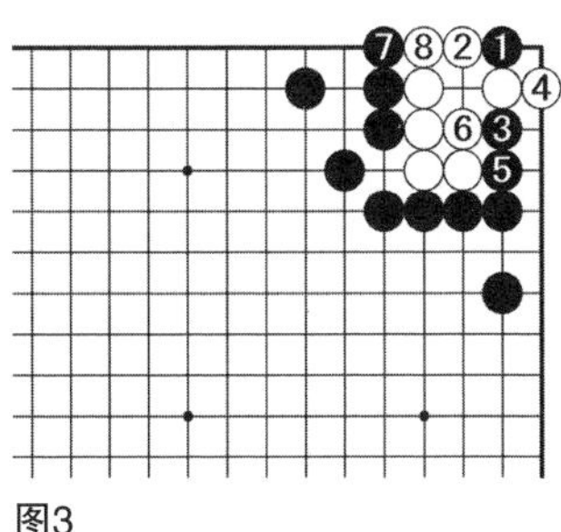

图3

白净活

图3（失败）

黑1在“二一路”托次序错误。白2、黑3交换之后，白可以4位立。黑5粘，白6做眼净活。

第12型

黑先劫（黑先提劫）

此时白1小尖做眼。黑棋攻杀的急所只有一个。

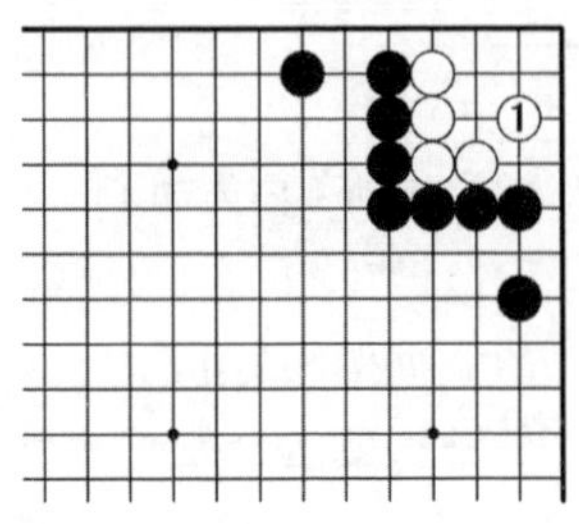

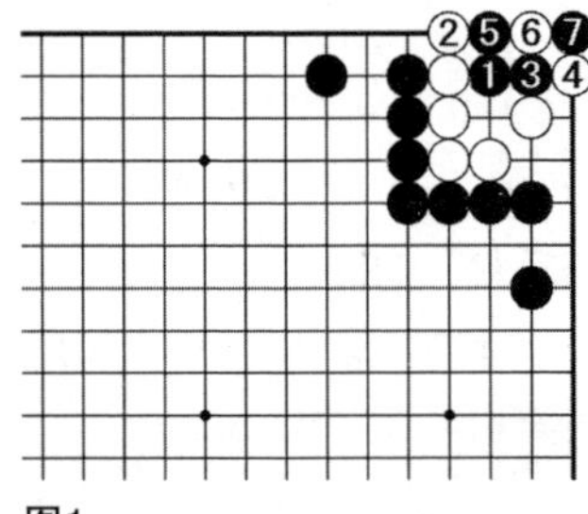

打劫

图1（正解）

黑1夹是绝对的急所。白2立，黑3爬，白4扳，黑5占据眼形急所。白6扑，劫活。

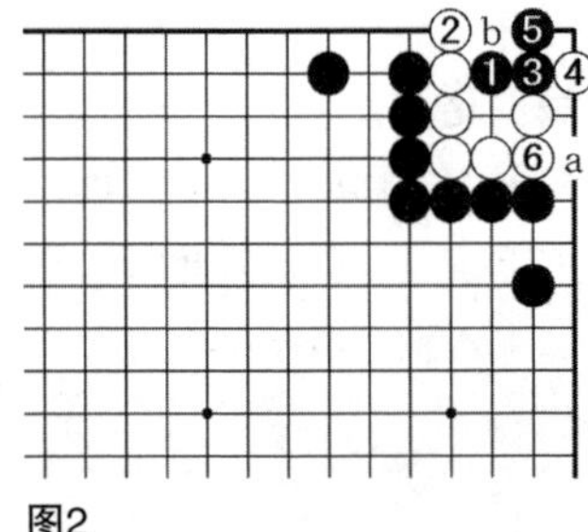

双活

图2（失败）

上图黑5如果在本图5位弯，看似可以将白棋净杀。但黑棋忽视了白6团的好手，黑a，白b，结果变成双活。

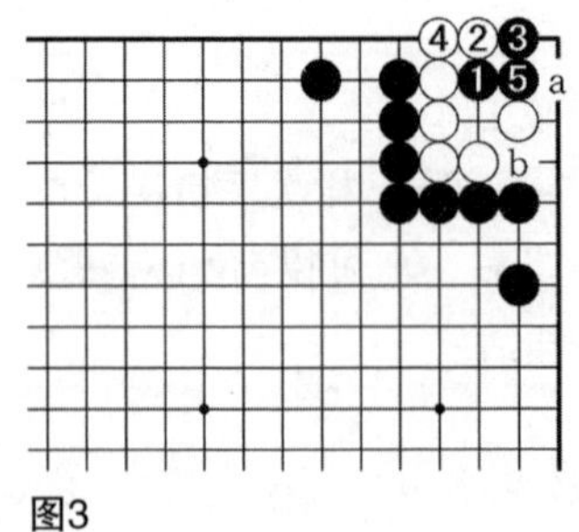

图3

白净死

图3（正解变化）

黑1夹，白2扳是失着。黑3、5之后，白a，黑b；白b，黑a，结果都是大眼杀白净死。

第13型

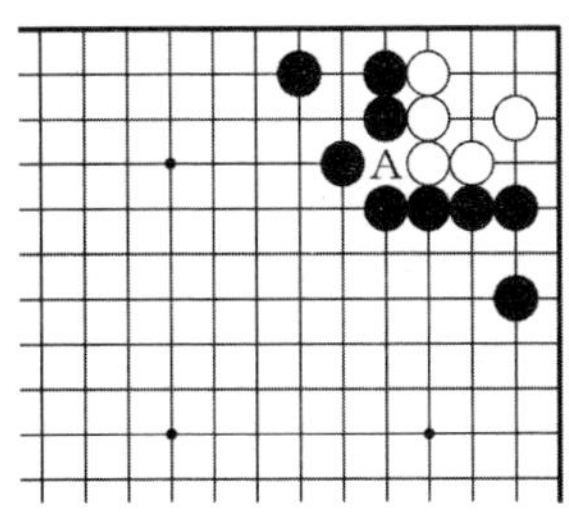

黑先劫（黑先提劫）

白棋较前型多了A位一口外气。

本型与外气没有关系，与前型相同结果都是打劫。本型后续变化图会进行补充说明。

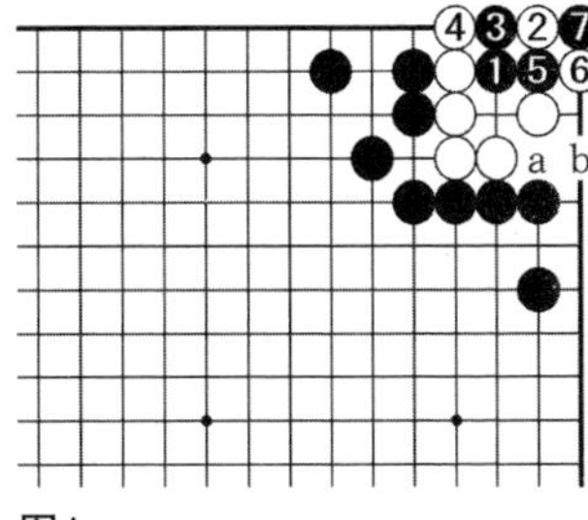

图1

打劫

图1（正解）

面对黑1夹，白也可以2位跳。黑3至黑7，结果与前型相同。

白6若在a位扩大眼位，黑b，白6，黑7，还是打劫。

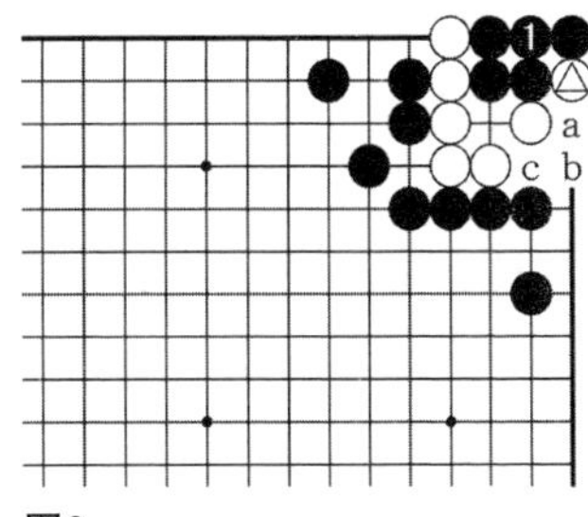

图2

黑消劫

图2（正解续）

上图之后，如果黑棋消劫会在1位粘或者黑a，白b，黑c，白△，黑1，局部“刀把五”。

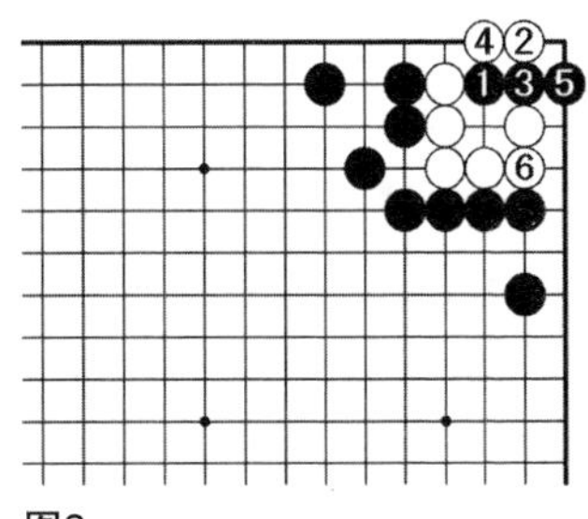
图3

双活

图3（失败）

白2跳，黑3冲失着。白4爬，黑5立，白6团，双活。

第14型

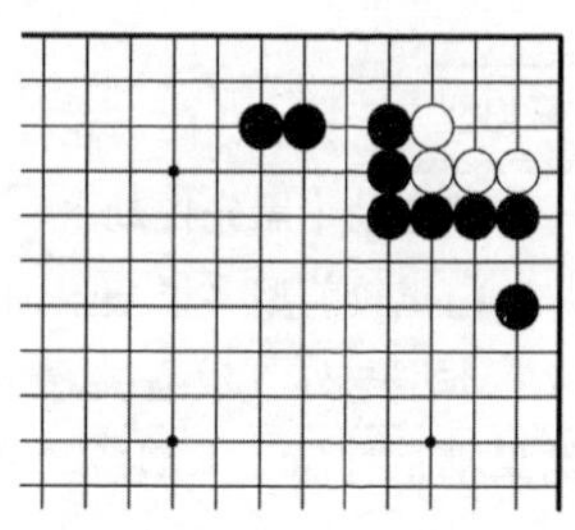

黑先白死

与基本的“金柜角”棋形相比，白棋形尚不完整。

因为没有外气，黑棋只要手段正确就可以净杀白角。

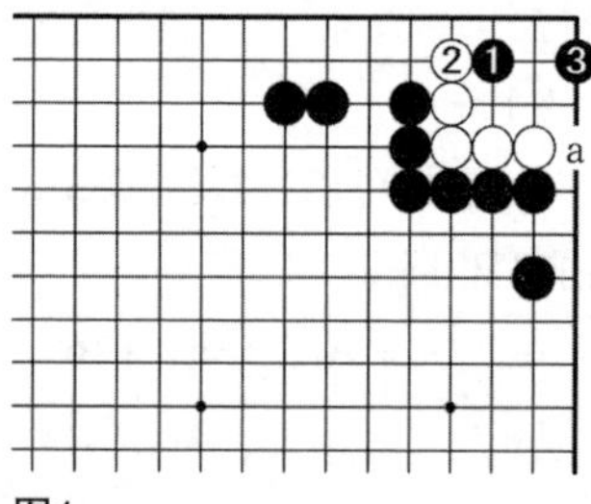

点

图1（正解）

黑1点敏锐。白2挡，黑3跳。接下来有了a位的渡过。

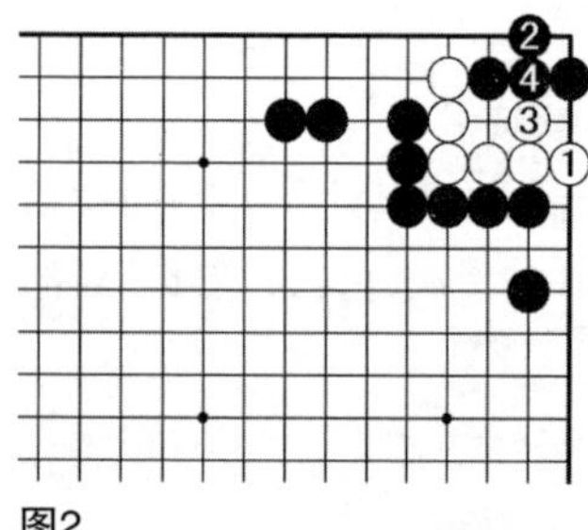

图2

白净死

图2（正解续1）

接上图，白1立，黑2倒虎手筋。白3破眼，黑4粘，局部对杀结果是“有眼杀无眼”，黑胜。

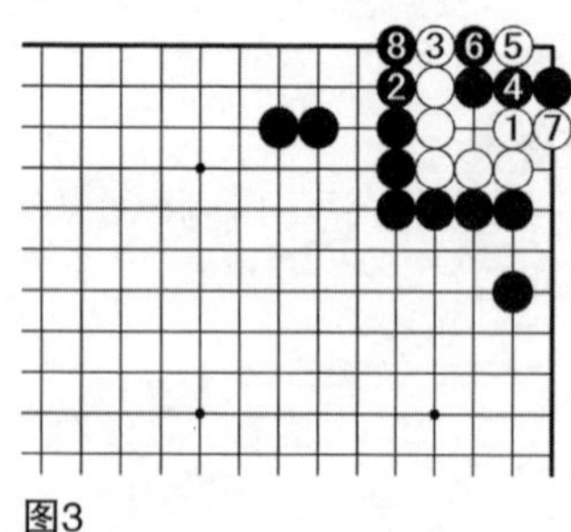

图3

白净死

图3（正解续2）

上图白1如果选择本图白1弯，黑2挡，白3立，黑4粘长气即可。白5、7紧气，黑8紧气结果仍然是“有眼杀无眼”，白净死。

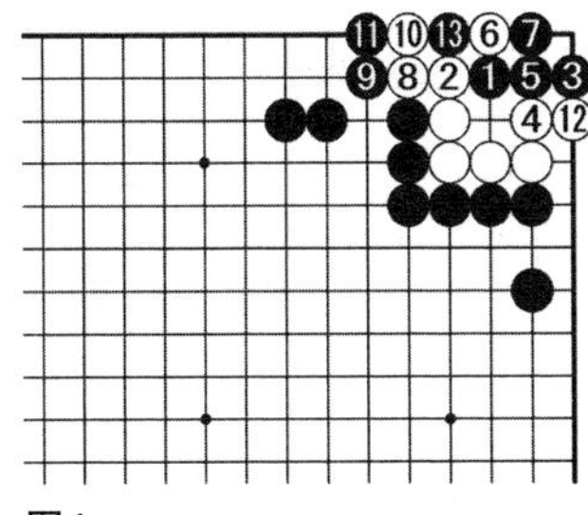
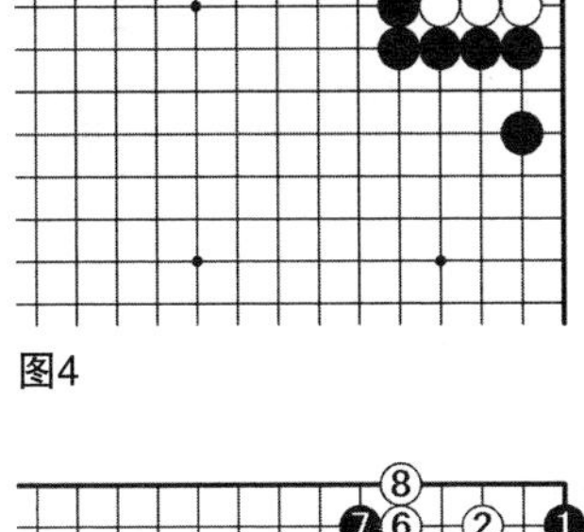

图4

缓一气劫

图4（失败1）

这是上图的变化图。白4弯，黑5直接粘是问题手。白6~10棋形弹性，进行至白12，结果变成缓一气劫。

黑7若下在8位，则白7破眼，局部双活。

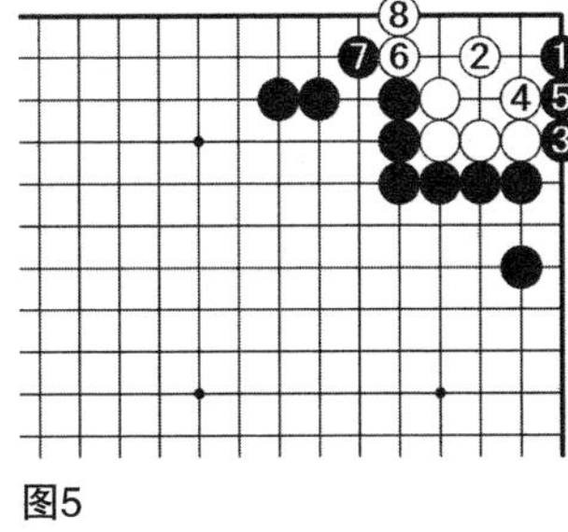

图5

白净活

图5（失败2）

直接黑1点，白2占据棋形要点。黑3、5渡过，白6、8做眼，白棋净活。

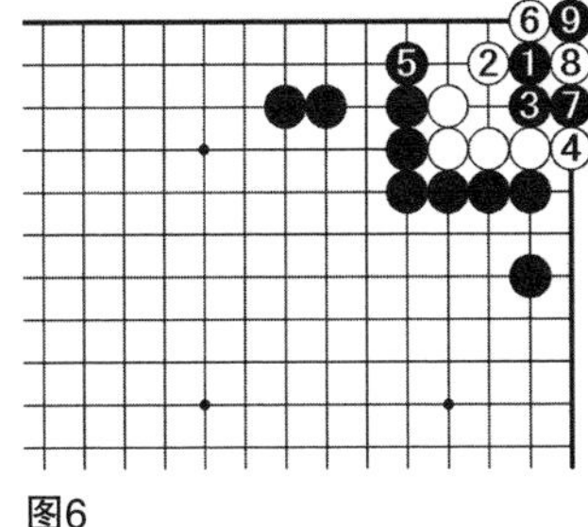

图6

打劫

图6（失败3）

此时黑1点“二二”，白2尖顶、4立应对。黑5以下至黑9，打劫。

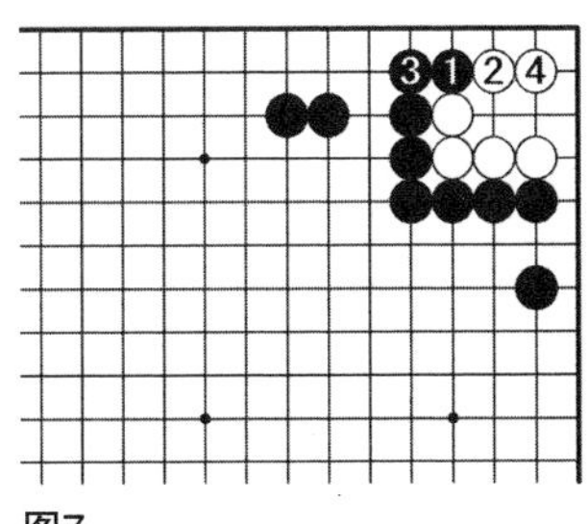

图7

白净活

图7（失败4）

黑1、3扳粘是恶手。白4可以简单做活。

另外，黑1直接在3位立，白1位挡还原了金柜角的基本型。此时黑4位点，结果是打劫。

第15型

黑先劫

白A多了一口外气。

这样一来黑棋在前型中使用的手筋将不成立，结果变成黑先劫。

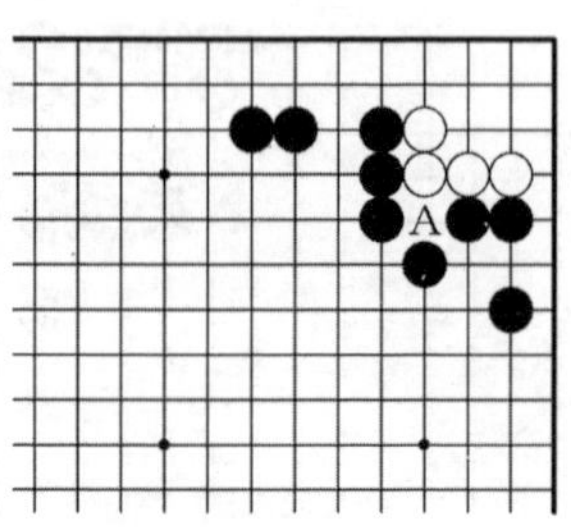

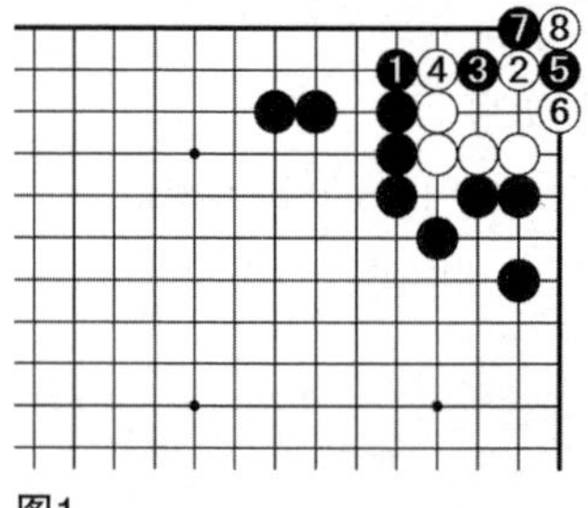
图1

白先提劫

图1（正解1）

黑1立是意在还原金柜角基本型的攻击手段。白2跳创造眼位，黑3至白8，变成劫活，白先提劫。

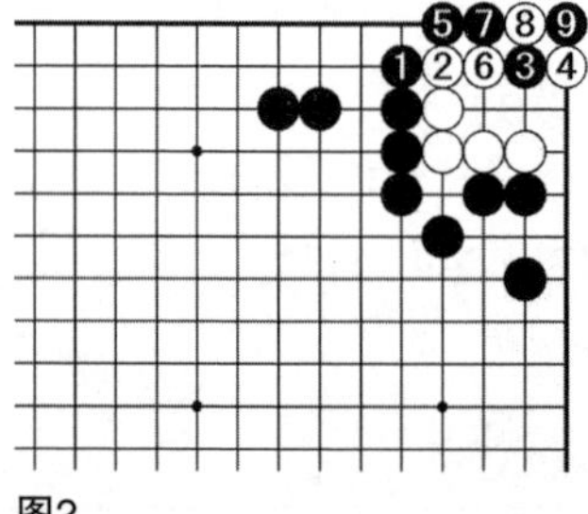
图2

黑先提劫

图2（正解1变化）

黑1立，白2挡，黑3点，此时的结果是黑先提劫。

作为死活来说，本图要弱于上图。但要考虑到本图白棋劫胜以后的目数所得，实战中如何选择还是要根据具体局面做出判断。

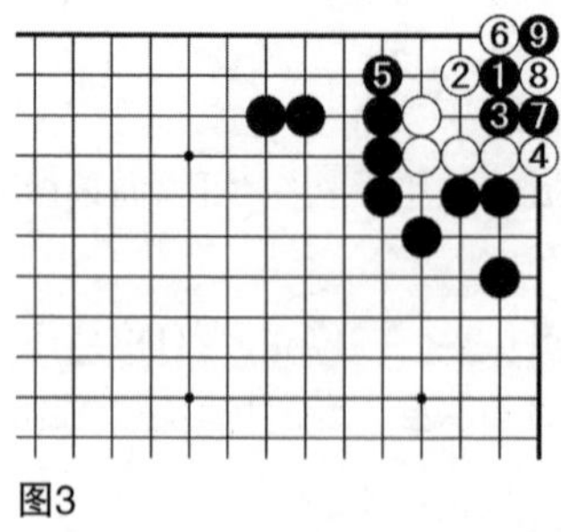
图3

黑先提劫

图3（正解2）

黑1点结果也是黑先提劫。作为死活来说优于图1，但也要根据实战局面而定，因为黑棋消劫之后局部味道不佳。

图1是基本图，本图要分情况。

第16型

白活

在“金柜角”基本型的基础上，白多了△位一子。

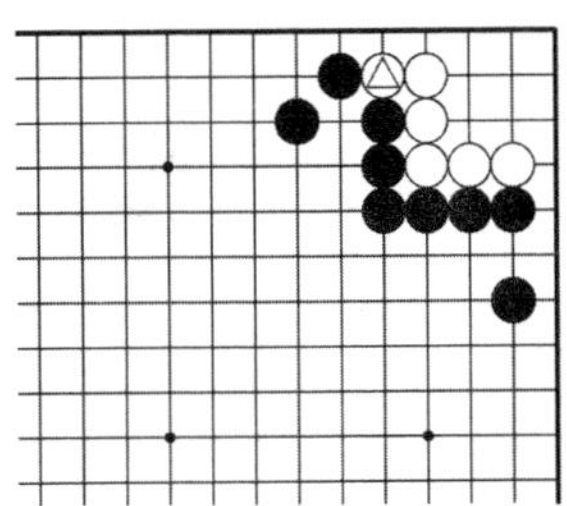

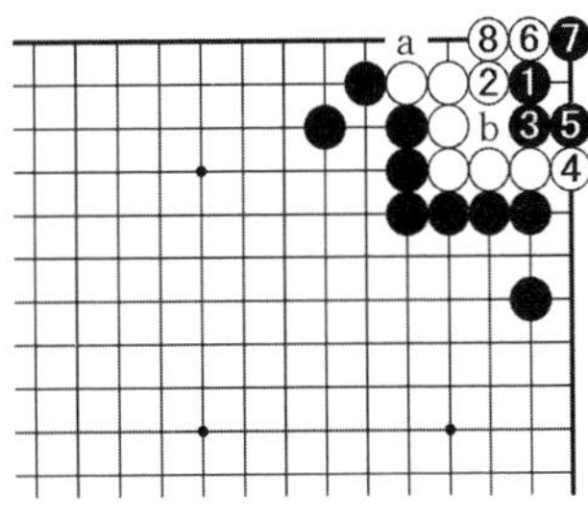

图1

双活

图1（证明）

黑1点还是最佳选择。白2顶是正确应对，黑3顶，白4立，进行至白8，双活。黑7若下在8位，白a紧气，对杀白胜。

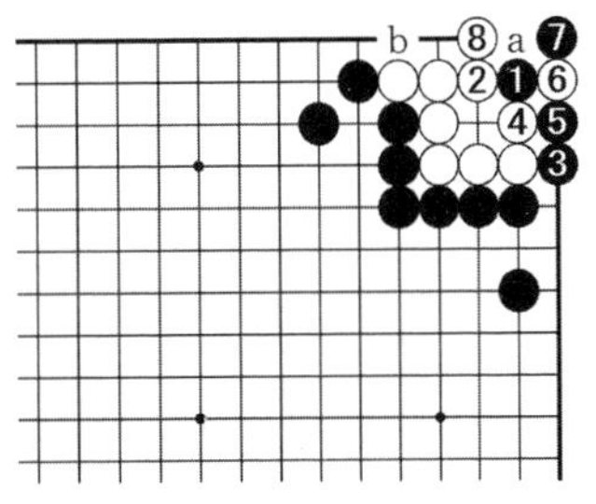

图2

白净活

图2（证明变化1）

上图黑5若选择本图黑5挡，白6扳，黑7扑，白8粘好手。接下来黑a、白b。黑7若在8位扑，白7进角。

图3

白净活

图3（证明变化2）

黑1点，白2顶，黑3扳是需要冷静应对的一手。白4做眼好手，黑5渡过，白6扑、8立，接下来白a接不归和白b做眼见合，白净活。

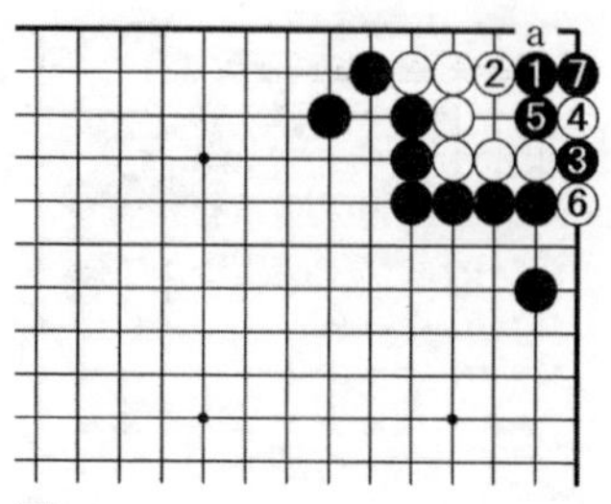

图4

打劫

图4（失败1）

面对黑3扳，白4打吃随手。黑5断吃、7打吃之后，局部已经无法净活。接下来白3粘，黑a立，白净死。所以白a，黑3，结果是打劫活。

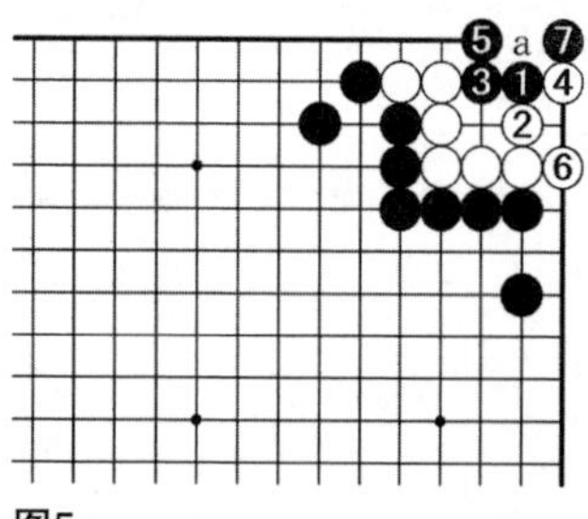

图5

两手劫

图5（失败2）

黑1点，白2顶之后，黑3、5给白棋制造麻烦，白6做眼，黑7扑，白a提，结果是两手劫。

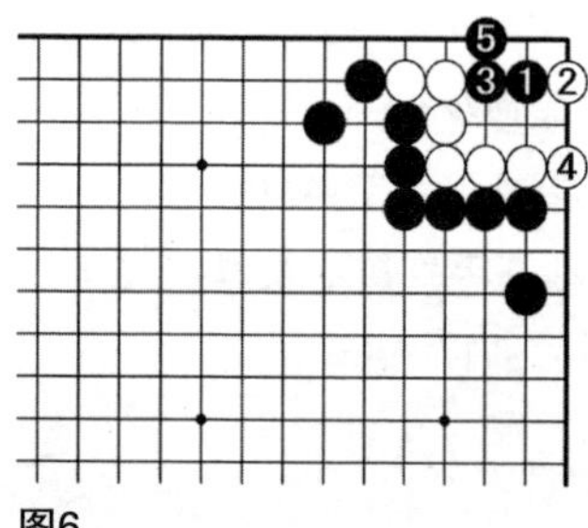

图6

万年劫

图6（失败3）

黑1点，白2托，黑3顶好手。白4立，黑5弯，形成万年劫的棋形。

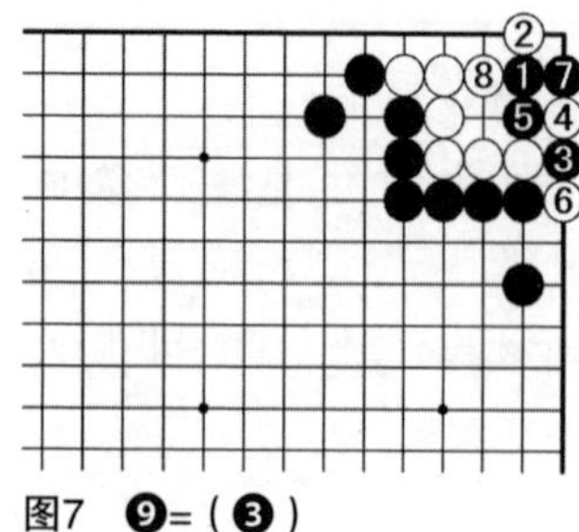

图7　❾=（❸）

打劫

图7（失败4）

黑1点，白2在上边托，此时黑3扳、5打吃应对。白6提，黑7打吃，白8顶只此一手，黑9提，打劫。

白8若在3位粘，黑8位之后，白净死。

第17型

白活

白棋又多了△位一子。

本型当然是净活。

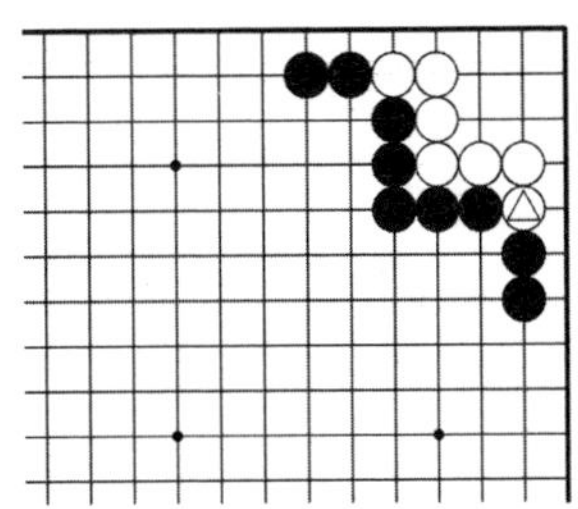

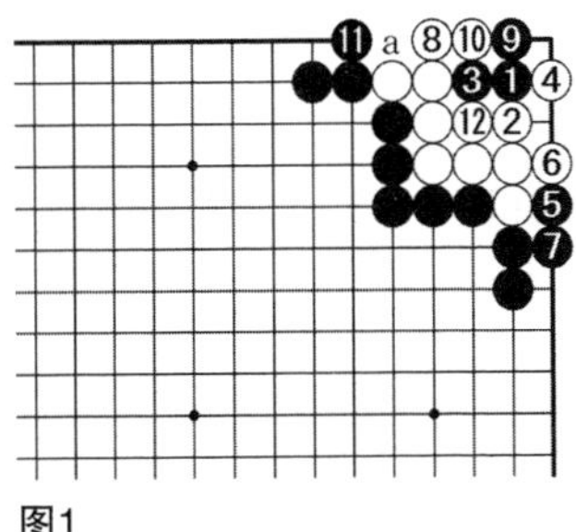

图1

白净活

图1（证明）

黑1点，白2顶（下在3位结果相同）。黑3～7发起攻击，白8～12应对之后，白棋角上活棋，实地共有7目。

白12可以考虑脱先，黑a紧气，局部双活。

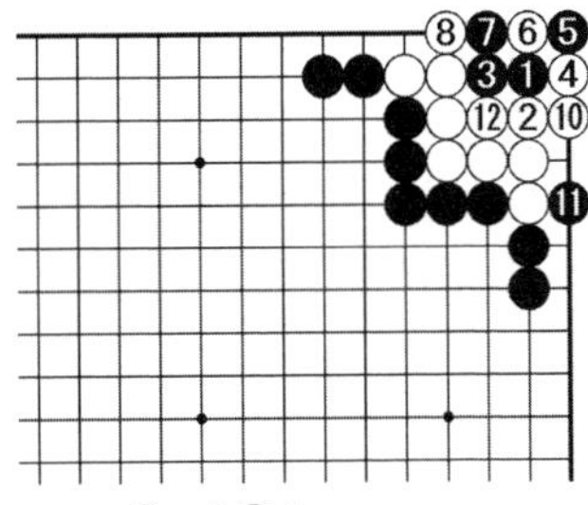

图2　❾=（❺）

白净活

图2（证明变化1）

白2、4，黑若5位扑应对，则白6至白10是好手。黑11破眼，白12打吃，胀牯牛。

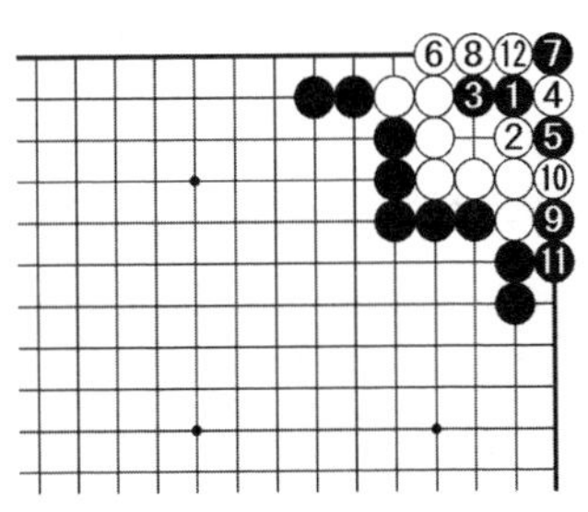

图3

白净活

图3（证明变化2）

白2、4，黑5扑，白6至白8紧气，黑9、11，白12打吃，白净活。

第18型

白活

在金柜角基本型的基础上，白棋在△位多了一子。一路立对于白角死活影响极大，此时白棋已经可以确保活棋。

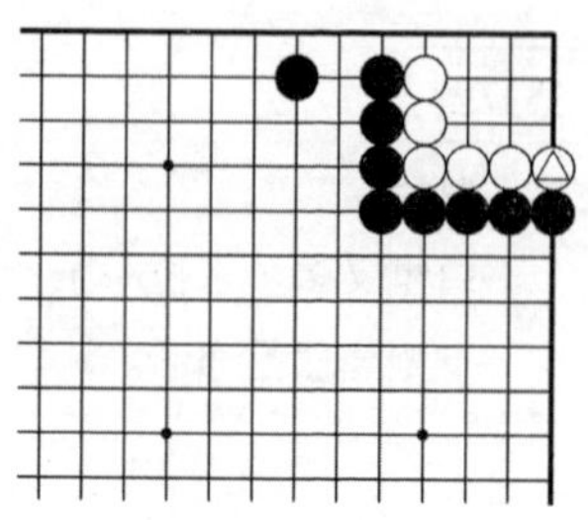

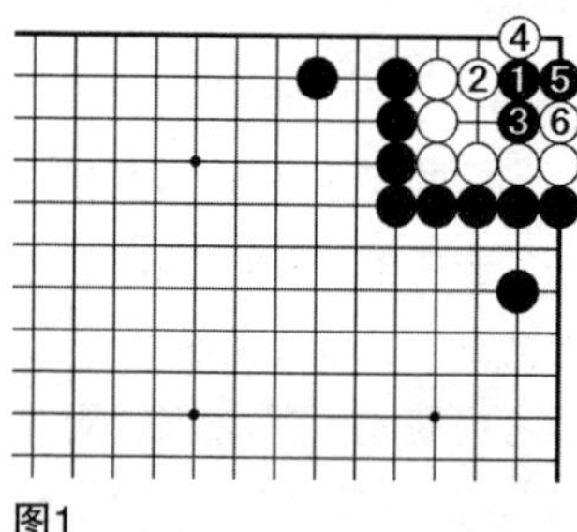

图1

双活

图1（证明）

黑1点，白2顶应对。黑3至白6，双活。

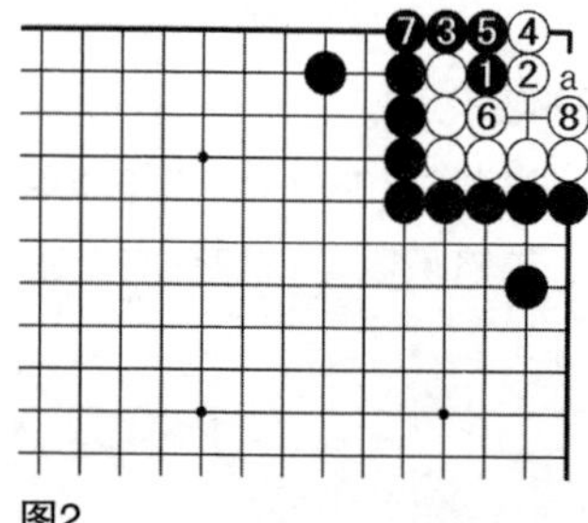

图2

白净活

图2（证明2）

黑1夹，白2反夹。黑3渡过，白4立即可净活。黑3若在4位扳，白3立阻渡。

白2如果直接在3位立，黑2，白a，黑5，结果是万年劫。

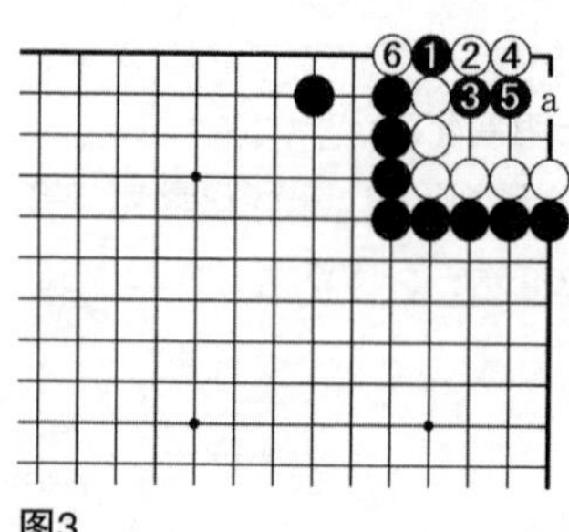

图3

双活

图3（证明3）

黑1～3是带有迷惑性的手段。白4长、6提是正确应对。接下来黑a立结果是双活。白4直接在6位提，黑4位打，白1位粘，黑a位立好手，白净死。

白2下在3位、4位也可以净活。

第19型

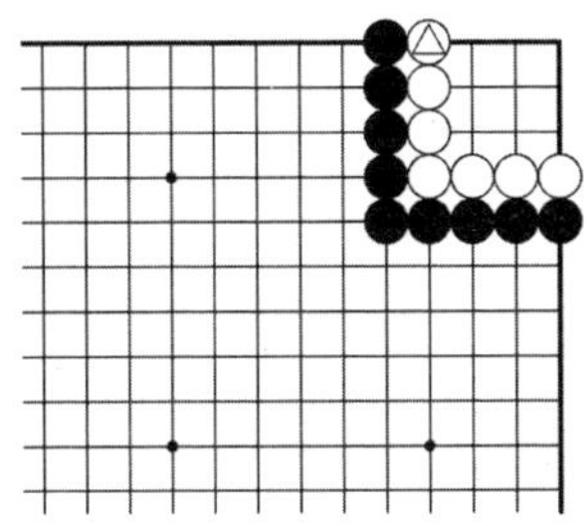

白活

本型白棋在上边一路多了△一子。

棋形急所还在，但局部已经没有死活问题。

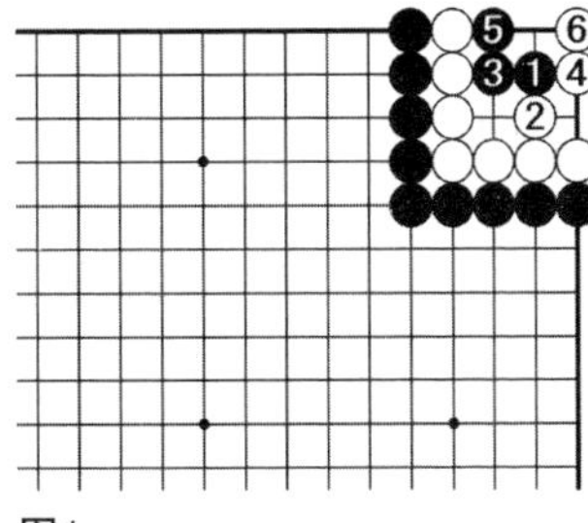

图1

双活

图1（证明）

黑1点急所。此时白棋有两种应法，第一种是白2、4。黑5紧气，白6长，双活。

白6如果脱先他投，黑6扑打劫。

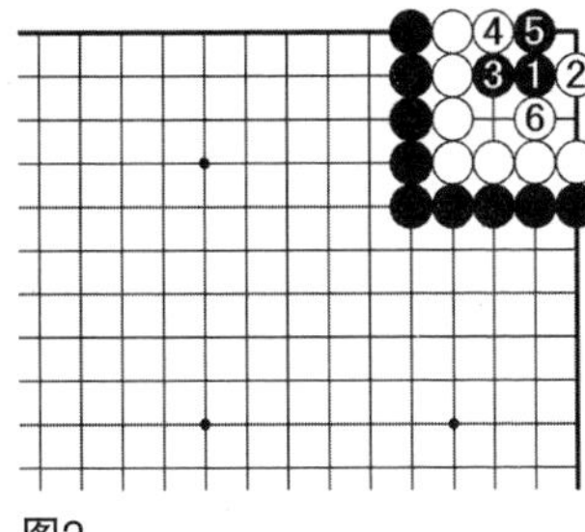

图2

双活

图2（证明变化）

第二种应法是白2托。黑3顶，白4冲或者6位做眼，双活。

图1、图2中的白2，在对称的另一侧落子结果相同。

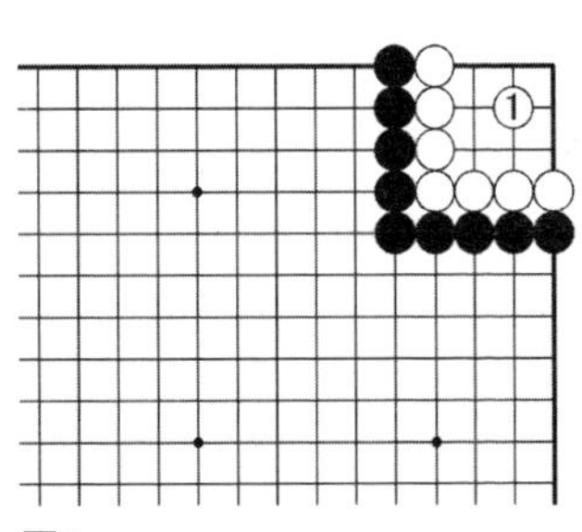

图3

跳

图3（参考）

本图与死活无关，轮到白先可以在1位跳。

这样可以确保8目实地。

第20型

黑先白死

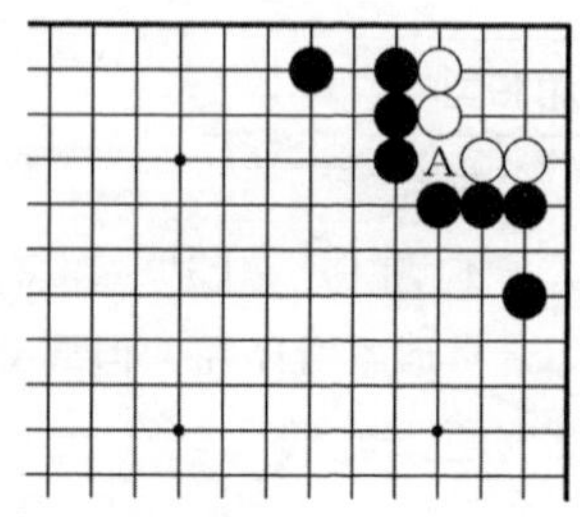

与金柜角相比，白A位少了一子。

对于白棋来说这是个巨大的弱点，黑先白死。

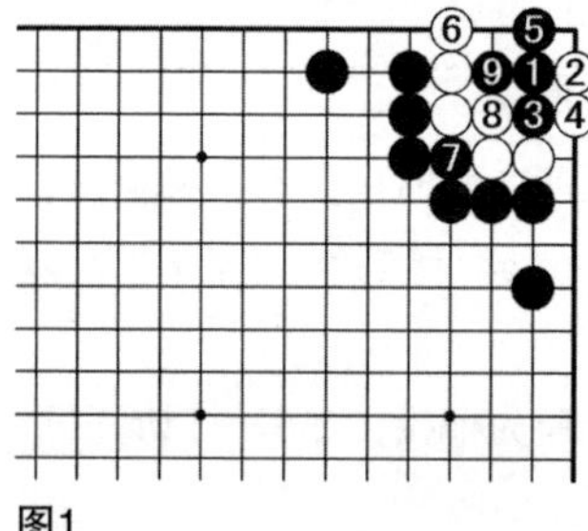

图1

白净死

图1（正解1）

急所当然是黑1点。白2托，黑3顶、5立。白6阻渡，黑7挤严厉。黑9做大眼，白净死。

黑3也可以选择第21型的下法。

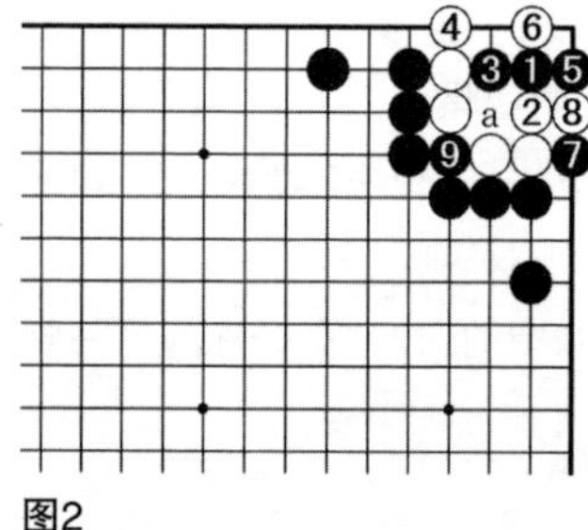

图2

白净死

图2（正解1变化）

面对黑1点，白2顶应对。此时黑3顶、5立好手。白6意在双活，黑7、9（亦可先下黑9）紧气。白a位粘结果是“直三”，白净死。

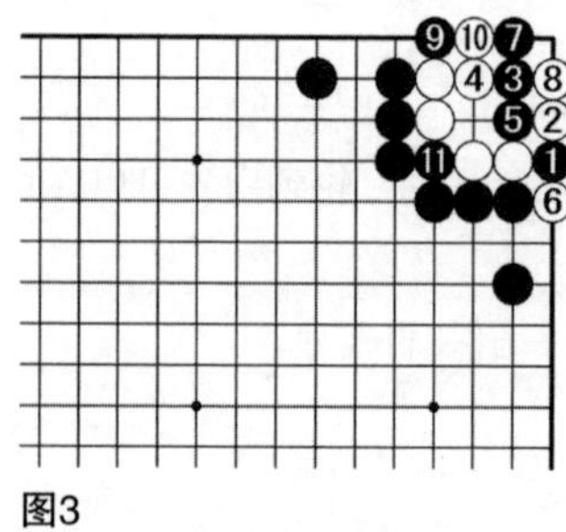

图3

白净死

图3（正解2）

黑1扳，白棋局部同样是净死。白2打吃，黑3点。白4以下至黑11，形成“直三”。

除此之外，黑8点，白1位扳，黑4位顶，白7位点，黑3位粘，白10，黑11，白棋也是净死。

第21型

黑先白死

白棋在A、B有两口外气，黑棋只要下法正确，结果还是黑先白死。要注意的是与前型稍有不同，需要提高警惕。

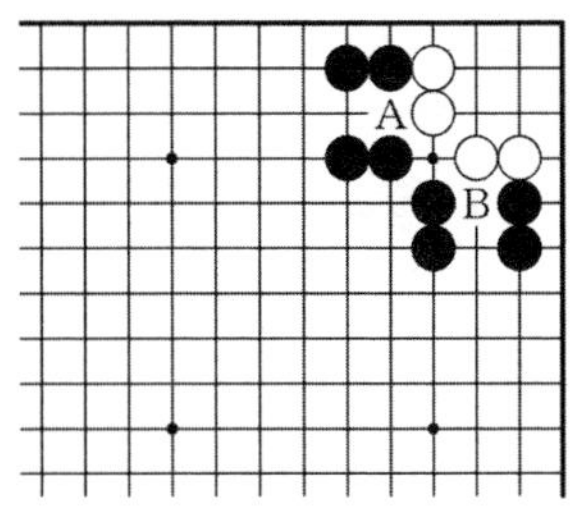

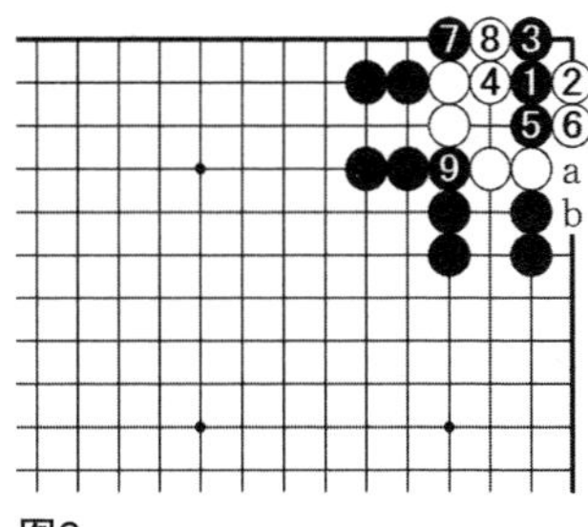

图1

白净死

图1（正解1）

黑1点，白2托，黑3顶是好手。白4立，黑5、7扳粘交换之后黑9弯。接下来a、b两点见合。

第一手下在黑5位扳，白6位挡，黑1点，结果相同。

图2

白净死

图2（正解2）

上图黑3也可如本图黑3立。白4顶，黑5～9破眼。黑5可以和黑7调换次序落子。

白4若下在7位，黑a扳，白6挡，黑b粘，白5粘，黑4曲，白净死。

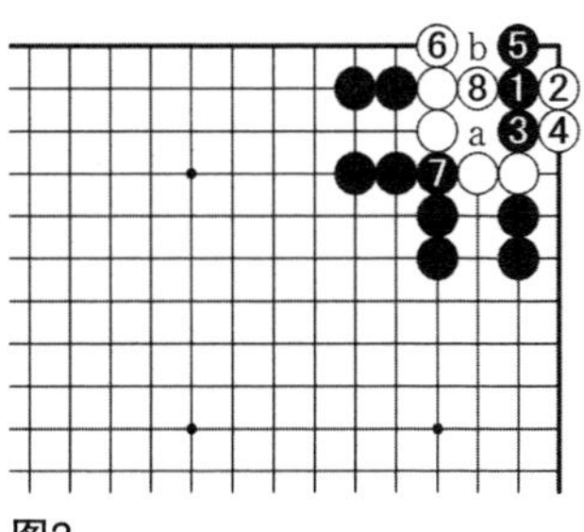

图3

双活

图3（失败）

黑3、5在前型中可以净杀白棋，此时并不成立。白6扩大眼位，黑7挤，白8顶好手。因为白棋尚有外气，黑若a位断，白可以b位打吃。白只要占据a位就是双活。

第22型

黑先劫（黑先提劫）

白在一路多了△位扳。

有了扳，白棋形有了弹性。黑先已经无法净吃白棋。

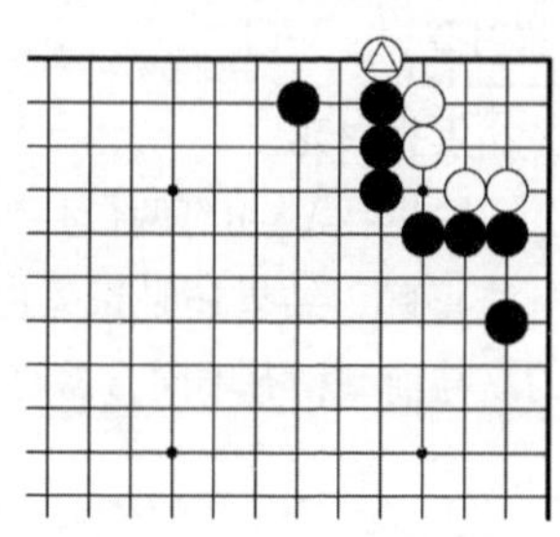

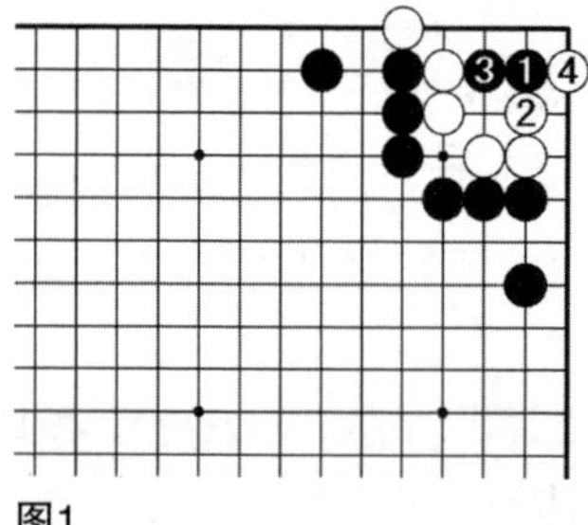

图1

点

图1（正解1）

黑1点仍然是局部攻杀的首选。白2在扳的另一侧顶是最强抵抗，黑3顶，白4扳。

接下来——

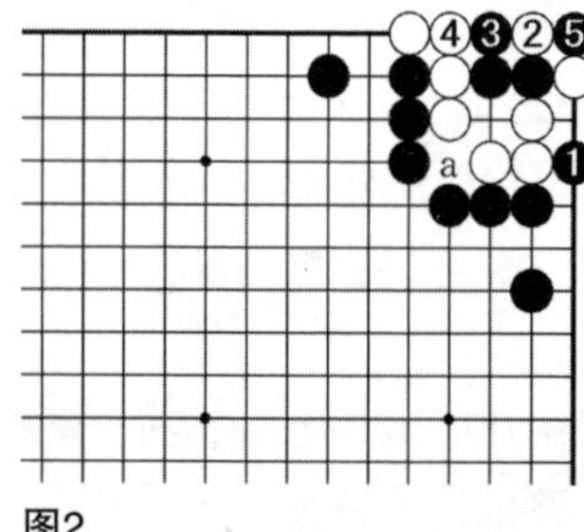

图2

黑先提劫

图2（正解1续）

黑1扳，白2扳，4打吃，黑5提劫。

白2若下在3位，黑2，白a，黑4，结果同样是打劫，但白4消劫结果是双活，实地亏损。

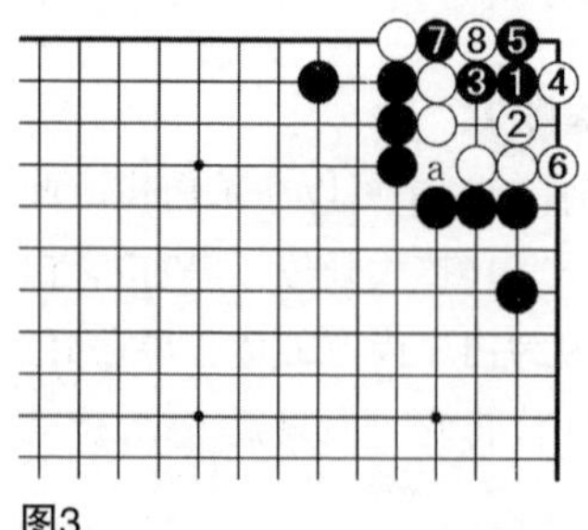

图3

白先提劫

图3（失败）

上图黑1若选择本图黑5弯，同样是打劫。但白6，黑7扑，白8提劫，此时是白先提劫，黑棋明显不如上图。

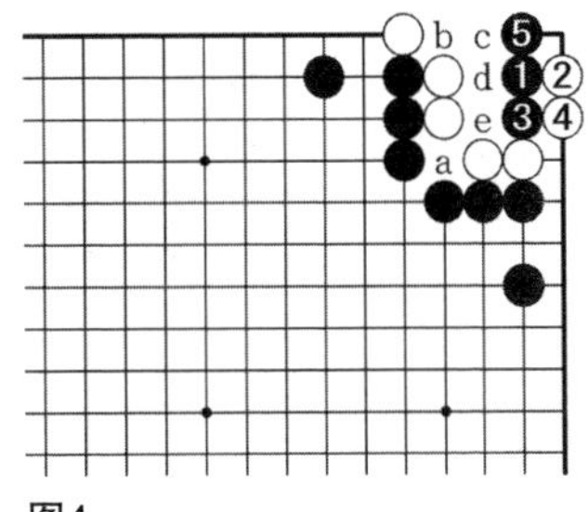

图4

白净死

图4（正解1变化1）

面对黑1点，白2托是问题手。黑3，5之后，白净死。接下来白a，黑b，白c，黑d，大眼杀。

如果白b，黑a，白e，黑d，结果相同。

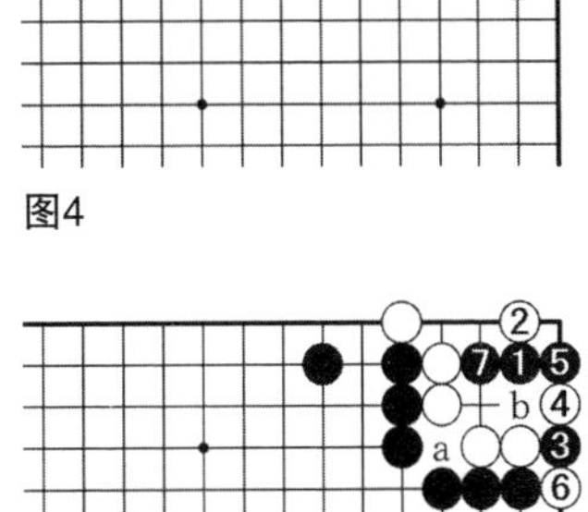

图5

白净死

图5（正解1变化2）

黑1点，白在另一侧托同样是失着。黑3扳，5打吃，白6提，黑7顶即可。接下来a、b两点见合，白角上大眼杀净死。黑3也可以直接在5位立。

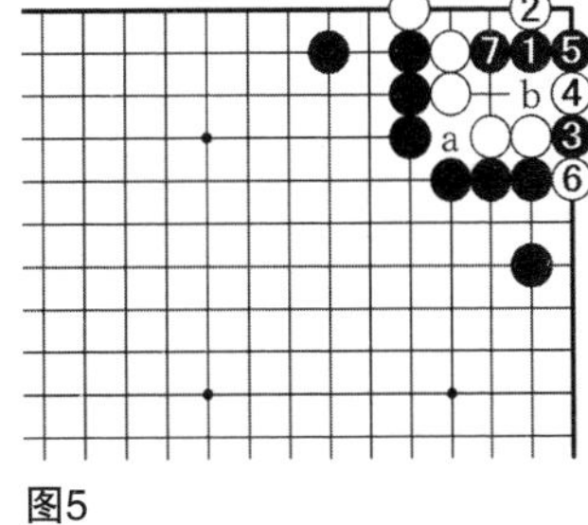

图6

黑先提劫

图6（正解2）

第一手也可以下在黑1扳。白2弯是最强抵抗。黑3顶，白4扳，黑5顶，行棋次序有所不同，结果与图2一样，都是打劫。

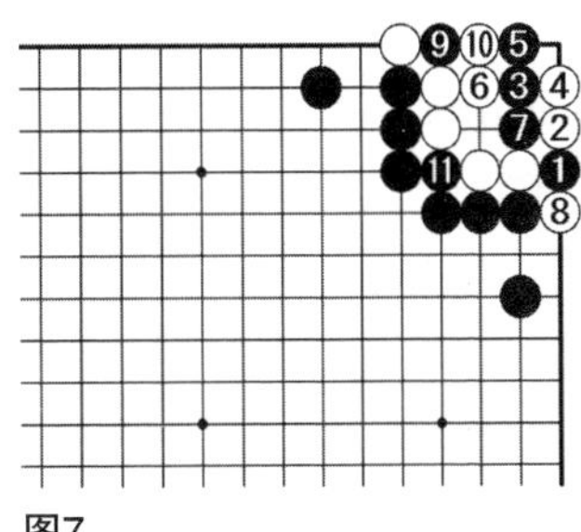

图7

白净死

图7（正解2变化）

面对黑1扳，白2打吃随手。黑3点进行至黑11，白棋局部变化“直三”，净死。

第23型

黑先劫（黑先提劫）

白棋在有了一路扳的同时，还有了A、B两口外气。

白棋的应手明显增多，但不论如何选择结果都是打劫。

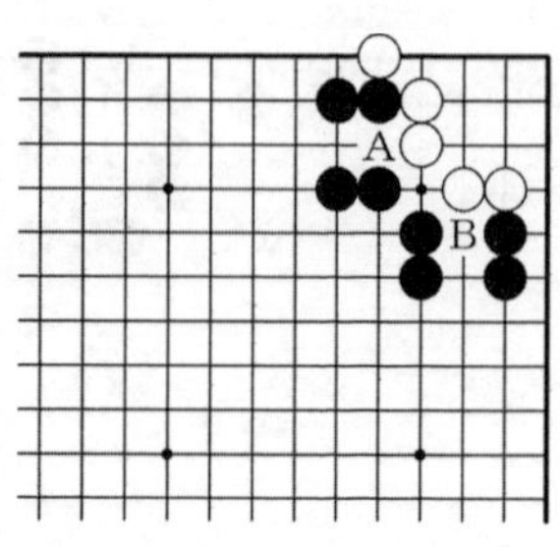

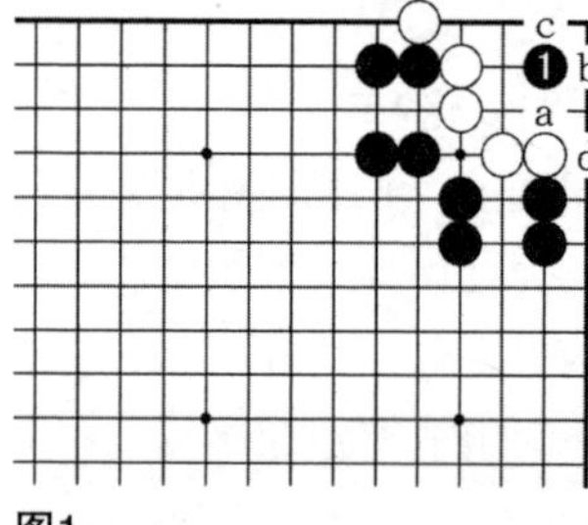

图1

点

图1（正解1）

黑1还是第一选择。在前型中白的应手只有a位一个，此时白棋共有a～d4种下法可供选择。

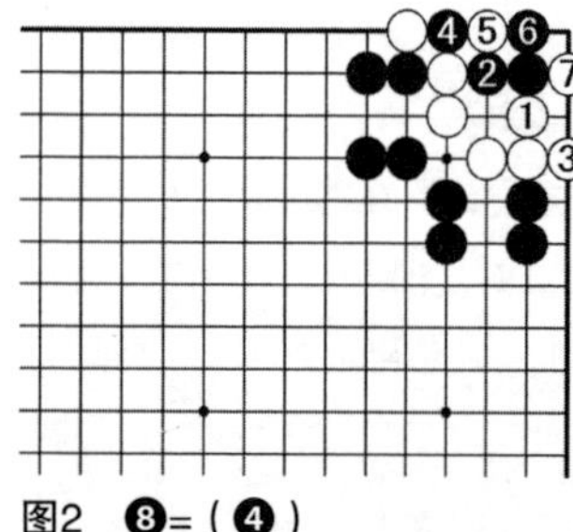

图2　❽=（❹）

打劫

图2（正解1续）

白1顶，与前型图3的相同点都是打劫。不同的是本图白3可以扩大眼位。黑4扑，6打吃好手，白7扳，黑8提劫。

前型若白1、3，则黑7立，白净死。

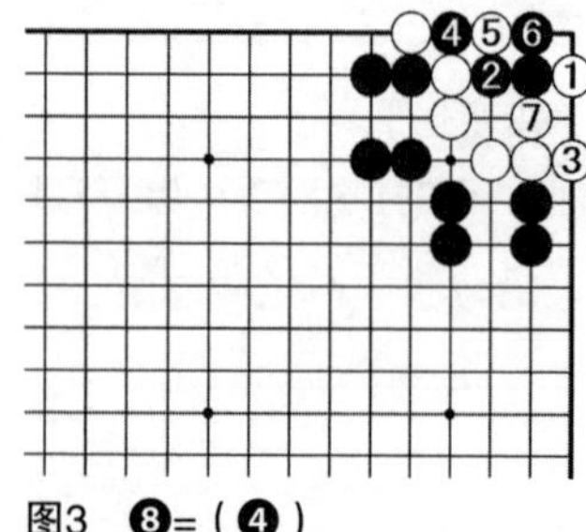

图3　❽=（❹）

打劫

图3（正解1续2）

白1托，黑2顶。白3立，黑4扑，6打吃，白7做眼，黑8提劫。

黑2若在3位扳，白7，黑2，白6，黑5，白4，结果同样是打劫。

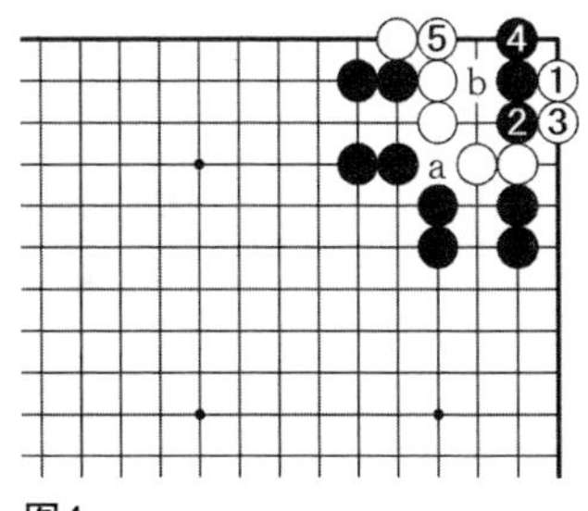
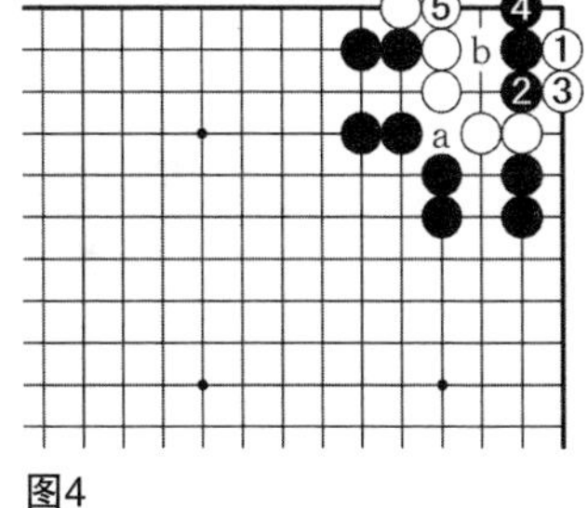

图4

双活

图4（失败）

白1托，黑2顶问题手。白3渡过，白5位粘好手，接下来黑a、白b，结果是双活。

黑4若在5位扑，白4位扳，净活。

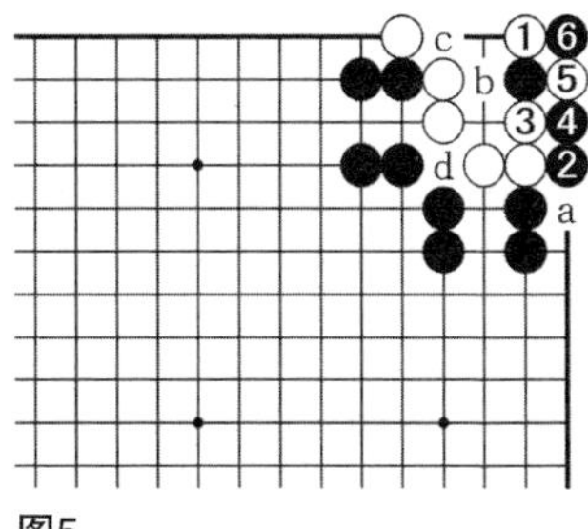

图5

打劫

图5（正解1续3）

白1也可以在另一侧托，黑2扳，白3顶，黑4爬，白5扑打劫。

白3若在4位打吃，黑3位长，白a位提，黑5立，白b顶，黑c扑，白d位粘，同样是打劫。

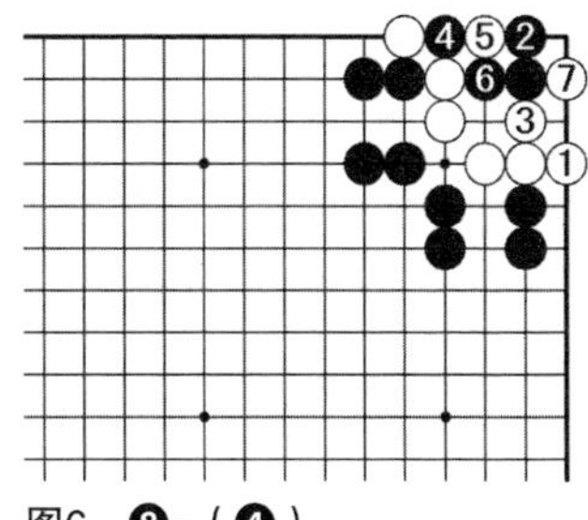

图6　❽=（❹）

打劫

图6（正解1续4）

白1立是有力的应对手段。此时黑2立下是好手，白3顶，黑4扑，白5提至黑8，打劫。

白3若在4位粘，黑7做眼，结果变成大眼杀，白净死。

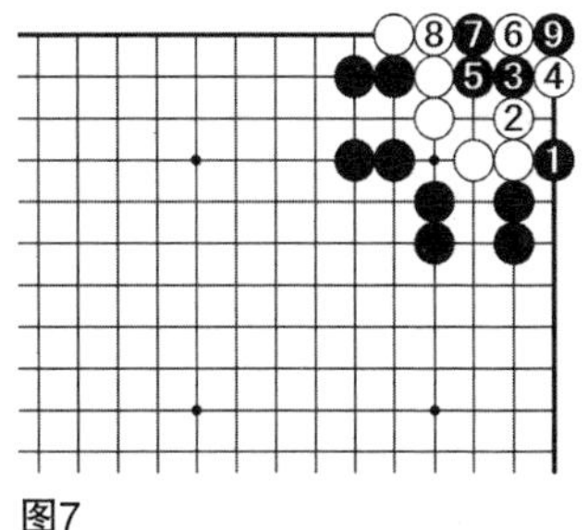

图7

打劫

图7（正解2）

与前型一样，黑也可以选择1位扳。白2弯，黑3顶，同样是打劫。

在有外气的情况下，白2可以在4位小飞，黑3，白2，黑5，结果相同。

第24型

黑先劫（白先提劫）

此时白棋没有外气，但多了右边一路△位扳。

黑先还是劫活，但与之前不同的是本型白先提劫。

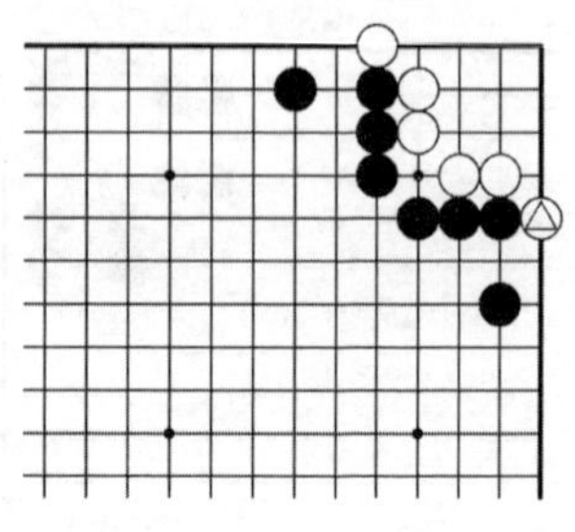

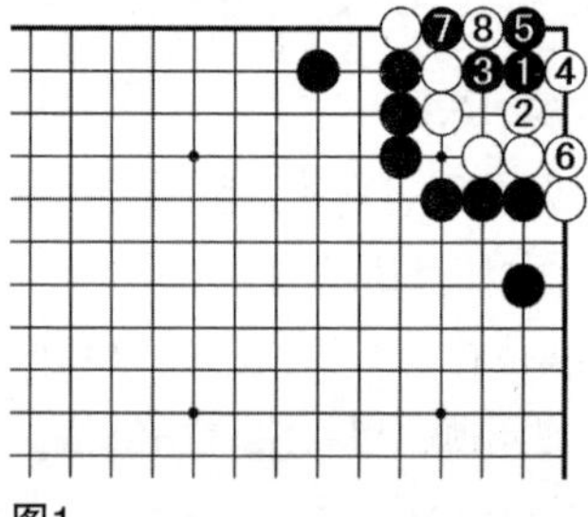

图1

打劫

图1（正解）

黑1至白4交换，此时黑5弯是正解。白6做眼，黑7扑，白8提劫。

白2若在4位托，黑5位立，白2位顶，结果相同。

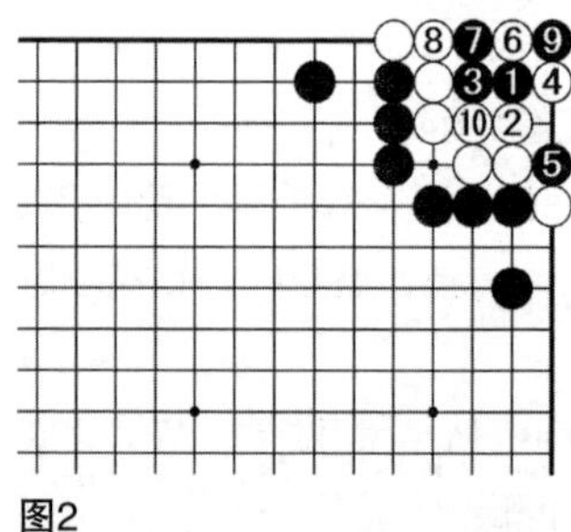

图2

扑

图2（失败）

上图黑5，若如本图黑5扑如何呢。白6至黑9，看起来和前型一样都是打劫。但是，白有10位打吃的好手。

接下来——

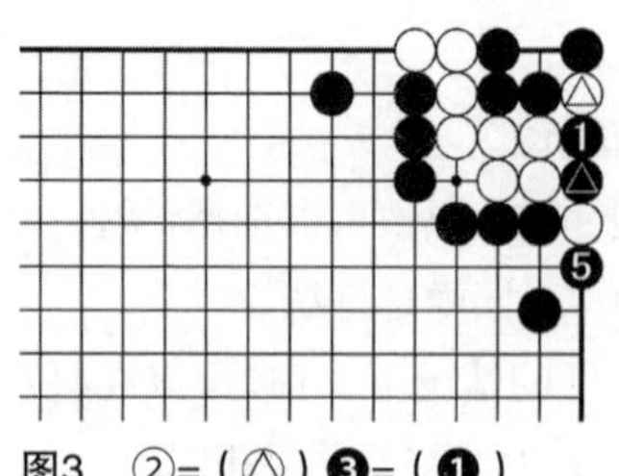

图3　②=（△）❸=（❶）
④=（▲）⑥=（△）

缓一气劫

图3（失败续）

黑1提必然，白2至白6形成劫争。此时是缓一气劫，黑棋明显不如图1。

第25型

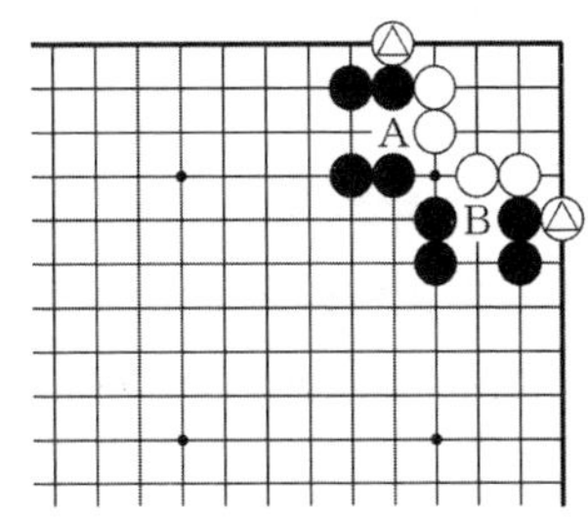

黑先缓三气劫

白棋不仅在A、B多了两口外气，同时在两边都有一路扳。

白棋形弹性十足，基本等于活棋。

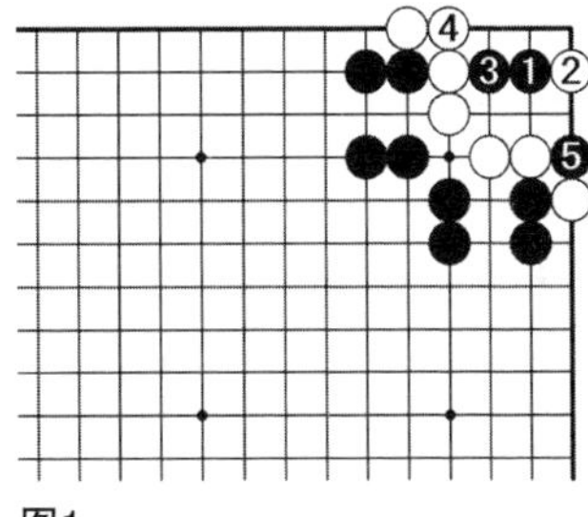

图1

点

图1（正解）

面对黑1点，此时白2托是好手。黑3顶、白4粘交换，接下来黑5扑是最强抵抗——

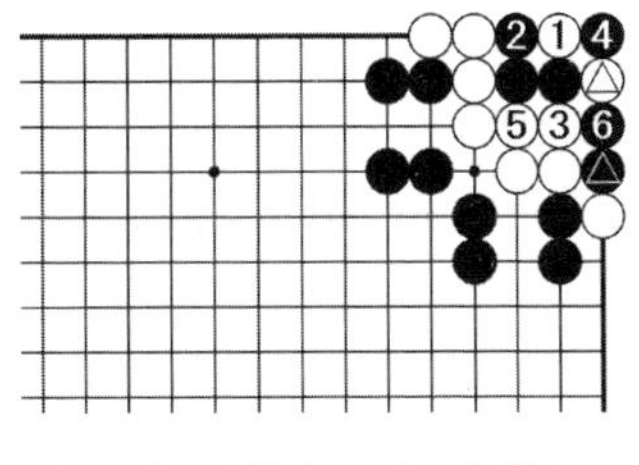

图2　⑦=（△）　❽=（❻）
⑨=（▲）

缓三气劫

图2（正解续）

白1扳，白3、5打吃与前型图2、图3使用的手筋相同。白棋增加了两口外气，结果是缓三气劫。

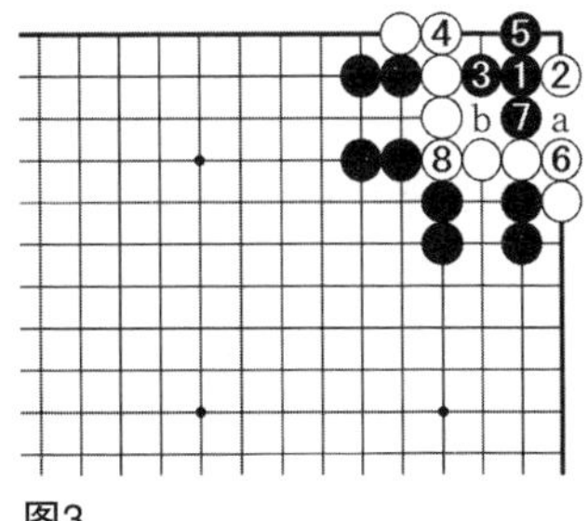

图3

双活

图3（失败）

黑1点至白4，黑5弯，白6粘。此时白棋有外气，白8扩大眼位，黑若a位打吃，白b紧气，对杀白棋。

此时黑7若在8位挤，白7做眼即可。

第26型

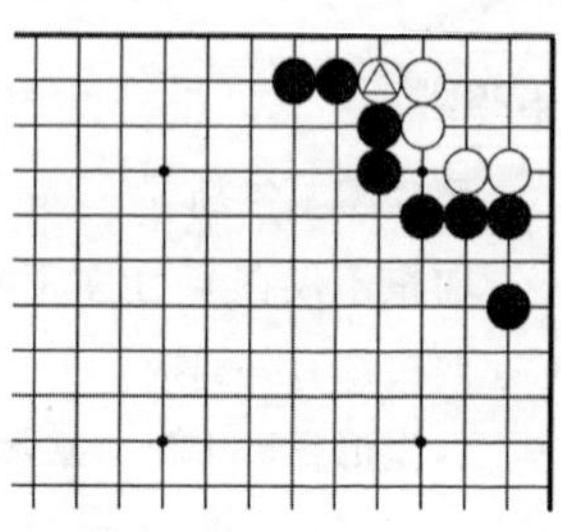

黑先缓一气劫

上边白棋多了△位拐。此时白棋眼形充裕，解题有一定难度。

黑棋的第一手有两个选择，不论怎么下结果都是缓一气劫。

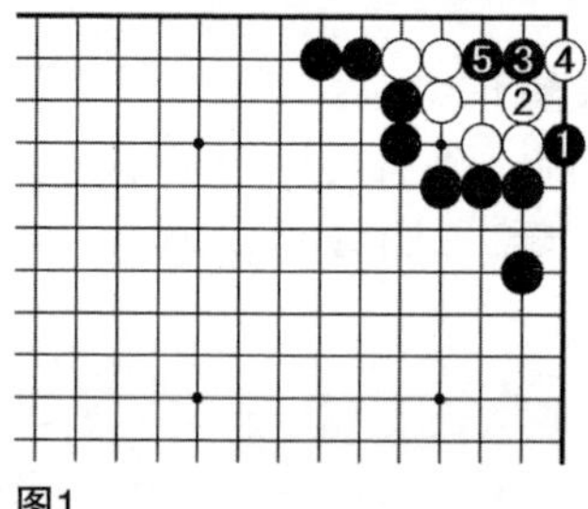

图1

扳

图1（正解1）

先从黑1扳开始。白2弯，黑3顶，白4扳，黑5顶。白2若在4位小飞，黑3，白2，黑5，棋形相同。

接下来——

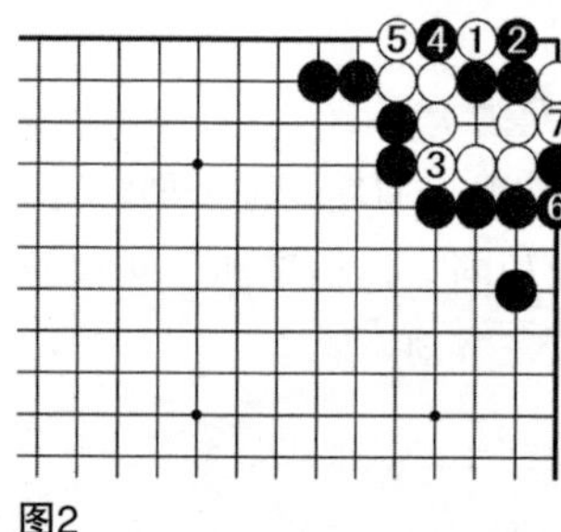

图2

一本道

图2（正解1续1）

白1扳、3抢占眼位急所。黑4提至白7告一段落。

那么此时的结果是？看起来像是“万年劫”——

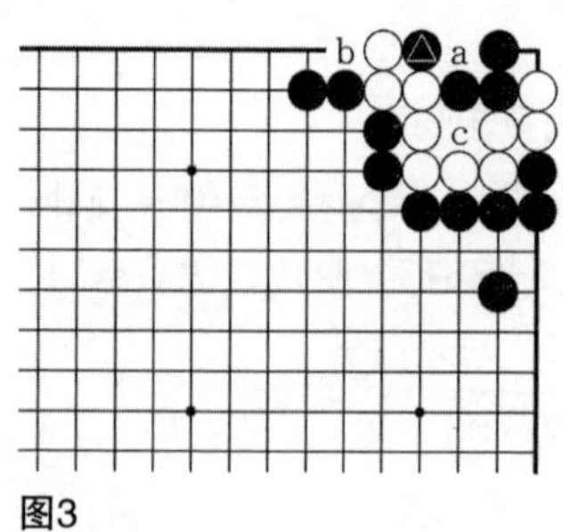

图3

缓一气劫

图3（正解1续2）

白先在a位提，▲位粘是双活，所以本图不是忘年交。黑想吃掉白棋只能在b、c位紧气。黑b紧气之后变成紧气劫。

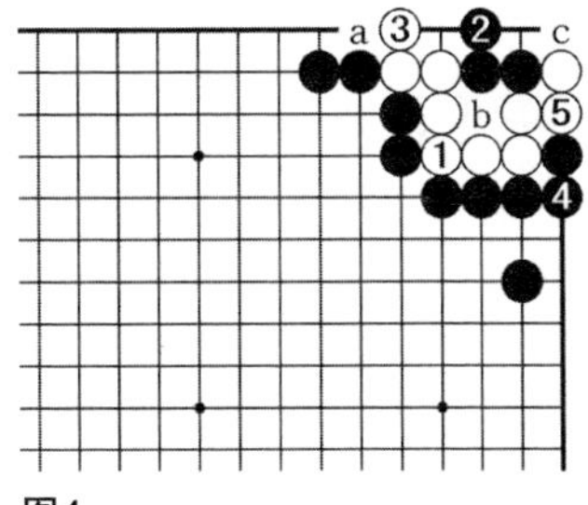

图4

万年劫

图4（正解1续变化）

白1直接扩大眼位，黑2弯至白5，形成万年劫。黑想在局部获胜需要连续下到a、b、c位之后变成紧气劫，这一点要优于图3，但另一方面白棋没有好的消劫手段。白棋还是选择图2更为普通。

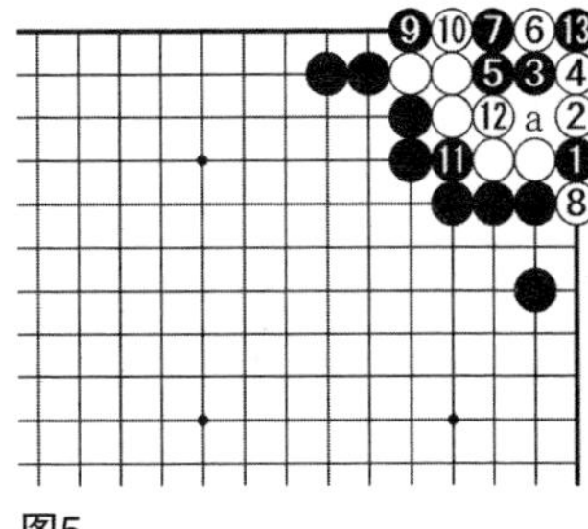

图5

打劫

图5（正解1变化2）

面对黑1，白2打吃是问题手。黑3点，5顶，结果是紧气劫。

白8若下在9位，黑8位粘，白a曲，黑11位挤，白12位粘，黑13位提，还是紧气劫。

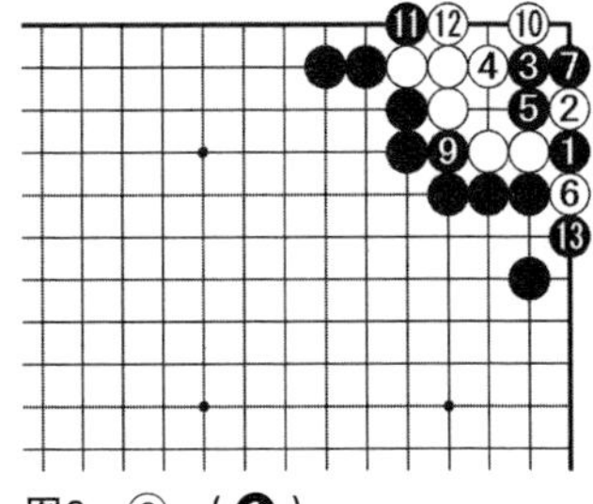
图6 ⑧=（❶）

白净死

图6（正解1变化3）

黑1、3时，白若4位顶，黑5、7应对。接下来白8粘，黑9、11好手，白12做眼，黑13打吃接不归。白8若下在11位，黑1提，结果还是紧气劫。

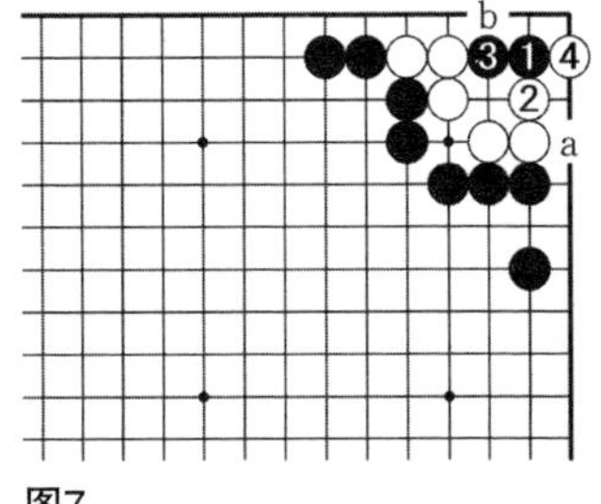

图7

点

图7（正解2）

第二个正解是黑1点。白2顶、4扳是白棋的首选应法。接下来黑a扳，白b扳，还原图2变化，但此时黑还有其他选择——

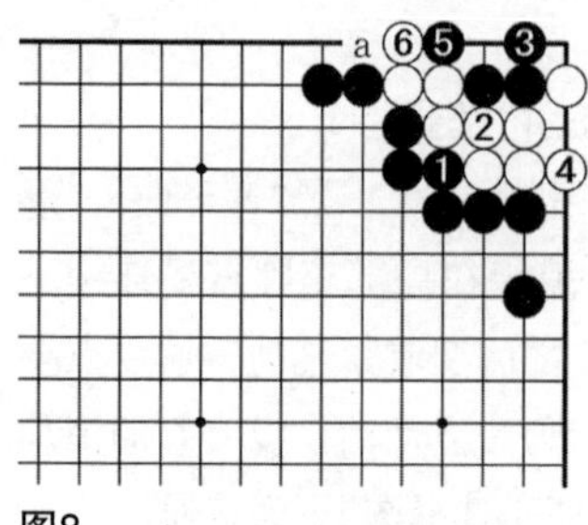

图8

缓一气劫

图8（正解2续）

黑1挤，白2粘，黑3弯。白4、6交换之后，黑a紧气之后就是缓一气劫。

结果与图3相同。

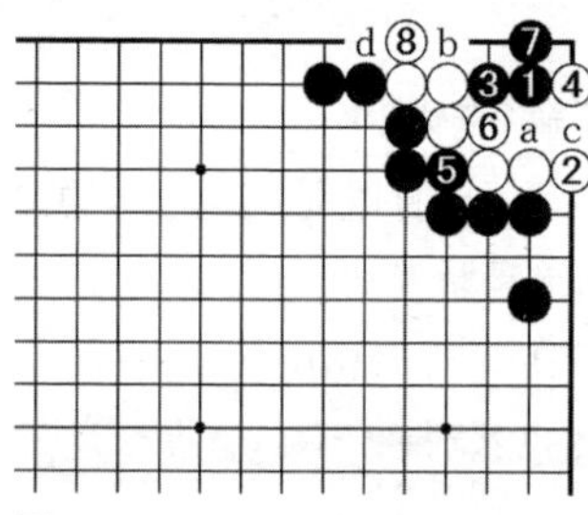

图9

万年劫

图9（正解2变化）

白棋也可以2位立应对。黑3至黑7交换之后，白a紧气，黑b位扑，白8位打，还原上图。白若8位扩大眼位，黑a，白c位粘，黑d位挡，万年劫。白还是选择上图更为普通。

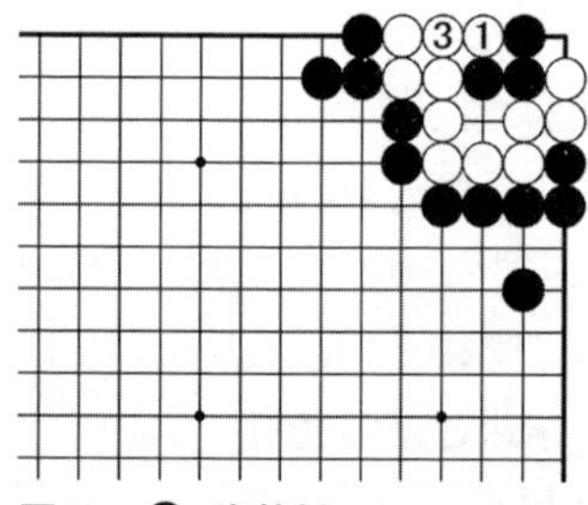

图10　❷=找劫材

白消劫

图10（整理1）

此时死活如图3或者图8是缓一气劫。从死活角度来说，黑棋的第一手选点两者皆可。但是从实战角度来思考，本图白棋1、3消劫之后是双活，实地为0。

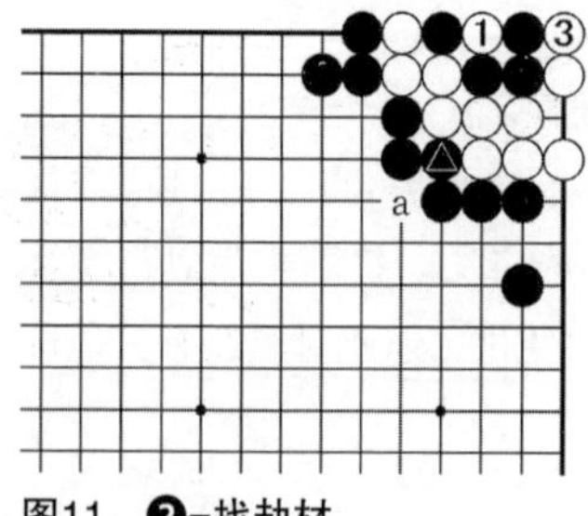

图11　❷=找劫材

白消劫

图11（整理2）

另一种情况下白1、3消劫有9目实地。从实地角度考虑明显是上图更好。但是上图黑▲位被白棋抢占，实战中还需要考虑到具体局面再做决定。

第27型

白活

白棋在右边多了A位一口外气。

看似并不重要，但这口气会让局部死活的结果产生巨大改变。

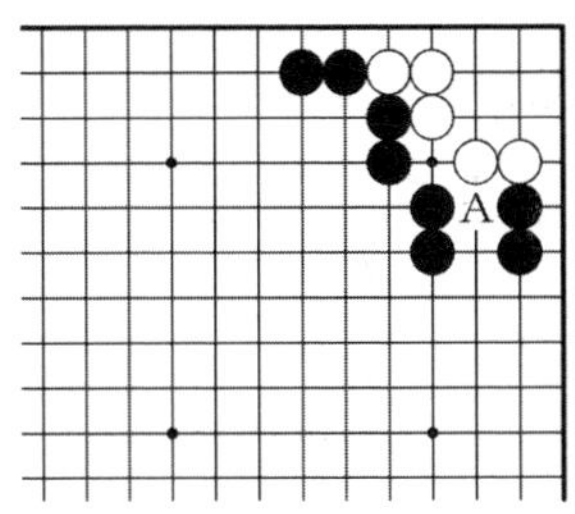

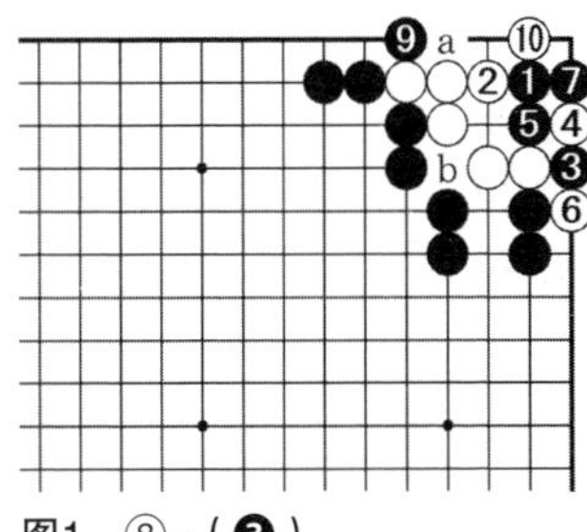

图1　⑧=（❸）

双活

图1（证明1）

黑1点，白2顶简明。黑3扳、5顶，白4挡、6提是正确应对，黑7打吃、白8粘。黑9扳，白10扳，接下来a、b两点见合。

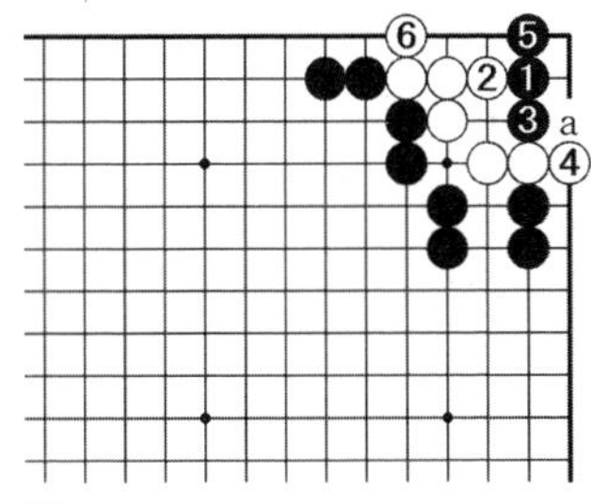

图2

白净活

图2（证明1变化）

黑3顶，白4立。黑5立，白6扩大眼位，对杀白胜。

白4若下在a位扳，结果基本还原图1。

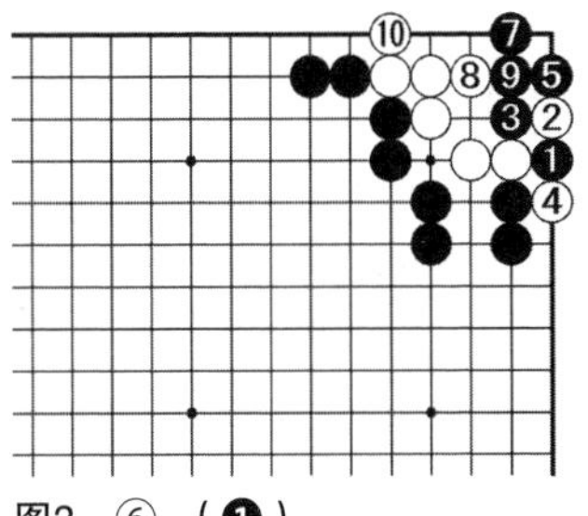

图3　⑥=（❶）

白净活

图3（证明2）

第一手黑选择1位扳，白2打吃即可。黑3～7是攻杀的手筋，白8～10应对，本图结果也不是大眼杀，对杀白胜。

第28型

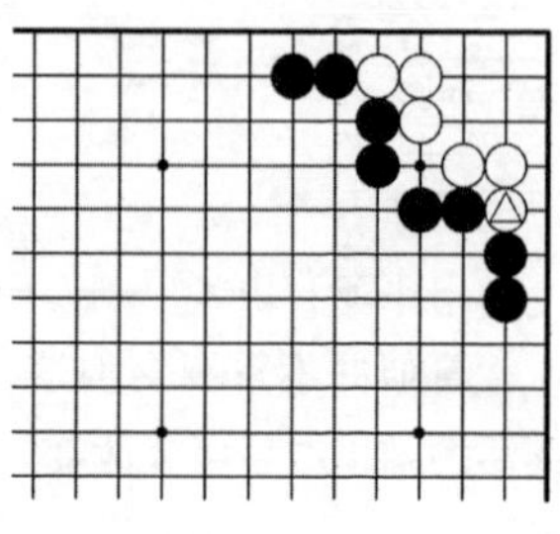

白活

白棋在右边有白△一子，眼形空间充足。

此时与其说是讨论死活，不如思考白角上目数应该有多少更为合适。

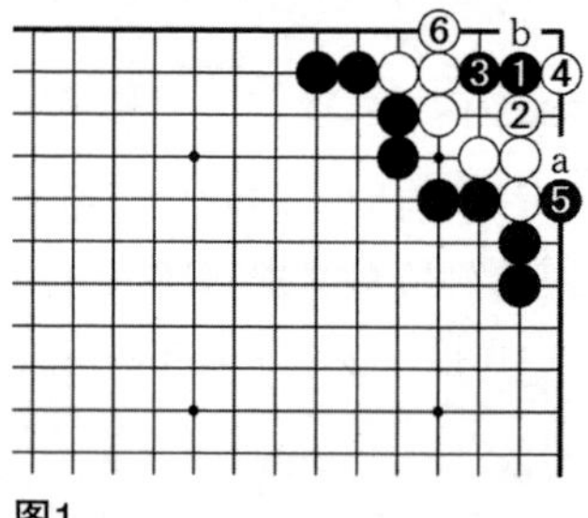

图1

白净活

图1（证明）

黑1点，白2顶。黑3～5破眼，白6简明应对。黑a爬破眼，白b扳，角上有7目实地。

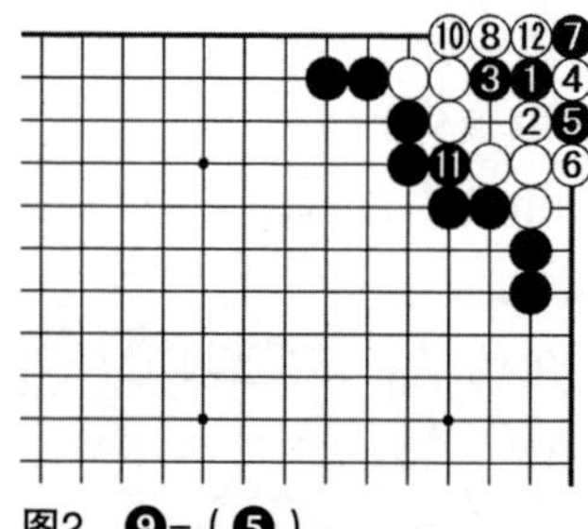

图2　❾=（❺）

白净活

图2（证明变化1）

白4扳，黑5、7扑制造劫争。此时白8、10冷静应对，黑11挤，白12打吃，白净活。

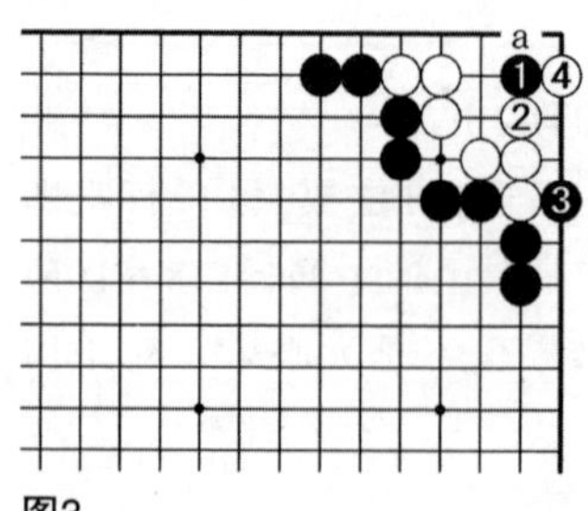

图3

实战场合

图3（证明变化2）

实战中黑1点至白4是正常交换。

日后白必然要在a位做活，黑1点并不亏损。

第29型

黑先白死

本型是A位少了一子、在一路多了△位立的金柜角。

白棋看似完整的棋形，黑棋确有妙手可以置白棋于死地。

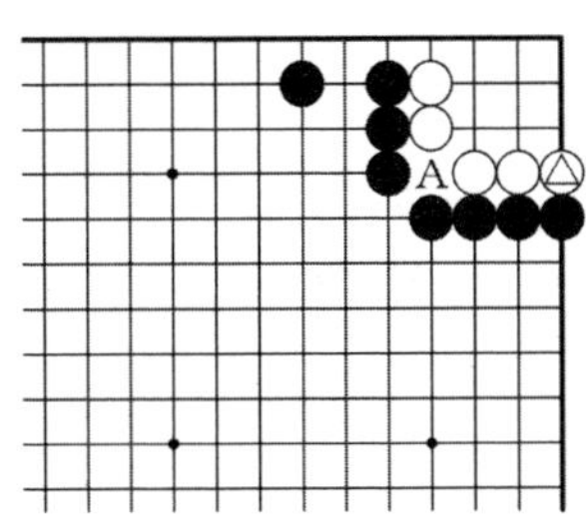

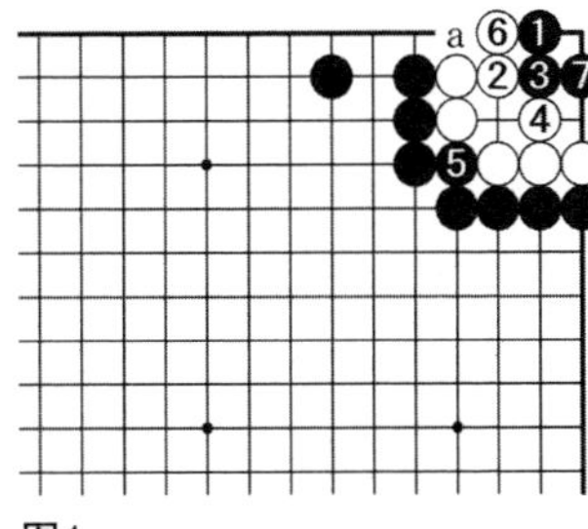

图1

白净死

图1（正解）

黑1是“二一路”上的妙手。白2弯，黑3长、5挤破眼。白6立，黑7立，形成“有眼杀无眼”，白净死。

白6若在7位扳，黑a位可以扳过。

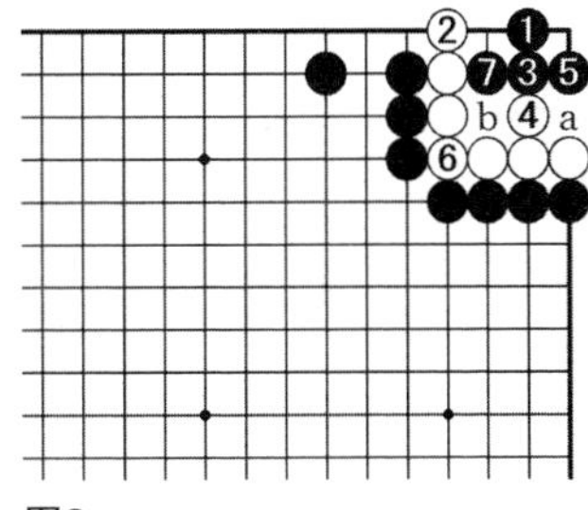

图2

白净死

图2（正解变化）

黑1点，白2立应对。黑3并、5立做眼冷静。白6粘、黑7顶之后，结果还是“有眼杀无眼”。

白4若在5位破眼，黑4位顶、白a位爬、黑6位挤、白b粘、黑7长，局部大眼杀。

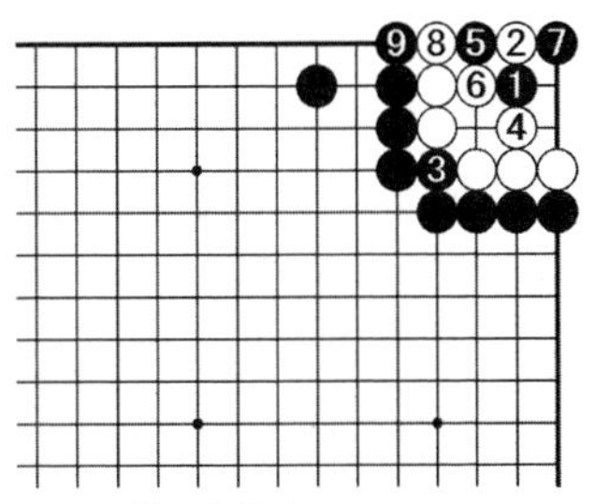

图3　⑩=（②）

打劫

图3（失败）

黑1点“二二”看似急所，但此时白2托是好手，黑3挤，白4顶，黑5至白10，变成劫活。

第30型

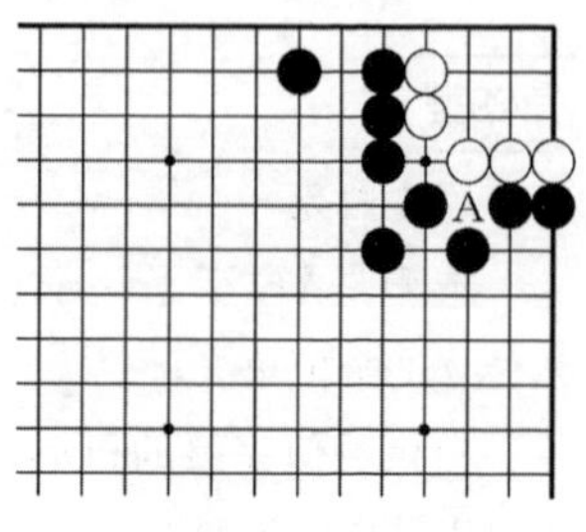

白活

与前型相比，白棋多了A位一口外气。

这口气非常重要，白棋因此可以净活。

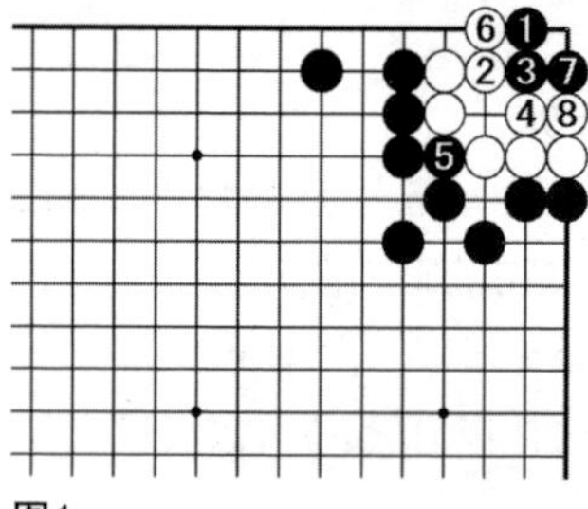

图1

白净活

图1（证明1）

黑1点，白2弯。黑3至黑7是前型的攻杀手筋，但因为白棋有了外气，白可以8位打吃做活。

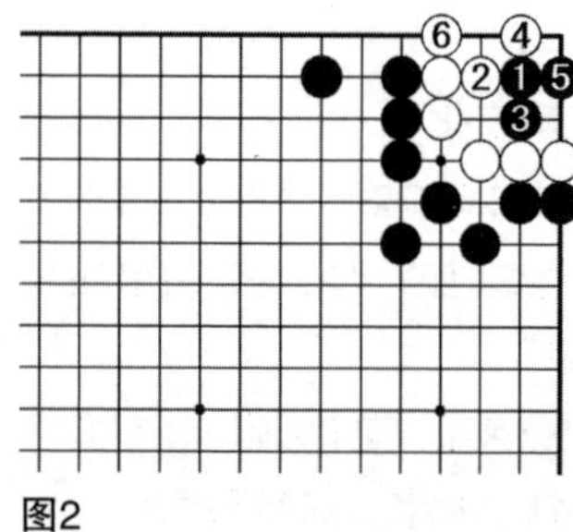

图2

白净活

图2（证明2）

黑1“二二”点，白2顶，黑3顶，白4扳。黑5和白6见合，白净活。

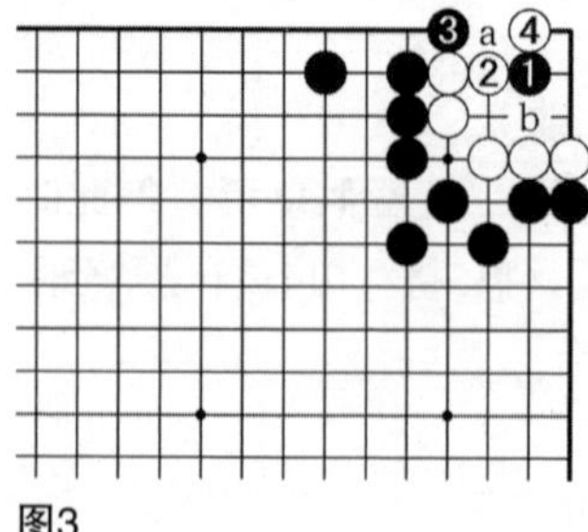

图3

白净活

图3（证明2）

黑1、白2交换之后，黑3扳需要白棋冷静对待。白4扳好手，净活。

白4若a位打吃随手，黑b顶，白净死。

第31型

白活

白在△位多了一子，两边都完成了一路封锁。

此时白棋活棋已是必然，需要注意的是，黑棋的手筋下法，一定要冷静应对。

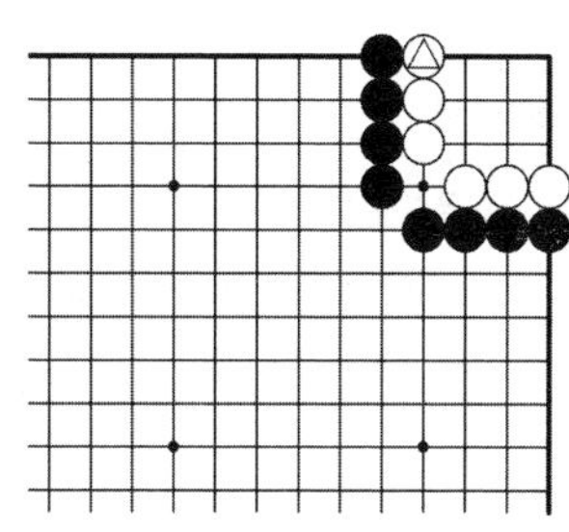

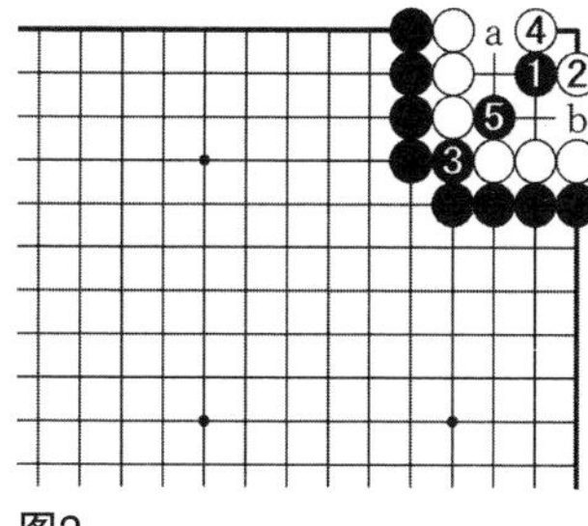

图1

双活

图1（证明1）

黑1点必然。白2托是简明应对，黑3挤，白4顶、黑5立，白6顶，结果是双活。

棋形对称，白2在5位托结果相同。

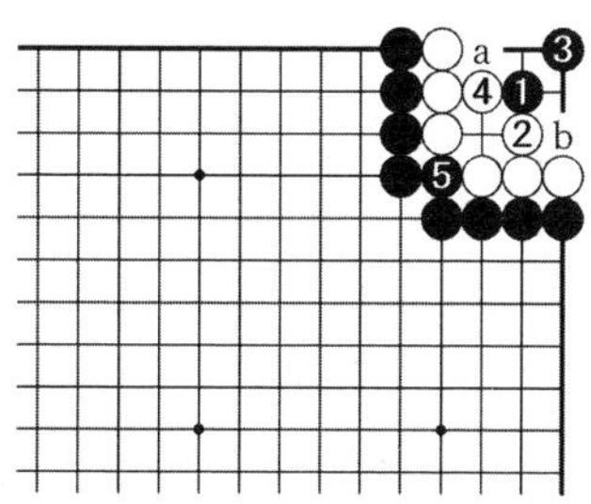

图2

白净死

图2（失败1）

黑1点、3挤，白4托是恶手。黑5断之后多了a、b两处倒扑，白棋无法兼顾。

图3

打劫

图3（失败2）

另外，面对黑1点，白2顶也是看似正确的下法。因为白棋忽视了黑3点的妙手，白4顶，黑5挤，接下来黑有a、b两处扑，白局部变成劫活。

第32型

黑先白死

金柜角的棋形要点▲变成了黑子。

白角变得非常脆弱，黑先有数种杀棋的方法。

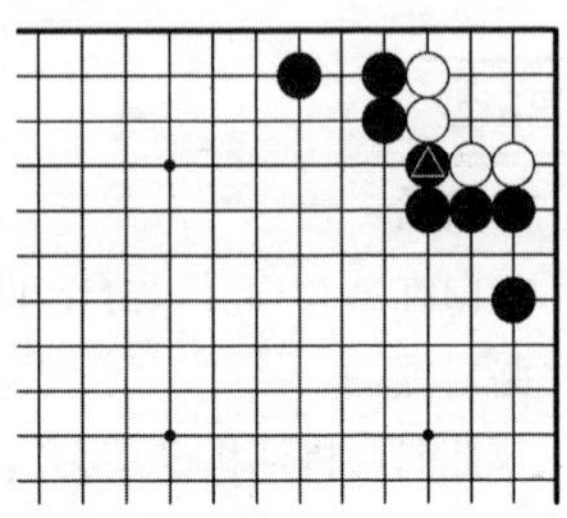

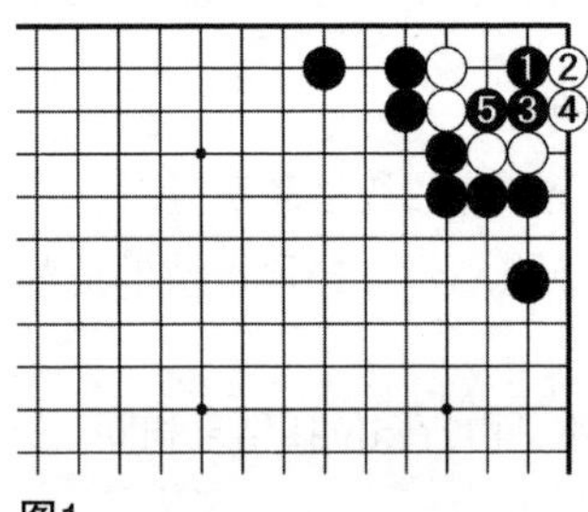

图1

白净死

图1（正解）

黑1点是棋形急所。白棋立刻没有了活棋的可能。

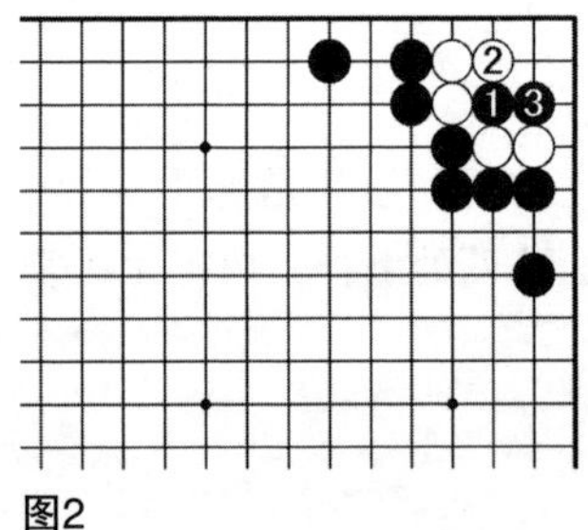

图2

白净死

图2（正解2）

黑1断单刀直入，白2打吃，黑3逃出，白净死。

“一一”之外

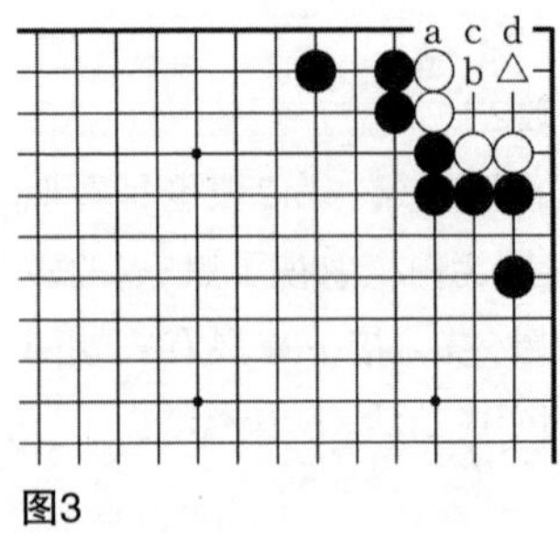

图3

图3（正解）

除了图1、图2的下法之外，黑a至d的选点白棋都是净死。白角棋形对称，另外一侧的选点同样可行。也就是说，除了“一一”之外，白棋都是净死。

白先会选择“二二”，白△位做活。

第33型

黑先白死

白棋在A位有了外气。

黑棋的选择虽然不如前型丰富，但正解仍然有数个之多。

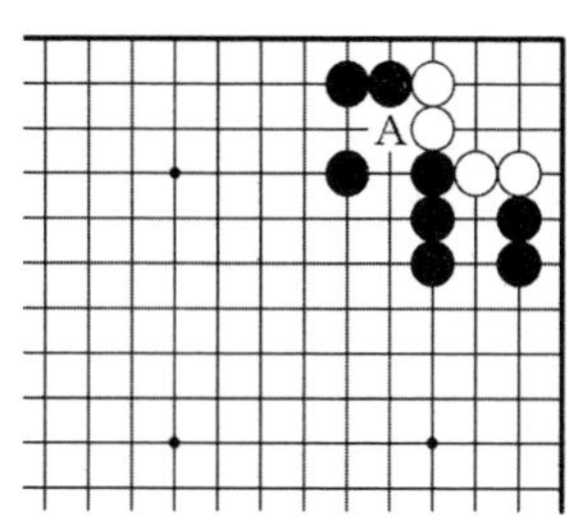

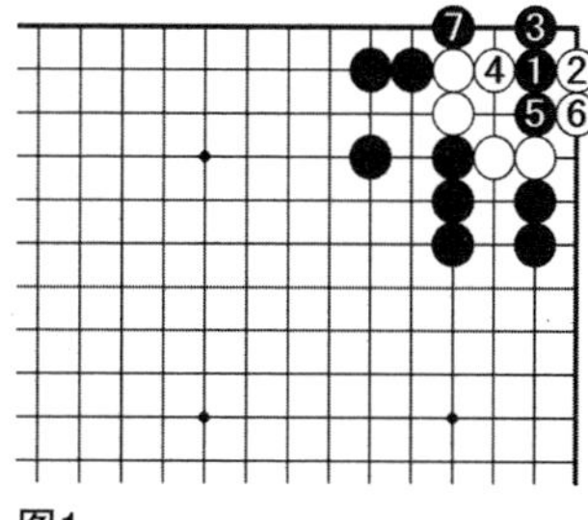

图1

白净死

图1（正解1）

黑1点还是首选。白2托，黑3至黑7，局部变成直三，白净死。

黑3直接在5位顶，结果相同。

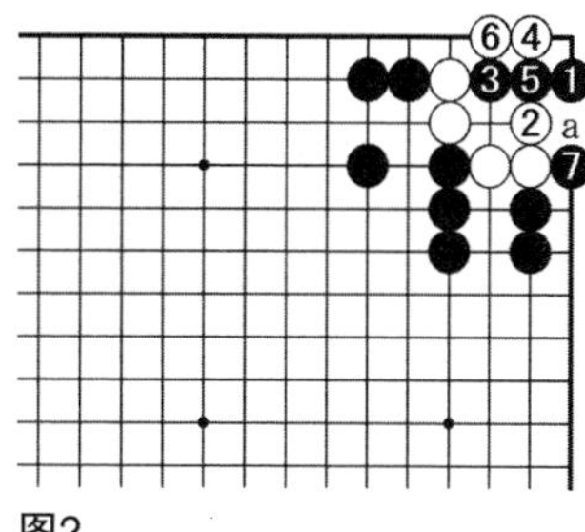

图2

白净死

图2（正解2）

黑1在“二一”位点也是正确下法。白2弯、黑3破眼，进行至黑7，即使白a打吃，角上仍然是“直三”。

黑1下在7位扳，白a位挡，黑5点也是一种选择。

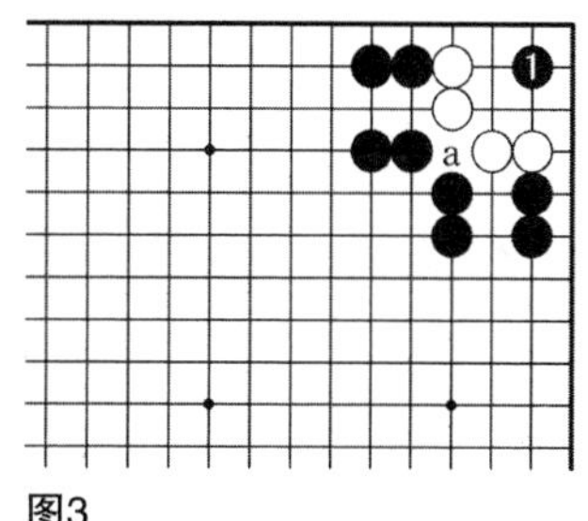

图3

白净死

图3（参考）

a位若没有黑子，结果还是黑先白死，所以本型自然也是白净死（参考第21型）。

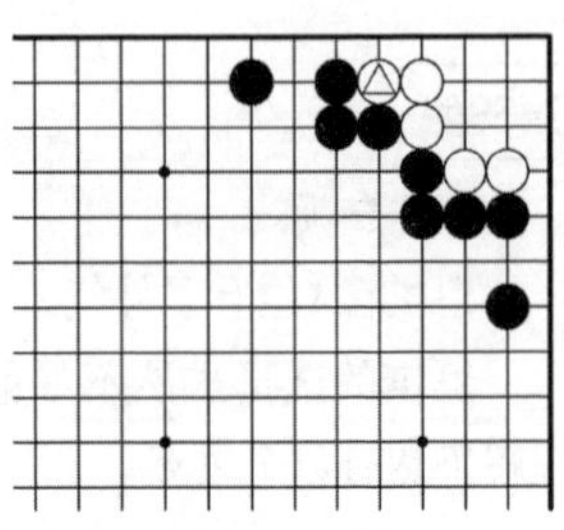

第34型

黑先白死

此时白棋在上边多了△位拐。

眼位空间看似充足了一些，但只要黑棋冲击急所，白必死无疑。

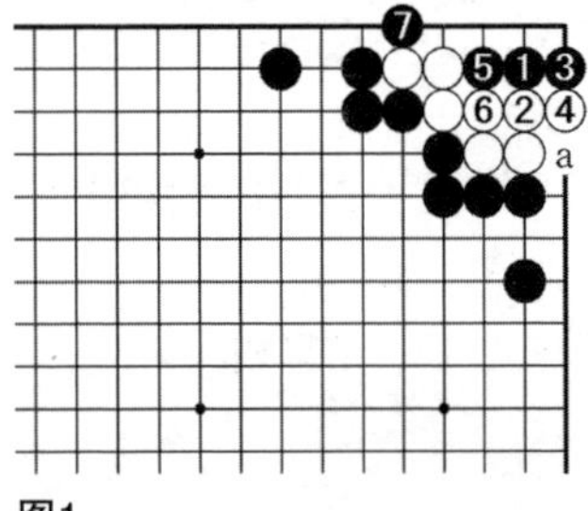

图1

白净死

图1（正解1）

黑1点还是急所。白2顶，黑3立手筋。白4挡，黑5顶、7扳之后，角上白棋变成“直三”。

白4若下在5位，黑a位爬可以渡过。

图2

白净死

图2（正解2）

上图黑3直接在本图3位顶也可以净杀白棋。白4扳，黑5弯，白6粘，黑7～9两边扳破眼即可。

黑7可以直接在9位扳。

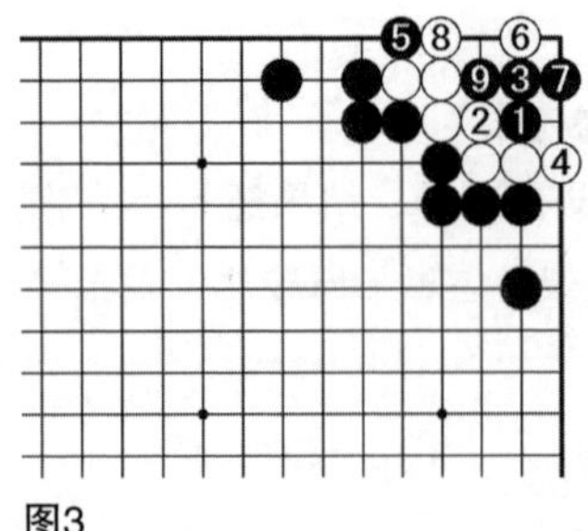

图3

白净死

图3（正解3）

黑棋第一手也可以在1位夹。白2粘，黑3进角，白4阻渡，黑5扳缩小眼位。白6托、黑7立是见合的急所，结果是大眼杀。

第35型

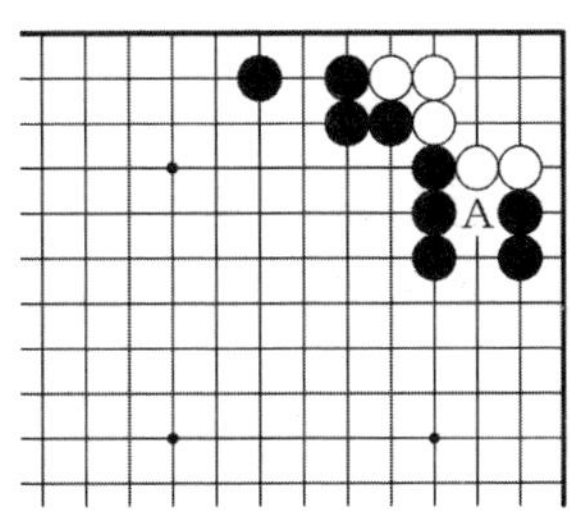

黑先白死

白棋右侧两子多了A位一口外气。

看起来白棋眼形充足，但黑先还是可以净杀白棋。

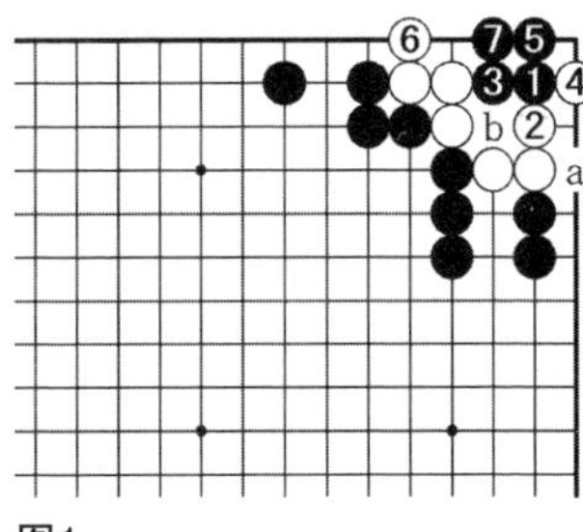

图1

白净死

图1（正解）

黑1，白2交换之后，黑3顶是净杀的唯一正解。白4扳，黑5弯，白6扩大眼位，黑7好手，破解了白棋做劫的意图。后续白a，黑b；白b，黑a，白净死。

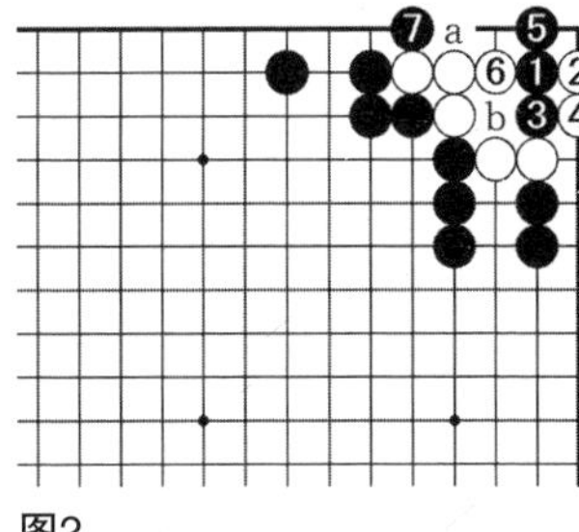

图2

白净死

图2（正解变化）

黑1点，白2托，黑3顶、5立好手。白6顶，黑7扳缩小眼位。接下来白a打吃，黑b；白b，黑a。

白6若在b位粘，黑7扳，白a位挡，黑6位顶，局部是“刀把五”，白净死。

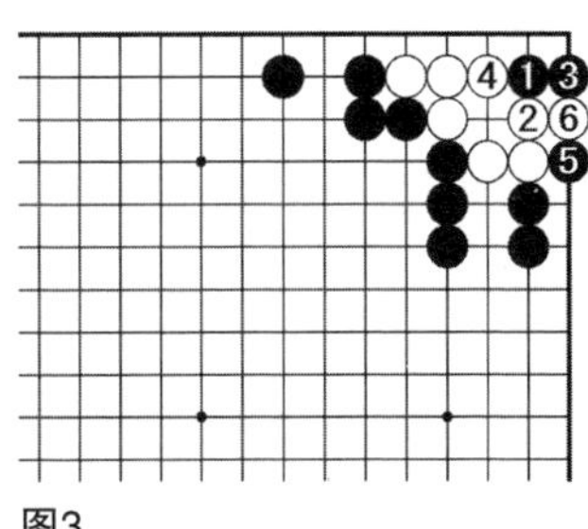

图3

白净活

图3（失败）

面对白2顶，黑3立是问题手。白4做眼，黑5扳，白6断吃，白净活。

第36型

黑先缓一气劫

此时白棋在右边又多了△位拐。

白棋角上空间越来越大，但仍不是完全净活的棋形。

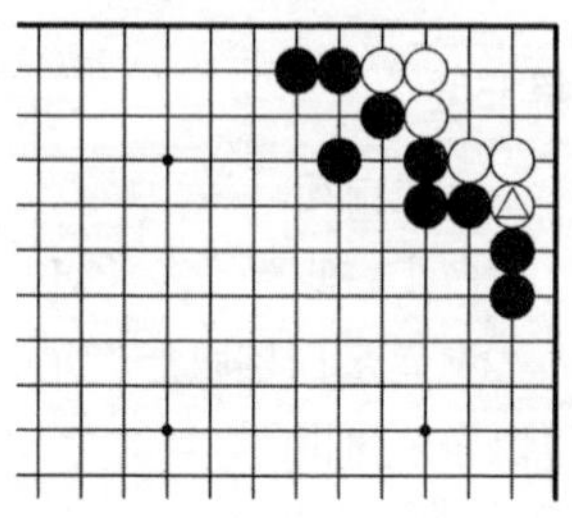

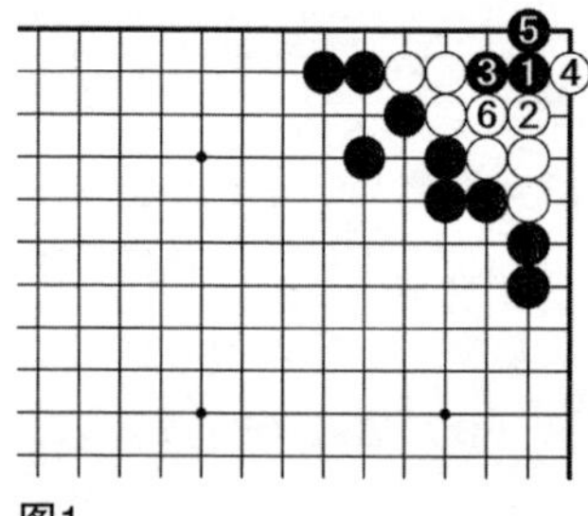

图1

点

图1（正解1）

攻击的首选还是黑1点。白2顶，黑3顶，白4扳至白6是常规次序。

接下来——

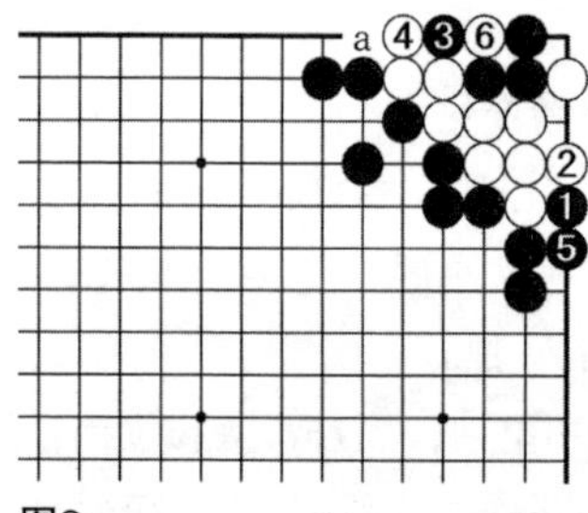

图2

白先提劫（缓一气劫）

图2（正解1续）

黑1与白2交换之后，黑3在上边扳。白4打吃，黑5粘，白6提，打劫。接下来黑3提、a位打吃变成紧气劫，本图结果是缓一气劫。

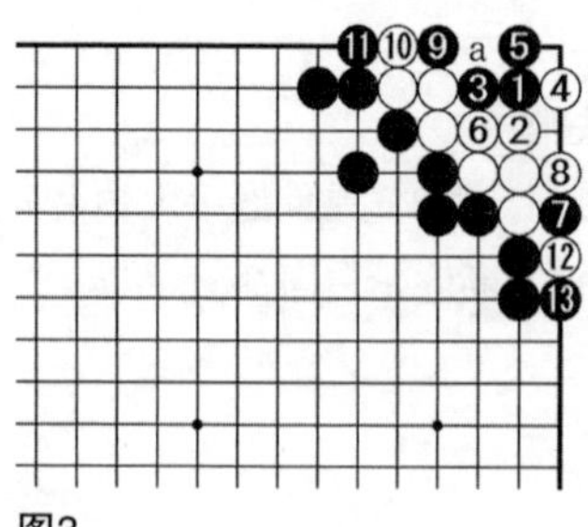

图3

双劫循环白活

图3（失败）

上图黑5如果直接在本图11位打吃，过于急躁。白12提，净活。黑13之后即使在7位提劫，白也可以在a位提，双劫循环白净活。

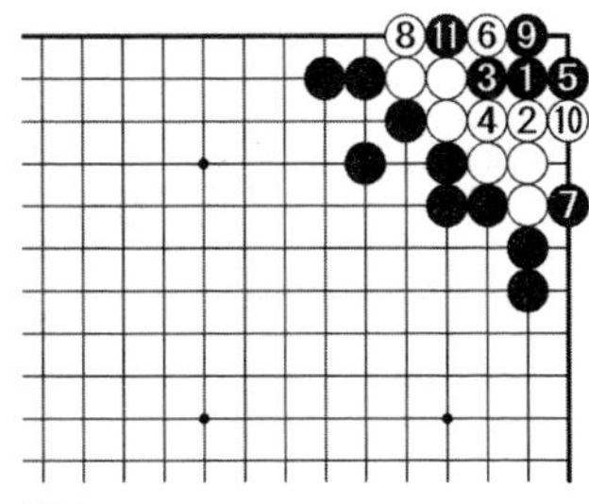
图4

黑先提劫（缓一气劫）

图4（正解1变化1）

面对黑1、3破眼，白4粘的结果也是缓一气劫。但此时黑5进行至黑11，结果变成了黑先提劫，相比之下白棋还是选择图2更满意。

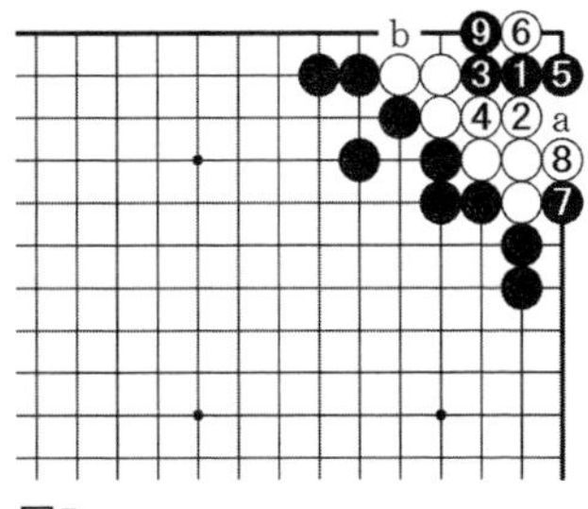

图5

白净死

图5（正解1变化2）

上图白6若选择本图白6夹，确实是棋形急所。但此时白气紧，黑7、9是正确次序，结果是“有眼杀无眼”，对杀黑胜。

白8若下在9位扳，则黑8位爬、白a位挡、黑b位立。

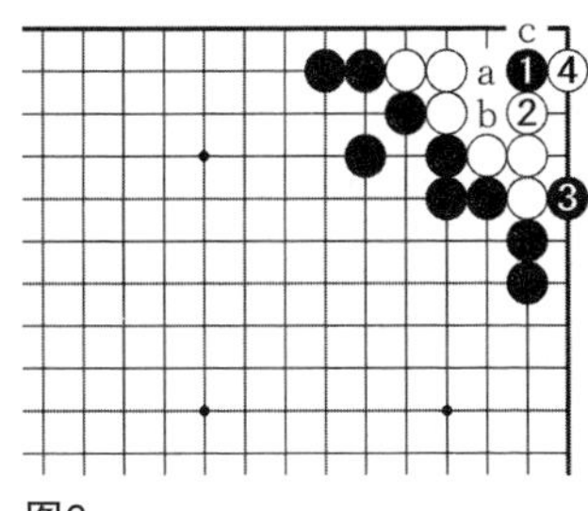

图6

缓一气劫

图6（正解2）

回到最开始，黑1、白2交换之后，黑3扳也是一种选择。白4扳之后，黑a位顶，白b位粘，黑c位，还原图1的局面。

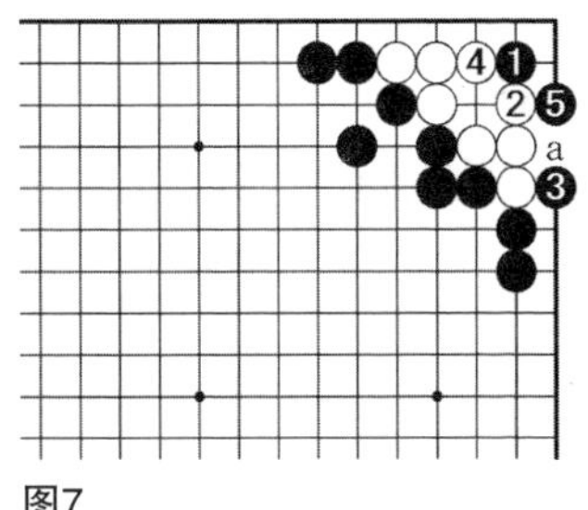

图7

白净死

图7（正解2变化）

黑1、3，白4做眼是失着。黑5可以渡过，白a位无法入气。

金柜角变形

第1型

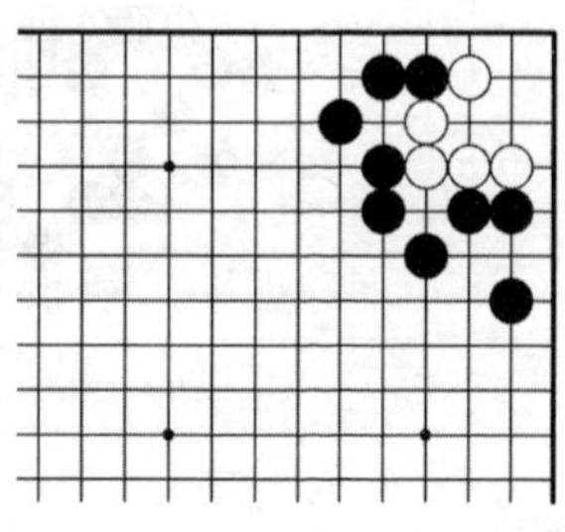

黑先白死

本型比通常所说“金柜角”小了一路。此时的急所有两处，不论选择哪个都可以净吃白棋。

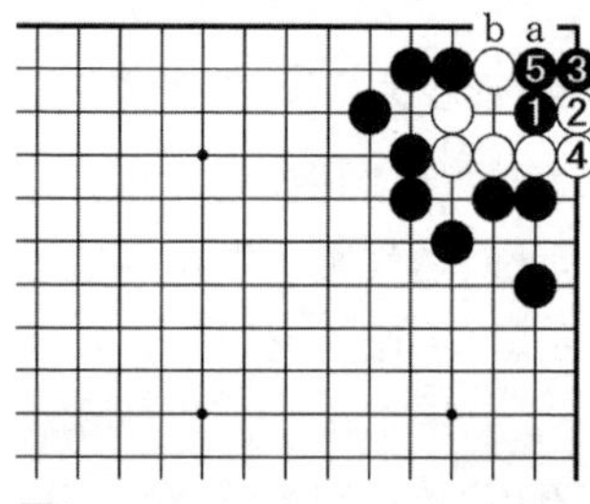

图1

白净死

图1（正解1）

黑1夹急所。白2扳阻渡，黑3挡、5粘之后白局部弯三，净死。

白2若在3位跳，黑a位刺，白b位立，黑5位接，白变成直三结果相同。

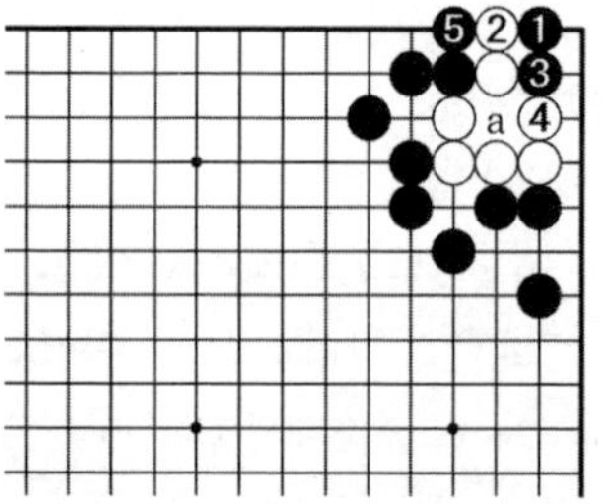

图2

白净死

图2（正解2）

黑1点是有点意外的手段，却是此时的急所。白2挡，黑3长，5打破眼，白a处没有眼形，净死。

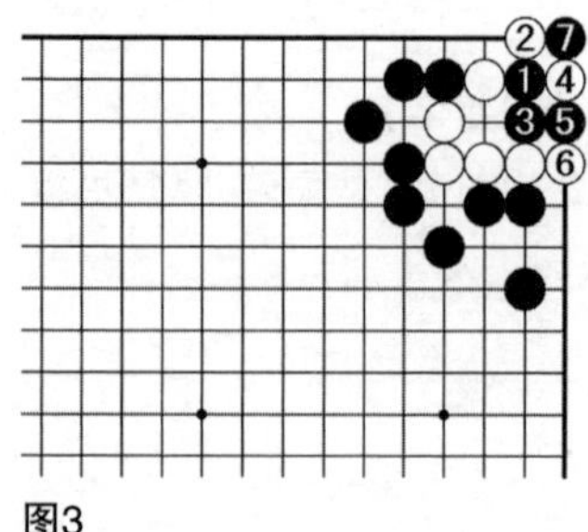

图3

打劫

图3（失败）

黑1夹看似手筋，但此时白2扳棋形弹性十足，黑3顶，白4扳、6打局部变成劫活。

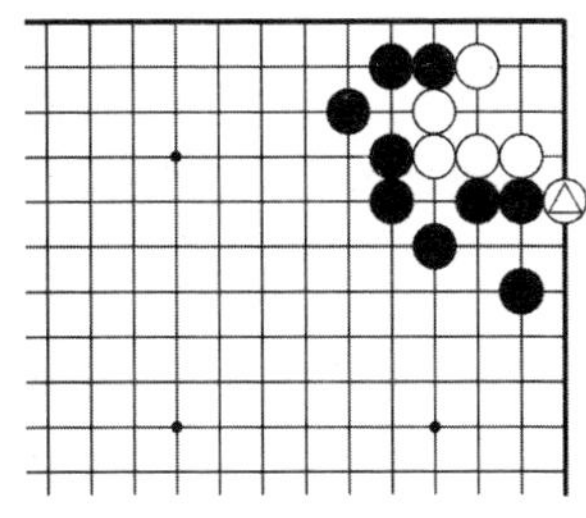

第2型

黑先白死

右边一路白棋多了△位扳，因此前型中的两种正解下法会有一种失效。

不被白棋扳影响的攻杀手段是哪一个呢？

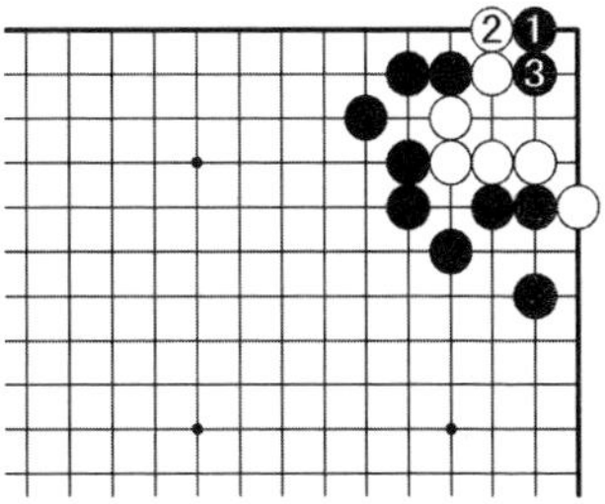

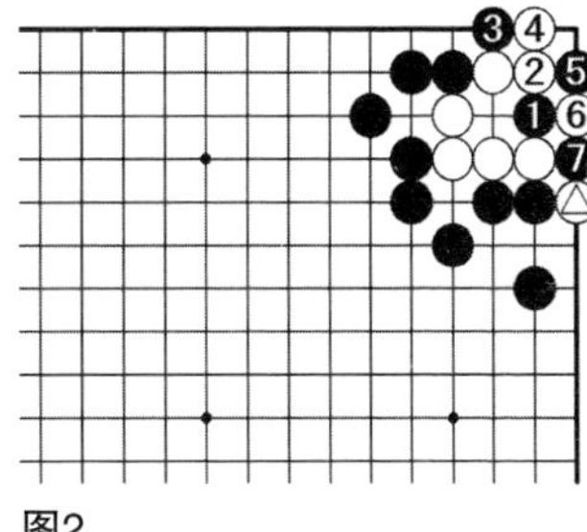
图1

白净死

图1（正解）

黑1点正解。白2挡，黑3破眼。这样下可以不受白扳的影响净杀白棋。

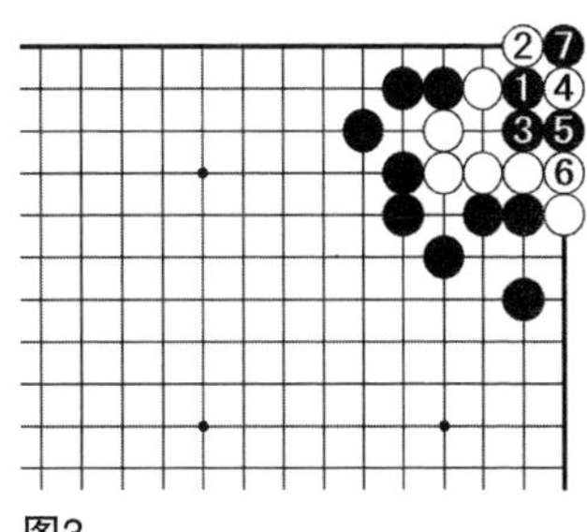
图2

打劫

图2（失败1）

黑1夹是失着。白2夹，此时黑7无法渡过。黑3、5破眼，白6扑，利用白△一子，劫活。

黑5若在6位立，白5挡，净活。

图3

打劫

图3（失败2）

黑1夹，白2扳，攻杀黑失败。与前型相同，黑3至黑7，打劫。

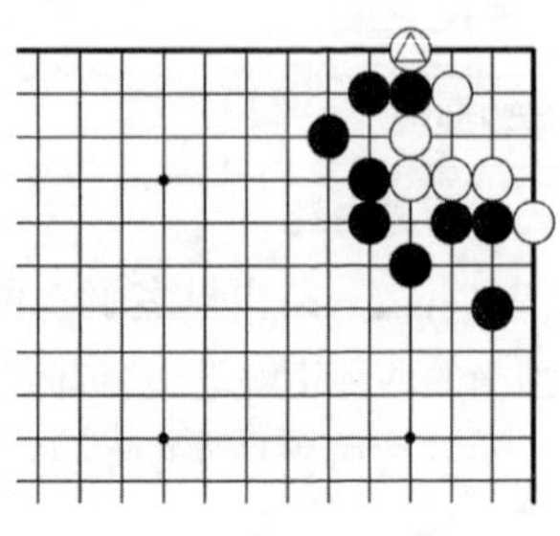

第3型

黑先劫（黑先提劫）

此时不仅右边，上边白棋也多了△位的一路扳。

在此之前总结的手筋是否仍然有效，请认真思考。

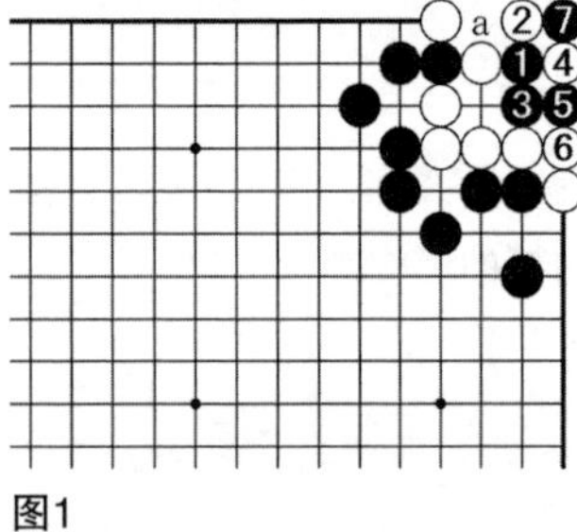

图1

打劫

图1（正解）

黑1夹只此一手。白2扳至黑7提，打劫。

黑7之后如果黑棋选择消劫，不是在a位提，而是在4位粘。局部变成“刀把五”。

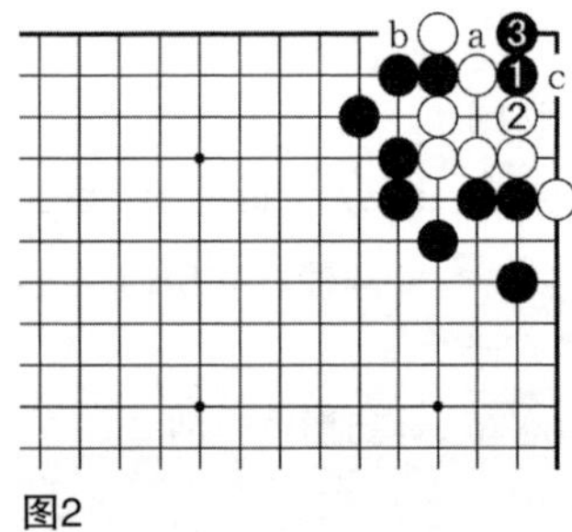

图2

白净死

图2（正解变化）

黑1夹，白2做眼是失着。黑3立好手，白a位粘，黑b打吃。白c扳，黑b打吃可以联络。

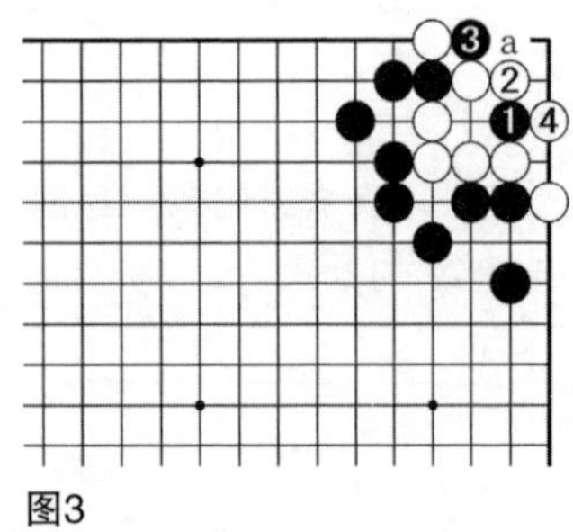

图3

白净活

图3（失败）

黑1夹，3扑破眼，白4打吃即可净活。

第一手若下在a位，白同样在2位挡。

第4型

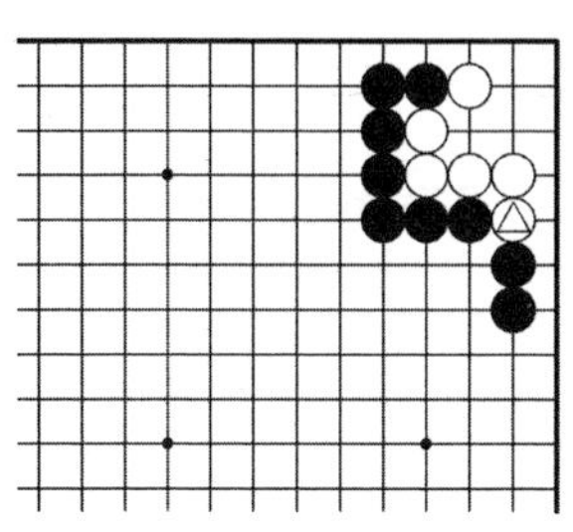

黑先白死

白棋在右边多了△位拐。

虽然因为白角空间变换，但黑棋只要找到合适攻击手段，仍然可以净杀白棋。

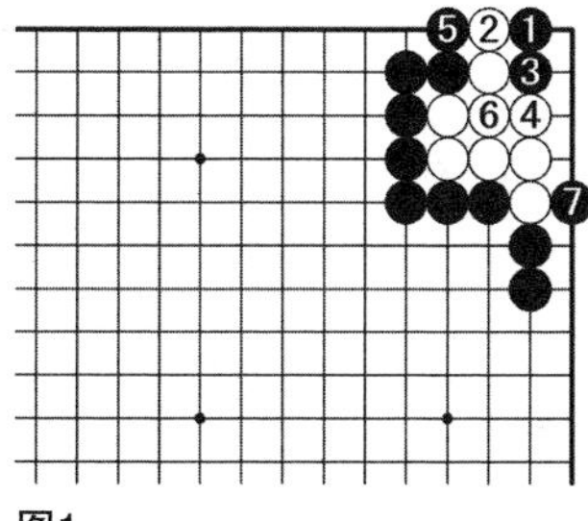

图1

白净死

图1（正解）

黑1点是净杀白棋的要点。白2、4交换之后，黑5打吃先手破掉白6眼位，黑7扳白净死。

白2若下在3位，黑2位渡过即可。

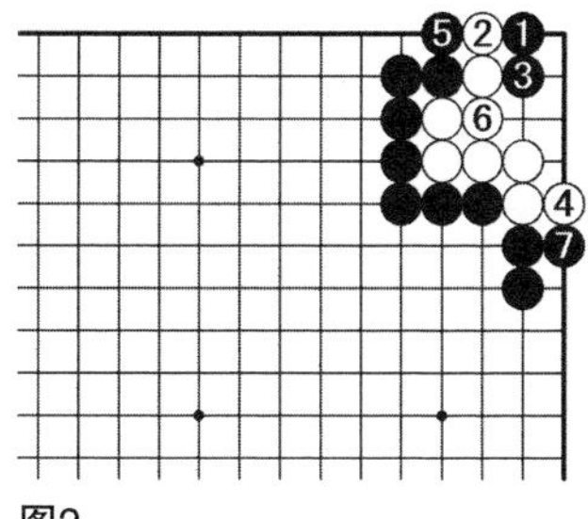

图2

白净死

图2（正解变化）

黑1点、3长，白4弯是有力的抵抗。但黑5打、7挡好手，白气紧仍然被吃。

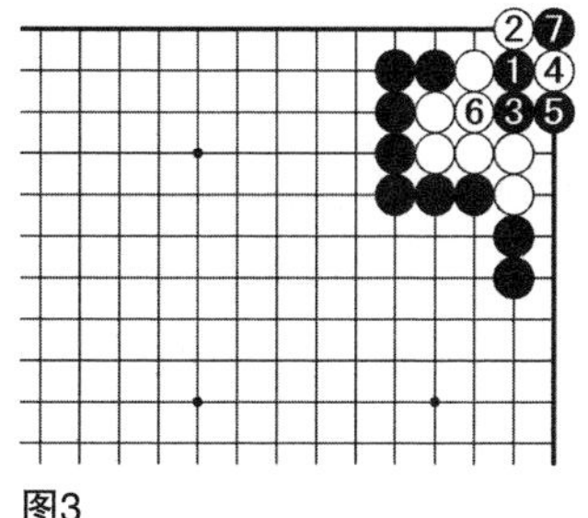

图3

打劫

图3（失败）

黑1夹不成立。白2扳，4扳之后变成劫活。

白4是关键的一手，如果直接在6位粘，黑4弯，白净死。

第5型

黑先劫（黑先提劫）

此时白棋多了A位一口外气。

这样一来只要能够打劫就是成功，黑棋的第一手有两种选择。

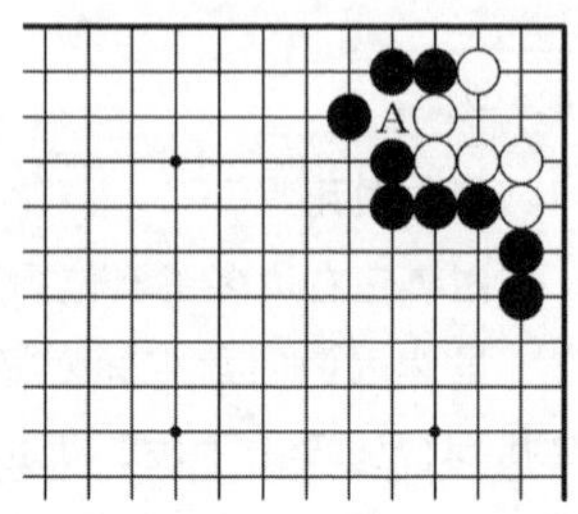

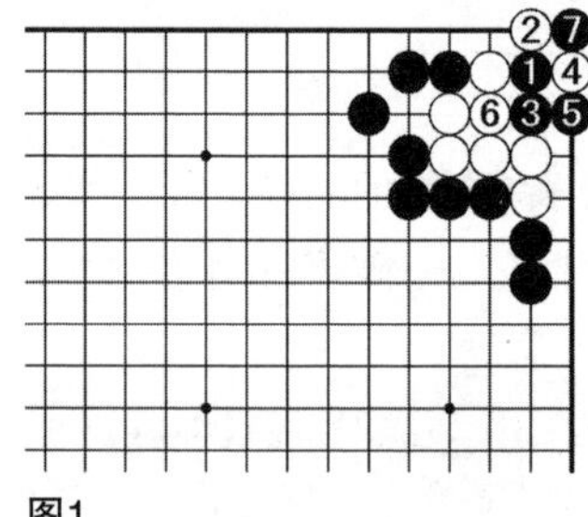

图1

打劫

图1（正解1）

即使有外气，黑1夹也是打劫。

白2至黑7的变化已经出现过数次。

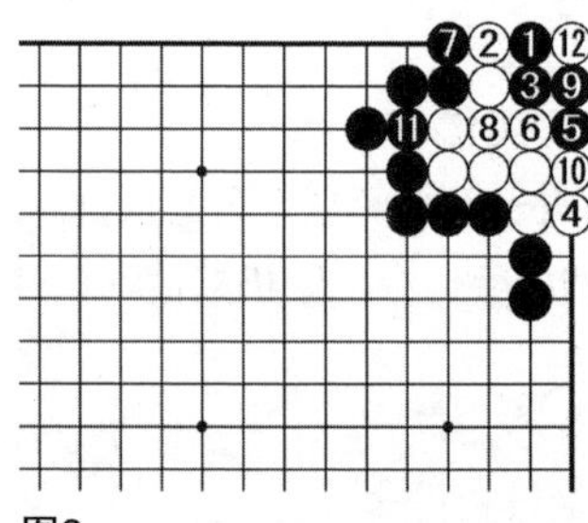

图2

点

图2（正解2）

黑1点结果如何呢？白2挡，黑3长，白4立是最佳应对。黑5至黑9，白10打、12提吃掉黑角上4子。

接下来——

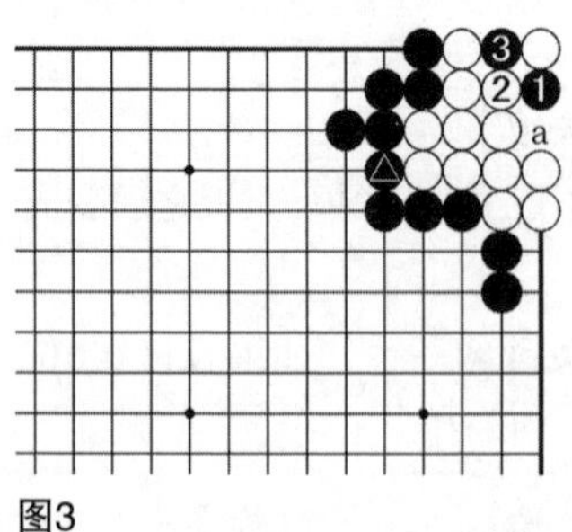

图3

打劫

图3（正解2续）

黑1打吃，白2做劫，打劫活。

如果在黑▲一带白还有一口外气，则黑3提，白可以a位打吃。如此一来白净活。这样的场合下，图1是黑棋唯一选择。

第6型

黑先白死

不能让白棋变成金柜角的棋形。

请冲击白棋的弱点，目标是净杀。

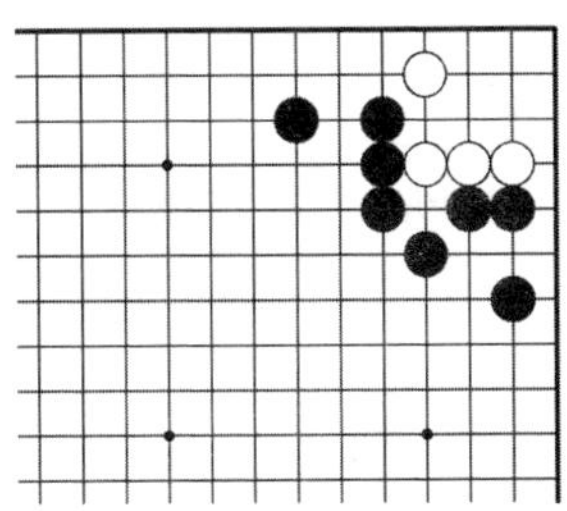

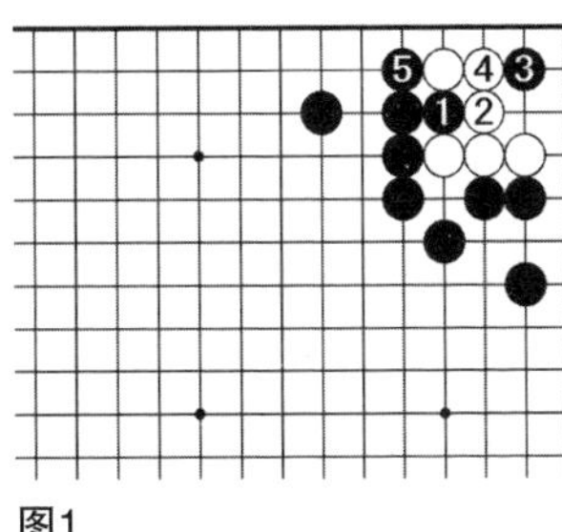

图1

白净死

图1（正解）

黑1冲好手。白2挡，黑3点急所，白4粘，黑5拐，白净死。

这是在六目型中已经学过的内容。

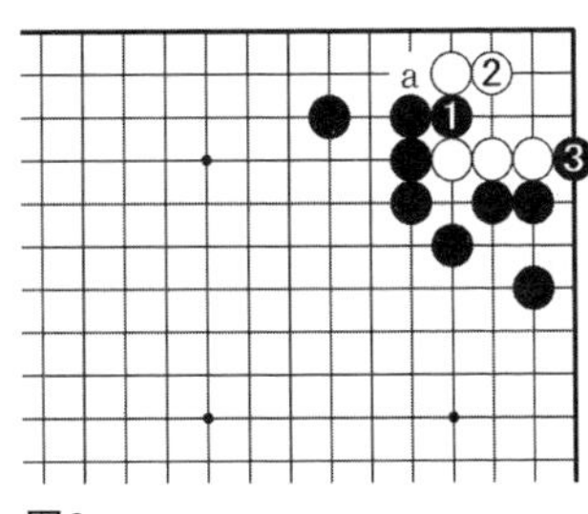

图2

白净死

图2（正解变化）

黑1冲，白2退冷静，但最终还是净死的棋形。黑3扳好手，黑a位拐结果相同。

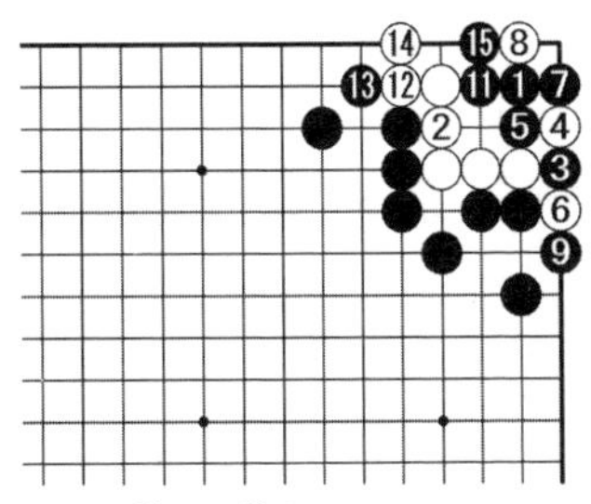

图3　⑩=（❸）

白净死

图3（参考）

面对黑1点，白2粘好手。从黑3进行至黑15，虽然结果是“有眼杀无眼”，对杀黑胜。但一旦白棋外气有所增加，正确答案就只有图1一个。

第7型

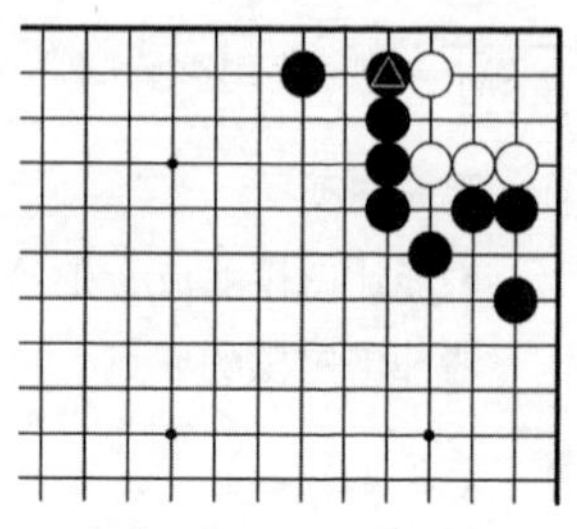

白先劫（黑先提劫）

这是前型黑在▲位应对之后的局面。

白棋可以避免净死。

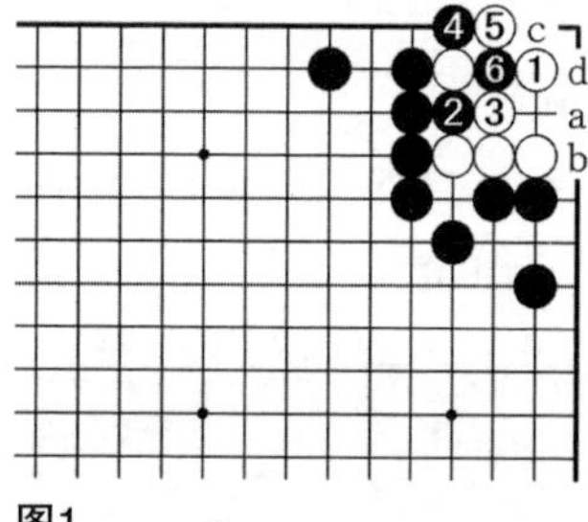

图1

打劫

图1（正解1）

白1下在“二二”跳是急所之一。黑2冲、4扳简明破眼，白5做劫。

白5若在6位粘，黑a位点，白b位挡，黑5位爬，白c位挡，黑d位爬，白净死。

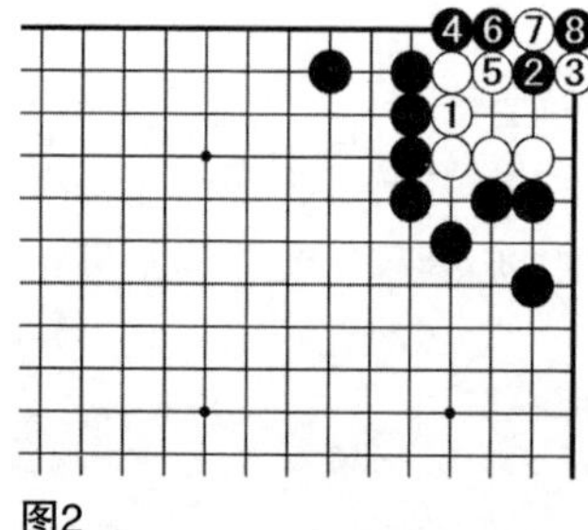
图2

打劫

图2（正解2）

白1粘还原基本金柜角的棋形。黑2点、白3托，结果是黑先劫（请参考金柜角第2型）。

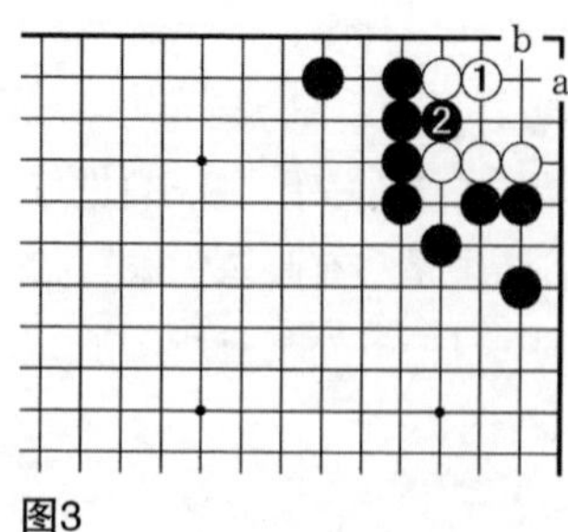

图3

白净死

图3（失败）

白1并眼形不充分。黑2冲缩小眼位，白a跳、黑b点；白b小尖、黑a点，白净死。

第8型

黑先白死

白棋子看似散落在各处没有关联，但还是需要认真对待才能找到下手的关键。

利用白棋气紧的问题可以净杀。

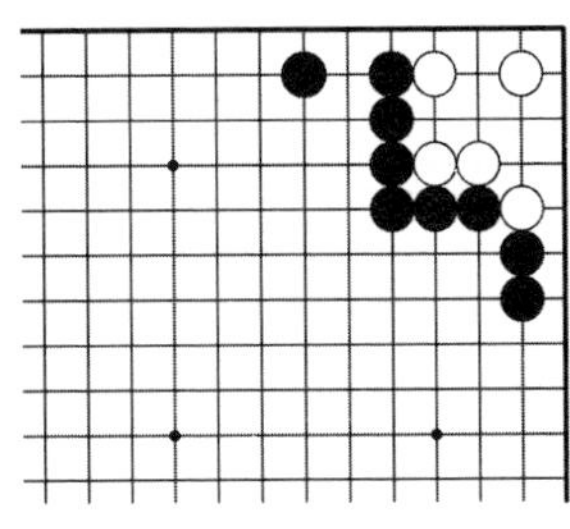

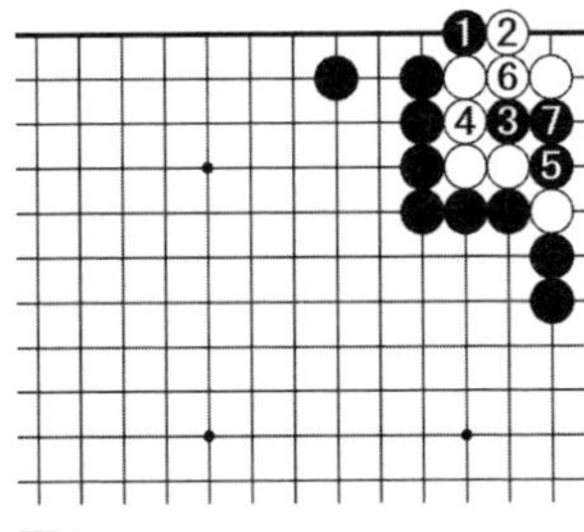

图1

白净死

图1（正解）

黑1扳好手。白2打吃，黑3夹。白4粘，黑5打吃。黑1，白2的交换非常重要，这样一来黑7粘白净死。

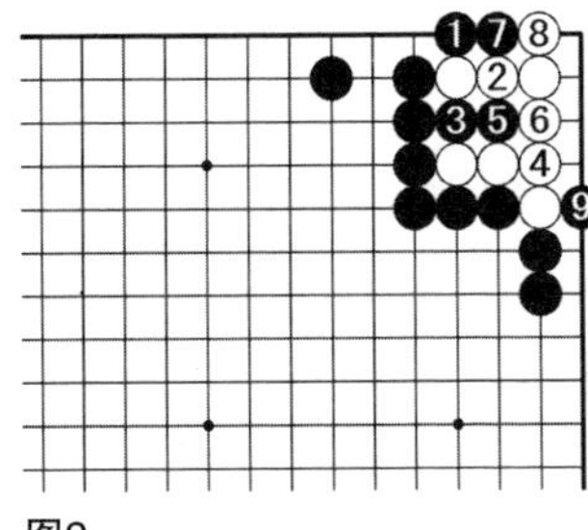

图2

白净死

图2（正解变化）

黑1扳，白2粘，黑3简单缩小眼位即可。白4粘，黑5至黑9，白净死。

黑1若直接在3位冲，白5位挡，黑1位扳，白7位挡，结果变成打劫。

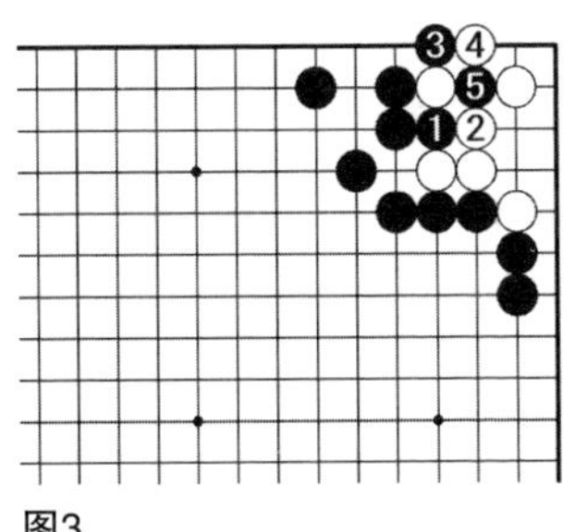

图3

打劫

图3（参考）

假如白棋有外气，黑1冲、3扳，白4做劫。黑1若下在3位扳，白4挡，黑1位冲，白2位挡，结果相同。

黑3扳，白4挡，黑2位刺，白1位接，白净活。

第9型

黑先白死

大致形状还是“金柜角”，但A位少了一子是巨大的棋形缺陷，黑先可以净杀白棋。

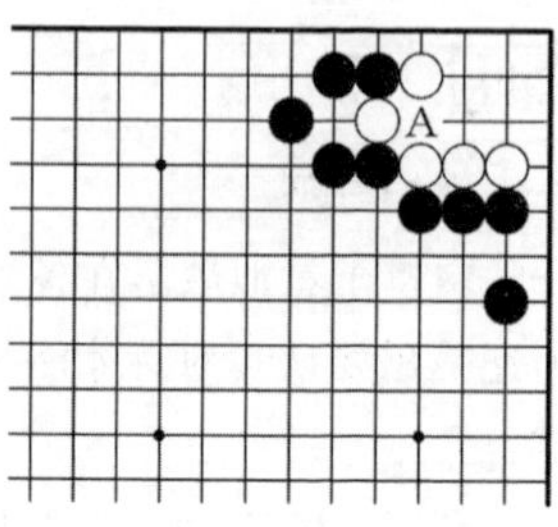

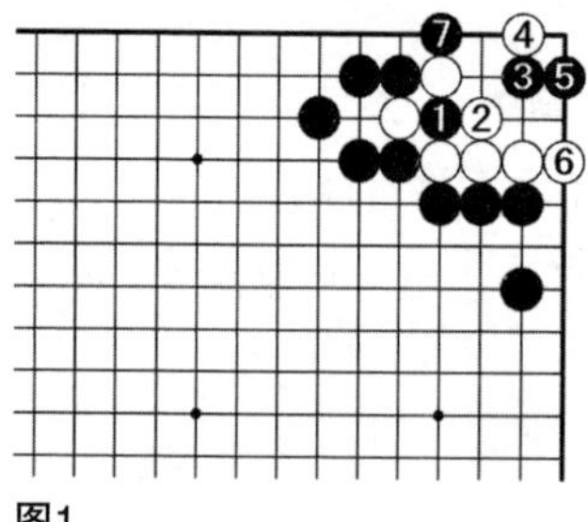
图1

白净死

图1（正解1）

黑1扑缩小眼位。白2提，黑3点是急所。白4、黑5两点见合，白棋没有做劫的可能。

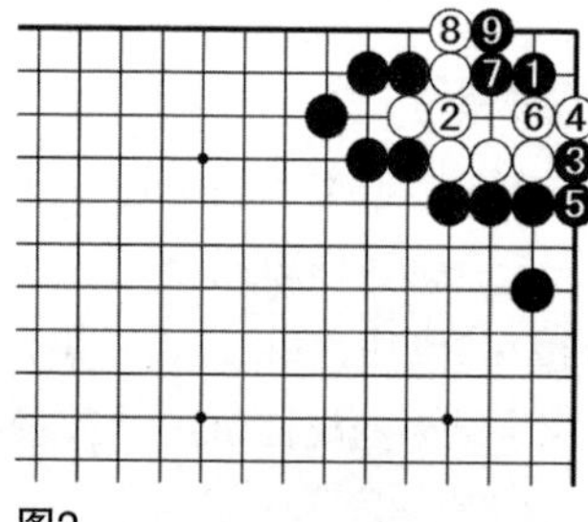
图2

白净死

图2（正解2）

黑1抢占“金柜角”的急所，白棋同样净死。白2粘、黑3、5扳粘即可。

在“金柜角”的棋形下，黑不可能连续抢占1位和其他好点，白棋净死是必然结果。

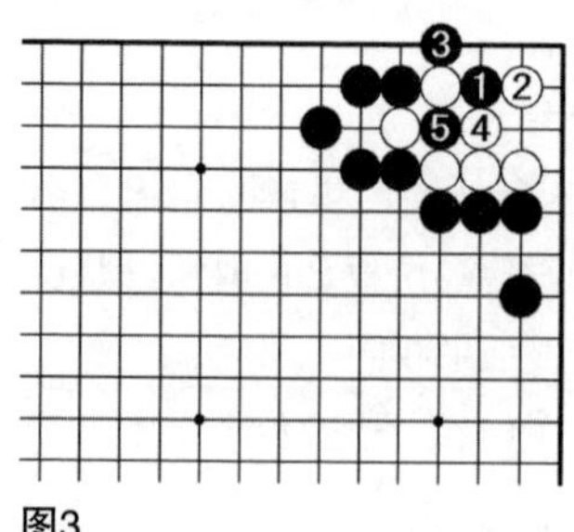
图3

打劫

图3（失败）

黑1是问题手。白2夹，黑3打吃，白4打吃。黑5提劫，局部变成劫活。

第10型

白活

这是实战棋形。

白棋上边虽然还未完整，但眼形充足不用担心死活问题。

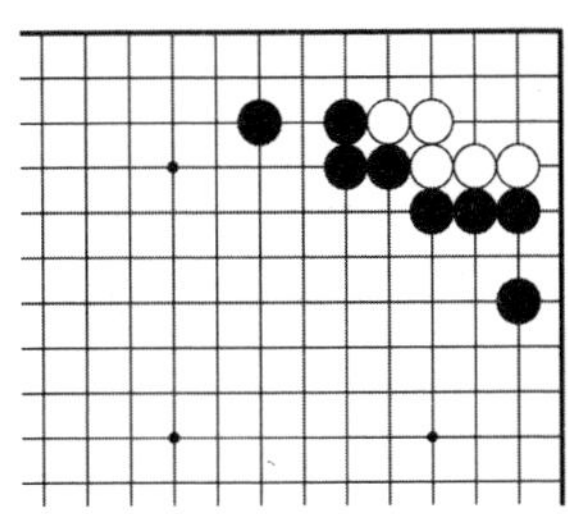

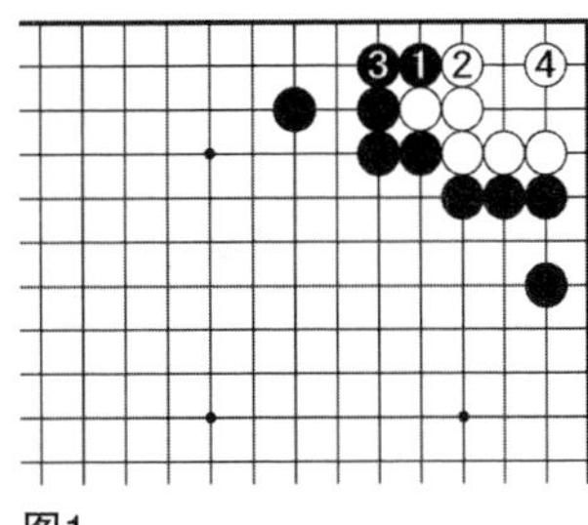

图1

白净活

图1（证明1）

黑1扳缩小眼位是普通下法。白2挡，黑3粘，白4跳净活。

白4若脱先他投，则还原“金柜角”基本型，结果是打劫。

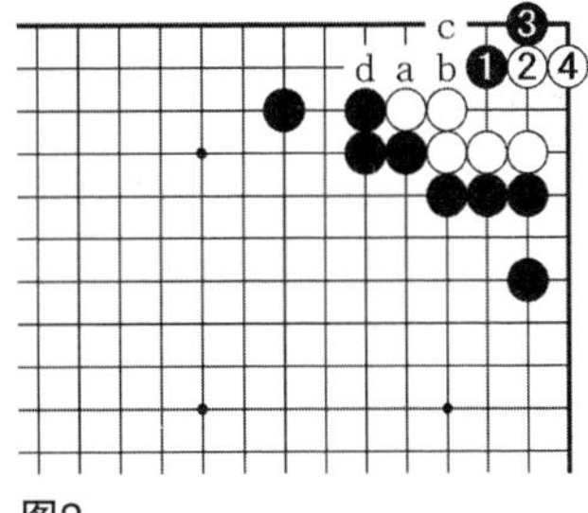

图2

白净活

图2（证明2）

黑1点是类似于试应手的下法。白2靠，4立坚实。后续黑a扳、白b挡、黑c扳，白d断吃即可确保净活。

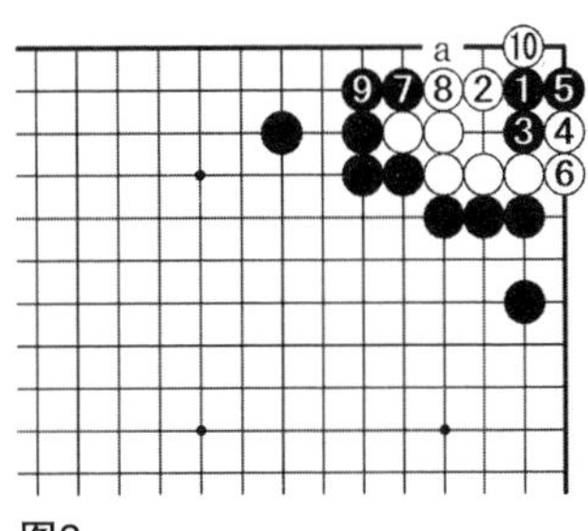

图3

双活

图3（证明3）

黑1点是有力的攻击手段。白2尖顶，黑3顶至白6粘，黑7、9扳粘缩小眼位。但是白棋活棋眼位已经足够，白10扳即可。若黑a位扳，结果是双活。

第11型

黑先白死

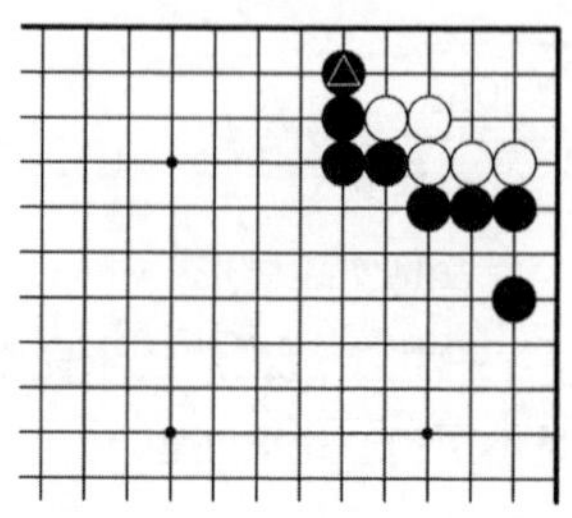

黑多了▲位立，就变成了一道经典的攻杀题目。

白棋没有外气，结果是黑先杀白。

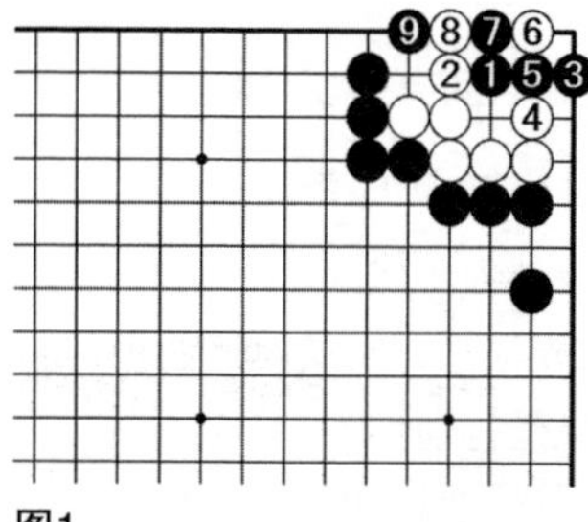

图1

白净死

图1（正解1）

黑1点是眼位急所。白2挡，黑3跳手筋。白4弯，黑5粘，白6点为了避免大眼杀，黑7打吃，结果是“有眼杀无眼”，对杀黑胜。

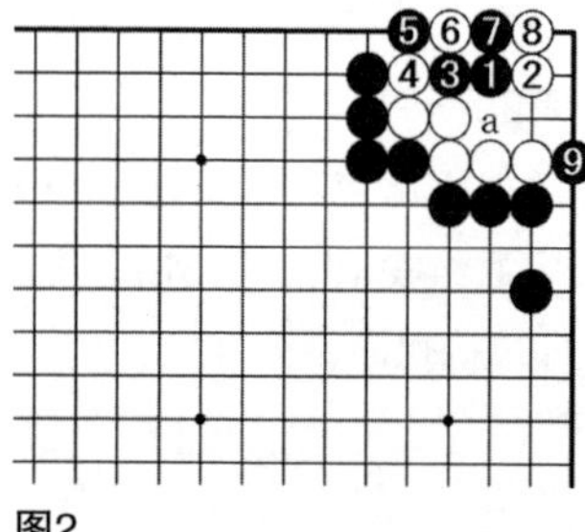

图2

白净死

图2（正解1变化）

黑1点，白2靠，黑3渡过。白4至6弃子试图获取眼位，白8挡，黑9扳好手，白无法a位入气。

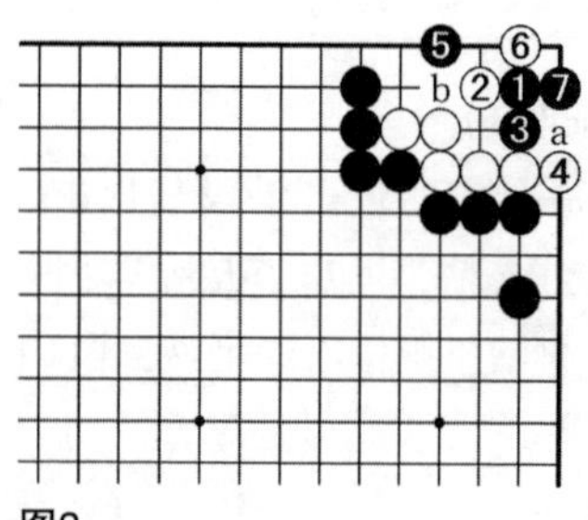

图3

白净死

图3（正解2）

黑1点结果同样是净死。白2尖顶，黑3顶，白4立，黑5小飞。白6扳，黑7弯。接下来a、b两点见合，白净死。

黑1下在5位，白棋也是净死。

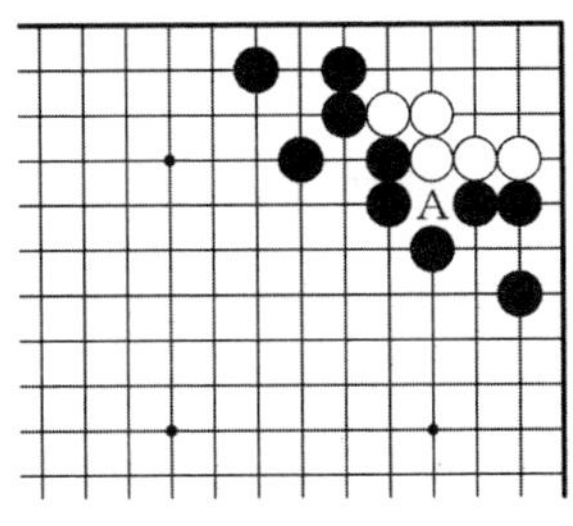

第12型

黑先白死

白棋有了A位外气。

外气看似对死活有一定影响，但黑棋仍然有必杀的手段，结果是黑先白死。

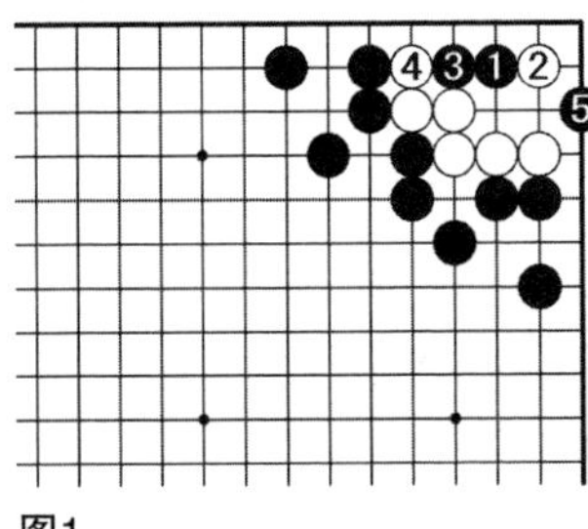
图1

点

图1（正解）

黑1点。白2靠，黑3爬，白4冲，黑5点是必杀的一手。

接下来——

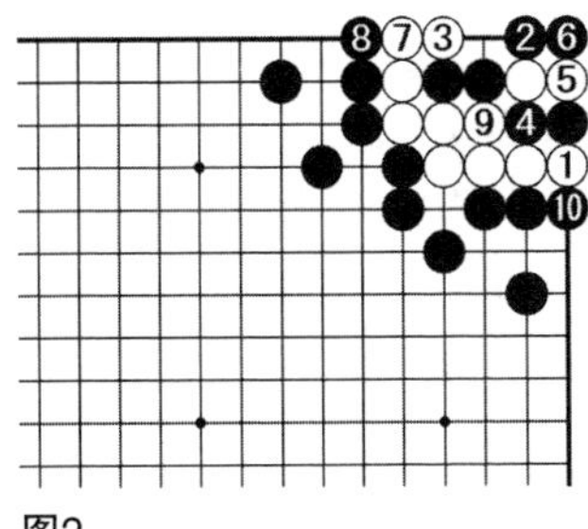
图2

白净死

图2（正解续）

白1挡，黑2扳，白3扳，黑4吃掉1子。白5破眼对杀，进行至黑10，结果是“有眼杀无眼”，黑胜。

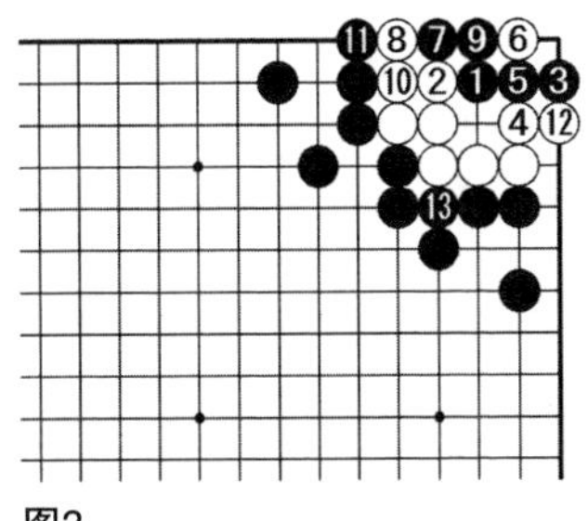
图3

白净死

图3（正解变化）

面对黑1点，白若2位挡，黑3跳好手。白4曲，6点意在双活，黑7、9扳粘紧气，结果仍然是“有眼杀无眼”，对杀黑胜。

第13型

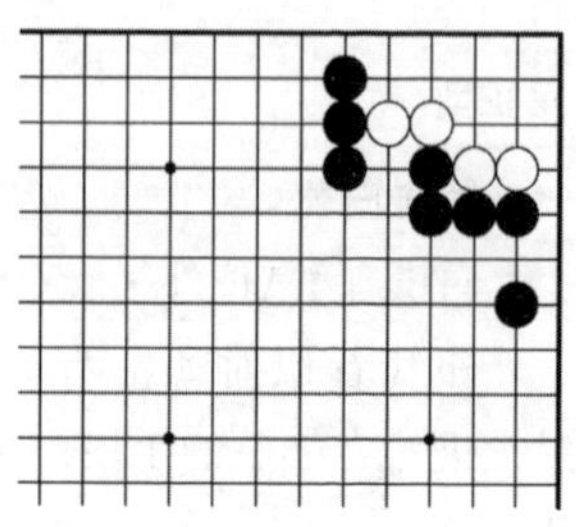

白先活

本型也是金柜角关联棋形。

白角占地不小，但是棋形薄弱。活棋的下法有限。

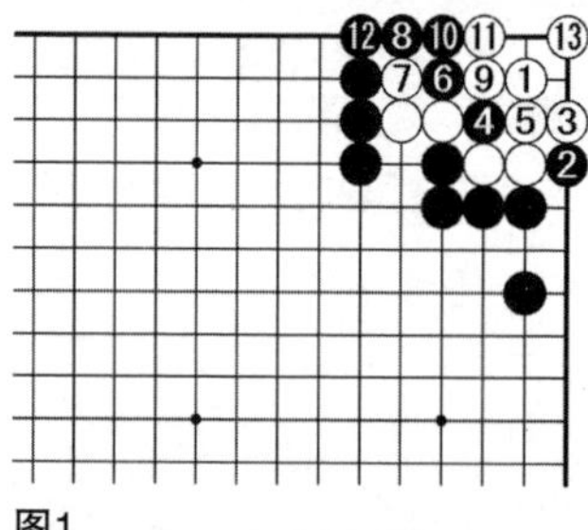

图1

白净活

图1（正解）

白1是金柜角的急所“二二”跳。这是为了做活必须抢占的要点。黑2扳，4，6破眼，白7冲、9提、11立都是先手利，白13确保两只眼。

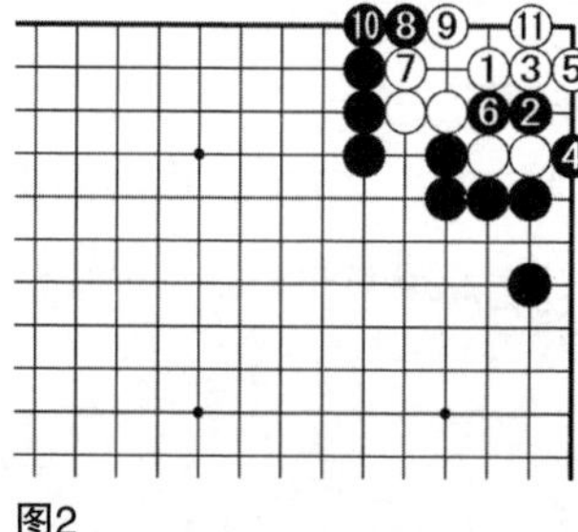

图2

白净活

图2（准正解）

白1虎也可以做活。但是黑2夹、4扳好手，白5只能弃掉2子才能做活，与上图相比明显实地亏损。

白5若在6位粘，黑5位扳，打劫。

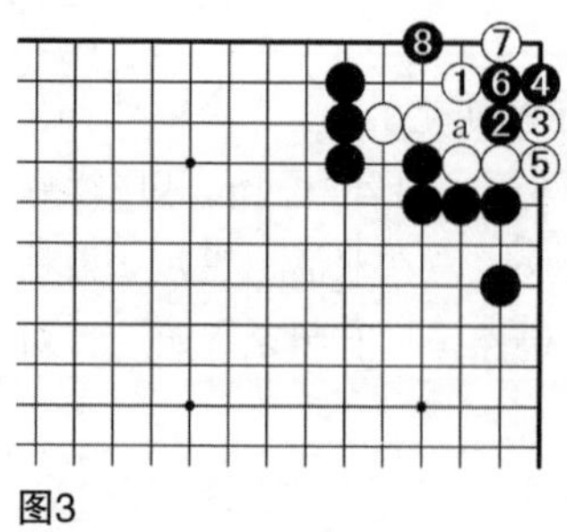

图3

白净死

图3（失败1）

黑2夹，白若3位扳，则黑4至8严厉，白角变成弯三。

白3若5位立，黑6位长，白7位扳，黑4位立，接下来黑a位断和8位小飞见合，白棋还是净死。

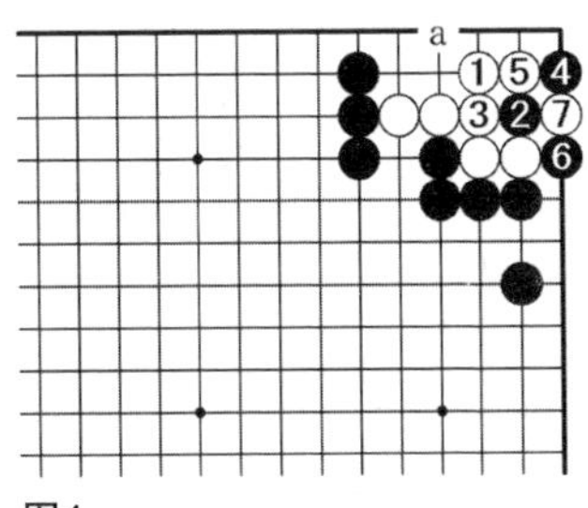

图4

图4（失败2）

白1尖，黑2刺之后，白3粘、黑4小尖好手。白5打吃、黑6扳做劫。

黑4若在6位渡过，白4跳净活。白5若在6位立，黑a小飞，白净死。

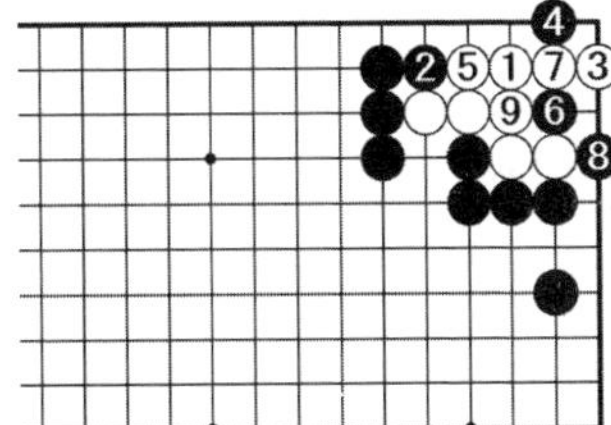

图6

白净活

图5（准正解变化）

白1虎，黑2拐，白3跳急所。黑4点、白5团好手。黑6、8连扳破眼，白9粘黑接不归，净活。

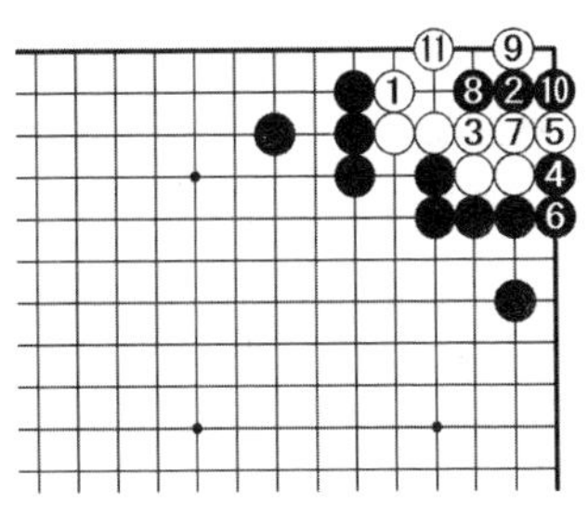

图6

挡

图6（失败3）

白1扩大眼位是一种普通的思路，但此时黑2点是绝对的急所。白3粘至黑8，白9点、11小尖乍一看已经是活棋——

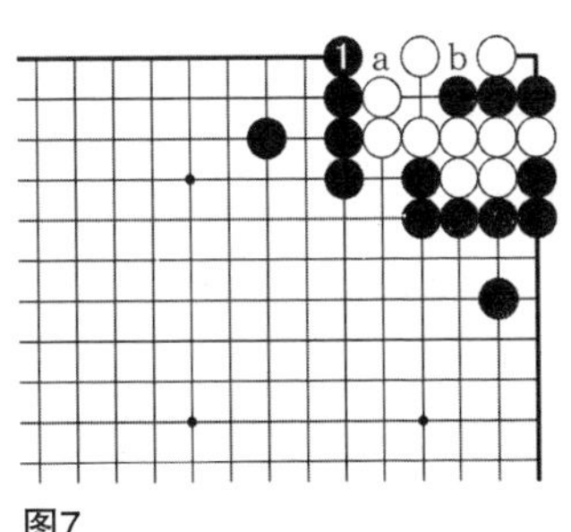

图7

白净死

图7（失败3续）

黑1立冷静。白若a位粘撞气，黑b位打之后变成“有眼杀无眼”，对杀黑胜。

另外白若b位粘，黑a位挤，结果是“直三”。

第14型

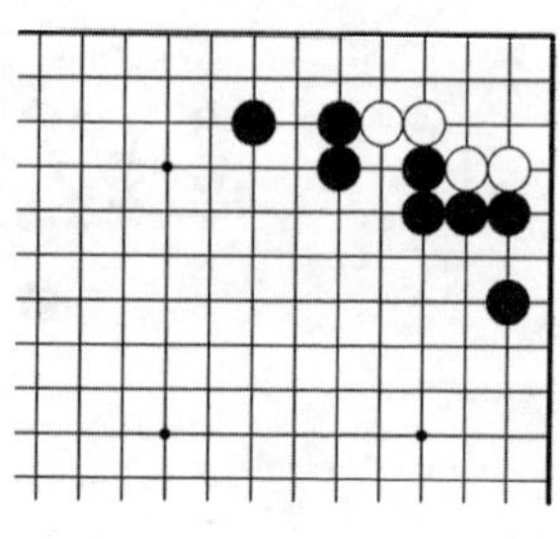

黑先白死

本图与前型很有深的关联，黑棋的攻击手段应该可以马上找到。

如果没有之前的知识储备，第一手会陷入迷茫。

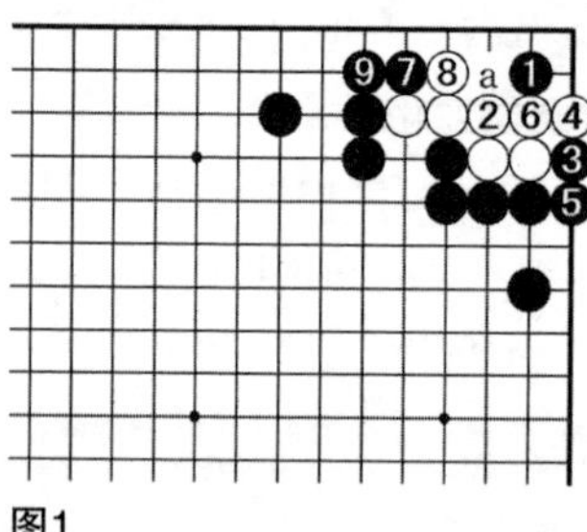

图1

白净死

图1（正解）

黑1点是此时的急所。白2粘，黑3、5扳粘缩小眼位，黑7、9扳粘即可。

白2若在a位尖顶，黑6顶渡过。

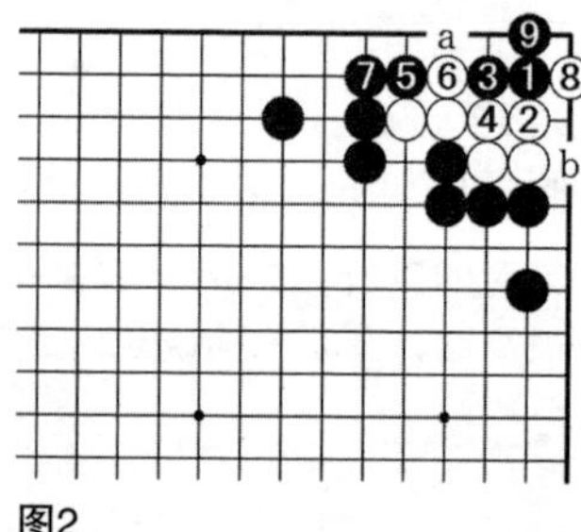

图2

白净死

图2（正解变化）

黑1点，白2顶，黑3长先手。接下来黑5、7扳粘缩小眼位，白8扳，黑9弯，后续a、b两点见合。

黑3在8位立瞄着b位渡过结果相同。

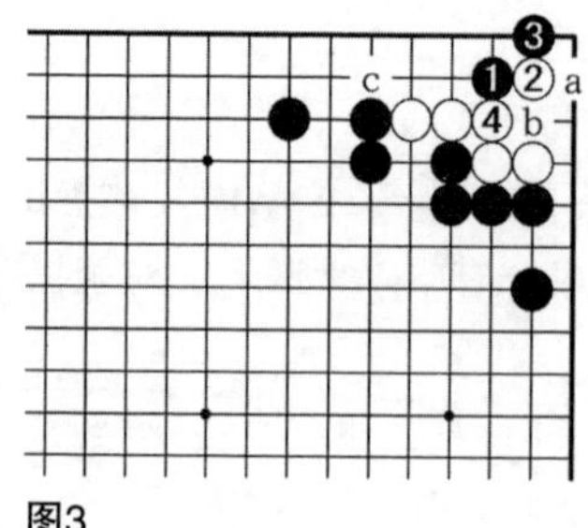

图3

白净活

图3（失败）

本图黑1点不是急所。白2靠已经确保活棋。黑3扳，白4粘。黑a打吃，白b粘，黑棋已经没有后续手段。

黑1若在c位立，白2位跳还原前型。

第三章

边上死活

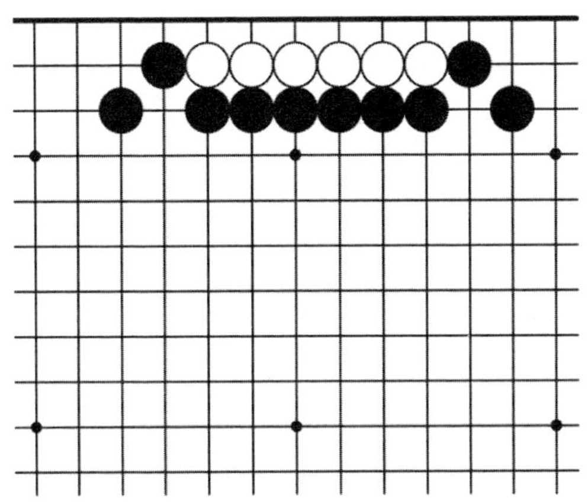

二线型

第1型

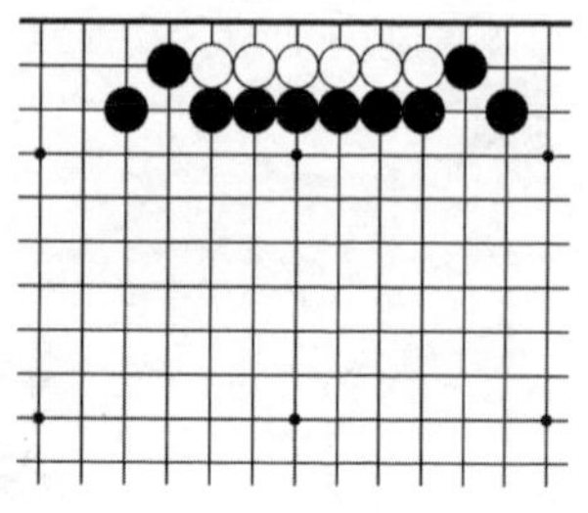

白不活

本型二线并排六颗棋子。有句格言叫“六死八活”，所以此时白棋是净死。

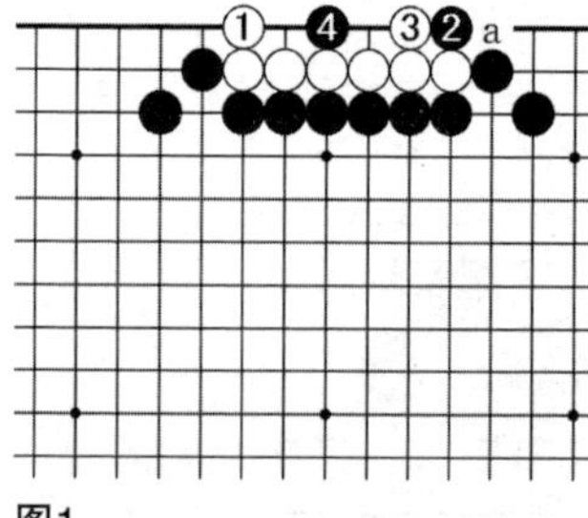

图1

白净死

图1（证明1）

白1扩大眼位，黑2扳，白3打吃，黑4点，结果是“直三”。白a位提也是假眼。

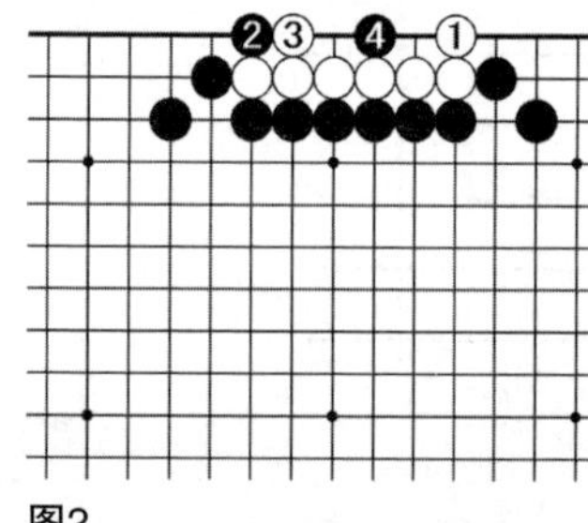
图2

白净死

图2（证明2）

白1在另一侧扩大眼位，黑2扳，4点结果相同。

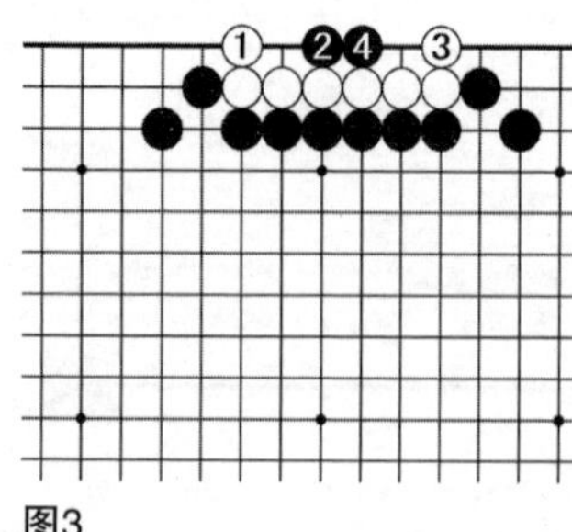
图3

白净死

图3（证明1变化）

白1弯，黑也可以2位点。白3立，黑4爬，白棋还是净死。

第2型

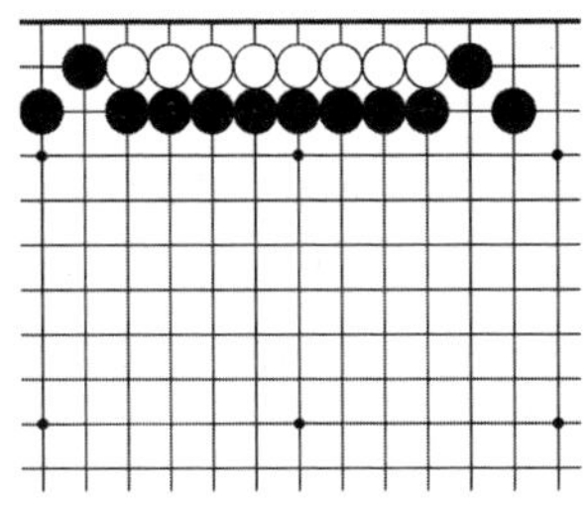

白活

在二线并排八颗棋子。白棋即使脱先他投也已经净活。

本型是“六死八活”中的八活。

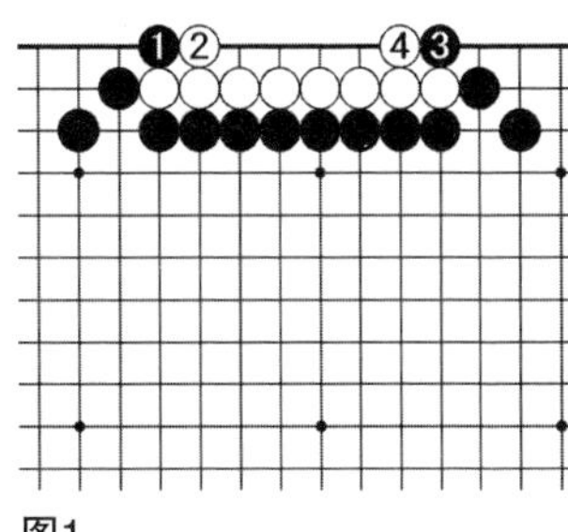

图1

白净活

图1（证明）

黑1扳，白2挡，黑3扳，白4挡，白棋变成“直四”净活。

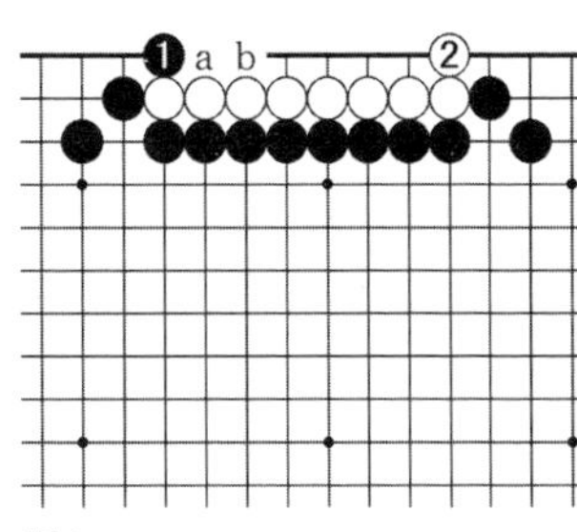

图2

白净活

图2（证明变化）

黑1扳，白2在另一侧扩大眼位同样是活棋。白a，黑b，仍然是直四。

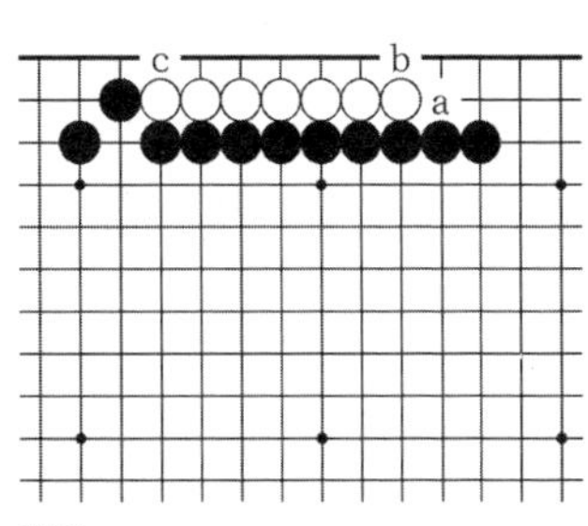

图3

白净活

图3（参考）

此时白棋并排七颗棋子，黑a没有挡，所以等于并排八颗棋子。黑a挡，白b或者c位即可做活。

第3型

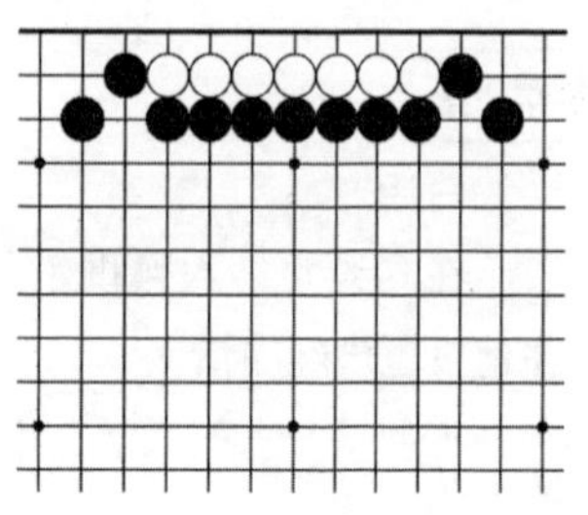

白先净活、黑先白死

此时白棋并排七颗棋子，处于“六死八活”的中间。

白先可以净活，黑先白棋净死。

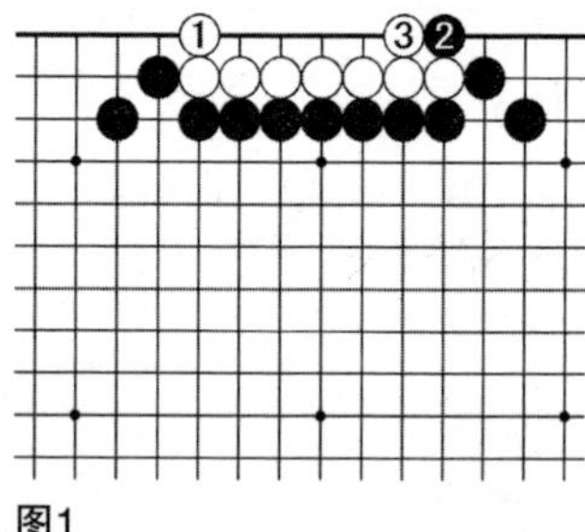

图1

白净活

图1（白棋正解）

白1扩大眼位即可。黑2扳，白3打吃，结果是“直四”。

同样，白1也可以下在2位。

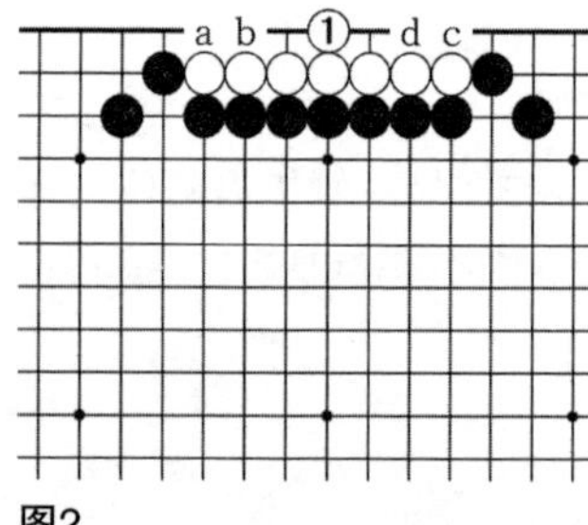

图2

白净活

图2（白棋准正解）

白1走在中间也是净活。黑a，白b，黑c，白d，白棋可以确保两只真眼。

但是与上图相比，白棋实地亏损（2目）。

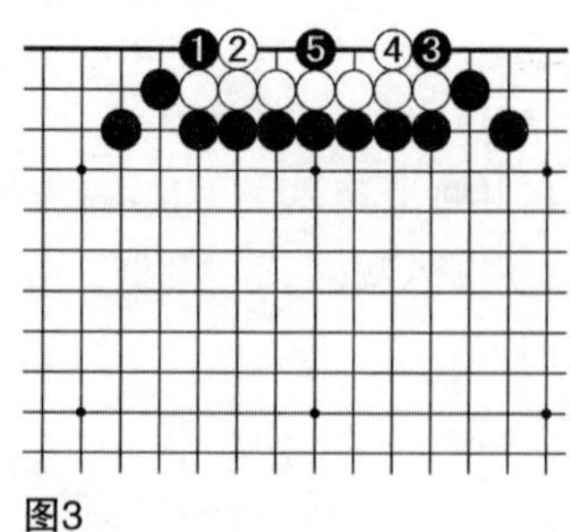

图3

白净死

图3（黑棋正解）

黑1位扳，白2挡，黑3扳，5点净杀。

黑1也可以在3位扳。

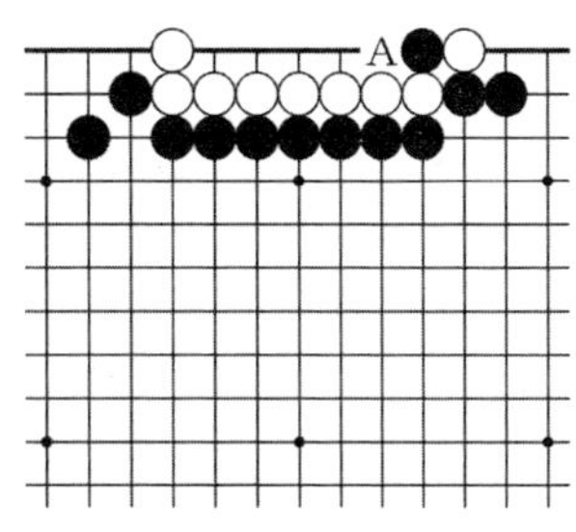

第4型

黑先白死

白先在A位提结果一目了然，白直四净活。黑先是否可以净杀是需要思考的问题。

需要找到攻杀的手筋。

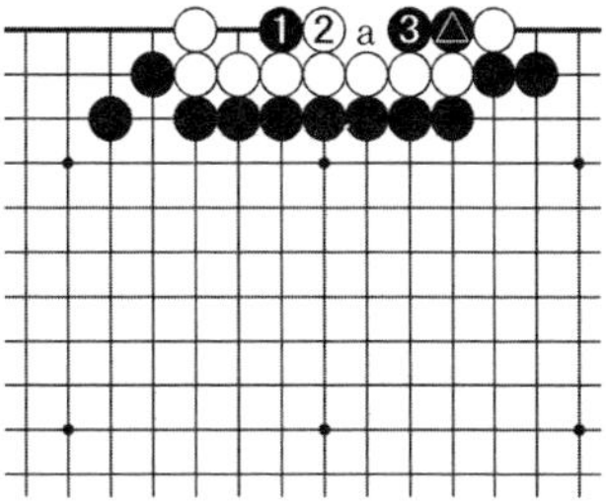

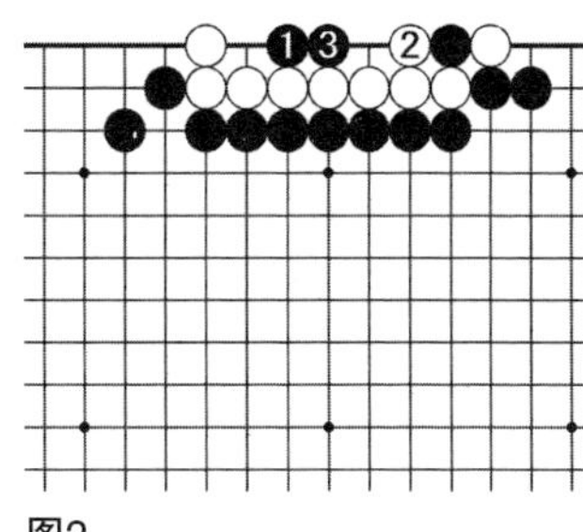

图1

白净死

图1（正解）

黑1点好手，白2打吃，黑3冲。接下来白a提，黑▲扑破眼。

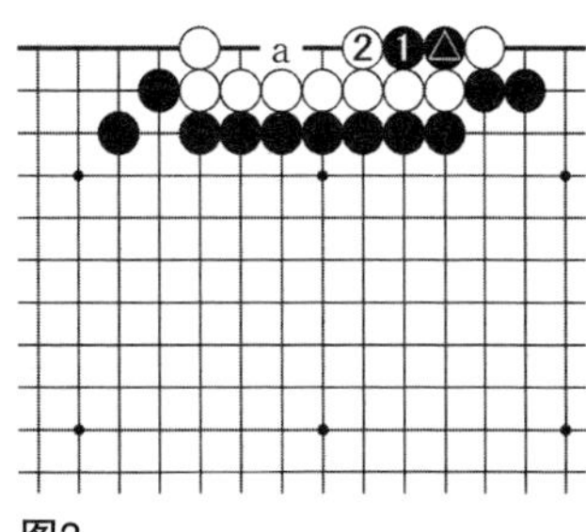

图2

白净死

图2（正解变化）

黑1点，白2提，黑3爬。结果是“直三”的棋形，白净死。

图3

白净活

图3（失败）

黑1如果缩小眼位，被白2提，接下来a位，▲位见合，白净活。

第5型

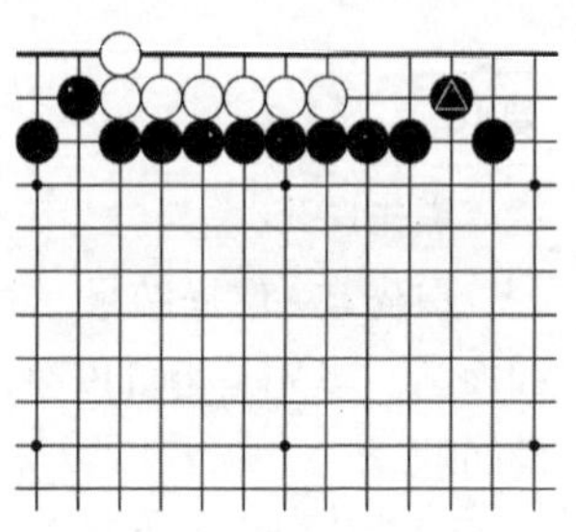

黑先白死

如果简单的缩小眼位，白棋可以做活。需要活用黑▲一子。

这是前型的应用题。

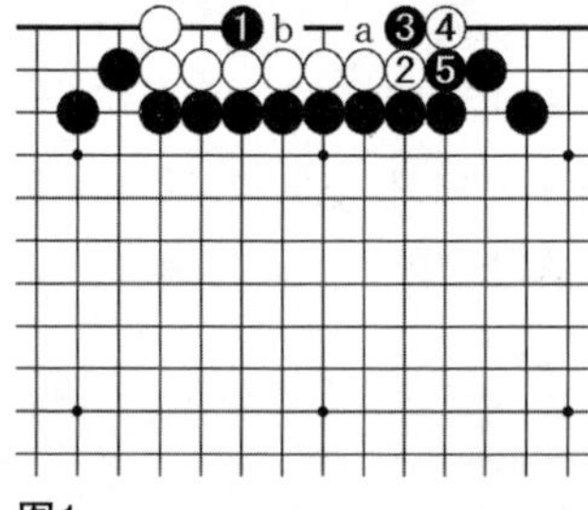

图1

白净死

图1（正解）

黑1中间点。白2爬，黑3托，白4扳，黑5粘，白净死。

白4若下在5位爬，黑4位爬，白a位打，黑b位爬，结果相同。

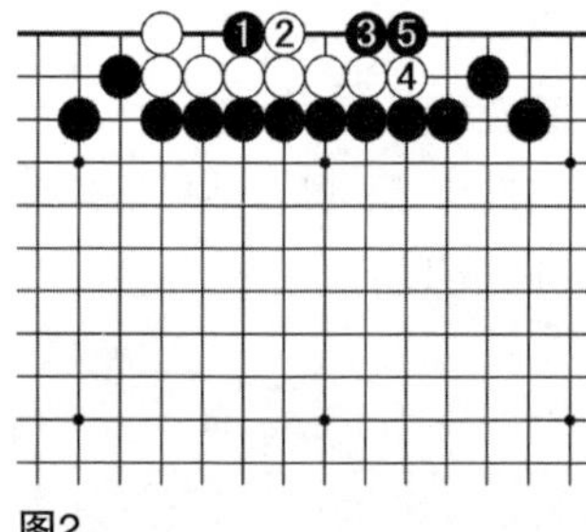

图2

白净死

图2（正解变化）

黑1点，白2打吃，黑3托。白4长，黑5爬破眼。

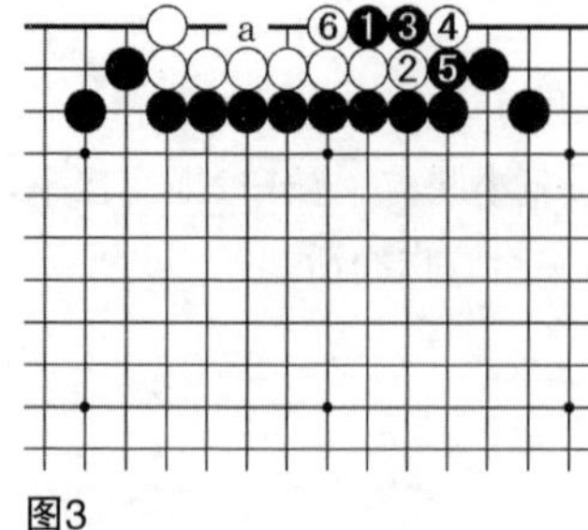

图3

白净活

图3（失败）

黑1直接破眼是失着。白2长至白6提，a和3两者见合。

白2直接在6位打吃或者a位做眼同样是净活。

第6型

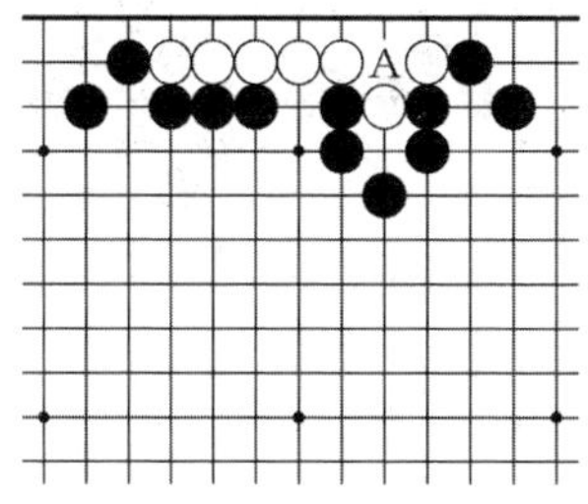

白不活

在二线并排七颗棋子，如果局部可以先落子就是净活。

但是本型白棋A位少了一子，棋形不完整。

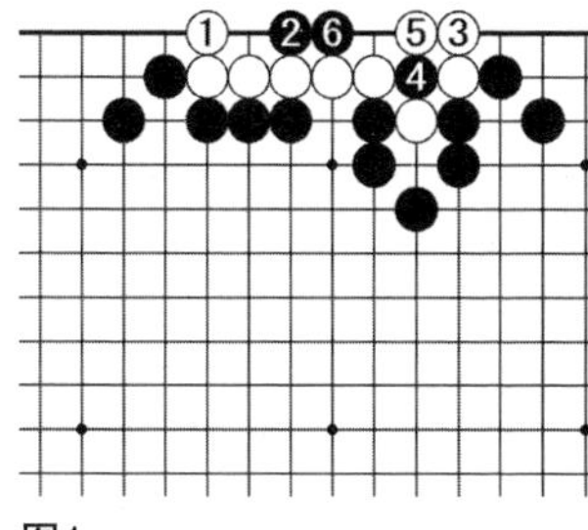

图1

白净死

图1（证明1）

白棋想要做活，在1位扩大眼位。黑2点是破眼的急所，白3立，黑4扑，白5提，黑6破眼，白净死。

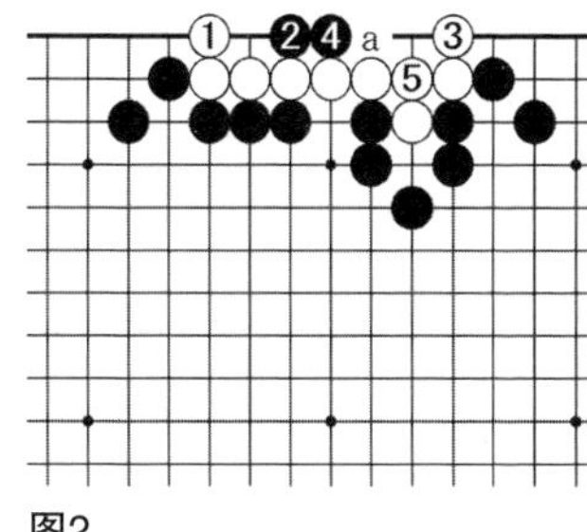

图2

双活

图2（失败1）

上图黑4是非常关键的一手，如果选择本图黑4爬，白5粘好手。接下来即使黑a破眼，白棋局部也已经是双活的棋形。

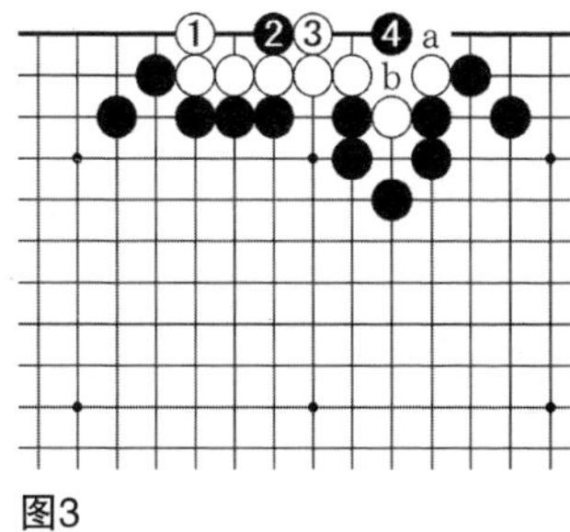

图3

白净死

图3（证明1变化）

白1立，黑2点交换之后，白3若打吃做眼，黑4点好手。接下来白a立，黑b扑。

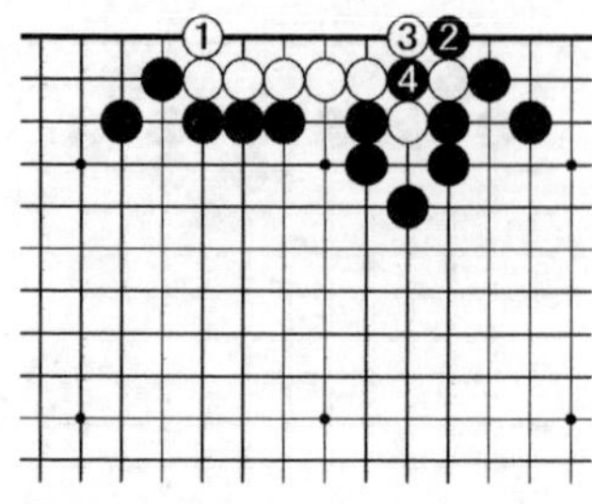

图4

打劫

图4（失败2）

白1扩大眼位，黑2打吃随手。白若4位粘、黑3位破眼可以净吃白棋，但此时白3可以做劫，局部白棋变成劫活。

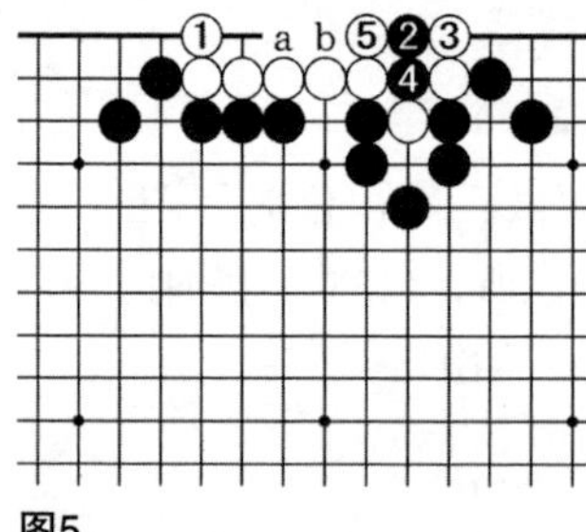

图5

白净活

图5（失败3）

白1扩大眼位，黑2直接点同样是失着。白3、5应对，接下来a位和4位两者见合。

黑a、白b交换之后再2位点是解题的关键次序。

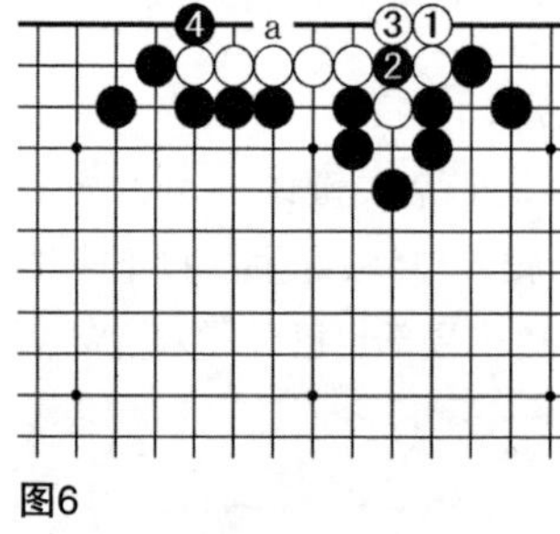

图6

白净死

图6（证明2）

面对白1立，黑2扑、4扳好手。白3若下在4位立，黑a点破眼还原图1。一定要注意行棋次序。

如果黑2在4位扳，白棋也是净死。

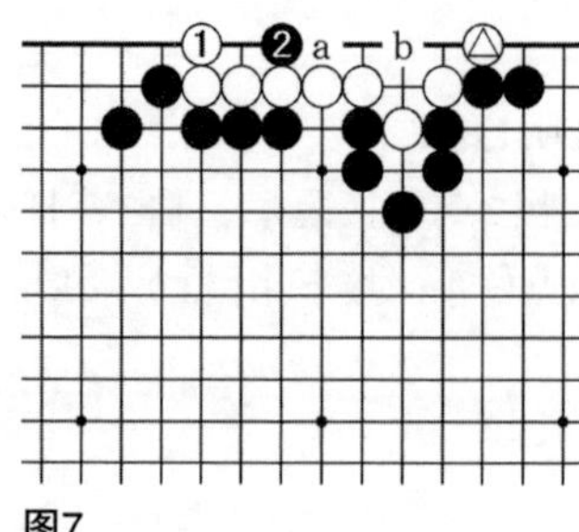

图7

白净死

图7（参考）

本型中白即使在△位有子，对死活也没有影响。

白1立，黑2点。接下来白a挡，黑b点，白净死。

第7型

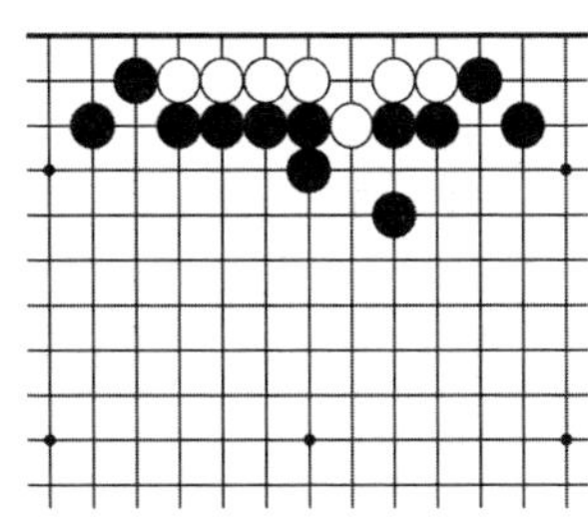

白不活

本型看起来也像在二线并排七颗棋子，但细看可以发现其中不同。

此时白先同样无法做活。

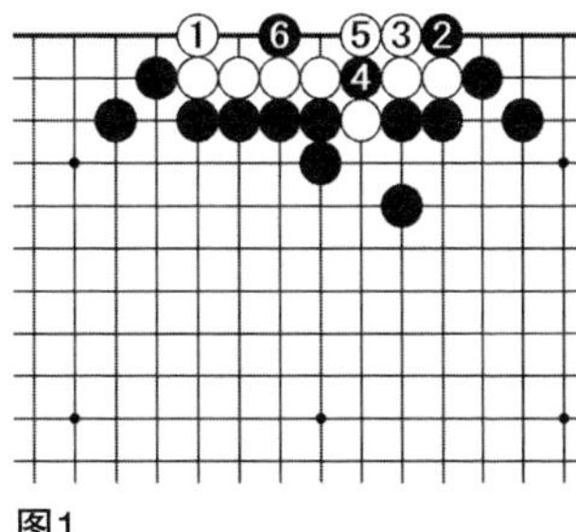

图1

白净死

图1（证明1）

白1扩大眼位，黑2扳缩小眼位。白3打吃，黑4扑，白5提、黑6点，白净死。

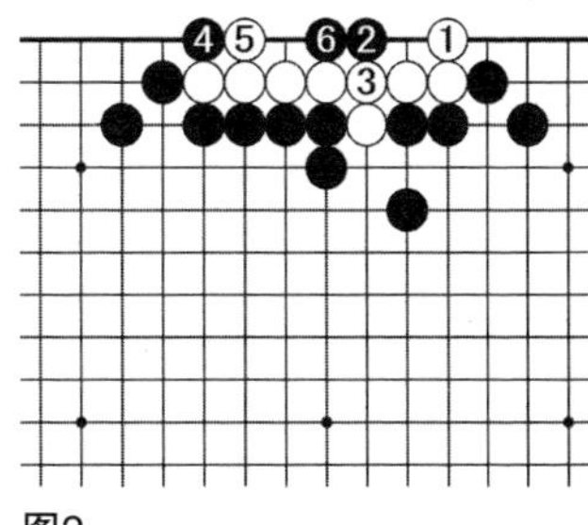

图2

白净死

图2（证明2）

白1立，黑2点与白3粘交换之后，黑4扳，白净死。

黑2若直接在4位扳，白2做眼变成净活。

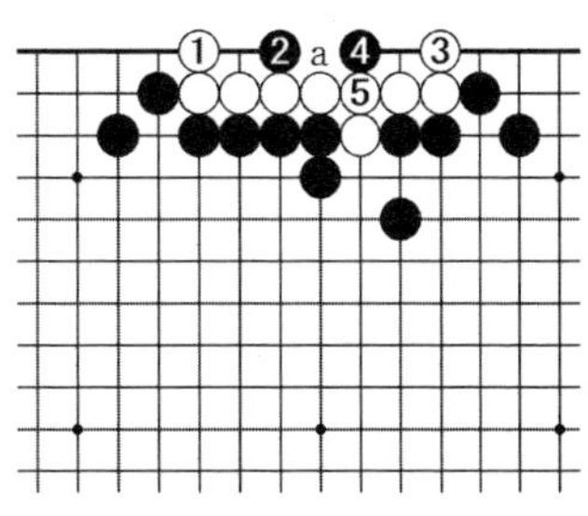

图3

双活

图3（失败）

本图为图1的补充。白1扩大眼位，黑2直接点是失着。白3立、5粘之后眼形充足，即使黑a粘，局部结果已经是双活。

第8型

白先活

此时白棋较前型多了白△一子。

看似用处不大，但白棋可以因此净活。这也就是死活的微妙之处。

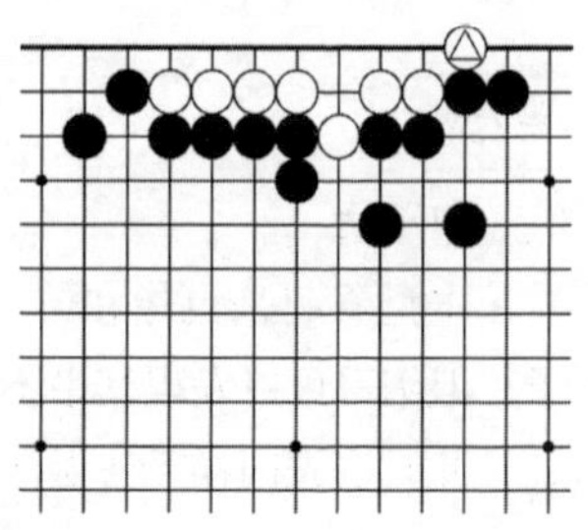

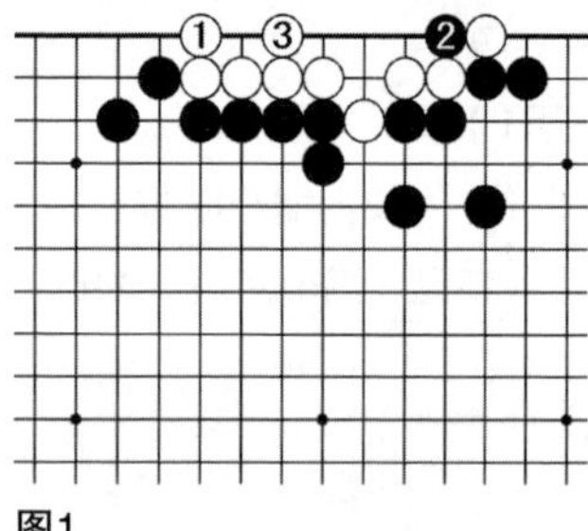

图1

白立做眼

图1（正解）

白1立，下法与前型图1相同。黑2扑是最强攻杀手段。此时白3做眼好手。

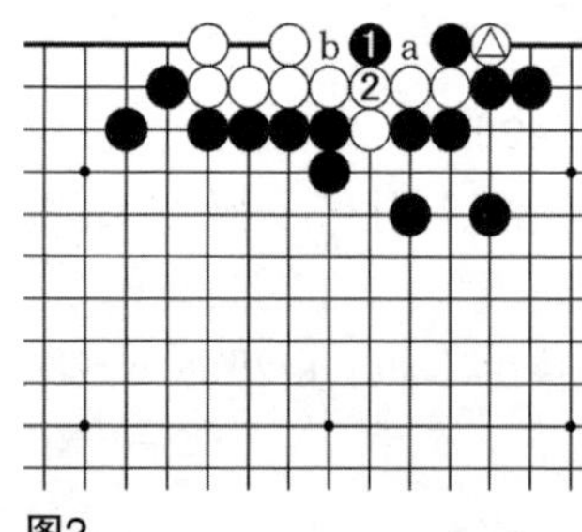

图2

白净活

图2（正解续）

接上图，黑1点，白2粘冷静。黑a如果粘住，白b可以提掉黑三子。

通过本图可以看出白△的重要价值。

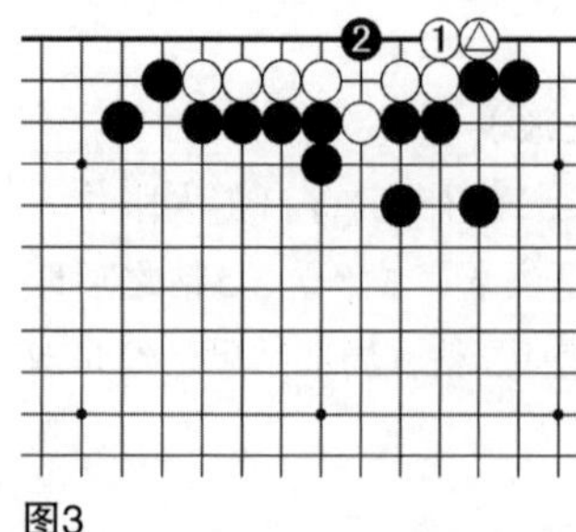

图3

白净死

图3（失败）

白1粘、黑2点净死（参考第7型图2）。

只有将1位让给黑棋才能发挥白△的作用。

第9型

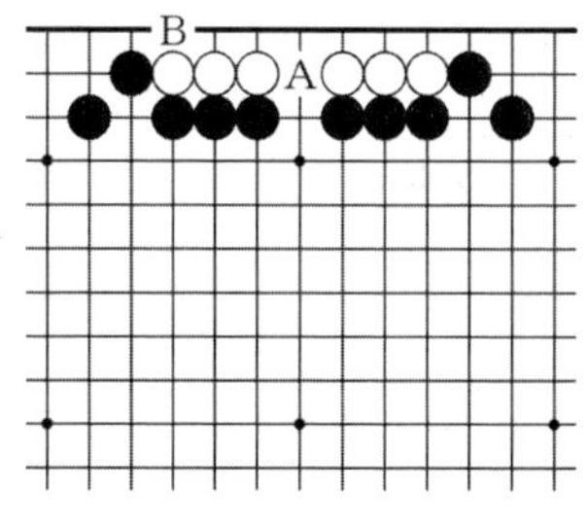

白先活

白若在A位粘则形成二线七颗棋子并排的棋形，但这样一来黑B扳即可净杀白棋。

需要认真思考。

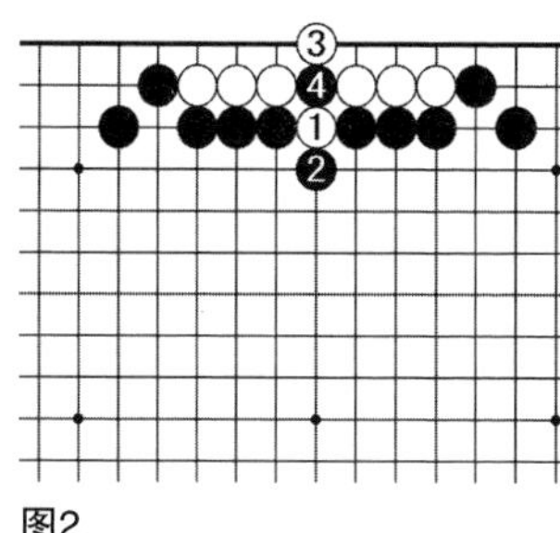
图1

白净活

图1（正解）

白1倒虎是此时的手筋，黑2粘，白3粘，净活。

“两边同形走中间”。

图2

打劫

图2（失败1）

白1挖是无意义的一手。黑2打吃之后白已无法净活，只能白3做劫。

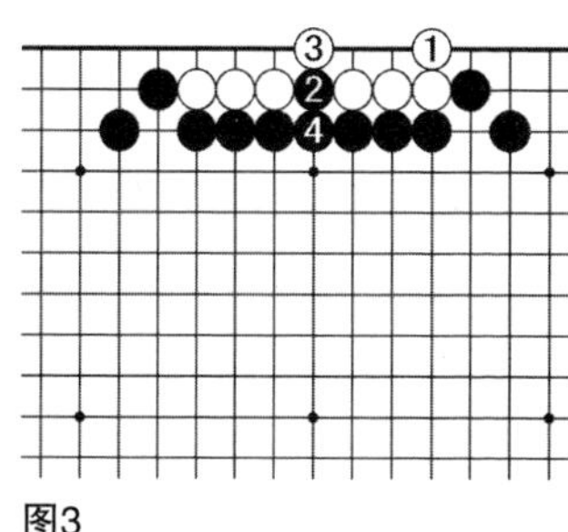
图3

白净死

图3（失败2）

白1是失着，黑2挖破眼，白净死。

第10型

黑先白死

本型白棋做到了并排八颗棋子，但棋形有一处不完整。黑棋可以发起冲击净杀白棋。

需要注意左边一线白△一子。

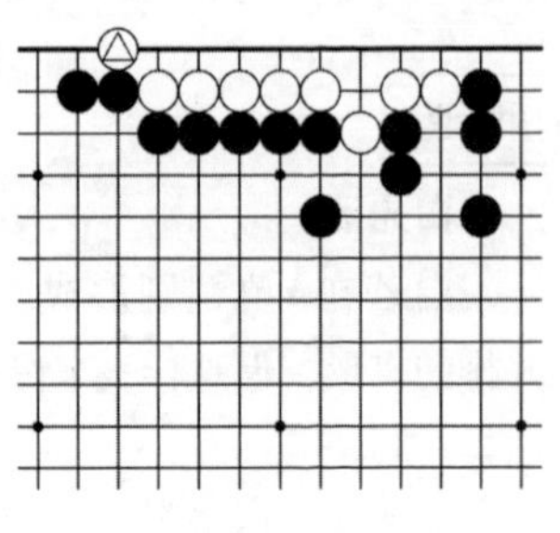

白净死

图1（正解）

黑1扳正解。白2粘，黑3点，白4打吃，黑5扑，白净死。

图1

白净活

图2（失败）

第一手在黑1位扑方向错误，白2立扩大眼位好手。黑3点，白4粘，后续若黑a爬，白b提；黑b则白c，白局部净活。

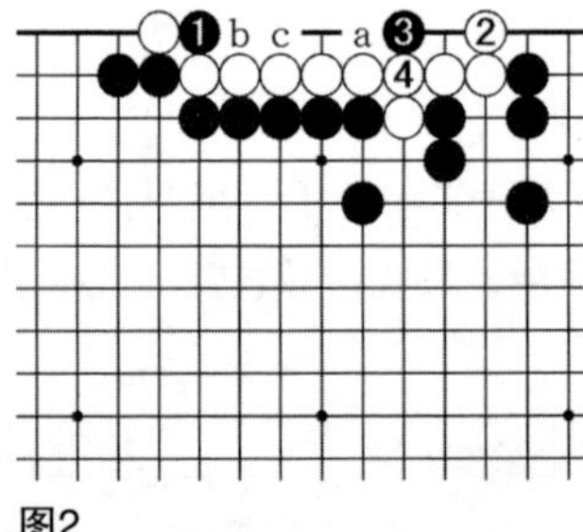
图2

白净死

图3（参考）

如果白棋左边一线无子，黑1扳也可以净杀白棋。白2立，黑3点破眼，5冲缩小眼位即可。

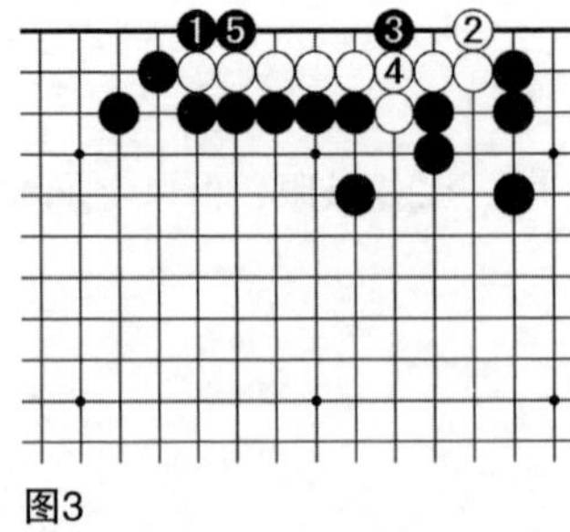
图3

第11型

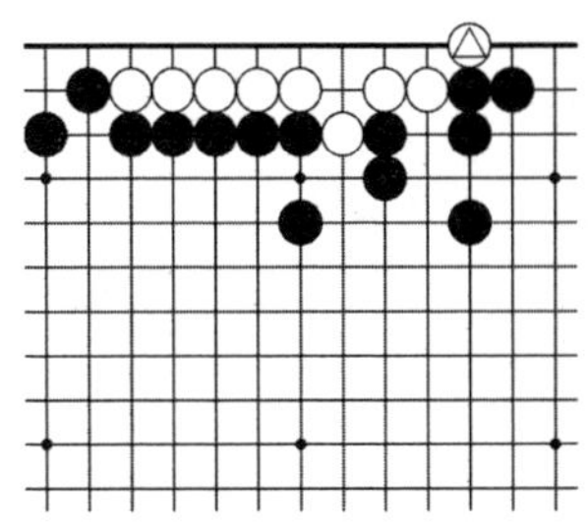

白活

与前型相比，白棋在右边一线又多了△位扳。

此时白棋形弹性更足，黑先也已经无法威胁到白棋死活。

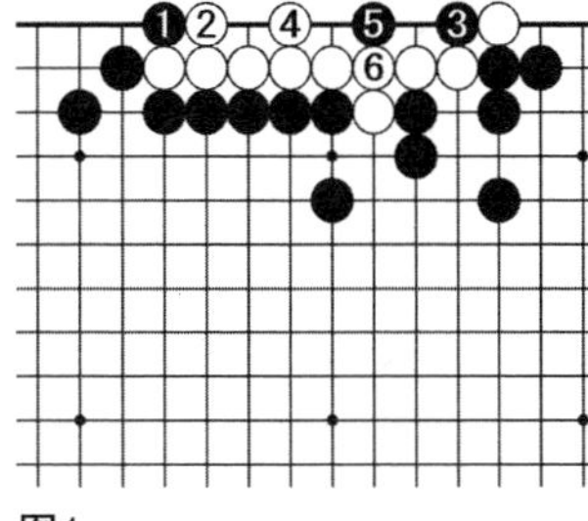

图1

白净活

图1（证明1）

黑1扳，白2挡，黑3扑，白4做眼好手。黑5点，白6粘净活（与第8型图1，图2思路相同）。

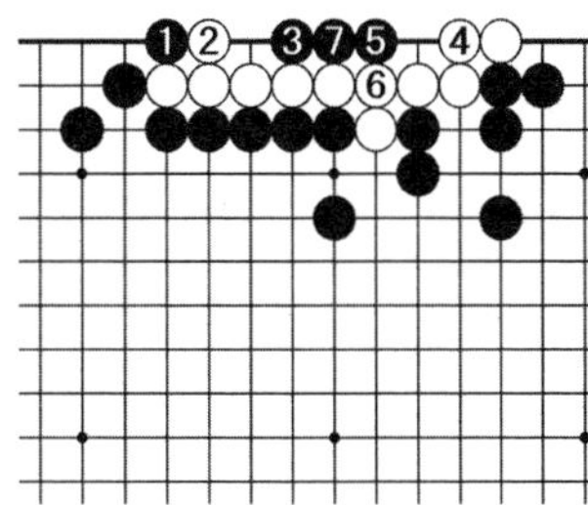

图2

双活

图2（证明1变化）

黑1，白2交换，若黑3点，白4粘，黑5点，7粘之后局部结果是双活。

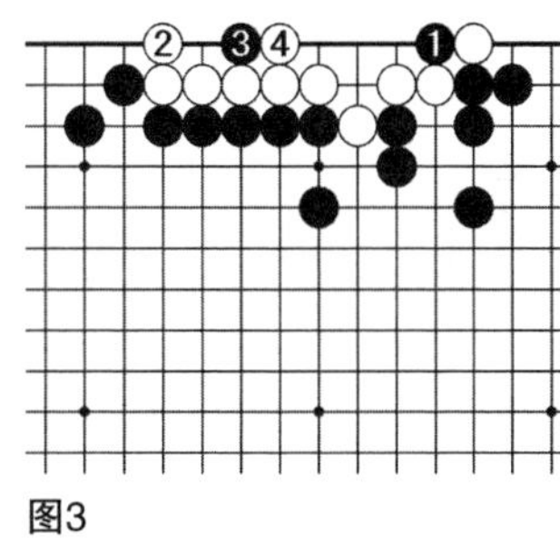

图3

白净活

图3（证明2）

黑若在1位扑，白2在左边扩大眼位。黑3点，白4打吃，解题方法与图1相同。

白2下在4位也是净活。

第12型

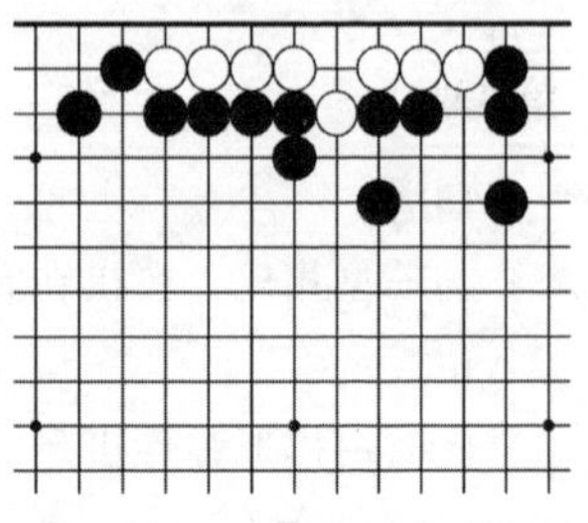

黑先白死

本型同样是二线八颗棋子并排的变化图，白棋形还是有不完整的问题。

从哪个方向扳是正解呢。

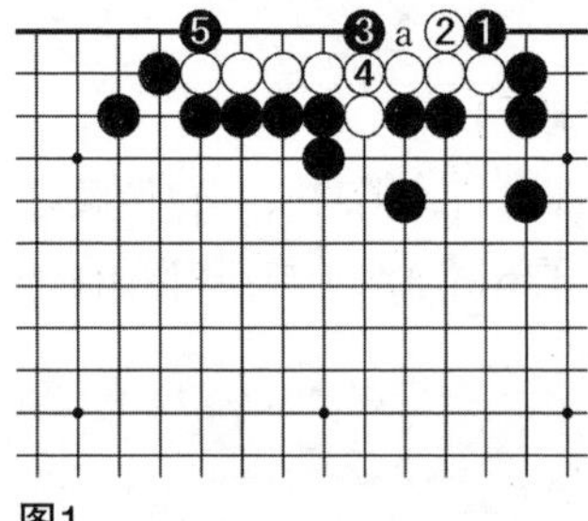

图1

白净死

图1（正解1）

黑1扳方向正确。白2挡，黑3点，5扳。

白2若在5位扩大眼位，则黑2位冲，白a位挡，黑4位扑即可。

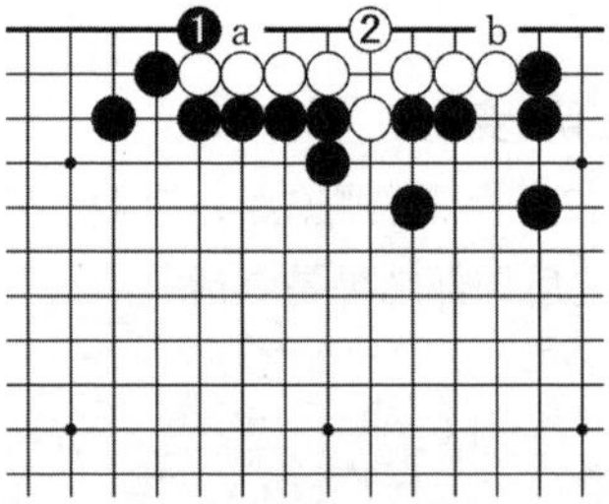

图2

白净活

图2（失败）

黑1扳方向错误。白若a位打吃，黑b位扳与图1基本相同，但此时只要白下在2位做眼，就可以确保两只真眼净活。

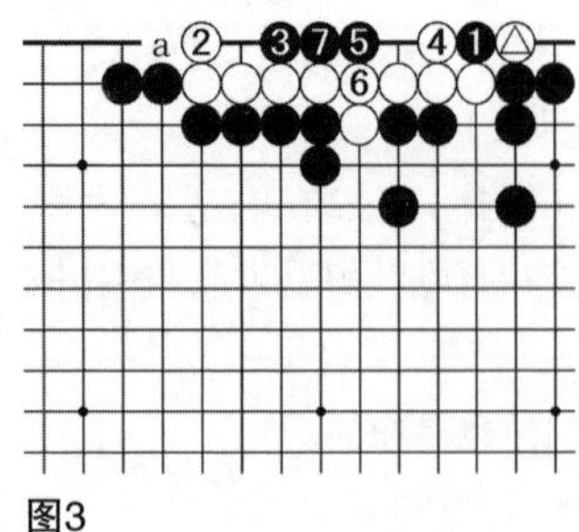

图3

双活

图3（参考）

假如白△有一线扳，那么黑1扑，白2扩大眼位就可以做活。黑3至黑7之后是已经出现数次的双活棋形。

需要注意的是，白棋在左边a位有子与死活并无关联。

第13型

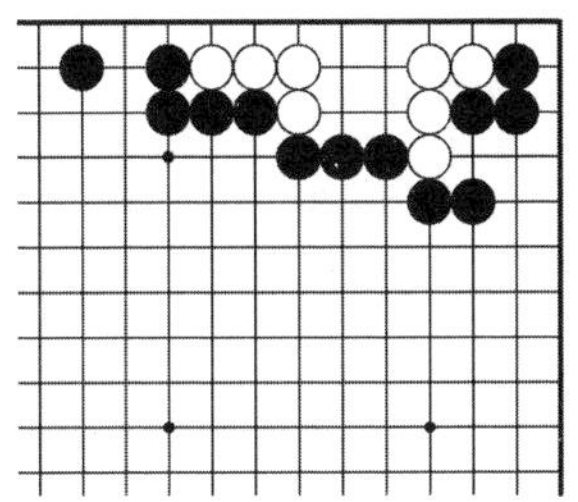

白先活

二线占地也有七路之多。但是，单纯的扩大眼位有用吗。

如果不行，需要考虑其他的下法。

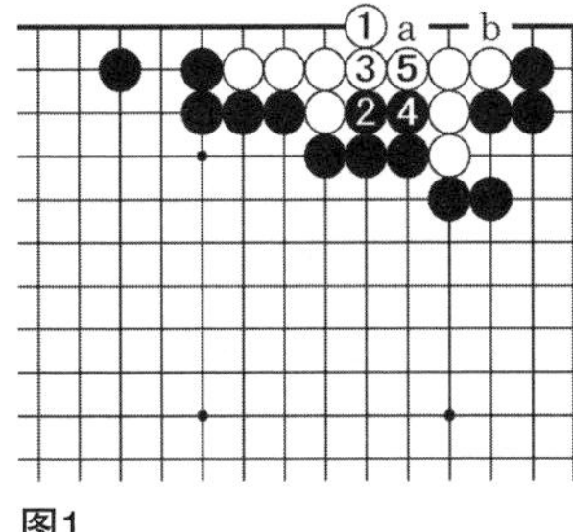

图1

白净活

图1（正解）

白1小尖好手。黑2冲，白3长之后可以同时确保左右两个眼位。

白1若在a位小尖方向错误，黑2，白3，黑4，白5之后，黑b扳白净死。

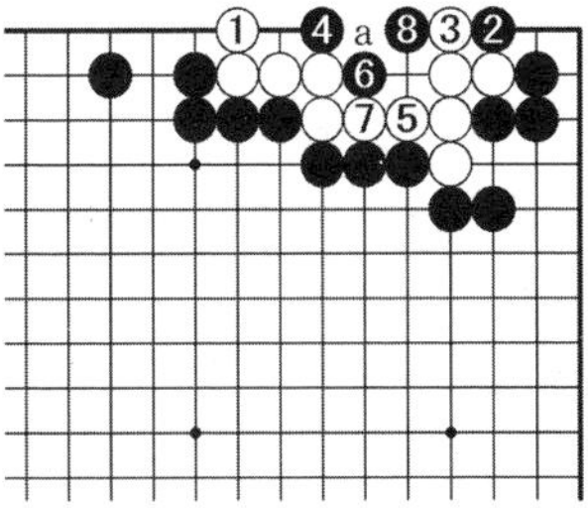

图2

白净死

图2（失败1）

白1扩大眼位，黑2扳，白3打吃，黑4托好手。白5扩大眼位，黑6至黑8之后，白棋变成“刀把五”，净死。

白5若在a位打吃，黑6，白7，黑8，结果相同。

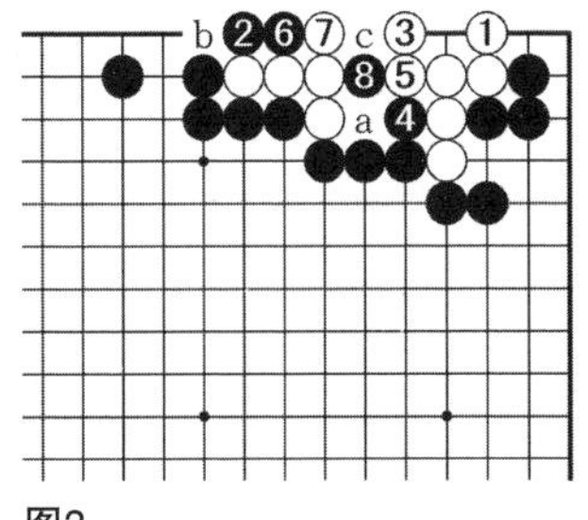

图3

白净死

图3（失败2）

白1在右边扩大眼位，黑2在左边扳。白3做眼看似眼形急所，但黑4至黑8是好次序，因为白棋气紧，白a位不入气。白b位提，黑a位粘，白c位粘，黑2位扑，白净死。

第14型

黑先白死

此时白棋在二线并排8颗棋子，但是A位有缺陷。

黑棋应该如何入手呢?

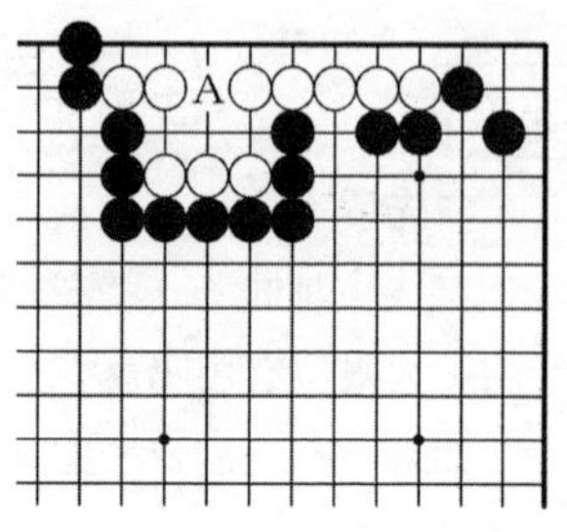

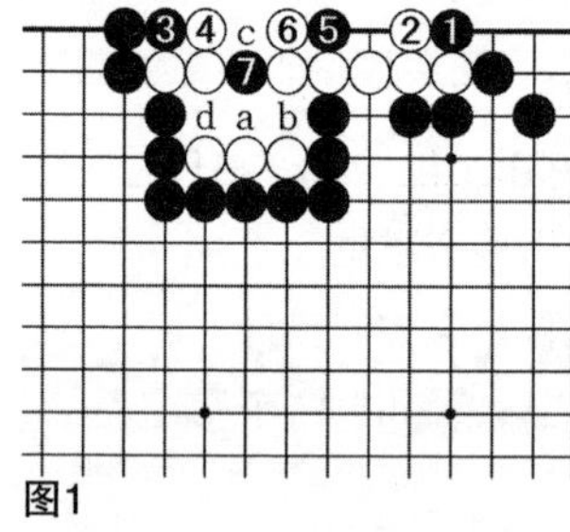

图1

白净死

图1（正解）

黑1扳好手。白2打吃，黑3冲，白4挡，黑5点破眼。白6打吃，黑7挖。接下来白a，黑b，白c，黑d，白此处是假眼，净死。

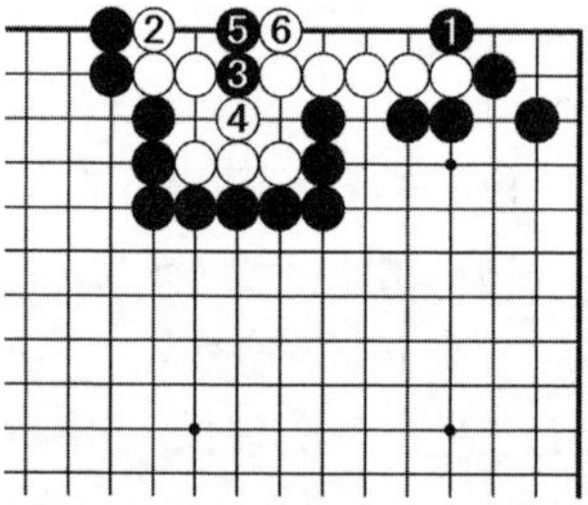

图2

挖

图2（正解变化）

面对黑1扳，白2若在左边扩大眼位后续变化会非常有趣。黑3至黑5是利用白棋气紧的手筋。

黑3若在5位点，白6位挡，黑3位冲，白4挡棋形相同。

接下来——

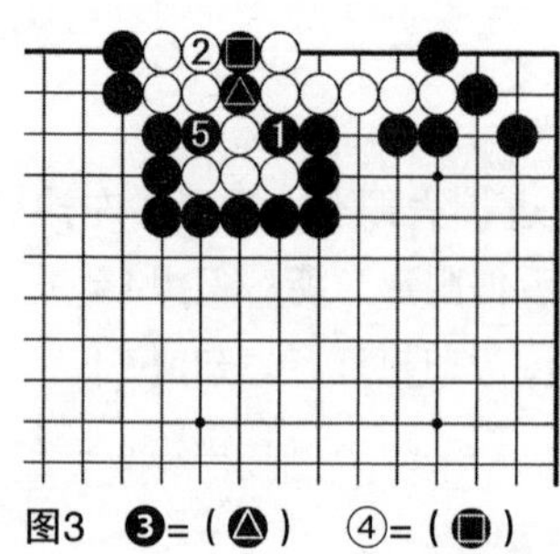

图3 ❸=（▲） ④=（■）

白净死

图3（正解变化续）

黑1打吃，3扑好手。白4提，黑5扑，白净死。

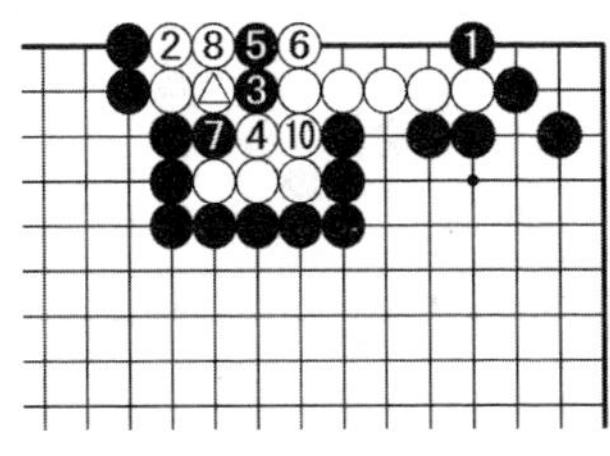
图4 ❾=（❸） ⓫=（❺）
⑫=（△）

白净活

图4（失败1）

上图黑1若在本图7位打吃方向错误。白8提，黑9扑，白10粘好手。接下来黑11提掉白4子，白12断吃可以净活。

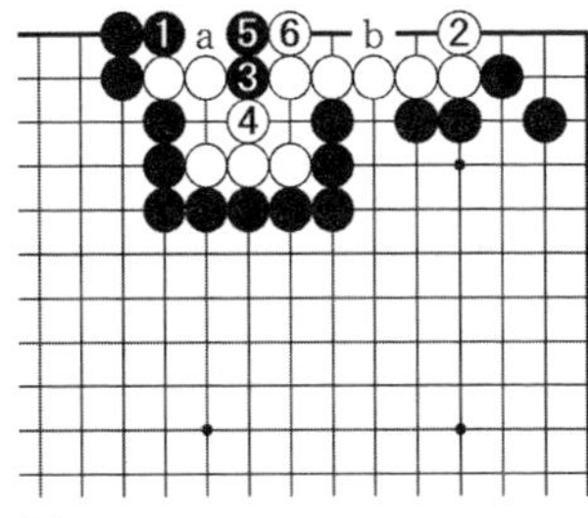
图5

白净活

图5（失败2）

回到最初的棋形。黑1冲，白2扩大眼位好手。黑3挖虽是手筋，但白4，6应对之后，a位提和b位做眼见合，白棋净活。

黑3若在5位点，白6挡应对。

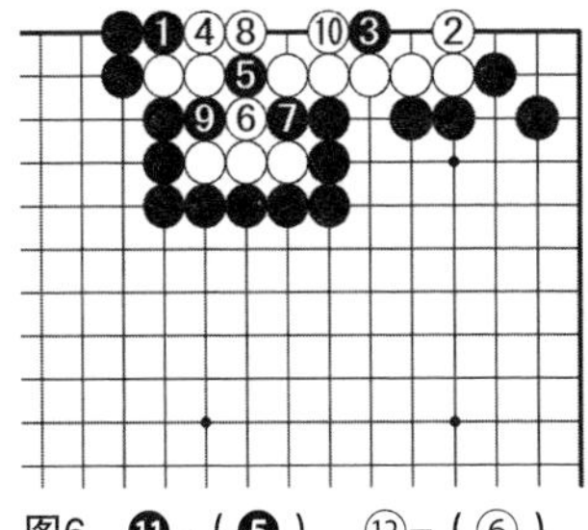
图6 ⓫=（❺） ⑫=（⑥）

白净活

图6（失败3）

黑1冲，白2立交换，黑3点，白4拐。即使黑5挖破眼，黑9断吃，白10也可以确保眼位。黑11提，白12反提，白净活。

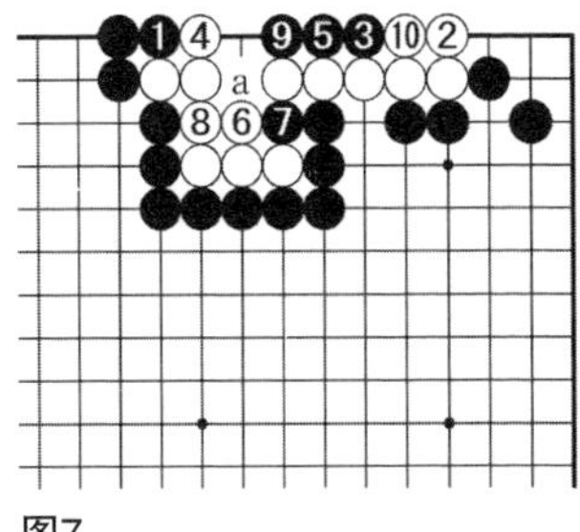
图7

白净活

图7（失败4）

白4拐，黑5冲破眼，白6扩大眼位即可确保净活。

白6下在a位是双活。

第15型

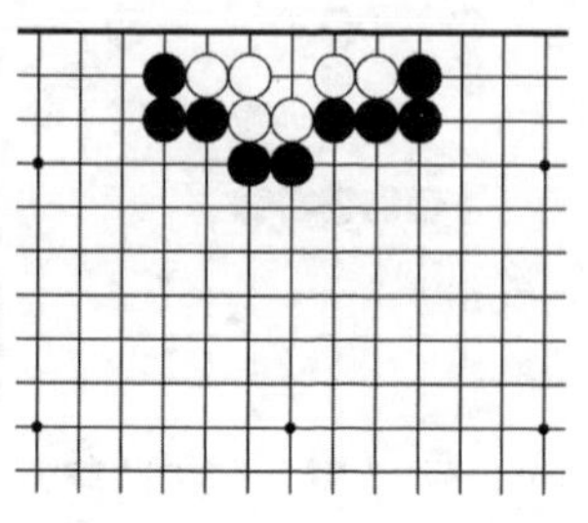

白先活

本图是死活的基本图形。

只要占据急所就可以简单活棋，一旦错过了急所，棋形本身非常脆弱。

图1

白净活

图1（正解）

白1急所。黑a位扳，白b位立；黑b位扳，白a位立，两点见合，白净活。

白1若在a或者b位扩大眼位，黑1点即可。

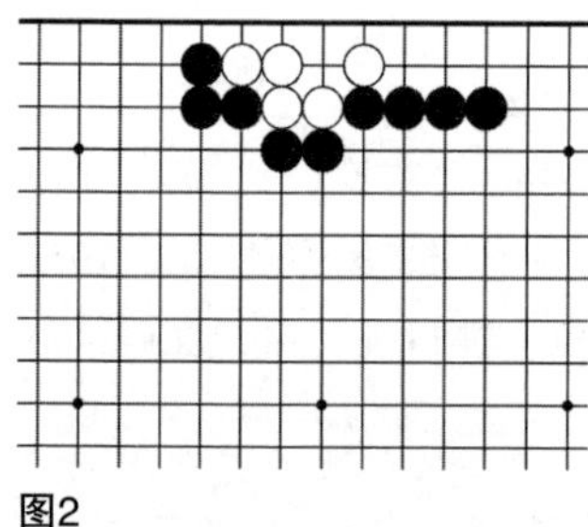

图2

急所相同

图2（参考）

棋形稍有不同，急所相同。扩大眼位并不明智。

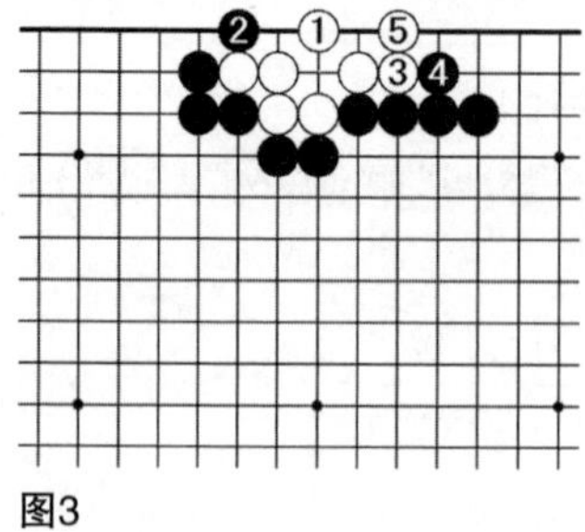

图3

白净活

图3（参考正解）

白1做眼正解。黑2扳，白3长，5立做眼。黑2若下在3位，白2立做眼。

白1若在3位爬，黑1点白净死。

第16型

白先活、黑先杀白

与前型相比，白棋眼形更加充足。此时白先可以净活，正解有两种。

两种下法各有优劣，黑先的话急所只有一个。

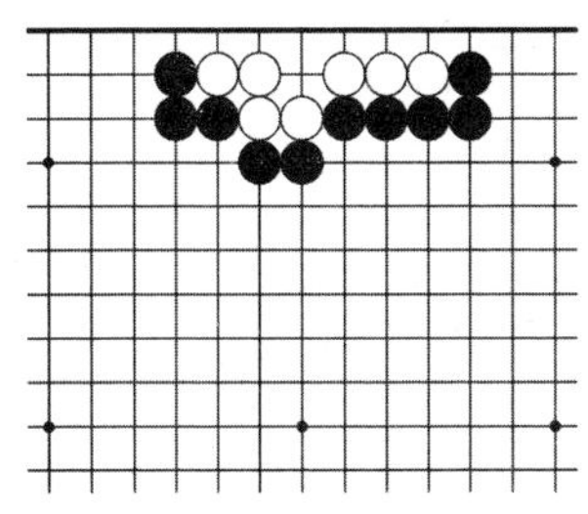

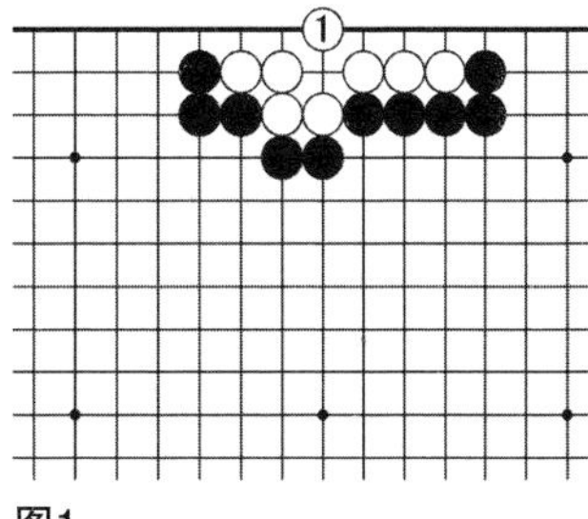

图1

白净活

图1（白正解1）

白先做活的一种下法是白1做眼。此时黑棋已经没有任何手段。

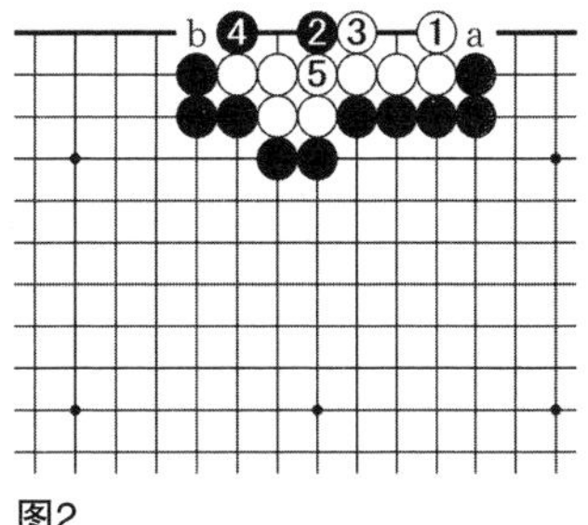

图2

白净活

图2（白正解2）

白1扩大眼位是第二种下法。黑2点，白3确保右边一只眼，黑4扳，白5打吃接不归。

白1可以有a位的后续手段，但是也给黑棋留下b位先手。

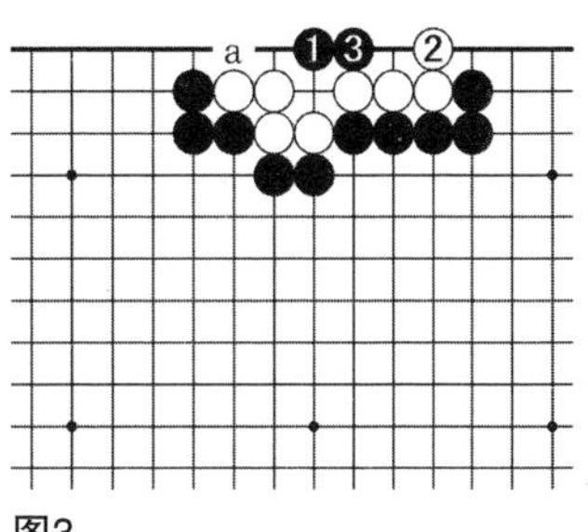

图3

白净死

图3（黑正解）

黑先的话，黑1点只此一手。白2扩大眼位，黑3爬。黑3也可以在a位扳。

黑1若在a位或者2位缩小眼位，则白1做眼净活。

第17型

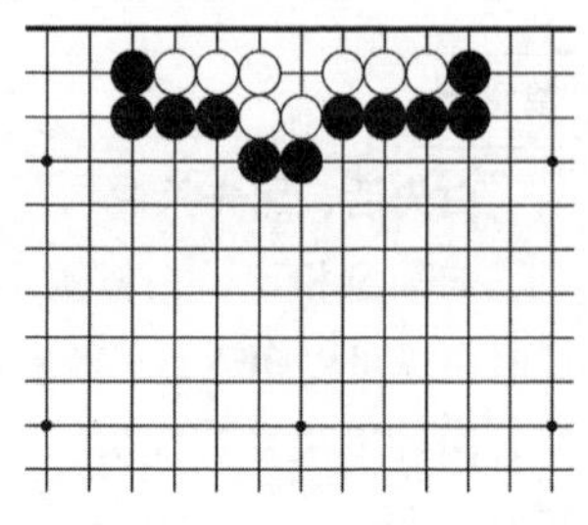

白活

与前型相比，白棋眼形空间更大，还留有棋形急所。

需要细心应对才行。

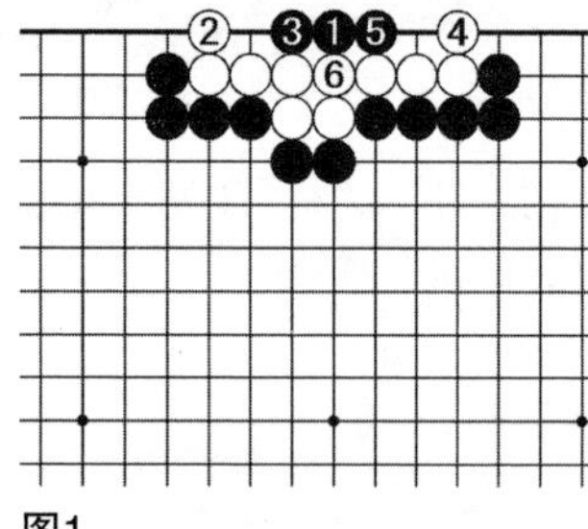

图1

双活

图1（证明）

黑1点是棋形急所，白2扩大眼位，黑3爬，白4立，黑5破眼，白6粘，双活。

白2若在4位立，黑5位爬，白2立，结果相同。

图2

白净活

图2（证明变化）

黑1、白2交换，黑3扳，白4挡。接下来黑a爬，白b打吃接不归。

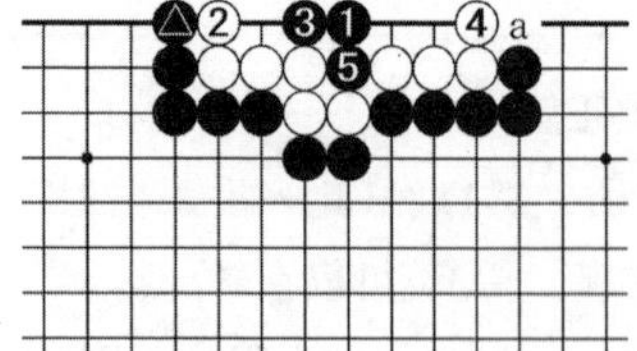

图3

白净死

图3（参考）

若黑▲位有子，黑1至白4之后，黑5断白净死。

若黑在右侧a位有子同样可以净吃白棋。

第18型

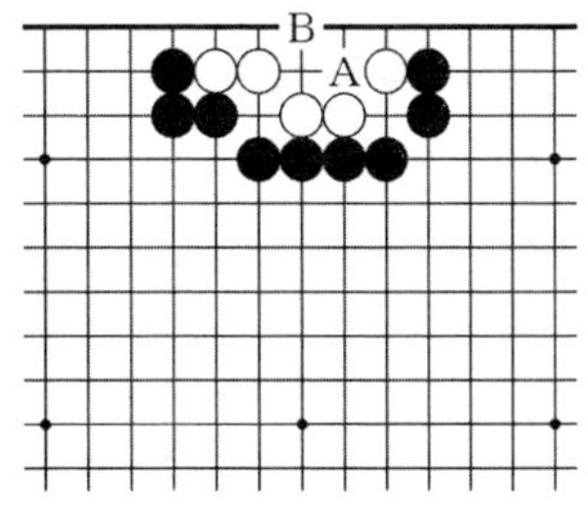

白不活

白若A位有子，则下在B位可以净活，这是在第15型中学到的知识。

若A位无子，白先无法做活。

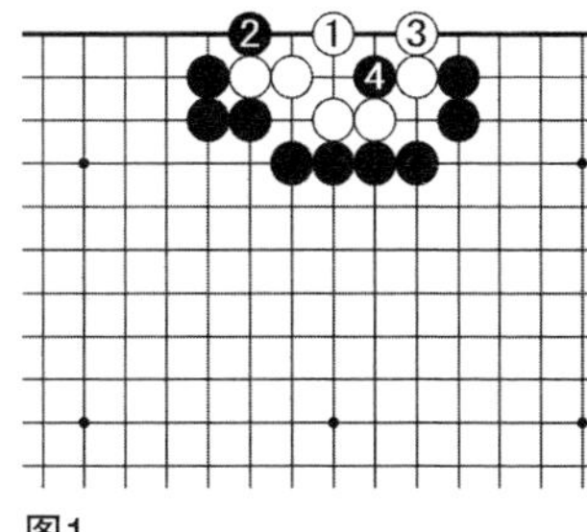

图1

白净死

图1（证明1）

白1虎是第15型中的急所。但此时黑2扳破眼，白只有一只真眼，净死。

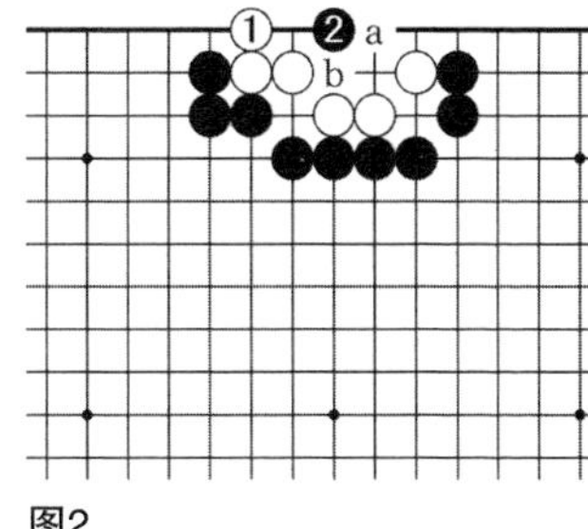

图2

白净死

图2（证明2）

白1扩大眼位，黑2点急所。接下来白a、黑b。

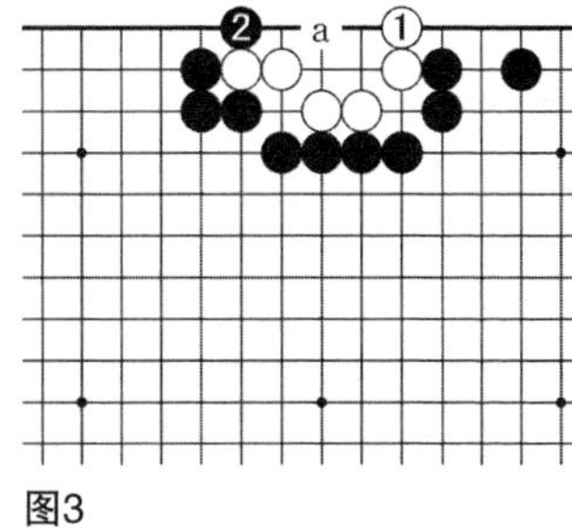

图3

白净死

图3（证明3）

如果在白1位立结果如何呢？此时黑2扳，白净死。

黑2也可以下在a位。

第19型

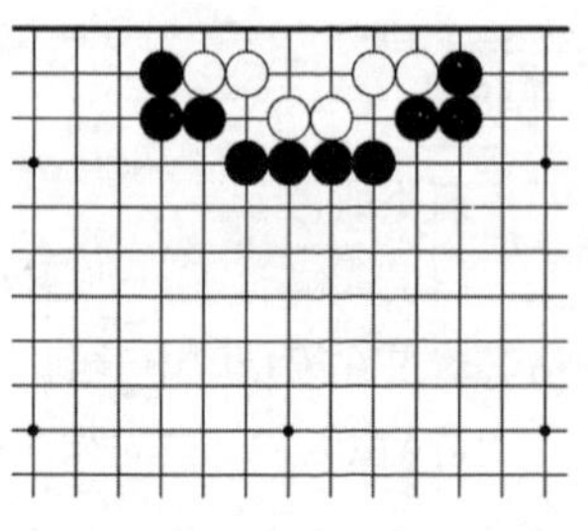

白先活

与前型相比，白棋多了一路眼位空间。

白先有两种活棋方法（因为两边同形，准确的说法是4种方法）。

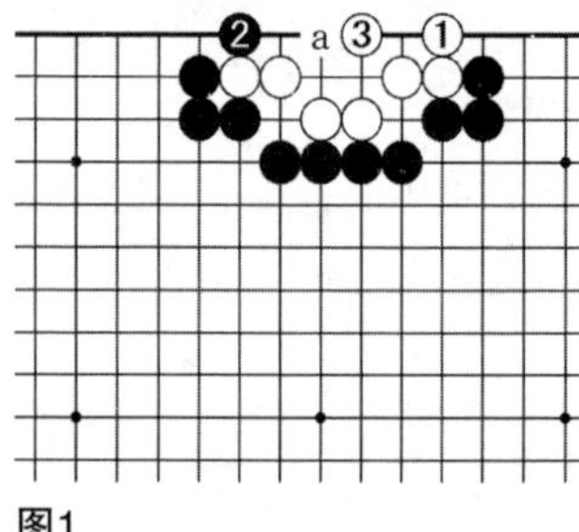

图1

白净活

图1（正解1）

白1扩大眼位，黑2扳，白3占据眼位急所净活。白3也可以下在a位。

白1也可以下在2位。

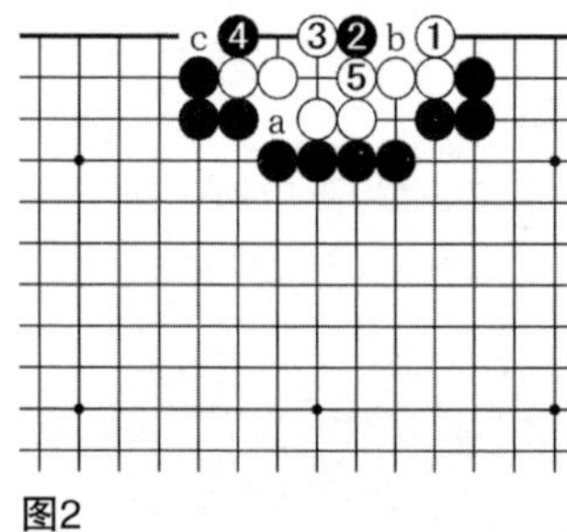

图2

白净活

图2（正解1变化）

面对白1，黑2点是锐利的攻击手段。但此时白3尖顶即可确保眼位，白5打吃净活。

接下来若黑a位挤，白需要b位提做活。一旦脱先黑c位粘，白净死。

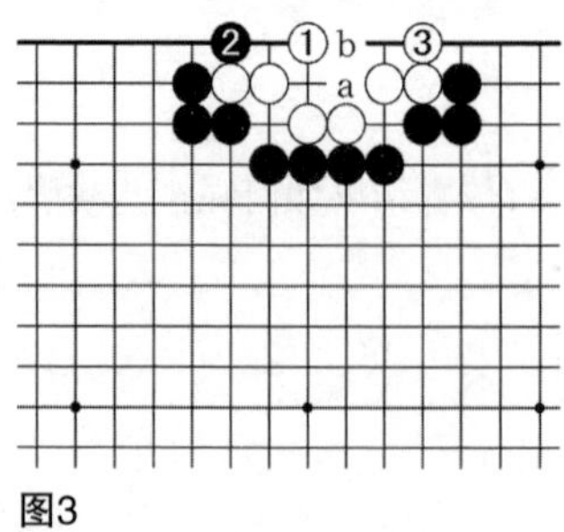

图3

白净活

图3（正解2）

第一手在1位虎同样可以净活。黑2扳，白3立还原上图。白3可以在a位做眼。

同样，白1也可以下在b位。

第20型

白先活

黑占据▲位，白棋已经不是两边同形的棋形。

此时白先仍然可以净活，但正确答案只有一个。

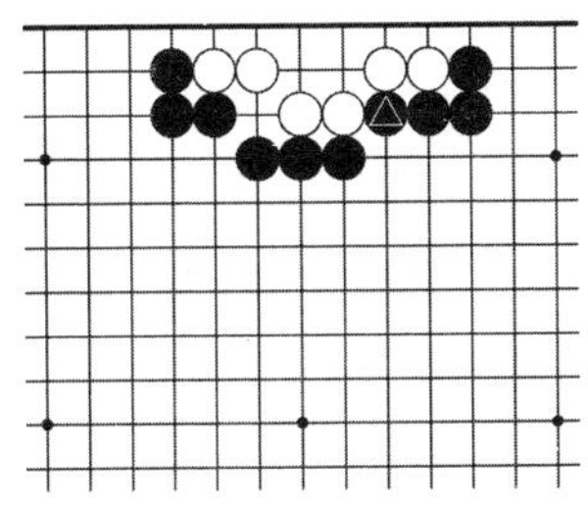

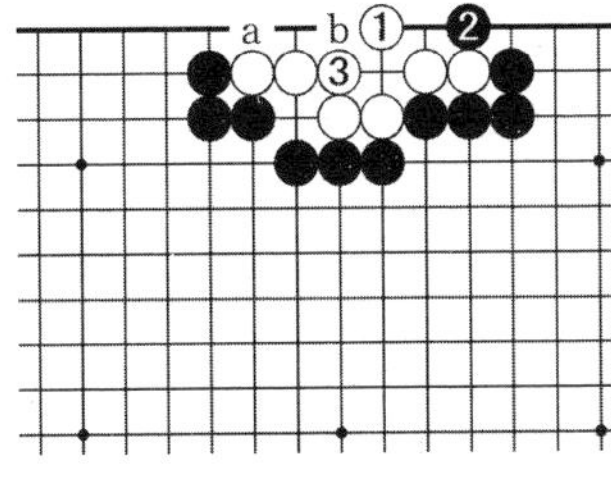

图1

白净活

图1（正解）

白1虎只此一手。黑2扳，白3做眼净活。

白3若下在a位，黑b位点，白净死（参考下图）。

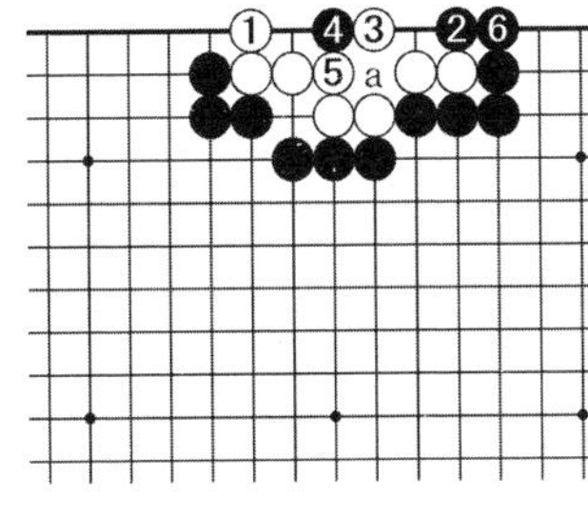

图2

白净死

图2（失败1）

白1扩大眼位，黑2、4是破眼手筋。白5打吃，黑6粘，白a位眼位被破。

黑2在4位点也是白净死。

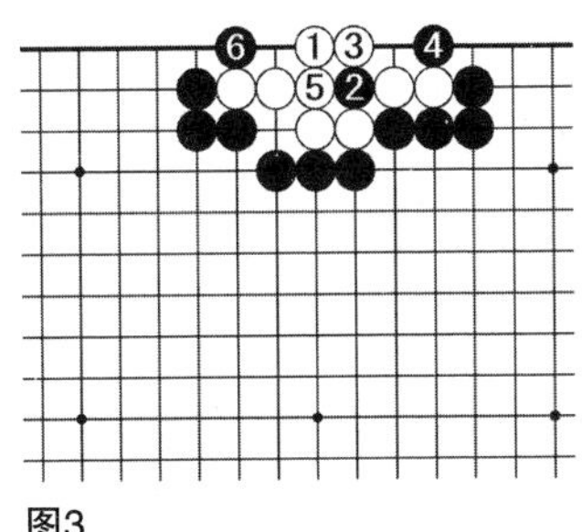

图3

白净死

图3（失败2）

白1虎方向错误。黑2断、4打吃先手，黑6扳白净死。

如果白1在4位弯，黑3点白净死。

第21型

白不活

黑占据两边▲位。

此时白棋形脆弱，即使白先也无法做活。

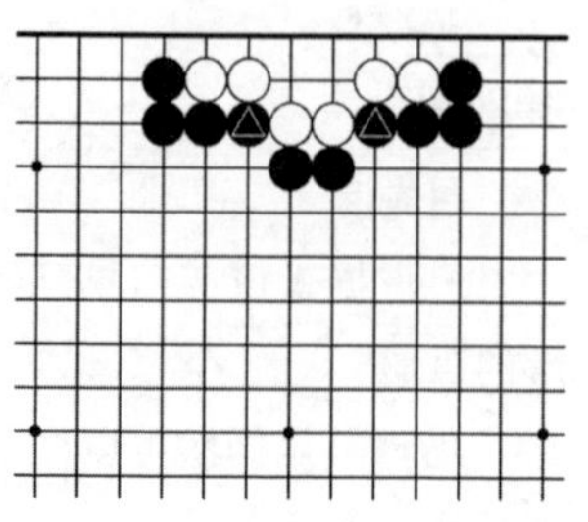

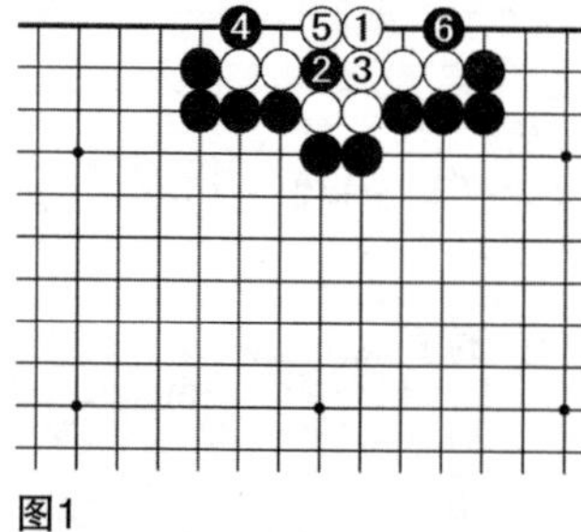

图1

白死

图1（证明1）

白1虎做眼。接下来黑2断、4扳将白棋左边限制成一只真眼，获得先手黑6扳，白净死。黑4可以直接在6位扳。

白1若在5位，黑3位断吃。

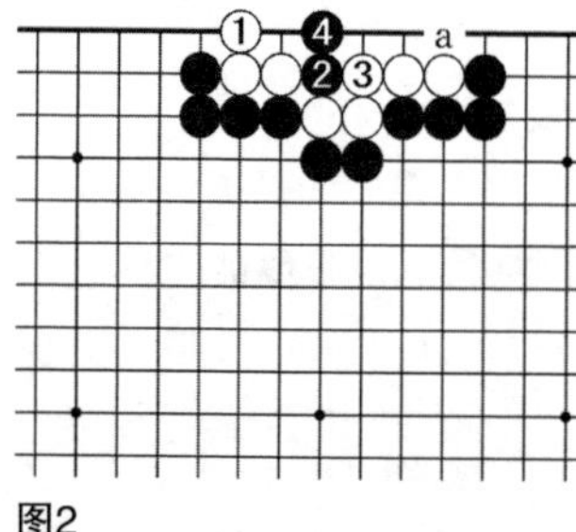

图2

白净死

图2（证明2）

若白下在1位，黑2断、4立即可。

黑2下在a位扳或者4位点同样可行。

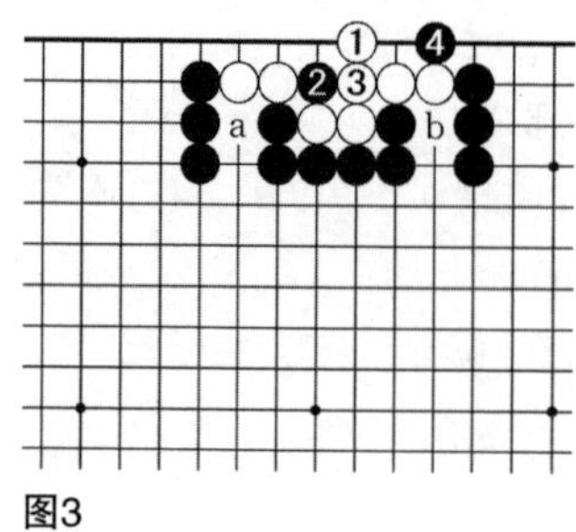

图3

白净死

图3（参考）

即使白棋在左右两边a、b有外气也无法改变结果。白1虎，黑2打吃先手之后4位扳。

只要白棋中间两子没有外气就无法做活。

第22型

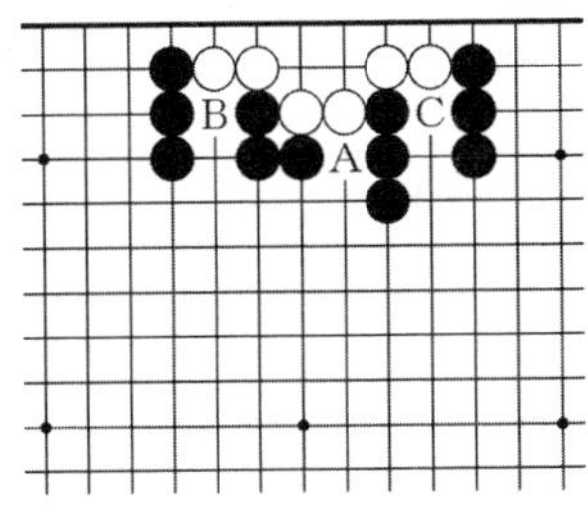

白先活

两边棋形都被挤住，但是中间两子还有A位一口外气，两边两子也都分别在B、C位有一口外气。

这样一来白先可以净活。

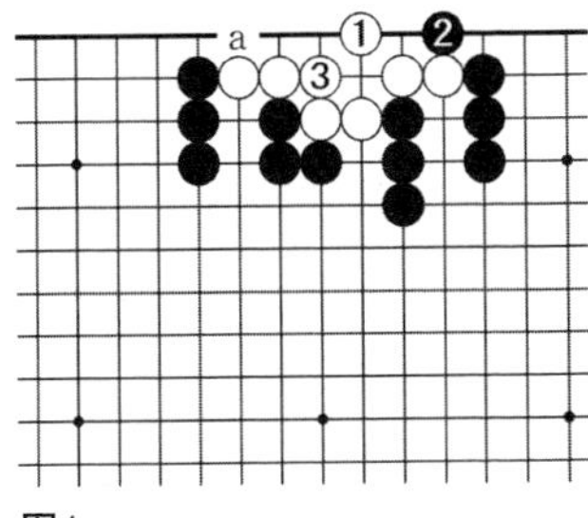

图1

白净活

图1（正解1）

白1虎，黑2扳，白3粘做出两只真眼。

白3也可下在a位。

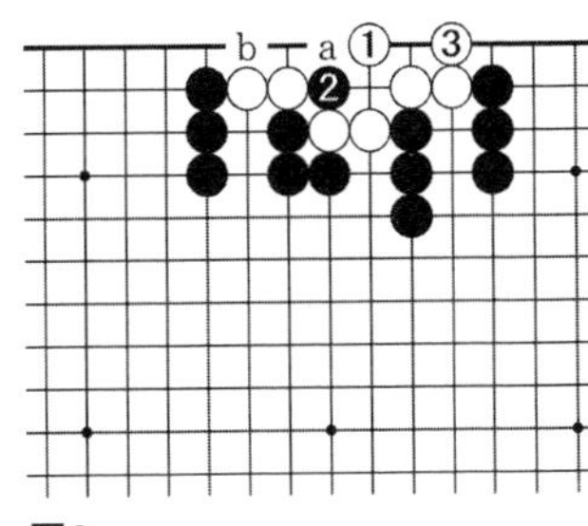

图2

白净活

图2（正解1变化）

白1虎，黑2断，白3做眼。

白3也可以在a位打吃，接下来b位和3位做眼见合。

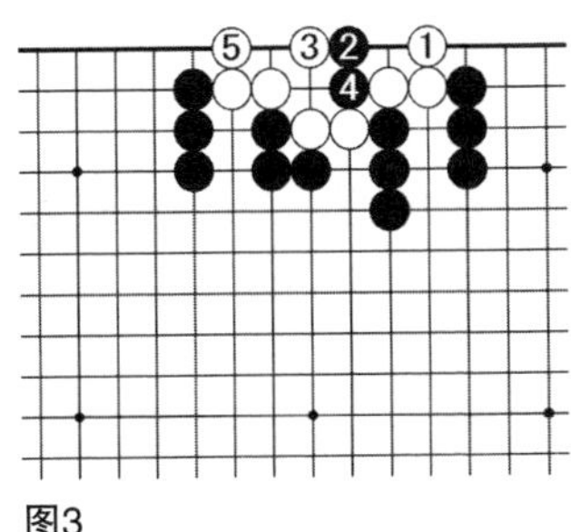

图3

白净活

图3（正解2）

第一手也可下在白1。黑2断点，白3尖顶，黑4断，白5做眼。

与图1、图3对称的选点也是正解。

第23型

白不好

此时虽然中间两颗白棋还有A位一口外气，但是左右两边都没有外气。

即使白先也已经没有净活的可能。

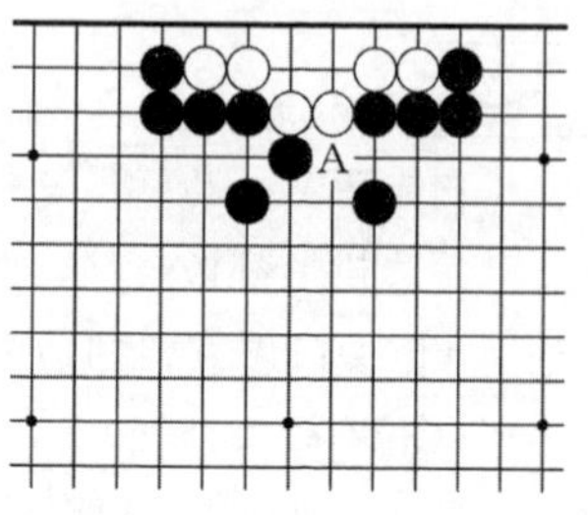

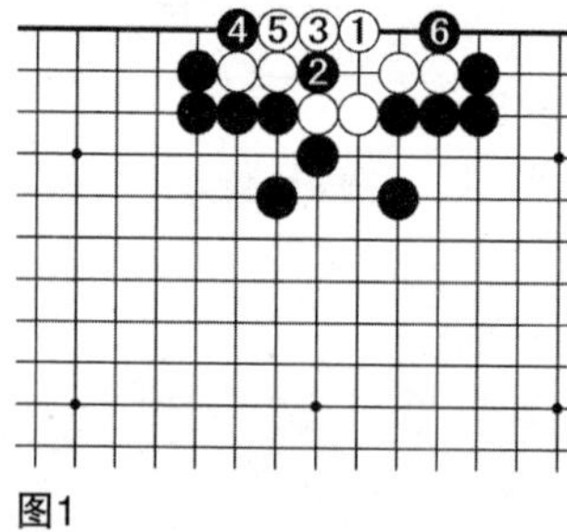

图1

白净死

图1（证明1）

白1虎试图做眼，黑2断、4扳先手，黑6扳，白净死。

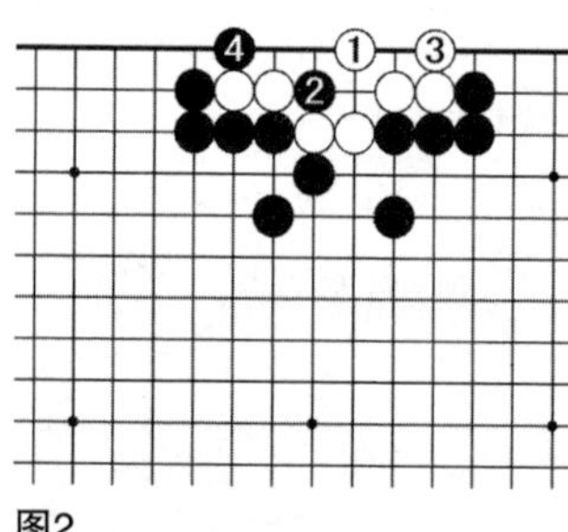

图2

白净死

图2（证明1变化）

黑2断，白3立，黑4打吃。白棋局部没有反抗的可能。

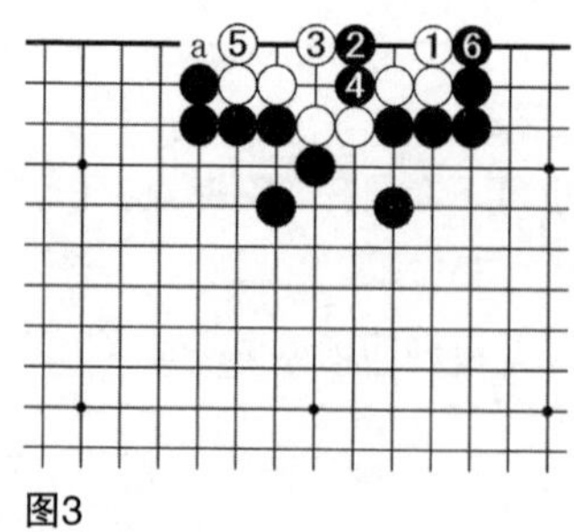

图3

白净死

图3（证明2）

面对白1立，黑2点是急所。白3尖顶，黑4断，白5立做眼、黑6吃掉白三子。

黑4若下在5位，白4位粘，黑a立，白仍然净死。

第24型

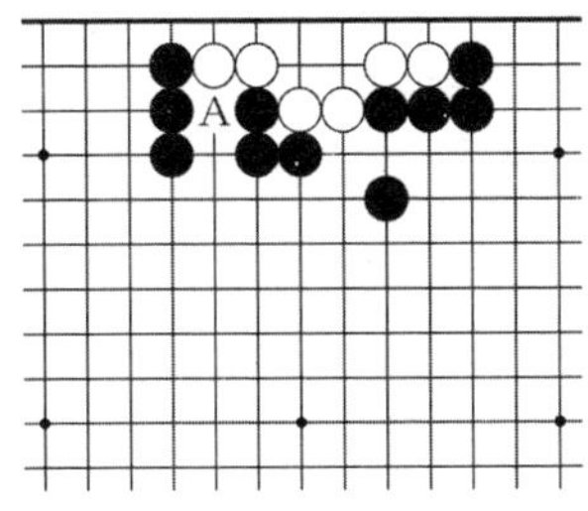

白先活

本图较前型多了左边A位一口外气。这是第22型、第23型的中间棋形。

此时不是两边同形，正解只有一个。

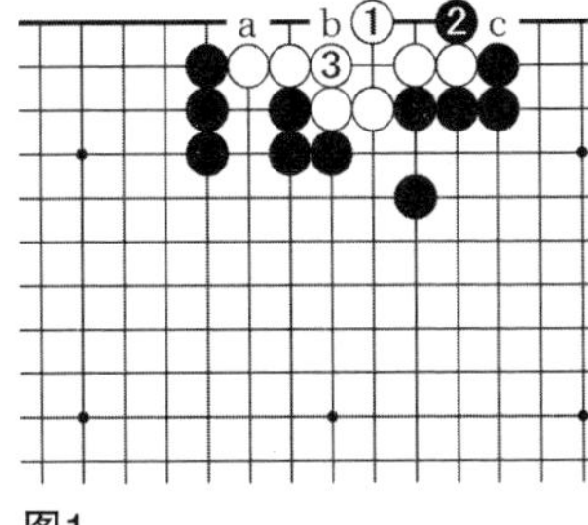

图1

白净活

图1（正解）

白1在气紧一方虎是正解。黑2扳，白3做眼净活。

白3若下在a位立，则黑b位断，白3粘，黑c位粘，白净死。

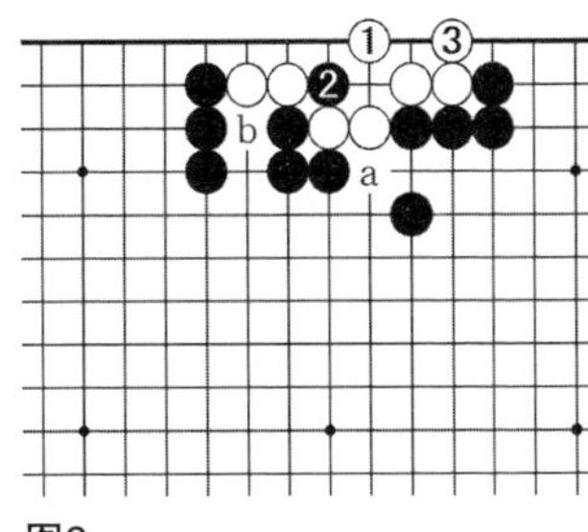

图2

白净活

图2（正解变化）

白1虎，黑2断，白3做眼即可。此时白棋有a、b两口外气，可以确保左边真眼。

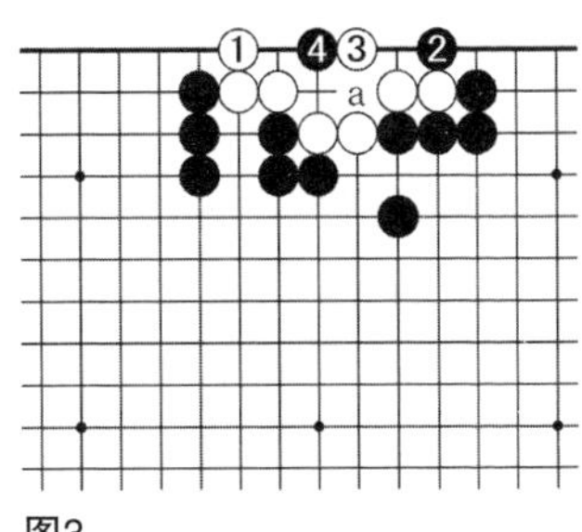

图3

白净死

图3（失败）

白1扩大眼位，黑2～4，白净死。

第一手白棋若在4位虎，黑a位断，白2位立，黑3位点，白同样净死。

第25型

白先活

与第23型相似，但是白右边棋形稍有不同，这个变化有什么意义呢？

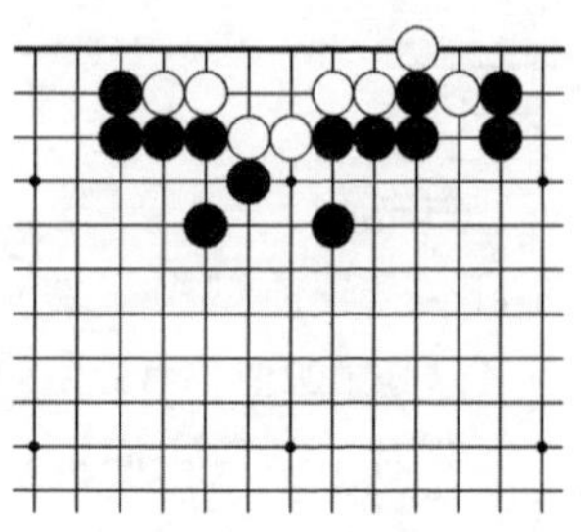

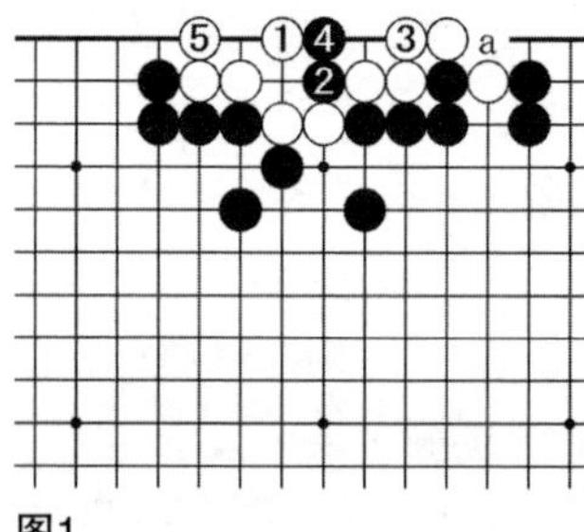

图1

白净活

图1（正解）

正解是白1虎。黑2断，白3粘。白棋右边的棋子让黑a位无法入气。这样一来黑4立，白5做眼即可做活。

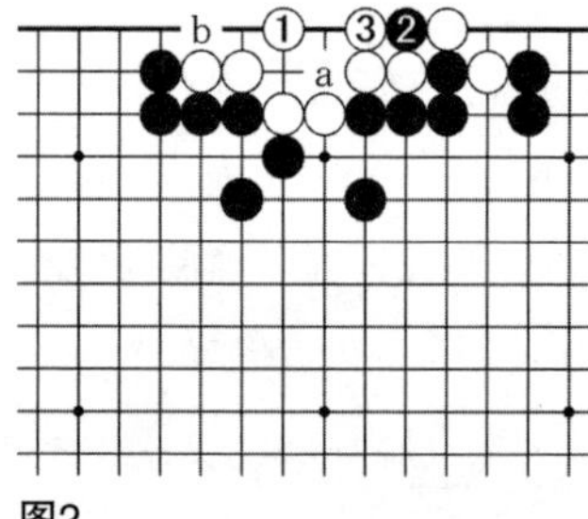

图2

白净活

图2（正解变化）

白1虎，黑2扑，白3提。接下来a、b两点见合，净活。

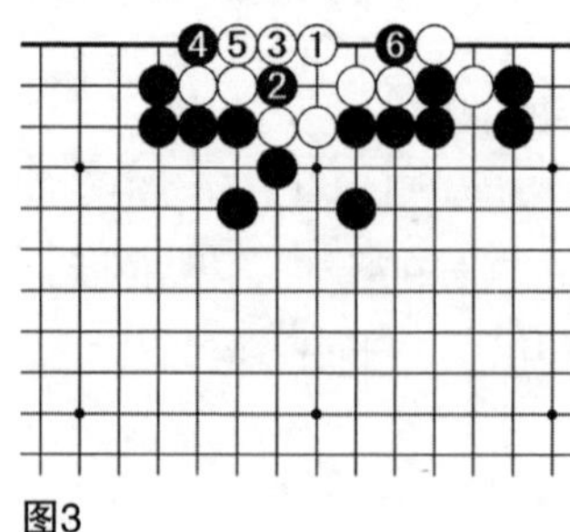

图3

白净死

图3（失败）

白1虎方向错误。黑2断，白3打吃、黑4打吃先手、6扑，白净死。

第26型

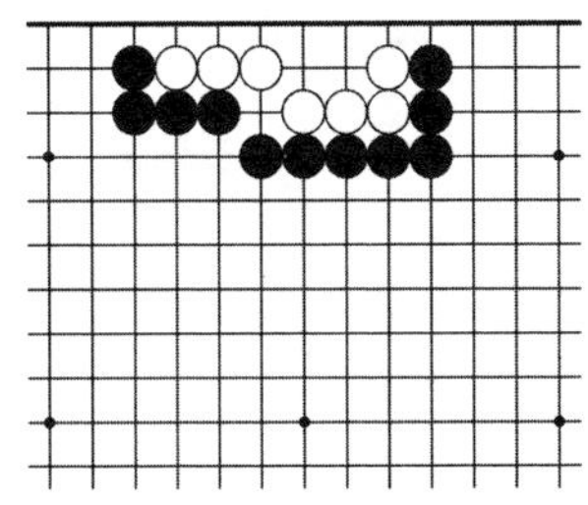

白先活、黑先白死

白棋形在左边得以伸展。

白先有四种方法可以做活。黑先杀白只此一手。

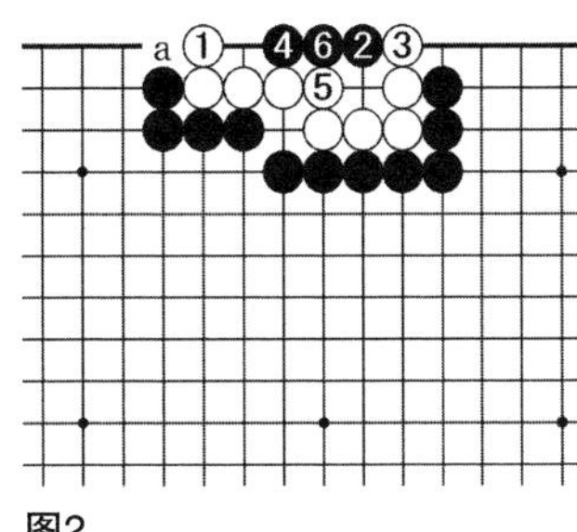
图1

白净活

图1（白正解1）

白1虎是眼形急所。这样可以确保左右两边都获得眼位。

这是最基本、最稳健的做活方法。

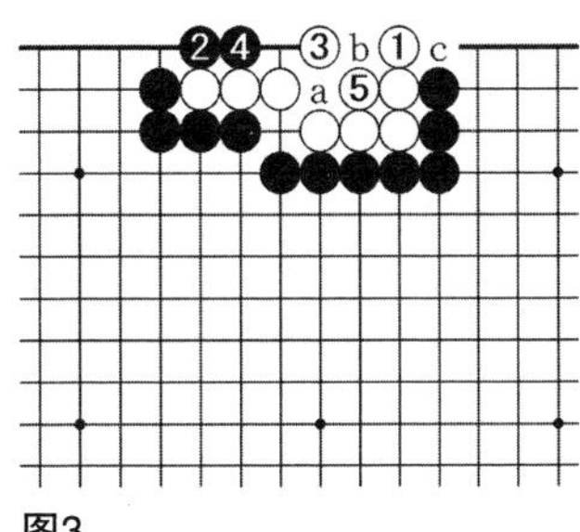
图2

双活

图2（白正解2）

白1也可以做活。黑2点，白3阻渡、5粘应对之后结果是双活。

虽然白棋没有实地所得，但留下了a位的后续手段，可以根据实战具体局面做出选择。

图3

白净活

图3（白正解3）

此时也可白1立。黑2扳，白3虎，黑4爬，白5确保两只真眼。

白2若在3位点，白a，黑b，白2，还原图2的双活棋形。本图适合c位价值较大的局面。

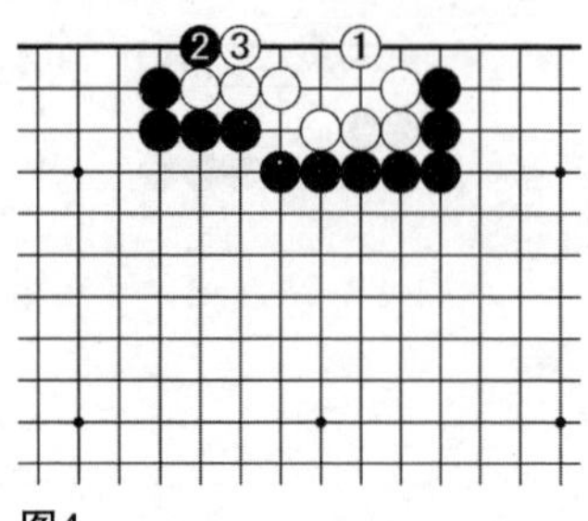

图4

白净活

图4（白正解4）

白1小尖，黑2扳，白3打吃，白实地共有4目。

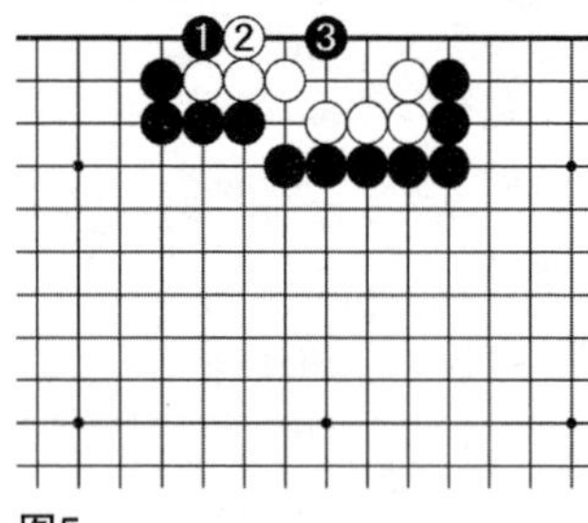

图5

白净死

图5（黑正解）

黑先正解是在1位扳缩小眼位。白2打吃，黑3点破眼。

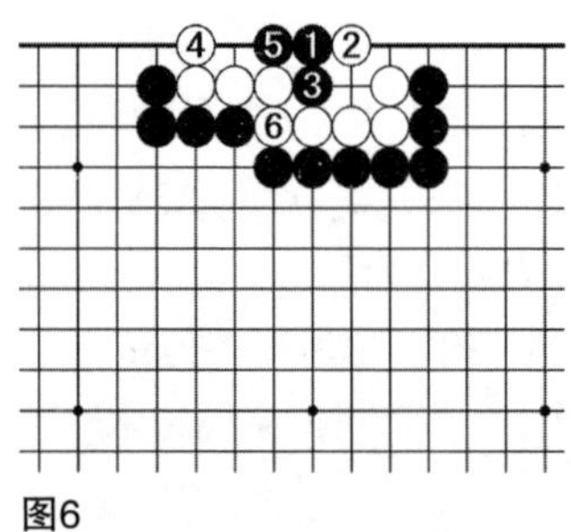

图6

双活

图6（黑失败1）

黑1点此时不成立。白2尖顶至白6粘，白棋变成双活。

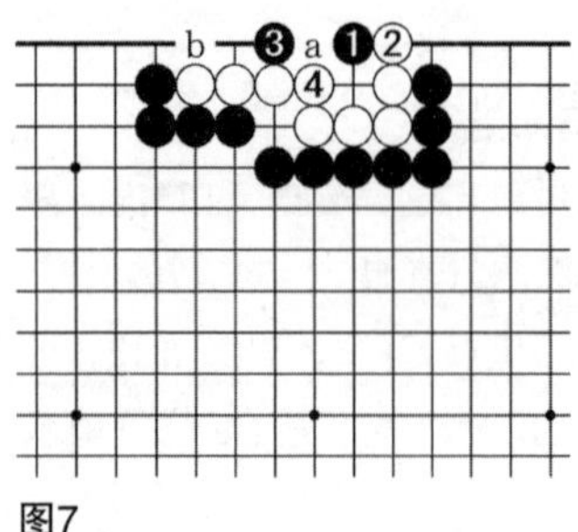

图7

双活

图7（黑失败2）

黑1点，白2挡。黑3破眼，白4团是棋形急所。接下来黑a粘，白b立，双活。黑若b位扳，黑a打吃，黑3接不归，白净活。

第27型

白先活

右边白棋有△位扳一子。

白△应该如何处理是问题所在。

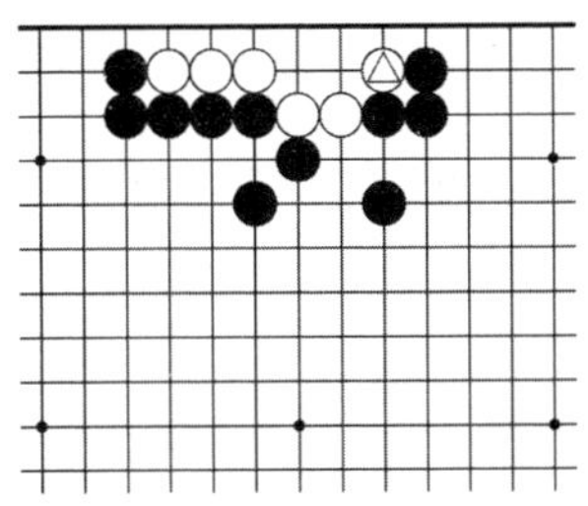

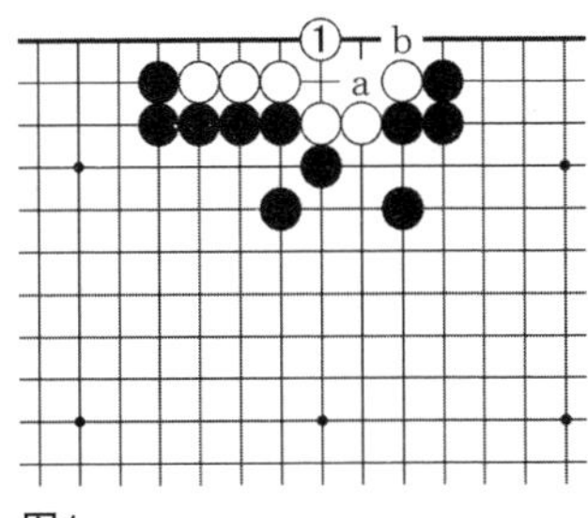

图1

白净活

图1（正解1）

白1虎好手。黑a断，白b立。

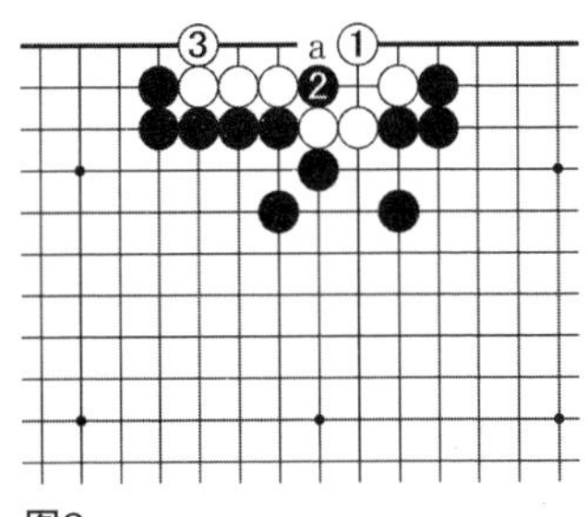

图2

白净活

图2（正解2）

白1虎也是净活。但需要注意的是黑2断是带有迷惑性的一手。白3立是正确应对，此时若在a位打吃，黑3扳白净死。

黑2若在3位扳，白2粘净活。

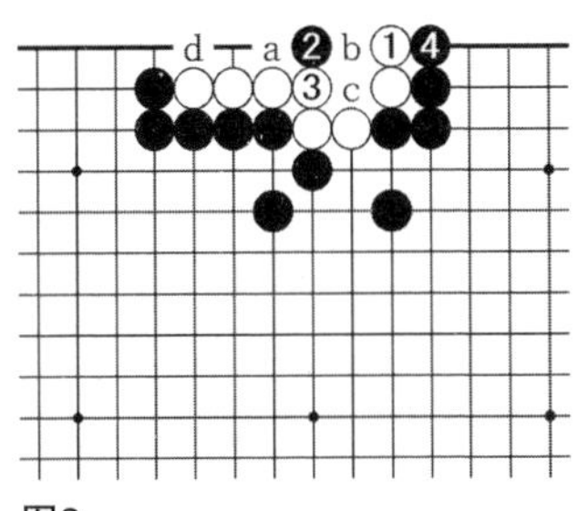

图3

白净死

图3（失败）

白1立如何。黑2点急所，白3粘，黑4挡，白净死。接下来白a打吃，黑b爬，白c打提，黑d扳破眼。

白1若在c位粘，黑2点，白净死。

第28型

白先活

如果简单的扩大眼位则会还原第26型，白净死。

必须占据眼形的急所。

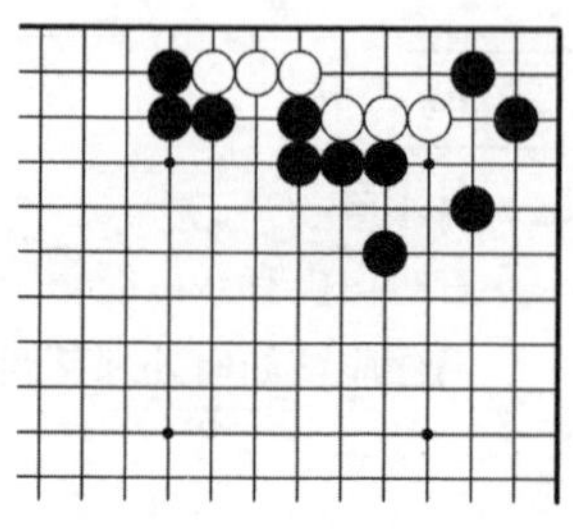

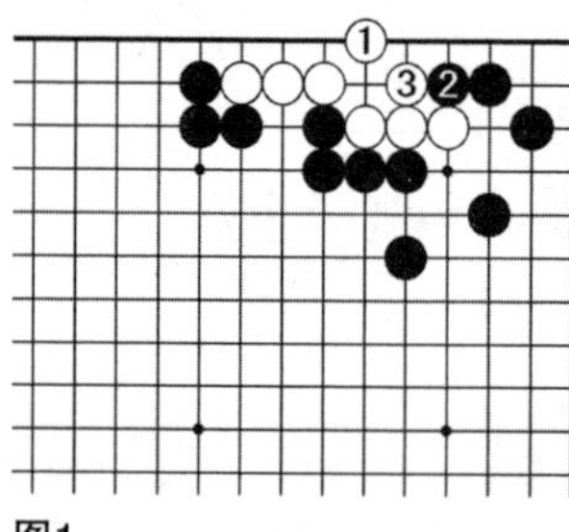

图1

白净活

图1（正解）

白1小尖是眼形急所。黑2爬，白3做眼，白净活。

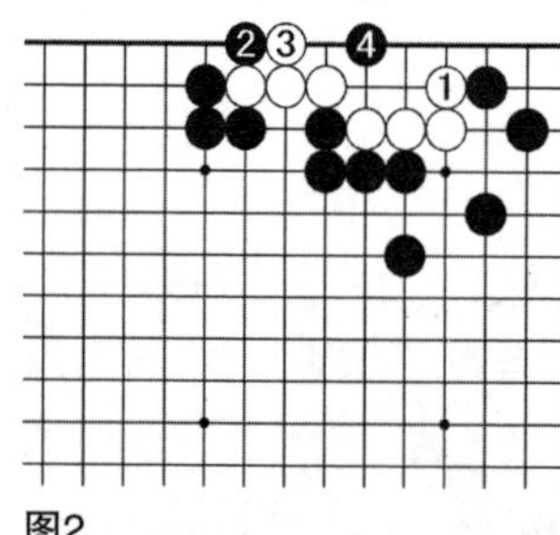

图2

白净死

图2（失败1）

白1挡，黑2扳缩小眼位，白3打吃，黑4点，白净死。

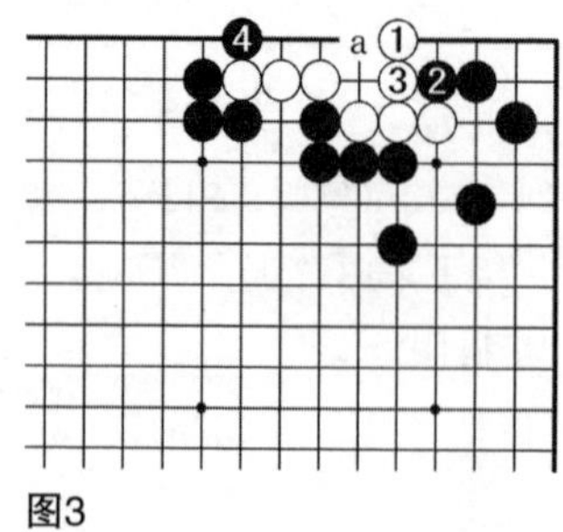

图3

白净死

图3（失败2）

白1跳看似好点，但并不是此时的眼形要点。黑2～4缩小眼位，白无法做出两只真眼。

白1与a位一路之差，结果大相径庭。

第29型

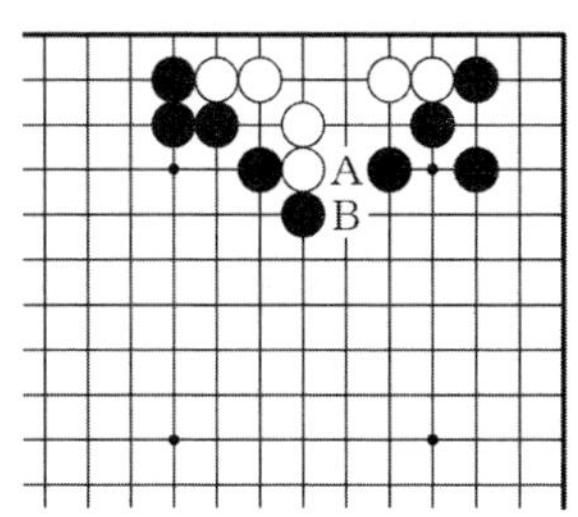

白先活

若白下在A位顶，黑B位挡。

两手交换之后的棋形下，哪里是眼形的急所呢?

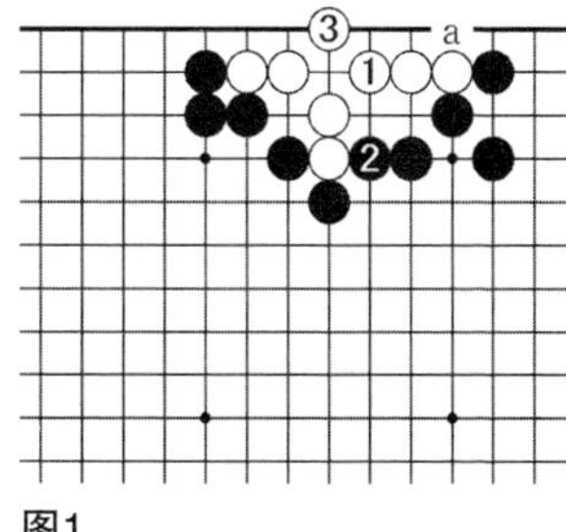

图1

白净活

图1（正解）

白1长是眼形急所。黑2顶，白3做眼。

白3下在a位结果相同。

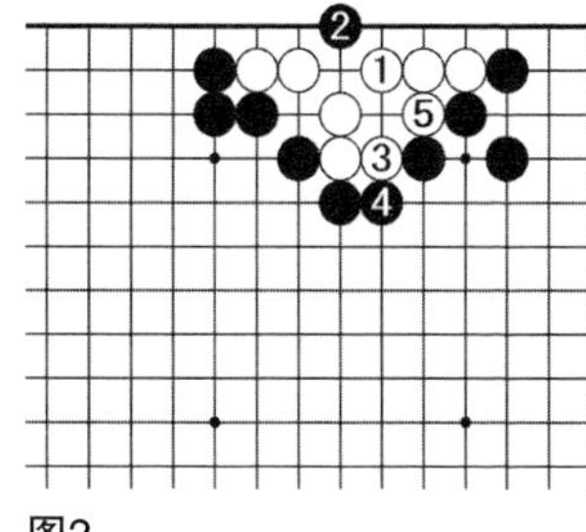

图2

白净活

图2（正解变化）

白1长，黑2点破眼，白3拐、5挤可以确保眼位。黑2已经无法救出，白净活。

白3如果不是先手，白棋就无法净活。

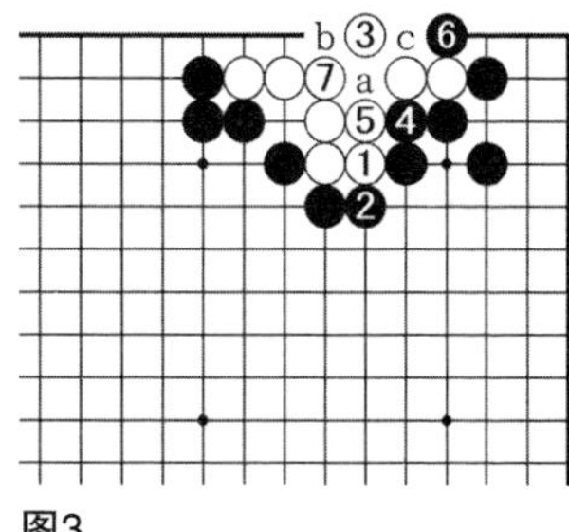

图3

白净活

图3（准正解）

此时白1拐、3点也是净活，但与图1相比实地亏损。

白3若下在6位，则黑a位点，白3位扳，黑b位打，白5团，黑c位提变成打劫，白失败。

第30型

白先缓一气劫（黑有利）

白1、3扩大眼位，黑4点急所。面对黑4，白明显陷入苦战。但认真思考还有一争的可能。

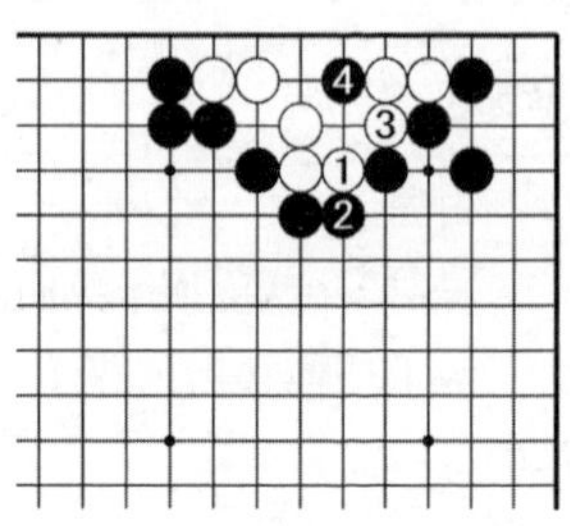

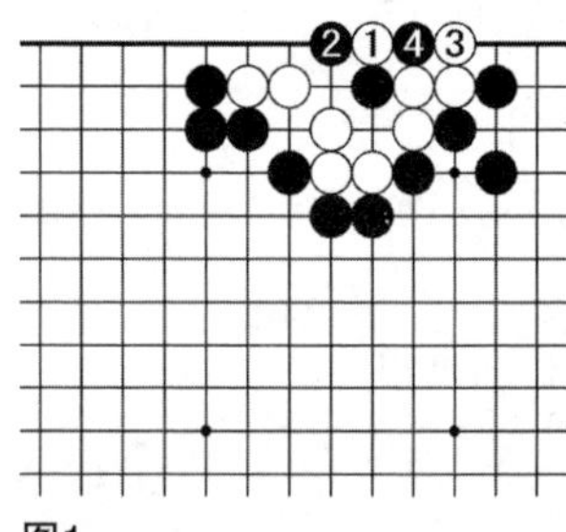

图1

缓一气劫

图1（正解）

白1扳，黑2打吃，白3做劫。黑4提劫。

若是消劫，黑1位粘即可。白棋的话——

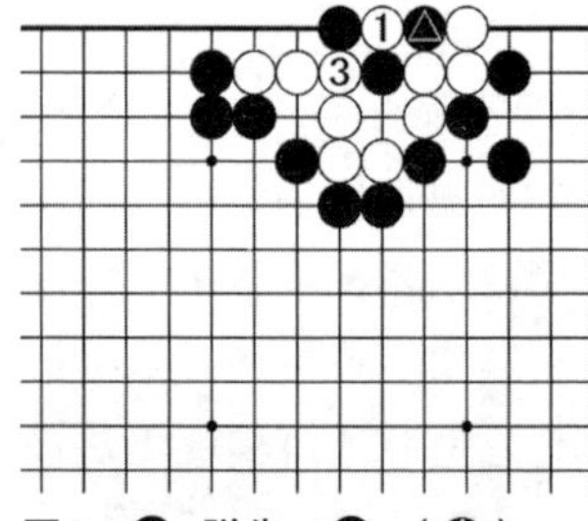

图2 ❷=脱先 ❹=（▲）

打劫

图2（正解续）

白1提，黑2脱先，白3断吃变成紧气劫。所以上图的结果是缓一气劫。

虽然在劫争中处于不利位置，但总要好过净死的结果。

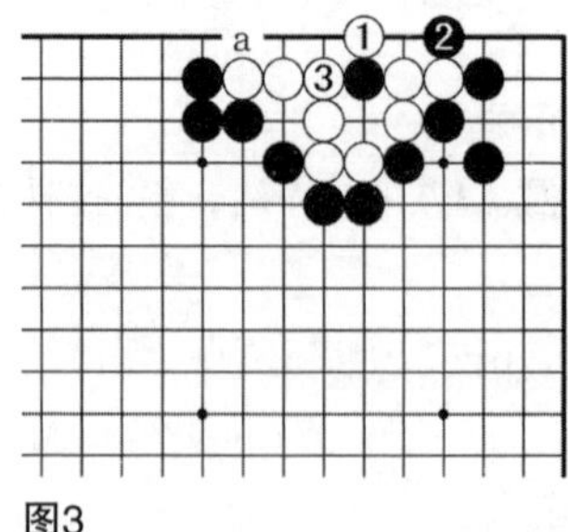

图3

白净活

图3（正解变化）

白1扳，黑2试图净杀白棋，白3做眼，结果变成净活。

黑2若在a位扳，白还是下在3位。

第31型

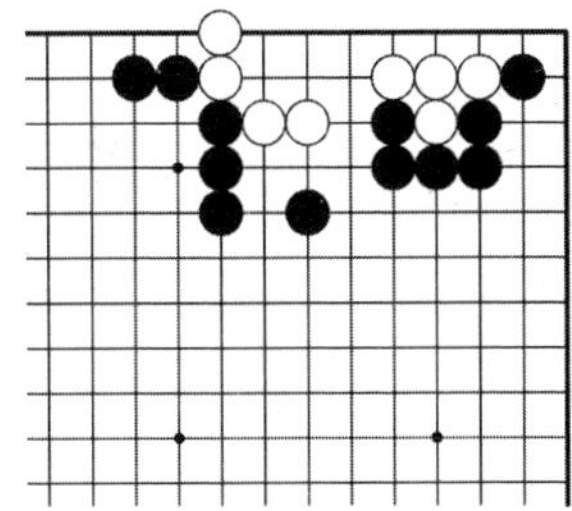

白活

白棋看似棋形危险，但黑棋同样也有弱点。此时并没有严厉的攻杀手段。

要利用角度特殊性。

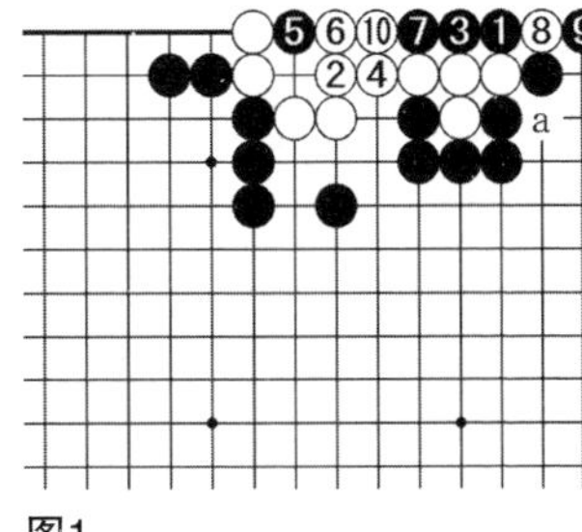

图1

白净活

图1（证明1）

黑1扳试图缩小白棋眼位。白2曲、4接应对即可净活。黑5点，7爬，白8扑，10打之后，黑若粘住，白可以a位断。

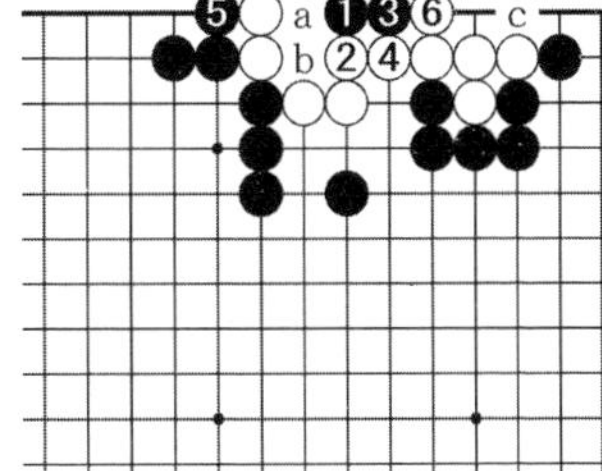

图2

白净活

图2（证明2）

黑1点是眼形急所，此时白2顶即可净活。黑3长，白4粘，黑5挡，白6打吃。接下来黑a长，白c立交换，1位和c位见合。

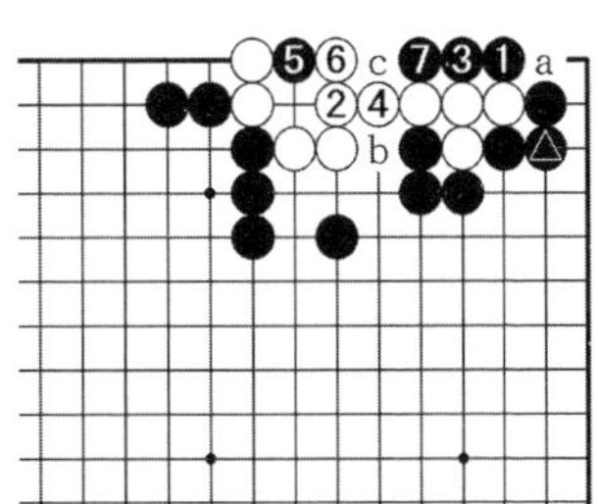

图3

白净死

图3（参考）

角上黑棋若在▲位多了一颗棋子，则黑1扳进行至黑7，白棋净死。

白4若在7位打吃，黑4位挖，白a位提，黑b位粘，白c位粘，黑1扑。

第32型

黑先劫（白先提劫）

左侧白立变成了白△位虎。

黑自身棋形稍有薄弱，黑先打劫是最佳结果。

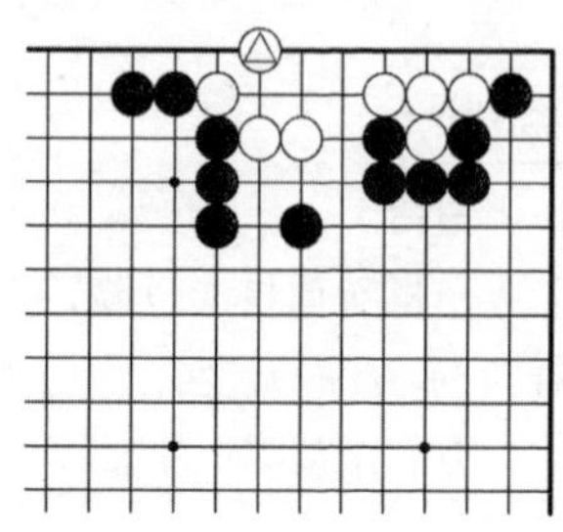

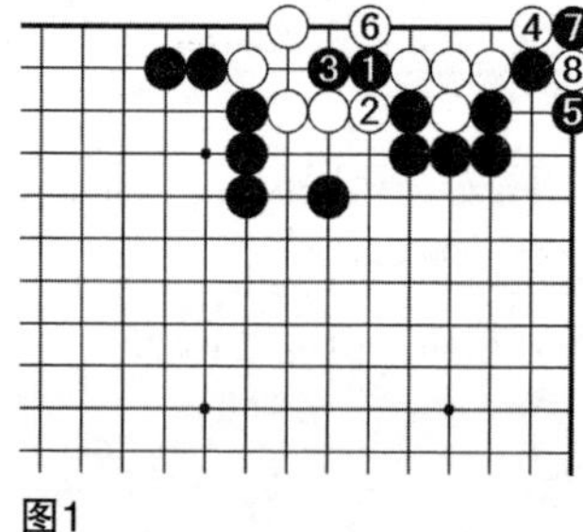

图1

打劫

图1（正解）

黑1扳、3爬是正解。此时白4扳是关键一手，黑5虎最强抵抗，白6扳，黑7扑打劫。

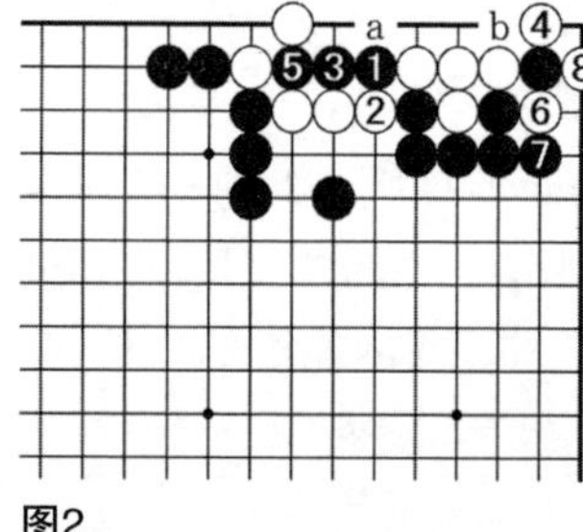
图2

白活一半

图2（参考1）

黑1至白4，黑5断吃也可以考虑。接下来白6、8在角上做活。

白4若在a位扳，黑b位扳，白净死。

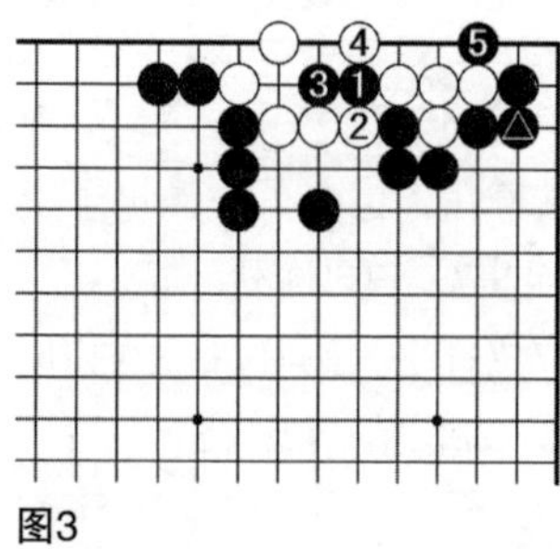
图3

白净死

图3（参考2）

与前型相同，若角上黑多了▲一子，黑1至黑5可以净杀白死。

黑1若直接在5位扳，白1托或者3位做眼净活。

第33型

黑先劫（黑先提劫）

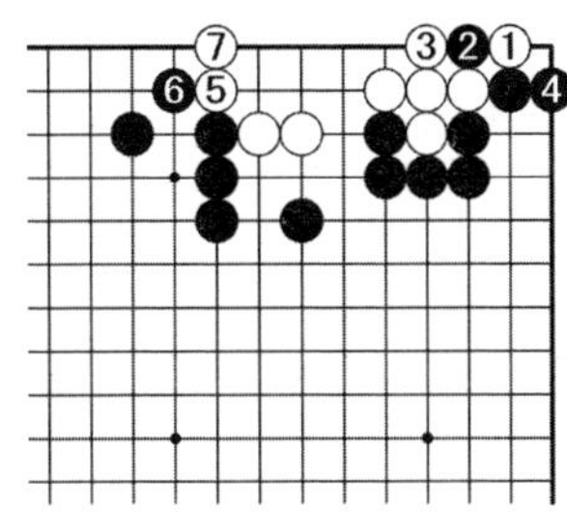

白1扳若直接在5、7扩大眼位就是净活（参考第31型）。

白1至黑4交换多余，反而让黑棋增加了打劫的手段。

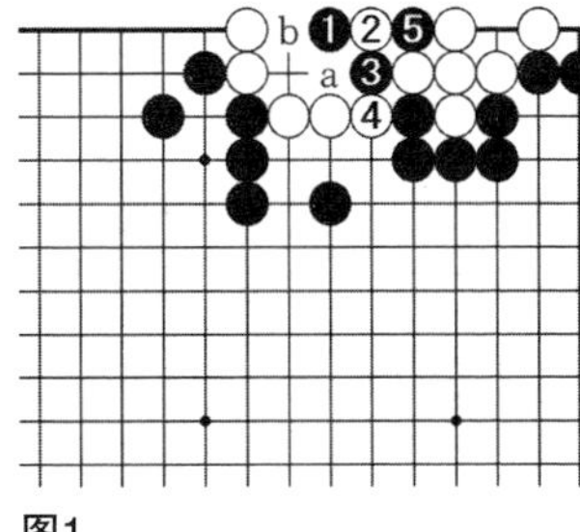

图1

打劫

图1（正解1）

黑1点好手。白2尖顶是最强抵抗，黑3打、5提做劫。

白2若在a位顶，黑2位爬，白3位粘，黑b爬，白净死。

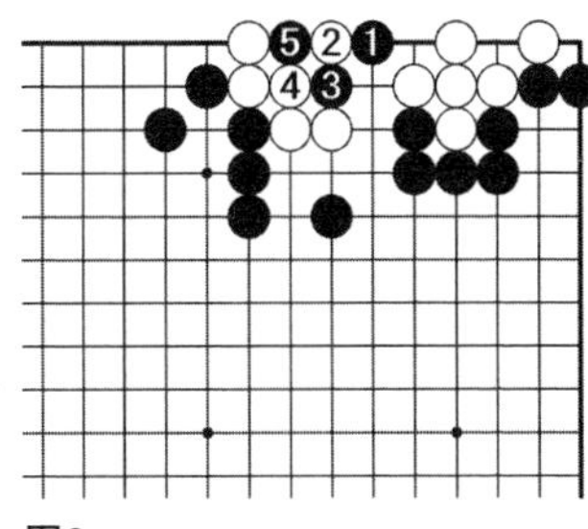
图2

打劫

图2（正解2）

黑1也可以在右侧点。白2靠，黑3打，5提打劫。

黑1若在3位点，白2位夹，黑1位打，白4位粘，黑5位提，结果相同。

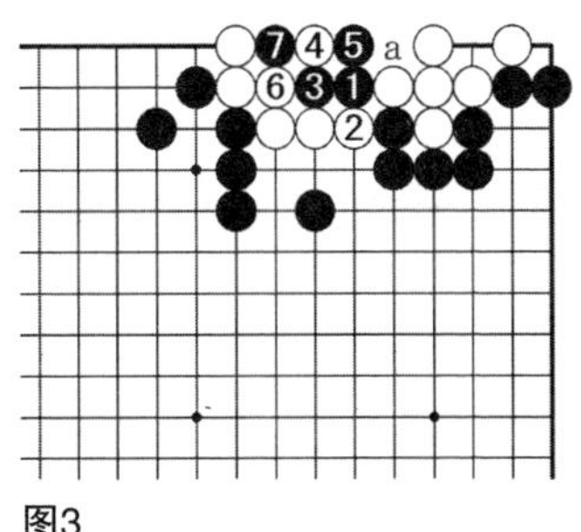

图3

打劫

图3（正解3）

黑1扳同样是打劫。白2位断，黑3长交换，白4以下进行至黑7，打劫。

白4若在5位扳，黑4位打，白6位粘，黑a位提，同样是劫活。

第34型

黑先白死

左侧白立变成了△位虎。

白棋形明显薄弱，黑先白死。

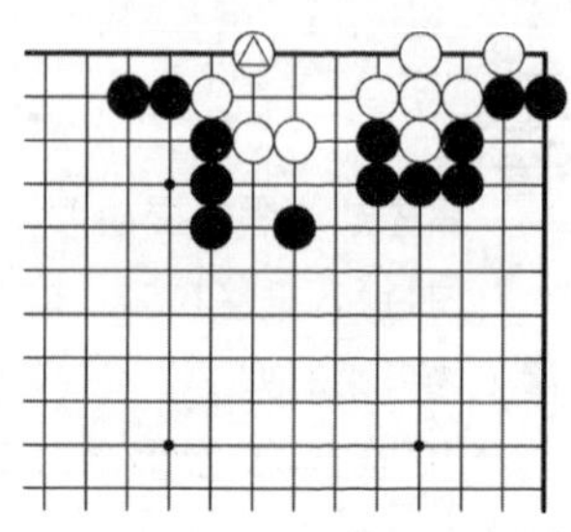

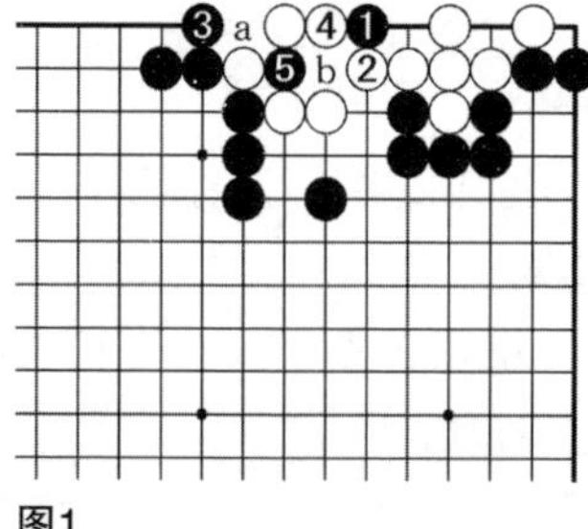

图1

白死

图1（正解）

黑1点急所。白2长，黑3立交换，白4打吃，黑5扑。白棋气紧不能在a位粘。白b位提，黑a位打吃白棋变成假眼。

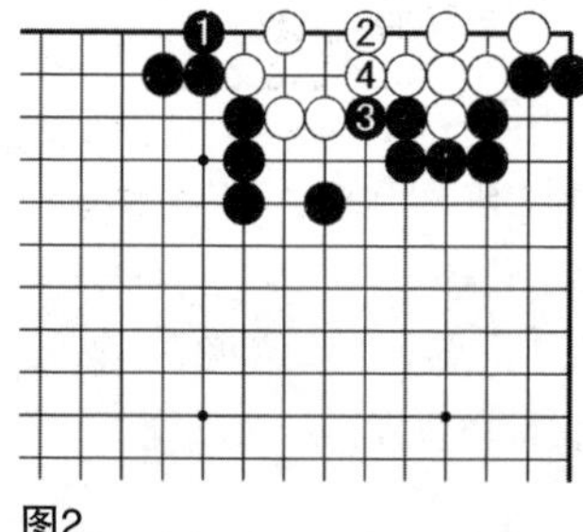

图2

白净活

图2（失败1）

黑1直接立，白2抢占眼形急所。黑3长，白4粘可以确保眼形。

白2若下在3位或者4位，则黑2点，白净死。

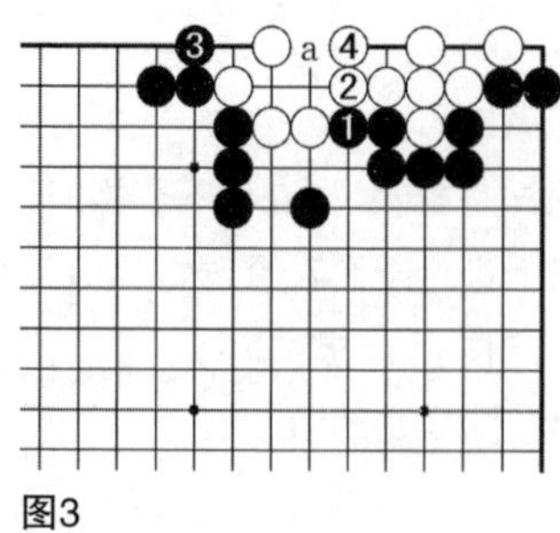

图3

白净活

图3（失败2）

黑1与白2的交换是大恶手。黑3立，白4做活。此时白4可以下在a位。

通常棋形狭小的情况下，攻杀的手段会有数个。在本型中只有一个。

三线型

第1型

白活

这是第一章中已经讲过的棋形，本型是边上经典的三线型。

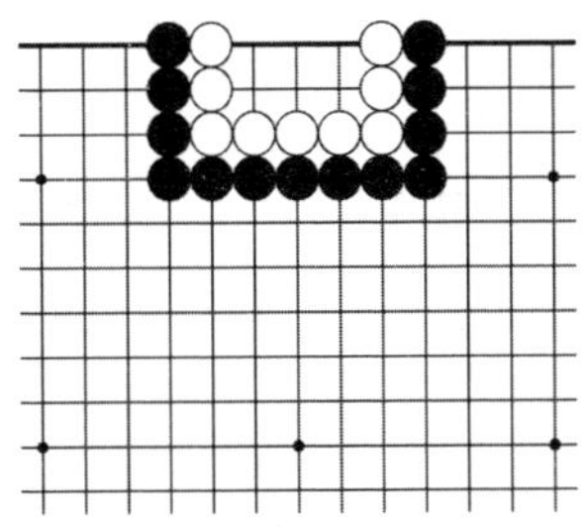

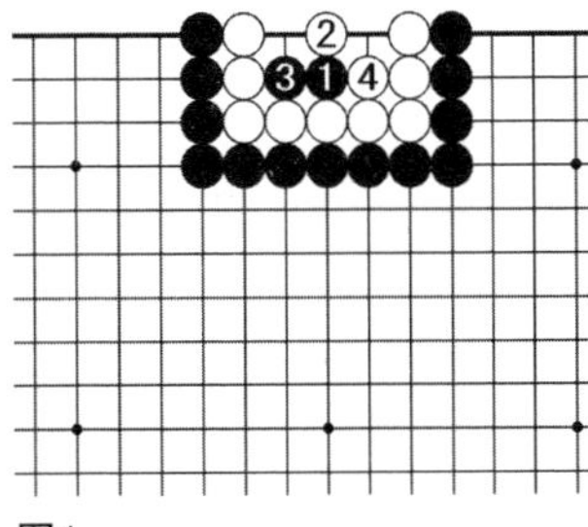

图1

白净活

图1（证明1）

黑1点，白2夹是急所。黑3长，白4打净活。

黑3下在4位则白3打吃。

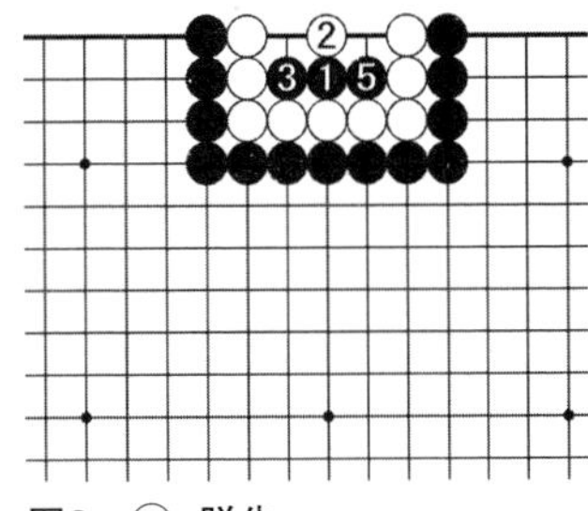

图2　④=脱先

双活

图2（证明1变化）

白4若脱先他投，黑5破眼双活。

白棋没有实地但局部活棋。

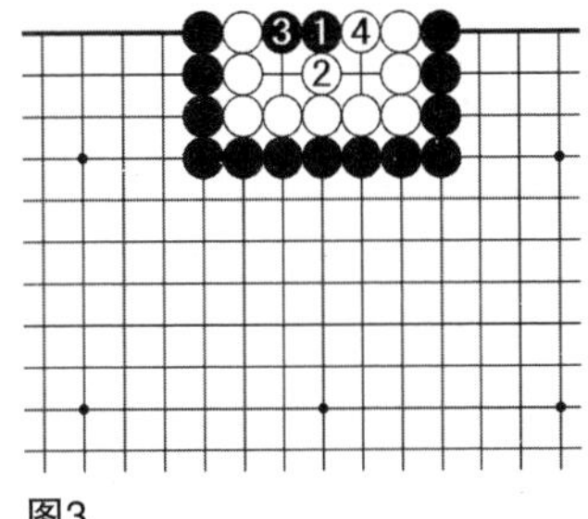

图3

白净活

图3（证明2）

黑1点，白2顶急所。黑3，白4净活。

与上图相同，白4也可以脱先他投。黑占据3、4两点结果是双活。

第2型

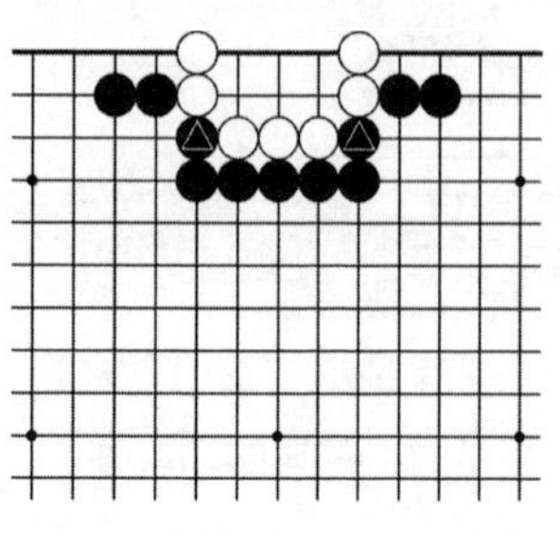

白活

黑棋占据了▲位，白棋形薄弱。但勉强可以确保活棋。

本型为“梳子六”，与“板六”一样都是边上六目死活的代表活型。

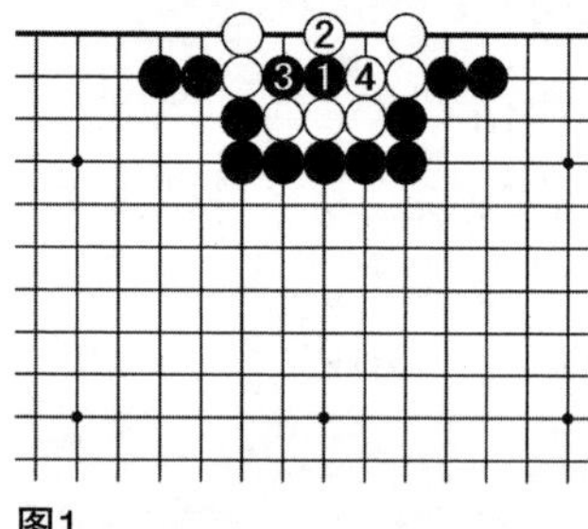

图1

白净活

图1（证明1）

黑1点，白2夹。解题要领与板六相同。黑3断吃，白4粘。

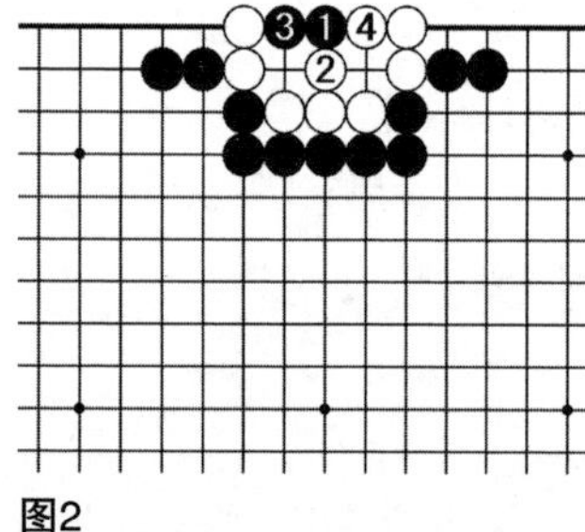

图2

白净活

图2（证明2）

黑1点，白2顶，黑3爬，白4顶净活。

此时图1、图2都不能算是局部最佳下法。

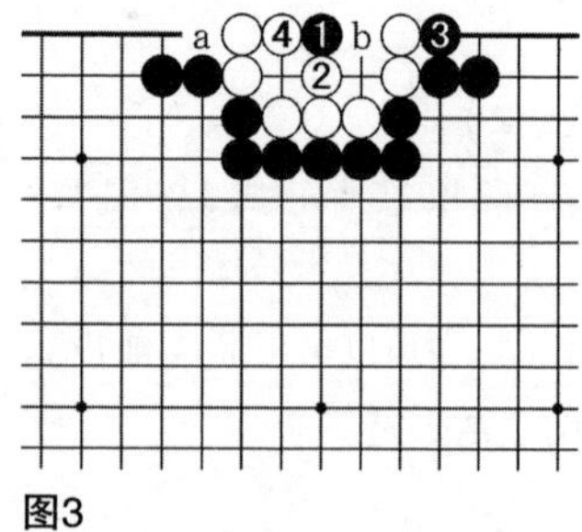

图3

白净活

图3（证明2变化）

黑1、白2交换，黑3直接挡好手。白4打吃之后，黑a挡，白b提，白棋共有4目实地。

另外黑1也可以在3位挡，白2下立，黑a位挡，白4爬。

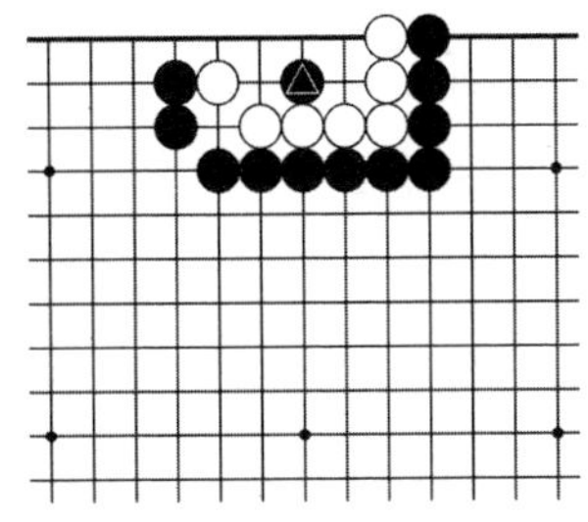

第3型

白先劫（黑先提劫）

因为被黑▲抢占了要点，白棋陷入苦战。

需要找到有粘性的下法。

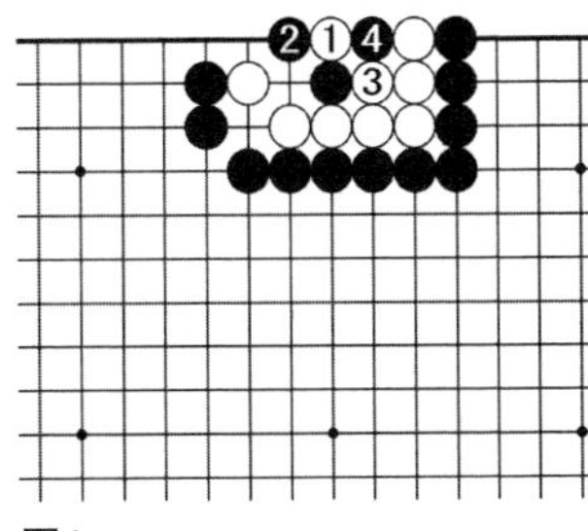

图1

打劫

图1（正解）

白1夹，黑2打吃，白3做劫。进行至黑4，劫活，黑先提劫。

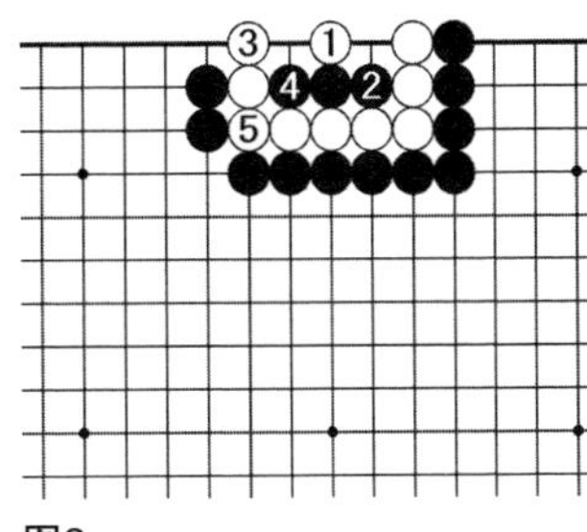

图2

双活

图2（正解变化）

白1夹，黑2想要净吃白棋。但白3立下，5粘应对之后变成双活。

上图是黑棋的最佳结果。

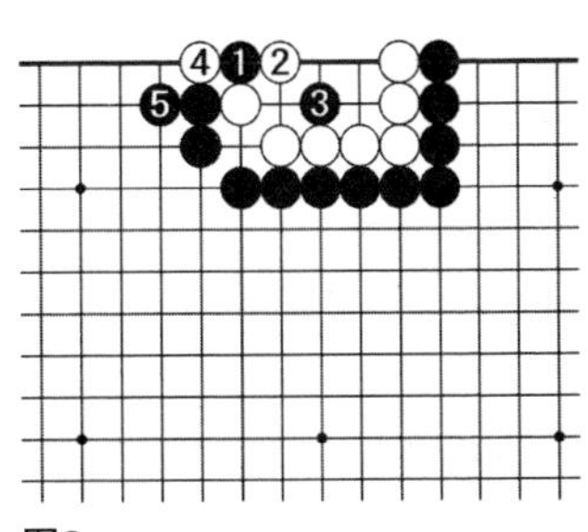

图3

白净死

图3（参考）

假如是此时黑先，黑1扳，3点可以净吃白棋。结果是典型的“刀把五”。

第4型

白先活

围棋格言有“两边同形走中间”。

中间的点有两个，选择哪个是正解呢？

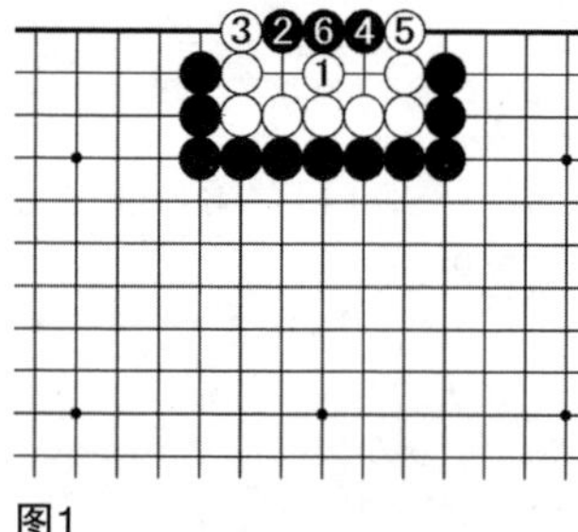

图1

双活

图1（正解）

白1弯正解。黑棋破眼会选择2、4，最终结果是双活。

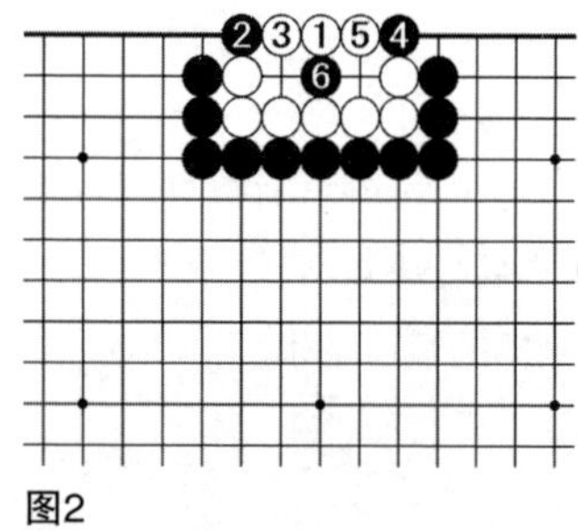

图2

白净死

图2（失败）

白1跳也是中间点，但在此时是失着。黑2、4两边缩小眼位，6点，白净死。

白1只能下在6位才能确保活棋。

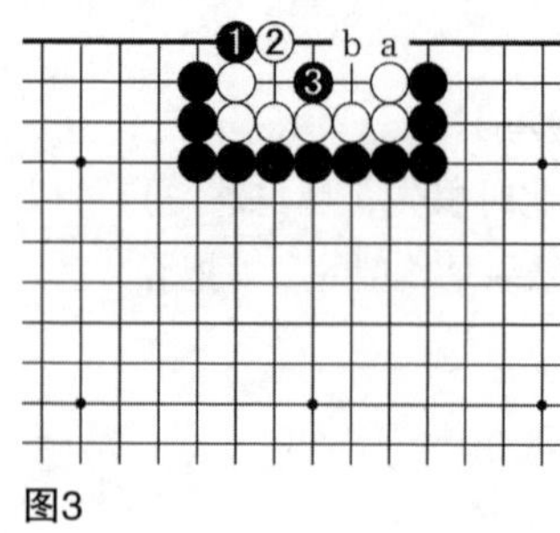

图3

白净死

图3（参考）

黑先杀白方法简明，黑1、3扳点即可。当然黑在a位扳，白b位挡、黑3点，结果相同。

黑3是绝对的急所。

第5型

白先活

A位无子，白棋形略显薄弱。

虽然有些艰辛，但只要认真计算本型白棋可以做活。

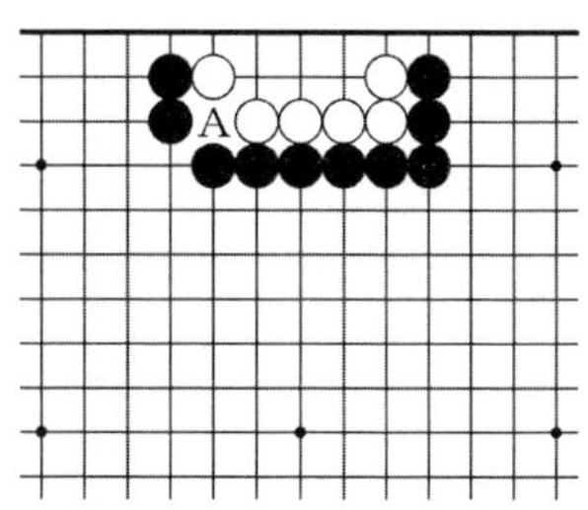

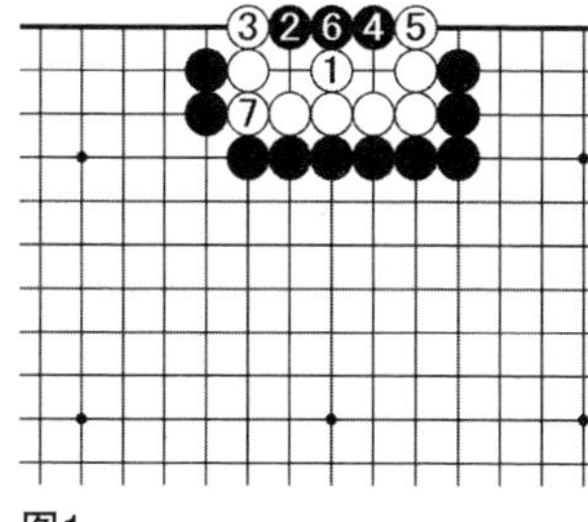

图1

双活

图1（正解）

白1仍然是棋形急所。黑2～6发起攻击，白7粘，双活。

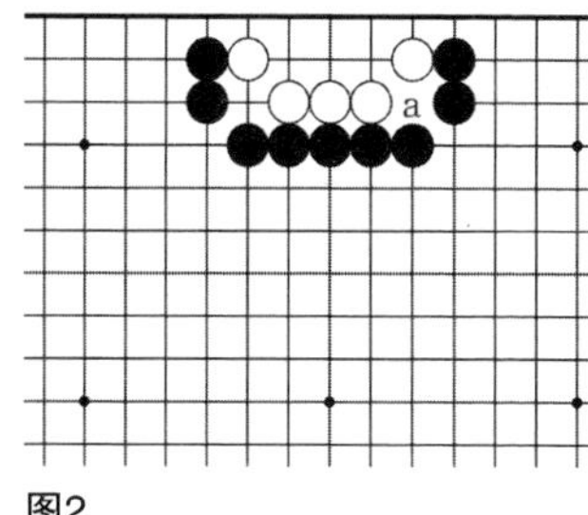

图2

如果a位无子

图2（参考）

此时白a位也无子。

如果掌握了局部做眼的要领，就可以明白此时白棋已经无法做活。

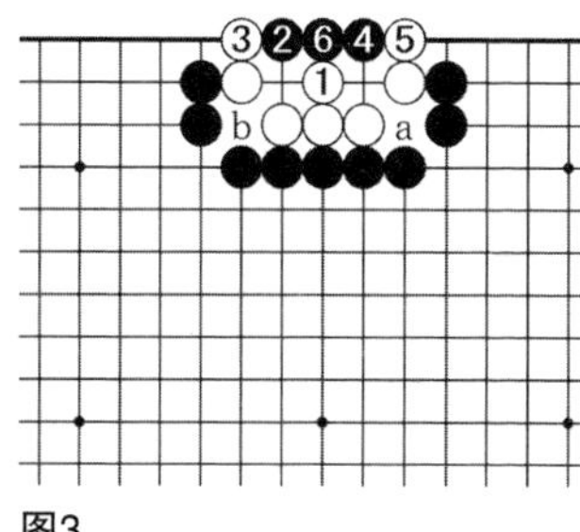

图3

白净死

图3（参考证明）

白1弯，黑2至黑6破眼。此时a、b两点见合。白a则黑b、白b则黑a，结果是“直三”白净死。

第6型

黑先白死

白棋多了△位一子。

白先必然是活棋，那么黑先结果如何呢。此时有两种杀棋的下法。

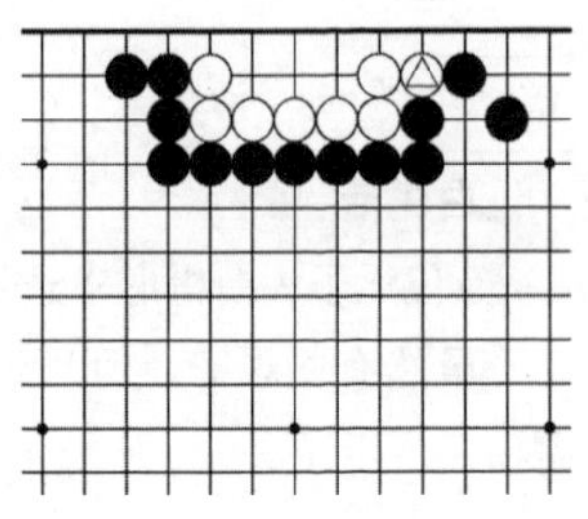

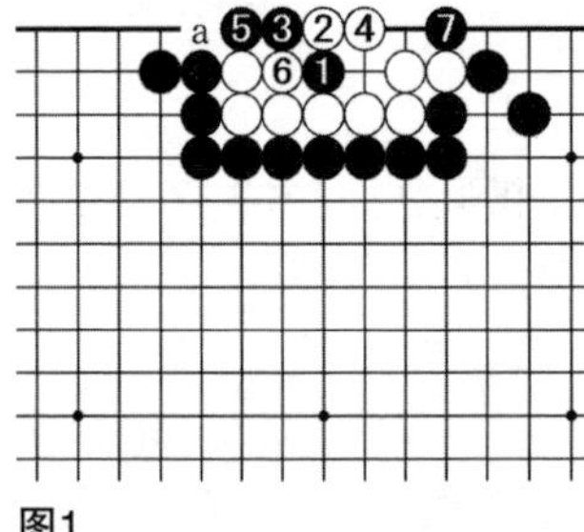

图1

白净死

图1（正解1）

黑1点仍是此时的急所。白2抵抗，黑3打吃正确。白4爬，黑5渡过之后黑7扳破眼。白a提，黑5扑。

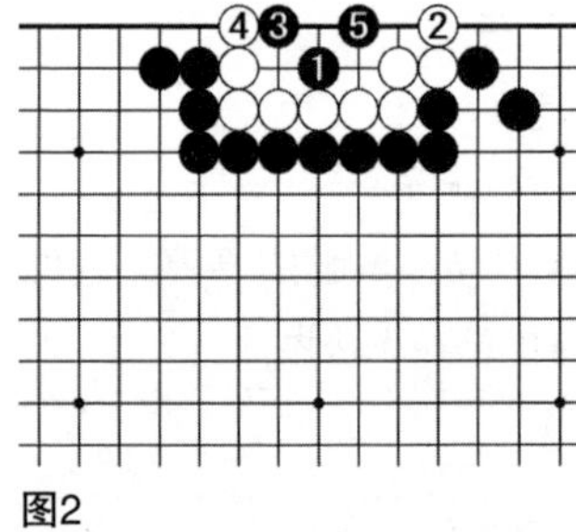

图2

白净死

图2（正解1变化）

黑1点，白2扩大眼位，黑3、5是非常重要的次序，白棋形变成“刀把五”，净死。

黑3若直接在5位小尖，白3小尖双活。

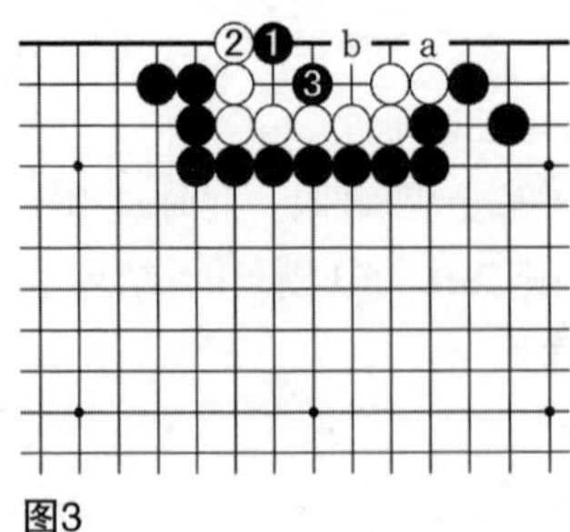

图3

白净死

图3（正解2）

黑1点也可以净杀白棋。白2挡，黑3尖顶。接下来白a、黑b，还原上图“刀把五”的棋形。

第7型Ⅰ

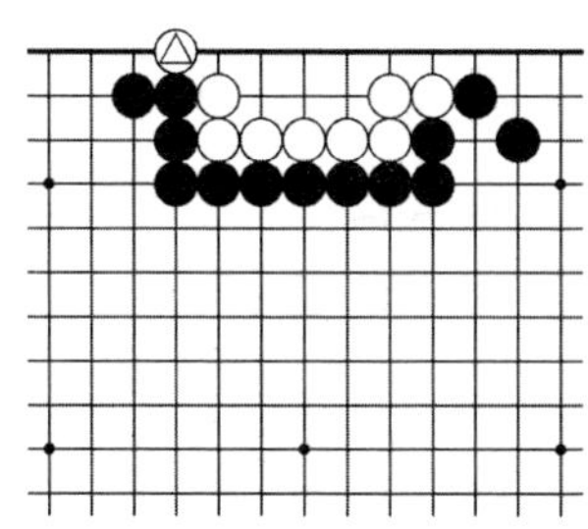

黑先白死

此时白多了△位扳。

这手棋对死活有一定影响，此时黑棋的攻杀手段只剩下一种。

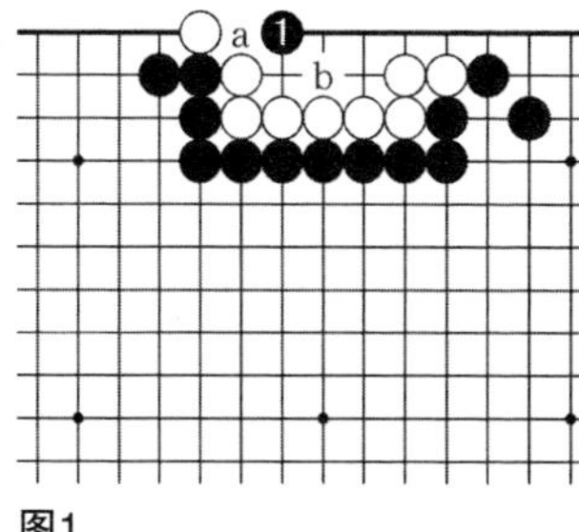

图1

白净死

图1（正解）

黑1点只此一手。白若a位粘，黑b位尖顶还原前型所示刀把五的形状。

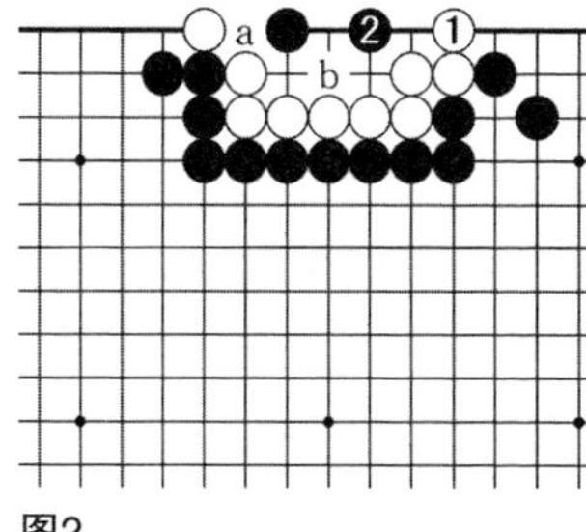

图2

白净死

图2（正解续1）

此时白1扩大眼位，黑2跳。接下来白a、黑b；白b、黑a。

黑2若在a位打操之过急，白2位小尖净活。

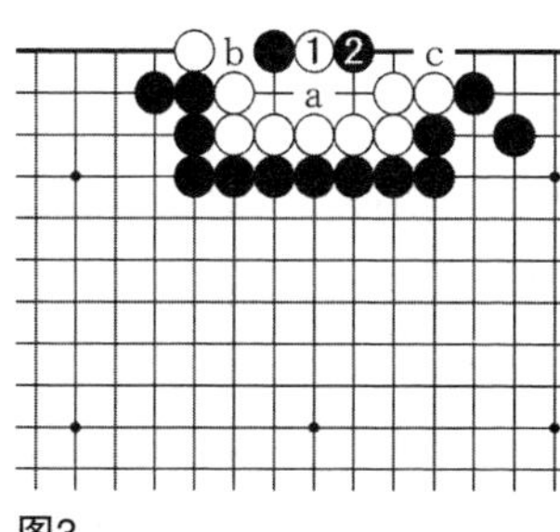

图3

白净死

图3（正解续2）

白1靠是此时的最强抵抗，黑2打吃正确应对。白a位粘，黑b位扑破眼；白b位打吃，黑a提形成“刀把五”。

白1若下在2位，黑c位扳。

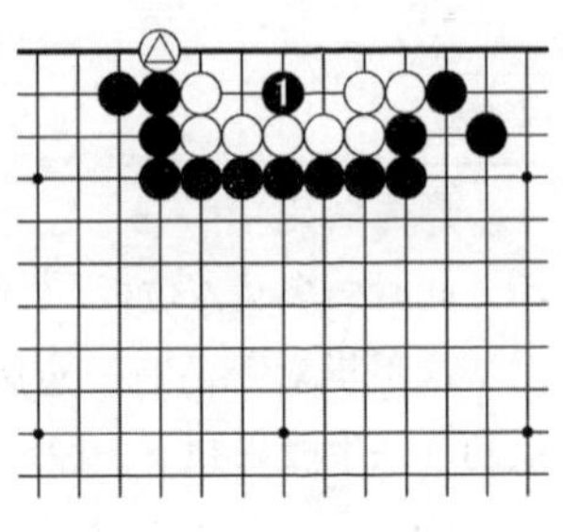

第7型-Ⅱ

白先活

这是前型的变化图。

黑1虽然是棋形急所，但在白有△位扳的局面下就是失着。此时白有活用△做活的手段。

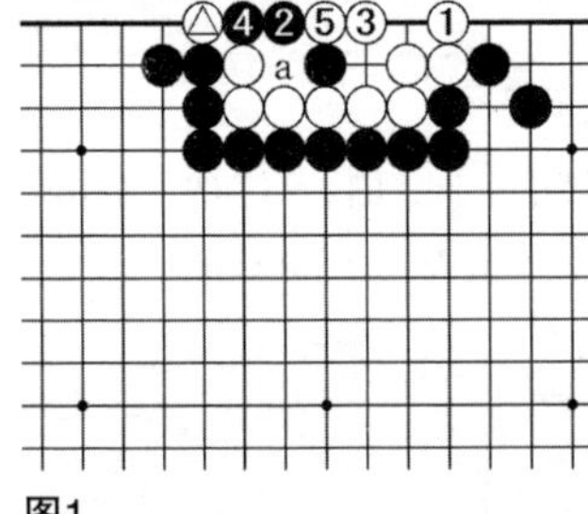

图1

白净活

图1（正解）

白1立好手。黑2小尖，白3做眼，黑4打吃，白5打吃。因为有了白△一子，黑无法在a位粘。

黑2若下在3位，白2位小尖，结果是双活。

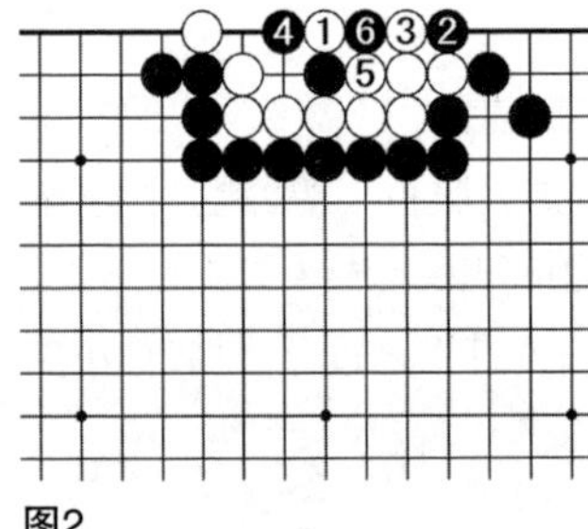

图2

打劫

图2（失败）

白1夹，目的是若黑4打吃，白6位长可以净活。但此时黑2扳好手，与白3交换之后黑4打吃，白5只能做劫，黑6提劫。

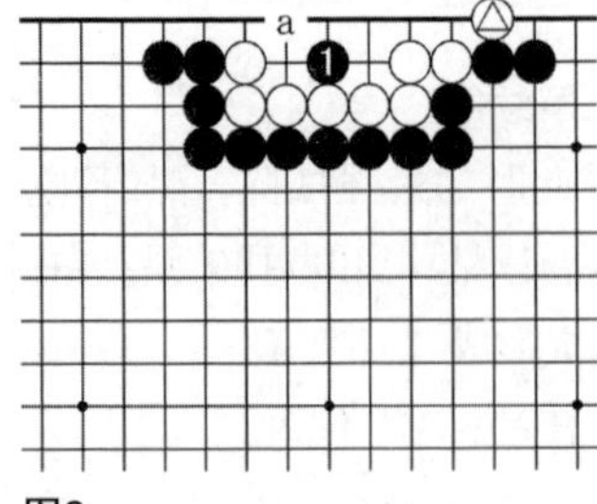

图3

白净死

图3（参考）

白△若在另一侧扳，则与前型情况基本相同，黑不论下在1位点还是a位小尖，白棋都是净死。

第8型

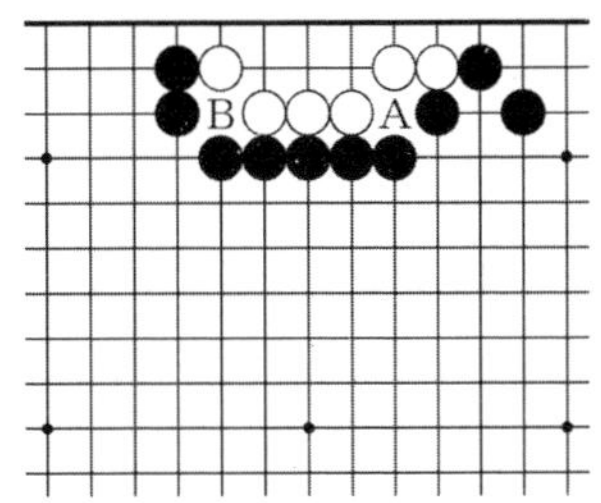

黑先白死、白先活

本型在A、B两处白棋无子。

黑先杀白的方法有几种，白先也可以净活。

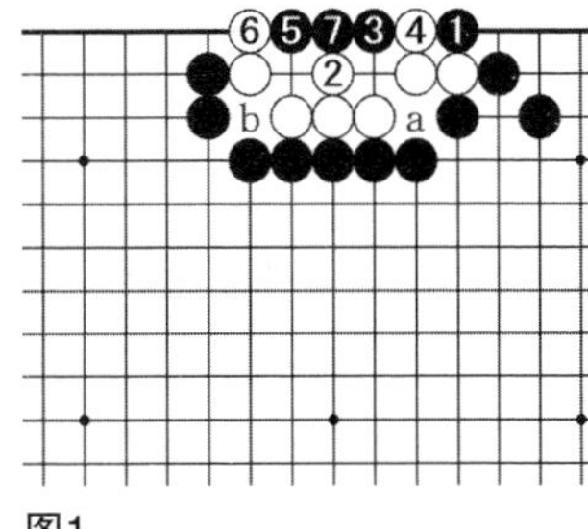

图1

白净死

图1（黑正解1）

黑1扳是正解之一。白2做眼，黑3、5破眼，7位粘。接下来a、b两点见合，白棋“直三”净死。

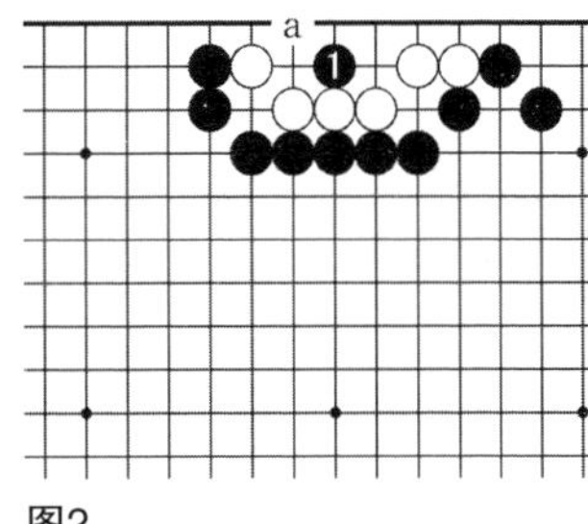

图2

白净死

图2（黑正解2）

上图之外，黑1点或者a位点也可以净杀白棋。

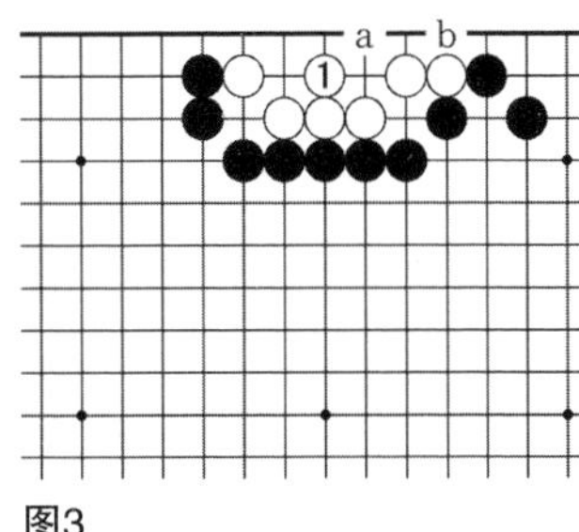

图3

白净活

图3（白正解）

白先的情况下，白1是做眼急所，可以避免被大眼杀。

白a位尖也可以净活，但黑b位扳，白1位做眼之后实地亏损。

第9型

白活

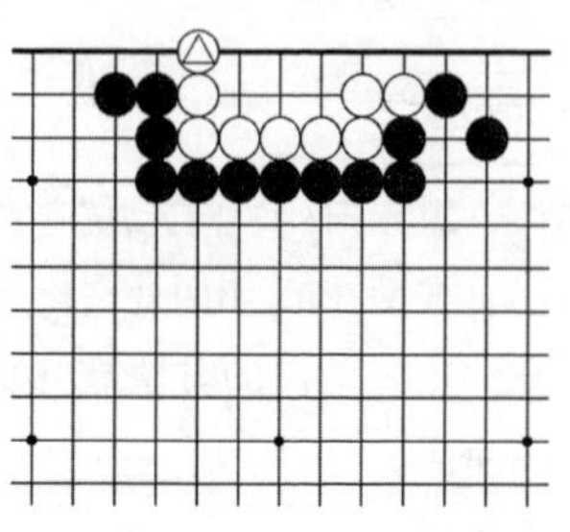

白棋多了△位立。

黑先攻击的急所还在，但白棋已经可以确保活棋。

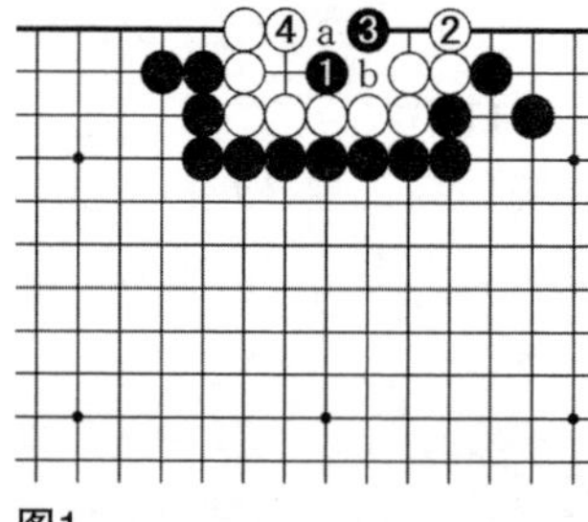

图1

双活

图1（证明1）

黑棋的攻击手段只有黑1点一种。白2扩大眼位，黑3小尖，白4弯防止棋形变成大眼杀。接下来a、b两点见合，双活。

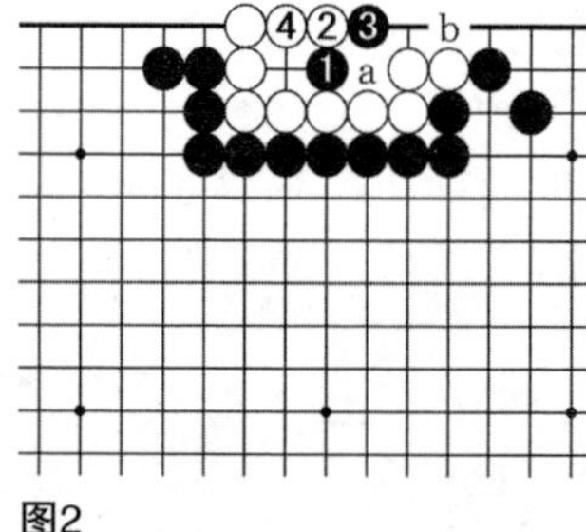

图2

双活

图2（证明1变化）

黑1点，白2夹同样可以活棋。黑3打吃，白4粘，黑若a位粘，白b位立，还原上图。

白2若在a位团，黑3位扳，白4位弯也是双活。

图3

白净活

图3（证明2）

黑1点也是局部手筋，但此时白2做眼净活。

白2下在a位还原图1。

第10型

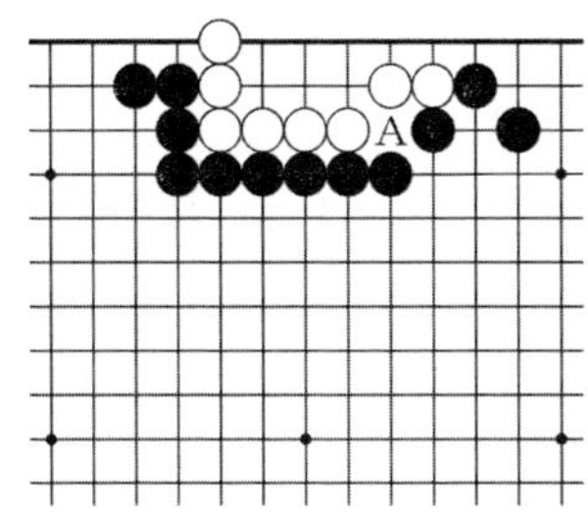

白活

与前型相比，白棋少了A位一子。

棋形变得薄弱之后，可以做活的下法变少，但死活无忧。

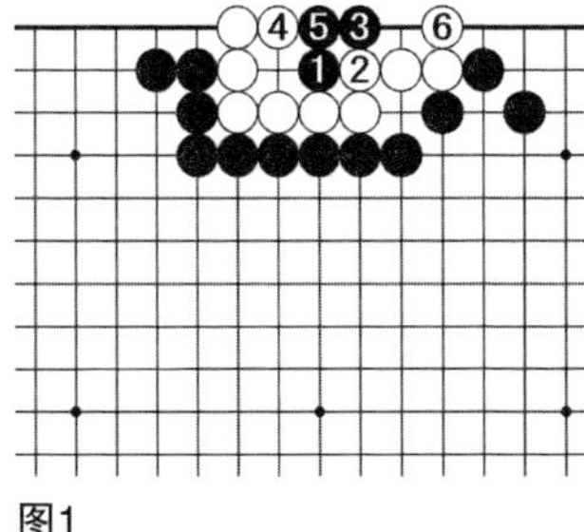

图1

双活

图1（证明）

黑棋的攻击手段只有黑1点一种。白2粘只此一手，黑3扳，白4弯。黑5、白6交换之后双活。

黑5若在6位扳，白5打吃接不归，净活。

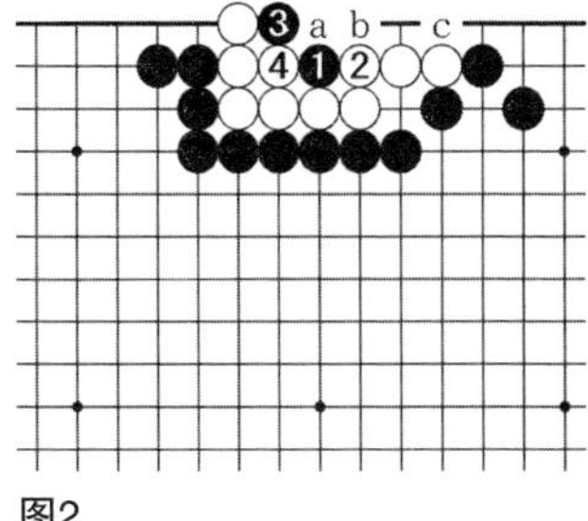

图2

白净活

图2（证明变化）

黑1、白2交换之后，黑3尖顶，白4打吃是冷静的好手。接下来黑a位粘，白b位提，a、c两点见合，白净活。

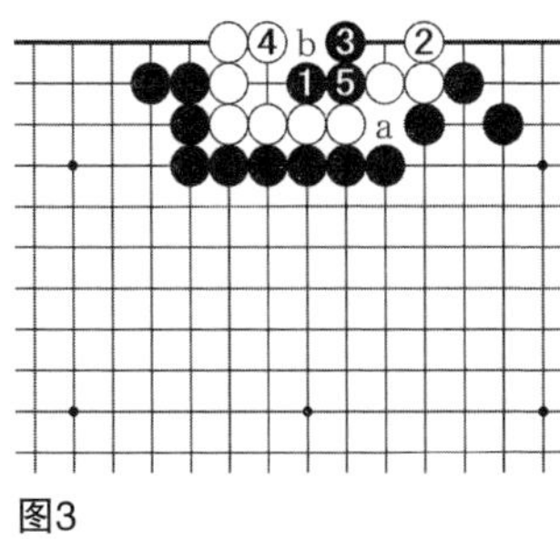

图3

白净死

图3（失败）

黑1点，白2立是失着。黑3小尖，白4弯，黑5挤好手，a、b两点见合，白净死。

白2若在b位应对，后续变化请看第11型。

第11型

黑先劫（黑先提劫）

此时白棋比前型少了A位一子。

白棋形更加薄弱，黑先的结果是打劫。

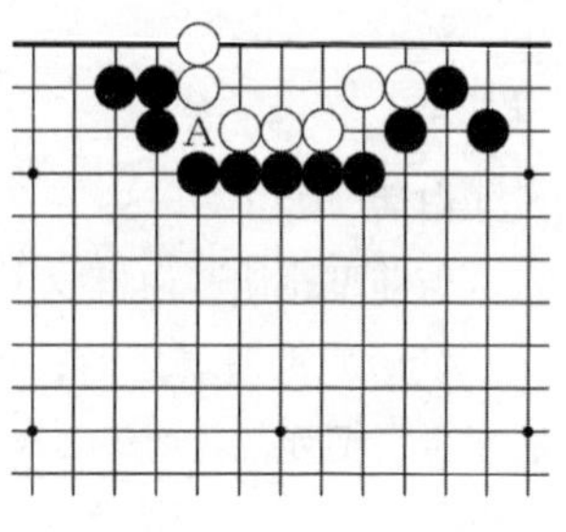

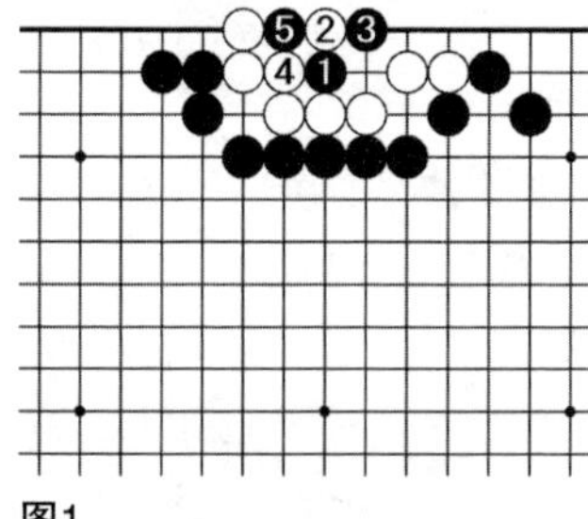

打劫

图1（正解）

黑1点急所，白2夹是最强抵抗。黑3打吃，白4做劫是正解。

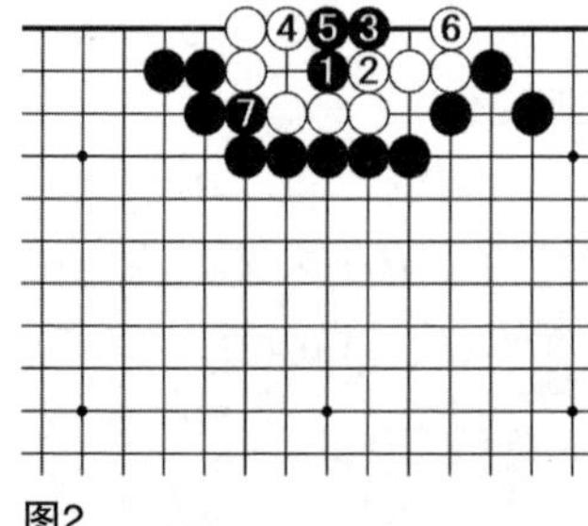

白净死

图2（正解变化）

黑1点，白2团，黑3～7，白棋变成弯三净死。

黑3若下在5位立同样可以净杀白棋。

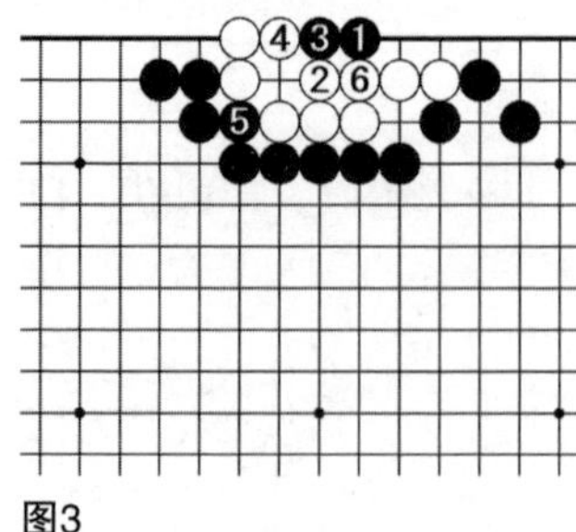

图3

白净活

图3（失败）

第一手下在黑1看似是急所，但白2弯是冷静做眼的好手，黑3冲、5挤破眼，白6打吃可以净活。

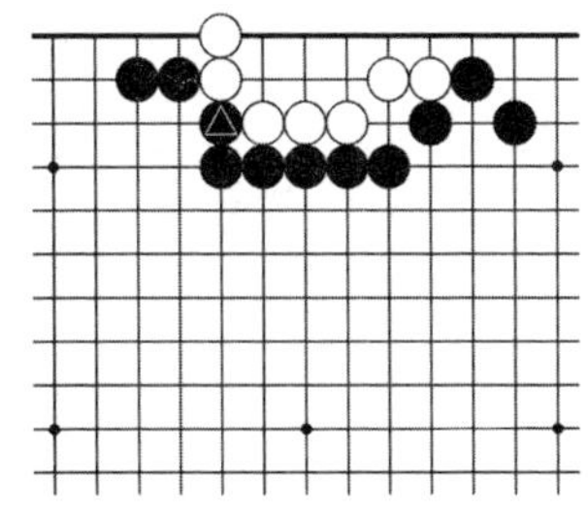

第12型

黑先劫（黑先提劫）

此时黑棋占据了▲位。

此时黑棋有两种选择，结果相同。

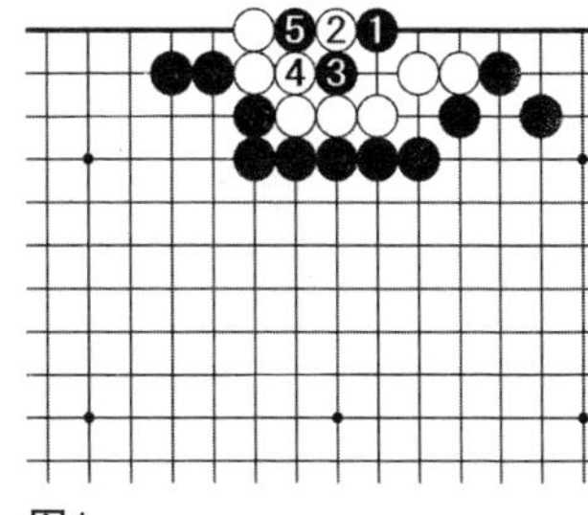

图1

打劫

图1（正解）

黑1点，白2靠是最强抵抗。黑3、5打劫。

此时还原前型，第一手黑3下在白2位结果相同。

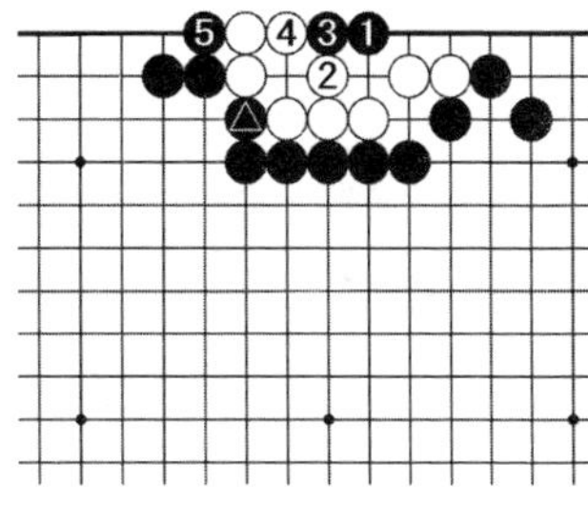

图2

白净死

图2（正解变化）

黑1点，白2是失着。因为黑▲位有子，黑3冲、5打吃，白无法做出两只真眼。

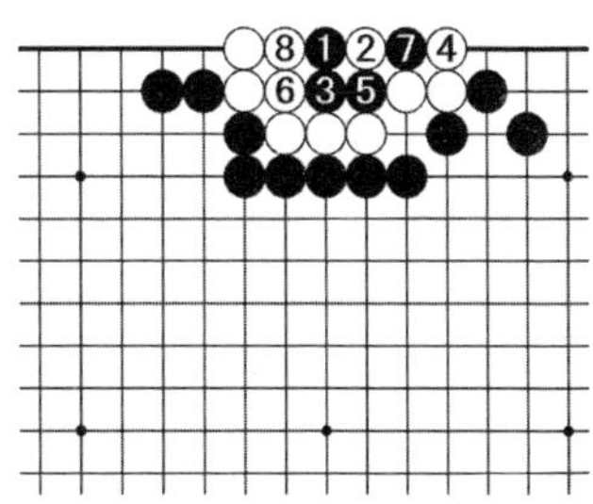

图3

白净活

图3（失败）

黑1虽看似急所，但此时白2、4是好手，黑失败。白6、8形成胀牯牛净活。

第13型

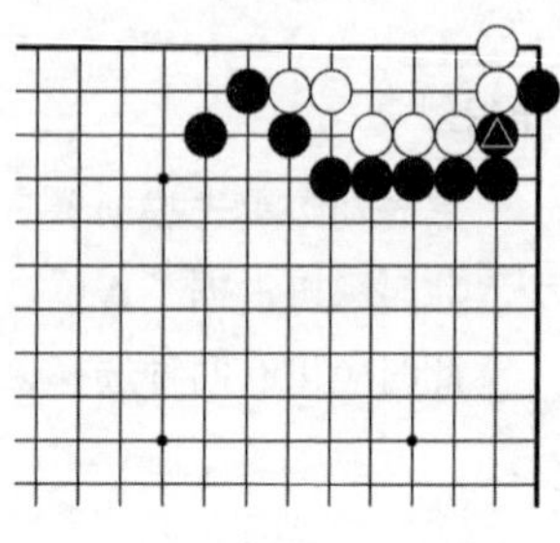

黑先劫（黑先提劫）

黑占据了▲位的同时，棋形也在向角上偏移。

与边上死活不同，此时黑棋的正解只有一个。

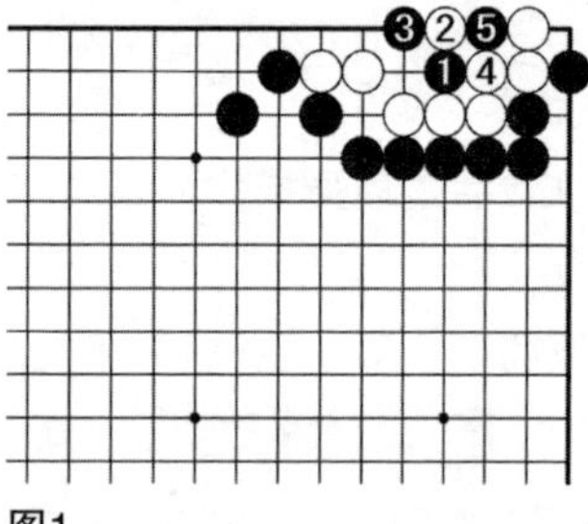

图1

打劫

图1（正解）

黑1点只此一手。白2至黑5打劫是在此之前数度出现的局面。

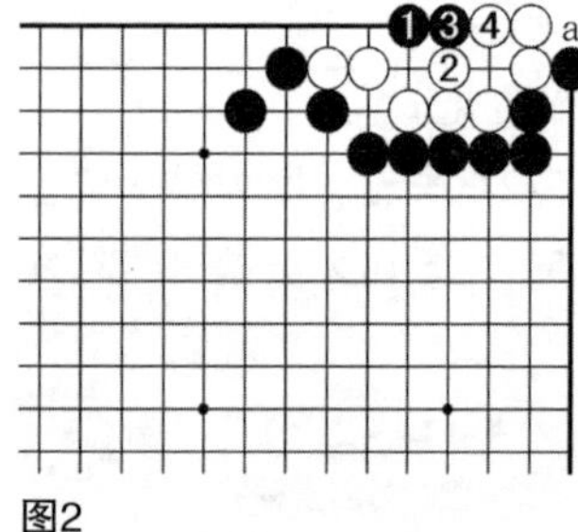
图2

白净活

图2（失败）

黑1点，白2可以做眼。黑3、白4交换，因为角部特殊性，黑a位无法入气打吃。

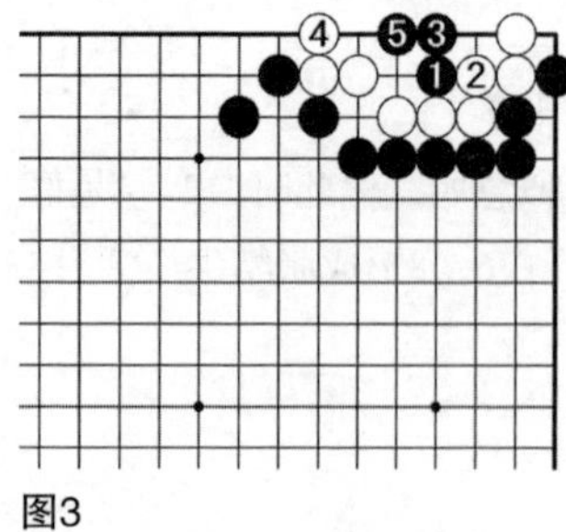
图3

白净死

图3（正解变化）

回到最初的棋形，黑1点，白2粘，黑3立。此时白4即使扩大眼位，黑5弯之后局部变成“刀把五”，白净死。

第14型

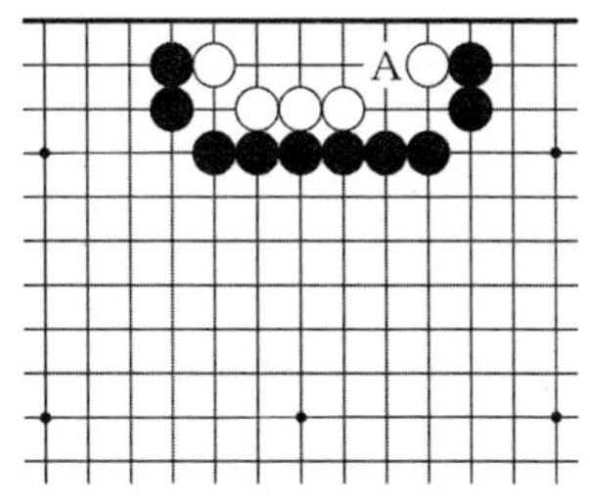

白先活

若此时白A连回则还原第8型，结果是黑先白死。

必须尽力扩大眼位。

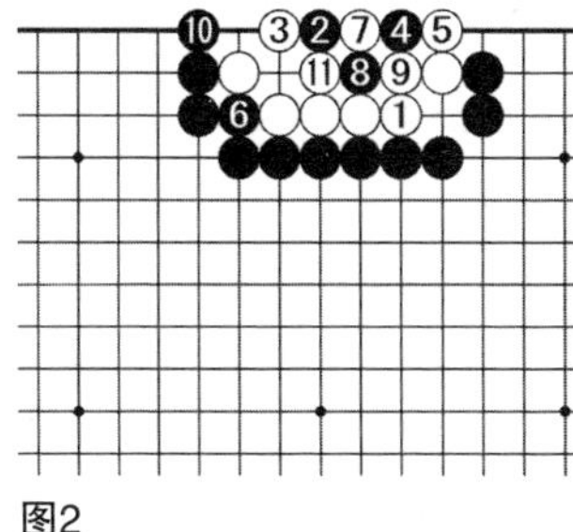
图1

白净活

图1（正解）

白1扩大眼位是正解。黑2点，白3做眼。黑2下在3位，白2位做眼。

三子场合中间是急所，四子并排的情况下，会有见合好点。

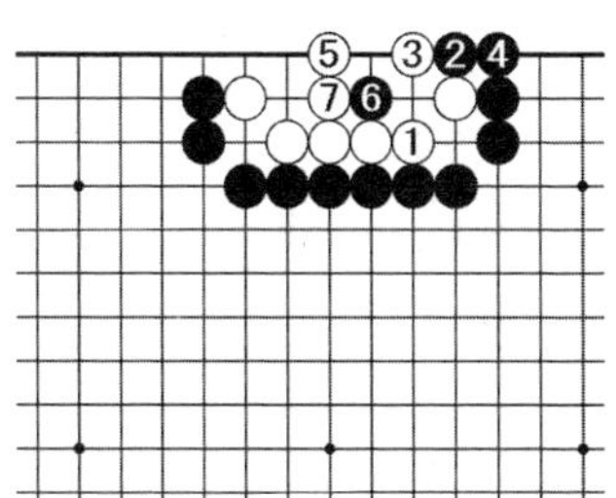
图2

白净活

图2（正解变化1）

白1扩大眼位，黑2点、4跳，此时白5挡，黑6挤，白7扑好手。黑8、10之后，白11打吃净活。

图3

白净活

图3（正解变化2）

既然在中间落子不行，黑2、4扳粘在外围寻找机会。白5跳好手，黑6点，白7粘，白棋净活。

第15型

白先活

接前型。黑1挤是从外围攻击的急所。

白棋的应手有两种。

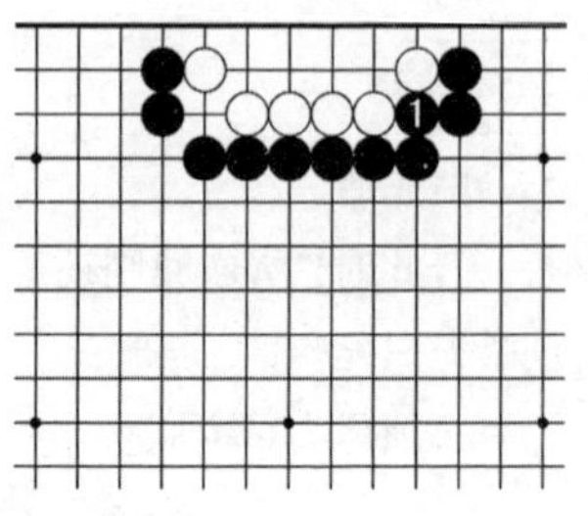

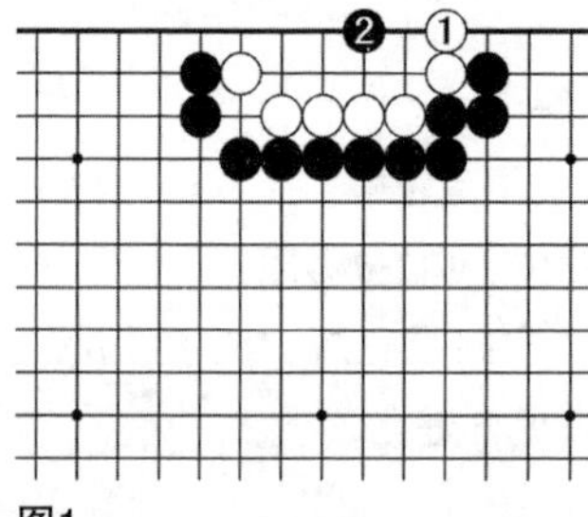

图1

立

图1（正解1）

第一个正解是白1立。但选择白1必须先想好对付黑2点的方法。

接下来——

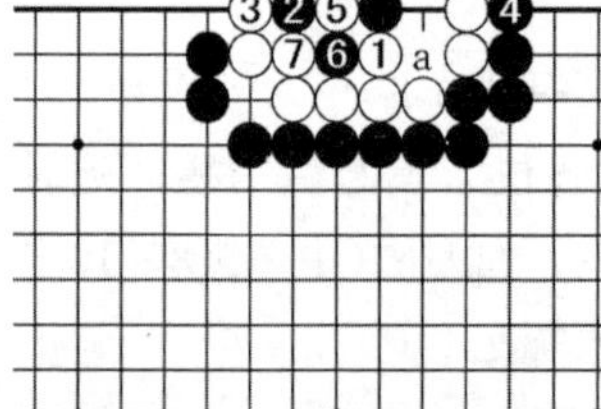

图2

白净活

图2（正解1续1）

白1顶好形。黑2跳，4位挡，白5、7创造眼位，黑可以a位倒扑两子，白净活。

白7可以脱先他投，白5也可以直接在7位打吃。

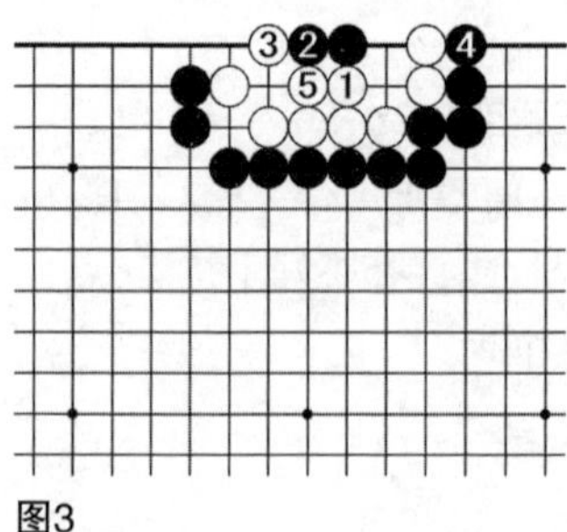

图3

白净活

图3（正解1续2）

白1顶，黑2若长，白3尖顶即可。黑4挡，白5打吃净活。

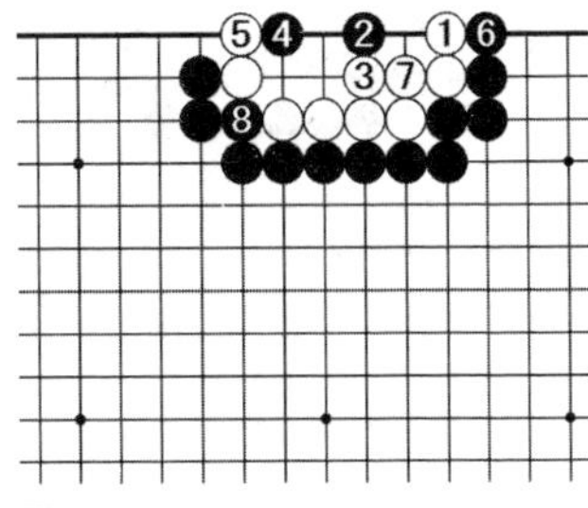
图4

白净死

图4（失败1）

白3、5都是正确应对，但是黑6挡，白7粘救回两子是失着。这样一来黑8挤，大眼杀。

必须要有弃子的意识。

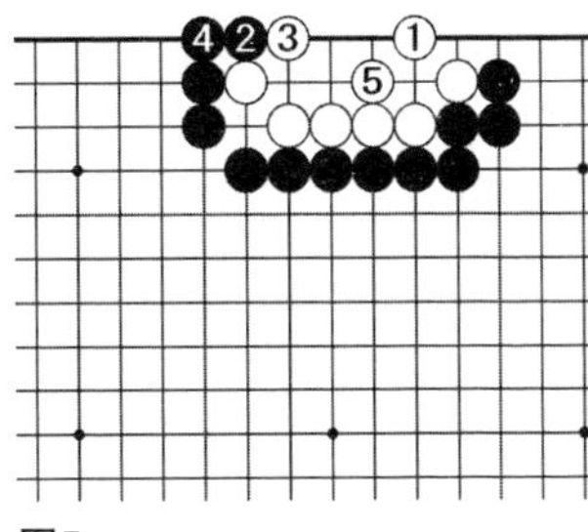
图5

白净活

图5（正解2）

第二种正解是白1虎。黑2、4扳粘，白5做眼。

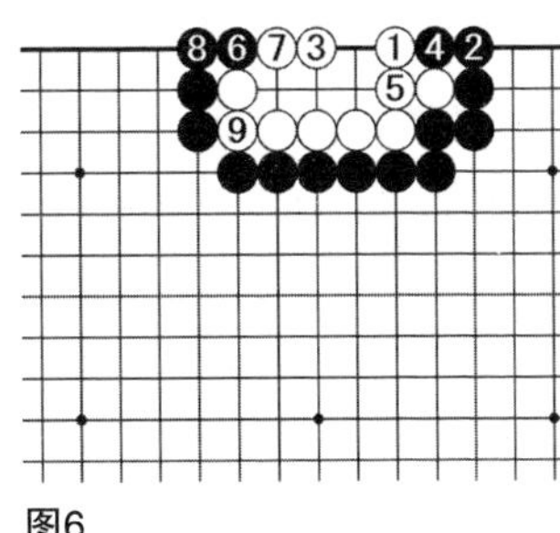
图6

白净活

图6（正解变化2）

黑2立，白3跳好形。黑4打吃缩小眼位，进行至白9，弯四白净活。

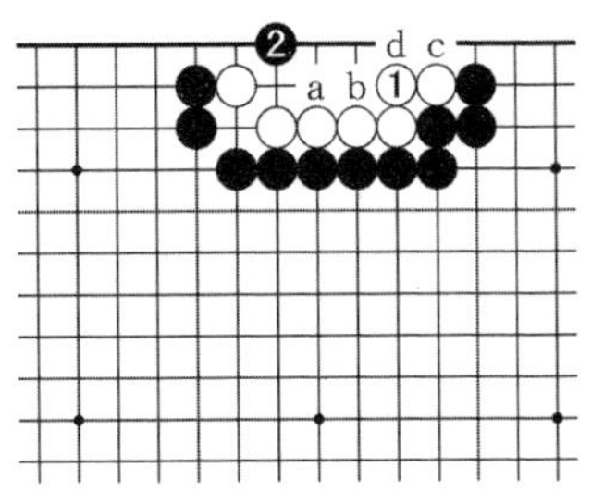

图7

白净死

图7（失败2）

白1粘棋形缺乏弹性。黑2点或者a位都可以净杀白棋。

白1若下在b位，黑c位扳，白d位挡，黑1位提，结果是劫活。

第16型

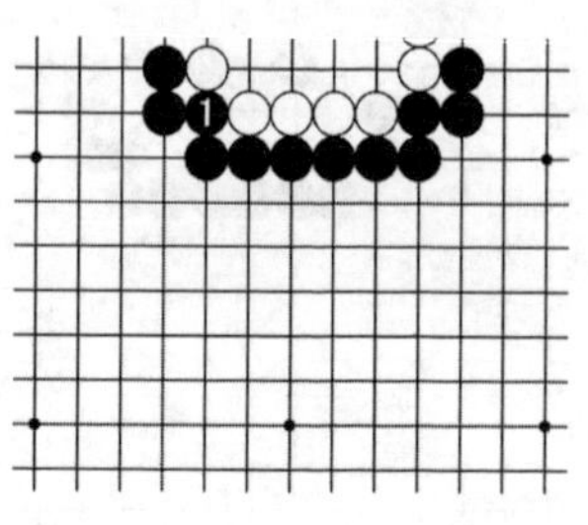

白净活

接前型。

左侧黑1挤。此时白棋还是有两种应法。

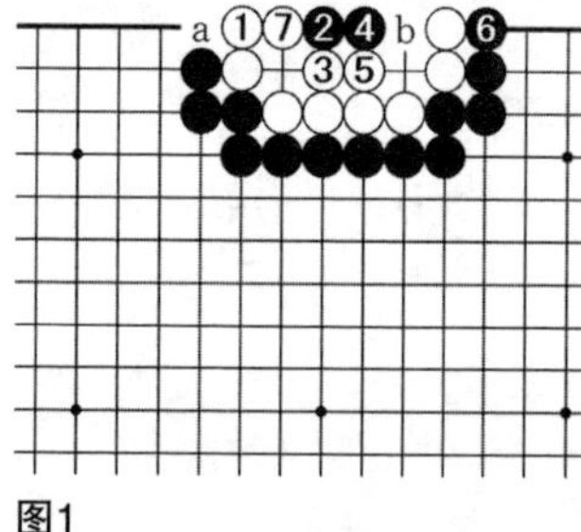

图1

白净活

图1（正解1）

第一种下法是白1立。黑2点，白3顶是最强应对。黑4长，白5团。接下来黑6挡，白7打吃净活。黑6若下在a位，则白b位打吃即可。

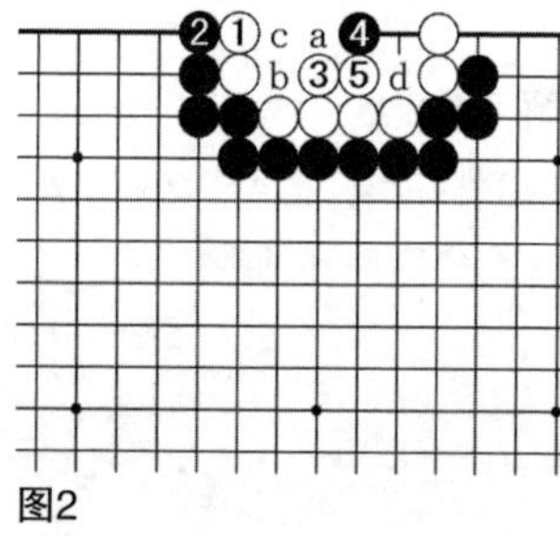

图2

白净活

图2（正解1变化）

白1立，黑2挡，白3做眼。黑4点，白5团，净活。

白3若下在a位跳，黑b位打，白c位粘，黑4位打，白3位提，黑d位断，白不入气净死。

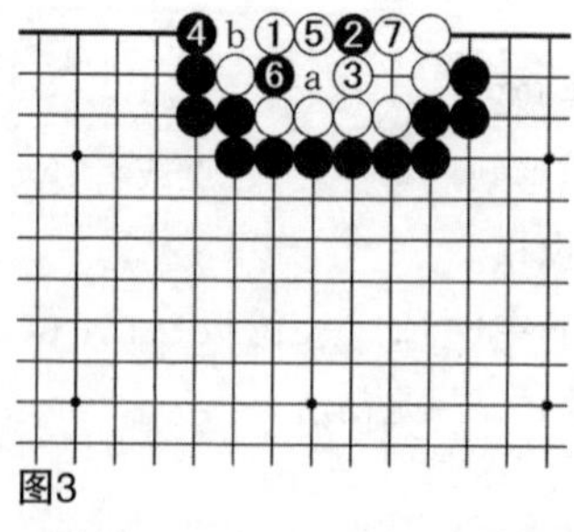

图3

白净活

图3（正解2）

第二种下法是在白1虎。黑2点是棋形急所，但此时白3顶好手。黑4，6试图破眼，白7提净活。

白7下在a位提，黑b位爬，白7位提，结果相同。

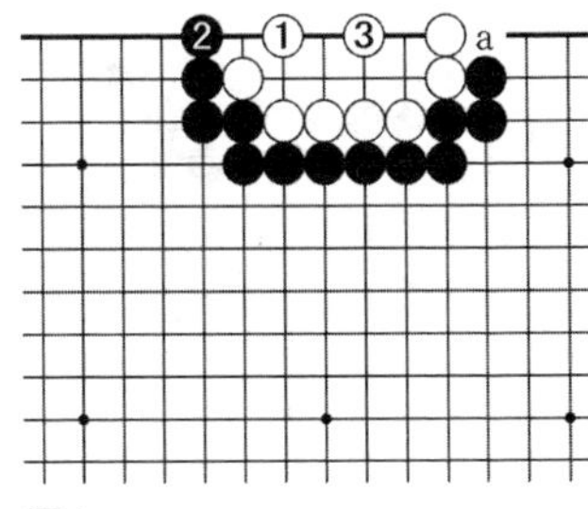

图4

白净活

图4（正解2）

白1虎，黑2立，白3跳是眼形急所。此时白已经确保净活。

黑2若在a位挡，白也是在3位跳应对。

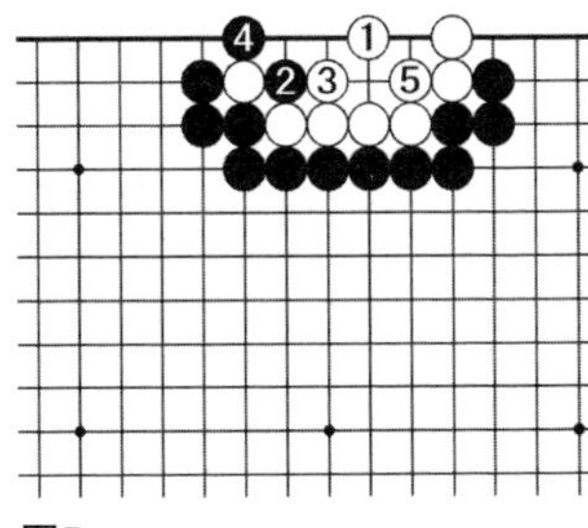
图5

白净活

图5（准正解）

从死活的角度来说白1跳也是正解。黑2、4先手吃掉白一子，黑5做活。

但从实地来看白棋明显亏损，本图不是最好的下法。

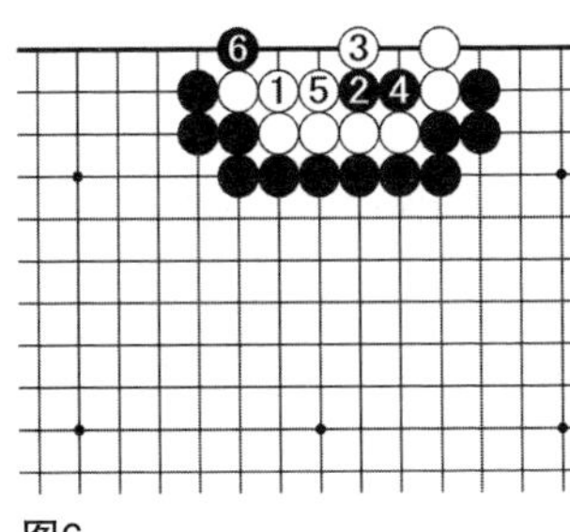
图6

白净死

图6（失败）

与之前的解题变化相同，白1粘是问题手。黑2点，白3夹，黑4断、6扳，白净死。

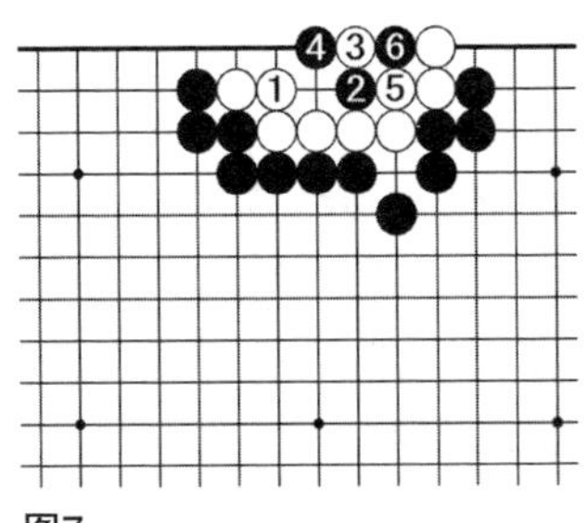
图7

打劫

图7（参考）

即使此时的情况是如本图，白棋外围有了外气。白1粘也不是好选择。接下来黑2点，变成打劫活。

黑2也可以下在4位点，白3位靠，黑2位打，次序不同，结果相同。

第17型

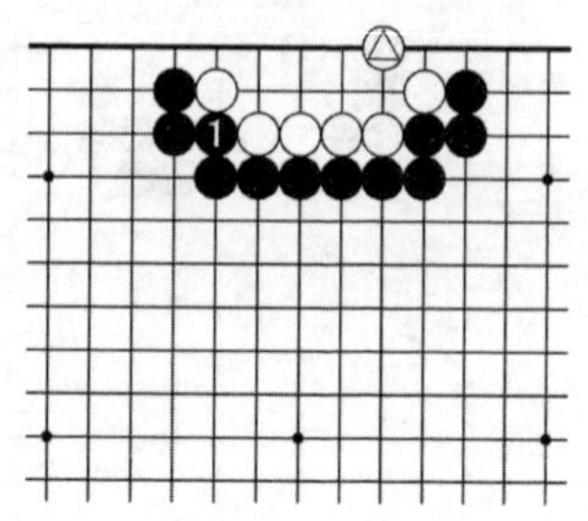

白先活

右边白立变成了白△虎。

此时白棋也有两种应法。

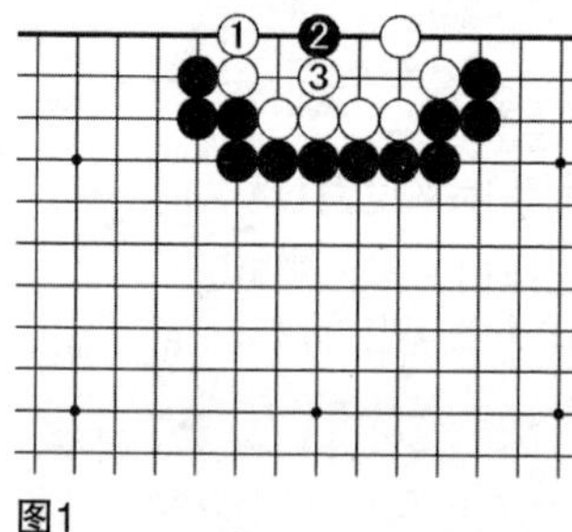
图1

白净活

图1（正解1）

白1立还是首选。黑2点，白3顶净活（参考前型图3）。

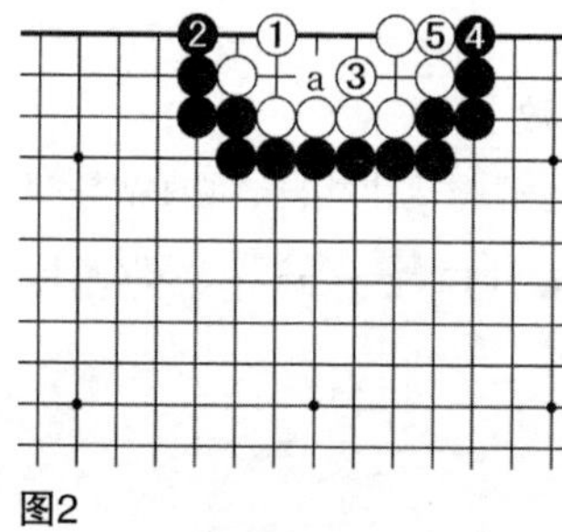
图2

白净活

图2（正解2）

白1虎也可以确保净活。黑2立，白3做眼。

黑2若下在4位，白a位做眼。

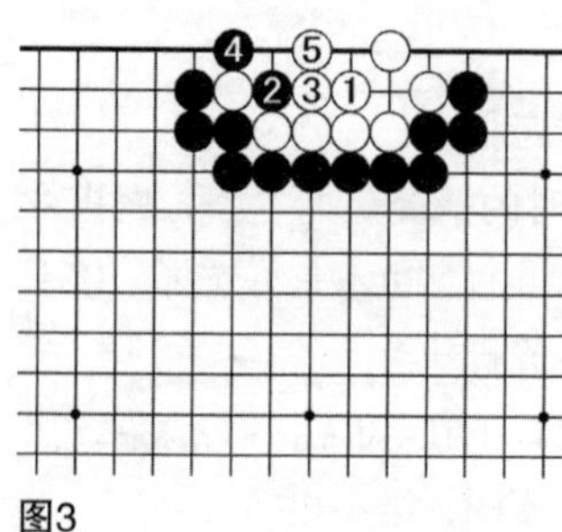
图3

白净活

图3（准正解）

白1做眼也可以净活。但是黑2、4可以先手吃白一子，实地亏损明显。

白1如果下在2位粘，黑1位点，白3位团，黑4位扳，白净死。

第18型

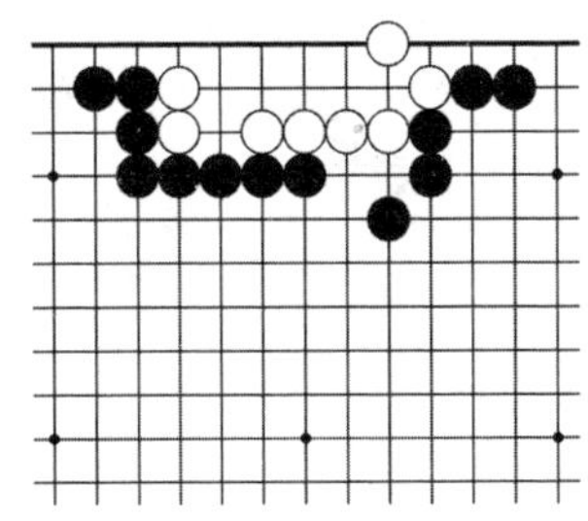

黑先劫（黑先提劫）

此时黑棋从外围已经没有好的手段。

需要找到精妙的攻杀手段。

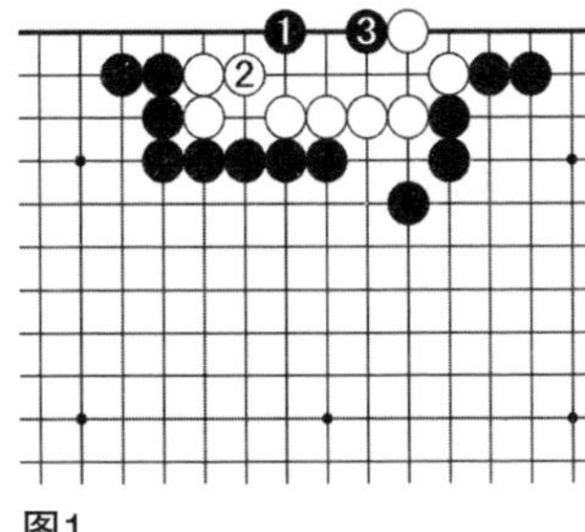

图1

点、碰

图1（正解）

此时黑1深入白阵是正解。白2弯阻渡，黑3碰是既定手段。

接下来——

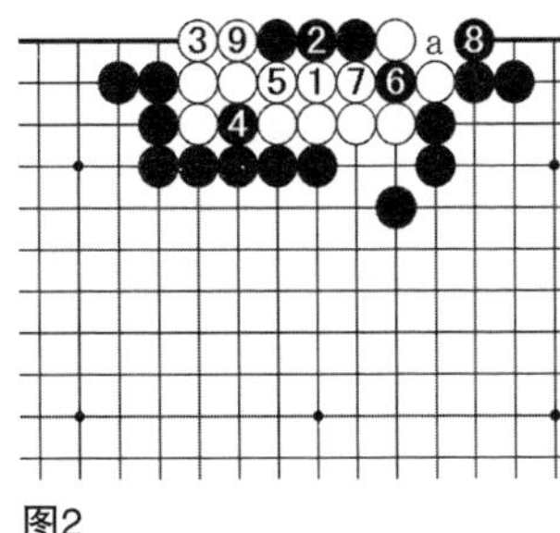

图2

挤、扑

图2（正解续1）

白1、3意在双活，黑4、6挤、扑是攻杀手筋。黑8立，白棋气紧无法在a位做眼，白9提——

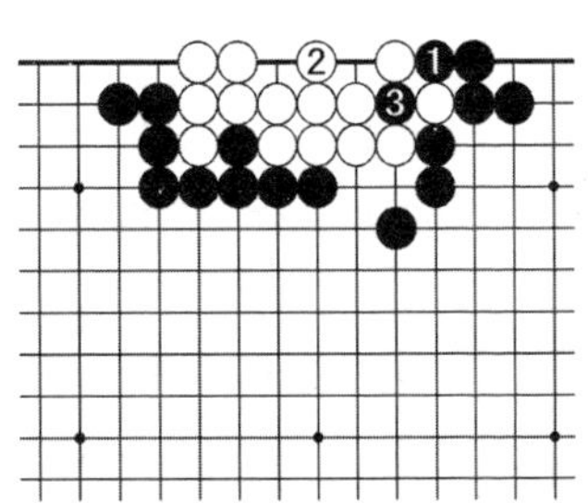

图3

打劫

图3（正解续2）

黑1打吃，白2做眼，黑3提打劫是双方最好结果。

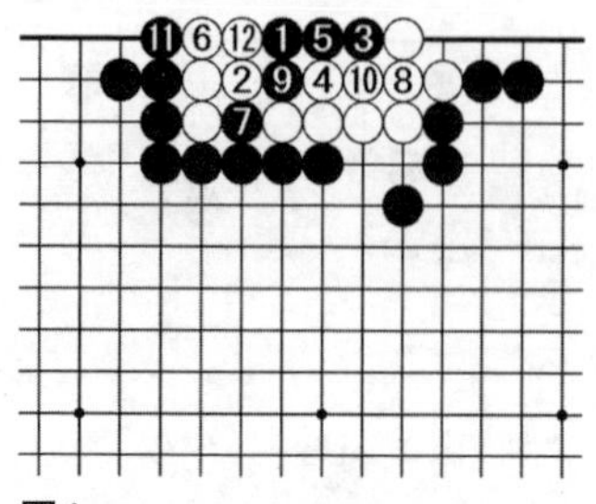

图4

如果粘

图4（正解变化1）

面对黑7挤，白8粘也是必须想到的一种抵抗手段。黑9断，白10粘、12提之后——

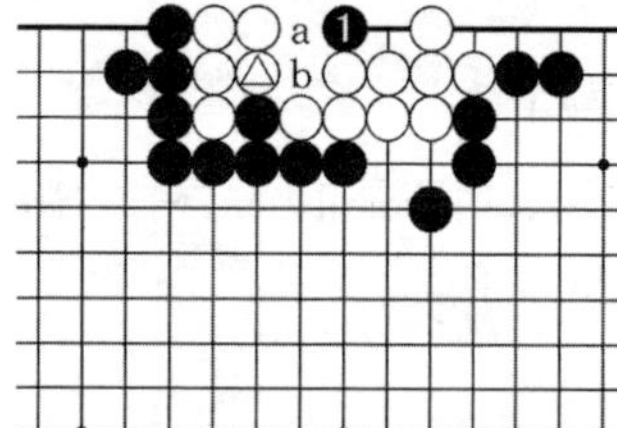

图5

白净死

图5（正解变化1续）

黑1手筋，此时白棋只有一只真眼，净死。

黑1若在a位打吃随手，白1、黑b之后，白可以△位倒脱靴净活。这一点黑棋必须要引起注意。

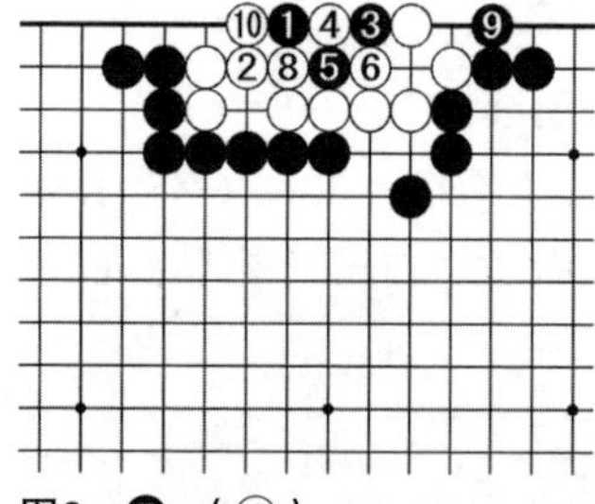

图6 ❼=（④）

扑

图6（正解变化2）

黑1、3，白4扑也是局部手筋。黑5提、7粘应对。白10提掉黑四子——

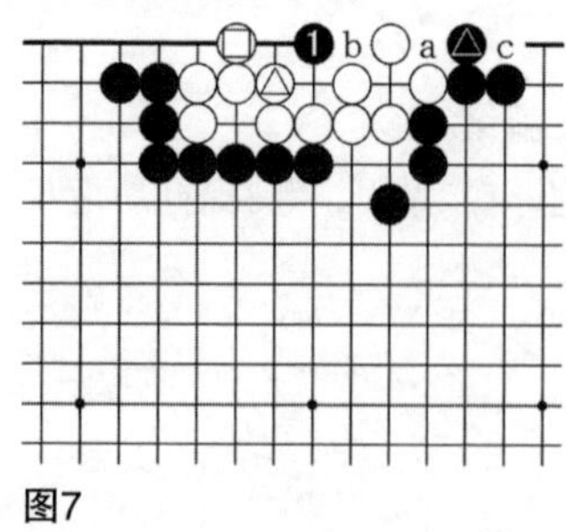

图7

白净死

图7（正解变化2续）

黑1点杀。a、b两点见合，白棋只有一只眼。

上图白8下在本图▲位、黑c、白△、黑a、白□、黑1、白▲，缓一气劫是最好结果。

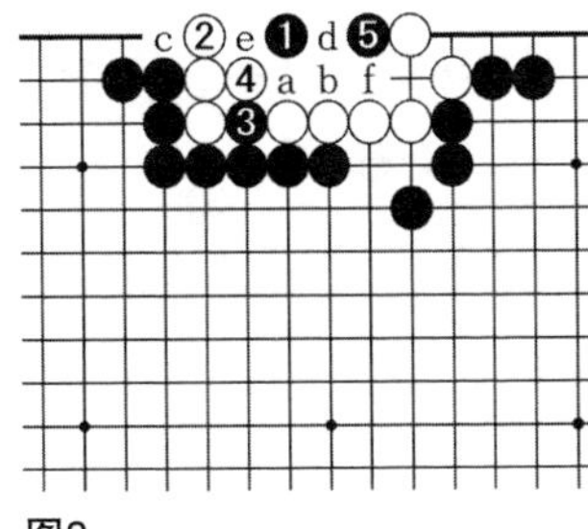

图8

打劫

图8（正解变化3）

回到最初，黑1点，白2立应对。黑3、白4交换之后，黑若a位断，则白b开始按照字母次序进行，白棋可以两眼做活。此时黑5碰好手，白b、黑d、白a，还原图2。

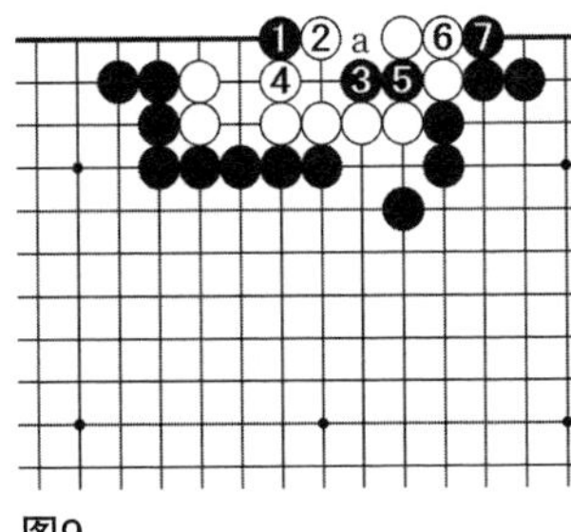

图9

白净死

图9（正解变化4）

黑1点，白2靠。黑3占据眼位急所。白4打吃，黑5断吃、7打吃。白棋气紧不能在a位粘。

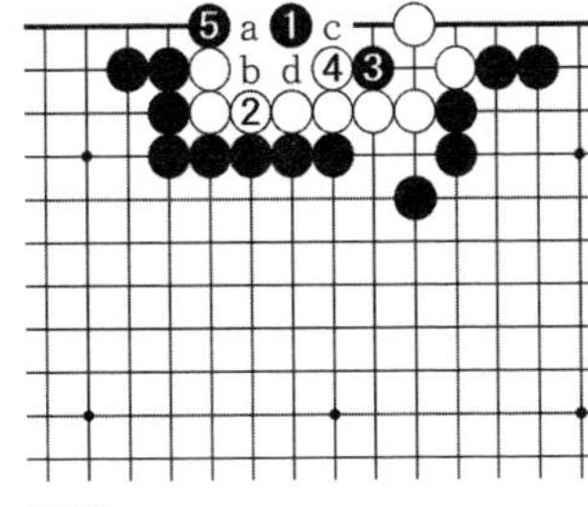

图10

白净死

图10（正解变化5）

黑1点，白2粘，黑3点急所。白4挡，黑5扳渡过。白净死。黑3在直接5位随手，白a位扑，黑b位提，白c位跳，此时即使黑3点，白也可以d位打吃净活。

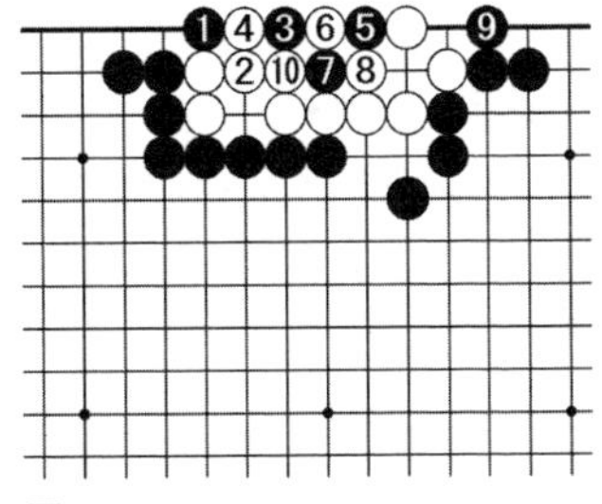

图11

白净活

图11（失败）

黑若在1位扳，白2弯，黑失败。黑3、5试图还原正解，但此时白6至白10，白棋可以净活。

白2也可以在3位跳应对。

第19型

白活

白棋右边虎变成了△位立。

此时白棋立要优于虎，本图白已经确保活棋。

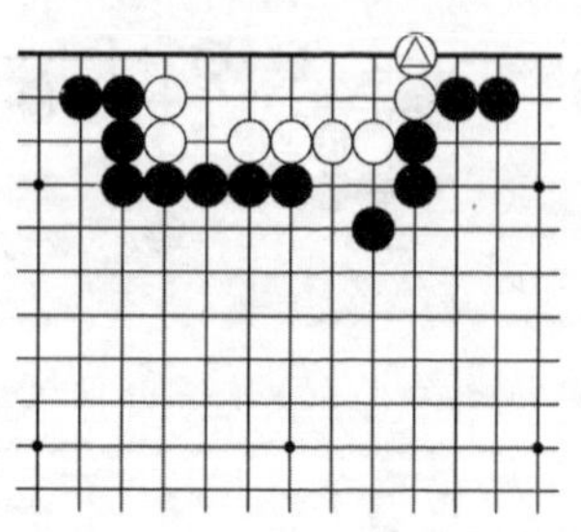

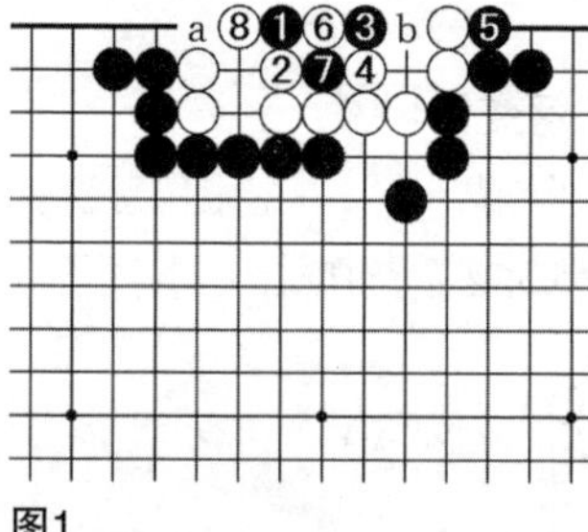

图1

白净活

图1（证明1）

此时黑1点，白2顶好手。黑3跳，白4顶，黑5挡，白6扑，8打吃净活。

黑5若在a位扳，白6位扑，黑7位提，白b位打做眼。

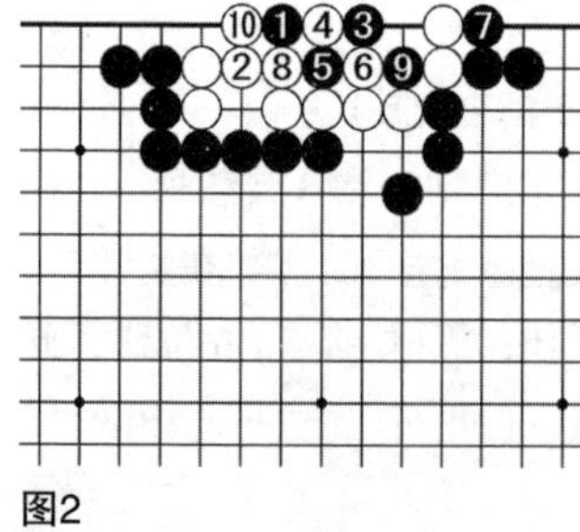
图2

白净活

图2（证明1变化）

黑1点，白2弯也是净活。但区别在于黑9可以先手吃掉白二子，白棋还是选择上图更好。

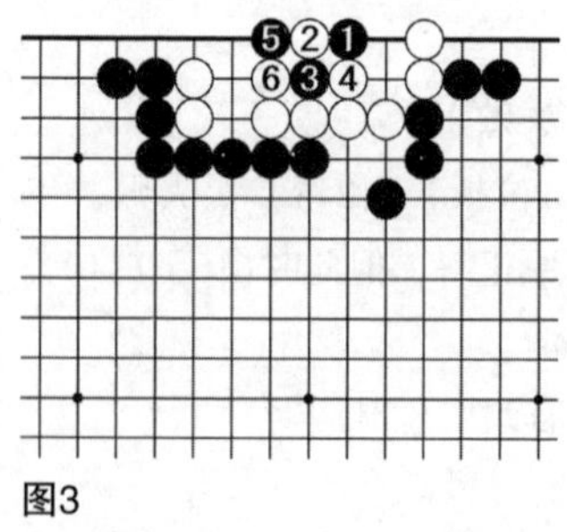
图3

白净活

图3（证明2）

黑1点，白2靠是正确应对。黑3打吃，白4弃子，黑5提，白6打吃，还原图1。

第20型

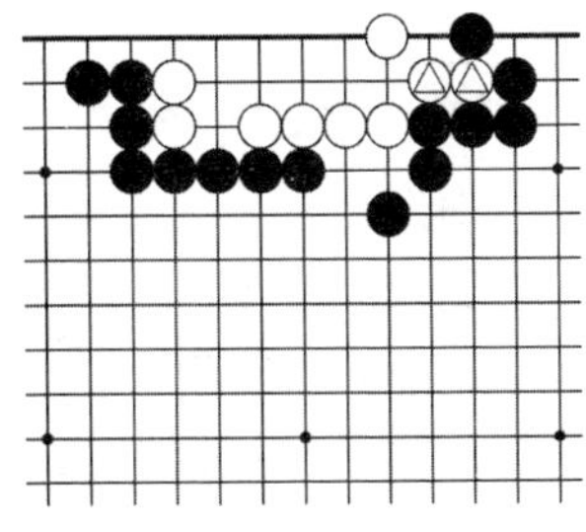

白活

这是第18型的相似型。

区别是白在右边有△二子。看似没有区别，冷静思考发现关系到了白棋的死活。

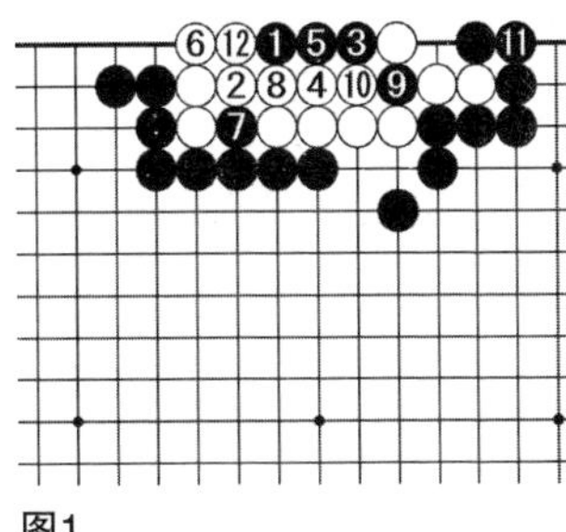

图1

点

图1（证明）

黑1点，白2弯。黑3至白12，进程与第18型相同。

接下来——

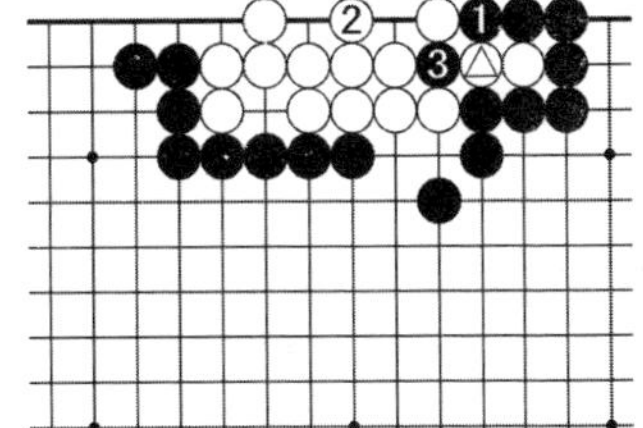

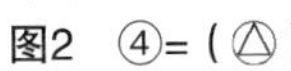

图2　④=（△）

白净活

图2（证明续）

黑1打吃，白2做眼，黑3提，白4反提。

白棋打二还一确保真眼避免了劫活。

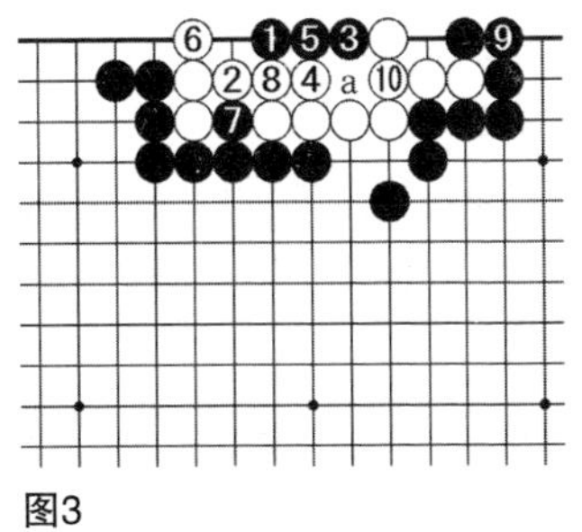

图3

双活

图3（证明变化）

黑1至白8，黑9粘，白10粘，双活。

黑7若在10位扑，白a位提，黑9位粘，白7位粘，结果还是双活。

第21型

白先活

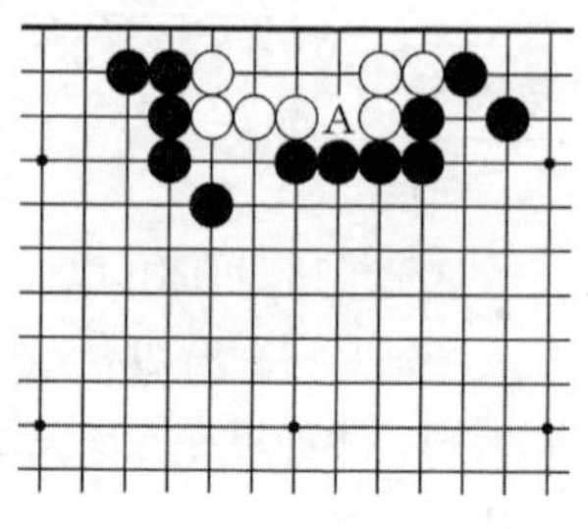

此时白如果担心棋形完整，直接在A位粘则还原第6型局面。

白第一手有两个选择。

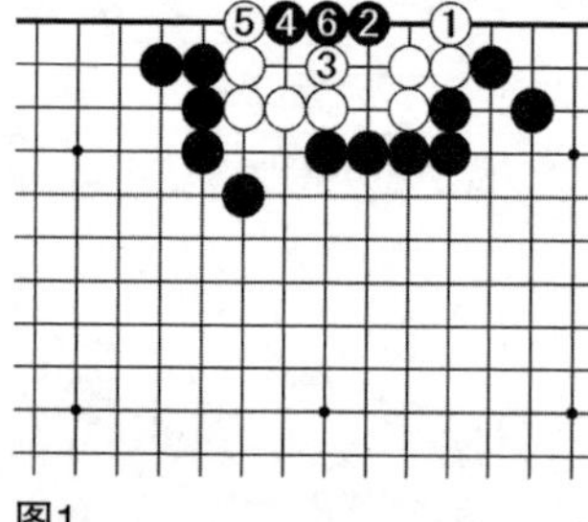

图1

双活

图1（正解1）

第一种下法白1立扩大眼位。黑2点，白3弯，黑4点，白5挡。黑6粘局部已经成为双活。

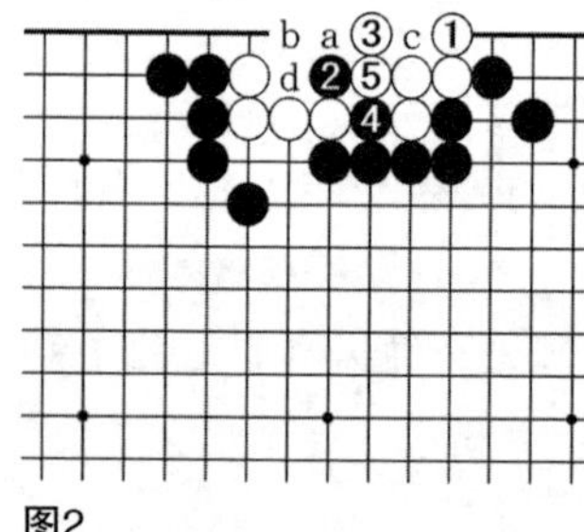

图2

白净活

图2（正解1变化）

白1立，黑2夹，白3小尖做眼是棋形急所。黑4冲，白5断。

黑4若下在5位，白4位粘，黑a位打，白b位尖顶，黑c位提，白d位打，胀牯牛。

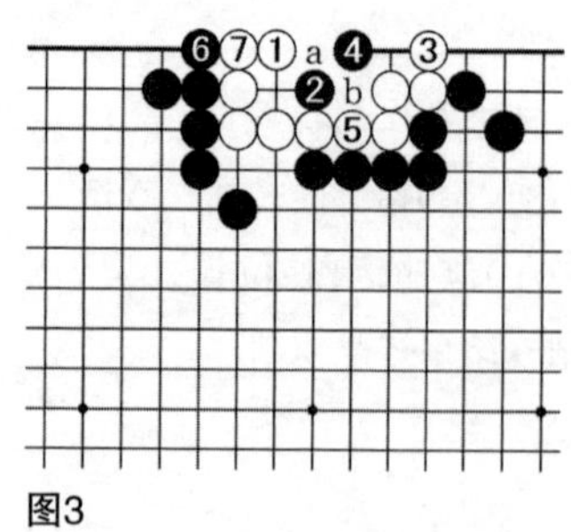

图3

双活

图3（正解2）

白1小尖也是活棋。黑2点，白3扩大眼位是关键一手。黑4小尖，白5粘，a、b两点见合。

但是本图是白棋后手双活，白棋选择图1更满意。

第22型

白先活

白棋形与前型相同，但此时没有外气。

与外气无关的活棋下法是什么呢。

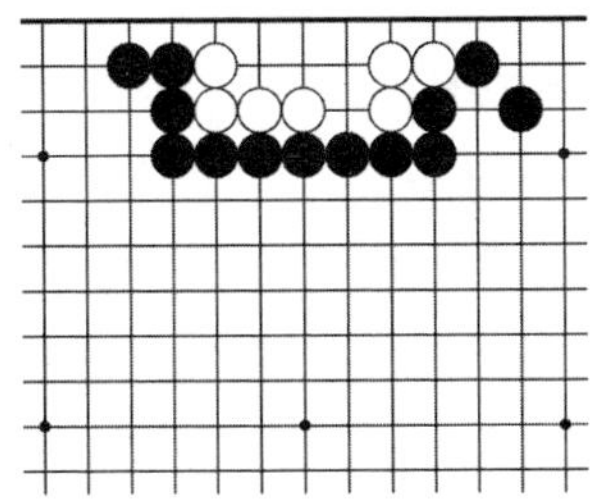

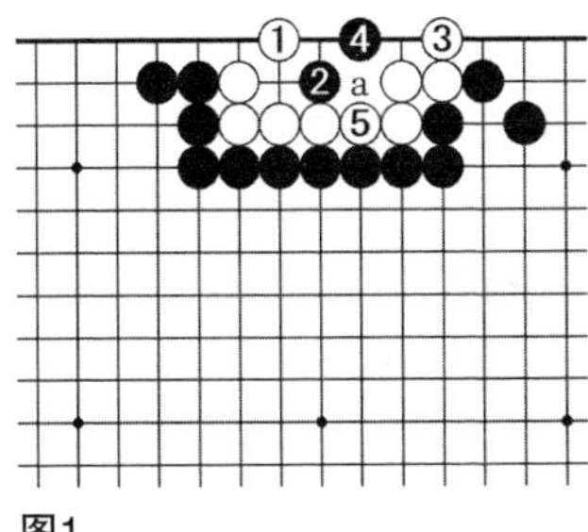

图1

双活

图1（正解）

白1小尖只此一手。黑2点，白3下立双活，这与前型图3结果相同。

黑4小尖若在5位冲，白a位断即可。

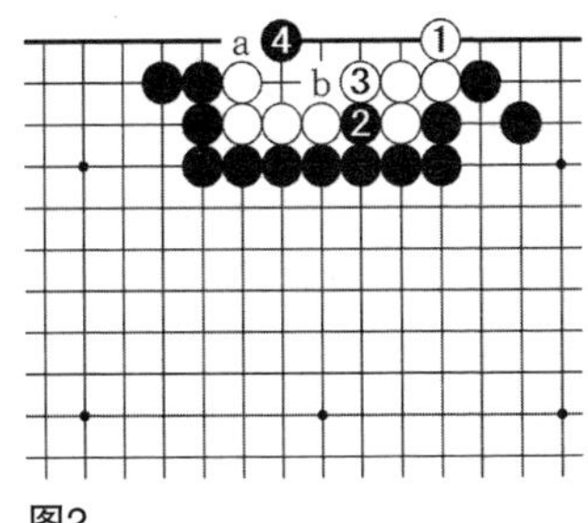

图2

白净死

图2（失败1）

白1扩大眼位是失着。黑2冲、4点，白a挡，黑b断。

黑棋充分利用了白棋气紧的问题。

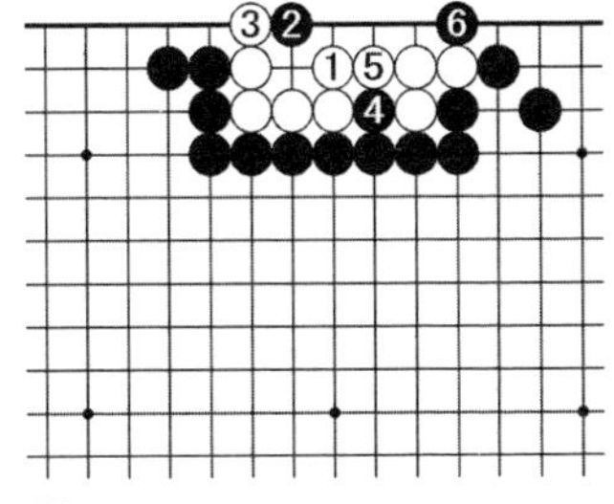

图3

白净死

图3（失败2）

白1弯看似急所，但黑2点、4冲、6扳，白净死。

黑2亦可先在4位冲。

第23型

白先活

前型白A位棋子转移到了△位。此时何处才是做眼的急所呢?

需要找到有弹性的下法。

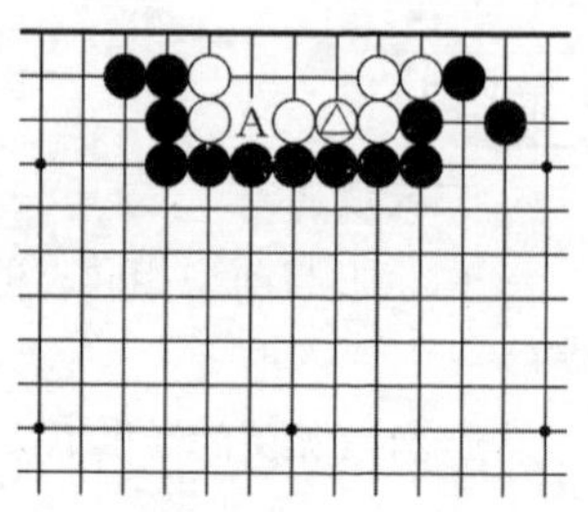

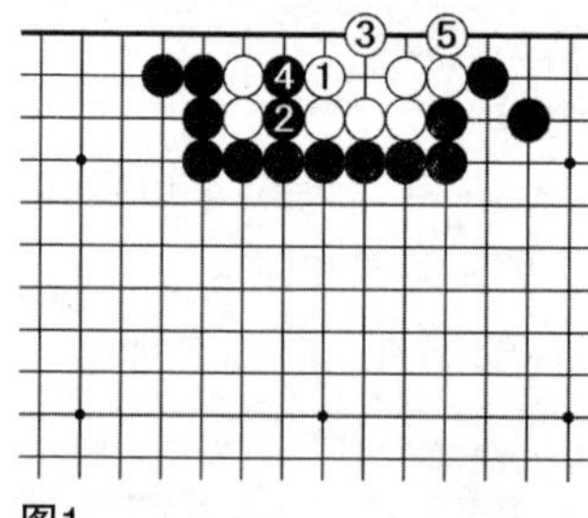

图1

白净活

图1（正解）

白1弯是眼形急所。黑2冲，白3做眼好手。黑4冲，白5做眼净活。

白3若在4位粘，黑3位点，白净死。

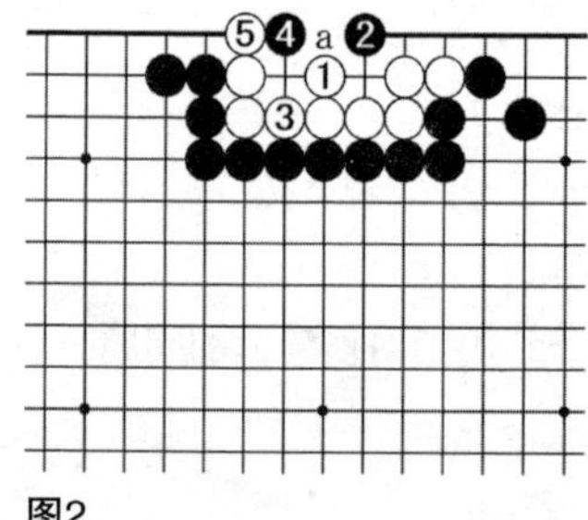

图2

双活

图2（正解变化）

白1弯，黑2点，白3扩大眼位是急所。黑4点，白5挡，黑a粘双活。

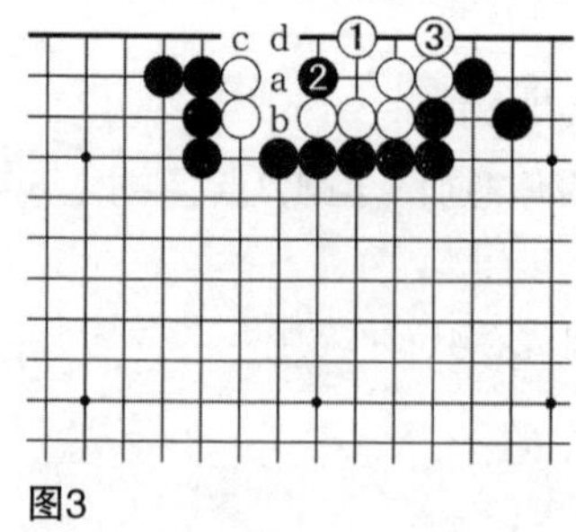

图3

白净活

图3（参考）

如果是本图这样，白左边两子还有外气，白1虎也可以净活。黑2点，白3做眼，接下来黑a位顶，白b位粘，黑c位扳，白d位扑，接不归。

第24型

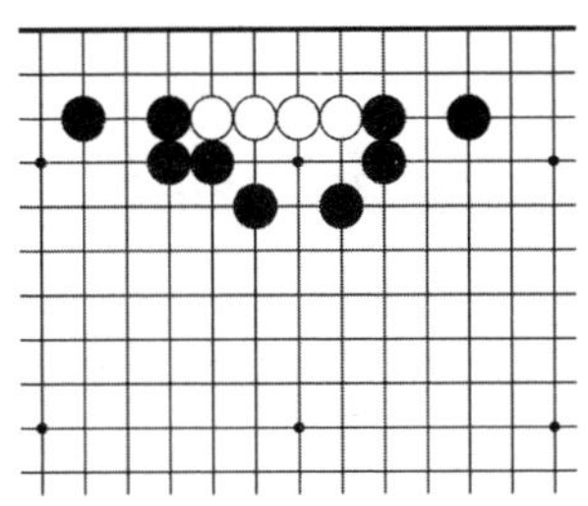

白不活

此时白棋是在三线，并排四子的棋形。

外围若无援军，白棋无法做活。

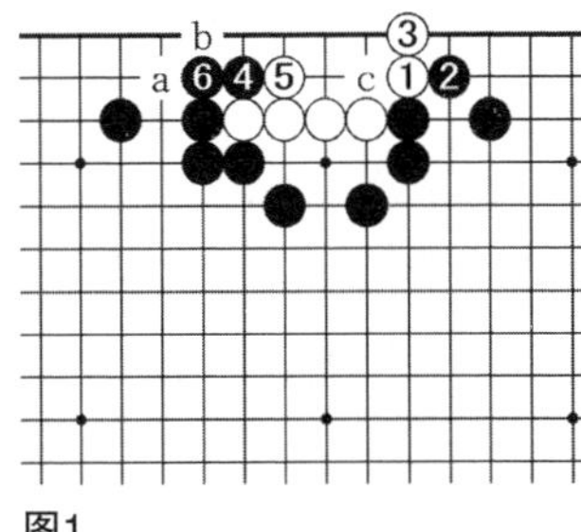

图1

白净死

图1（证明）

白1、3扩大眼位，黑4、6扳粘即可。

白1若下在6位扳，黑a位倒虎，白b位立，黑c位扳，结果相同。

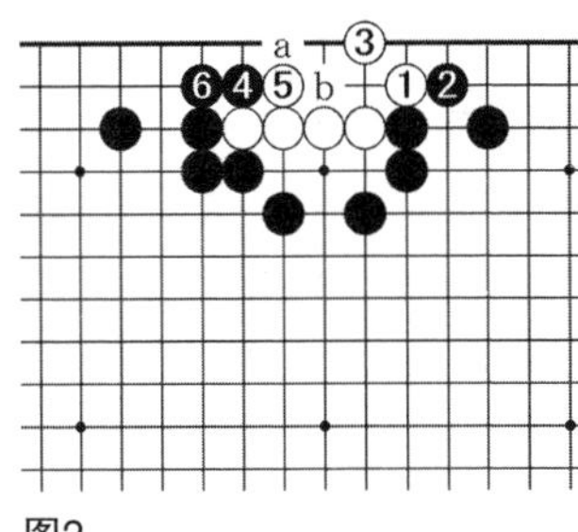

图2

白净死

图2（证明变化1）

白1、黑2交换，白3虎，黑4、6扳粘，白棋仍然眼位不足。接下来白a位立，黑b位点，弯三白净死。

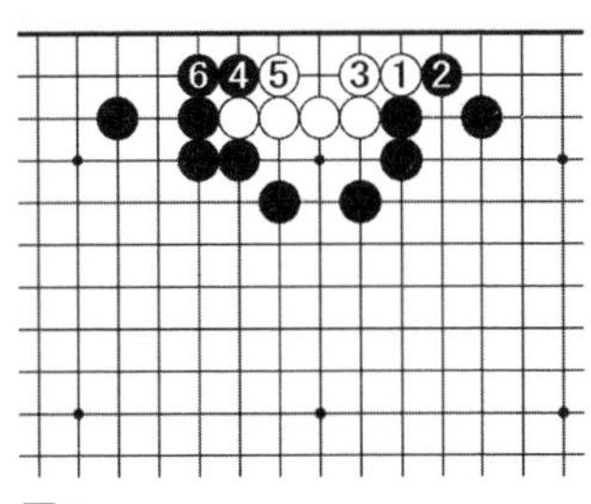
图3

白净死

图3（证明变化2）

白1、3扳粘，白4、6扳粘，白棋无法做出两只真眼。

第25型

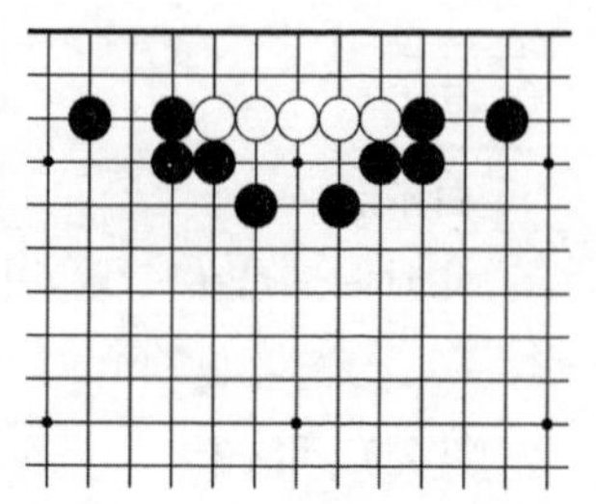

白先活、黑先白死

本型白棋是在三线，五子并排。

此时白先净活、黑先可以杀白。

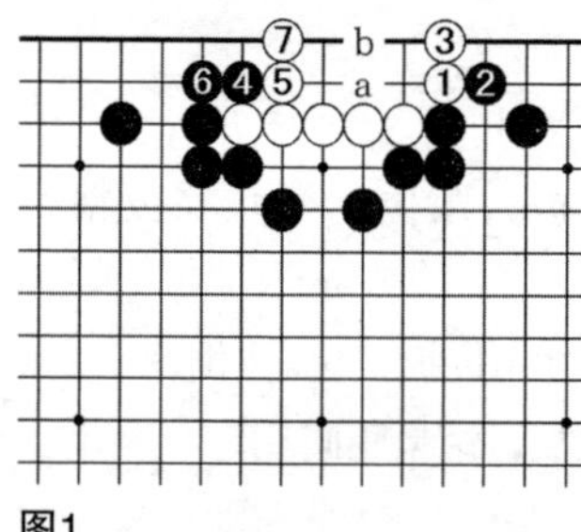

图1

白净活

图1（白正解）

白先，1、3扳立做活是正解。黑4、6缩小眼位，白7立或者a、b都是净活。

白1在6位扳，结果相同。

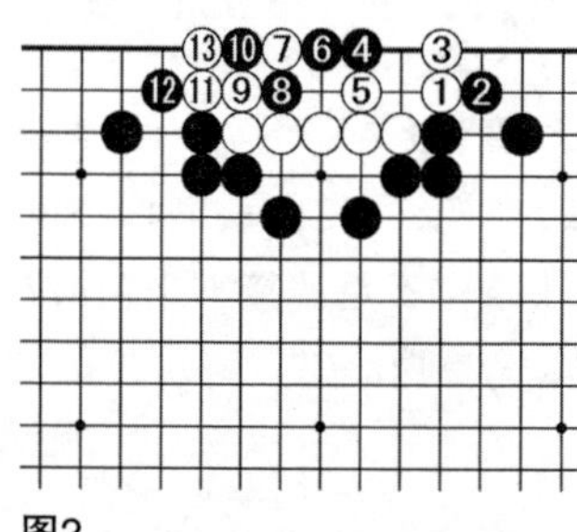

图2

白净活

图2（白的正解变化）

白1、3扳立之后，黑若4位点，白5位顶应对即可。黑6长，白7进行至13，白棋眼形空间足够，已经净活。

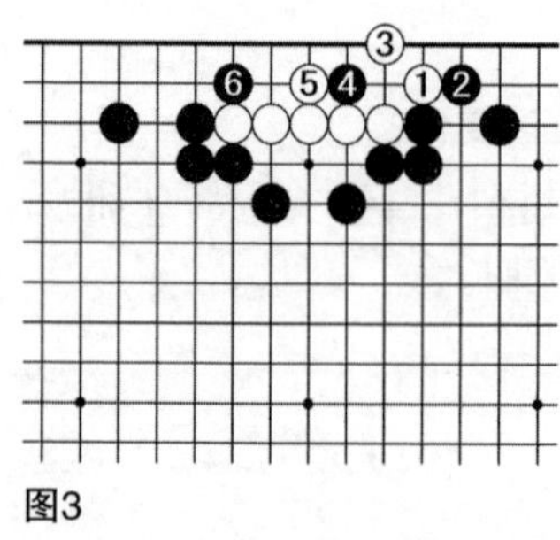

图3

白净死

图3（白失败1）

白3虎如何呢？乍一看眼形丰富，但其实棋形非常脆弱。黑只需4点、6扳即可净杀白棋。

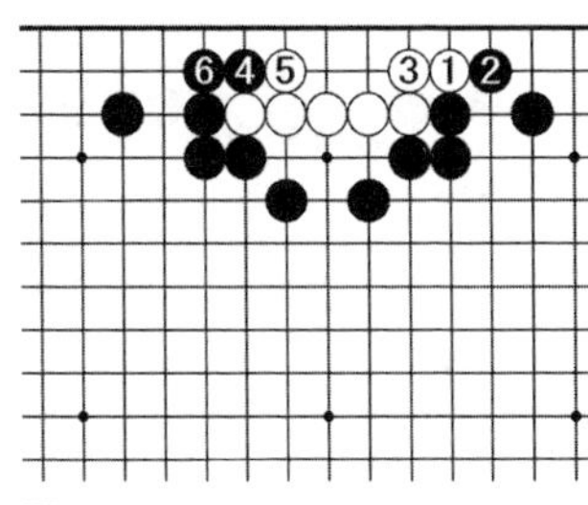

图4

白净死

图4（白失败2）

白1、3扳粘眼形不充足。黑4、6简单缩小眼位即可净杀白棋。

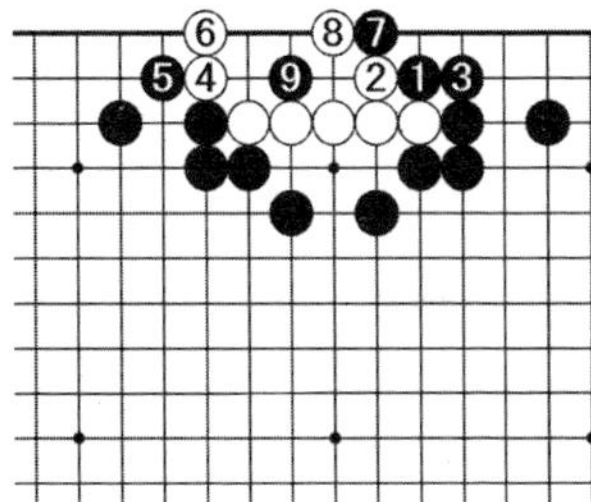

图5

白净死

图5（黑正解1）

黑先1、3扳粘就可以净杀白棋。白4、6扩大眼位，黑7扳、9点，结果是刀把五。

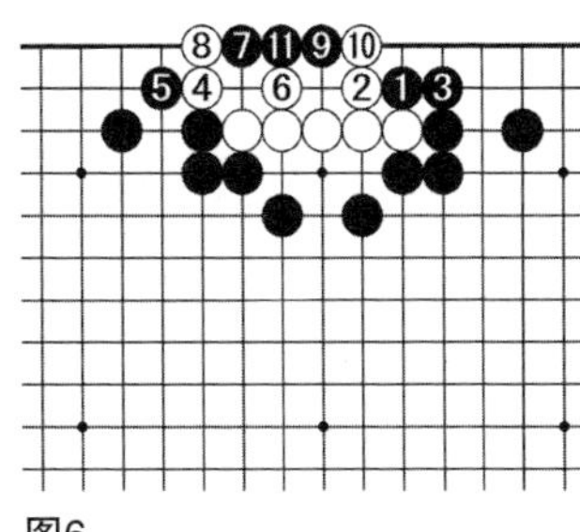

图6

白净死

图6（黑正解1变化）

白4、6试图做劫，黑7、9白净死。

黑7先在9位点，白10位挡，黑7位跳，结果相同。

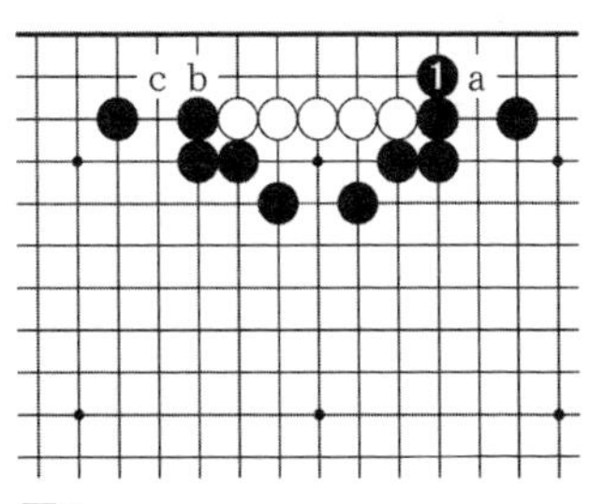

图7

白净死

图7（黑正解2）

图5之外，黑1立、a位小尖等下法同样可以净杀白棋。

当然左边的b位立和c位小尖也是正解。

第26型

白先活

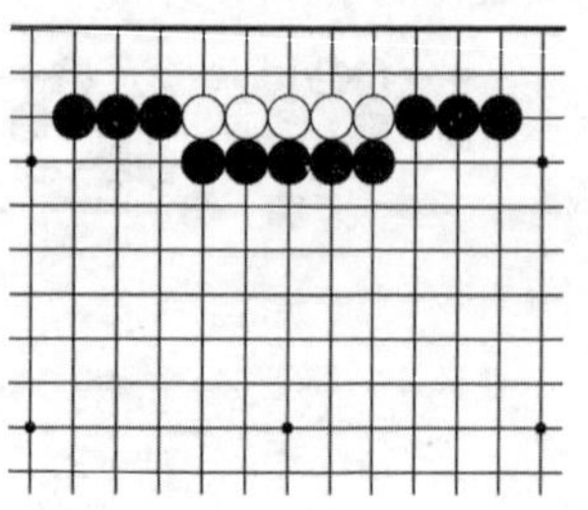

白棋形与前型相同，但周围没有外气。此时白棋形虽然有些薄弱，但只要正确应对仍然可以净活。

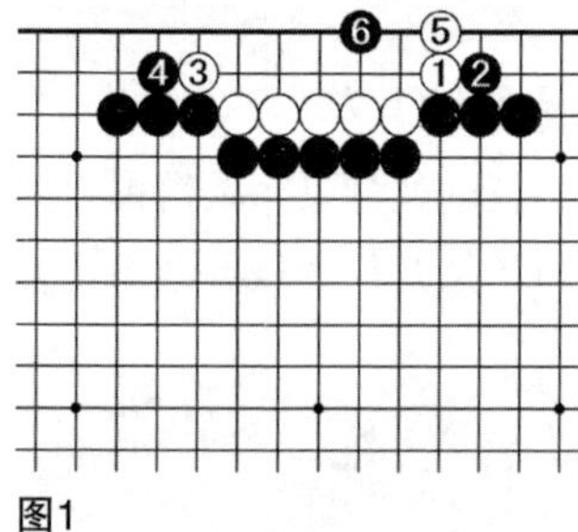

图1

两扳之后立

图1（正解）

白1扳，黑2挡，白3在另一侧扳。黑4挡交换之后，白5立。白1、3先后皆可。

黑6点——

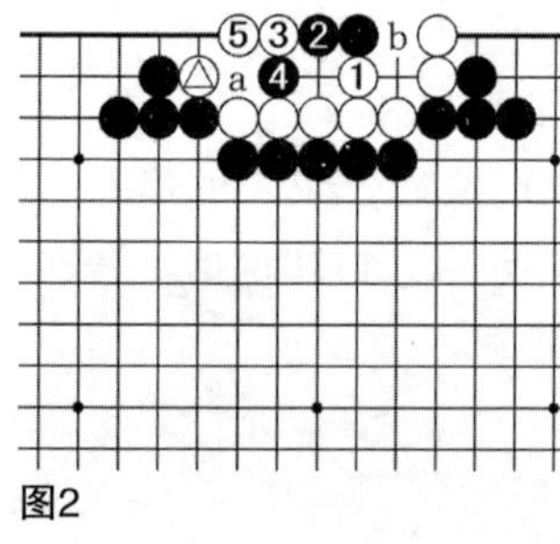

图2

白净活

图2（正解续）

白1顶，黑2长，白3靠，黑4打吃，白5长。因有白△一子，黑无法在a位入气。

黑4若下在a位，白b打吃净活。

如果没有扳——

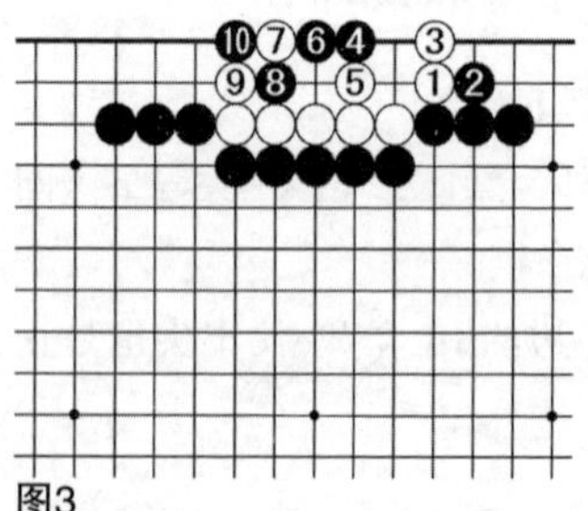

图3

图3（失败1）

白棋如果直接1、3扳立如何。与上图一样，黑4点进行至黑8，此时白9只能拐打。

黑10提——

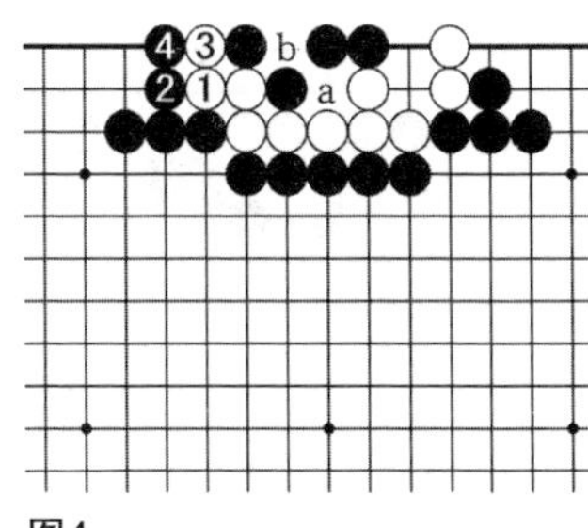
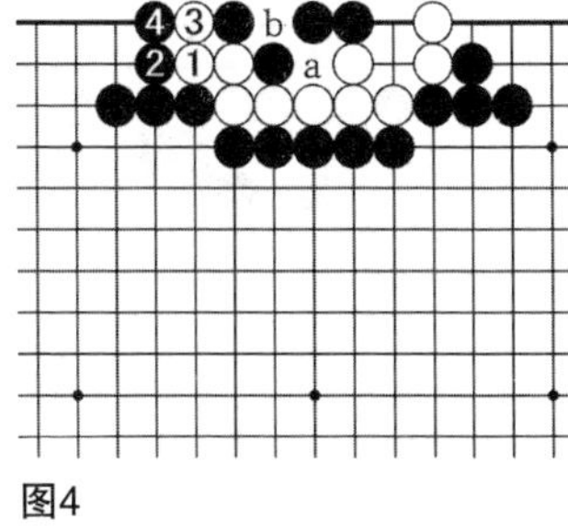

图4

缓一气劫

图4（失败1续）

白1拐至黑4挡告一段落。白无法在a位入气，只能在b位打劫。白棋没有净活，不能满意。

接下来黑a打吃变成紧气劫，此时的结果是缓一气劫。

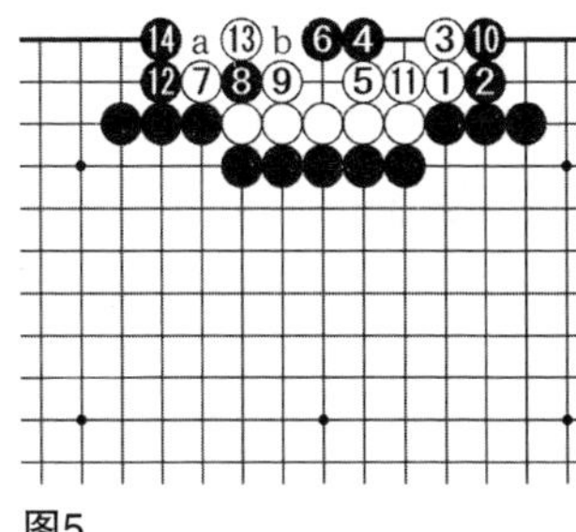

图5

白净死

图5（失败2）

图3中的白7，如本图白7扳，黑8断，10挡好手。白11粘，黑12、4之后白棋只剩下一只真眼。白a则黑b。

图6

打劫

图6（失败3）

白1、3连扳扳之后，白5一线跳也是眼形急所，但此时并不能确保净活。黑6、8打吃手筋，白9弯，11做劫，打劫活。

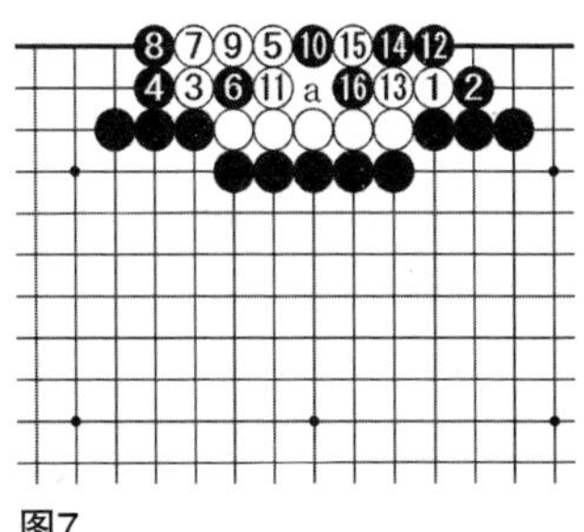

图7

白净死

图7（失败4）

前图白7如本图白7立，黑有12一路打吃的手筋，这样一来白净死。白15扑，黑16提，白无法在a位入气。

第27型

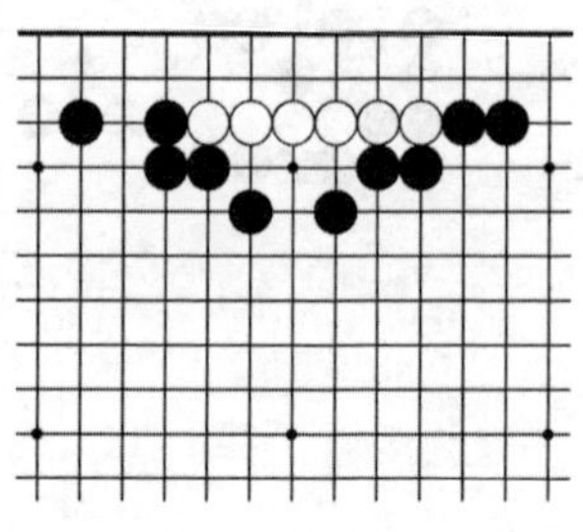

白活

白棋并排六颗棋子，此时即使黑先也无法对白棋的死活产生威胁。

三线的死活可以遵循“四死六活”的格言。

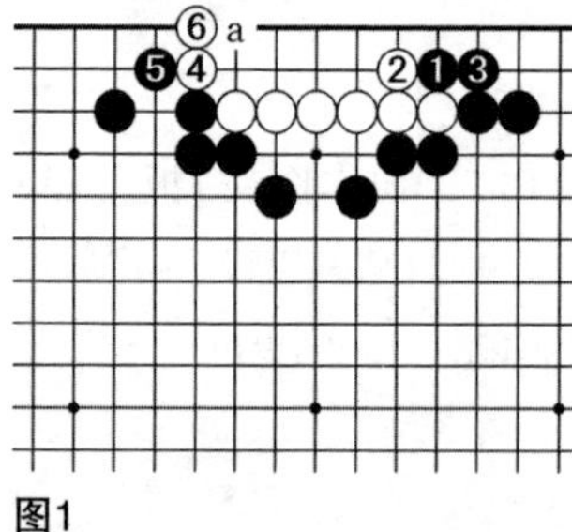

图1

白净活

图1（证明1）

黑1、3在右边扳粘，白4、6在左边扩大眼位即可。

白6也可以下在a位。

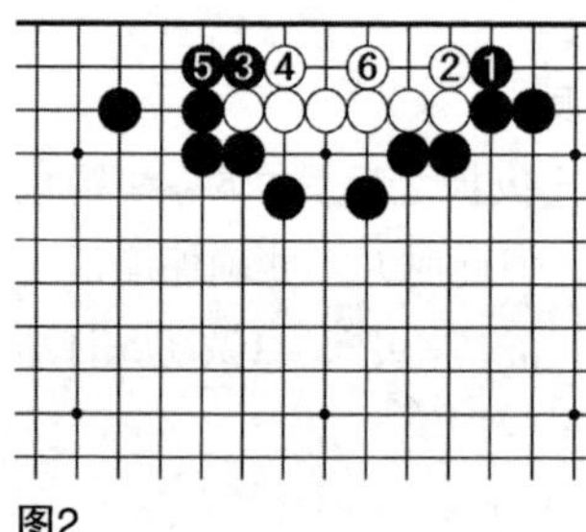

图2

白活

图2（证明2）

黑1弯，白2挡即可。黑3、5扳粘，白6可以做活。

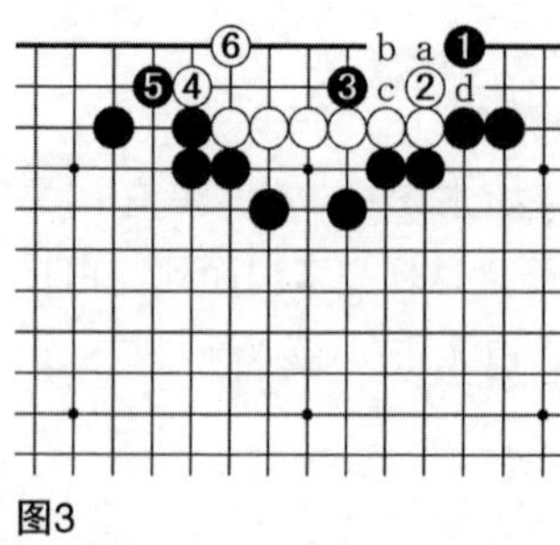

图3

白活

图3（证明3）

黑1跳是经典手筋，但白此时2位弯冷静应对，仍然可以确保眼位。

黑3点，白4、6扳虎扩大眼位。接下来黑a位冲，白b位挡，黑c位打，白d位冲，黑无理。

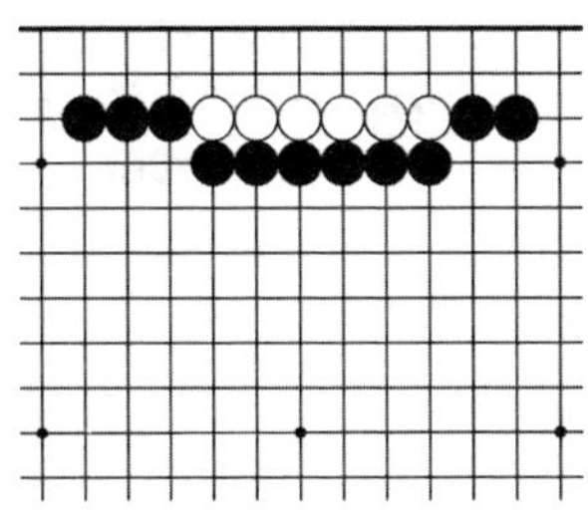

第28型

黑先缓一气劫

此时白棋外围没有外气，同时黑棋外形厚度有所加强。

黑先有打劫的手段。

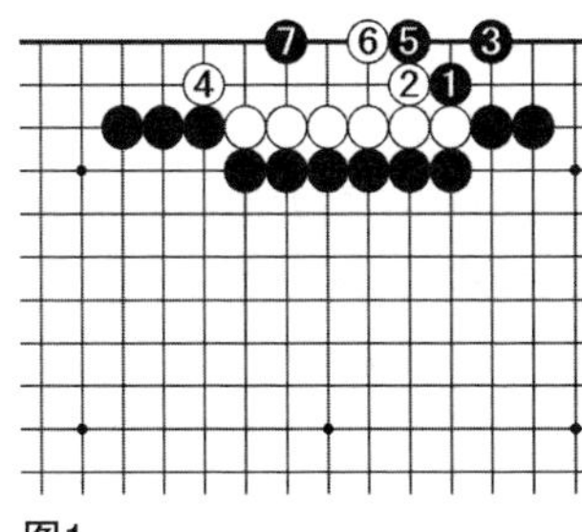

图1

扳虎

图1（正解）

黑1、3扳虎是好手。白4扳，此时黑不需要应对就出现了5、7手段。

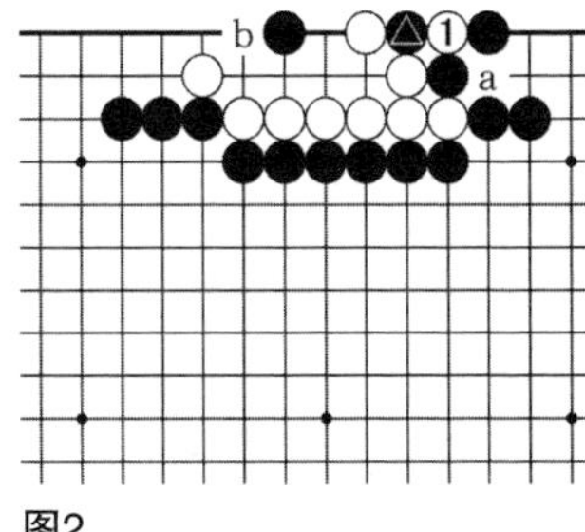

图2

缓一气劫

图2（正解续1）

接上图。白1提是局部最好下法。如果黑a粘，白b尖顶即可净活。此时黑棋会围绕黑▲展开劫争。

如果黑▲提之后还是轮到黑棋落子——

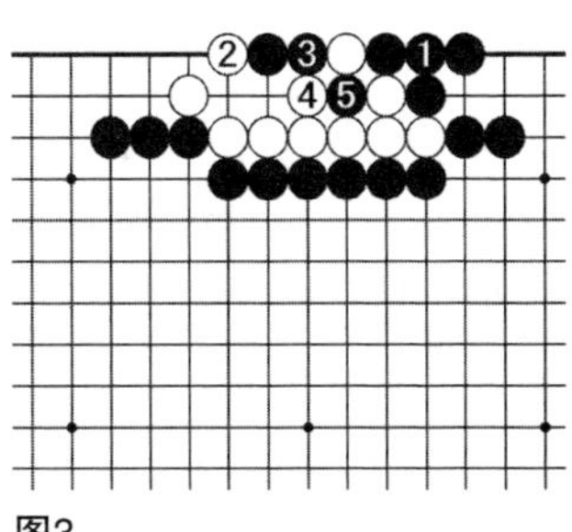

图3

打劫

图3（正解续2）

黑1粘。白2尖顶，黑3打吃，白4紧气劫。此时黑棋在局部下两手，所以上图的结果是缓一气劫。

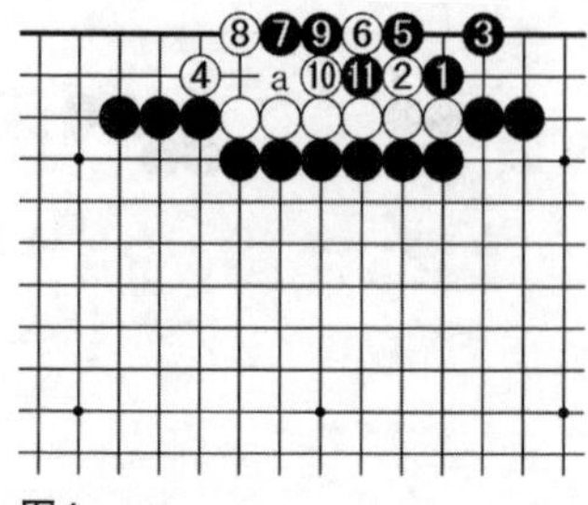
图4

打劫

图4（正解变化1）

面对图1黑7点，白8、10应对并不是最好下法。黑11提劫，白a位无法入气。

白棋直接入图2白1提劫即可。

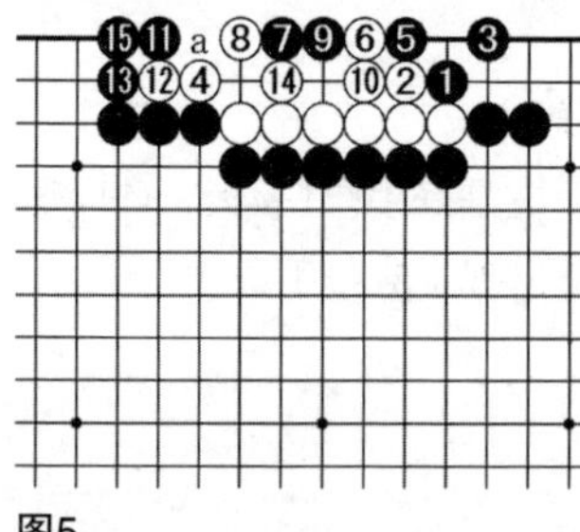
图5

白净死

图5（正解变化2）

黑9打吃，白10粘是大恶手。黑11跳，白净死。黑15粘，白a无法入气。

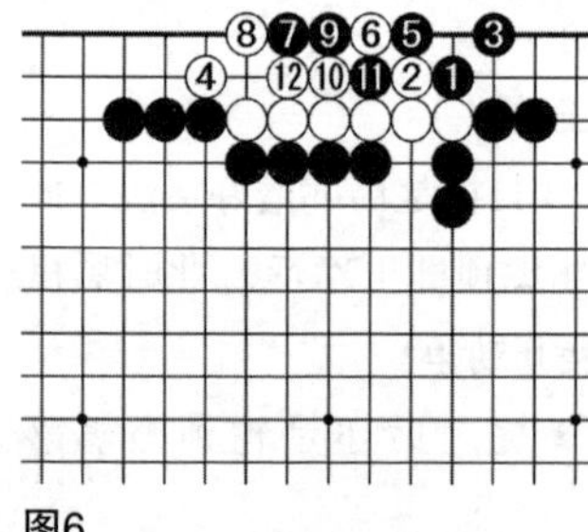
图6

白净活

图6（参考1）

如果白棋在外围有一口外气，白棋可以净活。黑1、3扳虎，白4至白12形成接不归。

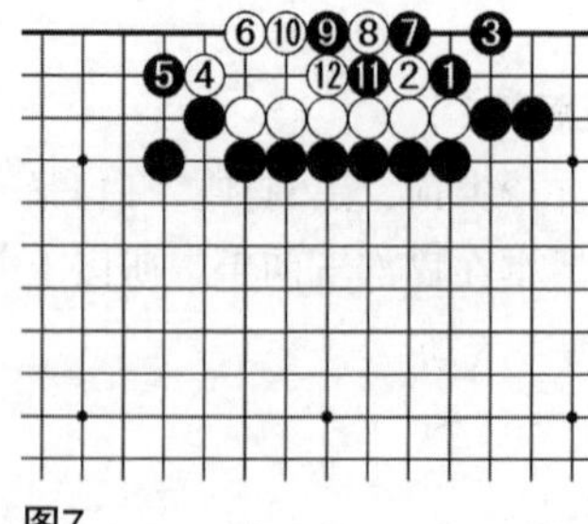
图7

白净活

图7（参考2）

白棋外围没有外气，但白4扳若黑5必须挡，白棋同样可以净活。接下来白6虎，黑7、9破眼，白10、12接不归。

第29型

黑先劫（黑先提劫）

左侧白棋形尚未完整。

黑棋应该如何侵入呢？

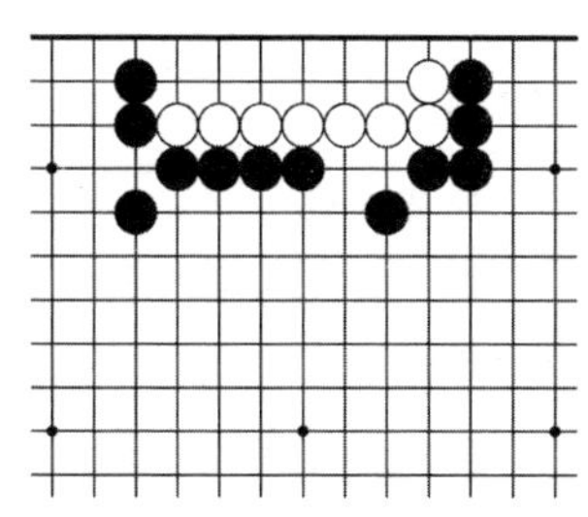

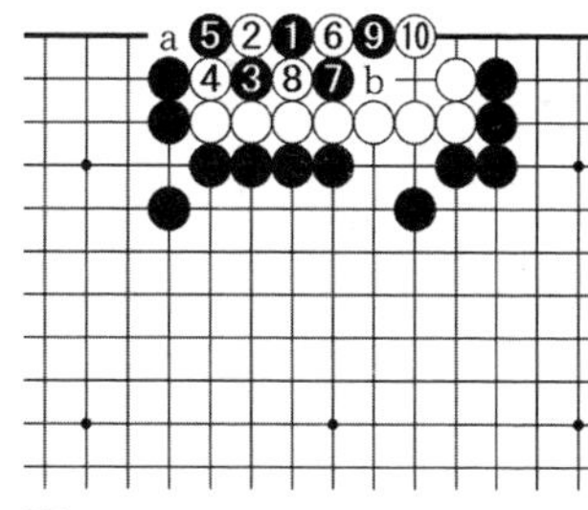

图1

打劫

图1（正解）

黑1小飞是正解。白2靠，黑3退。白4做眼，黑5打吃，白6做劫。

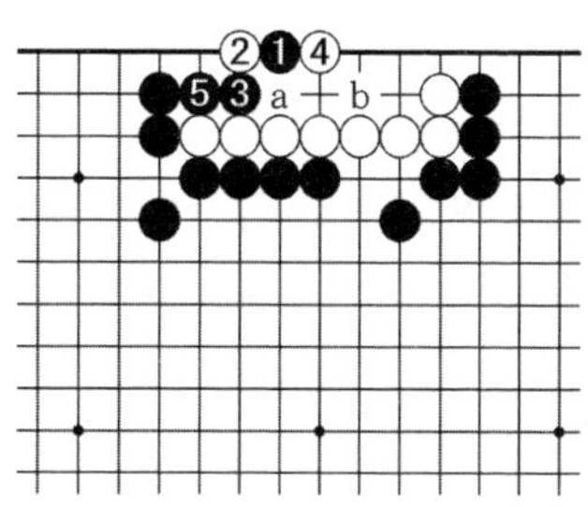

图2

白净活

图2（失败）

黑1大飞看似更有冲击力，但白2通过弃子获取眼形，进行至白10，黑接不归。黑7若下在a位粘，白8、黑2、白b，净活。

图3

白净死

图3（失败变化）

上图白4是关键的一手。如本图白4靠是失着，这样黑5拐，白净死。白a提，黑b点，变成大眼杀。

第30型

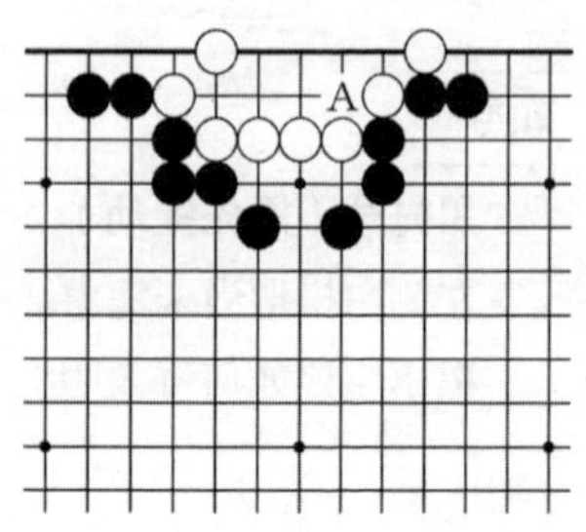

黑先白死

白有A位的棋形弱点，黑棋会直接在这里动手么。

需要思考净杀的手段。

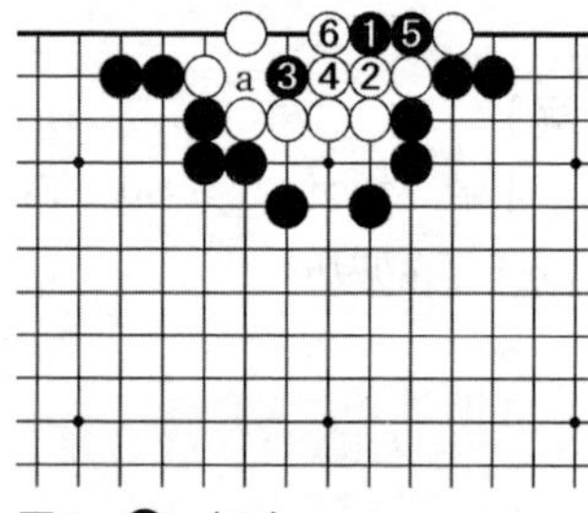

图1　❼=（5）

白净死

图1（正解）

黑1点正解。与白2粘交换之后，黑3点破眼。白4防止a位断吃，黑5、7破眼，白净死。

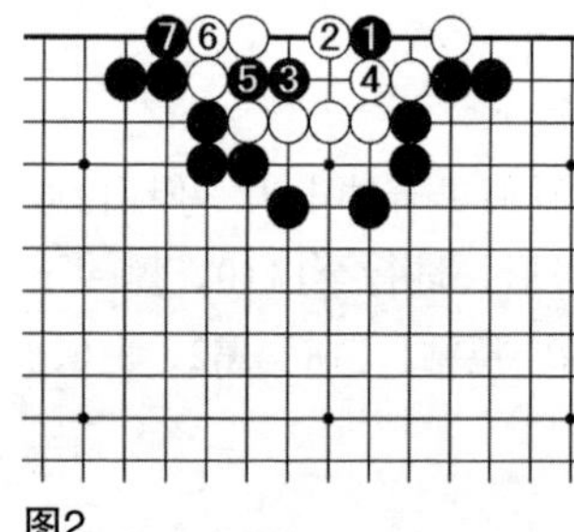

图2

白净死

图2（正解变化）

白2靠，黑3点是急所。白4粘，黑5、7打吃接不归。

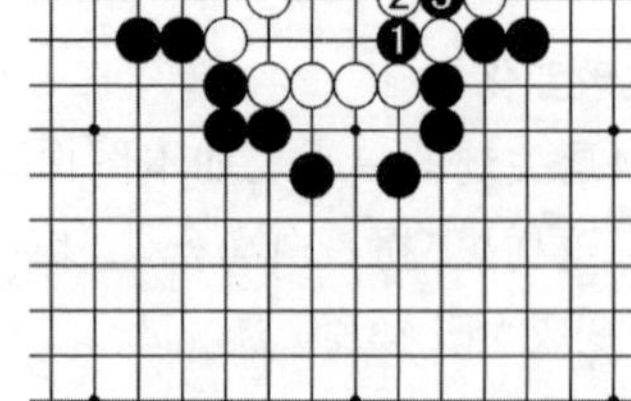

图3

打劫

图3（失败）

第一手若在黑1断吃，白2打吃，劫活。

第31型

黑先劫（黑先提劫）

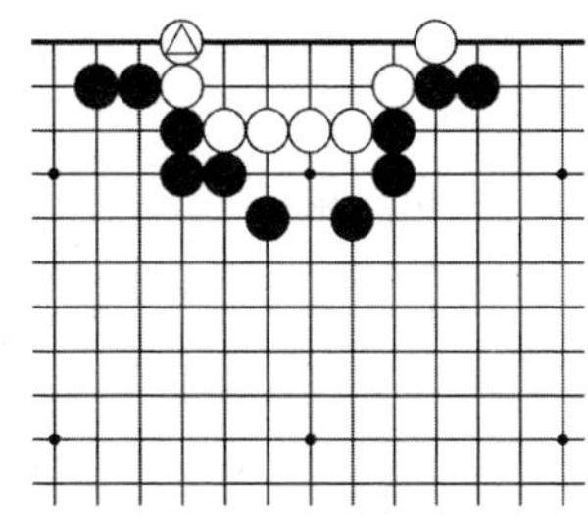

左侧白棋从虎变成白△立。

本图白棋形更有弹性，黑先已经无法净吃白棋。

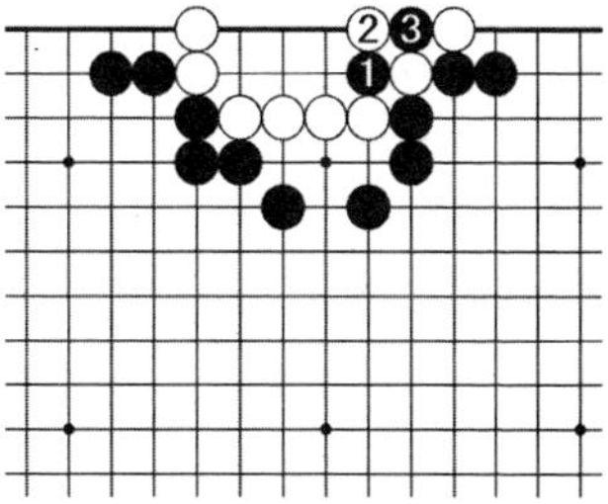

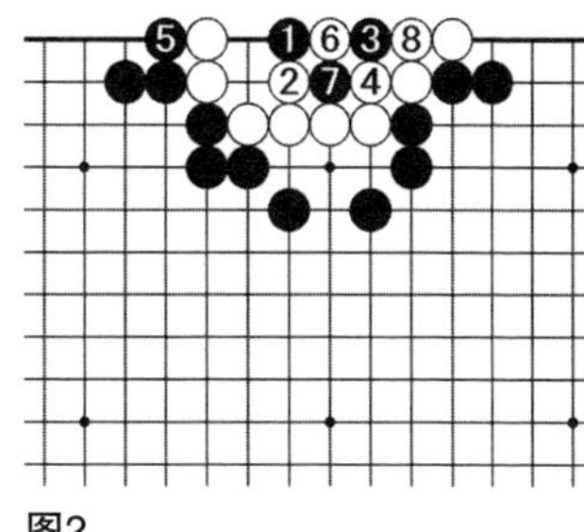

图1

打劫

图1（正解）

这是黑1断吃是正解。白2打吃，打劫活。

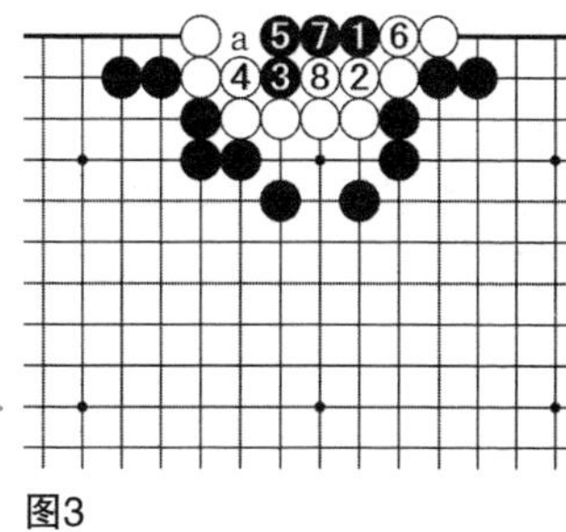

图2

白净活

图2（失败1）

黑1点意在净杀，但是白2顶好手，黑3、5破眼，白6、8净活。

黑3还是应该在4位打吃，劫活是最好结果。

图3

白净活

图3（失败2）

如黑选择与前型相同的1、3破眼，此时白4粘冷静，进行至白8，白棋净活。

黑7若下在8位，目的是想成刀把五，但白a位打吃好手，结果是胀牯牛，白净活。

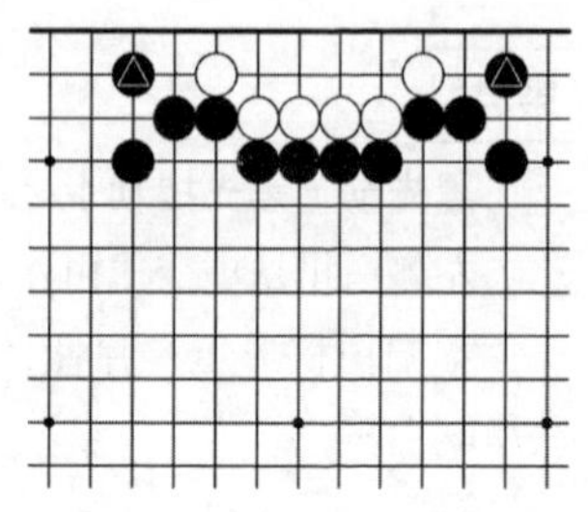

第32型

黑先白死

通常情况下，白棋是净活的棋形。但此时黑棋两边多了▲。

有效利用黑▲，可以净杀白棋。

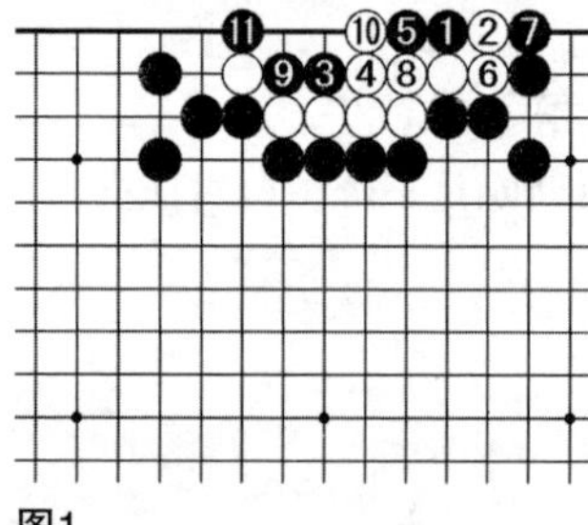

图1

白净死

图1（正解）

黑1夹只此一手。白2反击，黑3点是既定手段。白4挡制造眼形，黑5至黑9打吃，黑11吃掉白一子，白净死。

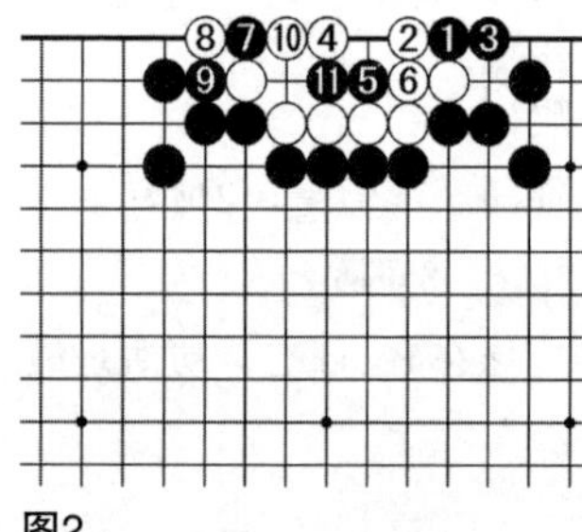

图2

白净死

图2（正解变化）

黑1夹，白2在里面打吃眼形空间不足。白4跳，黑5点，7夹，进行至黑11，白净死。

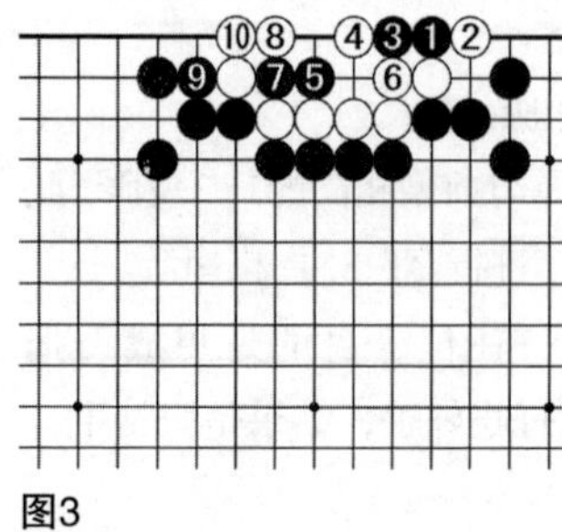

图3

白净活

图3（失败）

黑1、白2交换之后，黑3长、5点的次序失误，被白6提，黑7断吃，白8粘，黑二子被吃，白净活。

第33型

黑先白死

请活用在此之前学到的手筋。

棋形稍有不同，与第30型有相似之处。

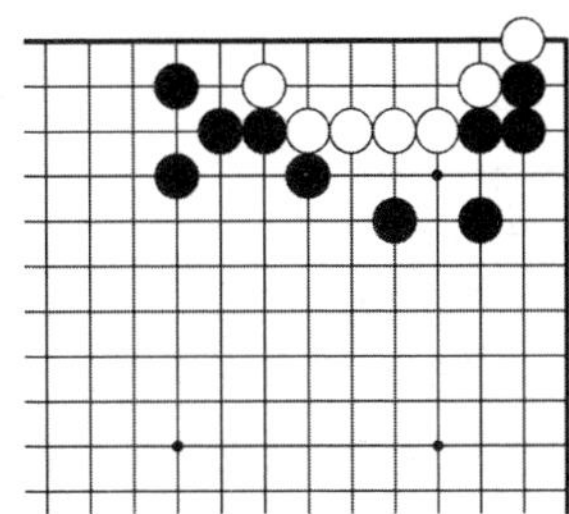

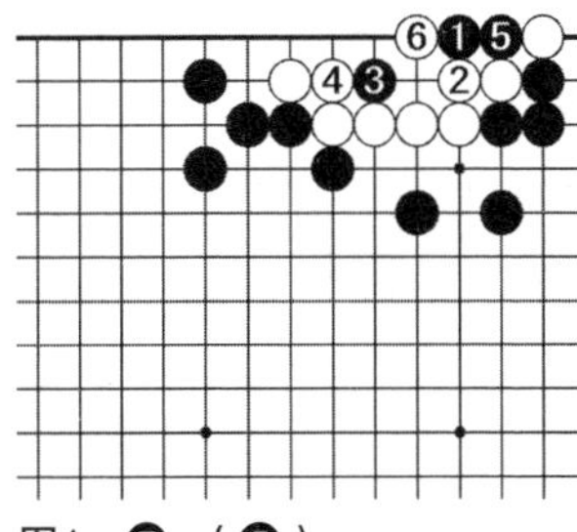

图1　❼=（❺）

白净死

图1（正解）

黑1、3是正确次序。白4粘，黑5扑，黑棋的手筋在此之前已经数次出现。

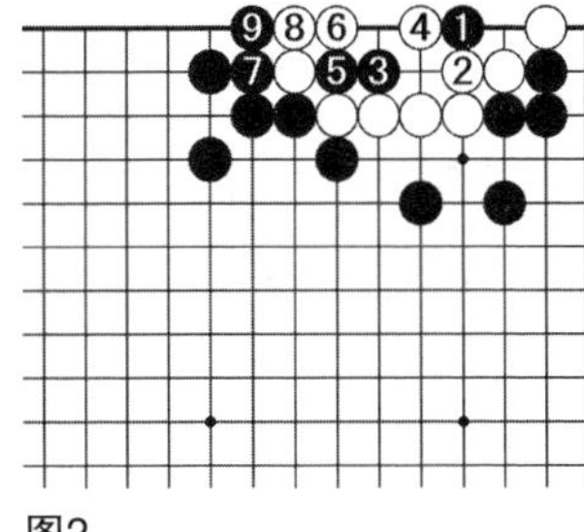

图2

白净死

图2（正解变化）

黑3破眼，白4打确保一只真眼，黑5断。白6、8，黑7、9接不归，白无法净活。

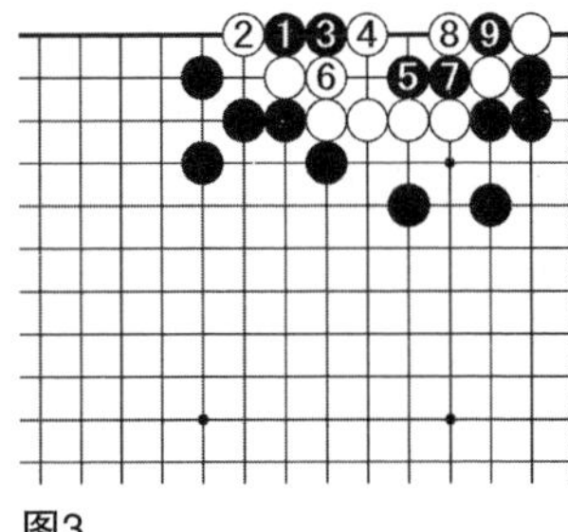

图3

打劫

图3（失败）

黑1、3在左边发起攻击，白4打吃，黑5点。这样下看似可行，但白6提之后已经确保不会净死。黑7断吃，白8做劫，结果是劫活。

四线型

第1型

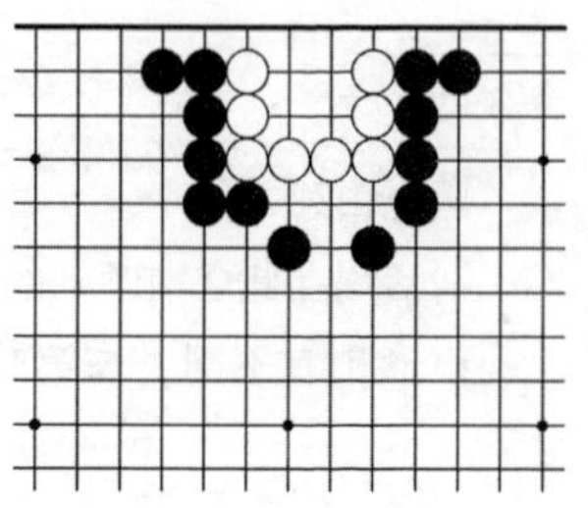

白不活

此时白棋占据了6目空间。急所选点见合，白棋无法做活。

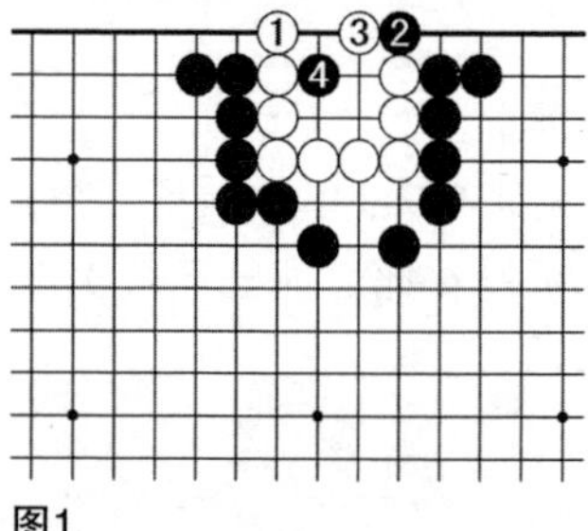

图1

白净死

图1（证明1）

白1扩大眼位如何。黑2扳，白3打吃，黑4点，形成“刀把五”棋形，白净死。

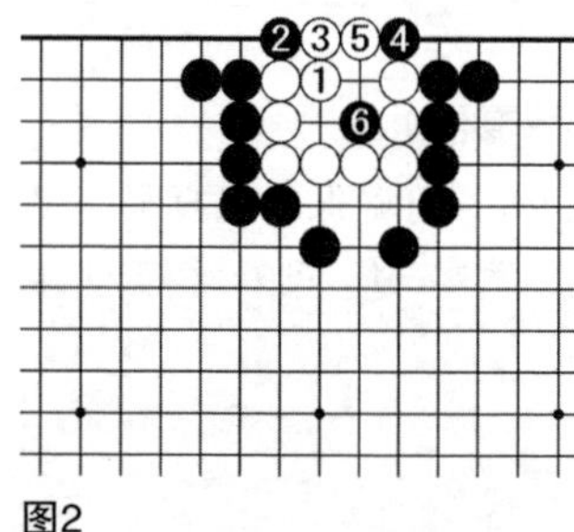

图2

白净死

图2（证明2）

白1弯，黑2扳缩小眼位。白3打吃，黑4在右侧扳，白5打吃，黑6点，结果是弯三。

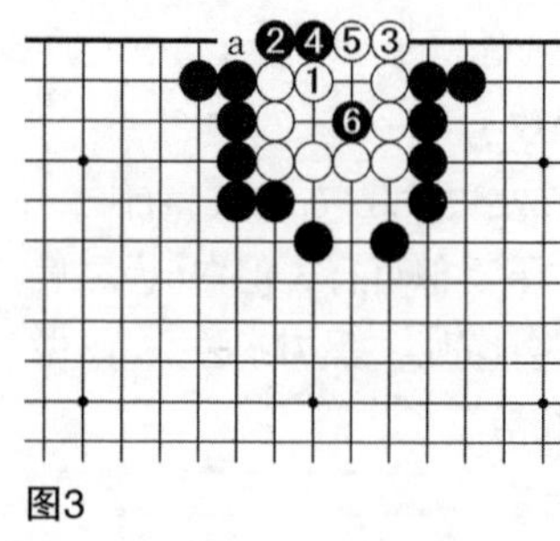

图3

白净死

图3（证明2变化）

黑2扳，白3立抵抗，黑4冲、6点破眼即可。白a提，黑2扑。

黑4直接在6位点，结果相同。

第2型

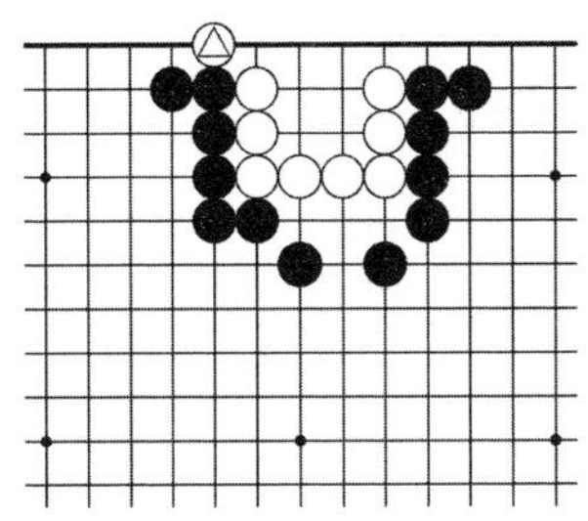

白先活

本型是白棋多了△位扳。

看似关联不大，但只要有了白△一子，白先就可以确保活棋。

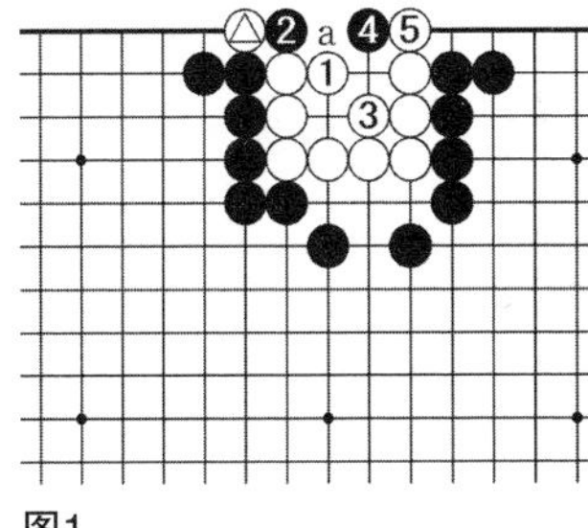

图1

白活

图1（正解）

白1弯正解。黑2扑，白3确保一只眼。黑4点是必然的攻杀手段，白5挡，黑a无法连回。白△一子成为做活关键。

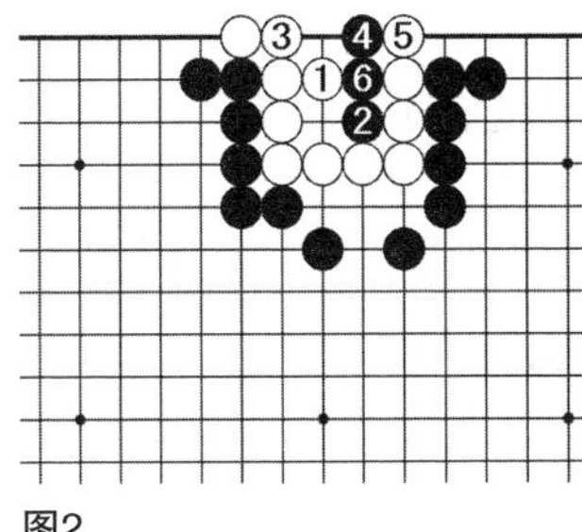

图2

双活

图2（变化）

白1弯，黑2点，白3粘。黑4点、6连回，最终结果是双活。

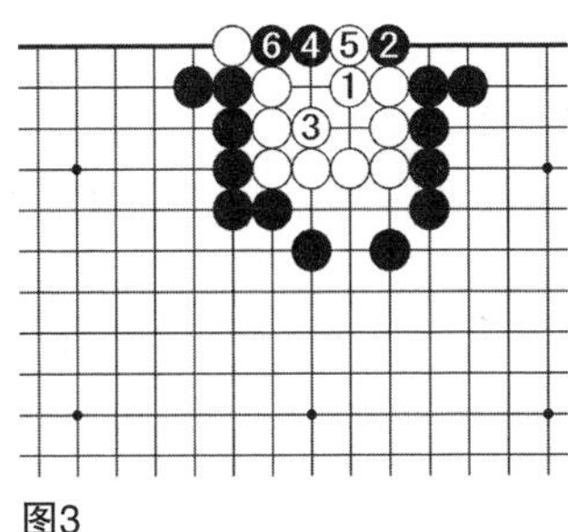

图3

白净死

图3（失败）

白1弯方向错误。黑2扳，白净死。白3即使如正解图做眼，黑4点、6破眼，白只有一只真眼。

请一定认真思考本图与正解图之间的区别。

第3型

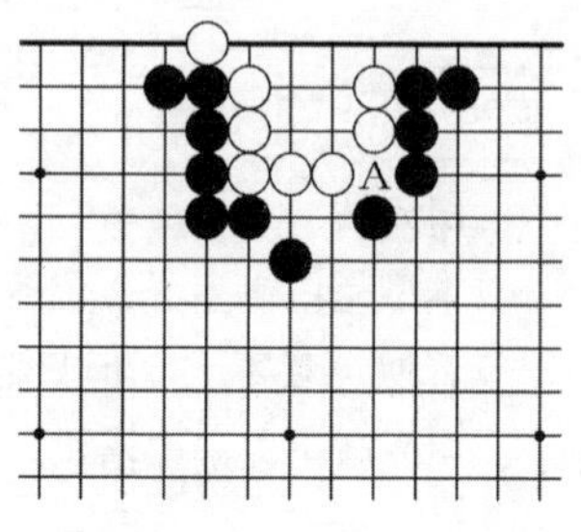

白先活

A位没有白子。

比前型稍薄，但此时白先仍可确保活棋。

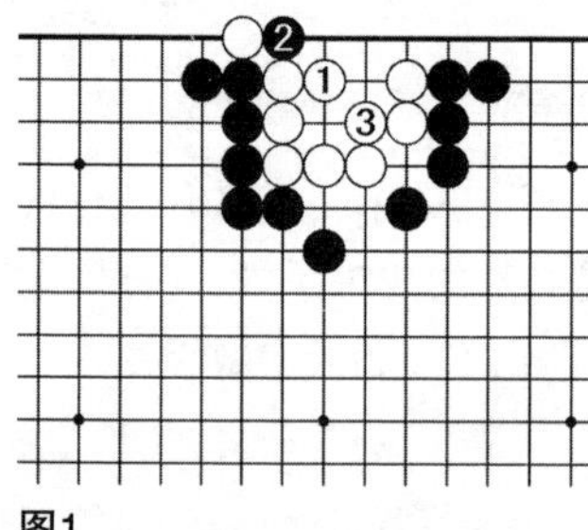

图1

白净活

图1（正解）

白1弯仍然是正解。黑2扑，白3做眼，与前型相同。

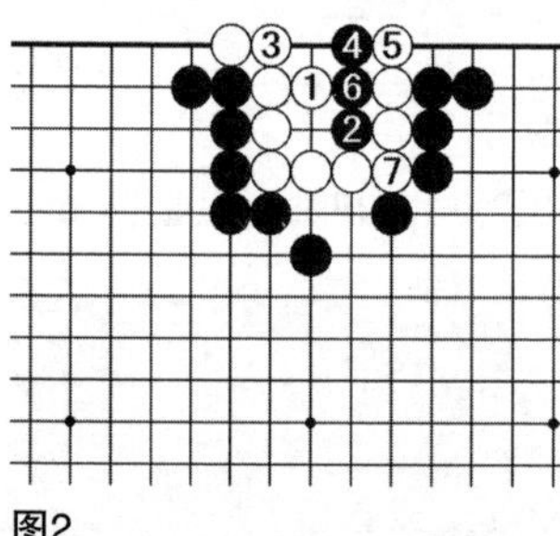

图2

双活

图2（正解变化）

黑选择2位点，后续进程与前型相同，白3粘进行至黑6，此时白7粘是必要的一手，白双活。

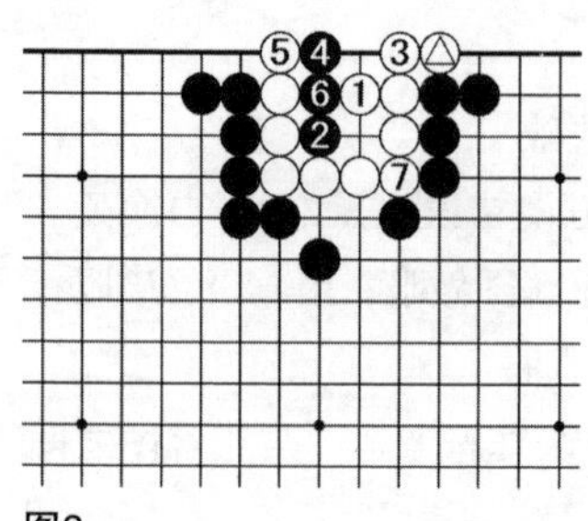

图3

双活

图3（参考）

白若△位扳在右侧，则白1弯的方向也要在同一边，此时白棋可以确保活棋。

第4型

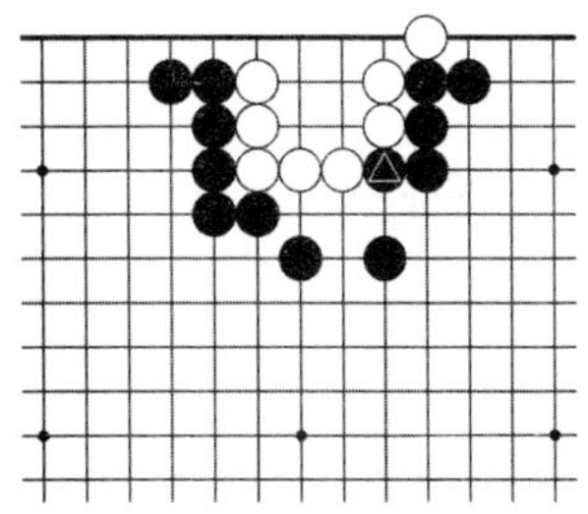

白不活

黑占据了▲位。

这是此形的棋形要点之一，即使白有扳也已经无法做活。

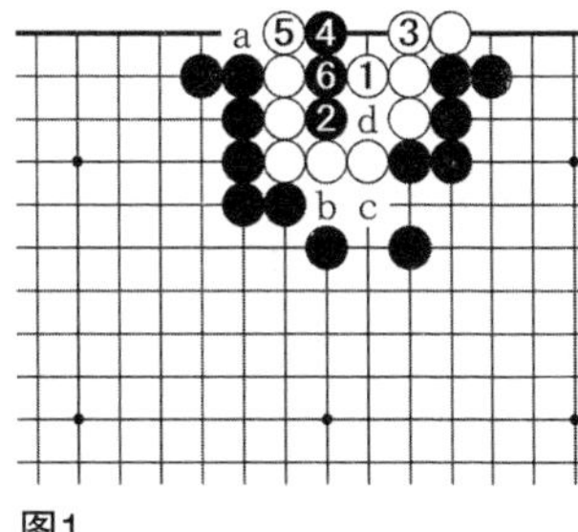

图1

白净死

图1（证明）

白1弯，黑2点破眼，白3粘，黑4、6是既定手段。看似双活，但此时白a至c紧气之后，白必须d位粘。形成“直三”棋形，白净死。

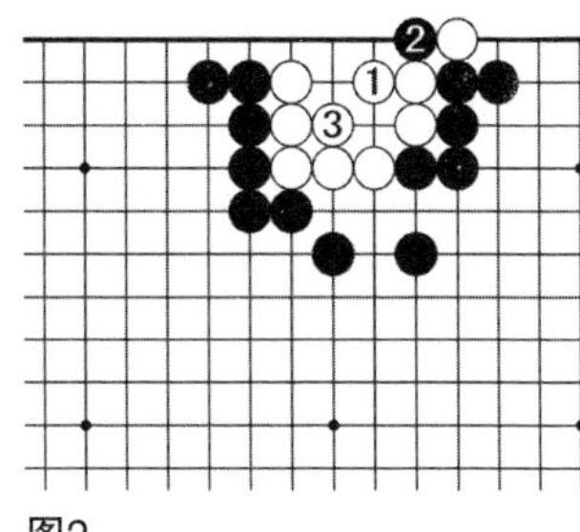

图2

白净活

图2（失败）

白1弯，黑2扑是失着。白3做眼的棋形已经多次出现。

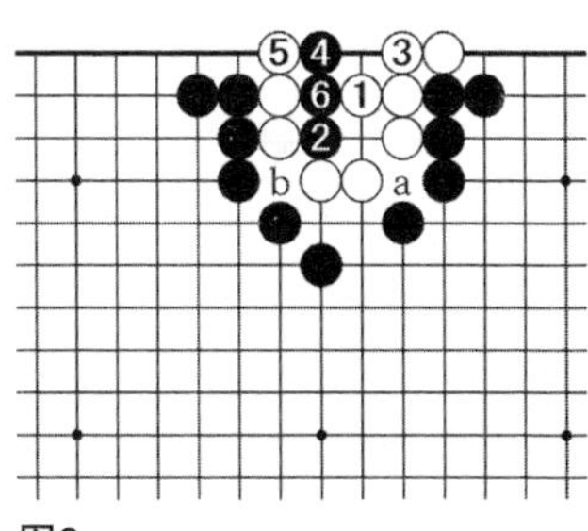

图3

白净死

图3（参考）

如本图a、b两点都无子的情况，可以如本图一样思考。进行至黑6，a、b两点见合，白净死。

第5型

黑先白死

此时白多了△位一子。

白棋形看起来更加坚实，但此时黑先仍可以净杀白棋。

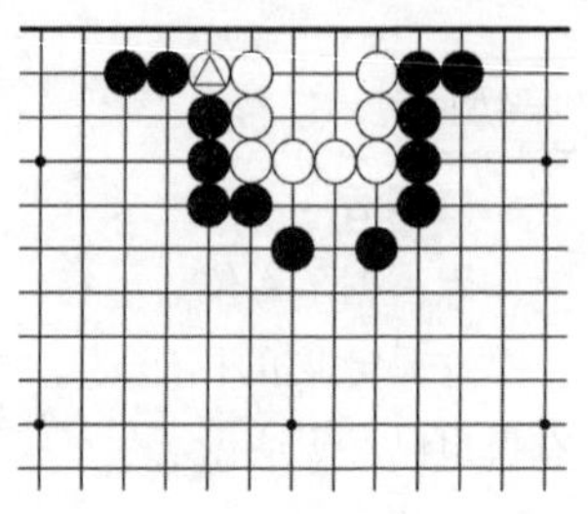

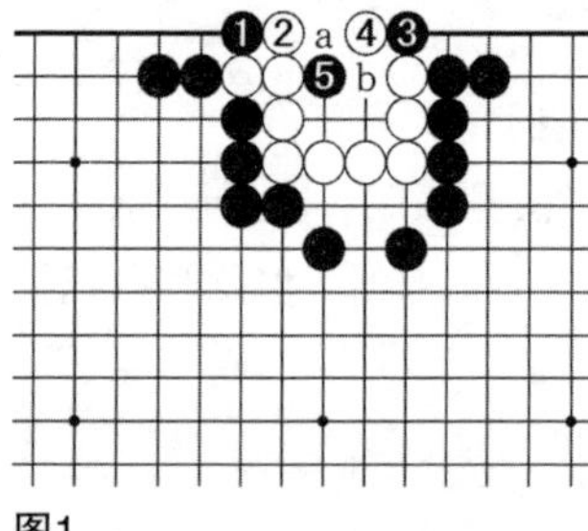

图1

白净死

图1（正解）

黑1扳破眼是基本手段。白2打吃，黑3扳、5点。白棋变成“刀把五”。

白2若在3位立，黑2位爬，白a位扳，黑b位点，结果同样是“刀把五”。

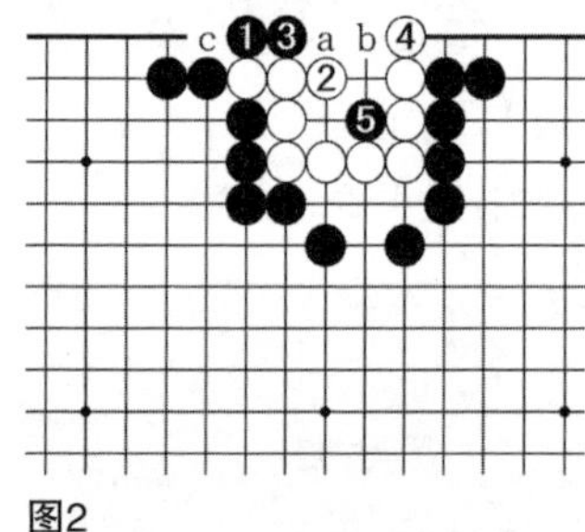

图2

白净死

图2（正解变化）

黑1扳，白若2位弯，黑3爬，白4立，黑5点破眼，净杀白棋。

黑5若在a位爬，白b打吃，黑c位粘，白5做眼，白净活。

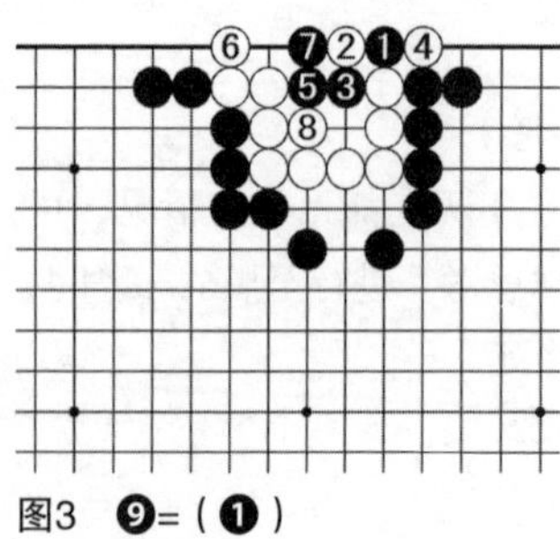
图3 ❾=（❶）

打劫

图3（失败）

同样是扳，黑1方向错误。白2打吃，黑3、5是此时的最强抵抗，白6、8之后变成打劫活。

黑3若在5位点，白3位粘，黑8位长，白6位立，白活。黑3若下在6位，白5位弯净活。

第6型

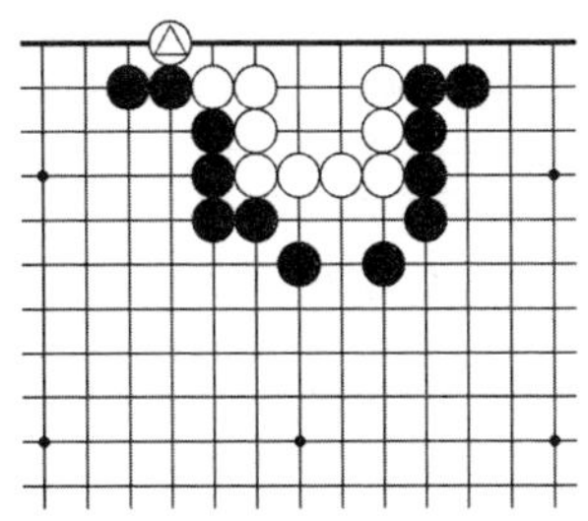

白活

本型白棋多了△位扳。

这是第2型的加强版，黑先也无法对白产生威胁。

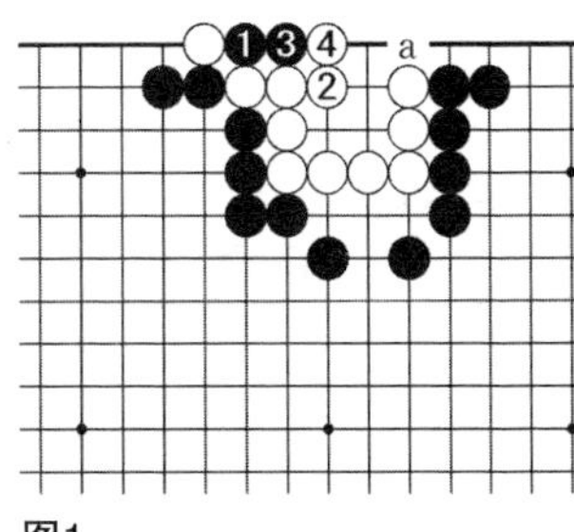

图1

白净活

图1（证明1）

黑1扑，白2弯，黑3破眼，白4提。1位做眼和a立见合，白净活。

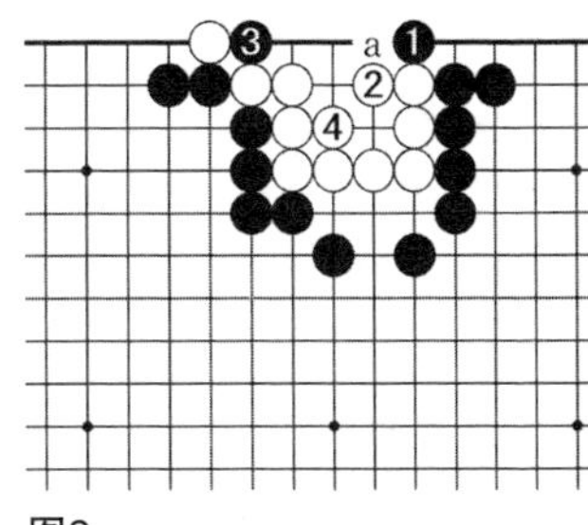

图2

白净活

图2（证明2）

黑1扳，白2弯好手。黑3扑，白4做眼。

黑2若在a位打吃，白2位断吃，与前型图3相同会变成劫活。

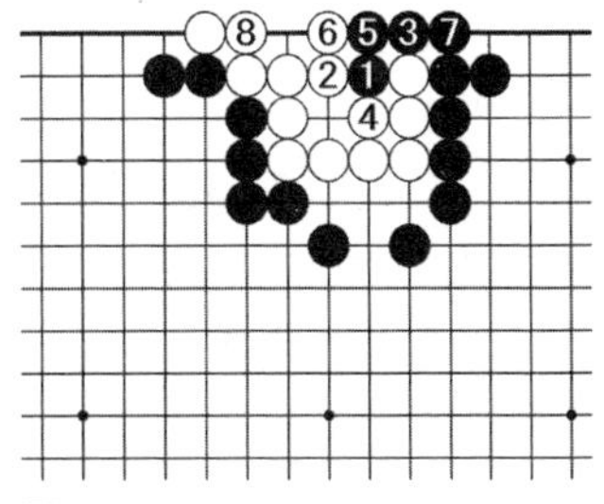

图3

白净活

图3（证明3）

黑1夹如何。此时白2顶是正确应对，黑3渡过，白4打吃，进行至白8，确保两只真眼做活。

若白2下在3位立，黑2位顶留下万年劫的可能性。

第7型

白先活

白A位有空隙，此时如果直接下在A位，则还原第5型，黑先白死。

棋形的急所在哪里？

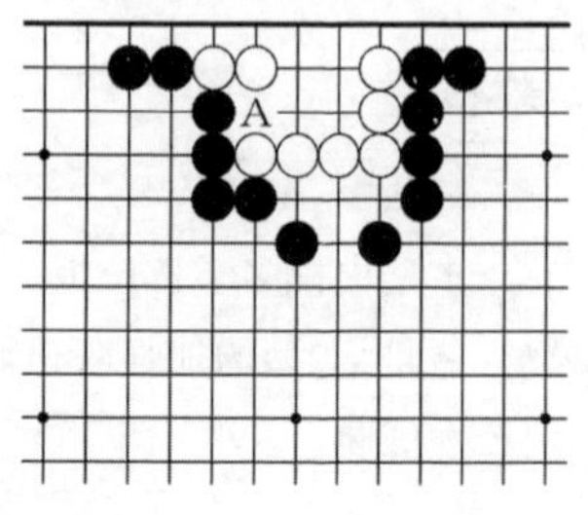

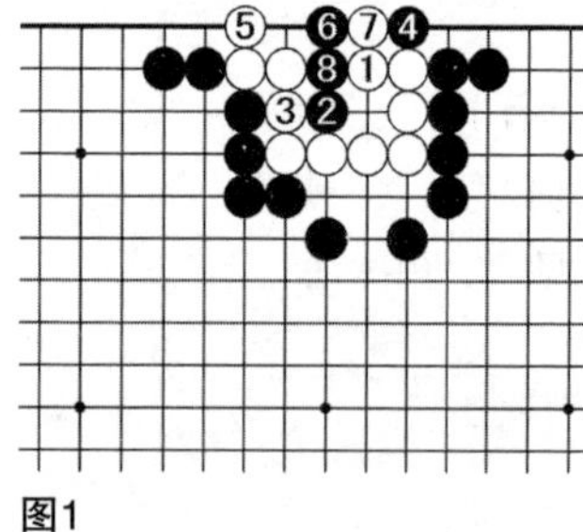

图1

双活

图1（正解1）

白1弯是棋形急所。黑2点，4扳破眼，白5粘即可。接下来黑6点，白7断，双活。

黑4若下在5位扳，白4立扩大眼位。

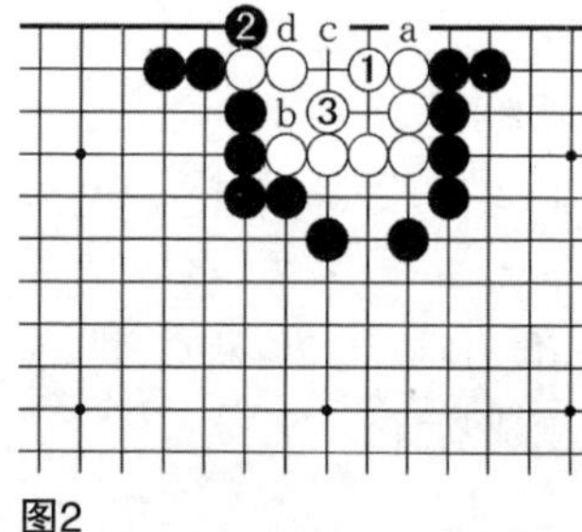

图2

白净活

图2（正解1变化）

白1弯，黑2直接扳带有一定迷惑性。此时白3做眼是正确应对。

白3若在a位立，黑b位冲，白3位挡，黑c位点，白净死。白3若下在d位打，黑3位点，白b位粘，黑a位扳，白仍然净死。

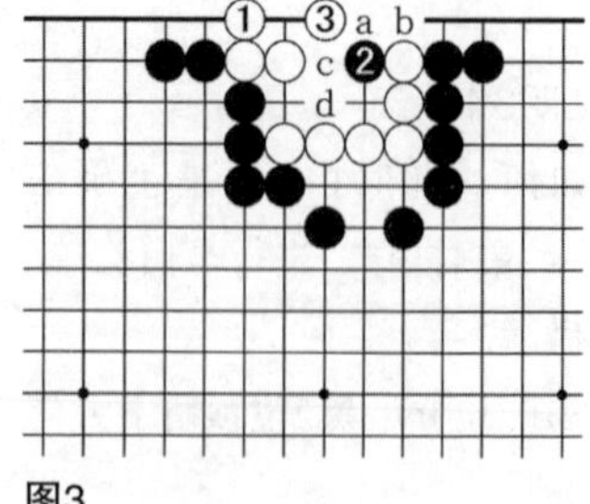

图3

白净活

图3（正解2）

第一手也可下在1位。黑2夹，白3小尖做眼。接下来黑a位立，白b位挡，黑c位顶，白d位顶，胀牯牛白净活。

黑2若在3位点，白2弯净活。

第8型

白先活

此时白棋上边A位无子。同样的，白如果直接在A位粘，会导致净死。

必须找到眼形的急所才行。

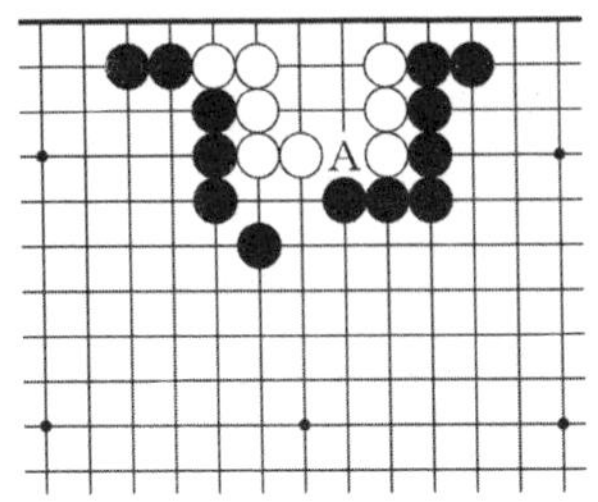

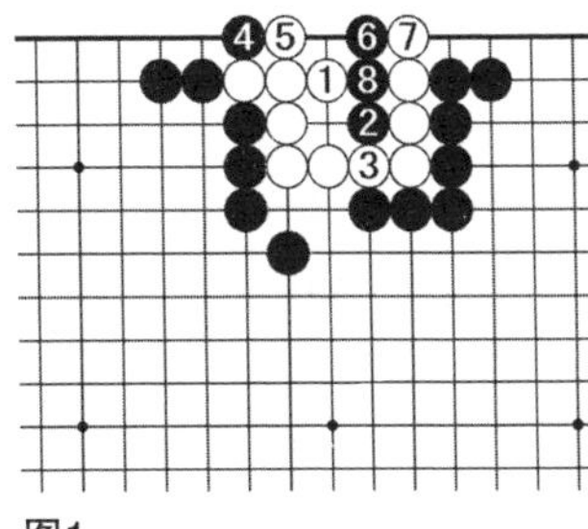

图1

双活

图1（正解）

此时白1弯是要点。黑2破眼，白3粘，黑4扳，白5打吃，本图在此前已经多次出现。

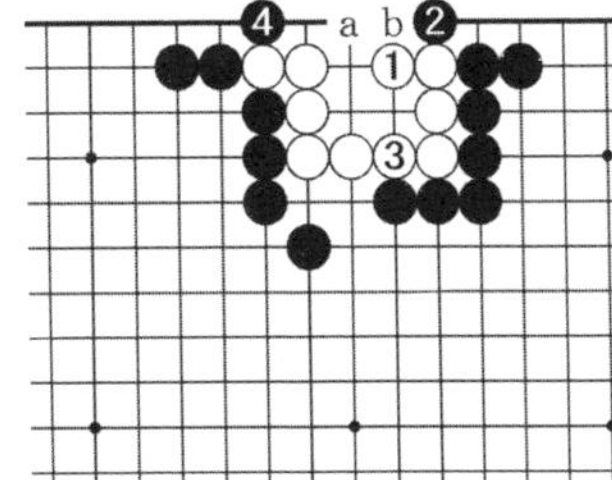

图2

白净死

图2（失败1）

白1弯方向错误。黑2扳，白3粘，黑4扳，白净死。白3若在4位扩大眼位，黑a位点，白b位立，黑3位冲即可。

黑2也可以在4位扳。

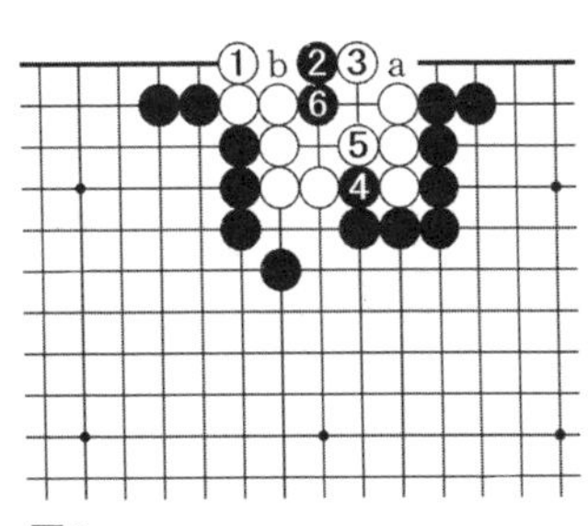

图3

白净死

图3（失败2）

白1若试图扩大眼位，黑2点是好手。白3尖顶，黑4、6之后，白净死。

白若第一手下在a位立，黑1位扳，白6位弯，黑5位点，白4位粘，黑b位爬，同样无法做活。

第9型

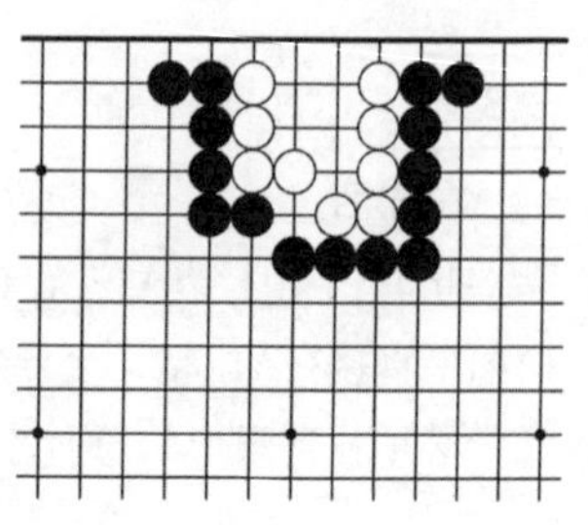

黑先白死

白棋形更高一路。

看似眼形充足，但黑只要次序正确仍可以净杀白棋。

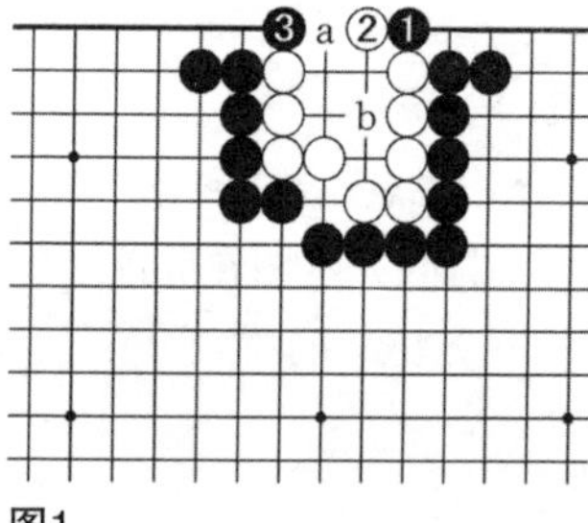

图1

白净死

图1（正解）

黑1扳。白2打吃，黑3扳是正确次序。接下来白a打吃，黑b位点，局部是刀把五，白净死。

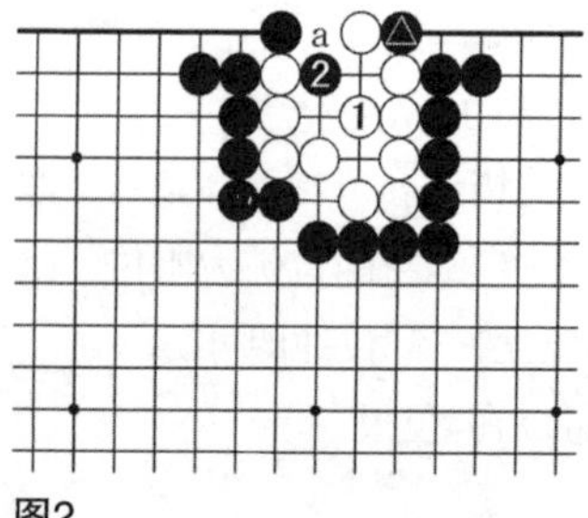

图2

白净死

图2（正解续）

接上图，白若1位做眼，黑2位扳破眼。黑▲位一子，白无法a位断吃。

若白1下在2位，黑1位点，形成丁四棋形。

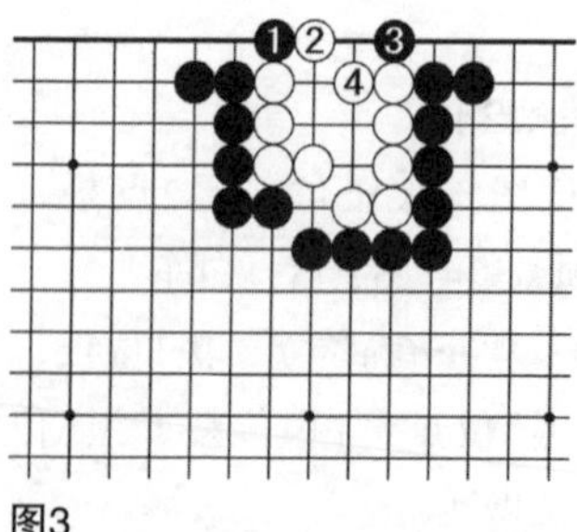

图3

白净活

图3（失败1）

黑1现在左边扳如何。白2、黑3交换之后，白4冷静形成曲四棋形，白净活。

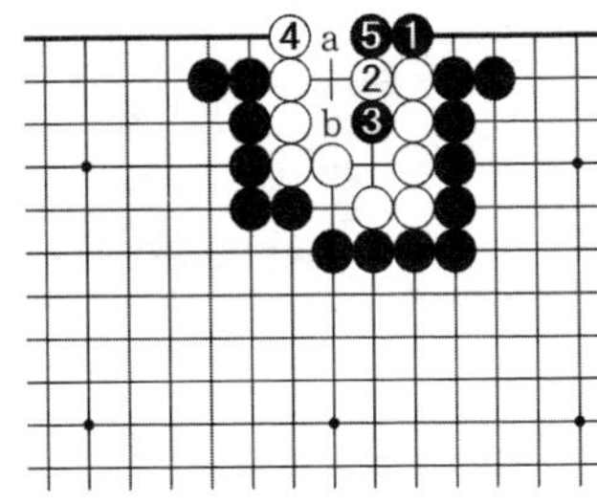

图4

白净死

图4（正解变化）

黑1扳，白2弯，黑3点破眼是关键一手。白4立，黑5冲，白净死。接下来白a，黑b。

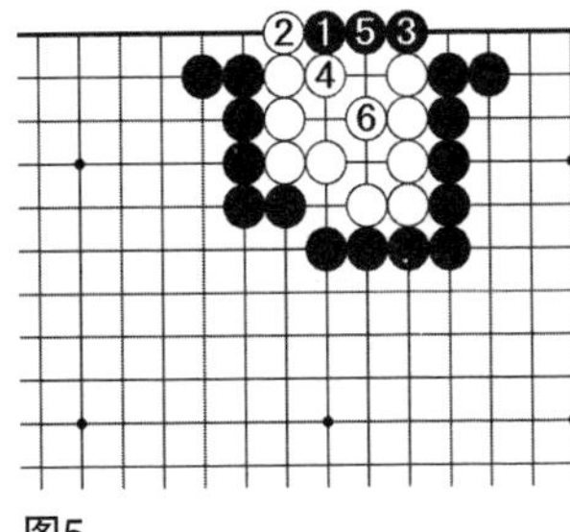
图5

白净活

图5（失败2）

第一手若在1位点，白2挡，黑3扳，白4、6可以两眼做活。

黑1在5位点，白3位档，黑2位扳，白4位曲，黑1位爬，白6点，结果相同。

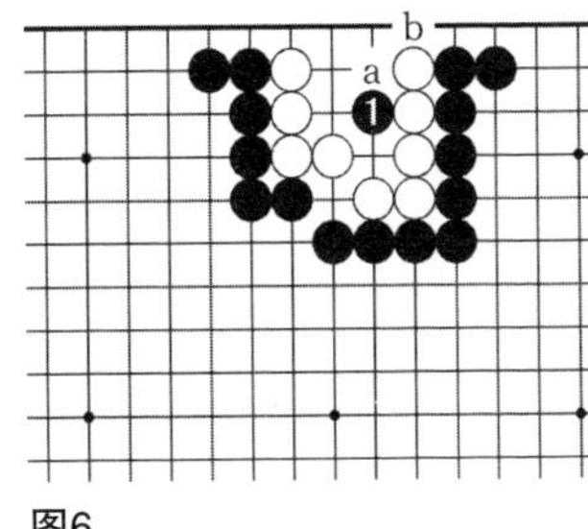

图6

夹

图6（失败3）

黑1夹是眼形的急所。若白a拐，黑b扳，白净死。

但白有a位以外的应对方法。

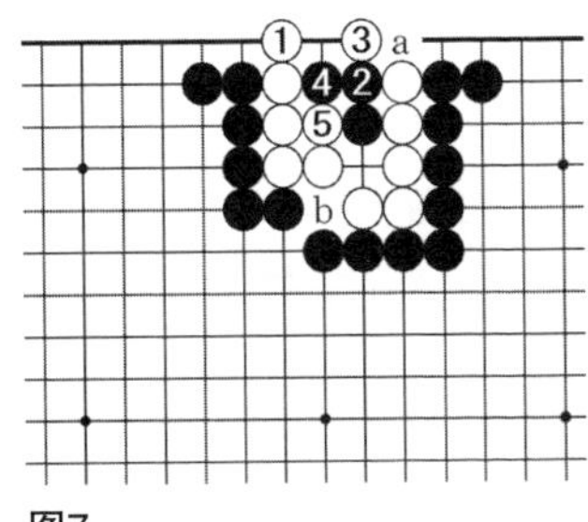

图7

双活

图7（失败3续）

面对黑夹，白可以1位立。黑2，4破眼，白5团，形成双活。

黑2若在3位点，白a位挡，黑2位粘，白4位顶或者b位粘，还是双活。

第10型

白活

白棋的眼形空间又多了△位。

黑棋虽会有些攻击手段，但白已经死活无忧。

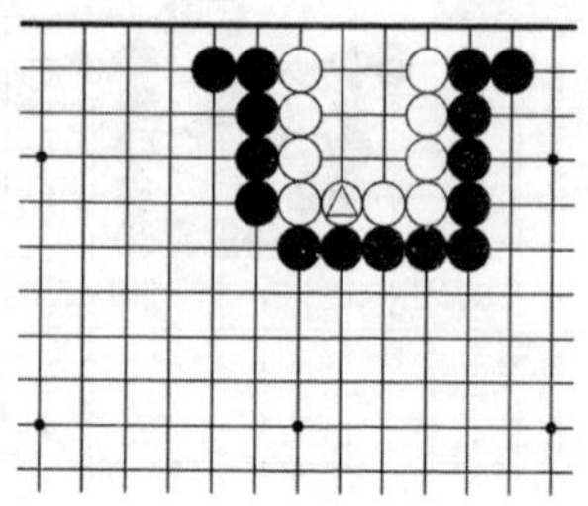

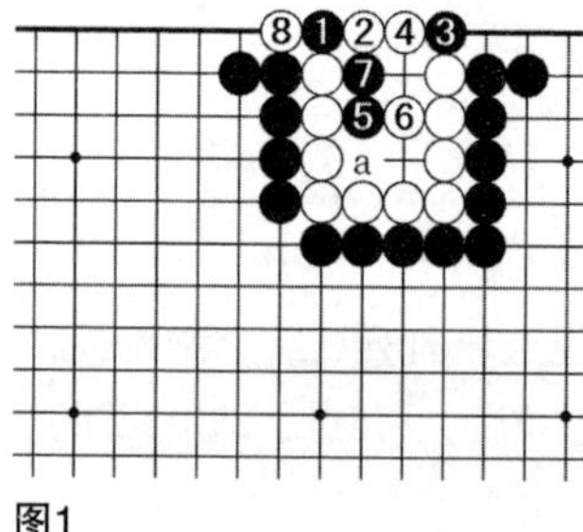

图1

双活

图1（证明1）

与前型相同，黑1、3两边扳。此时白2、4简单应对即可。黑5点，白6顶，8提之后，黑a长之后形成双活。

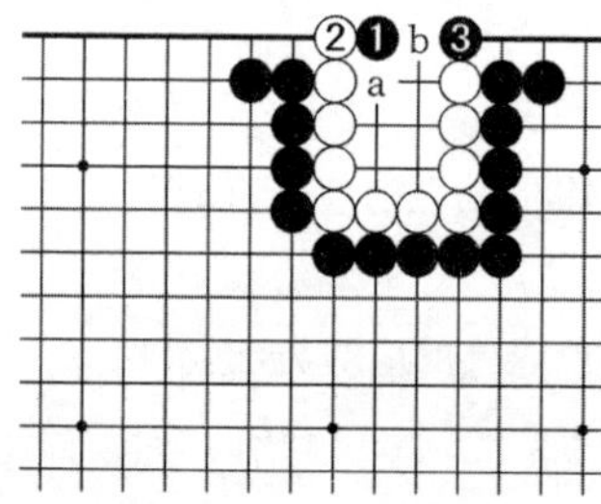

图2

点

图2（证明2）

黑1点、3扳是有力的攻击手段，接下来若白a位打吃，黑b位粘，白净死。

白棋必须找到合适的手筋。

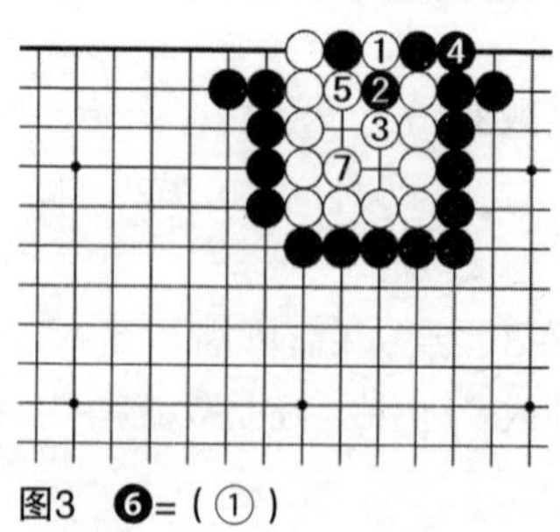
图3 ❻=（①）

白净活

图3（证明2续）

白1扑是局部手筋。黑2提，白3挡。黑4粘，白5、7之后，两眼做活。

第11型

黑先白死

与前型轮廓相同，需要注意的是A位断点。

黑先次序正确可以净吃白棋。

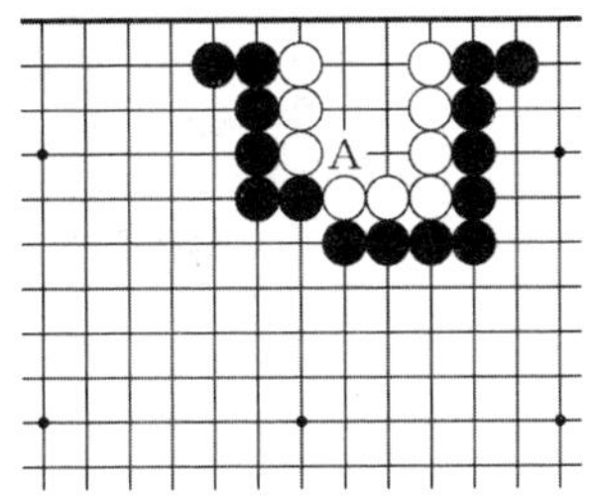

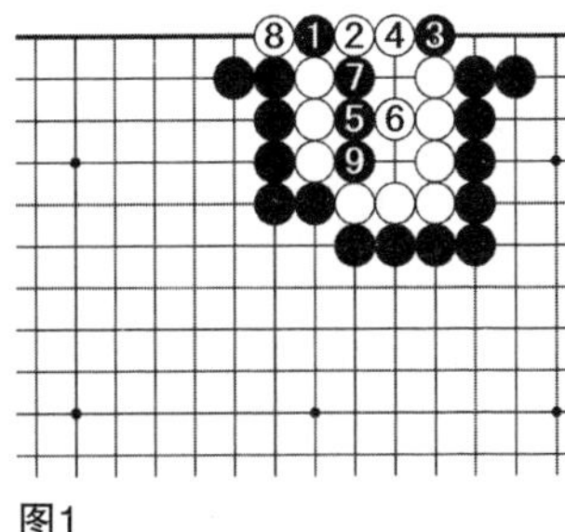
图1

两边扳

图1（正解1）

黑1，3两边扳。1、3的次序都可以。白4打吃，黑5夹。白6顶，黑7、9好手。

黑5下在7位打，白8位提，黑5长亦可。

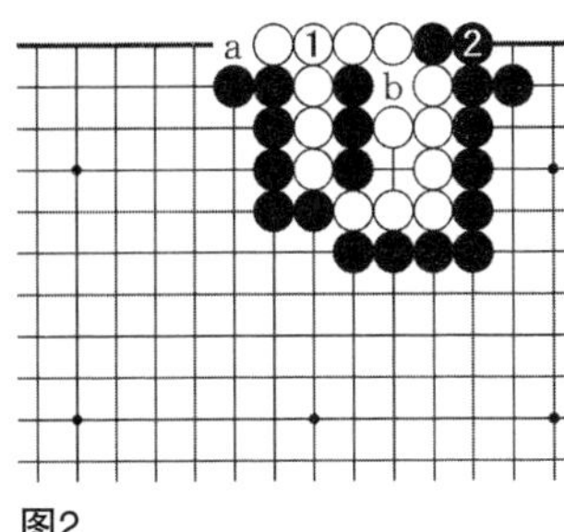

图2

白净死

图2（正解1续）

接上图，白1粘，黑2粘。

此时若a位被紧气，白只能b位粘，这样一来局部就不是双活而是直三，白净死。

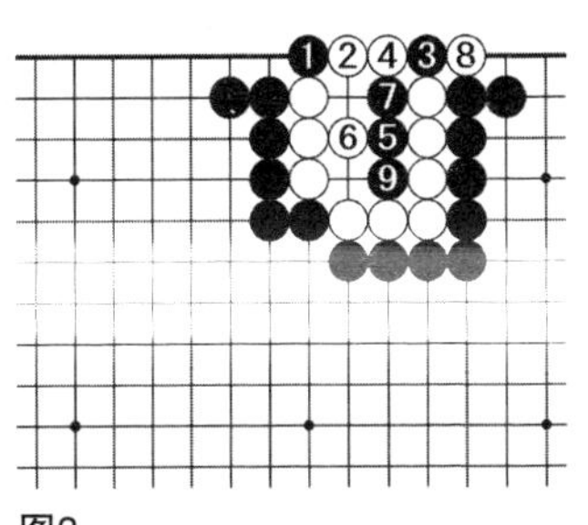
图3

双活

图3（失败1）

两扳之后黑5如本图是失着。白6顶、8扑之后，黑9破眼，结果是双活

请一定仔细区分与前图的不同。

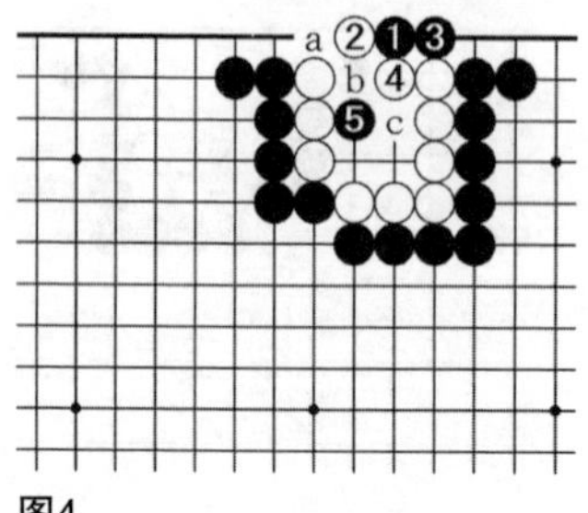

图4

白净死

图4（正解2）

第一手也可以下在黑1点。白2尖顶，黑3渡过，5点破眼。

白2若下在3位挡，黑a位扳，白2位扑，黑b位提，白5位挡，黑c位挖，白净死。

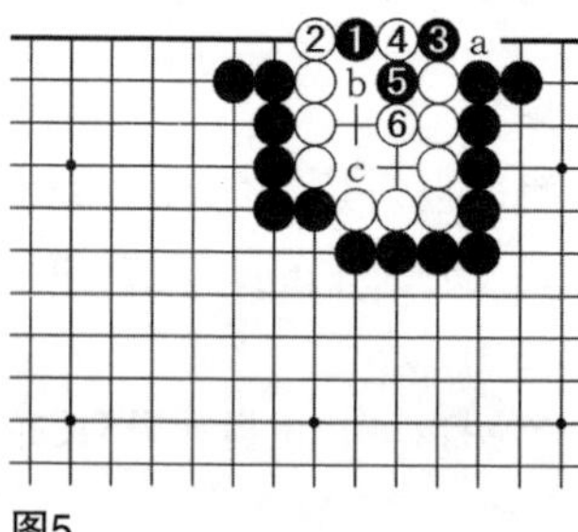

图5

白净活

图5（失败2）

黑1点不成立。白2挡，黑3渡过，白4扑，6挡是手筋。接下来黑a位粘，白b位打，黑4位粘，白c位粘，白净活。

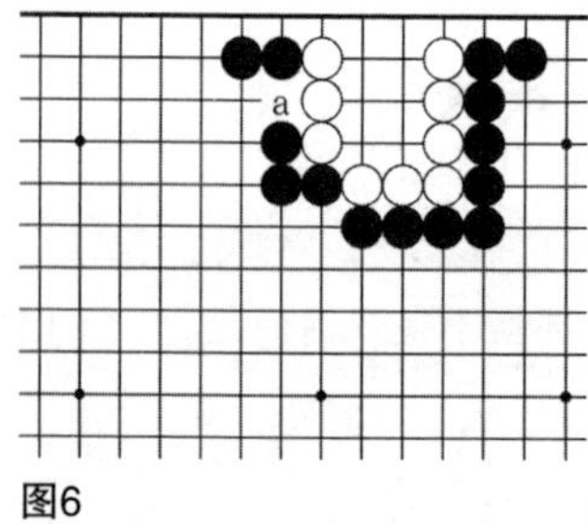

图6

如果有外气

图6（参考）

假如白左侧三子有a位外气结果如何。

如本图，白棋净活。

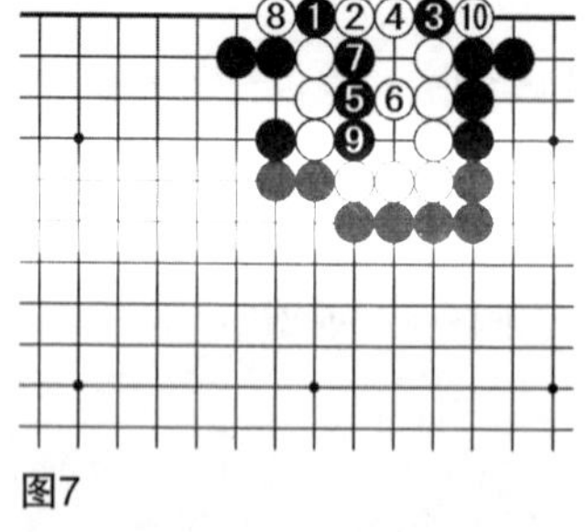

图7

双活

图7（参考证明）

与图1进程相同，黑1扳至白8，此时黑9断，白10提，双活。

黑1若在4位点，白3位挡，黑1位扳，白2位扑，黑7位提，白5位挡，白净活。

第12型

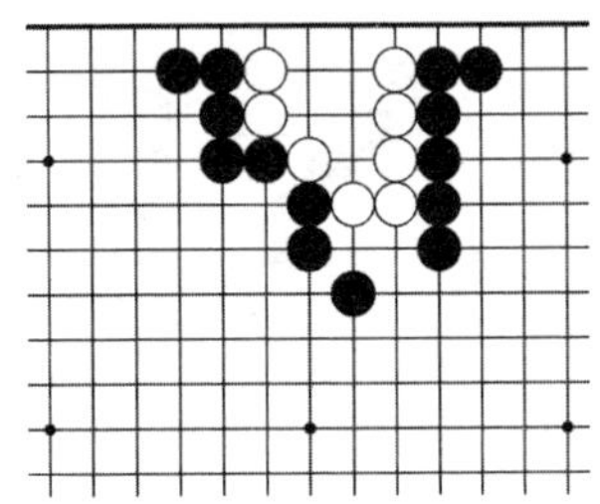

白先活

如何补断点是此时面临的问题。

朴素想法是关键。

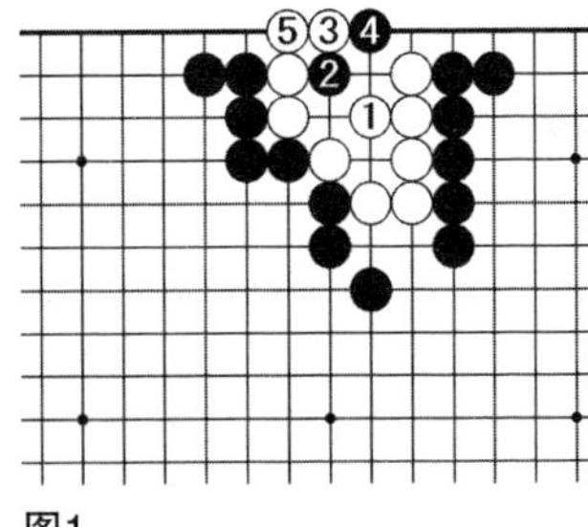

图1

白净活

图1（正解）

直接在1位做眼就是此时的正解。黑2破眼，白3扳好手。黑4打吃，白5粘，白净活。

下图白棋也可以做活，相比之下本图是最好的下法。

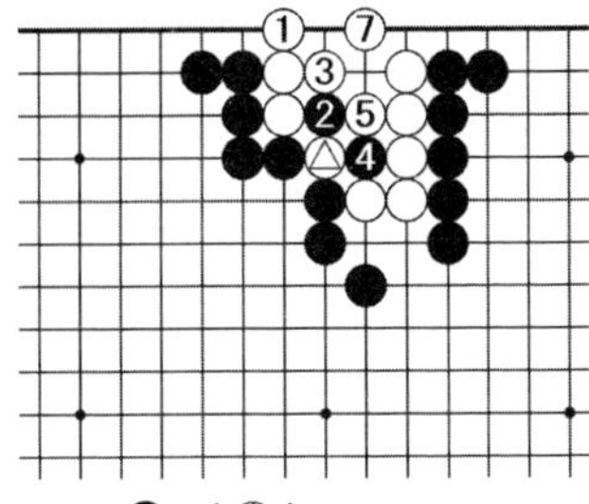

图2　❻=（△）

白净活

图2（准正解）

白1立也可以净活。黑2断吃，白3、5先手，白7做眼。

本图也可以做活，但相比上图，实地亏损。

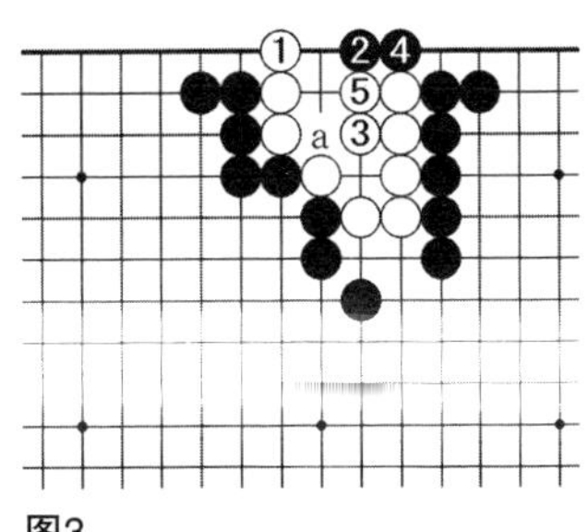

图3

白净活

图3（准正解变化）

白1立，黑2点是手筋。此时白3做眼好手，黑4渡过，白5做活。

白3若下在4位粘，黑a断吃，白净死。

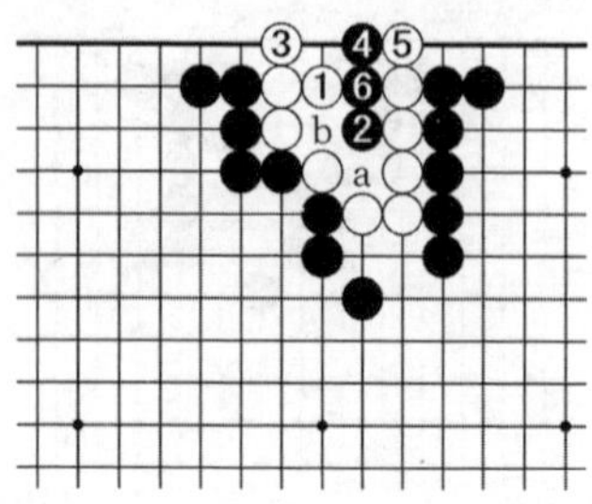

图4

白净死

图4（失败1）

白1弯看似急所，但并不成立。黑2～6破眼，白棋只要外围被紧气就必须在a或者b位落子。所以此时白棋并不是双活，而是直三净死。

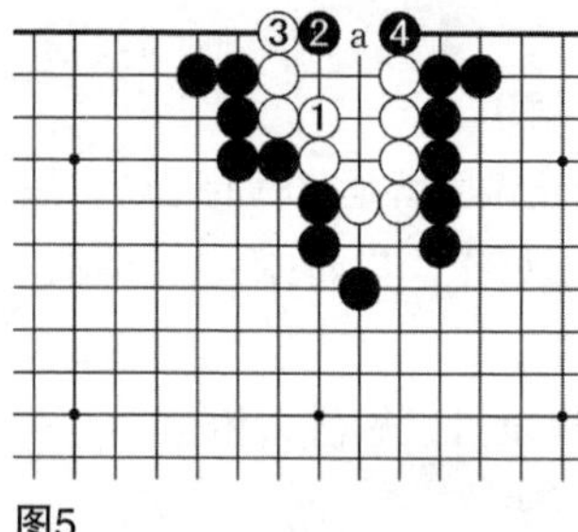

图5

白净死

图5（失败2）

白1粘也不成立。黑2点严厉，白3挡，黑4渡过。

黑2若下在4位扳，白a位挡，黑2打，白同样净死。

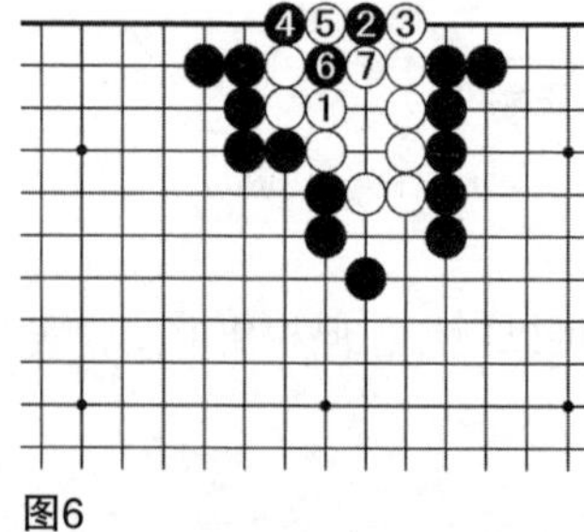

图6

白净活

图6（失败2变化）

白1粘，黑2点在另一侧是失着。白3挡，黑4渡过，白5扑接不归。

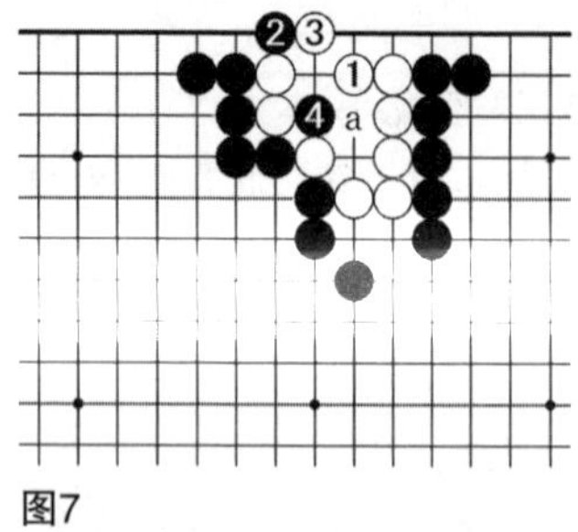

图7

白净死

图7（失败3）

白1弯也是净死。黑2扳、4打吃绝佳次序，白无法做出两只真眼

黑2直接在4位打吃，白a可以做劫。

第13型

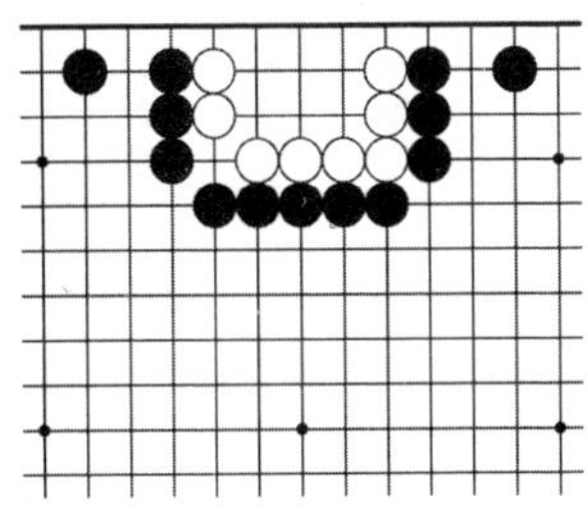

白活

白棋子仍然是在四线，本型眼位空间更加开阔。

眼形充足，虽不会有死活之忧，但实地亏损是必然的。

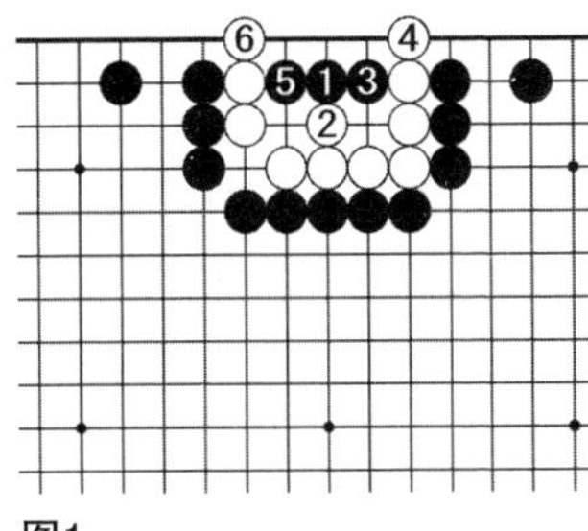

图1

点

图1（证明1）

黑1点中间，白2顶好手。黑3、5破眼，白4、6分断。

接下来——

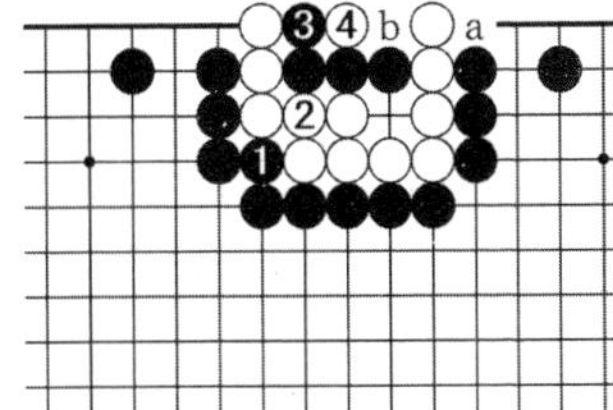

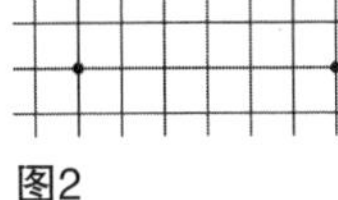

图2

白净活

图2（证明1续）

黑1挤，白2粘，黑3紧气，白4扑好手。接下来黑a紧气，白b粘，弯四白净活。

白4若下b位爬，黑4位团，白变成“刀把五”净死。

图3

白净活

图3（证明1变化1）

黑1、白2交换之后，黑3立是手筋。接下来a、b两点见合。但白4、6都是先手，白8做眼净活。

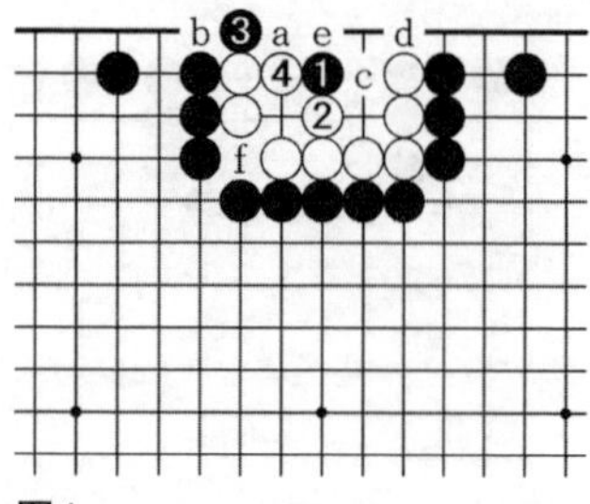

图4

白净活

图4（证明1变化2）

黑1点、3扳，白4顶是正确应对，如此可以确保净活。

白4若在a位打吃，黑4位打，白b位提，黑c位顶，白d位立下，黑e位打，白f位粘，黑3位提，劫活。

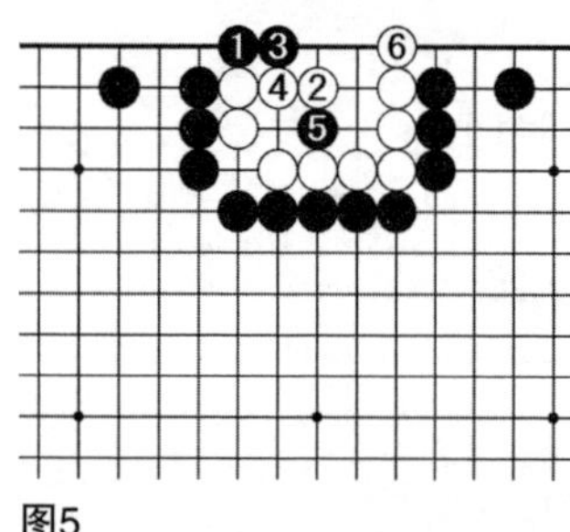
图5

白净活

图5（证明2）

回到最初的棋形，黑1扳是必须认真对待的下法。白2跳好手，黑3长，白4粘，黑5挖，白6净活。

白2下在4位也可净活。

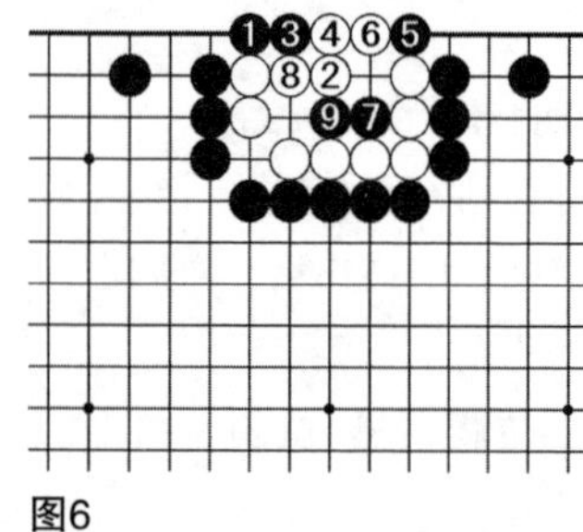
图6

白净死

图6（失败）

黑1、3扳入，白4挡不成立。黑5扳缩小眼位，白6、8做眼，黑9破眼，白净死。

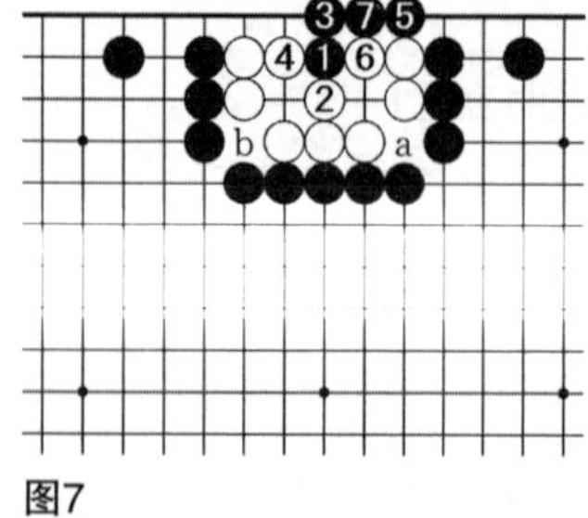

图7

白净死

图7（参考）

假如白a、b两点都无子，则黑1点、3立可以净吃白棋。与图3相同进行至黑7，a、b两点见合。

第14型

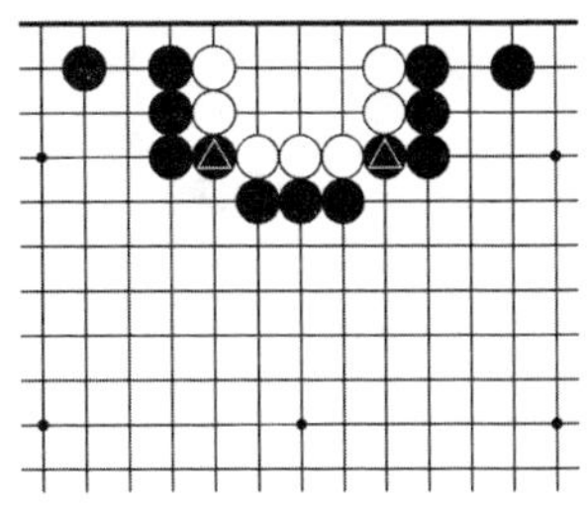

白先活

此时黑占据了两边▲位，黑先杀白非常简单。

本型的问题是白先如何做活以及黑如何攻杀。

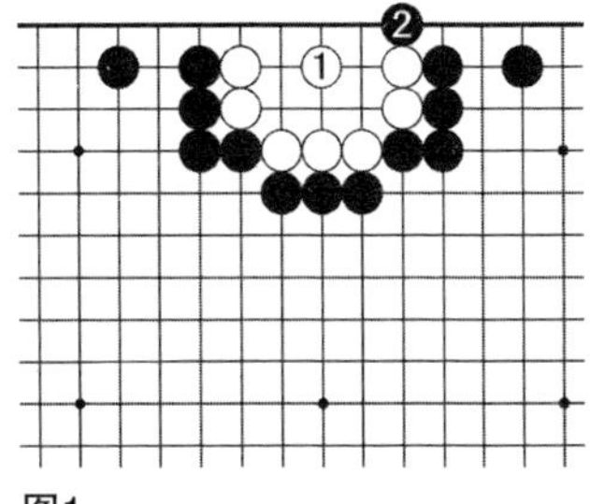

图1

跳

图1（正解）

白1跳急所。此时黑2扳需要谨慎对待。白应该如何应对呢？

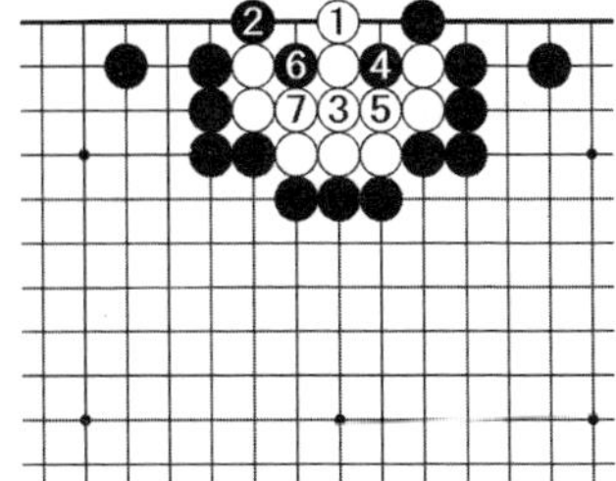

图2

白净活

图2（正解续）

白1立正解。黑2扳，白3做眼。下法有些出人意料，但确实此时最好的结果。黑4、6挖，白5、7打应对，两边都获得真眼。

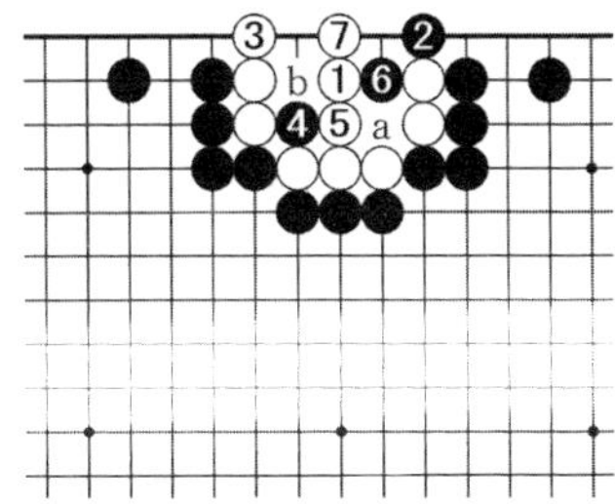

图3

白净活

图3（准正解）

黑2扳，白3立也可以净活。黑4断，白5打吃。但此时黑6打吃，黑7只能立接下来黑a、白b，白实地亏损。若白7在a位粘、黑7打劫。

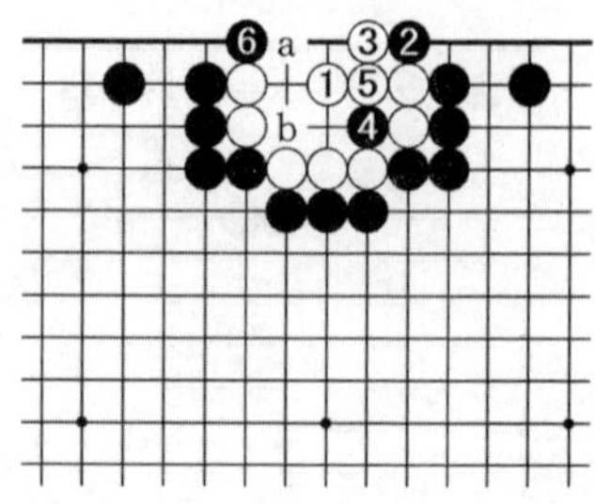

图4

白净死

图4（失败1）

黑2扳，白3打吃为何不成立呢？黑4，白5交换之后，黑6扳好手，此时白已经无法应对。若白a位打吃，黑b位双打吃。

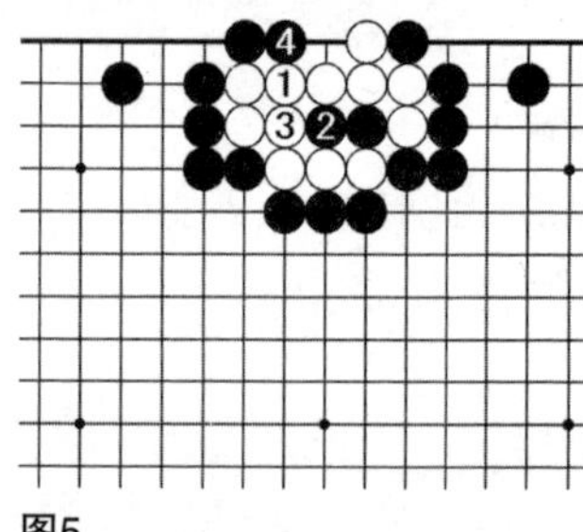

图5

白净死

图5（失败1续）

接上图，若白1粘，黑2、4破眼，白净死。

上图中面对白3失着，黑棋的攻杀方法请一定认真学习。

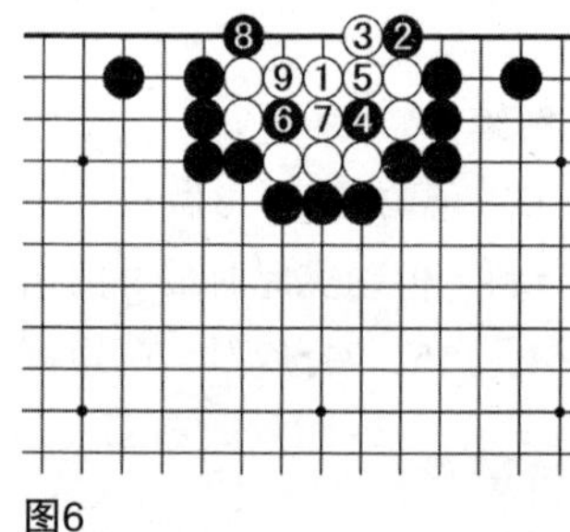

图6

白净活

图6（失败1变化）

图4中的黑6，若如本图黑6打吃是大俗手。黑8打吃，白9提，净活。

这是毫无妙味的下法。

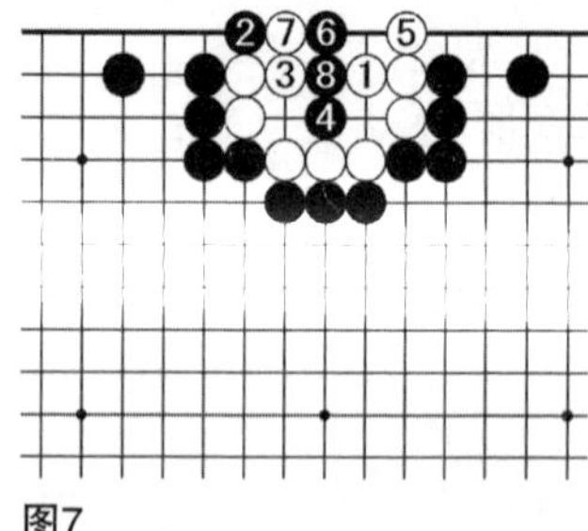

图7

白净死

图7（失败2）

回到最初的棋形。白1弯，黑2扳好手，白无法净活。白3、5试图做眼，黑6、8应对之后，白气紧的同时局部只有“直三”眼形。

白3若在8位并，黑7位长即可。

第15型

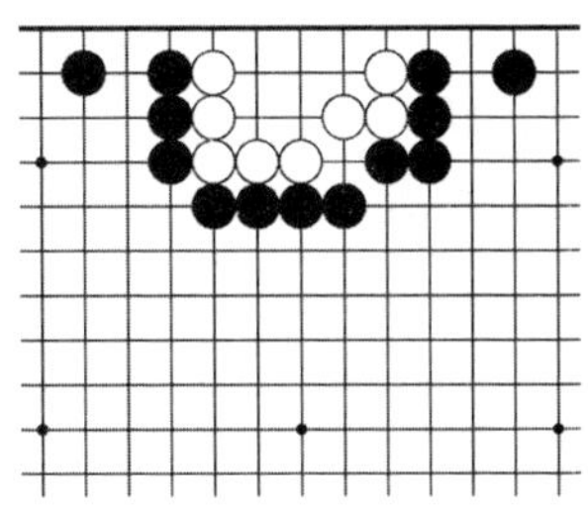

黑先白死

白棋形高低不平，反而让急所位置变得十分明显。

最终结果围绕着大眼杀或者双活展开。

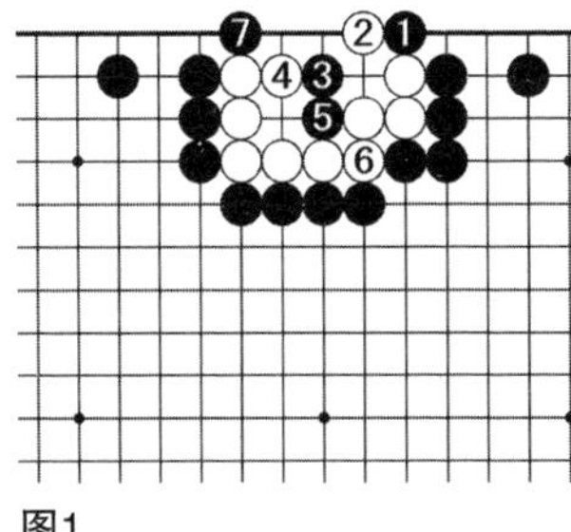

图1

白净死

图1（正解1）

黑1扳，白2打吃交换，黑3点是明显的急所。白4顶，黑5破眼，7扳，白净死。

白2若下在3位抢占急所，黑2位长。

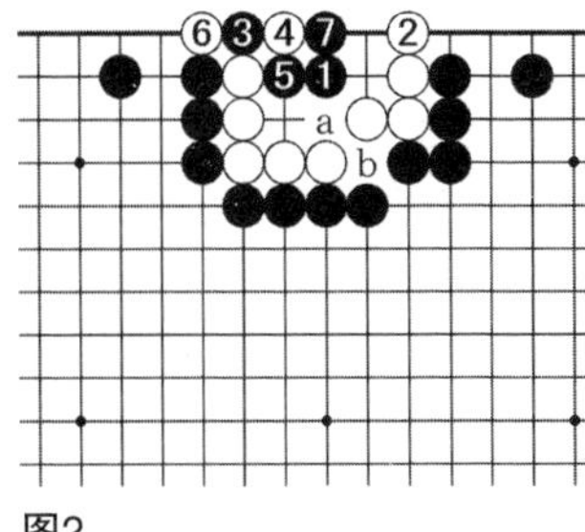

图2

白净死

图2（正解2）

黑棋也可以1位直接点。白2立扩大眼位，黑3～7破眼。接下来白3粘，结果是“花六”大眼杀。

黑5若下在6位粘，白5位粘，黑a位断，白b位粘，双活。

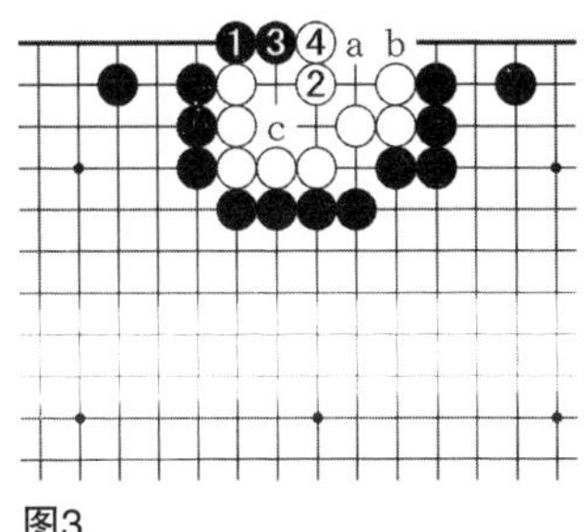

图3

白净活

图3（失败）

黑1扳是失着。白2占据眼形急所，黑3长，白4挡确保两只真眼，白净活。

黑3若下在a位点，白3位打，黑b位冲，白c位做眼，净活。

第16型

白活

白△位有子。

白棋的弱点得到强化，已经可以确保活棋。

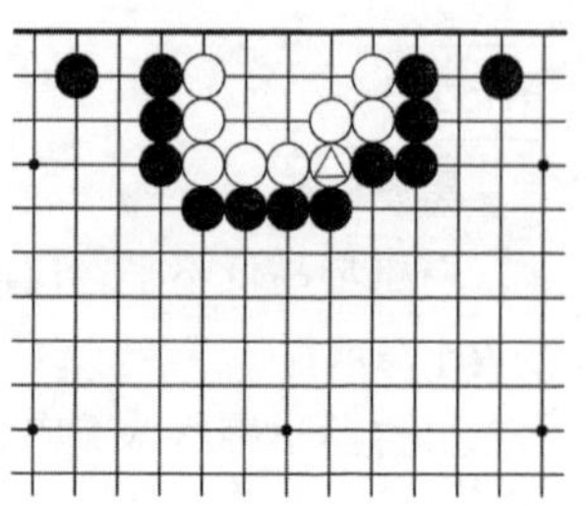

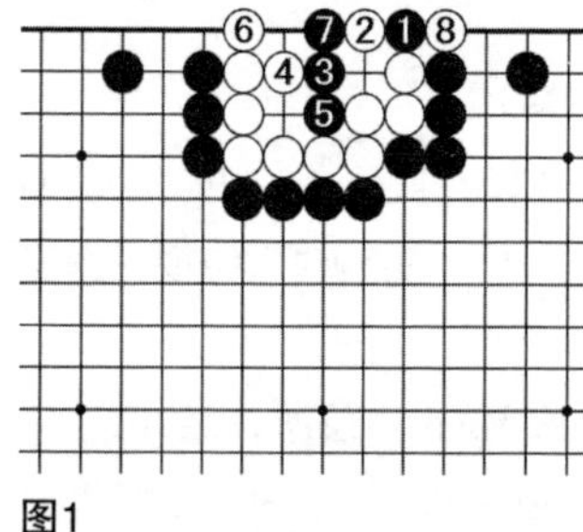

图1

双活

图1（证明1）

与前型相同，黑1扳，3点是最有利的攻击手段。但此时白4顶，黑5破眼，白6立可以变成双活。

黑5如果——

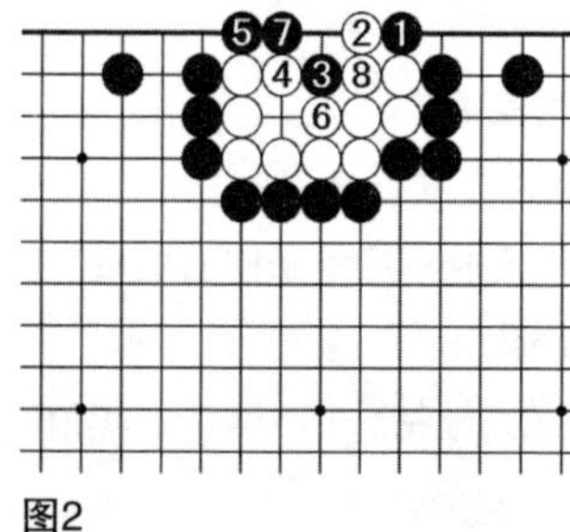

图2

白净活

图2（证明1变化）

本图黑5扳，白6做眼好手。黑7冲，白8打吃接不归。

白6若在7位打吃，黑6破眼，白净死。

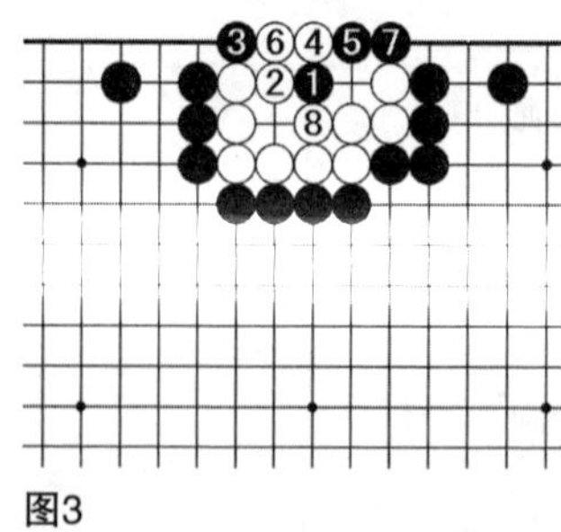

图3

白净活

图3（证明2）

黑1点，白2顶。黑3扳是攻杀的好手，白4～8正确应对，确保两眼做活

白4若下在6位挡，黑8位顶，白7位立，结果是双活。

第17型

黑先白死

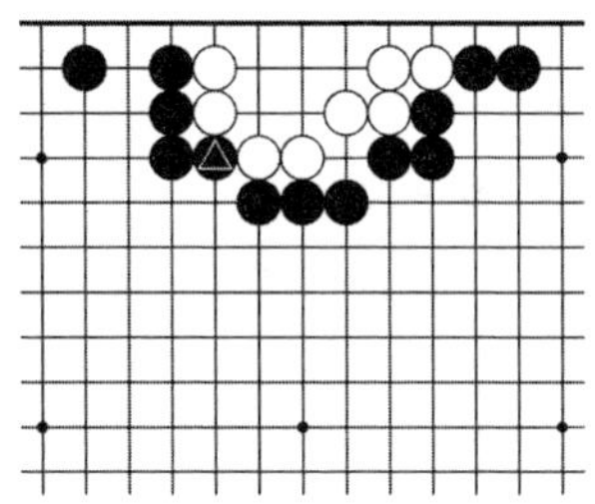

与前型相比白眼形空间更大，但▲位要点被黑棋占据。

只要找到急所，黑先杀白并不难。

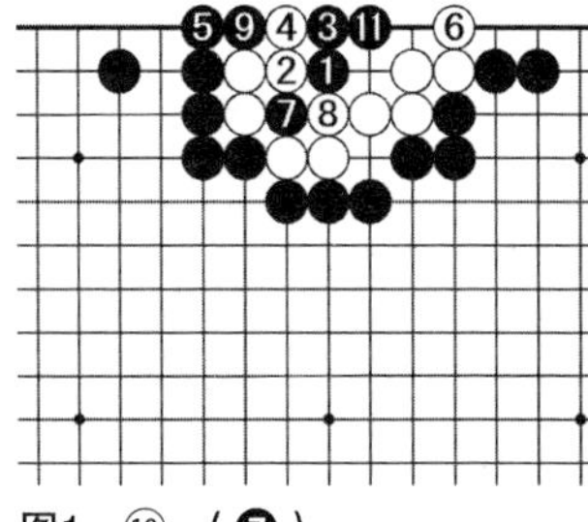

图1 ⑩=（❼）

白净死

图1（正解1）

黑1点急所。白2顶，黑3立好手。白4阻渡，黑5立，白6扩大眼位，黑7～11之后形成方块四大眼杀，白净死。

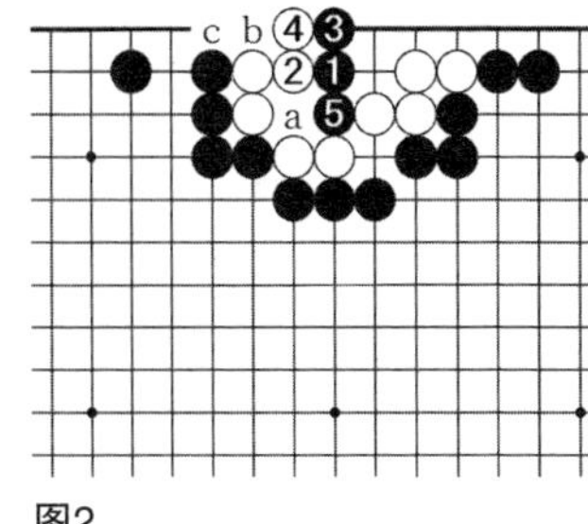

图2

白净死

图2（正解2）

黑1点至白4阻渡，黑5挤也可以净吃白棋。

白2若在a位粘，黑b位扳，白4位扳，黑c位粘，大眼杀。

白先净活1位同样是最好选择。

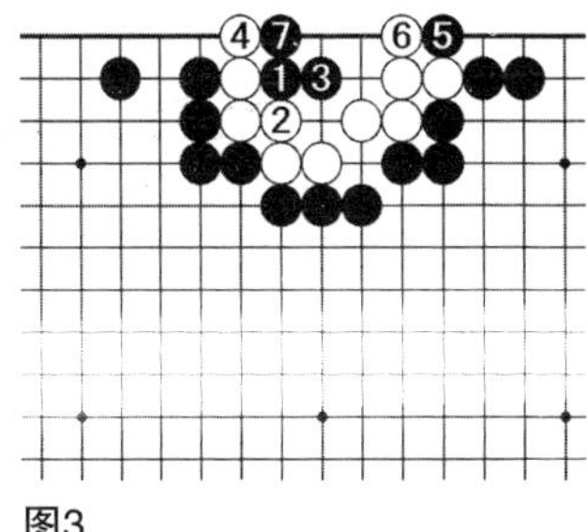

图3

白净死

图3（正解3）

黑1夹也可以净杀白棋。白2粘，黑3长，白4立、黑5扳、7挡，结果是刀把五。

第18型

黑先白死

右侧白棋从粘变成了△位虎。

白棋形较之前多了弹性，但黑先仍可净杀白棋。

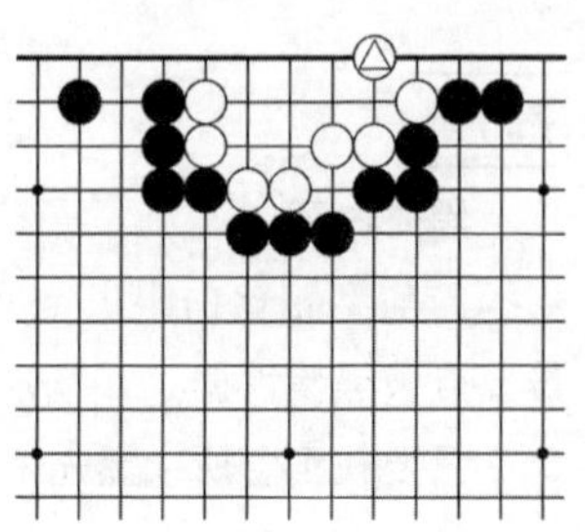

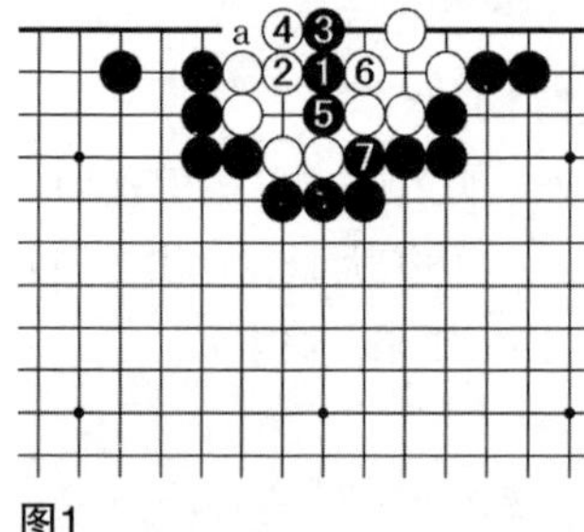

图1

白净死

图1（正解1）

黑1点是唯一正解。白2顶，黑3立，白4挡，黑5挤，7打吃。

白4若下在5位粘，黑a扳渡过。

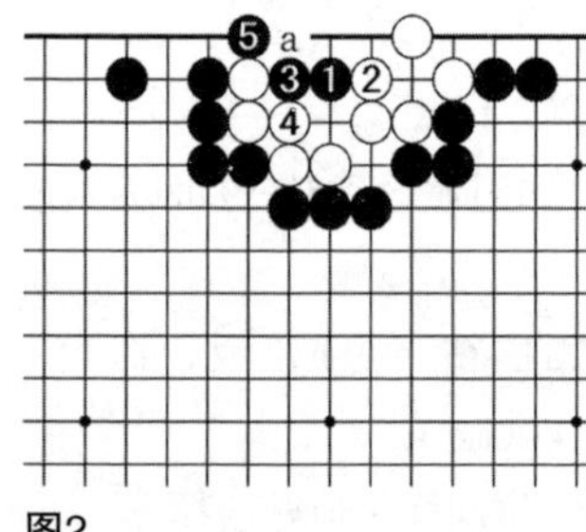

图2

白净死

图2（正解变化）

黑1点，白2做眼，黑3顶，5渡过，白净死。

若黑3在5位扳，白a位挡亦可。

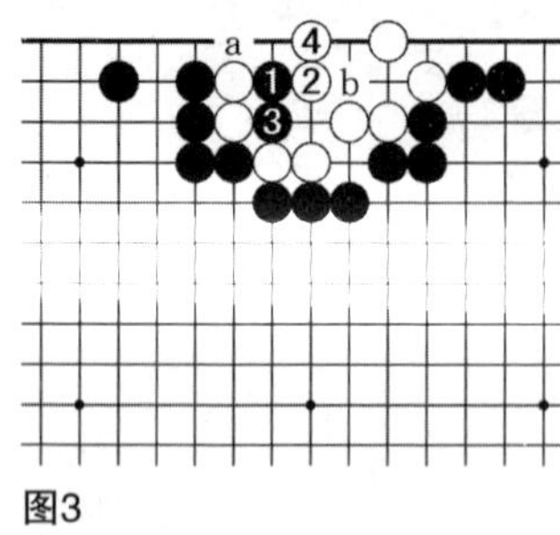

图3

白净活

图3（失败）

黑1夹不成立。白2尖顶，黑3断吃，白4立，接下来a位立和b位做眼见合，白净活。

第19型

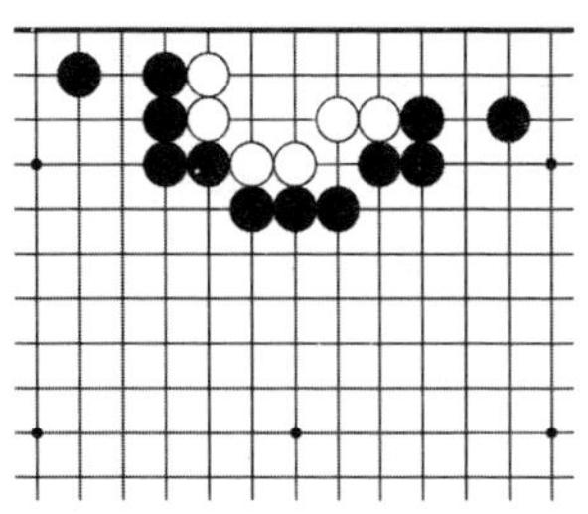

白先活

这是前型白棋扳虎做眼之前的局面。现在白先应该如何做活呢？

回想一下之前做活的下法，就能想到不仅仅只有扩大眼位一种方法。

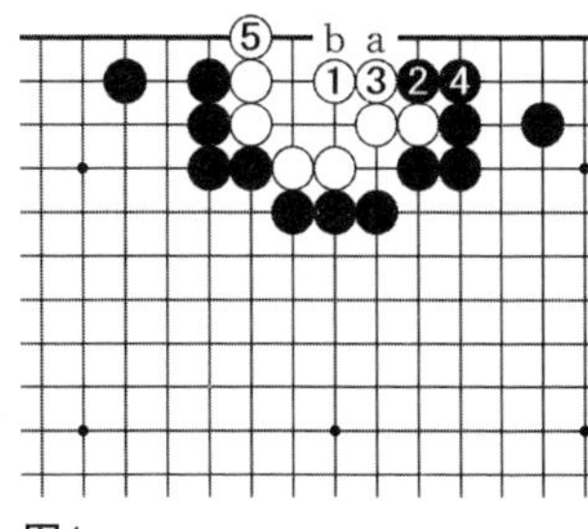

图1

白净活

图1（正解1）

白1小尖是棋形要点。黑2、4扳粘缩小眼位，白3、5应对。接下来黑a位扳，白b位打吃，“弯四净活”。

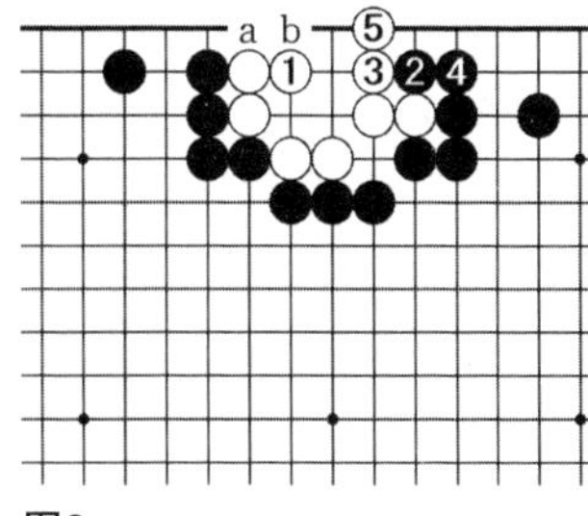

图2

白净活

图2（正解2）

白1弯也可以净活。黑2、4扳粘，白3，5做眼。黑若a位扳，白b位打吃，还是“弯四净活”。

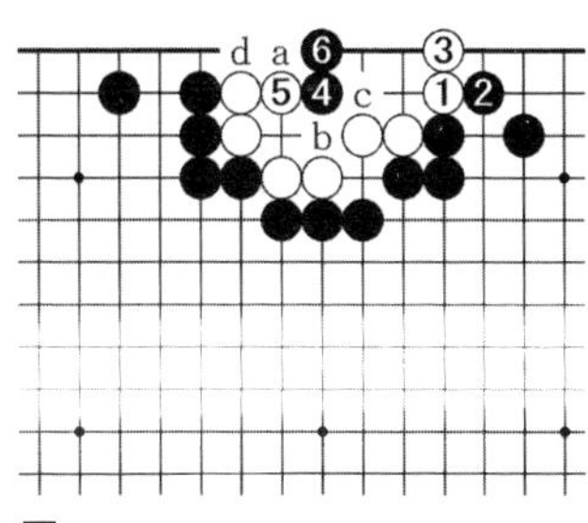

图3

白净死

图3（失败）

此时在右边扩大眼位无法做活。白1、3扳立，黑4点、6立是攻杀好手。白若a位挡，黑b挤；白c位若做眼，黑d位渡过。

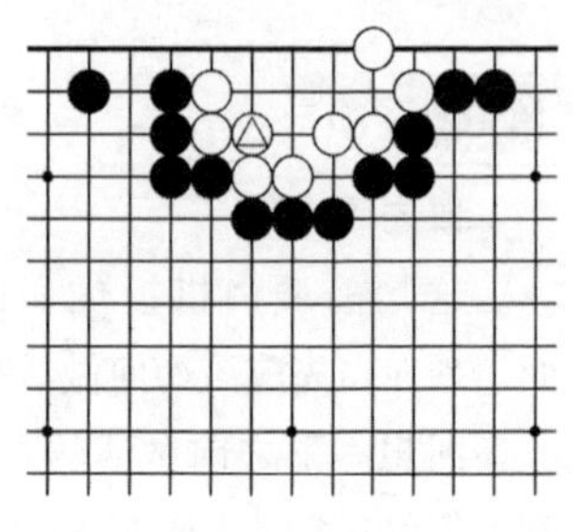

第20型

黑先劫（白先提劫）

这是第18型的相似型。

白在三线多了△位一子，虽对自身棋形起到了加强的作用，但还是留下了急所。黑先的结果如何呢？

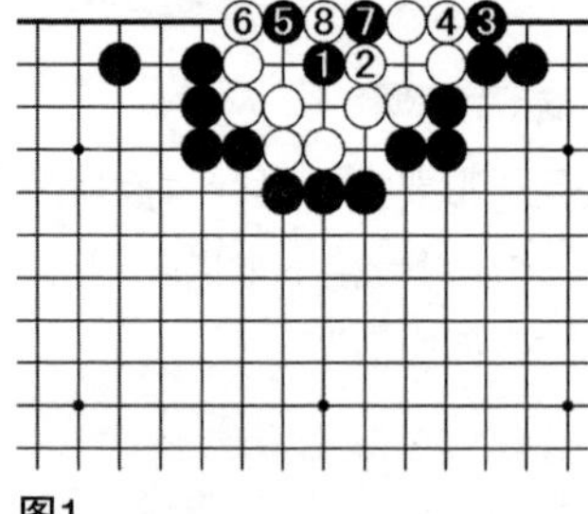

图1

打劫

图1（正解）

此时黑1仍然是急所。白2做眼，黑3立。白4做眼，黑5小尖，7扑，打劫。

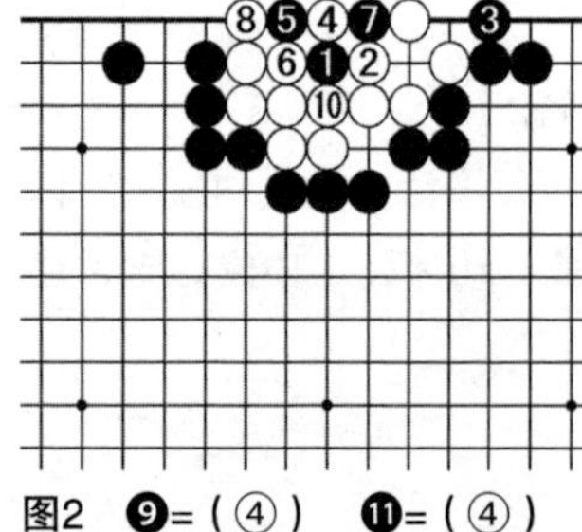

图2 ❾=（④） ⓫=（④）

白净死

图2（正解变化）

黑3立，白4扳至白8打吃，白棋看似吃掉黑四子可以做活。但黑9粘好手，白10提，黑11点，白净死。

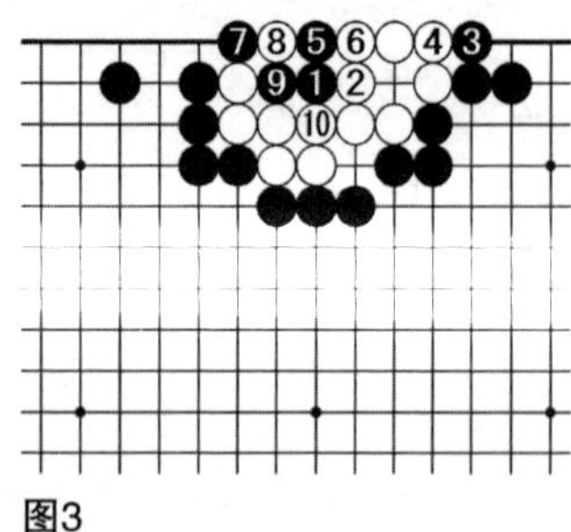

图3

白净活

图3（失败）

黑1点至白4，黑5立、7渡过操之过急 此时白8扑利用接不归可以净活

第21型

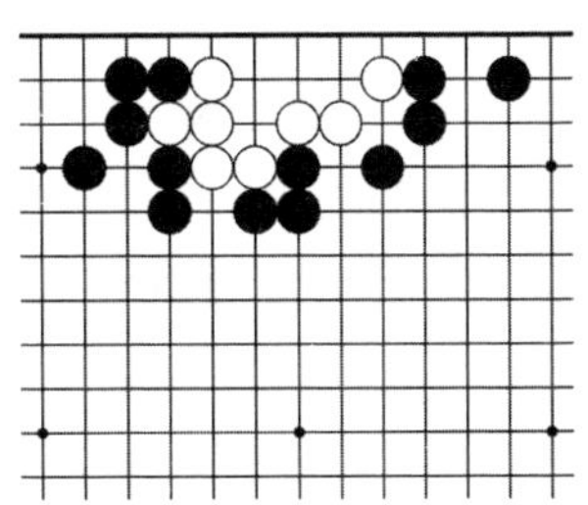

黑先白死

这是实战棋形。

若从外围着手，白棋眼形丰富。需要找到急所破眼。

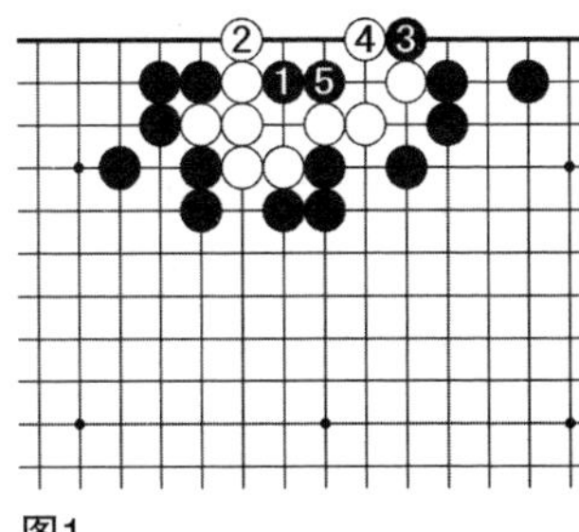
图1

白净死

图1（正解）

黑1夹，白2立，黑3扳、5爬。白棋眼位缩小，无法形成双活。

黑3也可以直接在5位爬。

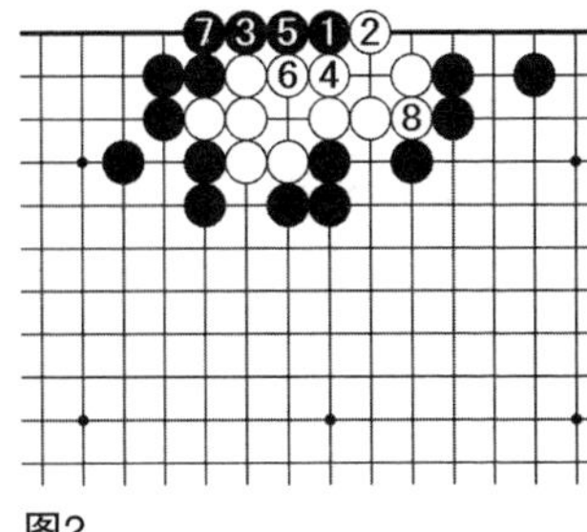
图2

白净活

图2（失败）

黑1点如何。白2尖顶，黑3渡过。看似一切顺利，但接下来白4～8，可以确保两只真眼，白净活。

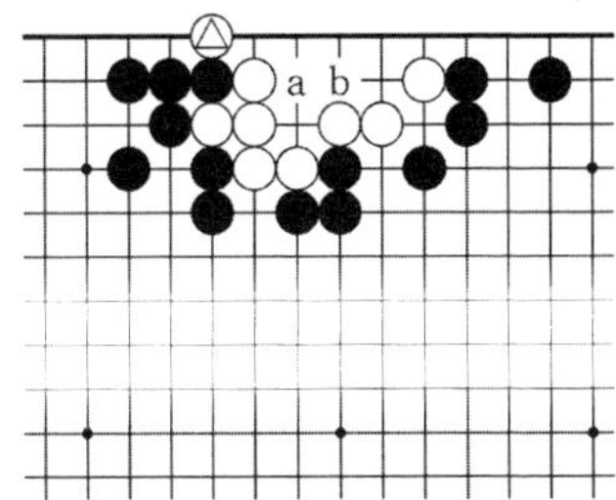

图3

白净活

图3（参考）

白△位有子，此时白棋已经净活。

若黑选择图1相同的下法，a位夹，黑棋已经无法渡过，白b位做眼即可净活。

第22型

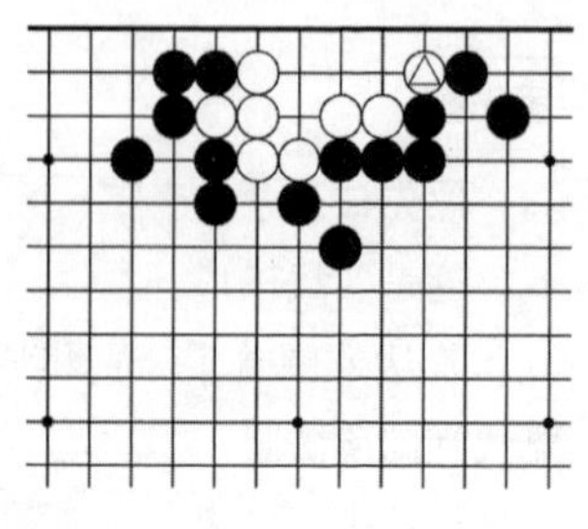

白先活

现在轮到白棋如何补强右边白△一子。

需要找到可以应对前型黑攻杀手段的下法。

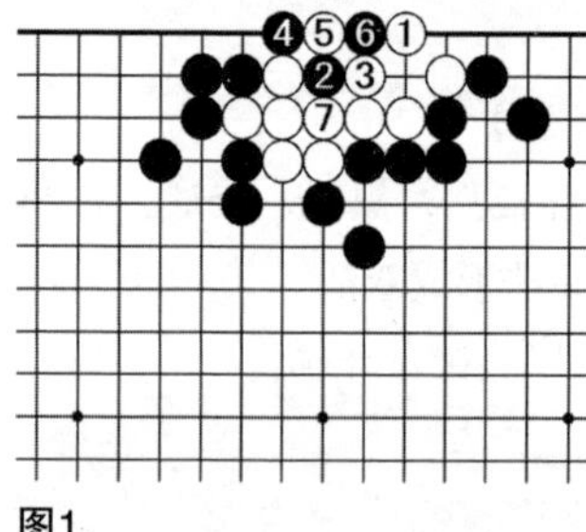

图1

白净活

图1（正解）

白1虎是弹性十足的好手。黑2夹，白3做眼。黑4渡过，白5扑是既定手段。黑6提，白7打吃黑棋接不归。

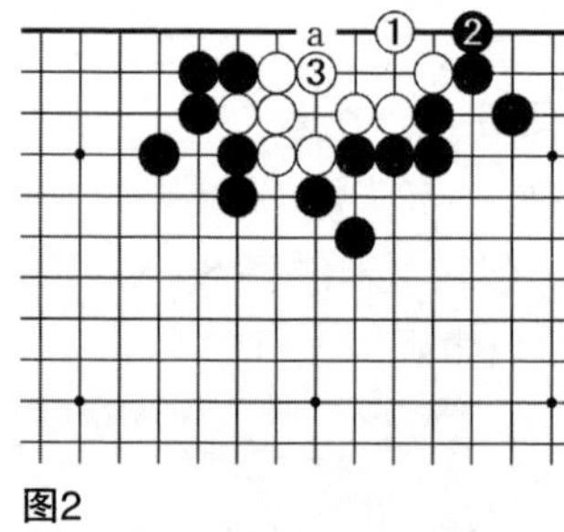

图2

白净活

图2（正解变化）

白1虎，黑2立，白3做眼。

白3下在a位小尖亦可。

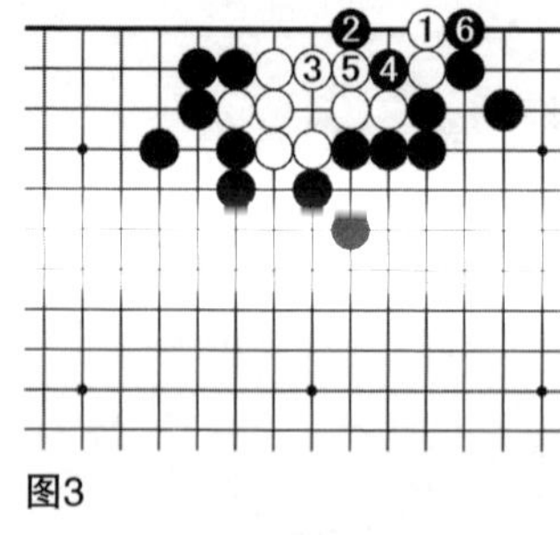

图3

白净死

图3（失败）

白1立，黑2点好手。白3做眼，黑4断、6倒扑

黑2若在3位夹，白棋也是净死。但此后变化复杂，后续在第24型中有所展示。

第23型

白先劫（黑先提劫）

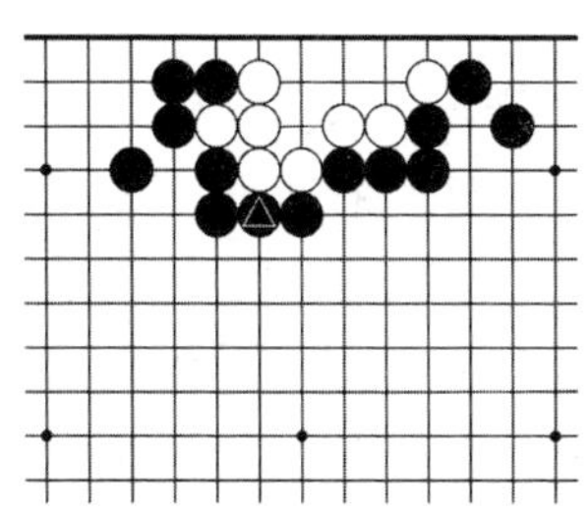

黑▲位有子，白棋没有外气。这口气关系到死活，此时白先劫活是最好结果。

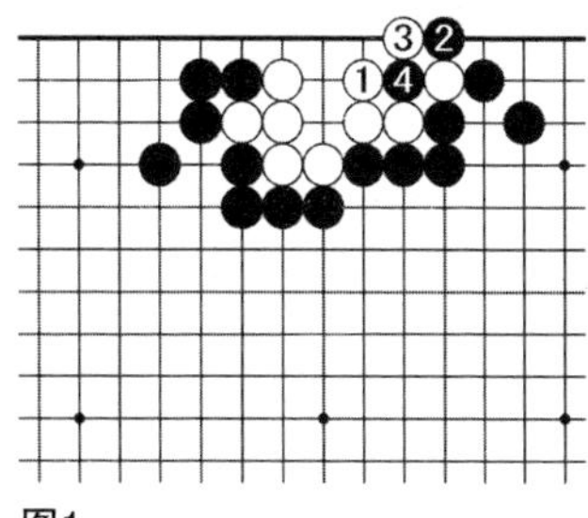

图1

打劫

图1（正解）

白1弯，黑2打吃，白3做劫是唯一正解。黑4提打劫。

此劫对黑棋没有威胁，接下来——

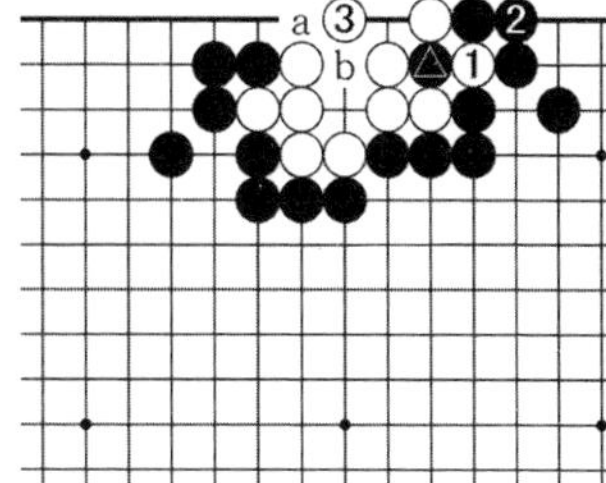

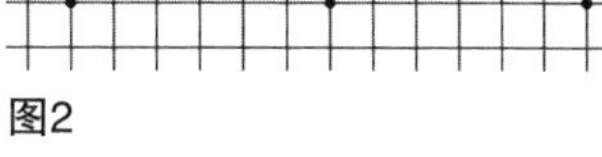

图2

打劫

图2（正解续）

若白1提劫，黑可以2位粘。白若▲位粘，黑3位点，白净死。白3做眼，▲位劫争继续。

白3下在a位也是打劫，但给黑留下了b位本身劫。

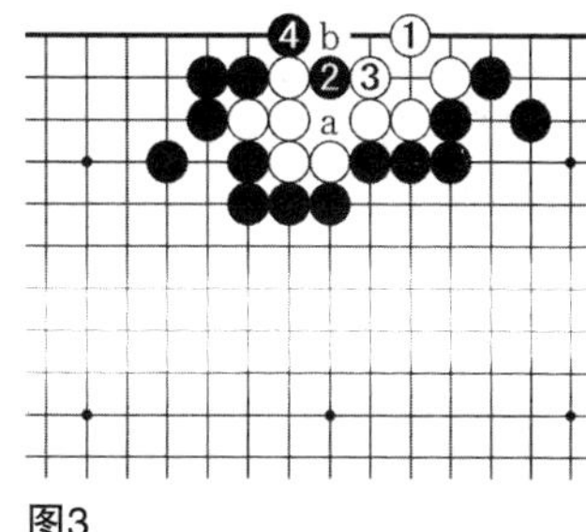

图3

白净死

图3（失败）

此时若如前型白1虎，黑2夹好手。白3做眼，黑4打吃，白a位粘，黑b位粘，白净死。

第24型

黑先白死

第22型图3的棋形被转移到了角上。此时黑A点已经不成立，黑棋的正解是B位夹，需要思考的是白棋的应法。

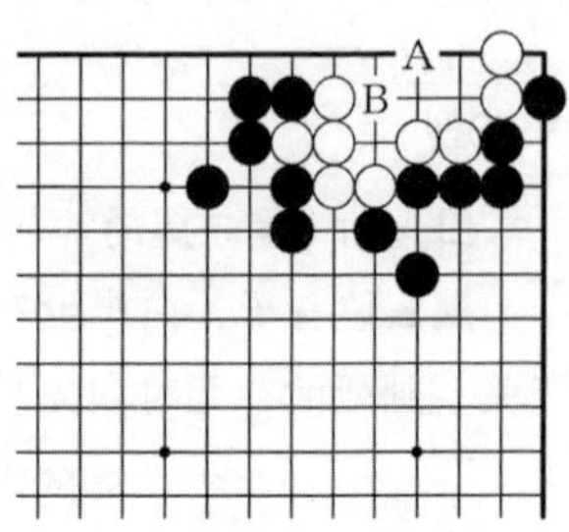

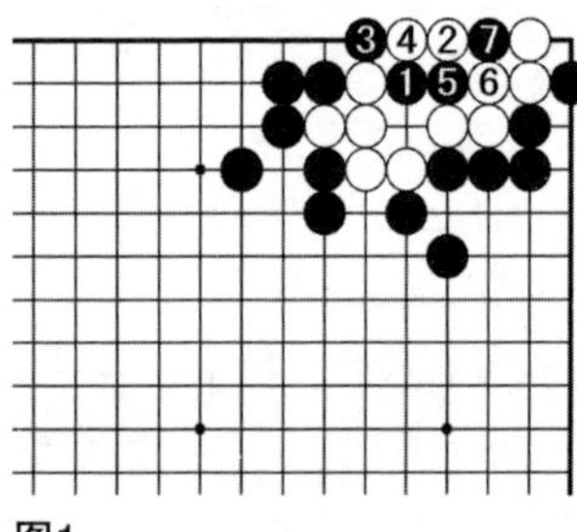

图1

夹

图1（正解）

黑1夹是急所。白2跳是此时的最强抵抗，黑3渡过，白4断吃，黑5冲。接下来白6打吃，黑7提，本型的妙处就在这里。

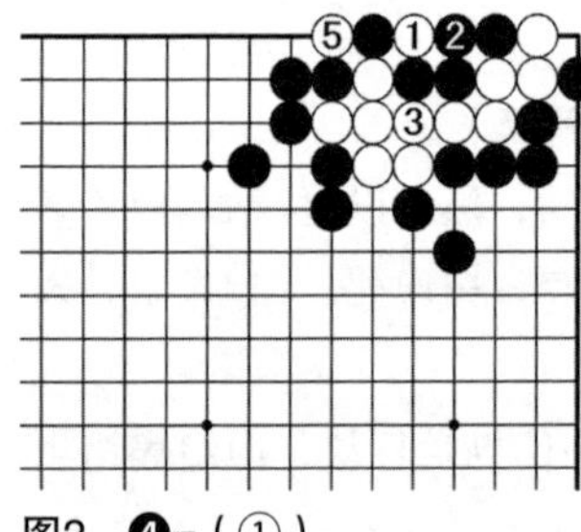

图2　❹=（①）

粘

图2（正解续1）

接上图，白1扑，3打吃接不归。黑四子已经被吃，白手筋发挥作用。但此时黑4粘，妙手就在这里。

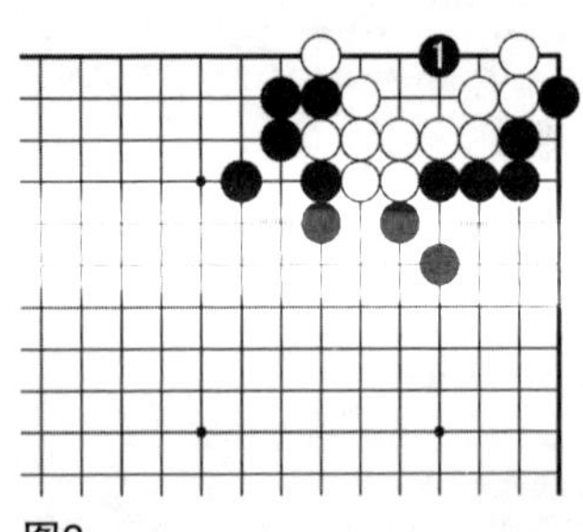

图3

白净死

图3（正解续2）

上图白提掉黑子之后的棋形如本图。黑1点，最终白棋被大眼杀。

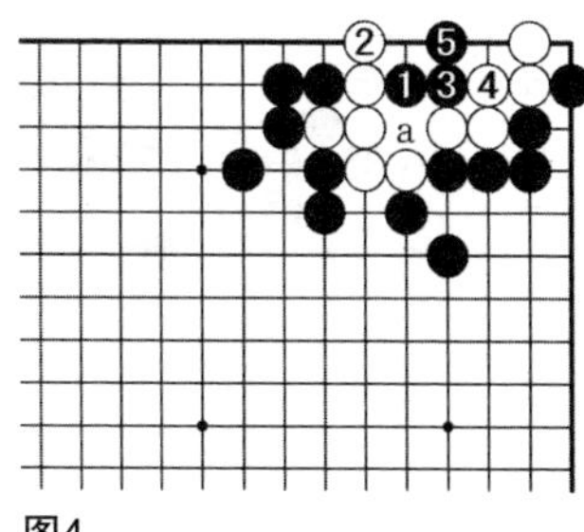

白净死

图4（正解变化）

黑1夹，白2立抵抗。黑3爬、5弯结果仍是大眼杀，白净死。

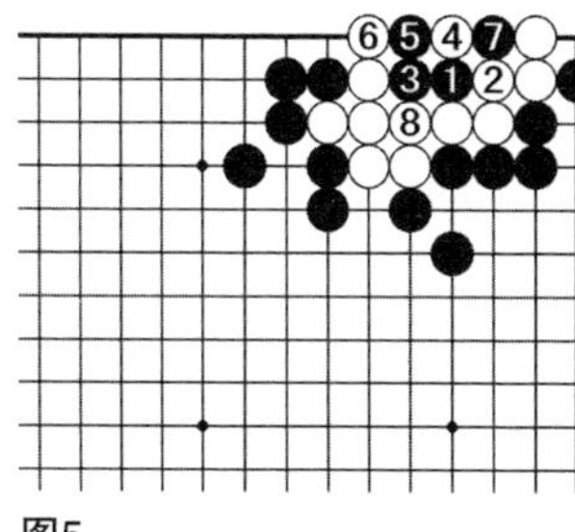

白净活

图5（失败1）

黑1若下在1位夹，白2粘、4扳可以净活。黑5、7，白8打吃，形成胀牯牛。

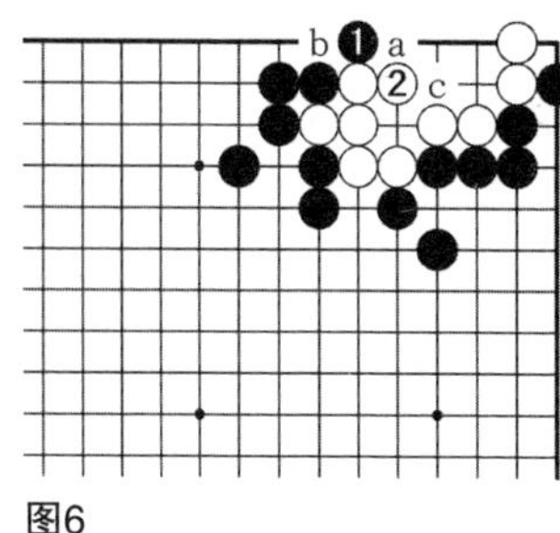

图6

白净活

图6（失败2）

黑1扳，白2弯可以简单做活。

白2若在a位打吃，黑2断吃，白被净吃。接下来白b，黑c。

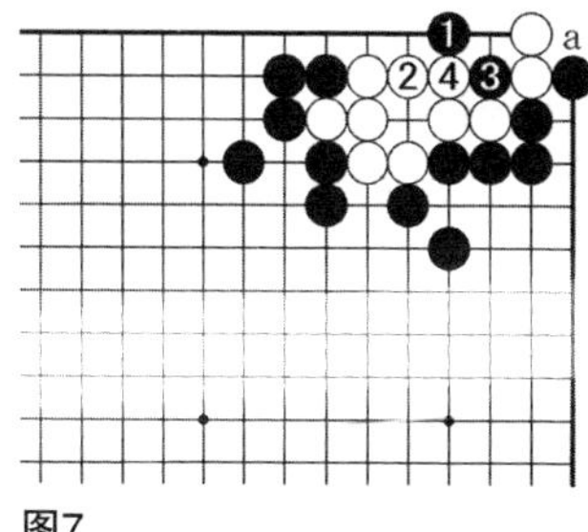

图7

白净活

图7（失败3）

黑1点，白2做眼，黑3断，白4打吃，此时黑a位无法入气

因为棋形转移到了角上，第22型图3的下法不成立。

第25型

黑先劫（黑先提劫）

左侧周围棋子有了微妙的变化，这种改变有什么意义呢？

此时黑先劫是正解。

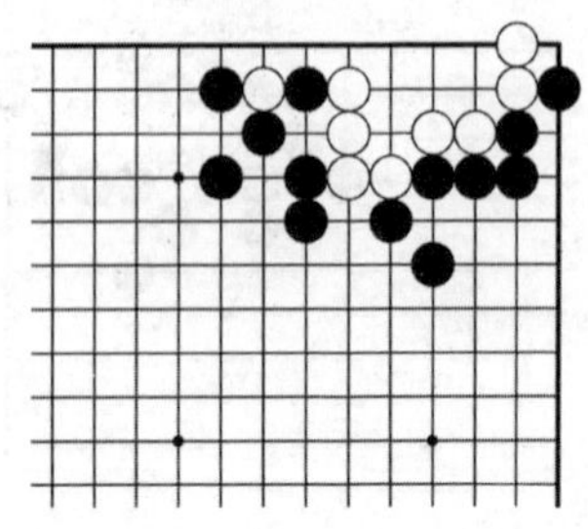

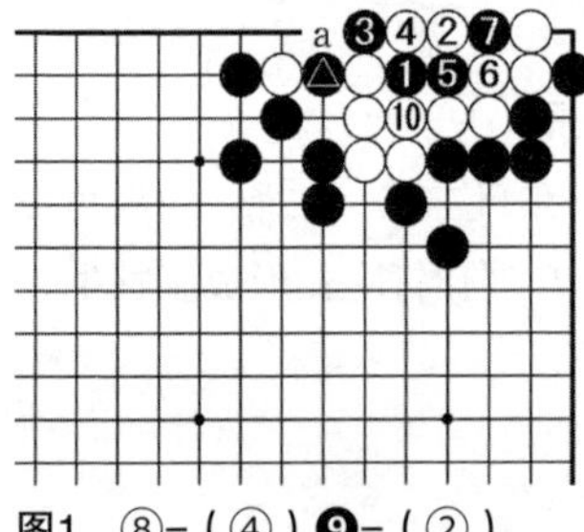

图1 ⑧=（④）❾=（②）

夹

图1（正解）

黑1夹至白10的进程是双方最好下法。

与前型相同，黑4位粘，白a提因为同时在打吃黑▲一子，点杀的手段已经无法施展。

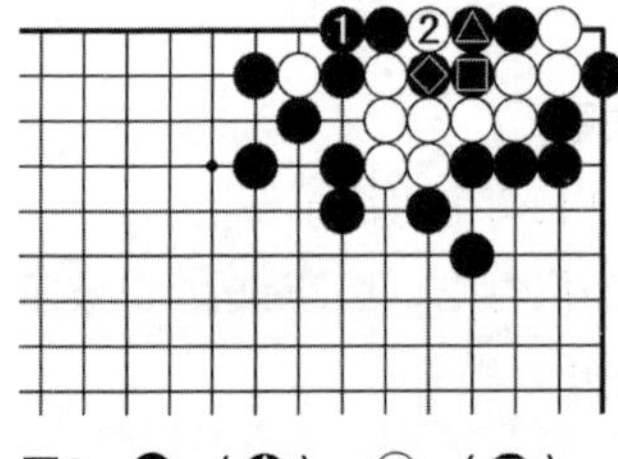

图2 ❸=（▲） ④=（■）
❺=（◆）

打劫

图2（正解续）

接上图，黑1粘，白2提掉黑四子。此时黑3打吃，白4做劫，黑5提劫是双方最佳结果。

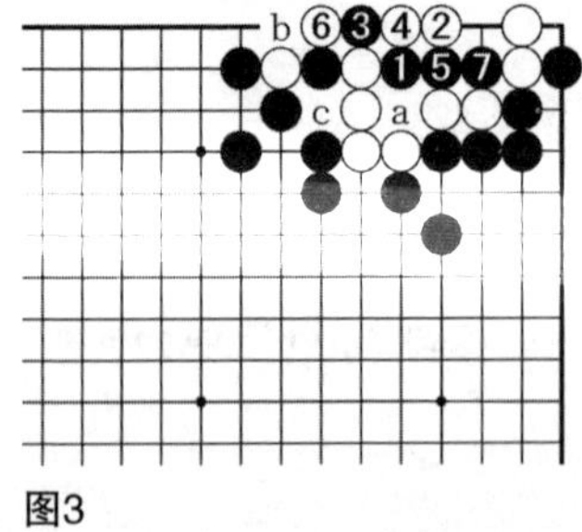

图3

白净死

图3（正解变化）

黑1至黑5，白6提是恶手。黑7断，白a粘，黑b提；白c提，黑a提，白只有一只真眼，净死。

第26型

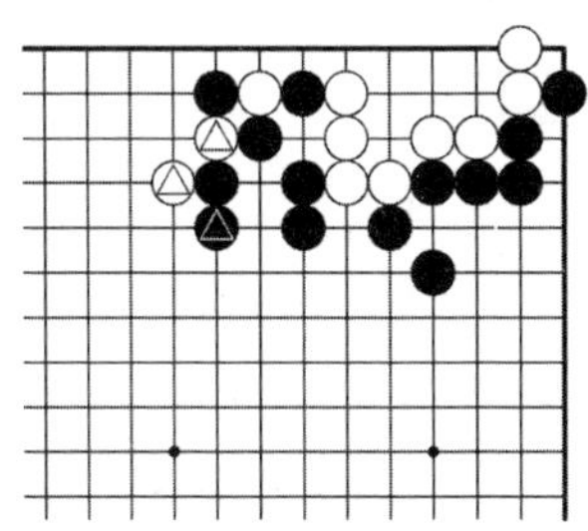

白活

此时白棋在外围有了△两子，黑▲位有子，结果因此不同。

黑先已经不能对白死活造成威胁。

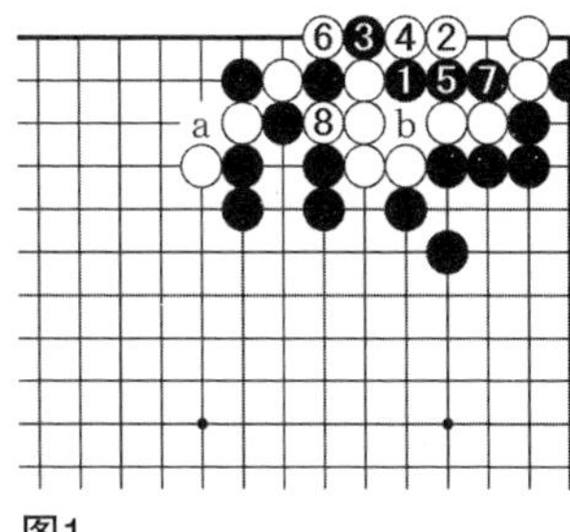

图1

白净活

图1（证明）

和之前进程相同，黑1夹至黑5冲，此时白6提开始有变化。黑7打吃，白8提是先手。黑a提、白b粘净活。

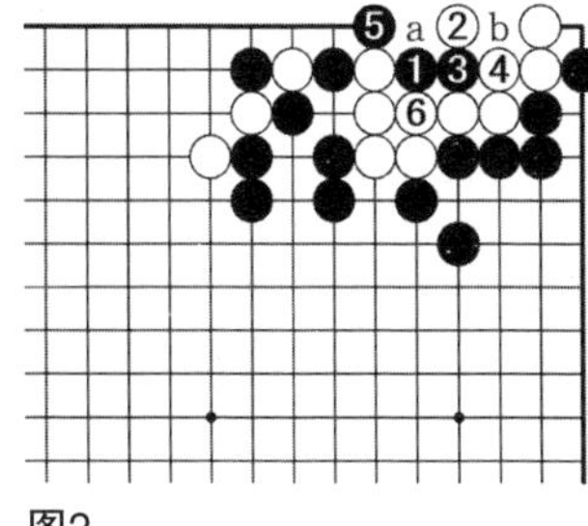

图2

白净活

图2（证明变化）

白2跳，黑3冲、5渡过如何。此时白若a位扑，黑b提还原前型打劫局面，白6打吃接不归净活。

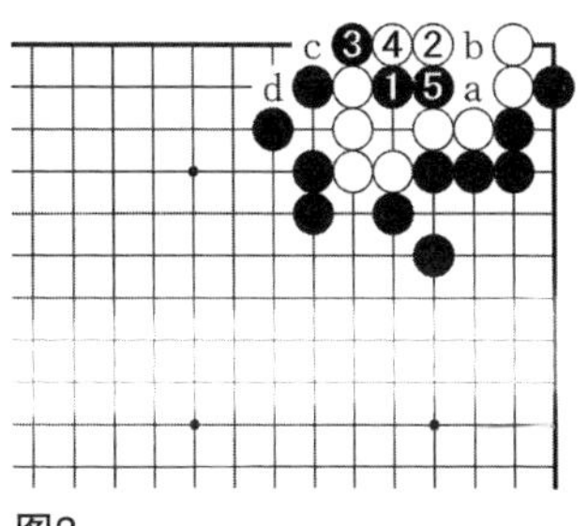

图3

看周围情况

图3（参考）

一般来说黑1至黑5都可以净吃白棋，但外部棋子配置不同的情况下，有可能出现白a、黑b、白4打劫或者白c、黑a、白d出头等局面。

需要引起注意。

第27型

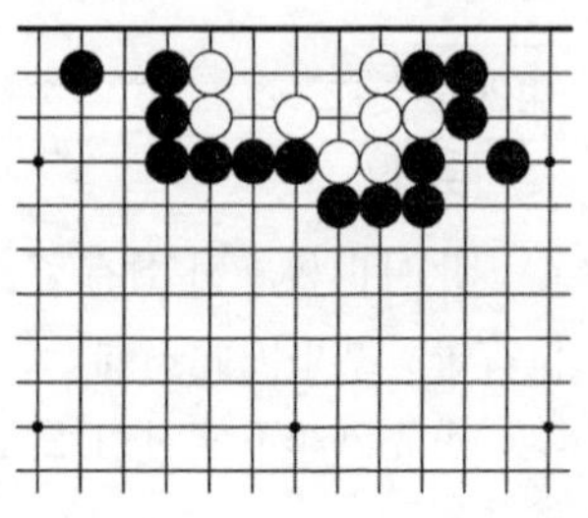

白先活

白棋形处于危险之中，必须找到急所才可以确保眼位。

不要着急，认真计算。

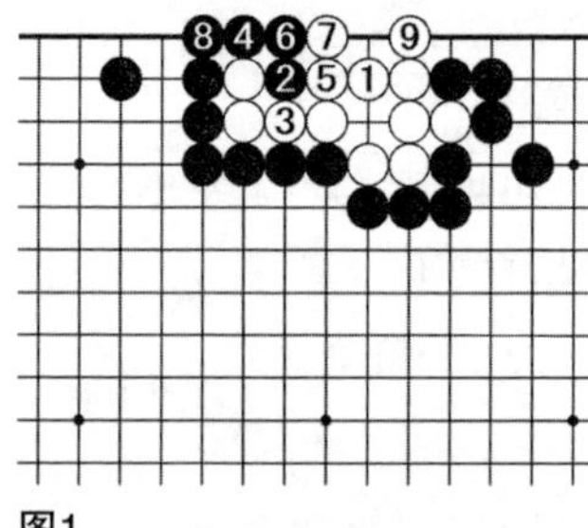

图1

白净活

图1（正解）

直接白1做眼即可。黑2夹、4渡过破眼，白5至白9先手打吃之后获得第二只真眼。

白5下在7位也可以净活。

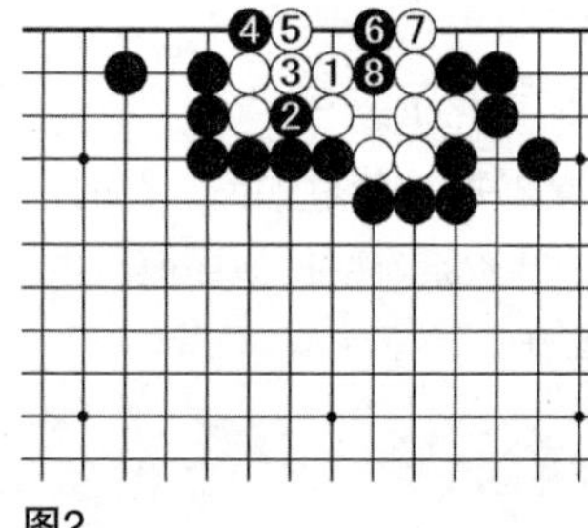

图2

白净死

图2（失败）

白1并同样意在做眼，但并不成立。黑2、4缩小眼位，白眼形不够。

黑2下在4位扳，白5挡，黑2位打，结果相同。

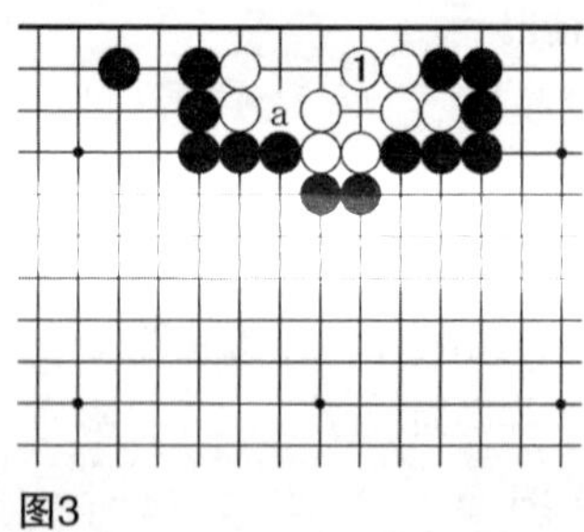

图3

白净活

图3（参考）

本图中白1做眼也是正解。

白a扩大眼位，黑1夹急所，白净死。

第28型

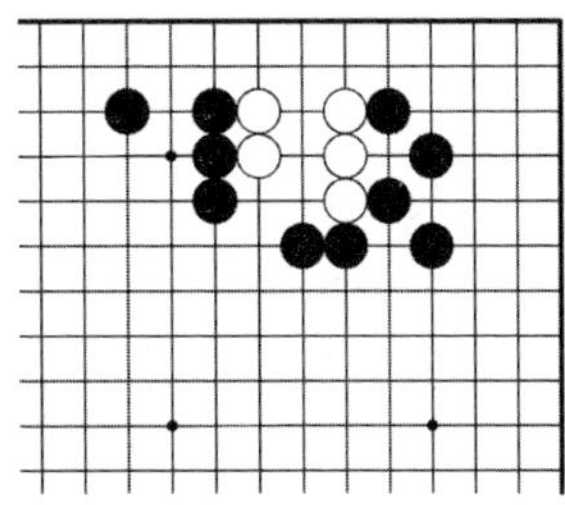

黑先活

白棋形两边对称。

眼形空间不够，但是找到急所即可做活。

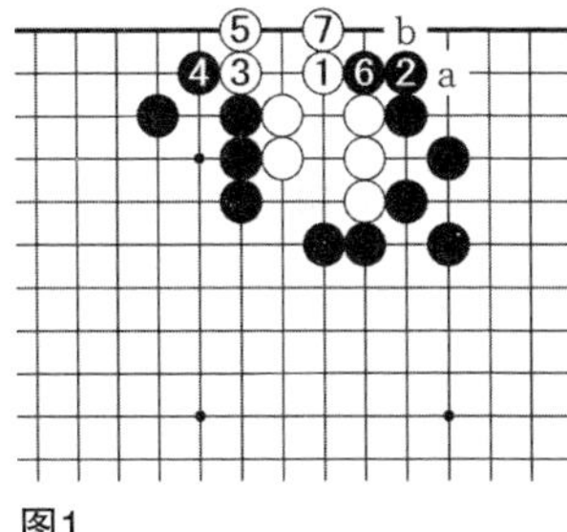
图1

白净活

图1（正解）

白1小尖是急所。左右两边扳都可以获得眼形。黑2立，白3扳、5立可以净活。

黑2若在3位立，白2位扳，黑a位扳，白b位立。

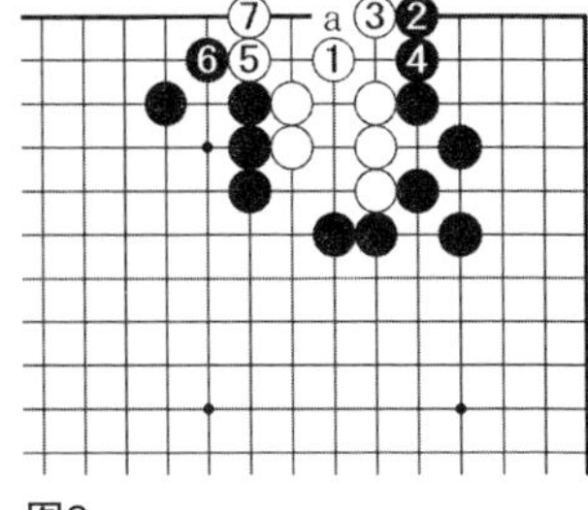
图2

白净活

图2（正解变化）

白1小尖，黑2跳是有趣的下法。此时白3与黑4交换之后，白5、7做眼是好次序。

若白棋没有先在白3、黑4交换，那么白7位立，黑a位托破眼严厉，白净死。

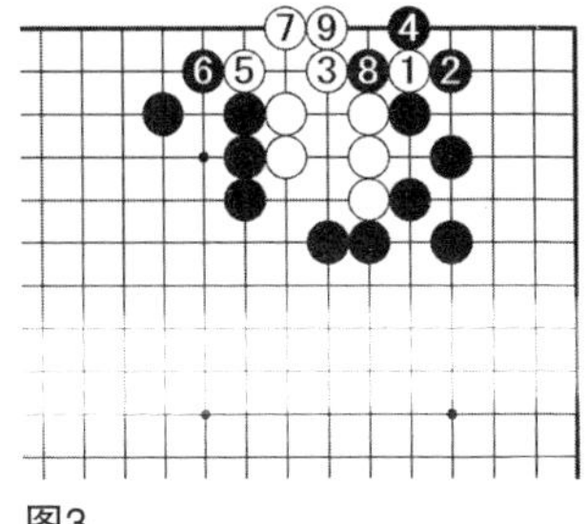
图3

白净活

图3（准正解）

白1扳，黑2挡交换之后再3位虎也可以做活，但并不算好选择。因为接下来黑4打吃，白5、7做眼，黑7提先手，白实地亏损。

第29型

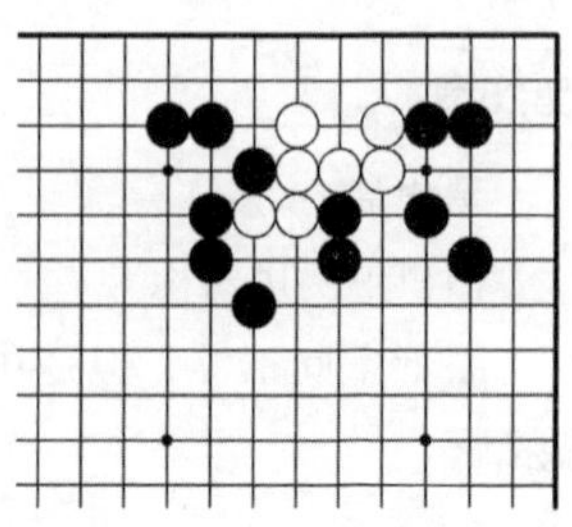

白先活

与前型相似。

此时的棋形，相信大家可以立刻找到做活急所。

图1

白净活

图1（正解）

与前型相同，白1做眼是正解。黑2立，白3扩大眼位。黑4挡，白5团净活。白5下在a位或者b位亦可。

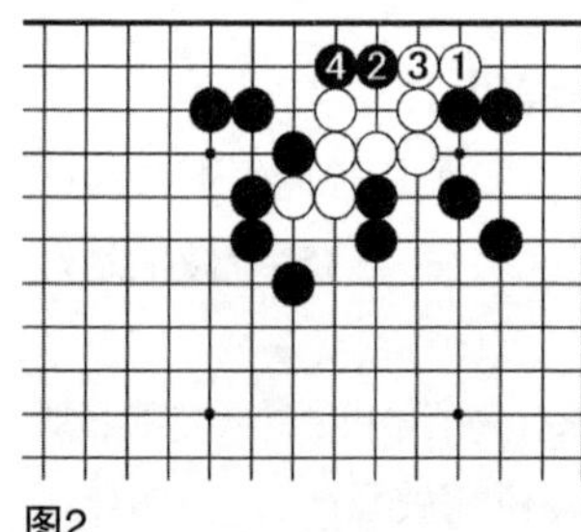
图2

白净死

图2（失败1）

白1扳，黑2点、4爬，白净死。

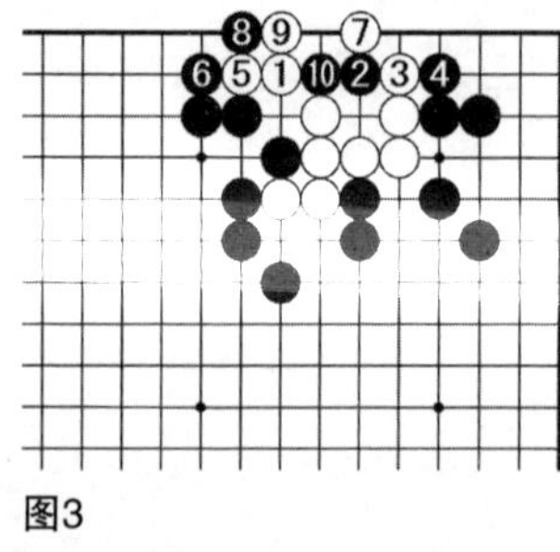
图3

白净死

图3（失败2）

白1小尖扩大眼位，黑2点抢占急所、白被大眼杀已成必然

黑4下在5位，结果相同。

第30型

白先劫（黑先提劫）

本型是在第28型的基础上多了白△与黑▲的交换。这个交换对于白棋来说对眼形产生了不利的影响。

此时已经无法净活，但还有正确劫活的可能。

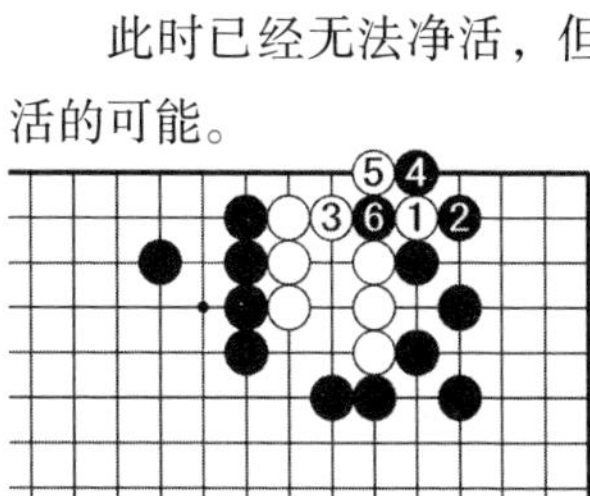

图1

打劫

图1（正解）

白1扳、3做眼是唯一正解。黑4打吃，白5做劫。

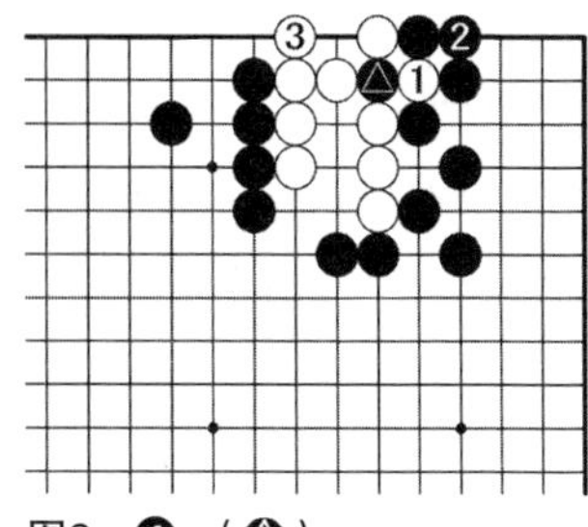

图2　❹=（▲）

打劫

图2（正解续）

接上图，白1提劫，黑2可以粘。白3做眼，黑4提仍是劫活。

黑棋负担很轻。

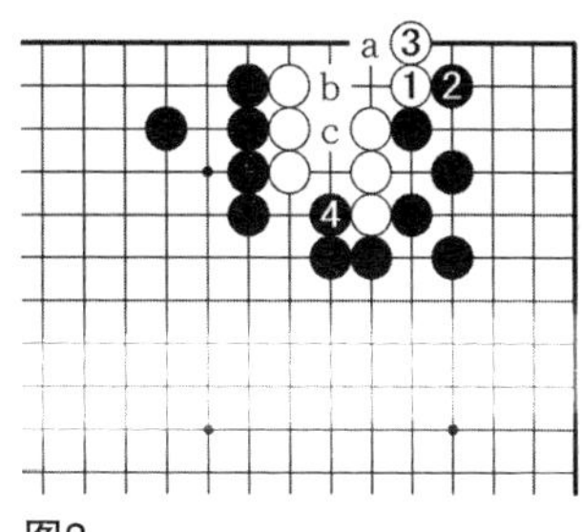

图3

白净死

图3（失败）

白1、3扳立，黑4拐缩小眼位即可。

白3若在a位虎，黑4拐或者黑b、白c、黑4都可以净杀白棋。

第31型

白先活

与前型相比，黑棋右边棋形稍有变化。

白棋可以利用黑棋形弱点净活。

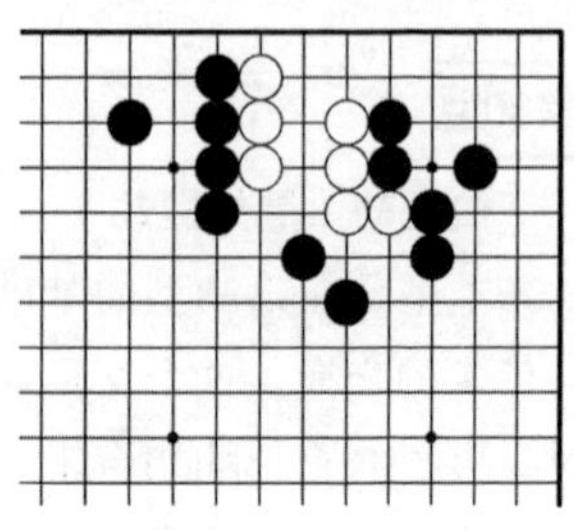

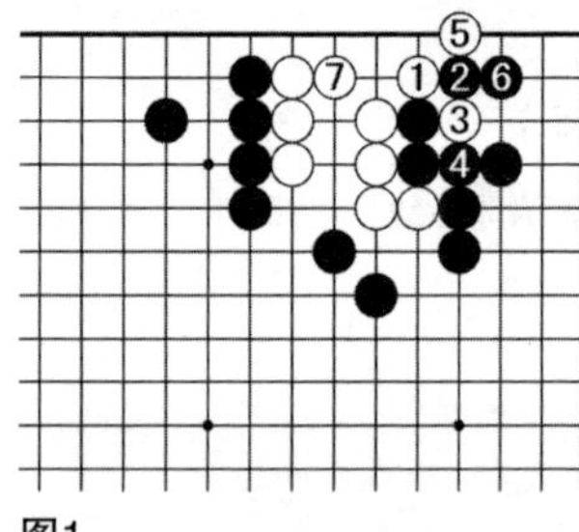

图1

白净活

图1（正解）

白1扳，黑2挡，白3断吃、5位下打先手利。黑6长，白7做眼净活。

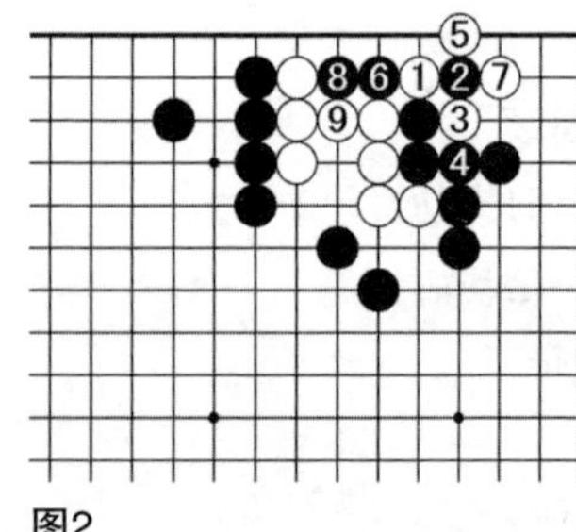

图2

白净活

图2（正解变化）

白1至白5，黑6打吃反击，白7提即可。黑8顶，白9挡眼位足够充足。

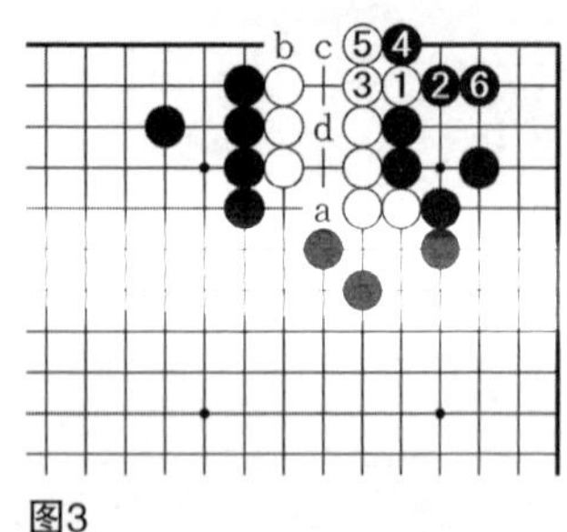

图3

白净死

图3（失败）

白1、3扳粘不成立。黑4扳破眼、6补角，接下来白a、黑b、白c、黑d，形成“直三”，白净死。

黑4可以直接在6位补角。

第32型

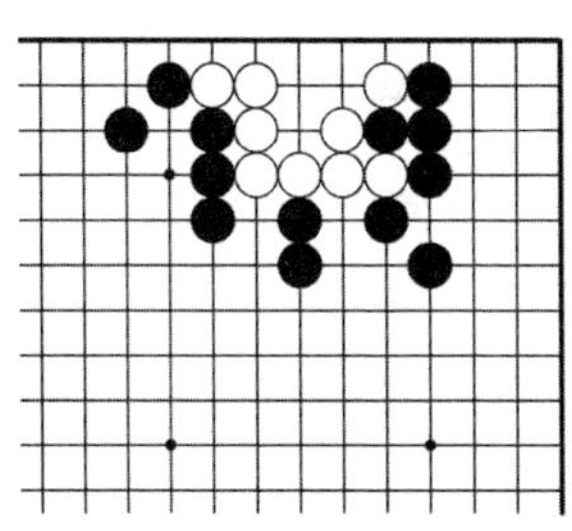

白先活

与第30型棋形相近，不同的是左边空间有所增加。

棋形不同，急所位置也有变化，此时的急所在哪里呢？

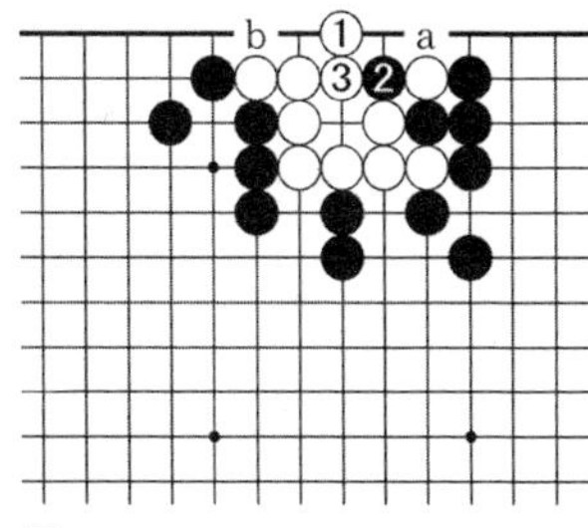

图1

白净活

图1（正解）

白1小尖是此时的急所。a位立和b位做眼见合。黑2断吃，白3打吃，接下来a、b见合。

白3若在a位立，黑3位顶，白净死。

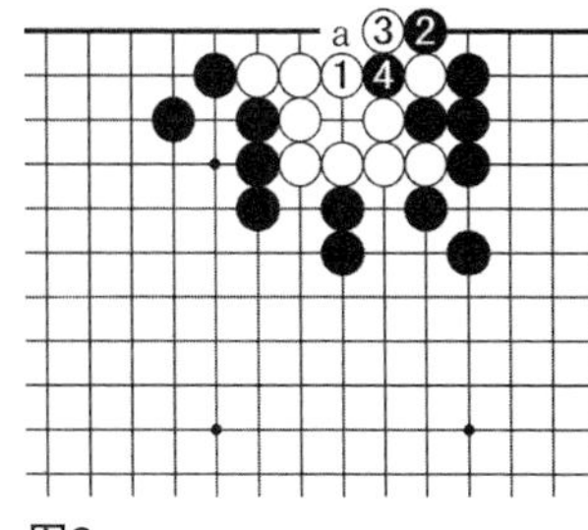

图2

打劫

图2（失败1）

白1做眼，黑2打吃，劫活。此时白棋最好结果是净活，打劫明显不能满意。

另外白1若在2位立，黑1位点，白4位弯，黑a位立，白净死。

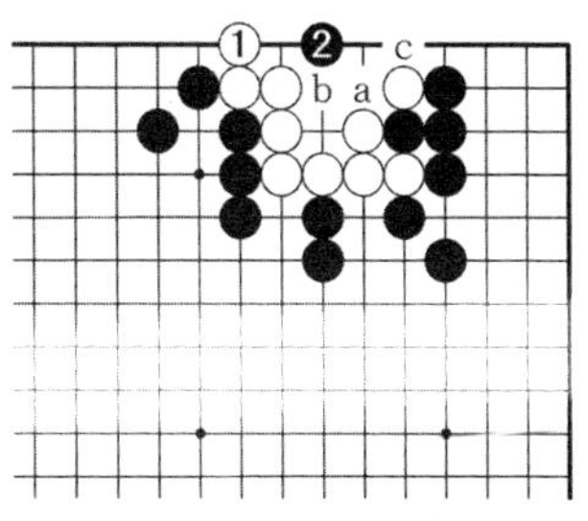

图3

白净死

图3（失败2）

白1扩大眼位，期待黑a、白b、黑c、白2做活。但黑有2位点的严厉手段，白b、黑c，白净死。

黑2也可以在b位点，白a、黑2，结果相同。

第33型

黑先白死

本型是第28型的关联问题。

白棋眼形看似充足，其实有一个致命缺陷。黑只需一手就可以净杀白棋。

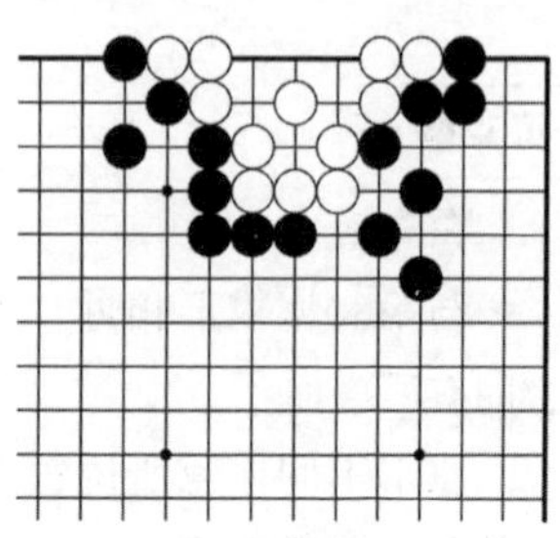

图1

白净死

图1（正解）

黑1托急所。接下来a、b两点倒扑见合。只需一手白棋立刻净死。

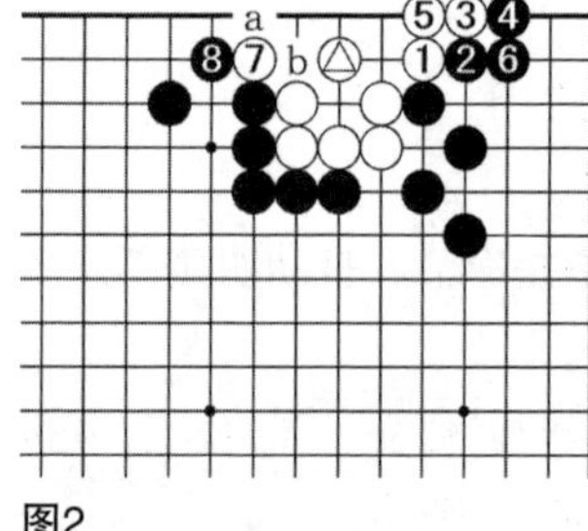

图2

白净活

图2（参考）

第28型白△位净活之后，白1至白5做眼就是先手利。进行至黑8，白棋净活。黑a打吃，白b粘即可。

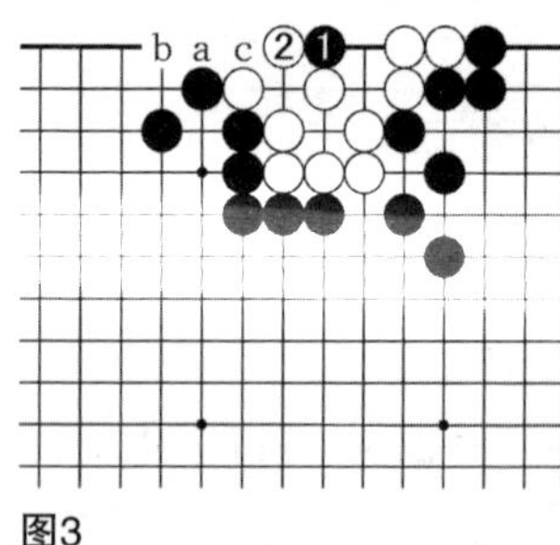

图3

白净活

图3（参考续）

此时黑1托，白可以2位打吃。

问题图相当于是在此基础上进行了白a位扳，黑b挡，白c位粘的交换。

第四章

实战

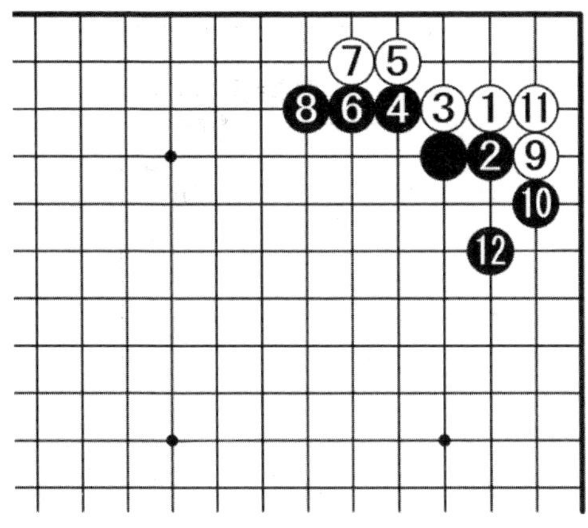

星位·点三三

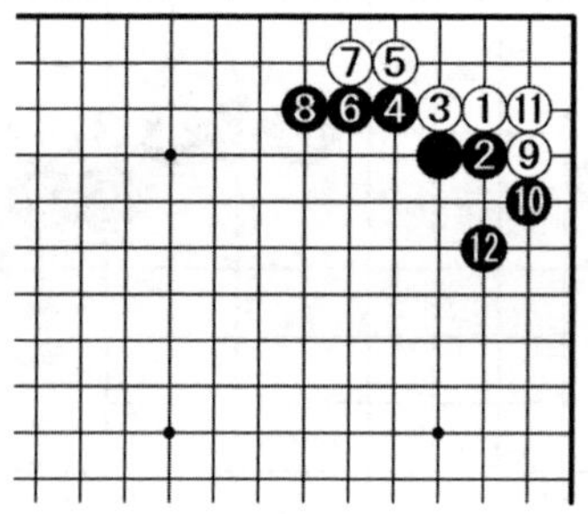

面对星位占角，白1点三三是基本定式。

进入官子阶段可能会引起死活问题，接下来就针对这一点进行研究。

点三三：1

第1型

白先活

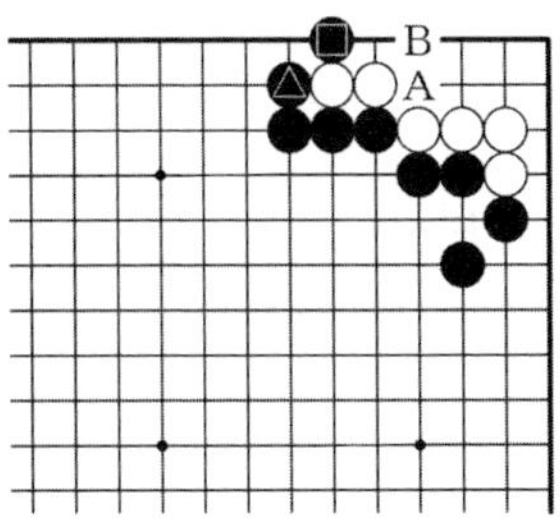

定式之后，黑▲拐、■扳之后的局面。常识下法白会在A位粘或者B位虎。

图1

白净活

图1（正解）

白1粘在绝大多数情况下是最好的应对。黑2扳，白3弯做活。接下来黑a点，白b挡确保两边各有一只真眼。

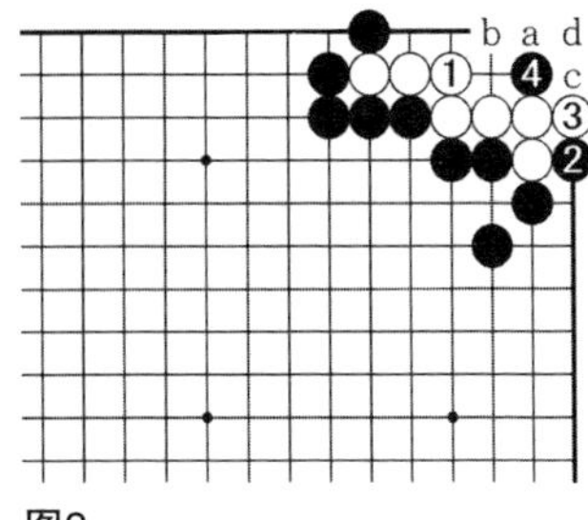

图2

打劫

图2（失败）

黑2扳，白3打吃危险。黑4夹，白已经无法净活，白a，黑b，白c，黑d之后，形成打劫活。

图1是基本型。

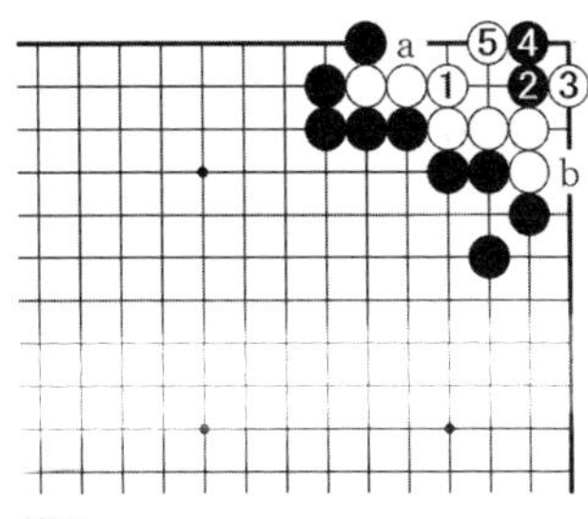

图3

白净活

图3（正解变化）

白1粘，黑2破眼，白3扳，白5尖顶。黑a则白b，黑b则白a，白净活

黑2若在5位点变化相对复杂，黑3位小尖可以确保活棋。

第2型

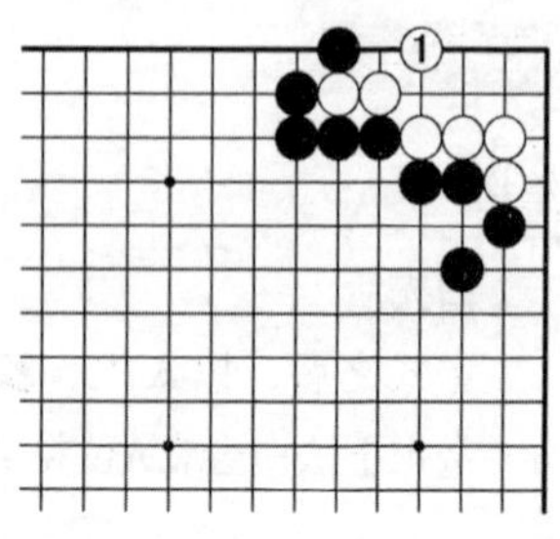

白活

白1虎的话会有什么变化呢。

一般来说白1虎要比粘亏2目实地。

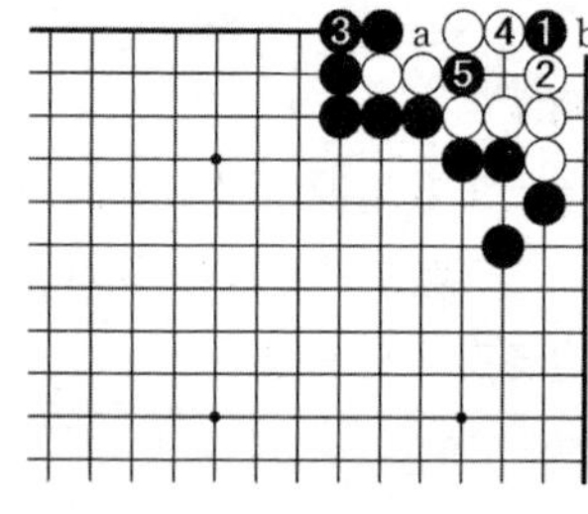

图1

白净活

图1（证明1）

黑先可以在1位点之后有3、5的官子。此时白棋可以脱先他投，黑棋在此处会落后手。所以黑棋不一定会立即在局部落子，而是保留手段，白棋实地亏损2目做眼。

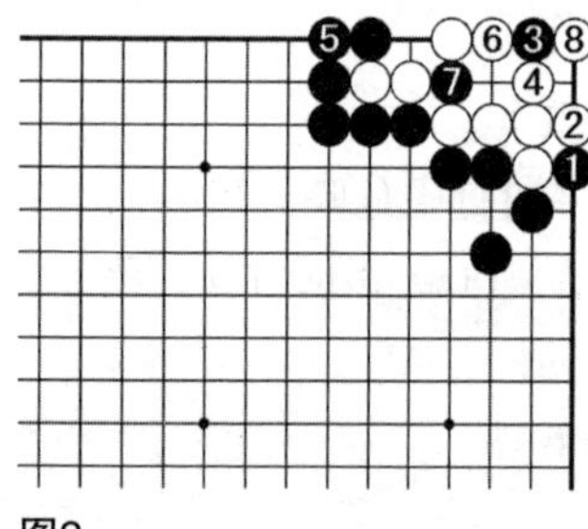

图2

白净活图2（证明2）

白棋虎也有优势。黑1扳，白2可以打吃应对。黑3点，进行至白8，白棋没有死活之忧。

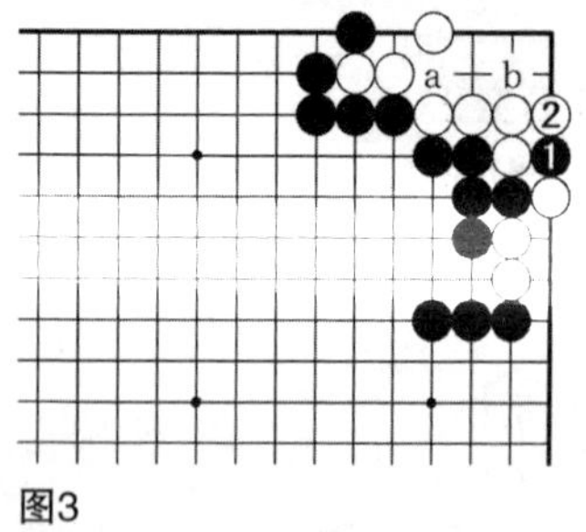

图3

白净活图3（参考）

加入是本图的情况，白虎就是正解。黑1扑，白2提。白若是在a位粘，黑1扑，白2提，黑b之后白棋变成劫活

第3型

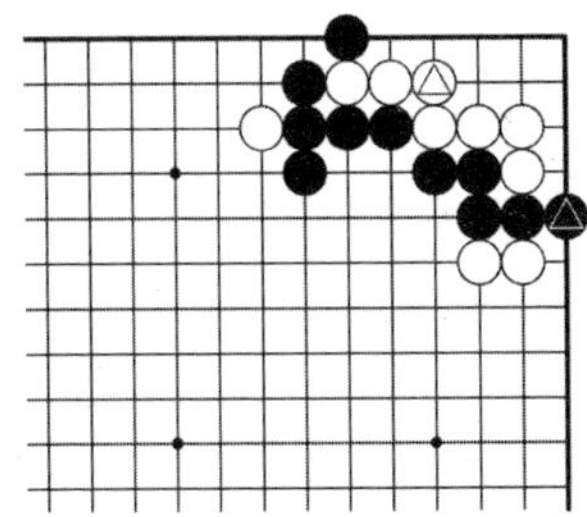

黑先两手劫

继续在此局部进行深入研究。

白△粘，则黑▲有先手意味。

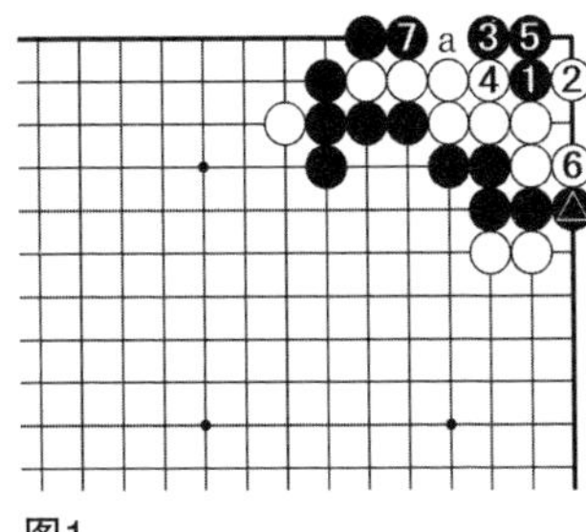

图1

白净死图1（正解变化）

黑1点、3位小尖是犀利手筋。白4、6意在净活，但黑7可以渡过，白棋气紧无法在a位入气，白净死。

这就是黑▲的作用。

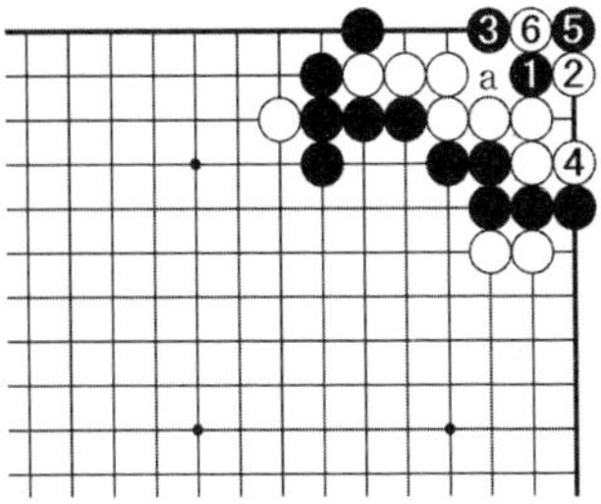

图2

两手劫

图2（正解）

面对黑1、3，白4做眼是最佳应对。黑5扑，白6提形成打劫。

此时并不是普通的劫争，白棋接下来a位提可以消劫，但是黑棋——

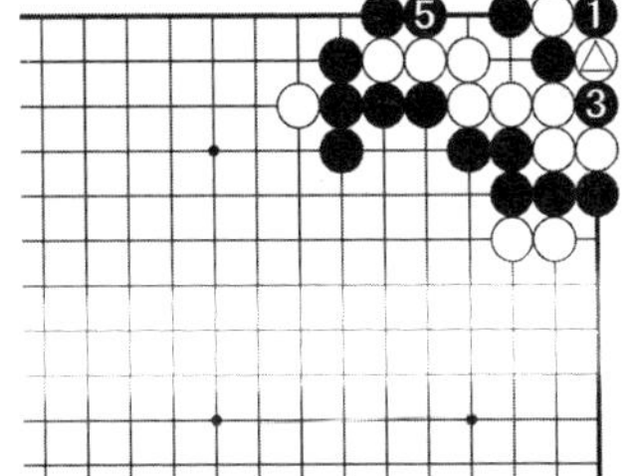

图3　②④=脱先

二手劫

图3（正解续）

黑先1、3提劫也没有获胜。接下来黑棋不能△位消劫，还需要在5位紧气，白5提仍是打劫（但此时变成白不利的二手劫）。虽然暂时没有死活之忧，但对白棋来说还是有一定负担。

第4型

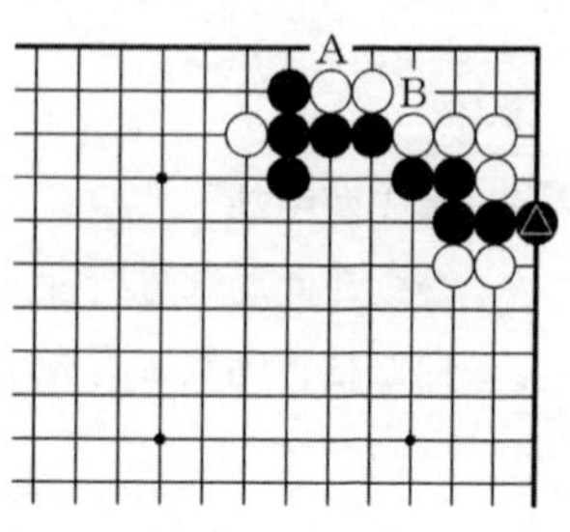

白活

这是前型交换之前的局面。

若黑A、白B交换之后，黑▲就成了先手利。如果没有交换，那么黑即使在▲位有子，对白角也没有死活影响。

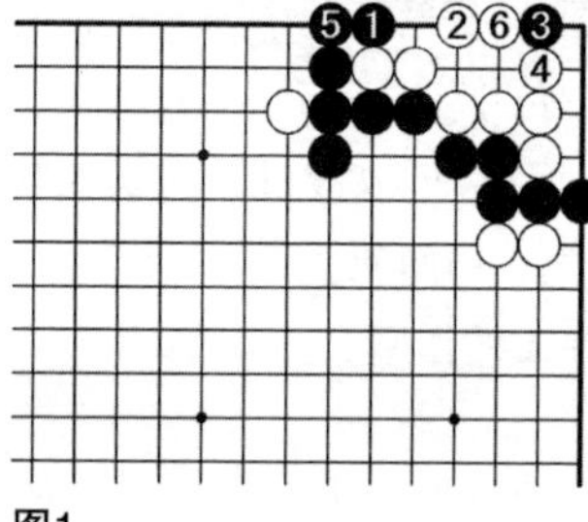

图1

白净活

图1（证明1）

黑1扳，白2虎。黑3点至白6，进程与 第2型相同，白净活。

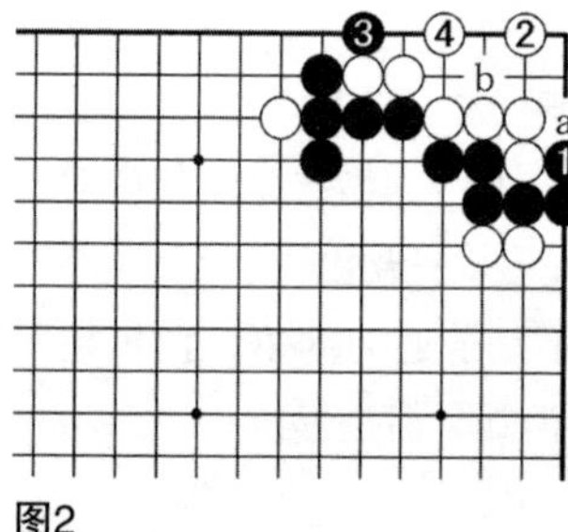

图2

白净活

图2（证明2）

黑1冲，白2跳是棋形好点。黑3扳，白4虎做活。

白2在a位挡，b位做眼都可以净活，但此时白2跳是最佳应对。

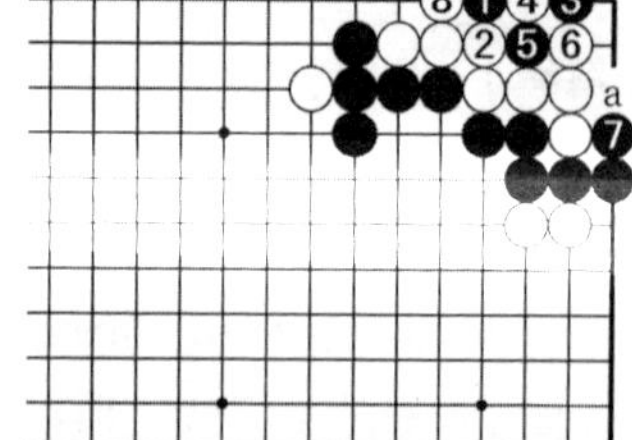

图3

白净活

图3（证明3）

此时要来考虑一下黑1点的应法。白棋可选的下法有数个，举例说明白2粘进行至白8，白净活。接下来黑a冲，白4提；黑4粘，白a扩大眼位。

第5型

黑先白死

此时黑在上边▲位有子。

对于白角来说，必须清楚黑▲立有何影响。

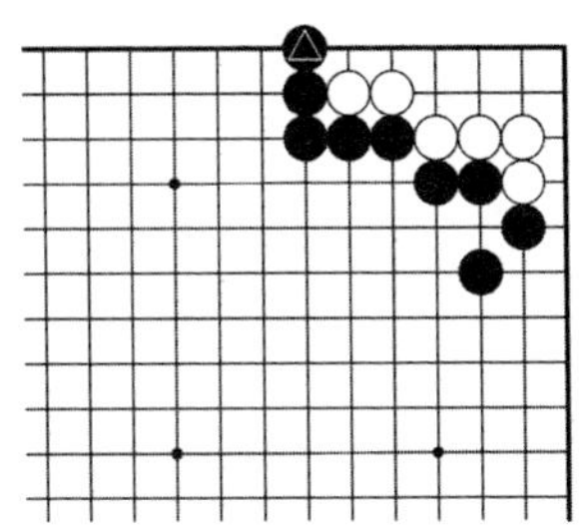

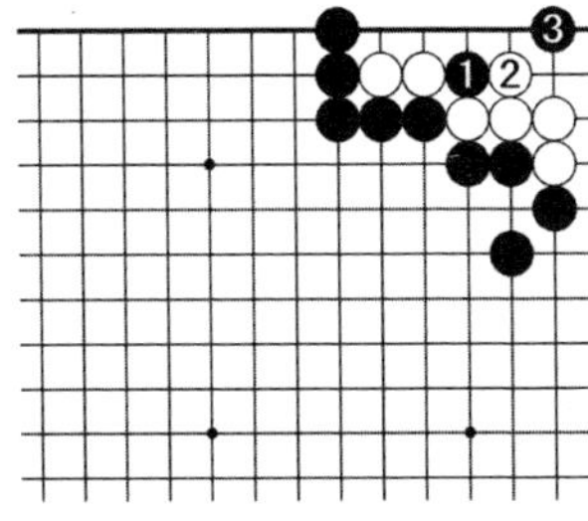

图1

断、点

图1（正解）

黑1断，白2打吃，黑3点是“二一路”妙手。这个行棋次序非常重要。

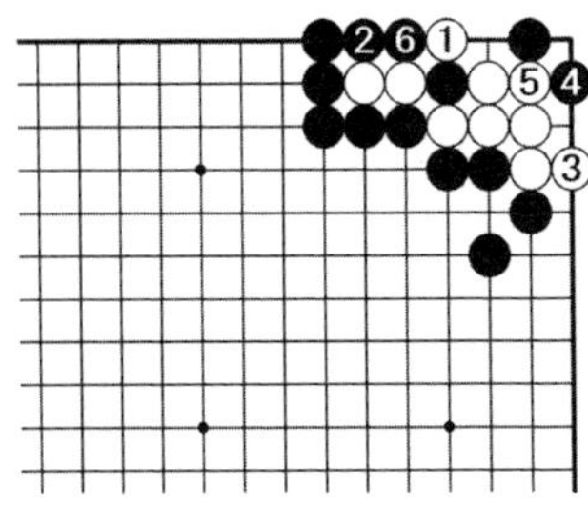

图2

白净死

图2（正解续）

接上图，白1提，黑2冲，白3扩大眼位，黑4小尖破眼。进行至白6，白角形成“盘角曲四”，白净死。

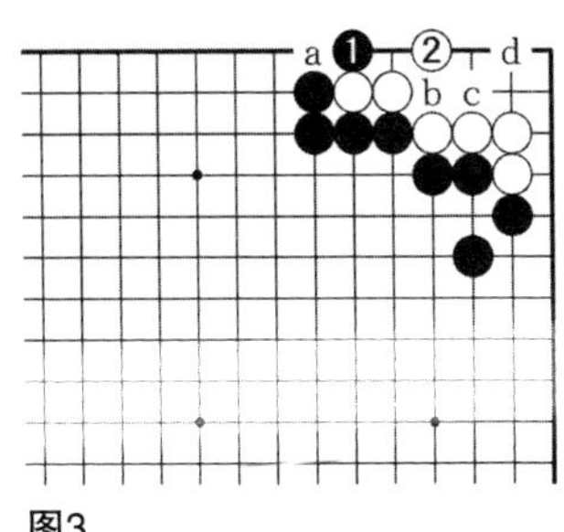

图3

先手利

图3（参考）

黑1扳，白2虎，黑a粘也是先手。若白脱先，黑b、白c、黑d，结果与上图相同

a位若有子，白需要d位补活。

大飞守角·点三三

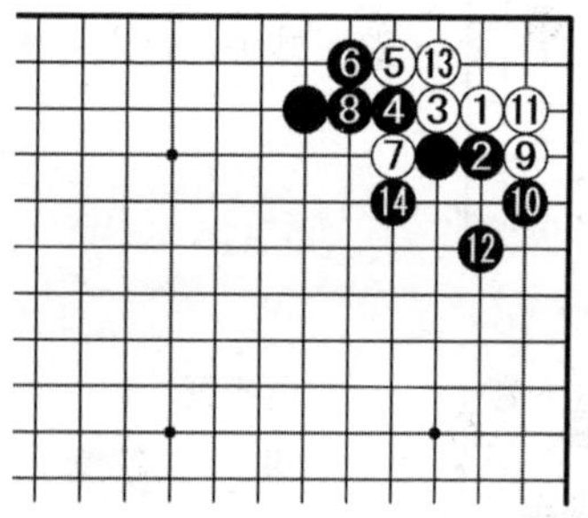

星位大飞守角，白1点三三之后形成的定式。

这是最基本的棋形，其中蕴含了大量未知的变化。接下来我们共同就此进行研究。

点三三：2

第1型

白先活

黑1扳，白棋有两种应法（为了让角上死活棋形稳定，在黑▲位加了棋子加强黑棋周围棋形）。

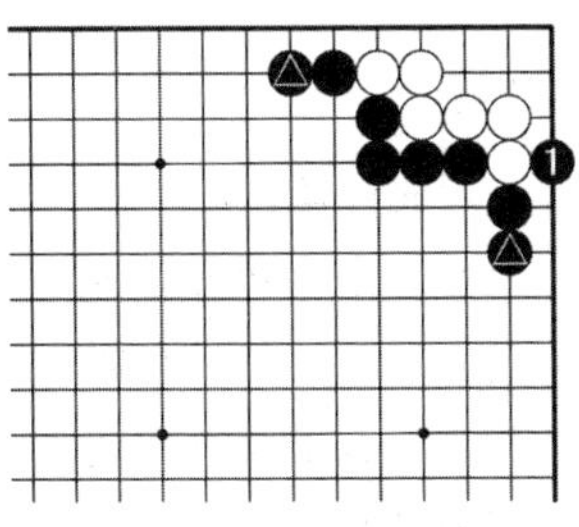

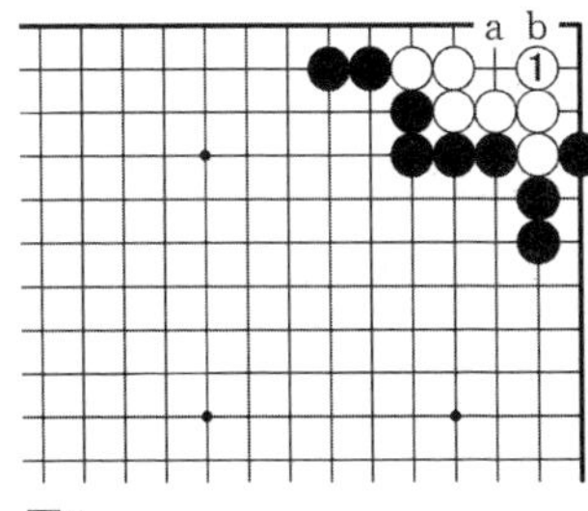

图1

白净活

图1（正解）

第一种是白1弯做眼。黑a点，白b挡确保两只真眼。

但是有需要注意的地方。

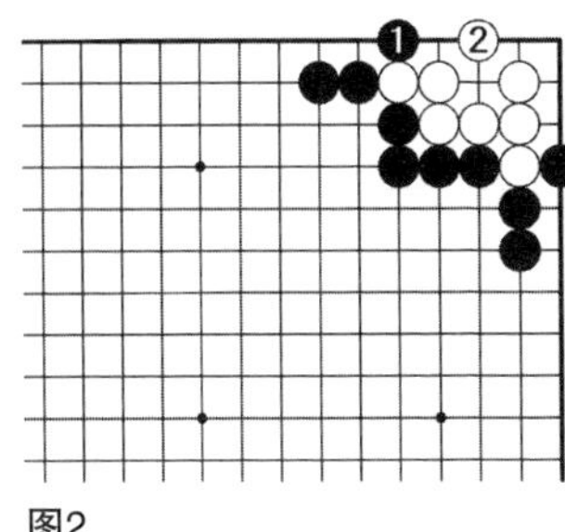

图2

白净活

图2（正解续）

黑1扳是需要注意的一手。此时白2做眼稳健，但是实地亏损。

如果可以——

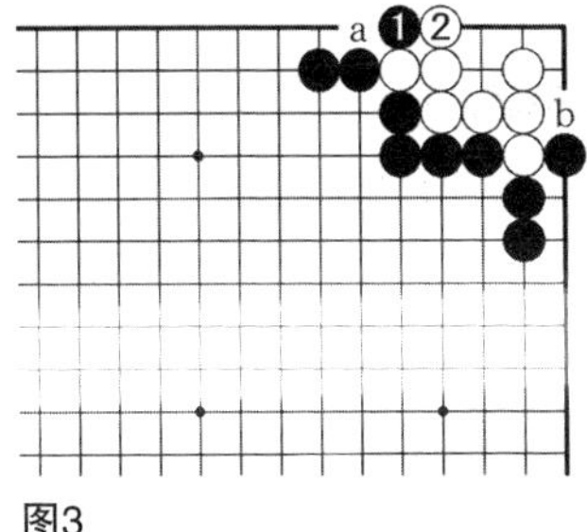

图3

过分

图3（参考）

白想2位打吃。黑a粘，白b打吃做活。

但是这里隐藏了本图最复杂的变化。在下一个题目中进行展示。

第2型

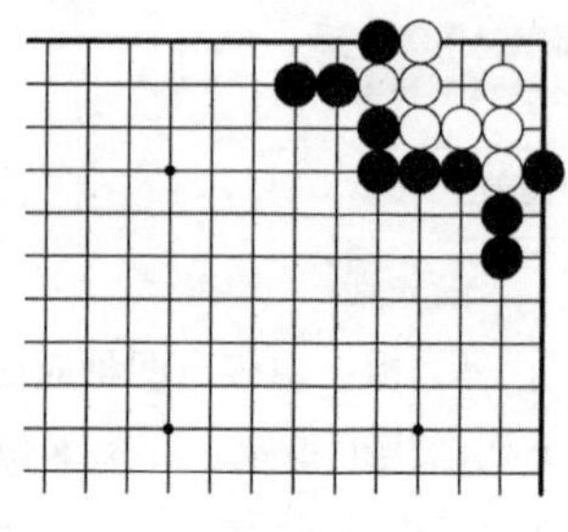

黑先保留打劫

看起来白角眼位充足，但在气紧的情况下并不能保证绝对安全。

在双方最强抵抗之下，会形成特殊的打劫棋形。

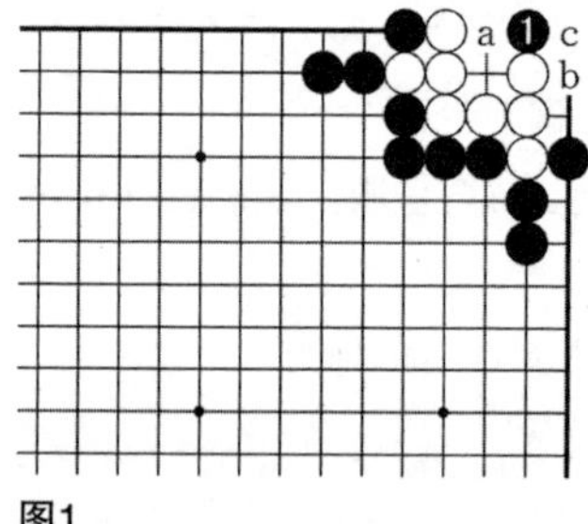

图1

托

图1（正解）

黑1托是利用白棋气紧的下法。白a打吃，黑b扳，白c位提，结果是紧气劫。

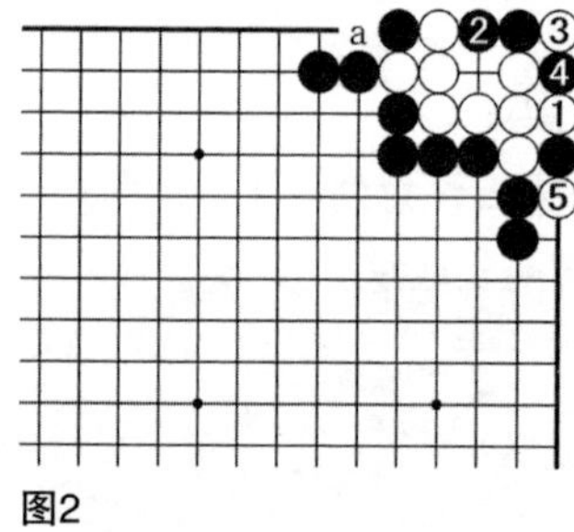

图2

打吃

图2（正解续1）

白1打吃是最强抵抗。黑2顶，白3扑好手。黑4提，白5提黑外围一子。白5也可以在a位提。

接下来——

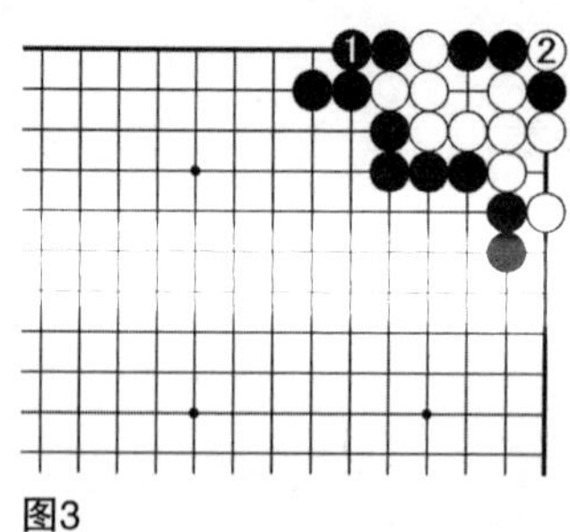

图3

打劫

图3（正解续2）

黑1粘，白2提打劫。

相信会有读者觉得：“什么，这也是打劫！”话题到此并没终结，此劫白输的话还有其他的隐藏变化。

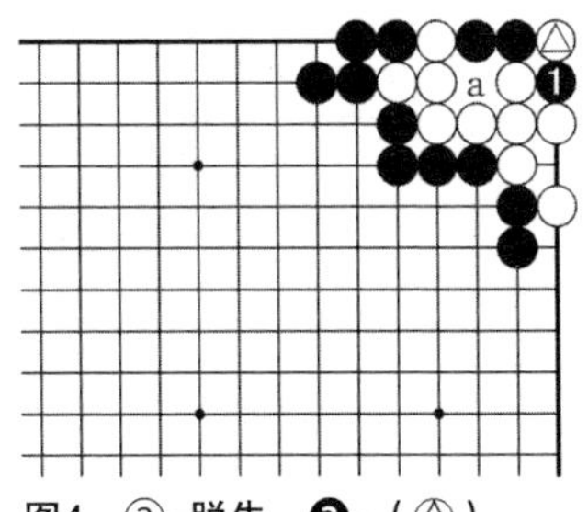

图4 ②=脱先 ❸=（△）

保留打劫

图4（正解续3）

上图的状态下黑消劫，需要1位提，3位粘。此时角上死活还是打劫的局面。

最终的棋形是白a位提，接下来——

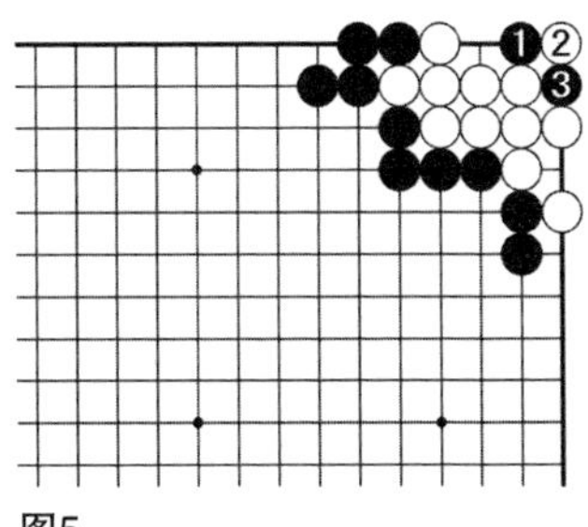

图5

黑先提劫

图5（正解续4）

黑1、3打劫。此时是黑先提劫，一旦黑棋消劫就可以吃掉白角。但是如上图，白可以选择开劫的时机还是可以满意的。

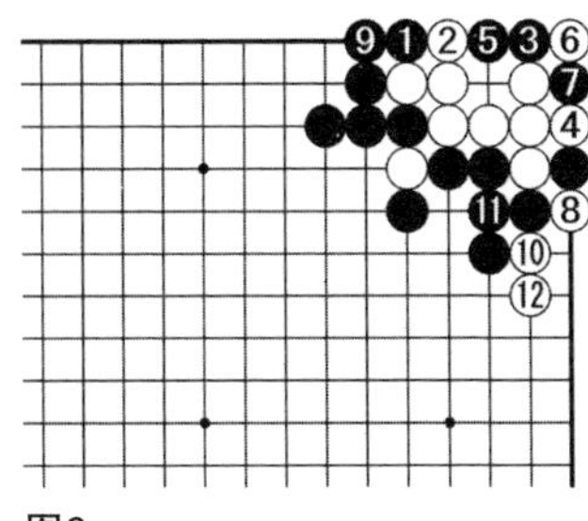

图6

实战中的可能性

图6（参考1）

定式棋形中，黑1至黑9进程之后，白10、12可以出头。黑棋打劫成本太高，本型在实战中很难出现。

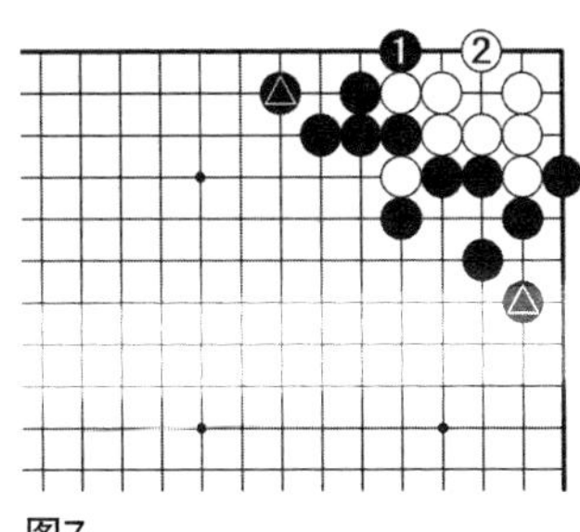

图7

退让

图7（参考2）

如果黑棋劫材丰富，同时在▲位一带有子，那么图5的变化会更有威胁。此时黑1扳，白2虎做眼即可。退让之后角上净活。

第3型

白活

如果不满前型的复杂变化，在黑▲位扳时，白可以1位跳做活。但必须记得此时黑棋也有可以利用的手筋。

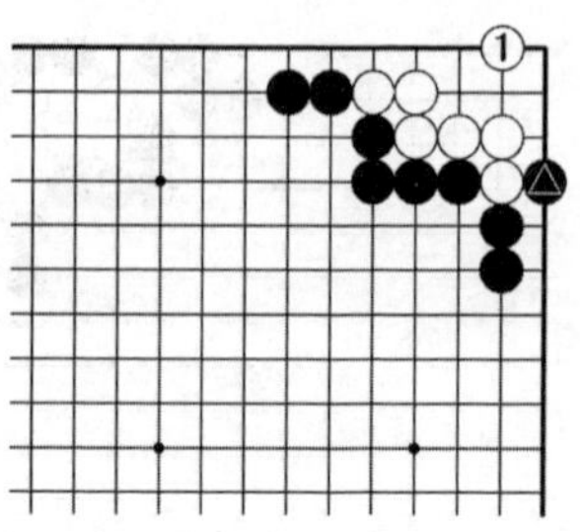

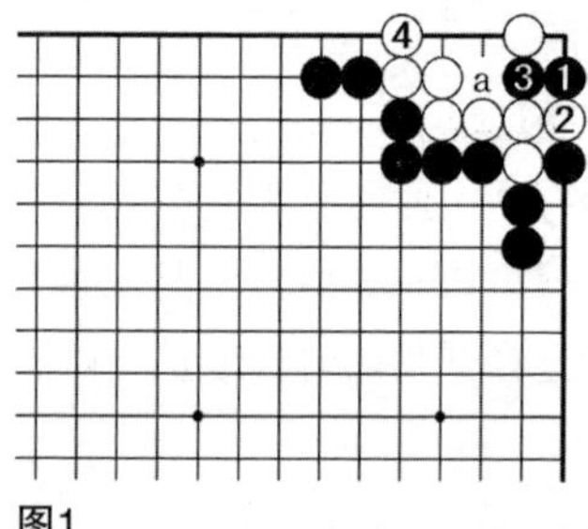

图1

白净活

图1（证明1）

黑1点，白2断，黑3冲，白4立是冷静好手。

白4若在a位打吃，黑4位扳，白气紧净死。

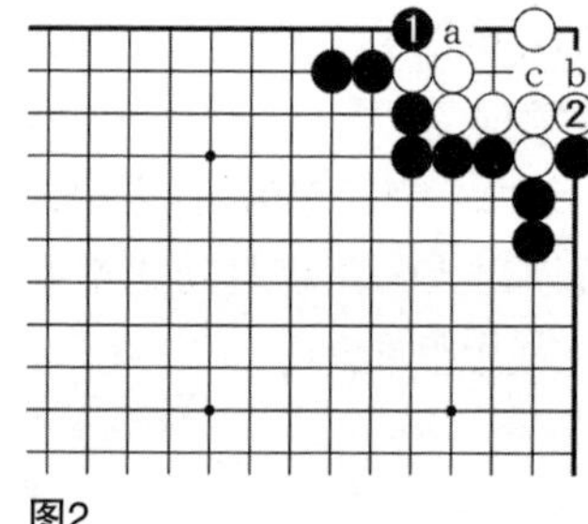

图2

白净活

图2（证明2）

黑1扳，白2打吃可以确保做活。

白2若在a位打吃，黑b位跳，白2位断，黑c贴，白因气紧净死。

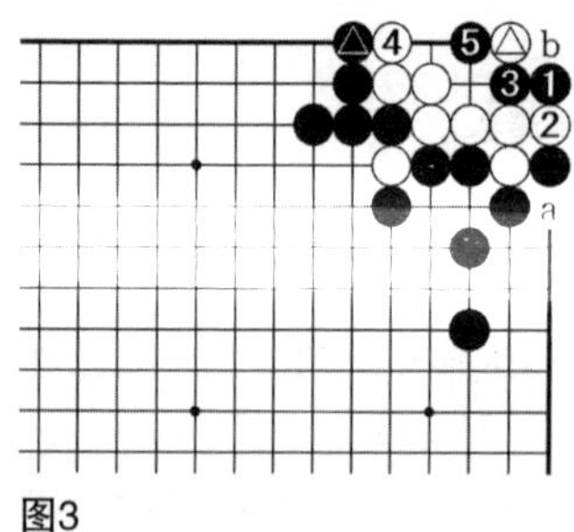

图3

白净死

图3（参考）

白△做活，黑▲立就是先手利的手筋。如果此时黑先落子，黑1～5的手段成立，若白a、黑b提，局部刀把五，白净死。如果白3位做眼，黑棋本图的手段就不成立。

第4型

白先活

现在来讨论一下黑棋的其他手段。

黑1扳，白应该如何应对呢？

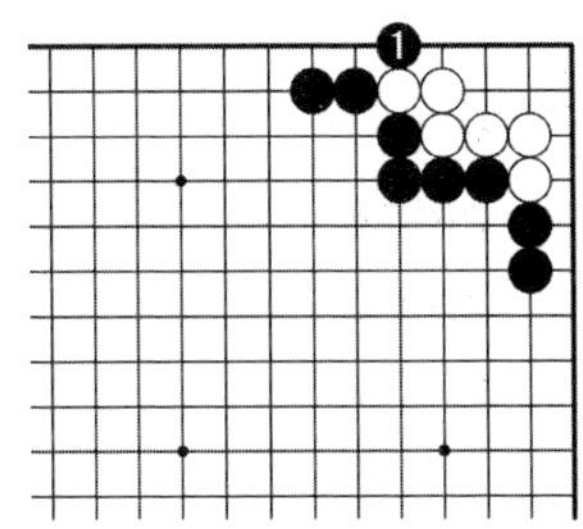

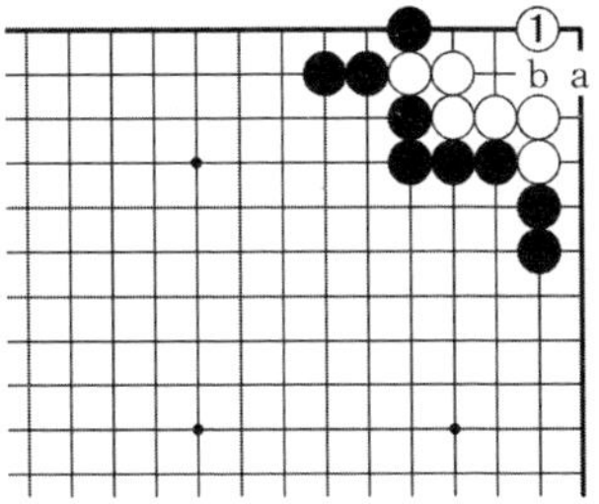

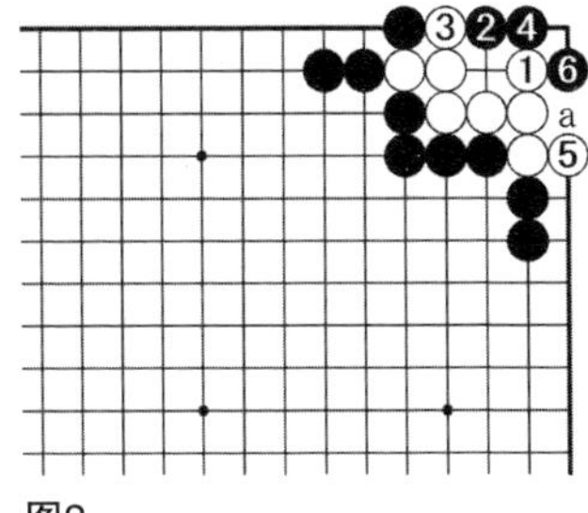

图1

白净活

图1（正解）

白1跳是最稳妥的做活手段。黑a，白b；黑b，白a。

双活或者打劫

图2

双活或者打劫

图2（参考1）

白1弯也可以做活，但是后续黑2至黑6，白若想打劫会在a位打吃，若脱先则角上没有实地。

即使黑棋没有选择该图，白棋也无所得。

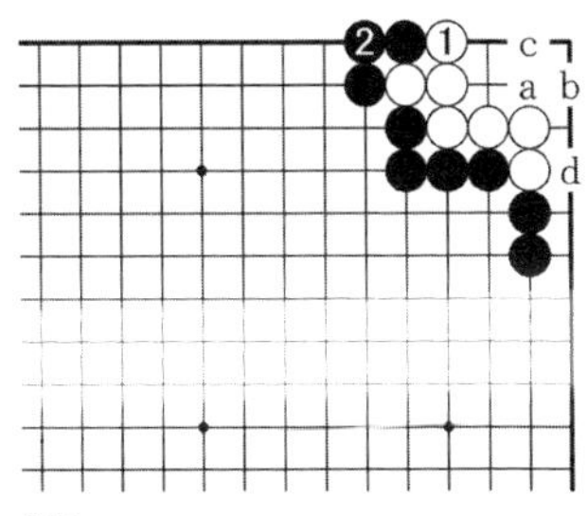

图3

黑先万年劫

图3（参考2）

根据具体局面，也可以考虑白1顽强打吃应对。黑2粘，白脱先，黑a，白b，黑c，白d，形成万年劫（参考六目型 第6型）。

第5型

白先活

黑1是此时的急所。

白棋应该如何应对？

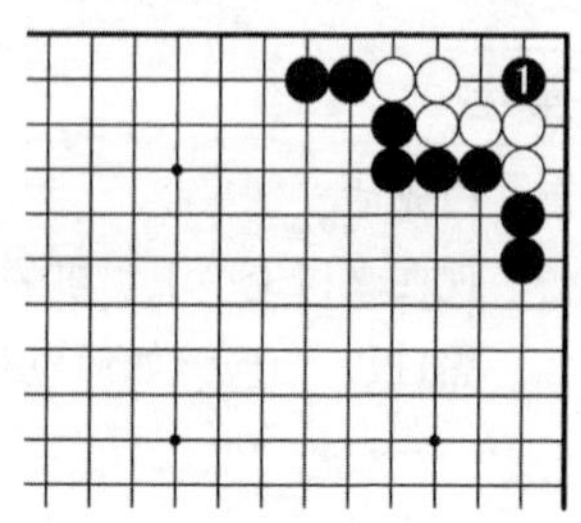

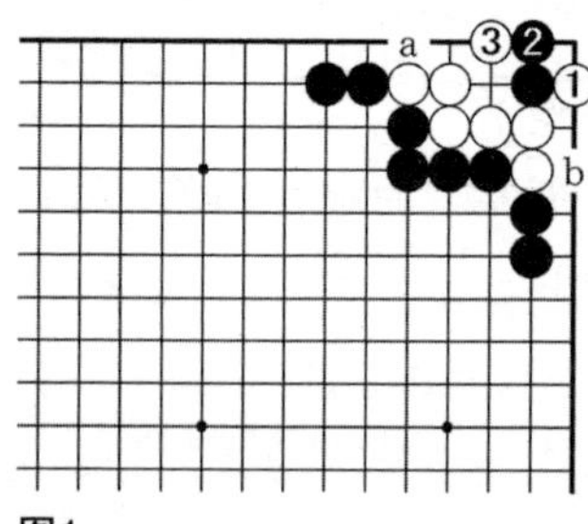

图1

白净活

图1（正解）

白1扳，黑2立，白3尖顶。接下来a、b两点见合，白净活。

第6型

白先活

面对黑1，白应该如何应对？

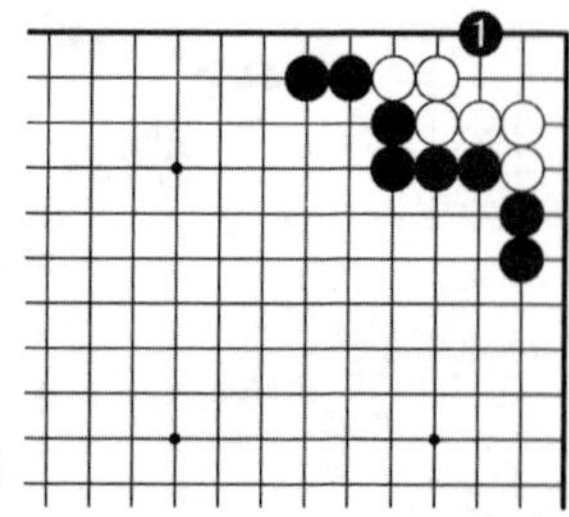

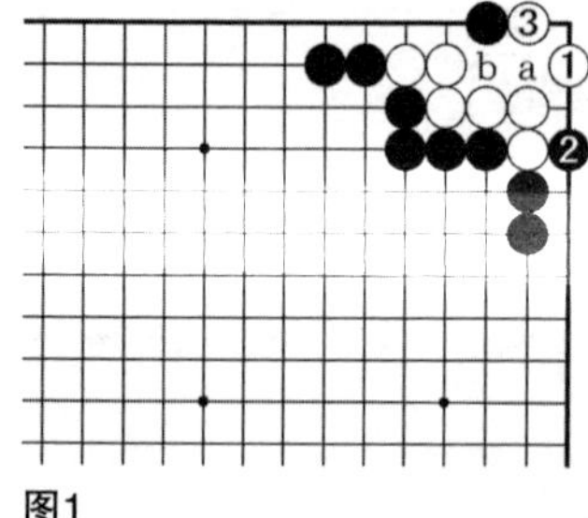

图1

白净活

图1（正解）

白1小尖好手。黑2扳，白3做眼。黑2若下在a位尖断，白b位打，黑3位粘，白2位立做眼，净活。

白1下在a位也可以活棋，后续黑3位爬，白2位立，黑1位尖，双活。

第7型

黑先二手劫

本型黑在▲位多了一子，一定要引起重视（参考关联图点三三：1 第3型）。

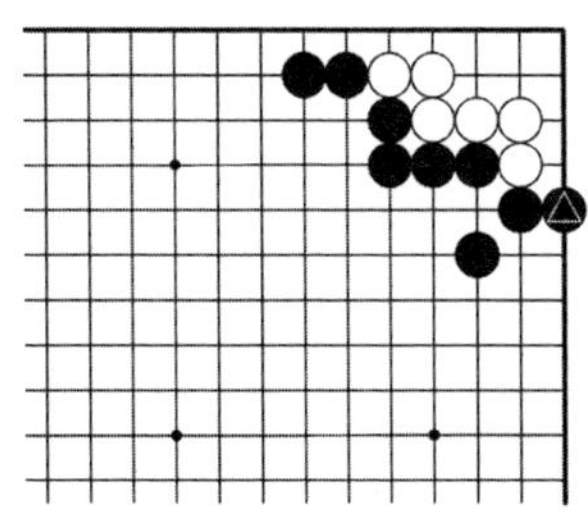

两手劫

图1（正解1）

黑1、3是既定手段。白4做眼，黑5扳、7扑，结果是两手劫。

黑5扳是好次序，接下来黑7提，a、b可以消劫。

图1

两手劫

图2（正解2）

黑1至白4之后，黑5直接扑也是两手劫。与上图不同的是，此时黑棋消劫需要黑5、a、b、2四手。

但是上图白8——

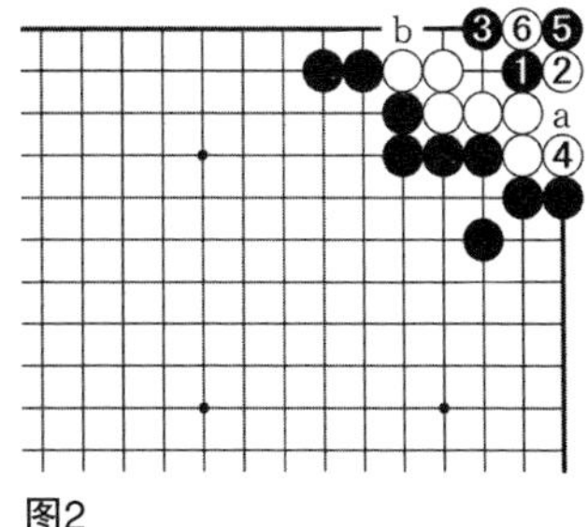

图2

白双劫循环

图3（参考）

本图白8提，黑9如果必须应，则白10会变成双劫循环净活。若是如此，哪怕消劫需要多花手数，上图也是黑棋的唯一选择。

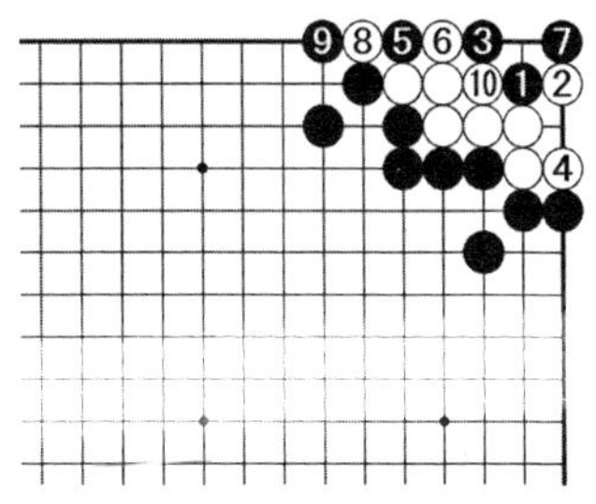

图3

一间跳·点三三

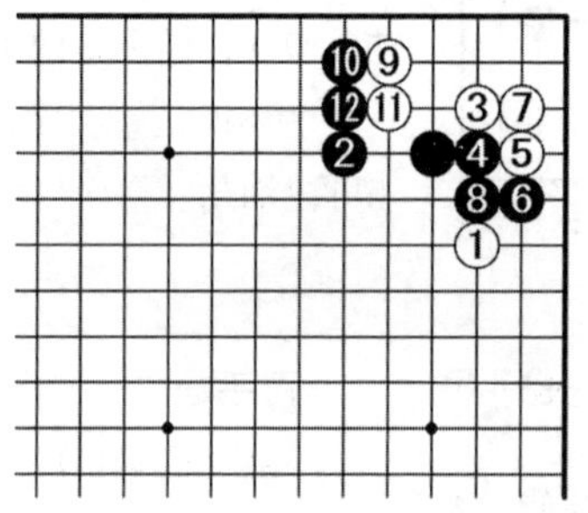

黑棋占据星位，白1挂角，黑2一间跳，白3点三三。进行至黑12，是定式。

接下来就角上死活进行研究。

点三三：3

第2型

黑先白死

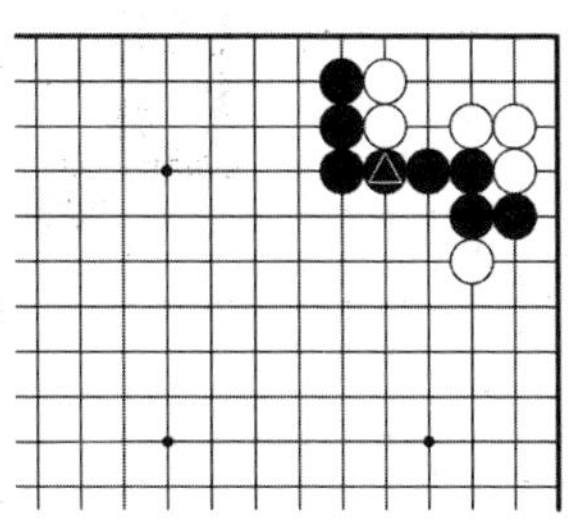

定式之后，黑在▲位有子。此时若白棋脱先他投会被净杀。黑棋只要遵循格言就可以找到正解。

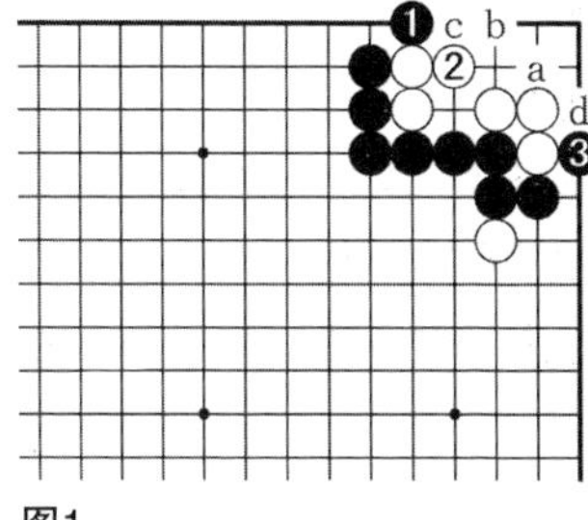

图1

白净死

图1（正解）

黑1扳正解。白2弯，黑3另一侧扳。接下来白a、黑b、白c、黑d，白净死。

按照“杀棋用扳”的格言落子即可。

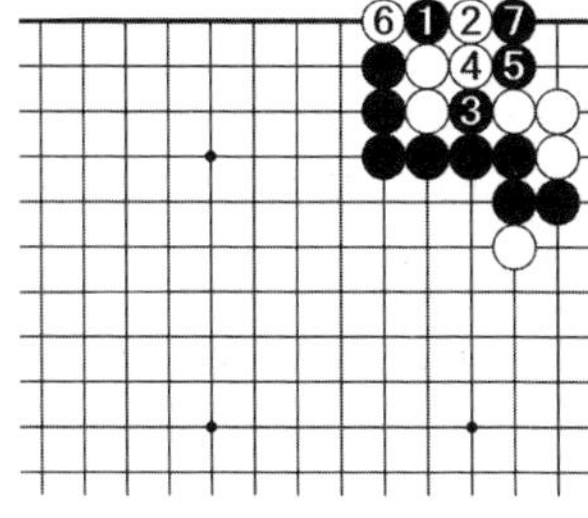
图2

白净死

图2（正解变化1）

黑1扳，白2若打吃，黑有3，5冲断的手段。白6提，黑7打吃。

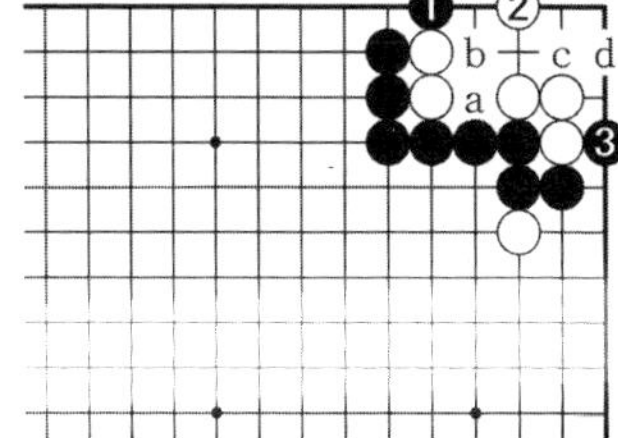

图3

白净死

图3（正解变化2）

黑1扳，白2跳是完全抵抗，此时黑3位扳冷静，白净死。

黑3若在a位冲，白b位挡，黑c位点是俗手，白d扳可以净活。

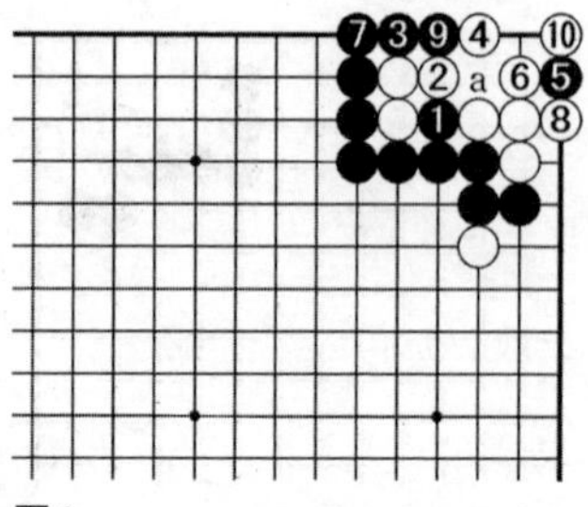
图4

白净活

图4（失败1）

黑1冲俗手。白2挡即可做活。黑3扳、5点是手筋下法，但此时白6～10应对，黑a提，白2反提可以确保真眼，白净活。

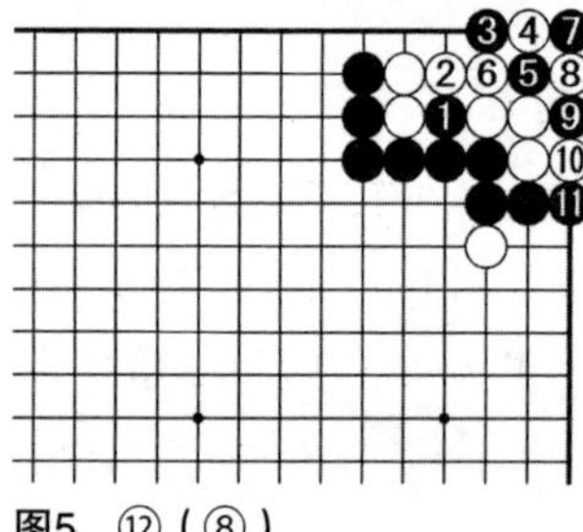
图5 ⑫（⑧）

缓一气劫

图5（失败2）

黑1、白2交换，黑3点，白4靠，结果是白棋有利的缓一气劫。

虽然没有让白棋净活，但黑仍不能满意。

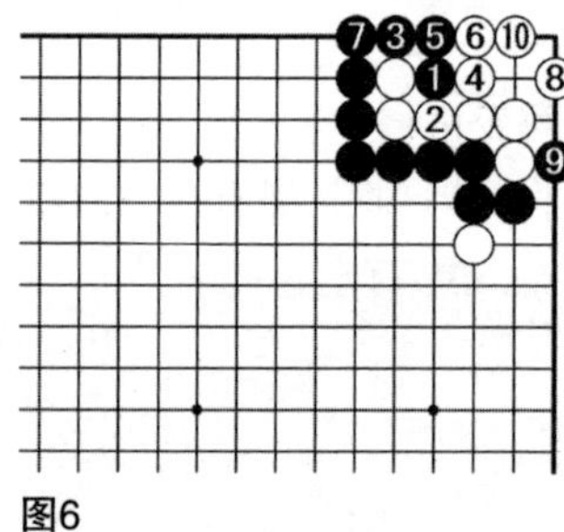
图6

白净活

图6（失败3）

乍看严厉的黑1夹，其实是可以归入俗手范畴的下法。白2粘，黑3渡过，白4打吃至白8小尖做眼，接下来9、10两点见合，白净活。

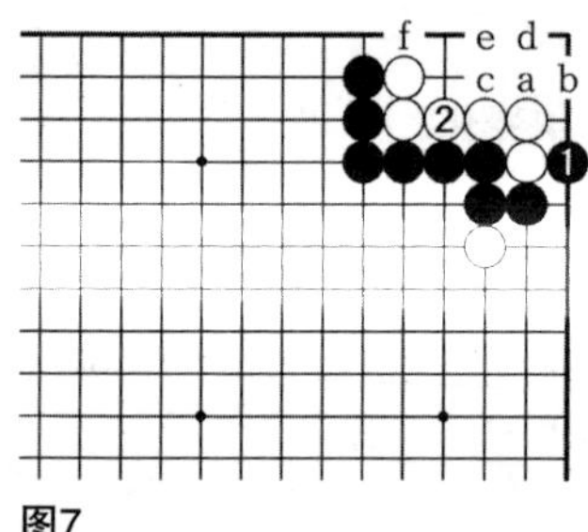

图7

万年劫

图7（失败4）

黑1在右边扳，白2粘好手。黑a以下按照字母顺序落子，结果是“万年劫”。

第2型

黑先劫（黑先提劫）

白棋在A位有口外气。与前型相比，白棋明显更为从容。但是黑棋仍然有手段可以对白角发起攻击。

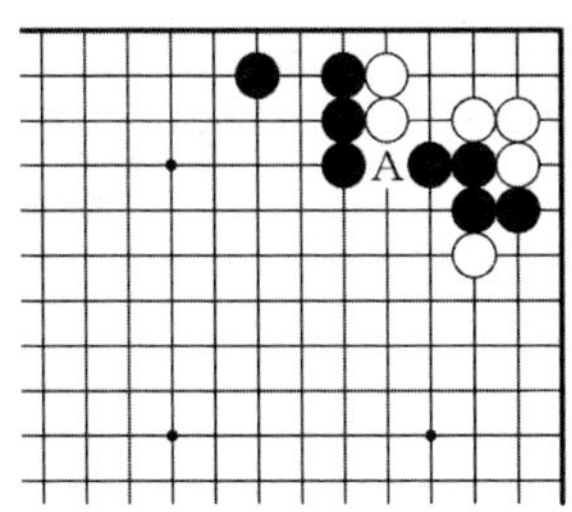

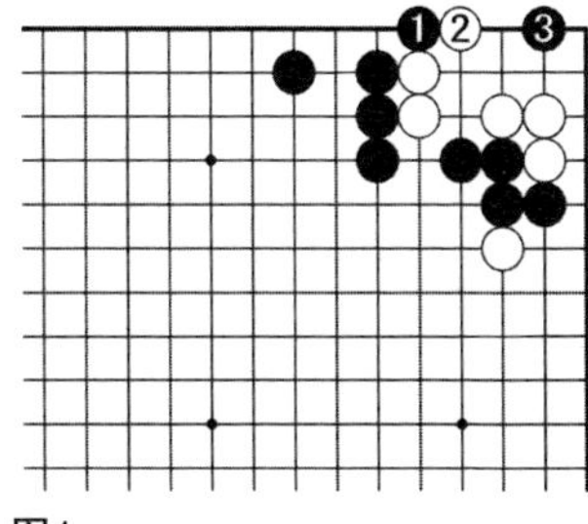

图1

扳、点

图1（正解）

黑1扳与前型下法相同。此时白2打吃是最强抵抗，黑3点急所。

接下来——

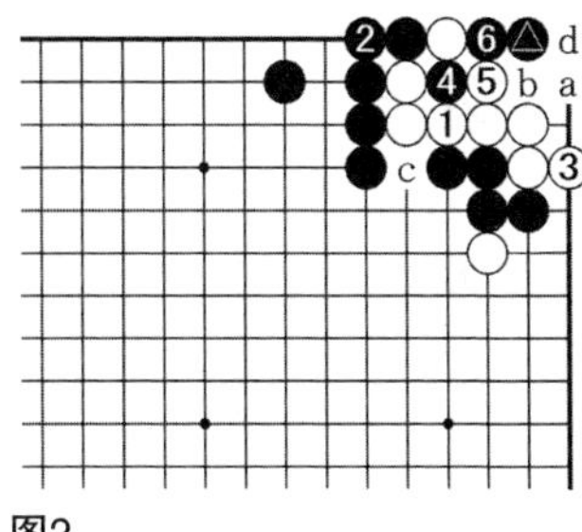
图2

打劫

图2（正解续1）

白1粘至黑6是双方最佳下法。

接下来若白4位粘，黑a位点，白b、黑c、白d位提，黑▲位扑，结果是“盘角曲四”。白棋只能选择打劫活。

此时的劫争——

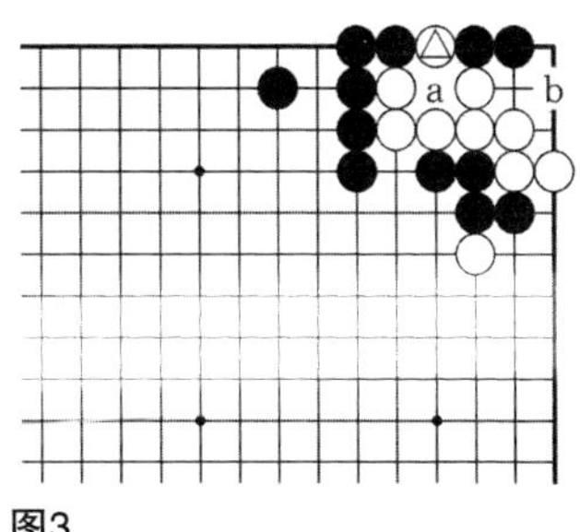
图3

打劫

图3（正解续2）

黑a提劫，白△提回就是劫活。棋形看似是缓一气劫，白棋若想做活可以在b位做眼，黑棋只能a位提劫。

白棋可以选择开劫的时机，结果是紧气劫。

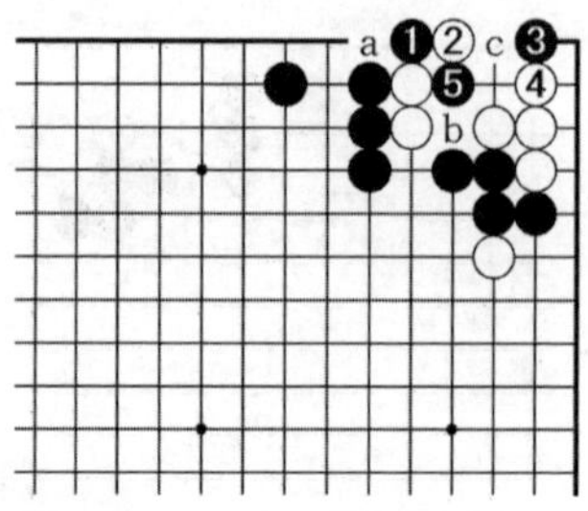

图4

白净死

图4（正解变化）

面对黑1、3，白4顶应对。此时黑5断吃好手，接下来白a、黑b；白b则黑c，白净死。

白4若在a位提，则黑b、白5、黑4，结果相同。

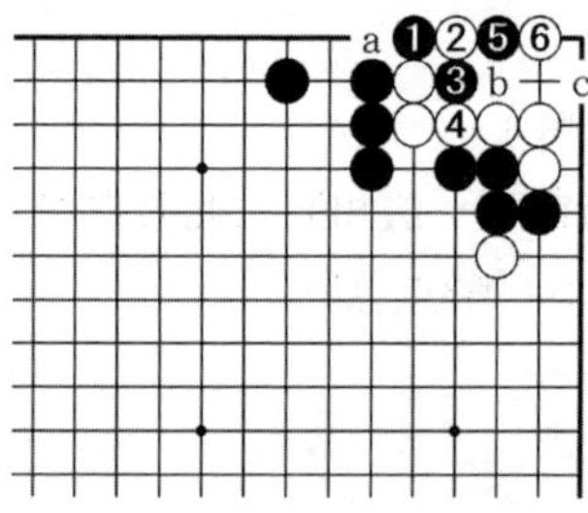

图5

靠

图5（准正解）

黑1、白2交换，黑3也可以立即断吃，但并不是最佳选择。白4粘、6靠好手，接下来黑a粘，白b位提，黑2位粘，白c位尖，白净活。

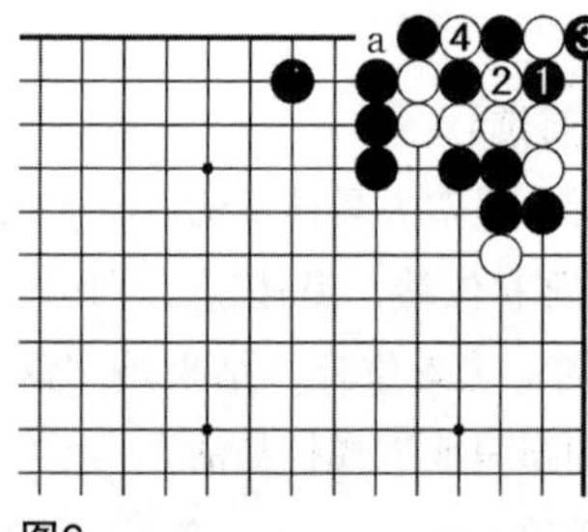

图6

白先劫

图6（准正解续）

接上图。黑1打吃至白4，打劫。

此时是白先提劫，同时白棋可以在a位消劫，黑明显还是选择图1、图2的打劫更满意。

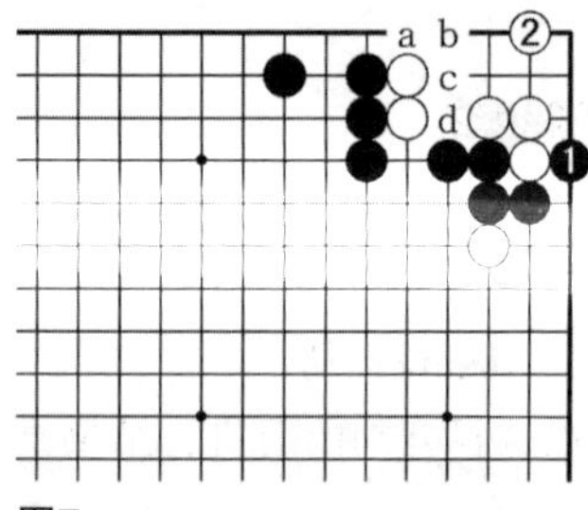

图7

白净活

图7（失败）

黑1扳方向错误。白2跳可以净活。后续黑a、白b、黑c、白d打吃接不归，白净活。

第3型

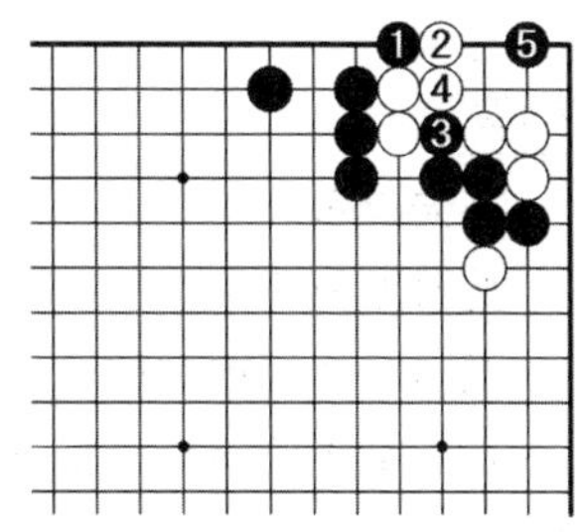

白先活

黑1、白2交换，黑3、5破眼是错误下法。

但是白棋想要净活也需要找到关键手筋才行。

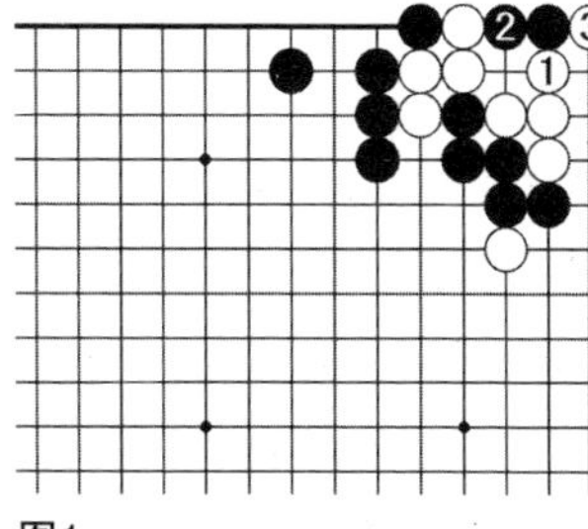
图1

扑

图1（正解）

白1、黑2交换，白3扑妙手。只要能够发现这手棋，就可以净活。

接下来——

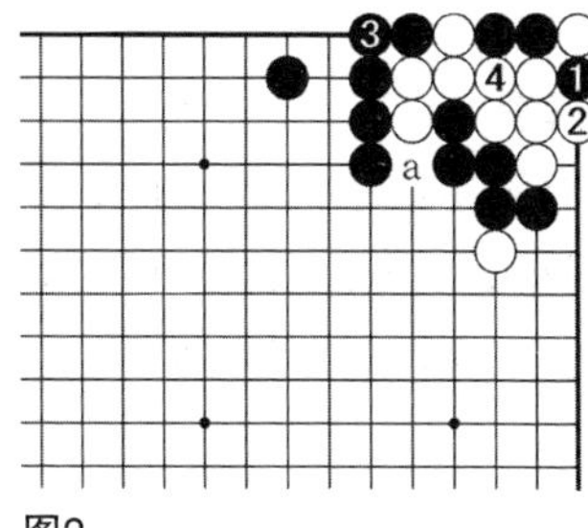
图2

白净活

图2（正解续）

黑1提，白2打吃，黑3粘，白4打吃，胀牯牛白净活。

黑3若在a位打吃，白3提，接下来还可以在4位打吃。

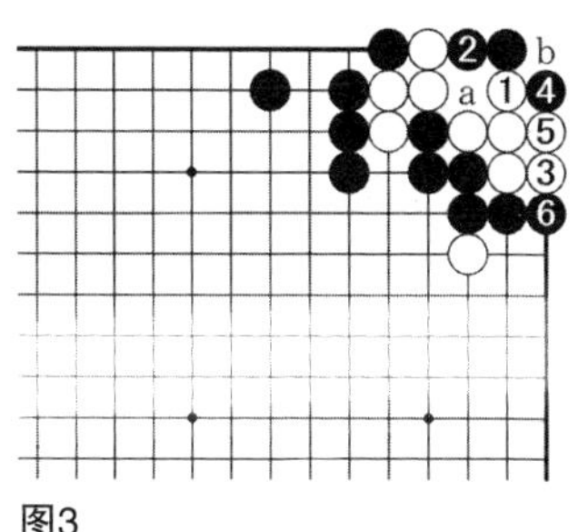
图3

打劫

图3（失败）

白1与黑2交换之后，白3选择扩大眼位。此时黑4扳，白失败。白5打吃，黑6紧气，白a位无法入气，只能在b位提劫。

白5若在a位打吃，结果是“盘角曲四”，净死。

第4型

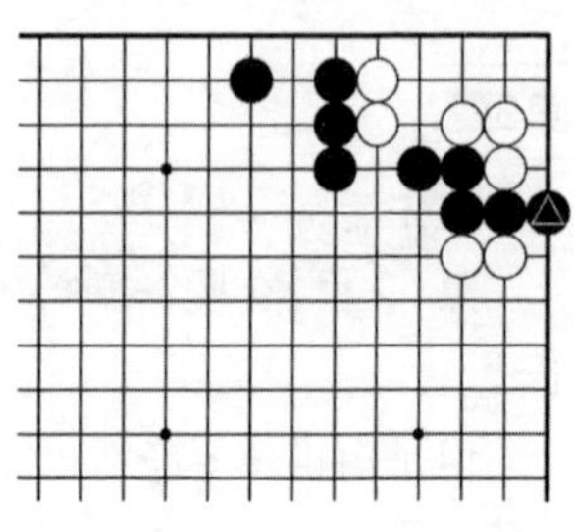

黑先白死

此时黑多了▲位立。

黑棋若选择前型的攻杀方法，白棋会用同样的下法应对。接下来黑棋要活用▲一子，可以将白角净杀。

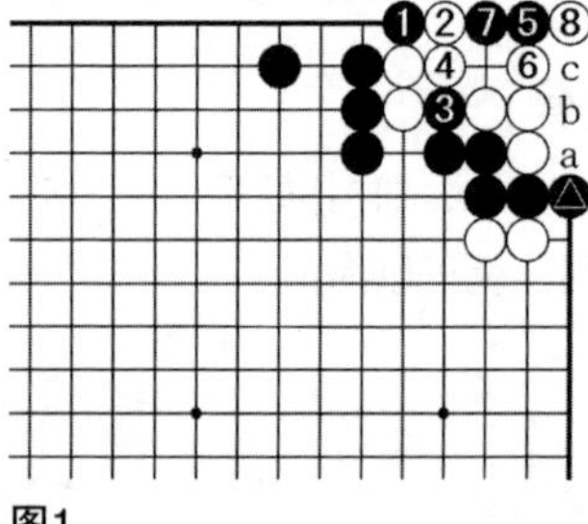

图1

扳、点

图1（正解）

黑1扳至黑5点。白6～8应对，至此与前型下法相同。

接下来黑a位冲，白b位挡，黑c位提，白角是打劫活。虽较前型结果更好，但还是没有活用黑▲一子。

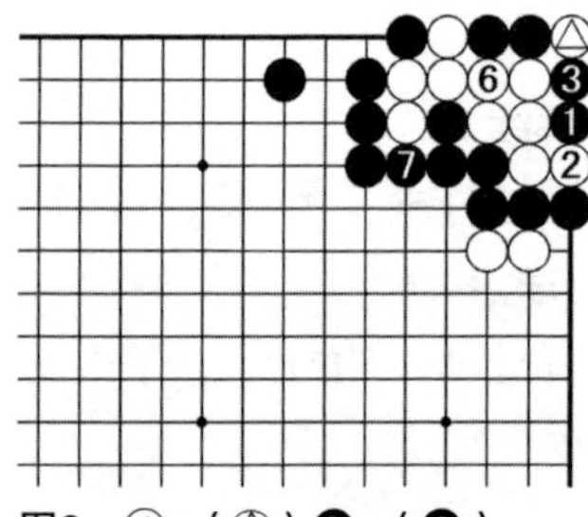

图2　④=（△）❺=（❸）

白净死

图2（正解续）

接上图，黑1夹是好手。白2打吃，黑3提。白4反提黑二子，黑5提回，白6粘，黑7粘之后，结果是“盘角曲四”，白净死。

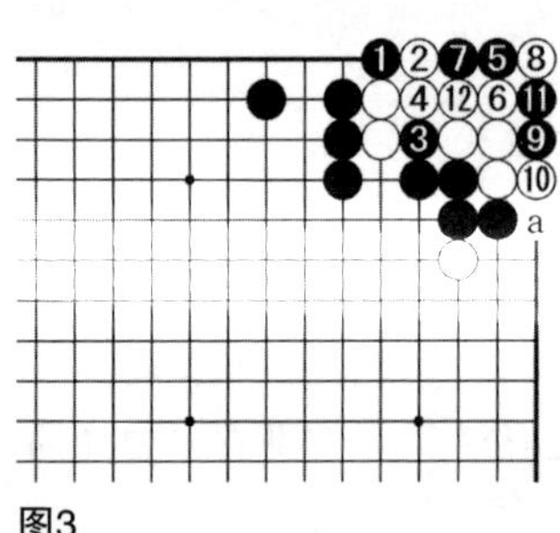

图3

白净活

图3（参考）

作为参考图，可以看到若黑a位无子，则黑9夹，白10立，黑11提，黑12粘，可以直接打吃，胀牯牛白净活。

第5型

黑先白死

这是日本江户时代本因坊秀和与幻庵因硕对局中出现的名场面。

可以使用与前型相似的手筋下法。

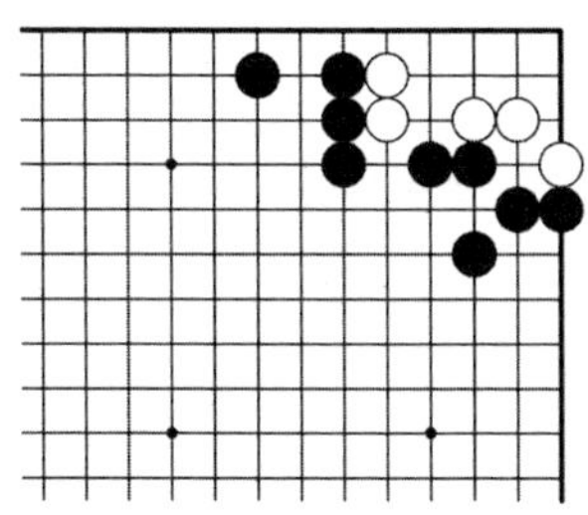

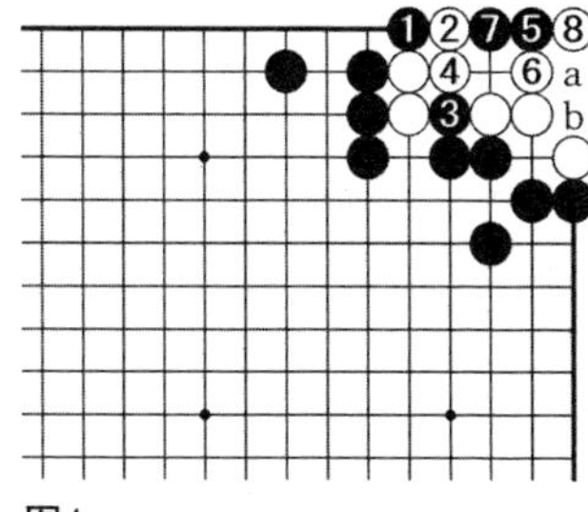

图1

扳、点

图1（正解）

黑1扳至黑7破眼是与前型相同的攻击手段。白8扑也是常见手筋。白棋的目的是黑a、白b打劫。

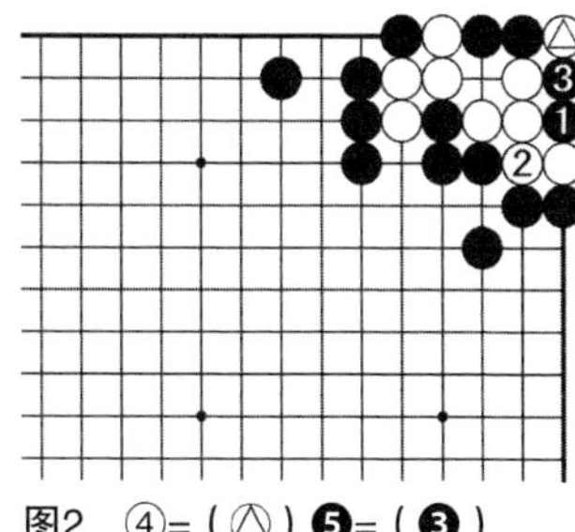
图2　④=（△）❺=（❸）

扑

图2（正解续1）

黑1扑妙手。白2粘，黑3提，白4反提，黑5扑。

接下来——

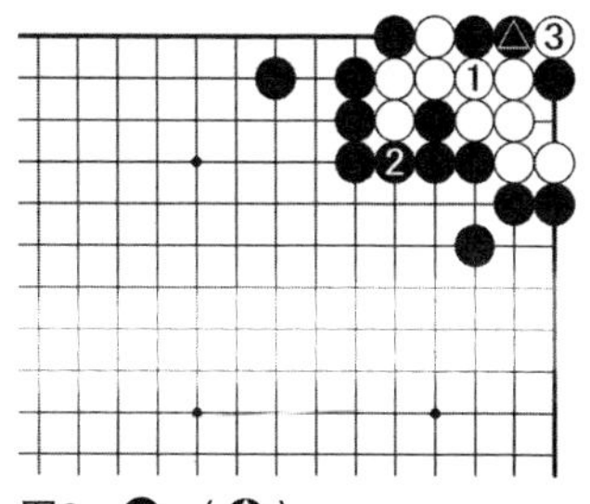
图3　❹=（▲）

白净死

图3（正解续2）

白1打吃，黑2紧气，白3提，黑4反提，白角变成“盘角曲四”，净死。

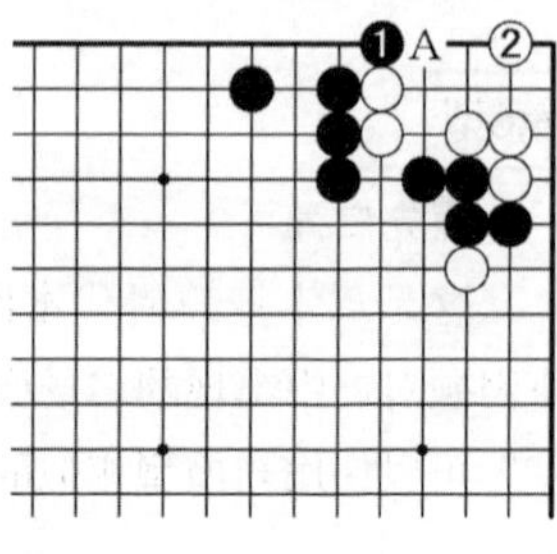

第6型

黑先白死

面对黑1扳，白A打吃是最强抵抗（参考第2型）。

白2跳是失着，但黑一旦应对失误会导致白棋净活。

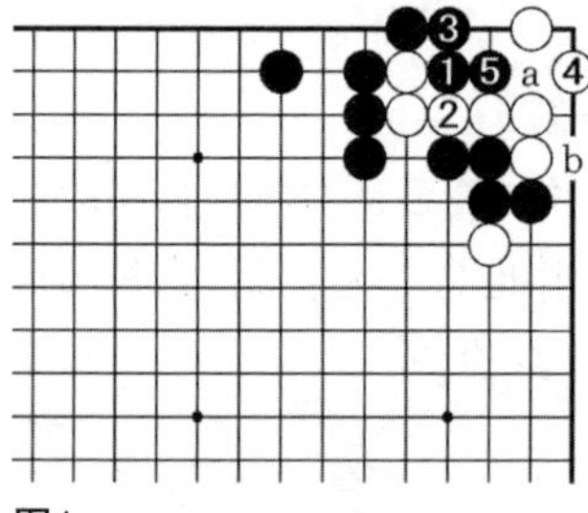

图1

白净死

图1（正解）

黑1乍看像是俗手，但在此时却是唯一正解。白2粘、黑3粘。白4做眼、黑5破眼，接下来a、b两点见合。

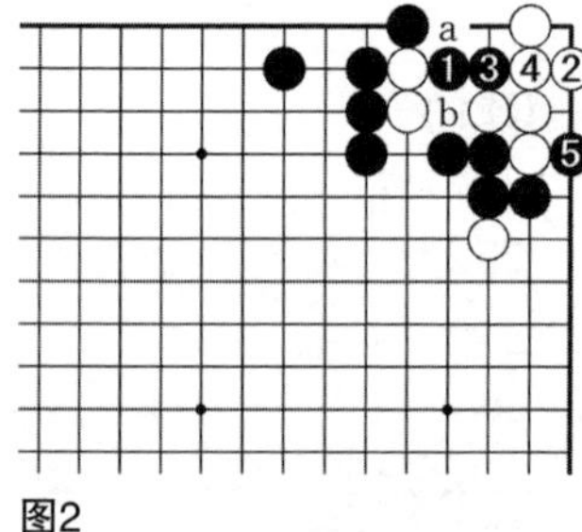

图2

白净死

图2（正解变化）

黑1扳，白2做眼，黑3冲，5扳即可。接下来白a扑，黑b打吃好手。白b，黑a，白净死。

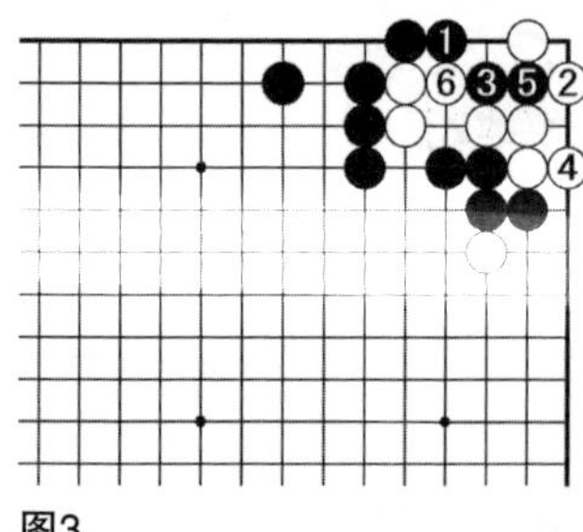
图3

白净活

图3（失败）

黑1长是局部手筋，但在本型中是失着。白2做眼，黑3破眼，白4做眼好手。黑若5位挤，白6打吃，接不归。

第7型

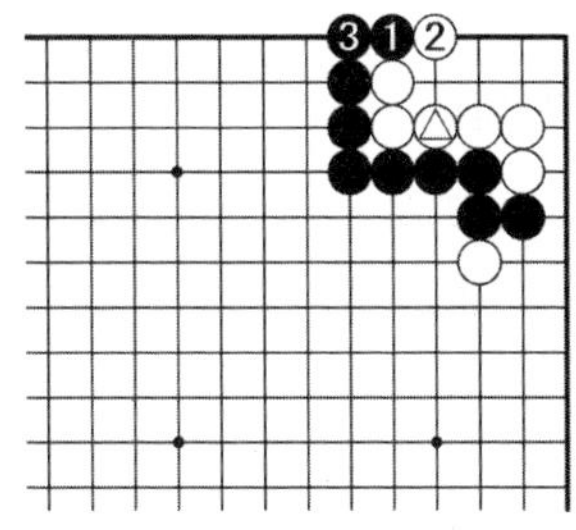

黑先劫（黑先提劫）

白△做活，黑1、3扳粘收官之后的局面。

此时白棋脱先结果如何。

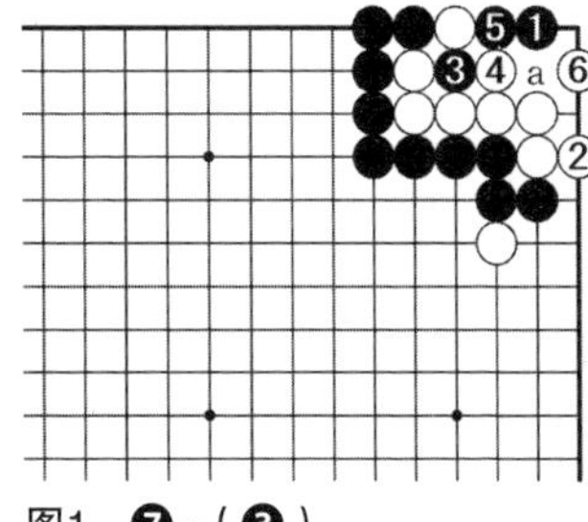

图1　❼=（❸）

打劫

图1（正解）

黑1在“二一路”点是急所。白2扩大眼位，黑3扑、5打吃，局部变成打劫活（参考第2型）。

白2若下在4位做眼，黑5位冲，白a位打，黑3提也是打劫，但是在白劫胜的情况下实地亏损。

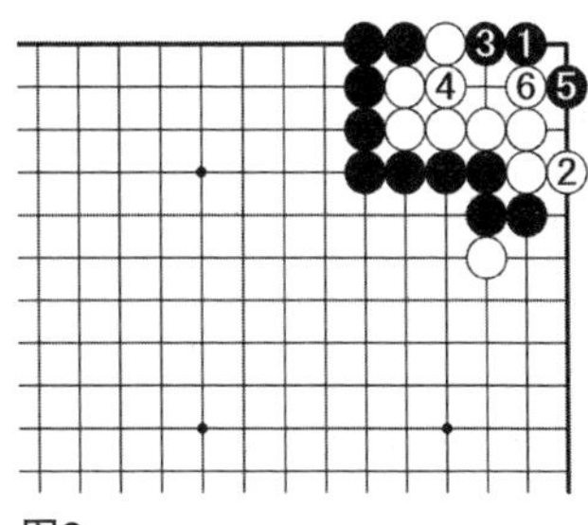

图2

双活

图2（失败1）

黑1点是正解，白2扩大眼位，黑3打吃是失着。白4粘，黑5破眼，白6挤，变成双活。

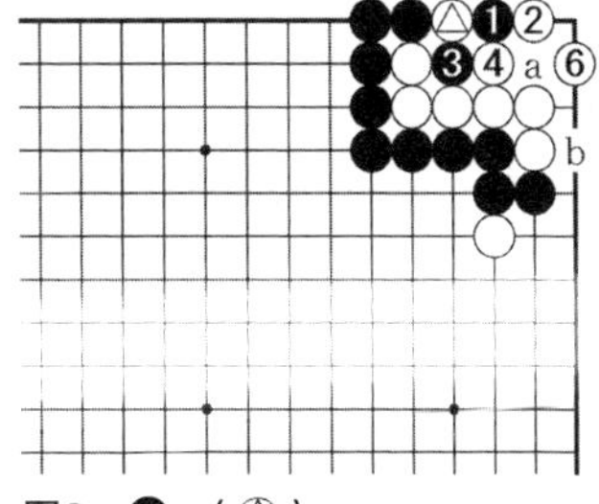

图3　❺=（△）

白净活

图3（失败2）

黑1打吃，白2反打好手。黑3提，白4、6净活。

白2若在3位粘，黑a位紧气，白6位尖，黑b位扳，白2位打，打劫活。

第8型

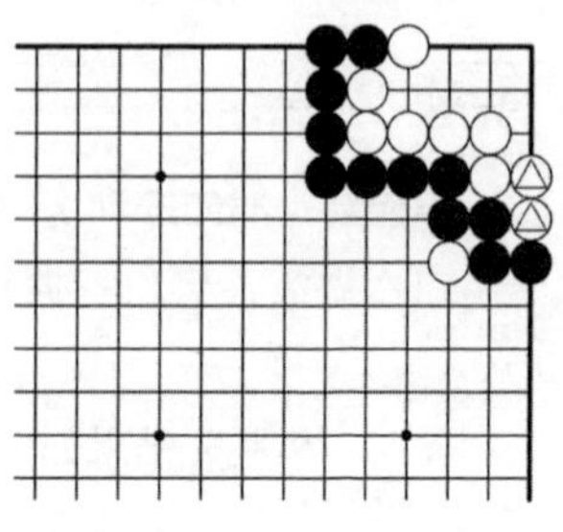

白活

较前型白棋在右边一线多了扳粘两颗白△子。

此时白已经确保活棋，黑先有双活的手段。

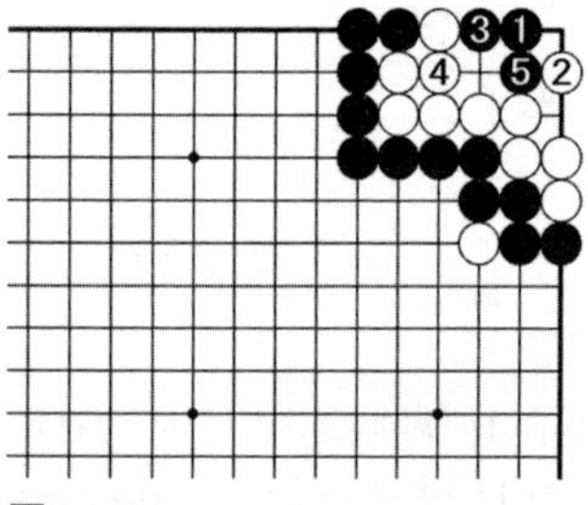

图1

双活

图1（证明1）

黑1点仍然是急所。白2小尖，黑3、5双活。

白2若在5位顶，黑3位爬，白4位粘，黑2位点也是双活。

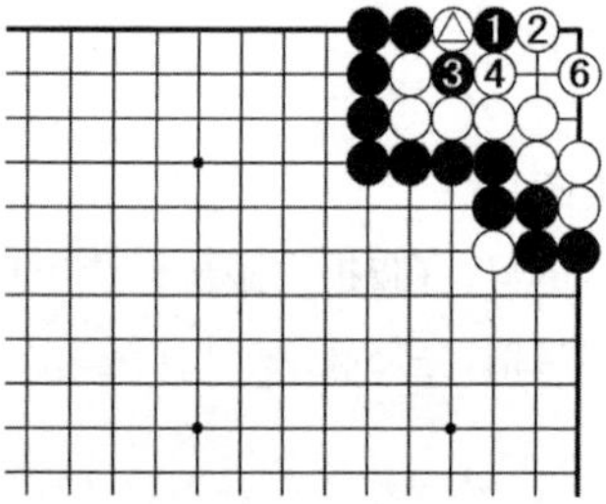

白净活

图2（证明2）

黑1打吃，白2反打。黑3提，白4、6做活。本图白有两目实地（去掉黑吃掉白△一子的一目棋）。与前图相比白落后手，如何选择要根据具体局面而定。

图2　❺=（△）

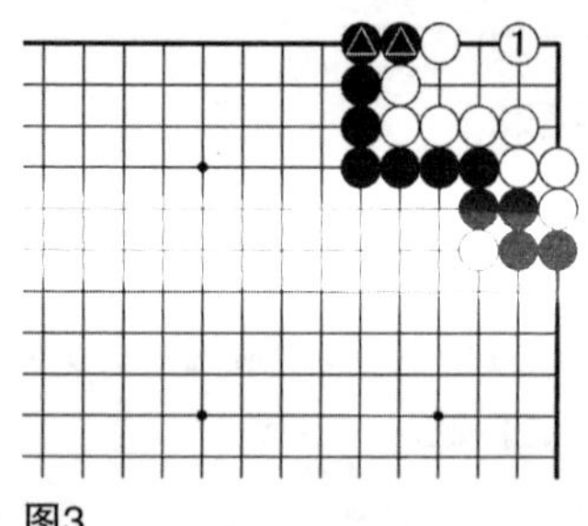

图3

白净活

图3（参考）

白先1位跳补。这样白角共有7目实地

黑▲扳粘，白1守角是坚实下法。

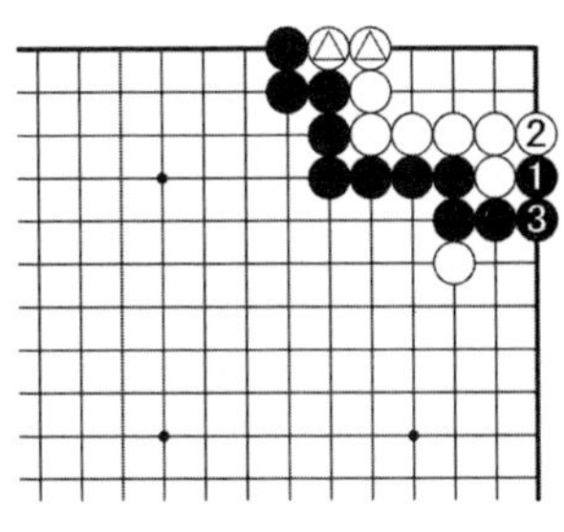

第9型

白活

上边白棋有了△位扳粘，接下来黑1、3在右边扳粘。

本型白棋同样没有死活之忧，黑先有官子手段。

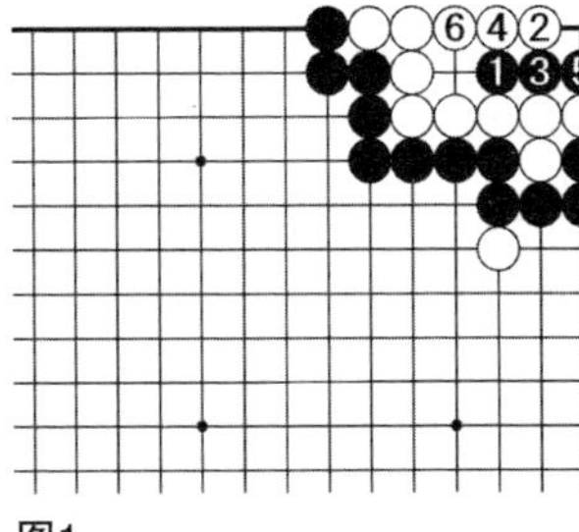

图1

双活

图1（证明1）

黑1夹是急所。白2跳、4爬是正确应对。黑5贴，白6粘，结果是双活（参考八目型 **第8型**）。白棋看似有8目实地，结果1目没有。

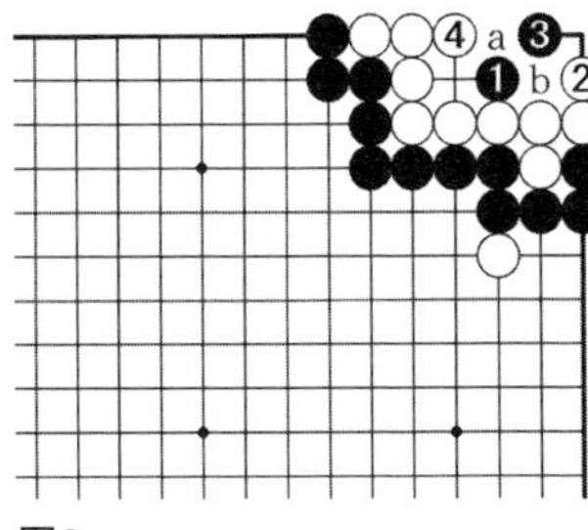

图2

双活

图2（证明2）

黑1点，白2弯。黑3小尖，白4弯，接下来a、b两点见合，双活。

黑3若下在b位，白a位爬，黑3位挡，白4位粘，仍是双活。

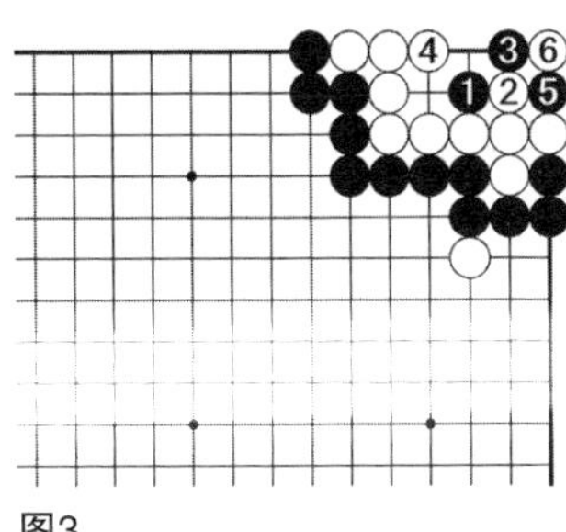

图3

缓一气劫

图3（失败）

面对黑1夹，白2拐是问题手。黑3扳，白已经无法活棋。白4弯，黑5扑，结果是缓一气劫。

第10型

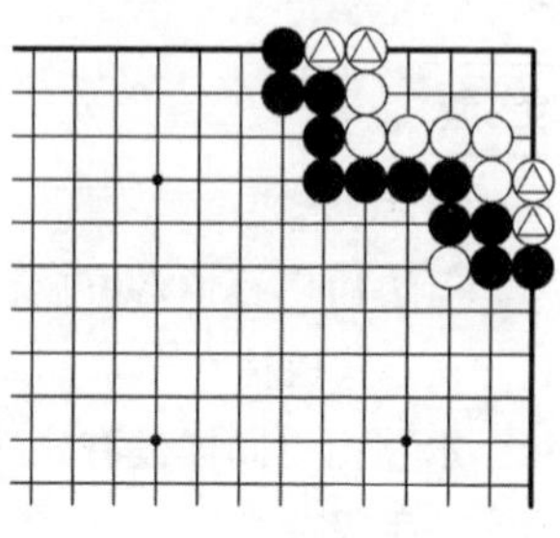

白活

上边、右边两边白棋都有△位扳粘。

白棋形非常坚固，已经确保活棋，角上全部是白棋实地。

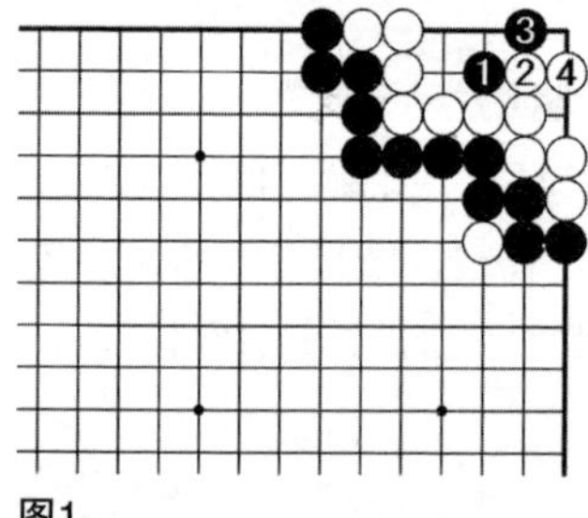

图1

白净活

图1（证明1）

黑1夹，白2拐，黑3扳，白4做眼，结果是“有眼杀无眼”。

白棋吃掉黑二子之后，角上共有9目实地。

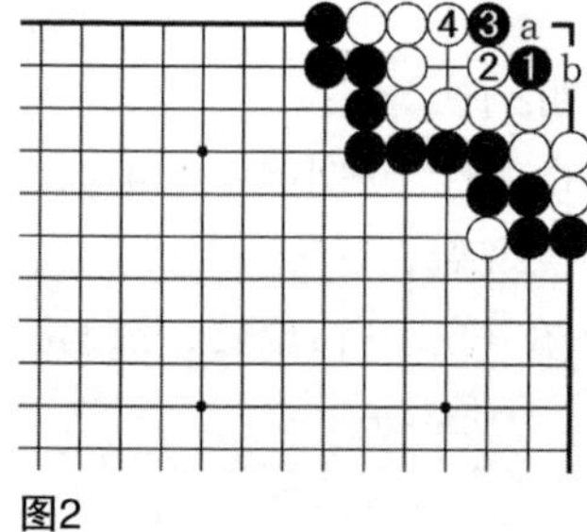

图2

白净活

图2（证明2）

黑1点，白2做眼。黑3扳，白4做眼。黑棋二子被吃。接下来若黑a，白b；黑b，白a。

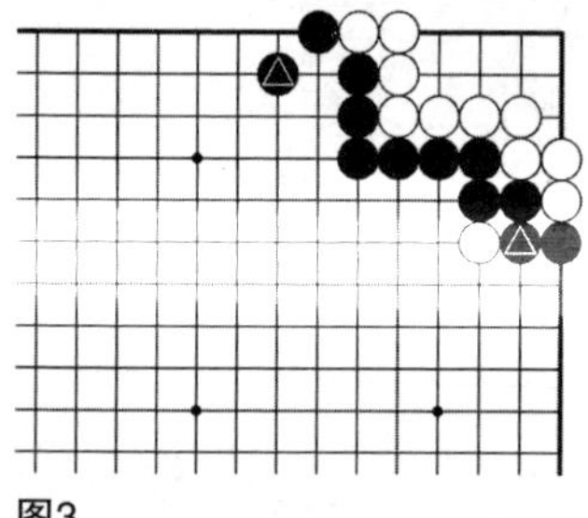

图3

加强周围

图3（参考）

如果过早在上边、右边一线扳粘，黑棋▲有子得以加强厚势，白棋明显亏损。为了应对各种状态，需要牢记第7型以下的各种变化。

尖顶之后一间跳·点三三

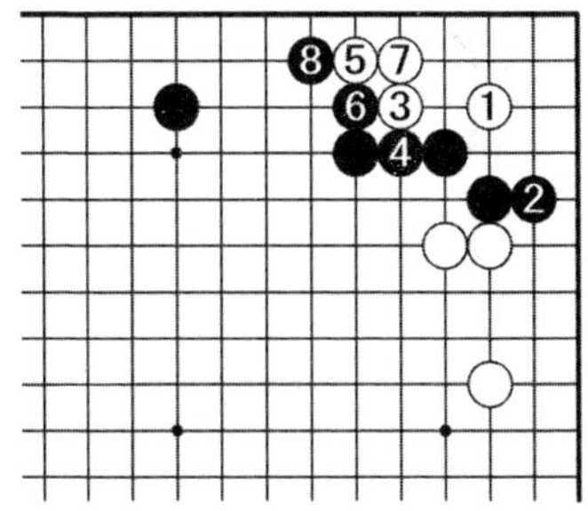

黑棋星位、白小飞挂角，黑尖顶之后一间跳。接下来白1点三三之后的局面在让子棋中经常出现。

根据双方不同的应手，会出现不同变化。接下来就各种死活棋形进行研究。

点三三：4

第1型

白先活

此时白棋有数个可以做活的手段，需要掌握棋形的要点（为了突出角上死活，将黑▲一子位置加以强化）。

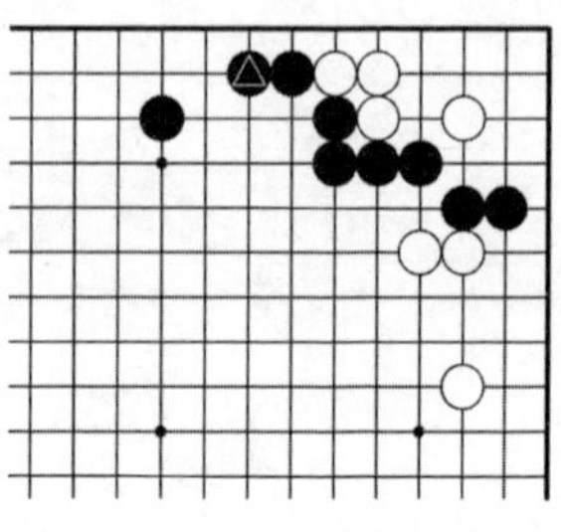

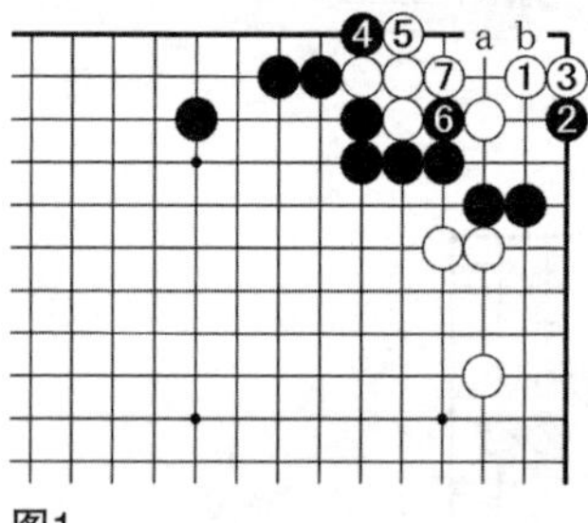

图1

白净活

图1（正解1）

白1小尖做活最为稳健。黑2小飞缩小眼位也不用担心。白7挡之后，黑a点，白b挡做活。

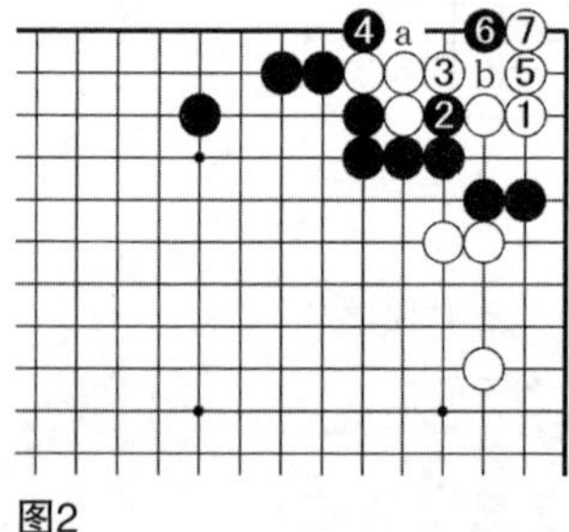

图2

白净活

图2（正解2）

白1立（并）同样可以做活。黑2、4缩小眼位，白5做眼。黑6点，白7挡，接下来黑a，白b。

黑5若在6位，黑a，白5，同样是净活。

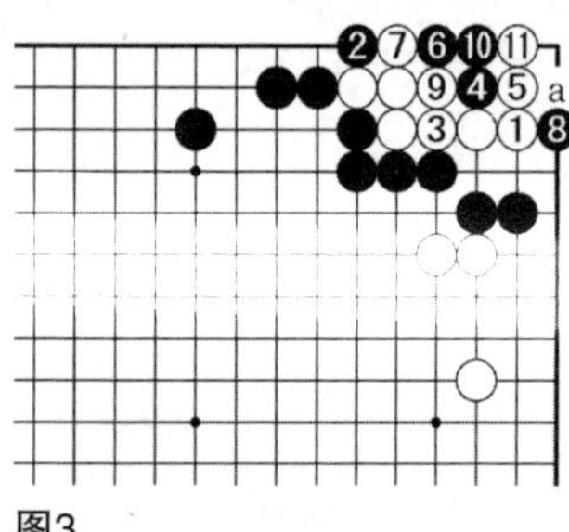

图3

白净活

图3（正解2变化）

黑2扳，白3粘。黑4～8攻击严厉，白9、11冷静应对，白a和10位做眼见合，白净活。

白9若下在a位挡，黑11扳，白角变成刀把五，白净死。

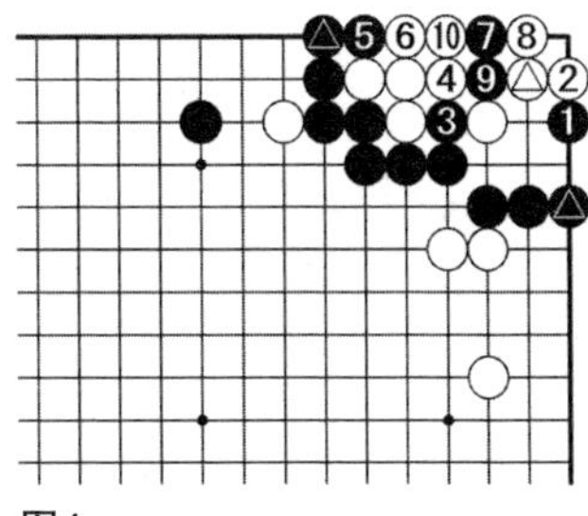
图4

小尖的优势

图4（参考1）

白△小尖是特点是棋形坚实。加入黑棋在上边两边的▲位都有子，白棋也可以确保活棋。

黑1开始缩小眼位，进行至黑7，白棋看起来陷入危机之中。

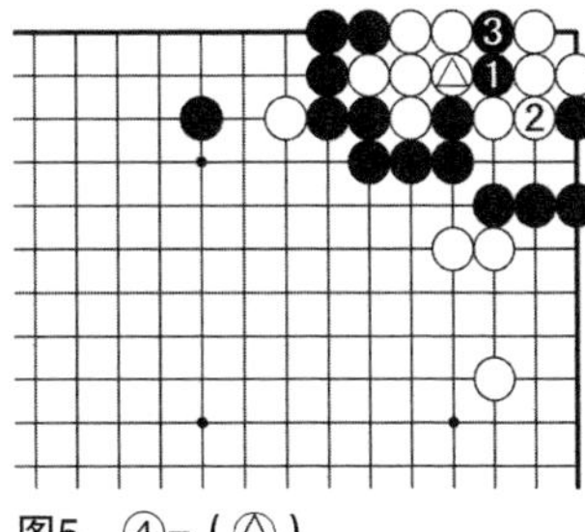
图5　④=（△）

白净活

图5（参考1续）

黑1扑，白2粘好手。黑3提，白4断吃是倒脱靴的手筋。

白2若在3位提，黑2位挤，白净死。

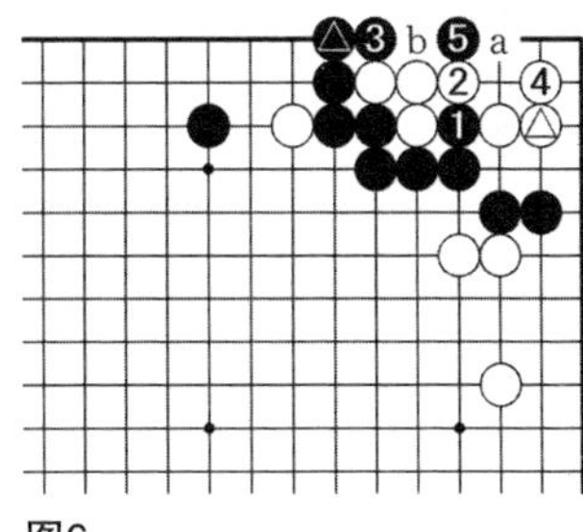

图6

白净死

图6（参考2）

白△立的情况下，黑▲位有子，则黑1、3可以净吃白棋。黑5下在a位或者b位亦可。

这样看来，似乎白1立没有优点——

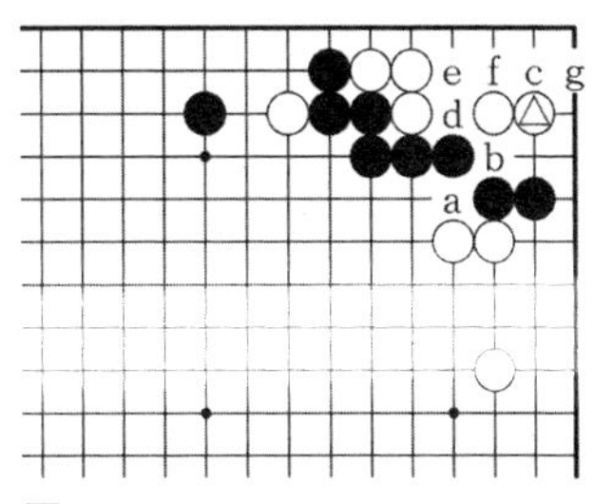

图7

立的优势

图7（参考3）

白棋立，即使白a与黑b交换也不会对角上产生影响。若白△在c位，则一旦交换，黑b、白c、黑d、白e、黑△、白f、黑g，白净死。

白a先手利非常重要的情况下，白可以选择△位做活。

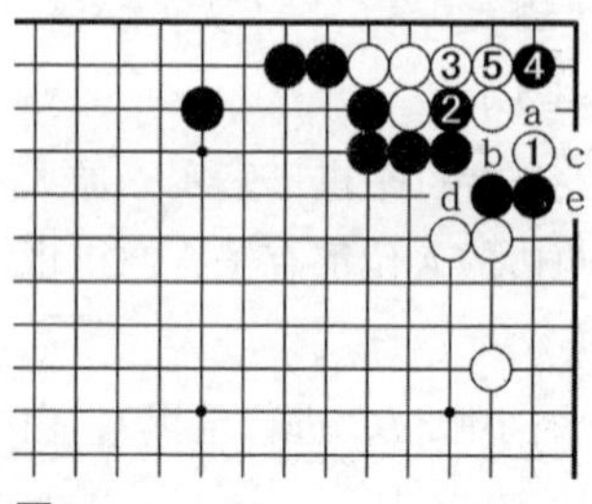

图8

白净活

图8（参考4）

白1尖顶也可以做活。黑2、4试图破眼，白5粘应对，接下来黑a顶，白b粘，黑c扳，白d断。

但是本图的做活方法，黑棋在d、e位都有先手利，不做推荐。

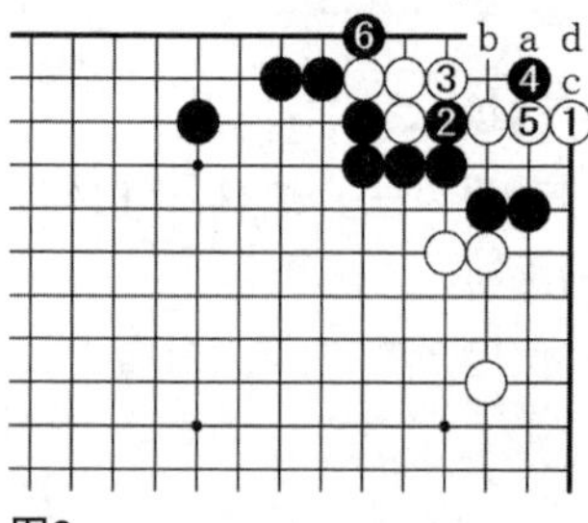

图9

打劫

图9（失败1）

白1跳，黑2、4、6组合拳，白已经无法净活。白a夹，黑b打，白c冲，黑d打劫。

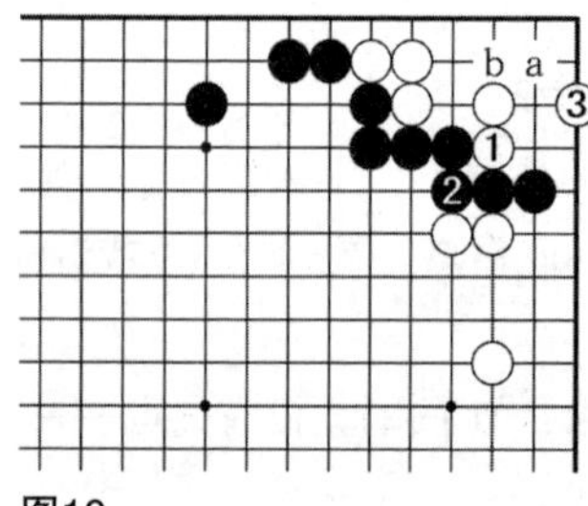

图10

白净活

图10（参考5）

白1、黑2交换之后，白3跳可以净活。黑a点，白可以b位挡。

但是白1与黑2的交换对白外围棋子会造成明显伤害，本图也不做推荐。

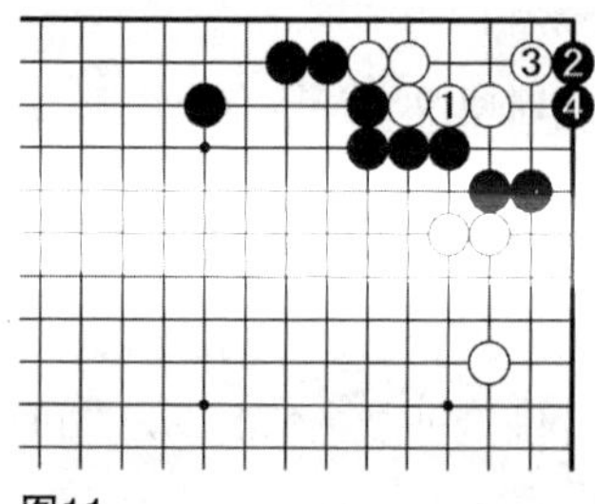

图11

白净死

图11（失败2）

白1粘方向错误。黑2大飞进角，白眼位空间不足

本型还是在图1或者图2中做出选择最为稳妥。

第2型

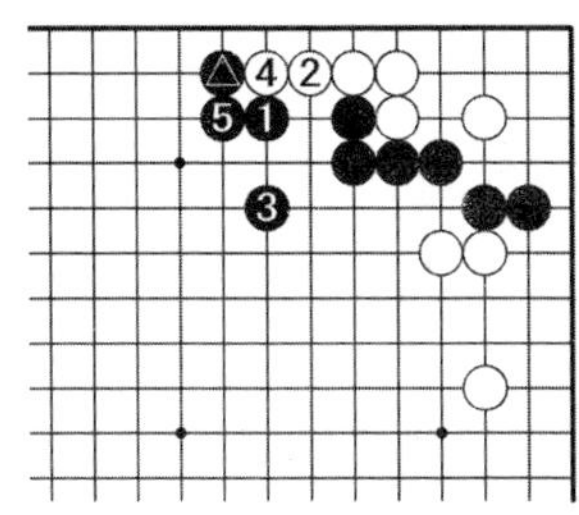

黑先劫（黑先提劫）

前型黑1在2位扳，也可以选择本图黑1跳。

进行至黑5，在黑棋▲位拐之后，角上死活如何呢？

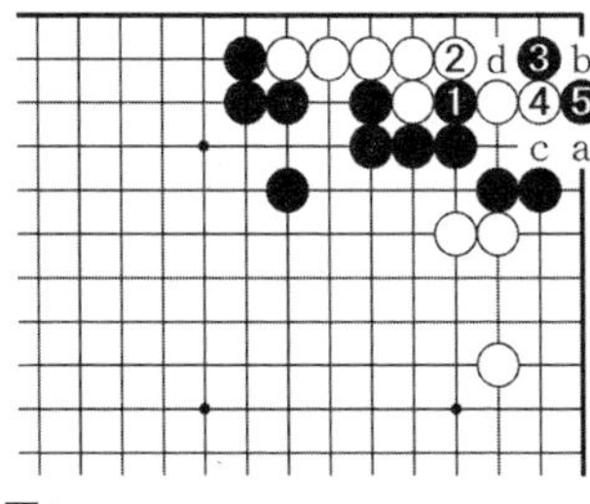

图1

冲、点

图1（正解）

黑1，3是破眼的必要手段。白4挡必然，黑5扳好手。白a打，黑b粘，白c粘，黑d断，对杀黑胜。

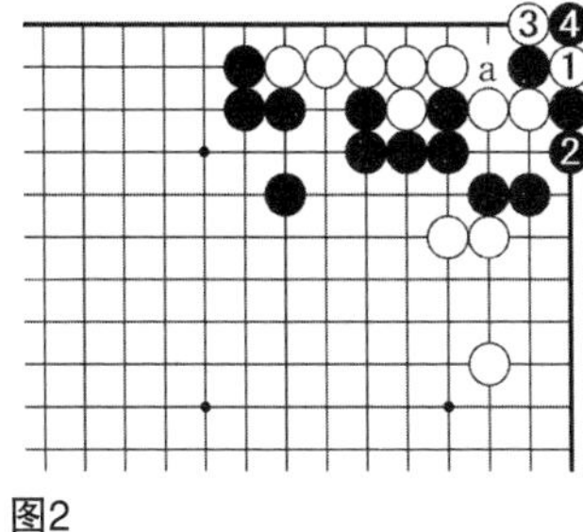

图2

打劫

图2（正解续）

接上图，白1扑只此一手。黑2长，白3做劫，黑4提劫。

黑2若在4位提，白2位打，黑a位断，白1位提，虽然同样是打劫，但黑棋的负担变重。

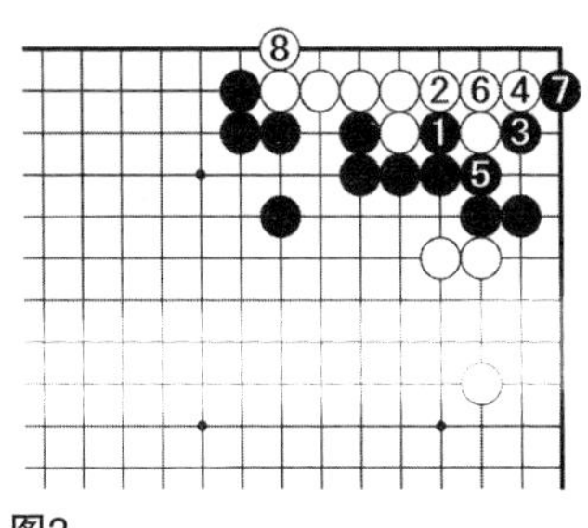

图3

白净活

图3（失败）

黑1、3破眼力度不够。黑7扳破眼，白已经在二线并排7颗棋子，接下来白8立做眼即可净活。

第3型

白活

本型也是白棋点三三之后形成的定式。

白棋即使脱先也已经净活。

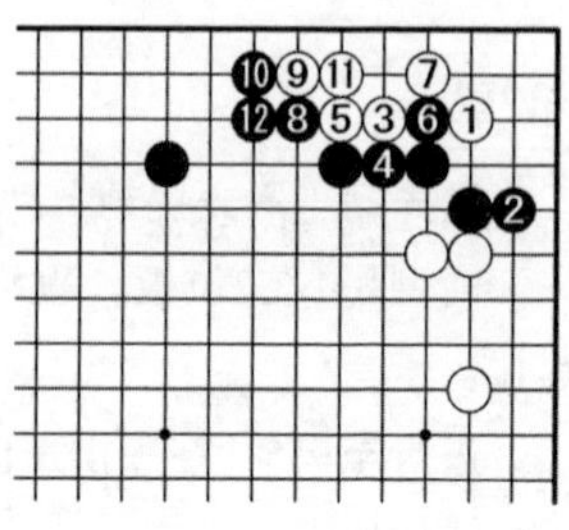

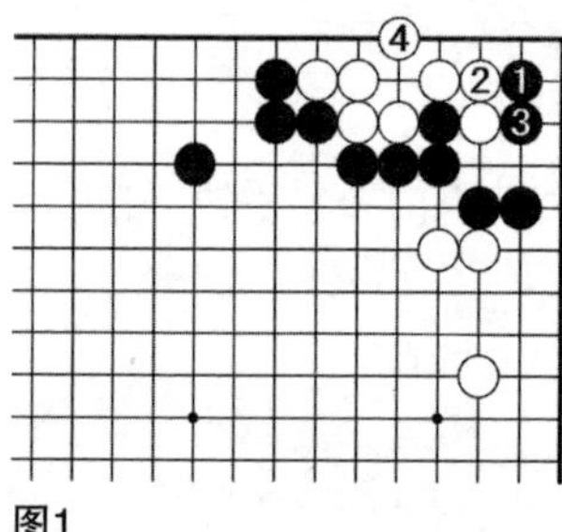

图1

白净活

图1（证明1）

黑1点敏锐。白2粘，黑3爬，白4做眼净活。

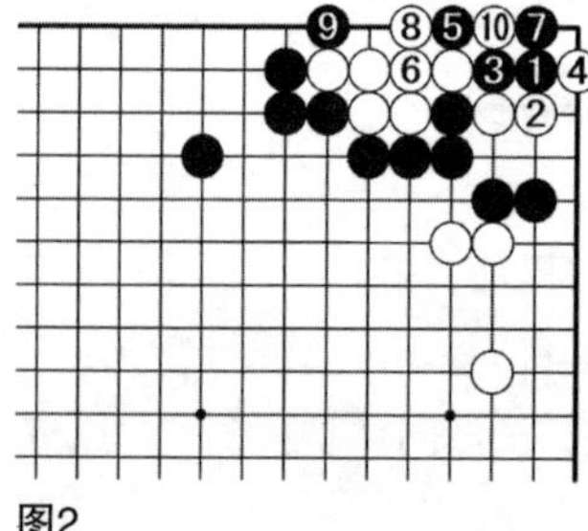

图2

打劫

图2（失败1）

黑1点，白2挡分断，黑3断。白4扳，黑5打吃，7弯好手。白8打吃，黑9打劫。

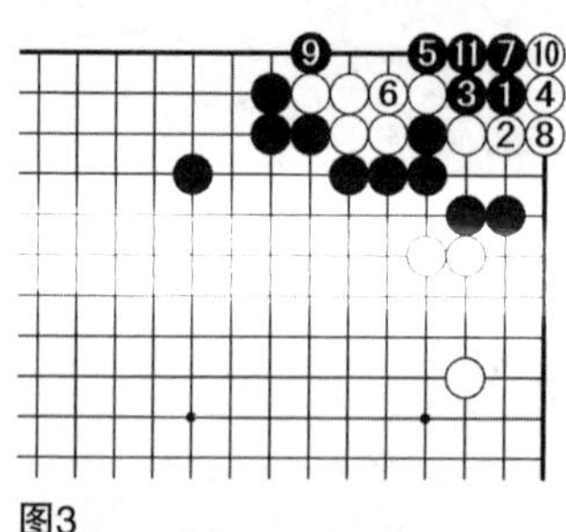

图3

白净死

图3（失败2）

上图白8如果选择本图白8粘，对杀可以获胜，但黑9扳，白10打吃，黑11粘，白棋角上变成“刀把五”，净死。

白2抵抗并不是好选择。

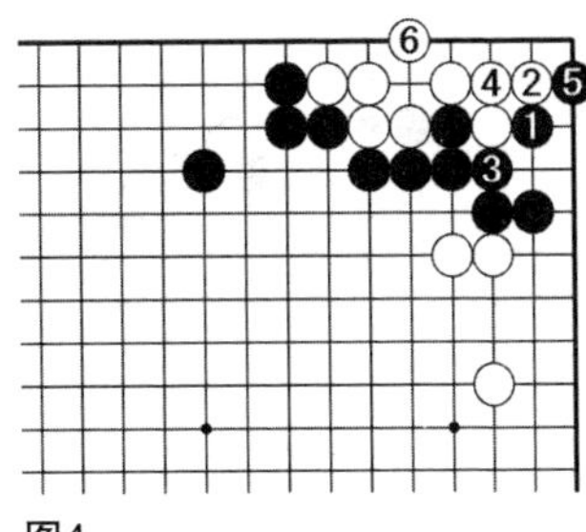

图4

白净活

图4（证明2）

黑1夹是普通攻击手段。此时白2、4简单应对即可。黑5扳，白6做眼净活。

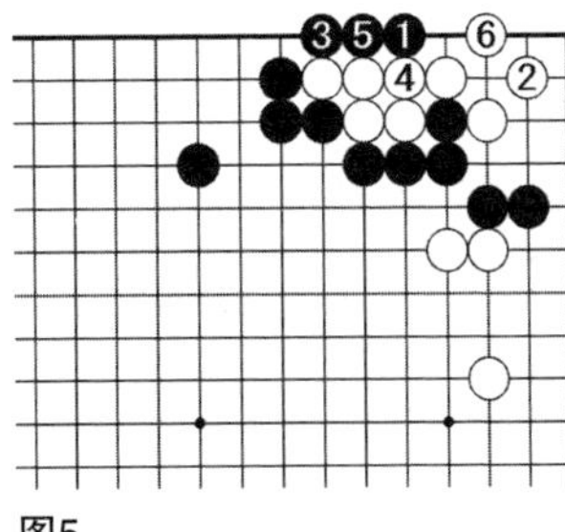

图5

白净活

图5（证明3）

黑1点是需要谨慎对待的一手。白2虎冷静，黑3、5渡过，白6做眼净活。

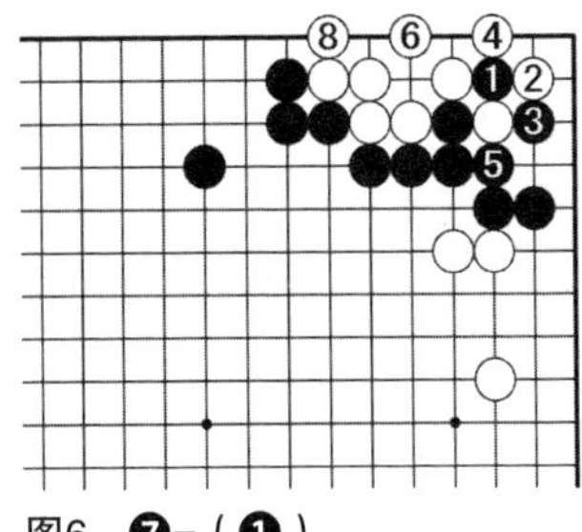

图6　❼=（❶）

白净活

图6（证明4）

黑1是出人意料的攻击手段，但白棋切不可大意。黑2打吃，白3断吃、5打吃。此时白6做眼冷静，黑7提，白8做眼净活。

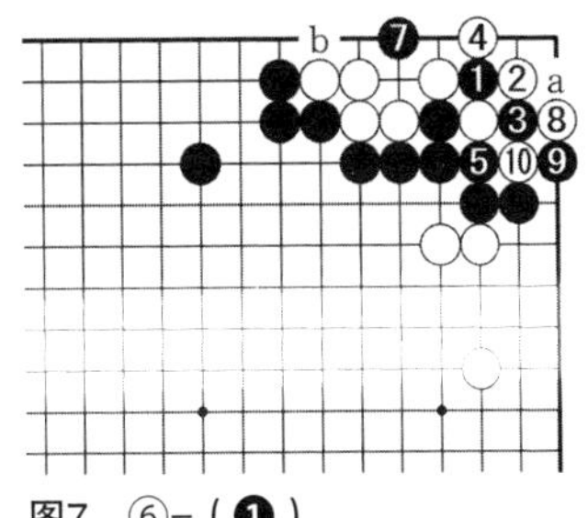

图7　⑥=（❶）

打劫

图7（失败3）

上图白6如果选择本图白6粘，黑7点问题升级。白8打吃，黑9做劫。如果白a粘，黑b渡过，白净死。白必须打劫争夺活棋机会。

第4型

白先活

面对白1点三三，黑2团是应对方法之一。

此时白棋可以选择做活或者充分利用角上一子。

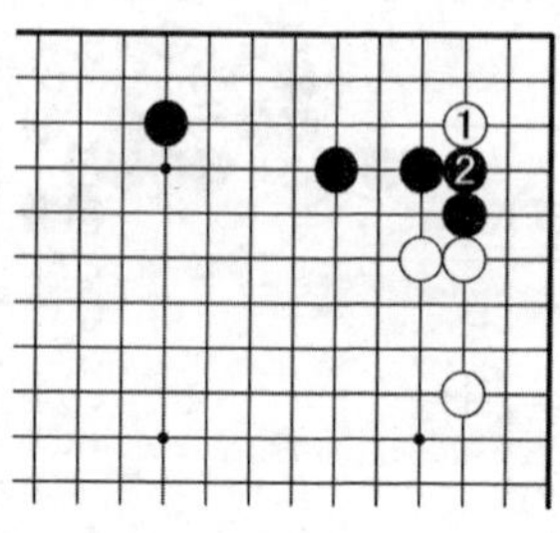

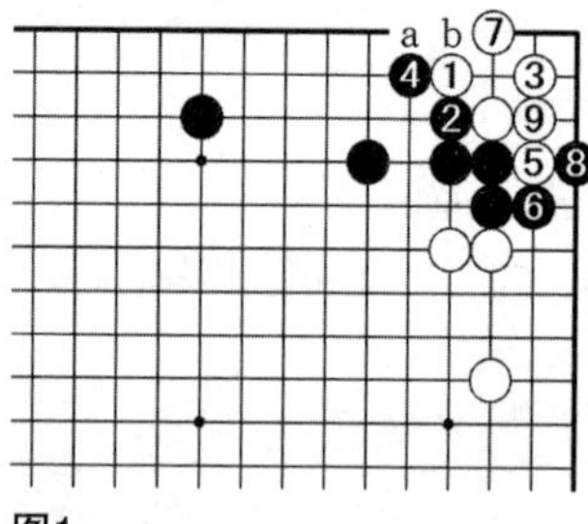

图1

白净活

图1（正解1）

白1小尖做活。黑2挤，白3虎，白4扳，黑5、7做活。黑8打吃，白9粘。接下来黑a，白b是先手交换。

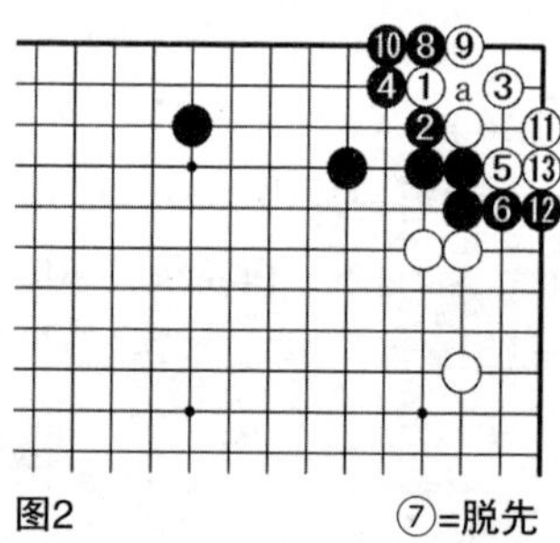

图2　⑦=脱先

打劫

图2（参考1）

上图白7如果脱先他投，黑8打吃，白9挡可以做劫。黑10粘，白11做眼，结果是围绕a位展开劫争。

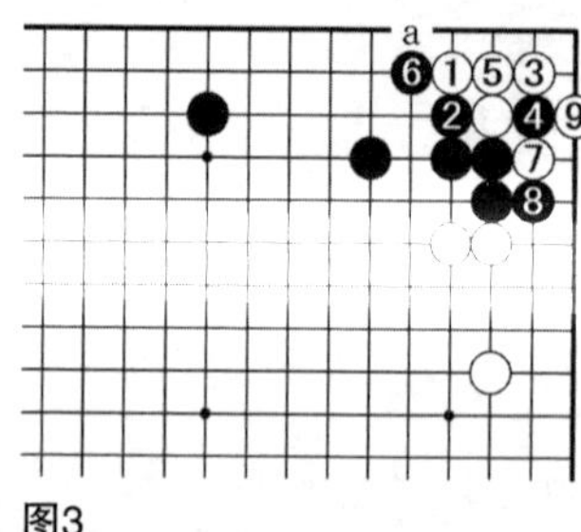

图3

白净活

图3（正解1变化1）

图1黑4若选择本图黑4扳如何呢？此时白7、9可以吃掉一子，与图1相比，白角地明显增加，还保留了白a的后续手段。但是——

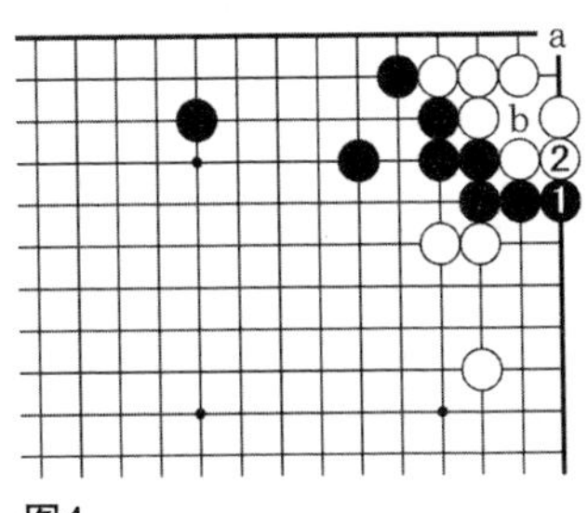

图4

白净活

图4（正解1变化1续）

黑1立先手利。白棋如果脱先，黑2粘，白a、黑b打劫。

一般来说黑棋的最好结果是图1，但是根据场合不同，图3中的黑4也在考虑范围之中。

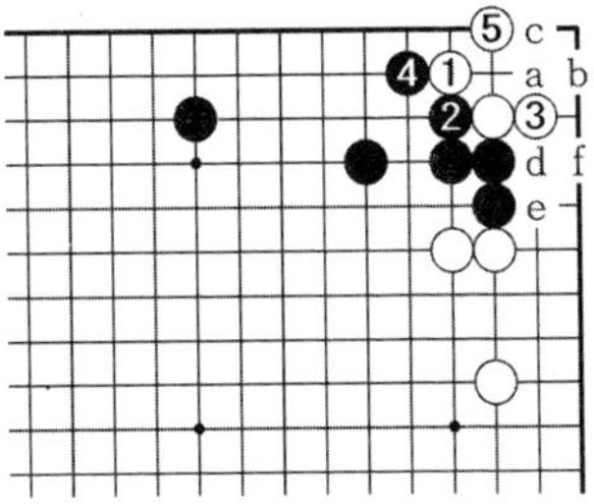

图5

白净活

图5（正解2）

回到最初，黑2挤，白3立应对。黑4扳，白5虎做眼。接下来黑a点，白b托，黑c立，白d长，黑e挡，白f立做活。若黑下d或者e位，白a位拐做活。

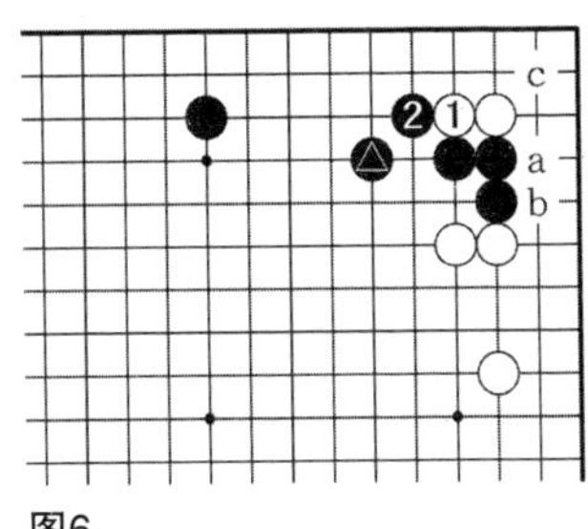

图6

打劫

图6（失败）

白1爬是问题手。黑2虎，黑▲一子位置绝佳。接下来白a扳，黑b挡，白c尖可以做劫，但白棋本不需要如此辛苦。

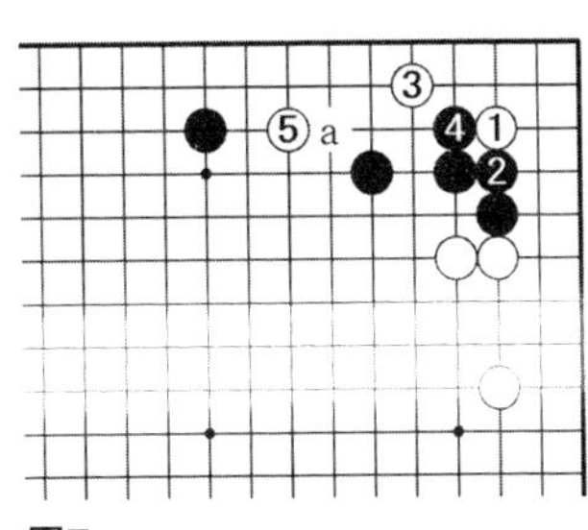

图7

外围变化

图7（参考2）

面对黑2团，白3、5（也可以在a位小飞）看轻角上的下法也可以考虑。图1做活实地不大，还会损伤右边白子。这是有大局意识的判断。

两边开拆·点三三

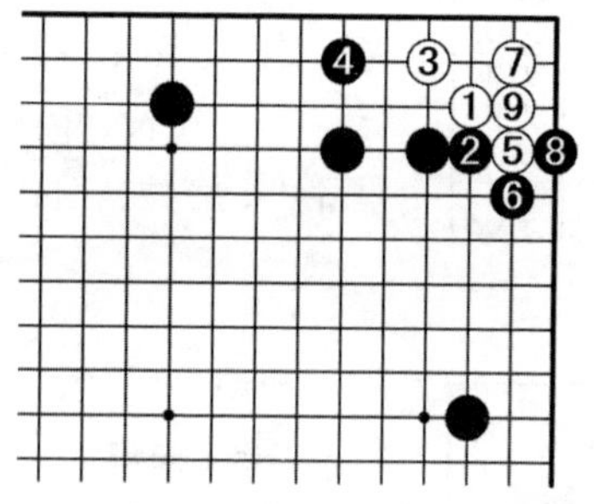

星位一间跳、两边开拆之后，白1点三三形成的定式，进行至白9告一段落。

此时白棋并没有完全净活。如果黑先想要吃掉白角应该如何落子呢?

点三三：5

第1型

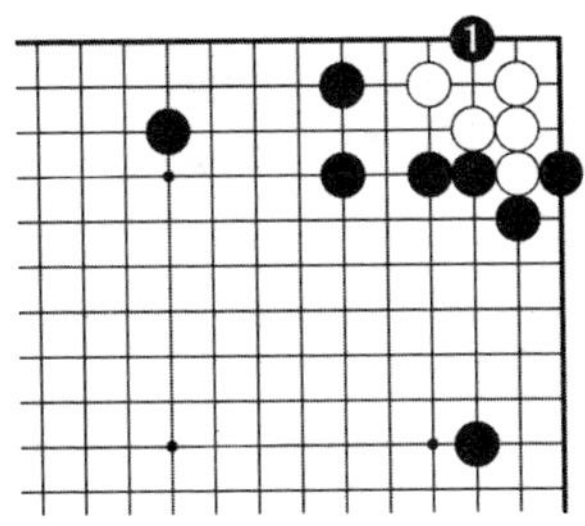

白先活

黑1点可以吃掉白棋吗？

白棋的应对绝不能掉以轻心。

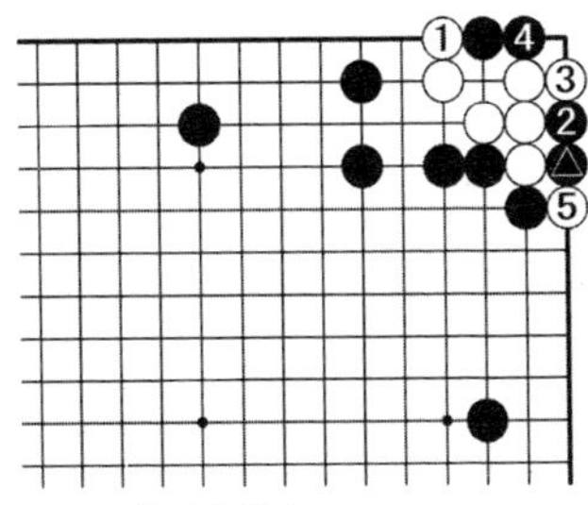

图1　❻=（▲）

白净死

图1（失败）

白1挡，黑2爬、4破眼。即使白5提掉黑二子，黑6扑破眼，白棋无法做出两只真眼。

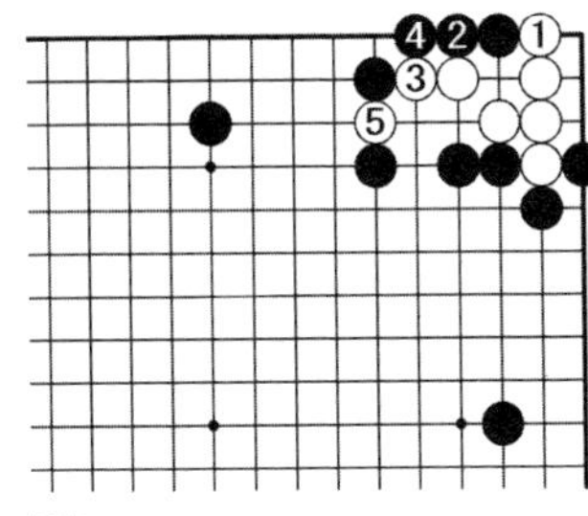

图2

从角上挡

图2（正解）

白1挡先确保角上一只真眼。黑2冲是否成立是问题的关键。白3、5应对。

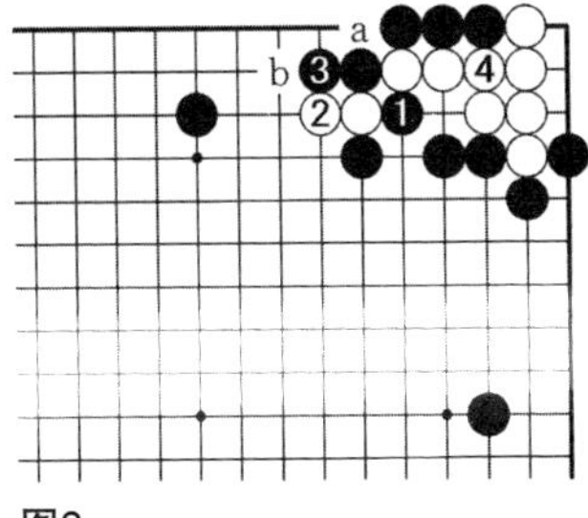

图3

白净活

图3（正解续1）

接上图，黑1断吃，白2长，黑3爬，白4打吃，若黑a粘，白b打吃，白能够在a位吃掉黑三子即可净活。

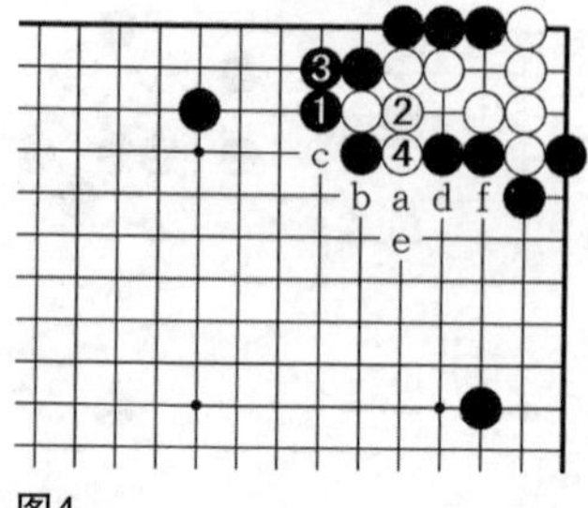

图4

白净活

图4（正解续2）

黑1外面打吃，白2粘、4冲。接下来黑a挡至白d，按照字母顺序，白棋可以吃掉黑二子。

可以看到，黑棋现在直接动手想要攻杀白角无理。

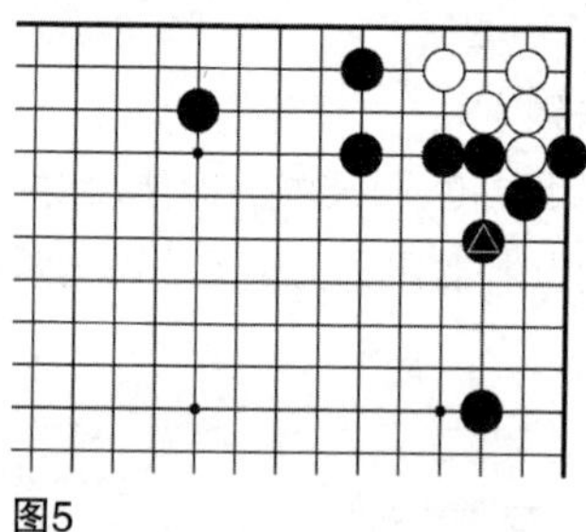

图5

黑先白死

图5（参考）

若是黑棋在▲位一带有子，周围棋形得以加强，结果就会不同。

如果此时白棋脱先——

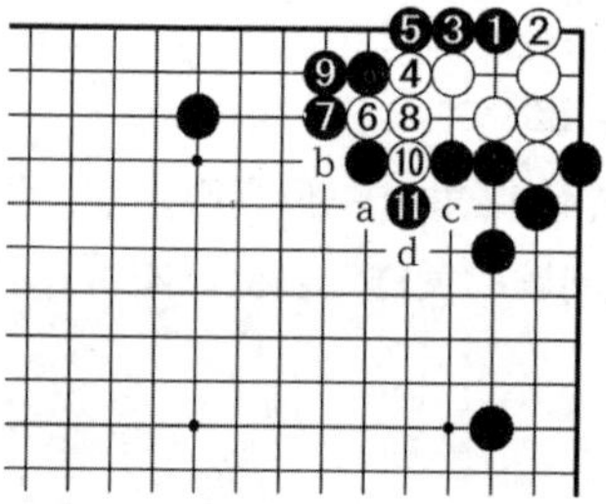

图6

白净死

图6（参考续）

黑1点成立。与图2、图4的进程相同，进行至白10，此时黑11可以封锁白棋。白a断、黑b粘、白c断、黑d长，白净死。

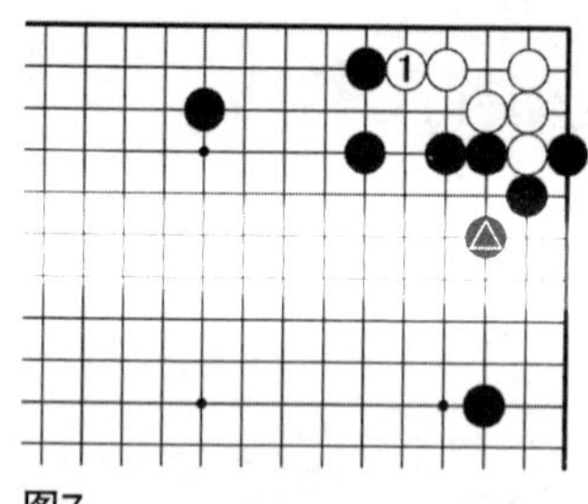

图7

需要补活

图7（整理）

如果黑棋外部棋形已经有所加强，白1顶补活是必要的一手。

可以看出，本型在定式结束的时候尚未活净。并不仅限于▲，白棋需要注意周围棋子状态提前预防。

第2型

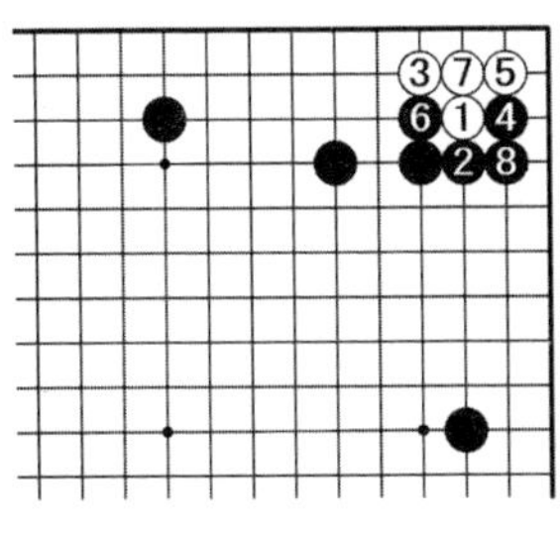

白先活

白1、3，黑4～8的下法更重视右边发展。这是实战中较为常见的局面。一般来说白棋可以活棋，根据周围棋子配置不同，也有可能陷入死活危机。

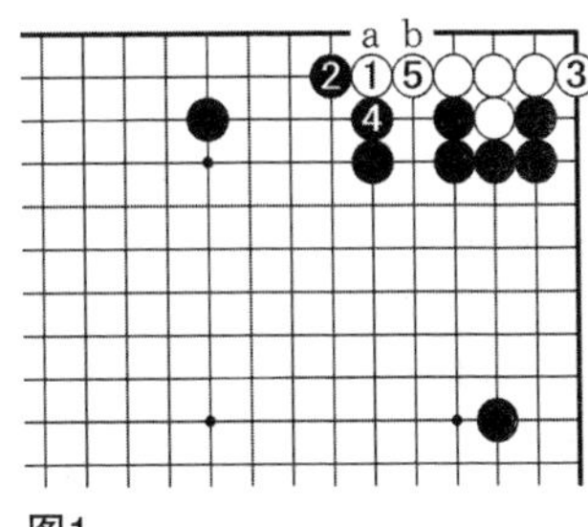

图1

白净活

图1（正解）

白1跳、黑2靠、白3占据角上要点。黑4顶、白5粘。后续黑a、白b，直四净活。

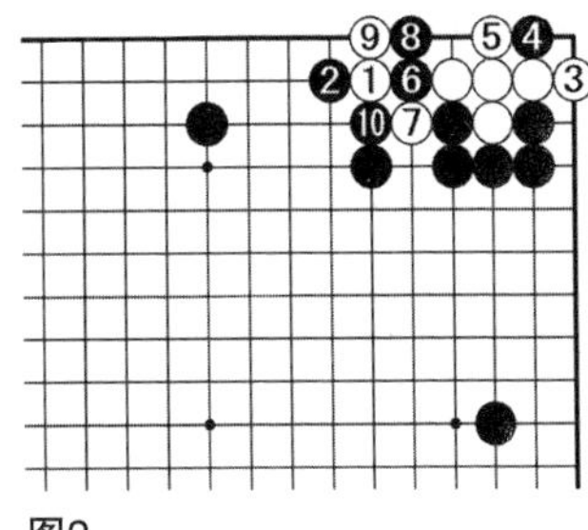

图2

白净死

图2（失败）

在特殊情况下，上图黑4可以选择本图黑4点破眼。白5打吃，黑6、8通过弃子净杀白角。

白5若在9位立、黑6、白7、黑10，白仍然无法做出两只真眼。

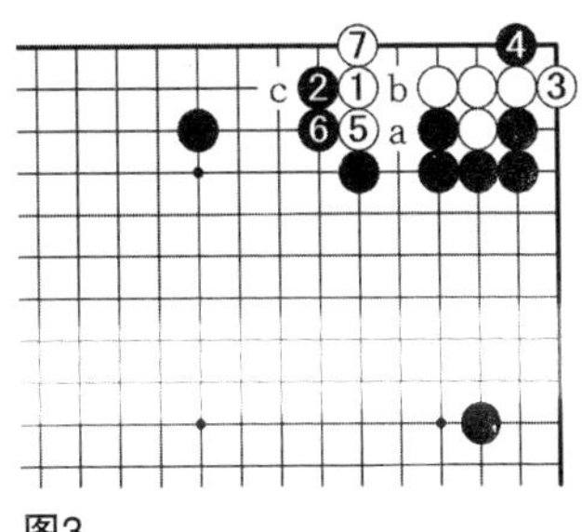

图3

白净活

图3（正解变化）

但是在一般情况下，黑4破眼，白5位顶是先手。黑6挡，白7立即可净活。

需要注意的是，黑6有a、白b、黑7、白6、黑c破眼的手段。

小飞守角·点三三

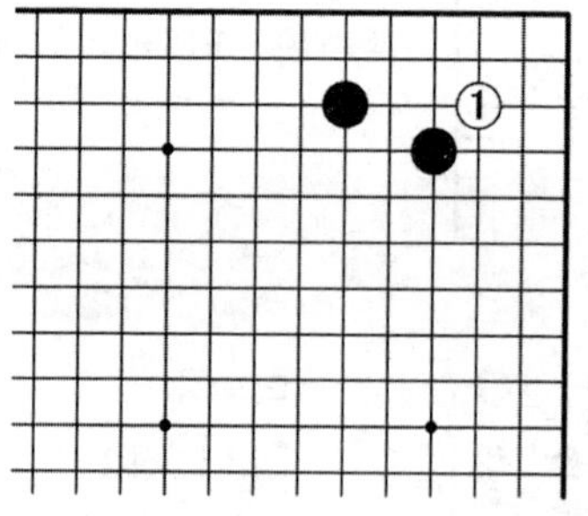

星位、小飞守角的情况下，白1点三三。

小飞守角要比一间跳更重视防守角部，选择点三三需要做好准备。

点三三：6

第1型

白活

白△的死活取决于黑棋周围棋子的配置。

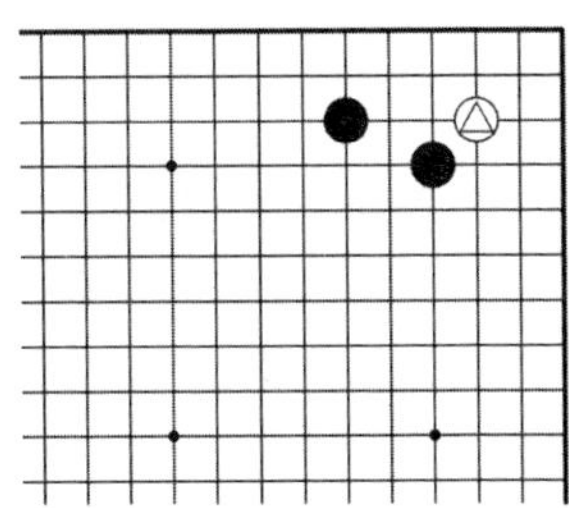

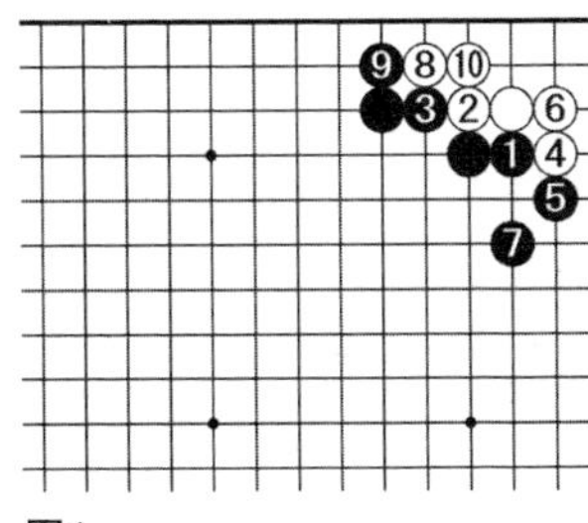

图1

白净活

图1（证明）

黑1在宽阔的方向挡。白2爬，黑3顶，白4扳。黑5挡，白6粘，黑7虎补，白8，10扳粘做活。

黑7若是——

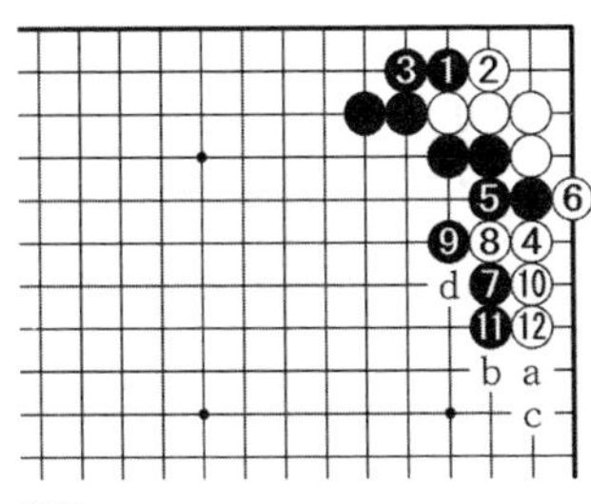

图2

白净活

图2（证明变化）

若黑如本图1，3扳粘白棋角上无法做活。但是白有4位夹出头的手段。进行至白12，黑若a位扳，白b断，黑c长，白d断，黑崩。

图3

白净死

图3（参考）

但是假如黑在▲位一带有子，与前图相同白4至白12进程，黑13扳成立。

此时图1白6粘就会有死活之忧。

第2型

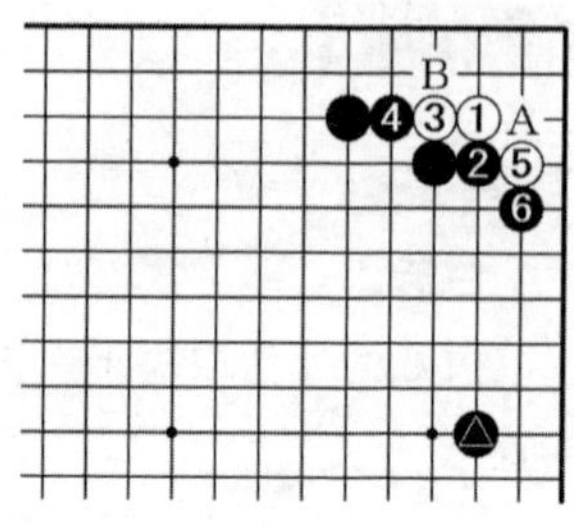

白先劫（黑先提劫）

黑棋▲位一带有子的场合，黑6扳，白若A位粘，黑B扳，白棋局部死活堪忧。

此时白棋要选择其他下法。

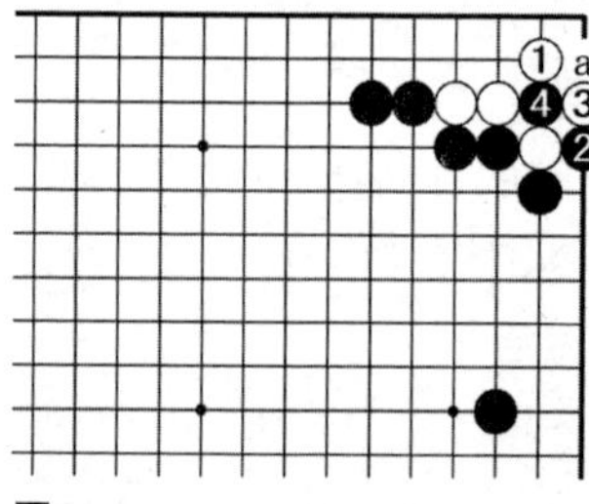

图1

打劫

图1（正解）

白1虎，黑2打吃、白3做劫。但是黑4提劫之后，若占据a位消劫，角上实地巨大，白棋选择开劫一定要提前计算好劫材情况。

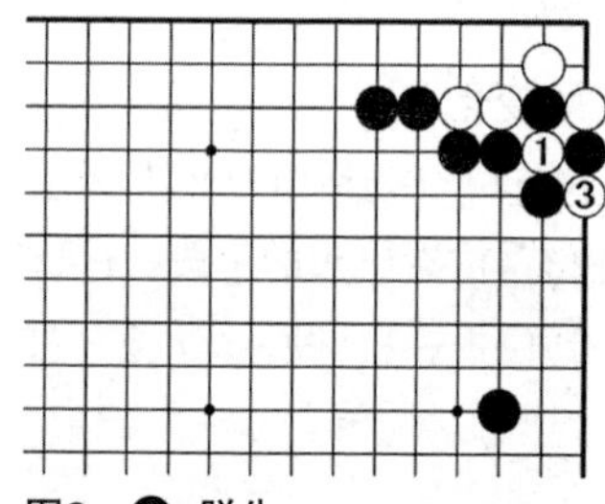
图2　❷=脱先

白净活

图2（正解续）

如果白棋劫材有利，白1、3消劫可以侵消黑棋周围模样，黑棋损失极大。

黑棋不能轻易开劫。

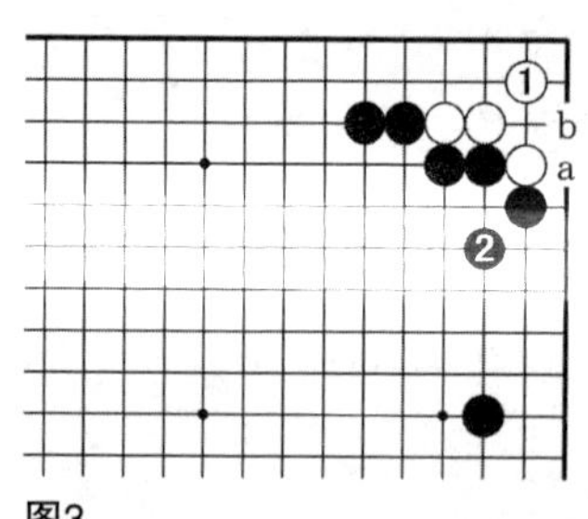

图3

黑先劫

图3（正解变化）

黑棋若劫材不利，可以在2位虎加强外势

此时即使白棋脱先他投，图1打劫仍然存在。黑a、白b做劫。

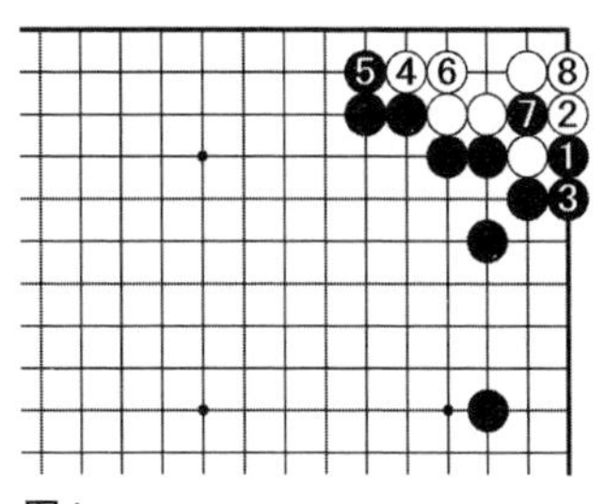
图4

白净活

图4（正解变化续1）

黑1、白2交换，黑3粘妥协，白4、6扳粘净活。接下来黑7提，白8粘。

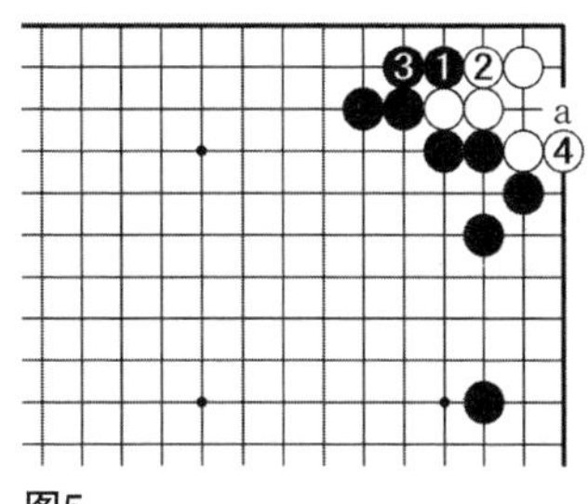
图5

白净活

图5（正解变化续2）

为了避免劫争，黑1、3扳粘，白4立或者a位做眼即可净活。

黑1在a位点，白同样是在4位挡应对。

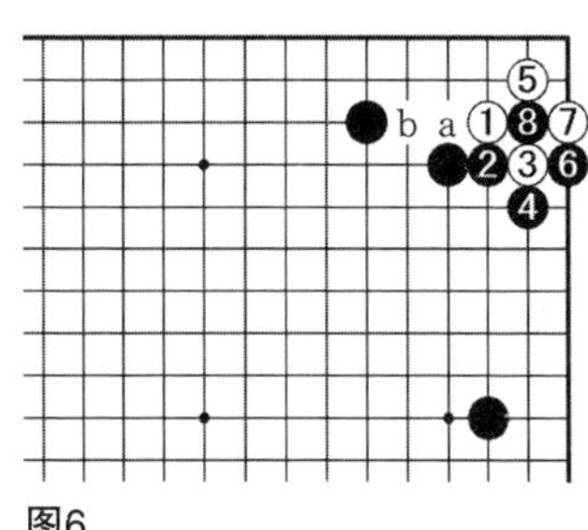
图6

打劫

图6（参考）

回到最初，白1、黑2交换，白3、5直接扳虎做眼也是局部选择之一。黑6、8开劫，如果白棋劫败，白a、黑b的交换会加大损失。

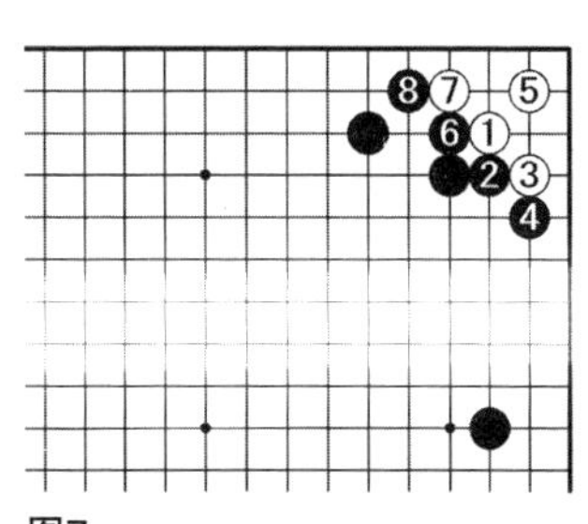
图7

黑先劫

图7（参考变化）

但是这样一来黑可能在6、8妥协，黑棋形完整，两者各有优劣。

总结，小飞守角点三三的情况下，局部是打劫活。

两边小飞守角·点三三

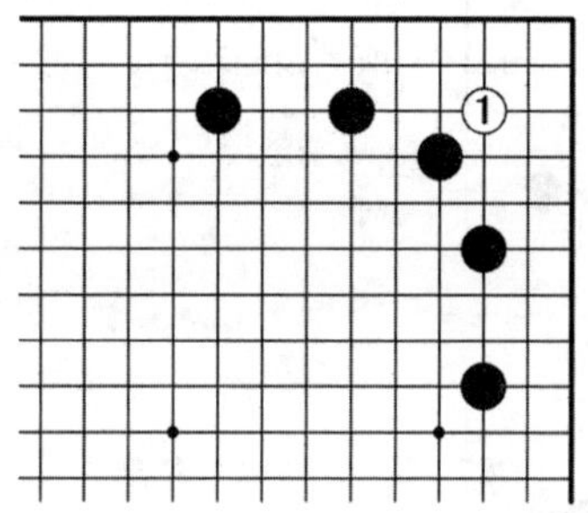

黑棋两边小飞守角的同时，在周围还有棋子配置。此时白1点三三更多的是在试应手。

黑棋有众多援军，绝不会轻易给白棋机会。

点三三：7

第1型

黑先白变化

白△点三三是试应手。

黑棋此时有攻杀的手筋。

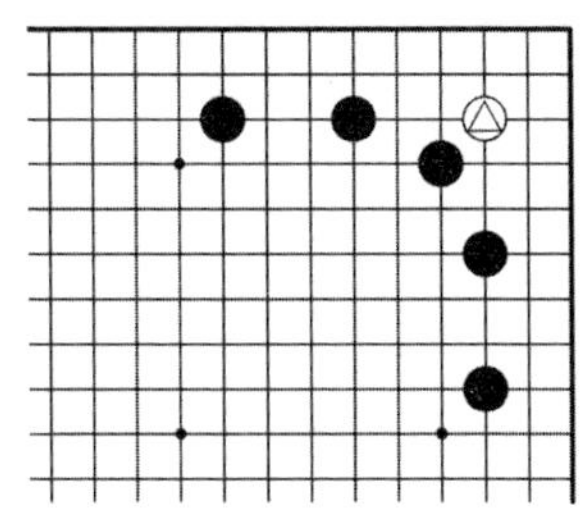

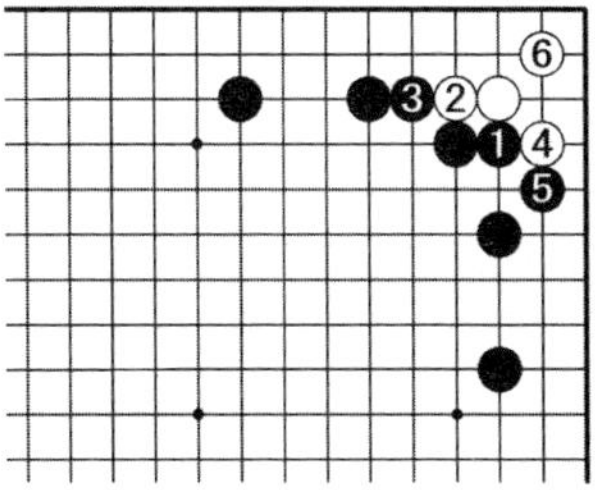

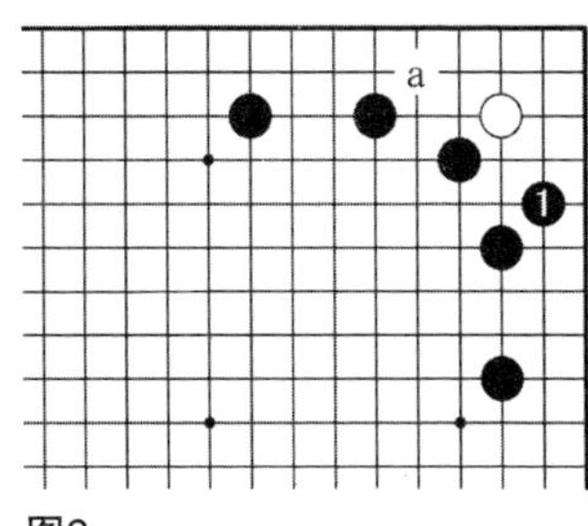

图1

打劫

图1（参考）

黑1挡，白2爬至白6应对。

这是在之前已经学到的打劫局面。

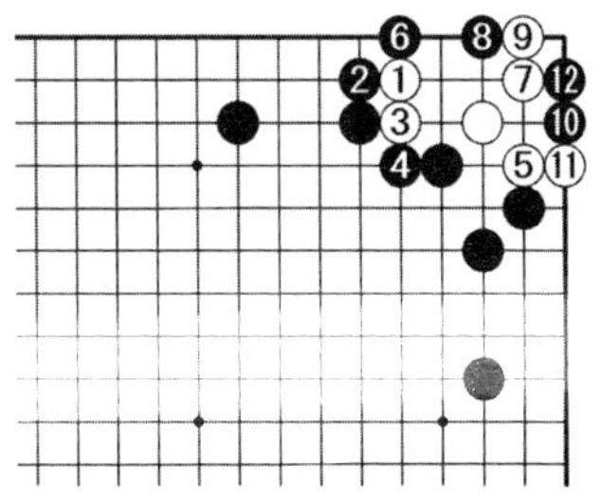

图2

小尖

图2（正解）

黑1小尖是此时的手筋。

两边同形，黑a结果相同。

图3

白净死

图3（正解变化1）

白1、3在上边先手扩大眼位，白5尖顶在右边防止黑棋侵入。白棋调子不错，但黑6从外围缩小眼位，以下白7进行至黑11，白净死。

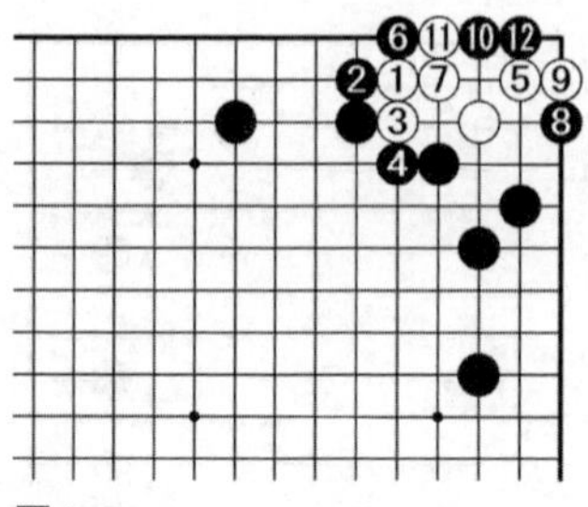

图4

白净死

图4（正解变化2）

上图白5，若选择本图白5小尖做眼确实是眼形要点，但黑6、8仍然是可以净杀白棋。白9挡，黑10、12即可。

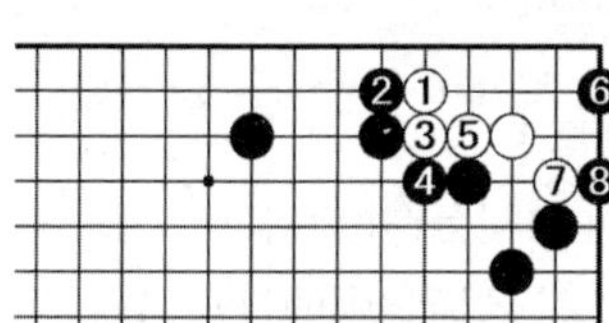

图5

白净死

图5（正解变化3）

白5扩大眼位，黑6大飞缩小眼位好手。白7尖顶，黑8渡过。

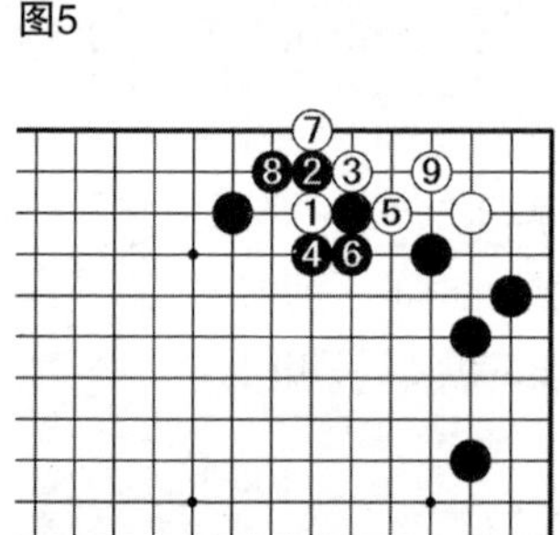

图6

角上手段

图6（正解续1）

白棋无法做活，白1、3在外围寻找机会。黑4打吃是最强抵抗，白5以下进行至白9，白棋可以在角上做活。

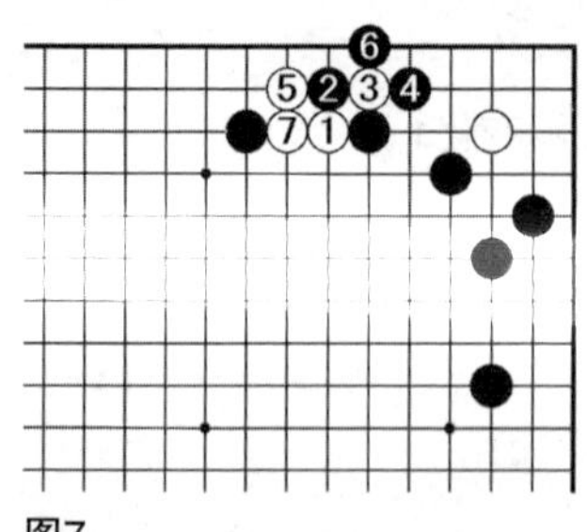

图7

外围变化

图7（正解变化续2）

白1、3腾挪，黑4打吃稳健。白5、7分断

问题图中的白棋利用点三三能够在周围有所得，应该可以满意。

双大飞守角·点三三

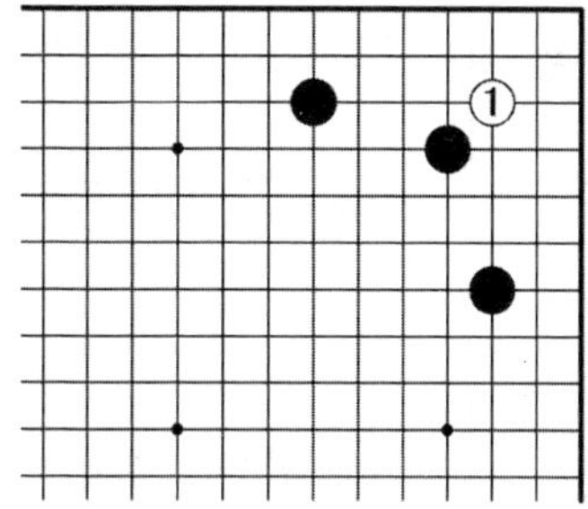

星位两边大飞守角的棋形，三手棋补角仍没有确保角上实地，这是经典的问题棋形。

白1点三三即可。

点三三：8

第1型

白先劫

白1点三三、黑挡是常见的定式次序。进行至黑12打吃，接下来会如何？

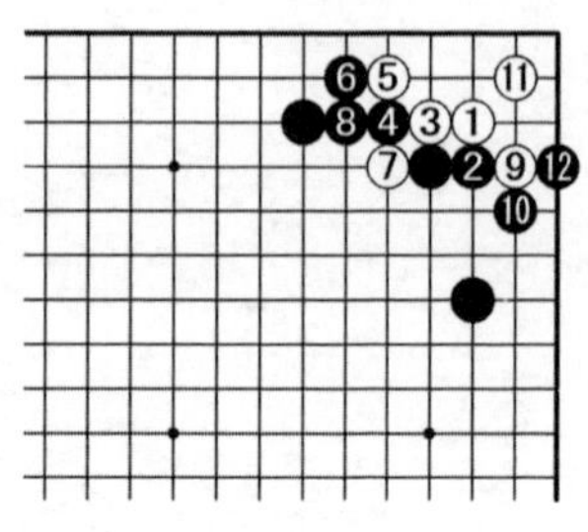

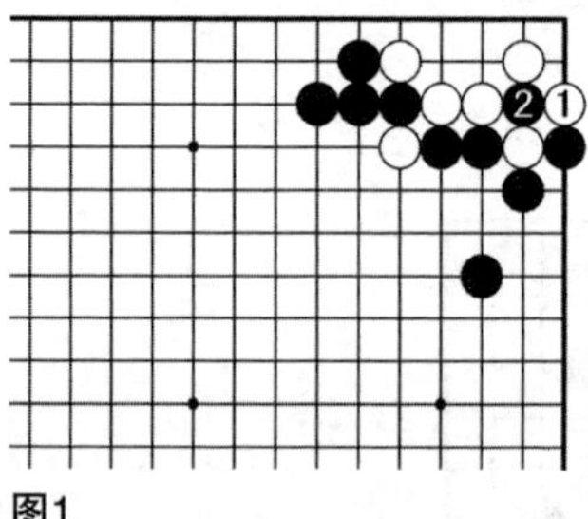

图1

打劫

图1（正解1）

白1做劫，黑2提劫。这是在小飞守角局面下也出现过的变化图。

本图是常见的结果，双大飞守角的场合下还有很多有趣的变化。

图2

虎

图2（正解2）

白1虎。此时黑a托破眼在后续变化图中展开，黑棋的最强手是——

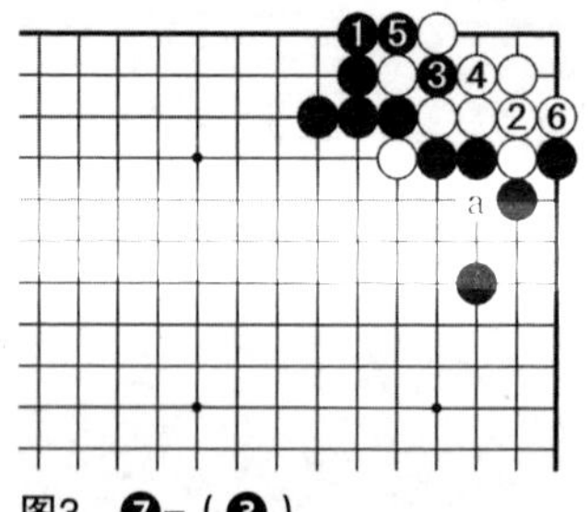

图3　❼=（❸）

打劫

图3（正解2续）

黑1立好手。白2粘进行至黑7，结果是打劫。与黑1相同是劫活，但本图白有a位的劫材，占据上风。

这是白棋劫材不利情况下的选项。

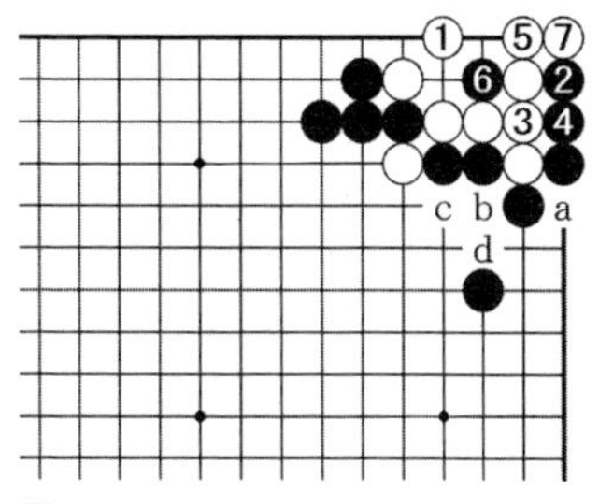

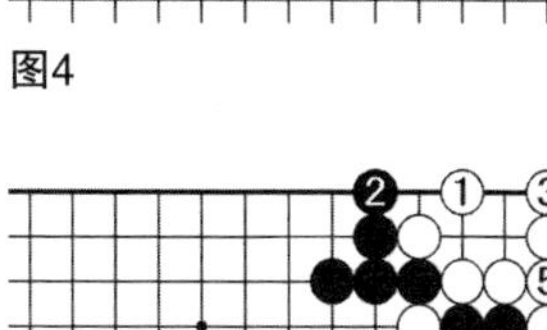

图4

白净活

图4（正解2变化1）

再研究一下白1虎之后的变化。白1虎，黑2托如何。白3、5是正确应手，黑6破眼，白7打吃，接下来黑a粘，白b断打，黑c弯，白d顶，黑崩。

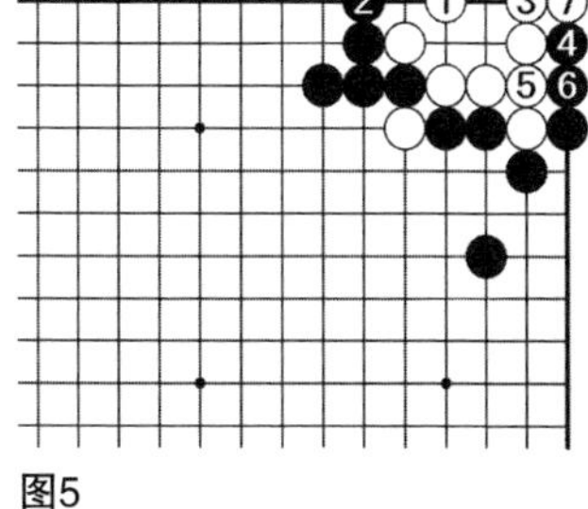

图5

白净活

图5（失败变化）

那么黑2立，白3应对如何？如果黑4托，白5粘还原上图。

但是，面对白3切立，黑棋的应对是——

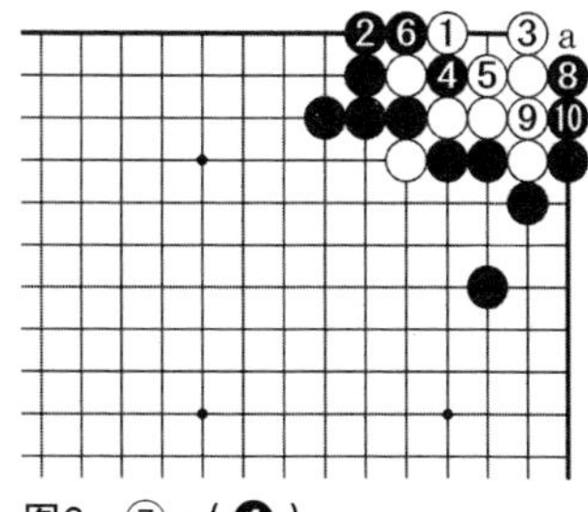

图6 ⑦=（❹）

白净死

图6（失败）

黑4～6交换，白7粘，黑8托是绝佳次序。白9粘，黑10之后，白a位无法入气，本图白净死。

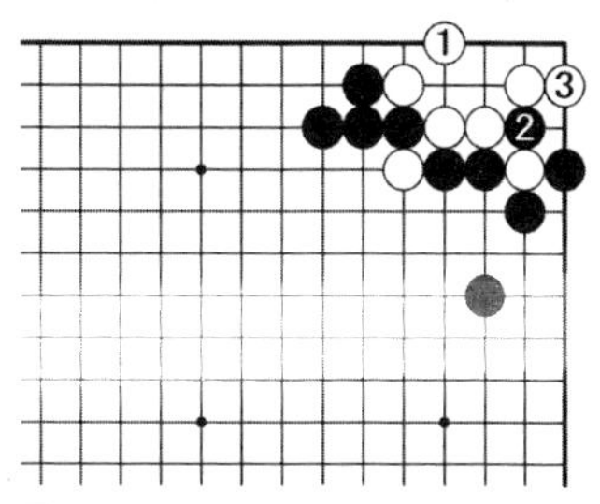

图7

白净活

图7（正解2变化2）

实战中也可能白1虎，黑2提，黑3做活的结果。

作为死活来说图3的攻防最为严厉，实战中图1（白棋选择）、本图（黑棋选择）也在考虑范围之内。

大飞守角·托角

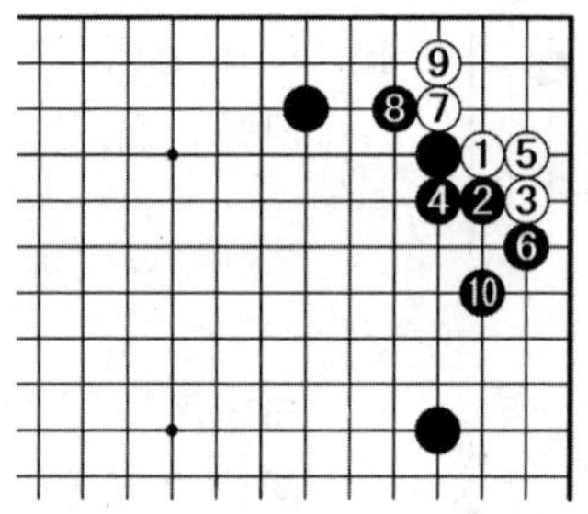

星位大飞守角的情况下，白1托是常见手段。

黑棋如果重视模样会在黑2位外扳。进行至黑10是定式，接下来会对角上死活进行研究。

托：1

白先缓一气劫

相信大家的第一感都是黑1点。

白棋如何应对是最好结果呢？

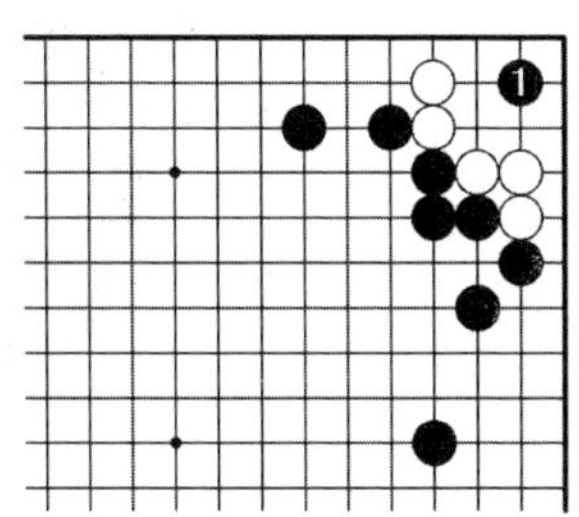

顶

图1（正解）

面对黑点，白1顶好手。黑2顶，白3扳，黑4弯，白5粘。

接下来白a夹，黑b立；黑c扳，白d打吃。

图1

缓一气劫

图2（正解续）

接上图，黑1、白2交换之后，黑3扳。白4、6之后，黑7粘，白a提劫。

黑占据b位之后是紧气劫，所以现在是缓一气劫。

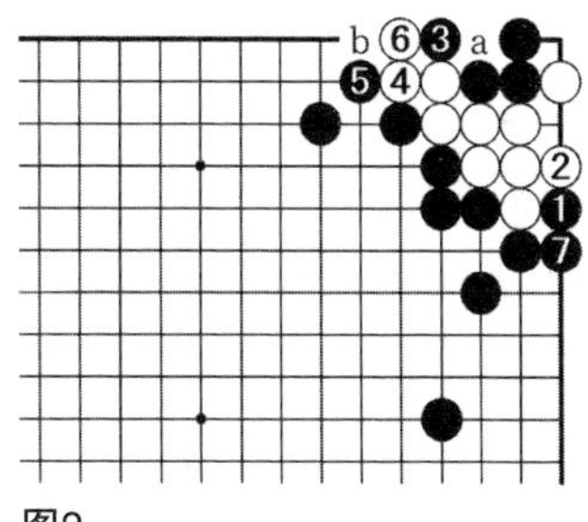

图2

一劫之差

图3（正解续变化）

如果不走上图黑1，此时黑5扳，白6直接提劫，差了一个劫材，后续黑a提劫、白a可以作为劫材使用，黑棋有失着之嫌。

但是——

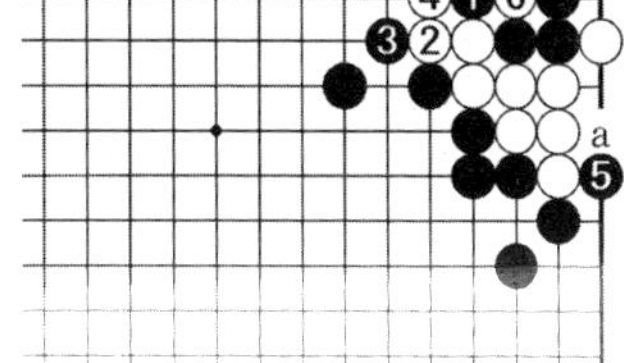

图3

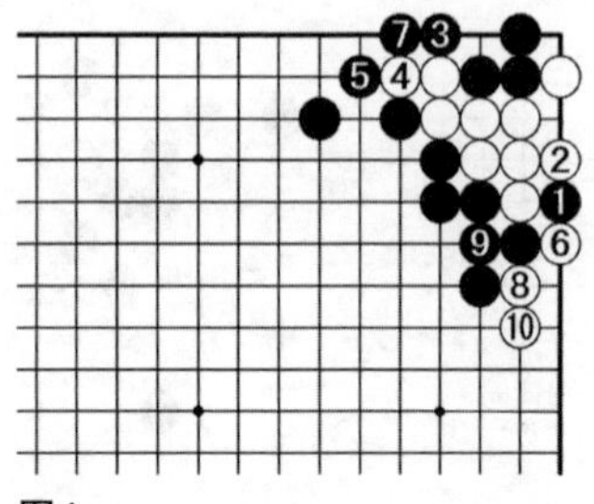

图4

白逃出

图4（参考）

黑1扳至黑5虎，白有6位提出头的可能性。

此时还是选择图3的变化更合适。

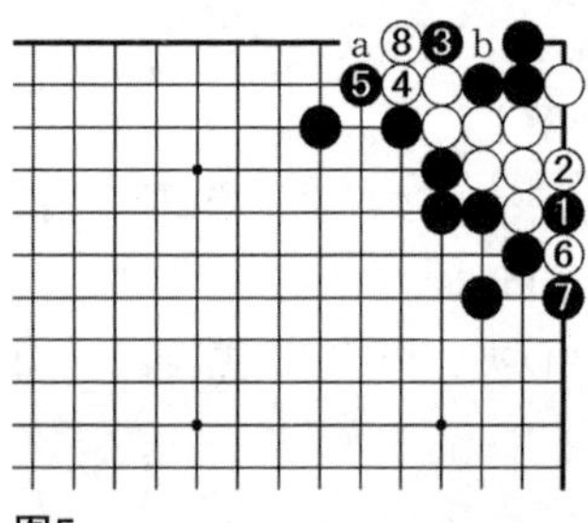

图5

白双劫循环净活

图5（参考变化）

白6提，黑7如果打吃，白8拐，接下来黑a打吃、黑1提劫，白也可以在b位提，双劫循环白净活。

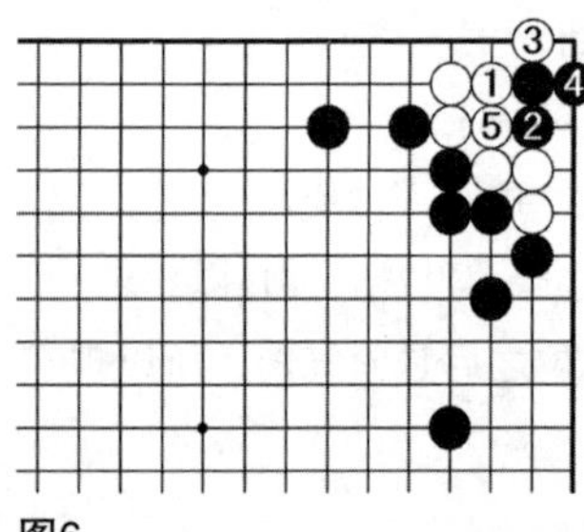

图6

顶

图6（准正解）

面对黑棋点，白1顶结果如何？死活结果与之前相同，但本图与图2相比有不足之处。黑2顶，白3扳，黑4立，白5粘都是相同进程，接下来——

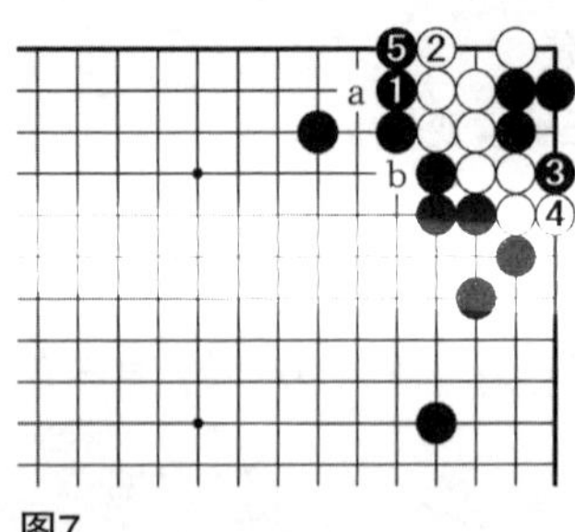

图7

缓一气劫

图7（准正解续）

黑1、白2交换之后，黑3扳。白4打吃、黑5紧气，结果是缓一气劫。

图2中黑1、白a之后会给黑棋留下b位断点，本图黑棋外围厚实。

一间跳·托

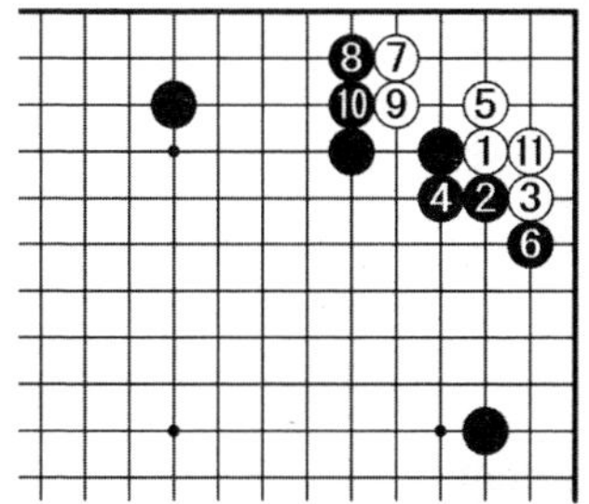

黑棋星位、一间跳，白1托。

进行至白11，白棋局部已经净活，但是需要了解黑棋有哪些攻杀手段，并正确应对。

托：2

第1型

白先活

此时黑1扳是最常见的下法。

白棋应该如何应对呢？

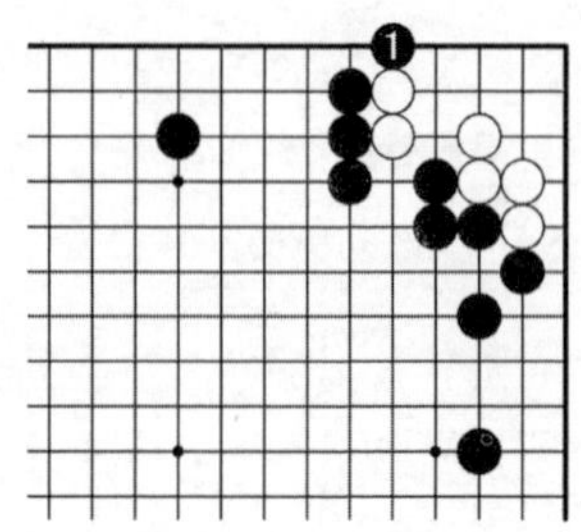

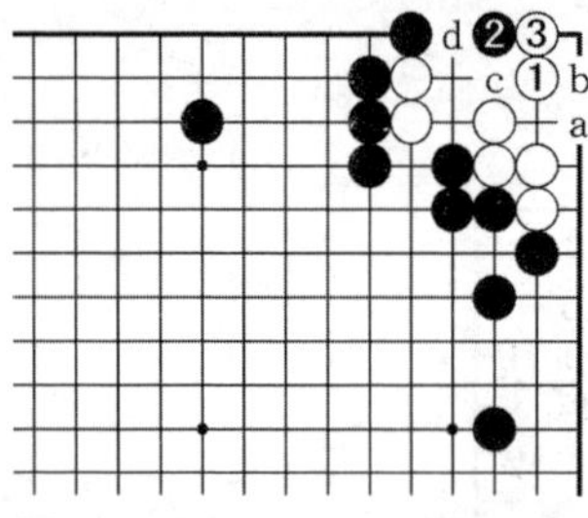
图1

白净活

图1（正解）

白1在“二二”虎小尖好手。黑2跳，白3挡做活。接下来黑a，白b。

白1若下在c位并，黑d爬，白1位拐也可以净活。

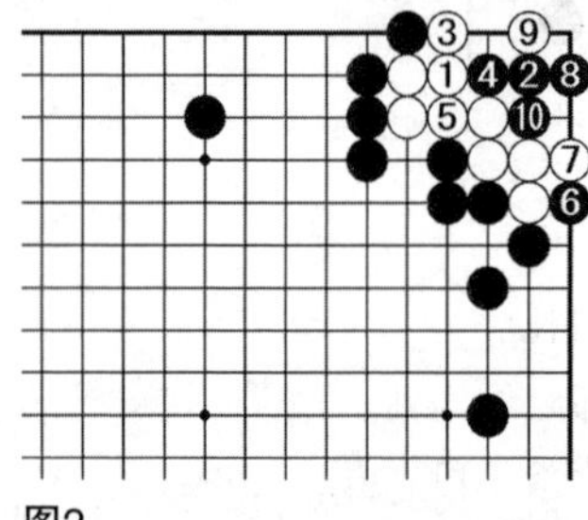
图2

白净死

图2（失败1）

白1弯过分。黑2点急所，白棋净死。白3打吃，黑4挤、6扳。白7打吃，黑8、10之后，局部变成“刀把五”。

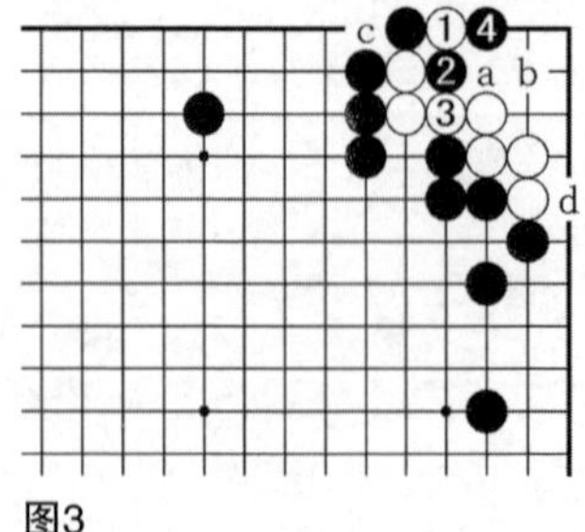
图3

打劫

图3（失败2）

白1打吃同样过分。黑2断吃好手。白3粘，黑4提子之后，白只能a位打，黑b扳劫活。

白3若在c位提，黑3位粘，白a位长，黑d扳，白净死。

第2型

白先活

黑1冲，白2挡交换，黑3点，结果如何。

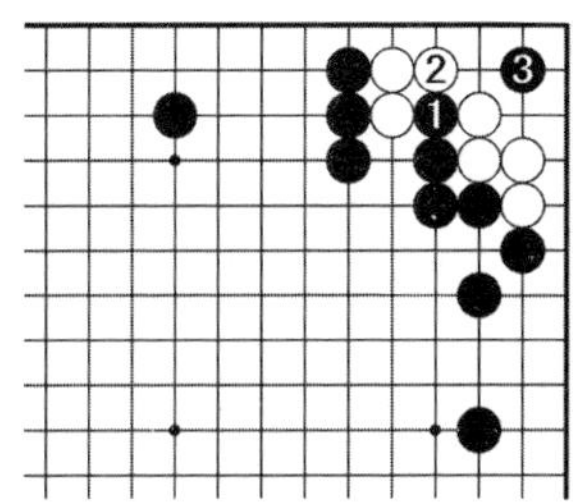

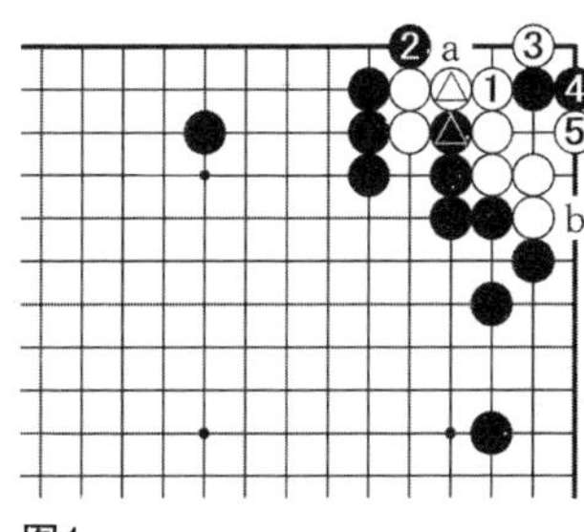

图1

白净活

图1（正解）

白1粘必然。黑2扳，白3、5做眼，接下来a、b两点见合，白净活。

有无黑▲与白△的交换结果相同。

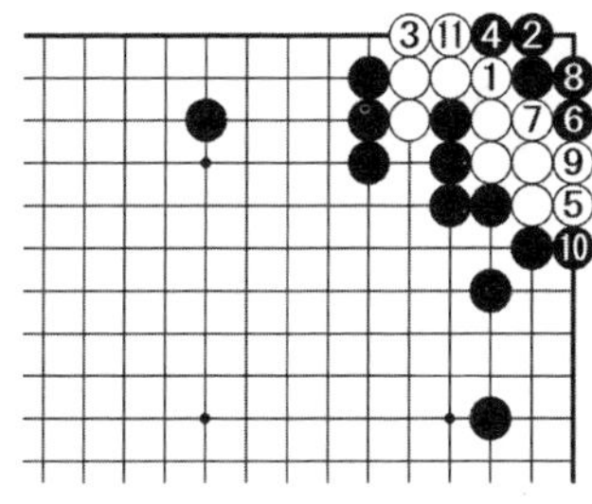
图2

白净活

图2（正解变化）

黑2立，白棋有数种活棋的方法。比如白3扩大眼位，对杀白快一气获胜。

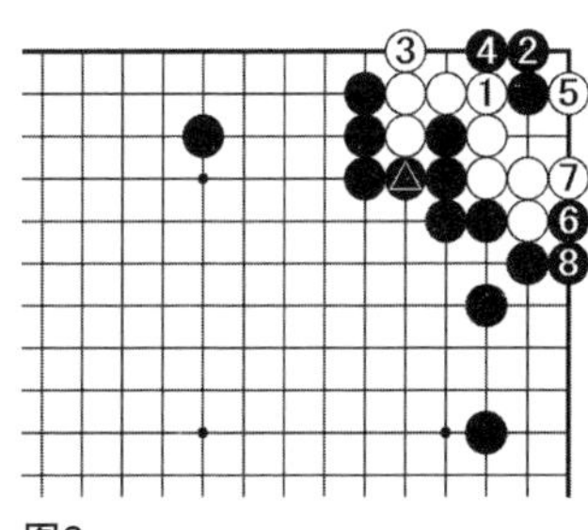
图3

双活

图3（参考）

加入黑在▲位有子，黑2立，白3～5应对同样没有死活之忧。进行至黑8，结果是双活。

小飞守角·托

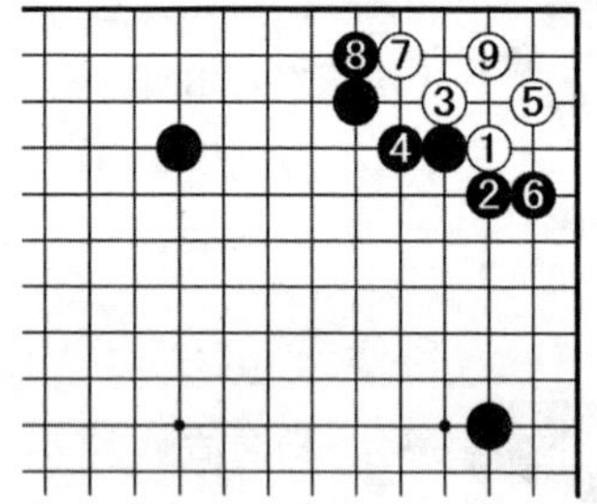

黑棋星位、小飞守角之后，白1托形成的定式。

本型将研究由此衍生出的白角死活问题。

托：3

第1型

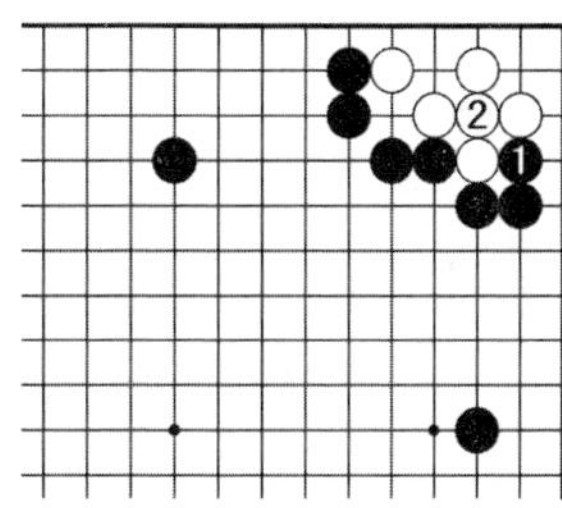

白活

定式之后，黑1、白2交换。

本型白棋净活。

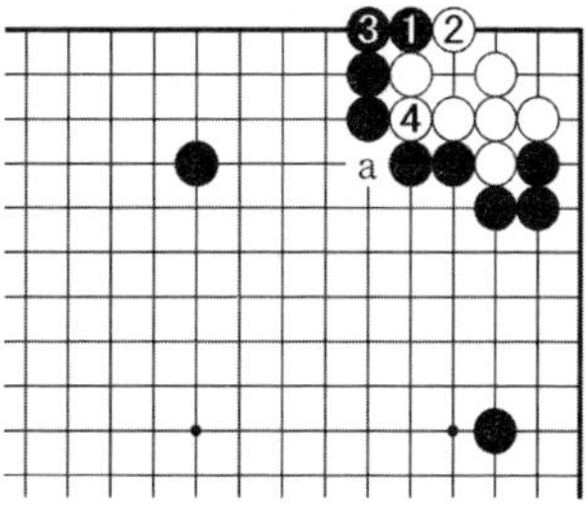

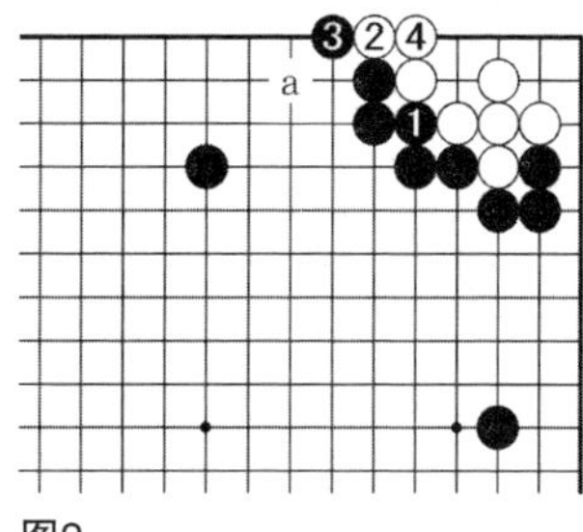

图1

白净活

图1（证明1）

黑1、3扳粘，白4做眼，活棋没有问题。

黑留下了a位断点，本图不能满意。

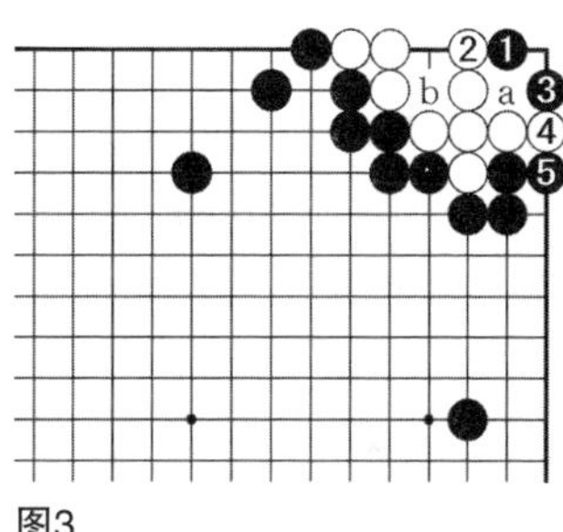

图2

白净活

图2（证明2）

黑1挤攻击，白2、4扳粘应对。接下来黑a虎，白可以脱先他投。

图3

双活

图3（证明2续）

接上图，黑1点，3、5之后局部结果是双活，白棋没有死活之忧。

第2型

白先活

白1小尖，黑可以2点、4挡应对。

白棋如何做活呢？

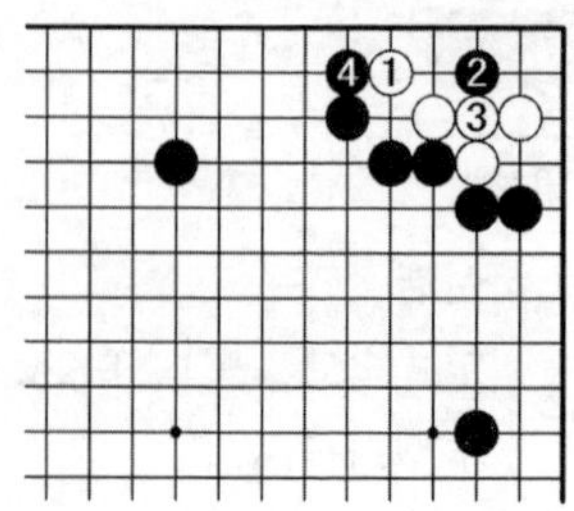

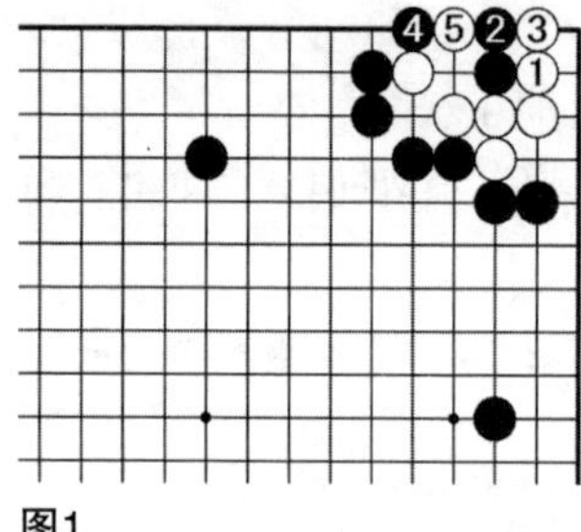

图1

白净活

图1（正解）

白1拐占据“二二”要点。黑2立，白3挡确保角上眼位。黑4扳，白5倒扑净活。

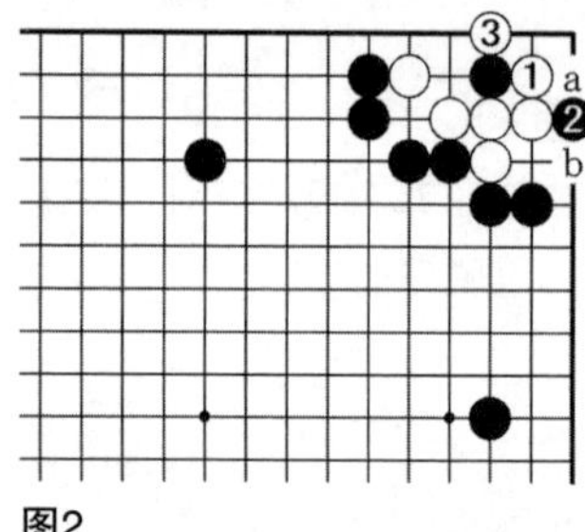

图2

白净活

图2（正解变化1）

上图黑2若选择本图黑2托，白3拐坚实。黑a爬，白b打吃；黑b退，白a拐净活。

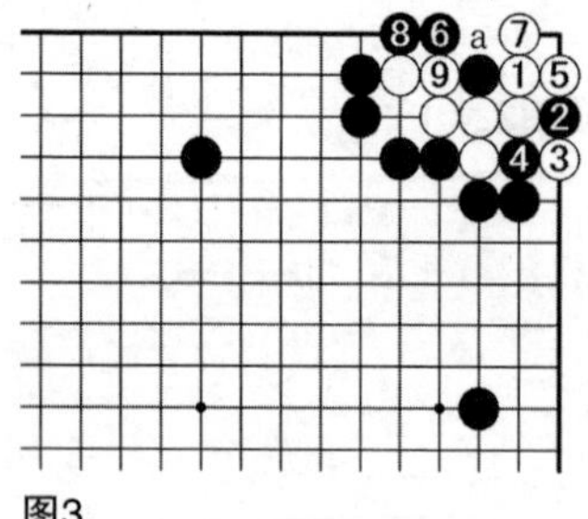

图3

白净活

图3（正解变化2）

上图白3也可以如本图白3打吃、5提，同样可以净活。需要注意的是，黑6小尖，白7非常关键。黑8渡过，白9打吃接不归，黑无法在a位粘，白净活。

白7若在8位挡，黑7扳，白净死。白7在9位打吃，黑7扳，劫活。

第3型

白先活

黑1点、3爬破眼。

白4爬、黑5挡交换，白棋下一手应该从何入手呢？

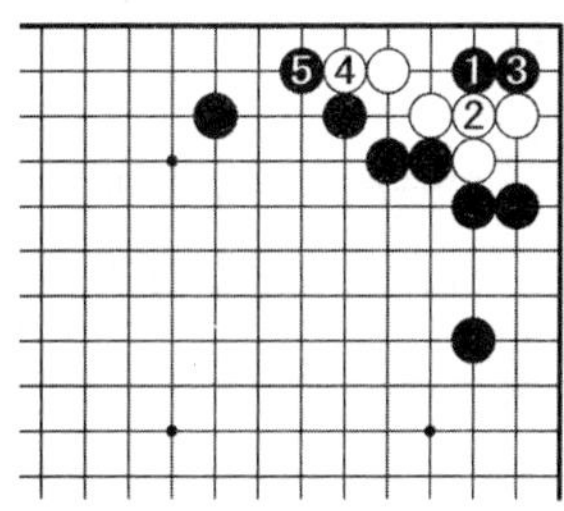

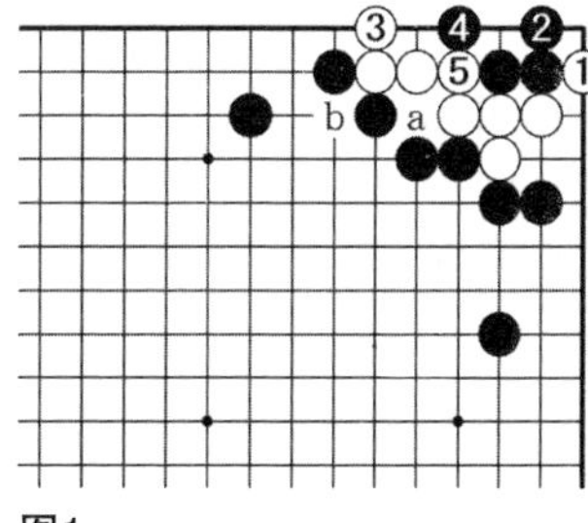

图1

双活

图1（正解）

白1扳，黑2弯，白3扩大眼位。黑4小尖，白5挤双活。

黑4若下在5位挤，白a粘有b位断吃的后续手段。

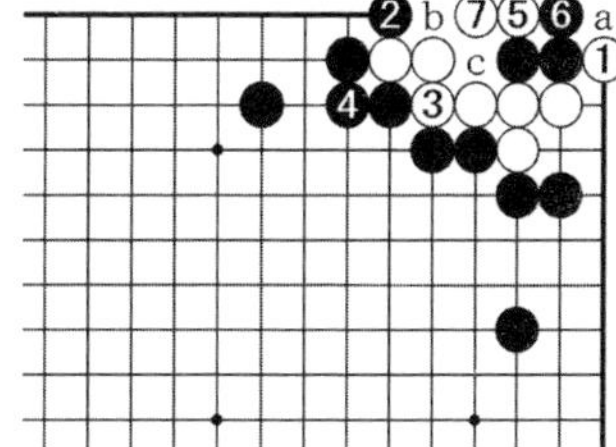

图2

双活

图2（正解变化）

白1扳，黑2扳，白3挤先手，5夹是手筋。黑6打吃，白7连回，双活。

黑6若在7位打吃，白6位爬妙手，黑a提，白6扑，黑b粘，白c打，净活。

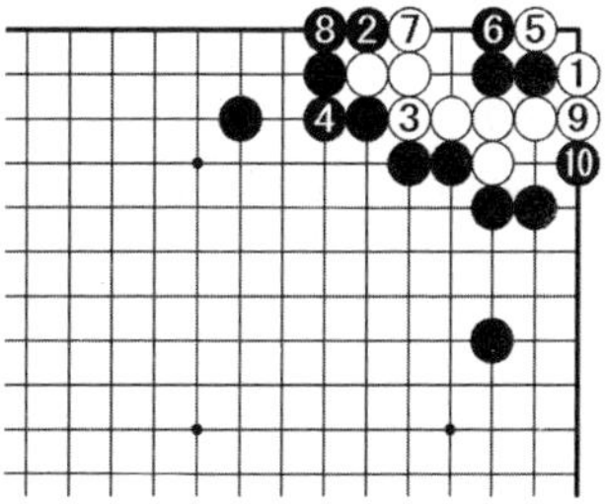

图3

万年劫

图3（失败）

上图白5，如本图白5扳、7打吃，黑8粘、10紧气，结果是万年劫。

白棋还是选择上图更合理。

第4型

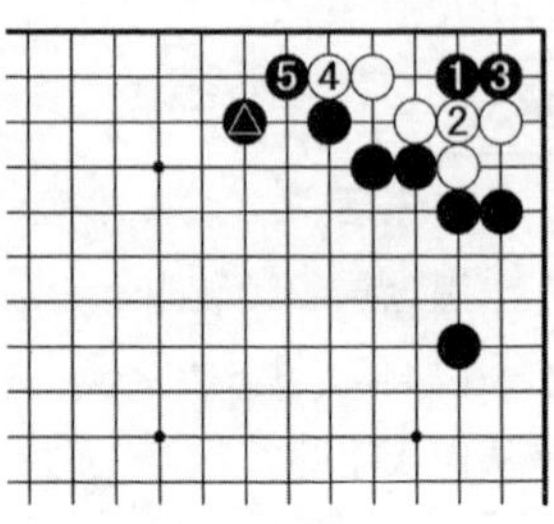

白先劫（黑先提劫）

若在▲位一带有黑子配置，死活的结果与前型不同。

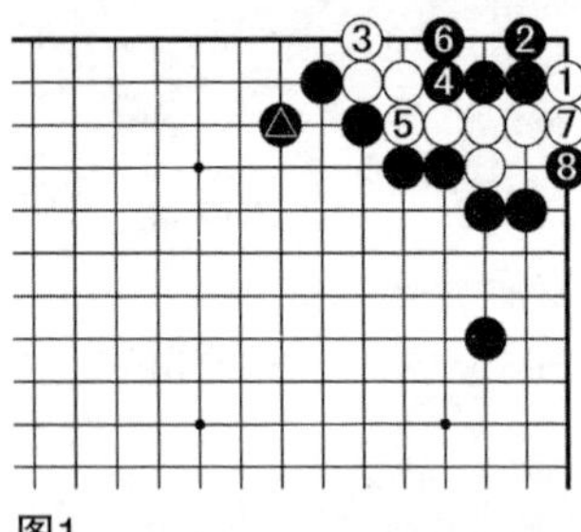

图1

白净死

图1（失败1）

白选择与前型相同的下法，白1扳、3扩大眼位。此时黑2、4之后白净死。白5粘，黑6做眼，结果是“有眼杀无眼”。黑▲的存在，解除了黑棋外围棋形的缺陷。

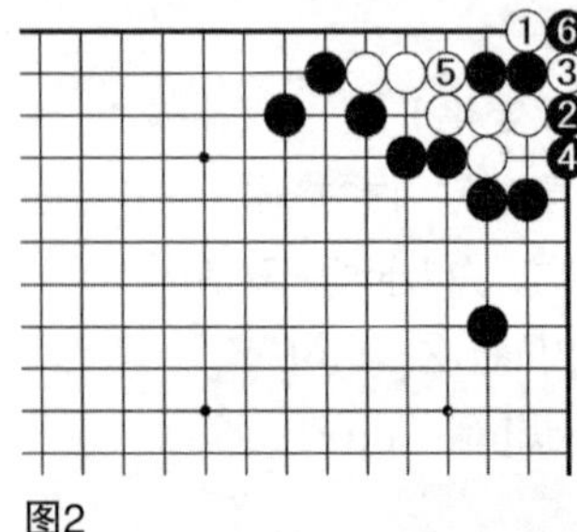

图2

打劫

图2（正解）

白1在“二一路”夹只此一手。黑2扳，白3扑，以下进行至黑6，打劫是双活最好结果。

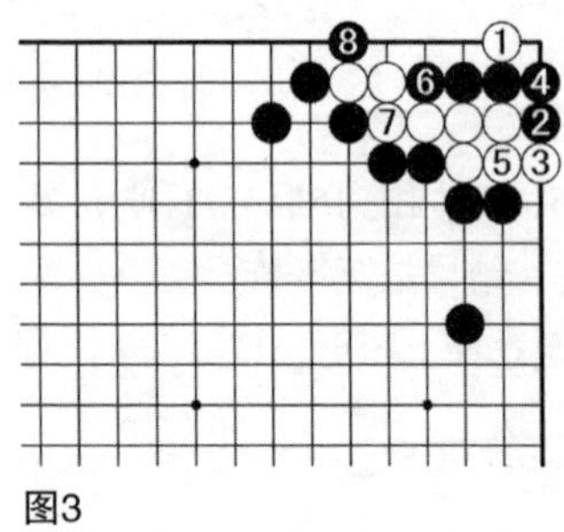

图3

白净死

图3（失败2）

黑2扳，白3打吃，黑4粘、6挤，对杀白差一气被吃。

第5型

白先活

黑棋在上边▲位有子的情况下，白放弃A位虎，选择1位立可以做活。

黑2挡之后，白应该怎么下？

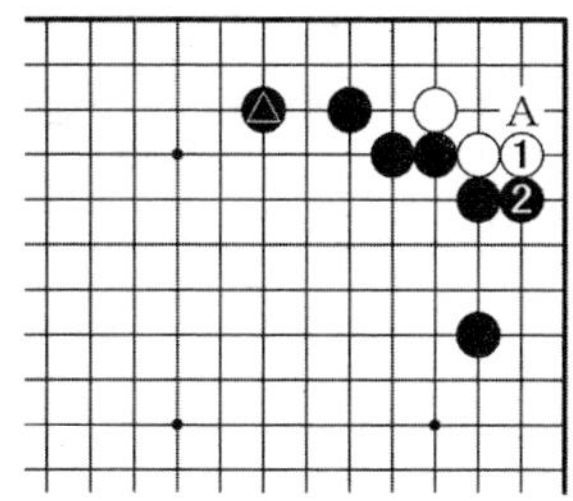

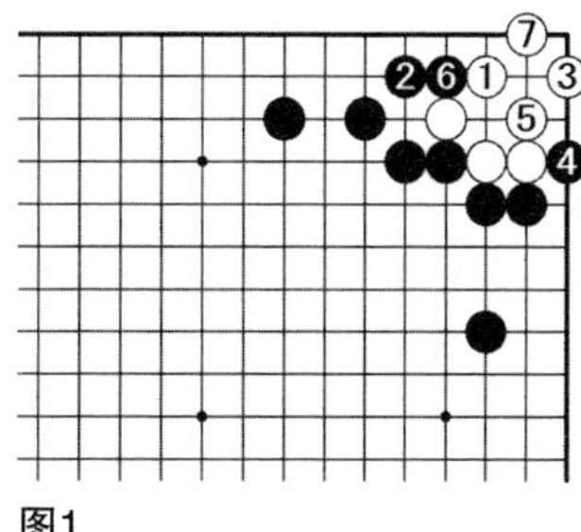

图1

白净活

图1（正解）

白1虎好手，黑2小尖，白3“二一路”跳，黑4扳，白5弯做活。黑6挤，白7虎，两眼做活。

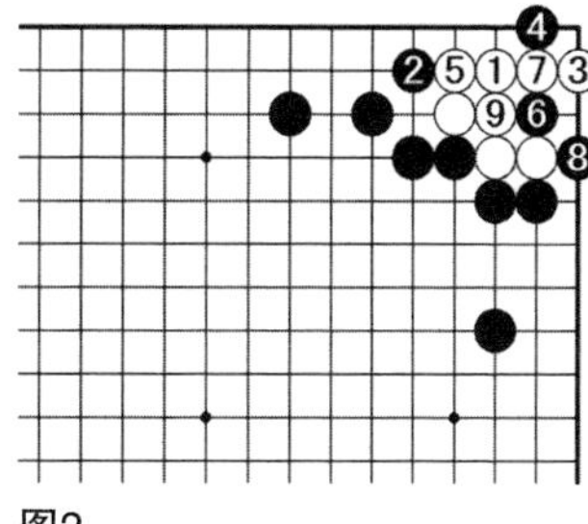

图2

白净活

图2（正解变化1）

白3在“二一路”跳，黑4点，白5团扩大眼位好手。黑6、8试图破眼，白9粘，接不归。黑一子被吃，白净活。

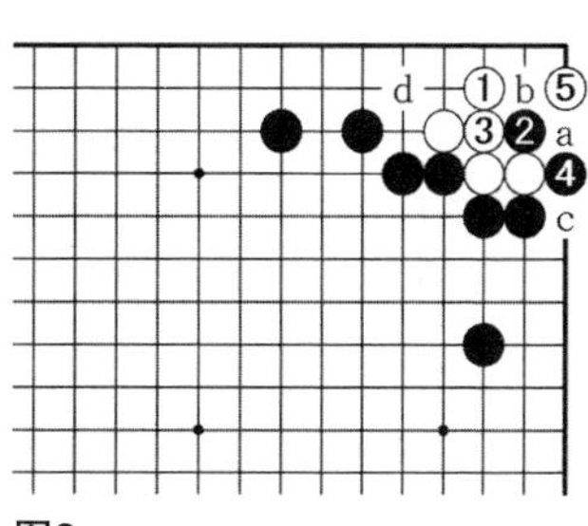

图3

白净活

图3（正解变化2）

白1虎，黑2夹，白3粘冷静。黑4渡过，白5跳是做活手筋。接下来黑a粘，白b打，黑c粘，白d虎可以做活，黑d则白b。

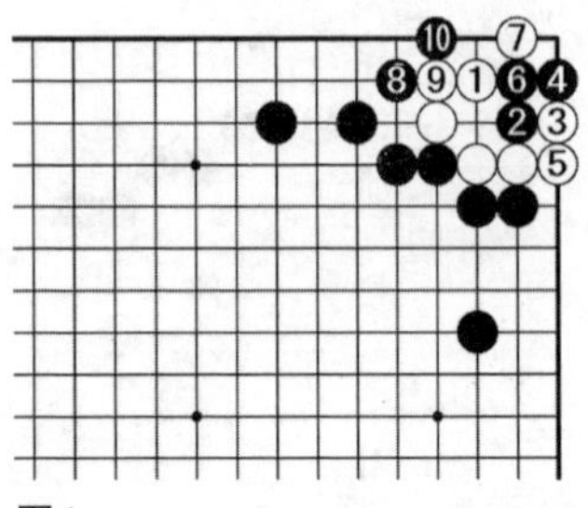

图4

白净死

图4（失败1）

黑2夹，白3立看似正解，但黑4、6严厉，白7扳，黑8小尖，白棋局部变成弯三，净死。

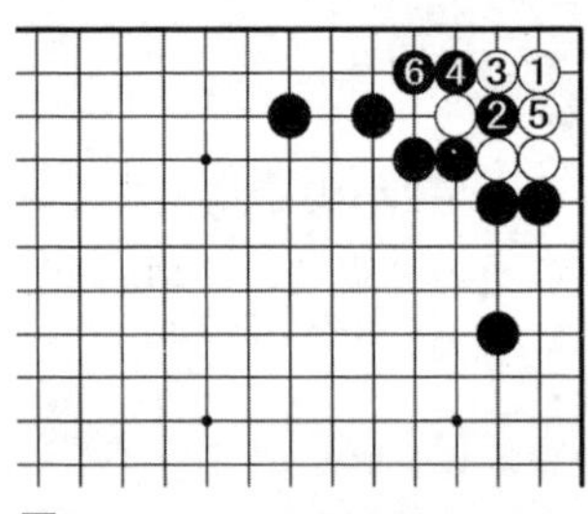

图5

白净死

图5（失败2）

白1跳看起来也是急所，但黑2、4是非常尖锐的攻杀手段，白5打吃，黑6退，白净死。

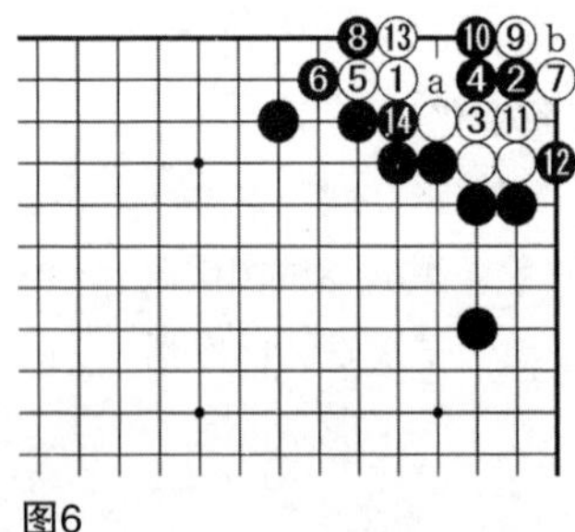

图6

打劫

图6（失败3）

白1扩大眼位，黑2点好手。白棋已经无法净活，打劫是最佳结果。黑14之后，白a、黑b打劫。

根据周围棋子配置，黑也可能选择下图。

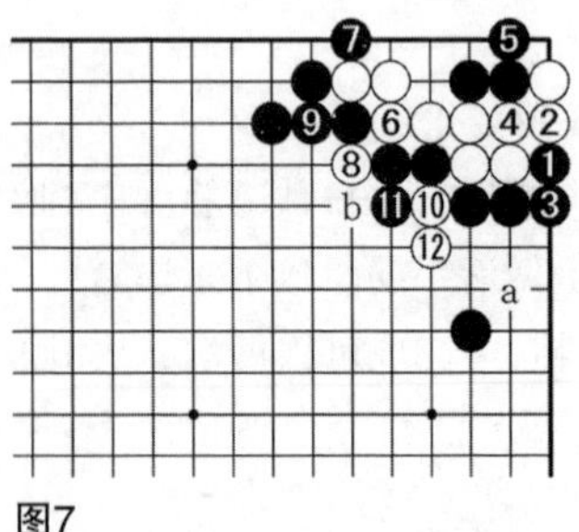

图7

白可能净死

图7（失败变化3）

上图黑8，若选择本图黑1至黑5的下法，可以净杀白棋。但是需要注意白棋一旦有了6位一子，就可以利用外围黑棋断点。白12之后，黑a补、白b征子是否成立成为生死关键。

第6型

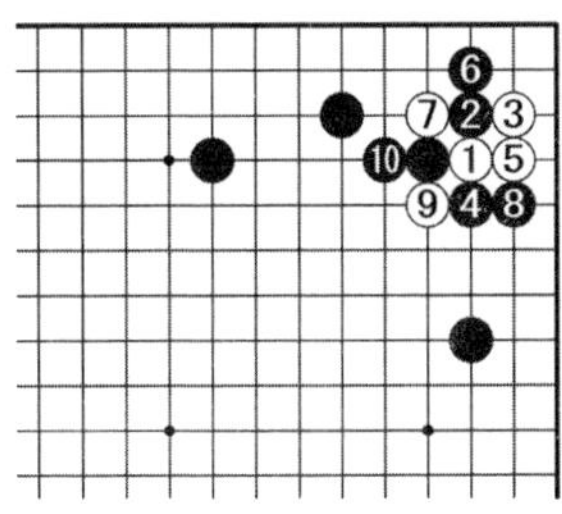

白先活

白1托，黑2里扳。

白9，黑10之后，白棋气不够，有被全灭的危机。不用担心，白棋局部有精彩手筋可以化险为夷。

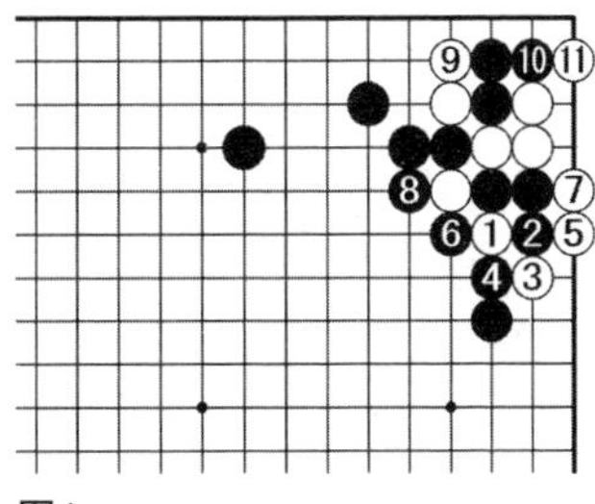

图1

扳

图1（正解）

白1扳，黑2拐，白3连扳。黑4打吃，白5、7先手交换之后，白9挡。黑10拐，白11扳。

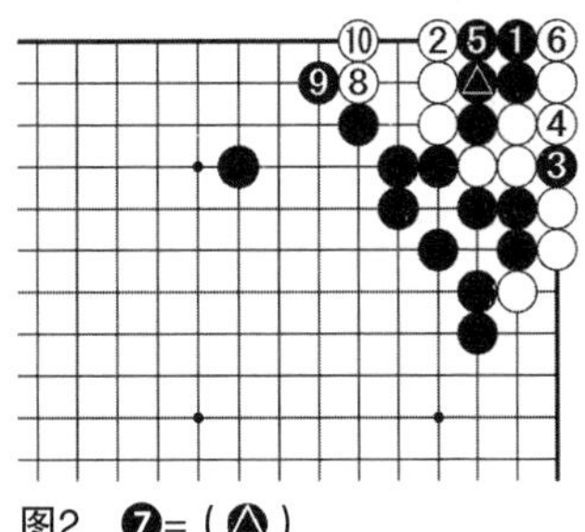

图2　❼=（▲）

白净活

图2（正解续）

接上图，黑1长气至黑5团，白6提，白8，10做眼净活。

黑5若下在8位粘，则白5提，白净活。

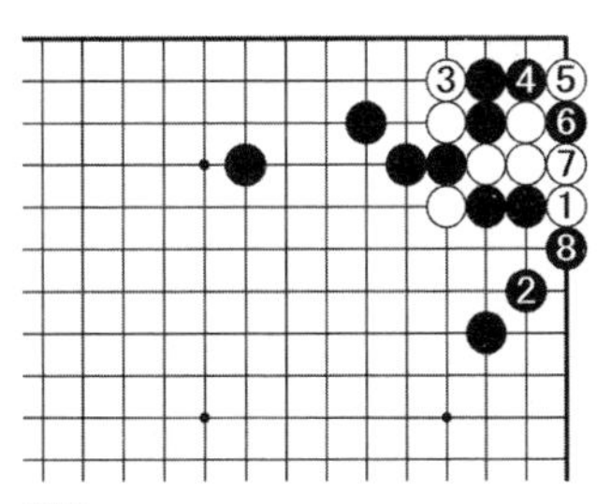

图3

白净死

图3（失败）

白1直接扳是失着。黑2跳，接下来白3、5选择与正解相同的下法，黑6、8可以紧气净吃白棋。正解图可以避免本图的发生。

角里有棋?

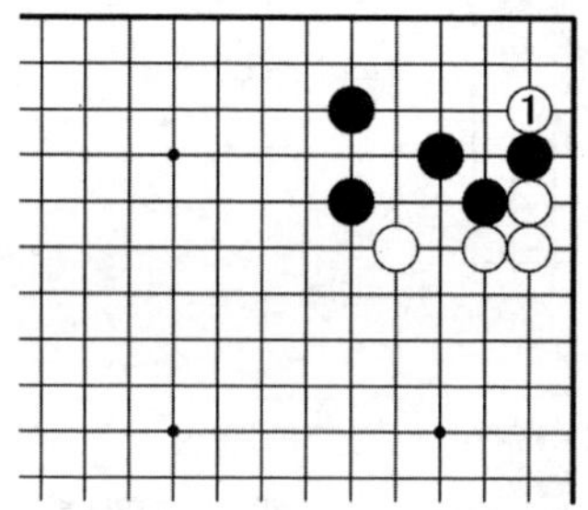

如果在没有问题的角地中被对方做活，是不能忍受的事情。同样，如果可以破掉对方实地，却没有成功，也会令人感到悲伤。

接下来针对角上破空的手段进行研究。

角里有棋?

第1型

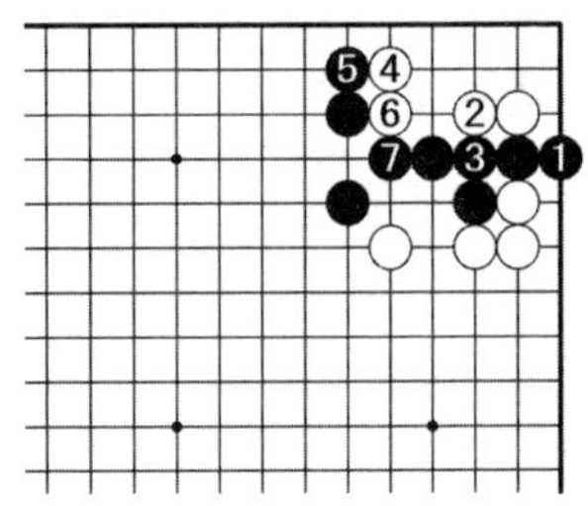

白不活

白想破坏黑棋角地。

此时白棋有做活的可能么?

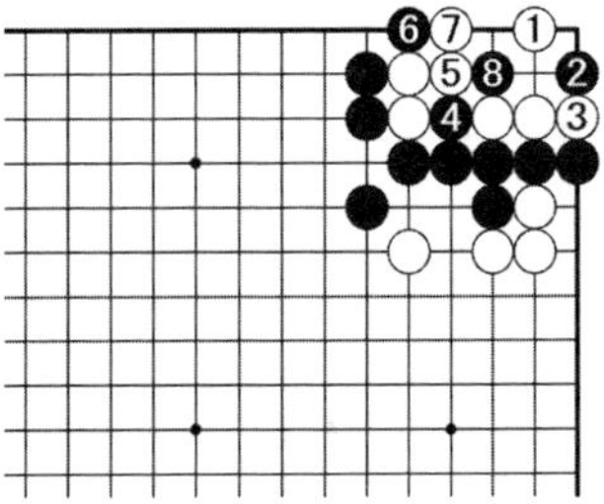

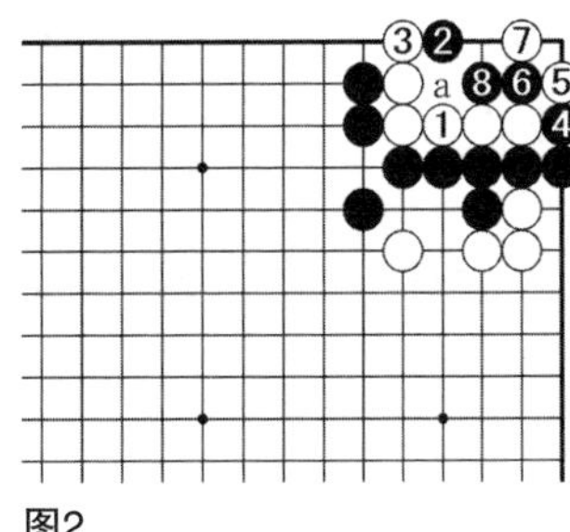

图1

白净死

图1（证明1）

白1跳是“二一路”的急所。但是黑2点，白3断交换之后，黑4、6破眼好手，白无法净活。白7打吃，黑8双打吃。

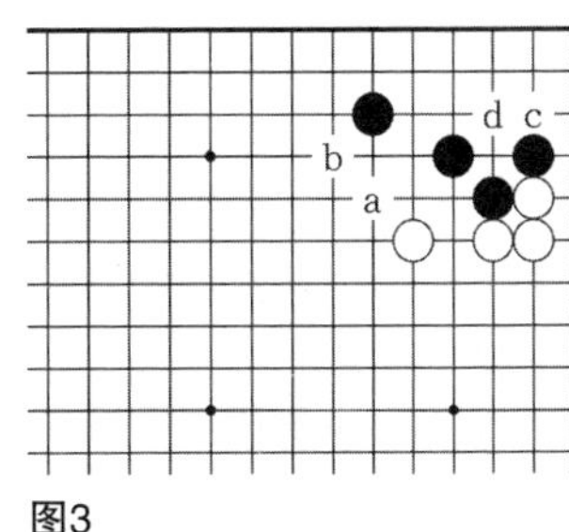

图2

白净死

图2（证明2）

白1粘，黑2点。白3、5、7意在打劫，但黑6、8之后，白a无法入气。

图1、图2都和白棋气紧有关。

图3

防守

图3（参考）

已知问题图白棋无法净活，本图黑a或者b位加强自身棋形，就可以防止白c或者d位破空的手段。

第2型

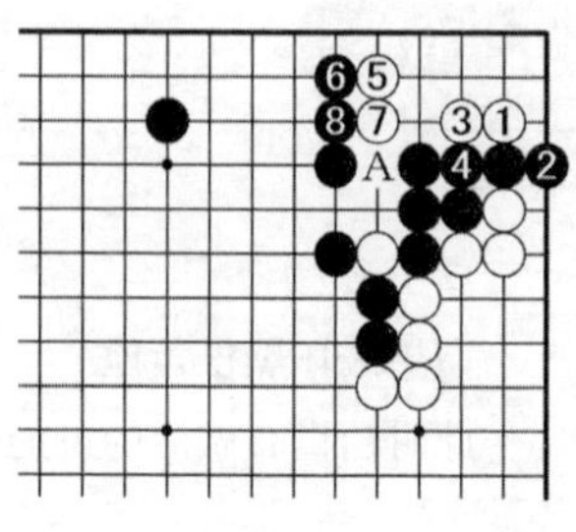

白先活

黑模样从小飞守角变为一间跳，白1夹试图破坏黑角地。

白棋在A位有了一口外气，此时白棋可以净活。

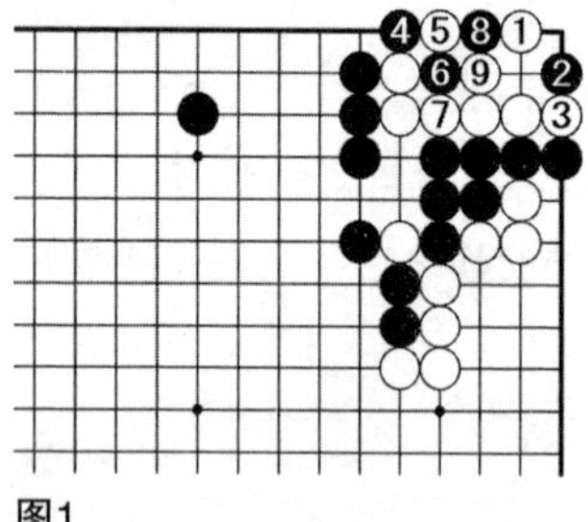
图1

白净活

图1（正解）

白1跳是急所。黑2点、4扳，白5打吃。黑6、8吃掉白一子，白9打吃接不归。

与前型气紧的最大不同就在于此。

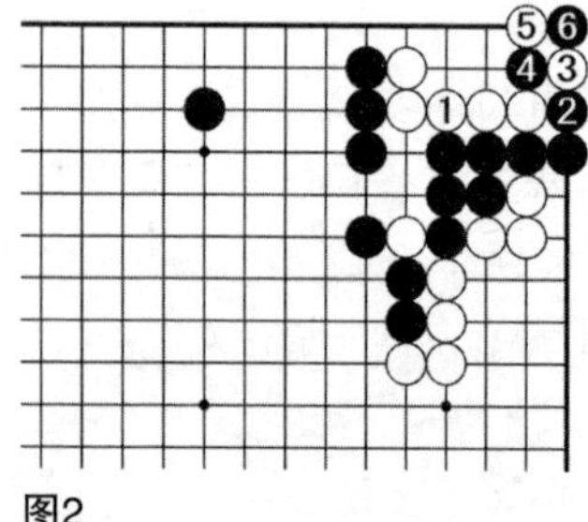
图2

打劫

图2（失败）

白1粘，黑2冲已经无法净活。白3挡，黑4断吃，白5做劫。正解是净活，劫活不能满意。

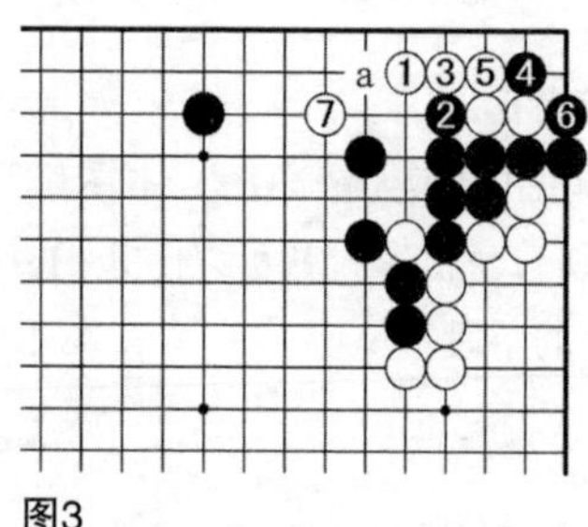

图3

攻杀

图3（参考）

问题图白先可以净活，黑棋若想吃掉白棋，必须2、4破眼。如果黑棋周围厚实，有可能会成功吃掉白棋，否则还是选择黑a靠，放弃角地更为稳妥。

第3型

白先劫（白先提劫）

很多实战中的官子会变成死活。

白1扳，黑2打吃是问题手，白因此有了破坏黑角地的手段。

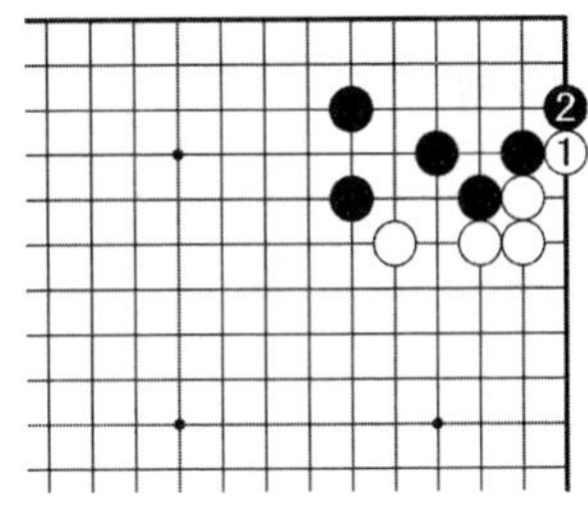

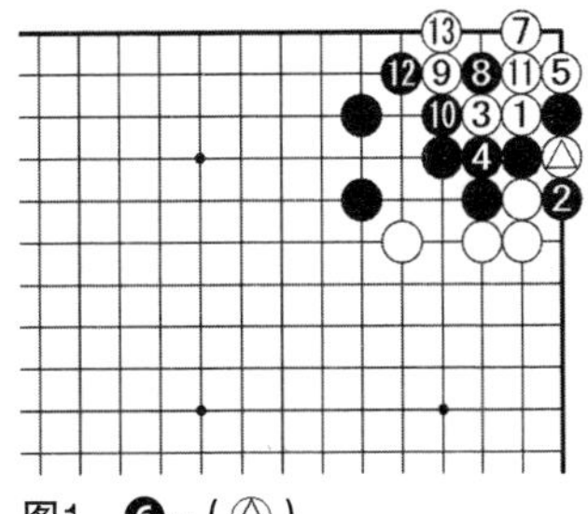

图1　❻=（△）

白净活

图1（正解变化）

白1断吃是破空的开始。黑2提，白3长，5打吃。黑6粘，白7虎做活。黑8破眼，白9扳，进行至黑白13，白棋净活。

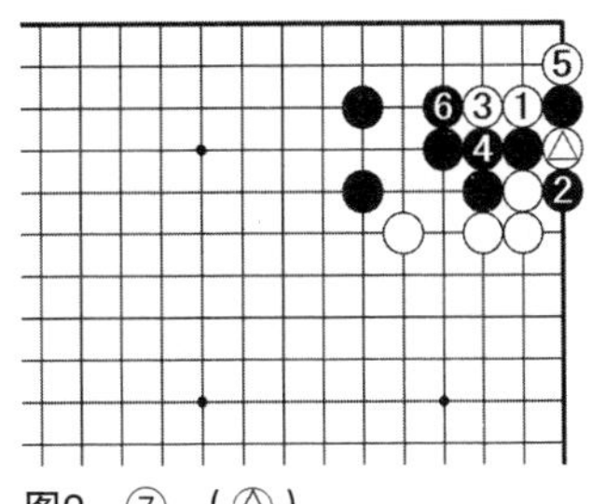

图2　⑦=（△）

打劫

图2（正解）

上图黑6，如本图黑6拐，结果是打劫。对于黑棋来说，本图打劫的结果要好于上图。不过在实战中要考虑劫材的情况再做出判断。

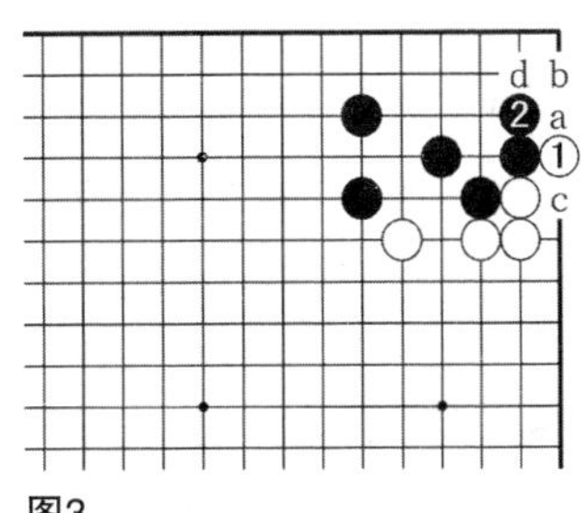

图3

稳健应对

图3（参考）

白1扳，黑2退是稳健应对。白a爬、黑b挡、白c粘、黑d粘定型。虽然与黑2在a位打吃，白c粘，黑2亏损了2目实地，但为了这2目也许黑棋会损失更多。

第4型

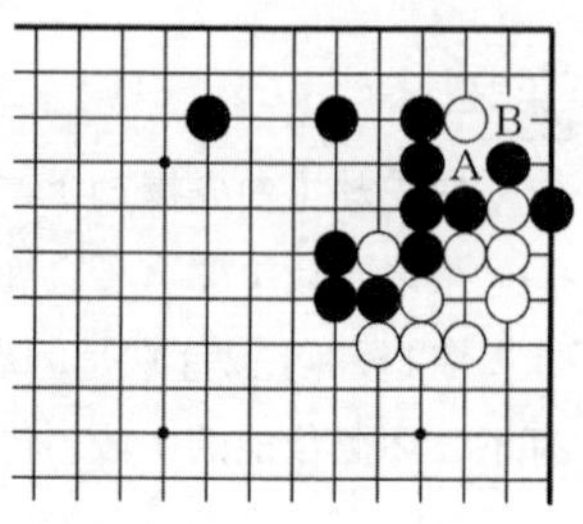

白先劫（黑先提劫）

白A断、黑B打吃，对杀白负。

白B夹、黑A粘之后，可以有什么好手段呢？

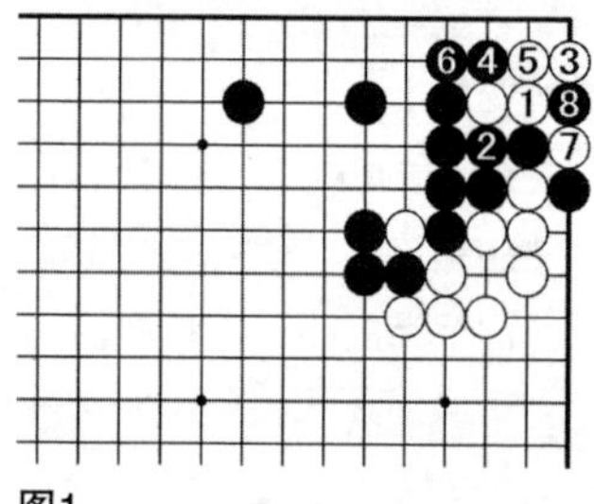

图1

打劫

图1（正解）

白1、黑2交换之后，白3小尖是好手。黑4、6扳粘缩小眼位，白7扑打劫。

黑4如果——

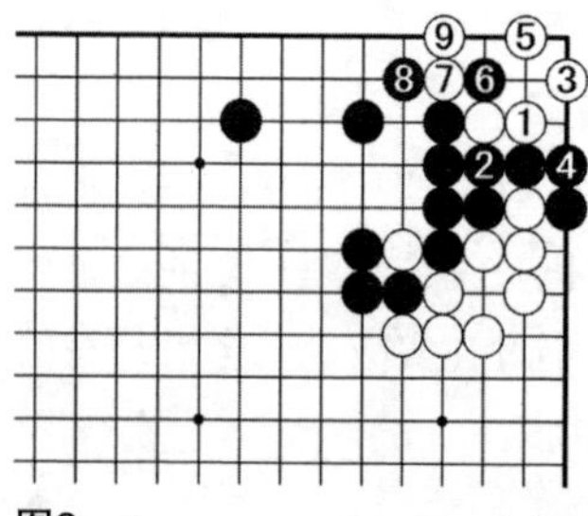

图2

白净活

图2（正解变化）

黑4粘，白5做眼好手。黑6扳，白7断，9立确保眼位。

黑6下在7位粘，白6位弯净活。

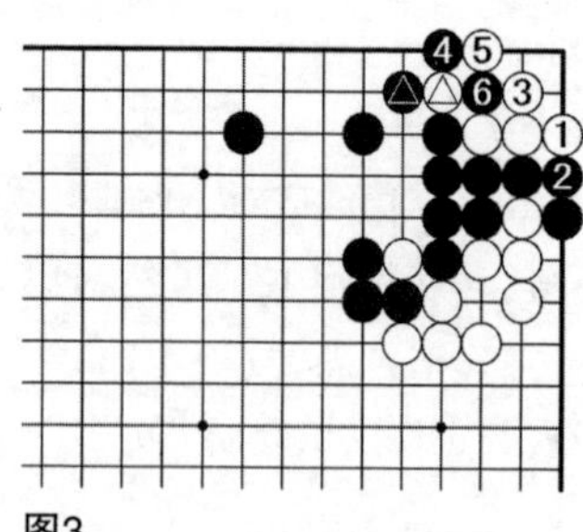

图3

打劫

图3（参考）

如果已经有了白△，黑▲的交换，此时白可以1、3做眼。黑4打吃，白5做劫。若没有先进行白△与黑▲的交换，白1立，黑2粘，白△位扳，黑3位点好手，白净死。此时图1是唯一正解。

第五章

围绕眼位的攻防

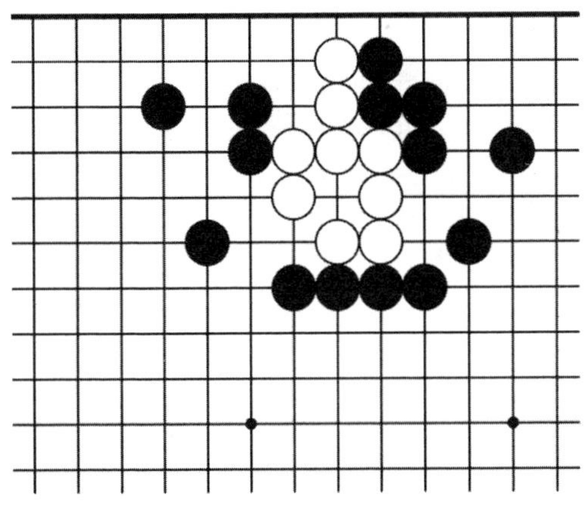

第1型

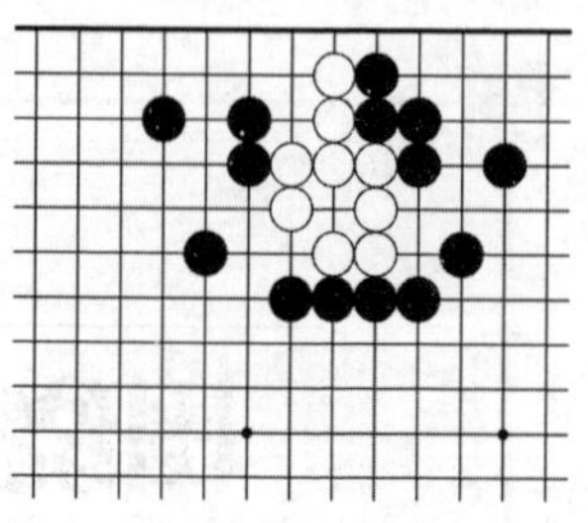

白无眼

此时的问题是白先能否在上边获得眼位。

白棋眼形空间不够，无法做眼。

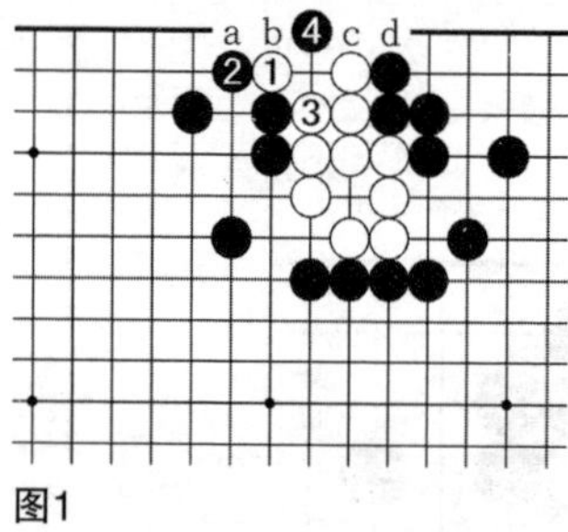

图1

白净死

图1（证明）

为了做眼，白1只此一手。但黑2扳，白3做眼，黑4点，白棋无法获得眼位。

黑4点下在a～d位都可以夺取白棋眼位。

第2型

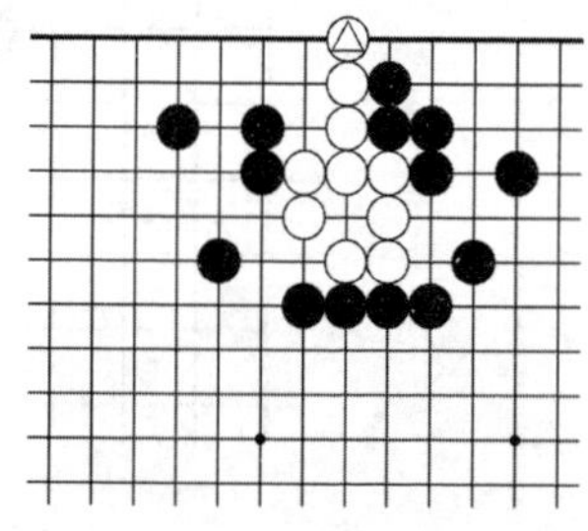

白先有眼

白多了△位一子。

一线有子对于做眼来说非常重要，白先可以做出一只真眼。

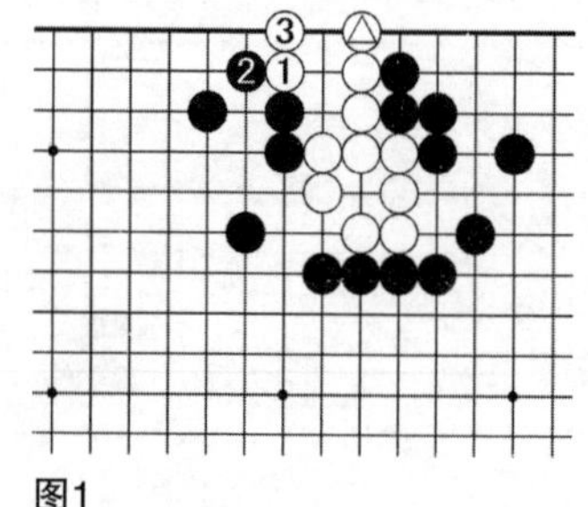
图1

白净活

图1（正解）

白1托，黑2扳，白3立可以确保眼位。

白△的价值由此可见一斑。

第3型

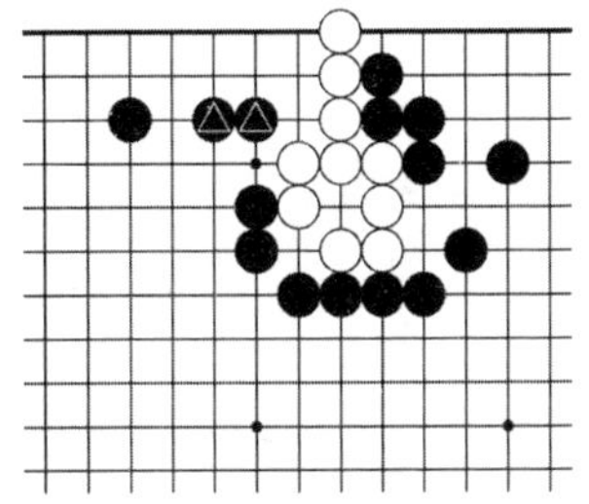

白无眼

与前型看似相同，但要注意此时黑棋多了▲两颗棋子。

因此白先也已经无法做出真眼。

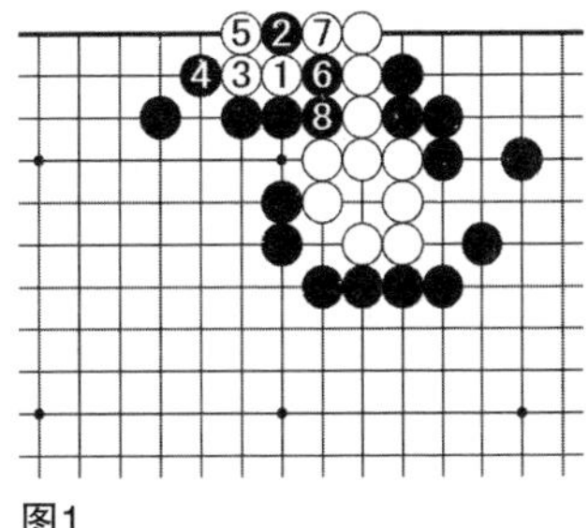

图1

白净死

图1（证明）

白1托必然。黑2夹是经典的破眼手筋。白3长，黑4虎，白5打吃，黑6、8破眼。

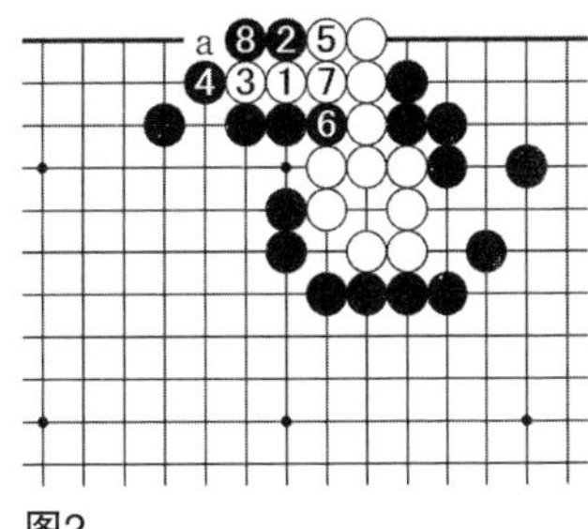

图2

白净死

图2（证明变化）

上图白5若如本图白5打吃，黑6破眼，白7粘交换之后，黑8破眼。接下来白a提掉黑两子，黑8位扑即可。

黑6若直接下在8位跳，白a提，黑8位扑，白6位团，白棋成功做眼。

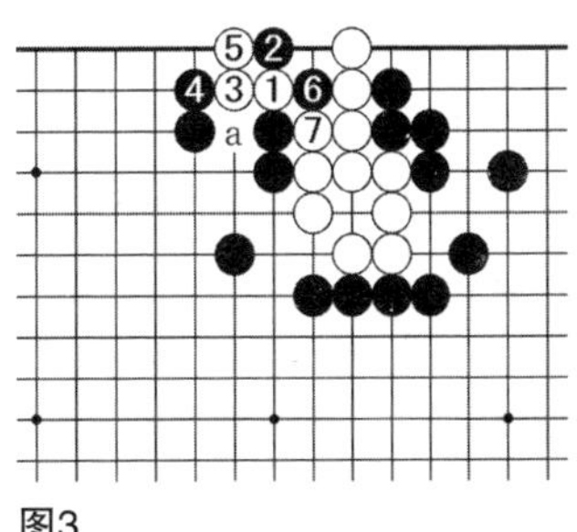

图3

白净活

图3（参考）

前型中白1托，黑2夹，白3，5可以轻松做眼。黑6挖，白7断。

如果a位无子，黑2就不成立。

第4型

白先有眼

此时白棋不是在一线，而是在△位有子。

与一线立的效果一样，白先可以做眼。

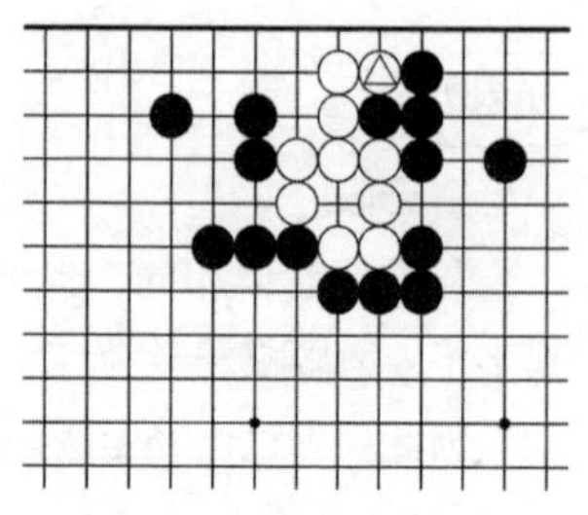

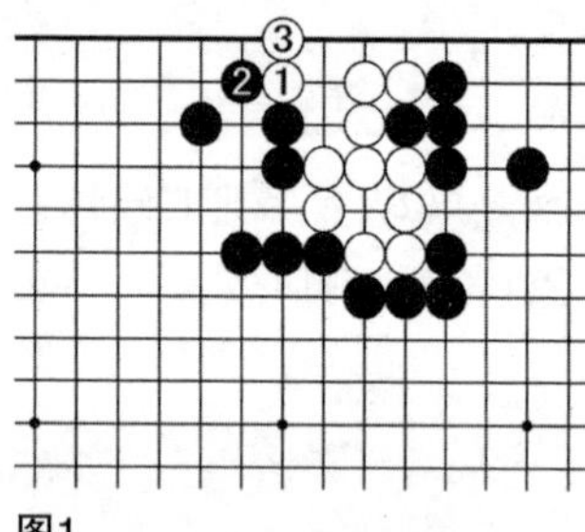

图1

白净活

图1（正解）

白1仍是唯一正解。白3立获得眼位。

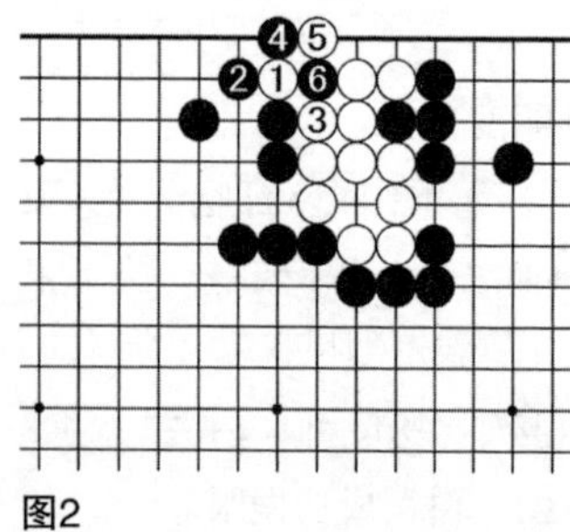

图2

打劫

图2（失败1）

白1、黑2交换，白3团失着。黑4打吃，白5提只能做劫，失败。

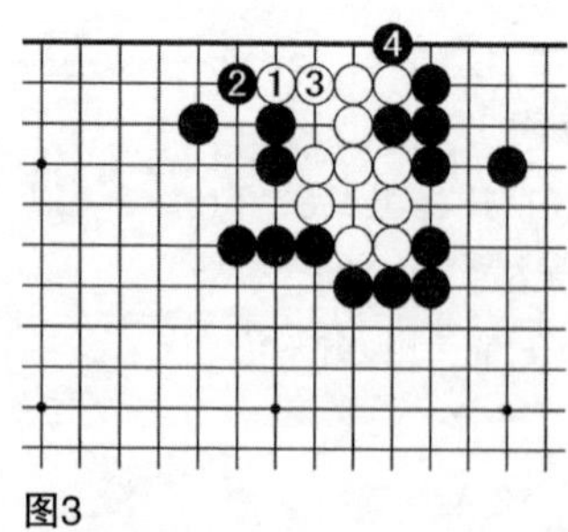

图3

白净死

图3（失败2）

白1、黑2交换之后，白3粘恶手。黑4扳，白无眼。

此时白棋在二线并排4颗棋子，对方先行即无眼位。

第5型

白先劫（黑先提劫）

与前型相比，少了白A与黑B的交换。

少了这个交换，做眼难度加大。

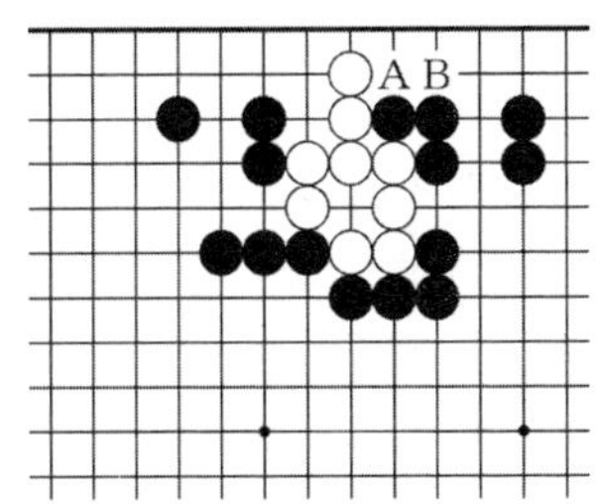

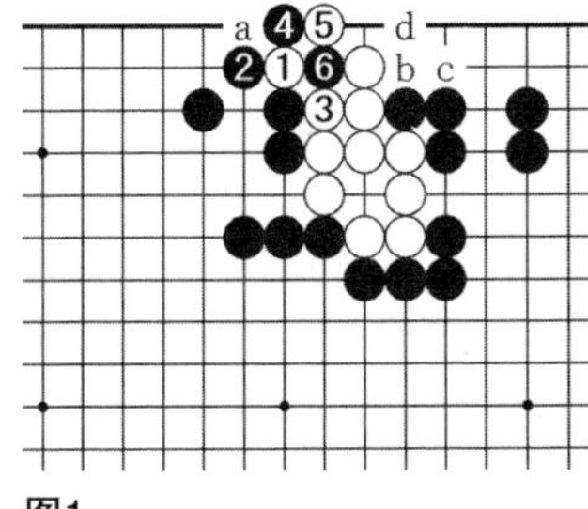

图1

打劫

图1（正解）

白1托、3虎做眼是唯一正解。黑4打吃，白5做劫。黑6提劫之后，若白找到劫材1位提回，黑可以a位粘。接下来白b拐、黑c挡、白d立、黑6，仍然是打劫。

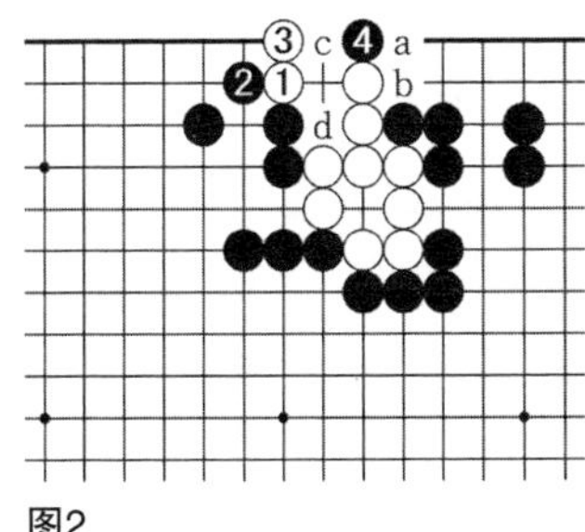

图2

托、立

图2（失败）

如果白棋选择之前出现数次的下法，白1、3，则黑4托是妙手。接下来白a打，黑b拐，白c提，黑d拐，白眼被破。

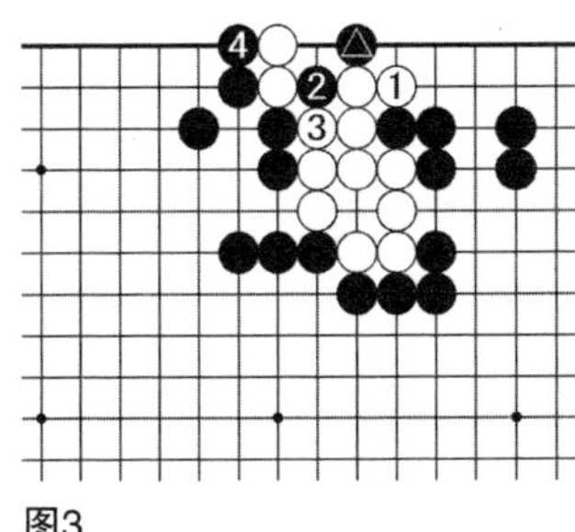

图3

白净死

图3（失败续）

面对黑▲，白1拐，黑2挖、4打吃，利用倒扑可以吃掉白两子。

在黑棋下出黑▲的瞬间，已经决定了白棋净死的结局。

第6型

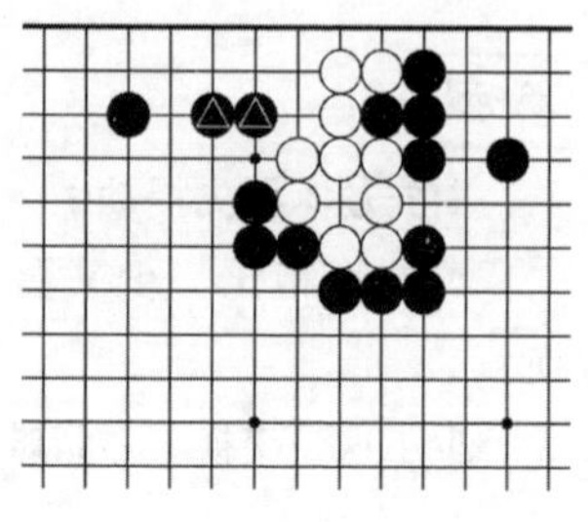

白先有眼

白棋与 第4型相同，黑棋变成黑▲两子并排的棋形。

局部手筋需要注意，但此时黑棋的攻击无效。

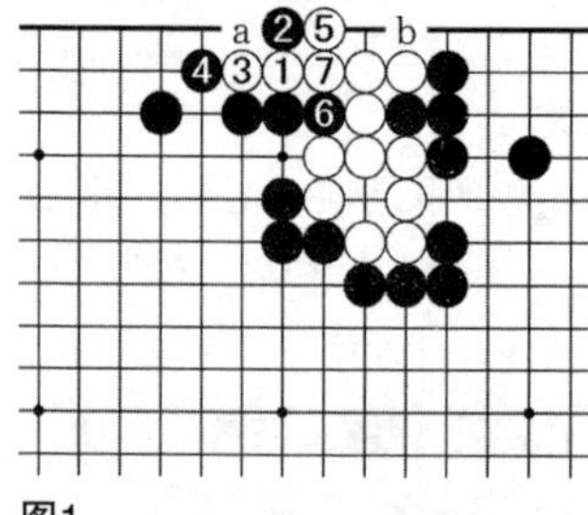

图1

白净活

图1（正解）

白1托必然，需要注意的是白2夹。此时白3长、5打吃可以做眼。黑6、白7交换之后，a、b两点见合。

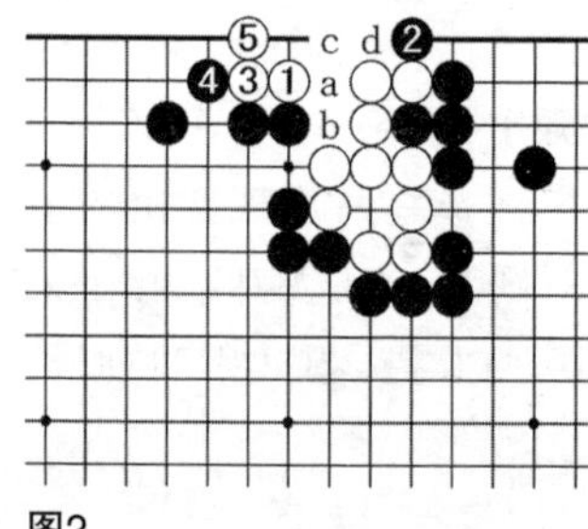

图2

白净活

图2（正解变化）

白1托、黑2扳是要小心的手段。此时白3、5做眼是正解。接下来黑a挖，白b打，黑c立，白d挡即可。

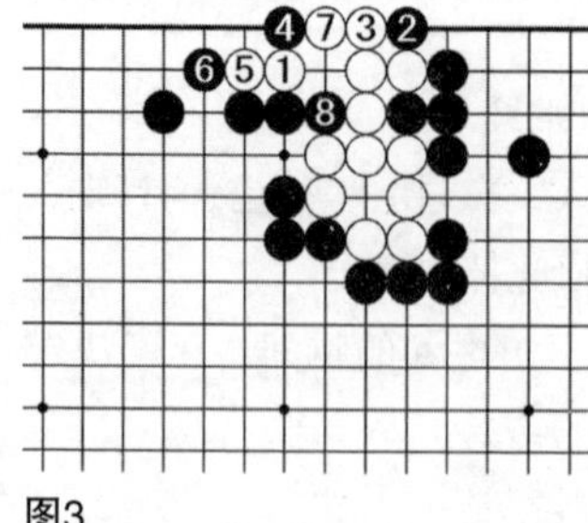

图3

白净死

图3（失败）

黑2扳，若白3打吃随手。黑4夹的手筋因此重现。

与图1比较可以看出，黑2与白3的交换导致了白棋眼形的缺失。

第7型

白先有眼

上边白先能否做出一只真眼呢？

这是边上的基本攻防题目。

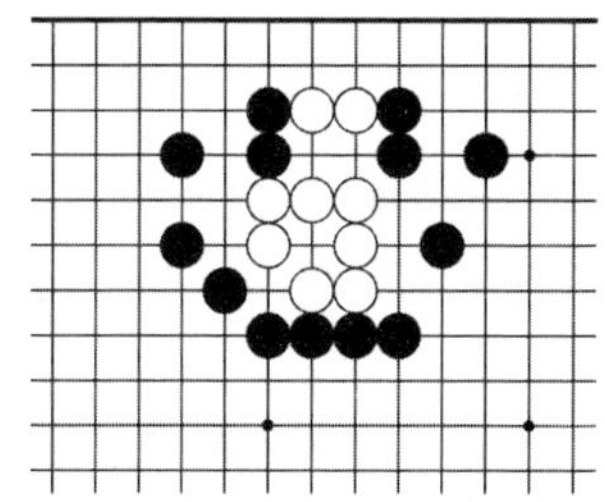

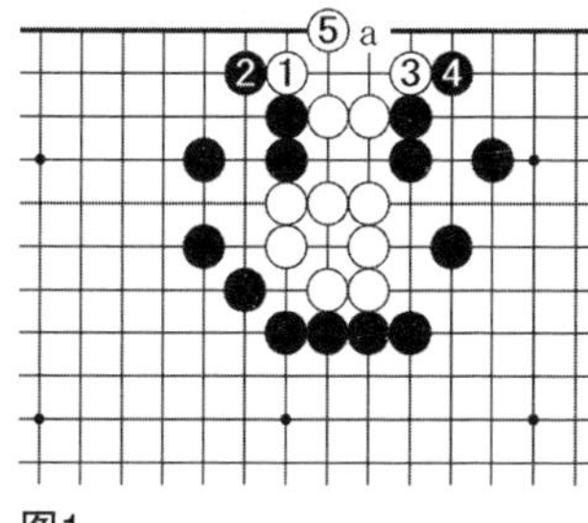

图1

两扳、虎

图1（正解）

白1扳，黑2挡，白3扳。黑4挡，白5虎好手。

白1、3的顺序皆可，白5下在a位结果相同。

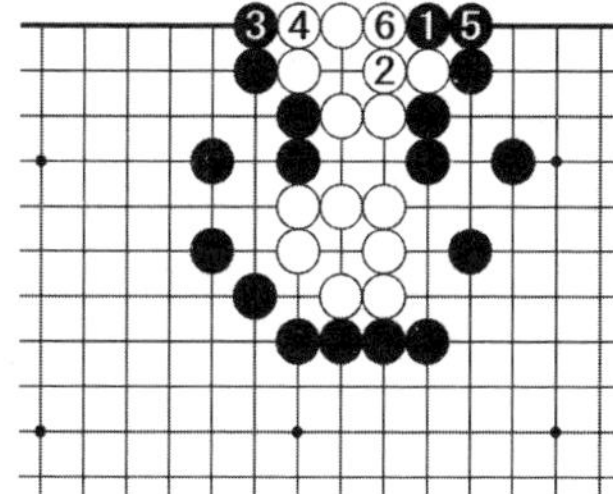

图2

白净活

图2（正解续）

接上图，黑1打吃，白2粘，进行至白6，白棋可以确保一只真眼。

黑1若直接先在3位立，白1位立做眼。

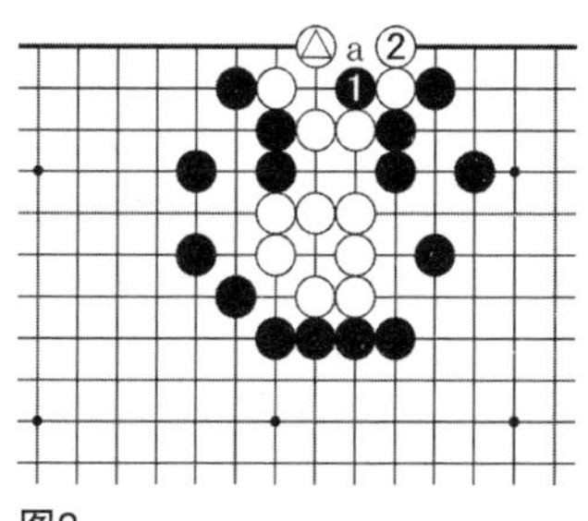

图3

白净活

图3（正解续2）

一般来说黑1断吃可以吃掉白一子。但此时有了白△一子，白可以2位立。

黑a不能入气就是白△的功劳。

第8型

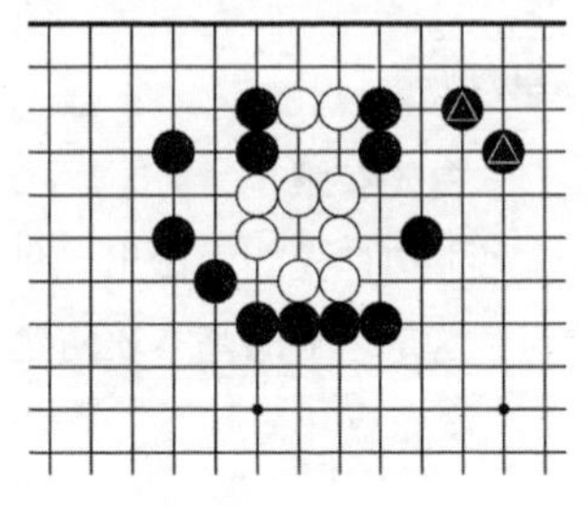

白先有眼

与前型相比，黑在▲位多了两子，棋形得以加强。

这样一来，在哪里可以获得眼位需要细心寻找。

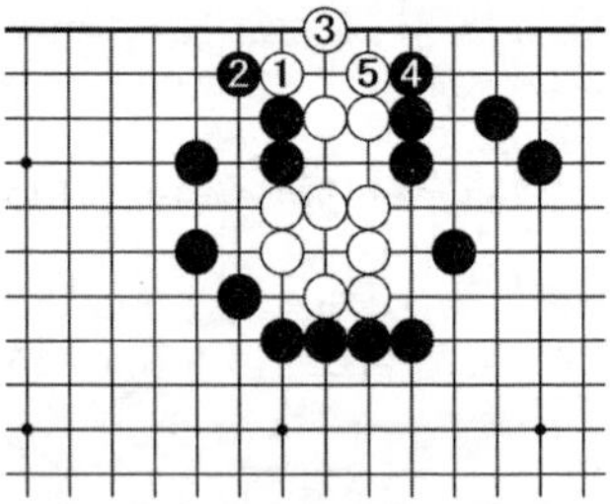

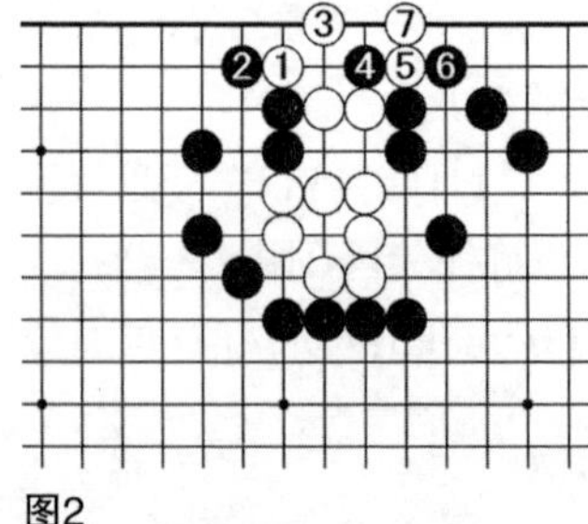

图1

白净活

图1（正解）

白1扳正解。黑2挡，白3虎，黑4立，白5做眼。

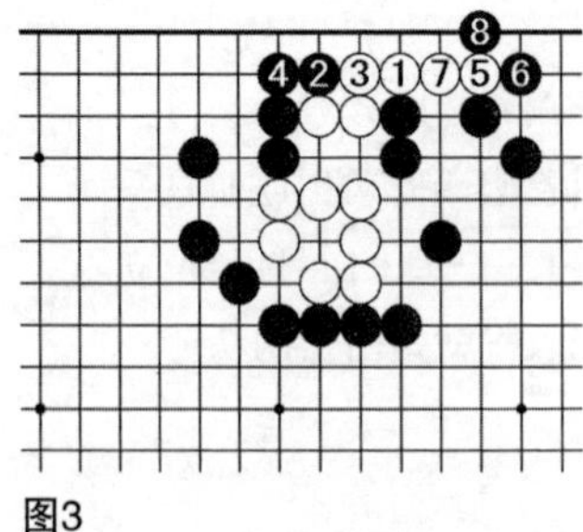

图2

白净活

图2（正解变化）

上图黑4若下在本图4位扳试图破眼，白可以5位断。黑6打吃，白7立，与前型图3相同。

图3

白净死

图3（失败）

白1在右边扳不成立。右边黑棋厚实，黑可以2、4在另一侧缩小眼位。进行至黑8，白无法做眼。

本型的解题关键是哪边扳是先手。

第9型

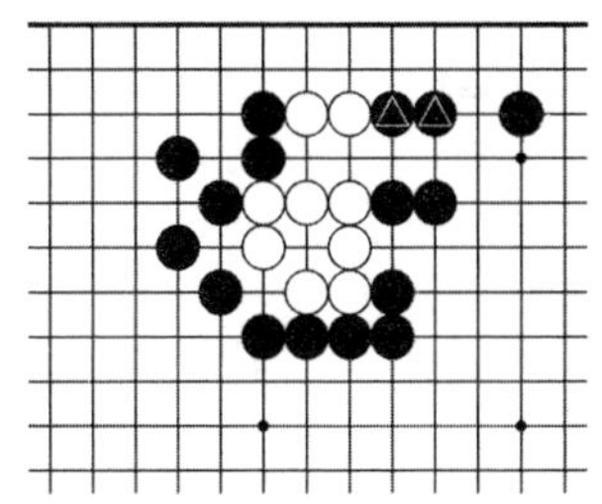

白先劫（黑先提劫）

此时黑棋右边的棋形又有了变化。黑▲两子并排，结果也随之不同。

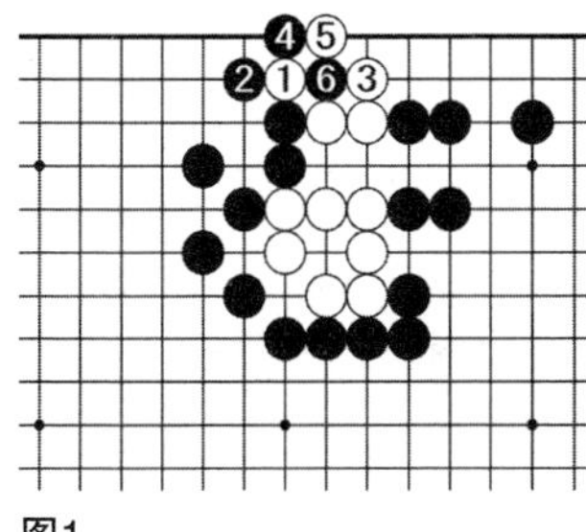
图1

打劫

图1（正解）

白1扳，黑2挡与前型相同。接下来白3弯只此一手，黑4打吃，白5做劫是双方最好的结果。

接下来——

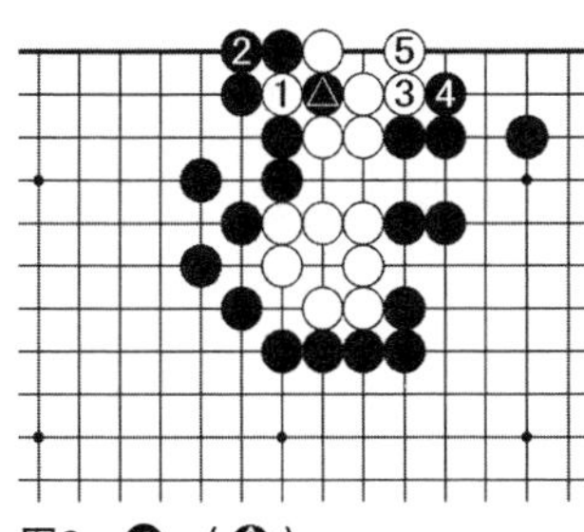
图2　❻=（▲）

打劫

图2（正解续）

接上图，白1提劫之后，黑可以2位粘。白3、5做眼，黑6提，仍是打劫。

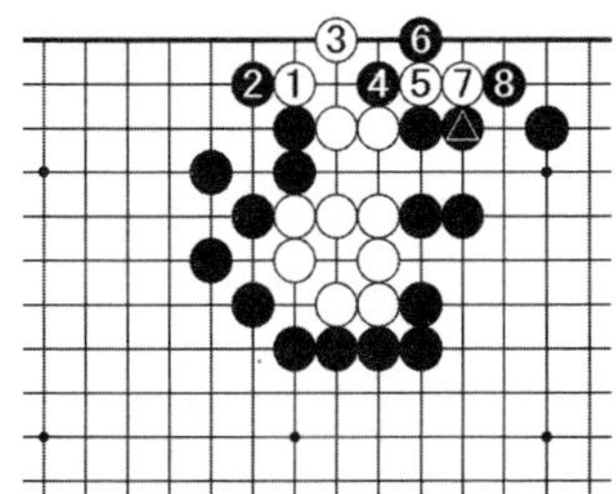
图3

白净死

图3（失败）

此时白1、3做眼不成立。黑4扳，白5断，黑6打吃好手。

这就是黑▲两子存在的意义。

第10型

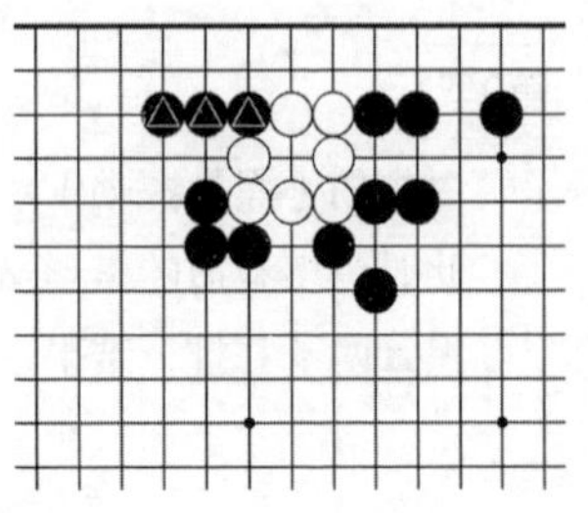

白无眼

黑棋左边▲三子，棋形得以加强。

这样一来白棋在上边无法做眼。

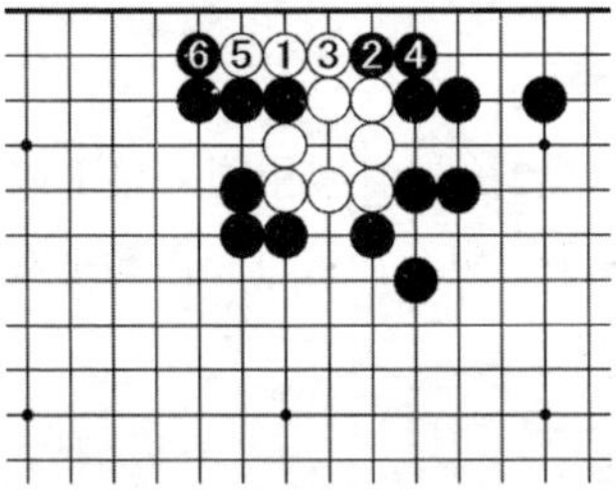

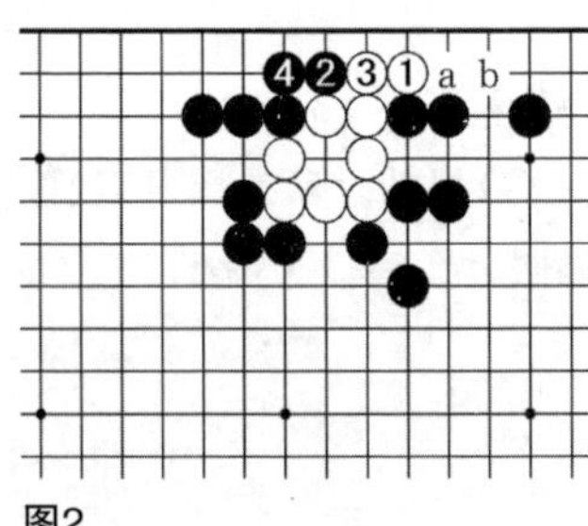

图1

白净死

图1（证明1）

因为黑棋形坚固，面对白1扳，黑无需在5位虎应对。黑2、4扳粘，白棋无法做眼。

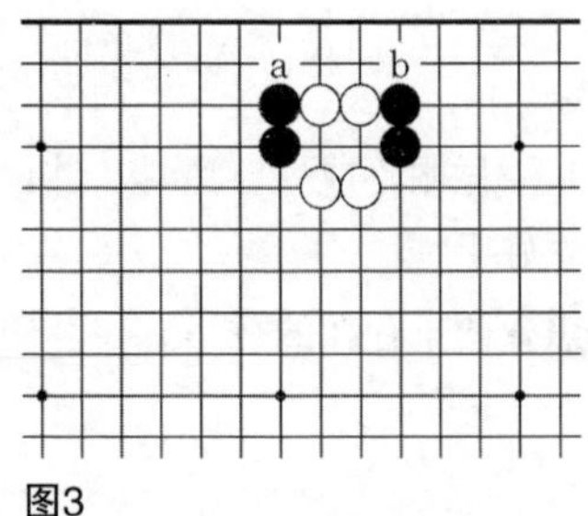

图2

白净死

图2（证明2）

白1扳，黑同样2、4扳粘。接下来白a、黑b。

图3

扳是否有利

图3（总结）

结论就是，在三线并排两子的情况下，a、b两边扳都是先手可以做一只真眼，若一边先手结果是打劫、两边都不是先手，则没有眼位。

第11型

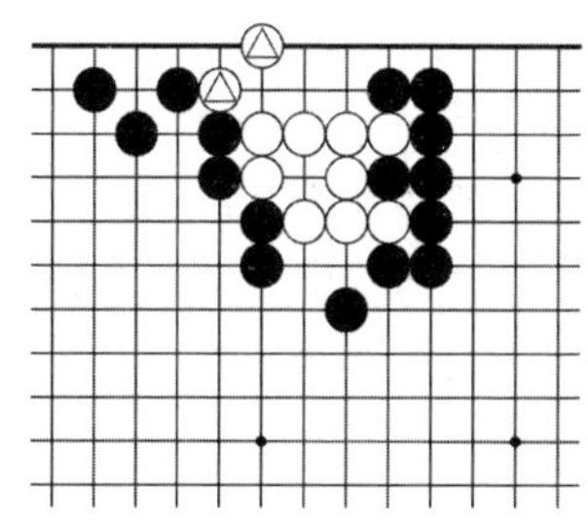

黑先白无眼

上边白△意在做眼。此时白棋的眼形是否有问题呢？

正解下法有两种，手筋相同。

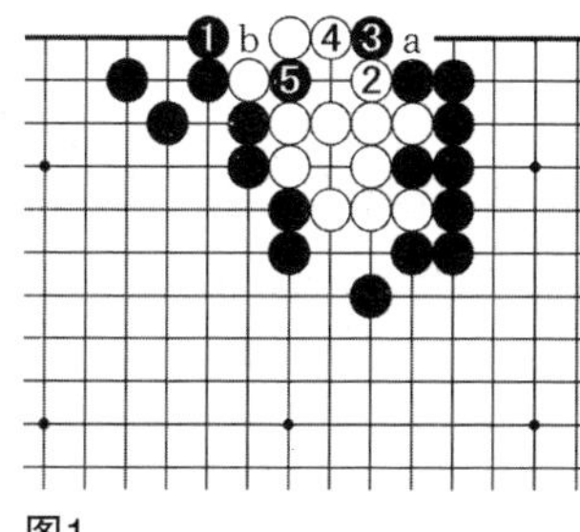

图1

白净死

图1（正解1）

黑1立，白2挡，黑3扳。白4打吃，黑5扑好手。白a提，黑b提，白无法做眼。

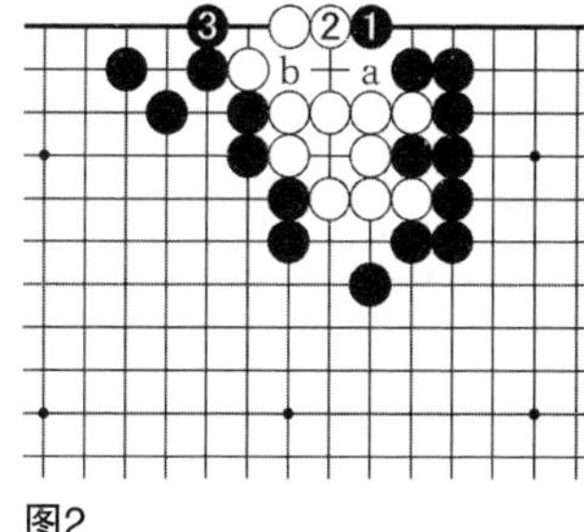

图2

白净死

图2（正解2）

黑1小尖也是正解。白2顶，黑3立。接下来白a打吃，黑b扑，结果与上图相同。

此时需要注意的是——

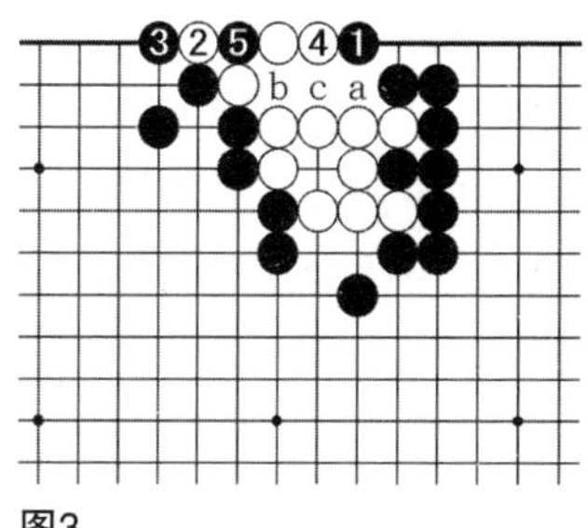

图3

两手劫

图3（参考）

黑1小尖，白2扳若是先手，进行至黑5，结果变成打劫。所以在这种情况下，图1更合适。

这是两手劫。白2提，a打吃之后，黑b，白c，黑5，成为紧气劫。

第12型

黑先劫（黑先提劫）

此时黑棋坚固的粘变成了黑▲虎。

区别非常细微，但此时黑棋无法完全破坏白棋眼形。

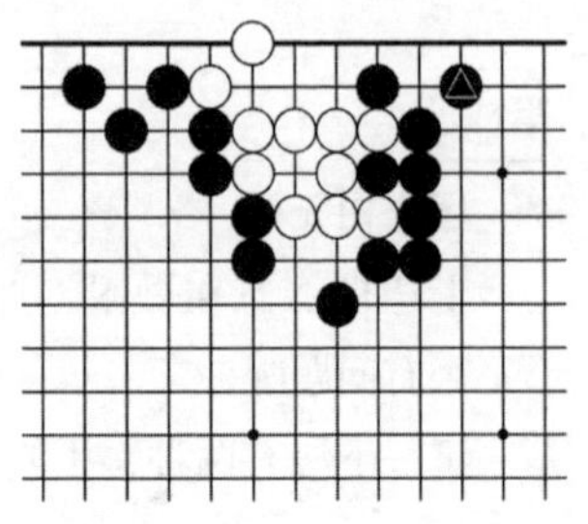

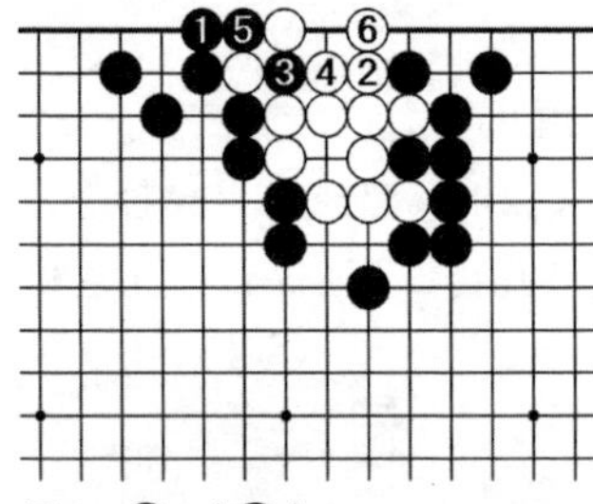

图1　❼=（❸）

打劫

图1（正解）

黑1立与前型下法相同。白2做眼，黑3扑，白4提，黑5打吃是正解。白6做眼，黑7提劫。

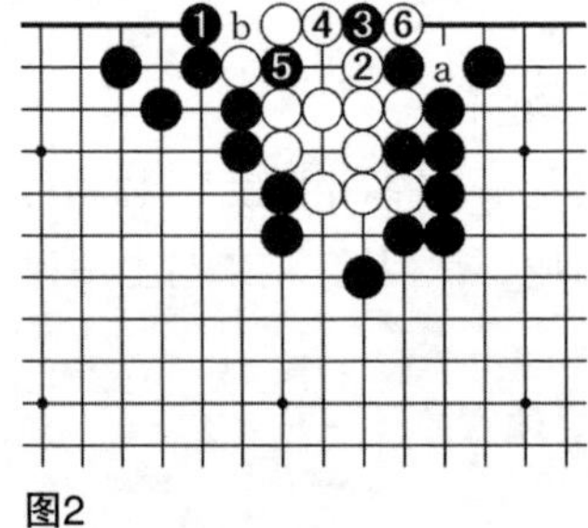

图2

白净活

图2（失败）

与前型相同，白2做眼，黑3扳，5扑破眼，白6提好手。接下来白a提，黑b粘见合。

黑1若下在3位虎，白4位挡，黑1位立，白2位打，结果相同。

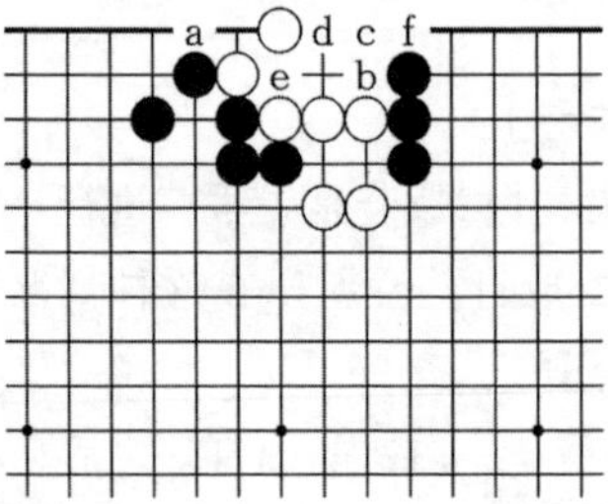

图3

提是否有先手利

图3（总结）

本型中黑a、白b、黑c、白d、黑e破眼之时，白f是否先手利是重要问题。如果先手利则是打劫，如果不是先手利，白无眼。

第13型

白先有眼

白在△位多了一子。

这是强有力的援军，白先有可以确保一只真眼的手筋。

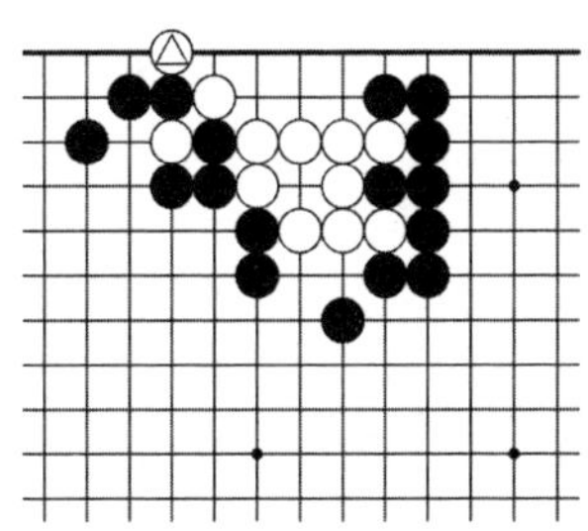

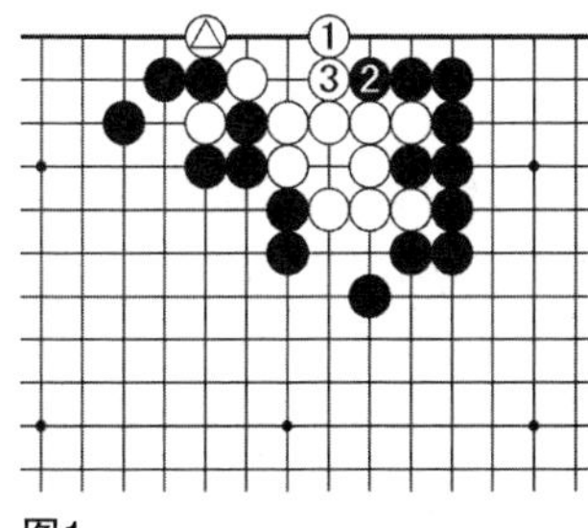

图1

白净活

图1（正解）

白1跳是做眼手筋。黑2冲，白3粘。

白△一子可以恰到好处的确保边上眼位的形成。

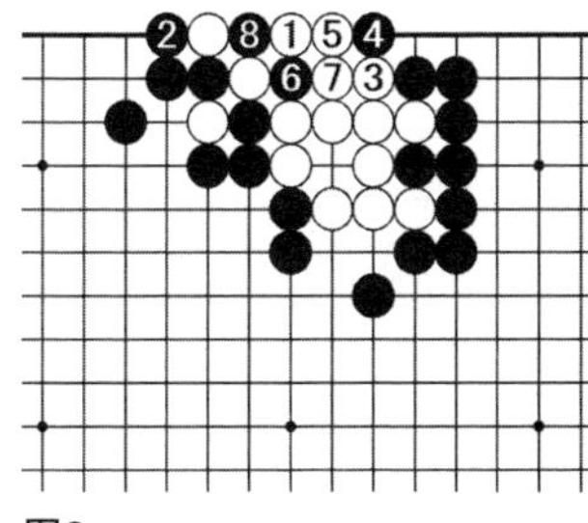

图2

打劫

图2（失败1）

白1虎，黑2打吃，此时白已经无法获得真眼。白3挡，黑4、6好次序，打劫。

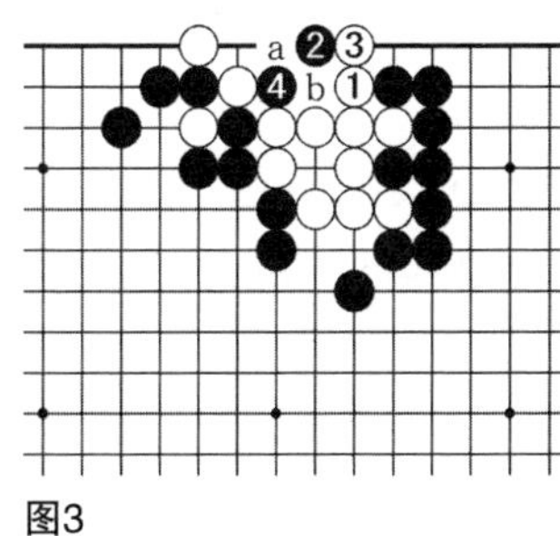

图3

白净死

图3（失败2）

白1挡，黑2点、4打吃，白棋眼位被破。黑2若直接在4位打吃，白a可以做劫。

若白1下在b位，黑可以a位点杀。

第14型

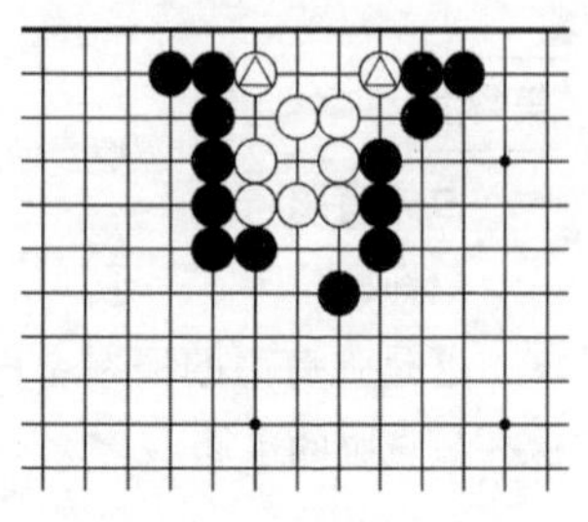

白有眼

白棋在三线有两颗棋子并列，同时两侧还有△位小尖。

看起来还有些薄弱，白棋此时脱先已经可以确保真眼。

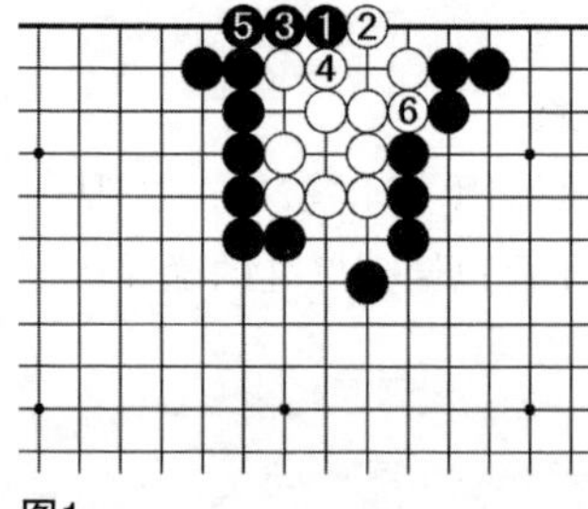

图1

白净活

图1（证明1）

黑1点，两边皆可渡过，是非常严厉的手筋。白2尖顶好手，黑3爬，白4、6可以确保一只真眼。

若黑1在2位点，白1位尖顶，结果相同。

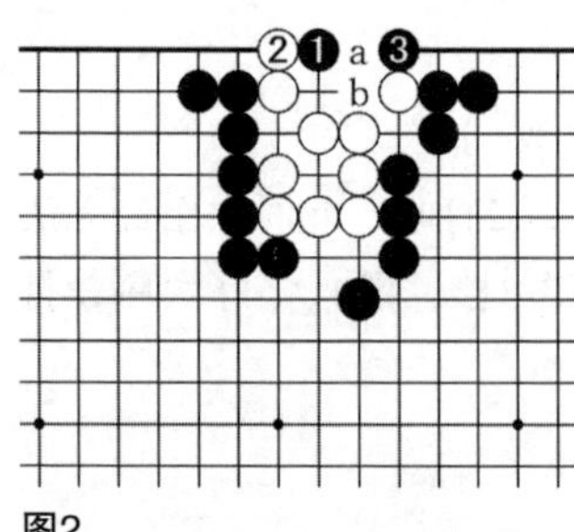

图2

白净死

图2（失败）

面对黑1点，白若2位挡，黑3渡过。白a扑，黑b提，白棋眼位被破。

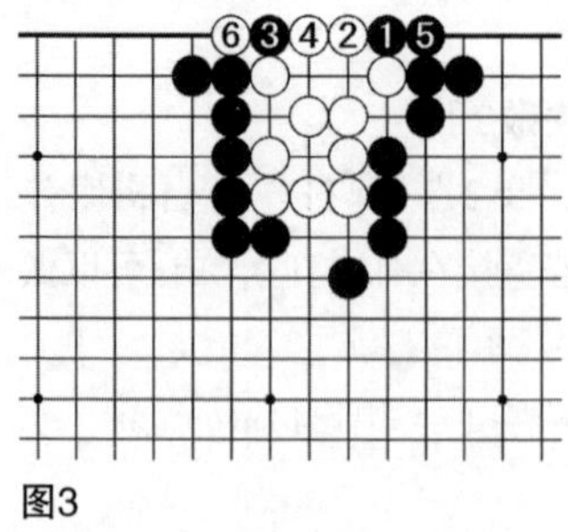

图3

白净活

图3（证明2）

黑1，3两边扳破眼在此时不成立。白4打吃，黑5粘不得已，白6提，获得一只真眼。

第15型

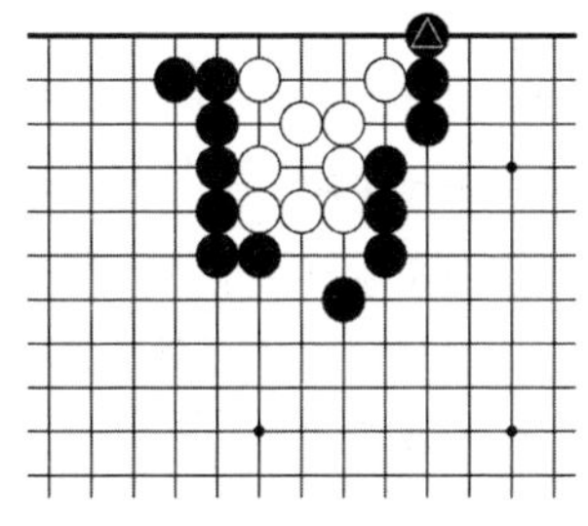

黑先无眼

此时黑棋在右边的棋子变成了▲位立。

前型白棋勉强成型的真眼，考虑到之前的变化就能够意识到，现在黑先破眼已经不是问题。

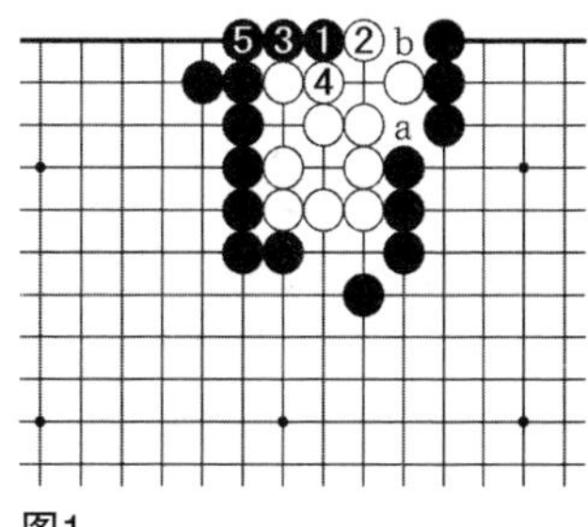

图1

白净死

图1（正解1）

与前型相同，黑1点至黑5爬连回。

因为黑有▲位立，a、b两点见合。

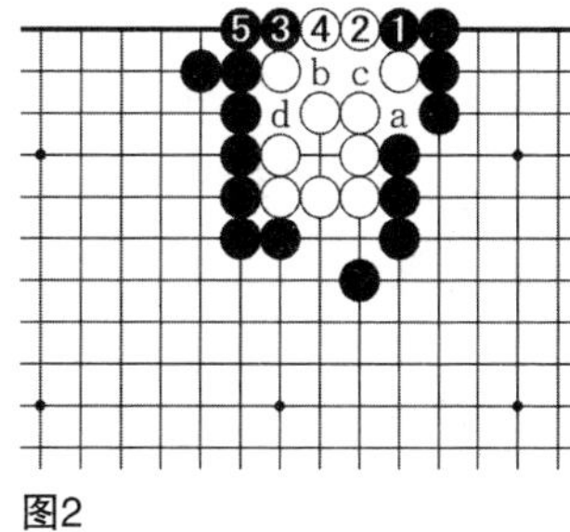

图2

白净死

图2（正解2）

黑1冲、3、5扳粘也可。接下来白a粘、黑b扑、白c提、黑d挤，白棋变成假眼。

第一手下在黑2也可以破眼。

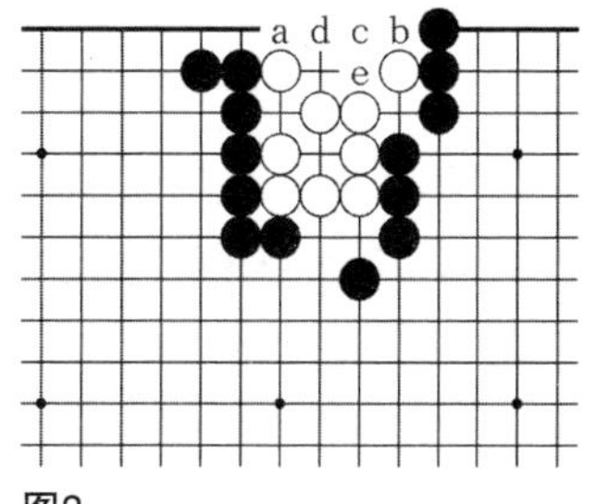

图3

白先活

图3（参考）

白先下在a位或者b位都可以做出真眼。

虽然实地有所损失，此时白棋在c、d、e位同样能够获得真眼。

第16型

黑先无眼

白棋左侧多了△位一子。

黑棋的攻击手筋虽不多，但此时可以确保成功破眼。

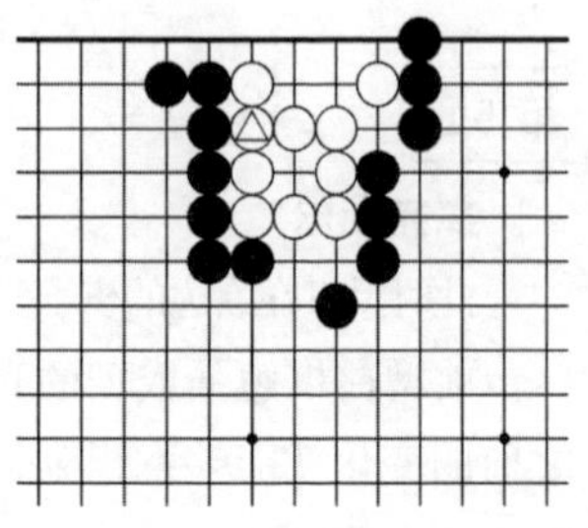

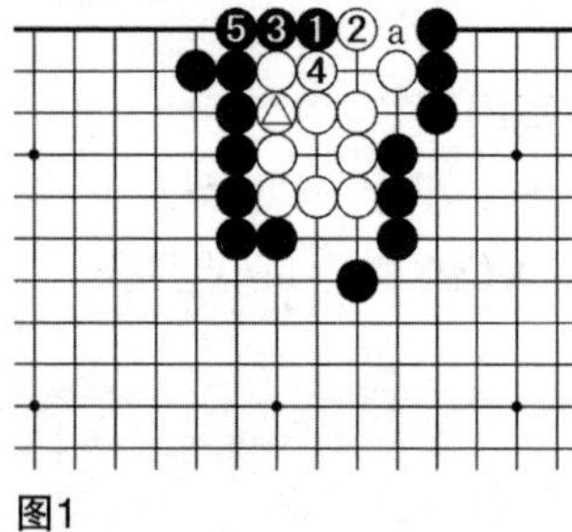

图1

白净死

图1（正解1）

此时黑1点仍然是急所。白2尖顶至黑5，棋形与上图相同，白△一子没有起到任何作用。

黑3若在a位打吃，白4可以做劫。

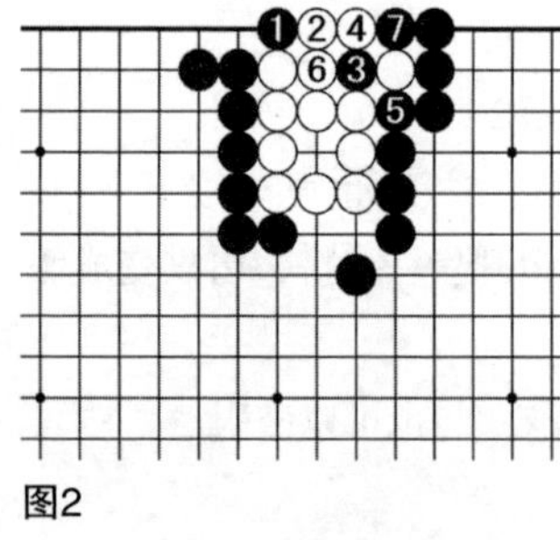

图2

白净死

图2（正解2）

黑1，白2交换之后，黑3挤是手筋。白4打吃，黑5、7破眼。

第一手下在黑7冲、白4挡、黑1扳、白2挡，黑3扑，结果相同。

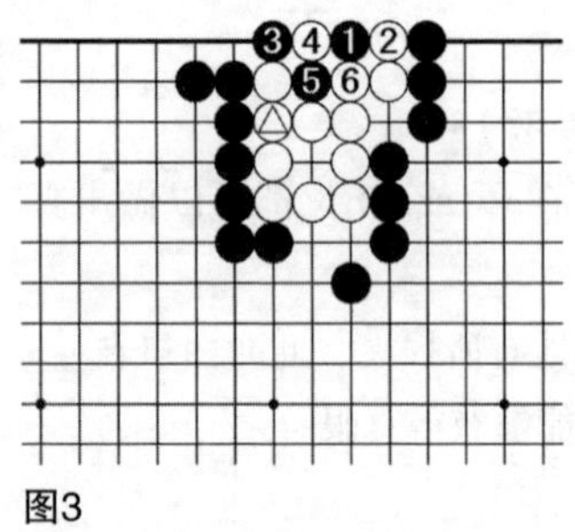

图3

白净活

图3（失败）

此时黑1点方向错误。白2断，黑3扳，白4扑好手，利用接不归获得眼位。

白△一子成为本图白棋眼位的关键。

第17型

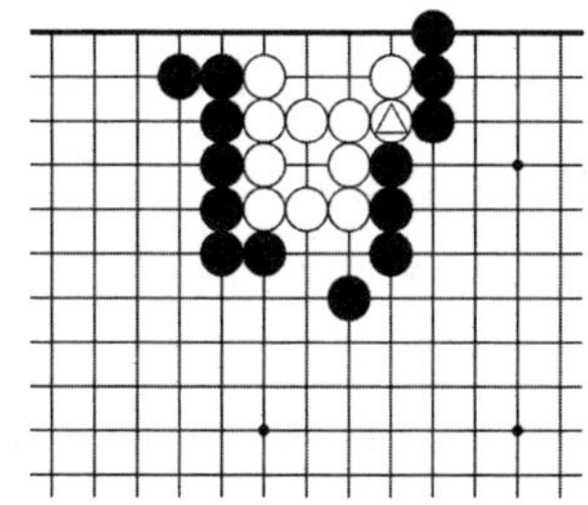

黑先劫（黑先提劫）

此时右边△位也被白棋占据。

白棋形得以加强，黑先最好结果是打劫。

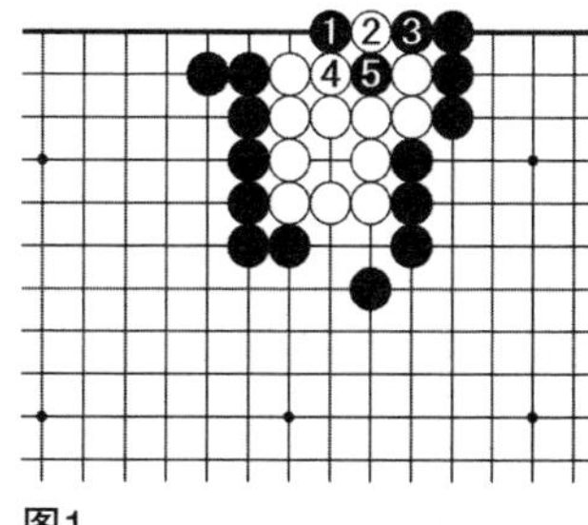
图1

打劫

图1（正解）

黑1仍是首选，而且是本型的唯一正解。白2尖顶，黑3打吃，白4做劫。

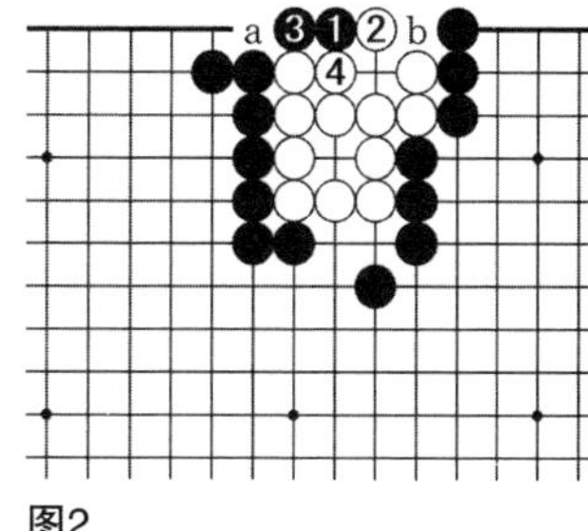

图2

白净活

图2（失败1）

黑1点是正解，白2尖顶，黑3渡过是失着。白4打吃先手，黑a粘，白b做眼。

黑1若下在2位点，结果请参考前型图3。

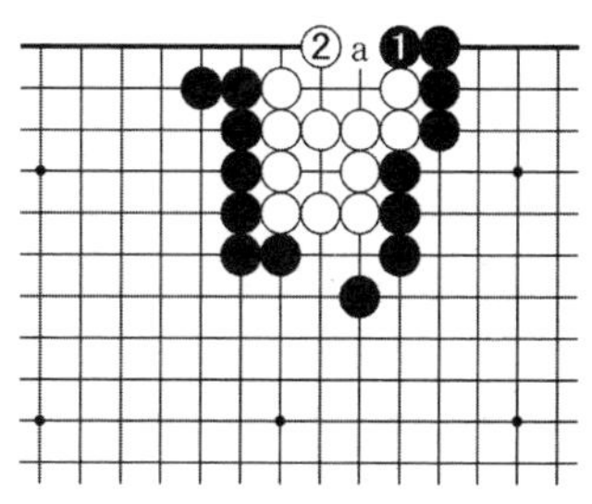

图3

白净活

图3（失败2）

黑1冲破眼，白2小尖好手，此时白棋真眼已经确定。

白2若在a位挡，黑2位打吃还原图1。

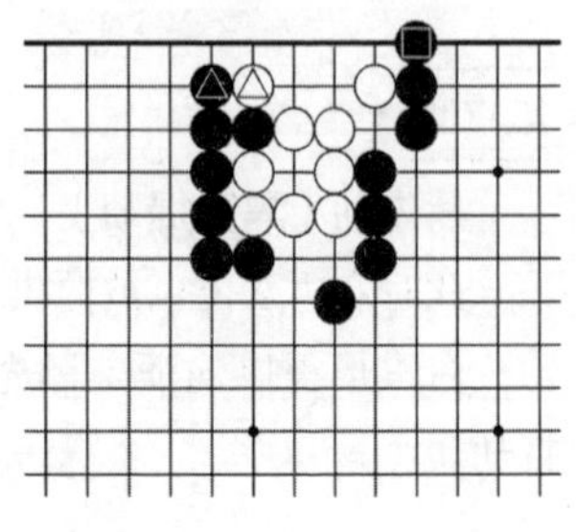

第18型

白先有眼

黑▲与白△刚刚交换。如何补救白△一子是问题的关键。

在右侧一线黑有■一子，需要避其锋芒。

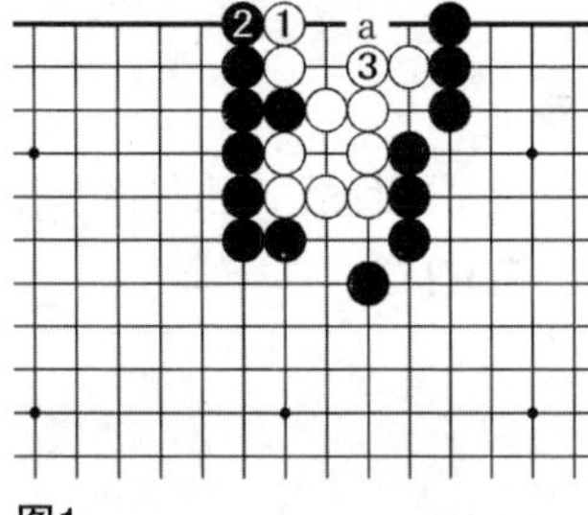

图1

白净活

图1（正解）

白1立好手。黑2挡，白3做眼。此时白在a位虎亦可。

这是最好的结果。

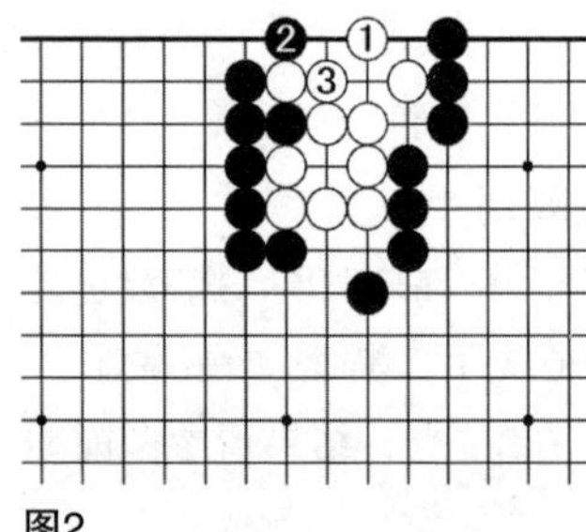

图2

白净活

图2（准正解）

想要确保眼位，此时也可以白1小尖。黑2打吃，白3粘。

眼位没有问题，但与上图相比亏损1目实地。

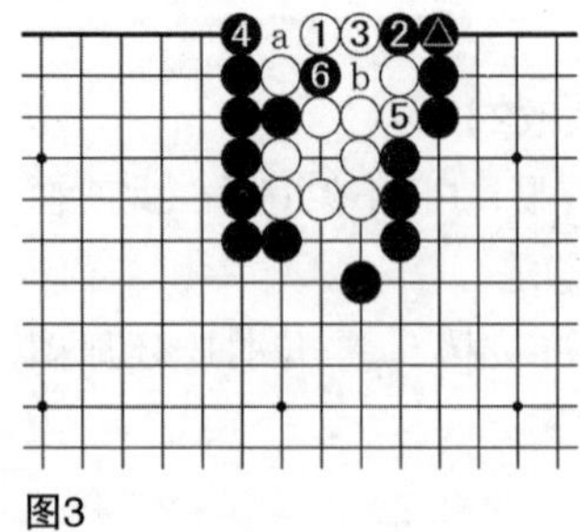

图3

白净死

图3（失败）

白1虎做眼不成立，此时黑▲一子可以发挥作用。黑2冲、4立好次序，白5做眼，黑6扑，白棋变成假眼。

白5若在a位立，黑b扑。

第19型

白先有眼

只要细心思考，白先可以在上边获得真眼。

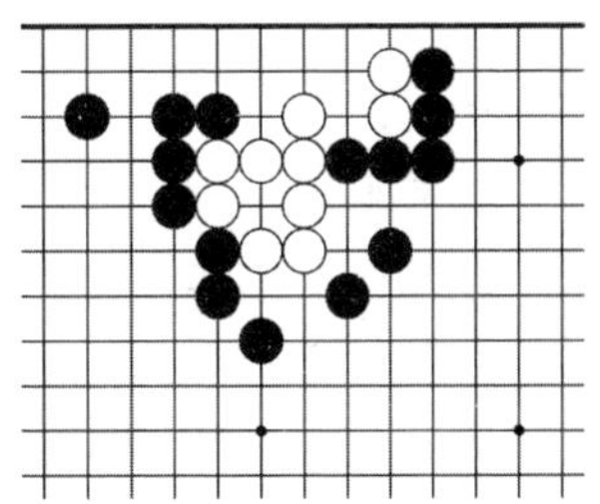

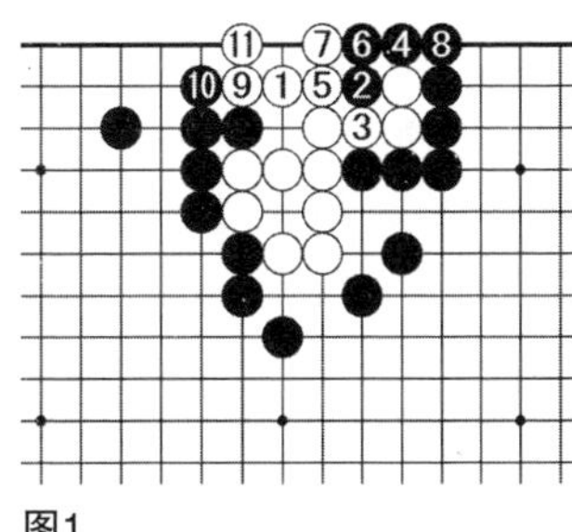

图1

白净活

图1（正解）

白1小尖扩大眼位。黑2夹、4渡过，白5、7先手利，9、11成功做眼。

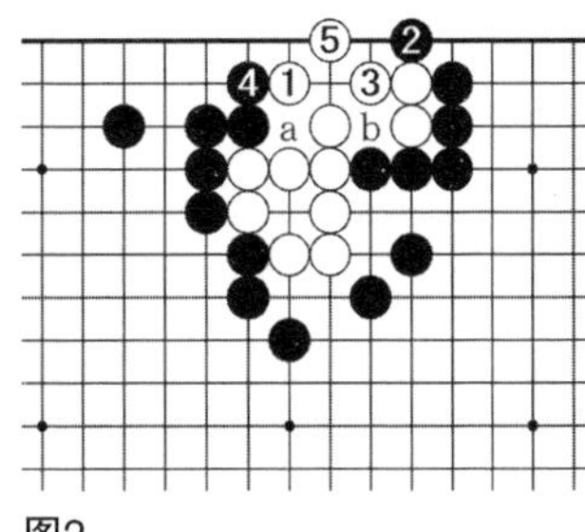

图2

白净活

图2（正解变化2）

白1小尖，黑2扳是犀利的攻击手段。此时白3弯好手，黑4挡，白5做眼。接下来a、b两点见合。

白3也可以下在5位小尖。

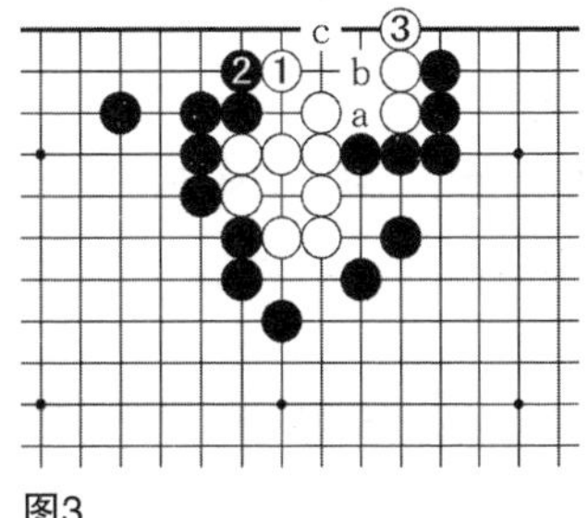

图3

白净活

图3（正解变化2）

白1小尖，黑2挡，白3立是最好的应对方法。

白3若只为了获得眼位，a、b、c皆可。

第20型

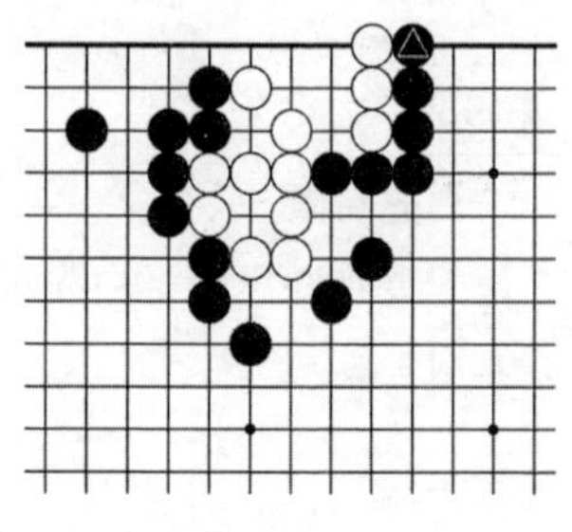

白有眼

前型图3，多了黑▲挡。此时白棋气紧，看起来黑先可以找到好的破眼手段。

黑棋的攻击和白棋的应对过程十分精彩。

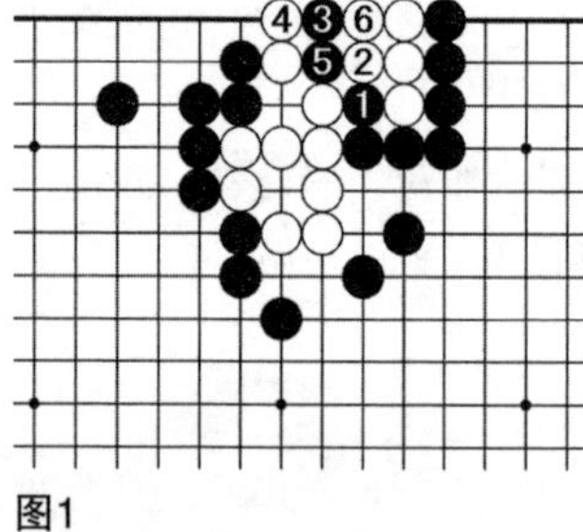
图1

冲、点

图1（证明）

黑1冲，3点是最强手段。白4挡，黑5扑破眼。

白6提之后——

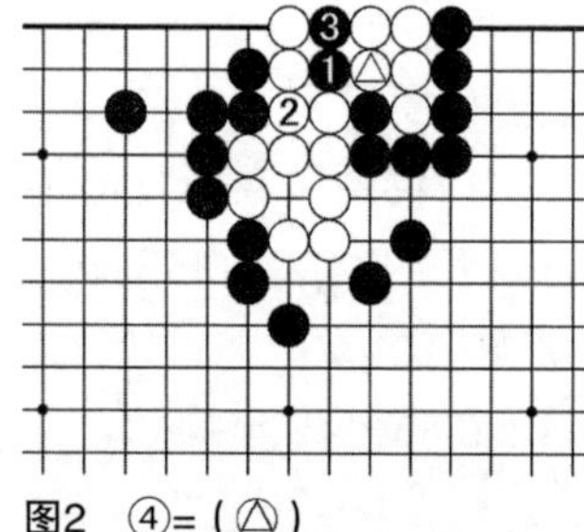
图2 ④=（△）

白净活

图2（证明续）

黑1继续扑，白2弃掉5个子是好手。黑3提，白4断吃，利用倒脱靴净活。

白2若在3位提，黑2位挤，白变成假眼。

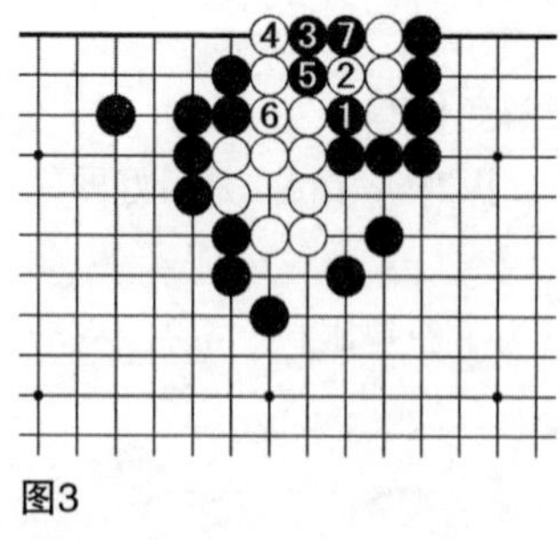
图3

白净死

图3（失败）

图1中的白6提是非常重要的次序。如果直接如本图白6提，黑7提，就没有了白2断的后续手段。

必须在脑海里出现被吃掉棋子后的图形。

第21型

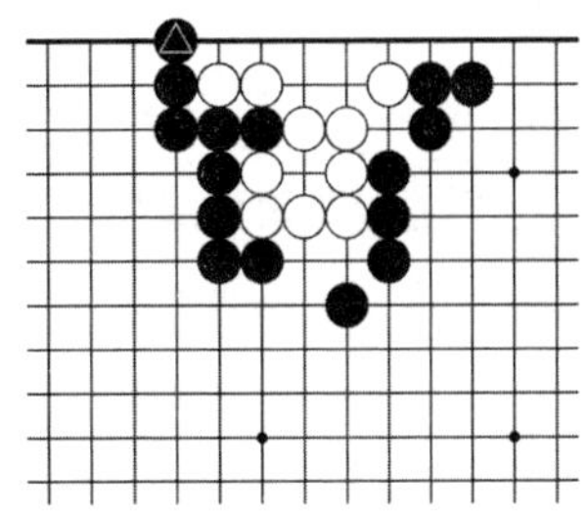

黑先无眼

看起来白棋有确保眼位足够的空间。

但是黑棋多了▲位立，只要次序正确就可夺取白棋眼位。

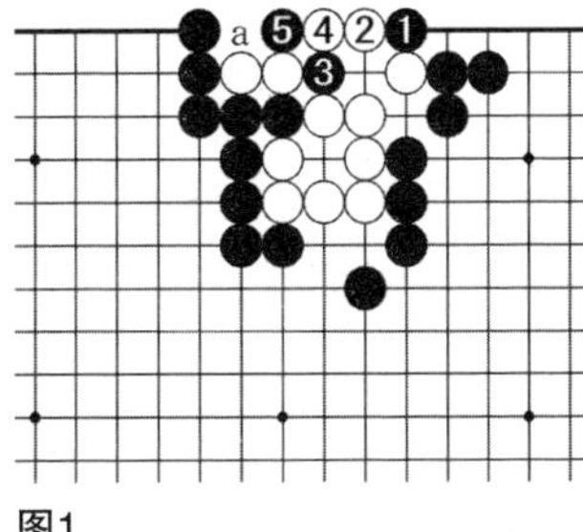

图1

白净死

图1（正解）

黑1扳、3断是正确次序。白4打吃，黑5扑破眼。

白2若在4位小尖，黑a冲，白2位爬，黑3位扑。

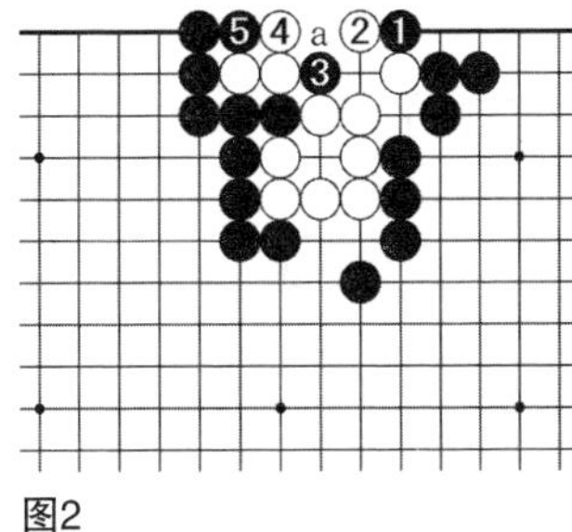

图2

白净死

图2（正解变化）

黑1、3破眼，白4弯，黑5打吃接不归。白棋气紧无法在a位粘。

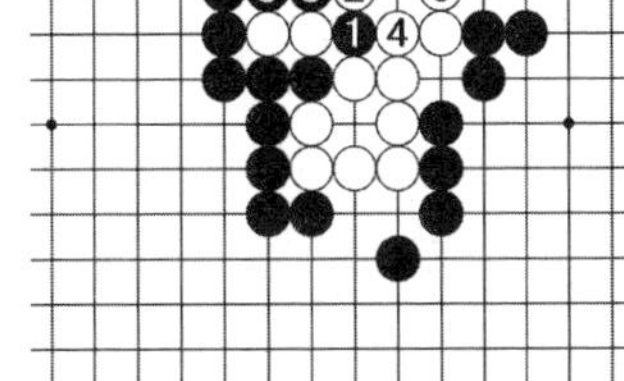

图3

白净活

图3（失败）

第一手直接在1位断是问题手。白2的打吃，进行至黑5连回，白6即可做眼。

黑1、白2交换之后，黑3若在6位扳，白4提好手。

第22型

黑先劫（黑先提劫）

黑▲一子改成了在右边立。

对白棋的影响力减弱，完全破眼已经不可能。

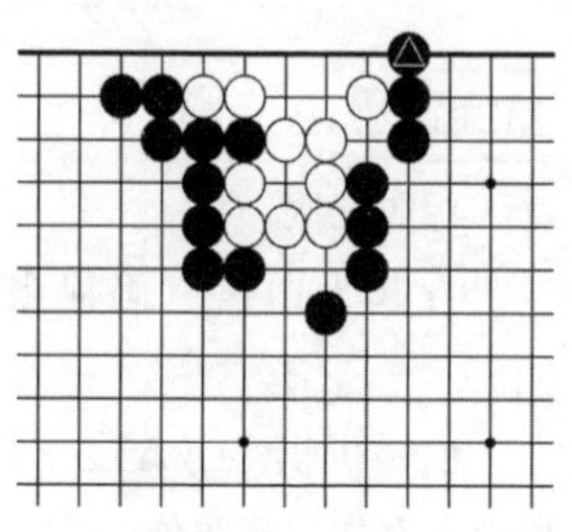

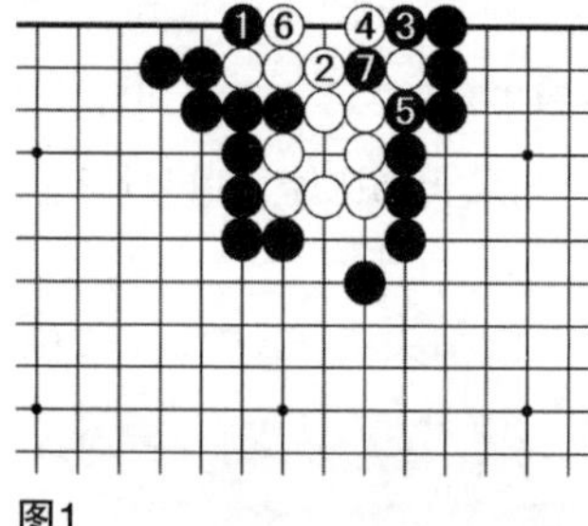

图1

打劫

图1（正解）

首先黑1在左边扳，白2虎交换之后，黑3，5在右边缩小眼位。白6打吃，黑7提劫。

黑1若在3位冲，白4挡，黑1位扳，白6挡可以打吃做眼。

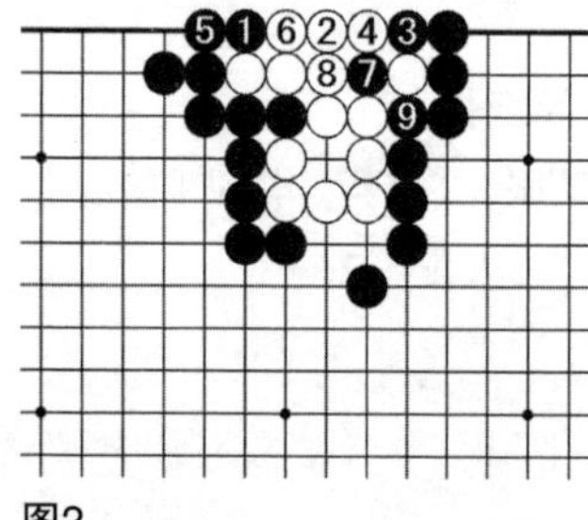

图2

白净死

图2（正解变化）

黑1扳，白2虎不成立。黑3，5是冷静的好手，白边上变成假眼。

白6若下在9位粘，黑8位断，白7位团，黑6位提，白棋还是假眼。

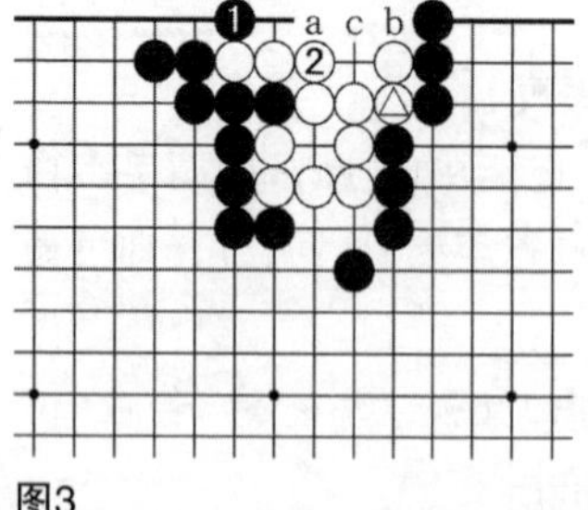

图3

白净活

图3（参考）

白若在△位有子，此时已经确保边上真眼。黑1扳，白2粘即可。

白2也可以在a位虎，黑b位冲、白c位挡。

第23型

白有眼

白棋如果脱先，是否可以确保上边的眼形呢?

接下来探讨一下黑先的各种攻击手筋。

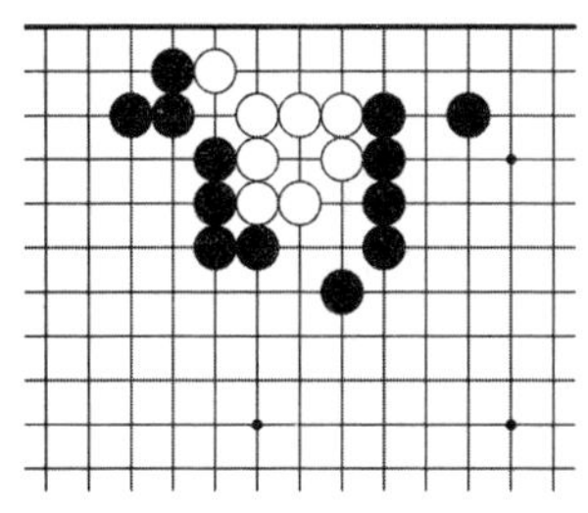

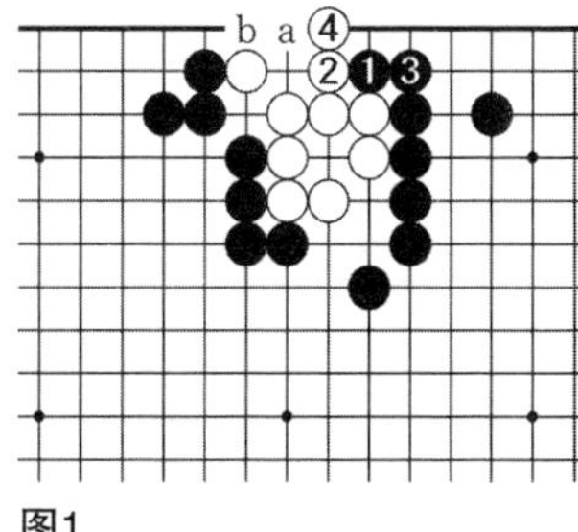

图1

白净活

图1（证明1）

首先黑1、3扳粘缩小眼位是最常见的攻击方法。此时白2、4应对就可以获得真眼。

白4也可以下在a位或者b位。

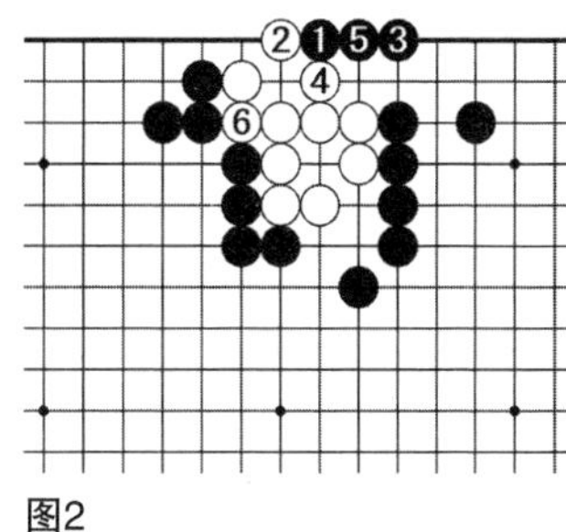

图2

白净活

图2（证明2）

黑1点是手筋。白2尖顶冷静，黑3联络，白4、6做眼。

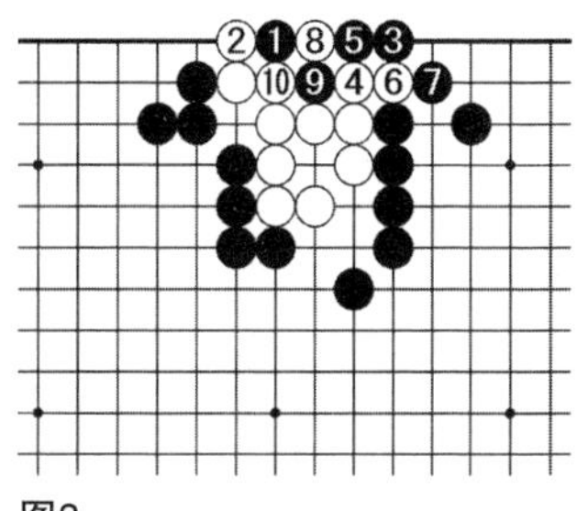

图3

白净活

图3（证明3）

黑1点如何呢? 白2挡，黑3跳守角，但此时白4、6之后，8位扑接不归，白有眼。

白2也有其他下法（参考第24型）。

第24型

白有眼

右边的黑棋变成了▲位三子并排。

棋形不同，下法也会有变化，从前型图3开始衍生问题。

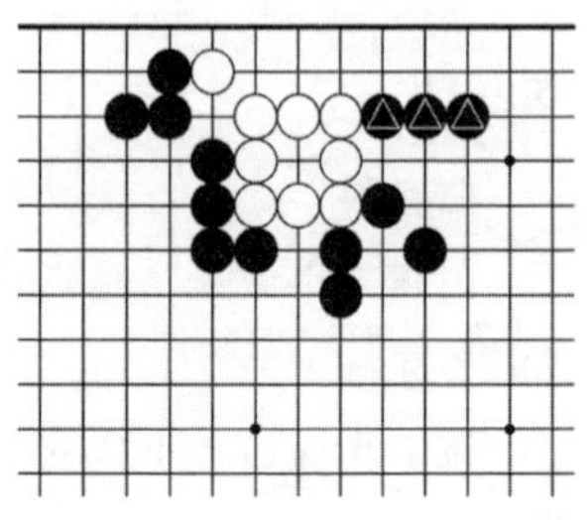

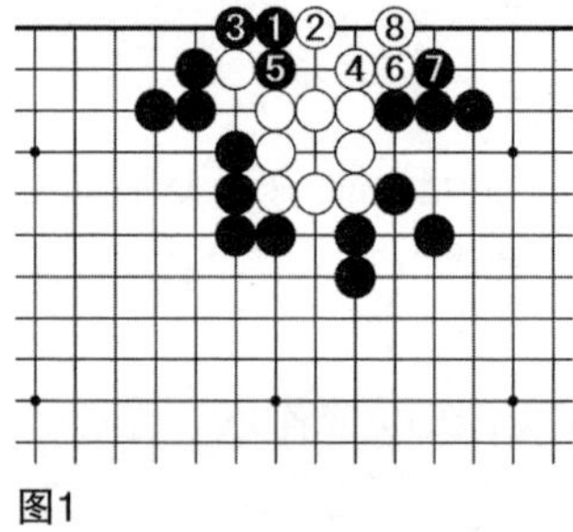

图1

白净活

图1（证明1）

面对黑1点，白棋的应对方法要做出改变。白2靠、4弯好手。黑5打吃，白6、8做眼。

白2下在4位弯、黑3爬、白2尖顶，结果相同。

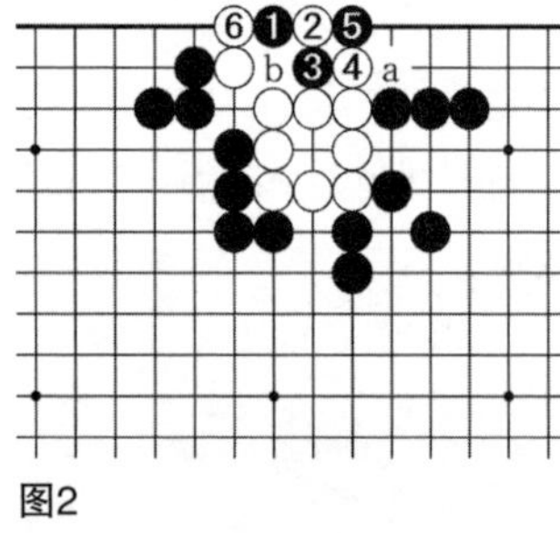

图2

白净活

图2（证明变化）

白2靠，黑3打吃，白4反打、6挡。接下来黑a、白b。

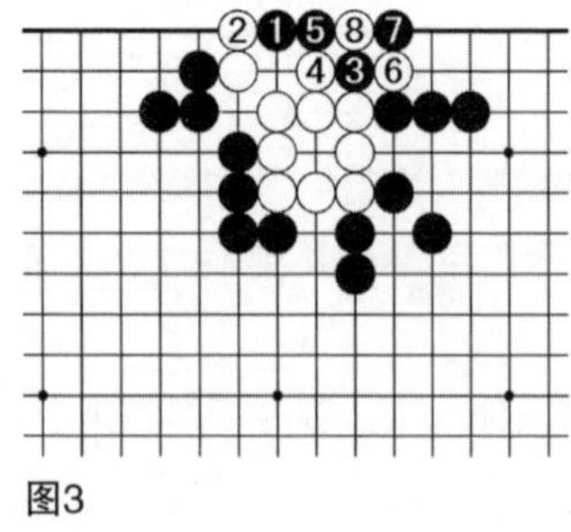

图3

打劫

图3（失败）

黑1点，白2挡是失着。此时黑3、5渡过，白6断吃，黑7做劫强手，本图结果变成打劫活。

第25型

黑先劫（白先提劫）

黑棋在远处▲位二线多了一子。

这会给上边白棋的眼位造成影响。

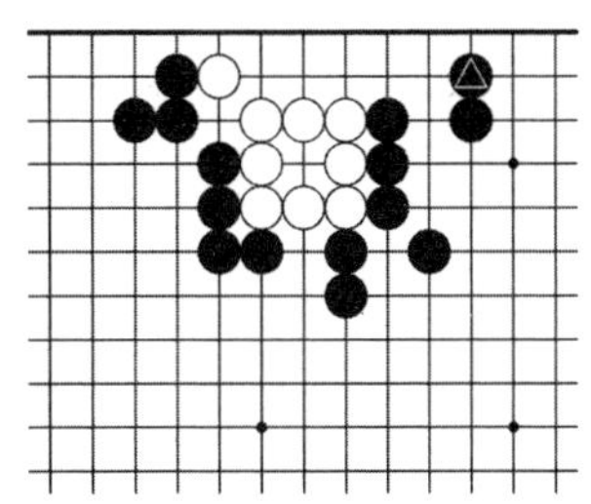

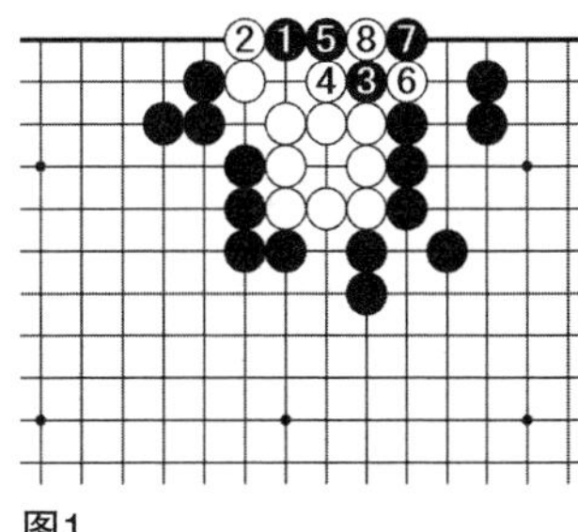

图1

打劫

图1（正解）

黑1、白2交换，黑3点至黑7，是与前型图3相同的手筋。白8提劫。黑1若在3位扳，白4、黑1、白2、黑5结果相同。

黑3还有其他选择（参考第26型图3）。

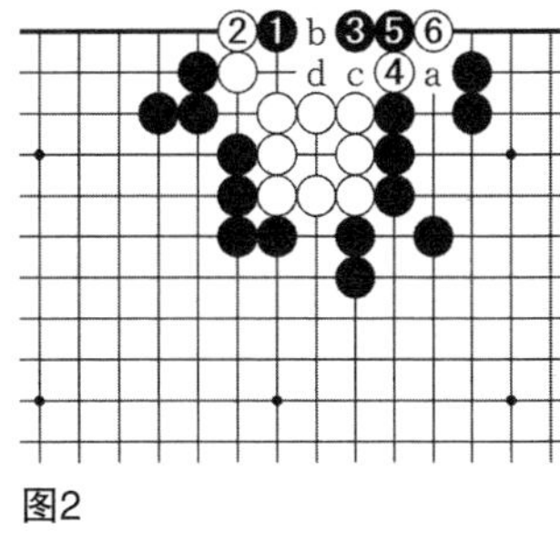

图2

白净活

图2（失败）

黑1、白2交换之后，黑3跳试图连回，但白4、6是好手，接下来黑a，白b接不归。

白4也可以在5位靠，黑c顶，白d虎。

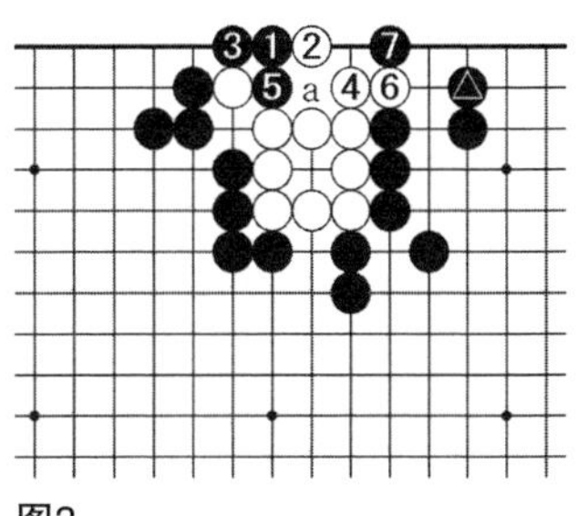

图3

白净死

图3（正解变化）

黑1点，白2靠不成立。黑3渡过至白6做眼，黑7托好手。这就是黑▲的作用。

白4若在6位扳，黑a位打吃。

第26型

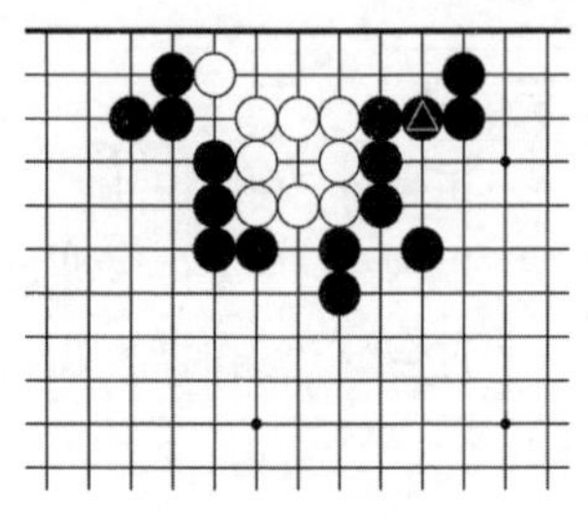

黑先无眼

与前型相比，黑棋在▲位有多了一子。

看似无甚关联，但有了这颗棋子，黑棋就可以破坏白棋眼位。

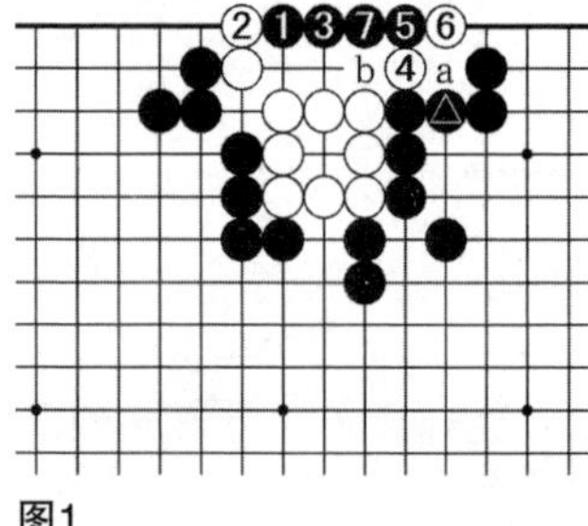

图1

白净死

图1（正解1）

黑1点，白2立，黑3并好手。白4扳，黑5夹，白6打吃，黑7粘联络。因为黑▲，此时白a粘，黑b打吃，对杀黑胜。

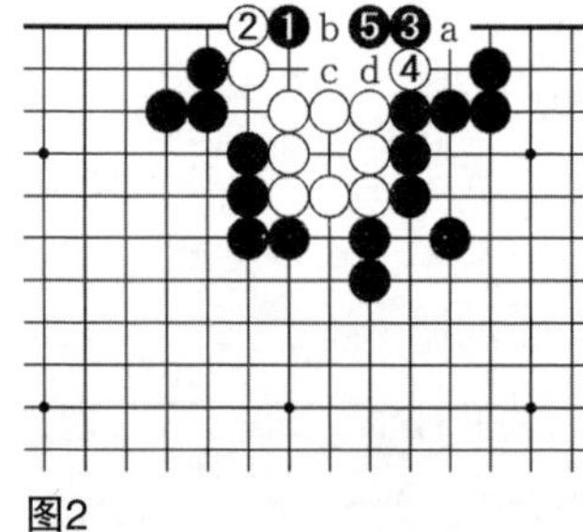

图2

白净死

图2（正解2）

黑1、白2交换之后，黑也可以选择黑3跳。白4挖好手，黑5冷静。之后白a扳，黑b粘长气还原图1；白b、黑c、白d、黑a连回。

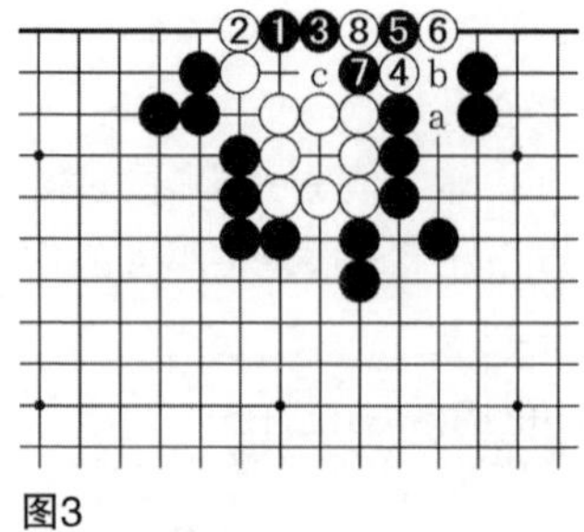

图3

打劫

图3（参考）

如果在前型中黑也选择1、3的下法，因为a位无子，白4、6阻渡，黑7只能开劫。若黑7在8位粘，白b粘，对杀黑败。

黑3若在5位跳，白4挖、黑7打、白c反打、黑3位爬，打劫。

第27型

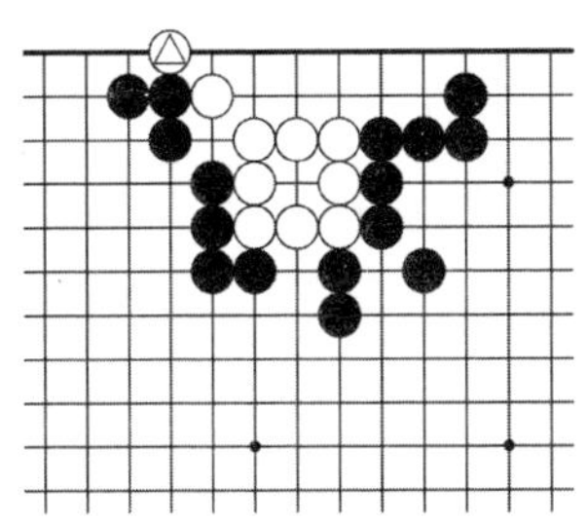

白有眼

此时白棋多了△位扳。

白△对白做眼会产生关键作用，此时白棋已经确保了边上眼位。

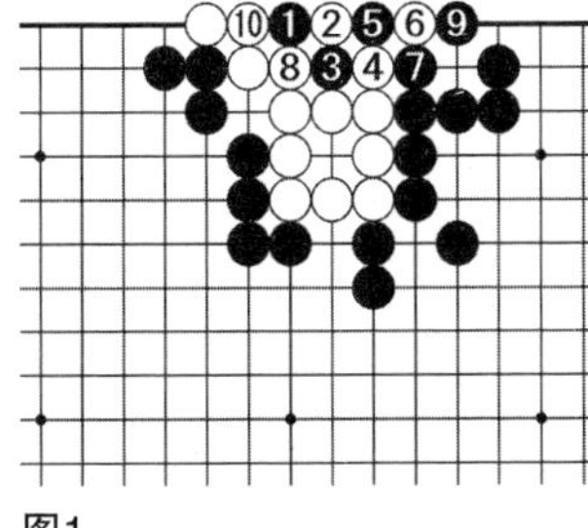

图1

白净活

图1（证明1）

黑1点，白2靠。黑3打吃，白4拐打弃子。进行至白10，白利用接不归获得眼位。

若白6下在7位拐，黑10位断，白8位粘同样是接不归。

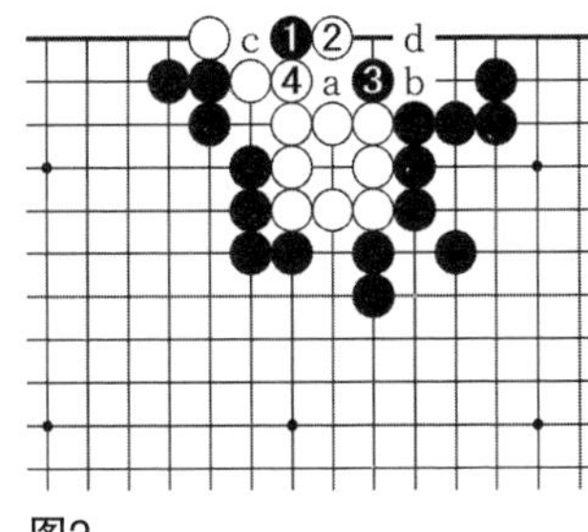

图2

白净活

图2（证明1变化）

黑1点，白2挡之后，黑3扳，白4打吃应对。黑若a位破眼，白b断吃。

白4若在a位粘，黑c扑，白b打，黑d反打，白净死。

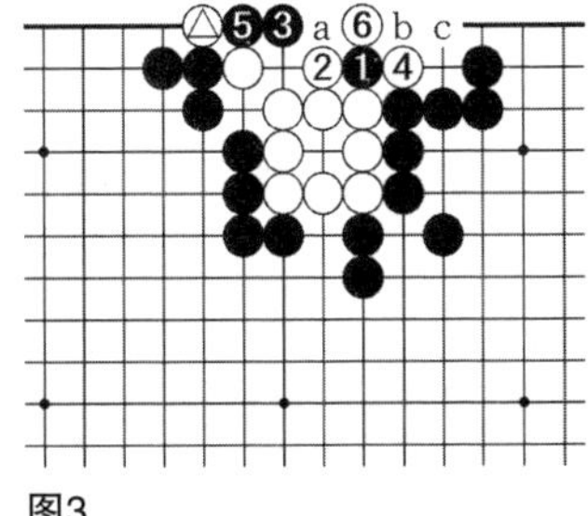

图3

白净活

图3（证明2）

黑1扳，3点，白4断吃，黑5破眼，白6提即可。白△的存在让黑无法在a位破眼。

黑5下在b位托，白6位提，黑c位爬、白5位粘，同样是净活。

第28型

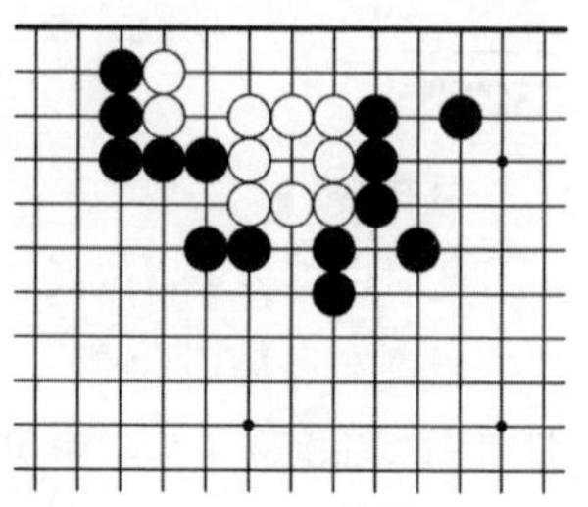

白有眼

本型需要思考上边白棋是否有眼。

虽然白左边两子气紧，但仍可以确保一只真眼。

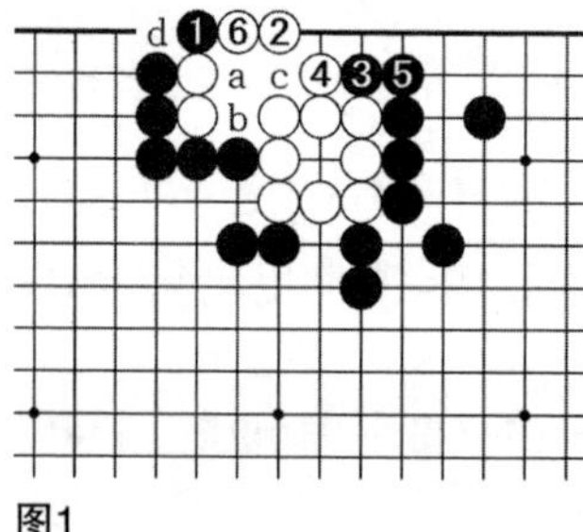

图1

白净活

图1（证明1）

先来研究一下黑1扳。白2跳是棋形要点。黑3、5，白6做眼。

黑3若下在a位扳，白b粘，黑6位粘，白c位粘，黑d连回之后，白3位或者5位即可获得眼位。

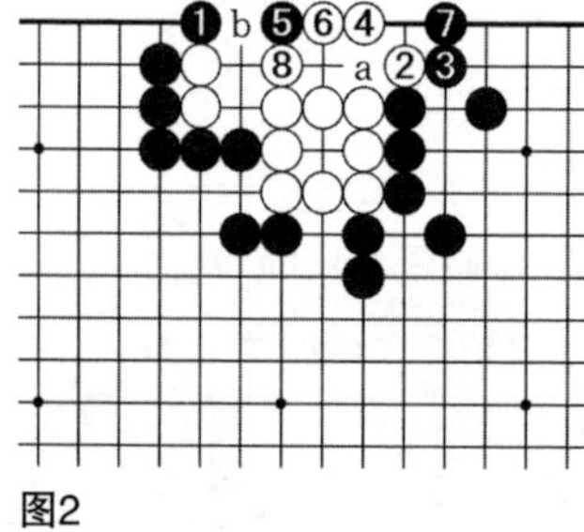

图2

白净活

图2（证明1变化1）

黑1扳，白也可以2、4扳虎做眼。黑5、7，白8打吃。接下来黑a扑，白b提。

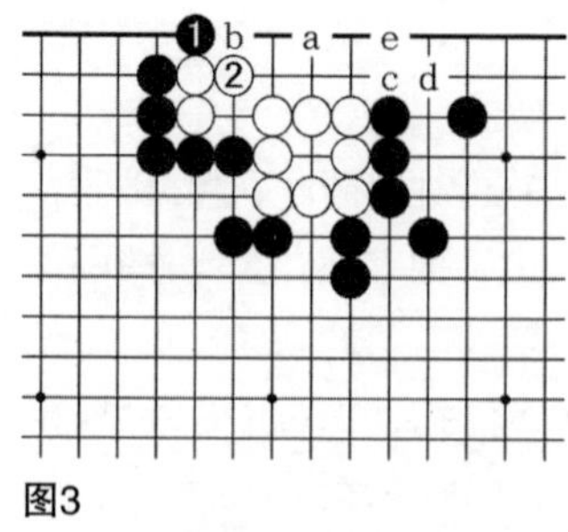

图3

白净活

图3（证明1变化2）

黑1扳，白2弯应对。本图与第23型相同。

白2下在a位跳，黑b位爬，白c位扳，黑d倒虎，白e位立，同样能够获得一只真眼。

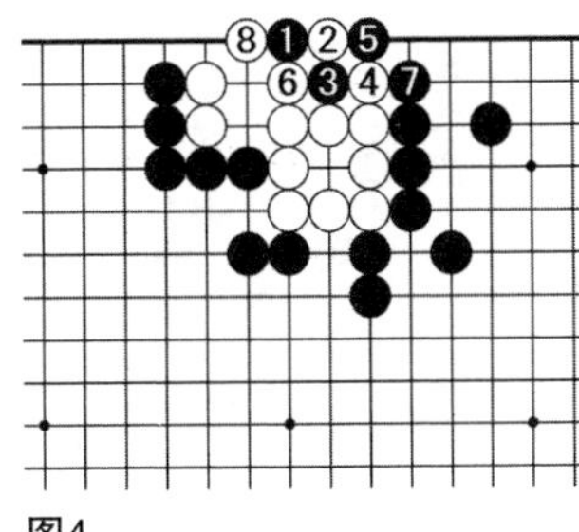

图4

白净活

图4（证明2）

黑1点如何。白2靠是做眼手筋，黑3打吃，白4拐打弃掉一子，黑5提，白6、8接不归，白获得边上眼位。

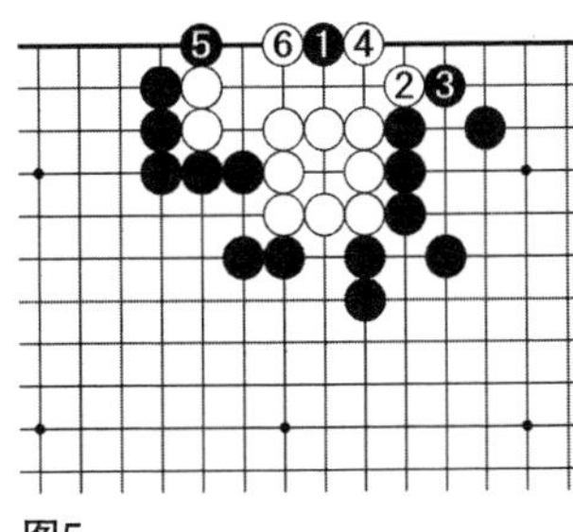

图5

白净活

图5（证明3）

面对黑1，白应该怎样应对呢？此时白2、4是正解。黑5扳，白6打吃。

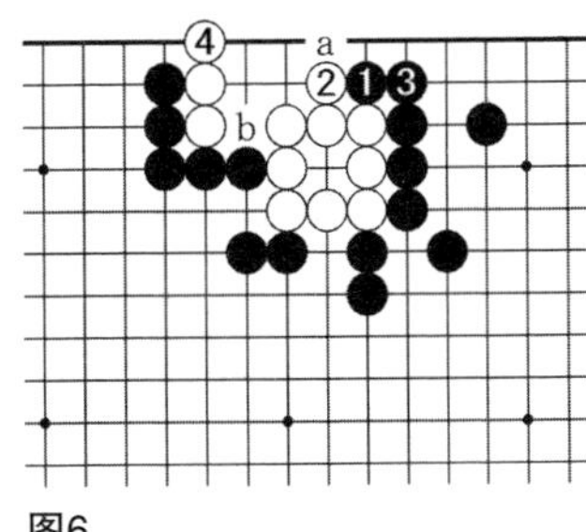

图6

白净活

图6（证明4）

黑1、3扳粘缩小眼位，白4立或者在a、b位都可以做活。

本图白棋可以获得眼位，但黑棋周围棋子配置不同，会衍生出其他变化。

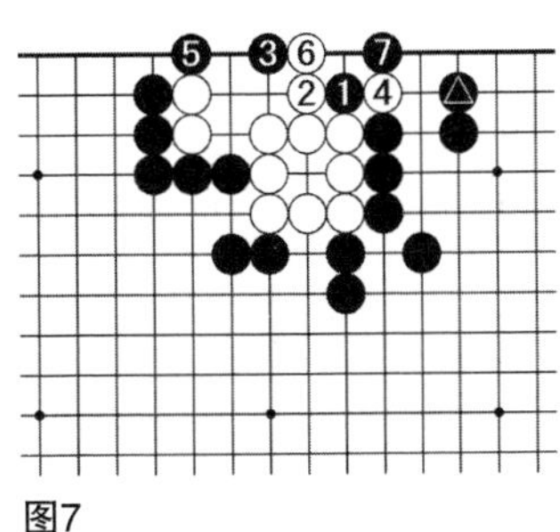

图7

白净死

图7（参考）

若黑在▲位有子，则黑1扳、3点好手。白4断吃，黑5扳，白6挡，黑7之后，白棋边上变成假眼。

第29型

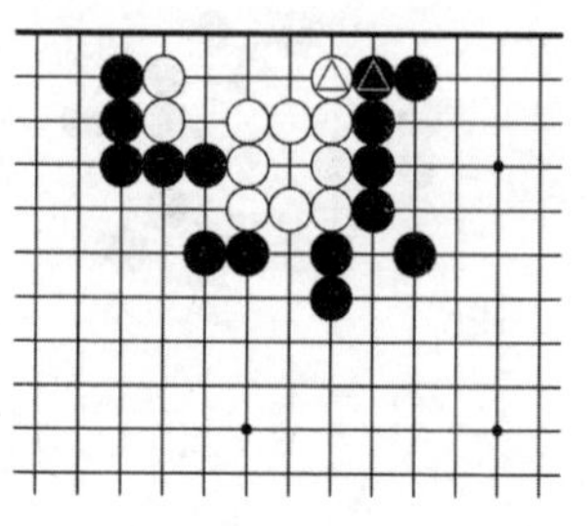

白有眼

与前型相比，此时黑白双方多了▲、△交换。

对于白棋来说这不能算是坏事，本型白棋已经确保了边上眼位。

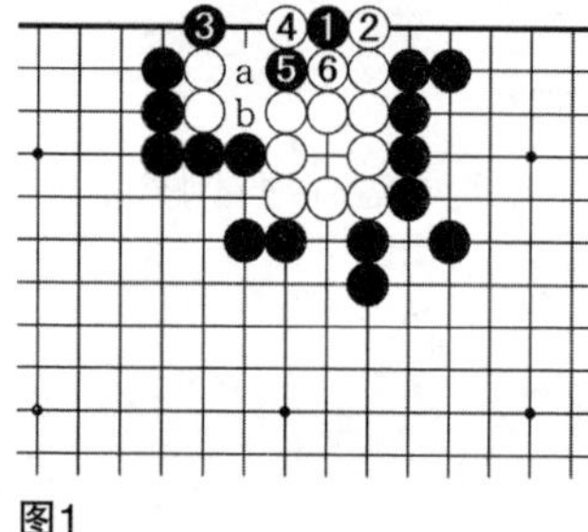

图1

白净活

图1（证明1）

黑1点、3扳是严厉的攻击手筋，此时白4打吃好手。黑5挖，白6提，黑a位粘，白b位打吃，接不归。

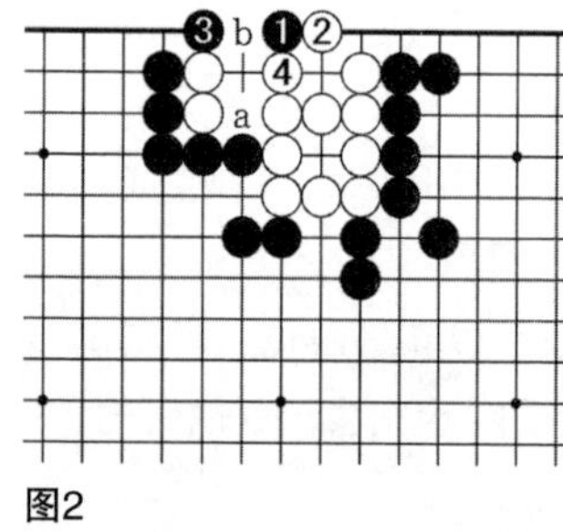

图2

白净活

图2（证明2）

黑1点，白2尖顶。黑3渡过，白4打吃做眼。

黑3若下在4位顶，白a位粘，黑3扳，白b位扑，接不归，白净活。

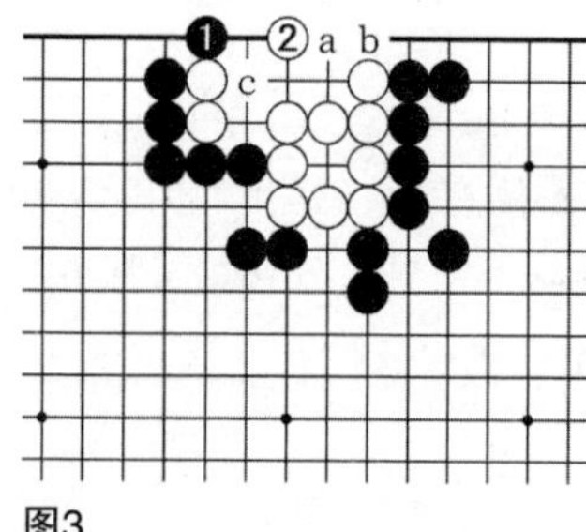

图3

白净活

图3（证明3）

黑1扳，白2跳。黑a靠，白b做眼还原图1。

白2若在c位弯，黑a位点，白2尖顶，白净活。

第30型

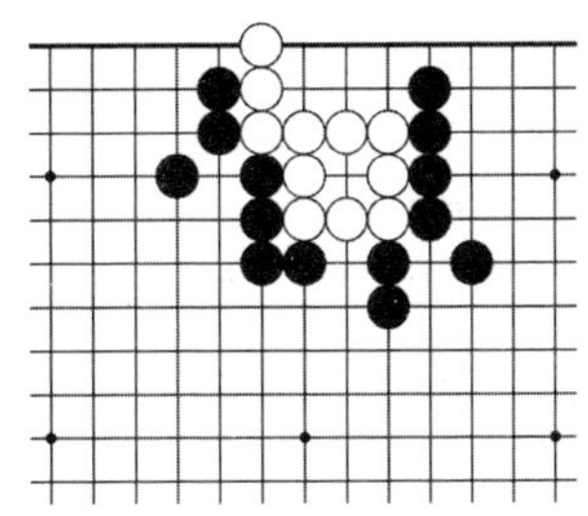

黑先无眼

黑棋一步一步走是无法夺取白棋眼位的，需要快速轻灵的下法。

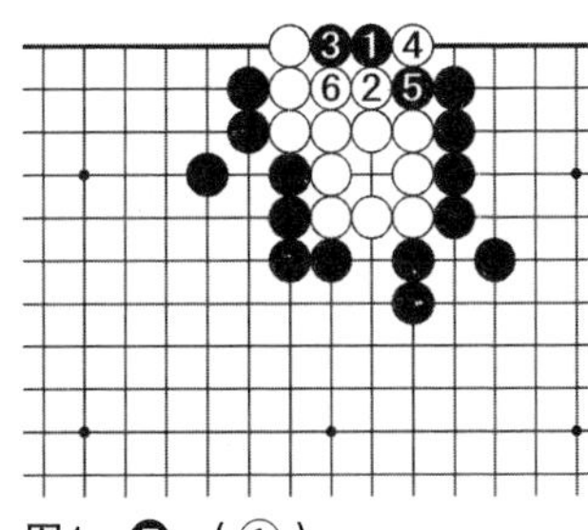

图1　❼=（①）

白净死

图1（正解）

黑1小飞破眼。白2顶，黑3顶。白4吃掉黑二子，黑5断吃，7扑破眼。

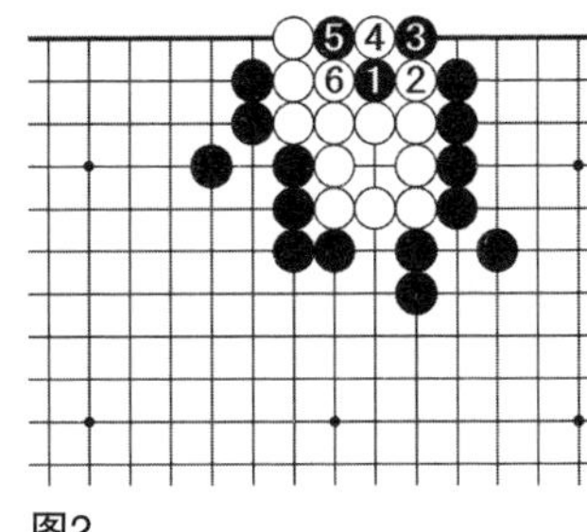

图2

白净活

图2（失败1）

黑1同样意在快速破眼，但此时白有2，4好手。黑5提，白6打吃，接不归，白净活。

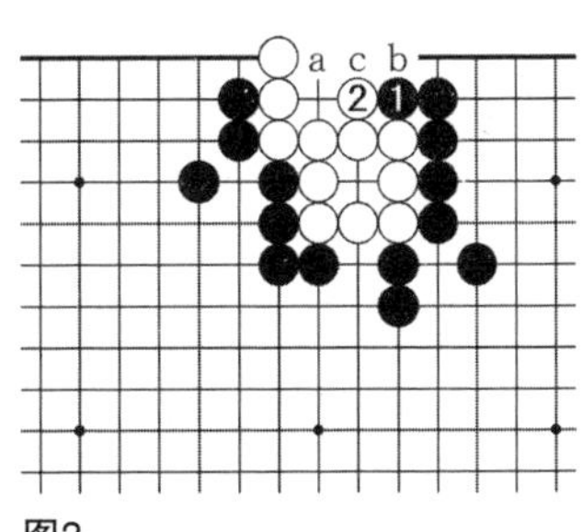

图3

白净活

图3（失败2）

黑1拐速度太慢，白2轻松做眼。

但是过犹不及，若黑1在a位大飞，白1位贴，黑b位扳，白c位扑，形成与上图相同的接不归局面。

第31型

黑先无眼

白棋看起来眼形丰富。

但是，只要黑棋找到眼形急所就可以轻松破眼。

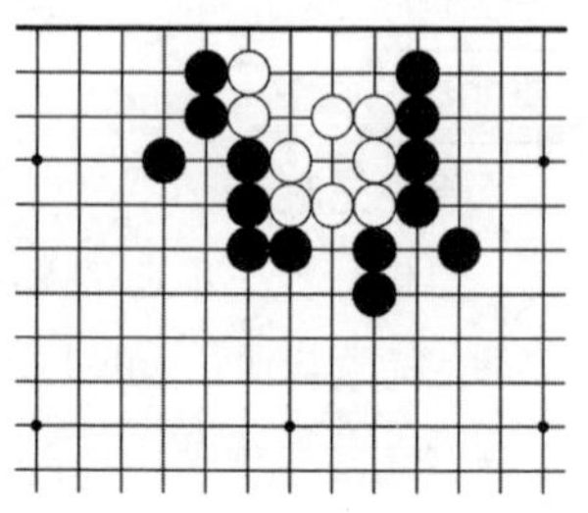

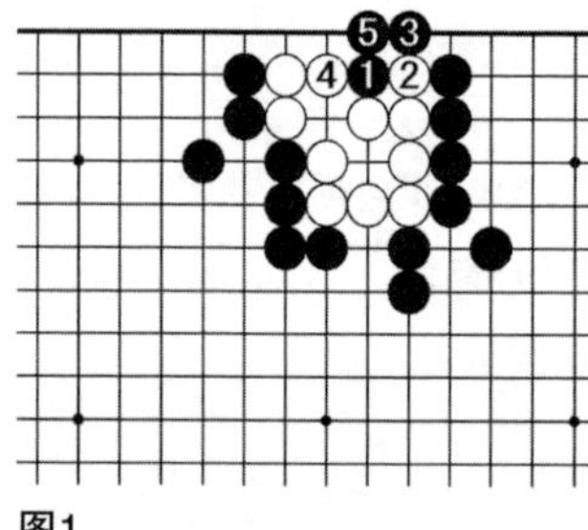

图1

白净死

图1（正解）

黑1是破眼急所，此时白棋毫无抵抗的余地。白2冲，黑3渡过，白4打吃，黑5粘，白棋变成假眼。

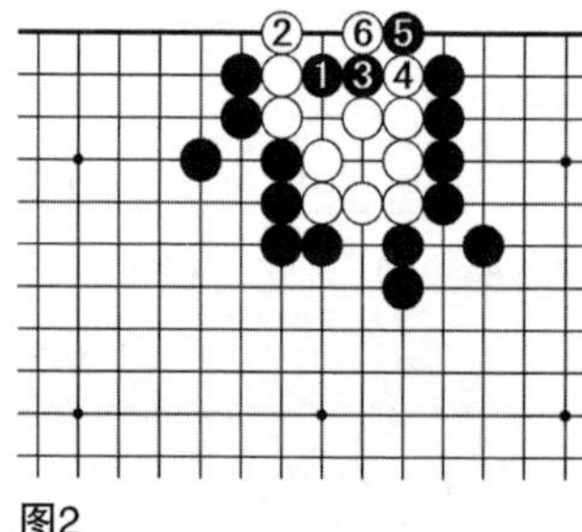

图2

白净活

图2（失败）

黑1同样看似破眼急所，但在此时是过分手。白2立冷静，黑3、5试图联络，白4，6之后形成接不归。

黑3若下在6位尖，白可以应在3位顶或者5位靠。

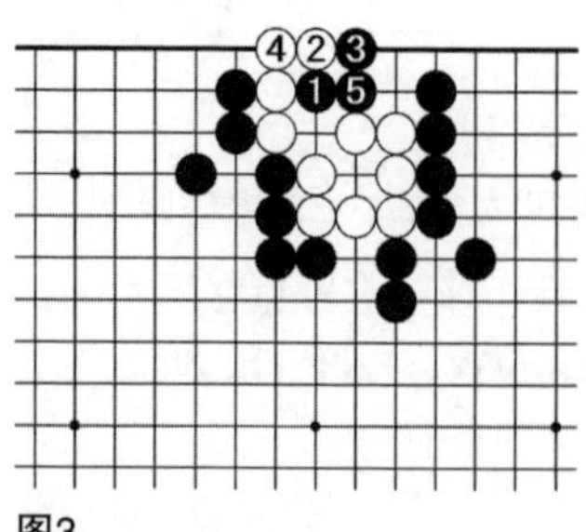

图3

白净死

图3（失败变化）

黑1夹，白2扳失着。黑3打吃、5粘连回。

第32型

白有眼

白棋较前型多了白△位拐，眼位空间充足。

本型白棋已经确保下边一只真眼。

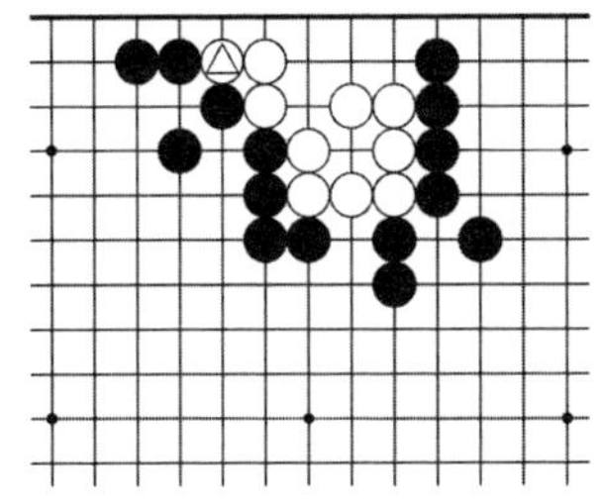

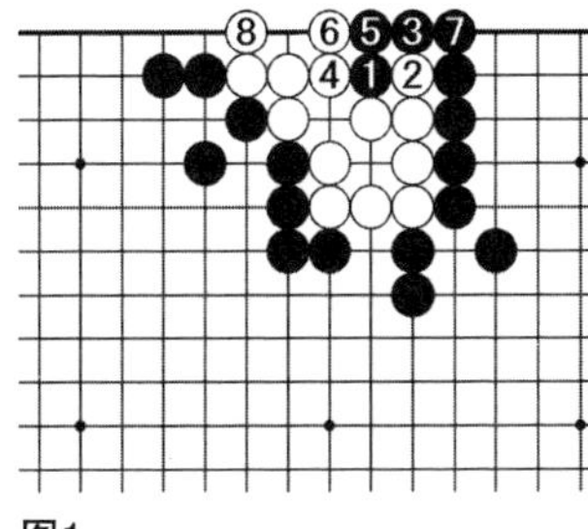

图1

白净活

图1（证明1）

黑1破眼，白2冲，黑3渡过，白4打吃即可。黑7粘，白8做眼。

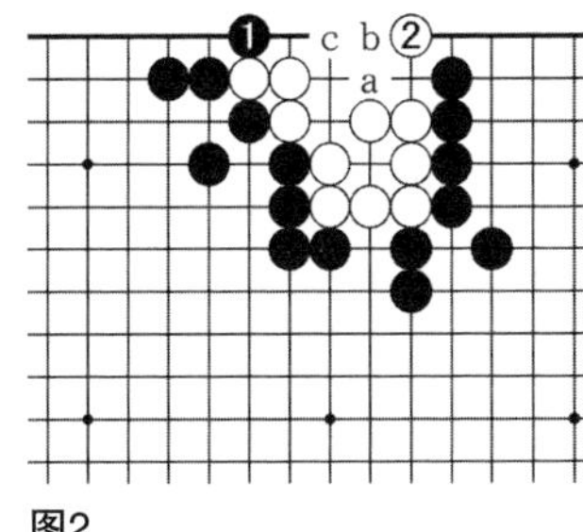

图2

白净活

图2（证明2）

黑1扳是需要引起注意的手段。白2跳好手。

白2也可以下在a、b、c点。

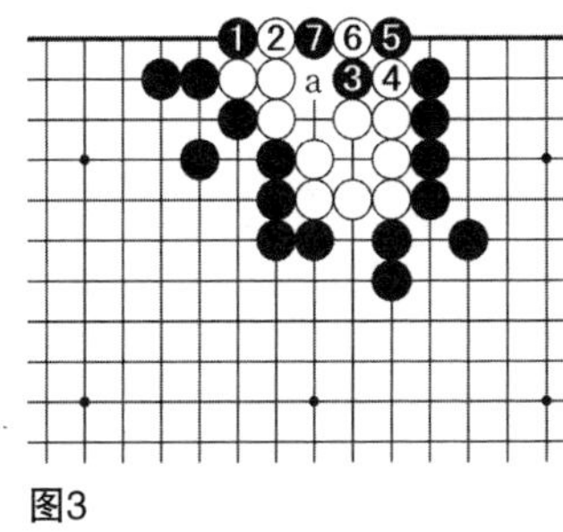

图3

白净死

图3（失败）

面对黑1扳，白若2位打吃，黑3点好手。白4、6之后，黑7提，白a位不入气。

白2下在4位、黑可以a位破眼。

第33型

白先有眼

看起来做眼很容易，但实际落子会发现并没有那么简单。

正解只有一个。

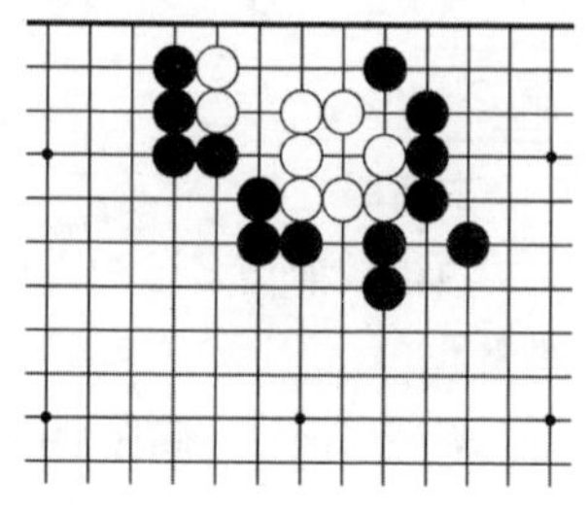

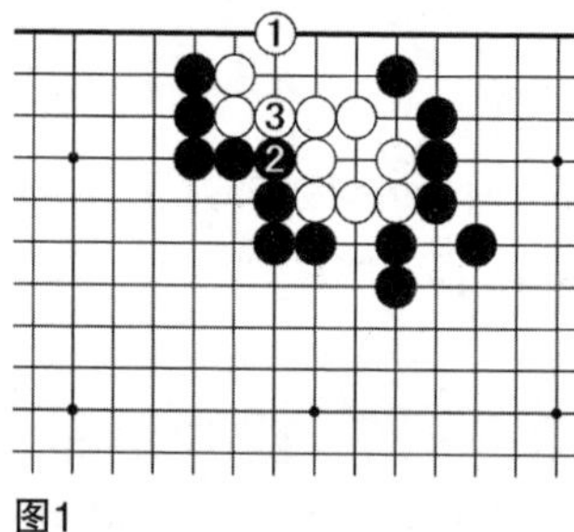

图1

白净活

图1（正解）

能否发现白1小尖的妙处呢。黑2、白3交换之后，白棋获得一只真眼。

黑2若在3位挖，白2位断吃，黑没有后续手段。

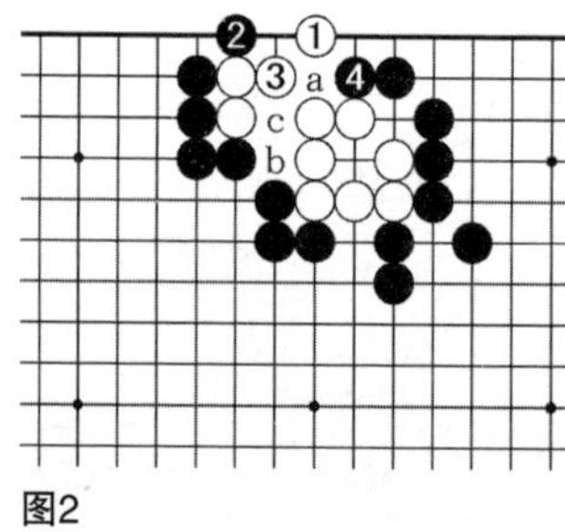

图2

白净死

图2（失败1）

白1跳不成立。黑2扳好手，白3弯，黑4冲，接下来a、b两点见合。

黑2若在4位冲，白a粘交换之后，黑2位扳，白可以b位扩大眼位，黑3、白c，白净活。

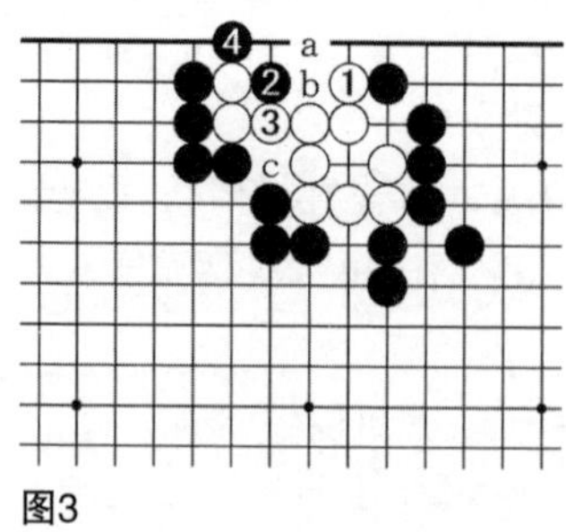

图3

白净死

图3（失败2）

面对白1，黑2，4破眼即可。

白1若下在4位立，黑a小飞，白b顶，黑c粘，白净死。

第34型

白有眼

问题是上边白棋是否有眼。

面对黑棋的攻击，白棋要活用△位扳。

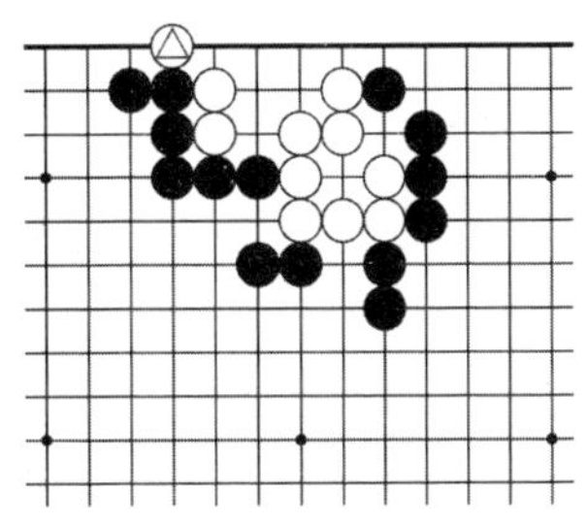

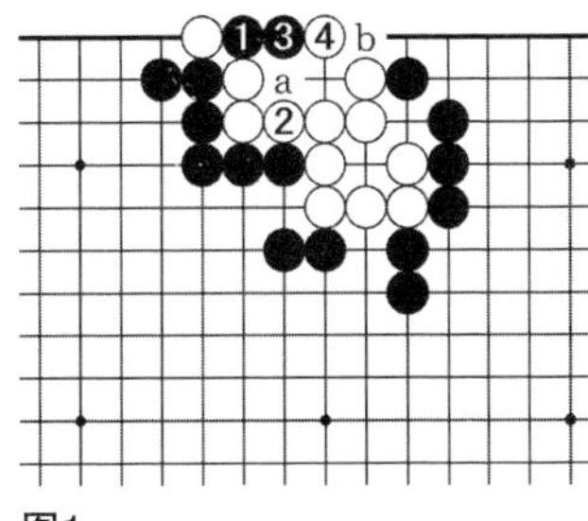

图1

白净活

图1（证明）

黑1扑是有力的破眼手段。白2粘是正确应对，黑3长，白4打吃做眼。

白2还可以下在4位，或者a位弯，黑4点，白b挡。

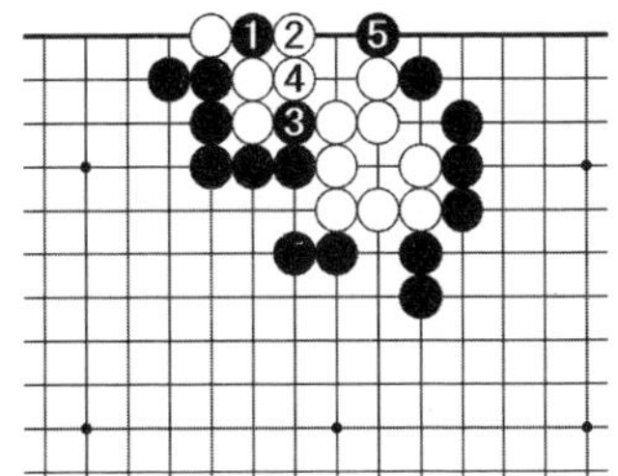

图2

白净死

图2（失败）

黑1扑、白2提随手。黑3冲、5扳，白棋变成假眼。

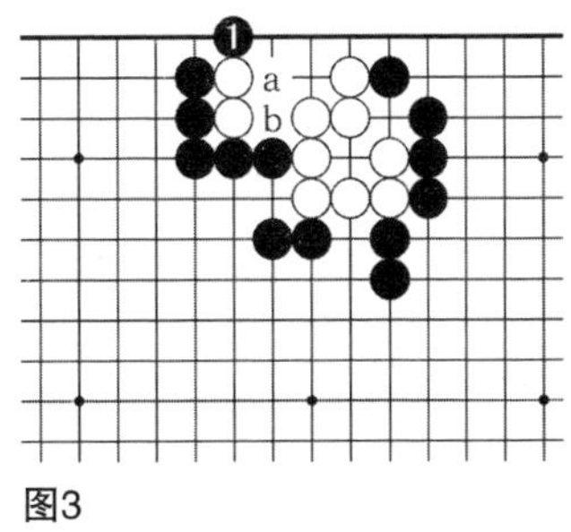

图3

白净死

图3（参考）

如果白棋没有一线扳，此时黑1扳或者a位夹，白b位粘，黑1位扳，都可以净杀白棋。

问题图中白△的意义正在于此。

第35型

白有眼

这是实战棋形。

黑棋是否有破掉白棋上边眼位的手段呢?

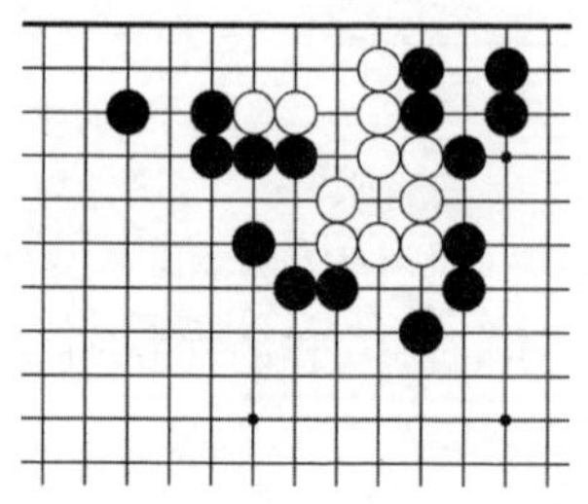

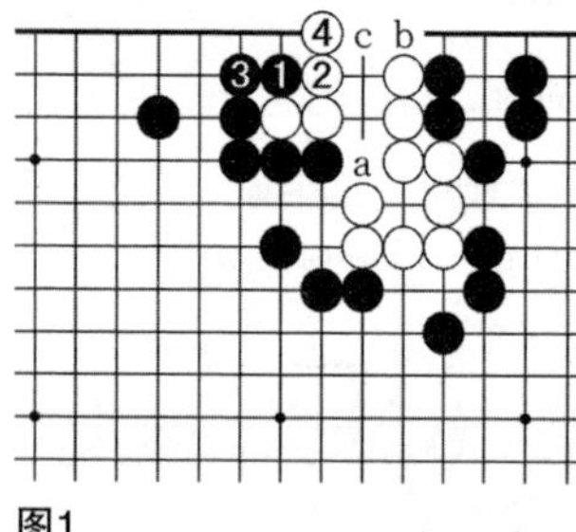

图1

白净活

图1（证明1）

黑1、3扳粘，白4立或下在a、b、c位都可以做眼。

白下在b位，若黑4位扳，白只能在a位做眼。

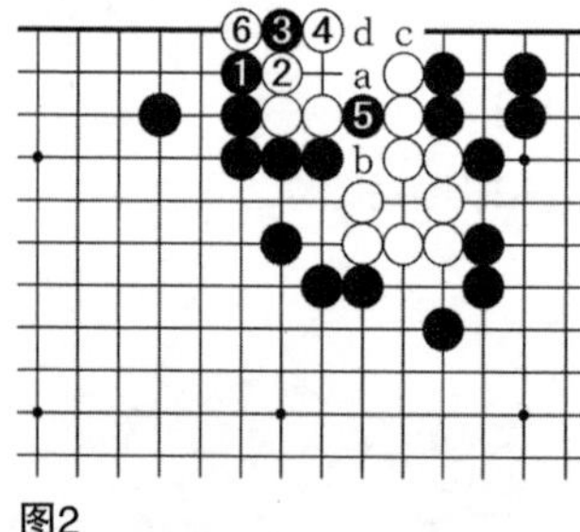

图2

白净活

图2（证明2）

黑1立，白2挡应对。黑3扳，5打吃，白6提。黑a冲，白b断。

另外，黑3若在4位点，白3挡，黑c扳，白a弯，黑d爬，白b粘，白净活。

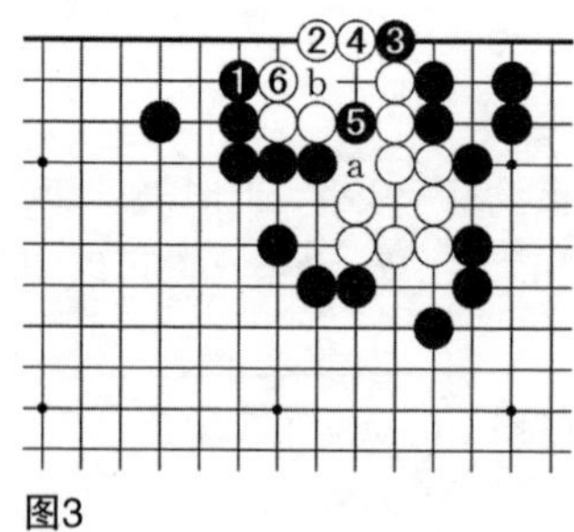

图3

白净活

图3（证明2变化）

黑1立，白2跳也可以净活。黑3、5破眼，白6扩大眼位即可。

白6若在a位打吃，黑可以b位挖破眼。

第36型

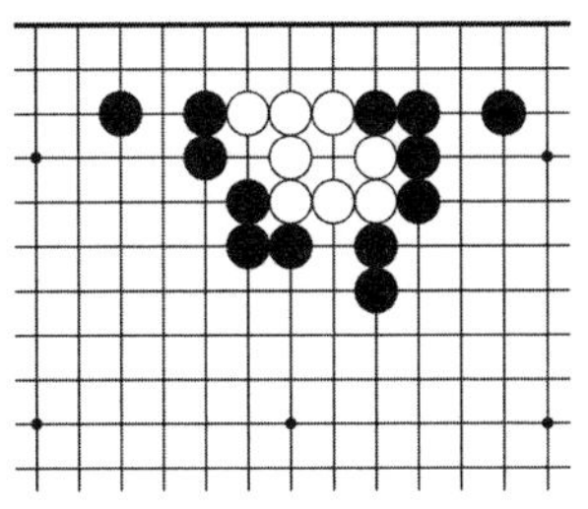

黑先无眼

白棋在三线有三子并排，黑先可以夺取白棋眼位。

有句格言是“三子中间是急所”。

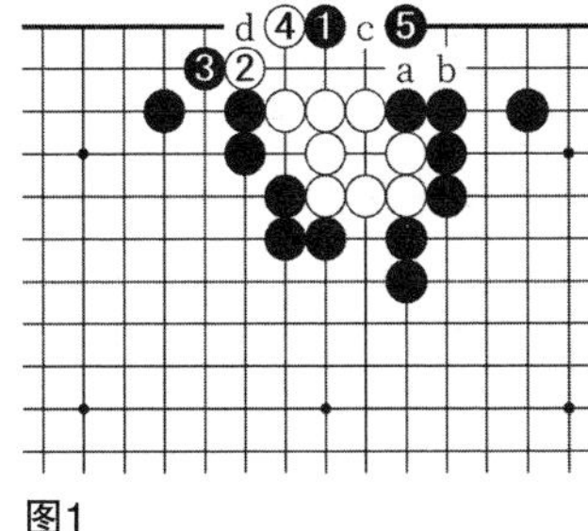

图1

白净死

图1（正解1）

黑1是“三子中间”。白2、4扳虎，黑5跳手筋。黑1一子逃出。

白2若下在a位扳，黑b挡，白c尖顶，黑d跳。第一手下在5位或则d位也可以破眼。

图2

白净死

图2（正解2）

黑1也是“三子中间”。白2拐，黑3渡过。白2若下在3位，黑2渡过。

若黑a、白b、黑c、白d、黑e的进程，白棋同样无眼（参考第11型）。

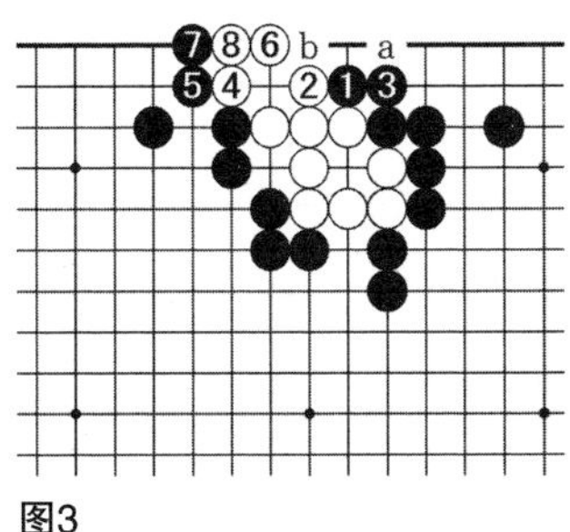

图3

白净活

图3（失败）

黑1扳俗手。白2挡，黑3粘，白4、6做眼。

黑3若在a位虎，进行至白8，黑可以b位扑做劫，但与净杀相比，仍不能满意。

第37型

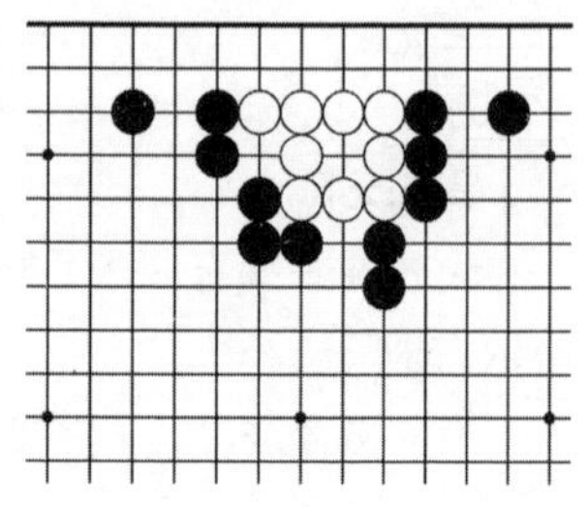

白有眼

此时白棋在三线共有4颗棋子并列。

如此白棋必有一只真眼。

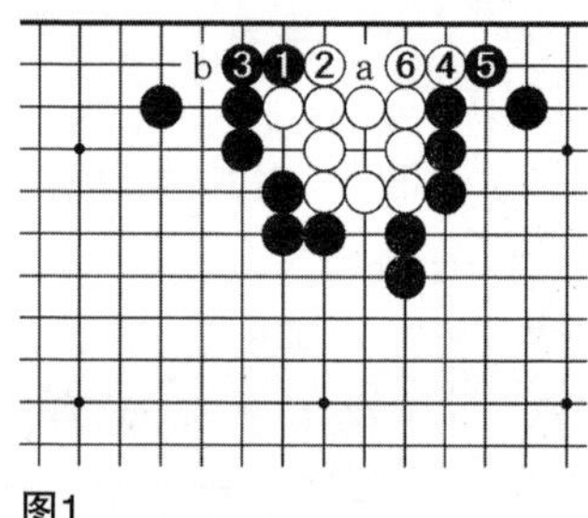

图1

白净活

图1（证明1）

黑1、3扳粘是普通攻击方法。白4、6扳粘即可净活。

黑1若下在6位扳，白a，黑4，白3、黑b，白1。

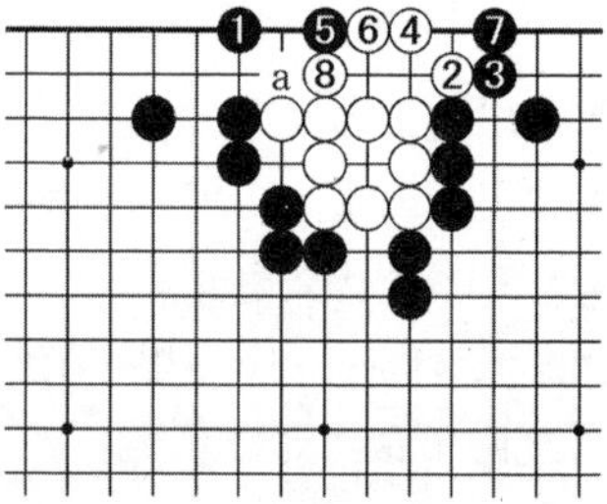

图2

白净活

图2（证明2）

黑1跳是曾出现数次的手筋，此时白2、4扳虎做眼应对。黑5跳，白6顶、8打吃做眼。

白2下在a位或者6位跳同样可以确保边上真眼。

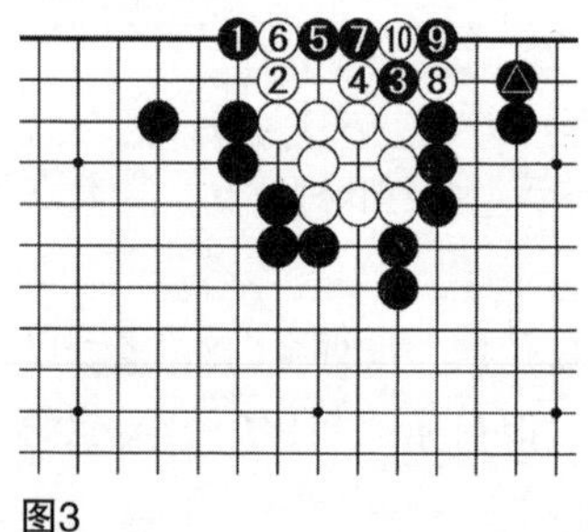

图3

打劫

图3（参考）

但是在黑▲位有子的情况下，需要引起注意。黑1跳之后会出现3、5破眼的手段。白8断吃，黑9做劫，变成劫活。

白2若下在8位扳，黑下在5或者7位，白净死。

第38型

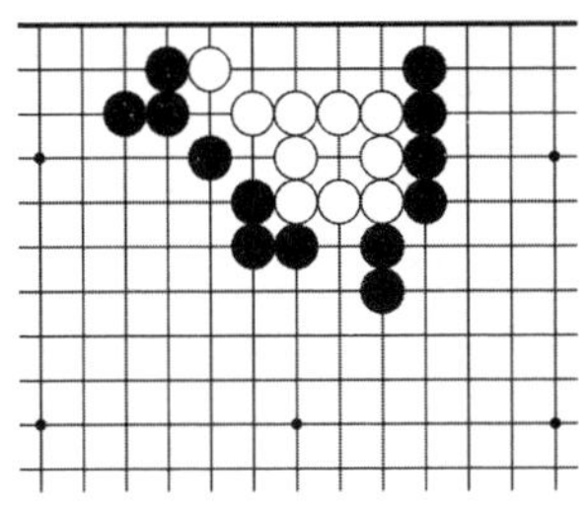

白有眼

上边白棋形不完整，黑棋的攻击手段似乎有很多。

但是所有攻击，白棋都有合适的应对方法确保眼位。

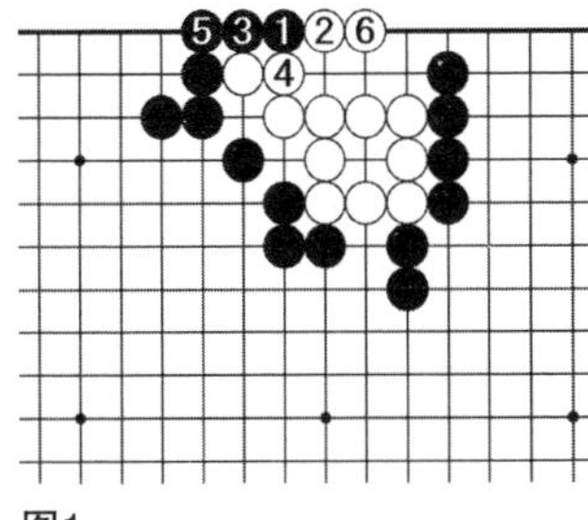

图1

白净活

图1（证明1）

黑1点，白2靠，黑3渡过，白4打吃先手。黑5粘，白6做眼。

白2若下在3位挡，黑2位并好手，白眼被破。

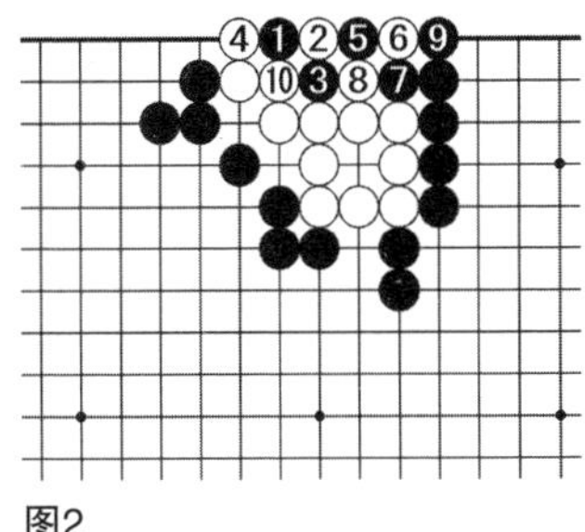
图2

白净活

图2（证明1变化）

白2靠，黑3打，白4立，黑5提，以下至白10，接不归。

黑3若在5位打吃，白4或者6位打吃仍是接不归。

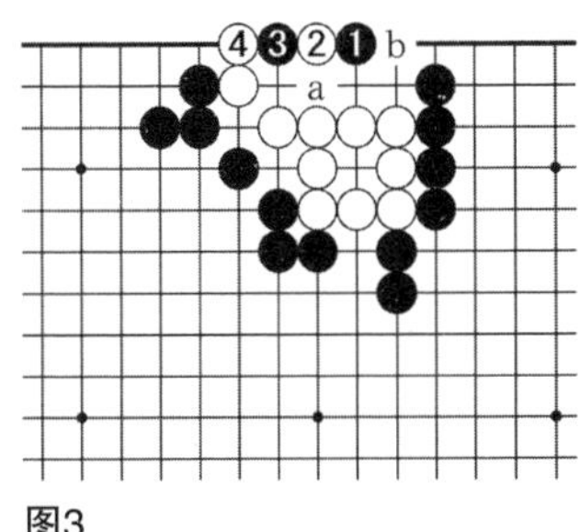
图3

白净活

图3（证明2）

黑1小飞，白2靠。接下来黑a、白b还原上图。

白2若在3位虎也可以做眼。

第39型

黑先无眼

白A位无子。

这意味着此时黑先可以破坏白棋边上眼位。

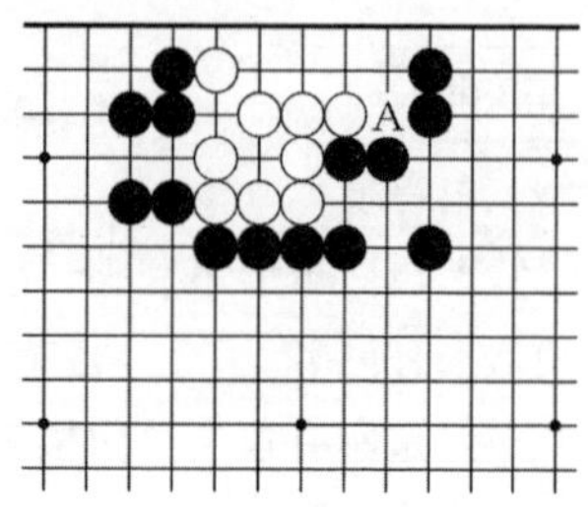

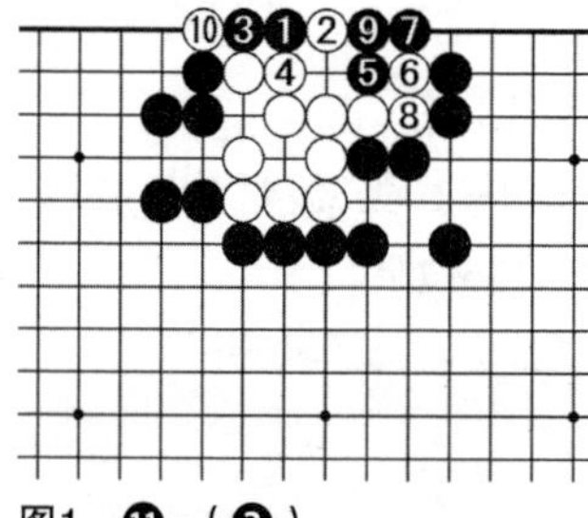

图1 ⓫=（❸）

白净死

图1（正解）

第一手还是黑1点。白2靠，黑3爬，白4打吃进程与前型相同。此时黑可以5位夹破眼。白6扳，黑7粘，进行至黑11，白无眼。

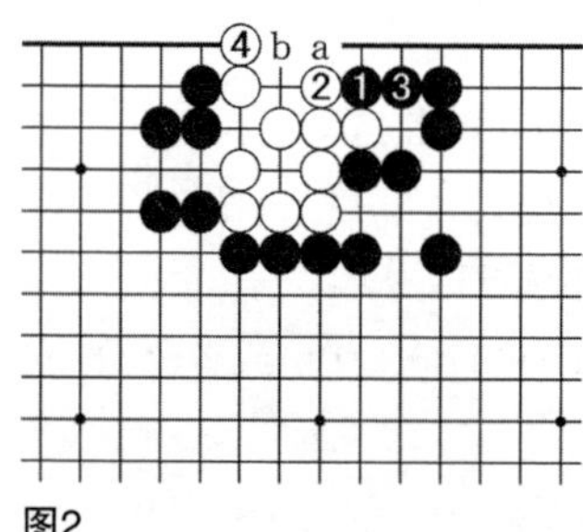

图2

白净活

图2（失败1）

黑1不成立。白2挡，黑3粘，白4做眼。

白4下在a、b皆可。

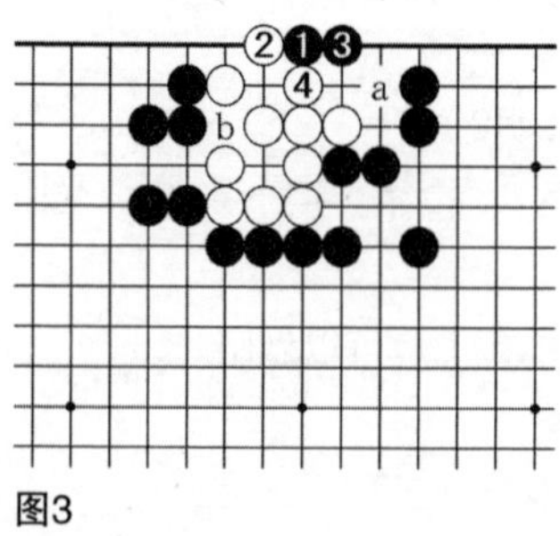

图3

白净活

图3（失败2）

黑1大飞，白2尖顶好手。黑3退，白4做眼，接下来黑a连回两子，白b做眼。

第40型

黑先劫（白先提劫）

此时白棋只有一只真眼。

白1跳寻求在角上做眼的可能，黑棋应该如何应对呢?

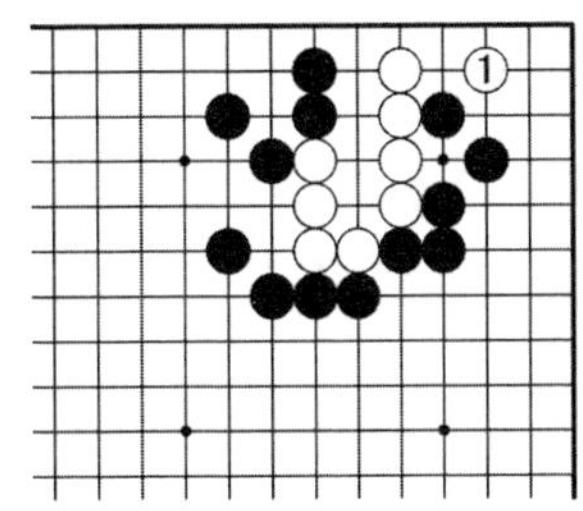

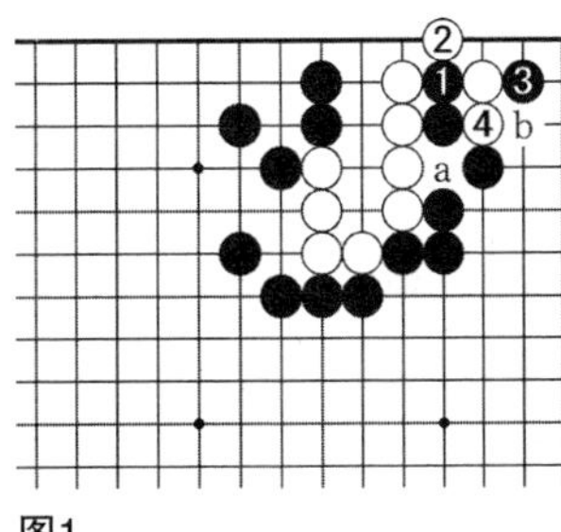

图1

白净活

图1（失败）

黑选择1、3破眼，想法积极，但此时白可以4位打吃。接下来a、b两点见合。

黑1直接在3位靠，白仍在4位挤。

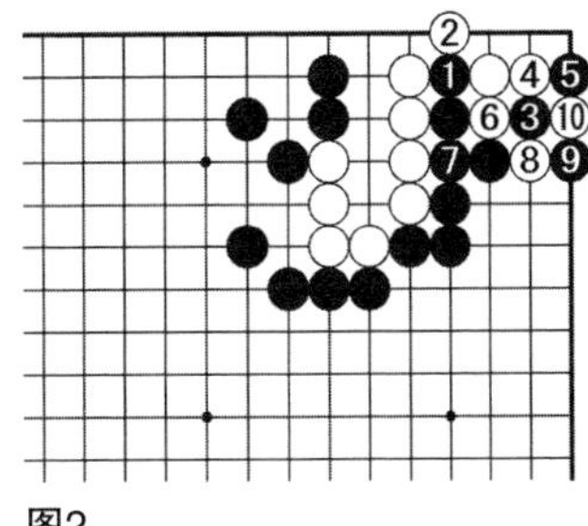
图2

打劫

图2（正解）

黑1冲、3小尖。白4爬，黑5扳是最强抵抗。白6、8，黑9做劫。

打劫需要注意的是——

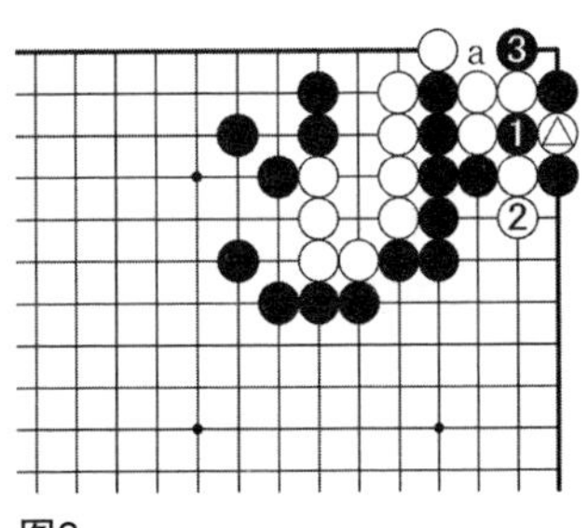

图3

打劫

图3（正解续）

黑1提劫，白2可以长出。黑3打吃，白△提，劫争继续。

黑棋千万要注意，不要在打劫过程中需要a位劫材与白3交换。

第41型

白先劫

与前型相比情况稍有不同，需要引起注意。

此时有了黑1冲、3位点的手筋。

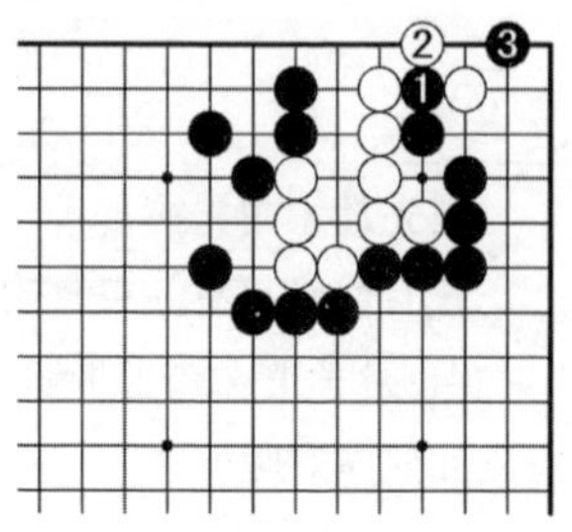

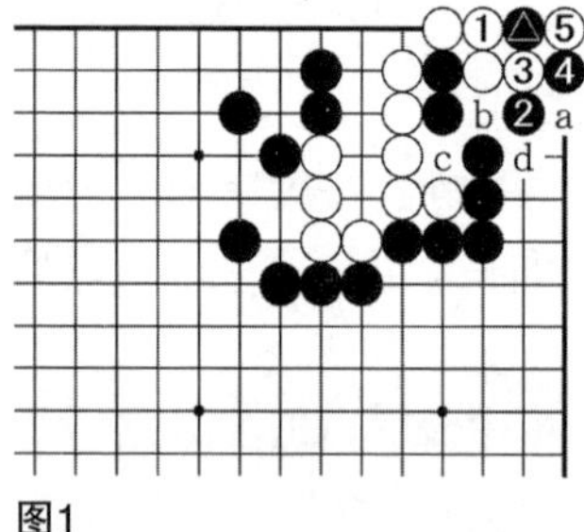

图1

打劫

图1（正解1）

白1粘。黑2小尖，白3冲，黑4破眼，白5提。与前型相比，黑棋打劫的负担减轻了很多。

后续若黑a粘、白b打、黑c粘、白d粘，黑▲提，仍是打劫。

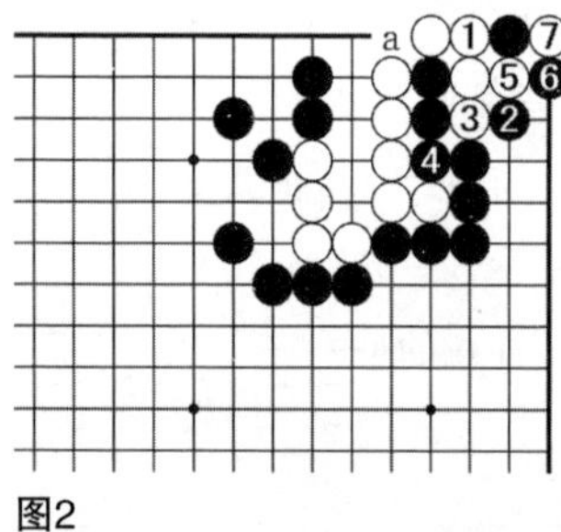

图2

打劫

图2（正解2）

黑2小尖，白3打吃、5冲亦可。黑6打吃，白7提劫。

本图与前型相比，黑棋劫败的负担明显减轻，同时黑棋可以在a位消劫。

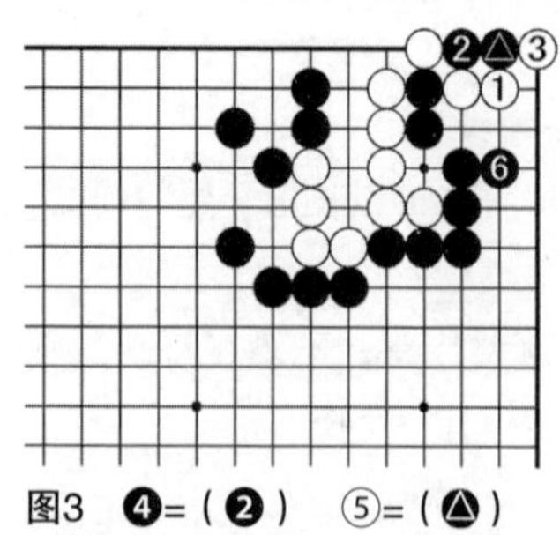

图3　❹=（❷）　⑤=（▲）

白净死

图3（失败）

面对黑▲点，白1是失着。黑2、4弃子破眼，白5提，黑6立，白净死。

第42型

黑先无眼

现在将前型的变化继续深入研究下去。

白1小尖谋求净活。黑棋有应对的妙手可以让白角变成假眼净死。

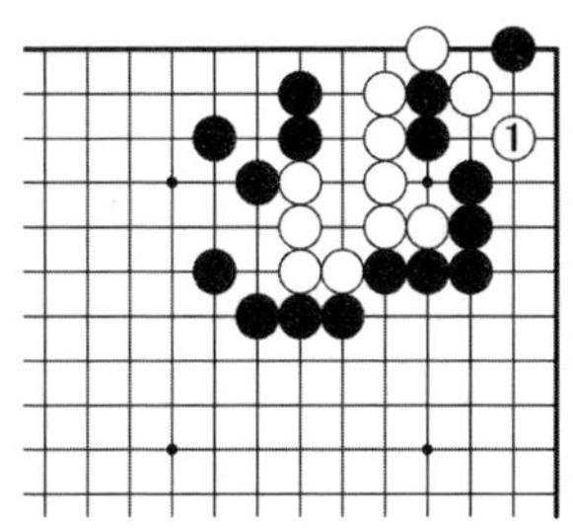

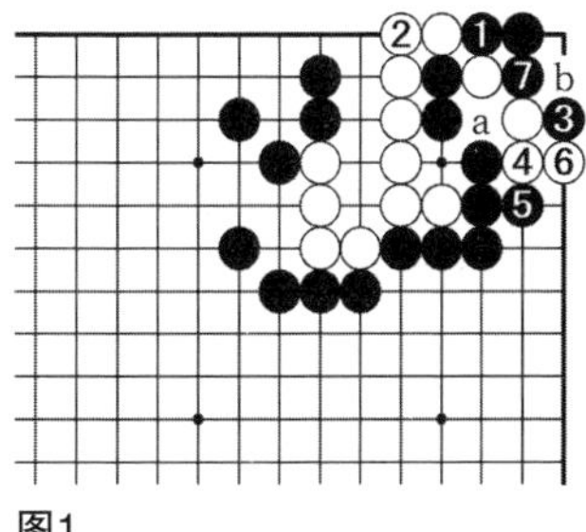

图1

白净死

图1（正解）

黑1、白2交换，黑3托绝妙。白4、6之后，黑7打吃，白气紧无法在a位粘。

白6若在b位打吃，则全是假眼。

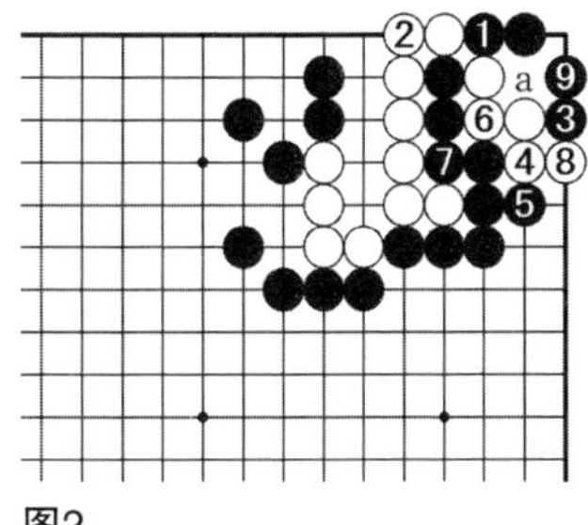

图2

白净死

图2（正解变化）

为了避免上图黑7的手段，本图白6打吃。但是这样一来白棋气紧，白8打吃，黑9长，白6撞气之后无法在a位入气。

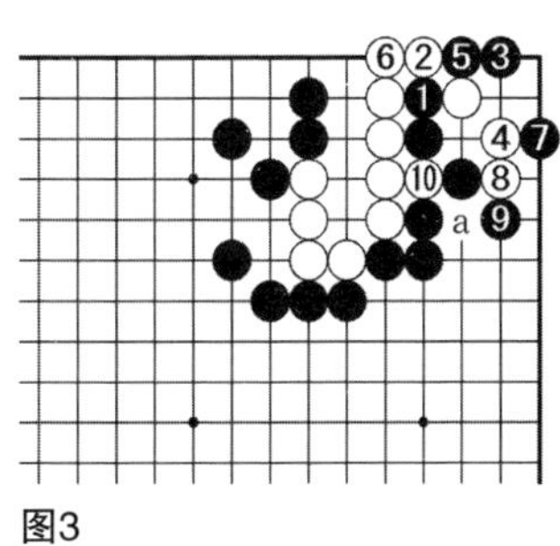

图3

白净活

图3（参考）

若在第40型中使用黑1、3的手筋，白4至黑9之后，白10可以吃掉黑两子。在a位无子的情况下，黑1、3不成立。

黑7若在8位挡，白8立可以确保真眼。

第43型

黑先劫（黑先提劫）

A位没有了白子。

后续变化会有所不同，黑棋的攻击思路也要做出调整。

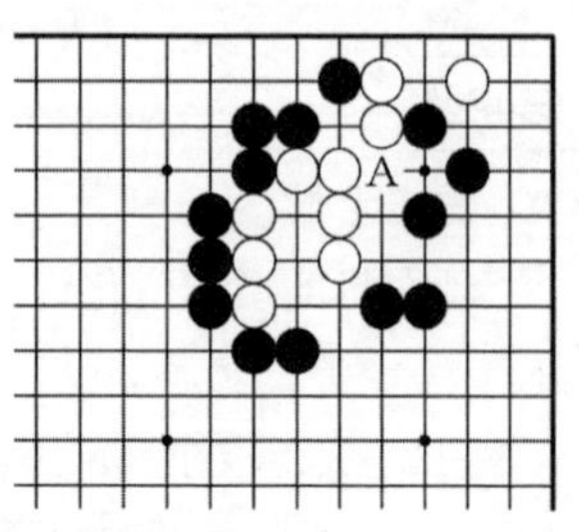

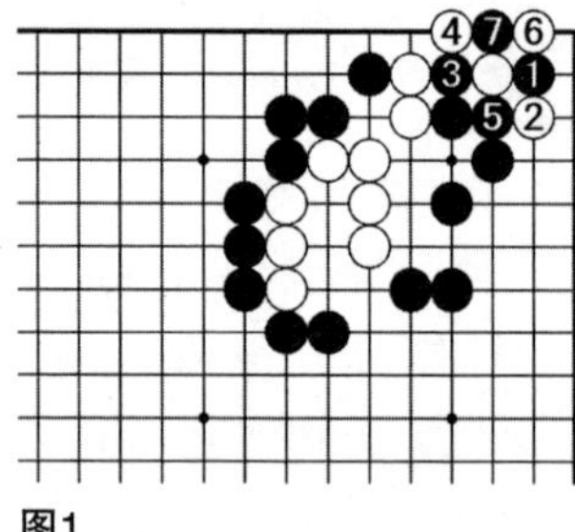

图1

打劫

图1（正解）

此时黑1直接靠好手。白2扳，黑3冲、5断吃，白6做劫。

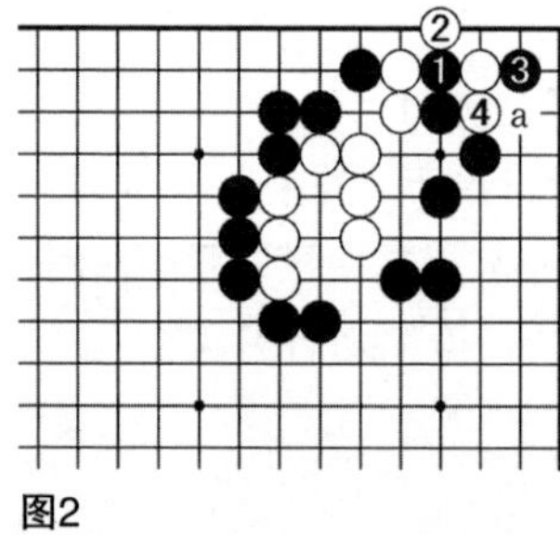

图2

白净活

图2（失败）

黑1直接冲是俗手。黑3夹，白4打吃先手。

直接在3位靠，白4顶，黑可以a位挡。

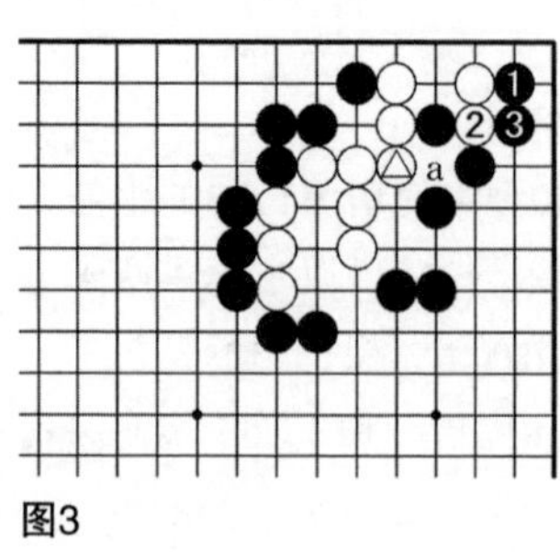

图3

白净活

图3（参考）

△位若有白子，黑1、3之后白可以a位断吃黑一子做眼。

第44型

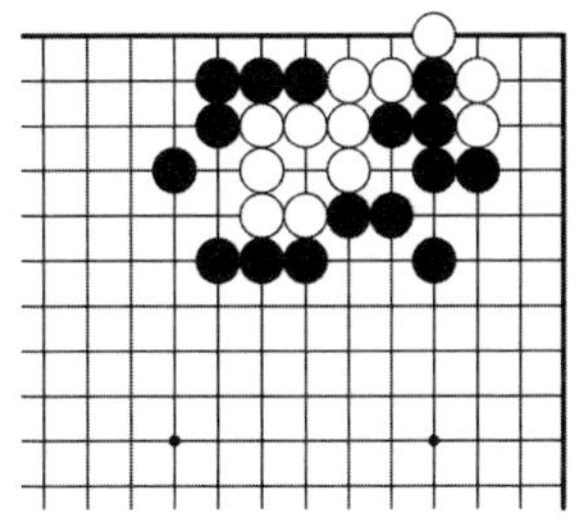

黑先劫

本型的关键是白棋在角上是否有眼位。

可以活用第40～42型的知识。

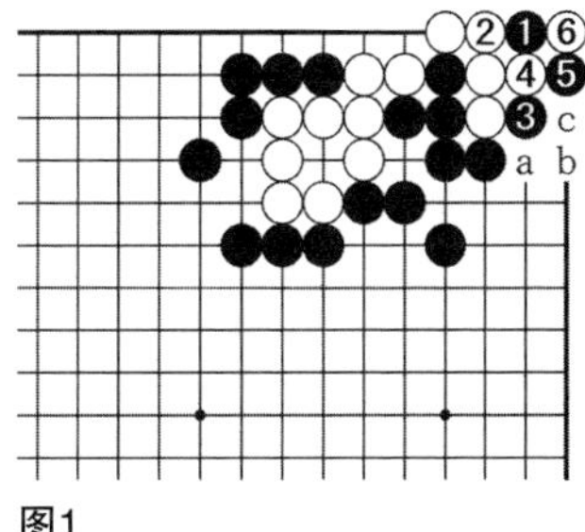

图1

打劫

图1（正解）

黑1是“二一路”手筋。白2粘，黑3、5做劫。

黑1直接在3位扳，白4位挡、黑5位托、白a打、黑b反打、白c提也是打劫，但黑棋劫败损失太大。

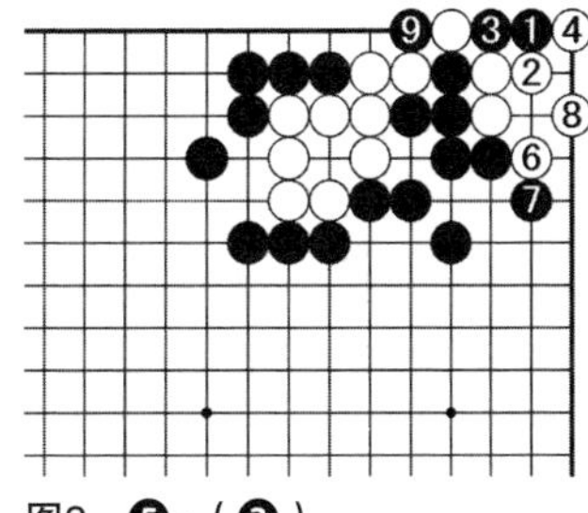

图2 ❺=（❸）

白活一半

图2（正解变化）

黑1点，白2压，黑3扑破眼。白4至8可以在角上做活，但黑9提将白棋分断。

如果左边白棋目数价值较小可以选择本图。

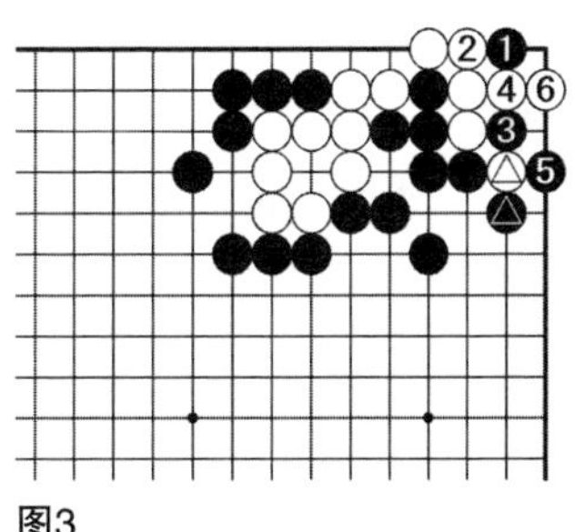

图3

白净活

图3（参考）

如果在此之前双方进行了黑▲，白△的交换，则黑1点，白2粘即可。黑3断吃，白4冲、6做眼。

第45型

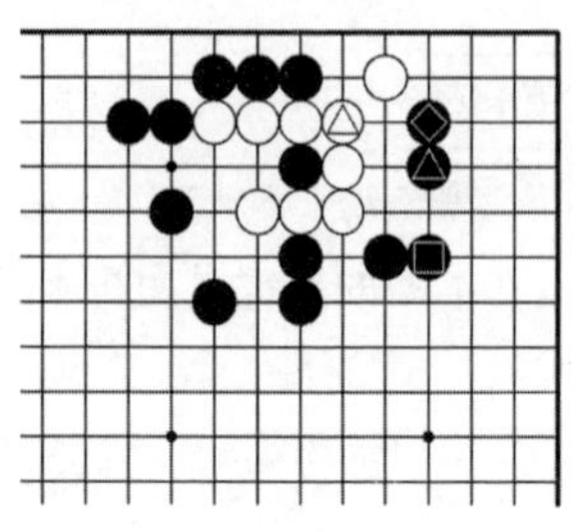

白无眼

这是实战预想图。黑▲占据星位，白△挂角，黑■一间跳，接下来黑◆守角之后的棋形。

白先是否可以在角上获取眼位呢？

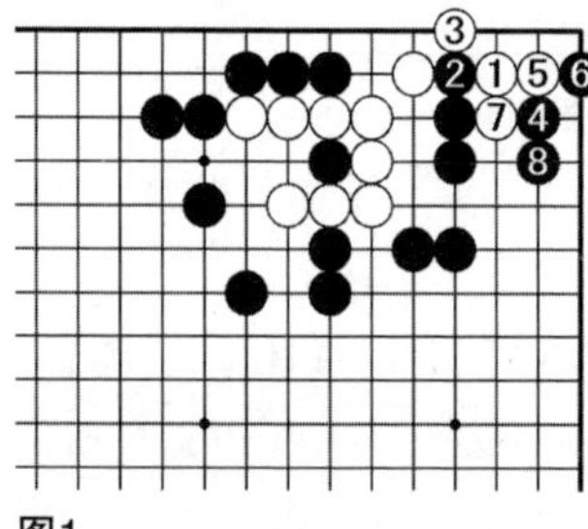

图1

白净死

图1（证明1）

白1跳进角必然。黑2、4应对，白5、7之后黑8长是关键。白棋净死。

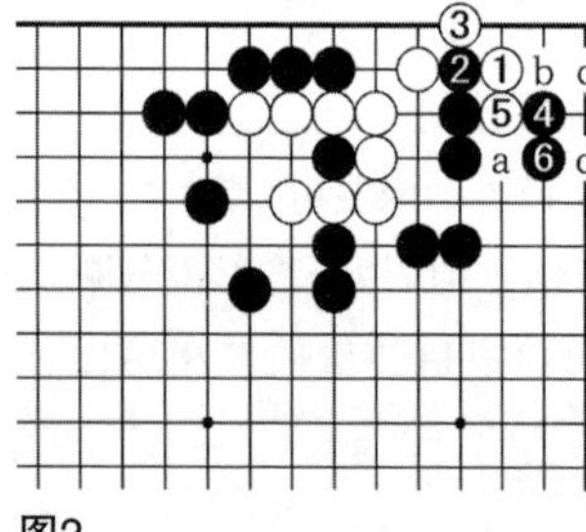

图2

白净死

图2（证明变化）

黑4跳，白5冲，黑6长稳健。

黑6若直接在a位挡，白b拐，黑c托，白6位断，黑d跳，打劫。

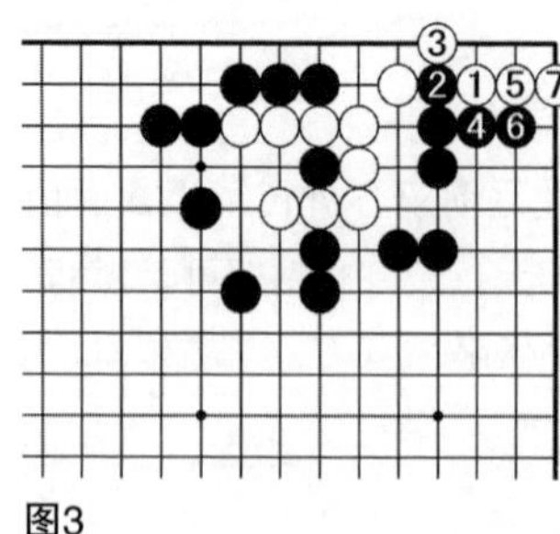

图3

白净活

图3（失败）

白1、3进角，黑4应对过于轻率。白5、7可以成功做眼。

第46型

白先劫（白先提劫）

与前型类似，但是黑白双方多了黑▲、白△的交换。结果会有什么不同呢？

此时白先有做眼的可能。

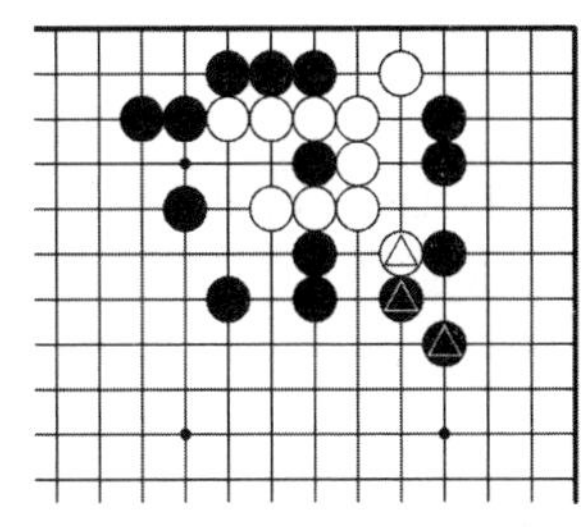

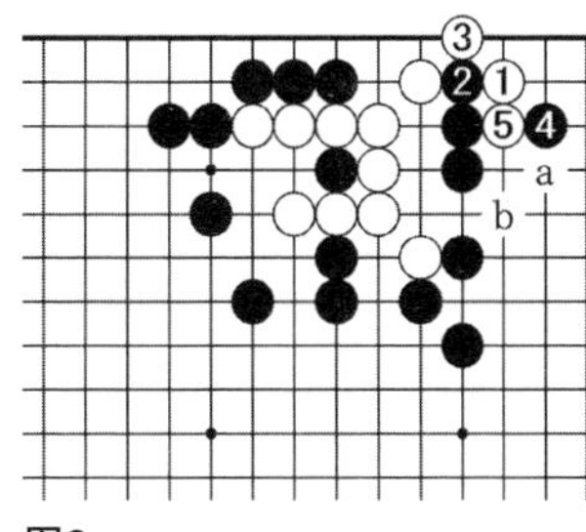

图1

打劫

图1（正解1）

白1刺是先手利，这是白棋做眼的关键。黑2粘，白3跳，进行至白9，黑10挡只此一手，白11打吃，黑12做劫。

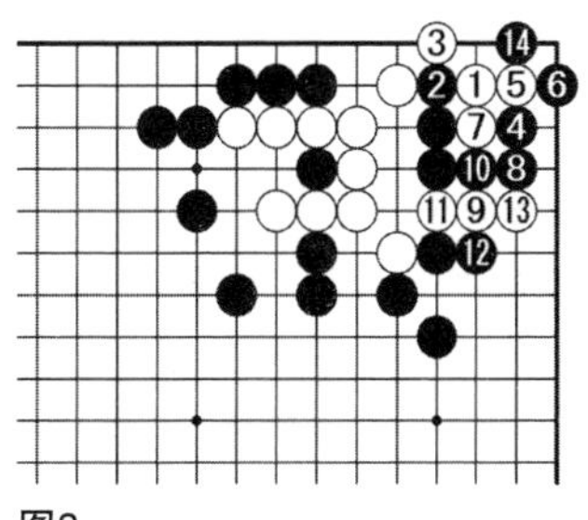

图2

直接跳

图2（正解2）

白1直接跳，黑2、4交换之后，白5冲。黑a退，白b刺。

但是——

图3

白净死

图3（失败）

白1跳至黑4，白5冲，黑6扳交换之后，白7、9需要想到黑有10～14的下法。黑棋在角上做活，白整体处于危险之中，本图白失败。

第47型

白先劫（白先提劫）

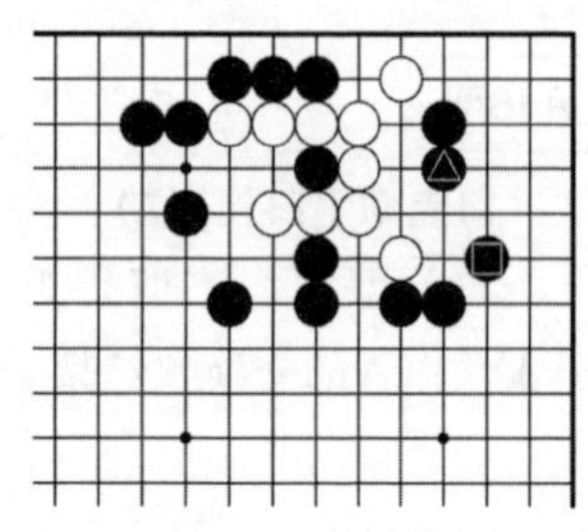

此时黑▲星位，白小飞挂角，黑■小飞守角应对。

此时白棋还会选择跳进角，行棋次序非常重要。

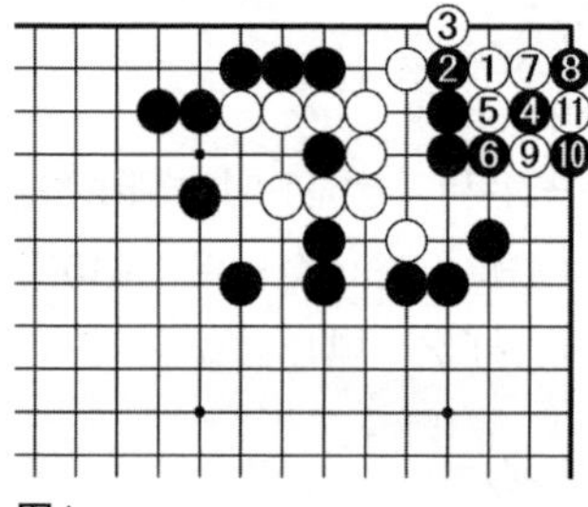

图1

打劫

图1（正解）

白1跳至黑4，此时白5冲是非常重要的次序。黑6挡，白7拐，黑8至白11，打劫。

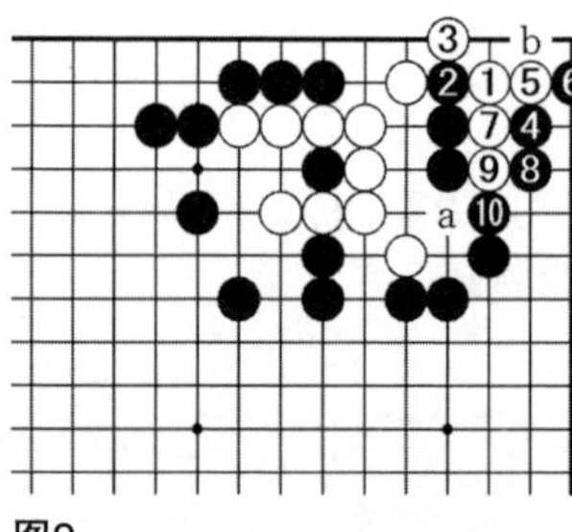

图2

白净死

图2（失败）

上图白5若先在本图白5进角，白7冲，黑8可以退。黑10顶之后，白若a位断，黑b打吃接不归。

若没有白5与黑6的交换，白可以a位断。

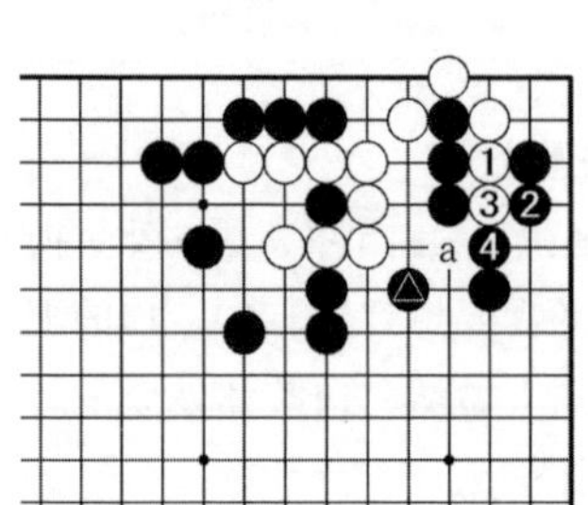

图3

白净死

图3（参考）

加入黑在▲位有子，那么白a断不成立。即使白进角之后先在1位冲，黑2退也无法做眼。

第48型

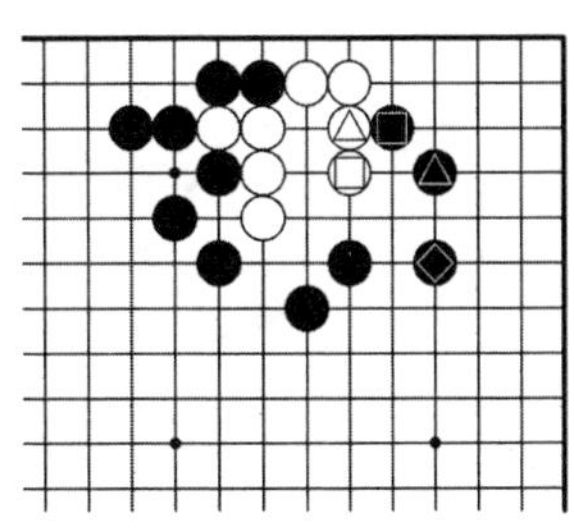

白先有眼

黑▲星位，白△挂角，黑■尖顶，白□长，黑◆一间跳。

白棋想要做活只能进角，那么怎么下才能获取眼位呢？

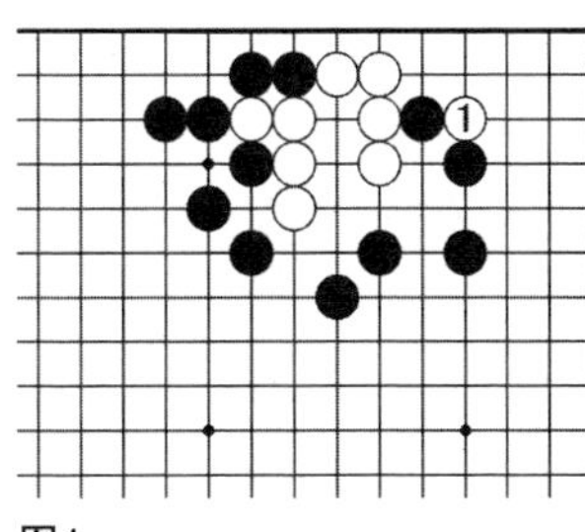

图1

挤

图1（正解）

白1挤是手筋。

此时黑棋的应手有以下几种。

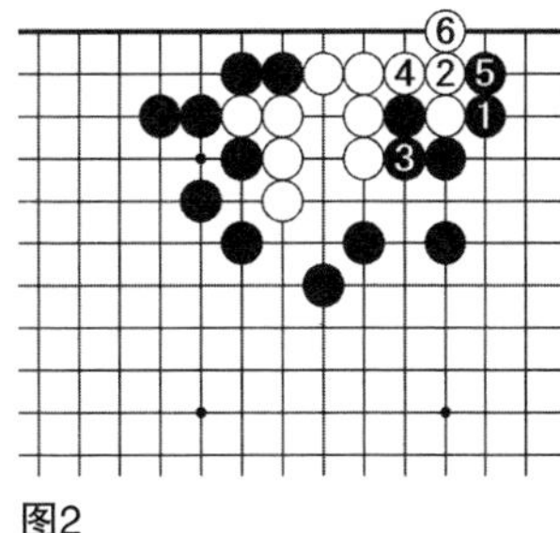
图2

白净活

图2（正解续1）

黑1打吃稳健。白2立，黑3粘，白4粘。黑5挡，白6立确保一直真眼，白净活。

若黑1下在3位粘，白4位长，黑1位打，结果相同。

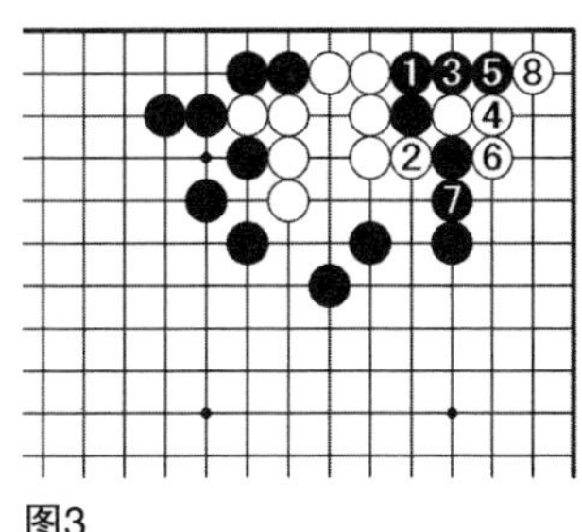
图3

白净活

图3（正解续2）

黑1立抵抗无理。白2断，黑3、5之后，白6打吃先手，白8扳。

对杀明显白棋获胜。

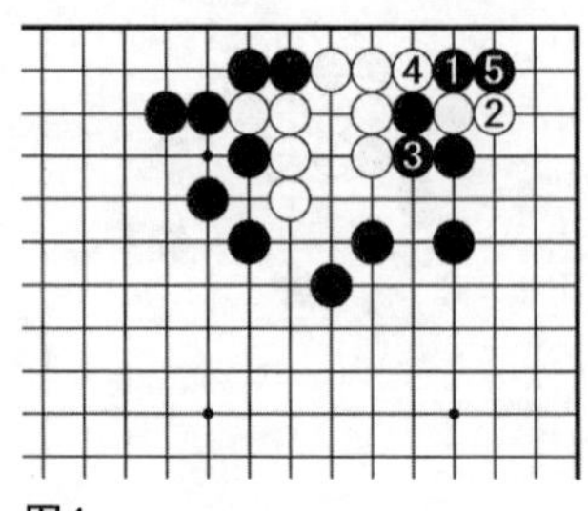
图4

对杀

图4（正解续3–1）

黑1打吃、3粘变化比较复杂。白4断，黑5爬形成对杀。

黑1若在3位粘，白4位长、黑1位打。

接下来——

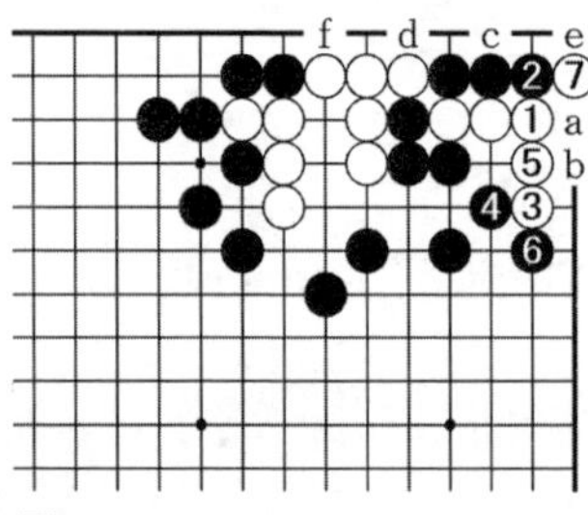
图5

白净活

图5（正解续3–2）

白1、3长气，黑4、6应对。白7扳，接下来黑a至黑e，按照字母次序落子变成打劫，白留下f做活的手段，白棋目的达成。

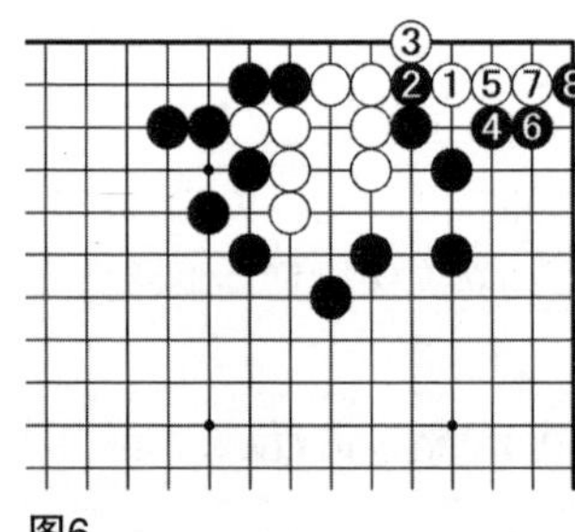
图6

白净死

图6（失败）

此时白1跳不成立，无法做出眼位。黑2冲，4小尖，白5爬，黑6、8应对，白净死。

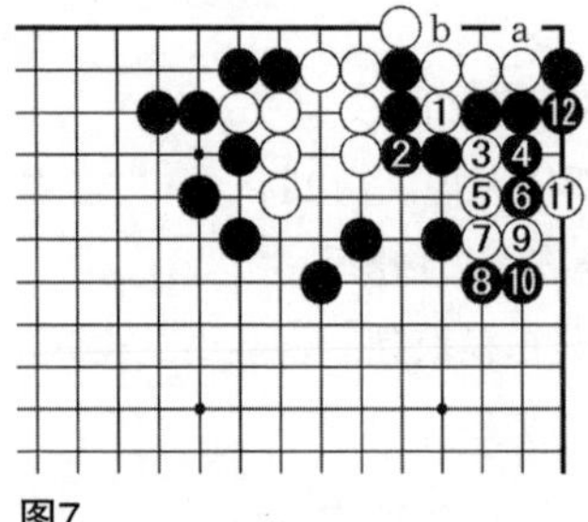
图7

白净死

图7（失败续）

接下来白1、3分断，黑4打吃、6爬，白7长、黑8扳次序正确。进行至黑12，对杀黑胜。接下来白a、黑b。

第六章

手筋

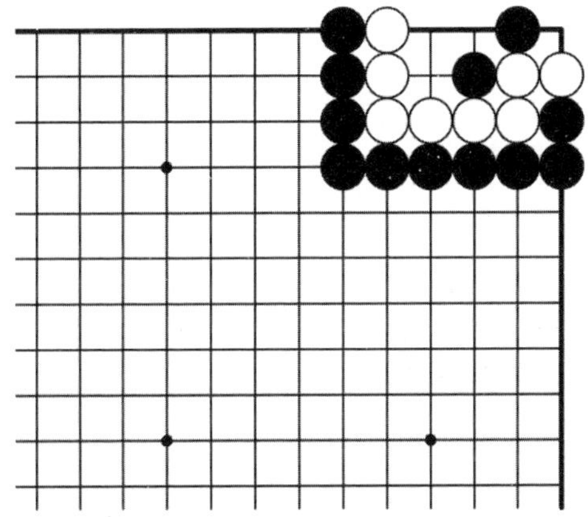

大眼杀（攻击部分）

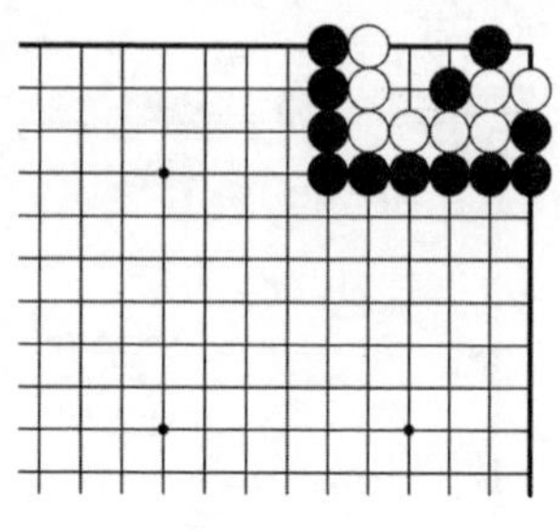

第1型

黑先白死

白棋已经被完全包围，但还不是净死的棋形。

黑先要找到攻杀的关键一手。

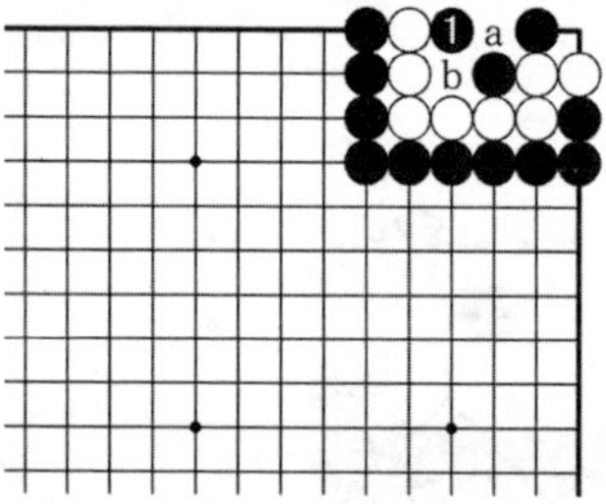

图1

白净死

图1（正解）

黑1小尖是急所。此时白棋角上变成“刀把五”，净死。

白棋已经净死，如果黑棋需要提子，只要在a、b两点紧气即可。

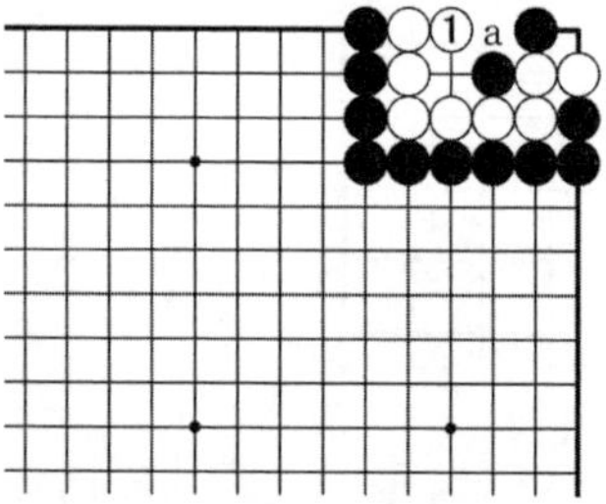

图2

双活

图2（失败）

上图黑1如果脱先他投，白1弯好手。即使黑a粘，局部已经是双活。

1位是双方共同的急所。

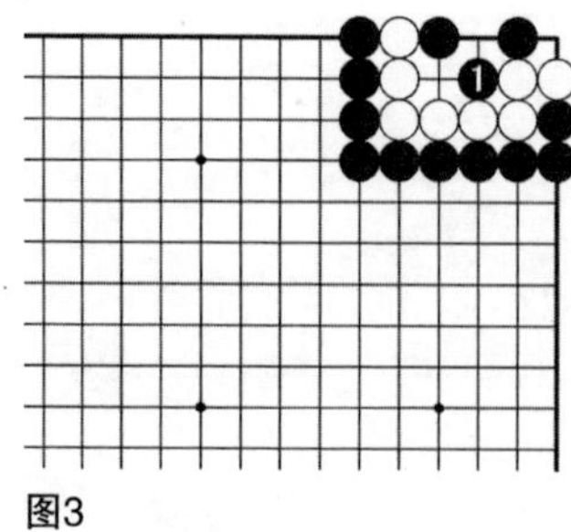

图3

白净死

图3（参考）

假如是此形，黑1是急所。虽然次序有所不同，但棋形与图1相同。

白先同样会下在1位，结果是双活。

第2型

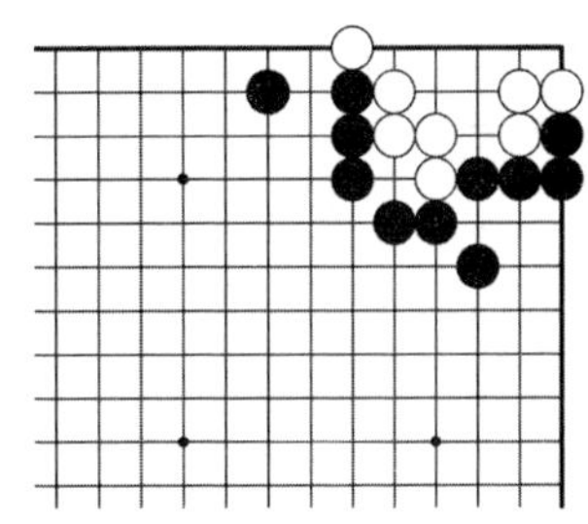

黑先白死

如果选择从外围发起攻击，会导致白棋轻松做活。

需要从棋形内部入手，最终的结果与前型相同。

白净死

图1（正解）

黑1点急所，白2粘，黑3小尖、5扳，白变成刀把五。

黑3若直接在5位托，白3位长，黑a粘，白4位粘，双活。

图1

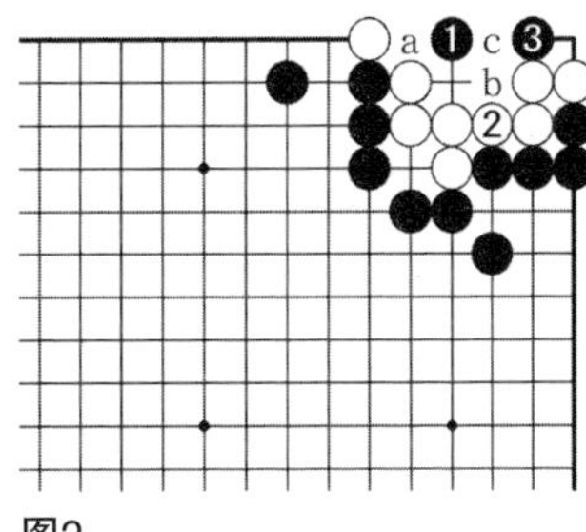

白净死

图2（正解变化）

白若2位粘，黑3托好手。白a粘、黑b，还原上图。白b、黑a，白净死。

黑3下在a位操之过急，白c可以净活。

图2

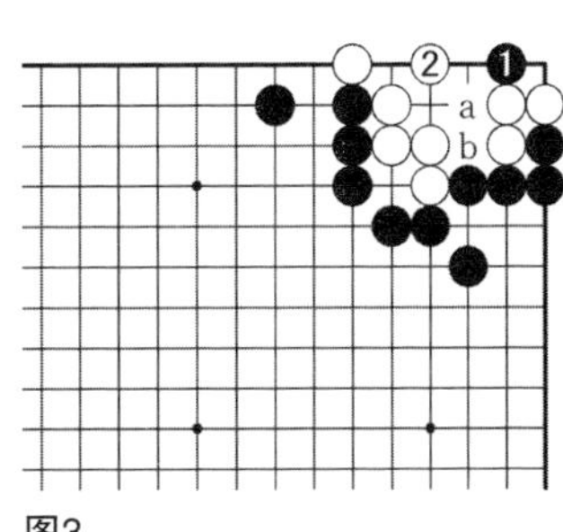

白净活

图3（失败）

黑1托，白2小尖占据急所。

另外黑a、白b、黑2，则白1立可以净活。

图3

第3型

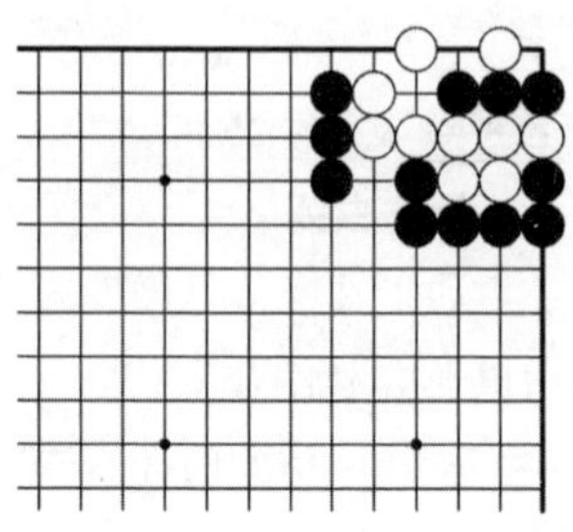

黑先白死

乍一看是双活。

但仔细观察可以发现，白棋形非常脆弱。

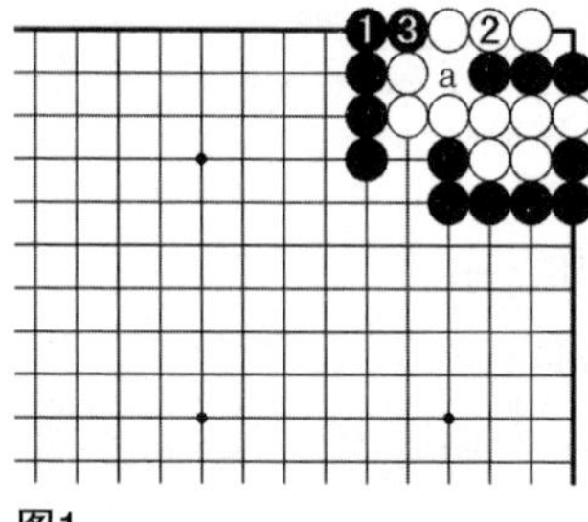

图1

白净死

图1（正解）

黑1立是好手。白2粘，黑3挤，白a必须补，则变成直三净死。

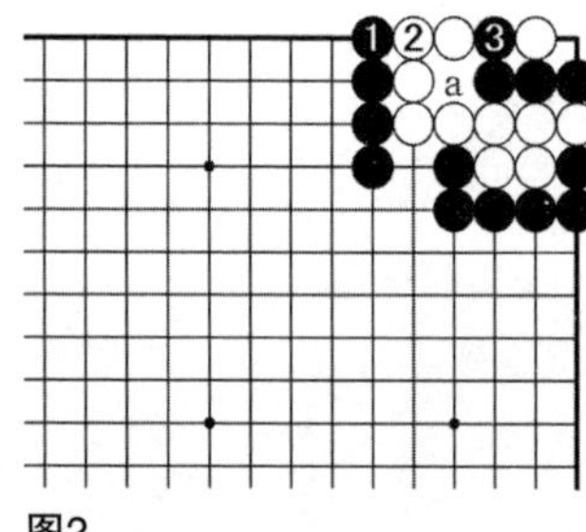

图2

白净死

图2（正解变化）

黑1立，白2团如何。此时黑3打吃做眼，白棋气紧，不能在a位入气。

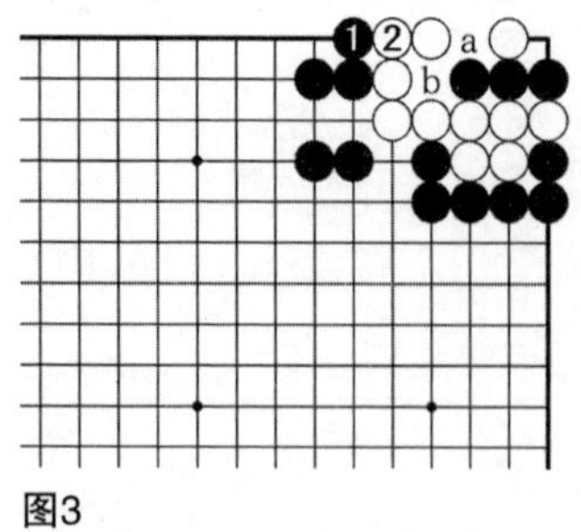

图3

双活

图3（参考）

如果白棋外围还有外气，则黑1立，白2团可以做活。黑a、白b打吃，角上变成曲四净活。

若黑棋在外围紧气，白a粘双活。

第4型

黑先白死

A位冲即可破眼，但直接这样下是否合适必须认真考虑。

黑要先做好准备。

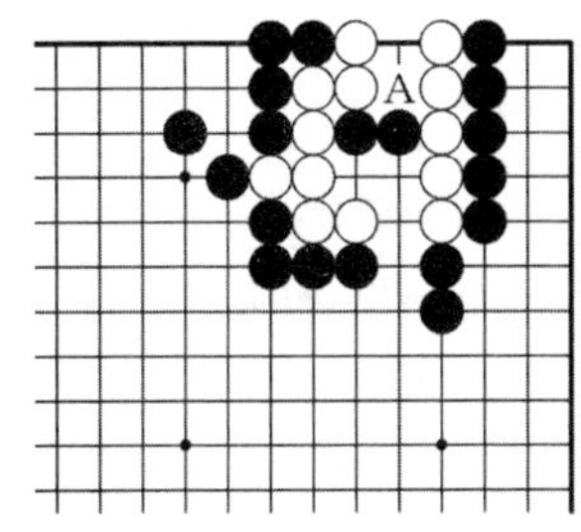

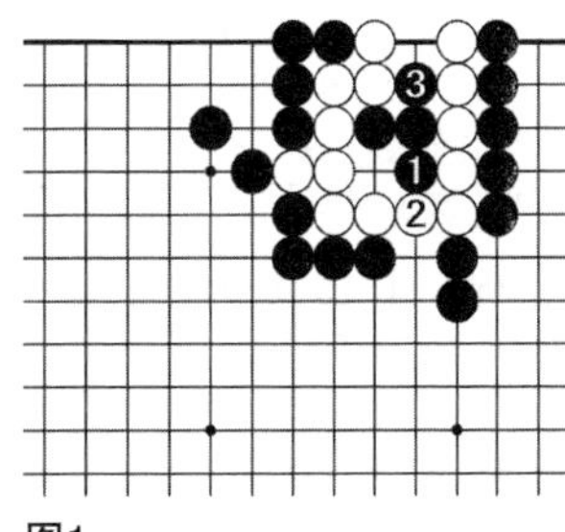

图1

白净死

图1（正解）

黑1送吃是攻杀好手。白2粘，黑3破眼，结果是“刀把五”。

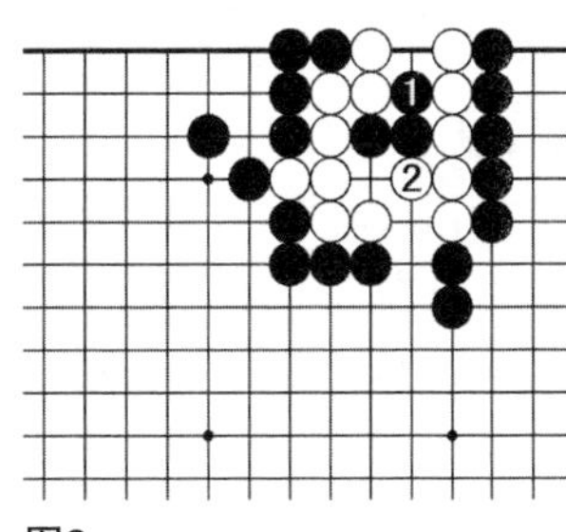

图2

双活

图2（失败1）

黑1直接破眼、白2之后变成双活。

请一定要区分与图1的不同。

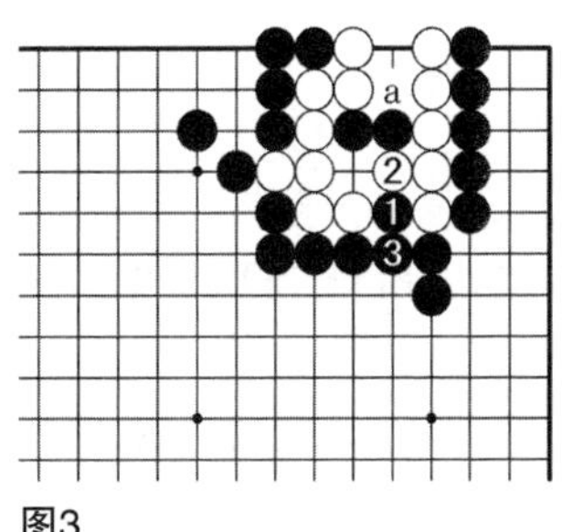

图3

双活

图3（失败2）

黑1、3挖粘是恶手。此时白棋脱先也已经确保活棋。

黑先下在a位，双活。

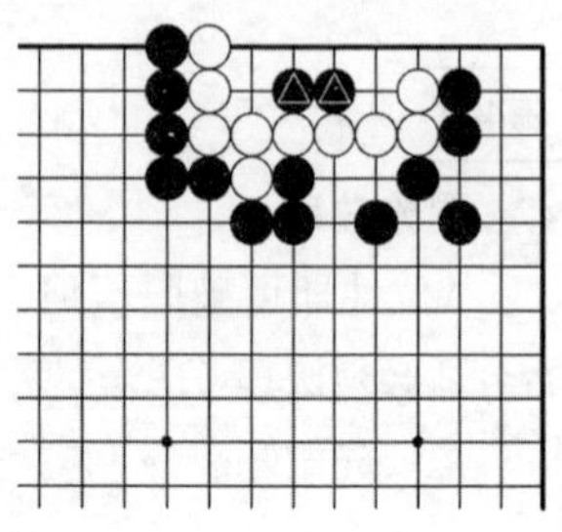

第5型

黑先白死

被白棋包围的黑▲两颗棋子，有可能变成大眼杀的棋形吗？

本题的结果出人意料的简单。

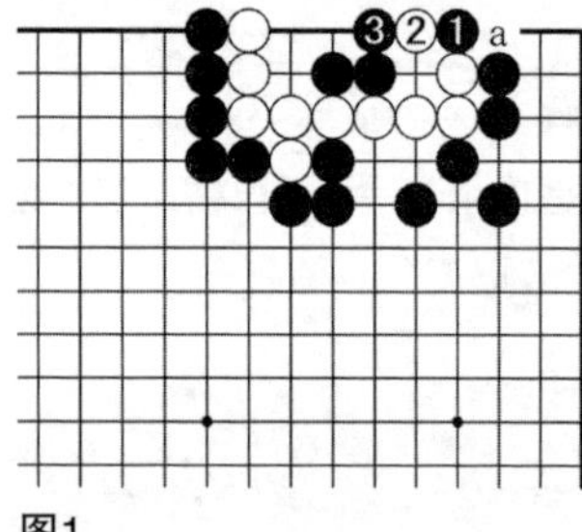

图1

白净死

图1（正解）

黑1扳，白2打吃，黑3打吃正解。接下来白a提，黑脱先，白已经净死。

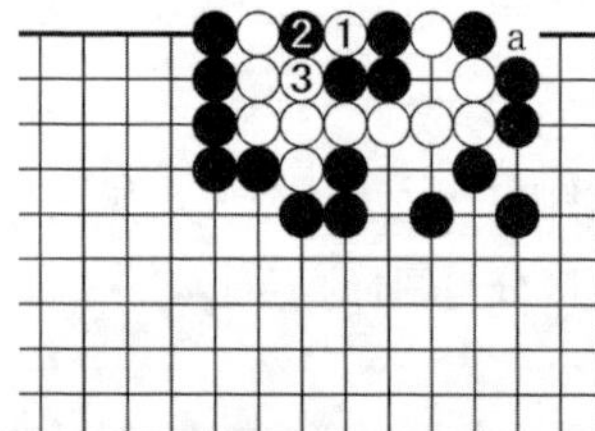

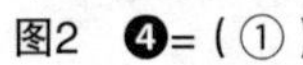

图2 ❹=（①）

白净死

图2（正解续）

接上图，白1扑，黑2提，白3打吃，黑4粘，刀把五。白a提与死活无关。

白1若下在3位，黑1团，结果相同。

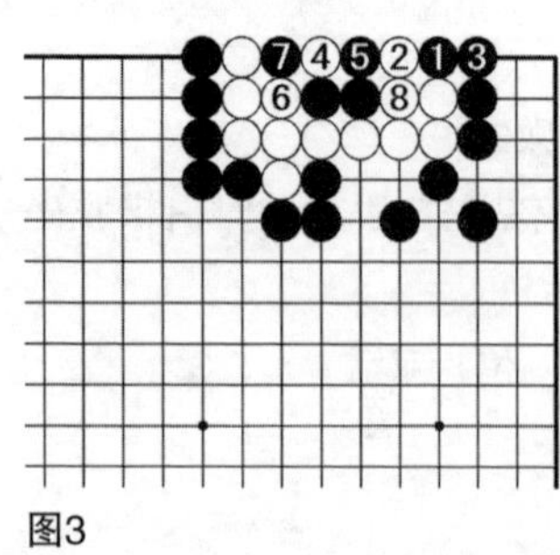

图3

白净活

图3（失败）

黑1、白2交换，黑3粘，白4夹好手。黑5、7之后，白8打吃胀牯牛白净活。

黑5若下在6位顶，白8位粘，双活。

第6型

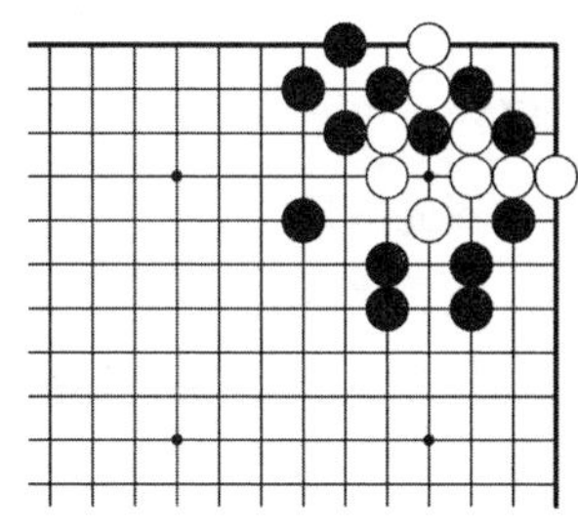

黑先白死

白棋已经吃掉黑棋数子，看起来眼形绝对充足。

此时黑棋若占据急所，仍然可以吃掉白棋。

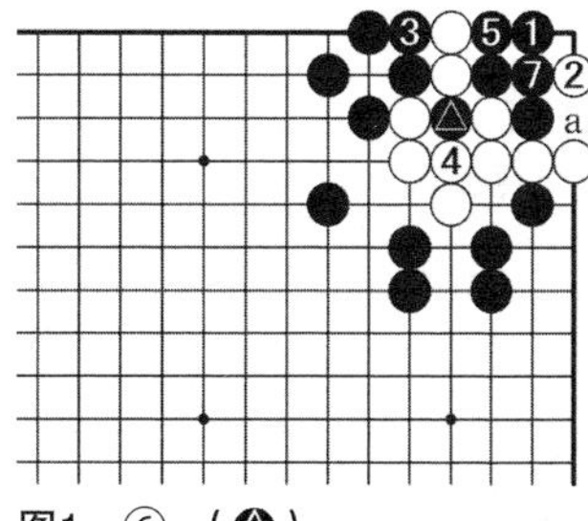

图1　⑥=（▲）

白净死

图1（正解）

黑1虎是“二一路”急所。白2点，黑3、5打吃，白6粘，黑7粘。后续一旦白棋气紧必须在a位打吃，局部是刀把五，白净死。

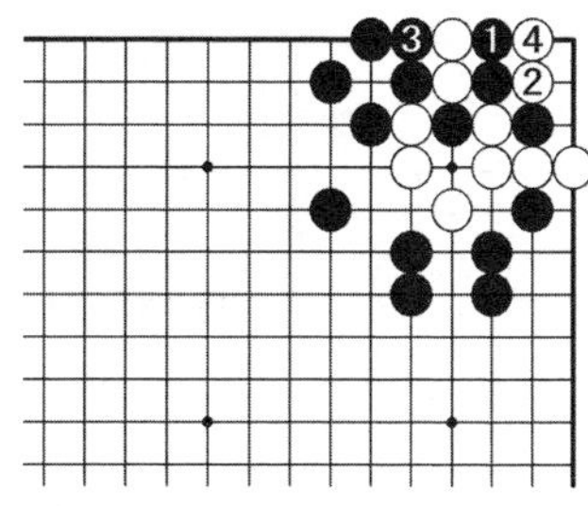

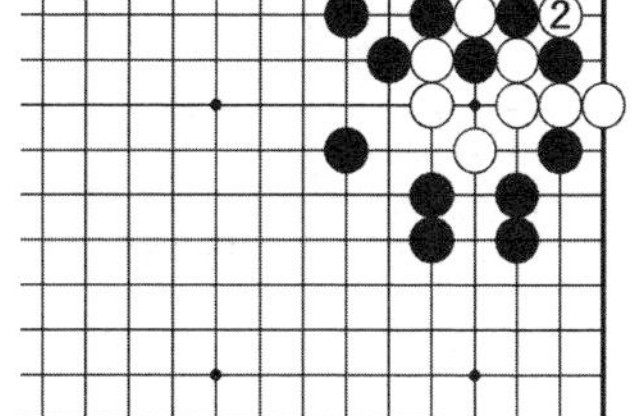

图2

白净活

图2（失败1）

黑1打吃随手，此时白2断吃、4挡可以净活。

不能想当然的以为打吃必然是先手。

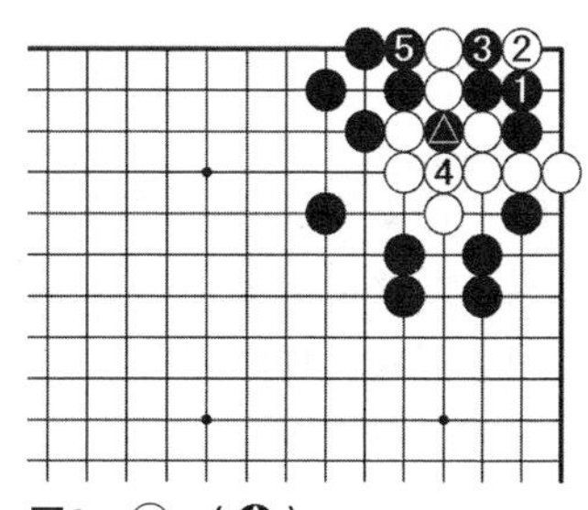

图3　⑥=（▲）

白净活

图3（失败2）

黑1粘是失着。白2托占据急所，黑3、5打吃之后，已经无法将白角变成大眼杀的棋形。

第7型

黑先白死

只要攻击次序正确，白棋净死。

到最后都不能掉以轻心。（摘自《发阳论》）

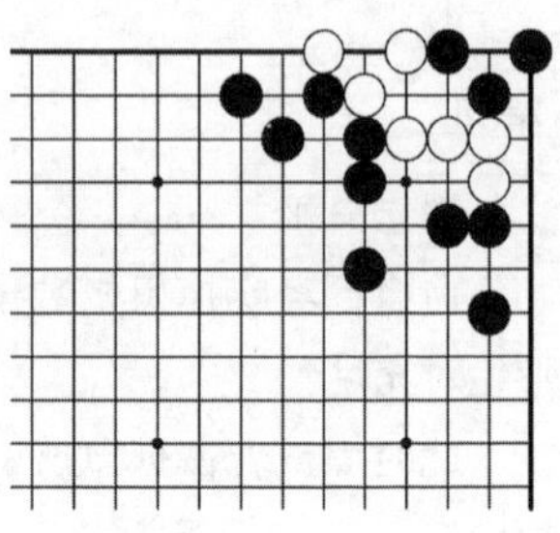

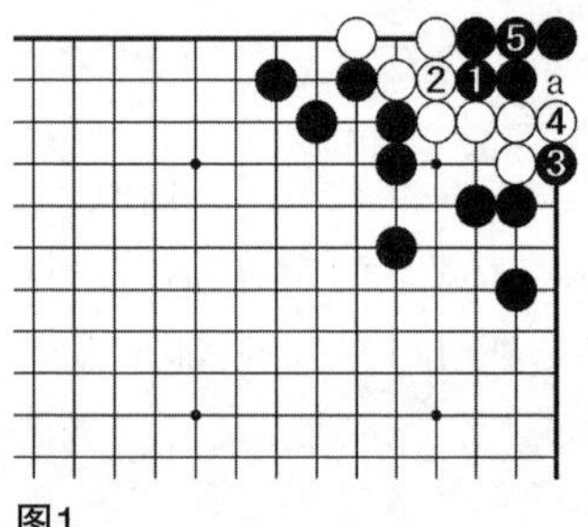

图1

白净死

图1（正解）

黑1、白2交换之后，黑3扳缩小眼位。白4打吃，黑5粘，白形成刀把五净死。

黑1若直接3位扳，白1打吃，劫活。黑5若脱先，白a打吃，胀牯牛。

第8型

黑先白死

第一手是否能够发现急所是解题关键。

要避免形成第6、7型的失败图。

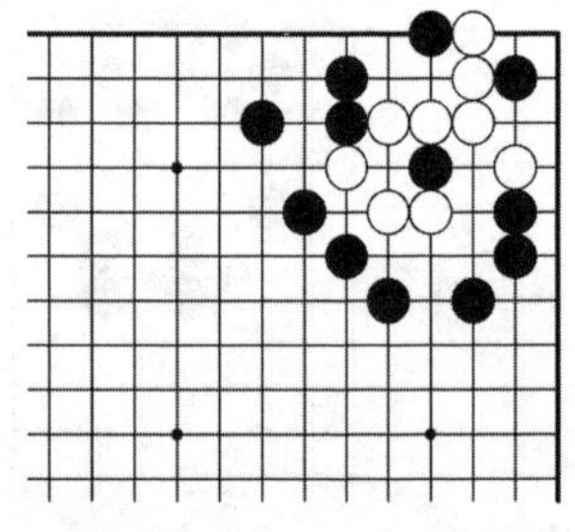

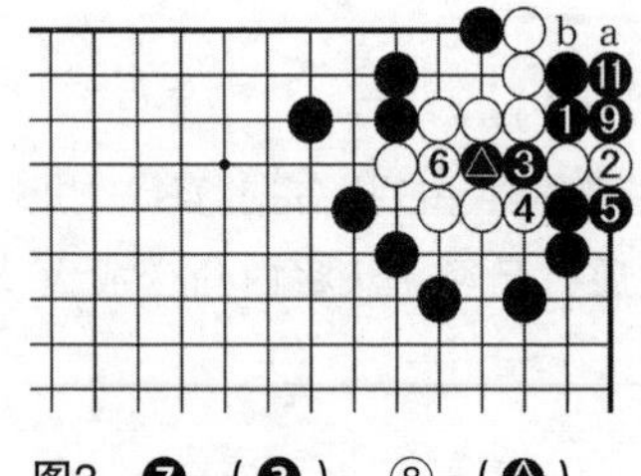

图3 ❼=（❸） ⑧=（▲） ⑩=（❸）

白净死

图1（正解）

黑1挤急所。白2立，黑3至黑9破眼，白10粘，黑11团变成方块四。

黑11如果脱先，白11扑，黑a、白b，胀牯牛。

第9型

黑先白死

本型黑棋意在做成花六棋形。

首先要想想是否可以找到正解？（摘自《发阳论》）

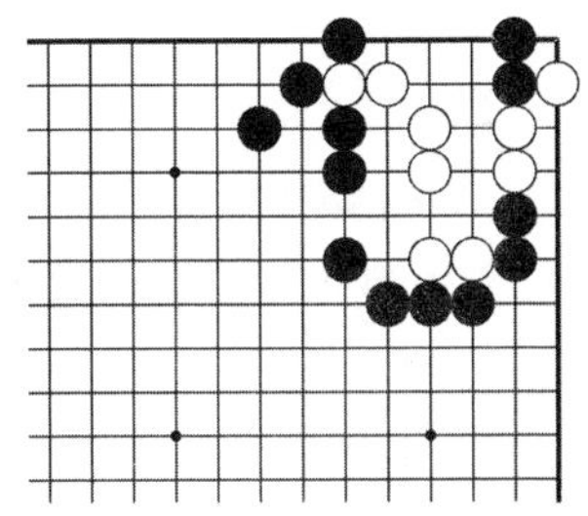

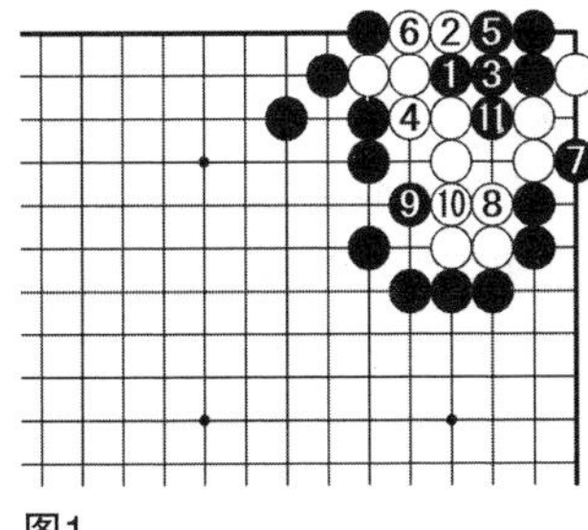

图1

白净死

图1（正解1）

黑1挤正解。白2打吃、4粘是最强抵抗。黑5打吃、7扳，是正确次序，进行至黑11，局部变成“花六”白净死。

白2若在3位打，黑2位立，白净死。

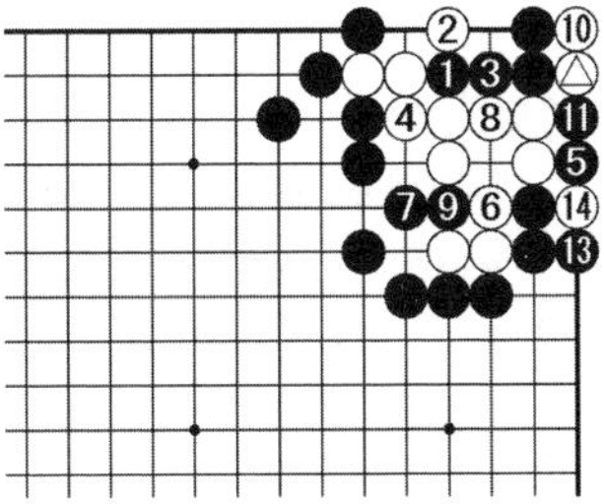

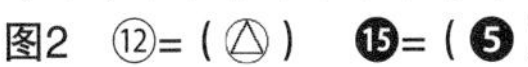

图2　⑫=（△）　⑮=（❺）

白净死

图2（正解2）

上图黑5若直接如本图5扳后续变化会变得十分有趣。白6至黑9交换、白10妙手。此时感觉已经变成接不归，黑13同样是局部精彩的妙手，白棋还是净死。

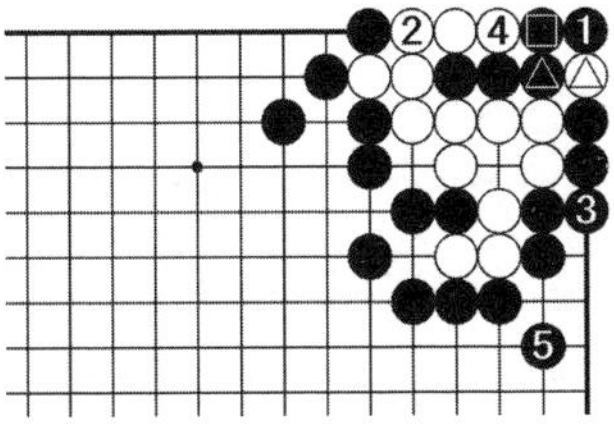

图3　⑥=（△）　❼=（▲）

⑧=（■）　❾=（❶）

打劫

图3（失败）

上图黑13若1位提，白2粘，4打吃，接不归。黑5虎、7打吃，白8做劫。

第10型

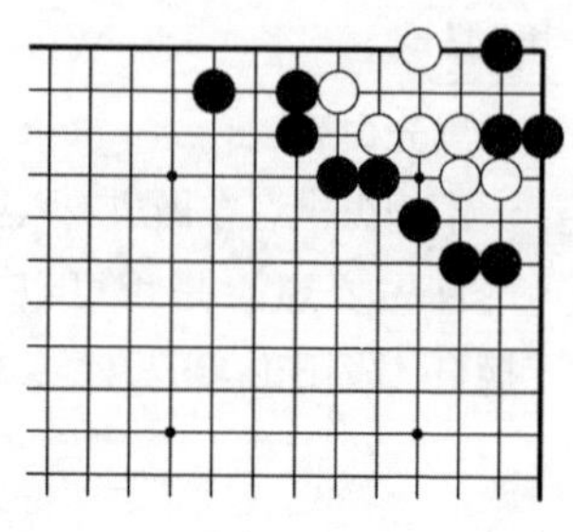

黑先白死

第一手是关键。能够形成大眼的选点是急所。

与前型相同，最终的结果可以是“花六”。（摘自《发阳论》）

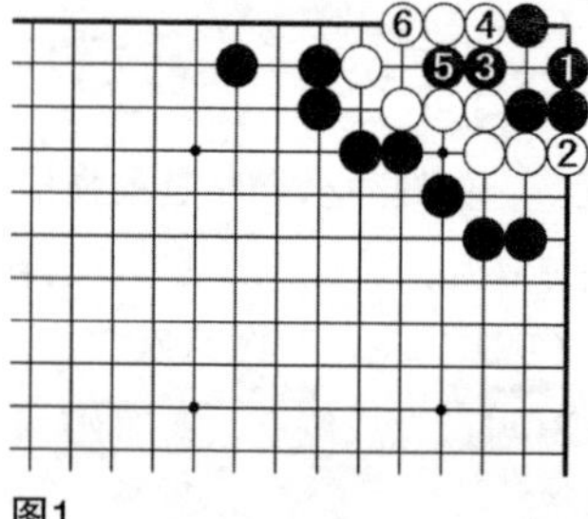

图1

白净死

图1（正解）

黑1是为了形成大眼杀的第一步。白2挡阻渡，黑3做眼。白4挤必然，黑5、白6交换之后已经形成了“花六”棋形。

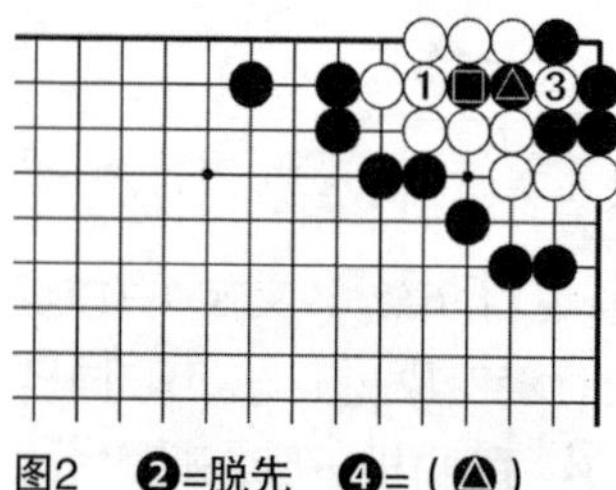

图2　❷=脱先　❹=（▲）

⑤=（■）　❻=（③）

白净死

图2（正解续）

接上图，白气紧必须吃掉角上黑子。白1打吃、3提，黑4反提，白5打吃，黑6粘，变成“花六”。

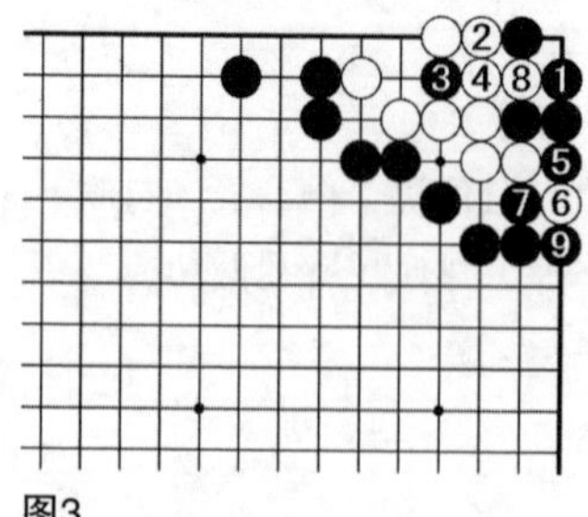

图3

白净死

图3（正解变化）

需要注意白2顶的手段。此时黑3挖是妙手。白4粘，黑5渡过，白净死。

黑3若直接在5位渡过，白6，黑7，白8，黑4，白3，劫活。

扑（攻击）

第1型

黑先白死

如果能破掉中间眼位即可净杀白棋……这是经典的死活手筋。

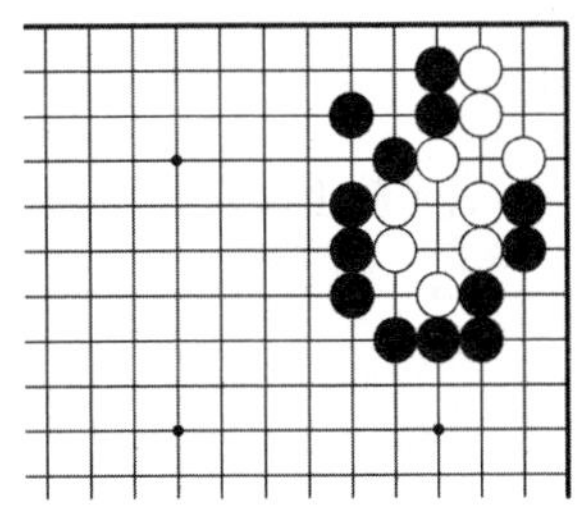

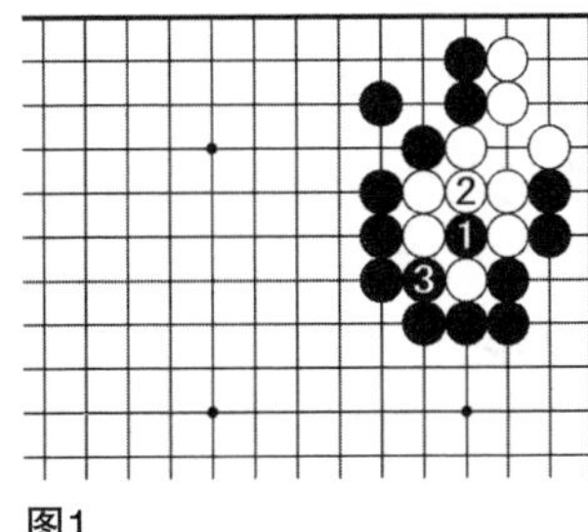

图1

白净死

图1（正解）

黑1扑。白2提，黑3打吃，白棋变成假眼。

因为气紧，白2不能在3位粘。

第2型

黑先白死

本型考的同样是白棋中间是否有眼。

直接破眼不可行，此时的关键是攻杀次序。次序正确即可破坏白棋眼位。

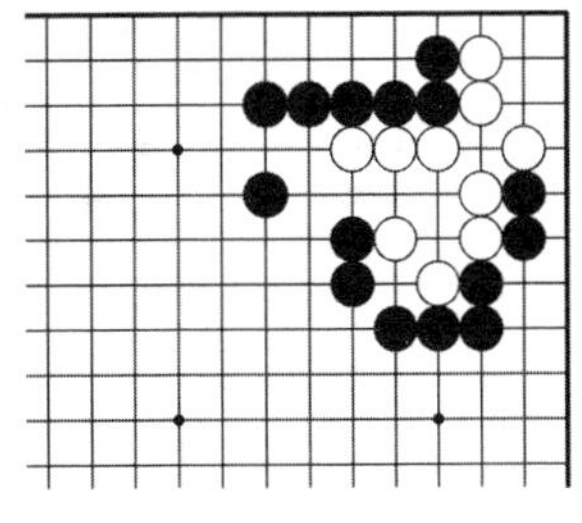

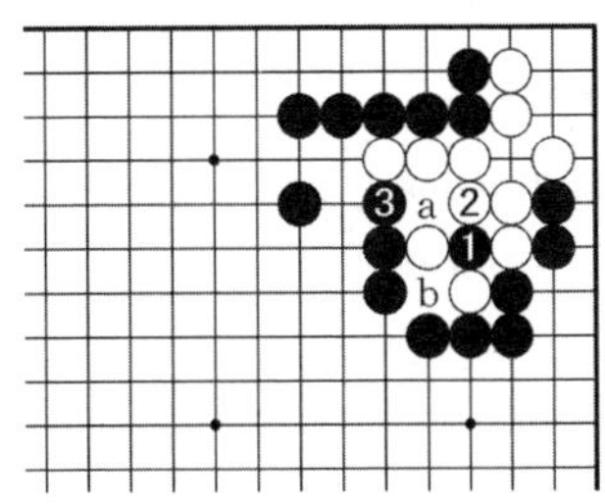

图3

白净死

图1（正解）

黑1扑手筋。白2提，黑3顶是正确次序。接下来白a、黑b；白b、黑a，白假眼已是必然。

黑1若下在3位顶，白a粘净活。

第3型

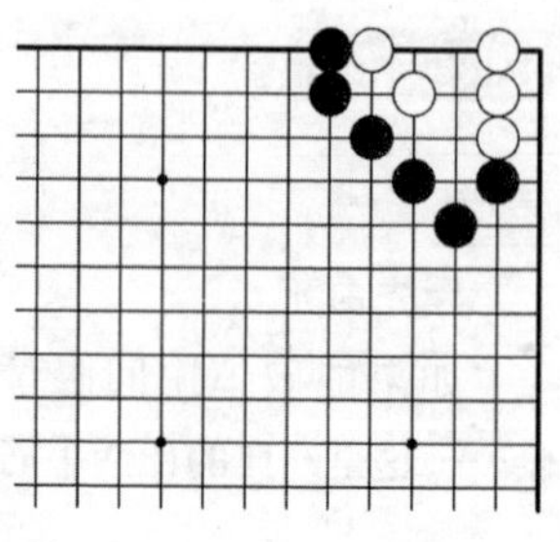

黑先劫（白先提劫）

如何破坏白棋上边眼位呢？

面对黑棋破眼手筋，白也有精妙手筋，最终结果是打劫。（摘自《官子谱》）

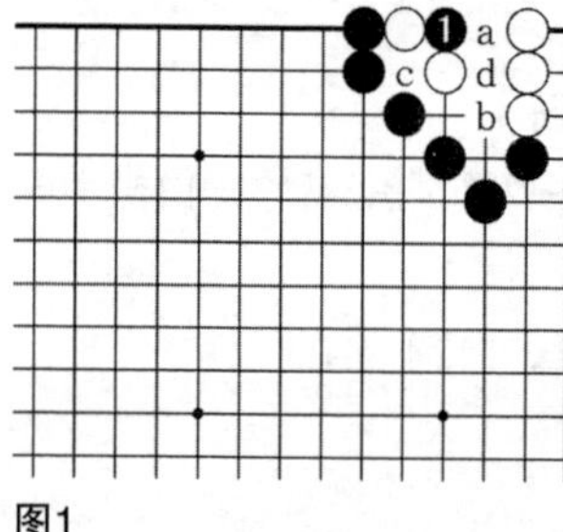

图1

扑

图1（正解）

黑1扑是此时的破眼手筋。白a提，黑b虎；白c粘，黑d挖，白a提，黑b连回，白棋仍是假眼。

这样一来白棋是净死——

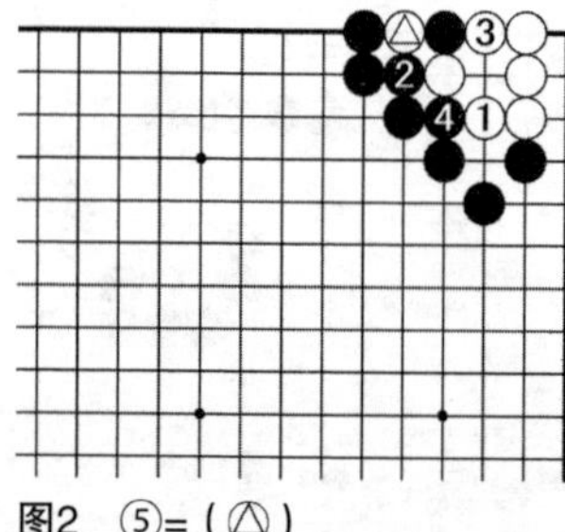

图2　⑤=（△）

打劫

图2（正解续）

白1是最强抵抗。黑2提，白3打吃、黑4粘，白5提劫。

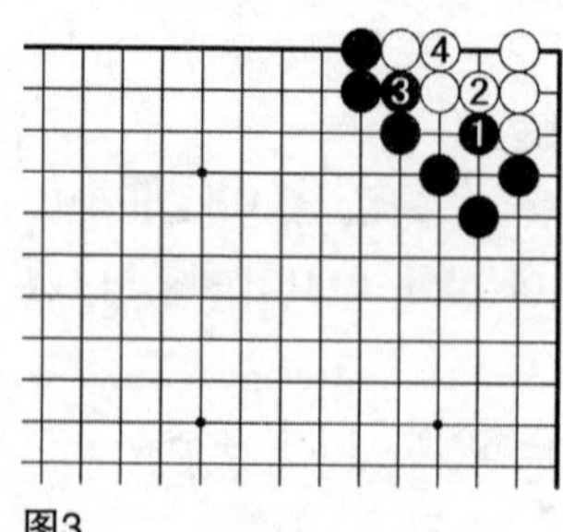

图3

白净活

图3（失败）

如果不用破眼手筋，黑1、3简单缩小眼位不成立，白净活。

第4型

黑先白死

白棋看似绝对安全，但黑棋一旦攻杀次序正确，仍有破眼的手筋。

第一手是意料之外的妙手。（摘自《玄玄棋经》）

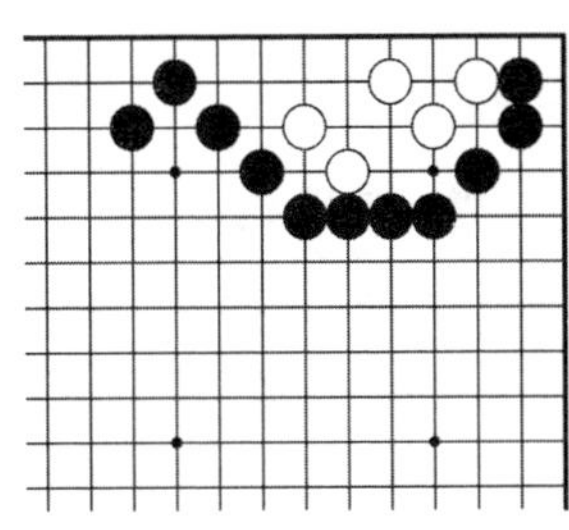

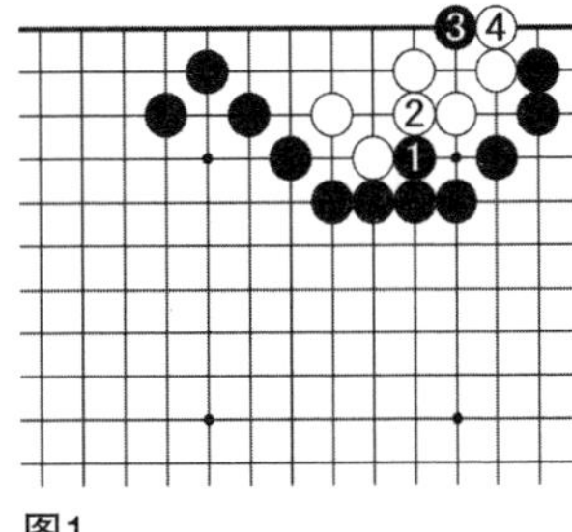

图1

冲、点

图1（正解）

正解是黑1冲，从狭小处入手。白2挡、黑3点是正确次序，白4挡。

接下来——

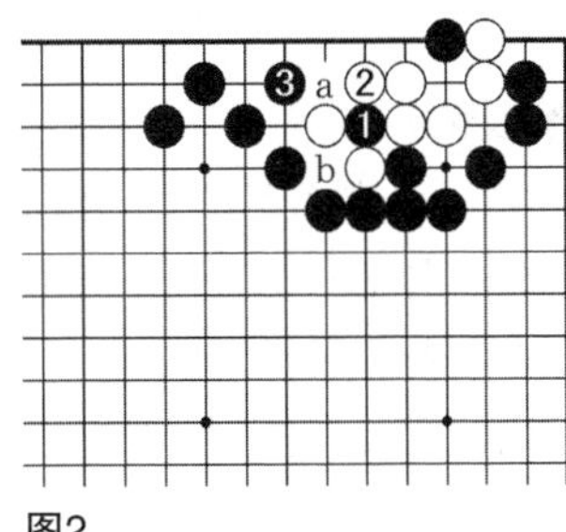

图2

白净死

图2（正解续）

黑1破是既定手段。白2提，黑3小尖破眼，a、b两点见合白净死。

白2若下在b位粘，黑a抱吃。

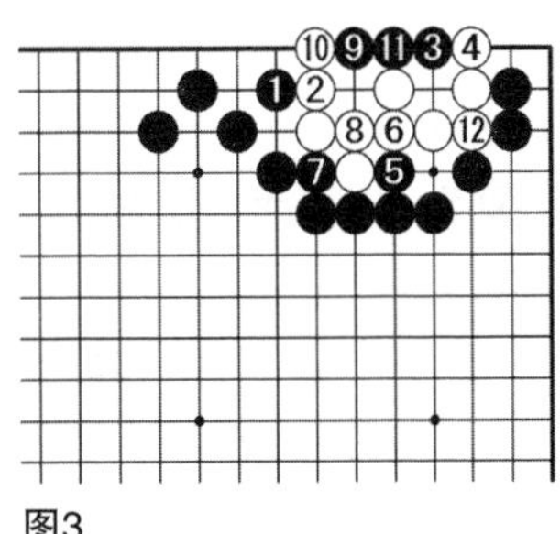

图3

双活

图3（失败）

黑1小尖缩小眼位是普通下法。白2挡保护眼位，黑3至白12，结果是双活。

黑7若下在8位扑，白7位粘净活。

第5型

黑先白死

白棋中间看起来有一只眼。

此时黑有令人惊叹的手筋。

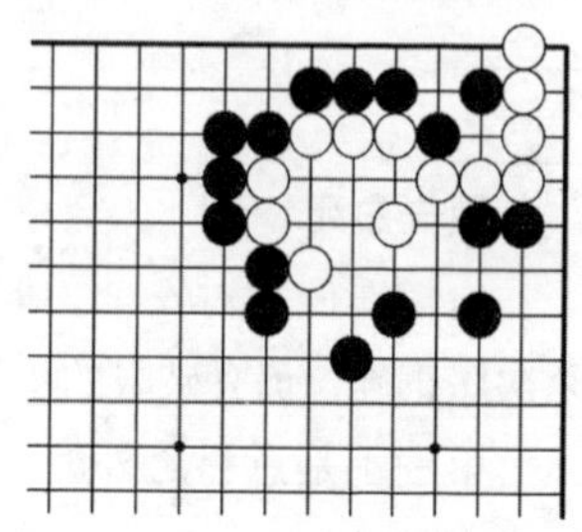

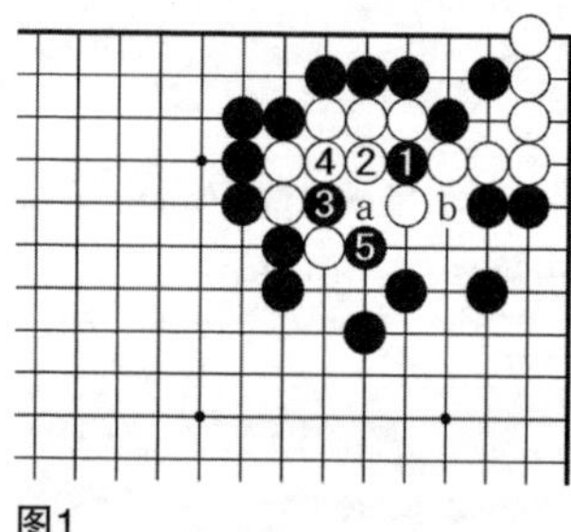

图1

白净死

图1（正解）

黑1扑是利用白棋气紧的妙手。白2提，黑3、5打吃，后续a、b两点见合。

白4在a位打吃，黑b破眼；白b做眼，黑a破眼。

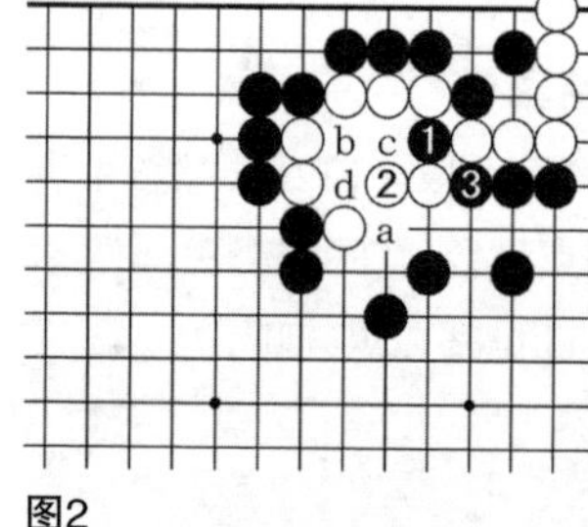

图2

白净死

图2（正解变化）

黑1扑，白2长，黑3挤好手。白a粘，黑b双打吃；白c提，黑d扑，白b提，黑a断，白棋变成假眼。

白2若在3位粘，黑c打吃，接不归。

图3

白净活

图3（失败）

黑1俗手，这样一来黑棋已经无法破掉白棋眼位。

从中也可以感受到正解图黑1的精妙之处。

第6型

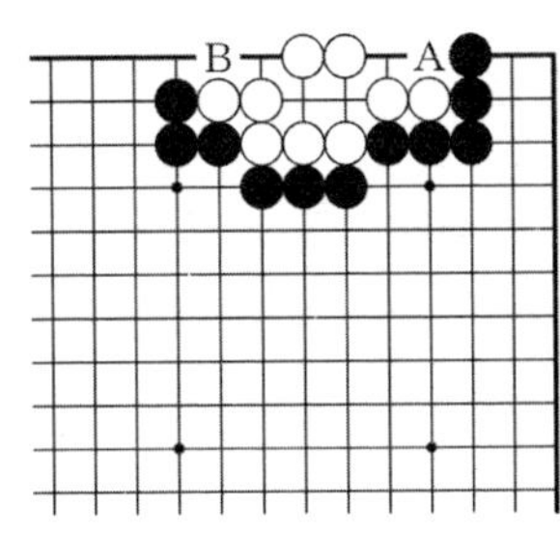

黑先白死

白棋A、B两眼见合，看起来活棋没有任何问题。

此时黑棋有手筋可以破坏白棋的眼形。

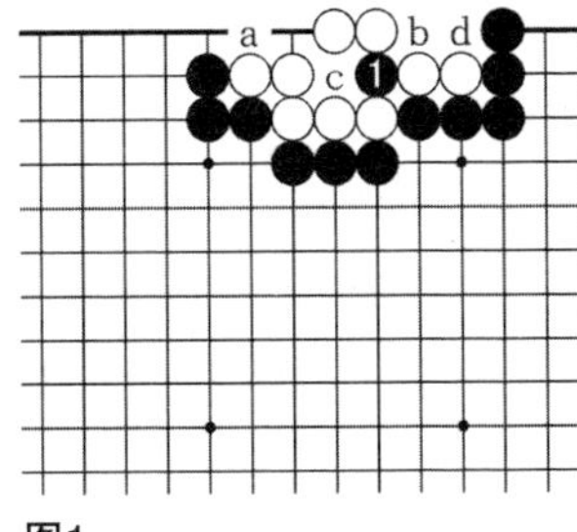

图1

扑

图1（正解）

黑1扑手筋。白a做眼，黑b扑，白c提，黑d粘，1位的眼形已经变成假眼。

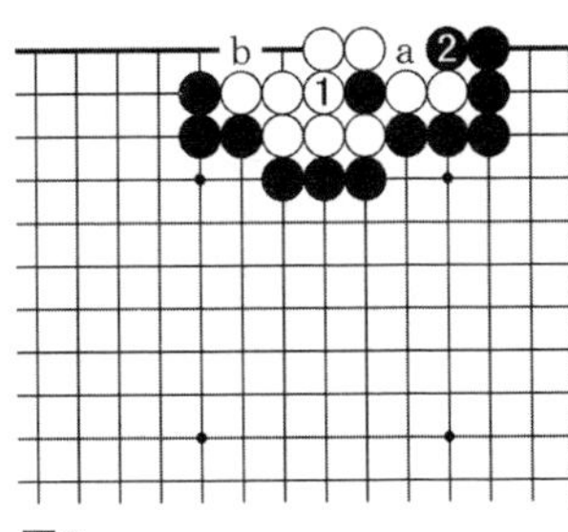

图2

白净死

图2（正解续1）

黑扑，白1提，黑2冲。这样一来问题图中的状态就发生了明显改变，此时a、b两点见合，白棋净死。

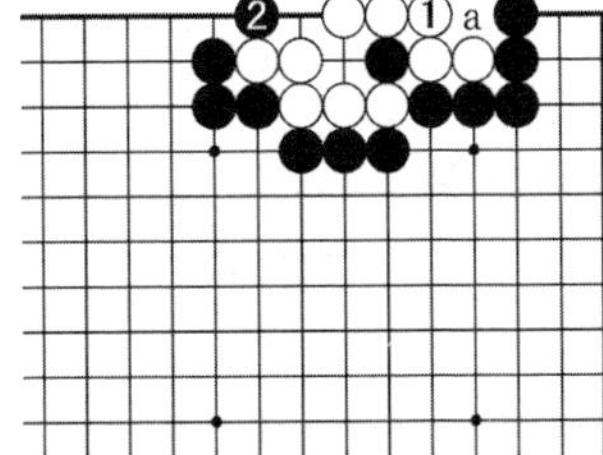

图3

白净死

图3（正解续2）

上图白1，如本图白1粘，黑2扳破眼。与白1的交换意在不让白棋a位做眼。

第7型

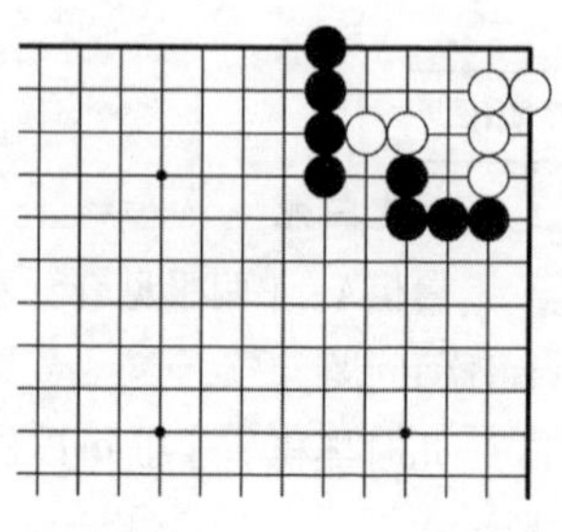

黑先白死

从哪里入手攻杀比较合适呢?

白棋第二手做眼之后，黑棋扑的手筋可以起到巨大作用。（摘自《玄玄棋经》）

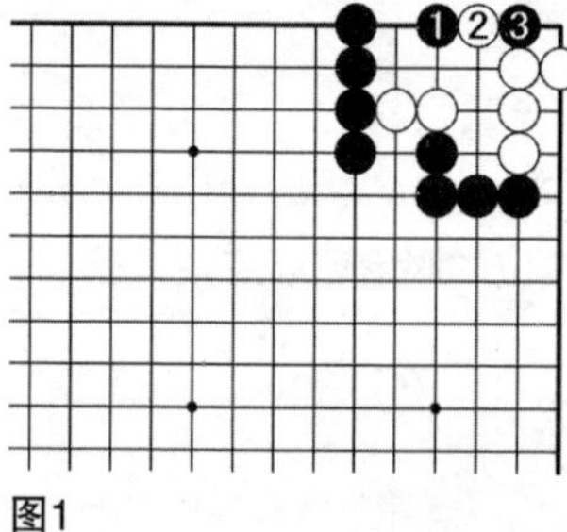

图1

跳、扑

图1（正解）

黑1跳好手。白2尖顶必然，黑3扑手筋。

接下来——

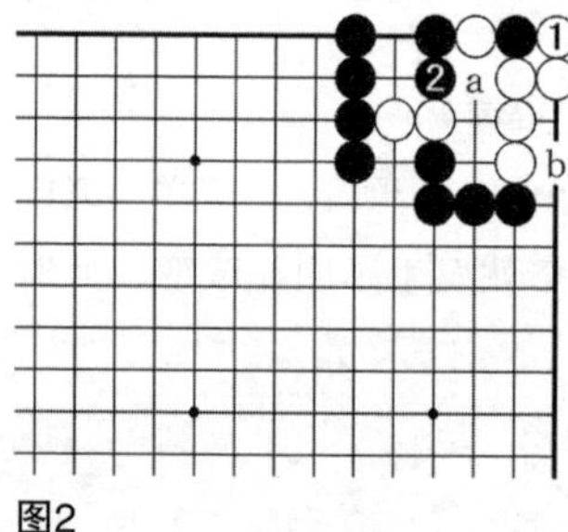

图2

白净死

图2（正解续）

白1提，黑2顶。白a做眼，黑b破眼；白b做眼，黑a打吃，两点见合，白净死。

白1若在a位粘，黑b位扳，白棋在上边无法做眼。

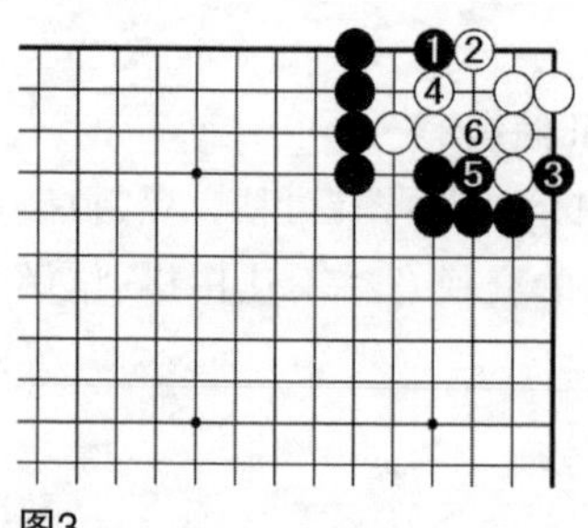

图3

白净活

图3（失败）

黑1跳，白2尖顶，黑3若直接扳，白4打吃，白净活。黑3若在4位顶，白3位做眼。

图1中黑3扑的精巧之处就在于此。

第8型

黑先劫（黑先提劫）

黑A挖，白B或者C在上边做眼。

黑棋看似已经没有可行的手段，认真思考会发现局部精彩手筋。

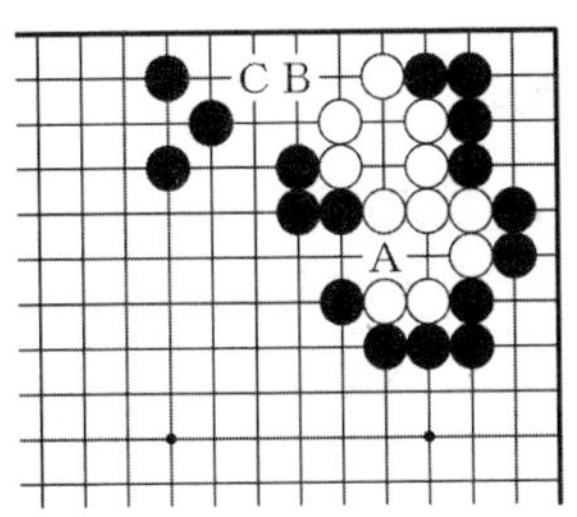

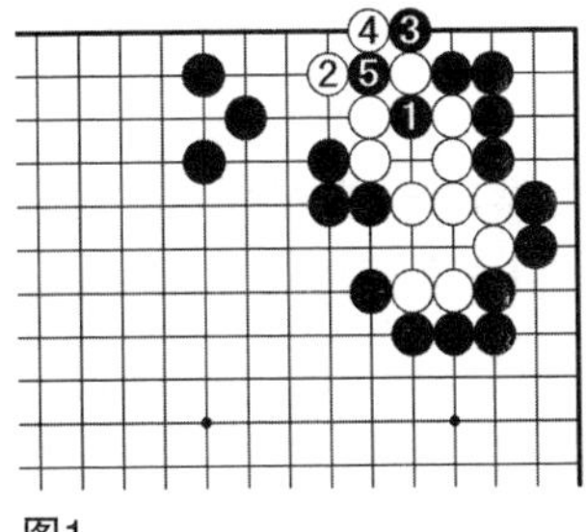
图1

打劫

图1（正解）

黑1扑是手筋。白2虎是最佳应手，黑3打吃、白4做劫。

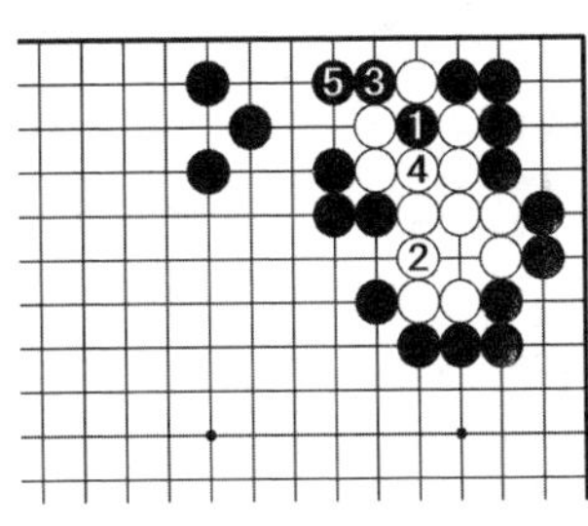
图2

白净死

图2（正解变化）

黑1扑，白2做眼，黑3断吃可以破掉白棋上边眼位。

白2若在4位提，黑5位跳，2、3两点见合。

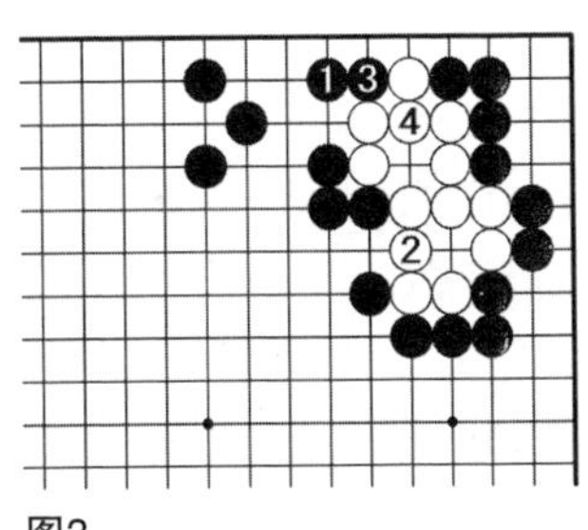
图3

白净活

图3（失败）

黑1若直接跳，白2做眼即可。黑3挤，白4做眼净活。

第9型

黑先白死

本型的手筋也是扑。与之前的扑多少有些不同。

为了让手筋发挥作用，需要先做准备工作。

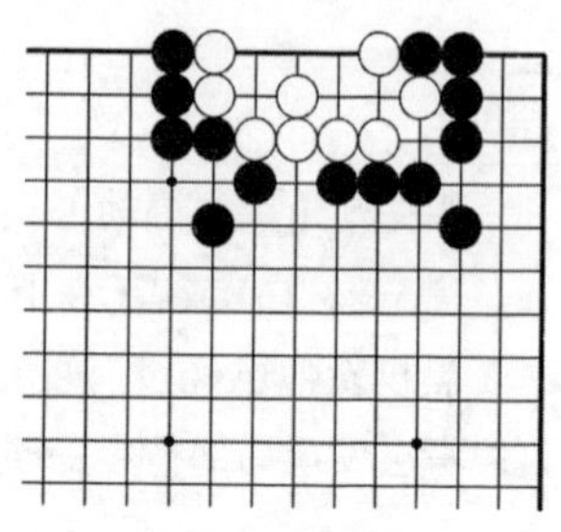

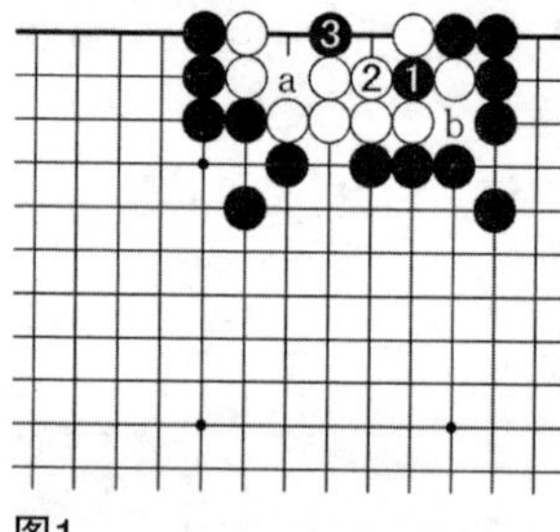

图1

白净死

图1（正解）

第一手是黑1扑。白2提，黑3托急所。黑a倒扑与b位破眼两点见合，白净死。

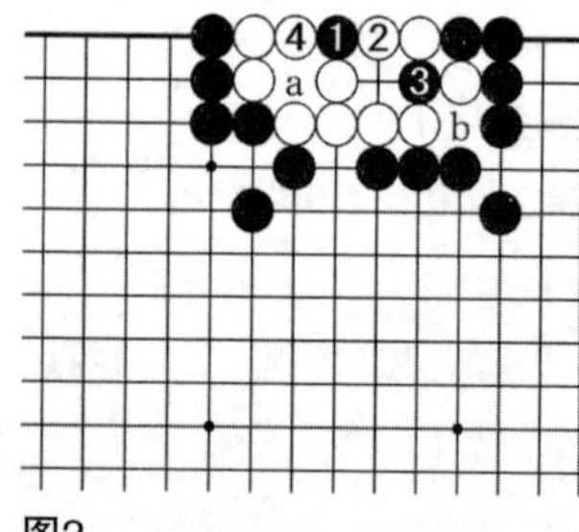

图2

白净活

图2（失败1）

黑1直接托，白2打吃，黑3扑，白4提可以净活。

黑3若下在4位破眼，白a提，黑3位扑，白b粘，结果还是白棋净活。

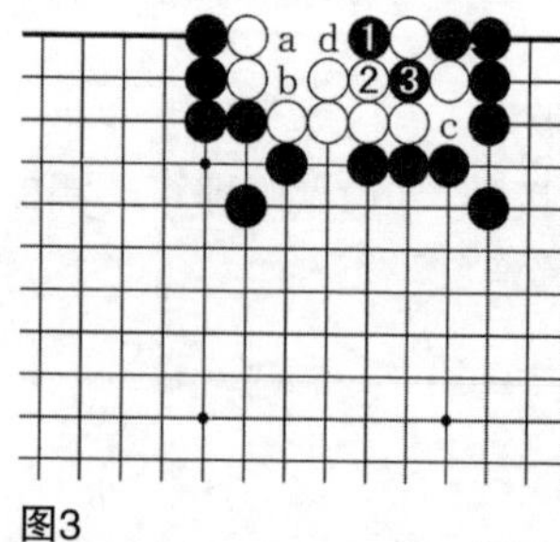

图3

打劫

图3（失败2）

黑1打吃，白2可以做劫。

黑1在a位打，白b粘，黑3位扑，白2提，黑c打，白d提，黑3位反提，结果也是打劫，黑先可以杀白，打劫不能满意。

从里开始（攻击）

第1型

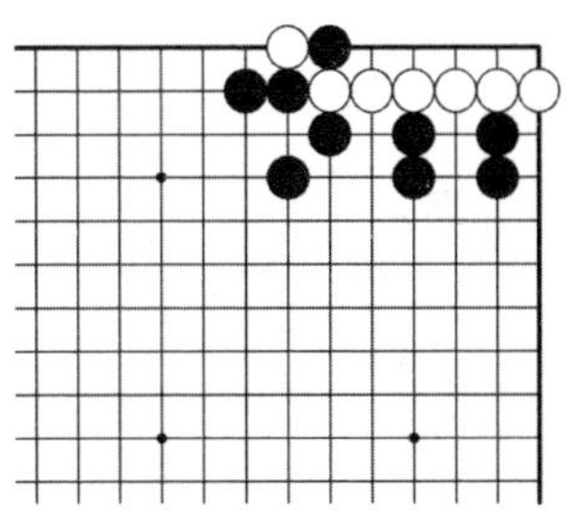

黑先白死

本类型和下一类型目的都是“破眼”，有很多相似之处。同属一类手筋。

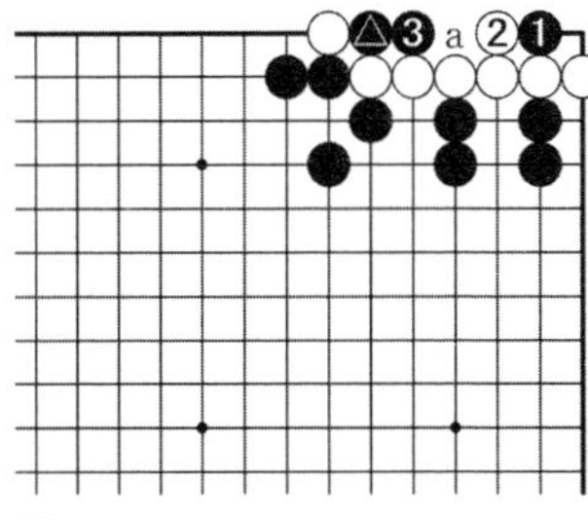

白净死

图1（正解）

黑1点正解。白2打吃，黑3破眼。白a提，黑▲扑破眼，白棋变成假眼，净死。

白2下在3位提，黑2破眼。

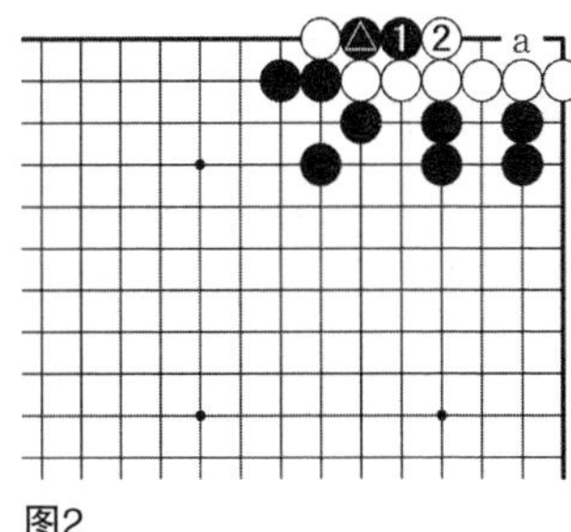

图2

白净活

图2（失败）

黑1次序错误。白2提，a、▲两点见合，白净活。

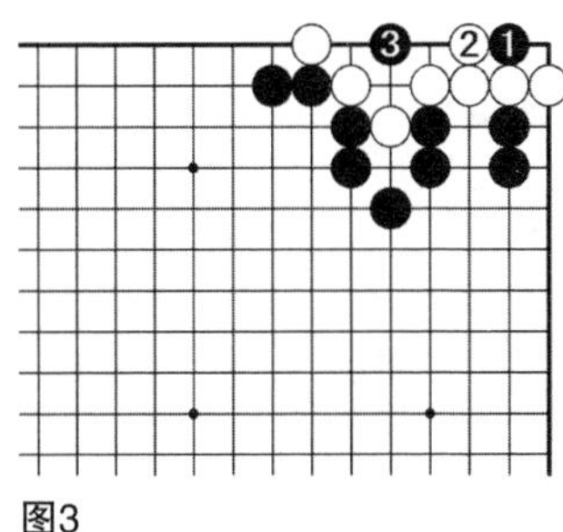

图3

白净死

图3（参考）

本图中黑1点是正确下法。白2打吃，黑3点破眼。

第2型

黑先白死

黑棋如果简单的从外围破眼，白可以轻松做活。

破眼的时机很重要。

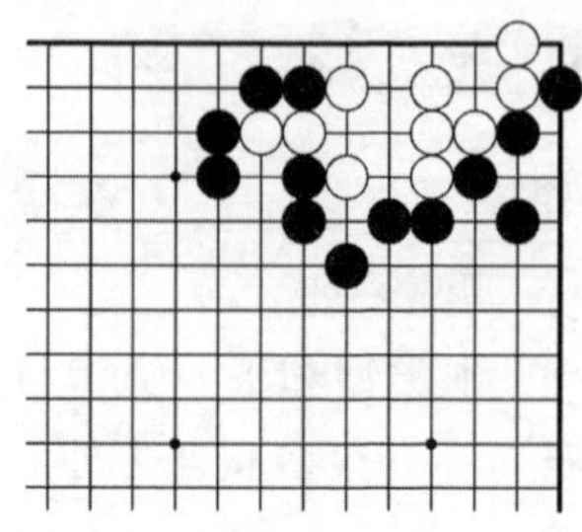

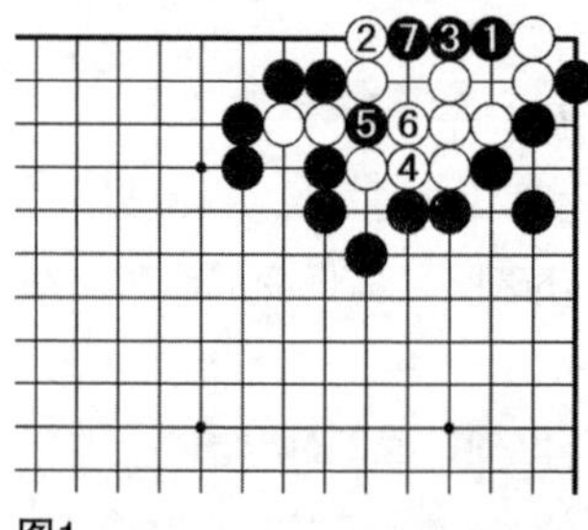

图1

白净死

图1（正解）

黑1点正解。白2立，黑3爬。白4扩大眼位，黑5扑、7破眼，白棋变成“直三”，净死。

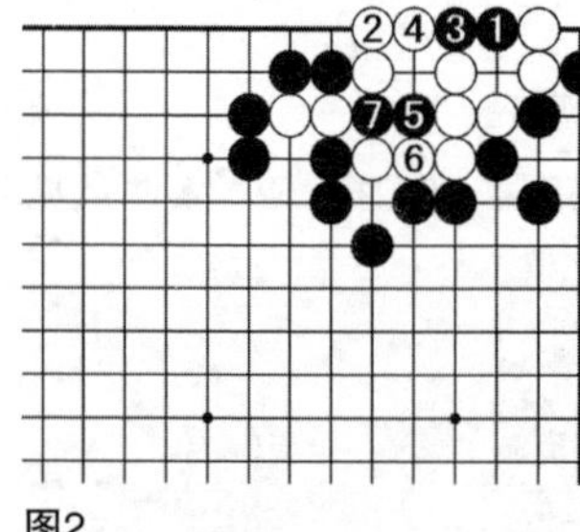

图2

白净死

图2（正解变化）

上图白4若如本图打吃，黑5破眼，白6粘，黑7扑，白左边变成假眼，白净死。

黑5的时机非常重要。

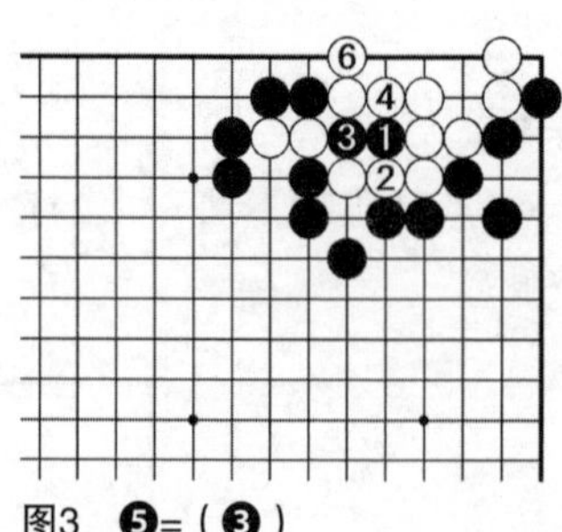

图3 ❺=（❸）

白净活

图3（失败）

黑1、3操之过急，白2～6可以净活。

破眼的手段要到最后起效才行。

破眼（攻击）

第1型

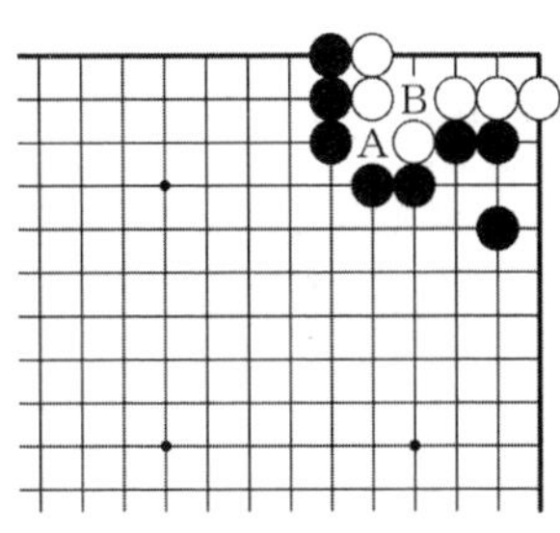

黑先白死

黑A打吃，白B粘，净活。

必须利用白棋左边棋形气紧的弱点才能成功破眼。

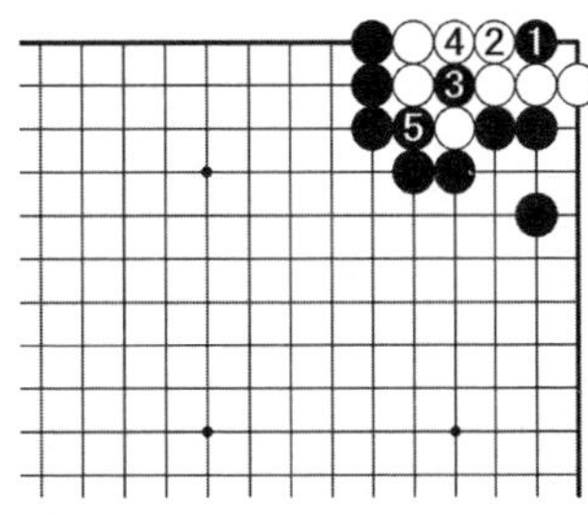
图1

白净死

图1（正解）

黑1点正解。白2打吃，黑3扑，白4提，黑5打吃，白净死。

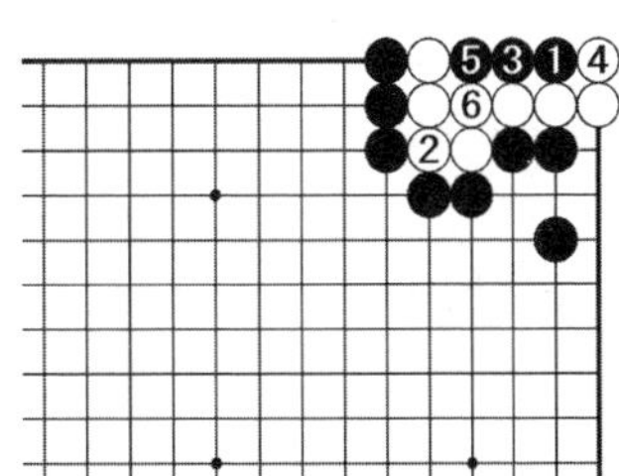
图2　❼=（❸）

白净死

图2（正解变化）

黑1点，白2做眼，黑3爬好手。白棋气紧无法在5位打吃，黑7点，白棋变成“直三”，净死。

黑3直接在5位打吃，白6位粘，黑3粘，结果相同。

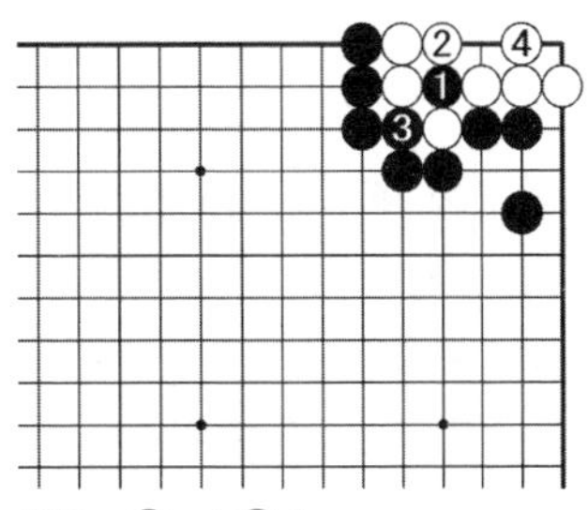
图2　❺=（❶）

打劫

图3（失败）

黑1扑、3打吃，白4做眼，变成劫活。本图黑失败。

第2型

黑先白死

本型最后使用的手筋与前型相同，之前的变化有一定难度。

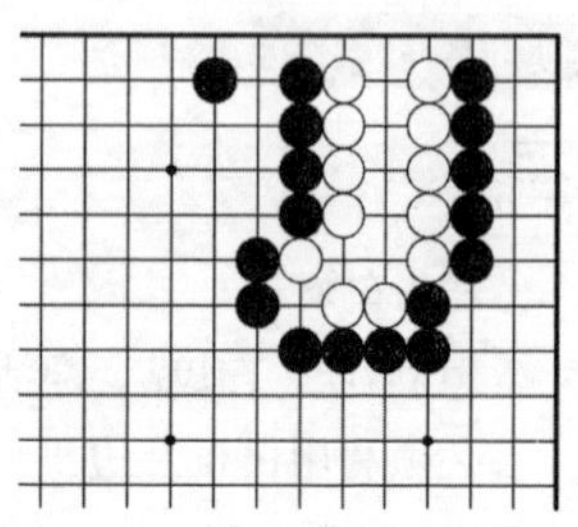

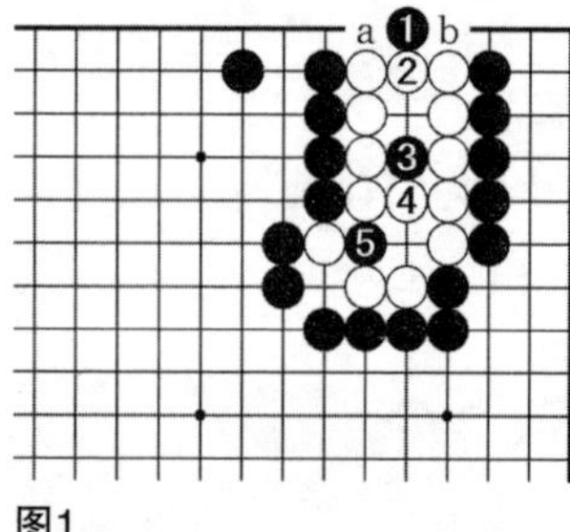

图1

白净死

图1（正解）

黑1点正解。白2粘，黑3点破眼。白4打吃，黑5扑。此处白棋变成假眼，净死。

上边白a，黑b；白b，黑a，同样没有真眼。

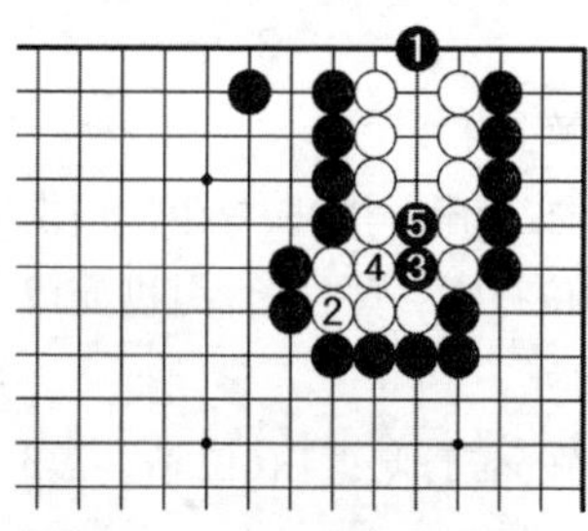

图2

白净死

图2（正解变化）

黑1点，白2扩大眼位，黑3打吃，5冲好手。白棋无法净活。

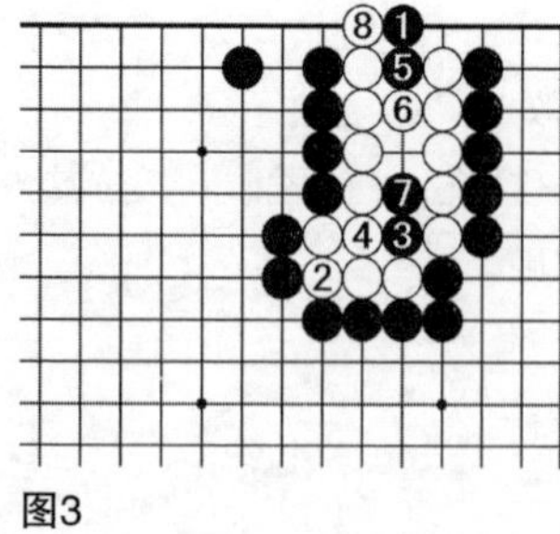

图3

白净活

图3（失败）

上图黑5，若选择本图黑5冲，白6挡，黑7冲，白8打吃，白棋成功做出两只真眼。

上图黑5是“从里破眼”的手筋。

扳（攻击）

第1型

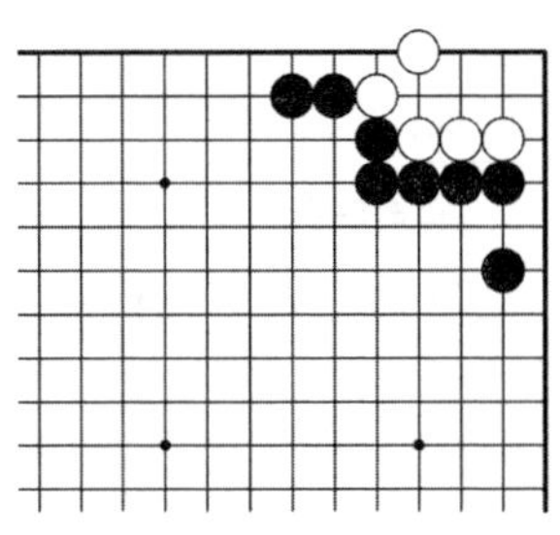

黑先白死

黑棋扳的手筋对角上板八的棋形也可以造成威胁，接下来将后续变化进行研究。

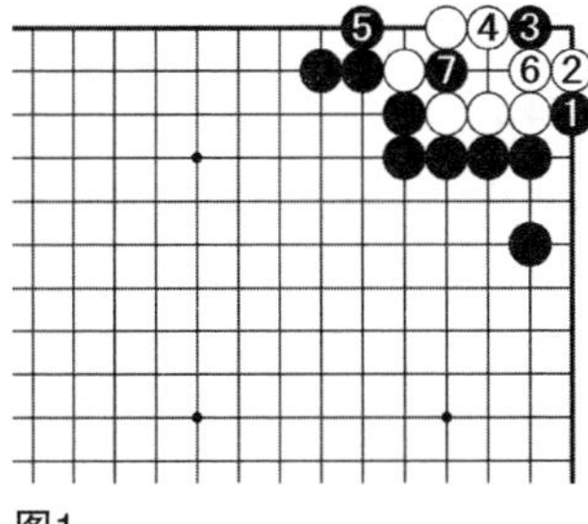

图1

白净死

图1（正解1）

正解是黑1、3扳点。白4顶，黑5立，白6打吃，黑7扑，白净死。

白4若下在6位粘、黑5立、白4顶、黑7扑，结果相同。

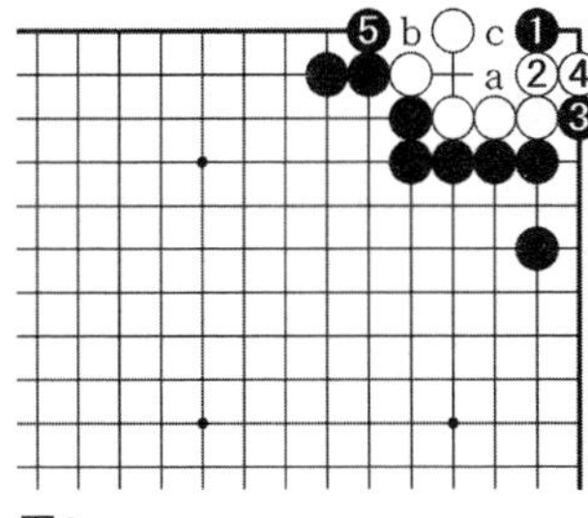

图2

白净死

图2（正解2）

黑1点，白2顶，黑3扳，白4打吃、黑5立也可以净杀白棋。

白2若在3位立，黑2，白a，黑5，白b，黑c。

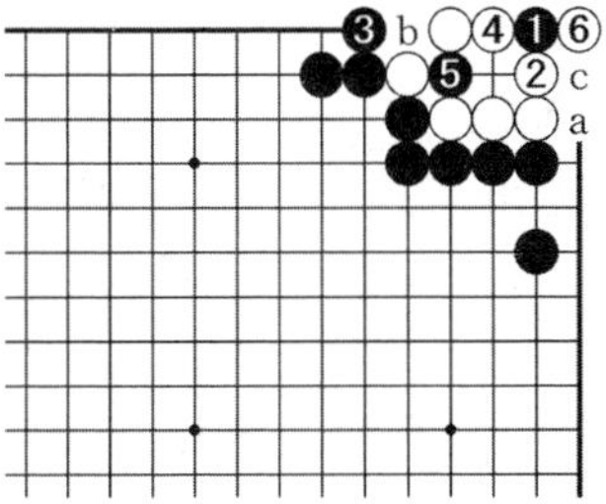

图3

白净活

图3（失败）

黑1～5的下法操之过急，白6提，a、b两点见合，白棋净活。

从本图的变化中可以看出黑a、白b交换的必要性。

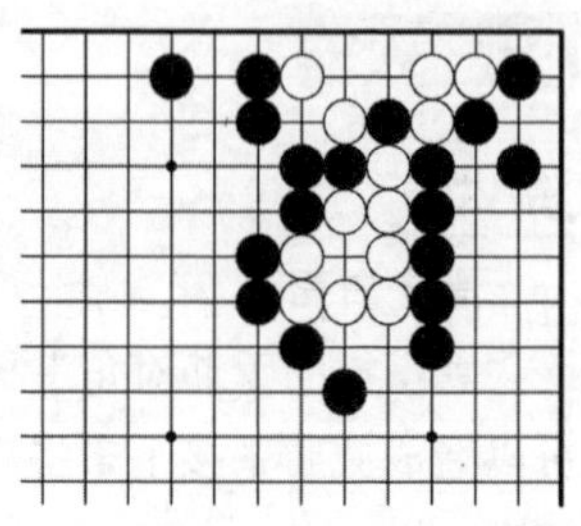

第2型

黑先白死

黑棋是否可以破坏白棋上边眼形呢？

解题次序非常重要。

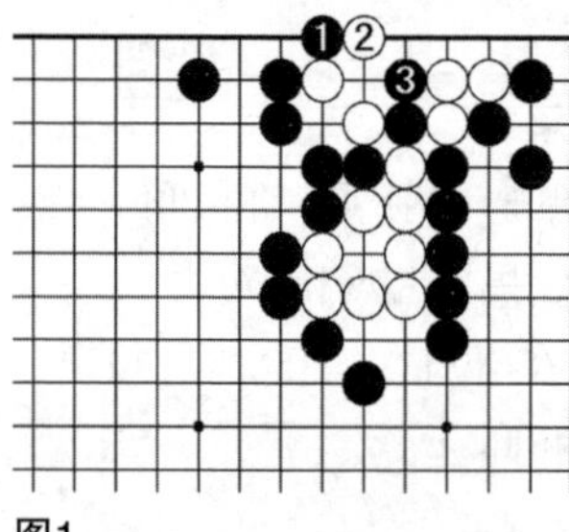

图1

先扳再逃

图1（正解）

黑1扳是正解。白2打吃只此一手，黑3逃出一子是正确次序。

接下来——

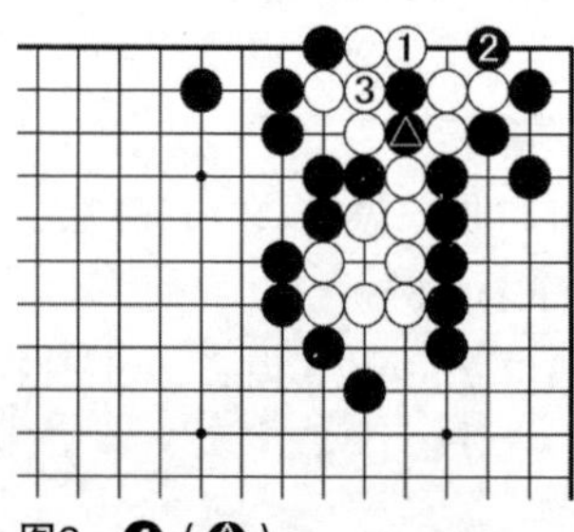

图2 ❹（△）

白净死

图2（正解续）

白1、黑2交换，白3提，黑4扑，白净死。

只要按照上图的次序落子即可净杀白棋。

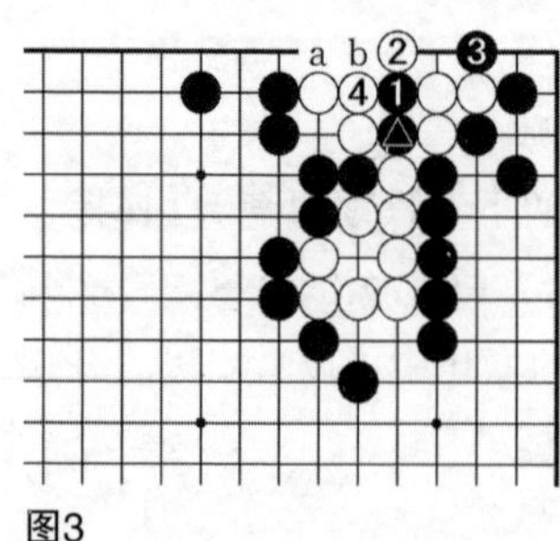

图3

白净活

图3（失败）

黑1直接逃出一子、3打吃，白4提即可净活。a位于▲位见合。

黑a、白b的交换是解题关键。

第3型

黑先白死

本型同样要用到扳，次序非常重要。（摘自《玄玄棋经》）

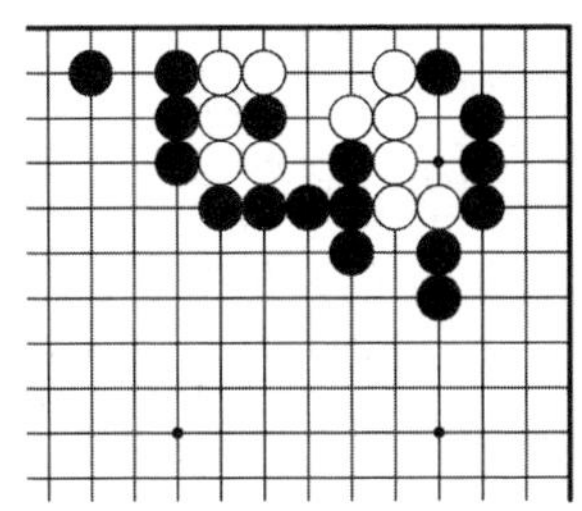

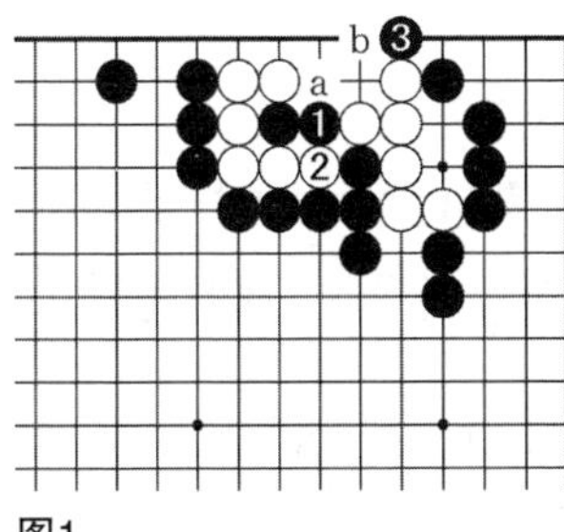

图1

先逃再扳

图1（正解）

黑1逃出一子，白2断吃，黑3扳是正确次序。

白a提、黑b长破眼——

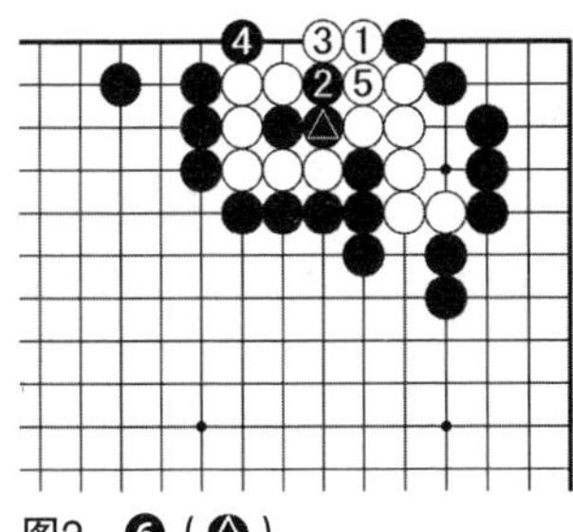

图2 ❻（△）

白净死

图2（正解续）

白1打吃，黑2逃出、4打吃，白5提，黑6点破眼，弯三白净死。

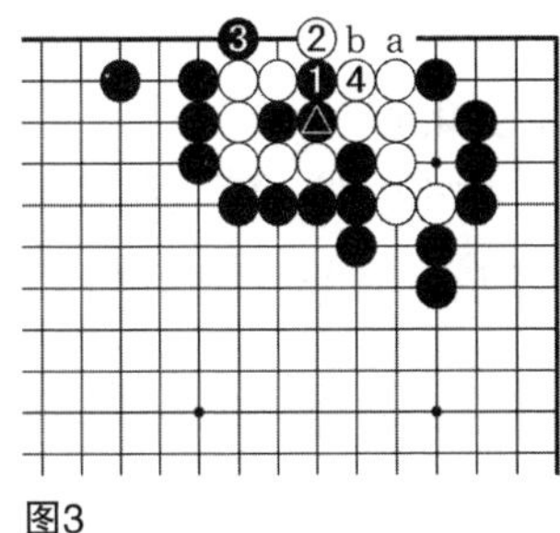

图3

白净活

图3（失败）

图1中黑3扳，如果选择本图黑1、3的次序，白4提之后，a位和▲见合，白净活。

黑1之前先在a、b交换是解题关键。

第4型

黑先白死

黑棋的预想图是按照字母顺序从A至G净杀白棋。但白棋在黑A夹的时候，改为白D应对，这样一来……（张栩作品）

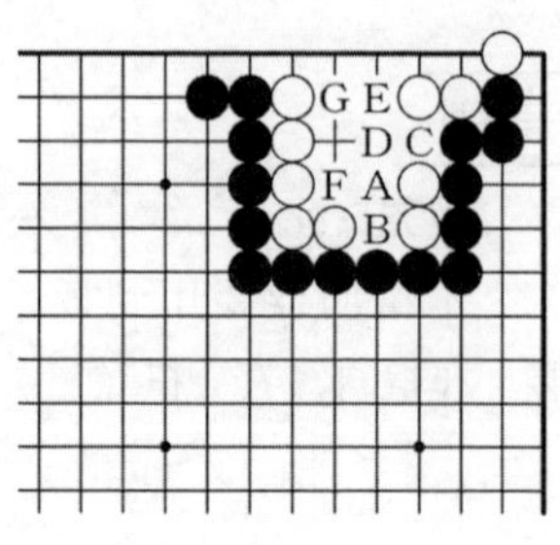

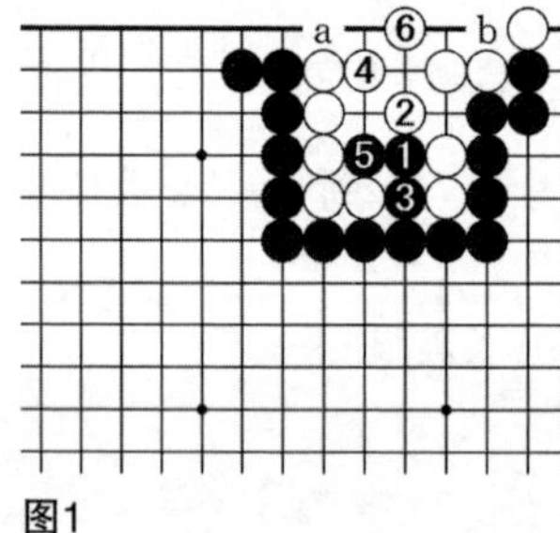

图1

白净活

图1（失败）

第一手若是1位夹，白2好手。黑3粘，白4弯抢占眼形急所，进行至白6净活。

接下来黑a，白b；黑b，白a。

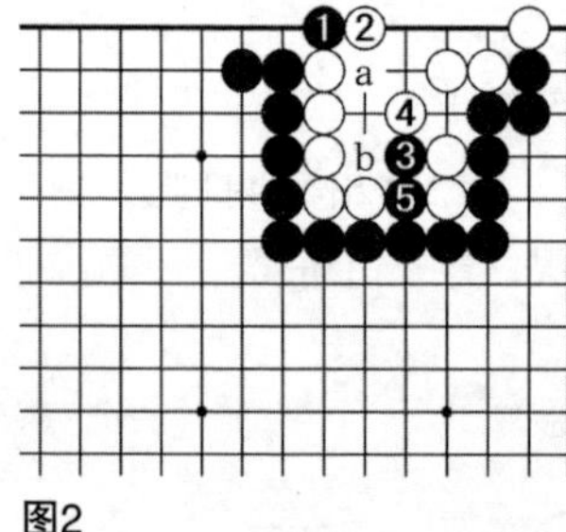

图2

白净死

图2（正解）

正解是黑1扳，白2打吃交换之后，黑3夹。白4，黑5粘，白a粘，黑b破眼即可净吃白棋。

黑1、白2的交换是破眼的关键。

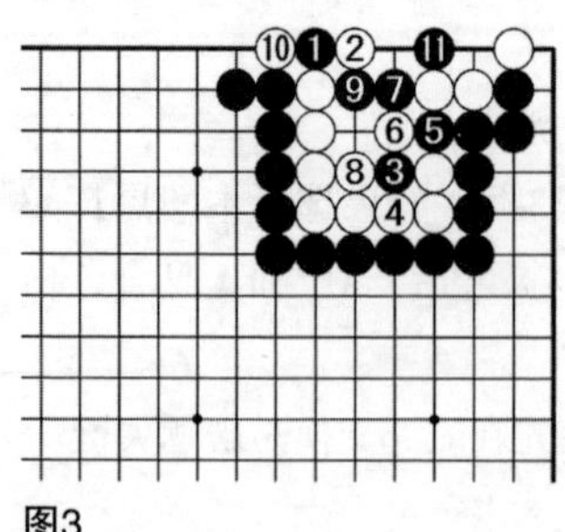
图3

白净死

图3（正解变化）

面对黑1、3破眼，白4粘，黑5冲，7、9破眼。白10提，黑11吃掉白角上两子，白净死。

白2若在9位弯，黑6点、白5粘、黑2位爬，大眼杀。

夹（攻击）

第1型

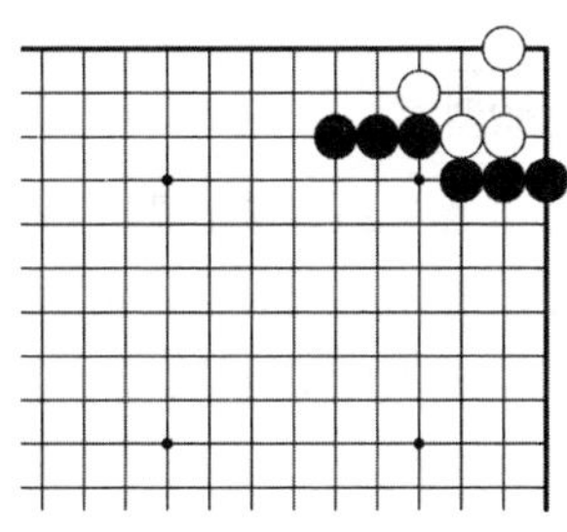

黑先白死

此时想要净杀白棋，需要想一想特殊的手段。

利用白棋气紧破眼的手段在哪里？

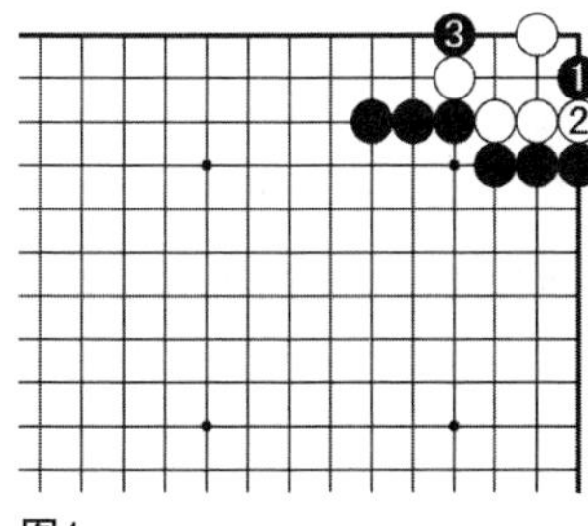
图1

点、夹

图1（正解）

黑1点，白2挡，黑3夹是精彩的手筋。此时白棋已经无法动弹。

接下来——

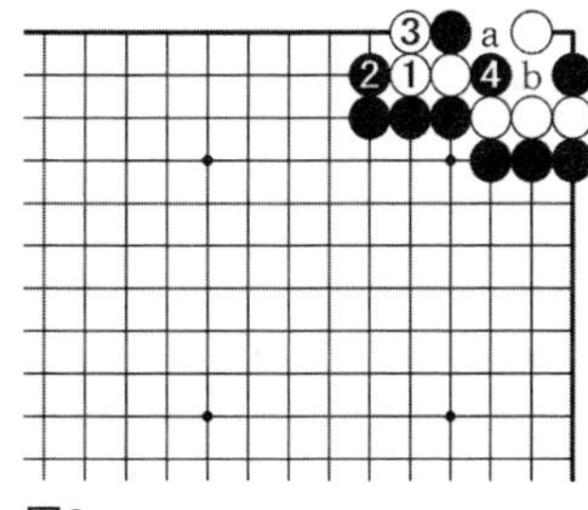

图2

白净死

图2（正解续）

白1长、3拐，黑4双打吃。上图黑3就是看到了这手双打吃的后续手段，白崩。

白3若在a位打吃，黑b冲，白4位粘，黑3爬，白净死。

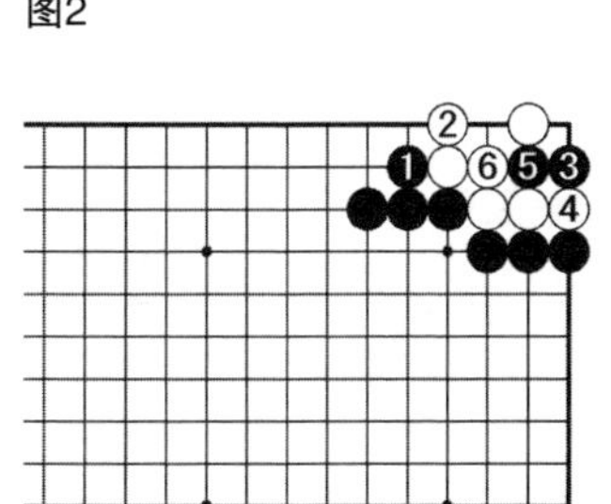
图3

白净活

图3（失败）

黑1挡下法平淡。白2立即可净活。

第2型

黑先劫（黑先提劫）

黑A扳，白B虎即可净活。

若黑再往前一步会是正解吗?

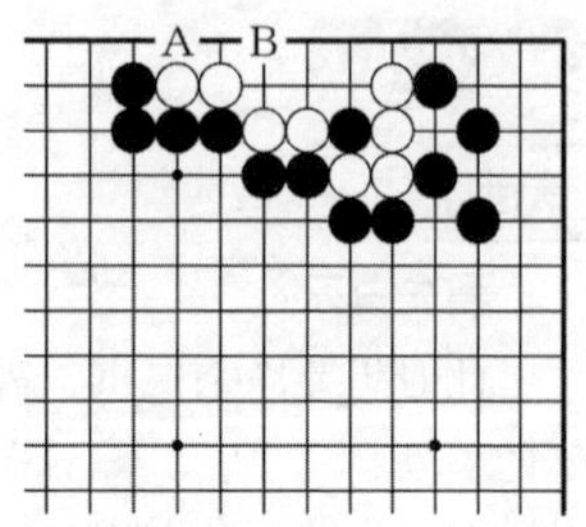

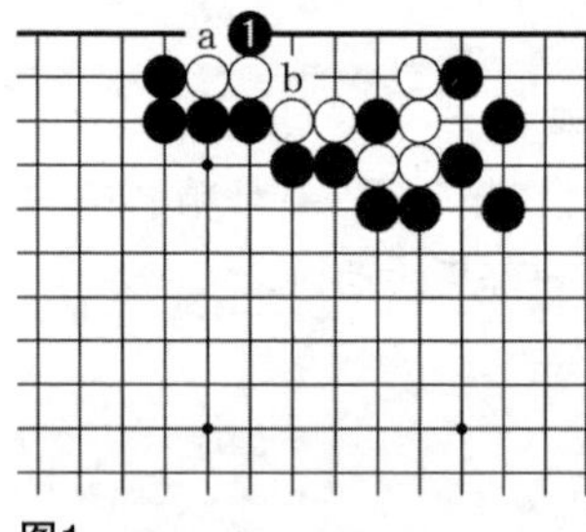

图1

夹

图1（正解）

黑1夹好手。白a打吃，黑b双打吃。

与前型相同，黑1夹也是利用对手气紧的手筋。

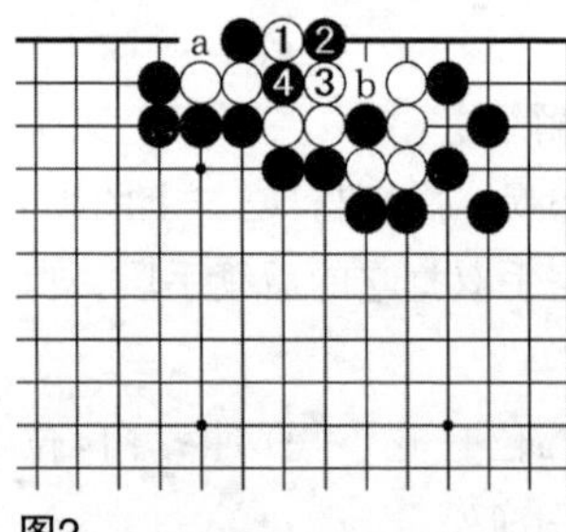

图2

打劫

图2（正解续）

接上图，白1打吃，黑2反打，白3做劫是双方最强应手。

黑2打吃，白若a位提，黑b长，白净死。

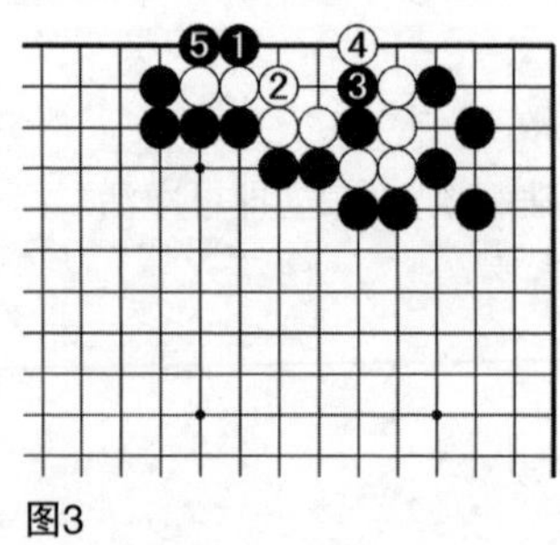

图3

白净死

图3（正解变化）

黑1夹，白2粘，黑3逃、5渡过，白净死。

第3型

黑先白死

急所必然是要破眼，但直接落子是否合适呢？

如果不成立，需要想想其他办法。（摘自《棋经众秒》）

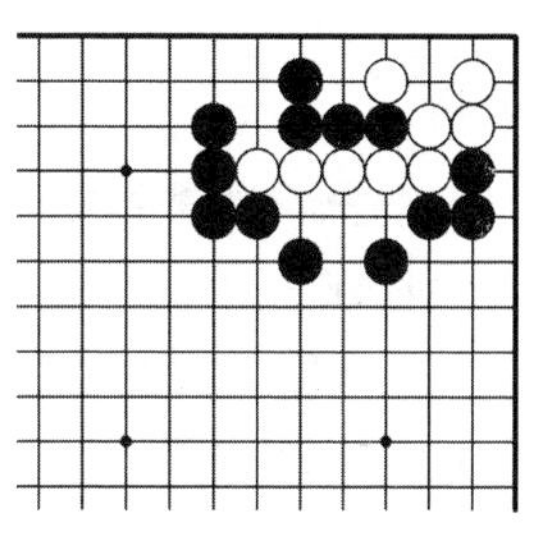

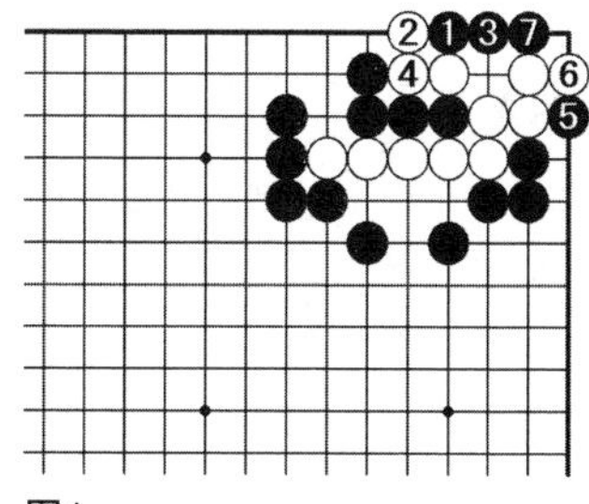

图1

白净死

图1（正解）

黑1夹是局部手筋。白2打吃，黑3长，白4粘，黑5扳，7破眼，白棋变化"直三"净死。

黑1若在5位扳、白6挡、黑1夹，结果相同。

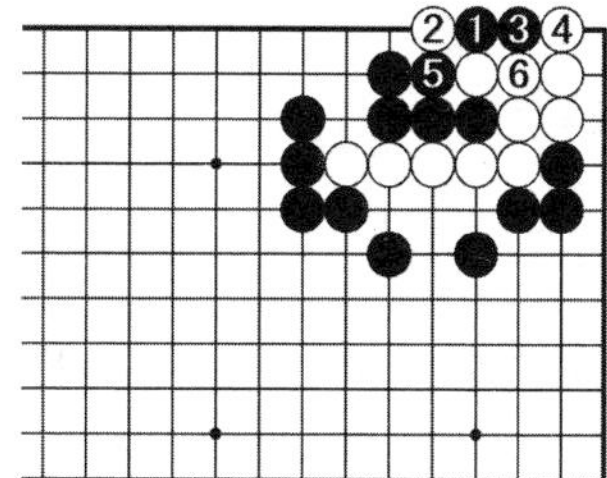

图2　❼（❶）

白净死

图2（正解变化）

黑1、3破眼，白4打吃，黑5断吃。白6提，黑7扑破眼。

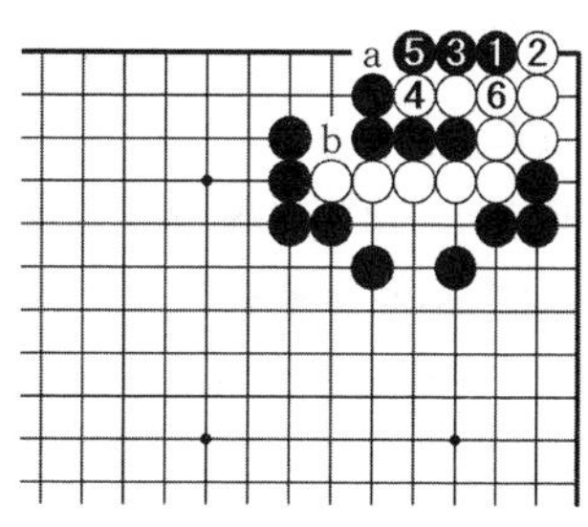

图3

白净活

图3（失败）

黑1点是第一感觉，但此时白2挡、4顶好手，白棋净活。黑5打吃、白6粘之后，黑不能a位粘，否则白b冲，黑棋数子被吃。

第4型

黑先劫（黑先提劫）

托破眼是关键。

白棋也有好的应对手段，双方最佳的应对结果是打劫。

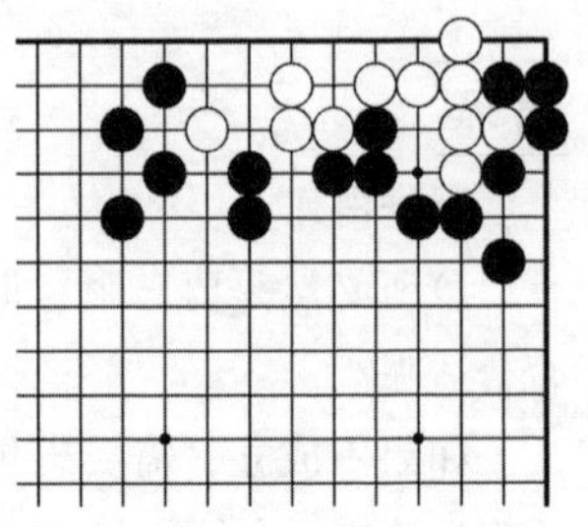

打劫

图1（正解）

黑1夹只此一手。白2弯好手，黑3托，白4扑打劫。

图1

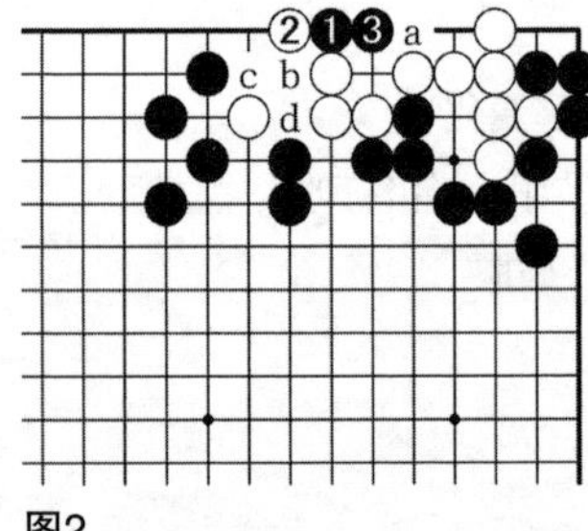

图2

白净死

图2（正解变化）

黑1托，白2打吃，黑3长，白a打吃、黑b断吃假眼。

白若下在c位挡、黑d冲、白b粘、黑a冲，白变成“直三”净死。

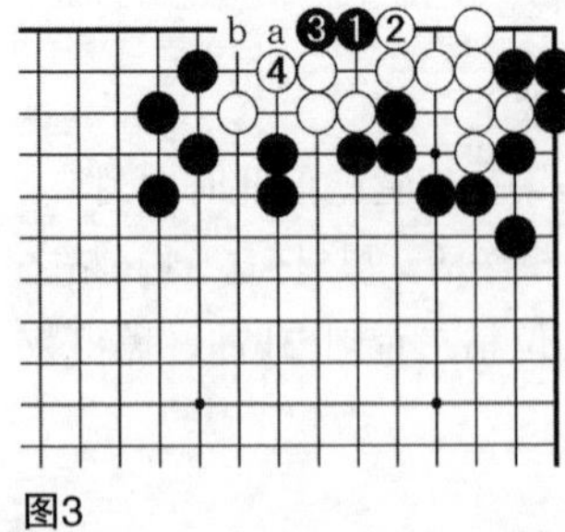

图3

白净活

图3（失败）

黑1点不成立。白2挡，黑3爬，白4弯好手。接下来黑a、白b吃掉黑三子净活。

第5型

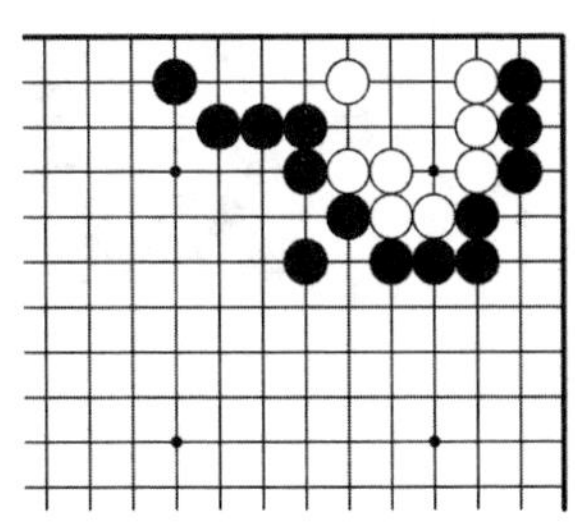

黑先白死

各位读者应该立刻意识到托是解题的关键。加上扳的手筋组合可以净杀白棋。（摘自《玄玄棋经》）

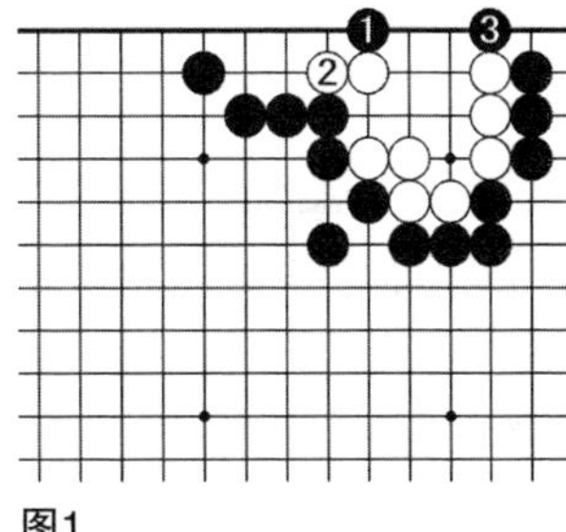
图1

夹、扳

图1（正解）

第一手在黑1托，这是本型的唯一正解。白2长必然，黑3扳。

接下来——

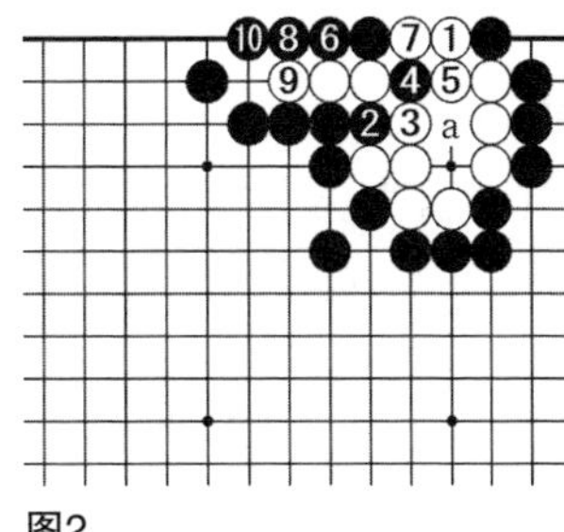
图2

白净死

图2（正解续）

白1打吃，黑2冲、4断。黑棋瞄着接下来a位打吃的后续手段。白5打吃，黑6打吃可以破坏白4位的眼位，白净死。

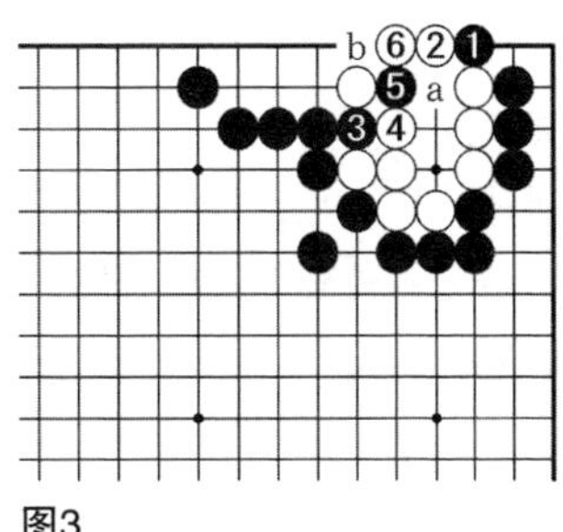
图3

白净活

图3（失败）

黑1、3先扳再冲结果如何？此时白可以在6位打吃，白棋净活。白5若在a位打吃、黑b反打白净死，这是白棋可以一线打吃的重要性。

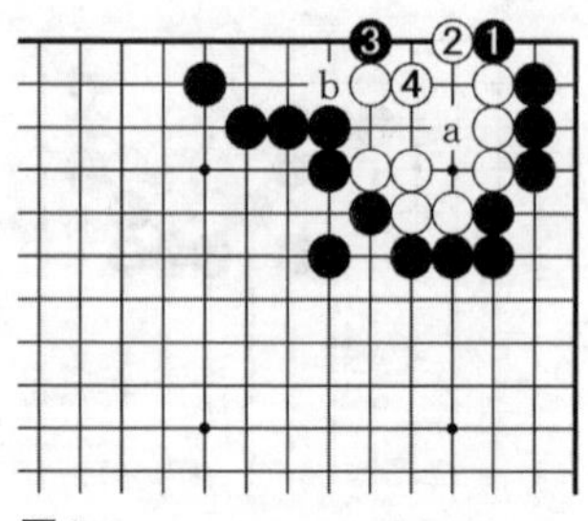
图4

白净活

图4（失败2）

黑1扳、3夹，白4退冷静。a、b两点见合，白棋净活。

黑棋先进行黑3、白4的交换，则黑b挡白棋净死。

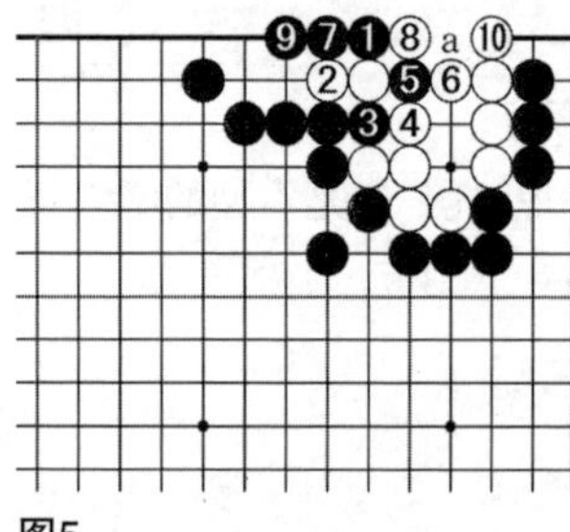
图5

白净活

图5（失败3）

黑1、白2之后，黑选择直接3、5冲断，白6打吃、8提先手，黑9长，白10可以做眼净活。

黑10与白a的交换意在破眼。

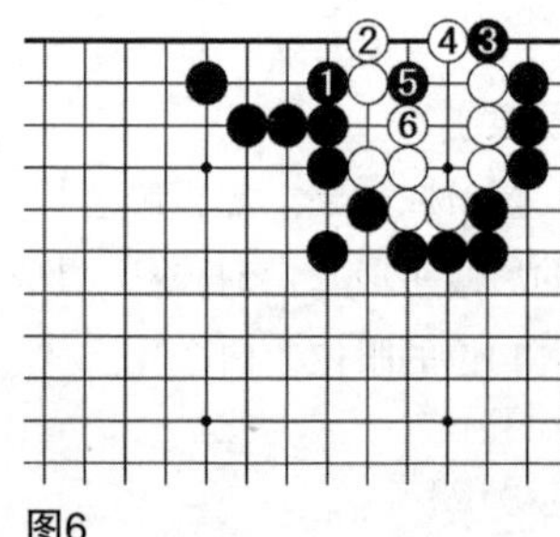
图6

白净活

图6（失败4）

黑1挡没有冲击力，白2立即可简单净活。黑3扳，白4打吃，黑无破眼手段。

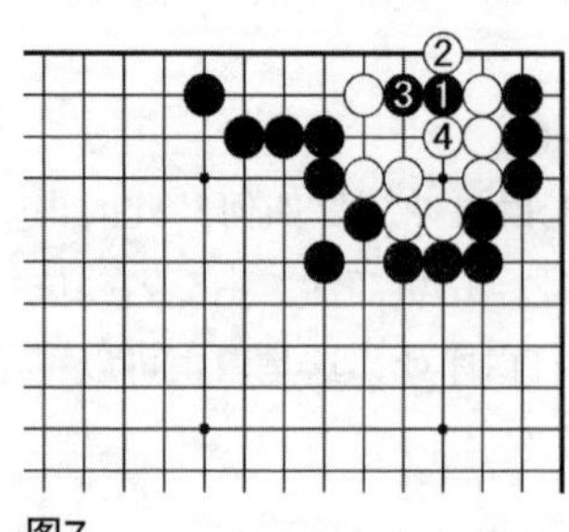
图7

白净活

图7（失败5）

黑1直接破眼，白2扳应对即可。黑3顶，白4做眼冷静。不仅确保了眼位同时吃掉黑二子，净活。

第6型

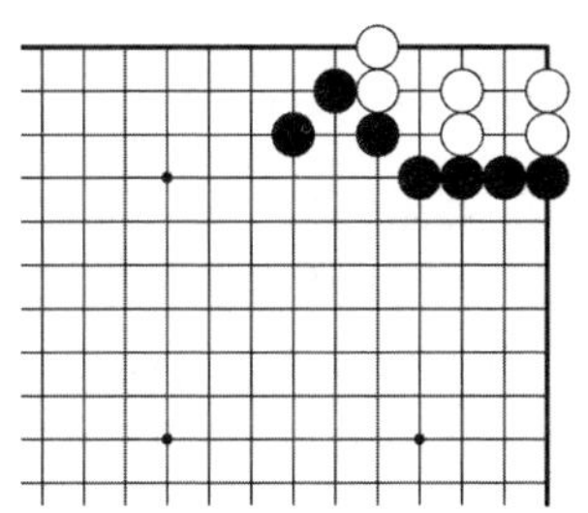

黑先白死

白棋眼位空间要小于之前题目，此时黑棋的手筋思路会稍有不同。（摘自《官子谱》）

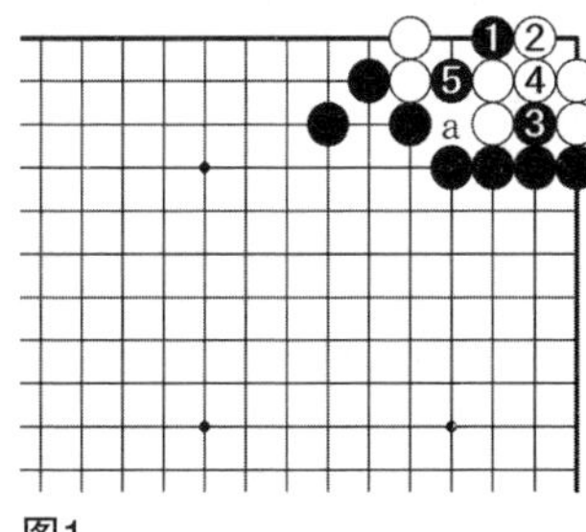

图1

白净死

图1（正解）

黑1是被称为“鼻顶”的手筋。白2打吃，黑3、5破眼。白气紧无法在a位入气。

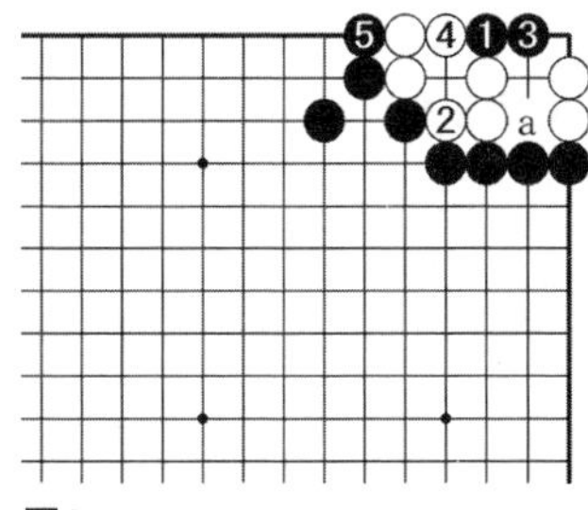

图2

白净死

图2（正解变化）

面对黑1，白2扩大眼位。黑3长，白4做眼，黑5打吃，白无眼。

若白2下在a位粘，黑还是3位长。

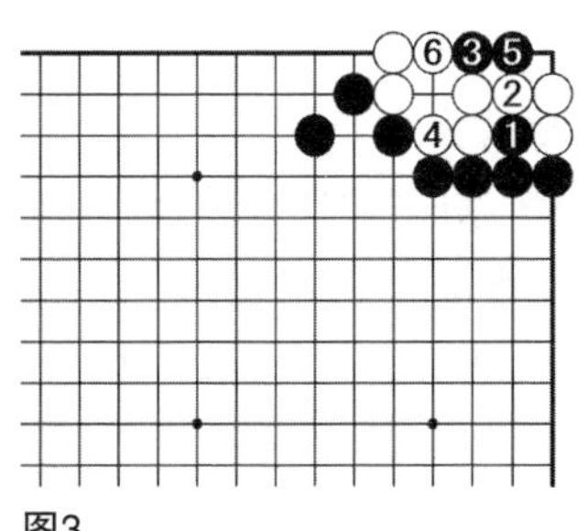

图3

白净活

图3（失败）

黑1、白2的交换是俗手。黑3现在托已经无用，白4扩大眼位，黑5爬。此时黑棋气紧，白6打吃净活。

第7型

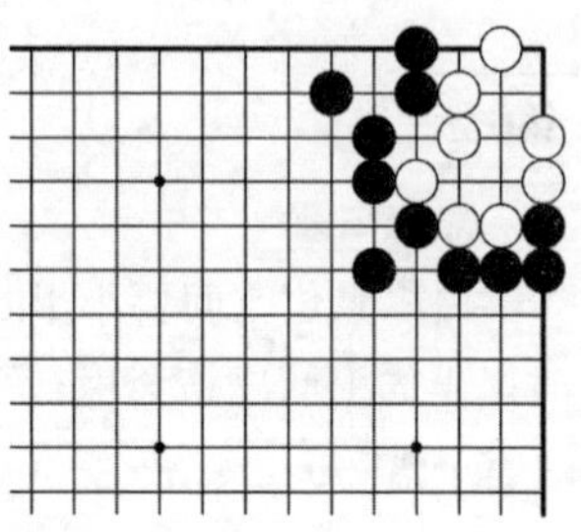

黑先白死

直接打吃肯定不成立。

正确手筋必须能够看到下一手才行。（摘自《官子谱》）

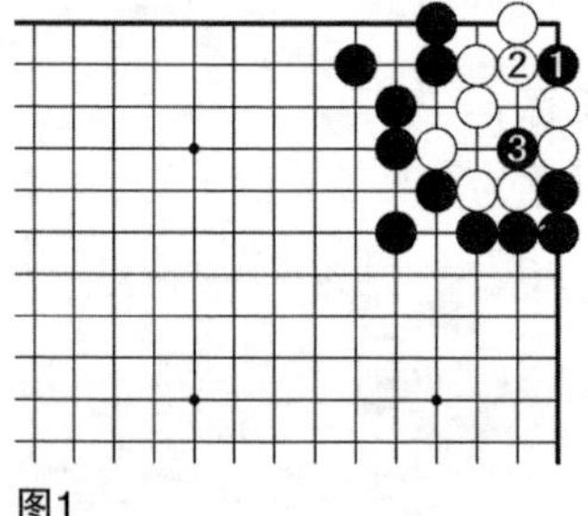

图1

白净死

图1（正解）

黑1顶是此时的手筋好手。白2打吃，黑3双打吃。

黑3的双打吃是黑1顶的既定手段。

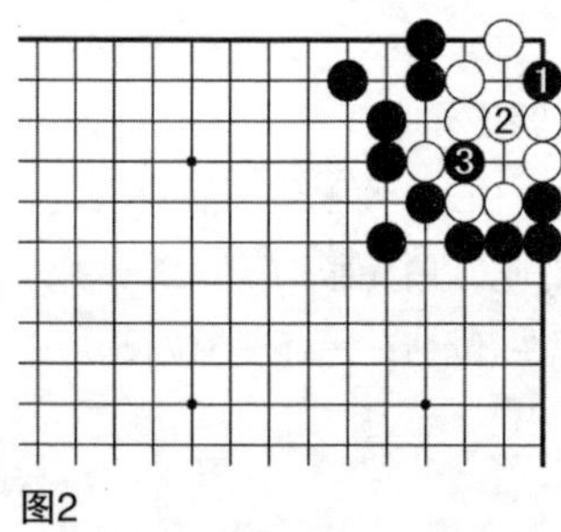

图2

白净死

图2（正解变化1）

黑1顶，为了防止双打吃，白2粘，黑3扑，白棋眼形被破，净死。

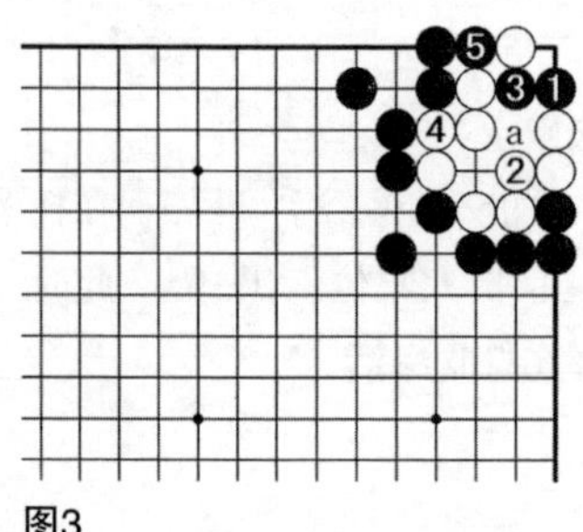

图3

白净死

图3（正解变化2）

白2粘补断点应该是此时的最强抵抗。但是黑3、5之后，白气紧无法在a位打吃，白棋还是净死。

第8型

黑先白死

解题的要点依然是利用白棋气紧。

选择第一手必须看到后续手段才行。（摘自《官子谱》）

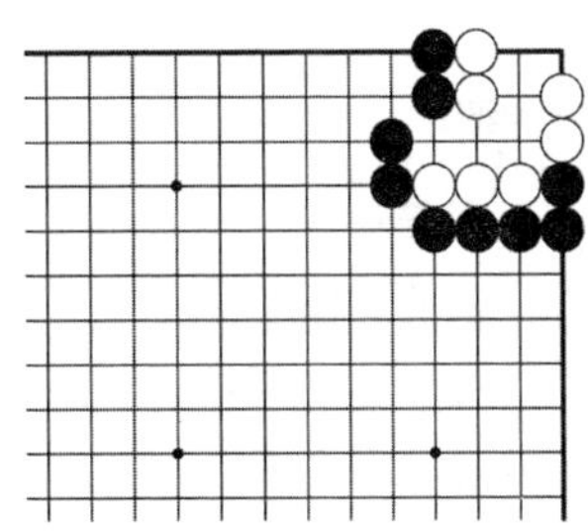

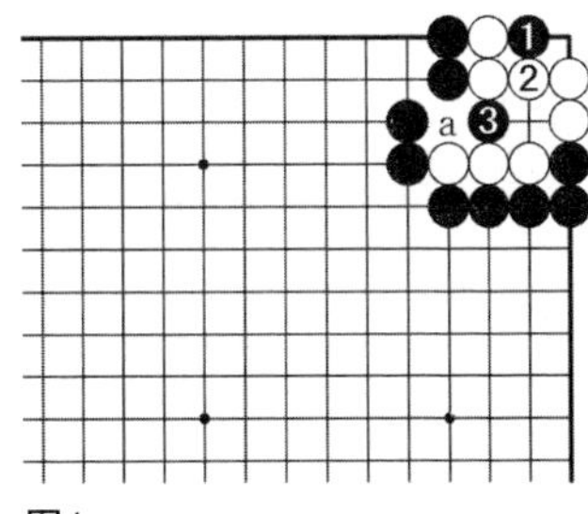

图1

白净死

图1（正解）

黑1夹是犀利的手段。利用白棋气紧，白2打吃，黑3挖。白a不能入气，净死。

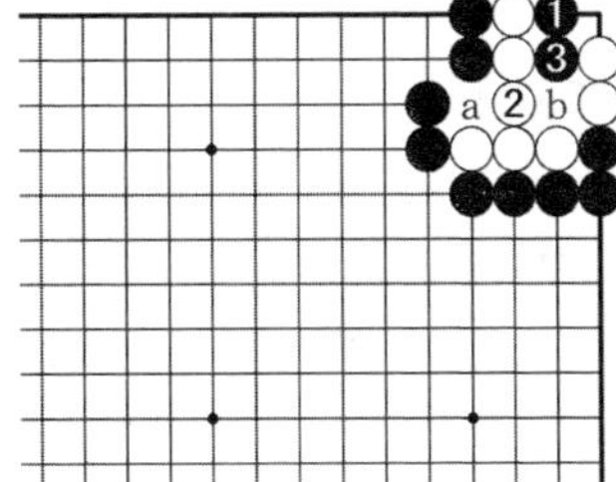

图2

白净死

图2（正解变化）

黑1夹，白2粘，黑3冲即可。

白2若在a位扩大眼位，黑3若在b位打吃，白没有后续手段。

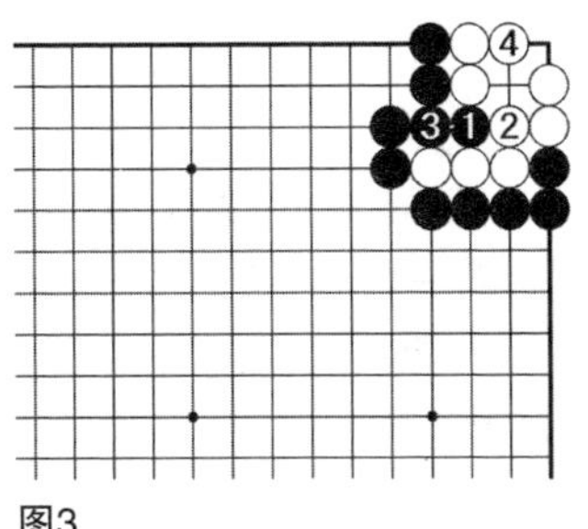

图3

白净活

图3（失败）

黑1挖没有后续手段。白2打吃，黑3粘，白4做眼净活。

第一手下在黑4，白2粘，黑直接3位破眼。

第9型

黑先白死

需要先做准备工作。

接下来有利用对手气紧的手段。

（摘自《官子谱》）

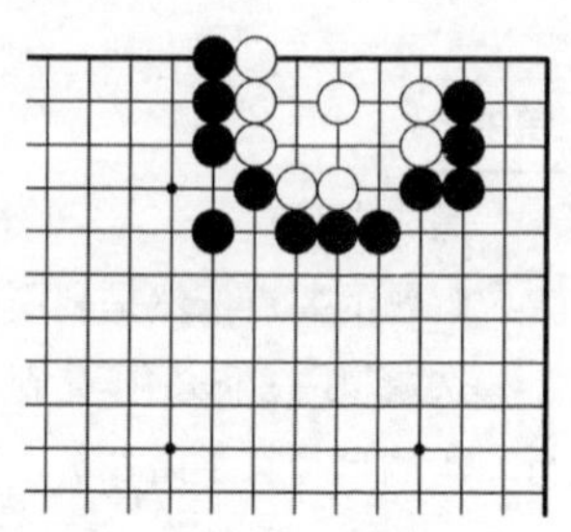

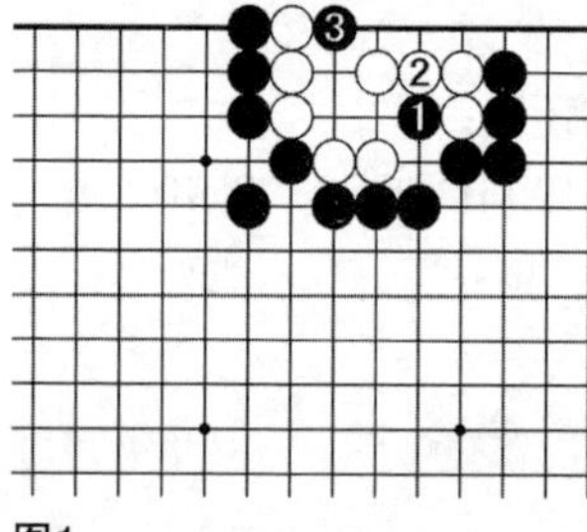

图1

扳、夹

图1（正解）

黑1扳，白2粘交换。黑3是精妙的手筋。

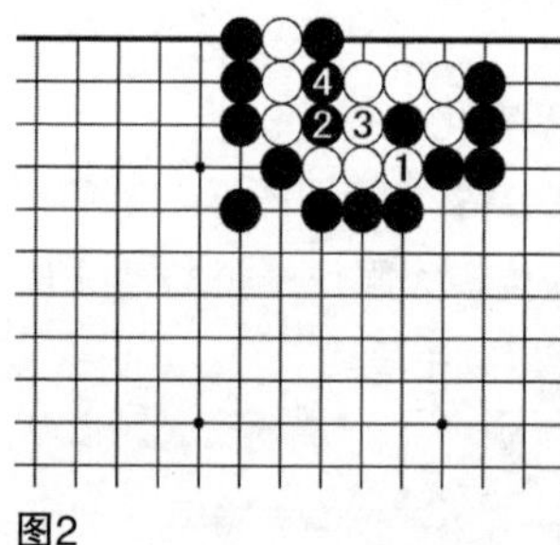

图2

白净死

图2（正解续）

白1断吃，黑2双打吃，白3提，黑4提，白净死。黑2也可以在4位打吃。

若白1下在4位粘，黑3冲；白3位打吃，黑4冲，结果都是净死。

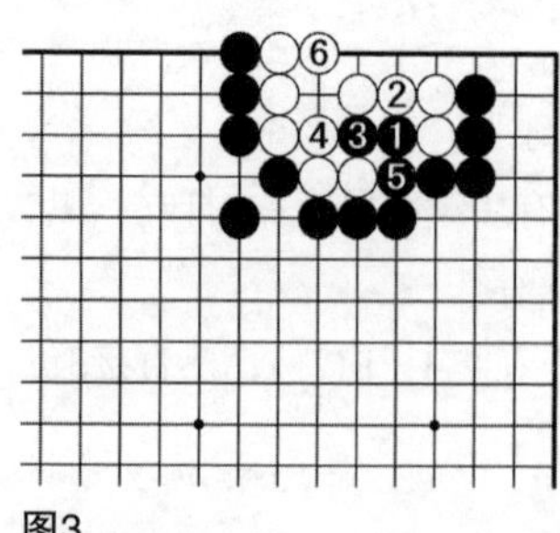

图3

白净活

图3（失败）

黑1、白2交换，黑3直接冲操之过急，白4、6可以净活。

如果没有进行黑1、白2的交换，黑6直接夹，白1做眼即可。

点（攻击）

第1型

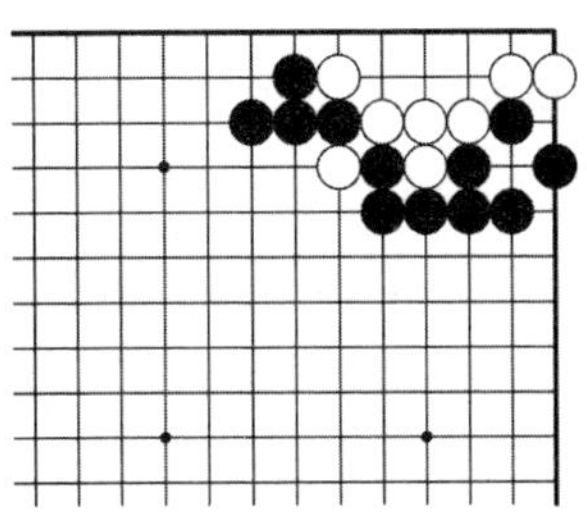

黑先白死

“三子中间”是急所。本型就是与这句格言非常契合的棋形。

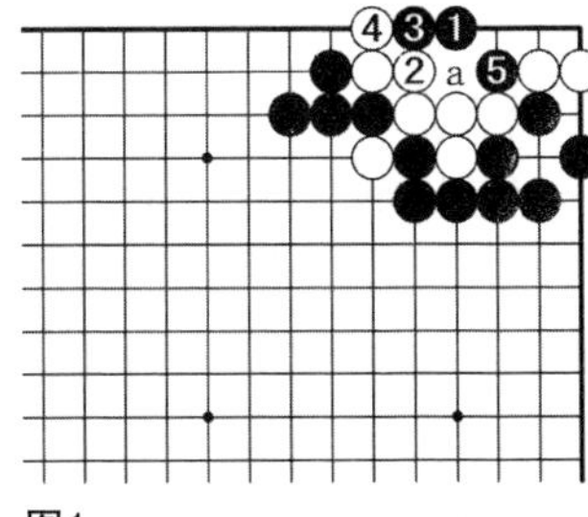

图1

白净死

图1（正解）

黑1点急所。白2粘，黑3爬、5断。白棋气紧不能在a位打吃。

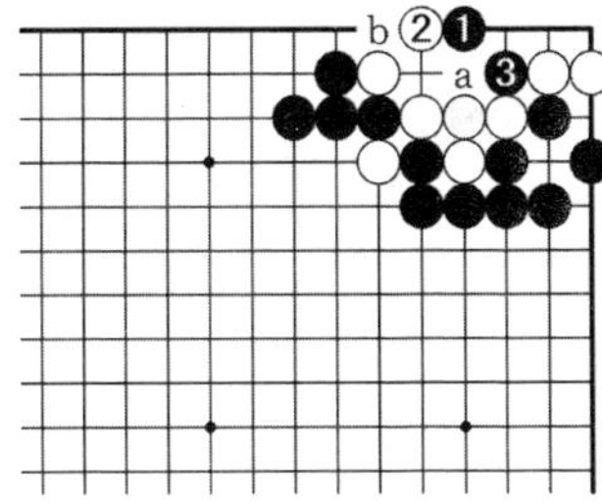

图2

白净死

图2（正解变化）

此时白2虎应对，白3断。白棋还是气紧。

白2顶，黑b打吃连回。

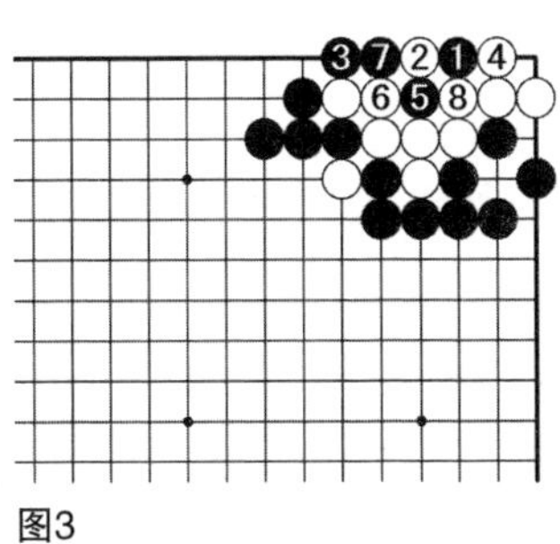

图3

白净活

图3（失败）

黑1点不成立。白2靠抢占急所、黑3一线打吃，白4做眼至白8，净活。

黑3若在4位破眼、白3立。

第2型

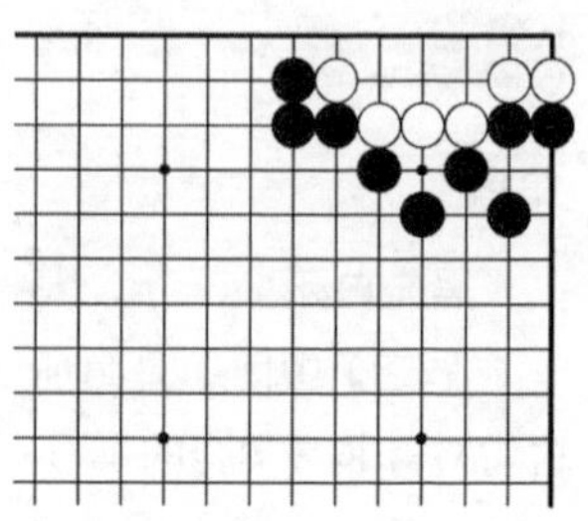

黑先白死

白棋有外气的位置有了变化。

点仍然是解题手筋，但是与前型类型不同。

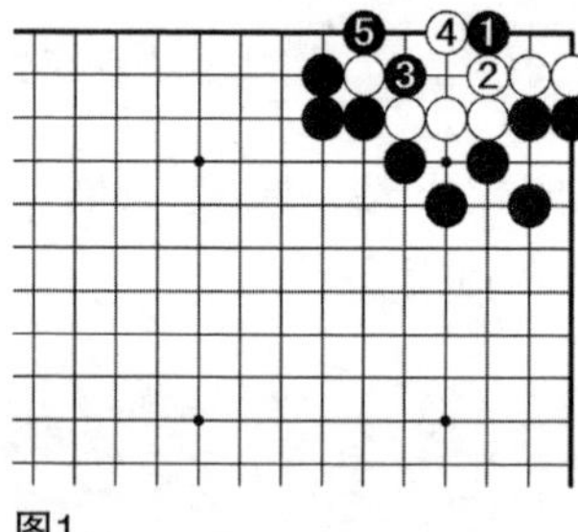

图1

白净死

图1（正解）

黑1点正解。白2粘，黑3断吃，白净死。

此时白棋角上二子气紧，需要加以利用。

第3型

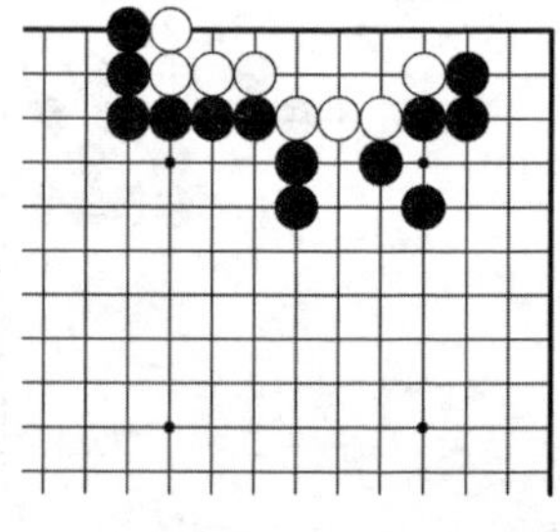

黑先白死

棋形朝边上移动，黑棋的下法与前型相同。

冲击白棋气紧的棋子是解题的关键。

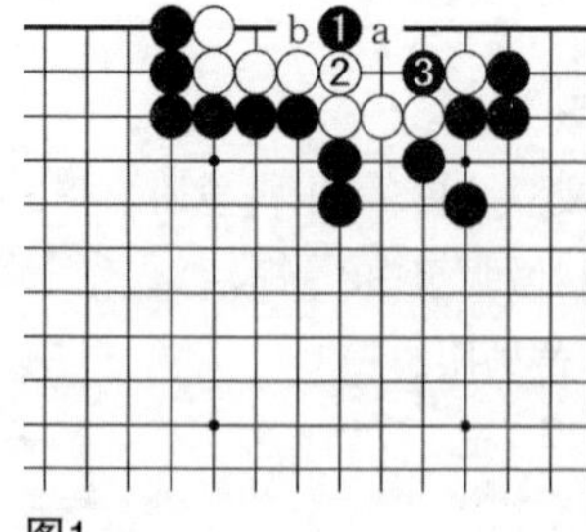

图1

白净死

图1（正解）

黑1点，白2粘，黑3断吃，解法与前型一样。

若白2在a位靠，黑b，白2位粘，黑3断，白净死。

第4型

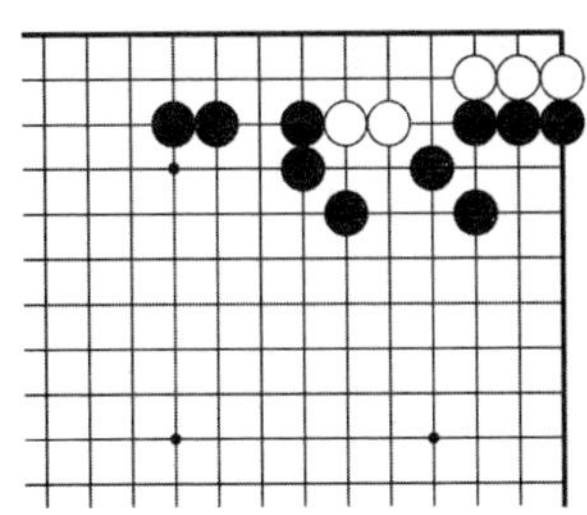

黑先白死

这是第2型衍生的实际应用问题。

点的手筋是在第三手中出现，那么第一手应该下在哪里呢？

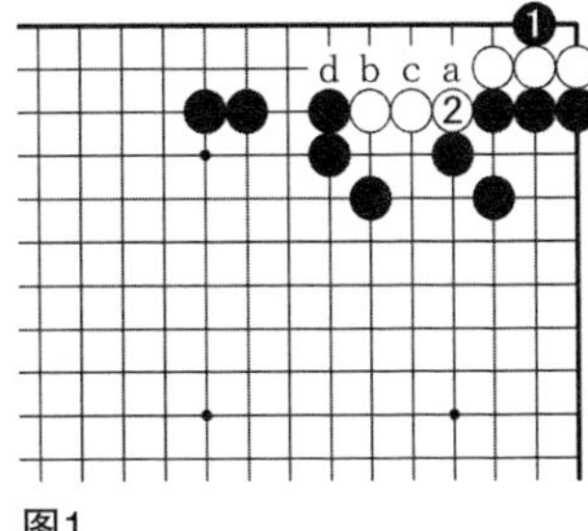

图1

夹

图1（正解）

正解是黑1夹。白2是此时的最强抵抗。

白2若在a位长，黑b扳，白c长，黑d粘，白净死。

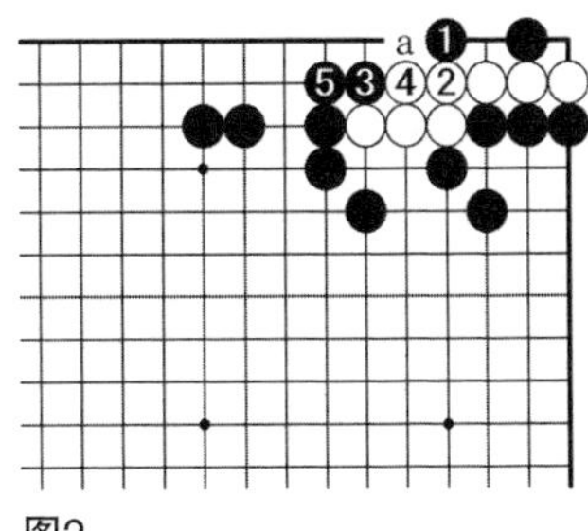

图2

白净死

图2（正解续1）

黑1点是与前型相同的手筋。白2粘，黑3扳，白净死。

黑如果直接在3位扳缩小眼位，白4位挡、黑5之后，白a立净活。

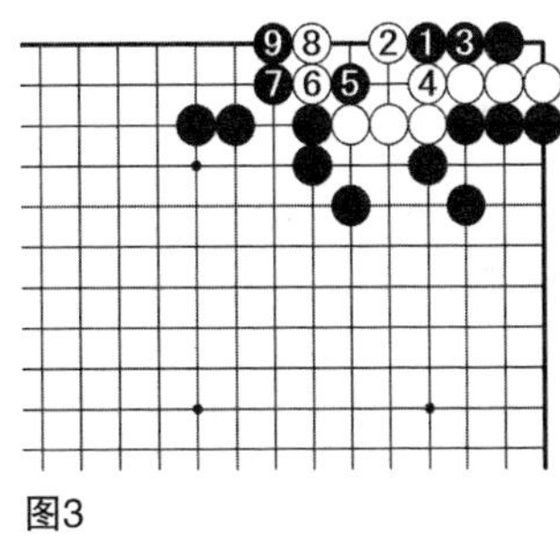
图3

白净死

图3（正解续2）

面对黑点，白2靠应对。黑3粘、5扳是正确仅此。白6断，黑7、9接不归。

棋形虽然有所不同，使用的手筋思路相同。

跳、下打（攻击）

第1型

黑先白死

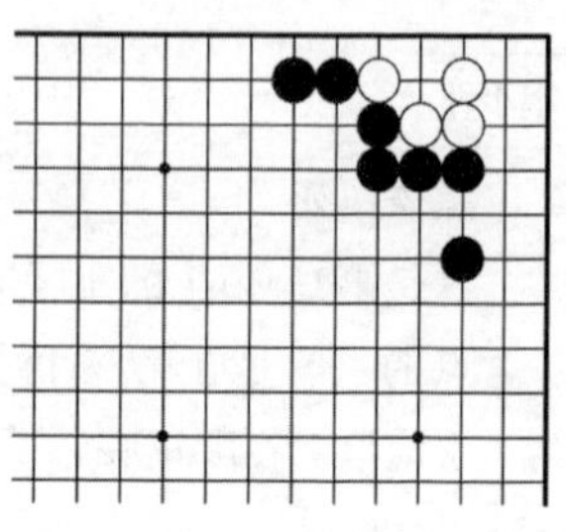

不要着急落子，第一手的选点要想到后续的手段。（关联图、六目钥匙型第23型）

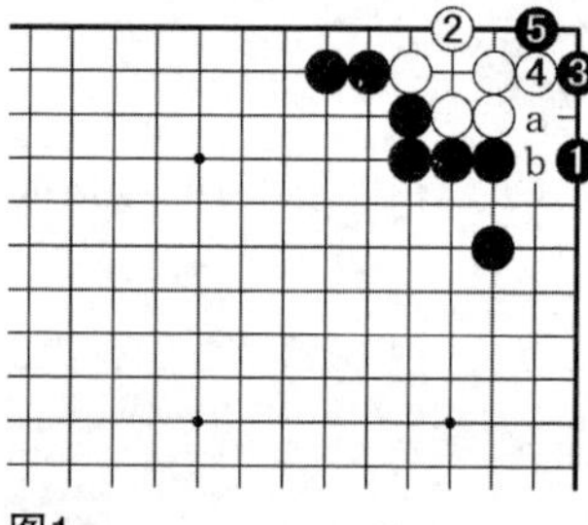

图1

白净死

图1（正解）

黑1跳好手。白2做眼，黑3跳破眼。白4顶，黑5扳，白棋只有一只眼，净死。黑1若在a位扳，白4拐，黑b粘，白2虎净活。

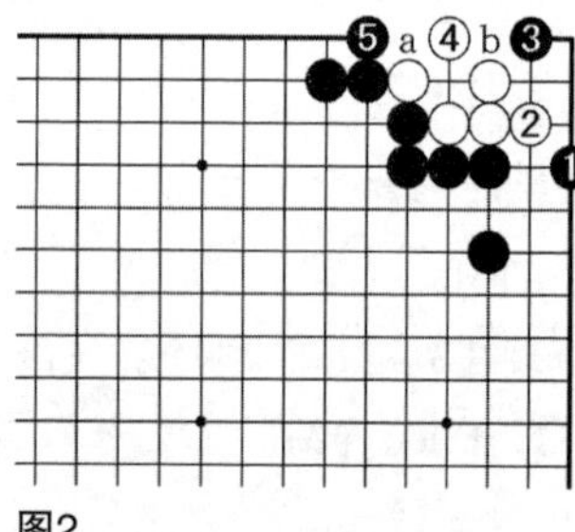

图2

白净死

图2（正解变化）

黑1跳。白2弯，黑3点破眼。白4做眼，黑5立。a、b两点见合。

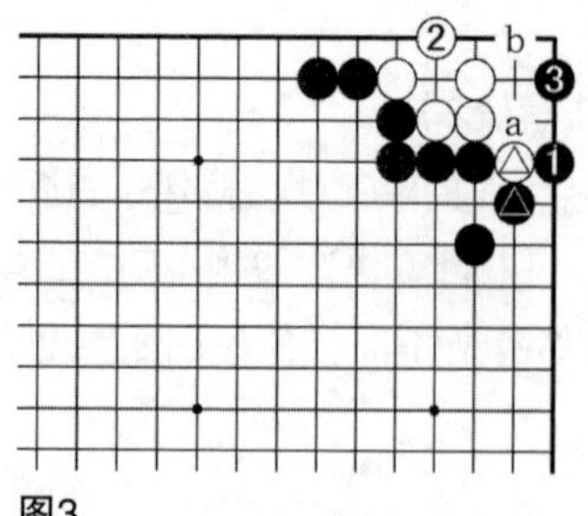

图3

白净死

图3（参考）

假如白△、黑▲已经交换，黑1下打是手筋。白2做眼，黑3跳，结果与图1相同。

白2若在a位粘，被b点，棋形与上图相同。

第2型

黑先白死

第一手急所很明显，接下来要使用跳的手筋。

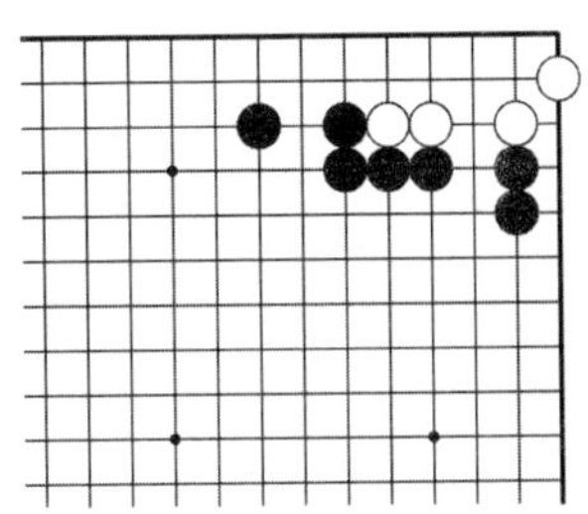

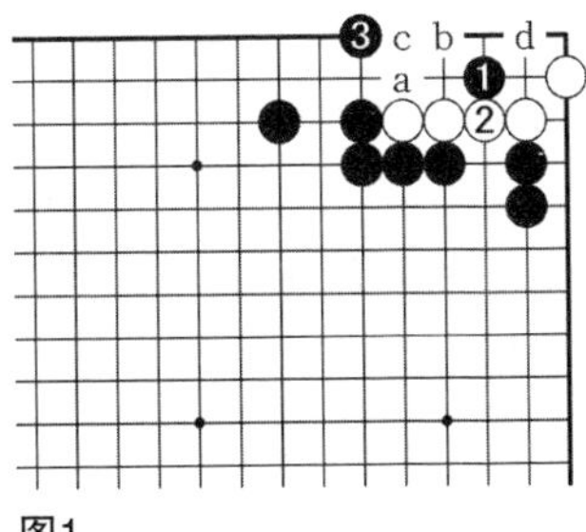

图1

刺、跳

图1（正解）

黑1刺，白2粘，黑3跳。这个行棋次序绝妙。接下来白若a位弯，黑b跳，白c断，黑d尖，结果是“刀把五”。

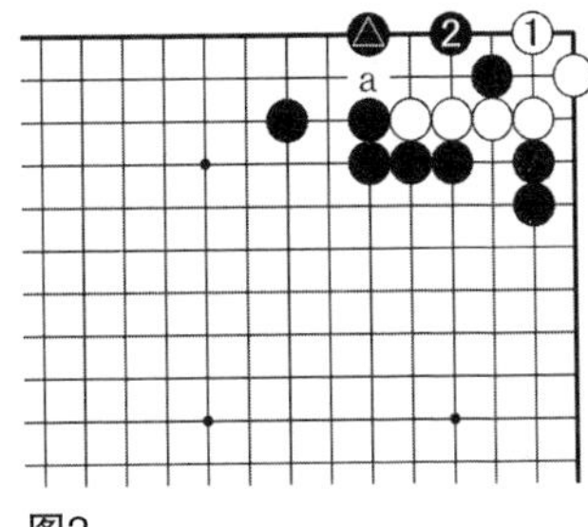

图2

白净死

图2（正解续）

白1做眼虽是棋形急所，黑2小尖即可连回角上一子。白只有一只真眼。

黑▲若在a位，白1小尖之后，黑子无法连回。

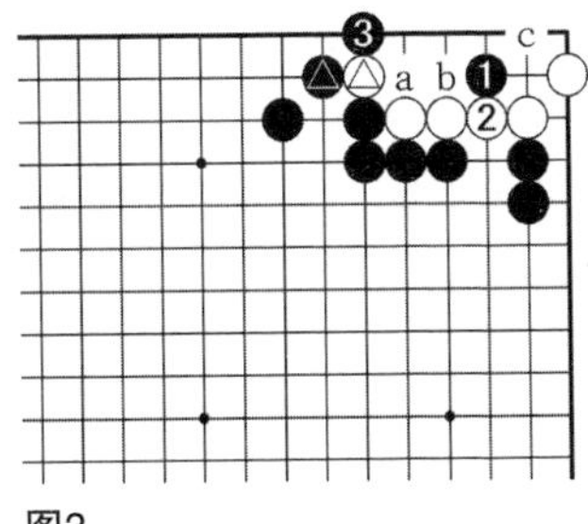

图3

白净死

图3（参考）

在白△、黑▲有子的情况下，黑1、白2交换之后，黑3下打是手筋。结果与图1相同。

黑3若在a位吃掉白△，则白b反打、黑3位提、白d位粘，净活。

第3型

黑先白死

活用之前学习的手筋就可以轻松解答。

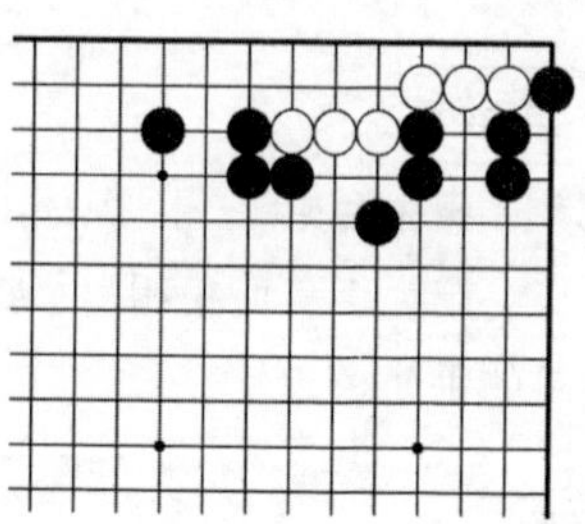

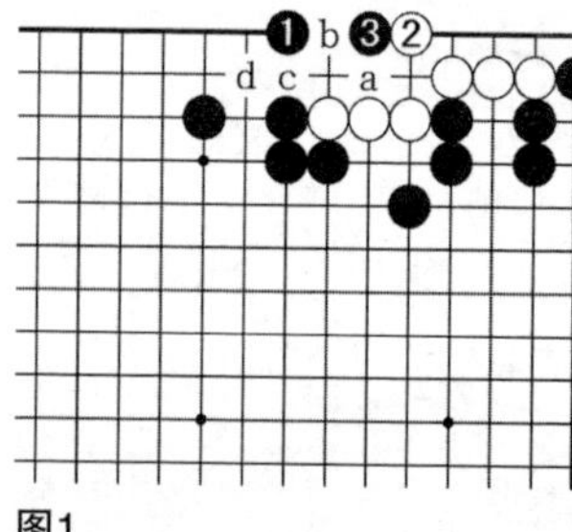

图1

跳、碰

图1（正解）

和之前的棋形解法相同，黑1跳是正解。白2虎做眼，黑3碰。白a打吃，黑b粘，白棋变化假眼。

如果在白c、黑d已经有棋子交换的情况下，黑1下打是手筋。

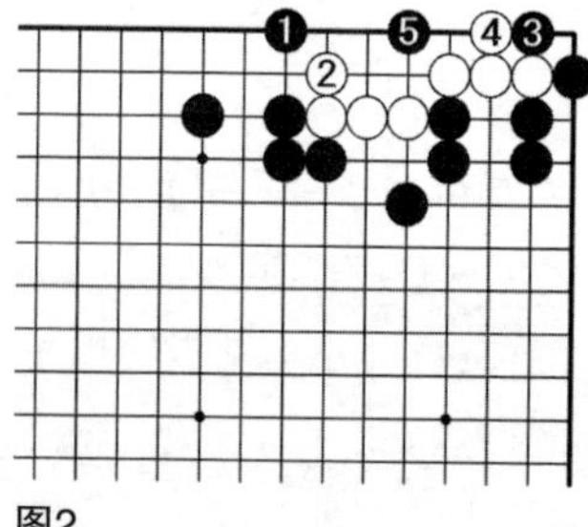

图2

白净死

图2（正解变化）

上图白6若选择本图白1粘，黑2跳破眼。

此时白棋只有角上一只真眼，净死。

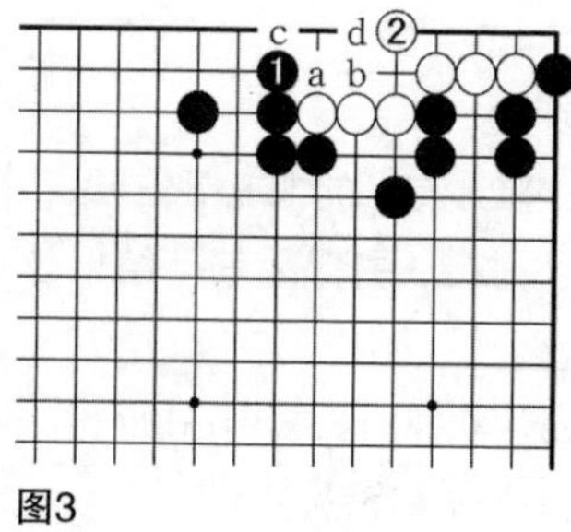

图3

白净活

图3（失败）

黑1断吃缩小眼位不成立。白2打吃先手、4打吃接不归，白净活。

第4型

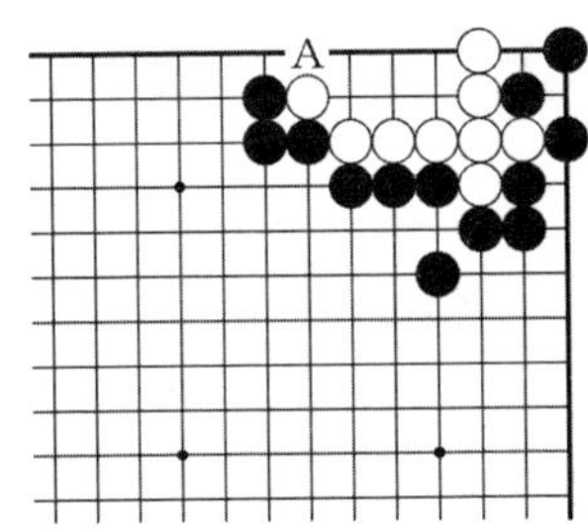

黑先劫（黑先提劫）

白A立可以净活。

黑棋必须能够先手破掉白棋外围眼位。

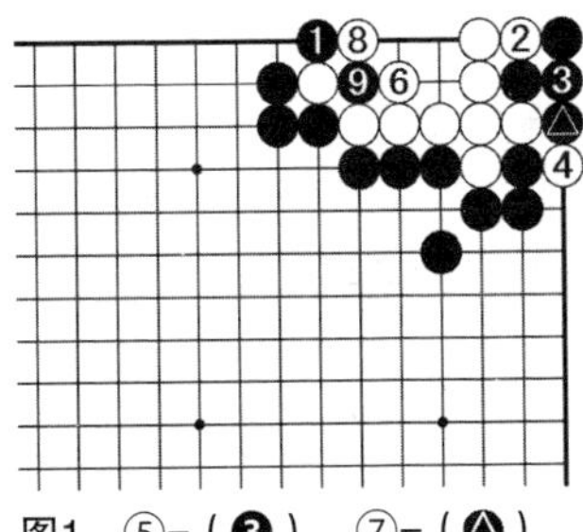
图1　⑤=（❸）　⑦=（▲）

打劫

图1（正解）

黑1下打是破眼的手筋。白2打吃、黑3粘，此处白棋是后手眼。白6弯是正确应对，黑7打吃，白8做劫。

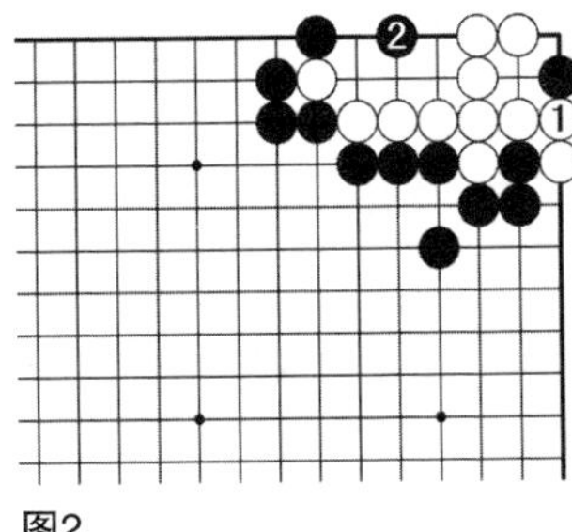
图2

白净死

图2（正解变化）

上图白6若如本图白1粘，黑2跳，白棋上边无眼。

此时白只有角上一只真眼，净死。

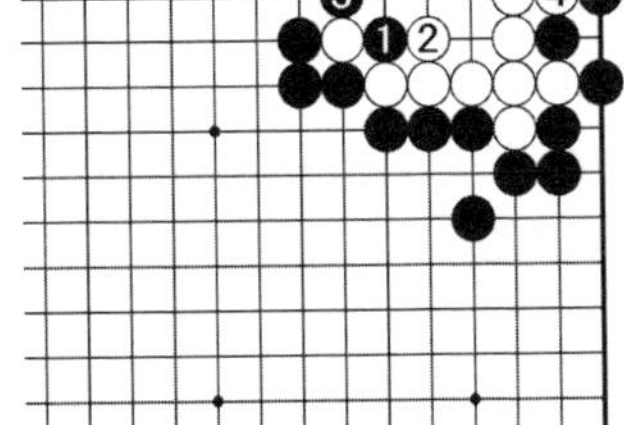
图3

白净活

图3（失败）

黑1打吃，白2打吃先手，白4接不归，净活。

粘（攻击）

第1型

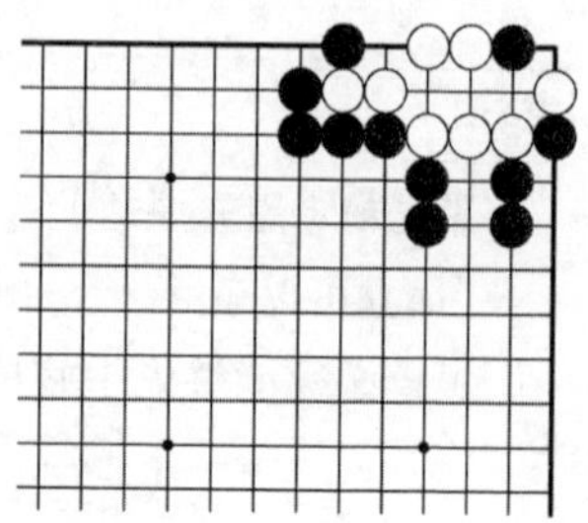

黑先白死

直接破眼有些操之过急，有时候冷静补强自身才是好手。

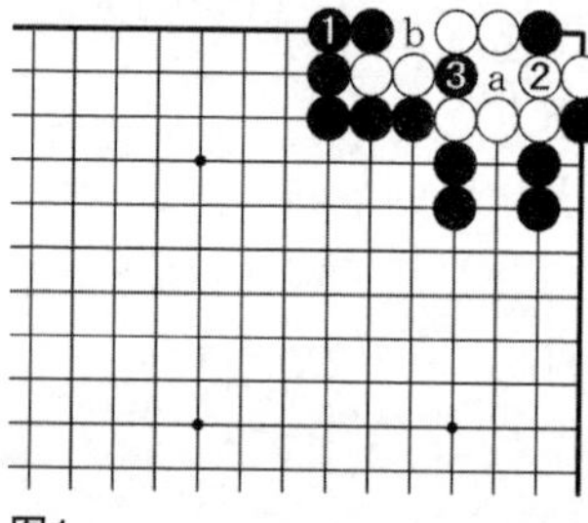

图1

白净死

图1（正解）

黑1粘好手。白2打吃，黑3扑破眼，接下来白a，黑b，白无眼净死。

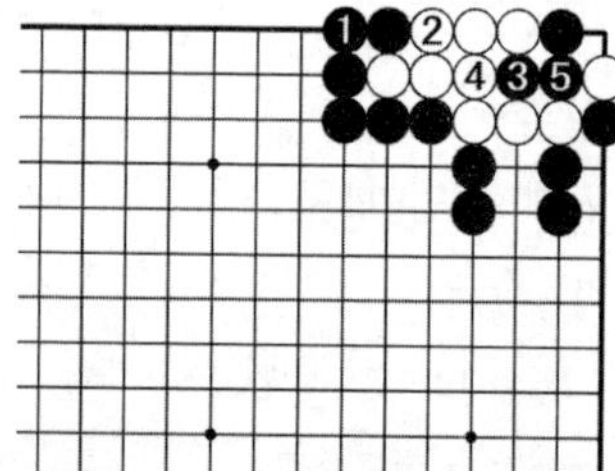

图2

白净死

图2（正解变化）

黑1粘，白2扩大眼位，黑3打吃，5粘，弯三白净死。

如果没有黑1、白2的交换，黑3直接挖，白5打吃净活。

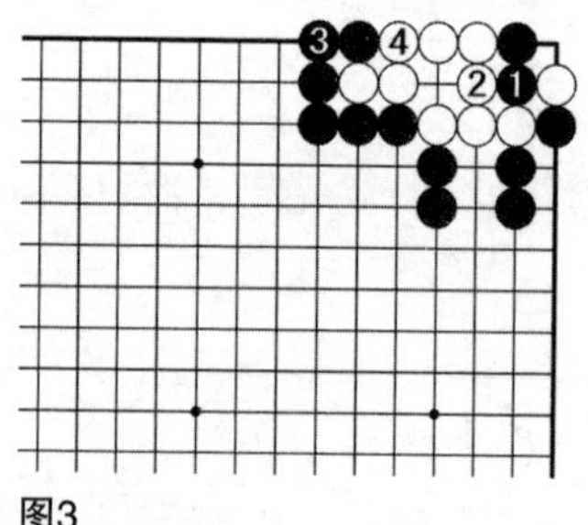

图3

白净活

图3（失败）

黑1打吃急躁。白2打吃，角上形成倒扑，此时黑3再粘，白4左右即可。

第2型

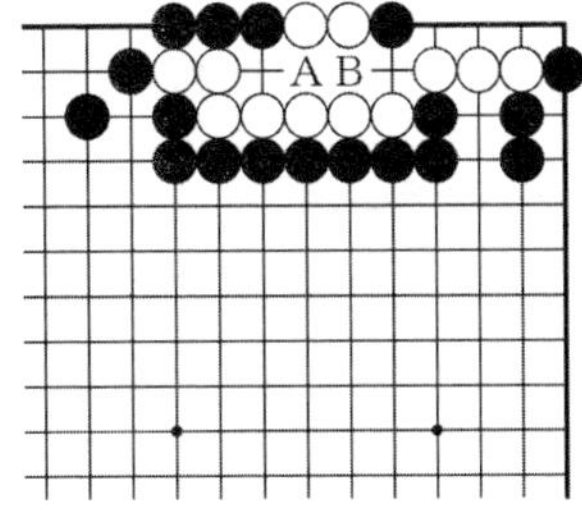

黑先白死

黑A打吃，白B粘，接不归。

想要破眼的话……（关山利一作品）

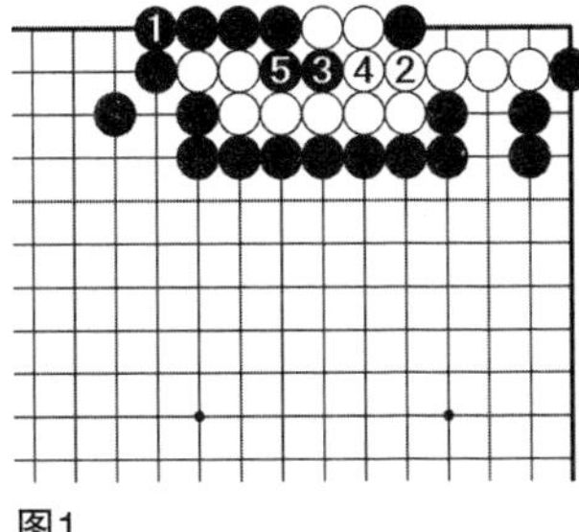

图1

白净死

图1（正解）

黑1粘正解。白2打吃，黑3、5破眼白净死。

白2若在5位扩大眼位，黑4打吃，白3粘，黑2提，白净死。

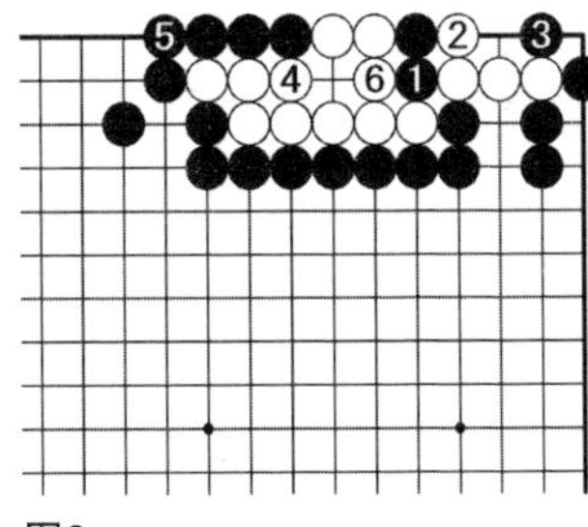

图2

白净活

图2（失败1）

黑1断，白2打吃，黑3破眼，白4打吃先手，白6提净活。

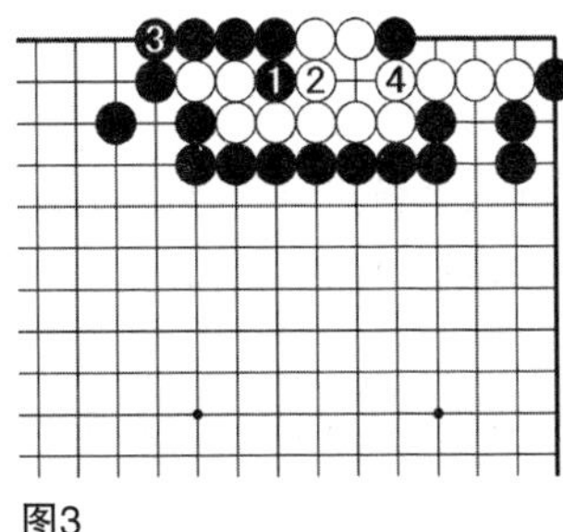

图3

白净活

图3（失败2）

黑1破眼，白2打吃先手、白4做眼净活。

图1中的黑1粘，看似退让其实是积蓄力量的好手。

第3型

黑先白死

急所只有一个，问题是之后怎么下？（摘自《玄玄棋经》）

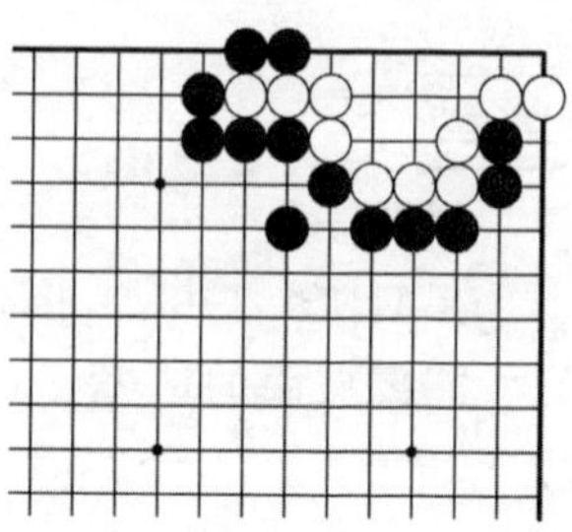

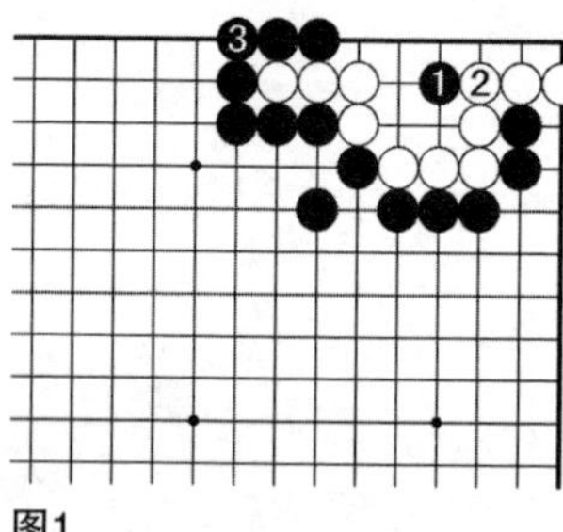

图1

点、粘

图1（正解）

黑1点是急所，白2粘，黑3粘是妙手。

接下来——

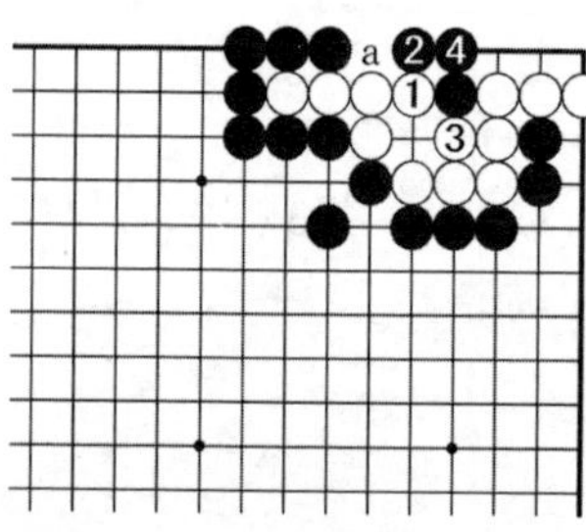

图2

白净死

图2（正解续）

白1顶，黑2扳利用白棋气紧可以渡过，白净死。

若白1下在2位，黑可以1位挤。

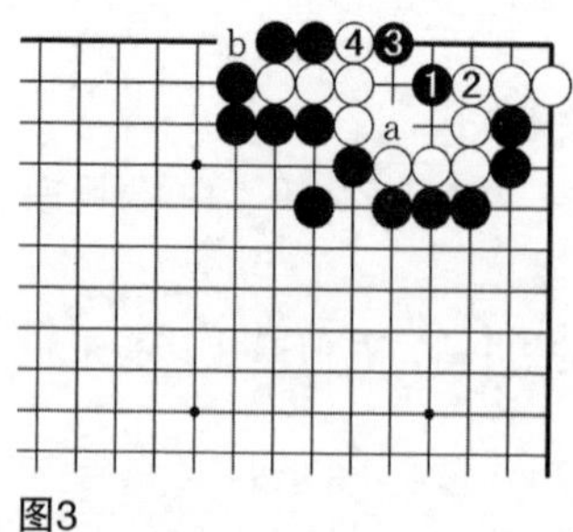

图3

白净活

图3（失败）

黑3小尖看似手筋，但此时白4打吃之后黑棋无法联络。黑a断，白b提，对杀黑不利。

想要连回一子，图1中的黑3粘是唯一正解。

立（攻击）

第1型

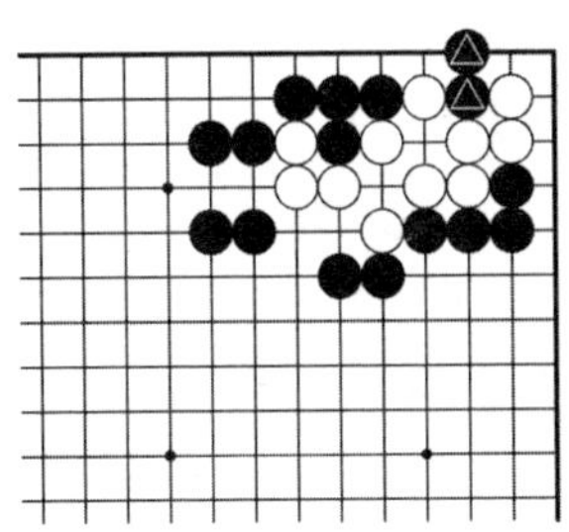

黑先白死

角上黑▲二子如何联络呢？关键还是不能着急。（摘自《棋经众妙》）

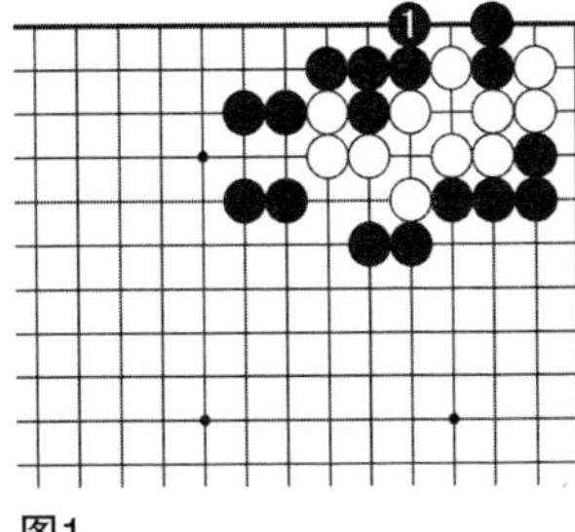

图1

白净死

图1（正解）

黑1立冷静，是此时的唯一正解。白已经没有任何反击手段。

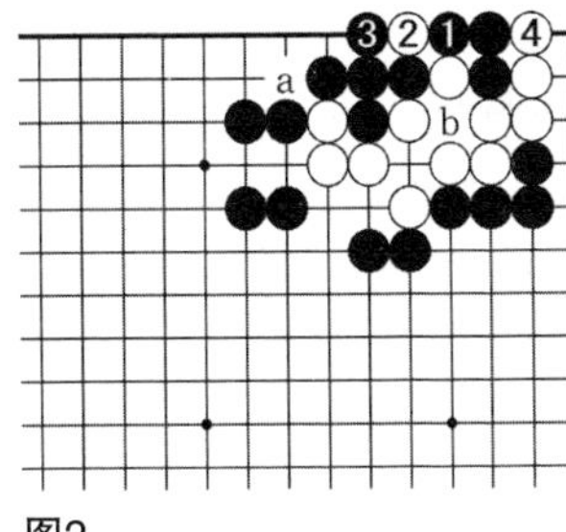

图2

打劫

图2（失败）

直接黑1打吃过于轻率。白2扑、4提之后，因为有a位断吃，黑棋不能退让，必须在b位提劫。

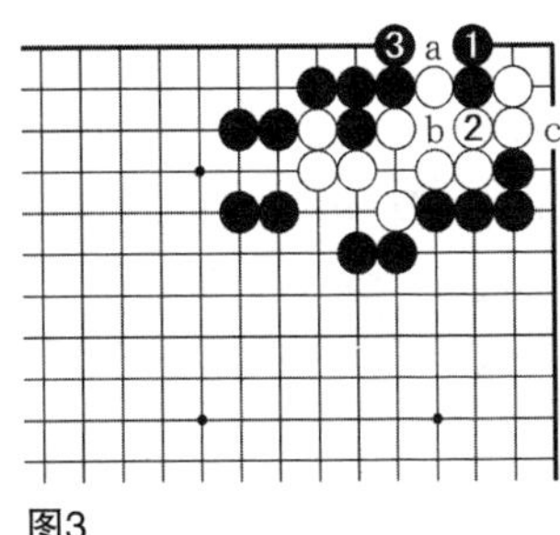

图3

白净死

图3（参考）

原题的情况是这样的。

黑1、3连续立是正解。黑3之后可以看出，黑没有给白棋创造劫争的机会。

白2若在a位挡，黑3位打吃，白b位粘，黑c位扳，局部变成大眼杀。

第2型

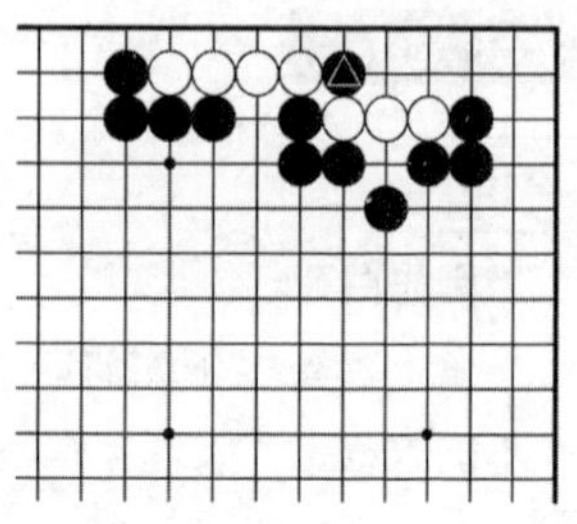

黑先白死

上边黑一子已经被吃，但活用之后可以夺取白棋眼位。

黑棋的第一手是找到黑7手筋的钥匙。

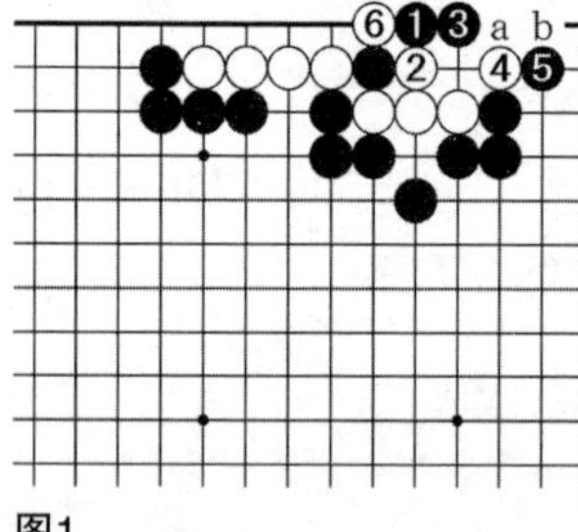

图1

小尖

图1（正解）

黑1小尖是第一手。白2打吃必然，黑3长，白4扳、6提寻求做活的机会。白6若下在a位，黑b位打吃接不归。

接下来——

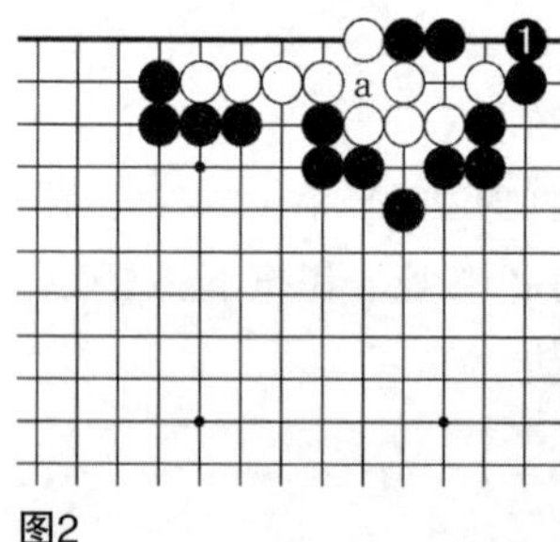

图2

白净死

图2（正解续）

黑1立好手，这样一来黑棋上边两子成功连回。a位变成假眼，白净死。

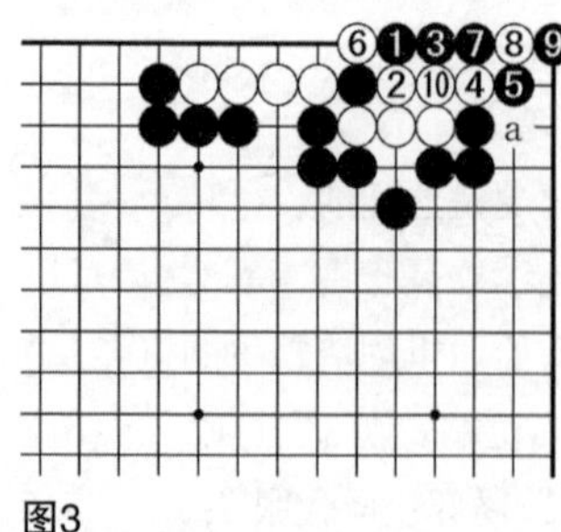

图3

白净活

图3（失败）

黑棋没有计算到上图黑立，选择本图黑7打吃，白8是既定手段。黑9提，白10粘，a位有断点，黑在8位粘不成立。

第3型

黑先白死

乍看起来轻松破眼的局面，其实最难选择。

如果之前没有学习过，本型同样很难发现正解。

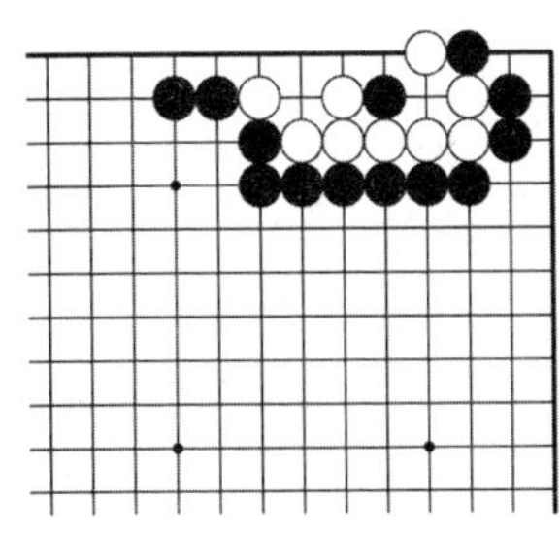

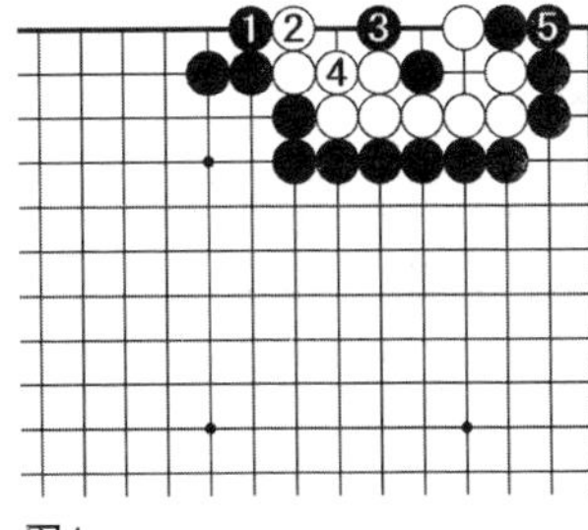

图1

白净死

图1（正解1）

黑1立不给白棋有借用的可能。白2挡，黑3扳好手。白4粘，黑5粘，局部白棋“弯三”，净死。

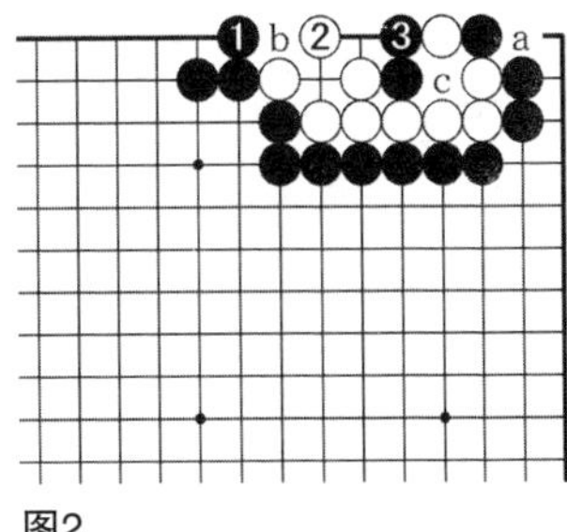

图2

白净死

图2（正解变化）

黑1弯，白2做眼，黑3打吃，接下来白a提，黑b打吃破眼。白b做眼，黑c提，白还是净死。

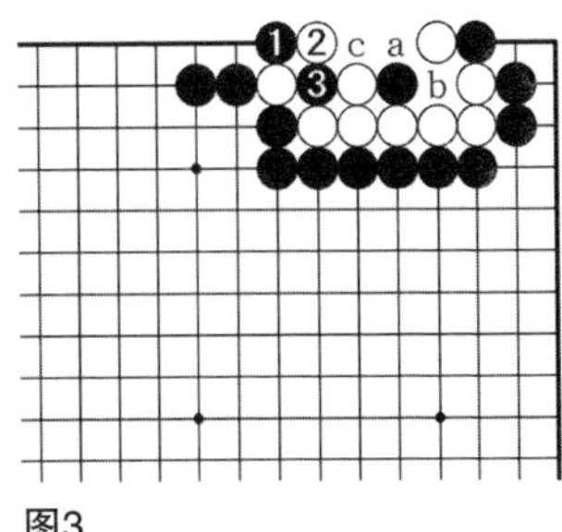

图3

打劫

图3（失败）

黑1打吃，白2尖顶好棋，结果变成打劫。

黑1若下在a位立，白1位立，黑b位提，白c立，净活。

第4型

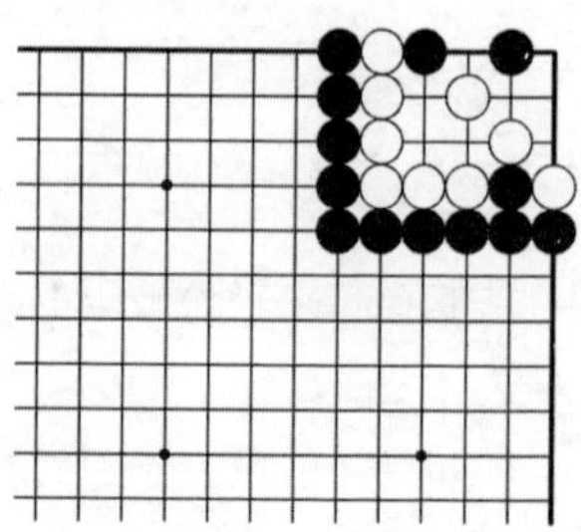

黑先白死

黑棋必须从里面破坏白棋眼位，第5手很关键。（张栩作品）

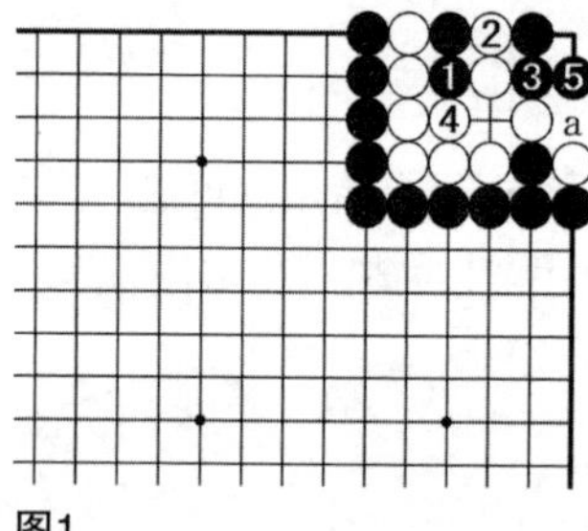

图1

白净死

图1（正解）

黑1冲，白2打吃，黑3打吃，白4提，黑5立好手，此时白净死。黑5若在a位提，白5扑，打劫。

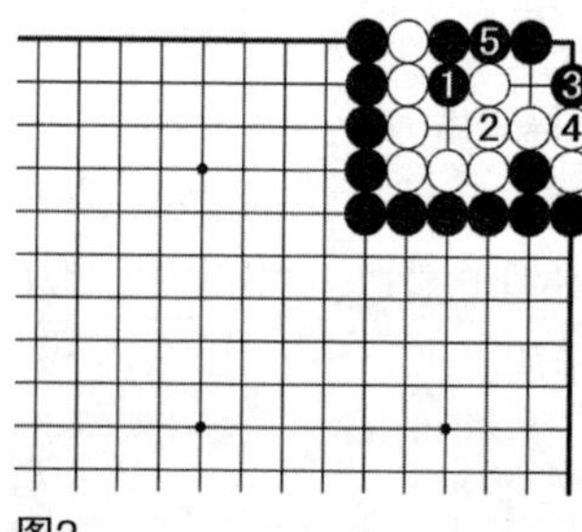

图2

白净死

图2（正解变化）

黑1冲，白2粘，黑3小尖好手。白4粘，黑5粘，变成“有眼杀无眼”，对杀黑胜。

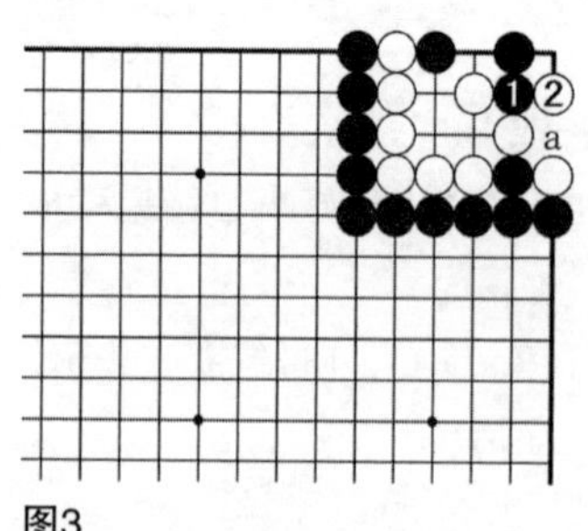

图3

打劫

图3（失败）

第一手若下在黑1，白2扳打劫。

黑若在a位提或者黑2小尖、白1做眼即可净活。

弃二子（攻击）

第1型

黑先白死

此时可以利用打二还一来缩小眼位。

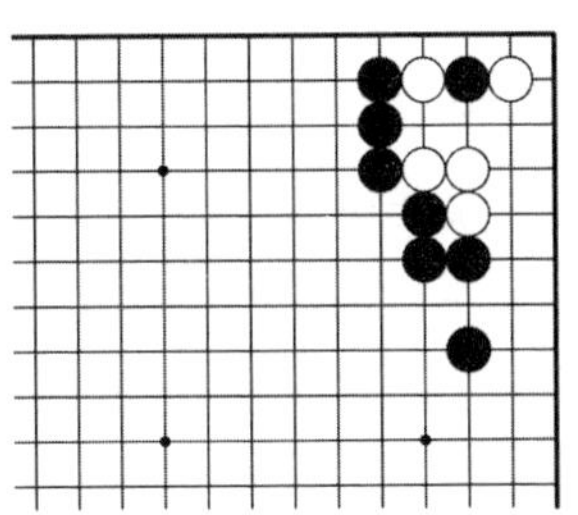

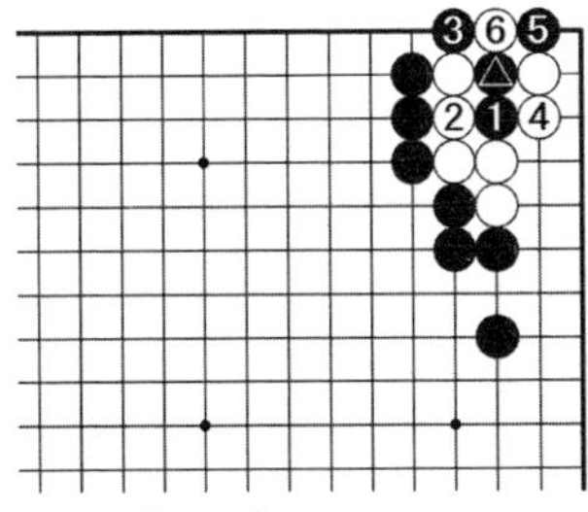

图1　❼=（▲）

白净死

图1（正解）

乍一看黑1是俗手。白2、4交换，黑5是好手。白6提二子，黑7反提，白净死。

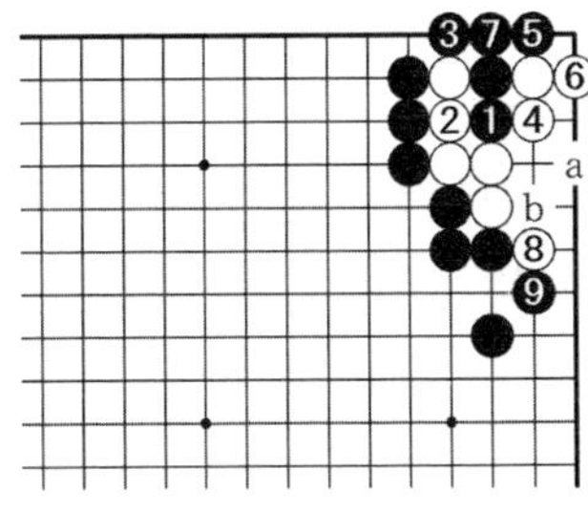

图2

白净死

图2（正解变化）

上图白6，若选择本图白6弯，黑7粘即可。白8扩大眼位，黑9虎，白a做眼，黑b可以双打吃，白还是无法净活。

图3

打劫

图3（失败）

直接黑1吃掉白一子缺乏创意。白2至白6做眼，黑棋已经无法净吃白棋。之后黑a夹打劫是最好结果（参考竹节型第6型）。

第2型

黑先白死

只要有弃子的思路，就可以大胆落子。中途有容易犯错的地方，一定要谨慎对待。（摘自《官子谱》）

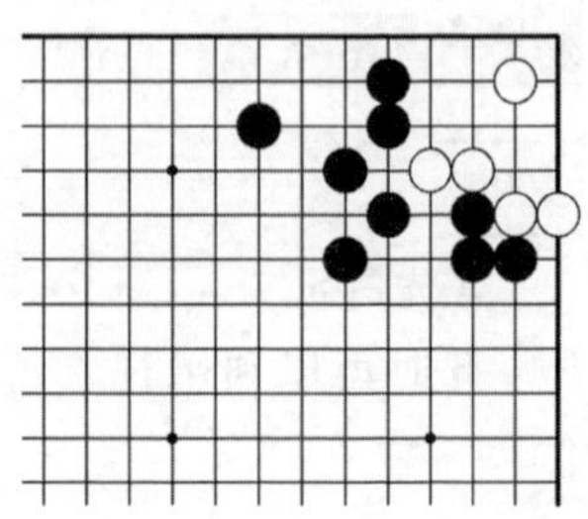

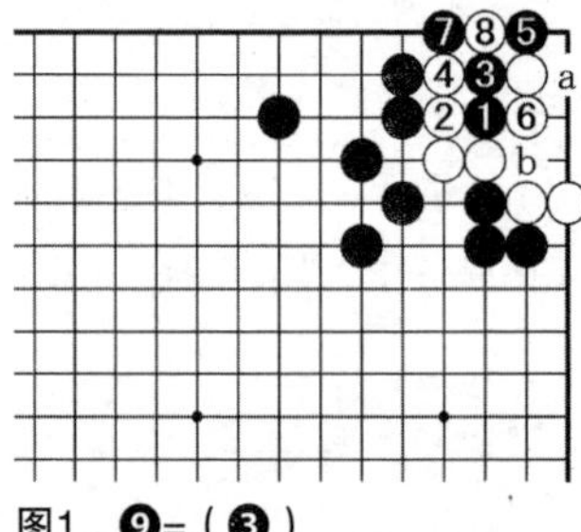

图1 ❾=（❸）

白净死

图1（正解）

黑1夹。白2、4必然，黑5扳是关键的一手。白6打吃，黑7渡过弃掉二子，白无两只真眼净死。

白6若在7位立，黑6打吃，接下来a、b两点见合。

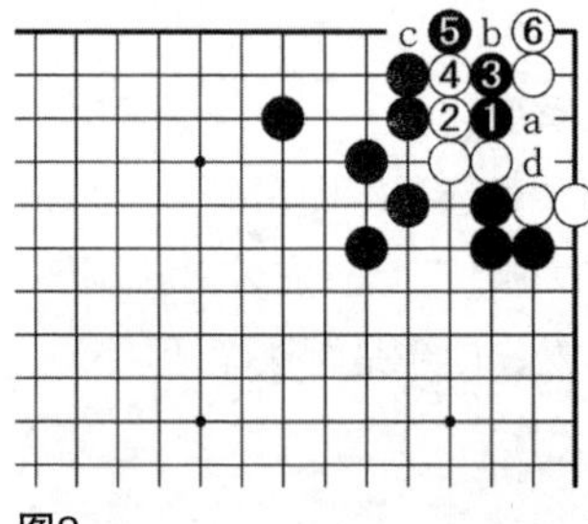

图2

白净活

图2（失败1）

上图黑5选择本图黑5直接渡过，是随手棋。白6立好手。

黑a拐，白b打吃。黑b粘，白a，黑c，白d，净活。

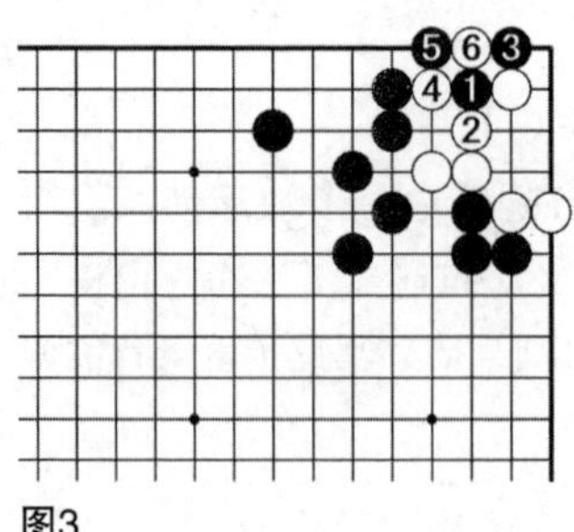

图3

打劫

图3（失败2）

黑1方向错误。白2顶做眼，黑3扳，5打吃，打劫。

第3型

黑先白死

直接冲击白棋眼形，会招致白棋的反抗。

可以利用白棋气紧的严厉手段是什么？（张栩作品）

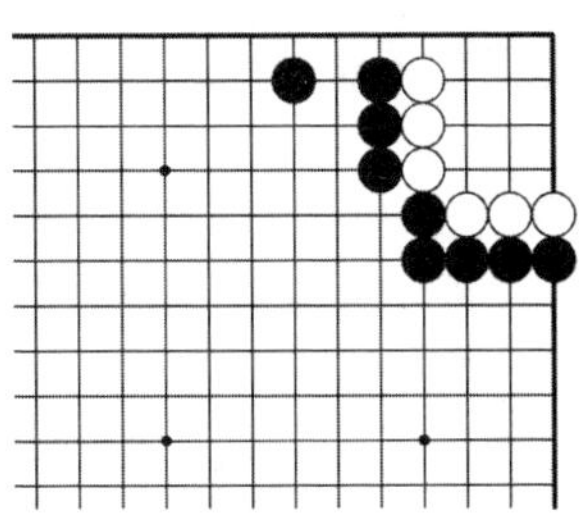

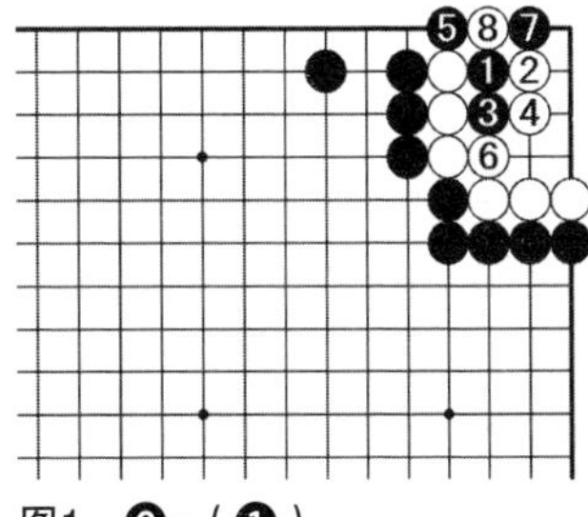

图1　❾=（❶）

白净死

图1（正解）

黑1夹很精彩的手筋。白2反夹、黑3长、5打吃。白6粘，黑7扳是“弃二子手筋”。白8提，黑9提，白净死。

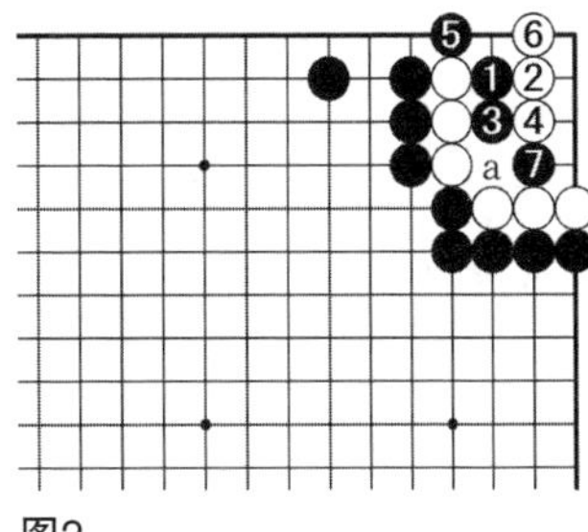

图2

白净死

图2（正解变化）

上图白6若选择本图白6立，则黑7挖好手。白棋紧气无法在a位打吃。

黑7不能在a位提子，否则白7粘可以净活。

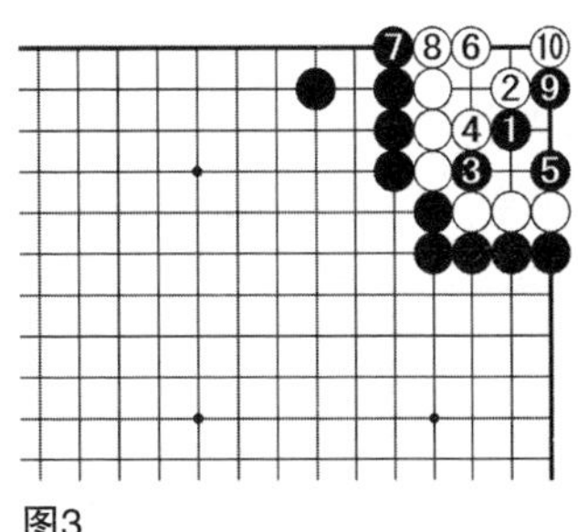

图3

打劫

图3（失败）

黑1点是第一感，但此时白2靠是弹性十足的应对手段。黑3、5可以吃掉白三子，但白6～10交换之后白棋变化劫活。

倒脱靴（攻击）

第1型

黑先白死

攻击、防守都会用到倒脱靴的手筋。需要在脑海中出现提子以后的棋形。

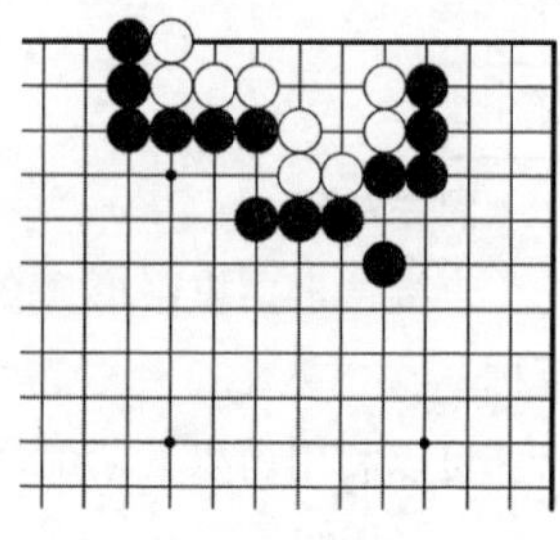

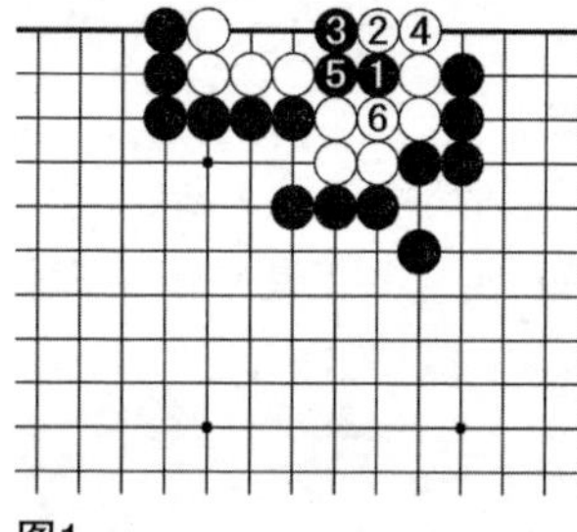

图1

夹

图1（正解）

黑1夹是正解。白2扳阻渡是必然的抵抗。黑3、5，白6打吃，对杀黑差一气。

此时看起来黑棋已经失败了——

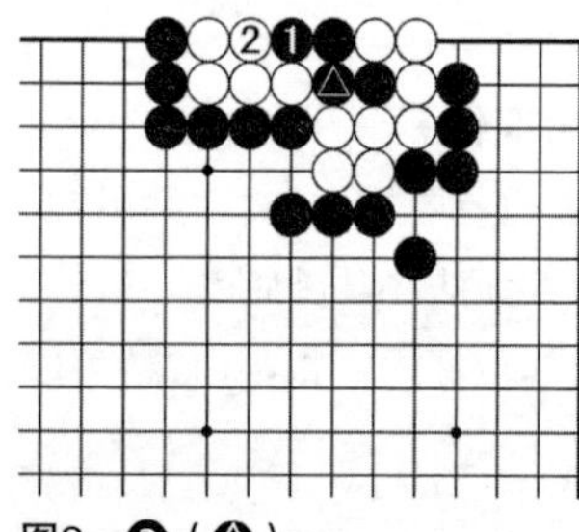

图2 

白净死

图2（正解续）

黑1是弃子妙手。白2提，黑3断吃白五子，利用倒脱靴的手筋，白净死。

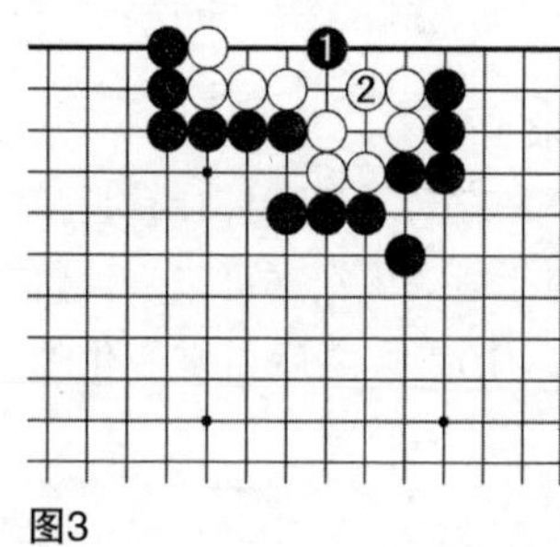

图3

白净活

图3（失败）

黑1点看似好点，但并没有效果。白2做眼之后，黑棋既不能联络，对杀也不成立。

第2型

黑先白死

解答本题需要多花费些心思。

要使用倒脱靴的手筋，使白棋形气紧最终净杀。

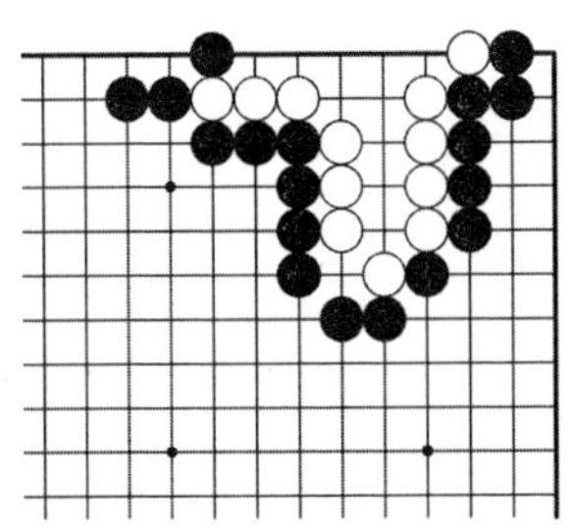

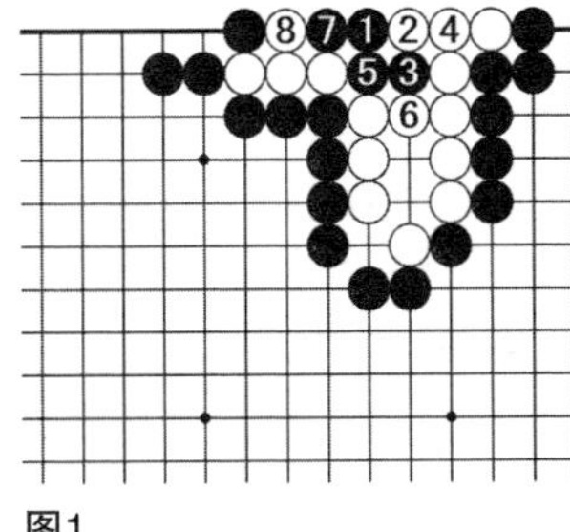

图1

点

图1（正解）

此时黑1点是正解。白2尖顶，黑3、5交换，白打吃，黑7弃掉四子形成倒脱靴。

白8之后——

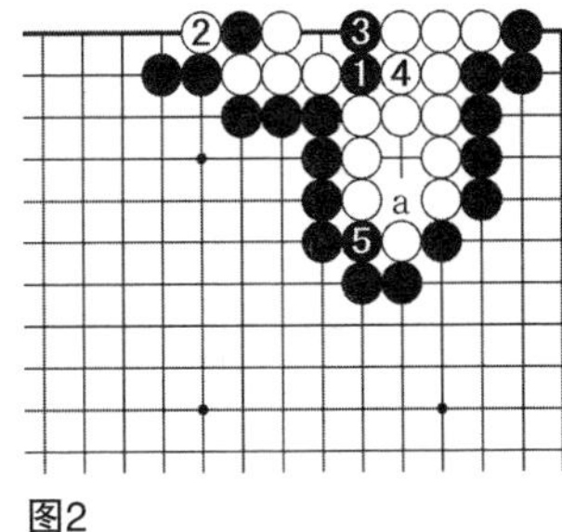

图2

白净死

图2（正解续）

黑1断吃，白2提，黑3立做成大眼。白4打吃，黑5打吃，白棋气紧无法在a位粘。

白4若在5位做眼，黑a紧气即可。

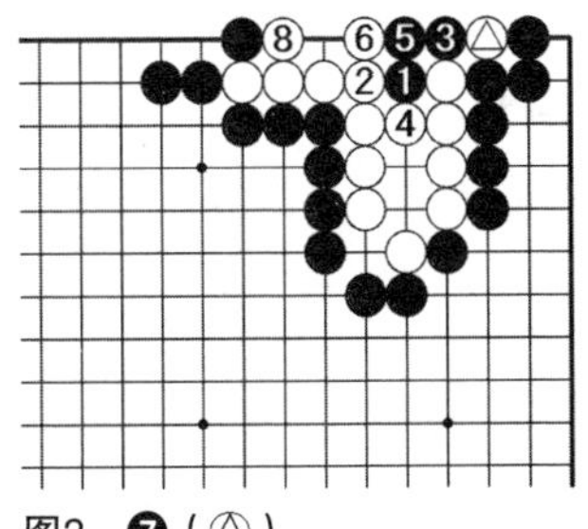

图3　❼（△）

白净活

图3（失败）

黑1夹，白2粘，黑3渡过，白4之后按照顺序进行可以确保两只真眼。

黑1下在6位，白2粘，黑3提，白棋无眼。

第3型

黑先白死

黑棋必须想办法破坏白棋中间眼形，同时需要注意角上的倒扑。

需要想到提子以后的棋形。

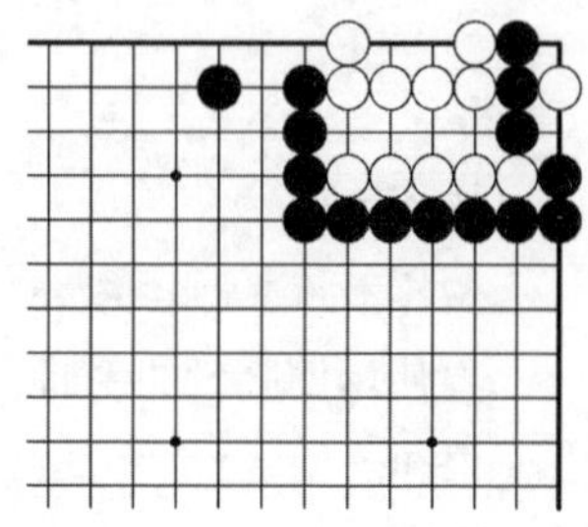

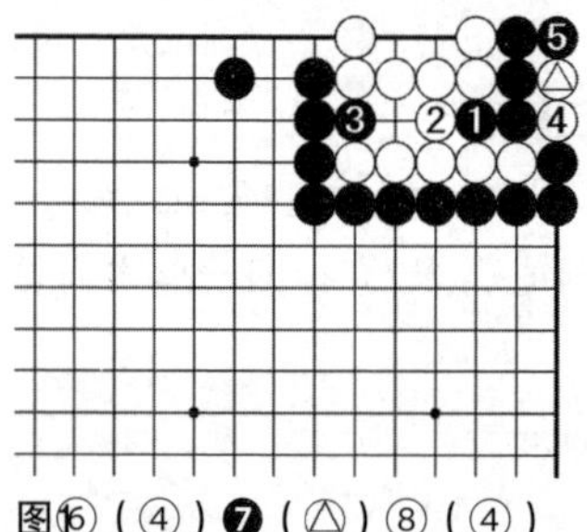

图1 ⑥（④）❼（△）⑧（④）

冲两次

图1（正解）

黑1冲妙手。白2挡，黑3冲破眼，白4倒扑。

白8提掉黑六子——

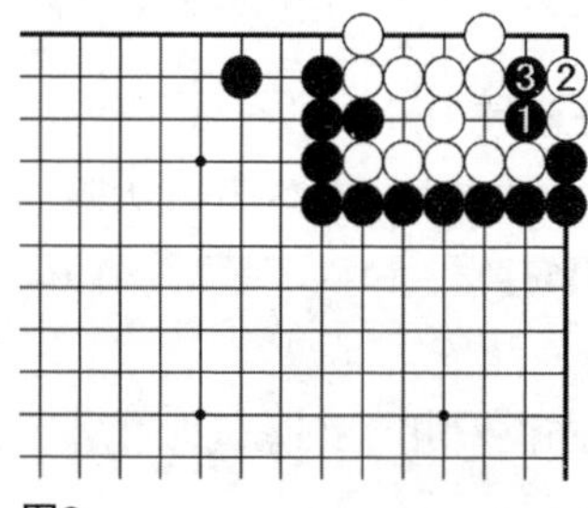

图2

白净死

图2（正解续）

黑1断吃，此时白棋角上没有眼位，净死。

上图黑1冲多弃一子，本图黑1断吃成立。

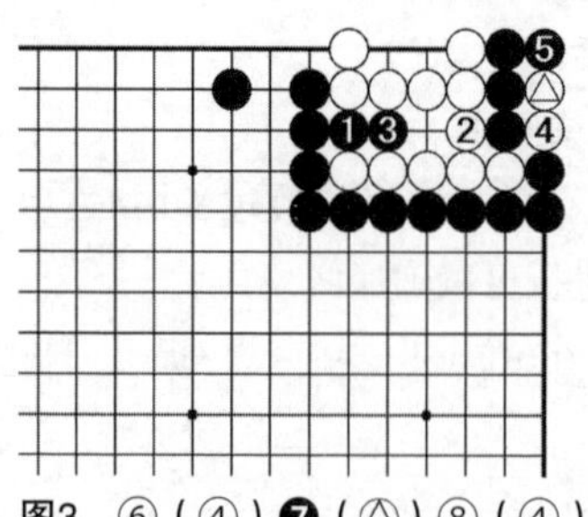

图3 ⑥（④）❼（△）⑧（④）

白净活

图3（失败）

不想多死棋子是人之常情，但是当白2、4提子之后，黑棋失去了反吃白棋的机会。

防止大眼杀（防守）

第1型

白先活

角上白棋如果脱先尚未活棋。

此时有一处急所。

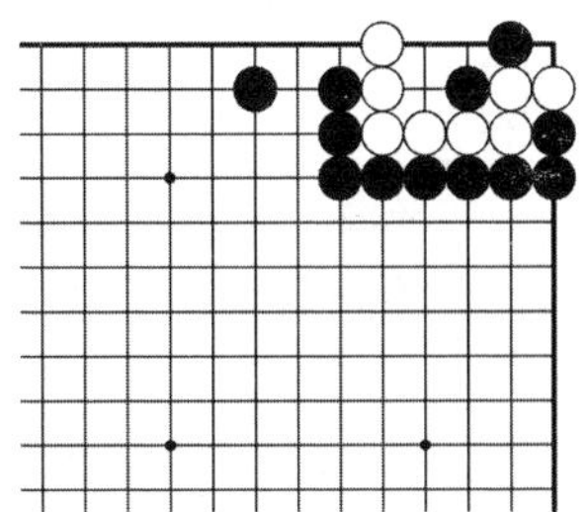

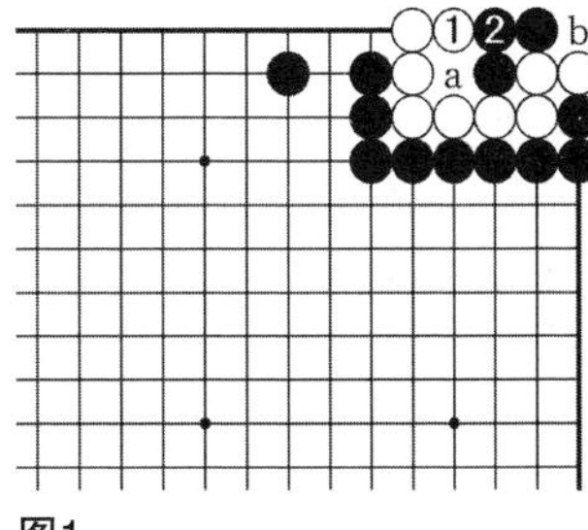

图1

双活

图1（正解）

白1弯是急所。黑2粘，白棋脱先已成双活。

没有外气，黑如果下在a、b两点，白提子以后的结果是“曲四”净活。

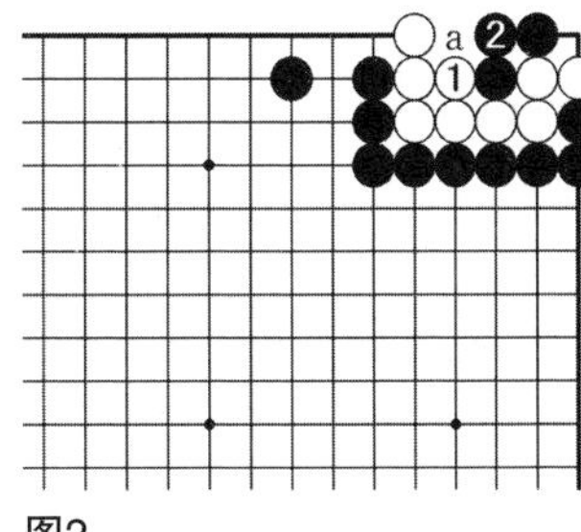

图2

白净死

图2（失败1）

白1是失着。黑2粘，白净死。

紧气之后黑a送吃，结果是“丁四”。

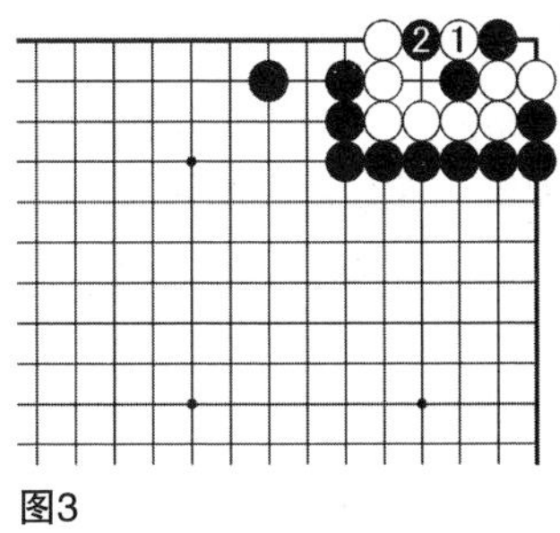

图3

白净死

图3（失败2）

熟悉手筋的情况下，可能会选择白1扑。但是黑2提之后，白棋局部变成了“刀把五”净死。

请一定思考与正解图的异同。

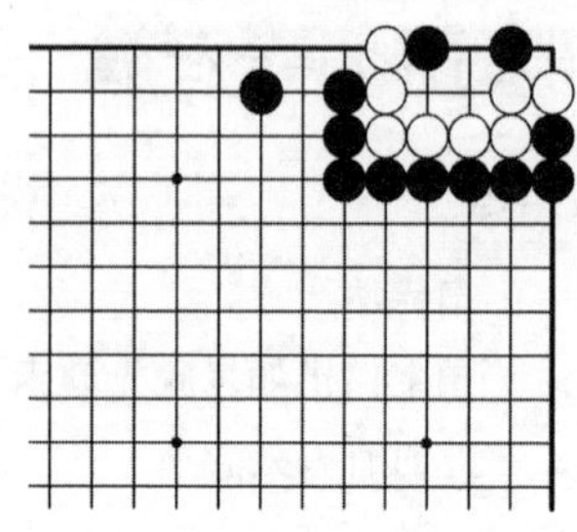

第2型

白先活

前型正解的选点此时已经有了黑子。

这样一来急所在哪里呢？

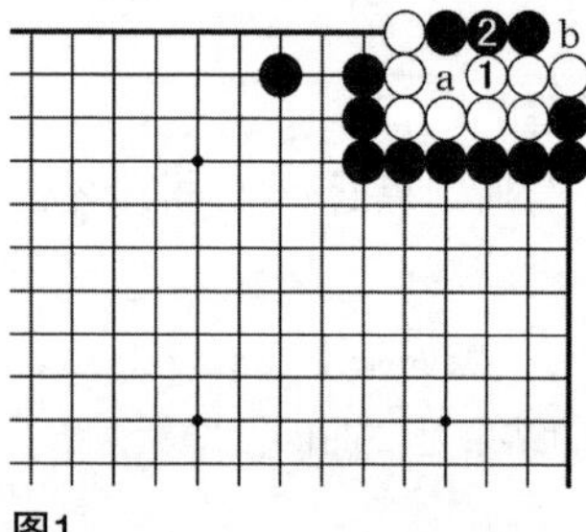

图1

双活

图1（正解）

白1是急所。黑2粘，白可以选择脱先，与前图一样是双活。

后续黑a或者b位送吃，白提之后是净活。

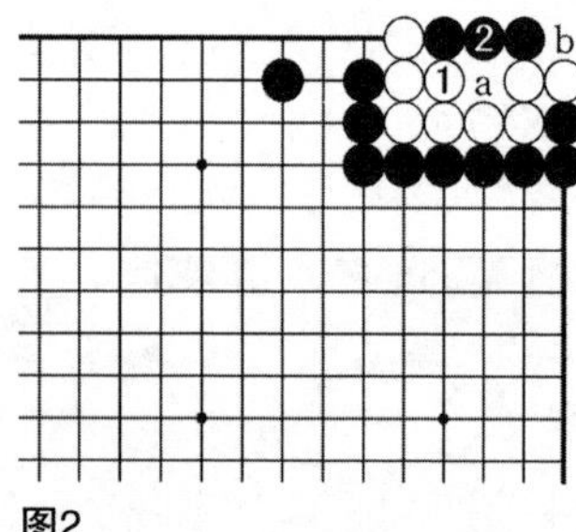

图2

白净死

图2（失败1）

白1打吃，黑2粘，结果是“丁四”，白净死。

黑a，白b，黑2点，就是“丁四”的棋形。

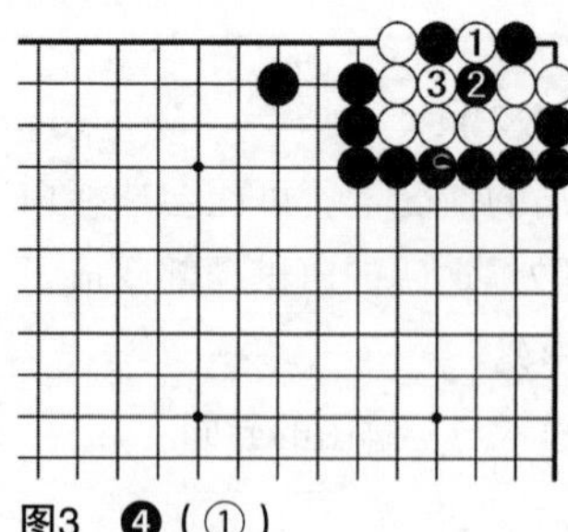

图3 ❹（①）

白净死

图3（失败2）

白1扑失着。黑2提结果是“刀把五”。

接下来白3打吃，黑4粘，变成“丁四”。

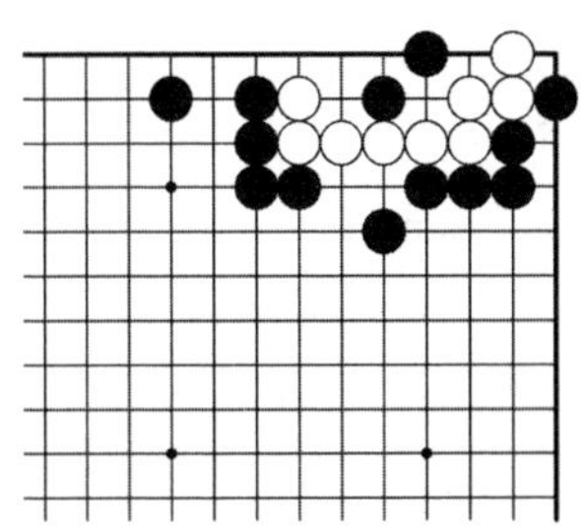

第3型

白先活

本型白棋的目的是双活。

哪里是急所呢？

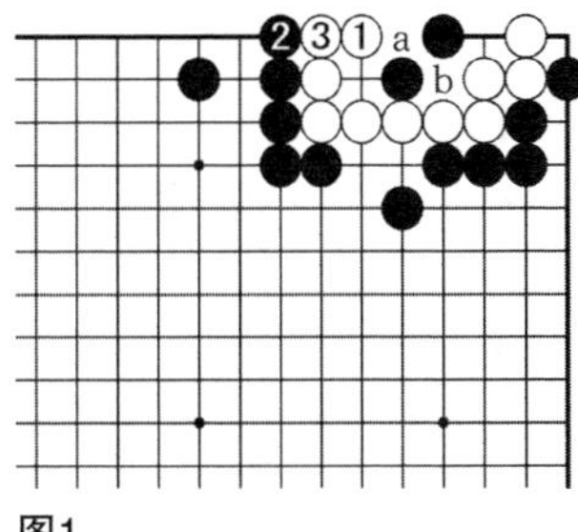
图1

双活

图1（正解）

白1小尖是棋形急所。

黑2立，白3粘。接下来黑a，白b；黑b，白a，双活。

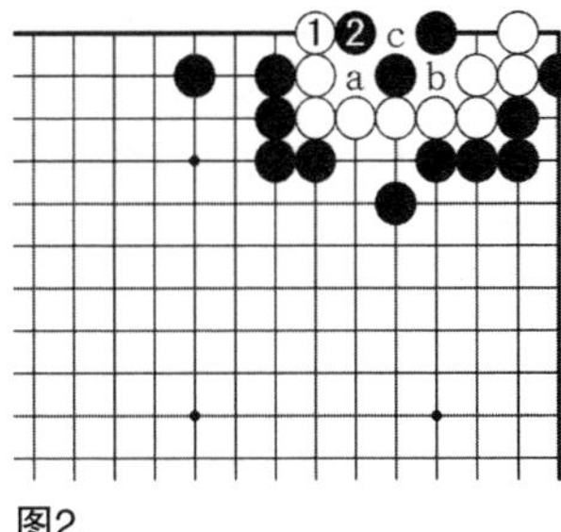
图2

白净死

图2（失败）

白棋为了做活扩大眼位，选择白1立。黑2是此时的急所，白棋净死。

乍一看像是双活，但是当黑棋收紧白棋所有外气之后——

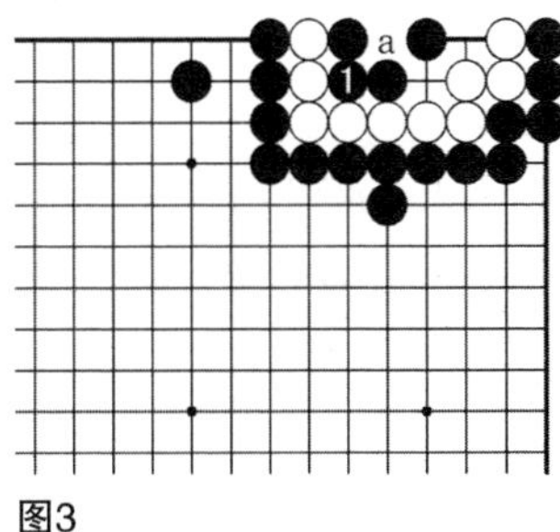
图3

白净死

图3（参考）

黑1做眼，会形成“有眼杀无眼”。

为了防止这个情况发生，白1打吃，黑a粘交换，变成“刀把五”。这就是上图净死的原因。

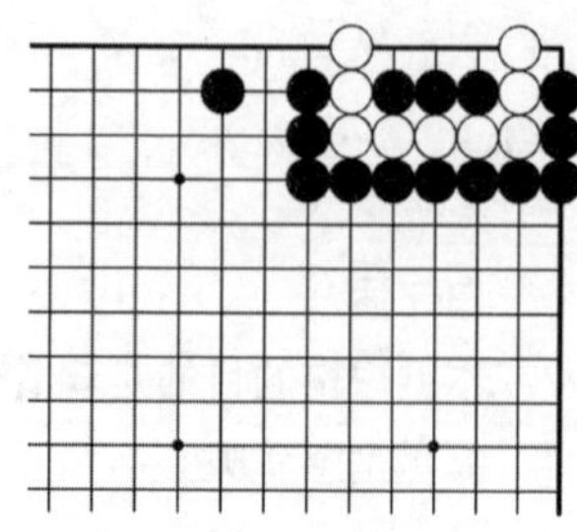

第4型

白先活

围棋格言中有一句是“两边同形走中间”。

这样一来解题就变得十分容易。

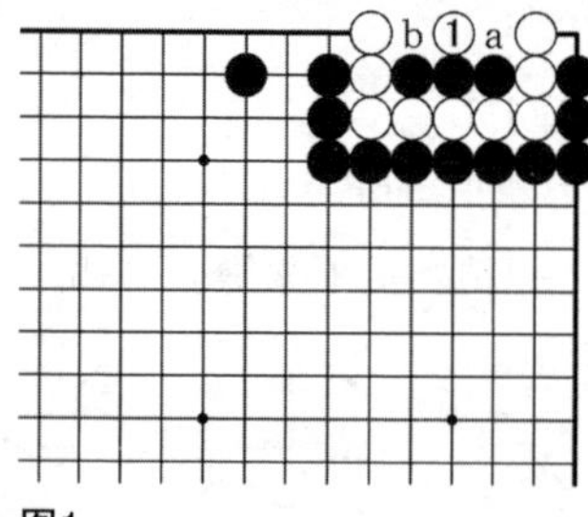

图1

双活

图1（正解）

白1夹是急所。黑a，白b；黑b，白a，曲四。此时的结果是双活。

白1若脱先他投，黑1之后白棋变成刀把五，净死。

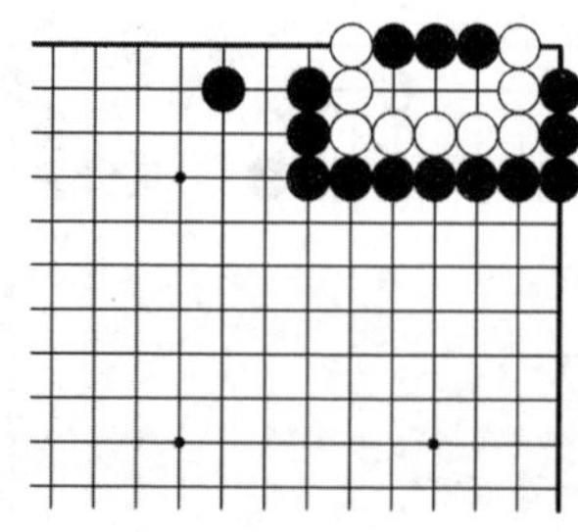

第5型

白先活

和前型相比黑三子位置有变化。

解题的要领相同。

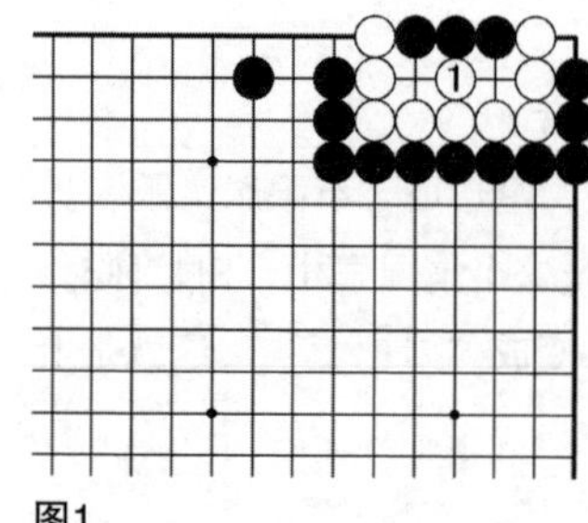

图1

双活

图1（正解）

白1急所，结果还是双活。

与前型相同，白1若脱先，黑1变成“刀把五”。

第6型

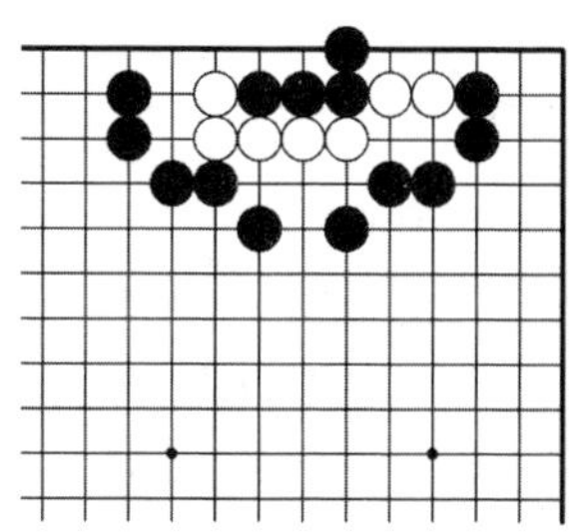

白先活

仅仅吃掉黑四子是不够的。

怎么吃才是关键。（摘自《棋经众妙》）

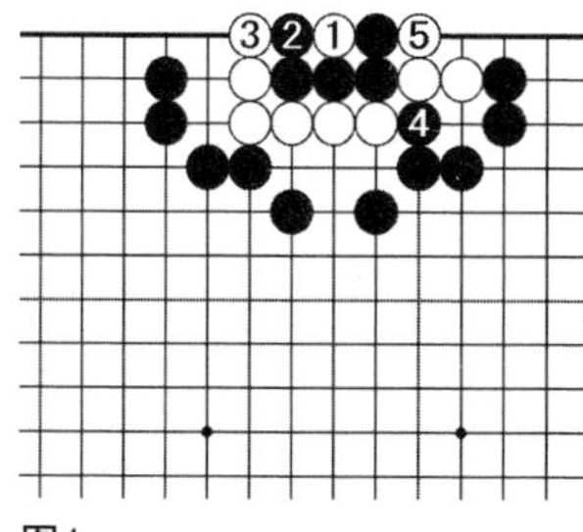

图1

白净活

图1（正解）

白1扑是此时的急所。黑2提，白3，5紧气吃掉黑五子，挺好。

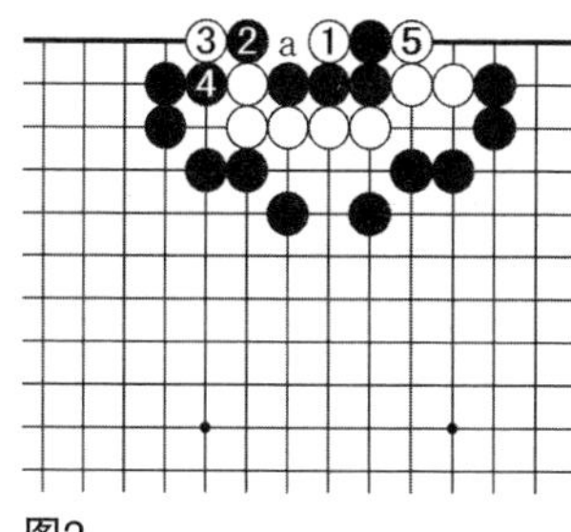

图2

白净活

图2（正解变化）

白1扑，黑2扳，4断吃，白5在右边打吃是好手。黑不能在a位粘，白a提变成曲四。

白5若在a位，黑2，白a，黑1，变成刀把五。

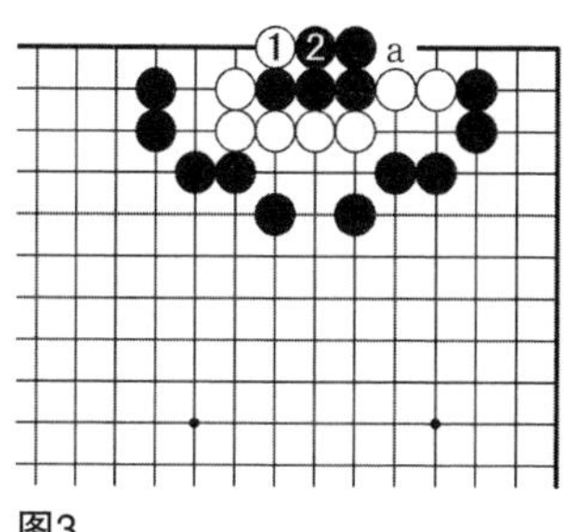

图3

白净死

图3（失败）

白1、黑2交换之后，白棋变成刀把五，净死。

白1若下在a位，黑也是2位团。

第7型

白先活

与前型相同，白棋需要避免变成刀把五。但棋形向角上移动，情况有些不同之处。需要冷静应对。

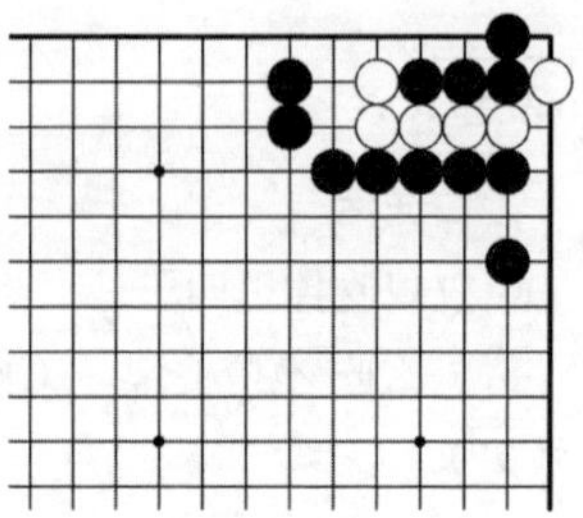

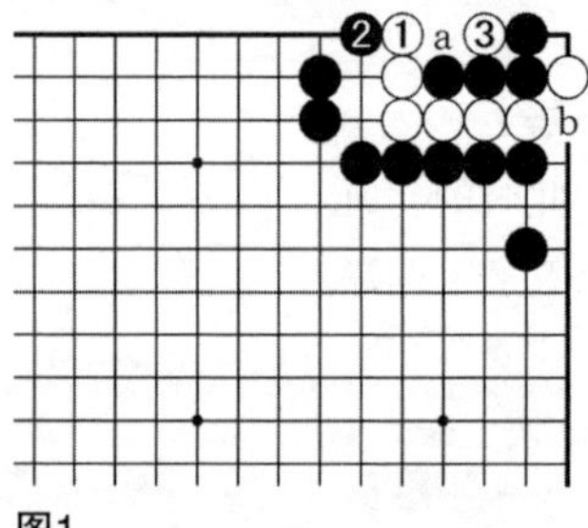

图1

白净活

图1（正解）

白1立正解。黑2紧气，白3扑是正确次序。黑a提，白b粘，对杀白胜；白a打吃净活。

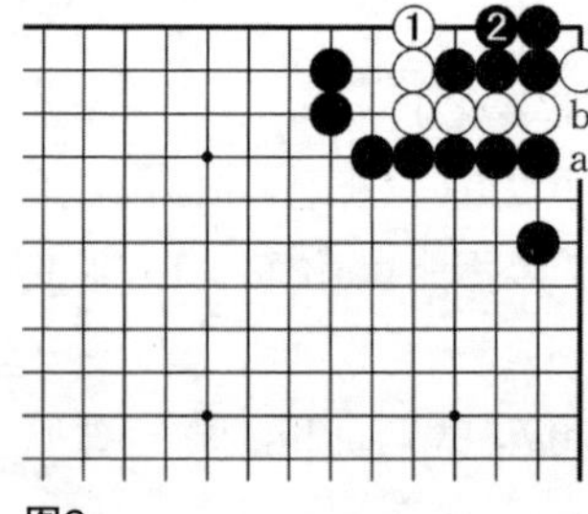

图2

双活

图2（正解变化）

白1立、黑2团防止白棋扑。此时白棋可以脱先，黑a、白b交换，结果是双活。

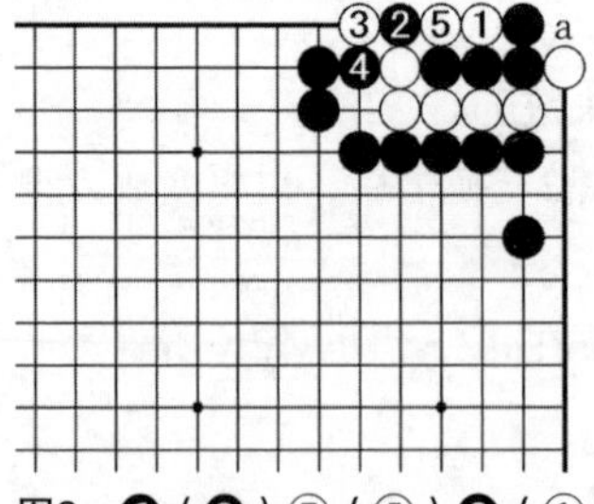

图3　❻（❷）⑦（⑤）❽（①）

白净死

图3（失败）

本图白1扑是问题手。黑2扳、4打吃好手。白5、7之后，黑8团，白棋变成“刀把五”。

因为棋形向角部移动，白5无法在a位打吃。

扑（防守）

第1型

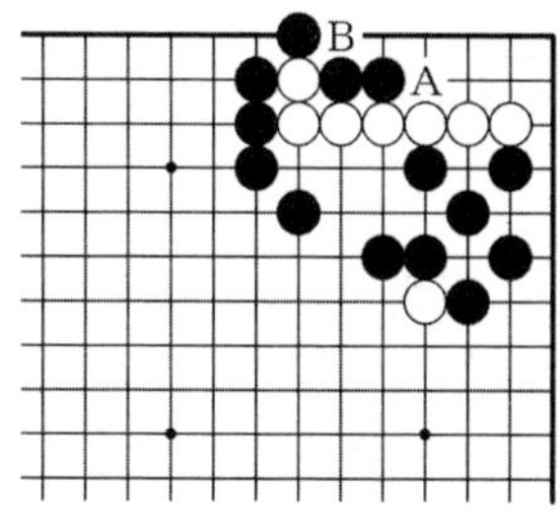

白先活

白A挡，黑B粘，白棋无法净活。

此时需要使用先手利可以增加眼位的基本手筋。

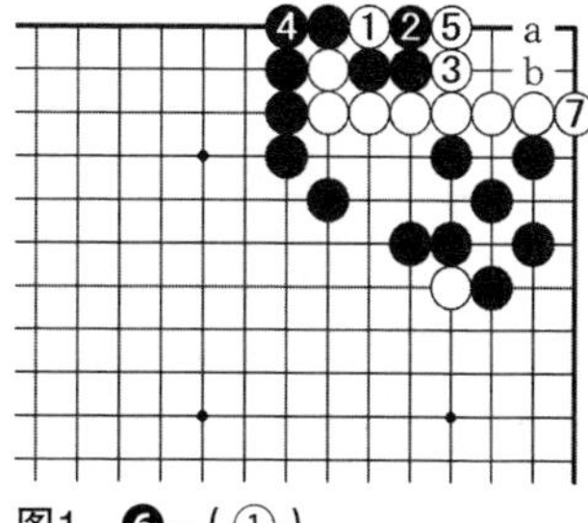

图1　❻=（①）

白净活

图1（正解）

白1扑手筋。黑2提，白3、5先手利、白7做眼净活。

白7可以下在a或者b位。

第2型

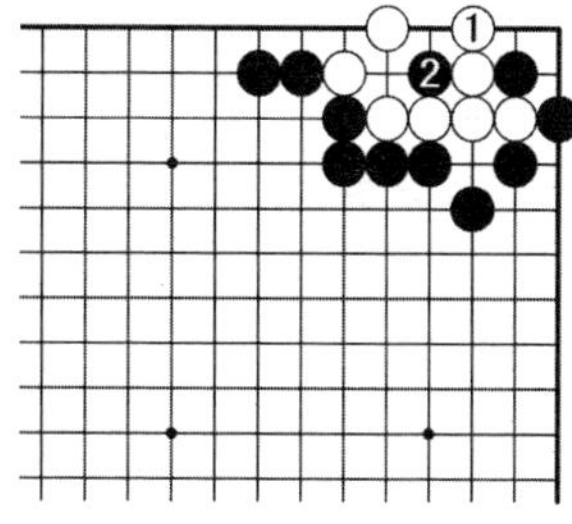

白先活

白1立，黑2破眼，此时白棋应该如何应对呢？

这里也是基本手筋。

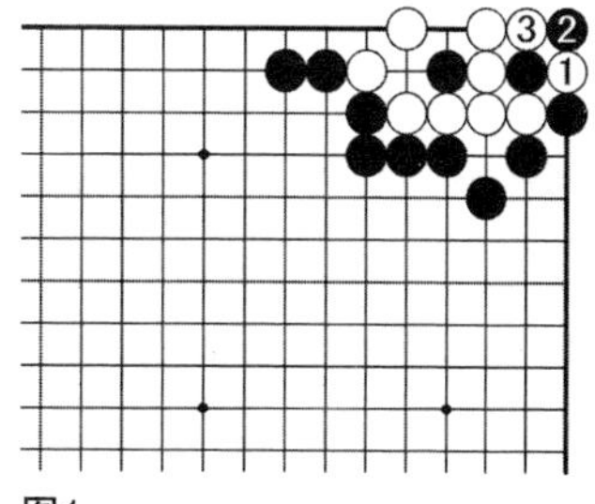

图1

白净活

图1（正解）

白1扑即可。黑2提，白3打吃接不归。

问题图中的黑2，下在本图黑1粘可以防止接不归。

第3型

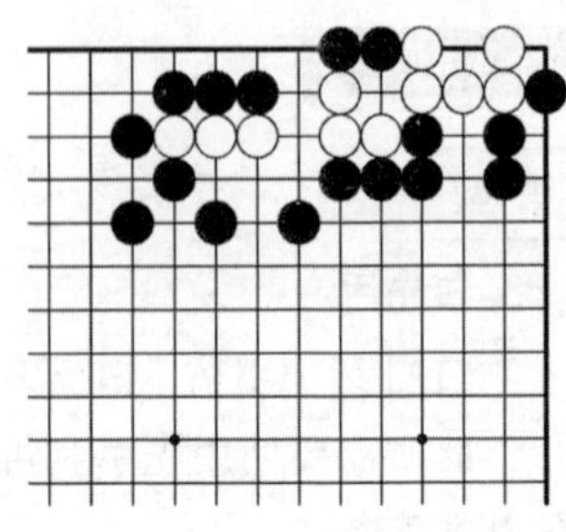

白先活

白棋在右侧只有一只眼，在上边可以再做出一只真眼么？。

有没有可以冲击黑棋形缺陷的手筋呢?

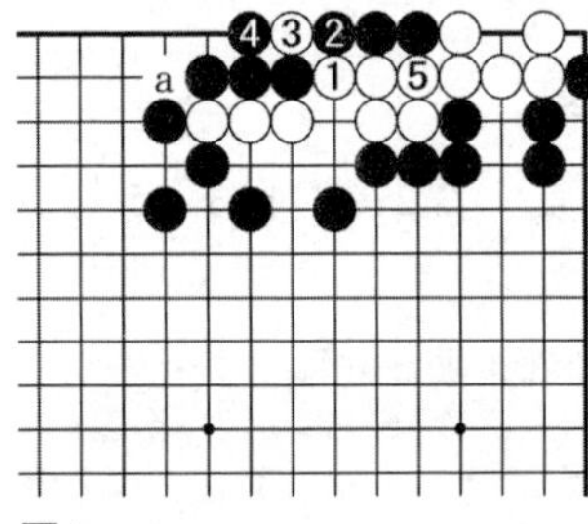

图1

白净活

图1（正解）

白1顶、3扑是此时的手筋。黑4提，白5打吃，黑三子已经无法救回（白有a位断点）。只要吃掉三子，白棋就可以净活。白1下在2位，黑1断吃，白净死。

第4型

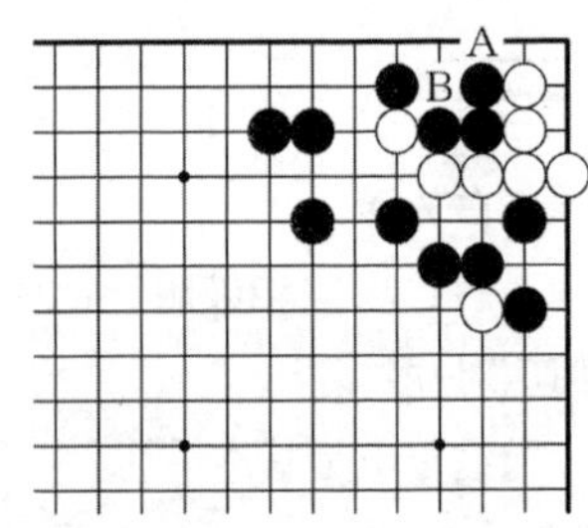

白先活

若白A、黑B交换，白棋立即变成净死。

正解需要想到下一手的选点。

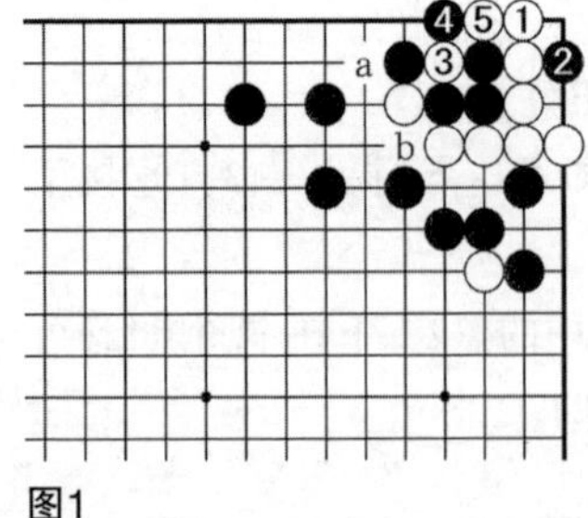

图1

白净活

图1（正解）

白1立，黑2点，白3扑好手。白5打吃，黑若强行粘住，白a打吃即可。

双方正确应对是黑2在b位断吃，白2做活。

第5型

白先活

白单纯A位立扩大眼位无法做出两只真眼。

此时有能够利用黑棋做眼的手筋。

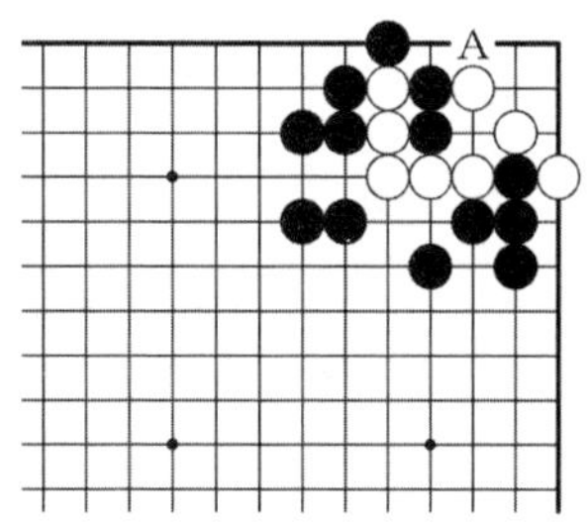

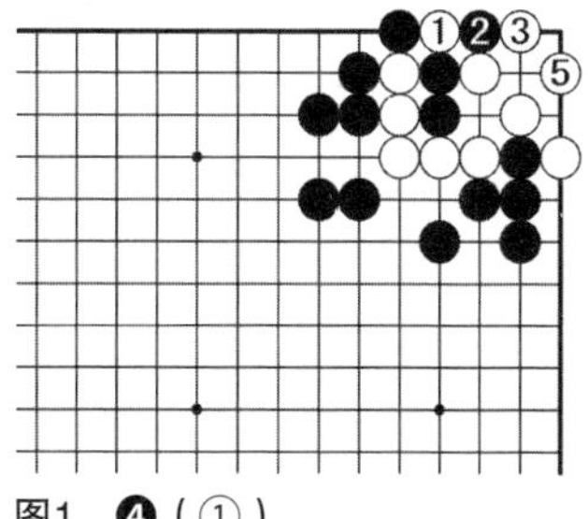

图1　❹（①）

白净活

图1（正解）

白1扑手筋。黑2提，白3打吃先手，黑4粘，白5两眼做活。

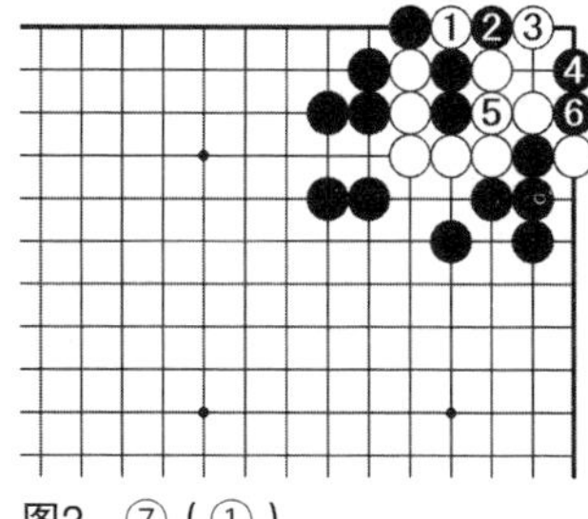

图2　⑦（①）

白净活

图2（正解变化）

上图黑4若选择本图黑4点，白5打吃接不归。黑6破眼，白7提净活。

白5也可以在7位提劫。

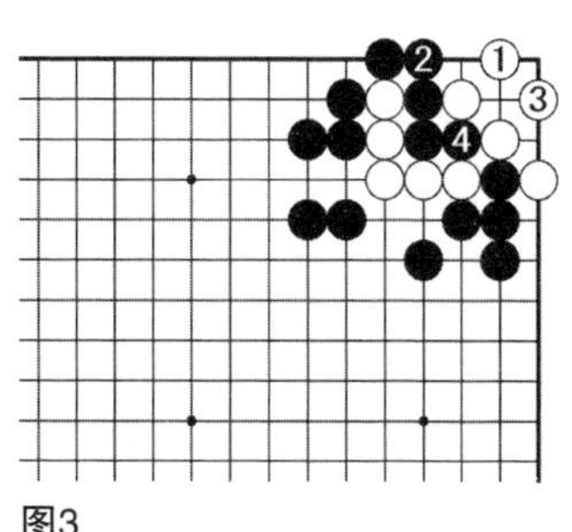

图3

白活一半

图3（失败）

白1也是手筋。但是黑2粘，白3虎，黑4断可以吃掉白上边五子。

图1中的白1是最好选择。

第6型

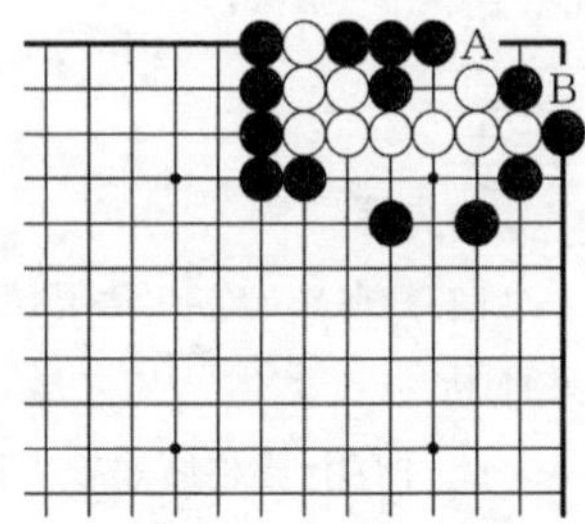

白先活

这是《玄玄棋经》题目的相关图。

白A打吃，黑B粘。需要有创新的思维。

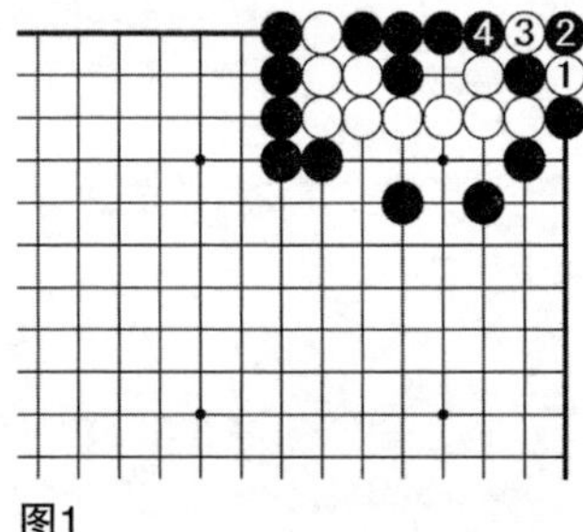

图1

连续扑

图1（正解）

下出白1扑比较容易。黑2提，白3扑是否可以发现呢。这是有起死回生妙处的一手。

黑4提，接下来——

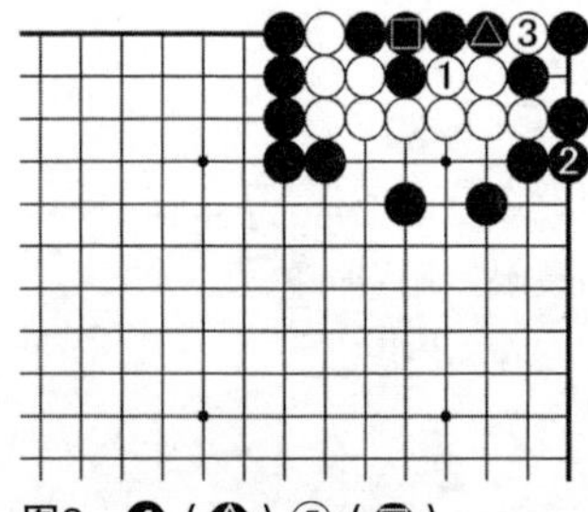

图2 ❹（△）⑤（■）

白净活

图2（正解续）

白1打吃接不归。黑2粘，白3提，黑4反提，白5做眼净活。白3提同时在打吃黑二子，黑4不能在■位点。

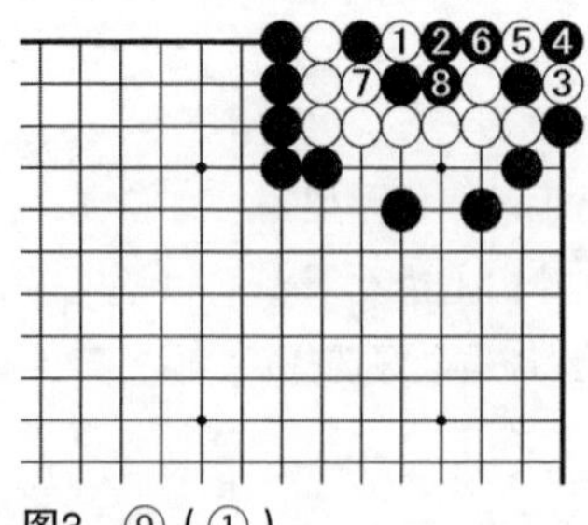

图3 ⑨（①）

缓一气劫

图3（参考）

原题是本图。白1、3、5连续扑，进行至白9提，正解是缓一气劫。白7若在8位挤，黑7妙手，白净死。

问题图中为了强调手筋的重要性，将白1、黑2、白7、黑1先做了交换。

跳（防守）

第1型

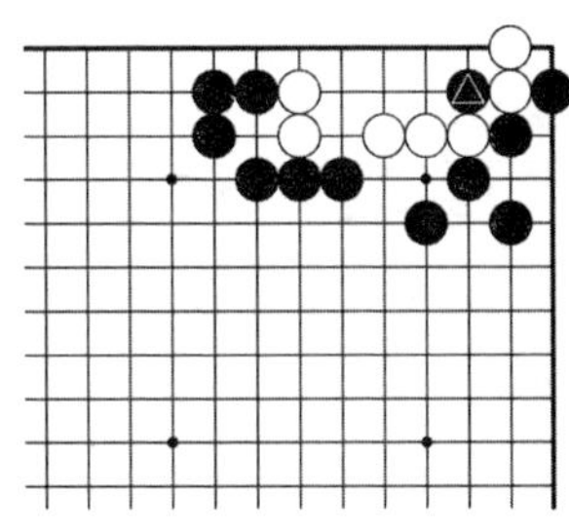

白先活

白棋要吃掉右上黑一子。但接下来黑棋会试图破坏白棋左边眼形，那么白子在哪里比较为好呢？

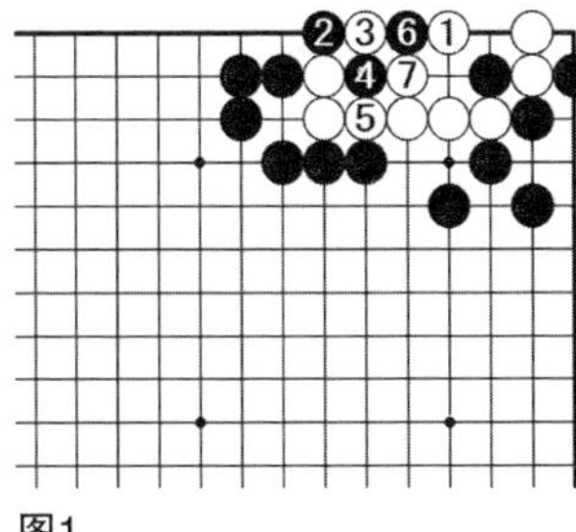

图1

白净活

图1（正解）

白1跳正解。黑2扳，白3打吃，黑4断吃，白5、7接不归，净活。

黑2若在4位夹，白5位粘，黑2位扳，白3位扑，黑6位提，白7位打。

第2型

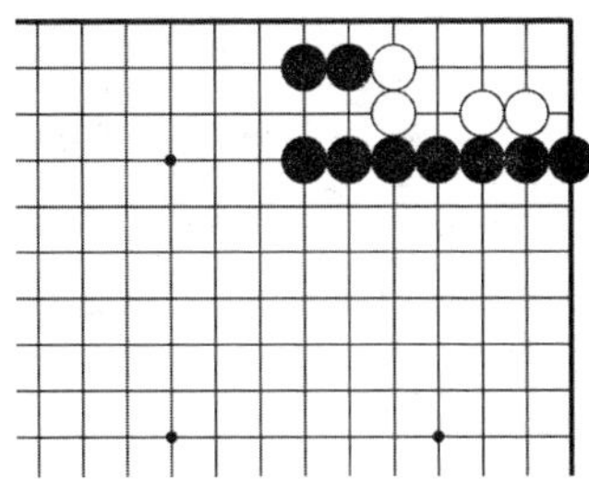

白先活

本型在实战中也经常出现。

与前型相同，需要抢占能够同时防止上边和左边攻击的急所。

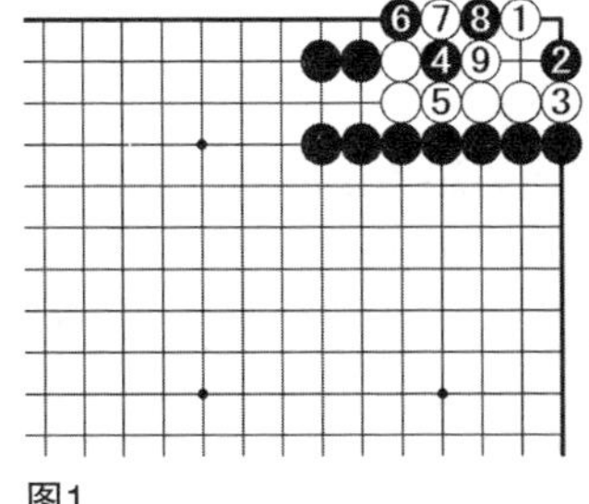

图1

白净活

图1（正解）

白1跳是急所。黑2破眼，黑4、6渡过，白7扑接不归，白净活。

黑4若在6位扳，白7位挡、黑4位打、白5位粘，结果相同。

第3型

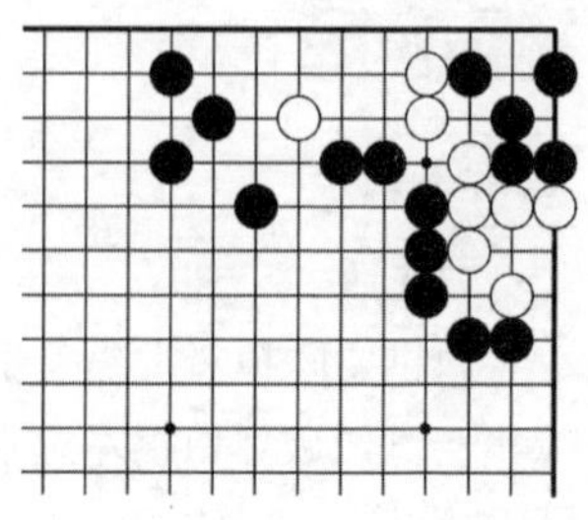

白先活

如何在上边做出一只真眼是白棋面临的问题。

与前型相同，需要找到可以利用接不归做眼的妙手。

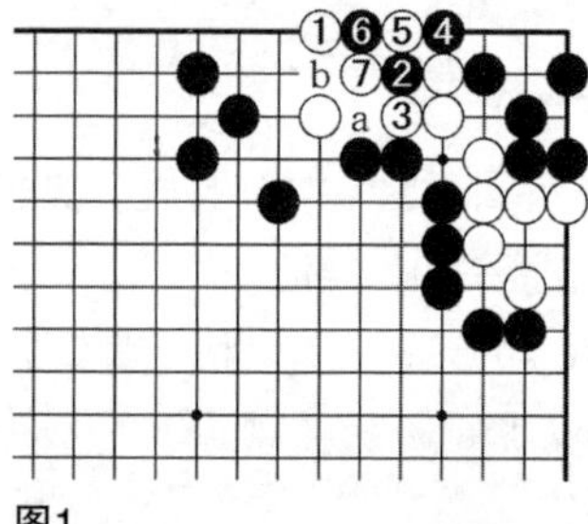

图1

白净活

图1（正解）

白1跳是唯一正解。黑2、4破眼，白5扑，黑6提，白7打吃，接不归。

黑6若下在7位，白a位粘，黑6位提，白b位打吃，还是接不归。

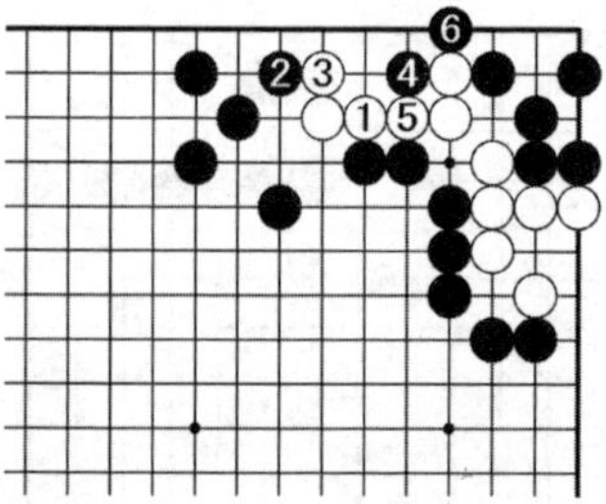

图2

白净死

图2（失败1）

白1直接连回，黑2小尖、4夹即可破掉白棋眼位。黑6渡过之后白棋下边无眼。

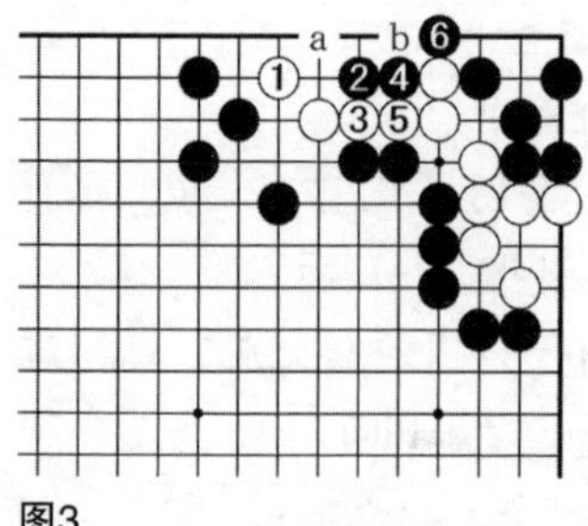

图3

白净死

图3（失败2）

白1小尖，黑2～6可以渡过。白1在2位小尖、黑1小尖破眼。

白选择a位跳，就是看到了后续b位扑的手段。

第4型

白先活

白棋想要活棋，必须在上边做出眼位。

直接打吃毫无妙味。必须下出有后续手段的手筋。

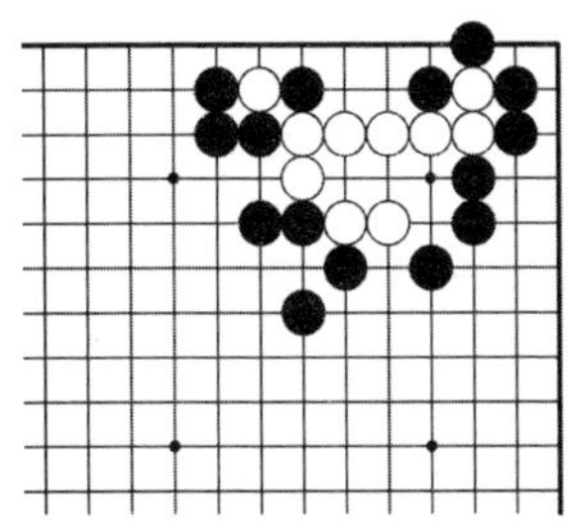

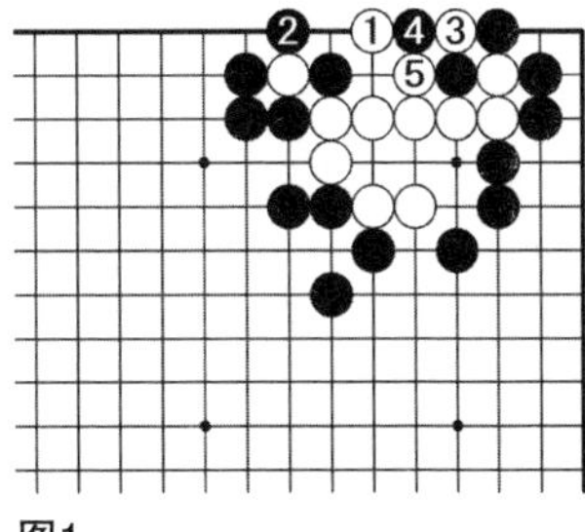

图1

白净活

图1（正解）

白1跳手筋。黑2提，白3扑。如此前数次见到的棋形相同，黑4提，白5打吃接不归。

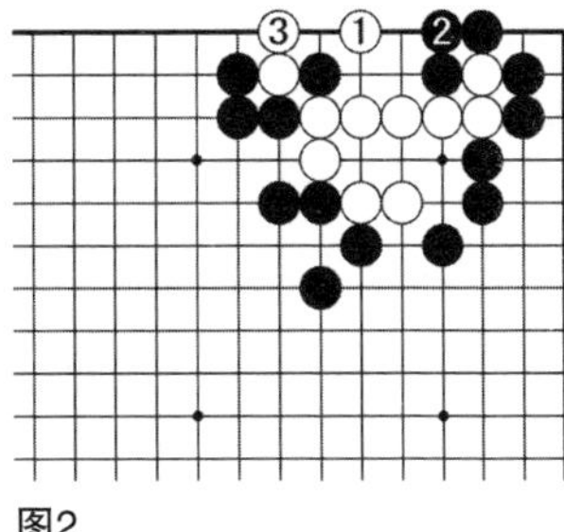

图2

白净活

图2（正解变化）

白1跳，黑2粘，白3立可以吃掉黑上边一子做活。

白1是两点见合的手筋。

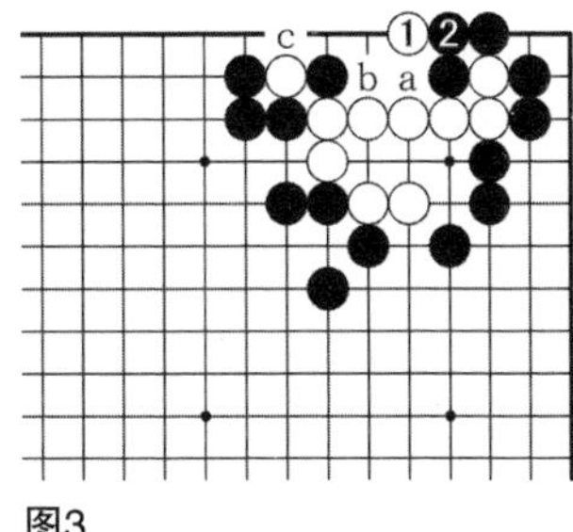

图3

白净活

图3（正解变化）

白1跳方向错误。黑2粘可以安全联络。

白1若在a位打吃，黑2粘；若在b位打吃，黑c提，白棋无法做活。

虎（防守）

第1型

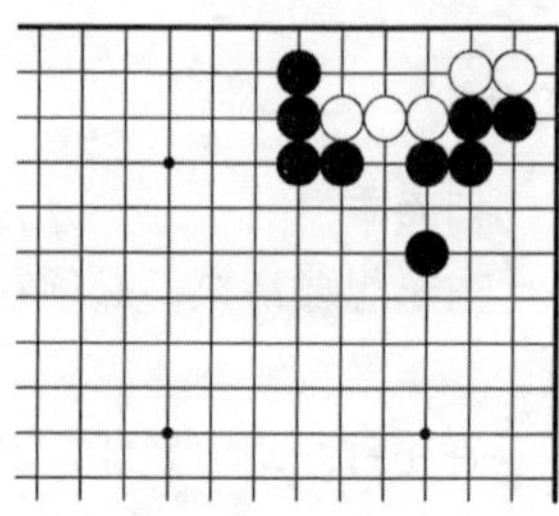

白先活

单纯扩大眼位无法做活。眼形的急所在哪里?

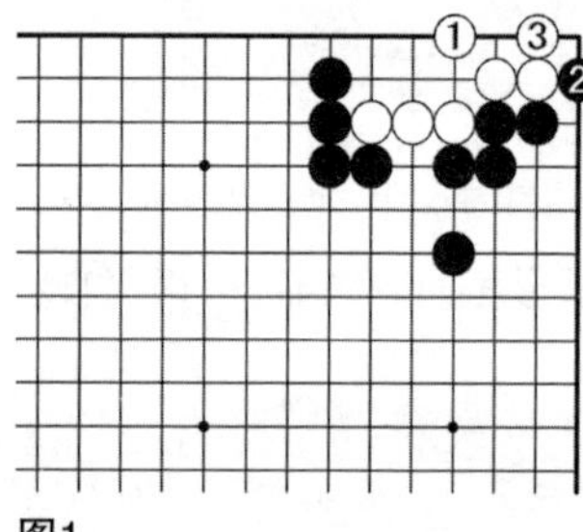

图1

白净活

图1（正解）

白1虎是急所。黑2扳，白3做眼。上边做眼成功白棋净活。

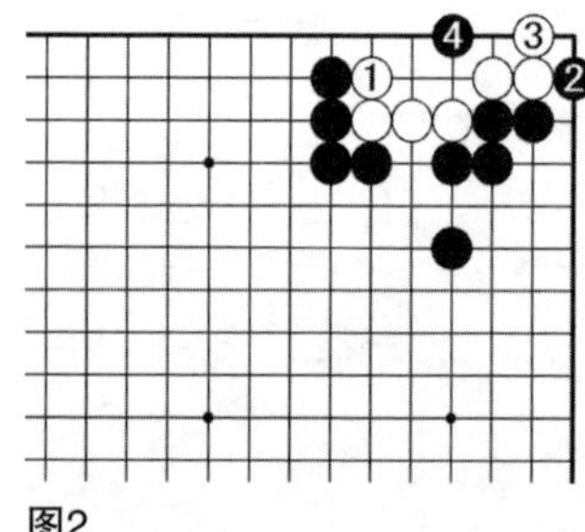

图2

白净死

图2（失败1）

白1扩大眼位，黑2扳缩小眼位。白3立作眼、黑4点，大眼杀。

白3若在4位虎，黑3位扳，白净死。

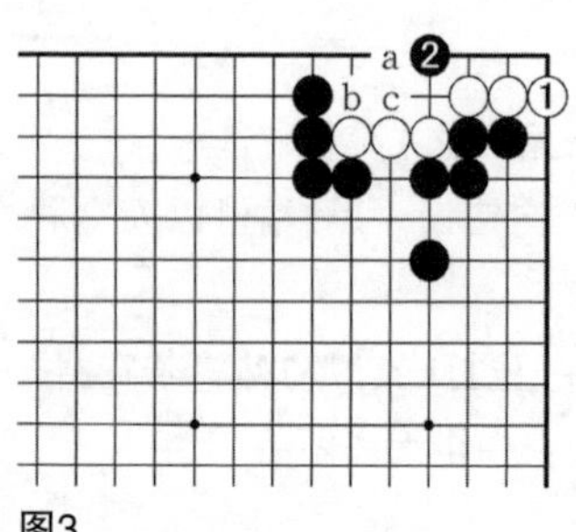

图3

白净死

图3（失败2）

白1在角上扩大眼位，黑2大飞好手。如此白眼位不够。

白1若在a位跳，黑b拐、白c挡、黑1位扳，白还是无法做活。

第2型

白先活

本型与前型使用相同手筋，需要思考的是如何应对黑棋的攻击手段。

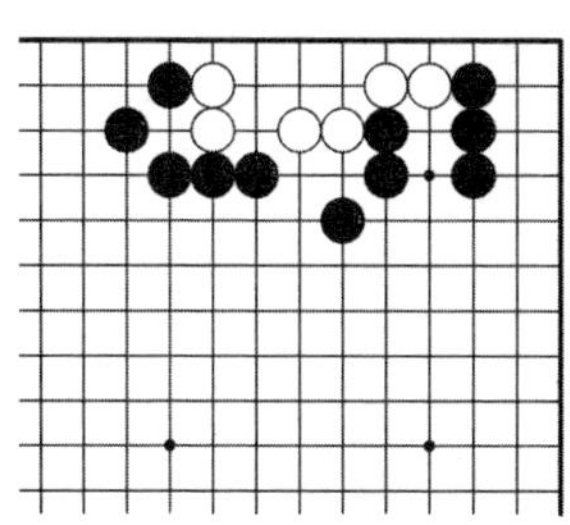

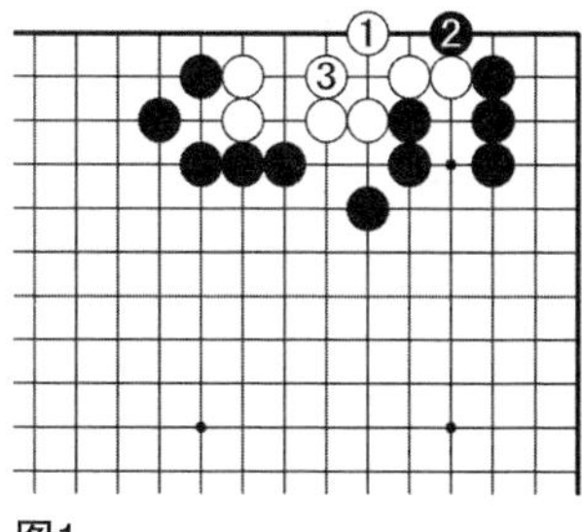

图1

白净活

图1（正解）

白1虎做眼是急所。黑2扳，白3做眼净活。

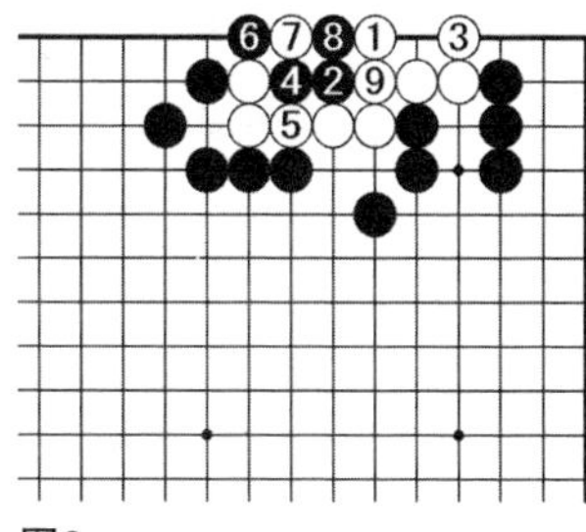

图2

白净活

图2（正解变化）

白1虎，黑2破眼如何。此时白3先在右边做眼。黑4顶、6渡过，白7扑接不归，白净活。

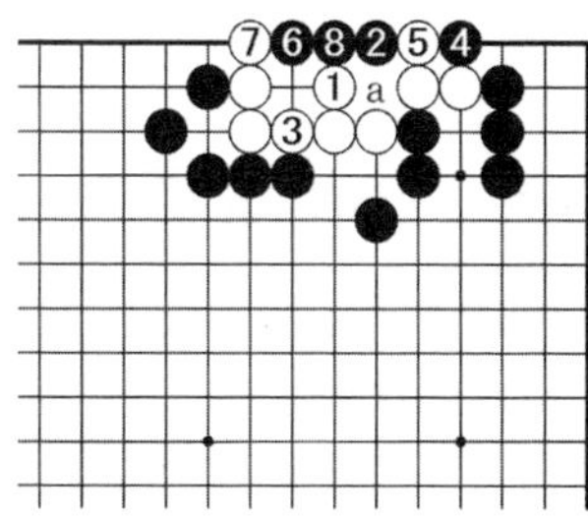

图3

白净死

图2（失败）

白1弯看似也可以确保眼位，但黑2点至黑8，白还是只有一只真眼。

棋形看起来是双活，但后续白需要在a位粘，结果是“直三”净死。

胀粘牛（防守）

第1型

白先活

白棋看起来是劫活，但并非如此。

能够避免“刀把五”的手段是什么？

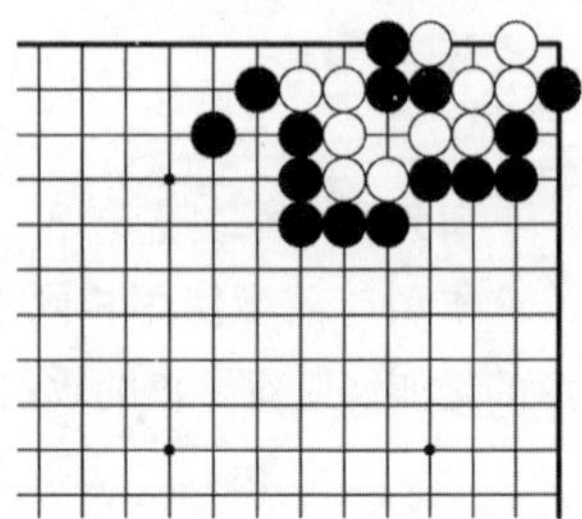

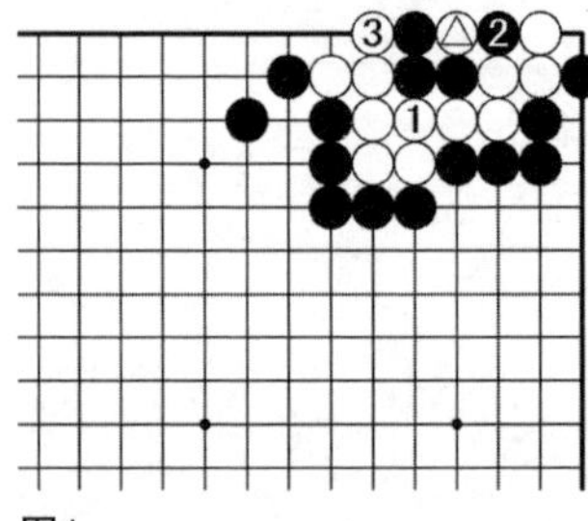

图1

白净活

图1（正解）

白1打吃，黑2提，白3打吃。△位是黑棋的禁入点，后续白△提净活。

白1、3次序不影响结果。

第2型

白先活

白若A位做眼、黑B扑打劫。

有没有净活的方法呢？

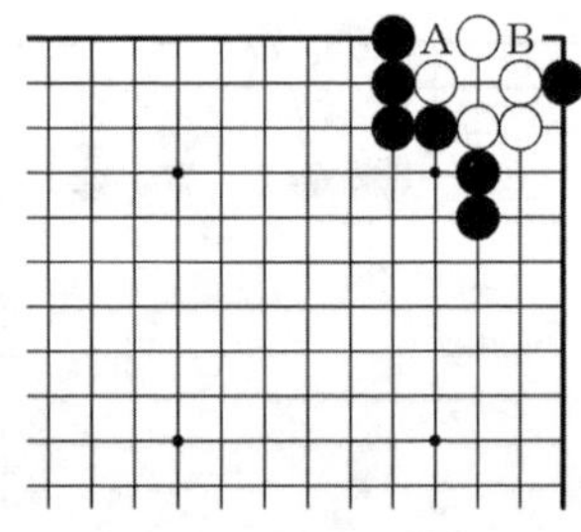

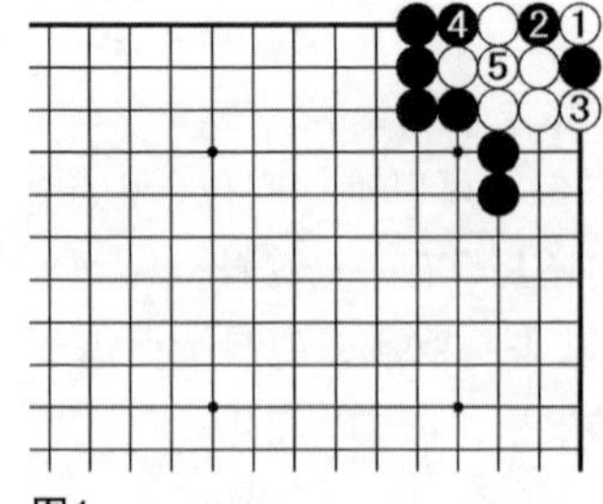

图1

白净活

图1（正解）

白1扑，黑2提，白3打吃是胀粘牛的手筋。黑1禁入点，白净活。

第3型

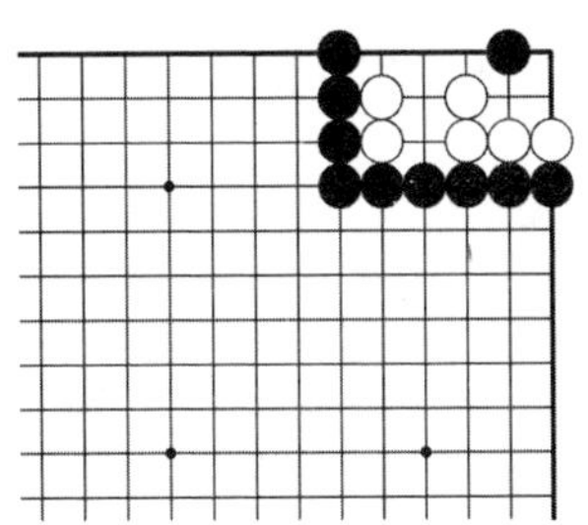

白先活

解题的关键是胀牯牛，但需要做好准备工作。（张栩作品）

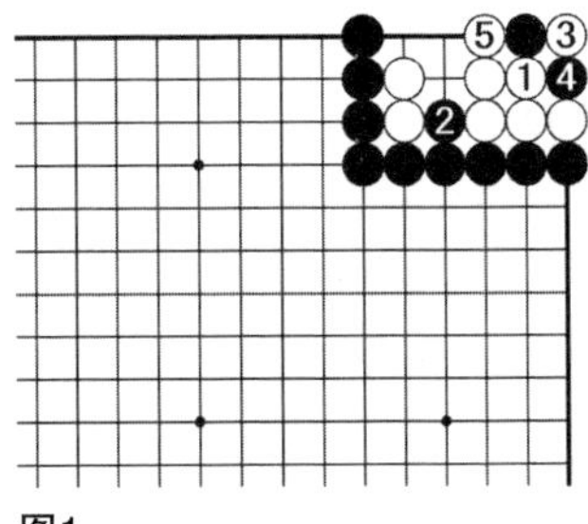
图1

白净活

图1（正解）

白1团是为了胀牯牛做准备。黑2冲，白3扑，黑4提，白5打吃净活。

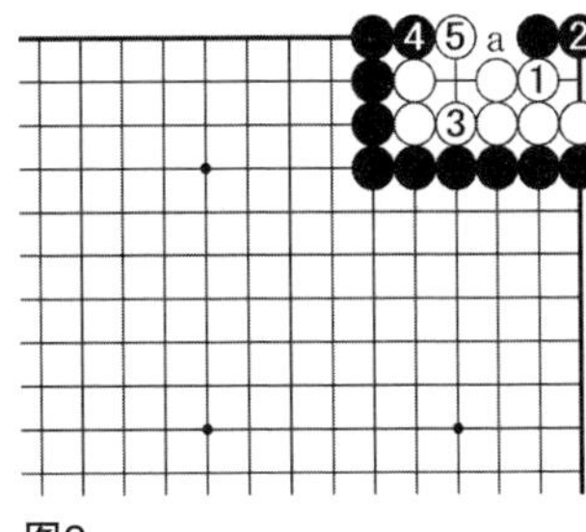

图2

白净活

图2（正解变化）

白1、黑2进角为了避免胀牯牛，白3做眼。黑4拐，白5做眼，白净活。

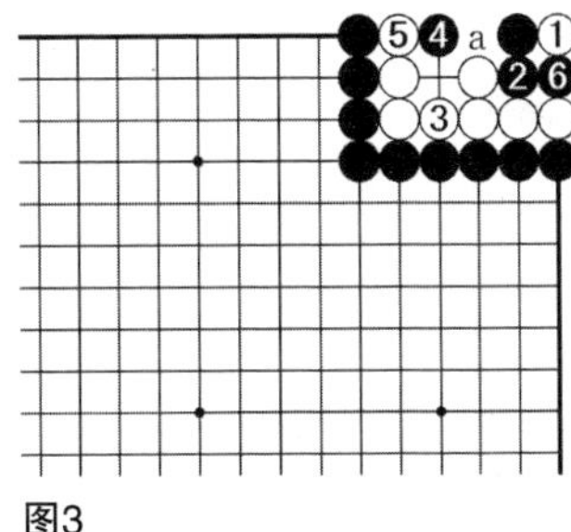

图3

白净死

图3（失败）

白1占据了“一一”，黑2破眼抵抗。白3扩大眼位，黑4破眼、6提，白无法在a位入气，对杀不利，白净死。

二一路（防守）

第1型

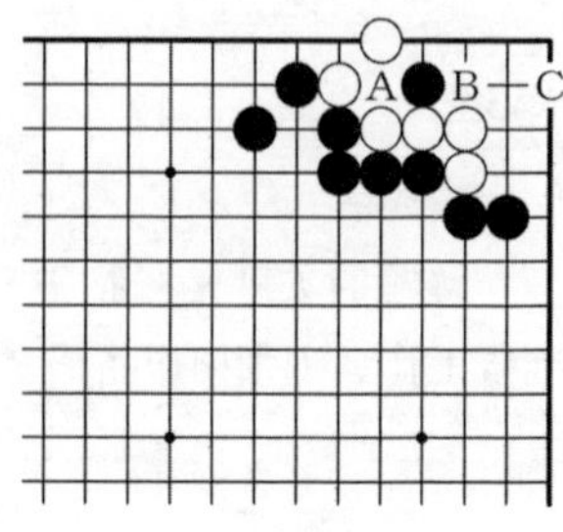

白先活

白B拐是防止黑A断吃，但是黑C大飞破眼，白眼位不足。（摘自《玄玄棋经》）

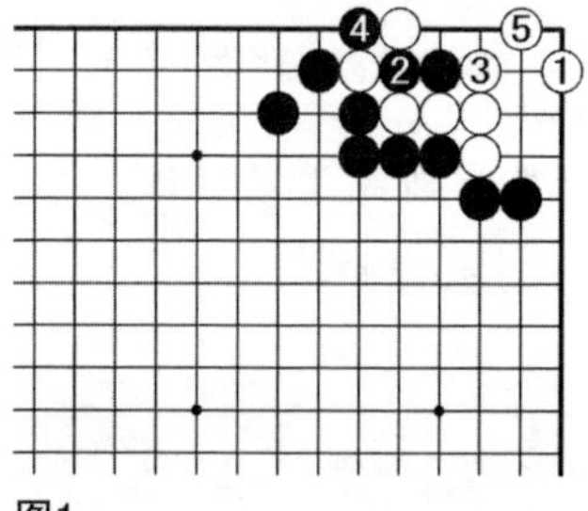
图1

白净活

图1（正解）

白1下在“二一路”是手筋。黑2断吃，白3打吃先手、5做眼净活。

白1下在5位方向错误，黑1大飞白净死。

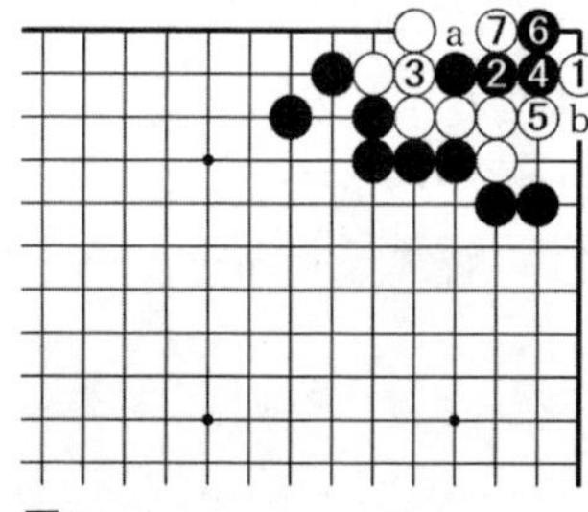

图2

白净活

图2（正解变化）

面对白1，黑2至黑6试图变成大眼杀，白7扑是破眼的手筋。黑a，白b，对杀白胜。

若白7下在a位，黑7位团变成刀把五棋形，白净死。

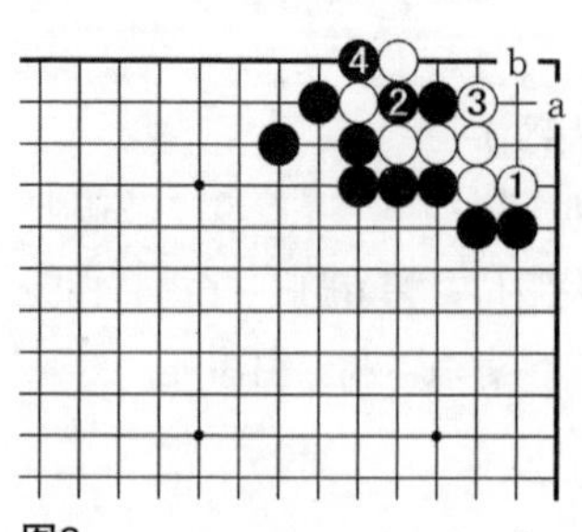

图3

白净死

图3（失败）

白1扩大眼位，黑2、4吃掉一子，白净死。

黑2断吃之后，白3所在的位置与白1无法做出两只真眼。只有占据白a、b两点才可以做活（图1）。

第2型

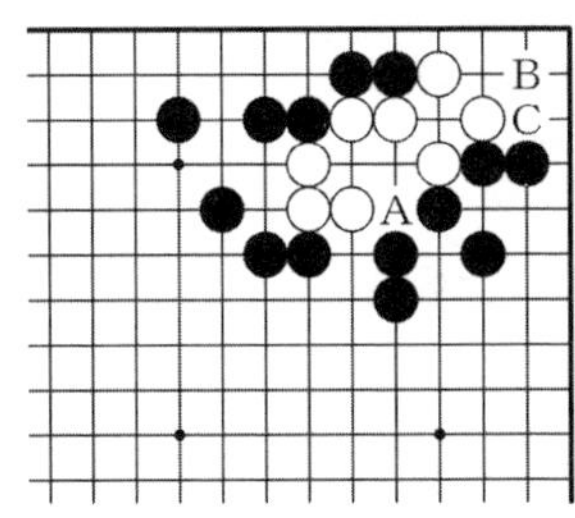

白先活

白若A位做眼，黑B跳破眼，白净死。若下在C位，黑A破眼，白无法确保两只真眼做活。

有没有方法可以在角上先手做眼呢?

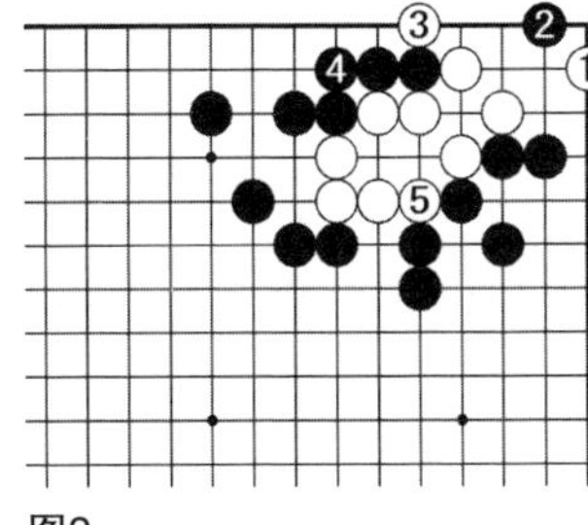
图1

白净活

图1（正解）

白1是“二一路”上的好手。黑2破眼，白3扳先手利，5小尖做眼。黑6、白7之后，白棋可以确保眼位做活。

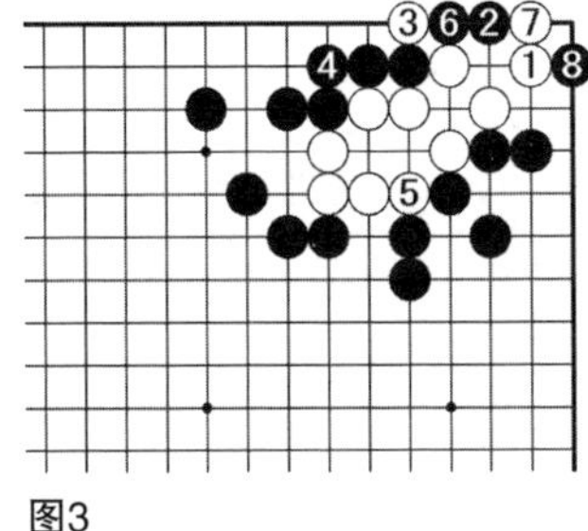
图2

白净活

图2（正解变化）

面的白1，黑2点破眼。白3扳先手利、5做眼。黑2一子无法逃出，白净活。

图3

白净死

图3（失败）

白1小尖看似获得眼形，但黑2点之后无法先手做眼。白3扳虽是先手，后续黑6断吃，角上仍然没有眼位。

白5若在6位粘，黑5破眼。

挤（防守）

第1型

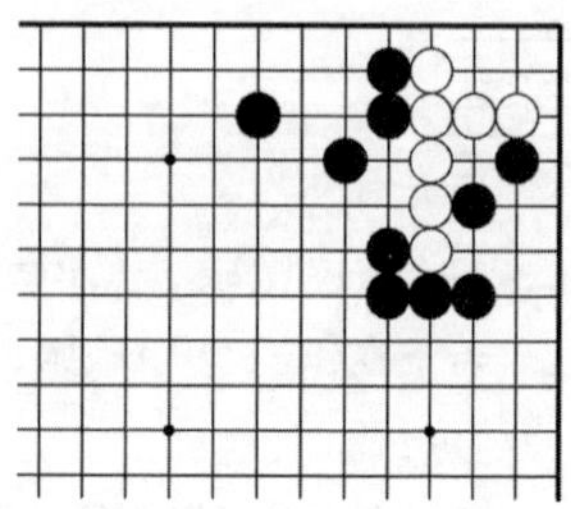

白先活

此时白棋眼位空间不足，如果使用挤的手筋可以净活。

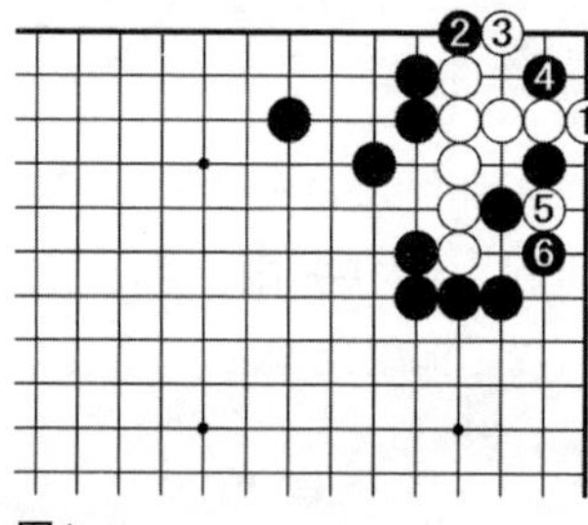

图1

立、挤

图1（正解）

白1立正解。黑2、4将角上白棋变成刀把五，此时白5挤是手筋。

黑6打吃——

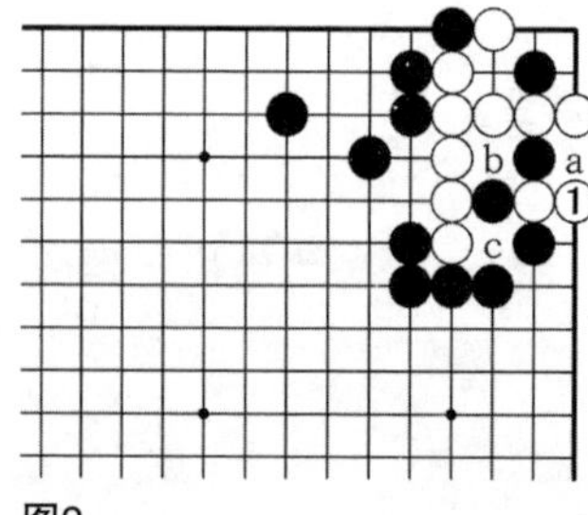

图2

白净活

图2（正解续）

白1立。黑a无法入气，后续白b、c两点见合，此处白棋有一只眼，净活。

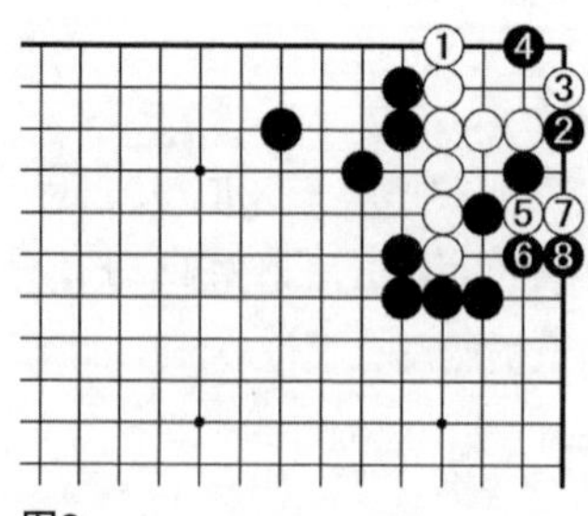

图3

白净死

图3（失败）

白1立，黑2扳、4点破眼，白净死。白还是选择与正解图一样5位挤，黑可以6、8打吃，白棋无法在此处做出眼位。

第2型

白先活

白A虎、黑B、白C、黑D，白净死。

在A位虎之前，白棋需要先做准备工作。

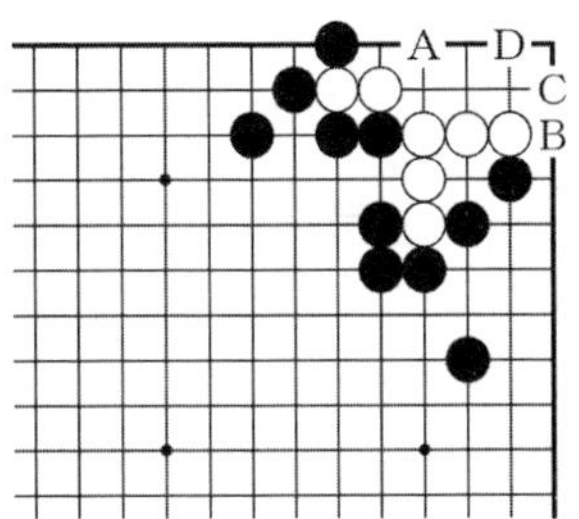

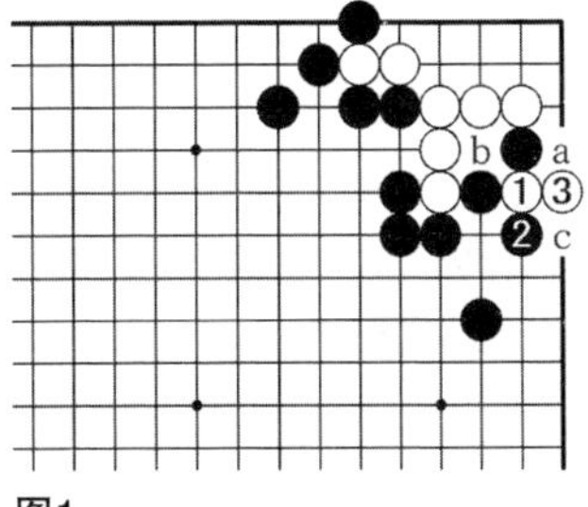

图1

挤、立

图1（正解）

与前型相同，白1挤、3立手筋。试黑棋应手决定后续下法。

黑棋的应手有a、b、c3种。

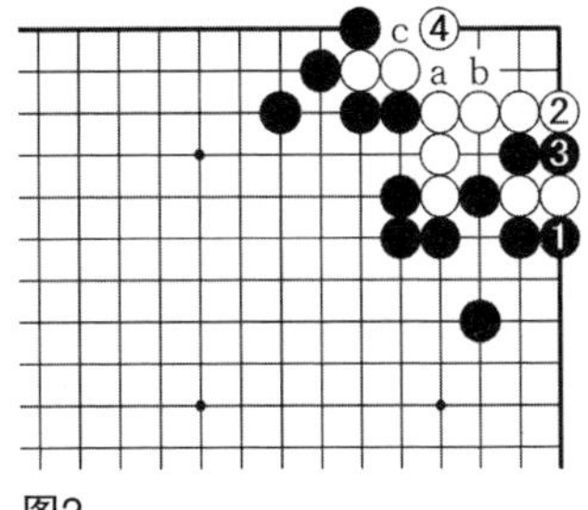

图2

白净活

图2（正解续）

黑1打吃继续保持对白棋眼形的威胁。白2立好手，黑3提，白4虎净活。

黑3若在a位打吃，白b反打，黑c位提，白3位打可以做出一只眼。

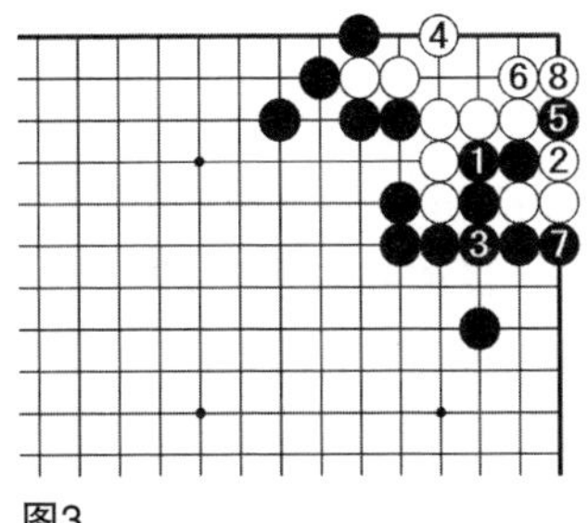

图3

白净活

图3（正解续2）

黑1粘忍耐，白2打吃先手。黑3粘，白4虎，黑5扑，白6退让可以确保做活。

黑1若在2位打吃，白5打先手结果与上图相同。

第3型

白先手

本型与前型使用相同手筋。

已知白A位有子可以净活，如何创造机会找到活路呢?

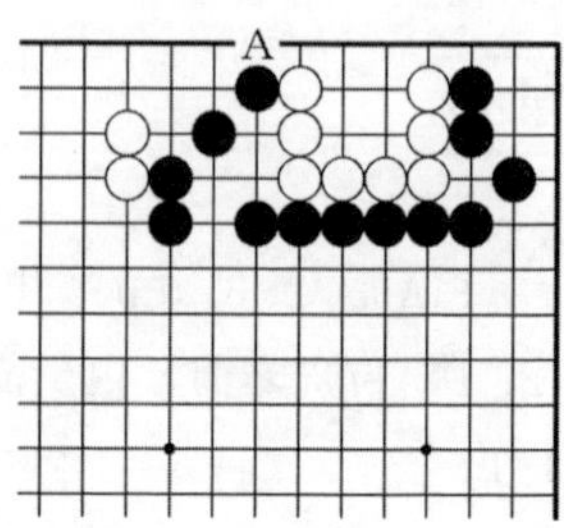

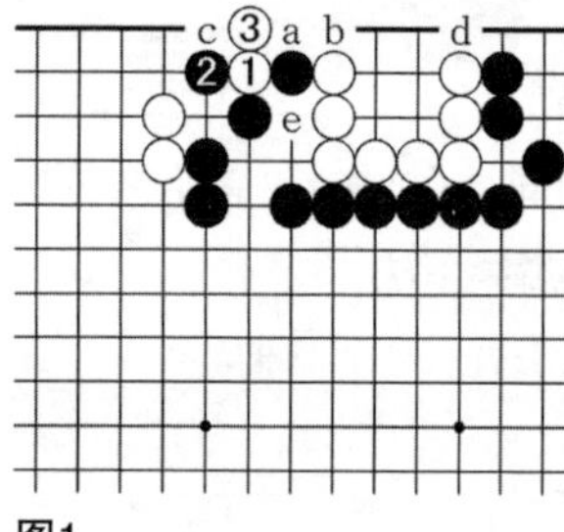

图1

挤、立

图1（正解）

白1挤只此一手。黑2打吃，白3立。

此时黑a打吃、白b、黑c、白d净活。如黑c外边打吃或者c位粘的变化如下图。

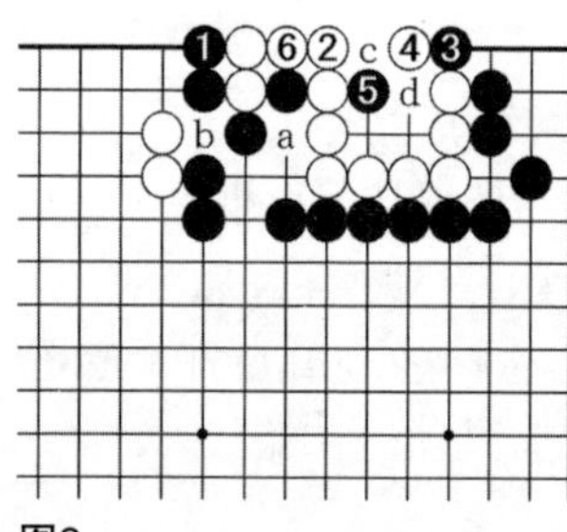

图2

白净活

图2（正解续1）

黑1打吃，白2立。黑3、5破眼，白6粘。a、b两点见合，白净活。

黑1若在2位扳，白c位挡、黑1位立，白d位弯，净活。

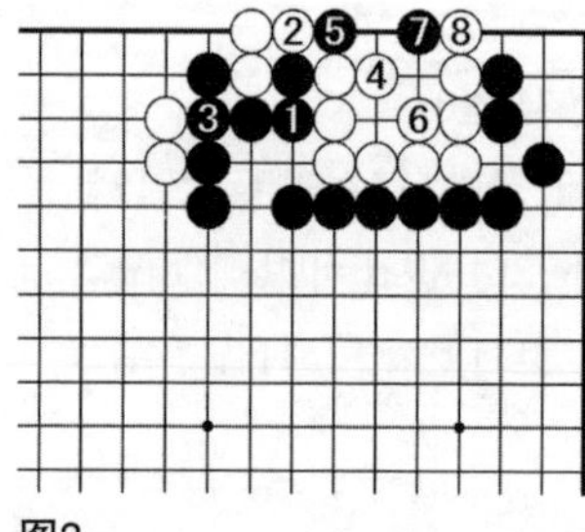

图3

白净活

图3（正解续2）

黑1粘，白2拐渡过。黑3粘就意味着问题图中A位已经被白棋先手占据。白4做眼，黑5扑，白6做眼做活。

第4型

白先活

本型收录于《发阳论》，可以活用之前所学知识来进行解答。

白可以灵活使用手筋做活。

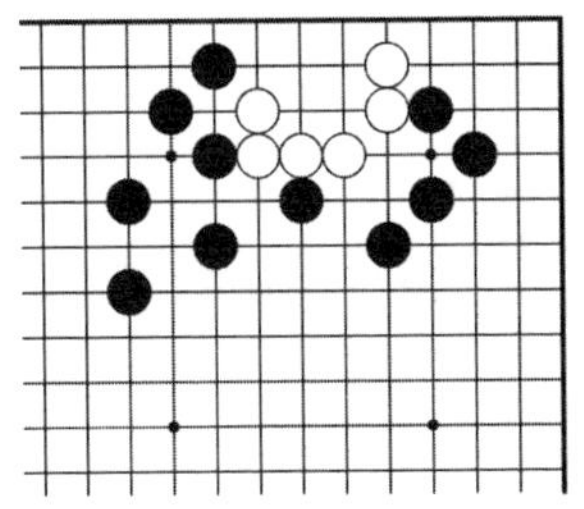

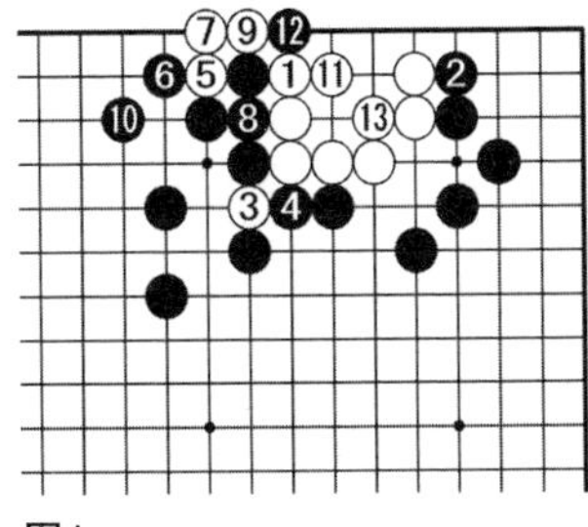

图1

白净活

图1（正解）

做活之路从白1挡开始。黑2挡，白3挖、5挤手筋。黑6至10是最佳抵抗，白9拐、11做眼净活。

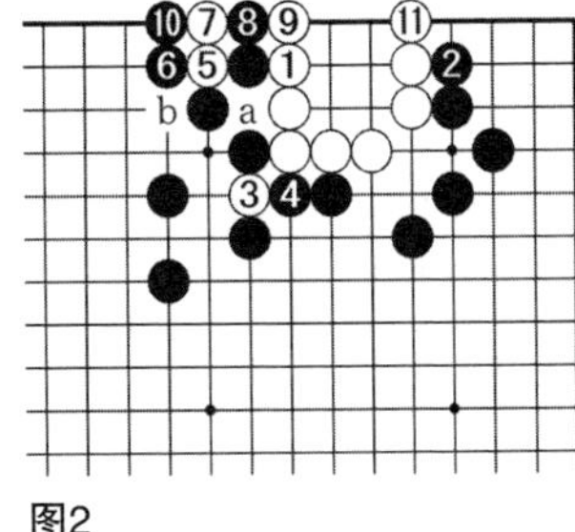

图2

白净活

图2（正解变化）

上图黑8若选择本图黑8打吃，白9打吃先手、11立做活。黑8若在10位打吃，白9立，后续有白8、黑a、白b的手段。

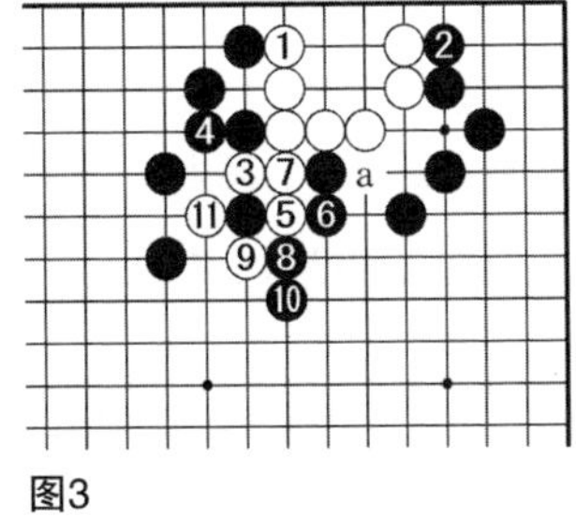

图3

白逃出

图3（正解变化2）

为了不让白挤，白3挖，黑4抵抗。白5扳可以逃出。进行至白11，黑棋已经无法威胁白棋死活。

黑6若下在7位，白a可以出头。

第5型

白先活

本型与之前的棋形似乎有些不同，使用的解题手筋不变。熟练之后会马上获得解题棋感。（摘自《玄玄棋经》）

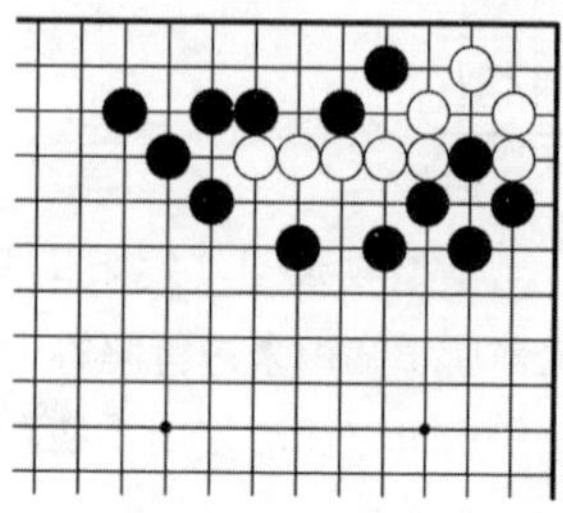

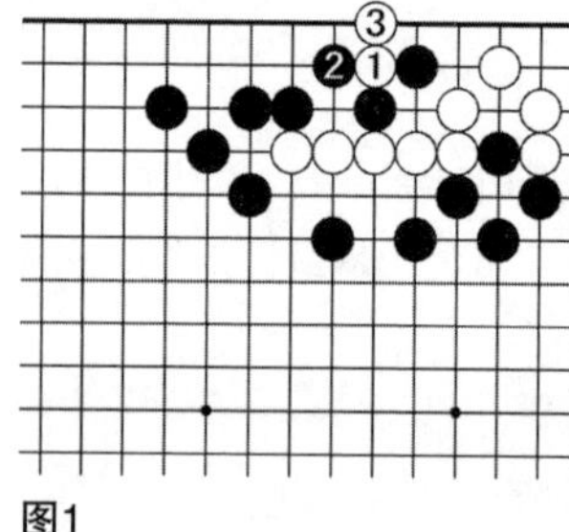

图1

挤、立

图1（正解）

白1挤只此一手。黑2打吃必然。白3立考验黑棋应对。

接下来——

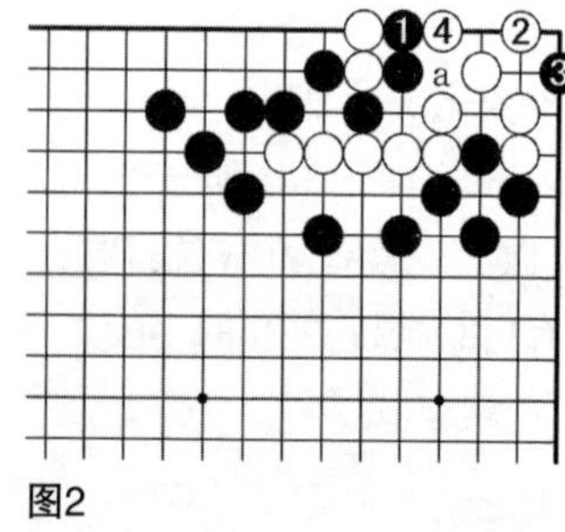

图2

白净活

图2（正解续）

黑1打吃，白2小尖，黑3点破眼，白4尖顶。左边弃子发挥作用，黑a位无法入气。

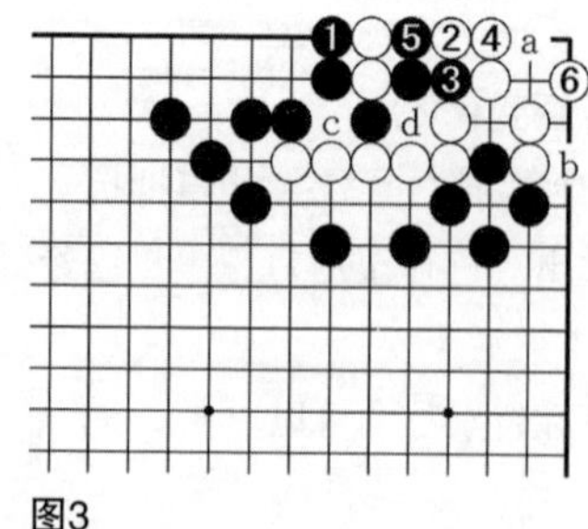

图3

白净活

图3（正解续2）

黑1在左边打吃，白2小尖先手。黑5提，白6小尖做眼，a、b两点见合，净活。

黑3若在a位点，白5粘，c、d见合。

角部特殊性（防守）

第1型

白活

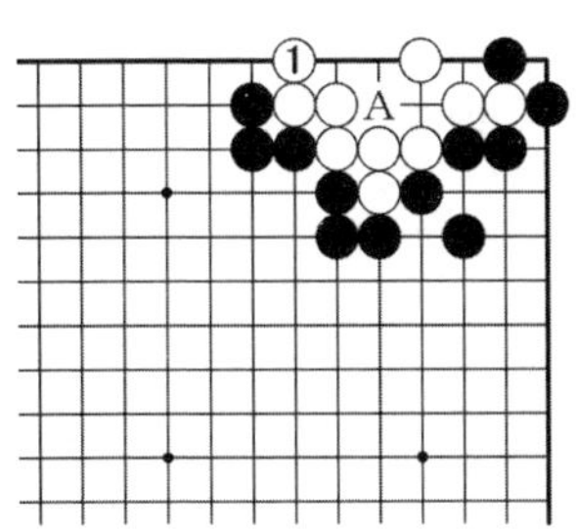

通常白棋会在A位做眼做活，此时白棋可以利用角部特殊性下在1位做活。

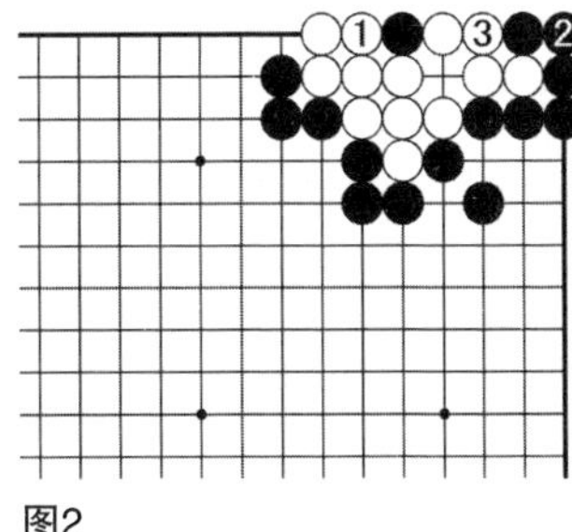

图1

碰、粘破眼

图1（证明）

黑1是攻击的急所。白2做眼，黑3粘。

白无法在a位做眼，似乎遇到了麻烦——

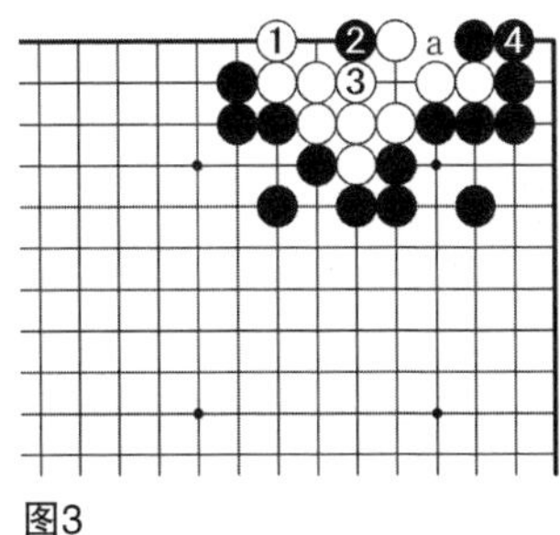

图2

白净活

图2（证明续）

白1提好手。黑2粘，白3粘可以确保两只真眼。

白棋利用角部气的不同做活。

图3

白净死

图3（参考）

如果棋形整体向边上转移一路，白1，黑2碰、4粘，白无法在a位做眼。本图白净死，白1只能在3位做活。

第2型

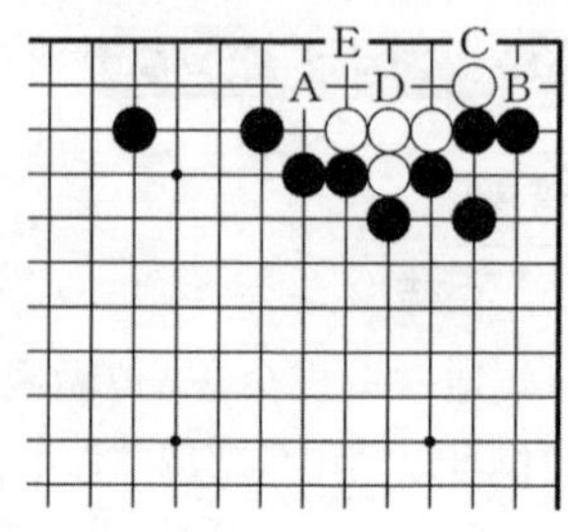

白先活

白A扩大眼位、黑B、白C、黑D或者E位，结果是劫活，白棋不能满意。此时白棋可以利用角部特殊性净活。（摘自《发阳论》）

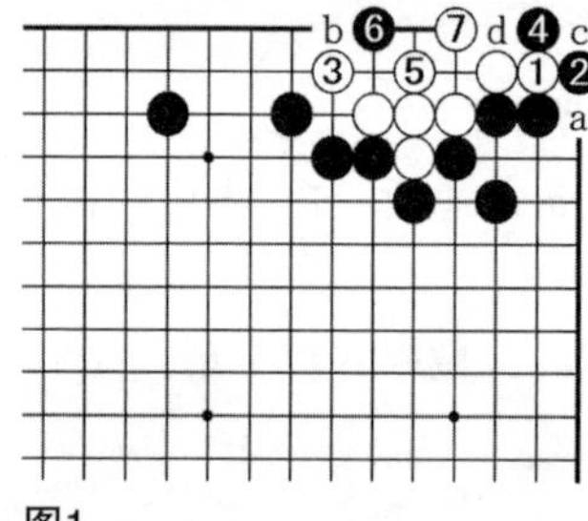
图1

白净活

图1（正解）

白1爬，黑2扳交换之后，白3扩大眼位是正确次序。黑4扳，白5好手。黑6点，白7做眼。接下来黑a、白b、黑c、白d，白净活。

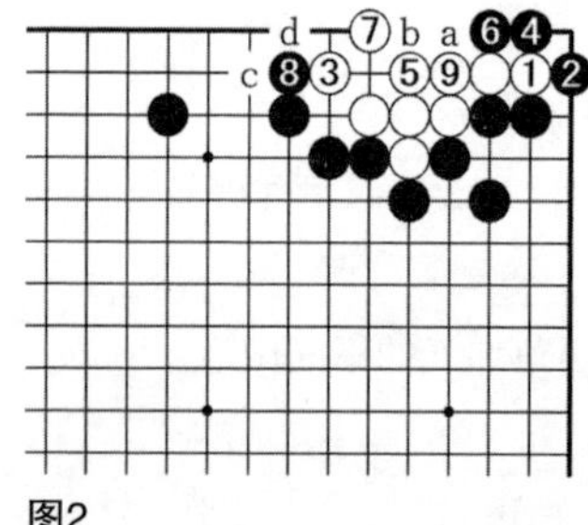
图2

白净活

图2（正解变化）

上图黑6若选择本图黑6打吃，白7做眼。黑8挡，白9粘。此时黑a爬，白b打吃，三子接不归。

黑8在9位提掉白二子，白8、黑c、白d，净活。

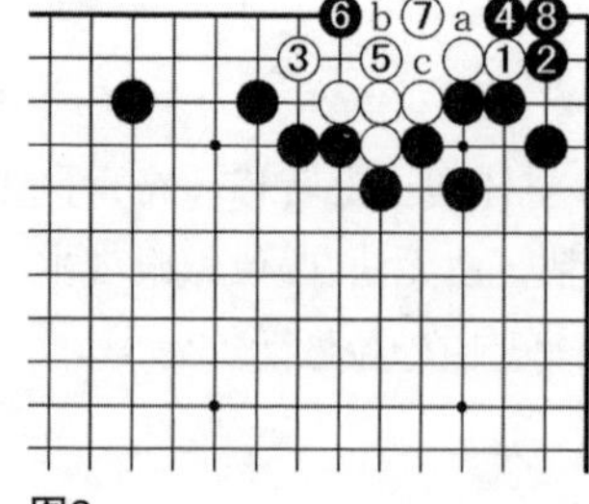
图3

白净死

图3（参考）

如果将棋形向边上转移一路，此时白1、3是恶手。黑4至黑8之后白净死（黑6下在7位结果相同）。白1下在3位小尖，黑1位拐、白a位立、黑5位点、白b位夹、黑6位打、白c打劫活是最好结果。

第3型

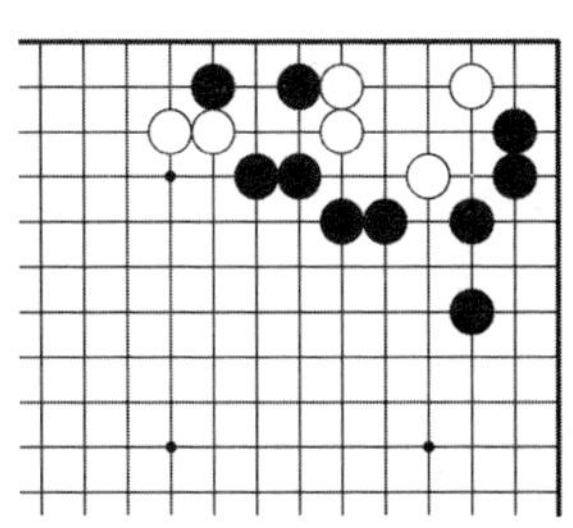

白先活

首先找到利用上边的手筋。

接下来再利用角部特殊性做活。（摘自《发阳论》）

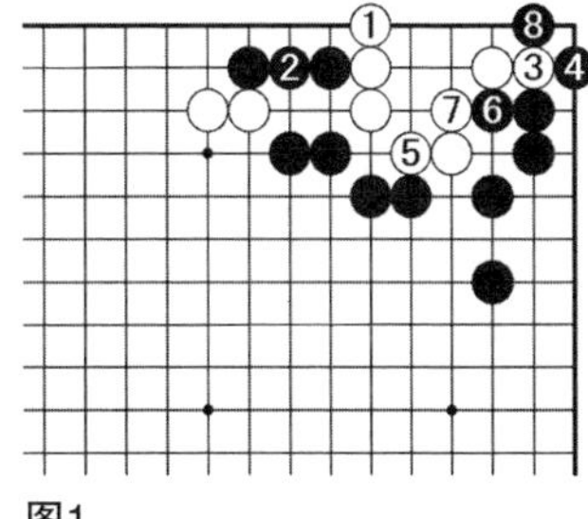

图1

立

图1（正解）

白1立是先手利。黑2粘不能脱先，否则白2位挖可以渡过。接下来白3爬，黑4扳，白5扩大眼位。黑6、8必然。

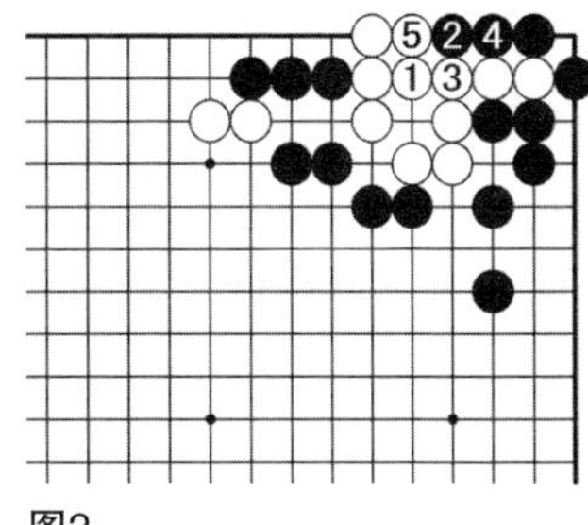

图2

白净活

图2（正解续）

接前图，白1做眼好手。黑2、4破眼，白5打吃接不归。吃掉黑三子白净活。

白1若在3位粘，黑1，白5，黑4，白净死。

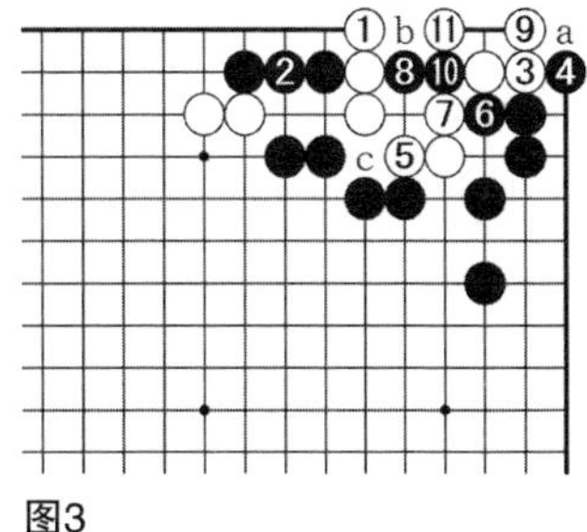

图3

白净活

图3（正解变化）

图1中的黑8，如果选择本图黑8直接破眼，白9弯是关键的一手。黑10断、白11扳。因为角部特殊性，黑无法a位打吃。

黑10下在11位，白10，黑b，白c，双活。

倒脱靴（防守）

第1型

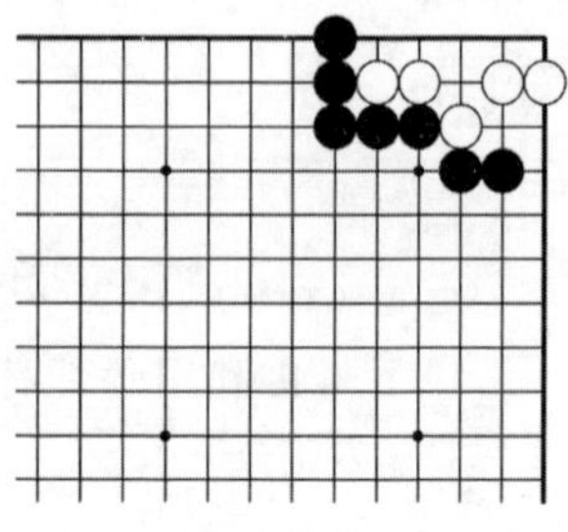

白先活

为了做活白棋必须尽全力扩大眼位。需要做些发散性的思维。（摘自《发阳论》）

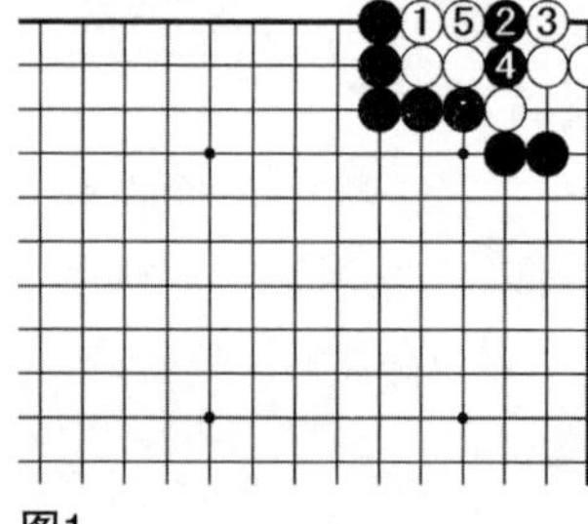

挡

图1（正解）

白1挡扩大眼位。黑2点、4扑是必然的破眼手筋。

白5之后——

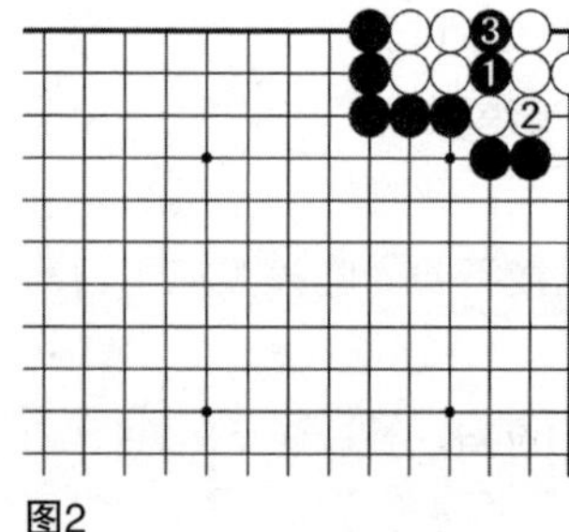

图2

扑

图2（正解续1）

黑1扑破眼，白2粘好手。白2若在3位提，黑2打吃，白净死。

黑3提之后——

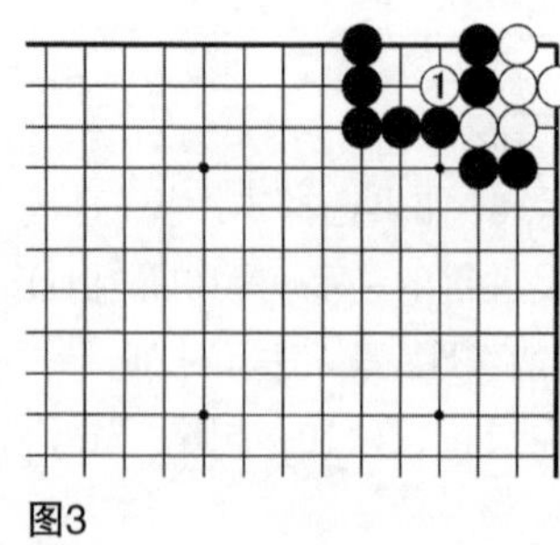

图3

白净活

图3（正解续2）

白1断吃。吃掉黑二子之后白棋获得两只真眼，净活。

第2型

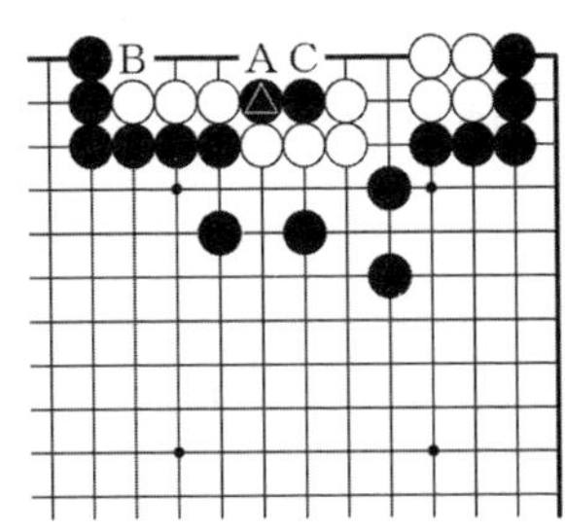

白先活

白棋直接在A位打吃、黑B、白C、黑▲破好手，白净死。

避免假眼的下法是什么？（摘自《玄玄棋经》）

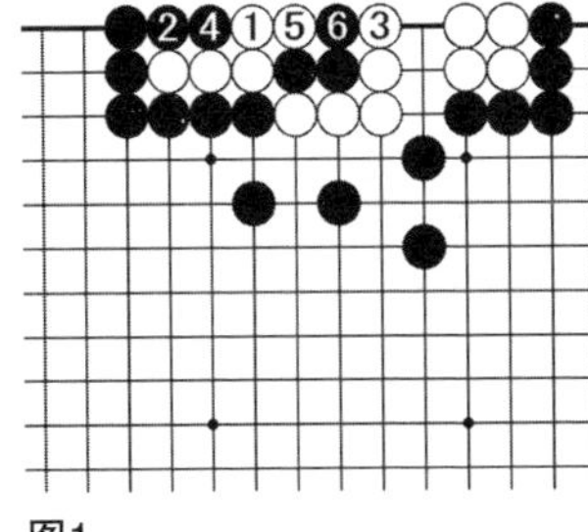
图1

立

图1（正解）

白1、3立在两边形成倒脱靴的好手。黑4打吃，白5送吃绝妙。

黑6提——

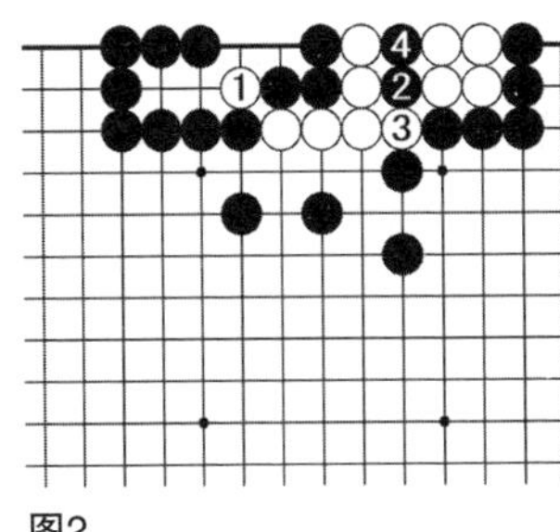
图2

断吃

图2（正解续1）

白1吃掉黑三子，这样可以确保左边一只真眼。接下来右边，黑2打吃，白3好手。

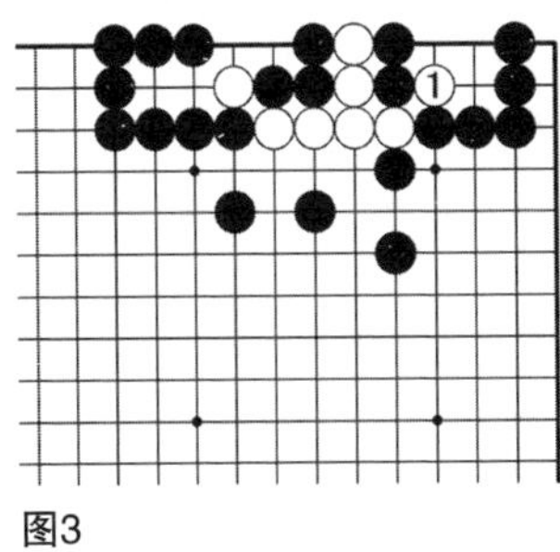
图3

白净活

图3（正解续2）

接上图，白1可以断吃黑二子。

这样一来左右两边白棋都有了眼位，净活。

第3型

白先活

黑▲与△的对杀，黑快一气。白△必须对白棋做活起到帮助，最后是变形版的倒脱靴。（摘自《玄玄棋经》）

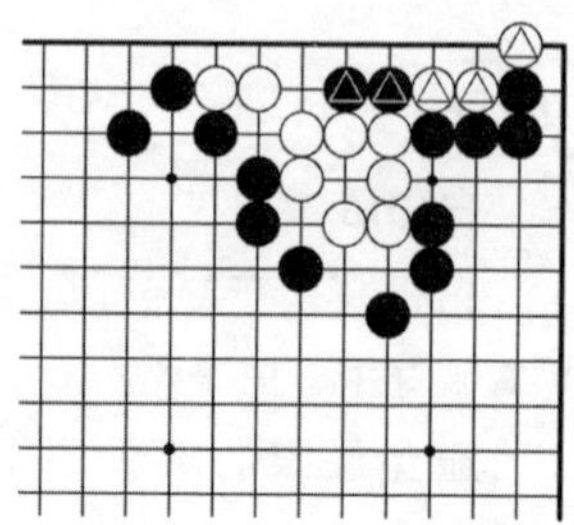

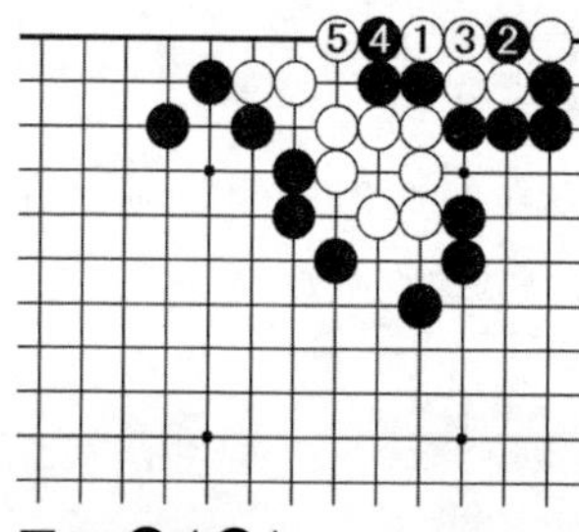

图1 ❻（❷）

扳

图1（正解）

白1扳是送吃的好手。黑2、4是最强抵抗。交换之后白5打吃好手。

黑6提——

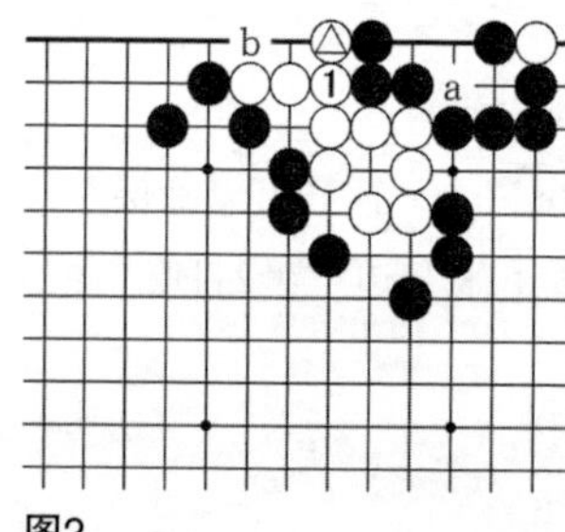

图2

白净活

图2（正解续）

白1紧气，下一手可以在a位断吃黑三子和b位做眼见合。

上图白1送吃的目的就是为白1和△创造先手。

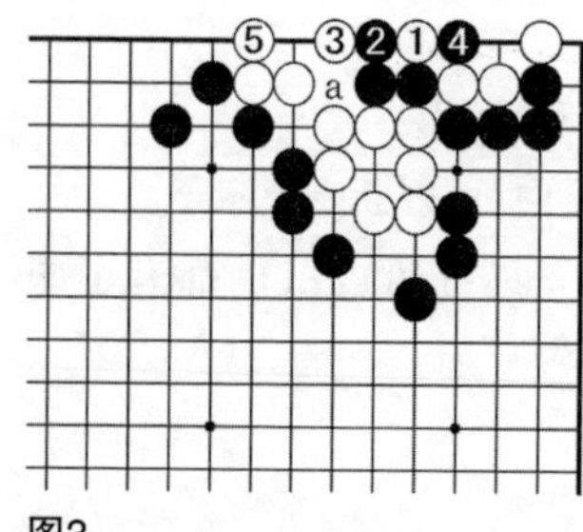

图3

白净活

图3（正解变化）

白1扳，黑2打吃，白3打吃。 黑4提，白5做眼。

白1若直接在a位紧气，黑4打吃，白无法净活。

第4型

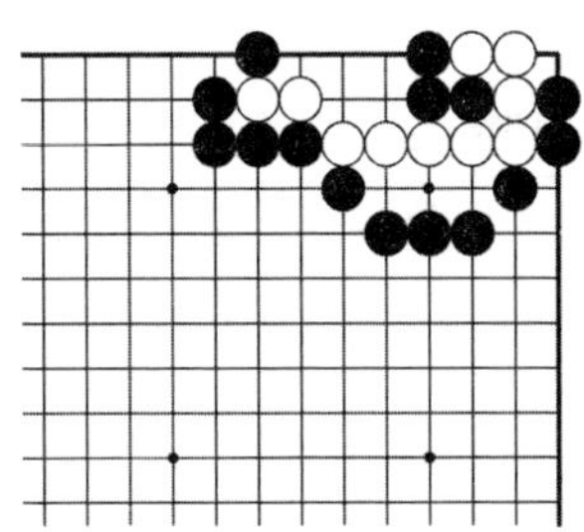

白先活

本图也是变形的倒脱靴。

一定要在脑海中出现提子之后的棋形。（摘自《玄玄棋经》）

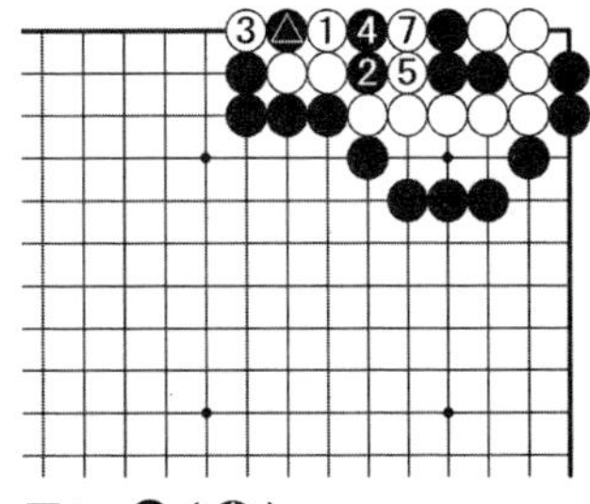

图1 ❻（▲）

打吃

图1（正解）

第一手是白1打吃。黑2断吃必然。白3提、黑4打吃，左边白数子被吃。这并不是无意义的交换，接下来白5、7吃掉黑右边三子。

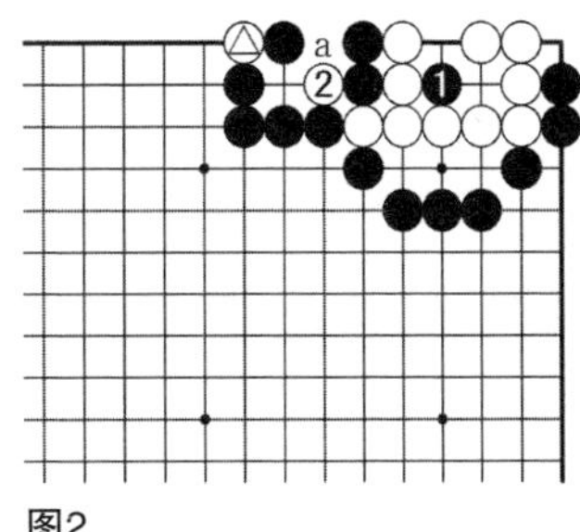

图2

白净活

图2（正解续）

接上图，黑1点，白2可以吃掉黑二子。因为有白△，此时黑无法在a位入气，

倒脱靴成功。

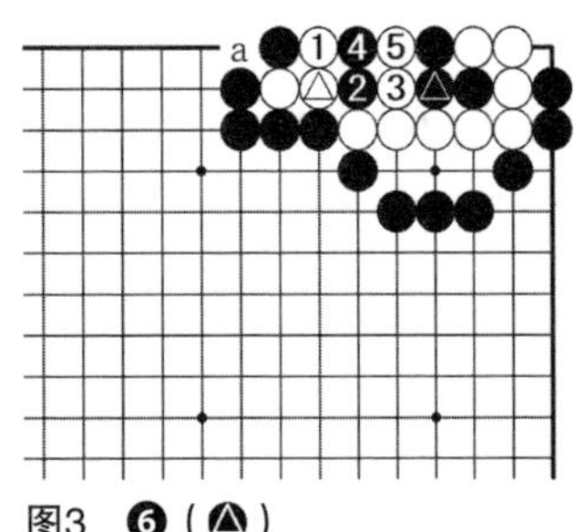

图3 ❻（▲）

白净死

图3（失败）

黑2断，白如果直接3、5应对，黑6点，白净死。即使白在△位断吃，因为a位无子，黑1粘即可。

第5型

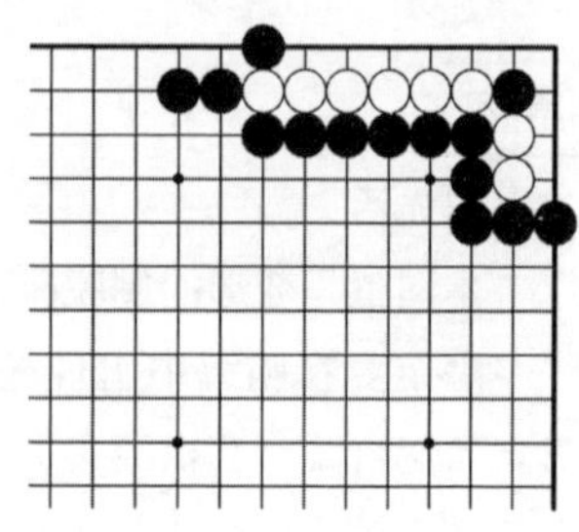

白先活

这是一道利用倒脱靴手筋的经典题目。

如果在实战中能够成功解题，已经拥有很高的棋力。（摘自《玄玄棋经》）

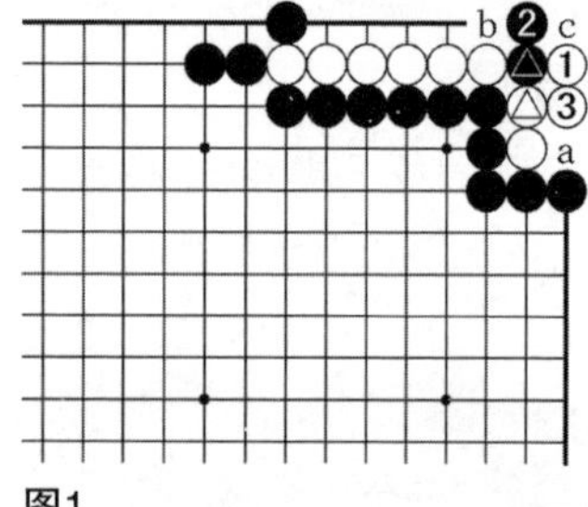

图1

打吃、粘

图1（正解）

白1打吃，黑2立，白3粘是重要的一手。黑a打吃、白b、黑c、白△，黑已经无法对白产生威胁。

白3若在b位打吃、黑3、白c、黑▲，白净死。

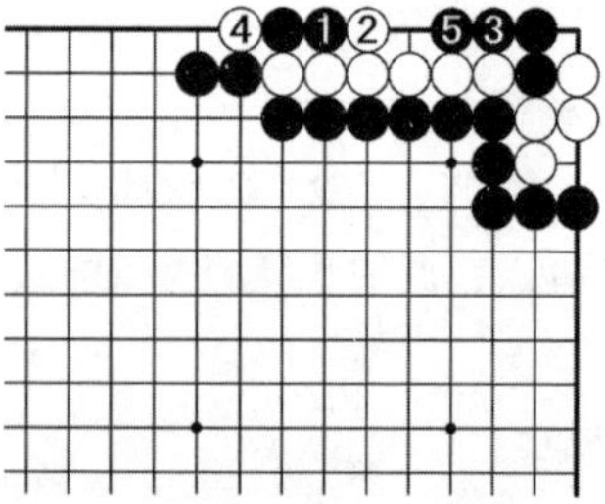

图2

拐

图2（正解续1）

接上图，黑1爬，白2打吃，黑3拐是最强手段。白4提，黑5继续破眼。

接下来——

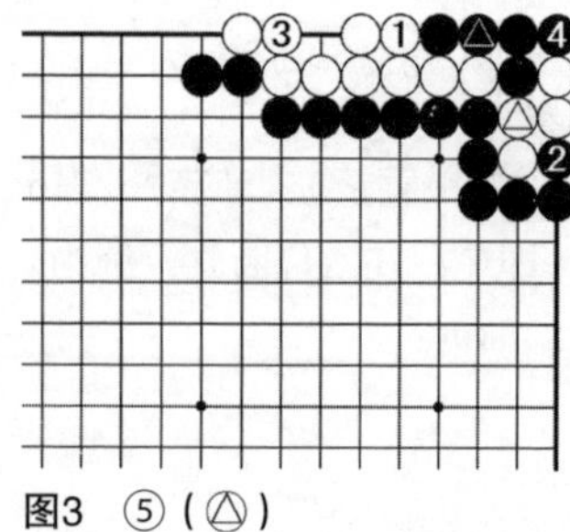

图3　⑤（△）

白净活

图3（正解续2）

白1，黑2的交换是关键。白2是确保眼位的好手。黑4提，白5打吃，利用倒脱靴净活。

白3若在4位提，黑▲好手，白净死。

外围试应手（防守）

第1型

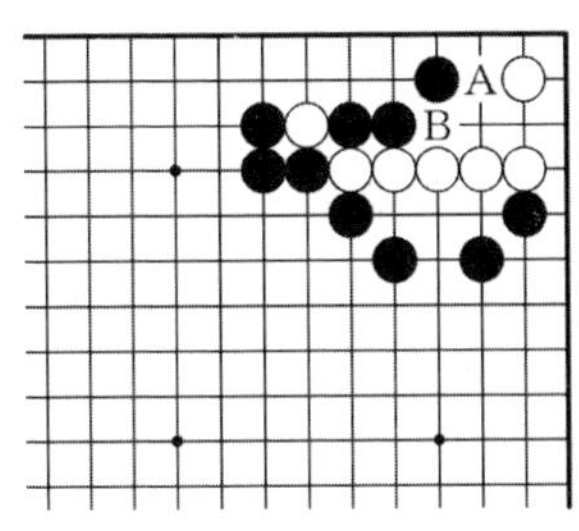

白先活

白A，黑B；白B，黑A。调整思路即可获得做活机会。（摘自《玄玄棋经》《发阳论》）

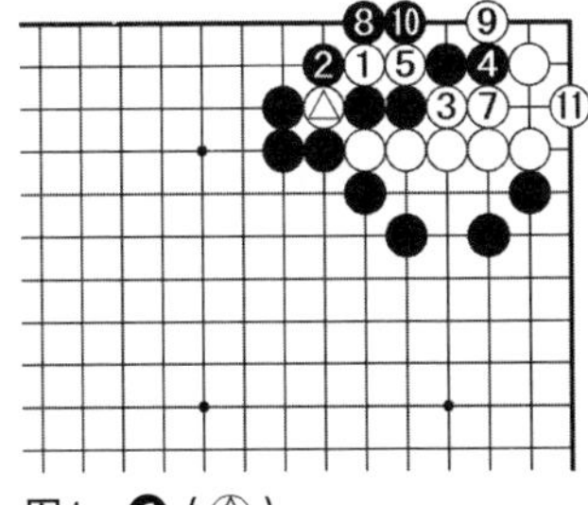

图1 ❻（△）

白净活

图1（正解）

白1扳绝妙。黑2提，白3挤。黑4顶，白5打吃先手，7、9先手利，白11做活。

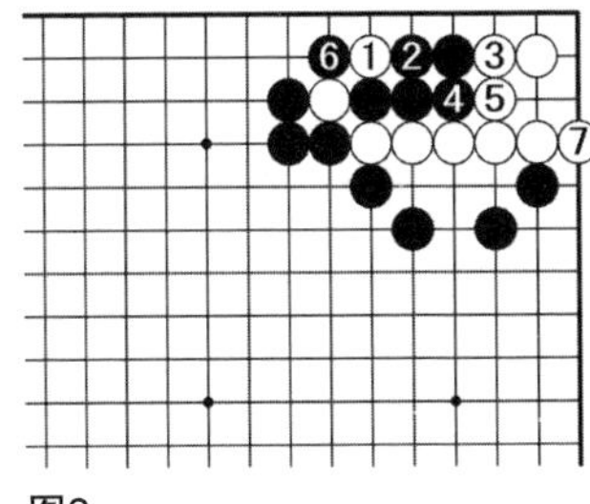

图2

白净活

图2（正解变化）

白1扳，黑2团，白3顶。此时白4破眼，白5先手。白5提，黑7立净活。

黑2若下在3位，白2打吃，黑6提还原上图。

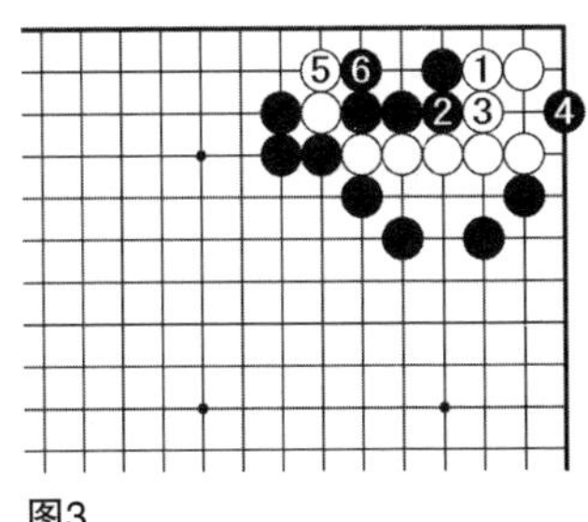

图3

白净死

图3（失败）

白1顶，黑2，白3，黑4点即可。白5立，黑6挡即可。

图1的白1是精彩的手筋。

第2型

白先活

试应手指的是将选择权交给对手。

如果对手的应手是必然，就不能说是试应手。

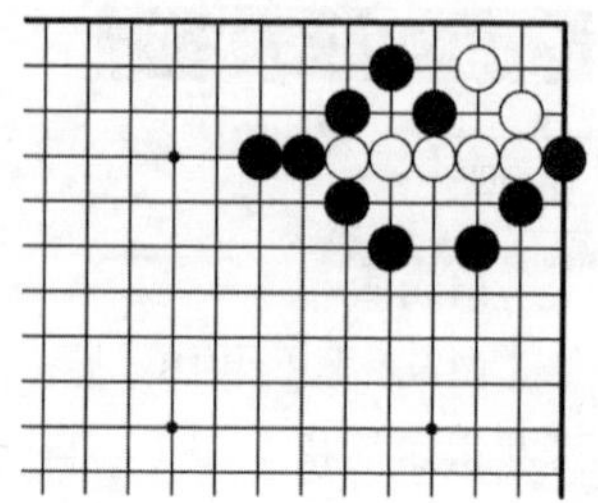

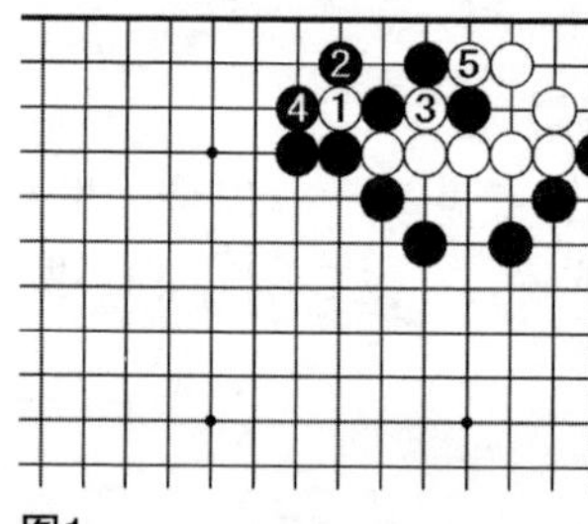

图1

白净活

图1（正解）

白1断是手筋。黑2打吃，白3、5断吃一子净活。

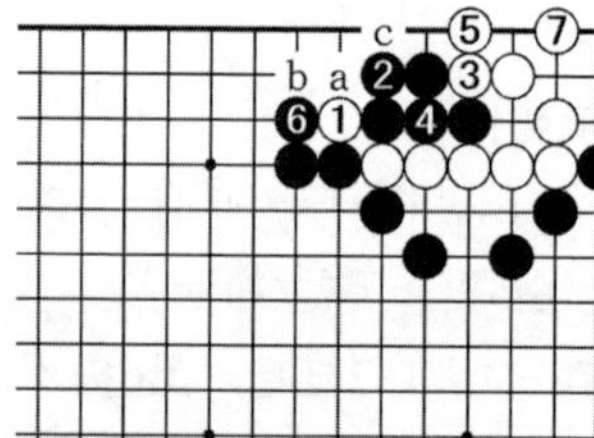

图2

白净活

图2（正解变化）

白1断，黑2团，白3、5做眼。黑6打吃、白7做眼。

黑6若在7位破眼，白a，黑b，白c，对杀白胜。

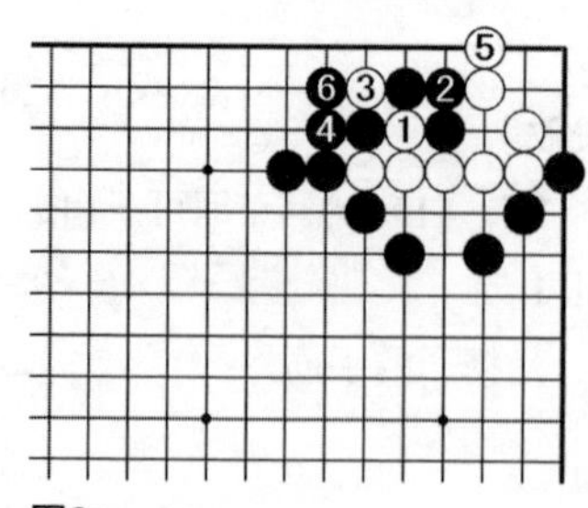

图3

白净死

图3（失败）

白1直接挤毫无妙味。黑2粘，白净死。

白1若在2位挤，黑1粘即可。

第3型

白先活

此时白棋想要做活，在里面找机会是正确的选择。

B两点见合，这是个问题……（摘自《玄玄棋经》）

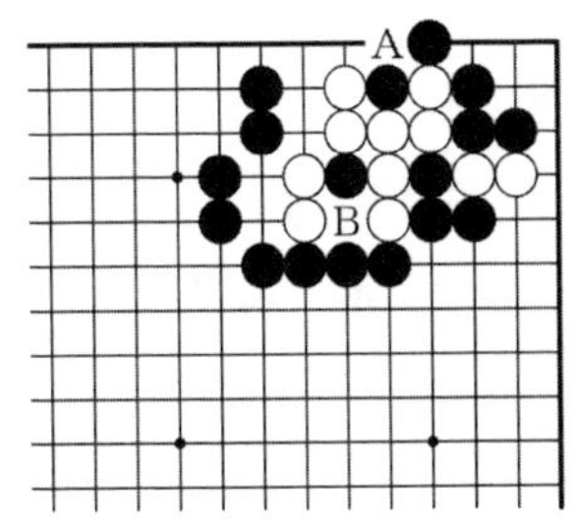

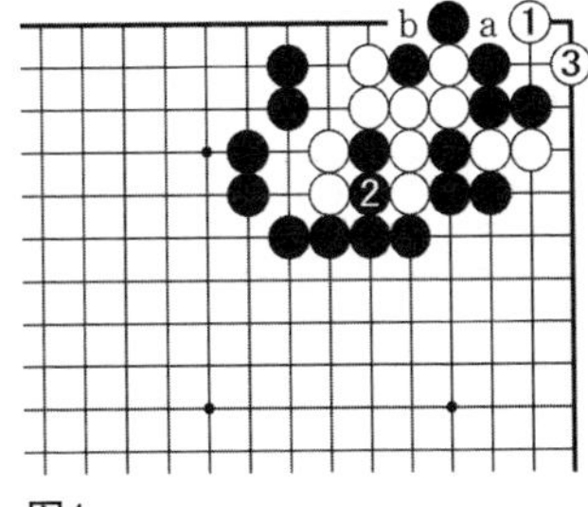

图1

点

图1（正解）

白1点妙手。黑a粘，白b提先手。黑脱先在a位粘是最强抵抗，白3小尖妙手。

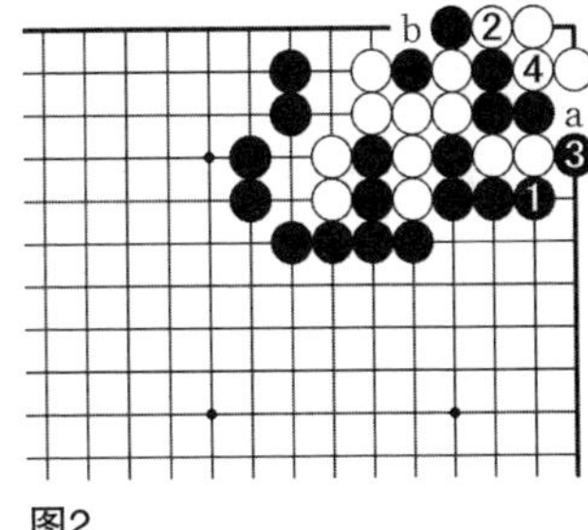

图2

白净活

图2（正解续）

接上图，黑1打吃，白2断，黑3提，白4做眼净活。黑3若在a位，白b提。

黑1下在2位无理，白a连回可以吃掉黑数子。

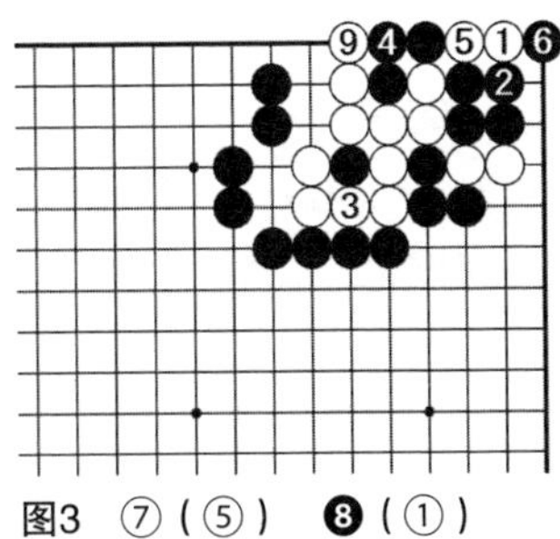

图3 ⑦（⑤） ❽（①）

白净活

图3（正解变化）

白1点，黑2团，白3提上边黑子做眼。黑4粘，白5扑可以利用接不归吃掉黑三子。

第4型

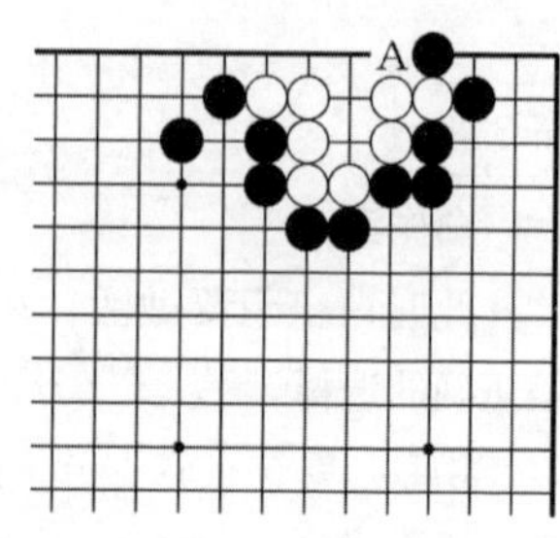

白先活

一般来说此时白棋已经找不到活棋的手段。

有没有可以让白A位打吃变成先手的手筋呢？（摘自《发阳论》）

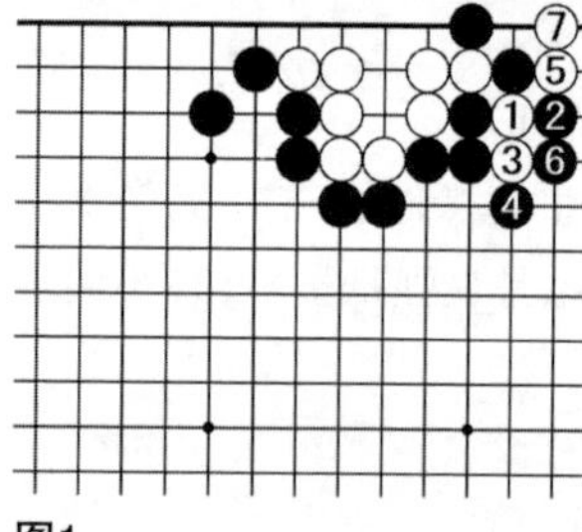

图1

断、逃

图1（正解）

白1断在角部需求活棋机会。黑2打吃、白3继续逃。黑4打吃，白5、7妙手。

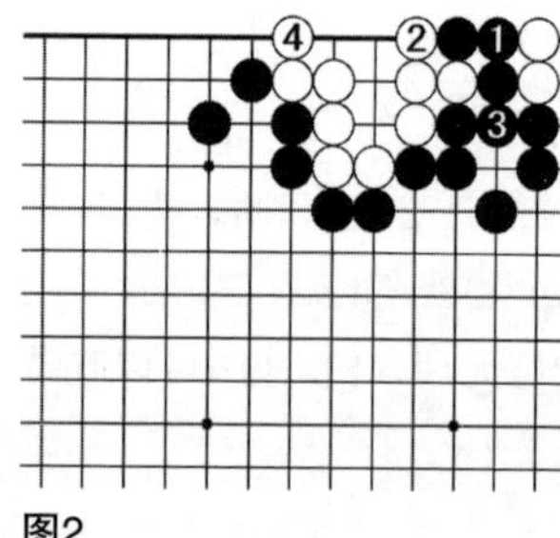

图2

白净活

图2（正解续1）

接上图，黑1粘，白2打吃先手。黑3粘、白4净活。

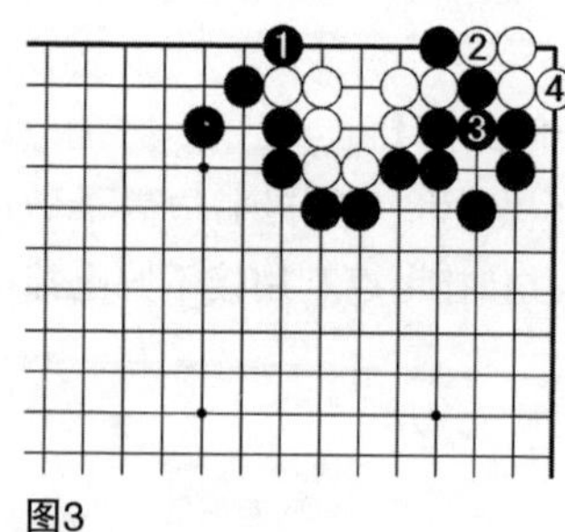

图3

白净活

图3（正解续2）

黑1扳，白2打吃、4做眼，这样可以确保角部眼位，白棋还是净活。

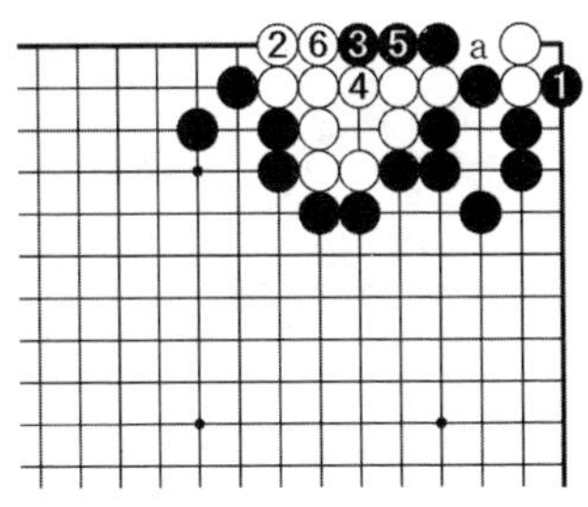

图4

白净活

图4（正解续3）

此时黑1扳夺取白角部眼形如何。白2扩大眼位应对，黑3、5破眼，白6打吃，角上弃子发挥作用，黑无法在a位粘联络。

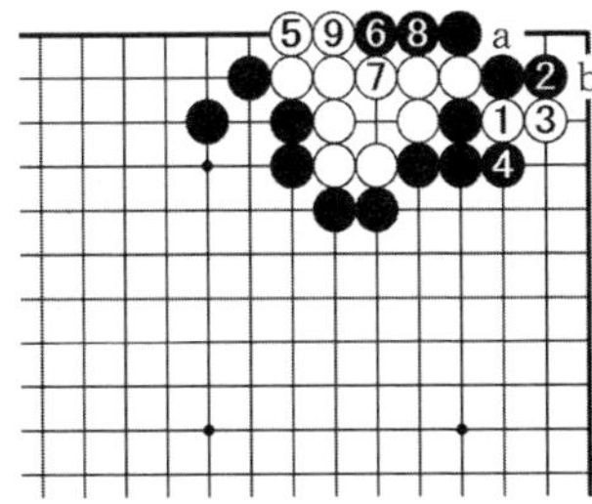

图5

白净活

图5（正解变化）

回答最初，白1断，黑2立，白3挡、黑4紧气，白5扩大眼位。黑6、8破眼，白9打吃，黑a，白b。

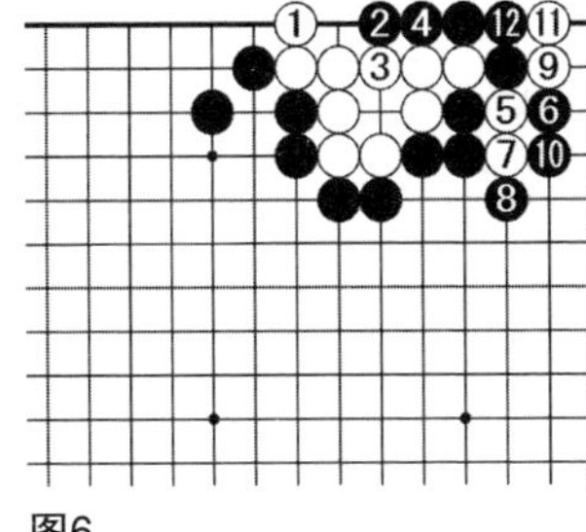
图6

白净死

图6（失败1）

第一手就在白1立，黑2、4破眼即可。接下来白5在角上寻求眼形，进行至黑12，白失败。

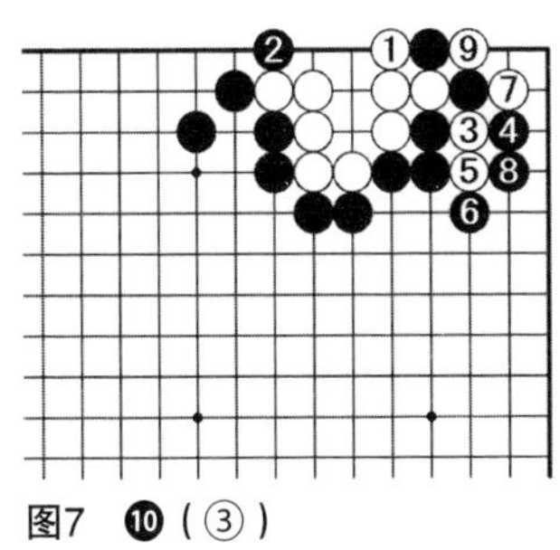
图7　❿（③）

白净死

图7（失败2）

白1打吃，黑2扳。白3断已经错失机会，黑4至黑10，白无法做出真眼。

请一定体会正解次序的精妙之处。

两个下一手（防守）

第1型

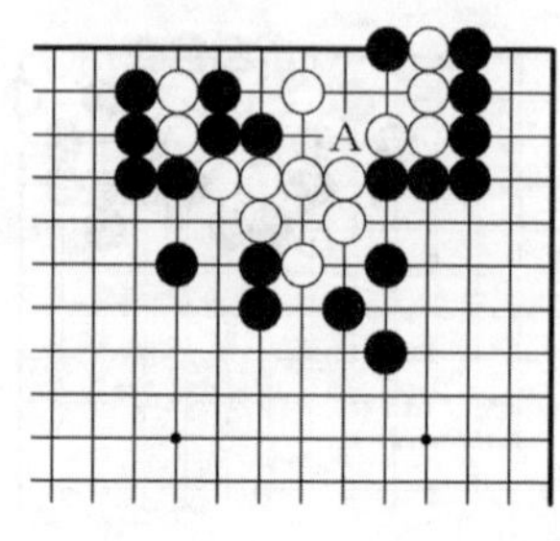

白先活

此时黑还有A位断的后续手段。

必须找到有各种利用的防守方法。（摘自《玄玄棋经》）

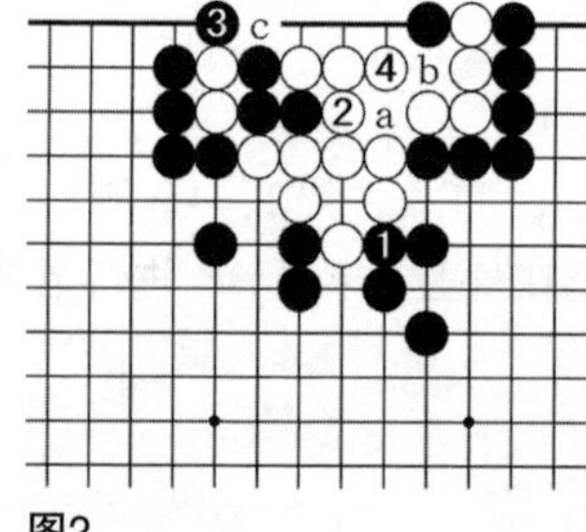

图1

紧气

图1（正解）

白1挤是此时唯一的正解。接下来白有了a、b两点先手利。

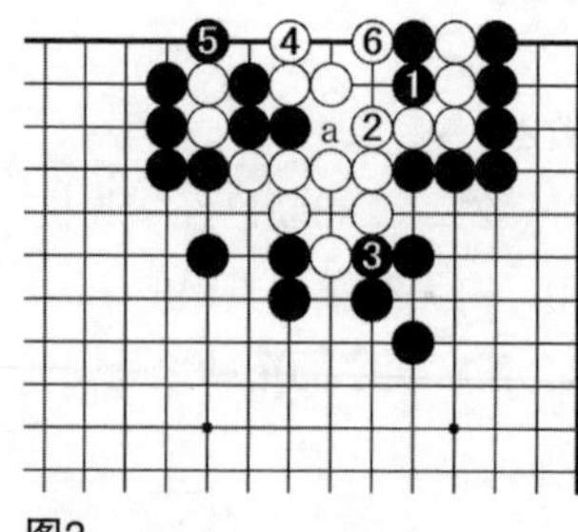

图2

白净活

图2（正解续1）

黑1破眼，白2打吃先手、4做眼净活。

黑1若在a位断，白2，黑b，白c，同样是净活。

图3

白净活

图3（正解续2）

为了防止白a打吃做眼，黑1打吃如何？此时白可以利用4位立的先手。黑5提、白6打吃做出两只真眼。

黑5若下在6位，白5立吃掉黑三子。

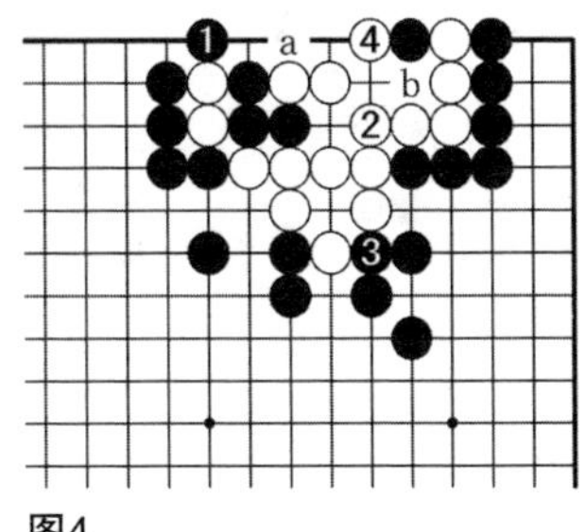

图4

白净活

图4（正解续3）

黑1提、白2粘好手。黑3破眼、白4打吃，接下来a、b两点见合，白净活。

在没有打吃的情况下，让黑1提就是白棋选择此下法的原因。

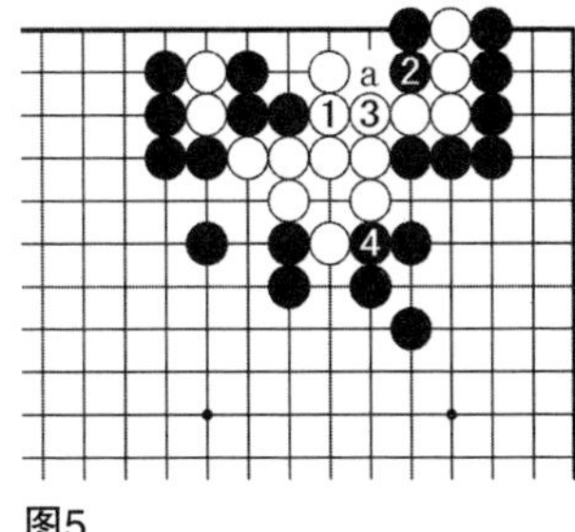

图5

白净死

图5（失败1）

白1做眼平淡。黑2打吃先手、白3粘、黑4破眼。

白1若在a位做眼、黑1、白3、黑4，白仍然无法做活。

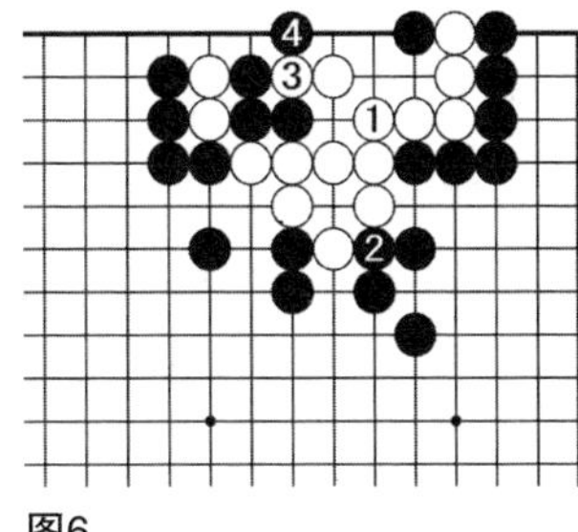

图6

白净死

图6（失败2）

白1粘同样缺乏妙味。黑4扳即可净杀白棋。

想必已经可以体会白正解的深意了。

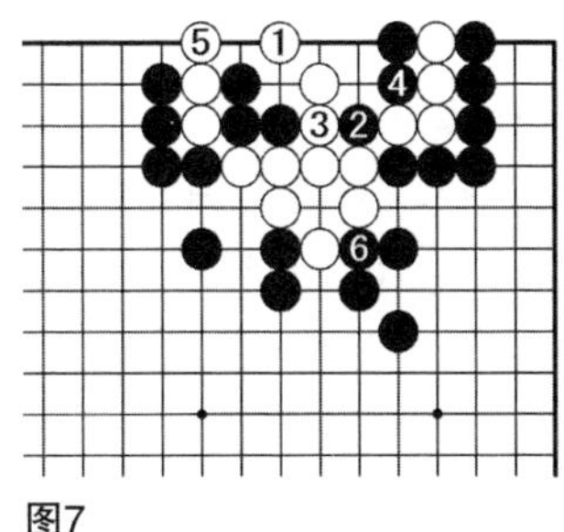

图7

白净死

图7（失败3）

白1小尖思路新颖。但此时黑可以弃掉三子。进行至黑6，白只有弯三一只真眼，净死。

第2型

白先劫（白先提劫）

此时白有A、B两点先手。但如果直接选择，对做活都没有帮助。

（摘自《棋经众妙》《玄玄棋经》《官子谱》）

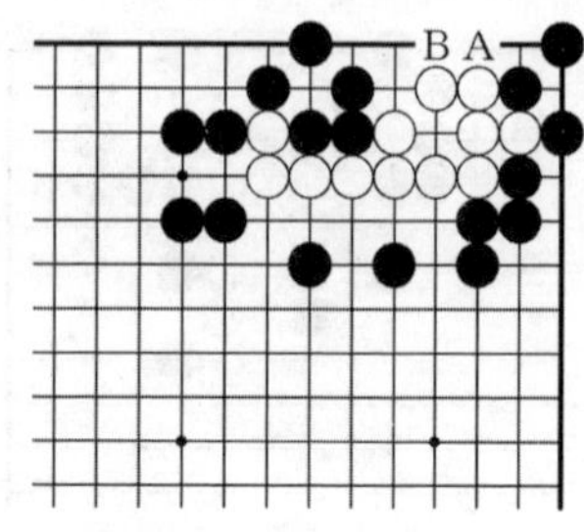

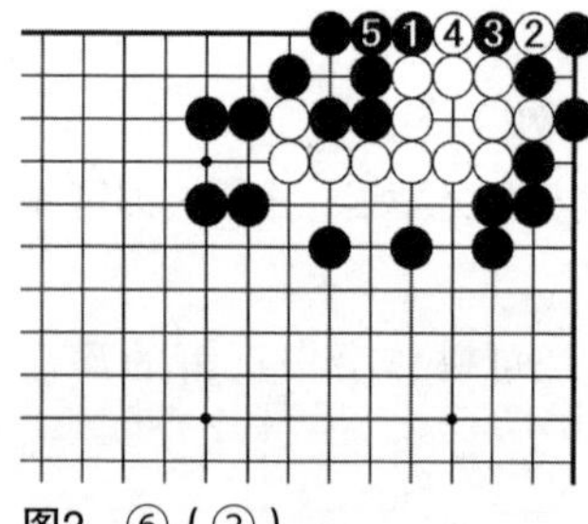

图1

团

图1（正解）

白1团是妙手。根据黑棋的应手活用a、b、c3点。

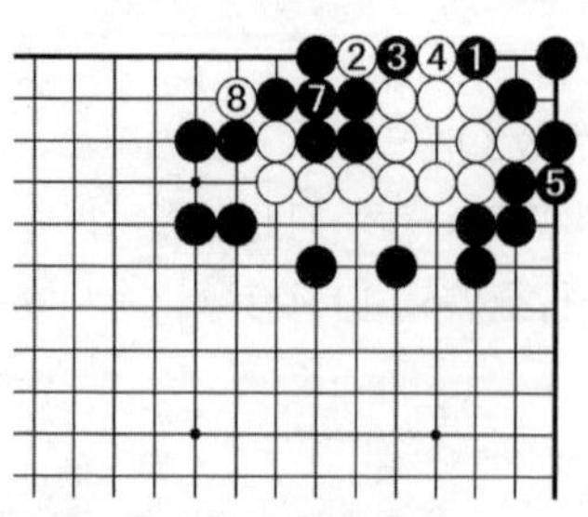

图2　⑥（②）

打劫

图2（正解续）

黑1扳、白2扑恰到好处。黑3提，白4打吃。黑5粘，白6提劫。

白2若在4位打吃，黑5，白2，黑3，黑先劫。

图3　⑥（②）❾（❸）

打劫

图3（正解续变化1）

黑1扳，白2扑，黑3提，白4打吃，和前图情况基本一样。黑5粘，白6提劫。

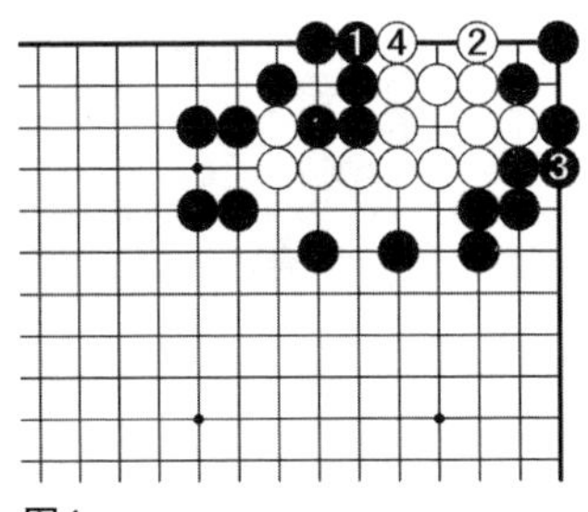
图4

白净活

图4（正解续变化2）

为了避免打劫，黑1粘。白2立先手，黑3粘，白4做眼净活。

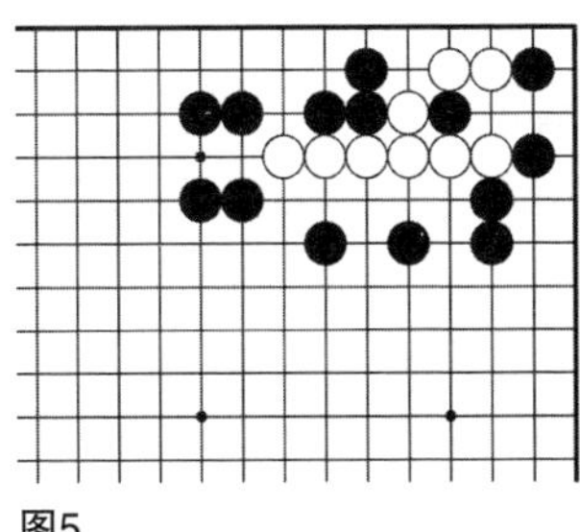
图5

原题

图5（参考）

问题图出自《玄玄棋经》，进行数手交换的局面。原图如下。

白棋看起来完全没有活棋的可能——

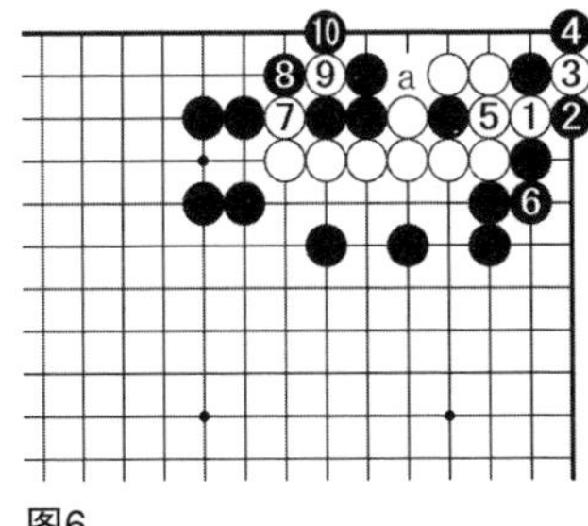
图6

意在打劫

图6（参考续）

白1、3是创造打劫的好手。进行至黑6，角部完成定型。

接下来白7、9绝妙，后续白a团是正解图的下法。

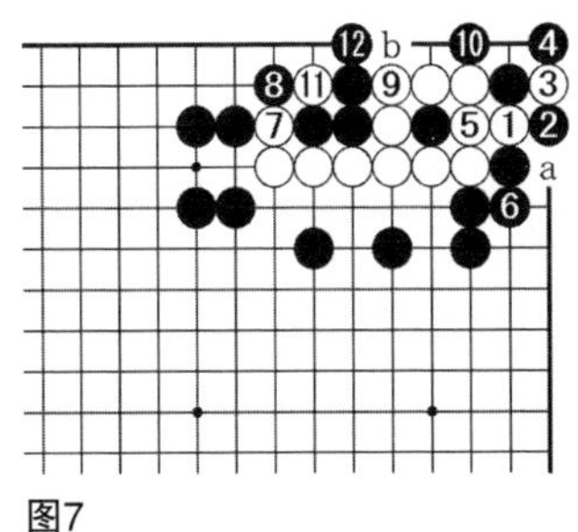
图7

白净死

图7（参考失败）

上图白9如果直接在本图白9团、黑10扳，白11扑，黑12立好手，白净死。

原题是非常精彩的名作。

双提（防守）

第1型

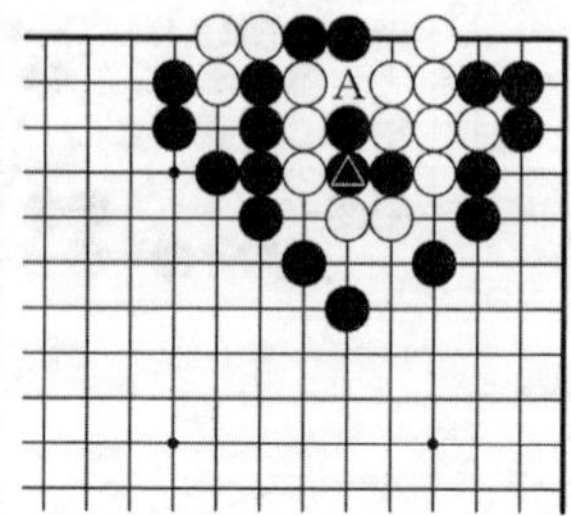

白先活

白直接在A位提、黑▲点，白净死。白棋只要找对方法可以净活。

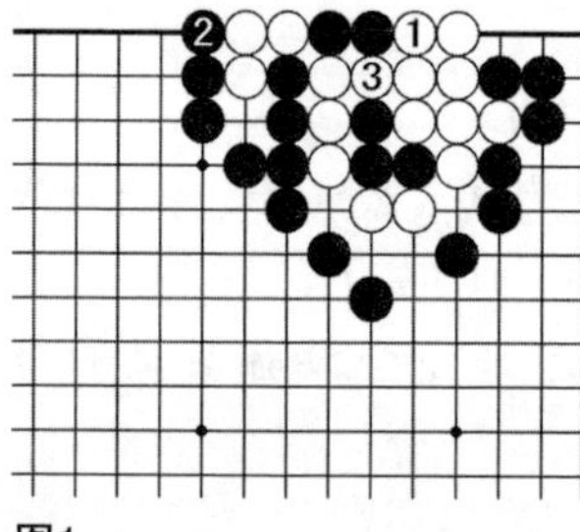

图1

打吃

图1（正解）

白1忍住提子冲动，是此时的正解。黑2打吃，白3提。

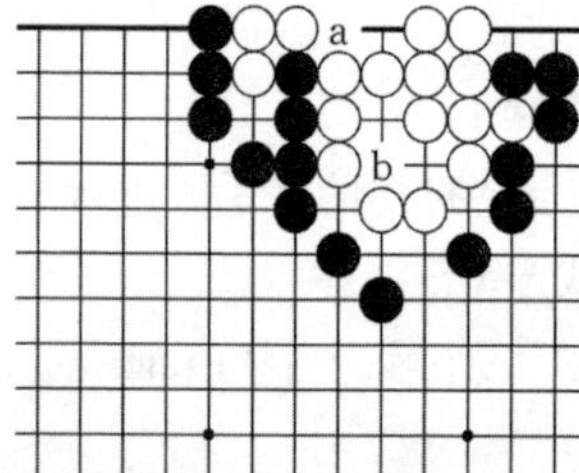

图2

白净活

图2（正解续）

上图提子之后的局面如图。黑a扑，白b做眼；黑b点，白a做眼净活。

白棋提子之后，两点见合。

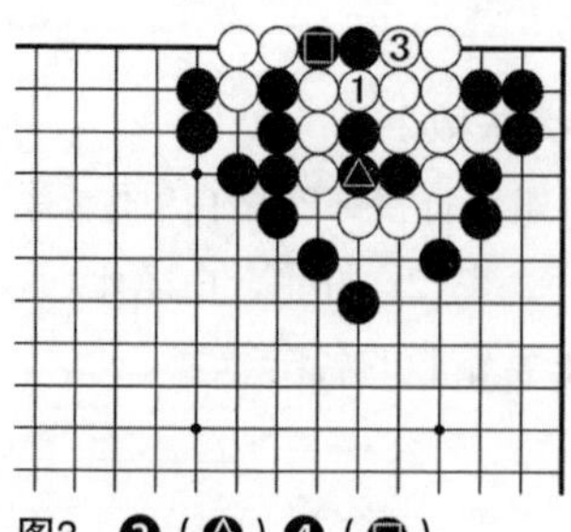

图3 ❷（△）❹（■）

白净死

图3（失败）

白1直接提随手。黑2点，白3提，黑4扑，白净死。

第2型

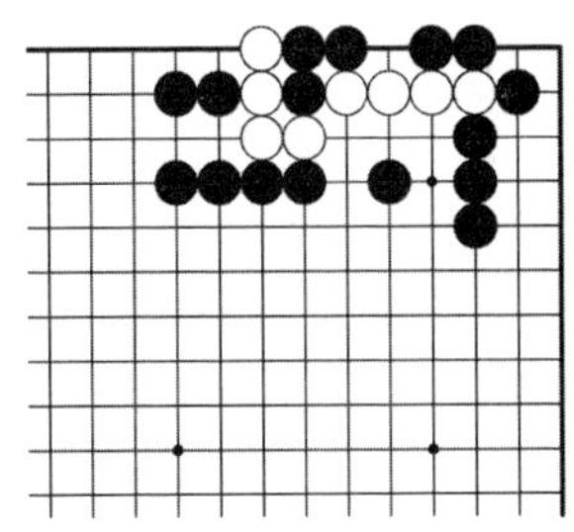

白先劫（黑先提劫）

直接提掉黑三子是无法做活的。

需要找到与前型相同的手筋。（摘自《棋经众妙》）

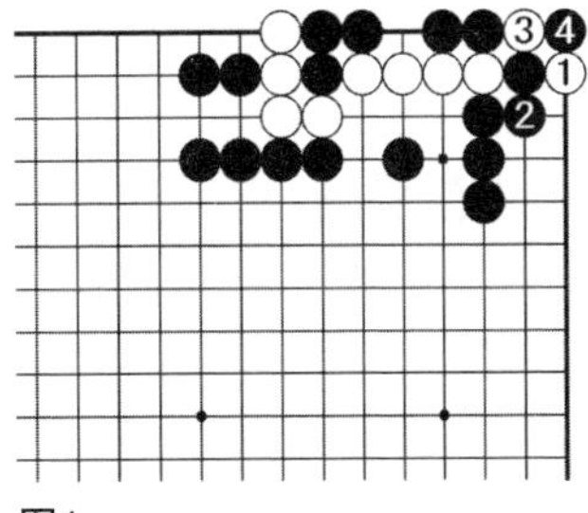

图1

打劫

图1（正解）

白1夹是此时的手筋。黑2粘是正确应对，白3扑打劫。

黑4之后——

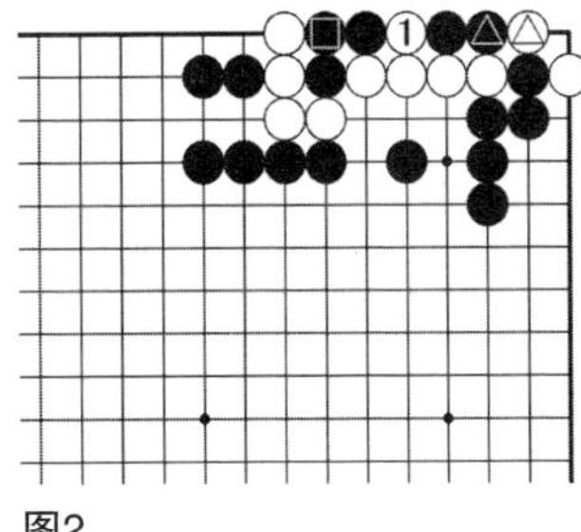

图2

白净活

图2（正解续）

白△提，与前型相同，此时▲、■两点见合，白净活。

此时需要重点白△，打劫。

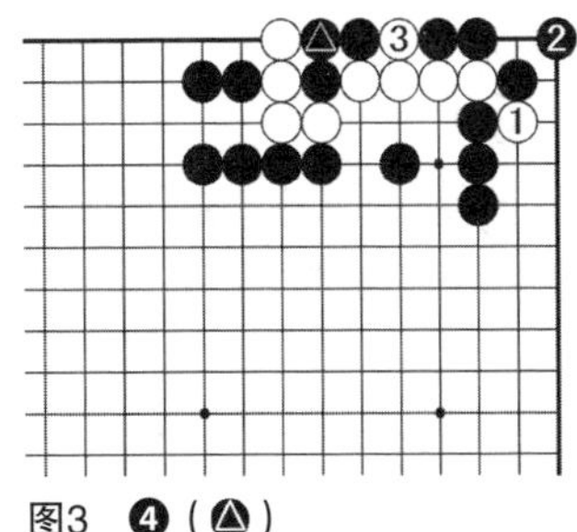

图3　❹（▲）

白净死

图3（失败）

第一手在白1断也是手筋。但在此时黑有2位小尖的好手。白3提，黑4点，白无法在右上角做眼。

双头蛇

特别型

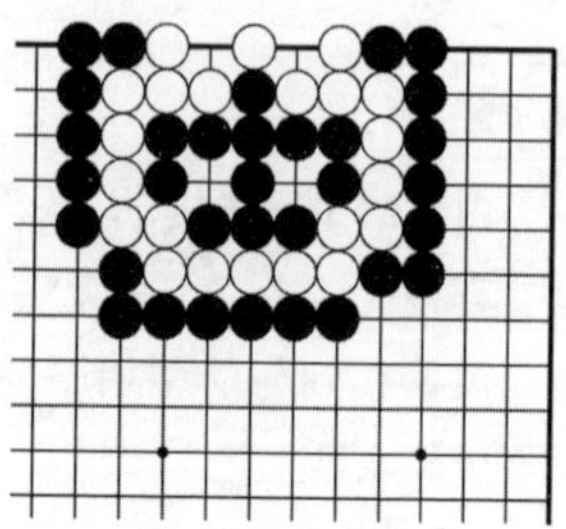

白棋两只眼形都是假眼，但因为全部连在一起，所以黑棋无法提掉白棋。

本型名为“双头蛇”。

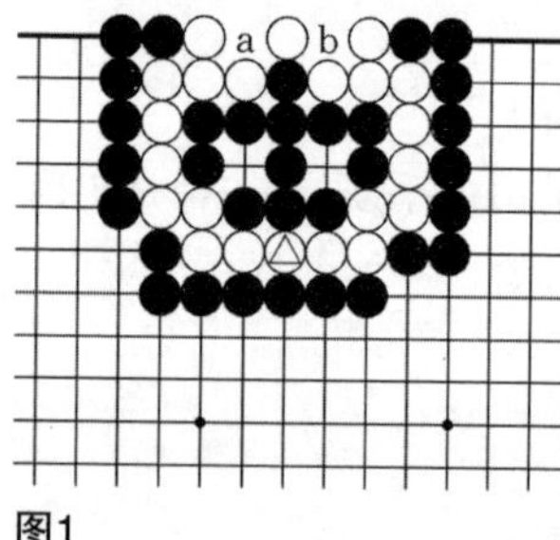

图1

全部联络

图1（解说）

请想象一下白△是黑子，这样的话a、b都是假眼。

但是一旦白棋全部联络，那么黑棋无法破掉a、b任何一个眼位。

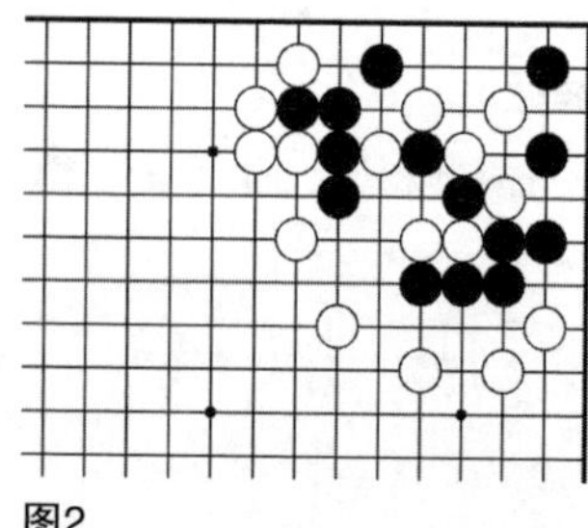

图2

黑先活

图2（参考）

本图出自日本江户时代著名的诘题集《发阳论》。黑先是否可以净活？

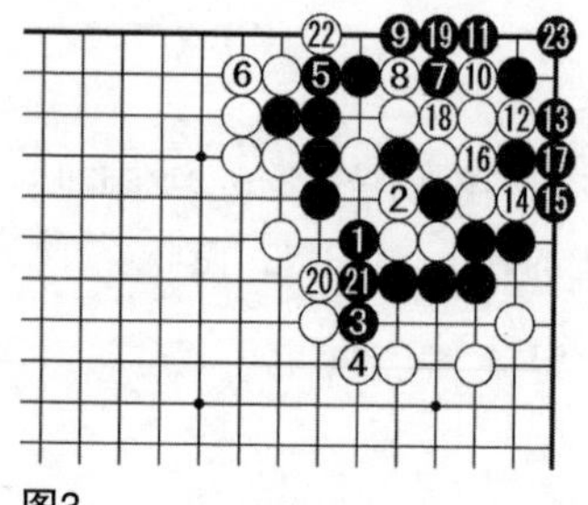

图3

正解是双头蛇

图3（参考续）

首先黑1、3在中央联络。接下来黑7在上边连接，以下是必然的次序，白22夺取上边眼形、黑23在角上做眼，完成“双头蛇”净活的棋形。